ଗୌରହରି ଦାସଙ୍କ
ସାରସ୍ୱତ ବଳୟ

ଗୌରହରି ଦାସଙ୍କ
ସାରସ୍ୱତ ବଳୟ

ସଂକଳନ ଓ ସଂପାଦନା

ଡକ୍ଟର ସଂଘମିତ୍ରା ଭଞ୍ଜ

ସହ ସଂପାଦନା

ଦୀପ୍ତିମୟୀ ସାହୁ • ଭାରତୀ ମୁଦୁଲି • ଜ୍ୟୋତି ସାହୁ

ବ୍ଲାକ୍ ଈଗଲ୍ ବୁକ୍ସ
ଭୁବନେଶ୍ୱର, ଓଡ଼ିଶା

BLACK EAGLE BOOKS
Dublin, USA

BLACK EAGLE BOOKS

USA address:
7464 Wisdom Lane
Dublin, OH 43016

India address:
E/312, Trident Galaxy, Kalinga Nagar,
Bhubaneswar-751003, Odisha, India

E-mail: info@blackeaglebooks.org
Website: www.blackeaglebooks.org

First International Edition Published by
BLACK EAGLE BOOKS, 2022

GOURAHARI DASANKA SARASWATA BALAYA
Compilation and Editing:
Dr. Sanghamitra Bhanja
Co-Editing:
Diptimayee Sahoo, Bharati Muduli, Jyoti Sahoo

Copyright © **Dr. Sanghamitra Bhanja**

All rights reserved. No part of this publication may be reproduced, stored in a retrieval system, or transmitted, in any form or by any means, electronic, mechanical, photocopying, recording or otherwise without the prior permission of the publisher.

Cover: **Third Eye Communications**
Interior Design: Ezy's Publication

ISBN- 978-1-64560-284-2 (Paperback)

Printed in the United States of America

ଗୌରହରି ଦାସଙ୍କ ସାହିତ୍ୟର ଅନୁରାଗୀ ପାଠକ ପାଠିକାଙ୍କୁ

ସୂଚିପତ୍ର

ଭୂମିକା		୯
ଉତ୍ତର-ଆଧୁନିକତାର ପୃଷ୍ଠବନ୍ଧରେ ଗୌରହରି ଦାସଙ୍କ ଉପନ୍ୟାସ	ସଂଘମିତ୍ରା ଭଞ୍ଜ	୧୭
ଚେତନା ଓ ଚିତ୍ରାୟନର ସୁଦକ୍ଷ କାରିଗରୀ: ଗୌରହରିଙ୍କ କଥାଶିଳ୍ପ	ସଂଘମିତ୍ରା ଭଞ୍ଜ	୭୦
ସମୁଚ୍ଚ ମୂଲ୍ୟବୋଧର ମର୍ମଲିପି: ଜୀବନର ଜଳଛବି	ସଂଘମିତ୍ରା ଭଞ୍ଜ	୧୩୧
ସାମାଜିକ ବାସ୍ତବତାର ନାନ୍ଦିପାଠ: ଗୌରହରି ଦାସଙ୍କ ନାଟକ	ଦୀପ୍ତିମୟୀ ସାହୁ	୧୮୫
ବିଡ଼ମ୍ବିତ ପୃଥିବୀ: ଗୌରହରି ଦାସଙ୍କ ପ୍ରବନ୍ଧ ମାନସ	ଜ୍ୟୋତି ସାହୁ	୨୨୦
ପର୍ଯ୍ୟଟକ ଗୌରହରି ଦାସଙ୍କ ଦୃଷ୍ଟିରେ ବିଦେଶ	ଭାରତୀ ମୁଦୁଲି	୨୫୬
ଅନୁରାଗ ଓ ଅଙ୍ଗୀକାରର ସମନ୍ୱୟ ସଂପାଦକ ଗୌରହରି	ସଂଘମିତ୍ରା ଭଞ୍ଜ	୨୭୮
ସାନ୍ଦ୍ରଭାବ-ମୁଗ୍ଧପ୍ରେମ: ପାଉଁଶର ପାଣ୍ଡୁଲିପି	ଜ୍ୟୋତି ସାହୁ	୨୯୧
ଗୌରହରିଙ୍କ ଏରସମା ଓ ଅନ୍ୟାନ୍ୟ କବିତା	ଜ୍ୟୋତି ସାହୁ	୩୧୧
ଯେ ପକ୍ଷୀ ଉଡ଼େ ଯେତେ ଦୂର : ଗୌରହରିଙ୍କ ଭ୍ରମଣ କାହାଣୀର ବିଶେଷତ୍ୱ	ସଂଘମିତ୍ରା ଭଞ୍ଜ	୩୩୬
ଭାବାନୁବାଦର ସାର୍ଥକ ସ୍ଥପତି	ଦୀପ୍ତିମୟୀ ସାହୁ	୩୭୫
ଗୌରହରିଙ୍କ ସାହିତ୍ୟର ଭାଷାତାତ୍ତ୍ୱିକ ଅନୁଶୀଳନ	ଦୀପ୍ତିମୟୀ ସାହୁ	୪୦୮
ପରିଶିଷ୍ଟ: (କ) ଗୌରହରି ଦାସଙ୍କ ବଂଶାବଳୀ		୪୨୫
ପରିଶିଷ୍ଟ: (ଖ) ଗୌରହରି ଦାସ: ଉଲ୍ଲେଖନୀୟ ଘଟଣାକ୍ରମ		୪୨୬

ଭୂମିକା

ପାଶ୍ଚାତ୍ୟ ସମାଲୋଚକ ଦେରିଦାଙ୍କ ଶବ୍ଦରେ- 'Preface is the end, end is the beginning' ଭଳି ପ୍ରତ୍ୟେକ ଅପୂର୍ଣ୍ଣତା ମଧ୍ୟରେ ପୂର୍ଣ୍ଣତା ଏବଂ ପୂର୍ଣ୍ଣତାରେ ଅପୂର୍ଣ୍ଣତାର ସ୍ଥିତି ଥାଏ। ସାଂପ୍ରତିକ ସାହିତ୍ୟ ସ୍ରଷ୍ଟାର ଅସଂଖ୍ୟ ଅନୁଭବ-ଉପଲବ୍ଧିର ଚାରଣଭୂମି। ଏହି ମର୍ମରେ ସାଂପ୍ରତିକ ସାହିତ୍ୟ ଧାରାର ଜଣେ କୃତବିଦ୍ୟ ସୃଜନକାର ହେଉଛନ୍ତି ଗୌରହରି ଦାସ। ଭାରତୀୟ ସଂସ୍କୃତି-ପରମ୍ପରାର ମୂଲ୍ୟବୋଧ ପ୍ରତିଷ୍ଠାପୂର୍ବକ ମାନବବାଦୀ ଆଦର୍ଶ ତଥା ଜୀବନବୋଧ ସଂପର୍କିତ ସ୍ୱତନ୍ତ୍ର ପରିଭାଷା ପ୍ରଦାନ କ୍ଷେତ୍ରରେ ଗୌରହରି ଦାସ (୧୯୬୦)ଙ୍କ ଭୂମିକା ଉଲ୍ଲେଖଯୋଗ୍ୟ। ଜୀବନର ବିବିଧ ସମସ୍ୟା ପ୍ରତି ସଚେତନ ତାଙ୍କର ଶିଳ୍ପୀପ୍ରାଣ ଓଡ଼ିଶାର ପ୍ରାନ୍ତୀୟ ସୀମା ଅତିକ୍ରମ କରି ବିଶ୍ୱ-ହିତୈଷୀ ଅନୁଚିନ୍ତାକୁ ନେଇ ବେଶ୍ ଉଚ୍ଛ୍ୱସିତ। ତାଙ୍କ ବ୍ୟକ୍ତିକ ଜୀବନ ତାଙ୍କୁ ବଞ୍ଚିବାର ଅଦ୍ଭୁତ ପରିଭାଷା ପ୍ରଦାନ କରିବା ସହିତ ତାଙ୍କ ଦୃଷ୍ଟିକୁ ପରିବ୍ୟାପ୍ତ କରିଛି। ବୋଧହୁଏ ସେଇଥିପାଇଁ ତାଙ୍କ ସୃଷ୍ଟିଗୁଡ଼ିକ ବୁଦ୍ଧିଦୀପ୍ତ ହେବା ସହ ହାର୍ଦ୍ଦିକ ମଧ୍ୟ! ଶୈଶବର କୋମଳ ପରିଧିରେ ଯେଉଁଠି ତାଙ୍କ ପାଇଁ ଧୋ' ବାୟାର ଲୋରୀ ଶୁଣି ଗହମ ନିଦରେ ଶୋଇବାର ସୁଯୋଗ ଥିଲା, ସେଇ ବୟସରୁ ହିଁ ନିରାପତ୍ତାଶୂନ୍ୟ-ଅସହାୟ ଜୀବନସ୍ଥିତି ତଥା ସ୍ୱପ୍ନାହତ ପରିବେଶ ତାଙ୍କୁ ଯଥେଷ୍ଟ ପରିପକ୍ୱ-ଅନୁଭୂତିସିଦ୍ଧ କରି ତୋଳିଥିଲା। ଏକ ପାର୍ଶ୍ୱରେ ଉଚ୍ଛ୍ୱସିତ ଆବେଗ, ନିରୀହ ଚାପଲ୍ୟ ଓ ଅପର ପାର୍ଶ୍ୱରେ ପରିସ୍ଥିତି ପ୍ରଭାବୀ ବାଧ୍ୟ ଅନାସକ୍ତି ପୁଣି ପରାହତ ଇଚ୍ଛାର ଦ୍ୱିବିଧ ପେଣ୍ଡୁଲମୀୟ ସ୍ଥିତାବସ୍ଥାକୁ ନେଇ ତାଙ୍କ ନିରୀହ ଶୈଶବ ମର୍ମାହତ ହୋଇଛି। ପ୍ରତ୍ୟେକଟି ପ୍ରତିକୂଳ ସ୍ଥିତିରେ ତାଙ୍କ ଅସ୍ତିତ୍ୱର ଗରିମା ଉଜ୍ଜ୍ୱଳ ସମ୍ଭାବନା ଅଙ୍କନ କରିଛି। ବିକଳ ହା-ହତୋଽସ୍ମି ମଧ୍ୟରେ ଗୌରହରି ଦାସଙ୍କ ବ୍ୟକ୍ତିତ୍ୱର ଦ୍ୟୁତି ସ୍ୱତଃ ବିସ୍ତାରିତ ହୋଇଛି। ତେଣୁ ତାଙ୍କର ପ୍ରତ୍ୟେକ ସୃଷ୍ଟିରେ ଅସମ୍ଭବ ମଧ୍ୟରେ ସମ୍ଭାବନା, ନିରାଶା ମଧ୍ୟରେ ଆଶାର ସ୍ୱର ଅନୁରଣିତ ହୁଏ। ଗୌରହରି ଦାସଙ୍କ ଗଚ୍ଛିତ ଅନୁଭବମାନେ ତାଙ୍କ ସାହିତ୍ୟ ବାଙ୍ମୟକୁ

ବହୁବର୍ଣ୍ଣା କରିଛନ୍ତି। ଜୀବନକୁ ନେଇ ତାଙ୍କ ଉପଲବ୍ଧି ଓ ଦର୍ଶନ ବିବିଧ ରଙ୍ଗରେ ଭିନ୍ନ ଭିନ୍ନ ସୃଷ୍ଟି ମଧ୍ୟରେ ଧାଡ଼ିବାନ୍ଧି ଛିଡ଼ାହୋଇ ସ୍ୱ-ଆତ୍ମପରିଚୟ ପ୍ରଦାନ କରିଛନ୍ତି। ସ୍ୱଳ୍ପ ସମୟ ମଧ୍ୟରେ ତାଙ୍କର ଅଭେଦ୍ୟ ଜୀବନ ପରିସର 'କ୍ଷୀଣାଲୋକ'ର ପ୍ରାରମ୍ଭିକ ସାରସ୍ୱତ ପର୍ବ ଦେଇ କ୍ରମେ ଜୀବନୀୟ 'ସାରାଂଶ'କୁ ମର୍ଯ୍ୟାଦା ପ୍ରଦାନ କରିପାରିଛି। ତାଙ୍କ ଅସହାୟ ଜୀବନ ଯେଉଁଠି ମଣିଷକୁ ଅତି ସହଜରେ ନିଃଶେଷ ହୋଇଯିବା ନିମନ୍ତେ ପ୍ରତିକୂଳ ଅବସ୍ଥାର ପାହାଡ଼ ପ୍ରସ୍ତୁତ କରିଛି, ସେଇଠି ତାଙ୍କ ସ୍ୱାନୁଭୂତିର ଶକ୍ତି ତାଙ୍କୁ ପ୍ରଚଣ୍ଡ ଆତ୍ମଦ୍ୟୋତନା ଏବଂ ଅସୀମ ଉତ୍ସାହରେ ଗତିଶୀଳ ହେବାକୁ ଅନୁପ୍ରେରିତ କରିଛି।

ଦୀର୍ଘ ତିନି ଦଶନ୍ଧିରୁ ଊର୍ଦ୍ଧ୍ୱକାଳ ଧରି ଗୌରହରି ଦାସଙ୍କ ଐଶୀ ଲେଖନୀ ତାଙ୍କୁ ଏକାଧାରରେ କବି, ଗାଳ୍ପିକ, ଔପନ୍ୟାସିକ, ପ୍ରାବନ୍ଧିକ, ନାଟ୍ୟକାର, ସ୍ତମ୍ଭକାର, ସଂପାଦକ, ଅନୁବାଦକ, ଭ୍ରମଣବୃତ୍ତାନ୍ତକାରୀ ତଥା ଶିକ୍ଷାବିତ୍‌ର ପରିଚୟ ପ୍ରଦାନ କରିଛି। ଉପନ୍ୟାସ ପାଇଁ ଓଡ଼ିଶା ସାହିତ୍ୟ ଏକାଡେମି ଓ ଗଳ୍ପ ପାଇଁ କେନ୍ଦ୍ର ସାହିତ୍ୟ ଅକାଦେମି ପୁରସ୍କାରପ୍ରାପ୍ତ ଗୌରହରି ଦାସଙ୍କର ଅଦ୍ୟାବଧି ଷୋହଳଟି ଗଳ୍ପ ସଂକଳନ, ସାତଟି ଉପନ୍ୟାସ, ତିନିଟି ଭ୍ରମଣ କାହାଣୀ, ଛଅଟି ଲଳିତ ଗଦ୍ୟ ସଂକଳନ, ଛଅଟି ଅନୁବାଦ, ନାଟକ, ପ୍ରବନ୍ଧ, କବିତା ଆଦି ପ୍ରାୟ ସତୁରିରୁ ଊର୍ଦ୍ଧ୍ୱ ପୁସ୍ତକ ପ୍ରକାଶିତ।

ଗୌରହରି ଦାସଙ୍କ ସମସ୍ତ ସୃଷ୍ଟି ମଧ୍ୟରେ ପାଠକ ପ୍ରମୁଖତଃ ତାଙ୍କର ଚତୁର୍ବିଧ ଅନ୍ତଃସ୍ୱର ଅନୁଭବ କରିପାରିବେ।

୧. ସାମାଜିକ ଜୀବନ ପ୍ରତି ଅଙ୍ଗୀକାରବଦ୍ଧତା

୨. ପ୍ରବୃତ୍ତୀୟ ନିଛକପଣ ମଧ୍ୟରେ ନିୟତ ଆତ୍ମସମୀକ୍ଷା

୩. ଅହଂଶୂନ୍ୟ 'ମୁଁ'କାରର ପ୍ରତିଷ୍ଠା

୪. ବିଶ୍ୱମେଦିନୀ ଦୃଷ୍ଟିକୋଣ

କବିତାରୁ ଆରମ୍ଭ କରି ସଂପାଦନାର ଗୁରୁଦାୟିତ୍ୱ ନିର୍ବାହ ପର୍ଯ୍ୟନ୍ତ ଗୌରହରି ଦାସଙ୍କଠାରେ ଉପର୍ଯ୍ୟୁକ୍ତ ଭାବାତ୍ମକତାର ତ୍ରିବେଣୀ ସଂଗମ ଘଟିଛି। ବହୁ ସାହିତ୍ୟିକଙ୍କ ଭଳି ଗୌରହରି ଦାସଙ୍କ ଆଦ୍ୟସୃଜନ 'କବିତା'ରୁ ହିଁ ଆରମ୍ଭ ହୋଇଥିଲା। 'ପାଉଁଶର ପାଣ୍ଡୁଲିପି' ତାଙ୍କ ତାରୁଣ୍ୟର କିଛି ଛଳଛଳ ଭାବାବେଗକୁ ନେଇ ଊର୍ଜ୍ଜ୍ୱସ୍ୱଳ ହୋଇଛି। ଏଥିରେ 'We suffer more in imagination than reality'କୁ ପାଠକ ଅନୁଭବ କରିପାରନ୍ତି। ଗୌରହରିଙ୍କ ପାଇଁ- 'ସାହିତ୍ୟ ସାମୟିକ ବିଳାସ ନୁହେଁ ଏକ ତପସ୍ୟା। ଚତୁର୍ବର୍ଗ ଫଳପ୍ରାପ୍ତିର ଅଭିଳାଷଠୁ ମଧ୍ୟ ସାହିତ୍ୟମନସ୍କ ହୋଇ ଜୀବନ ବିତେଇ ଦେବାରେ ସେ ଆଗ୍ରହୀ। ସେ ଭାବନ୍ତି- ସାହିତ୍ୟ ପାଖରୁ ସେ ଯଦି ଫେରିଆସିବେ

ତେବେ ତା'ର ହୁଏତ କିଛି କ୍ଷତ ହେବନି, କିନ୍ତୁ ସେ ନିଜେ ଯଦି ସାହିତ୍ୟ ପାଖରୁ ଦୂରେଇ ଯାଆନ୍ତି ତେବେ ତାଙ୍କ ବଞ୍ଚିବାର ଅର୍ଥ ପରିବର୍ତ୍ତିତ ହୋଇଯିବ। 'ପାଉଁଶର ପାଣ୍ଡୁଲିପି'ରେ ସେକ୍ସପିୟରୀୟ 'ସମୟହୀନତାର ଆକର୍ଷଣ', ହକ୍‌ସଲେଙ୍କ ଉଦାରବାଦ, ହତାଶାର ପରିଧି, ଦୁଃଖ ଓ ଯନ୍ତ୍ରଣାର ଲୁଚକାଳି, ରାଗ-ବିରାଗ-ଉଦାସର ମଞ୍ଜୁଳ ବିନ୍ୟାସ ରହିଛି। ଗୌରହରିଙ୍କ ପ୍ରେମ ଚଇତାଳିର କଥା, ଆଶାର ଆକାଶଦୀପ ହୋଇ ବଞ୍ଚିବା, ଶ୍ରଦ୍ଧାର ଶରଧାବାଲି, ବିଶ୍ୱାସର ବାଇଶି ପାହାଚ ହେବାକୁ ଚାହିଁଛି। ତାଙ୍କ କବିତାରେ ଉତ୍ତୀର୍ଣ୍ଣ ପ୍ରେମର ମୋହମୟ ଉଚ୍ଚାଟ ଅତ୍ୟନ୍ତ ହୃଦ୍ୟ। କବି ଗୌରହରି ମାଟି, ଆକାଶ, ଗଛ, ପତ୍ର, ଫୁଲ ସବୁଠି ନିଜର ଅନୁରାଗପୂର୍ଣ୍ଣ ସ୍ଥିତିକୁ ନେଇ ଅନ୍ୟ ଏକ ଜନ୍ମାନ୍ତରରେ ଫେରିବାକୁ ଆକାଙ୍‌କ୍ଷିତ। 'ପାଉଁଶ' – କିଛି ଭସ୍ମୀଭୂତ ଅବଶେଷର କଥା କହେ। ଯେଉଁଥିରେ କିଛି ଅଙ୍ଗୀଭୂତ-ଆତ୍ମିକ ତତ୍ତ୍ୱ କ୍ଷୟପ୍ରାପ୍ତ ହୋଇଥାଏ। ଅବୟବ ଦଗ୍ଧ ହୋଇଥାଏ ସତ; କିନ୍ତୁ ପ୍ରେମାନୁରକ୍ତିର ମୋହମୟ ଉଚ୍ଚାରଣ ସେମିତି ଜୀବନ୍ତ ଥାଏ 'ପାଣ୍ଡୁଲିପି' ରୂପରେ। ଦକ୍ଷଯଜ୍ଞର ଅମୃତ ଦହନ ମଧ୍ୟରୁ ସତୀ ଉମାଙ୍କ ପ୍ରତ୍ୟାବର୍ତ୍ତନ ଭଳି 'ପାଉଁଶର ପାଣ୍ଡୁଲିପି'ରେ ପୂର୍ବ ସଂଚିତ ଅନୁରାଗ, ପ୍ରତୀତି, ଆବେଗ, ଲୋଡ଼ିବାପଣ, ସମର୍ପଣ ଓ ପ୍ରତୀକ୍ଷାର ଅନ୍ତଃହୀନ ଆକୁତି ଅତି ଚମତ୍କାର ଭାବରେ ସୁରକ୍ଷିତ ରହିଛି। ତରଳ ଭଲପାଇବାର ଅଶ୍ରୁ, ଆବେଗ, ଅଭିମାନ, ଲୋକାଚାର ପ୍ରତି ସମ୍ମାନ, ସୀମା-ମର୍ଯ୍ୟାଦାର ଶୃଙ୍ଖଳା ମଧ୍ୟରେ ସଂଯତ କବିଙ୍କ ଅନ୍ତରାତ୍ମା ଆନ୍ତରିକ ପ୍ରେମର ପ୍ରତ୍ୟେକଟି ପରିଣାମ ଭୋଗିବାକୁ ମଧ୍ୟ ପ୍ରସ୍ତୁତ ଅଛି। ଅତିକ୍ରାନ୍ତ ସମୟରେ ମଧ୍ୟ ଆବେଗର ଦୀପକୁ ଜଳେଇ ରଖିବାକୁ କବି ପ୍ରସ୍ତୁତ।

'ପାଉଁଶର ପାଣ୍ଡୁଲିପି' କବି ଗୌରହରିଙ୍କ ଅସୀମ ଭାବୋଚ୍ଛ୍ୱାସର ଏକ ଚମତ୍କାର ଆଲେଖ୍ୟ। ଏହାର ପରିଣତି ଆଡ଼କୁ ବିରାଗର ଉଦାତ୍ତ-ଅନୁଦାତ୍ତ, ବିଶ୍ୱାସ ଏବଂ ଅନାସ୍ଥା, ଅପ୍ରାପ୍ତି-ପ୍ରାପ୍ତିର ନାନ୍ଦନିକ ବଳୟ ପୁଣି ନିଭୃତ ପ୍ରଣୟର ଚୋରାବାଲିକୁ ସାଉଁଟି ହୁଏ। ପ୍ରେମ ପାଖରେ ଚିରକାଳ ଅପହଞ୍ଚ ରହିବାର ଅଭିମାନକୁ ନେଇ ଅବ୍ୟକ୍ତ-ଆହତ ଆତ୍ମାର କଥାକୁ ପର୍ଯ୍ୟାପ୍ତ ବିସ୍ମୟ ଶବ୍ଦାବଳୀ ମାଧ୍ୟମରେ ପାଠକ ନିକଟରେ ପହଞ୍ଚାଇବାକୁ କବିଙ୍କ ପ୍ରୟାସ ଅଭିନନ୍ଦନୀୟ।

ଔପନ୍ୟାସିକ ଗୌରହରି ଦାସଙ୍କ 'ପଞ୍ଚପର୍ବ' ପୁସ୍ତକରେ 'ଛାୟାସୌଧର ଅବଶେଷ', 'କେତେ ରଙ୍ଗର ଜୀବନ', 'ନିଜ ସାଙ୍ଗେ ନିଜର ଲଢ଼େଇ', 'ଏଇଠୁ ଆରମ୍ଭ', 'ଆପଣଙ୍କ ଆଜ୍ଞାଧୀନ' ଶୀର୍ଷକ ପାଞ୍ଚଗୋଟି ଉପନ୍ୟାସ ସଂକଳିତ ହୋଇଛି। 'ଛାୟାସୌଧର ଅବଶେଷ'କୁ ଭୁବନେଶ୍ୱର ପୁସ୍ତକମେଳା ପୁରସ୍କାର ଏବଂ 'ନିଜ ସାଙ୍ଗେ ନିଜର ଲଢ଼େଇ'କୁ ୨୦୦୧ର ଓଡ଼ିଶା ସାହିତ୍ୟ ଏକାଡେମୀ ପୁରସ୍କାର,

'ଏଇଠୁ ଆରମ୍ଭ'କୁ କାଦମ୍ବିନୀ ସମ୍ମାନ ପ୍ରାପ୍ତ ହୋଇଛି। 'ସାରାଂଶ' ଗୌରହରି ଦାସଙ୍କ ଷଷ୍ଠ ଉପନ୍ୟାସ। 'ପକ୍ଷୀଘର' ପୂଜାସଂଖ୍ୟା-୨୦୨୧ରେ ପ୍ରକାଶିତ ଉପନ୍ୟାସ ପରେ 'ବିଡ଼ମ୍ବିତ ଅଭିସାର' ଉପନ୍ୟାସ ରୂପେ ଆତ୍ମପ୍ରକାଶ ଲାଭ କରିଛି। ଏହା ତାଙ୍କର ସପ୍ତମ ଉପନ୍ୟାସ। 'ଆପଣଙ୍କ ଆଜ୍ଞାଧୀନ' ଉପନ୍ୟାସ ବ୍ୟତୀତ ଅନ୍ୟାନ୍ୟ ଛଅଟି ଉପନ୍ୟାସରେ ନାରୀ ମନଃସ୍ଥିତିର ମାର୍ମିକ ଅଭିବ୍ୟକ୍ତି ଗୌରହରି ଦାସଙ୍କୁ ସ୍ୱତନ୍ତ୍ର ପରିଚୟ ପ୍ରଦାନ କରିଛି। 'ବିଡ଼ମ୍ବିତ ଅଭିସାର' ଉପନ୍ୟାସ କିମ୍ବଦନ୍ତୀ ତଥା ପୁରାଣକଳ୍ପର ସମ୍ମିଶ୍ରିତ ରୂପ ହେଲେହେଁ ଆଧୁନିକ ସମାଜରେ ନାରୀ ବ୍ୟକ୍ତିତ୍ୱର ଅଭିନବ ଆଚରଣ-ଆଦର୍ଶ ତଥା ଶକ୍ତିଶାଳୀ ଦାର୍ଶନିକତାର ମହତ୍ତ୍ୱ ପ୍ରତିପାଦନ କରିଛି। ନାରୀକୁ ଏକ ସ୍ୱତନ୍ତ୍ର ବ୍ୟକ୍ତି ଭାବରେ ଉପସ୍ଥାପିତ କରିବା ହିଁ ଔପନ୍ୟାସିକ ଗୌରହରି ଦାସଙ୍କ ସୃଷ୍ଟିର ବୈଶିଷ୍ଟ୍ୟ। 'ସାରାଂଶ'ରେ ସାଂପ୍ରତିକ ବିସ୍ଥାପନ ସମସ୍ୟାର ଉତ୍କଟ ରୂପ ବିଶ୍ଳେଷିତ ହୋଇଛି।

ଅତୀତକୁ ଅମୃତ ଏବଂ ସ୍ମୃତିହୀନତାକୁ ମୃତ୍ୟୁ ମନେ କରୁଥିବା କଥାକାର ଗୌରହରି ଦାସଙ୍କ କଥାସାହିତ୍ୟରେ ତାଙ୍କ ଅତୀତର ଧୂଳିଘରର ଅୟୁତ ଅପ୍ରାପ୍ତିର କୋଳାହଳ, ହଜିଲା ସଂପର୍କ, ଅପୂର୍ଣ୍ଣ ଆଗ୍ରହ, ମଣିଷମାନଙ୍କର ସ୍ମୃତିବିଜଡ଼ିତ ଅସଂଖ୍ୟ ଅନୁଭବ, ଉପଲବ୍ଧି ତଥା ଜୀବନ ସମସ୍ୟାର ସୂକ୍ଷ୍ମାତିସୂକ୍ଷ୍ମ ରୂପାୟନ ରହିଛି। କଥାପଟୁ ଗୌରହରି ଦାସଙ୍କ 'କଥା ସମଗ୍ର' ପ୍ରଥମ, ଦ୍ୱିତୀୟ ଏବଂ ତୃତୀୟ ଭାଗରେ ସଂକଳିତ ଗଳ୍ପଗୁଡ଼ିକରେ ସାଂପ୍ରତିକ ସମାଜର ସ୍ଥିତି, ମଣିଷ ଜୀବନର ବ୍ୟାପକ ଘଟଣାର ବିଶେଷ ଦିଗ ଆଲୋକିତ ହୋଇଛି। ତାଙ୍କର ପ୍ରତିଟି ଗଳ୍ପ ପଛରେ ଗୋଟେ ନେପଥ୍ୟ କାହାଣୀ ରହିଛି। ତାଙ୍କ ଗଳ୍ପର ଚରିତ୍ରମାନଙ୍କୁ ସେ କଳ୍ପଲୋକରୁ ଆଣି ନାହାନ୍ତି ବରଂ ପ୍ରତ୍ୟକ୍ଷ ପରିଚିତ ପରିସର ଏବଂ ଆଖିଦେଖା ଜଗତରୁ ସାଉଁଟିଛନ୍ତି। ତାଙ୍କ ଗଳ୍ପଗୁଡ଼ିକ ସାଂପ୍ରତିକ ସମାଜ ବ୍ୟବସ୍ଥାରେ ଥିବା ଦୁର୍ବଳତାର କ୍ଷତିପୂରଣ ନୁହେଁ, ବରଂ ଗାଳ୍ପିକଙ୍କ ହସ୍ତକ୍ଷେପ। ଗାଳ୍ପିକ ଗୌରହରିଙ୍କ ଜନ୍ମ ଓ ଜୀବନ କୌଣସି ଗଳ୍ପବୃତ୍ତରୁ କମ୍ ରୋମାଞ୍ଚକର ନୁହେଁ। ସେ ଗଳ୍ପ ସହିତ ହିଁ ଜନ୍ମ ହୋଇଥିବା ସ୍ୱୀକାର କରନ୍ତି।

ସୂକ୍ଷ୍ମ-ବୌଦ୍ଧିକତା ଓ ଦାର୍ଶନିକତାର ଅପୂର୍ବ ସମାହାର ପ୍ରାବନ୍ଧିକ ଗୌରହରି ଦାସଙ୍କ ବ୍ୟକ୍ତିତ୍ୱର ସମୁଚ୍ଚ ରୂପ ନିର୍ଣ୍ଣୟ କରେ। ପ୍ରଗାଢ଼ ତଥା ପ୍ରକୃଷ୍ଟ ଭାବରେ ବିଶ୍ଳେଷିତ ହୋଇଛି ତାଙ୍କ 'ପ୍ରବନ୍ଧ' ସମ୍ଭାର। ତାଙ୍କ ବାଗ୍ମିତାର ପରିଚୟକୁ କଳାତ୍ମକ ରୂପ ପ୍ରଦାନ କରିଛି 'କଥା ସରିନାହିଁ' ଏବଂ 'ଆଉ କିଛି କଥା' ଭଳି ବ୍ୟକ୍ତିନିଷ୍ଠ ପ୍ରବନ୍ଧାବଳୀ। ଦୀର୍ଘ ଚାରି ଦଶନ୍ଧି ଧରି ପ୍ରବନ୍ଧ ରଚନା ମାଧ୍ୟମରେ ସେ ସ୍ୱତନ୍ତ୍ର ପରିଚୟ ହାସଲ କରିଛନ୍ତି। 'ଓଡ଼ିଶା ଡାଏରୀ', 'କଥା ସରିନାହିଁ', 'କାହାର ଓଡ଼ିଶା', 'ରାଜଧାନୀ ରାଜନୀତି' (ପ୍ରଥମ ଭାଗ), 'ରାଜଧାନୀ ରାଜନୀତି' (ଦ୍ୱିତୀୟ ଭାଗ) ଏବଂ 'ଆଉ

କିଛି କଥା' ପୁସ୍ତକଗୁଡ଼ିକ ମୁଖ୍ୟତଃ ସାଂପ୍ରତିକ ସମସ୍ୟାର ଉନ୍ମୋଚନ ଓ ସମାଧାନର ଦାୟିତ୍ୱ ବହନ କରିଛି। କେବଳ ସାମାଜିକ ସମସ୍ୟା ନୁହେଁ, ରାଜନୀତିକ ଦ୍ୱନ୍ଦ୍ୱ, ସାଂସ୍କୃତିକ ଅବକ୍ଷୟମାଣ ସ୍ଥିତି, ମୂଲ୍ୟବୋଧ ହ୍ରାସ ଜନିତ ବିକଟ ପରିସ୍ଥିତିର ବିଶ୍ଳେଷଣ କ୍ଷେତ୍ରରେ ପ୍ରାବନ୍ଧିକ ଗୌରହରି ଦାସ ଜଣେ ମନନଶୀଳ ସ୍ରଷ୍ଟା। ତାଙ୍କର ପ୍ରବନ୍ଧଗୁଡ଼ିକ ଓଡ଼ିଶାର ଦୀର୍ଘ ଚାଳିଶ ବର୍ଷର ଘଟଣାକ୍ରମର ନିଛକ-କଳାତ୍ମକ ଉପସ୍ଥାପନା କହିଲେ ଅତ୍ୟୁକ୍ତି ହେବ ନାହିଁ।

ସୃଜନଶିଳ୍ପୀ ଗୌରହରି ଦାସ ଜଣେ ବୁଦ୍ଧିଦୀପ୍ତ ପର୍ଯ୍ୟଟକ ମଧ୍ୟ। ଏକଦା ପର୍ଯ୍ୟଟନ ତାଙ୍କ ପାଇଁ ଥିଲା ଏକ ଅପହଞ୍ଚ ସ୍ୱପ୍ନ ମାତ୍ର ! ଦୁର୍ବାର ଆକାଂକ୍ଷା, ଜିଜ୍ଞାସାବୋଧ ଏବଂ ପ୍ରତିକୂଳ ସ୍ଥିତିକୁ ଆହ୍ୱାନ ଜଣାଇ ସେ ଓଡ଼ିଶାର ଏକ ପ୍ରାନ୍ତୀୟ-ଗ୍ରାମାଞ୍ଚଳରୁ ଯାଇ ଆମେରିକା, ଚୀନ୍, ସ୍ୱିଡେନ୍ ଭଳି ଅନେକ ଦେଶ ପରିଭ୍ରମଣ କରି ନିଜ ଜ୍ଞାନବତ୍ତାକୁ ପ୍ରତିଷ୍ଠା କରିପାରିଛନ୍ତି। 'ଓସା'ର ଆମନ୍ତ୍ରଣ ରକ୍ଷା କରି, ତା'ର ଅଧିବେଶନରେ ଯୋଗଦାନ ନିମନ୍ତେ ଗୌରହରି ଦାସ ୧୯୯୬ ମସିହାରେ ପ୍ରଥମ ଥର ପାଇଁ ଆମେରିକା ଯାଇଥିଲେ। ତାହାର ସ୍ମୃତିକୁ ପାଥେୟ କରିଛି ତାଙ୍କର 'ପ୍ରଥମ ପ୍ରବାସ' ଭ୍ରମଣ ଅନୁଭୂତି। ପରବର୍ତ୍ତୀ ପର୍ଯ୍ୟାୟରେ ସେ 'ଦୁଇ ଦିଗନ୍ତ' ଏବଂ 'ଚିହ୍ନା ଅଚିହ୍ନା ଚୀନ୍' ଶୀର୍ଷକ ଅନ୍ୟ ଦୁଇଟି ଭ୍ରମଣ ବୃତ୍ତାନ୍ତ ରଚନା କରିଛନ୍ତି। ଏ ସମସ୍ତ ଭ୍ରମଣ ସାହିତ୍ୟରେ ଗ୍ରାମ୍ୟ ଜୀବନ, ଅତୀତ ଆମୁଖତାର ମାର୍ମିକ ଚିତ୍ର ସହିତ ବିଦେଶର ଅପରିଚିତ ପରିବେଶ, ସ୍ଥାନୀୟ ପରମ୍ପରା, କାର୍ଯ୍ୟକଳାପ, କର୍ମନୈପୁଣ୍ୟ ତଥା ସ୍ଥାନୀୟ ଜୀବନଚର୍ଯ୍ୟାର ବାସ୍ତବ ଚିତ୍ର ସୁସ୍ପଷ୍ଟ। ଜଣେ ଭ୍ରମଣକାରୀ ଭାବରେ ଗୌରହରି ଦାସଙ୍କ ଭ୍ରମଣ ଅନୁଭୂତିରେ ଗଚ୍ଛିତ ଅଛି ତତ୍କାଳୀନ ସମୟ-ଜୀବନ ତଥା ଉପଲବ୍ଧିର ସ୍ୱର। ସବୁଠାରୁ ଗୁରୁତ୍ୱପୂର୍ଣ୍ଣ କଥା ହେଉଛି ଗୌରହରିଙ୍କ ବିଦେଶ ବର୍ଣ୍ଣନାର ଛତ୍ରେ ଛତ୍ରେ ଜଣେ ସ୍ୱାଭିମାନୀ ଓଡ଼ିଆର ନିରପେକ୍ଷ ଦୃଷ୍ଟିକୋଣ ତାଙ୍କ ଭ୍ରମଣ ବୃତ୍ତାନ୍ତକୁ ଶିକ୍ଷଣୀୟ ତଥା ପ୍ରଭାବଶାଳୀ କରିପାରିଛି। 'ଭ୍ରମଣ' - ଚିତ୍ତବିନୋଦନ, ଅବସର ବିନୋଦନ, କ୍ଳାନ୍ତି-ଶ୍ରାନ୍ତିରୁ ମୁକ୍ତି ନିମନ୍ତେ ବିସ୍ତୃତ ବେଷ୍ଟନୀ ମାତ୍ର ନୁହେଁ, ବରଂ ଗୌରହରି ଦାସଙ୍କ ନିମନ୍ତେ 'ଭ୍ରମଣ' ଜିଜ୍ଞାସା ପ୍ରଶମନର ଏକ ସୁଦୀର୍ଘ ଯାତ୍ରାପଥ ! ଚୀନ୍ ଓ ଜର୍ମାନୀ ପରେ ୨୦୨୨ରେ ଭାରତୀୟ ଲେଖକ ପ୍ରତିନିଧି ଦଳର ସଦସ୍ୟ ଭାବେ ତାଙ୍କର ପ୍ୟାରିସ୍ ଯାତ୍ରା ନିଶ୍ଚିତ ଭାବରେ ଭାରତର ଶୈକ୍ଷିକ ତଥା ସାଂସ୍କୃତିକ ପ୍ରେକ୍ଷାପଟରେ ତାଙ୍କର ବ୍ୟକ୍ତିତ୍ୱକୁ ପ୍ରତିଷ୍ଠା ଦେଇଛି।

'ଫିଚର୍' ସୃଷ୍ଟି କ୍ଷେତ୍ରରେ ଗୌରହରି ଦାସ ଜଣେ ଅପ୍ରତିଦ୍ୱନ୍ଦ୍ୱୀ ସ୍ତମ୍ଭକାର। ସରଳ, ଗ୍ରାମୀଣ, ନିୟତ ବ୍ୟବହୃତ ଓଡ଼ିଆ ଶବ୍ଦାବଳୀ ପ୍ରୟୋଗ ଦ୍ୱାରା ଅତି

ବିସ୍ମୟକାରୀ-ଆହ୍ଲାଦ ପ୍ରଦାନକାରୀ ବିମ୍ବ ଉତ୍ତୋଳନ କ୍ଷେତ୍ରରେ ସେ ସ୍ୱତନ୍ତ୍ର ସ୍ଥାନ ଅଧିକାର କରିଛନ୍ତି । ତାଙ୍କର 'ଜୀବନର ଜଳଛବି' ଦେଶ-ବିଦେଶରେ ସ୍ଥିତ ଅସଂଖ୍ୟ ଓଡ଼ିଆ ପ୍ରାଣକୁ ଶାନ୍ତି-ତୃପ୍ତି ଓ ଗ୍ରାମ୍ୟ ପରିବେଶର ଅନ୍ତରଙ୍ଗ ସ୍ପର୍ଶ ପ୍ରଦାନ କରେ । 'ଜୀବନର ଜଳଛବି' ମଧ୍ୟରେ ପ୍ରତ୍ୟେକ ସ୍ୱାଭିମାନୀ ଓଡ଼ିଆ ନିଜ ଅସ୍ମିତାକୁ ଅନ୍ୱେଷା କରିପାରିବେ ବୋଲି ବିଶ୍ୱାସ । 'ଜୀବନର ଜଳଛବି' ଅନ୍ତର୍ଭୁକ୍ତ ଫିଚର୍ ଗୁଡ଼ିକରେ ଜୀବନାନୁଭୂତିର ଅନନ୍ୟ ସୌନ୍ଦର୍ଯ୍ୟ ଓ ସୌକୁମାର୍ଯ୍ୟରେ ମହିମାନ୍ୱିତ । ଲେଖକ ଗୌରହରି ଦାସଙ୍କ ଚୈତ୍ତିକ-ଜୀବନୋପଲବ୍ଧିର ରସୋଦ୍ଦୀପ୍ତ ବିଭୂତି 'ଜୀବନର ଜଳଛବି'କୁ ଜୀବନ୍ତ ଓ ସମୁଜ୍ଜ କରିଛି ।

ଜଣେ ସଚେତନଶୀଳ ସଂପାଦକ ଭାବରେ ଗୌରହରି ଦାସ ପ୍ରାୟ ୧୫ ଖଣ୍ଡ ପୁସ୍ତକର ସଂପାଦନା ଦାୟିତ୍ୱ ସୁଚାରୁରୂପେ ନିର୍ବାହ କରିଛନ୍ତି । ଦୀର୍ଘଶ୍ୱାସ ଓ ଲୁହ-ପ୍ରେମର ଅନ୍ତରଙ୍ଗ ପ୍ରତିନିଧିତ୍ୱ କରୁଥିବା ମାନବୀୟ ଆବେଗକୁ ସମୟ ସୁଅରୁ ସାଉଁଟିବାର ସାର୍ଥକ ପ୍ରୟାସ ହୋଇଛି ତାଙ୍କର 'ପିଲାଦିନ', 'ପ୍ରେମ', 'ସୂର୍ଯ୍ୟାସ୍ତର ରଙ୍ଗ', 'ପ୍ରେମ କଥା', 'ନିର୍ବାଚିତ କଥା' ଭଳି ସଂପାଦିତ ପୁସ୍ତକରେ । ତିନି ବିଶିଷ୍ଟ ବ୍ୟକ୍ତିଙ୍କ ଜୀବନାଦର୍ଶ ତଥା କର୍ମମୟ ଜୀବନ ଆଧାରରେ 'କର୍ମଯୋଗୀ ଫକୀରଚରଣ', 'ଜଗଦୀଶ ମହାନ୍ତିଙ୍କ ଶ୍ରେଷ୍ଠ ଗଳ୍ପ' ତଥା 'ସୁରେନ୍ଦ୍ର ଚୟନିକା' ସଂପାଦିତ ହୋଇଛି । ଓଡ଼ିଆ ଭାଷା ସାହିତ୍ୟର ଗୁଣାତ୍ମକତାକୁ ମହତ୍ତ୍ୱ ପ୍ରଦାନ କରି ଓଡ଼ିଆ ଗଳ୍ପକୁ ପରିଭାଷିତ କରିବାର ଅଭିନବ ପ୍ରୟାସ ରହିଛି ତାଙ୍କର 'ଭଲ ଗଳ୍ପ: ଭୂମି ଓ ଭୂମିକା', 'ସ୍ୱାଧୀନୋତ୍ତର ଓଡ଼ିଆ କ୍ଷୁଦ୍ରଗଳ୍ପ: ତିନି', 'ଓଡ଼ିଆ ଗଳ୍ପ: କାଲି, ଆଜି ଓ ଆସନ୍ତାକାଲି', 'କଥାଟିଏ' (ଭାଗ ଏକ ଓ ଦୁଇ) ଭଳି ସଂପାଦିତ ପୁସ୍ତକରେ । 'ନବଲେଖନ: ଓଡ଼ିଆ କ୍ଷୁଦ୍ରଗଳ୍ପ' ସଂକଳନରେ ନବପ୍ରତିଭାମାନଙ୍କର ଗଳ୍ପ ଲେଖିବାର ପ୍ରୟାସକୁ ଆଉ ପାଦେ ଆଗେଇ ନେବା ପାଇଁ ନୂଆ ନୂଆ ଗଳ୍ପଗୁଡ଼ିକ ସଂକଳିତ କରାଯାଇଛି । ଏତଦ୍‌ବ୍ୟତୀତ 'ସମ୍ବାଦ' ଖବରକାଗଜର ସାହିତ୍ୟ ବିଭାଗ ତଥା 'କଥା' ପତ୍ରିକାର ସଂପାଦନା କ୍ଷେତ୍ରରେ ଗୌରହରି ଦାସଙ୍କ ଉତ୍କୃଷ୍ଟ ସଂପାଦନା ଶୈଳୀ ଏବଂ ବଳିଷ୍ଠ ଦାୟିତ୍ୱବୋଧ ନିଶ୍ଚିତ ଭାବରେ ଅଭିନନ୍ଦନୀୟ ।

ସାଂପ୍ରତିକ ନାଟ୍ୟ ସାହିତ୍ୟରେ ଗୌରହରି ଦାସ ଜଣେ ପ୍ରତିଶ୍ରୁତିବଦ୍ଧ ଯଶସ୍ୱୀ ନାଟ୍ୟକାର । 'ଅପରାଧ', 'ଆମ ଘର ନକ୍‌ସା', 'ଆସାମୀ', 'ନୂଆ ଠିକଣା', 'ମାୟା' ପ୍ରଭୃତି ସାମାଜିକ ନାଟକଗୁଡ଼ିକର ସେ ସଫଳ ସ୍ରଷ୍ଟା । ଏହି ନାଟକଗୁଡ଼ିକରେ ସମକାଳୀନ ସମାଜର ଅବକ୍ଷୟମାଣ ସ୍ଥିତି, ଅନ୍ୟାୟ, ଅନୀତି, ଅତ୍ୟାଚାର, ନିଷ୍ଠୁରତା ଓ ଜଟିଳ ସମସ୍ୟା ସହିତ ଚରିତ୍ର ତଥା ଘଟଣାଗୁଡ଼ିକ ପ୍ରତି ଗୌରହରି ଦାସଙ୍କ ଶାଣିତ ପୁଣି

ସମ୍ବେଦନଶୀଳ ଦୃଷ୍ଟିଭଙ୍ଗୀ ଅତ୍ୟନ୍ତ ହୃଦ୍ୟ। ଚରିତ୍ର ସୃଷ୍ଟି କ୍ଷେତ୍ରରେ ନିଖୁଣତା, ସଂଳାପ ସଂଯୋଜନା ଓ ନାଟକୀୟ ଉତ୍କଣ୍ଠାର ସ୍ୱତନ୍ତ୍ରତା ହିଁ ଗୌରହରୀୟ ନାଟ୍ୟ ମନୀଷାର ଉଜ୍ଜ୍ୱଳତମ ଦିଗ। ଗ୍ରାମ୍ୟ ଜୀବନଠାରୁ ଆରମ୍ଭ କରି ଯନ୍ତ୍ରବତ୍‌-ନଗରୀ ଜୀବନ ଜିଉଁଥିବା ମଣିଷମାନଙ୍କର ଅନ୍ତଃସ୍ୱରୂପକୁ ଉଦ୍‌ଘାଟନ କରିବା କ୍ଷେତ୍ରରେ ଗୌରହରି ଦାସ ଜଣେ କୁଶଳୀ ଶିଳ୍ପୀ। ତାଙ୍କ ପ୍ରତ୍ୟେକଟି ନାଟକରେ ସମୟ, ସମାଜ, ଜୀବନ, ସଂସ୍କାର, ପରମ୍ପରା, ରାଜନୀତି, ବ୍ୟକ୍ତିବୋଧର ବହୁବିଧ ରୂପ ଉତ୍କୀର୍ଣ୍ଣ ହୋଇଛି। ଶ୍ରବ୍ୟାତ୍ମକ ତଥା ଦୃଶ୍ୟାତ୍ମକ ନାଟକର ସେ ଜଣେ ସମର୍ଥ ନାଟ୍ୟକାର।

ସୁଦକ୍ଷ ଅନୁବାଦକ ଭାବରେ ଗୌରହରି ଦାସ ଜଣେ କୃତବିଦ୍ୟ ସ୍ରଷ୍ଟାପୁରୁଷ। ଇଂରାଜୀ ଓ ହିନ୍ଦୀ ଭାଷାର ସେ ଜଣେ ସୁଦକ୍ଷ ପାଠକ। ଅନୁବାଦ କର୍ମର ସଫଳ ରୂପାୟନ କ୍ଷେତ୍ରରେ ସେ ଅତ୍ୟନ୍ତ ସହଜ ଏବଂ ସ୍ୱାଭାବିକ ଭାବ ଆପଣେଇ ଥାଆନ୍ତି। ଅନୁବାଦର ମୂଳ ଉଦ୍ଦେଶ୍ୟକୁ ମହତ୍ତ୍ୱ ପ୍ରଦାନ କରି ମୂଳ ଭାଷାରେ ରୂପାୟିତ ଭାବ ଓ ବିଚାରକୁ ଅନୂଦିତ ଭାଷାରେ ଚମତ୍କାର ଭାବେ ସେ ବ୍ୟକ୍ତ କରନ୍ତି। ଅନ୍ୟ ଭାଷାରୁ ଅନୁବାଦ କରିବା ସମୟରେ ମୂଳ ସ୍ରଷ୍ଟାର ଚିନ୍ତା ଚେତନାକୁ ଉପଲବ୍ଧି କରି ସେ ତା'ର ମର୍ମାନୁବାଦ କରନ୍ତି। ଗୌରହରି ଦାସ ବିଭିନ୍ନ ଭାଷାରୁ ଛଅ ଖଣ୍ଡ ପୁସ୍ତକ ଅନୁବାଦ କରିଛନ୍ତି। ସେଗୁଡ଼ିକ ମଧ୍ୟରେ 'ମିତ୍ରୋ ମରଜାନୀ' ଓ 'ଛେଳି ଚରେଇବାର ଦିନ' ଅତ୍ୟନ୍ତ ଉଚ୍ଚକୋଟୀର। ଗୌରହରି ଦାସଙ୍କ ଅନେକ ବହି ମଧ୍ୟ ଇଂରାଜୀ ଏବଂ ହିନ୍ଦୀ ଭାଷାରେ ଅନୂଦିତ ହୋଇଛି। ଓଡ଼ିଶାର ନିର୍ଦ୍ଦିଷ୍ଟ ସୀମା ଅତିକ୍ରମ କରି ଗୌରହରିଙ୍କ ସୃଷ୍ଟିମାନସ ଅନ୍ତର୍ଜାତୀୟ ଭାଷା-ସାହିତ୍ୟର ବଳୟ ମଧ୍ୟରେ ପ୍ରଶଂସନୀୟ-ଆଦୃତି ଲାଭ କରିଛି। ଗୌରହରିଙ୍କ ମୌଳିକ କୃତି ମଧ୍ୟରୁ ଗଳ୍ପ 'ଛୁଆ ବାଆଜି'କୁ ଇଂରାଜୀରେ 'ଦି ଲିଟିଲ୍ ମଙ୍କ୍ ଆଣ୍ଡ୍ ଅଦର୍ ଷ୍ଟୋରିଜ୍', 'କେତେ ରଙ୍ଗର ଜୀବନ' ଉପନ୍ୟାସକୁ ଇଂରାଜୀରେ 'ସେଡ୍‌ସ ଅଫ୍ ଲାଇଫ୍' ନାମରେ ଅନୂଦିତ କରାଯାଇଛି। ଅନୁରୂପ ଭାବରେ 'ମଥୁରାର ମାନଚିତ୍ର'କୁ ହିନ୍ଦୀରେ 'ମଥୁରା କା ମାନଚିତ୍ର' ନାମରେ ଏବଂ 'କଣ୍ଟା ଓ ଅନ୍ୟାନ୍ୟ ଗଳ୍ପ' ହିନ୍ଦୀରେ 'କାଣ୍ଟା ତଥା ଅନ୍ୟ କହାନୀୟାଁ' ନାମରେ ଅନୂଦିତ ହୋଇଛି।

ସାଂପ୍ରତିକ ଓଡ଼ିଆ ସାହିତ୍ୟରେ ଗୌରହରି ଦାସ ଜଣେ ନିରଳସ ସ୍ରଷ୍ଟା। ନିରବଚ୍ଛିନ୍ନ ସାହିତ୍ୟ ସାଧନାରେ ଅନୁବ୍ରତୀ ତାଙ୍କ ଶିଳ୍ପୀପ୍ରାଣ କେବଳ ମାନବୀୟ ଜୀବନବୃତ୍ତକୁ ହିଁ ମହତ୍ତ୍ୱ ପ୍ରଦାନ କରିଥାଏ। ସାଂପ୍ରତିକ ସମୟର ସେ ଜଣେ ପ୍ରଭାବ ବିସ୍ତାରକାରୀ ସାହିତ୍ୟିକ କହିଲେ ସତ୍ୟର ଅପଳାପ ହେବ ନାହିଁ।

ଗୌରହରି ଦାସଙ୍କ ସାମଗ୍ରିକ ସୃଜନକର୍ମକୁ ନେଇ ଆଲୋଚନା କରିବାର ନିଷ୍ପତ୍ତି ଆଦୌ ଆକସ୍ମିକ ନ ଥିଲା। 'ରମାଦେବୀ ମହିଳା ବିଶ୍ୱବିଦ୍ୟାଳୟ'ରେ ଓଡ଼ିଆ

ଭାଷା-ସାହିତ୍ୟ ବିଭାଗରେ ଏକଦା ନାରୀସଶକ୍ତିକରଣ ପ୍ରସଙ୍ଗ ଆଲୋଚନା ଅବସରରେ ସାଂପ୍ରତିକ ସମୟର ସବୁଠୁ ଅଧିକ ନାରୀବାଦୀ-ସମ୍ବେଦନଶୀଳ ଲେଖକଙ୍କ ସଂପର୍କରେ ଆଲୋଚନା ହୋଇଥିଲା। ଛାତ୍ରୀମାନେ ସେଦିନ ଗୌରହରି ଦାସଙ୍କ 'ଅହଲ୍ୟାର ବାହାଘର'ର କଥାବସ୍ତୁର ଆଲୋଚନା କରିବା ସହିତ ତା'ର ହୃଦୟସ୍ପର୍ଶକାରୀ ଆବେଦନ ସଂପର୍କରେ ଆଲୋଚନା କରିଥିଲେ। ଏତଦ୍‌ଭିନ୍ନ ଅନ୍ୟାନ୍ୟ ବିଶିଷ୍ଟ ଲେଖକ-ଲେଖିକାଙ୍କ ନାରୀ ମନସ୍ତତ୍ତ୍ୱଧର୍ମୀ କଥାଚାତୁର୍ଯ୍ୟ ସଂପର୍କରେ ମଧ୍ୟ ସେମାନେ ଦୀର୍ଘ ଚର୍ଚ୍ଚା କରିଥିଲେ। ସେଦିନ ଆମେ ନାରୀ ପକ୍ଷଧର ଓ ନାରୀସଶକ୍ତିକରଣକୁ ଦୃଢ଼ତାର ସହ ସ୍ୱୀକୃତି ପ୍ରଦାନ କରିଥିବା କଥାକାର ଗୌରହରି ଦାସଙ୍କ ସୃଷ୍ଟିସମ୍ଭାରକୁ ସର୍ବପ୍ରଥମେ ଆଲୋଚନା ପାଇଁ ଗ୍ରହଣ କରିବୁ ବୋଲି ନିଷ୍ପତ୍ତି ନେଇଥିଲୁ। ସେହି ସାରସ୍ୱତ ନିଷ୍ପତ୍ତିର ଫଳଶ୍ରୁତି ହେଉଛି ଏହି 'ଗୌରହରି ଦାସଙ୍କ ସାରସ୍ୱତ ବଳୟ' ସଂକଳନ, ଯେଉଁଥିରେ ଲେଖକଙ୍କ ସୃଜନଶୀଳ ବ୍ୟକ୍ତିତ୍ୱର ବିକ୍ଷିପ୍ତ ଆକଳନ ନିମନ୍ତେ କ୍ଷୁଦ୍ର ପ୍ରୟାସ ହୋଇଛି। ଏହି ସଂକଳନସ୍ଥ ଆଲୋଚନାଗୁଡ଼ିକ ଆୟାସସାଧ୍ୟ ତଥା ସମୟସାପେକ୍ଷ। ଗୌରହରିଙ୍କୁ ନେଇ ଆଗାମୀ ଗବେଷଣା କ୍ଷେତ୍ରରେ ଏହା ଜିଜ୍ଞାସୁ ଗବେଷକଙ୍କ ନିମନ୍ତେ ଏକ ସୁଦୂରପ୍ରସାରୀ ଉପାଦେୟ ପୁସ୍ତକ ପ୍ରମାଣିତ ହେବ ବୋଲି ଆମର ବିଶ୍ୱାସ। ଆଶା କରୁଛୁ ଏହି ସଂକଳନଟି ଗୌରହରି ଦାସଙ୍କ ସାହିତ୍ୟାନୁରାଗୀଙ୍କୁ ତାଙ୍କ ସାହିତ୍ୟ ସଂପର୍କରେ ପର୍ଯ୍ୟାପ୍ତ ଜ୍ଞାନ ପ୍ରଦାନରେ ସହାୟକ ହେବ। ସଂକଳନଟିକୁ ପ୍ରସ୍ତୁତ କରିବା କ୍ଷେତ୍ରରେ ଏକାଗ୍ର ନିଷ୍ଠା ପ୍ରଦର୍ଶନ କରିଥିବା ସହ ସଂପାଦିକା ଦୀପ୍ତି, ଭାରତୀ, ଜ୍ୟୋତି ଏବଂ ମୁଦ୍ରଣ କାର୍ଯ୍ୟରେ ସହଯୋଗ କରିଥିବା ଅନୁଜପ୍ରତିମ ପ୍ରତାପ କୁମାର ସାହୁଙ୍କୁ ମୋର ଶୁଭାଶୀର୍ବାଦ।

ଗୌରହରି ଦାସଙ୍କ ସୃଜନକର୍ମ ସଂପର୍କିତ ଏହି ସଂକଳନ 'ଗୌରହରି ଦାସଙ୍କ ସାରସ୍ୱତ ବଳୟ' ପାଠକୀୟ ଆଦୃତି ଏବଂ ଶ୍ରଦ୍ଧା ଲାଭ କରିପାରିବ ବୋଲି ମୋର ବିଶ୍ୱାସ।

ଡକ୍ଟର ସଂଘମିତ୍ରା ଭଞ୍ଜ

ବିଭାଗ ମୁଖ୍ୟ, ଓଡ଼ିଆ ଭାଷା-ସାହିତ୍ୟ ବିଭାଗ

ରମାଦେବୀ ମହିଳା ବିଶ୍ୱବିଦ୍ୟାଳୟ, ଭୁବନେଶ୍ୱର

ଉତ୍ତର-ଆଧୁନିକତାର ପୃଷ୍ଠବନ୍ଧରେ ଗୌରହରି ଦାସଙ୍କ ଉପନ୍ୟାସ

ସଂଘମିତ୍ରା ଭଞ୍ଜ

ସାର୍ତ୍ରଙ୍କ ଶବ୍ଦରେ "ସାହିତ୍ୟକାର ସମସ୍ତ ସଂସାରର ରହସ୍ୟ ଉଦ୍‌ଘାଟନ ଭାର ଗ୍ରହଣ କରିନେଇଛି। ଏଣୁ ମନୁଷ୍ୟ ପାଇଁ ମନୁଷ୍ୟର ଉଦ୍‌ଘାଟନ କରିବାକୁ ସେ ପସନ୍ଦ କରିବ, ଯଦ୍ଦ୍ୱାରା ଚକ୍ଷୁ ସମ୍ମୁଖରେ ବିଚ୍ଛୁରିତ ସମସ୍ତ ବସ୍ତୁ ପ୍ରତି ସେ ସଚେତନ ରହିବ।" (୧) E.M. Forsterଙ୍କ ଭାଷାରେ- "Novel is the moisture areas of life." 'ଜୀବନର ଆର୍ଦ୍ରଭୂମି' ହିଁ 'ଉପନ୍ୟାସ' ରୂପେ ଅଭିହିତ। ଗଭୀରତମ ଜୀବନବୋଧ 'ଉପନ୍ୟାସ'ର ଆଧାର। କାରଣ- Where there is no depth, there is no reality. ବାସ୍ତବତାର ସ୍ୱୀକୃତି ନିମନ୍ତେ ଜୀବନ ଓ ସମୟର ଗଭୀରତମ ଉପଲବ୍ଧିର ଆବଶ୍ୟକତା ରହିଛି। ତେଣୁ ଜଗତ-ଜୀବନ ଏବଂ କାଳଖଣ୍ଡର ପ୍ରବୃତ୍ତିଗତ ଅନ୍ତରଙ୍ଗ ରୂପ ଭାବରେ 'ଉପନ୍ୟାସ' ବେଶ୍ କଳାତ୍ମକ। "ଜୀବନକୁ ଆମେ ଯେତେ ଦୁର୍ବିସହ ମନେକଲେ ବି ଜୀବନ ହିଁ ଜୀବନ। ତାହା ସର୍ବଦା ଆଲୋକିତ। ଆଲୋକିତ ଜନବାସ ହିଁ ଜୀବନର ସ୍ଥିତି, ଗତି, ବିଳୟ; ନିୟତ ବସୁଧା ଯେତେ କ୍ଷତାକ୍ତ ପୋଡ଼ାଭୂଇଁ ଭିତରେ ଥାଉନା କାହିଁକି, ତାକୁ ଶେଷରେ ହିଁ ଜୀବନର ମଞ୍ଚକୁ ଫେରିବାକୁ ହେବ।"(୨) ଏ କ୍ଷେତ୍ରରେ ଶିଳ୍ପୀକୁ କେବଳ ସଚେତନ ହେବାକୁ ହୁଏ ନାହିଁ, ତତ୍‌ସହିତ ଗଭୀର ଅନ୍ତର୍ଦୃଷ୍ଟିସଂପନ୍ନ ଓ ସହୃଦୟ ମଧ୍ୟ ହେବାକୁ ହୁଏ। "ଗଭୀର ଆତ୍ମୋପଲବ୍ଧି ସହ ଯୁଗ ଚେତନାର (The sense of his own Age- T. S. Eliot) ମଧୁର ସନ୍ନିପାତ ଶିଳ୍ପୀକୁ ଦିଏ ମହତ୍ ସୃଷ୍ଟିର ମହିମାନ୍ୱିତ ପ୍ରେରଣା। ବିସ୍ତୃତତର ଓ ଗଭୀରତର ମାନବତାର ସାଧନା ଓ ରୂପାୟନ, ଯାହାକି ପ୍ରତି ଶିଳ୍ପକର୍ମର ମହତ୍ ଲକ୍ଷ୍ୟ।"

(୩) ଶିଳ୍ପକର୍ମରେ ସଂଯୁକ୍ତ ଜୀବନର ସ୍ୱୀକୃତିକୁ ଅଭିବ୍ୟକ୍ତ କରିବାରେ ଉତ୍ତର-ଆଧୁନିକତାର ଜଣେ ଯଶସ୍ୱୀ ଔପନ୍ୟାସିକ ହେଉଛନ୍ତି ଗୌରହରି ଦାସ। "To be an engineer of the human soul means to stand with both feet planted in the realities of life." (Zhdanov) - ଅର୍ଥାତ୍ "ମାନବାତ୍ମାର କାରିଗର ହେବା ଅର୍ଥ ଜୀବନର ବାସ୍ତବତା ଉପରେ ଉଭୟ ପାଦରେ ଦଣ୍ଡାୟମାନ ହେବା।" (୪) ଗୌରହରି ଦାସଙ୍କ ସାତଗୋଟି ଉପନ୍ୟାସ ଉଭୟ ମାନବାତ୍ମା ଓ ବାସ୍ତବ ଜୀବନର ଚିତ୍ରାୟନ କରେ।

ଔପନ୍ୟାସିକ ଗୌରହରି ଦାସଙ୍କ ଦୃଷ୍ଟିରେ- "ସାହିତ୍ୟ ହେଉଛି ଉତ୍ତର ନ ଥିବା ପ୍ରଶ୍ନ। ଜୀବନକୁ ନେଇ ବହୁ ଗ୍ରନ୍ଥ ଲେଖାଯାଇଛି, ଆଜି ଲେଖାଯାଉଛି ଏବଂ ଭବିଷ୍ୟତରେ ମଧ୍ୟ ଲେଖାଯିବ। ତାହା ସତ୍ତ୍ୱେ ଜୀବନ ସଂପର୍କରେ ବହୁ ପ୍ରଶ୍ନ ରହିଥିବ ଅନୁତ୍ତରିତ, ଅମୀମାଂସିତ।" (୫) ଜଣେ ଲେଖକ ଭାବରେ ଗୌରହରି ଦାସ ସମାଜ ସହ ଏକାତ୍ମ ଭାବରେ ସଂପୃକ୍ତ। ଏହି ସମାଜ ସଂପୃକ୍ତିର ଅନ୍ତରଙ୍ଗତା ହିଁ ତାଙ୍କ ଲେଖକୀୟ ଚିନ୍ତା-ଚେତନା-ଆଦର୍ଶ-କଳ୍ପନା ତଥା ସୃଜନର ଆଧାରଭୂମି। ସେଇଥିପାଇଁ ହିଁ ତାଙ୍କ ଉପନ୍ୟାସରେ ମନୁଷ୍ୟ ଜୀବନସଂଗ୍ରାମର ବାସ୍ତବତା, ସଂଘର୍ଷ, ଅସଙ୍ଗତ, ଶ୍ରେଣୀଦ୍ୱନ୍ଦ୍ୱ, ସମାଜ ଯାତ୍ରାର ବାସ୍ତବ ଗଢ଼ଣ (social structure), ଜୀବିକାର ଉପାଦାନ (means of livelihood), ଜୀବନ ପ୍ରତି ଅନୁରାଗ, ଆବେଗ ତଥା ଅପରିବର୍ତ୍ତନୀୟ ଜୈବଧର୍ମର ନିଛକ ରୂପ ଉପଲବ୍ଧ ହୁଏ। ଫୋଷ୍ଟର୍ ତେଣୁ କହନ୍ତି- "Yes, oh dear, yes - the novel tells a story."

ଔପନ୍ୟାସିକ ଗୌରହରି ଦାସଙ୍କ ଉପନ୍ୟାସ ସୃଷ୍ଟି କ୍ଷେତ୍ରରେ ଚିତ୍ରଶିଳ୍ପୀ ଅବନୀନ୍ଦ୍ରନାଥଙ୍କ ତିନିଟି ମତବାଦ ଗ୍ରହଣୀୟ:

୧. ଶିଳ୍ପୀର ପ୍ରେରଣା

୨. ଆତ୍ମପ୍ରକାଶ ଆଗ୍ରହ

୩. ସାଧନା

"ଜୀବନର ସ୍ୱରୂପକୁ ଉପଲବ୍ଧି କରିବା ସଂଗେ ସଂଗେ ତା'ର ଅଶାନ୍ତ ଆକୁଳତା, ମାୟାବିଭ୍ରମ, ବିଷାଦ-ବ୍ୟଥାକୁ ନିଜ ତୂଳିରେ ନିପୁଣ ଭାବରେ ରୂପାୟିତ କରିବା ଏବଂ ଜୀବନ ଓ ଜଗତର ସୌନ୍ଦର୍ଯ୍ୟ ଏବଂ ଆଦର୍ଶର ଜୟଗାନ କରିବା" (୬) ହୋଇଛି ଗୌରହରିଙ୍କ ଶିଳ୍ପୀଧର୍ମ। ତାଙ୍କ ଉପନ୍ୟାସରେ ପରମ୍ପରା, ପ୍ରକୃତି, ସ୍ୱକୀୟତା, ମାନବିକତା ତଥା ଆତ୍ମୀୟତାର ପାଞ୍ଚଜନ୍ୟ ନିନାଦିତ। ଗୌରହରି ଦାସ ଜଣେ ଭାଷ୍ୟକାର ଭଳି ଜୀବନାନୁଭବର କଥାବସ୍ତୁକୁ ଅଭିବ୍ୟକ୍ତ କରିଛନ୍ତି। ତାଙ୍କ

ସୃଷ୍ଟିସମଗ୍ରରେ ତେଣୁ ଶୈଶବର ନିରାପତ୍ତା, ଯୌଥ ପରିବାର ପ୍ରତି ଆଗ୍ରହ, ଗ୍ରାମୀଣ ଜୀବନର ପ୍ରଭାବ, ପ୍ରାକୃତିକ ପରିବେଶର ସୁଷମା, ପିଲାଦିନ ପ୍ରତି ମୋହମୟ ଆବେଗ, ବସ୍ତୁ ଅପେକ୍ଷା ଭାବର ମହତ୍ତ୍ୱ, ପ୍ରତିକୂଳ ପରିସ୍ଥିତି ସହ ସଂଗ୍ରାମ, ନାରୀ ସମସ୍ୟାର ଉତ୍‌ଥାନ ଓ ସମ୍ବେଦନା, ସାଧାରଣ ଲୋକର ଅସାଧାରଣ ଯୁଯୁତ୍ସା, ମାନବିକତାର ଉଦାତ୍ତ ସ୍ୱର, ଅବହେଳିତ ଗ୍ରାମୀଣ ପରିବେଶ, ଚରିତ୍ରମାନଙ୍କ ପ୍ରତି ଆଦର, ହଜିଯାଉଥିବା ସଂସ୍କୃତି, ବଦଳି ଯାଉଥିବା ବ୍ୟବସ୍ଥାର ଚିତ୍ର, ଦ୍ରୁତ ସହରୀକରଣ, ବ୍ୟକ୍ତିକୈନ୍ଦ୍ରିକତା, ରାଜନୈତିକ ଶଠତା ବିରୋଧରେ ପ୍ରତିବାଦ, ସମୟର ପ୍ରବୃତ୍ତି, ମୂଲ୍ୟବୋଧ, ରାଜନୀତି, ସଂସ୍କୃତି, ପରମ୍ପରାଦିର ସ୍ୱରୂପ ଉଦ୍‌ଘାଟିତ। ଗୌରହରି ଦାସଙ୍କ ମତରେ- 'ଉପନ୍ୟାସ ଲେଖିବାର ପ୍ରେରଣା ଗୋଟାଏ ପ୍ଲାବନର ପ୍ରେରଣା, ଯେମିତି ନଈବଢ଼ି। ପ୍ଲାବନର ସେହି ତୀବ୍ରତା ନ ଥିଲେ ନଈବଢ଼ି କୂଳ ଲଂଘି ସୁଦୂର ଜନପଦ, ଟାଙ୍ଗରା ପଡ଼ିଆ ଓ ରାସ୍ତାଘାଟସବୁକୁ ବୁଡ଼େଇ ପାରିବ ନାହିଁ।' (୭)

ଜଣେ ଔପନ୍ୟାସିକ ଭାବରେ ଗୌରହରି ଚଳନ୍ତି ସମୟକୁ ତାଙ୍କ କଥାବସ୍ତୁର ଏକ ମୁଖ୍ୟ ଉପାଦାନ ଭାବରେ ଗ୍ରହଣ କରନ୍ତି। 'ଉପନ୍ୟାସକୁ ସେ କେମିତି ବୁଝନ୍ତି'ର ଉତ୍ତରରେ ଏକଦା ସେ ବକ୍ତବ୍ୟ ପ୍ରଦାନ କରିଥିଲେ ଯେ- "ଉପନ୍ୟାସର ପରିଭାଷା ନେଇ ଅନେକ କଥା କୁହାସରିଛି। ପୁରୁଣା ସମୟରେ ପୁରାଣ ଥିଲା। ରାମାୟଣ, ମହାଭାରତ ଗୋଟେ ଗୋଟେ ପଦ୍ୟ-ଉପନ୍ୟାସ। ଏହା ଏକ ଲମ୍ବା କାନ୍‌ଭାସ୍, ଯାହା ଉପରେ ଜୀବନର ଏକ ଦୀର୍ଘ ଅବଧିର କାହାଣୀ ଚିତ୍ରଣ କରିହୁଏ। ଉପନ୍ୟାସ ଜରିଆରେ ସେହି ଘଟଣା ଓ ଚରିତ୍ରମାନଙ୍କର ବିଶ୍ଳେଷଣର ସୁଯୋଗ ମିଳେ। ତାହା ସହ ସେଇ ସମୟ ଓ ସମାଜର ଚିତ୍ର ମଧ୍ୟ ଆମକୁ ଦେଖିବାକୁ ମିଳେ। ଆମେ ଯଦି କୌଣସି ଦେଶର ଉପନ୍ୟାସ ଗୁଡ଼ିକୁ ପଢ଼ିବା ତାହାହେଲେ ସେ ଦେଶର ଭୂଗୋଳ-ଇତିହାସ ସମ୍ବନ୍ଧରେ ମଧ୍ୟ ବେଶ୍ କିଛି ଜାଣିପାରିବା। ଏହା ସମାଜର ସମାନ୍ତରାଳ ଇତିହାସ। ଉଦାହରଣ ସ୍ୱରୂପ ଆପଣ ଗୋପୀନାଥ ମହାନ୍ତିଙ୍କ 'ପରଜା' କି 'ଅମୃତର ସନ୍ତାନ' ପଢ଼ିଲେ କୋରାପୁଟ ଆଦିବାସୀଙ୍କ ଜୀବନଚର୍ଯ୍ୟା ସହ ସେହି ଅଞ୍ଚଳର ଭୂଗୋଳ ସହ ପରିଚିତ ହୋଇପାରିବେ। ସୁରେନ୍ଦ୍ର ମହାନ୍ତିଙ୍କ 'ନୀଳଶୈଳ' କି 'ନୀଳାଦ୍ରି ବିଜୟ' ପଢ଼ିଲେ ଓଡ଼ିଶା ଇତିହାସର ଗୋଟିଏ ଗୁରୁତ୍ୱପୂର୍ଣ୍ଣ ସମୟର କାହାଣୀ ସହ ଜଗନ୍ନାଥ ସଂସ୍କୃତିର ଚିତ୍ର ପାଇପାରିବେ।" (୮) ଏ ଦୃଷ୍ଟିରୁ ଗୌରହରି ଦାସ ତାଙ୍କ ଉପନ୍ୟାସର ଯଥାର୍ଥ ରୂପାୟନ କରିଛନ୍ତି। ପ୍ରକୃତପକ୍ଷେ, ଊନବିଂଶ ଶତାବ୍ଦୀର ଶେଷାର୍ଦ୍ଧ ଏବଂ ବିଂଶ ଶତାବ୍ଦୀର ପ୍ରଥମାର୍ଦ୍ଧ ଥିଲା ବିଶ୍ୱ ଉପନ୍ୟାସ ସାହିତ୍ୟର ସ୍ୱର୍ଣ୍ଣଯୁଗ। ବିଂଶ ଶତାବ୍ଦୀର

ଷାଠିଏ ଦଶକ ପରେ ଏହାର ଯଥାର୍ଥ ଭାବରୂପ ତଥା ରୂପଗତ ସୌନ୍ଦର୍ଯ୍ୟ ପରିବର୍ତ୍ତିତ ହୋଇଛି । ଡିକେନ୍ସ, ଗର୍କି, ପ୍ରେମଚାନ୍ଦ, ଫକୀରମୋହନଙ୍କ 'ସମାଜବାଦ', ଆଦର୍ଶୋନ୍ମୁଖ ଯଥାର୍ଥବାଦ, ବାସ୍ତବବାଦ ଏବଂ ପ୍ରୟୋଗବାଦ ପରେ ସଂପ୍ରତି ଉପନ୍ୟାସରେ 'ଉତ୍ତର-ଆଧୁନିକତାବାଦ'ର ସୂତ୍ରପାତ ହୋଇଛି ।

ଗୌରହରି ଦାସଙ୍କ 'ପଞ୍ଚପର୍ବ' ସଂକଳନସ୍ଥ ପାଞ୍ଚଗୋଟି ଉପନ୍ୟାସ ଯଥାକ୍ରମେ- 'ଛାୟାସୌଧର ଅବଶେଷ' (୧୯୯୬), 'ନିଜ ସାଙ୍ଗେ ନିଜର ଲଢ଼େଇ' (୧୯୯୯), 'ଏଇଠୁ ଆରମ୍ଭ' (୨୦୦୪), 'ଆପଣଙ୍କ ଆଜ୍ଞାଧୀନ' (୨୦୧୦), 'କେତେ ରଙ୍ଗର ଜୀବନ' (୨୦୧୩) ଏବଂ ଷଷ୍ଠ ଉପନ୍ୟାସ 'ସାରାଂଶ' (୨୦୨୦) ଇତ୍ୟାଦି ଉଲ୍ଲେଖନୀୟ କୃତି । ଏହି ଛଅଗୋଟି ଉପନ୍ୟାସରେ ଉତ୍ତର-ଆଧୁନିକତାବାଦର ଉଚ୍ଚାରଣ ସୁସ୍ପଷ୍ଟ । ସପ୍ତମ ଉପନ୍ୟାସ 'ବିଡ଼ମ୍ବିତ ଅଭିସାର' ମହାଭାରତର ଏକ ଅନାଲୋଚିତା ଚରିତ୍ରକୁ ନେଇ ଲେଖାଯାଇଥିବା ଉଲ୍ଲେଖନୀୟ କୃତି ।

ଉତ୍ତର-ଆଧୁନିକତା (post modernism) କାଳଗତ ରୂପ ପ୍ରବାହର ସୂଚନା ଦେବା ସହିତ ଲେଖକୀୟ ମାନସିକତାର କଥା କହେ । ୧୯୬୦ ମସିହା ପରବର୍ତ୍ତୀ ନୈତିକ-ସାଂସ୍କୃତିକ-ସାମାଜିକ ଜୀବନର ସଂକଟ ଓ ସ୍ଥିତି ବିଶ୍ଳେଷଣ ହିଁ ଉତ୍ତର-ଆଧୁନିକତାର ଆଦ୍ୟ ଉପସର୍ଗ ଥିଲା । ଆଲୋଚକଙ୍କ ମତରେ- "Post modernism is an intellectual stance or mode of discourse." ପୁଣି ମଧ୍ୟ 'an attitude of skepticism towards what is described as the grand narratives." (୯) ଉତ୍ତର-ଆଧୁନିକତା ନିମନ୍ତେ ଇଂରାଜୀ 'post-modernism' ଶବ୍ଦର ଅନ୍ୟ କେତେ ସମଭାବଧର୍ମୀ ଶବ୍ଦ ଯଥା- 'deconstruction', 'post-structuralism', 'institutional critique'କୁ ମଧ୍ୟ ଗ୍ରହଣ କରାଯାଏ । ଏହି ଚେତନାର ଦାର୍ଶନିକ ପ୍ରବକ୍ତା ରୂପେ ଜାଁ ଫ୍ରାନ୍ସିସ ଲୋତାର୍ଦ (Jean Francois Lyotard), ଜ୍ୟାକ୍ (Jacques), ଡେରିଡା (Derrida) ଏବଂ ଫ୍ରେଡରିକ ଜେମ୍ସନ୍ (Fredric Jameson) ପ୍ରମୁଖ ସ୍ମରଣୀୟ । 'ଉଇକିପିଡିଆ' ତଥ୍ୟ ଅନୁସାରେ- 'Post-modernism is generally defined by an attitude of skepticism, irony or rejection towards what it describes as the grand narratives and ideologies associated with modernism, often criticizing enlightment rationality and focusing on the role of ideology in maintaining political or economic power. Common targets of post-modern criticism include universalist ideas of objective reality, morality, truth, human nature, reason, science, language and social progress. Accordingly post-modern thought is broadly characterized by tendencies to self consciousness, self-referentiality, epistemological and moral relativism, pluralism and irreverence. Postmodern critical approaches gained popularity in the 1980s and 1990s."

ଉତ୍ତର-ଆଧୁନିକତା-ପୁରାତନ ତତ୍ତ୍ୱମାନଙ୍କର ପରିପନ୍ଥୀ ପୁଣି ପରିପୂରକ ମଧ୍ୟ। ଏହା ଏକାଧିକ ଚେତନାର ସମନ୍ୱିତ ରୂପ। ସେଗୁଡ଼ିକ ମଧ୍ୟରେ ରହିଛି-

- ଜୀବନର ଶୂନ୍ୟତାବୋଧ
- ସମାଜ ଓ ସଂସ୍କୃତିର ପରିବର୍ତ୍ତନ
- ସମାଜ ଅପେକ୍ଷା ବ୍ୟକ୍ତିକୁ ଗୁରୁତ୍ୱ ପ୍ରଦାନ
- ଯୌନ-ମନସ୍ତାତ୍ତ୍ୱିକ ପ୍ରତିଫଳନ
- ପାରମ୍ପରିକ ନିରର୍ଥକ ଜୀବନଚର୍ଯ୍ୟା
- ଧାରଣା, ଅର୍ଥ, ଈଶ୍ୱର ଓ ମୂଲ୍ୟବୋଧର ପରିବର୍ତ୍ତନ
- ବ୍ୟଞ୍ଜନା, ବିଦ୍ରୂପର ବକ୍ରରୂପ
- ଜୀବନର ଅନିଶ୍ଚିତତା ଓ ନିରର୍ଥକତା
- କ୍ଷମତା ଲିପ୍ସା, ପଦବି ନିଶା, ପ୍ରତିପତ୍ତିଶାଳୀ ଜୀବନ ଲୋଭ, କନ୍ଦଳ
- ଭାଗ୍ୟବାଦର ଅନ୍ତଃସାରଶୂନ୍ୟତା ଭିତରେ କର୍ମମୁଖର ଯାନ୍ତ୍ରିକତା
- ଦଳିତ-ଦୁର୍ବଳ-ନିଷ୍ପେଷିତର ସ୍ୱର
- ପ୍ରାକୃତିକ ପରିବେଶର ଦ୍ରୁତ ଅବକ୍ଷୟ
- ବିସ୍ଥାପନ ଭଳି ଦୁର୍ଗତିପୂର୍ଣ୍ଣ ବ୍ୟବସ୍ଥା
- ଏକାଧିପତ୍ୟ ଓ ଅଭିଜାତବର୍ଗର ବିରୋଧ
- ହେତୁବାଦୀ ତଥ୍ୟ, ବିଜ୍ଞାନ, ବୌଦ୍ଧିକ, ପ୍ରଯୁକ୍ତି ବିଦ୍ୟାର ଦ୍ରୁତ ବିକାଶ
- ଈଶ୍ୱର କଣିକାର ସ୍ଥିତି ସମ୍ବନ୍ଧୀୟ ଦ୍ୱନ୍ଦ୍ୱ ପୁଣି ବିଶ୍ୱାସ
- ପରମାଣୁ ବିସ୍ଫୋରଣ ଜନିତ ଧ୍ୱଂସଲୀଳା
- ଗ୍ରାମ୍ୟ ସଂସ୍କୃତିର ନବମୂଲ୍ୟାୟନ
- ବାମାବାଦୀ ଚିନ୍ତନ
- ସବୁଜତାତ୍ତ୍ୱିକ ଚିନ୍ତନ
- ସଚେତନ ଆତ୍ମମୁଖୀନତା - ଆତ୍ମପ୍ରତିଷ୍ଠା
- ଶିଳ୍ପକୈନ୍ଦ୍ରିକ ସମାଜ ଓ ପ୍ରଯୁକ୍ତି ବିଦ୍ୟାର ପ୍ରସାର (କଳା, ସଂଗୀତ, ଚିତ୍ରକଳା, ପରମ୍ପରା, ଧର୍ମ, ନାଟକ, ଗୃହ ଉପକରଣ ଇତ୍ୟାଦିକୁ ନେଇ)

- ବିଜ୍ଞାପନ, ବଜାରତନ୍ତ୍ରର ବ୍ୟାପକତା
- ଉପଭୋକ୍ତାବାଦ ଓ ବୈଷୟିକ ଜୀବନଶୈଳୀ
- ମଣିଷର ସ୍ୱପ୍ନ, ଅଭୀପ୍ସା, ଯୌନ ଆବେଗ ଓ ଆତ୍ମପ୍ରତିଷ୍ଠାର ଇଚ୍ଛାକୁ ସର୍ଜନର ରୂପ ପ୍ରଦାନ ଓ ମୁକ୍ତ ଆତ୍ମାଭିବ୍ୟକ୍ତିକୁ ପ୍ରାଧାନ୍ୟ
- ଭାଷା ପ୍ରୟୋଗ, ଶୈଳୀ ପ୍ରକରଣ ଓ ଚେତନା ସ୍ତରରେ ସର୍ଜନଶୀଳ ମନୋବୃତ୍ତିର ପ୍ରଭାବ। ପ୍ରଚଳିତ ଭାଷା ଓ ଅର୍ଥର ନବୀକରଣ
- ସ୍ରଷ୍ଟା ନିଜେ ହିଁ ତା'ର ସୃଷ୍ଟିର ସୂତ୍ରଧର ଓ ନାୟକ
- "ଉତ୍ତର-ଆଧୁନିକତା ଉପେକ୍ଷିତ ଅନୁଭବ, ସଂପ୍ରଦାୟର ଭାବନାଗୁଡ଼ିକୁ ଉସୁକାଏ। ଆଜି ପର୍ଯ୍ୟନ୍ତ ନଷ୍ଟ ହୋଇଯାଉଥିବା ମଣିଷର ସ୍ୱପ୍ନ, ପାପାବେଗ ଓ ଇଚ୍ଛାକୁ ସର୍ଜନର ରୂପ ଦିଏ।" (୧୦)

ଦ୍ୱିତୀୟ ବିଶ୍ୱଯୁଦ୍ଧ ପରବର୍ତ୍ତୀ ଭାବଧାରା ତଥା ଆଧୁନିକତା ବିରୋଧୀ ଚିନ୍ତନ ରୂପେ ଉତ୍ତର-ଆଧୁନିକତା ବେଶ୍ ପ୍ରଭାବଶାଳୀ। "ଆଧୁନିକତା ଥିଲା ଆତ୍ମସଚେତନ ଲେଖକ, କଳାକାରର ନୂତନତା ପାଇଁ ପ୍ରଚେଷ୍ଟା, ପ୍ରତିଷ୍ଠିତ ଶୃଙ୍ଖଳାର ବିରୋଧ। ଏହି ବିରୋଧର ଏକ ଚରମ ପର୍ଯ୍ୟାୟ ହେଉଛି ଉତ୍ତର-ଆଧୁନିକତା। x x ପୁଞ୍ଜିବାଦ କବଳିତ ଶ୍ରମିକ ଓ କୃଷକଙ୍କ ଦୁର୍ଦ୍ଦଶା, ନାରୀ ପ୍ରତି ଉପେକ୍ଷା, ଉପନିବେଶବାଦ ଜନିତ ଗଣହତ୍ୟା, ନୂତନ ଆଇନଶୃଙ୍ଖଳା ବ୍ୟବସ୍ଥାର କଠୋର ପ୍ରୟୋଗ, ଆଧୁନିକତାର ମୁକ୍ତି ଓ ପ୍ରଗତି ଅଭିପ୍ରେତ ଧାରଣା ଉପରେ ବିଶ୍ୱାସ ହ୍ରାସ ପାଇବାରେ ଲାଗିଲା। ଏହି ମର୍ମରେ ଉତ୍ତର-ଆଧୁନିକତା, ଆଧୁନିକତାର ସଂପ୍ରସାରଣ, ପୁଣି ସାଧାରଣ ଭାବେ ଆଧୁନିକତା ବିରୋଧରେ ଏକ ପ୍ରତିକ୍ରିୟା ତଥା ଚରମ ପ୍ରତ୍ୟାଖ୍ୟାନ। ଆଧୁନିକତାରୁ ଉଦ୍ଭବ ସଂଶୟବାଦୀ ଅନୁସନ୍ଧିତ୍ସାର ଏକ ଚରମ ନିରର୍ଥକ ଉପସଂହାର ହିଁ ଉତ୍ତର-ଆଧୁନିକତା"(୧୧) ଗୌରହରି ଦାସଙ୍କ ଦୃଷ୍ଟିରେ ତାଙ୍କର ଲେଖକୀୟ ସତ୍ତା ଓ ଲେଖନୀର ଏକ ଆଦର୍ଶ ରହିଛି। ତାଙ୍କ ମତରେ- "ଯାହା ମଣିଷର ସୁଖ-ଦୁଃଖକୁ, ଇଚ୍ଛା-ଅଭିଳାଷକୁ, ସ୍ୱପ୍ନ-ସ୍ୱପ୍ନଭଙ୍ଗକୁ ଏବଂ ସାମର୍ଥ୍ୟ-ଅସହାୟତାକୁ ବିଶ୍ୱସ୍ତ ଢଙ୍ଗରେ ପ୍ରକାଶ କରୁଥିବ, ଯାହା ଭିତରେ ଥିବ ସମାନ୍ତରାଳ ଇତିହାସ ପାଲଟିବାର ସାମର୍ଥ୍ୟ, ଯାହାକୁ ପଢ଼ି ମଣିଷ ଦୁଃଖ ଆଉ ସୁଖ ସାଙ୍ଗକୁ ଜୀବନ ଜିଇବାର ପ୍ରେରଣା ପାଉଥିବ; ସେ ସାହିତ୍ୟ ପଢ଼ି ଦୁର୍ବଳରୁ ଦୁର୍ବଳତର ପ୍ରତି ମଧ୍ୟ ତା' ମନରେ ସହାନୁଭୂତି ନୁହେଁ, ସମାନୁଭୂତି ସୃଷ୍ଟି ହେଉଥିବ।" (୧୨) ତେବେ ତାଙ୍କ ଚାରିପାଖେ ଘଟୁଥିବା ଘଟଣାସବୁ ଯେତେବେଳେ ତାଙ୍କ ମନ ଭିତରେ ପ୍ରତିକ୍ରିୟା ସୃଷ୍ଟି କରେ, ସେ ଲେଖନ୍ତି। କିଛି ଅନ୍ୟାୟ, ଅନୀତି ଦେଖି ତାଙ୍କ ମନରେ ଯେଉଁ ବିଦ୍ରୋହ ସୃଷ୍ଟି ହୁଏ, ପୁଣି କେଉଁଠି

ଜୀବନର ଅସହାୟତା ଓ ଅସାରତା ଉପଲବ୍ଧି କରି ତାଙ୍କର ମନ ମ୍ରିୟମାଣ ହେଲେ ସେ ଲେଖନ୍ତି ବୋଲି ଅନେକତ୍ର ସେ ସ୍ୱୀକାର କରିଛନ୍ତି।

ଅବିଭକ୍ତ ବାଲେଶ୍ୱର (ଏବେ ଭଦ୍ରକ)ର ମନ୍ତେଇ ନଈକୂଳର ଏକ ପଲ୍ଲୀ ଅଞ୍ଚଳ 'ଷଣ୍ଢଗଡ଼ା'ରେ ଗୌରହରିଙ୍କ ଜନ୍ମ। ଜୀବନର ସେଇ ଧୂଳିଖେଳ ଓ ସାଙ୍ଗସାଥୀ ମେଳ ତାଙ୍କ ପାଇଁ ଦୁରନ୍ତ ସ୍ୱପ୍ନ ପାଲଟିଗଲା ଯେବେଠୁ ତାଙ୍କୁ ଜନ୍ମଦାତ୍ରୀ ଶକୁନ୍ତଳା ଦେବୀଙ୍କ ପଣତଛାଇରୁ ଆସି ଗୋଟେ ମଠରେ ରହି ଅଧ୍ୟୟନ କରିବାକୁ ପଡ଼ିଥିଲା। ଏ ସଂପର୍କରେ ସେ କହନ୍ତି- "ମୁଁ ଆମ ଗାଁରେ ଆଠବର୍ଷ ବୟସ ପର୍ଯ୍ୟନ୍ତ ଥିଲି। ତା'ପରେ ଗୋଟେ ମଠରେ ନେଇ ମୋତେ ଛାଡ଼ି ଦିଆଯାଇଥିଲା। ସେ ସମୟର କଥା ମୁଁ ମୋର 'ଛୁଆ ବାଆଜି' ଗପରେ ଲେଖିଛି। x x x ଖୁବ୍ ପିଲା ବୟସରୁ ମୋତେ ଗାଁ ଛାଡ଼ିବାକୁ ପଡ଼ିଛି। ବଡ଼ ହେଲା ପରେ ବୁଝିଛି ମୁଁ ଗାଁକୁ ଦୂରରେ ଛାଡ଼ି ଆସିଥିଲେ ମଧ୍ୟ ଗାଁ ମୋତେ ଛାଡ଼ି ଯାଇ ନାହିଁ। ସେଥିପାଇଁ ମୋର ଅଧିକାଂଶ 'ଜୀବନର ଜଳଛବି', ଗପ ଓ ଉପନ୍ୟାସରେ ପାଠକପାଠିକା ସେଇ ଗାଁକୁ ଭେଟନ୍ତି। ମନ୍ତେଇ ନଈକୂଳର ସେଇ ନିଦୁଆଳି ଗାଁ ବାରମ୍ବାର ମୋତେ ଅଥୟ କରେ। ଆମେ ସମସ୍ତେ ଜାଣୁ ଯେ ମଣିଷ ତା'ର ନିଜ ଜୀବନରେ ଯାହା ଯାହା ପାଏ ନାହିଁ ସେଇଆକୁ ସେ ବେଶୀ ବେଶୀ ଝୁରେ। ସେ ନିରାପତ୍ତାଶୂନ୍ୟ ଶୈଶବ ହେଉ ବା ନିରୁପଦ୍ରବ କୈଶୋର, ସେ ସ୍ୱଚ୍ଛଳ ଜୀବନ ହେଉ କି ବିଫଳ ପ୍ରେମ।" (୧୩) ଷଣ୍ଢଗଡ଼ା, ପାଟପୁରର ଗ୍ରାମୀଣ ପରିବେଶ, ମନ୍ତେଇ ନଈର ସର୍ପିଳ ଜଳଧାରା, ତା' ଉପର ଦେଇ ଉଡ଼ିଯାଉଥିବା ଦଳ ଦଳ ପକ୍ଷୀ, ନୀଳ ଆକାଶର ଭସା ବାଦଲ, ଜହ୍ନ, ମିଟିମିଟି ଜଳୁଥିବା ଉଜ୍ଜ୍ୱଳ ନକ୍ଷତ୍ର, ନଈକୂଳ ଧିମା ପବନ, ପାଟ, କିଆବଣ, ଗୋହିରି-ପାଟର ସ୍ମୃତି ହିଁ ଗୌରହରି ଦାସଙ୍କ ଉପନ୍ୟାସର ପରିବେଶକୁ ଛଳଛଳ ଆତ୍ମୀୟ ପରଶରେ ବିହ୍ୱଳ ଓ ମାଟିମନସ୍କ କରି ତୋଳିଛି। ଏସବୁ ହିଁ ତାଙ୍କ ସୃଷ୍ଟିର ଚେତନା ଉତ୍ସ। ଉତ୍ତର ଆଧୁନିକତାବାଦୀ ଉପନ୍ୟାସରେ ସମାଜବାଦୀ ବାସ୍ତବତାର ସଂପ୍ରସାରିତ ରୂପ ଉପଲବ୍ଧ ହୁଏ। ଜଣେ ସ୍ରଷ୍ଟାର ପାରିପାର୍ଶ୍ୱିକ ସାମାଜିକ ଜୀବନ ଯେତେବେଳେ ତାଙ୍କ ସୃଷ୍ଟିର ଉତ୍ସ ପାଲଟେ ସେତେବେଳେ ତାହା ଭବିଷ୍ୟତର ପିଢ଼ିକୁ କଲ୍ୟାଣର ବାର୍ତ୍ତା ବଣ୍ଟନ କରିଥାଏ। ଗୌରହରିଙ୍କ ଜୀବନ ଉପରେ ତାଙ୍କ ପାରିପାର୍ଶ୍ୱିକ ସାମାଜିକ-ବାସ୍ତବତାର ପ୍ରଭାବ ଅତ୍ୟନ୍ତ ସ୍ପଷ୍ଟ। ବେଲ୍‌ଜିୟମ୍‌ର ପ୍ରଖ୍ୟାତ ସମାଜଶାସ୍ତ୍ରବିତ୍ ଜାକ୍ ଲେକ୍‌ଲେର୍କ (Jaccques Laclercq)ଙ୍କ ମତରେ ସମାଜବିଦ୍ୟା ସ୍ଥୁଳତଃ ଦ୍ୱିବିଧ, ପ୍ରଥମତଃ Descriptive or Factual, ଦ୍ୱିତୀୟତଃ Speculative or Philosophical। ପ୍ରଥମ ଧରଣର ଲେଖାରେ ଏକ ନିର୍ଦ୍ଦିଷ୍ଟ ଜନଗୋଷ୍ଠୀର କ୍ରିୟାକଳାପ, ସାମାଜିକ ବିଧିବିଧାନ,

ପର୍ବପର୍ବାଣି, ପାରିବାରିକ ସଂପର୍କ ଆଦିର ବିବରଣୀ ପ୍ରକାଶ ପାଏ। x x x ଦ୍ୱିତୀୟ ଧରଣର ଲେଖାରେ ସାମାଜିକ ଜୀବନର ତତ୍‌କାଳୀନ ସ୍ଥିତିର ଚିତ୍ର ନ ଥାଇ, କିପରି ଲୋକେ ଉନ୍ନତ ସାମାଜିକ ଜୀବନଯାପନ କରିପାରିବେ, ତା'ର ସୂତ୍ର ଥାଏ। ଭବିଷ୍ୟତର ସୁସ୍ଥ ସମାଜ ଗଠନ ପାଇଁ ଏ ଜାତୀୟ ଲେଖାରେ ଥାଏ ଉଦ୍ୟମ।" (୧୪) ଗୌରହରି ଦାସଙ୍କ ଉପନ୍ୟାସରେ ଏହି ସମାଜବାଦୀ ବାସ୍ତବତାର ବର୍ଣ୍ଣନାତ୍ମକ ତଥା ଦାର୍ଶନିକ ଆଲେଖ୍ୟ ରହିଛି।

ଲେଖକର ବ୍ୟକ୍ତିଗତ ପରିସର, ପାରିବାରିକ ଜୀବନ, ଶୈକ୍ଷିକ ବାତାବରଣ, ଲୋକସଂପୃକ୍ତି, ସାଂସ୍କୃତିକ ଅବବୋଧ ହିଁ ତାଙ୍କର ଲେଖକୀୟ ସତ୍ତାକୁ କେତେବେଳେ ପ୍ରତ୍ୟକ୍ଷ ଭାବରେ ତ କେତେବେଳେ ପରୋକ୍ଷ ଭାବରେ ଆଛନ୍ନ କରି ରଖିଥାଏ। ଜୀବନାନୁଭୂତିର ନିୟତ ଉପଲବ୍ଧିର ସୂକ୍ଷ୍ମରୂପ ତାଙ୍କ ଉପନ୍ୟାସଗୁଡ଼ିକର ପ୍ରମୁଖ ଆଧାର, ଅଙ୍ଗେନିଭା ଘଟଣା ତାଙ୍କର ସର୍ଜନାର ଉତ୍ସ। ଗ୍ରାମ୍ୟ ଜୀବନର ବିସ୍ତାରିତ ବଳୟ ଭିତରେ ଗୌରହରି ଦାସଙ୍କ ସୃଜନଦୀକ୍ଷା ତପଶ୍ଚର୍ଯ୍ୟା ଠାରୁ କିଛି କମ୍ ମନେ ହୁଏ ନାହିଁ। ତାଙ୍କ ସାମାଜିକ ସ୍ଥିତାବସ୍ଥାର ପ୍ରତିଟି ତିକ୍ତ-ମଧୁର ଅନୁଭବ ତାଙ୍କ ଚେତନାର ବଳୟକୁ ଅଦ୍ଭୁତ ଭାବସଂବେଦନା ପ୍ରଦାନ କରିଛି। ସମ୍ଭବତଃ ସେଥିପାଇଁ ତାଙ୍କ ସୃଷ୍ଟିରେ ଶବ୍ଦସବୁର ଔପଚାରିକ ପ୍ରୟୋଗ ଅନୁଭବ ହୁଏନି; ବରଂ ଲେଖକଙ୍କ ଅସ୍ଥି-ମଜ୍ଜାଗତ ଚେତନାସନ୍ଧିର ନନ୍ଦନବନରୁ ନିଃସୃତ ଶବ୍ଦ- ପୁଷ୍ପରେଣୁର ଭୁରୁଭୁରୁ ସୁଗନ୍ଧ ଭଳି ପାଠକପ୍ରାଣକୁ ତାହା ମନ୍ତ୍ରମୁଗ୍ଧ କରିବସେ। "ସାଧାରଣ ଭାବେ ଦେଖାଯାଏ, ବାସ୍ତବବାଦୀ ସାହିତ୍ୟ ଦୃଶ୍ୟମାନ ଜଗତ ଓ ଜୀବନର ଚିତ୍ର ପ୍ରଦାନ ମାଧ୍ୟମରେ ଯୁଗୀୟ ସତ୍ୟକୁ ପ୍ରକଟ କରେ। ଏହାଦ୍ୱାରା କଳା ବା ସାହିତ୍ୟର ସମାଜ-ଅଙ୍ଗୀକାରତ୍ୱ ସ୍ୱୀକୃତ ହୁଏ। ପାଠକ ପାଏ ତା'ର ନିତ୍ୟ ପ୍ରାତ୍ୟହିକ ଜୀବନର ଚିତ୍ର। ଏବଂବିଧ ସାହିତ୍ୟ ତା'ର ଉଦ୍ଦେଶ୍ୟ ଭେଦରେ ଦ୍ୱିବିଧ। ଗୋଟିଏ ଧରଣର ବାସ୍ତବବାଦୀ ସାହିତ୍ୟ କେବଳ ସାମାଜିକ ଜୀବନର ଚିତ୍ର ଯଥାଯଥ ଭାବେ ପ୍ରଦାନ କରେ। ସାମାଜିକ ସଂକଟକୁ ରୂପ ଦିଏ। ଜୀବନର ଅବକ୍ଷୟକୁ ସୂଚିତ କରେ। ଏଥିରୁ ଉଦ୍ଧାର ପାଇବାର ପଥ କିନ୍ତୁ ପ୍ରଦର୍ଶିତ କରେ ନାହିଁ। ସମସ୍ୟାକୁ କେବଳ ତୃତୀୟ ପୁରୁଷ ଭାବେ ଚିତ୍ରଣ କରିବା ବେଳେ ସମାଧାନର ସୂତ୍ର ଏ ଜାତୀୟ ଲେଖକ ଦିଏ ନାହିଁ। ଅପର ଧରଣର ବାସ୍ତବବାଦୀ ସାହିତ୍ୟରେ ଜୀବନ ଓ ଜଗତର ଶଙ୍କା ଓ ସଂକଟ ସୂଚିତ ହେବା ସଙ୍ଗେ ସଙ୍ଗେ ସେଥିରୁ ଉଦ୍ଧାର ପାଇବାର ଉପାୟ ମଧ୍ୟ ଦିଆଯାଏ।" (୧୫) ଗୌରହରି ଦାସଙ୍କ ଉପନ୍ୟାସଗୁଡ଼ିକ ଜୀବନ ଓ ଜଗତର ଶଙ୍କା ଓ ସଂକଟ ସୂଚିତ କରିବା ସହିତ ସେଥିରେ ପରୋକ୍ଷ ଭାବରେ ଉପାୟ ମଧ୍ୟ ପ୍ରଦାନ କରିଛନ୍ତି। ଗୌରହରି ଦାସଙ୍କ ଉପନ୍ୟାସର କାହାଣୀ ଅଣପାରମ୍ପରିକ ଓ ସ୍ୱତନ୍ତ୍ର

ଉପସ୍ଥାପନା କୌଶଳର ସନ୍ଧାନ ଦିଏ। କ୍ଷେତ୍ର ପର୍ଯ୍ୟବେକ୍ଷଣ ସମସ୍ୟା ଆଧାରିତ ଓ ପ୍ରଗତିଶୀଳ ବର୍ଣ୍ଣନାରେ ଏସବୁ ଉପନ୍ୟାସର କଳେବର ସୀମିତ ('ସାରାଂଶ'କୁ ବାଦ୍ ଦେଇ)। ଚରିତ୍ରାୟନ ନୂତନତା ସଂପନ୍ନ। ସାମାଜିକ ଧାରଣା ବିରୋଧରେ ଠିଆହୋଇ ନୂଆ ଧାରଣା ସୃଷ୍ଟି କରୁଥିବାରୁ ଏହିସବୁ ଉପନ୍ୟାସଗୁଡ଼ିକୁ ଉତ୍ତର-ଆଧୁନିକ ଉପନ୍ୟାସ କୁହାଯାଇପାରିବ। ୧୯୮୦ ମସିହା ପରବର୍ତ୍ତୀ ସମୟରେ ଓଡ଼ିଶାରେ ଉପଲବ୍ଧ ନାରୀବାଦ, ଦଳିତ ସଂବେଦନା, ସ୍ଥାନୀୟତା ଓ ପଲ୍ଲୀସଂପ୍ରୀତି ଆଦି ଅନୁଭବଗୁଡ଼ିକୁ ଉତ୍ତର-ଆଧୁନିକତା ଗ୍ରହଣ କରିଛି।" (୧୬) ଗୌରହରି ଦାସଙ୍କ ଉପନ୍ୟାସ ଗୁଡ଼ିକର ଉଲ୍ଲେଖନୀୟ ବୈଶିଷ୍ଟ୍ୟ ହେଉଛି 'ସାମାଜିକ ବାସ୍ତବତା' ଯାହା ତାଙ୍କ ସୃଜନକର୍ମର ଅଭିନ୍ନ ଅଂଶ। କାରଣ "ଉତ୍ତର-ଆଧୁନିକ ଯୁଗରେ ବିଚାର କରାଯାଏ ଯେ ଉପନ୍ୟାସ କେବଳ ଏକ କାହାଣୀ କହେ ନାହିଁ, ବରଂ କାହାଣୀ କିପରି ସୃଷ୍ଟି ହୁଏ, ସେ ସଂପର୍କରେ ଆଭାସ ଦେଇଥାଏ। ଏ ପ୍ରକାରର ଉପନ୍ୟାସକୁ 'ମେଟାଫିକ୍‌ସନ୍' ଶ୍ରେଣୀଭୁକ୍ତ କରାଯାଇଥାଏ। ଏହି ଔପନ୍ୟାସିକମାନେ ଏକ ମହତ୍ତ୍ୱପୂର୍ଣ୍ଣ ସନ୍ଦେଶ ଦିଅନ୍ତି ଯେ ଉପନ୍ୟାସ କେବେ ହେଁ ଜୀବନର ଅବିକଳ ଛବି ନୁହେଁ। କଳା ସାମ୍ରାଜ୍ୟରେ ଏକ ଭିନ୍ନ ସତ୍ୟ ଥାଏ ଓ ବାସ୍ତବତା ସଂପର୍କରେ ଏକ ନିଜସ୍ୱ ଦୃଷ୍ଟିଭଙ୍ଗୀ ଥାଏ। ଉପନ୍ୟାସରେ ସମାଜଚେତନା ଓ ସମାଜର ପ୍ରତିଛବି ସଂପର୍କରେ ଆମର ଯାହା ପୂର୍ବ ଧାରଣା ଥିଲା, ତାହା ସଂପୂର୍ଣ୍ଣ ବଦଳିଯାଇଛି। ଉପନ୍ୟାସ ଏବେ ଏକ Infinite play of signs ଓ ଏହି ସଂକେତମାନ ବାହ୍ୟ ଜଗତର ଘଟଣାମାନଙ୍କ ପରିପୂରକ ନୁହନ୍ତି। ତେଣୁ ଏହି ପ୍ରସଙ୍ଗରେ, କୃତି ଭିତରେ ରୂପାୟିତ ବାସ୍ତବତାର ସ୍ୱରୂପ ଫୁଟି ଉଠିଥାଏ ଭାଷାର ଏକ କୌଶଳପୂର୍ଣ୍ଣ ପ୍ରୟୋଗ ଦ୍ୱାରା। ଏହି ଦୃଷ୍ଟିରୁ ଉପନ୍ୟାସ ମାଧ୍ୟମରେ ବହୁ ସଂସ୍କୃତିବାଦ, ଉତ୍ତର-ଉପନିବେଶବାଦ ଓ ନାରୀବାଦ ସଂପର୍କିତ ତତ୍ତ୍ୱ ଉପରେ ବିତର୍କ ଓ ବିମର୍ଶ ଉପସ୍ଥାପନ କରାଯାଉଛି।" (୧୭)

ଗୌରହରିଙ୍କ ଉପନ୍ୟାସରେ ବାମାବାଦୀ ଚିନ୍ତନ:

ସମକାଳୀନ ଓଡ଼ିଆ ସାହିତ୍ୟରେ ଔପନ୍ୟାସିକ ଗୌରହରି ଦାସ ନାରୀ ଜୀବନର ଯଥାର୍ଥ ରୂପକାର ଓ ନାରୀର ପକ୍ଷଧର। ତାଙ୍କର ବାମାବାଦୀ (Feminist) ଓ ନାରୀବାଦୀ (Gynocritics) ଚିନ୍ତନ ସପକ୍ଷରେ ଯୁକ୍ତି ବାଢ଼ି ସେ ମତ ଦିଅନ୍ତି- "ନାରୀ କି ପୁରୁଷ କେବଳ ଗଢ଼ଣରେ ପାର୍ଥକ୍ୟ। ସବୁ ମଣିଷ ଭିତରେ ସମାନ। ସେମାନଙ୍କର ଦୁଃଖ, କଷ୍ଟ, ଲୁହ, ଲହୁ, ଦୀର୍ଘଶ୍ୱାସ ସବୁ। ନାରୀର କଷ୍ଟ ଅଧିକ, କାରଣ ଆମ ସମାଜ ତାକୁ ସେପରି ଅସୁରକ୍ଷିତ କରି ରଖିଛି। ତା'ର ଅର୍ଥନୈତିକ

ସ୍ୱାଧୀନତା ଥାଇ ନ ଥିଲା ପରି। ସେ ବିବାହ କରି ଅନ୍ୟତ୍ର ଯାଏ, ଅନ୍ଧକାରକୁ ଲମ୍ଫ ଦେବା ପରି ଅନିଶ୍ଚିତତାକୁ ଗୋଡ଼ ବଢ଼ାଏ। ତାହାର ଶରୀରଧର୍ମ ମଧ୍ୟ ତା'ର ଅନ୍ତରାୟ। ପୁରୁଷଟିଏ ପାଞ୍ଚଟି ନାରୀଙ୍କ ସହ ସଂପର୍କ ରଖି ଖସିଯାଏ, ମାତ୍ର ନାରୀଟିଏ ଅବାଞ୍ଛିତ ମାତୃତ୍ୱକୁ ନେଇ ଜୀବନସାରା ସନ୍ତୁଳି ହୁଏ। ମହାଭାରତ, ରାମାୟଣଠାରୁ ନେଇ ଇତିହାସର ଘଟଣା ପର୍ଯ୍ୟନ୍ତ ସବୁଠି ନାରୀକୁ ଏକ ସାମଗ୍ରୀ ଭାବେ ବ୍ୟବହାର କରାଯାଇଛି। ଏସବୁ ମୋତେ ଖୁବ୍ ପ୍ରତିକ୍ରିୟାଶୀଳ କରେ। ମୁଁ ସବୁଦିନେ ନାରୀ ପକ୍ଷରେ, ତା' ତରଫରୁ ମୋ କଥା କହିଛି। ଏହାର ଅର୍ଥ ନୁହେଁ ଯେ ମୁଁ ପୁରୁଷର ସମସ୍ୟାକୁ ନେଇ ଲେଖିନାହିଁ। x x x ସତ୍ୟ ସବୁବେଳେ କଠୋର। ମୋ ଉପନ୍ୟାସର ନାରୀମାନେ କଷ୍ଟ ସହିଛନ୍ତି ବୋଲି ପାଠକମାନେ ତାଙ୍କ ସମସ୍ୟା ପ୍ରତି ସମ୍ବେଦନଶୀଳ ହୋଇ ଉଠିଛନ୍ତି। ପରୀ କାହାଣୀର ଗପ ପରି ମୋ ଗପ-ଉପନ୍ୟାସକୁ ମିଳନାନ୍ତକ କରିବା ସପକ୍ଷରେ ମୁଁ ନୁହେଁ। ସେମାନେ କଷ୍ଟ ପାଉଛନ୍ତି, ପାଠକ ତାହା ପଢ଼ନ୍ତୁ, ବୁଝନ୍ତୁ। ସମ୍ଭବ ହେଲେ ଏ ସମସ୍ୟାର ଦୂରୀକରଣ ଦିଗରେ ଉଦ୍ୟମ କରନ୍ତୁ।" (୧୮)

ଉତ୍ତର-ଆଧୁନିକତାର ଏକ ସ୍ୱତନ୍ତ୍ର ଉପଧାରା ଭାବରେ 'ବାମାବାଦ' ପ୍ରଭାବ ବିସ୍ତାର କରିଛି। ପାଶ୍ଚାତ୍ୟ ଚିନ୍ତାନାୟକ ସ୍ୱିଭାକ୍ ଥିଲେ ନାରୀବାଦ ବିଘଟନବାଦୀ। ସେ ନାରୀମୁକ୍ତିର ଦିଗ ଉନ୍ମୋଚନ କରିଥିଲେ। ତାଙ୍କ ପୂର୍ବରୁ ମେରୀ ୱଲ୍‌ଷ୍ଟୋନ୍‌କ୍ରାଙ୍କ 'A Vindication of the Rights of Woman' (୧୯୭୨), ଜନ୍ ଷ୍ଟିୱାର୍ଟ୍ ମିଲ୍‌ଟନ୍‌ଙ୍କ 'The Subjection of Women' (୧୯୬୯), ମାର୍ଗାରେଟ୍ ଫୁଲେଙ୍କ 'Women in the Nineteenth Century' (୧୯୪୫) ଇତ୍ୟାଦି ସୃଷ୍ଟି ନାରୀବାଦୀ ଚେତନାର ପୃଷ୍ଠଭୂମି ଥିଲା। "ବାମାବାଦୀ ଆନ୍ଦୋଳନ ପାଶ୍ଚାତ୍ୟ ଜଗତର ଊନବିଂଶ ଶତାବ୍ଦୀରେ ମେରି ୱେଲେନ୍ ଷ୍ଟୋନ୍ କ୍ରାଫ୍ଟ, ଏଲିଜାବେଥ୍ କ୍ୟାଡି ଷ୍ଟାଣ୍ଟିନ୍, ହ୍ୟାରିଏଟ୍ ମିଲ୍‌ଙ୍କ ନେତୃତ୍ୱରେ ସୂତ୍ରପାତ ହୋଇଛି। ଏହା ଉତ୍ତର-ଆଧୁନିକତାର ବହୁ ପୂର୍ବବର୍ତ୍ତୀ ଏକ ଅବବୋଧ। ଊନବିଂଶ ଶତାବ୍ଦୀରେ ଏହା ମୁଖ୍ୟତଃ ସଂସ୍କାରଧର୍ମୀ ହୋଇଥିବାବେଳେ ବିଂଶ ଶତାବ୍ଦୀର ଦ୍ୱିତୀୟାର୍ଦ୍ଧରେ ଏହା ଉଗ୍ରରୂପ ଧାରଣ କରିଛି। ଊନବିଂଶ ଶତାବ୍ଦୀର ବାମାବାଦୀଗଣ ମାତୃତ୍ୱ ହେତୁ ମହିଳାବର୍ଗ ଅଧିକ କ୍ଷମତା, ସ୍ୱାଧୀନତାର ହକ୍‌ଦାର ବୋଲି ଯୁକ୍ତି କରିଥିବାବେଳେ ସୁଲମିଥ୍ ଫାୟାରଷ୍ଟୋନ୍, କେଟ୍‌ମି ଲେଟ୍ ଯୌନ ସଂଘର୍ଷ-ଶ୍ରେଣୀ ସଂଘର୍ଷଠାରୁ ଅଧିକ ଗୁରୁତ୍ୱପୂର୍ଣ୍ଣ ମନେ କରନ୍ତି; ଯେହେତୁ ପିତୃପ୍ରଧାନ ବ୍ୟବସ୍ଥା ଶ୍ରେଣୀ ଚେତନାଠାରୁ ଅଧିକ ପ୍ରାଚୀନ। ତେବେ ଓଡ଼ିଶାର ରକ୍ଷଣଶୀଳ ଅନଗ୍ରସର ସମାଜ ବ୍ୟବସ୍ଥାରେ ବାମାବାଦୀ ଆନ୍ଦୋଳନ ଏକ ପରିକଳ୍ପନା ମାତ୍ର।" (୧୯)

ନାରୀବାଦୀ ଚେତନାରେ ନାରୀର ମନସ୍ତତ୍ତ୍ୱ, ଯୌନଚେତନାର ବିବିଧ ରୂପ

ମଧ୍ୟ ବ୍ୟବସ୍ଥିତ ରହିଛି। ଡି.ଏଚ୍. ଲରେନ୍‌ସଙ୍କ ଯୌନତତ୍ତ୍ୱର ପ୍ରଭାବ ଆଧୁନିକ ସାହିତ୍ୟିକଙ୍କୁ ପ୍ରଭାବିତ କରିଥିଲା। ତାଙ୍କର 'Rainbow' ଏବଂ 'Women in Love'ରେ ଲରେନ୍‌ସ ଯୌନତାର ସଂଘର୍ଷ ଏବଂ ପବିତ୍ର ସଂପର୍କ ଉପରେ ଗୁରୁତ୍ୱ ପ୍ରଦାନ କରିଥିଲେ। ଉତ୍ତର-ଆଧୁନିକତା ଯୌନ ଚେତନାର ଆଦିମ ପ୍ରବୃତ୍ତି ସହିତ ବିଚାରସମ୍ମତ ସଂପର୍କକୁ ମହତ୍ତ୍ୱ ପ୍ରଦାନ କରେ। ଔପନ୍ୟାସିକ ଗୌରହରି ଦାସଙ୍କ ବାମାବାଦୀ-ଯୌନଚେତନା ଅତ୍ୟନ୍ତ ସଂଯତ-ମାର୍ଜିତ ରୂପରେ ଅଭିବ୍ୟକ୍ତ ହୋଇଛି। ଗୌରହରି ଦାସଙ୍କ ଚାରିଟି ଉପନ୍ୟାସରେ ନାରୀବାଦର ଉଦାତ୍ତ ସ୍ୱର ରହିଛି। ସେଗୁଡ଼ିକ ହେଲା 'ଛାୟାସୌଧର ଅବଶେଷ', 'ନିଜ ସାଙ୍ଗେ ନିଜର ଲଢ଼େଇ', 'ଏଇଠୁ ଆରମ୍ଭ' ଏବଂ 'କେତେ ରଙ୍ଗର ଜୀବନ'। ଏହି ଚାରିଗୋଟି ଉପନ୍ୟାସର ମୁଖ୍ୟ ଚରିତ୍ର ନାରୀ। 'ପଞ୍ଚପର୍ବ'ର ମୁଖବନ୍ଧରେ ଗୌରହରି ଦାସ ନାରୀମାନଙ୍କ ପ୍ରତି ସମ୍ବେଦନାପୂର୍ଣ୍ଣ ଶବ୍ଦରେ ଉଲ୍ଲେଖ କରିଛନ୍ତି- "ଏବେ ବି ମୋର ମନେହୁଏ, ଆମ ଦେଶର ନାରୀଟିଏ ତାହାର ମନକଥା ଖୋଲି କହିବା ପରି ସାମାଜିକ ଅବସ୍ଥା ଆସିନାହିଁ। ଏବେ ମଧ୍ୟ ସେ ବିଭିନ୍ନ ସ୍ତରରେ ନିର୍ଯାତିତା। ତାକୁ ଆମ ସମାଜ ଜଣେ ବ୍ୟକ୍ତି ରୂପରେ ନ ଦେଖି ଏକ ବସ୍ତୁ ରୂପରେ ଦେଖୁଛି। ଯାହାର ଫଳସ୍ୱରୂପ ପ୍ରତିଦିନ ଆମେ ବିଚିତ୍ର ପ୍ରକାର ଖବର ଶୁଣିବାକୁ ପାଉଛୁ।" ଏହି ପରିପ୍ରେକ୍ଷୀରେ ଔପନ୍ୟାସିକ ଗୌରହରି ଦାସଙ୍କ ପ୍ରଥମ ଉପନ୍ୟାସ 'ଛାୟାସୌଧର ଅବଶେଷ' ବିଚାର୍ଯ୍ୟ।

ଗୌରହରିଙ୍କ 'ଛାୟାସୌଧର ଅବଶେଷ' ଉପନ୍ୟାସଟି ପ୍ରଥମେ ୧୯୯୫ ମସିହା ପୂଜା ବିଶେଷାଙ୍କ 'ଅମୃତାୟନ' ପତ୍ରିକାରେ ପ୍ରକାଶ ପାଇଥିଲା। ଆଲୋଚ୍ୟ ଉପନ୍ୟାସରେ ନାରୀ ଜୀବନର ମାର୍ମିକ-କରୁଣ ଅଭିବ୍ୟକ୍ତି ରହିଛି। ବିଶେଷ ଭାବରେ ଏଥିରେ ନାରୀ ଜୀବନ, ତା'ର ମନସ୍ତାତ୍ତ୍ୱିକ ଦିଗ, ଜୀବନ-ଯନ୍ତ୍ରଣା ଓ ସଂଘର୍ଷର ନିଛକ ବର୍ଣ୍ଣନା ରହିଛି। ଏହି ଉପନ୍ୟାସ ସଂପର୍କରେ ଗୌରହରି ଦାସ କହନ୍ତି- 'ସାହିତ୍ୟ ମନୋରଞ୍ଜନ କି ଅବସର ବିନୋଦନର ସାମଗ୍ରୀ ନୁହେଁ। ତାହା ଲେଖକର ସାମାଜିକ ବ୍ୟବସ୍ଥା ଉପରେ ହସ୍ତକ୍ଷେପ। ଜଣେ ନାଗରିକ ଭାବରେ ଲେଖକର ଦାୟିତ୍ୱ ରହିଛି। ଯାହା ଉଚିତ, ବର୍ଜନୀୟ ଓ ନିନ୍ଦନୀୟ ତାକୁ ହିଁ ସେ ଦେଖାଇବାକୁ ଚାହେଁ। ଯେଉଁଠି ଅନ୍ୟାୟ ଓ ଅନୀତି ଦେଖିଛି ତା'ର ପ୍ରତିବାଦ କରିଛି। ବେଳେବେଳେ ସାହସ ନ ଥିବାରୁ ବିବେକ ସହ ଦ୍ରୋହ କରି ନିରବ ରହିଛି। ତେଣୁ ବ୍ୟକ୍ତିଗତ ସ୍ତରରେ ମୋ ଲେଖା - ମୋ ସାହିତ୍ୟକୁ ମୁଁ ମୋ ଅସାମର୍ଥ୍ୟର କ୍ଷତିପୂରଣ ବୋଲି ମଧ୍ୟ ଭାବେ। ଜଣେ ଦାୟିତ୍ୱସଂପନ୍ନ-ସଚେତନ ଲେଖକଟିଏ, ଯିଏ କଲମ ଧରିବାର ସଂକଳ୍ପ ନେଇଥାଏ, ସେ ତା'ର ସମୟର, ପାରିପାର୍ଶ୍ୱିକ ତ୍ରୁଟିବିଚ୍ୟୁତି ପ୍ରତି ଯଦି ଆଖି ବୁଜିଦିଏ

ତେବେ ସେ ତା'ର ବିବେକ ସହିତ ଛଳନା ଓ କପଟାଚାର କରିବ ଏବଂ ତା'ର ସାହିତ୍ୟ ପ୍ରଭାବଶାଳୀ ହୋଇପାରିବ ନାହିଁ। ସାହିତ୍ୟର ଫାଙ୍କରୁ ଜଣେ ସଚେତନ ପାଠକ ତା'ର ଛଳନାକୁ ବୁଝିପାରିବ ନିଶ୍ଚୟ। ମୁଁ ଭାବେ ଶବ୍ଦ ପଛରେ ଯଦି ଅଙ୍ଗୀକାର ଥାଏ ତେବେ ତାହା ମନ୍ତ୍ର ପାଲଟିଯାଏ। ଶବ୍ଦ ପଛରେ ଅଙ୍ଗୀକାର ନ ଥିଲେ ତାହା ସ୍ଲୋଗାନ ହୋଇଯାଏ। ଶବ୍ଦ ହେଉଛି ଶବ ପରି ନିଷ୍ପ୍ରାଣ ଓ ନିର୍ଜୀବ। ତାକୁ ଲେଖକର ଅଙ୍ଗୀକାରବଦ୍ଧତା, ପ୍ରତିବଦ୍ଧତା ଏବଂ ବିଶ୍ୱାସ ମନ୍ତ୍ରରେ ପରିଣତ କରେ। 'ଛାୟାସୌଧର ଅବଶେଷ' କଥାବସ୍ତୁର ନାୟିକା ମିନୁ ନାରୀମାନଙ୍କ ପ୍ରତି ମୋ ଲେଖକୀୟ ପ୍ରତିବଦ୍ଧତାର ଏକ ଆନ୍ତରିକ-ସତ୍ୟାଶ୍ରୟୀ ଉଚ୍ଚାରଣ ମାତ୍ର।" (୨୦)

'ଛାୟାସୌଧର ଅବଶେଷ' ଉପନ୍ୟାସରେ ସମାଜର ତ୍ରିବିଧ ରୂପ ଦୃଷ୍ଟିବଦ୍ଧ ହୁଏ।

୧) ପୁରୁଷକୈନ୍ଦ୍ରିକ ସମାଜ ବ୍ୟବସ୍ଥା ଓ ଗ୍ରାମ୍ୟ ଜୀବନର ଚିତ୍ର

୨) ନାରୀର ଆଗ୍ରହ, ଆକାଙ୍କ୍ଷା ଓ ଜୀବି-ଇଚ୍ଛାକୁ ମହତ୍ତ୍ୱ ପ୍ରଦାନ

୩) ସାମାଜିକ ବ୍ୟବସ୍ଥା (ଗଣିକା ଜୀବନ) ଉପରେ ହସ୍ତକ୍ଷେପ

ଭାରତୀୟ ନାରୀ ଜୀବନ ପ୍ରତି ସମ୍ବେଦନା ପ୍ରକଟ କରି ଔପନ୍ୟାସିକ ଗୌରହରି ଦାସ କହନ୍ତି- "ଛାୟାସୌଧର ଅବଶେଷ' ଉପନ୍ୟାସର ମିନୁ ଚରିତ୍ର ଭିତରେ ମୁଁ ଆମ ଗାଆଁର ଏକ କିଶୋରୀର ଦୁଃଖକୁ ଫୁଟେଇବାକୁ ଉଦ୍ୟମ କରିଛି। x x x ଏହାର ମୁଖ୍ୟ ଚରିତ୍ର ମିନୁ। ସାଧାରଣ ପରିବାରର ଝିଅଟିଏ। ମାତ୍ର ତା'ର ଅଭିନୟ କରିବାକୁ ଇଚ୍ଛା। ଏଇତକ ଇଚ୍ଛା ଲାଗି ତାକୁ ଅପବାଦ ଶୁଣିବାକୁ ପଡ଼େ। ଗୋଟେ ନପୁଂସକ ଓ ମୃତଦାର ହାତରେ ତାକୁ ଛନ୍ଦି ଦିଆଯାଏ। ତେବେ ସେଇଠି କଥା ସରେ ନାହିଁ। ସ୍ୱାମୀ ଦ୍ୱାରା ନିଜର ଯୌନ ଆଗ୍ରହର ପରିପୂର୍ତ୍ତି ପାଇଁ ଉଦ୍ୟମ କରି ସେ ଡାହାଣୀର ଅପବାଦ ପାଏ। ତା'ପରେ ଅନ୍ଧବିଶ୍ୱାସ ଓ କୁସଂସ୍କାରର ବେଦୀ ଉପରେ ବସେଇ ତା ଉପରେ ଆରମ୍ଭ ହୁଏ ଶାରୀରିକ ନିର୍ଯାତନା। ସେଠୁ ସେ ପଳେଇଯାଏ ଆତ୍ମରକ୍ଷା ପାଇଁ; ମାତ୍ର ନିଜକୁ ଆବିଷ୍କାର କରେ ଗୋଟେ ନଷ୍ଟଗଳିରେ। ସେ କଷ୍ଟ ପାଏ, ଦୁଃଖ ଭୋଗେ – କିନ୍ତୁ ଅନ୍ୟ ଗୋଟେ ଝିଅକୁ ସେ ଅନ୍ଧଗଳିରୁ ଉଦ୍ଧାର କରେ। ମିନୁ ଚରିତ୍ର ଭିତରେ ମାତୃତ୍ୱର ଆବେଦନ ଉତ୍କୀର୍ଣ୍ଣ। ଗୋଟେ ନାରୀ ମାତୃତ୍ୱର ଆହ୍ୱାନକୁ ଏଡ଼ାଇ ଯାଇ ପାରେନା।" (୨୧) ନାରୀର ଅଧିକାରକୁ ଗୌରହରି ଦାସ ବେଶ୍ ଗୁରୁତ୍ୱ ପ୍ରଦାନ କରନ୍ତି। 'ଛାୟାସୌଧର ଅବଶେଷ'ରେ ନାରୀ ଜୀବନର ବେଡ଼ି, ପ୍ରତିବନ୍ଧକ, ସ୍ଥିତି ସନ୍ଧାନ, ତା'ର ଅସୁମାରି ସ୍ୱପ୍ନ ଏବଂ ଆବେଗକୁ ଅତି ଜୀବନ୍ତ ଭାବରେ ଉପସ୍ଥାପନ କରାଯାଇଛି। ନାରୀର ଅଧିକାରଗତ ପ୍ରସଙ୍ଗ ସଂପର୍କରେ

ଗୌରହରି ଅତ୍ୟନ୍ତ ସଚେତନ ସ୍ରଷ୍ଟାପୁରୁଷ। ଘର ବାନ୍ଧିବାର ନିଶା ଓ ମା' ହେବାର ଅନ୍ଧପଣ ଭିତରେ ମିନୁ ନିଃଶେଷ ହୋଇଯାଇଛି। ମାନସିକ ସ୍ତରରେ ନାରୀର ସଂଘର୍ଷ ସଂପର୍କରେ ଗୌରହରି ଦାସ କହନ୍ତି- "ଛାୟାସୌଧର ଅବଶେଷ'ରେ ମିନୁ ଅବଶେଷରେ ବେଶ୍ୟାବୃତ୍ତିକୁ ଗ୍ରହଣ କରିନେଇଛି ସିନା, ତାହାକୁ ଅନୁମୋଦନ କରିପାରିନାହିଁ। ବଞ୍ଚିବା ପାଇଁ ଏହାକୁ ଗ୍ରହଣ କରିବାଲାଗି ବାଧ୍ୟ ହୋଇଛି।" (୨୨) ମିନୁର ଚରିତ୍ର ସଂପର୍କରେ ଔପନ୍ୟାସିକ କହନ୍ତି- "ଛାୟାସୌଧର ଅବଶେଷ'ର ମିନୁ ଚରିତ୍ରକୁ ପ୍ରଥମେ ମୁଁ ଖବରକାଗଜ ପୃଷ୍ଠାରୁ ଆବିଷ୍କାର କରିଥିଲି। ବେଶ୍ୟାର ଜୀବନକୁ ଗ୍ରହଣ କରି ନେଇଥିବା କଲିକତାର ମିନୁ ଦେ' ସେହି ନଷ୍ଟଗଳିକୁ ଧରାହୋଇ ଯାଇଥିବା ଯୁବତୀ ଝିଅଟିଏକୁ ମୁକ୍ତି ଦେବାକୁ ଯାଇ ଅନେକ ନିର୍ଯାତନାର ଶିକାର ହୋଇଥିଲା। ସେ ଖବରଟି ମୋ ଭିତରେ ବହୁଦିନ ପର୍ଯ୍ୟନ୍ତ ବସା ବାନ୍ଧି ରହିଥିଲା। ମାତ୍ର ତାହା ଯେ ଗୋଟାଏ ଉପନ୍ୟାସର ରୂପ ନେବ, ଏକଥା ମୁଁ ସେଦିନ ଚିନ୍ତା କରି ନ ଥିଲି। x x x ଉପନ୍ୟାସର ବିୟୋଗାନ୍ତକ ପରିଣତି ପାଇଁ କେତେ ପାଠକପାଠିକା ମୃଦୁ ଭର୍ତ୍ସନା କରି ମୋତେ ଚିଠି ଲେଖିଛନ୍ତି। ମୁଁ ଜାଣି ଜାଣି ମିନୁକୁ ଆହତ କରିନାହିଁ। ଏଭଳି ପରିଣତି ହୁଏତ ତା' ପାଇଁ ଥିଲା ଅନିବାର୍ଯ୍ୟ ଓ ଅବଧାରିତ। କୌଣସି ଦୁଆର ଖୋଲା ନ ଥିବା ତା' ଭଳି ଗୋଟେ ନାରୀ ପାଇଁ ପାଠକପାଠିକାଙ୍କ ହୃଦୟର ସିଂହଦ୍ୱାର ଯେ ଆପେ ଆପେ ଖୋଲିଯାଉଛି, ସେଇ କ'ଣ କମ୍ କଥା! ଗୋଟାଏ ମିନୁ ଯଦି ମରିହଜିଗଲା ତା' ପାଇଁ ମନଦୁଃଖ କରି ବସି ରହିବାର ଆବଶ୍ୟକତା ନାହିଁ। ଆଖି ବୁଲେଇଲେ ଏହିପରି ଶହ ଶହ ହତଭାଗିନୀଙ୍କୁ ଆପଣଙ୍କ ଚାରିପଟେ ହୁଏତ ଦେଖିବେ। ମିନୁ ପାଇଁ ନ ହେଲେ ନାହିଁ, ସେମାନଙ୍କ ପାଇଁ ଯଦି କିଛି କରିପାରିବେ, ତା'ହେଲେ ବହୁତ ବଡ଼କଥା ହେବ। ବିଶ୍ୱାସ କରନ୍ତୁ, ମିନୁର କାହାଣୀ ଲେଖିଲାବେଳେ ମୁଁ ମଧ୍ୟ ତା' ପାଇଁ କମ୍ କଷ୍ଟ ସହିନାହିଁ। ତା' ପରି ଗୋଟେ ସାଦାସିଧା ଝିଅକୁ ଡାହାଣୀର ଆଖ୍ୟା ଦେଇ ତା'ର ନରମ ଦେହରେ ଗରମ ଲୁହାଖଡ଼ିକାର ଚେଙ୍କ ବସେଇଦେବାବେଳେ ମୁଁ ମଧ୍ୟ କମ୍ ପରିମାଣରେ ଶିହରି ଉଠି ନାହିଁ। କିନ୍ତୁ ଏସବୁ ତ ଆମମାନଙ୍କର ନିତିଦିନିଆ ଅଙ୍ଗେନିଭା କଥା। କାହିଁ, ଆମମାନଙ୍କ ଆଖି ଲୁହ କ'ଣ ସେ ପ୍ରକାର ଅନ୍ଧବିଶ୍ୱାସର ନିଆଁକୁ ଲିଭେଇ ପାରିଲାଣି!" (୨୩)

କଥାବସ୍ତୁ:

ଔପନ୍ୟାସିକ ଗୌରହରି ଦାସଙ୍କ ପ୍ରତ୍ୟେକ ଉପନ୍ୟାସରେ କଥାବସ୍ତୁର ନିରବଚ୍ଛିନ୍ନ ଗତିଶୀଳତା ରହିଛି। 'ଛାୟାସୌଧର ଅବଶେଷ'କୁ ପାଠ କରିବା ମାତ୍ରେ ପାଠକ ମନୋଭୂମିରେ ମିନୁ ନାମ୍ନୀ ନାରୀ ଚରିତ୍ର ସହିତ ପ୍ରତ୍ୟକ୍ଷ - କିନ୍ତୁ ଐନ୍ଦ୍ରିକ

ସାକ୍ଷାତକାର ହୁଏ। ମିନୁର ଜୀବନଯନ୍ତ୍ରଣା, ସଂଘର୍ଷ, ତା'ର ମନୋଦଶା, ଜୀବିକା ପାଇଁ ତା'ର ସଂଘର୍ଷ, ବିଷମୟ ପରିବେଶ, ତା' ଭିତରର ଚିରନ୍ତନୀ ନାରୀତ୍ୱ, ମମତ୍ୱବୋଧ, ମାତୃତ୍ୱର ଆକାଙ୍କ୍ଷା, ସ୍ତ୍ରୀତ୍ୱର ସ୍ୱାଭିମା. ସର୍ବୋପରି ନିଜ ଅସ୍ତିତ୍ୱର ପ୍ରତିଷ୍ଠା ନିମନ୍ତେ ତା'ର ଅସହାୟତାକୁ ପାଠକ ଅନୁଭବ କରିବେ। ମିନୁ ପ୍ରତି ତୀବ୍ର ସମ୍ବେଦନା ଅନୁଭବ କରିବା ଭିତରେ ପାଠକ ଶବ୍ଦହୀନ ହୋଇଯିବା ଅସମ୍ଭବ ନୁହେଁ। 'ମିନୁ' ପରିସ୍ଥିତିର ଚାପରେ ବେଶ୍ୟାର ଜୀବନ-ଜୀବିକାକୁ ଆପଣେଇ ନେଇଛି। କିନ୍ତୁ ପିଲାଟିବେଳୁ ସେ ଅସଂଖ୍ୟ କଳ୍ପନାର ପଟୁଆର ଭିତରେ ସୁନ୍ଦର ଜୀବନଟେ ପାଇଁ ସ୍ୱପ୍ନ ଦେଖିଥିଲା। ଔପନ୍ୟାସିକ କଥାବସ୍ତୁର ବର୍ଣ୍ଣନା ସମୟରେ ଫ୍ଲାସ୍‌ବ୍ୟାକ୍ ଶୈଳୀରେ ମିନୁ ଦ୍ୱାରା ସ୍ମୃତିଚାରଣ କରାଇଛନ୍ତି। ବେଶ୍ୟାପଡ଼ାରେ ଦୁର୍ଭାଗ୍ୟ ଭୋଗୁଥିବା ମିନୁର ପିଲାଦିନ କିଛି ମନ୍ଦ ନ ଥିଲା। ଗାଁ ଜ୍ୟୋତିଷ ମିନୁର ହାତ ଦେଖି ତାକୁ ରାଜରାଣୀ ହେବାର ଭବିଷ୍ୟତବାଣୀ କରିଥିଲା। ଆଈ ବୁଢ଼ୀର ଆକଟର ସୀମା ଭିତରେ ସୁଦ୍ଧା ମିନୁର ଛୁଆବେଳ ଚଳଚଞ୍ଚଳ ଥିଲା। ଦଶ-ଏଗାର ବର୍ଷ ବୟସରେ ବାପଛେଉଣ୍ଡ ହୋଇଥିବା ମିନୁର ଶୈଶବ ବିଧବା ମା' ଓ ଦାଦା-ଖୁଡ଼ୀଙ୍କ ନିର୍ଦ୍ଦେଶ ଅନୁସାରେ ପରିଚାଳିତ ଥିଲା। ମା'ର ଯତ୍ନ ନେବା, ଗାଁ ସ୍କୁଲ୍‌ରେ ପାଠ ପଢ଼ିବା, ଦାଦା-ଖୁଡ଼ୀଙ୍କ ଅତ୍ୟାଚାର ସହ୍ୟ କରିବାର ସେହି ଦିନ ସବୁ ମିନୁ ପାଇଁ ସ୍ୱାଭାବିକ ହେଲେ ହେଁ ମିନୁକୁ ମାଟ୍ରିକ୍ ପରୀକ୍ଷାର ଫର୍ମପୂରଣ କରିବାରେ ଆର୍ଥିକ ସହାୟତା କରିଥିବା ଦେବ ସାର୍‌ଙ୍କୁ ନେଇ ମିନୁକୁ ଅପବାଦ ମିଳିବା ପରେ ତା ଜୀବନ ଅସ୍ୱାଭାବିକ ହୋଇପଡ଼ିଥିଲା। ଔପନ୍ୟାସିକଙ୍କ ଶବ୍ଦରେ "ଗୋଟେ ଚିର ଖାତକର ଅଭିଶପ୍ତ ଜୀବନ ମିନୁର। ସେ କାହାର ଋଣ ଶୁଝିପାରେ ନାହିଁ। କାହାର ଭଲପାଇବାର ପ୍ରତିଦାନ ଦେଇପାରେ ନାହିଁ। ସେଇମାନଙ୍କୁ ସେ ସୁଖ ବାଣ୍ଟେ, ଯୋଉମାନେ ଜୀବନରେ କେବେ ତା'ର କିଛି ଉପକାର କରି ନ ଥାନ୍ତି। ଏଇ ତା'ର ବିଡ଼ମ୍ବିତ ଭାଗ୍ୟ।" (୨୪) ମିନୁ ଲୋକଅପବାଦକୁ ସହ୍ୟ କରିନେବାର ବିଡ଼ମ୍ବନା ଭିତରେ ଗାଁର ଗଙ୍ଗାଧର ମାଷ୍ଟ୍ରଙ୍କ ଆଖଡ଼ାଘରେ ନାଚ ଓ ଅଭିନୟ ପ୍ରତି ଆଗ୍ରହୀ ହୋଇଛି। କିଛିଦିନ ଅଭ୍ୟାସ ମଧ୍ୟ କରିଛି। ପରବର୍ତ୍ତୀ ସମୟରେ ମିନୁ ତା'ର ମା'କୁ ହରାଇଛି। ମା'ଛେଉଣ୍ଡ ମିନୁର ସଂପତ୍ତିର ମାଲିକାନା ହାତେଇବା ପାଇଁ ଦାଦା-ଖୁଡ଼ୀ ଚକ୍ରାନ୍ତ କରି କଳାପାଟ ଗାଁର ଏକ ଅସମର୍ଥ-ବୟସ୍କ ବ୍ୟକ୍ତି ସହିତ ତାର ବାହା କରିଦେଇଛନ୍ତି। ମିନୁ ସମ୍ମୁଖରେ ଜୀବନର ଘୋର ସ୍ୱପ୍ନଭଙ୍ଗ ସ୍ଥିତି ଥିଲେ ମଧ୍ୟ ସେ ନପୁଂସକ ସ୍ୱାମୀ ଉପରେ ତା'ର ଆଦର-ଯତ୍ନ ଅଜାଡ଼ି ଦେଇଛି। ମିନୁର ମନସ୍ତତ୍ତ୍ୱକୁ ଲେଖକ ଅତି ନିଛକ ରୂପ ପ୍ରଦାନ କରିଛନ୍ତି। 'ଏମିତି ରାତିଗୁଡ଼ିକ ବିତେ। ଗୋଟେ ବୟସ୍କ ଓ ଅସଂପୃକ୍ତ ପୁରୁଷ ସାଙ୍ଗରେ

ରାତି ବିତାଏ ମିନୁ, ଅଧରାତି ପର୍ଯ୍ୟନ୍ତ ଅପେକ୍ଷାରେ ଓ ଅବଶିଷ୍ଟ ରାତି ଉପେକ୍ଷାରେ।' (୨୫) ମିନୁର ଯୌନ-ଆକାଂକ୍ଷା ପରି ସ୍ୱାଭାବିକ ଜୀବିଚ୍ଛାର ସ୍ୱରୂପ ଉଦ୍‌ଘାଟନ କରି ଔପନ୍ୟାସିକ ପୁଣି ଲେଖିଛନ୍ତି- "ରାତି ଅନ୍ଧାରରେ ସେ କିଛି ଗୋଟେ ଘଟିବାକୁ ଅପେକ୍ଷା କରି ହାଇଁପାଇଁ ହୁଏ। ତାକୁ ଘନ ଘନ ଶୋଷ ଲାଗେ। ବିଛଣାରୁ ଉଠିଯାଇ ସେ କଳସୀରୁ ପାଣି ନିଗାଡ଼ି ପିଏ। ଚେଇଁଛି ବୋଲି କାହାକୁ ଜଣଉଥାଏ। ଥଣ୍ଡା ପବନ ବାଜିଲେ ତା' ଦେହରେ ନିଆଁ ଚରିଯାଏ। ଖଟ ଉପରକୁ ଚାହେଁ, ନିଶ୍ଚେଷ୍ଟ ହୋଇ ପଡ଼ି ରହିଛି ତା'ର ସ୍ୱାମୀ, କାଠ ଓ ପଥରର ମୂର୍ତ୍ତିଟେ ପରି। ଖାଲି ଯାହା ଘୁଙ୍ଗୁଡ଼ି ମାରୁଛି ଓ ଛାତିଟା ତା'ର ଉଠୁଛି ପଡୁଛି। ତା' ନ ହେଲେ ଜିଅନ୍ତା କି ମଲା, ଜାଣି ହୁଅନ୍ତା ନାହିଁ।" (୨୬)

ସ୍ୱାମୀ ଦାମୋଦରକୁ ଆଦର କରିବାର ଚେଷ୍ଟାରେ ମାତିଥିବା ମିନୁକୁ ଶେଷରେ କଞ୍ଚାଖାଇ ଡାହାଣୀର ଅପବାଦ ମିଳିଛି। ଔପନ୍ୟାସିକଙ୍କ ଶବ୍ଦରେ- "ଦାମୋଦର ରାତିରେ ଆଉ ମିନୁ ପାଖେ ଶୋଉ ନ ଥିଲା। ସେ ସ୍ଥିର ନିଶ୍ଚିତ ହୋଇଯାଇଥିଲା ଯେ ତା' ସ୍ତ୍ରୀ ଗୋଟେ ଡାଆଣୀ। ସେଥର ତା'ର ନିଦ ଭାଙ୍ଗିଗଲା ବୋଲି ସେ ଜୀବନ ଫେରି ପାଇଲା। ତା' ନ ହେଲେ ସେ ସକାଳର ସୂର୍ଯ୍ୟୋଦୟ ଦେଖିଥାନ୍ତା କି ନାହିଁ ସନ୍ଦେହ! ଦିନରେ ତିନି ଚାରିଥର ଦାମୋଦର ନିଜର ପାଦ ଓ ପାପୁଲି ତନ୍ନ ତନ୍ନ କରି ଦେଖୁଥିଲା। ସେ ଶୁଣିଥିଲା, ପାଦ କି ପାପୁଲି ଖଣ୍ଡିଆ କରି ସେଇବାଟେ ଡାଆଣୀ ରକ୍ତ ଶୋଷିନିଏ।" (୨୭) ଗାଁରେ ମିନୁକୁ ଡାଆଣୀ ସନ୍ଦେହ କରି ସମସ୍ତେ ନାନା କଥା କହିଲେ। ଗାଁର ପରମେଶ୍ୱର ଗୁଣିଆକୁ ଡକେଇ ମିନୁକୁ କଣ୍ଟା ଝାଡୁରେ ପିଟାଗଲା। ଗାଁ ଲୋକେ ଭାବିନେଲେ, ମିନୁ ଭିତରେ ଦାମୋଦରର ପ୍ରଥମ ସ୍ତ୍ରୀ ସାବିତ୍ରୀର ପ୍ରେତ ଅଛି। ଦେହରେ କଣ୍ଟା ଝାଡୁର ଅସହ୍ୟ ପ୍ରହାର କ୍ଷତ ସହିତ ଅଖିଆ-ଅପିଆ ମିନୁ ବାରମ୍ବାର ଆତ୍ମହତ୍ୟା କରିବାକୁ ଚେଷ୍ଟା କରିଛି। ନପୁଂସକ ଦାମୋଦରର ନିଜ ଶାରୀରିକ ଅସାମର୍ଥ୍ୟକୁ ନ ବୁଝି ପୂର୍ବ ସ୍ତ୍ରୀ ସାବିତ୍ରୀ ଓ ମିନୁକୁ ବାଞ୍ଝ ବୋଲି ଅପବାଦ ଦେଇଛି। ଏତେସବୁ ଅପବାଦ ଏବଂ ପରମେଶ୍ୱର ଗୁଣିଆର ଅତ୍ୟାଚାର ସହ୍ୟ କରି ନ ପାରି ମିନୁ ନିଜକୁ ବଞ୍ଚେଇବାକୁ ଯାଇ ନିଜକୁ 'ସାବିତ୍ରୀ' ବୋଲି ମାନି ନେଇଛି। ପ୍ରେତ ଛଡ଼େଇବାକୁ ଯାଇ ଯେତେବେଳେ ଗୁଣିଆ ମିନୁର ଜଙ୍ଘରେ ଲୁହାଖଡ଼ିକା ଚେଙ୍କ ଦେଇଚି, ମିନୁ ସେତେବେଳେ ଜୀବନ ବିକଳରେ ସେଠାରୁ ଦୌଡ଼ି ଦୌଡ଼ି ଚାଲିଯାଇଛି ଏବଂ ଜୀବନ ହାରିଦେବାକୁ ଭାବି ସମୁଦ୍ରକୁ ଡେଇଁପଡ଼ିଛି। କିନ୍ତୁ ମରିପାରି ନାହିଁ।

କୋଠୀର ଚାରିକାନ୍ଥ ଭିତରେ ମିନୁ ସାଜିଛି ଏକ ରୂପଜୀବୀ, ଯେଉଁଠି ତା'ର ସବୁ ସ୍ୱପ୍ନ ଓ କଳ୍ପନା ଧୂଳିସାତ୍ ହୋଇଯାଇଛି। ସେହି ଅପରିଚିତ ପୃଥିବୀରେ

ଇନିସ୍‌ପେକ୍ଟର ପ୍ରାଣକୃଷ୍ଣ ସହିତ ତା'ର ବନ୍ଧୁତ୍ୱ ଗଢ଼ିଉଠିଛି। ମିନୁ ଅନ୍ୟ ଅସହାୟା-ଅବଳା ନାରୀମାନଙ୍କ ଅବସ୍ଥାକୁ ଦେଖି ବିକଳ ହୋଇ ଉଠେ। ସେ ଭାବେ- କେଡ଼େ ଅର୍କ୍ଷିତ ଏ ମଣିଷ! କେତେ ଅନ୍ତଃସାରଶୂନ୍ୟ ମଣିଷର ଗର୍ବ ଓ ଅହଂକାର! ତା'ର ଇଚ୍ଛା ହେଉଥିଲା, ସିଏ ବି ସେହି ମୁହୂର୍ତ୍ତରେ ମରିଯାଆନ୍ତା। ଅନେକ ବର୍ଷ ବଞ୍ଚିସାରିଲାଣି। ତା'ର ନା ଅଛି ଭବିଷ୍ୟତ, ନା ବର୍ତ୍ତମାନ! ସିଏ ବଞ୍ଚିଲେ କି ମରିଲେ ଏ ସହରର କିଛି ଯାଏ ଆସେ ନାହିଁ।" (୨୮) ଅନ୍ଧାରୀ କୋଠିର ସେଇ ହୀନମନ୍ୟ ସ୍ଥିତିରେ ଏକଦା ଗୋଟେ ନିରୀହ ଝିଅକୁ କୋଠୀ ମାଲିକ ମୁନ୍‌ସଫ୍ ମିଆଁଠୁ ବଞ୍ଚେଇ ମିନୁ ଚତୁରତାର ସହ ତାକୁ ସେଠାରୁ ମୁକ୍ତ କରିଛି। ପ୍ରାଣକୃଷ୍ଣ ପ୍ରତି ତା'ର ଗଭୀର ଅନୁରାଗକୁ ସେ ନିଜ ଛାତି ଭିତରେ ଚାପି ଦେଇଛି। ନିଜ ଜୀବନ ବିନିମୟରେ କୋଠୀର ଅନ୍ଧାରଘରୁ 'ଅରୁନ୍ଧତୀ' ନାମକ ଝିଅକୁ ଉଦ୍ଧାର କରିବାକୁ ଚେଷ୍ଟା କରିଛି। ମିନୁ ଭାବିଛି- "ସେ ମିନୁ ନୁହେଁ, ସେ ବେଶ୍ୟା ନୁହେଁ, ସେ କାହାର ଝିଅ କିମ୍ବା କାହାର ବୋହୂ ନୁହେଁ। ସେ ଗୋଟେ ନାରୀ, କେବଳ ନାରୀ। ଅରୁନ୍ଧତୀ ସହିତ ତା'ର ସେଇ ସମ୍ବନ୍ଧ। ସେ ଆଉ ଗୋଟେ ନାରୀକୁ ଚଟାଣ ଉପରେ ଲୋଟିବାର, ବେଶ୍ୟାର ଭାଗ୍ୟ ନେଇ ବଞ୍ଚିବାର ଦୃଶ୍ୟ ଦେଖିବ ନାହିଁ। ଆଉ ଗୋଟେ ନାରୀକୁ ତା' ପରି ଅନ୍ଧାରଘରେ ପଚିଶଢ଼ି ଯିବାର ଦୁର୍ଭାଗ୍ୟକୁ ସେ ସହିପାରିବ ନାହିଁ।" (୨୯) ବାଘ ମୁହଁରୁ ଖାଦ୍ୟ ଖସିଲା ପରି ଅରୁନ୍ଧତୀର ପଳାୟନ ପରେ କ୍ରୁଦ୍ଧ ମୁନ୍‌ସଫ୍ ମିଆଁ ଉତ୍ତ୍ୟକ୍ତ ହୋଇ ମିନୁକୁ ଛୁରି ଭୁସି ହତ୍ୟା କରିଛି।

ଅର୍ଦ୍ଧମୃତ ରକ୍ତାକ୍ତ ଅବସ୍ଥାରେ ଥାଇ ମଧ୍ୟ ମିନୁ ଭାବୁଥିଲା- "ସେ ସତକୁ ସତ ଅରୁନ୍ଧତୀର ମା' ହୋଇଯାଇଛି। କୋଉ ମା' ବିନା ରକ୍ତକ୍ଷୟରେ କ'ଣ ଝିଅ ଜନ୍ମ କରିପାରିଥାଆନ୍ତା!" (୩୦) ସମାଜର ଅବହେଳିତ ନାରୀ ଜୀବନର ବାସ୍ତବ ଚିତ୍ର ପ୍ରଦାନ କରିବାରେ 'ଛାୟାସୌଧର ଅବଶେଷ' ଏକ ସଫଳତମ ଉପନ୍ୟାସ।

କଥାବସ୍ତୁ, ପରିବେଶ, ଚରିତ୍ର, ନାମକରଣ, ନାଟକୀୟତା, ଶୈଳୀଧର୍ମିତା ଆଦି ଦୃଷ୍ଟିରୁ 'ଛାୟାସୌଧର ଅବଶେଷ'ରେ ରହିଛି ଅଦ୍ଭୁତ କଳାତ୍ମକ ମୂଲ୍ୟ। ମପାଚୁପା, ସୁନିର୍ବାଚିତ ଶବ୍ଦଙ୍କୁ ନିୟନ୍ତ୍ରିତ କରି ପ୍ରସଙ୍ଗାନୁକୂଳ ଉପସ୍ଥାପନାରେ ଗୌରହରି ଦାସ ଜଣେ ସ୍ୱତନ୍ତ୍ର ଶୈଳୀକାର। ଶବ୍ଦାର୍ଥକୁ ଯଥାସମ୍ଭବ ନିୟନ୍ତ୍ରଣ କରି ତାଙ୍କ କଳ୍ପନା ଦ୍ୱାରା ସେ ଯେଉଁ ମାନସ ଛବିର ପରିକଳ୍ପନା କରିଛନ୍ତି, ତାହାର ଗଭୀରତମ ତଥା ଗମ୍ଭୀରତମ ମୂଲ୍ୟ ଯେ କେତେ ପ୍ରଭାବଶାଳୀ ତାହା କେବଳ ହୃଦ୍ୟ ମାତ୍ର! ଉପନ୍ୟାସର କଥା ପ୍ରବାହ ମଧ୍ୟ ଦେଇ ଗୌରହରିଙ୍କ କଥାକାରିତା ପାଠକକୁ ଅଭିଭୂତ କରେ। 'ମିନୁ'ର ମୃତ୍ୟୁ ପାଠକ ହୃଦୟକୁ ଦ୍ରବୀଭୂତ କରିବା ସହିତ କାରୁଣ୍ୟରେ ଭରିଦିଏ। ଏହି କାରୁଣ୍ୟ ହିଁ ଆଲୋଚ୍ୟ ଉପନ୍ୟାସକୁ ଉଲ୍ଲେଖନୀୟ ସାଫଲ୍ୟ ପ୍ରଦାନ କରିଛି।

'ଛାୟାସୌଧର ଅବଶେଷ' ଉପନ୍ୟାସରେ ଲେଖକ ଦୁଇ ପ୍ରକାର ବିମ୍ବର ପ୍ରୟୋଗ କରିଛନ୍ତି। ପ୍ରଥମଟି ମାନସ ବିମ୍ବ ଏବଂ ଦ୍ୱିତୀୟଟି ଐନ୍ଦ୍ରିୟ ବିମ୍ବ। ଐନ୍ଦ୍ରିୟ ଆଧାରିତ ବିମ୍ବରେ ପାଠକ ଚାକ୍ଷୁଷ, ଶ୍ରବ୍ୟ ତଥା ସ୍ପର୍ଶ୍ୟ ବିମ୍ବକୁ ଅନୁଭବ କରିବାରେ ସମର୍ଥ ହୁଏ। 'ଛାୟାସୌଧ' ଶବ୍ଦଟି ନିଜ ଭିତରେ ନିଜେ ଏକ ବିମ୍ବ ପ୍ରସ୍ତୁତ କରିଛି। କୌଣସି ଆକୃତିର ପ୍ରତିକୃତି ସମୟାନୁକ୍ରମେ ଅପସୃତ ହୋଇଯିବା ପରେ ଯେପରି ତା'ର ଅବଶେଷ ପଡ଼ିରହେ ଠିକ୍ ସେହିପରି ଆଣ୍ଠୁକୁଡ଼ୀ, କଳିହୁଡ଼ୀ, ଦୁଷ୍ଟରିତ୍ରାର ଅପବାଦ ମୁଣ୍ଡେଇଥିବା ମିନୁ ଚରିତ୍ରର ଦୁର୍ବାର ଅଭୀପ୍‌ସା, ଅସୀମ ଆବେଗର ଅଦୃଶ୍ୟ ଦୀର୍ଘଶ୍ୱାସ ପାଲଟିଛି। ସମୟ ପାବଚ୍ଛରେ ମିନୁ ଭଳି ନାରୀମାନଙ୍କର କୌଣସି ସ୍ମାରକୀ ନ ଥାଇ କେବଳ ସ୍ମୃତି-ଗହ୍ୱରରେ ଏକ ଉଦ୍‌ବେଳନ ସାଜି ଦରଦୀ ମାନବର ହୃଦୟକୁ ଆର୍ଦ୍ର କରିପକାଏ, ଯାହା ମିନୁ ଭଳି ନାରୀ ଚରିତ୍ରର ମନୋଗ୍ରନ୍ଥି (mental knot)ର ଯଥାର୍ଥ ଉନ୍ମୋଚନ। ତା'ର ଦୁର୍ବଳ ପ୍ରବୃତ୍ତିର ନିଛକ ବିଶ୍ଳେଷଣ ଉପନ୍ୟାସକୁ ଅତ୍ୟନ୍ତ ପ୍ରଭାବଶାଳୀ କରିପାରିଛି। ମାତୃତ୍ୱର ଚିରନ୍ତନୀ ଆକାଂକ୍ଷା ନେଇ ଛଟପଟ ହେଉଥିବା ମିନୁର ମନୋବୈଜ୍ଞାନିକ ବିଶ୍ଳେଷଣ ଅତ୍ୟନ୍ତ କରୁଣ ଓ ମର୍ମସ୍ପର୍ଶୀ। ଯେଉଁଠି ସେ କହିଉଠୁଛି- "ମୁଁ ସମର୍ଥ ମାଟି। ମୋ'ଠି ବି ଇଚ୍ଛା ଅଛି, କାମନା ଅଛି। ଛୁଆଟେକୁ କୋଳରେ ଜାକି ମା' ଡାକ ଶୁଣିବାର ବାସନା ଅଛି। ମୁଁ ମା' ହେବାକୁ ଚାହେଁ। ଆଣ୍ଠୁକୁଡ଼ୀ ହୋଇ ମରିବାକୁ ଚାହେଁନା ମୁଁ। ମୁଁ ମା' ହେବାକୁ ଚାହେଁ।" (୩୧) 'ଛାୟାସୌଧର ଅବଶେଷ' ଉପନ୍ୟାସଟି ଚିରାଚରିତ ଉପନ୍ୟାସରେ କଥାପ୍ରବାହ ତଥା ଶୈଳୀରୁ ଭିନ୍ନ ଓ ସ୍ୱତନ୍ତ୍ର ଭାବରେ ଉପସ୍ଥାପିତ ହୋଇଛି। ଫ୍ଲାଶ୍‌ବ୍ୟାକ୍ ଶୈଳୀରେ ସମୟର ବିବିଧ ପର୍ଯ୍ୟାୟକୁ ଅତି ସୂକ୍ଷ୍ମ ଭାବରେ ସଂଯୋଜିତ କରି କଥାରୂପକୁ ଜୀବନ୍ତ ଭାବରେ ଉତ୍କୀର୍ଣ୍ଣ କରାଯାଇଛି।

ଔପନ୍ୟାସିକଙ୍କ ପରବର୍ତ୍ତୀ ଦୁଇ ଉପନ୍ୟାସ - 'ନିଜ ସାଙ୍ଗେ ନିଜର ଲଢ଼େଇ' ଓ 'ଏଇଠୁ ଆରମ୍ଭ'ରେ ମଧ୍ୟ ନାରୀ ମନସ୍ତତ୍ତ୍ୱର ଅଭିନବ ରୂପ ଚିତ୍ରିତ ହୋଇଛି। ଆଲୋଚ୍ୟ ଉପନ୍ୟାସଗୁଡ଼ିକରେ ମୁଖ୍ୟ ଚରିତ୍ର ନାରୀ। ନିମ୍ନ ଓ ମଧ୍ୟମ ବର୍ଗର ପ୍ରତିନିଧିସ୍ଥାନୀୟ ନାରୀଚରିତ୍ରକୁ ନେଇ ଗୌରହରି ଦାସ ତାଙ୍କର ଉପନ୍ୟାସସବୁକୁ ରଚନା କରିଛନ୍ତି। "ତାଙ୍କ ନାରୀମାନଙ୍କଠାରେ ସାମାଜିକ, ଶିକ୍ଷାଗତ, ବୃତ୍ତିଗତ, ଅର୍ଥନୀତିକ ତଥା ରାଜନୀତିକ ପରିବର୍ତ୍ତନ ପରିଲକ୍ଷିତ ହୁଏ। ବହୁକାଳ ଧରି ନିର୍ଯାତନାକୁ ବରଦାସ୍ତ କରିବା ପରେ ସେମାନେ ଏହାର ପ୍ରତିରୋଧ କରିବା ପାଇଁ ଅଣ୍ଟା ଭିଡ଼ିଛନ୍ତି। ପୁରୁଷପ୍ରଧାନ ସମାଜ ବିରୋଧରେ ତଥା ରକ୍ଷଣଶୀଳତା ବିରୋଧରେ ଲଢ଼େଇ କରିଛନ୍ତି। ତାଙ୍କ ନାରୀଚରିତ୍ରମାନେ ଶିକ୍ଷିତ। ଔପନ୍ୟାସିକ ସେମାନଙ୍କୁ ଅର୍ଥନୀତିକ ତଥା ବୃତ୍ତିଗତ

ସ୍ୱାଧୀନତା ଦେଇଛନ୍ତି। ପୁରୁଷ ସହିତ ସମକକ୍ଷ କରି ନାରୀକୁ ସମାନ ଅଧିକାର ଓ ସମାନ ସୁଯୋଗ ଦେବା ପାଇଁ ଚେଷ୍ଟା କରିଛନ୍ତି। ତାଙ୍କ ନାରୀଚରିତ୍ରମାନେ ସମାଜ ସଂସ୍କାରରେ ବ୍ରତୀ ହୋଇଛନ୍ତି। ଶତ ନିର୍ଯାତନା ସତ୍ତ୍ୱେ ସଂସାରକୁ ଛାଡ଼ି ପାରିନାହାନ୍ତି। ସମସ୍ତଙ୍କୁ ଏକାଠି ବାନ୍ଧି ରଖିବାକୁ ଚେଷ୍ଟା କରିଛନ୍ତି। ସମସ୍ତଙ୍କର ଭଲପାଇବା ଲୋଡ଼ିଛନ୍ତି। ଟିକିଏ ଭଲପାଇବା ବଦଳରେ ପୁରୁଷର ଅପରାଧ ନିଃସଙ୍କୋଚରେ କ୍ଷମା କରିଦେବାକୁ ପଛେଇ ନାହାନ୍ତି।" (୩୨)

ଆତ୍ମସଂଘର୍ଷର କଳାତ୍ମକ ରୂପ ଭାବରେ ଗୌରହରି ଦାସଙ୍କ ଅନ୍ୟତମ ଉପନ୍ୟାସ 'ନିଜ ସାଙ୍ଗେ ନିଜର ଲଢ଼େଇ' ସ୍ୱତନ୍ତ୍ର ସାମାଜିକ ତଥା ମନସ୍ତାତ୍ତ୍ୱିକ ଆବେଦନ ରଖେ। ଏହି ଉପନ୍ୟାସ ୨୦୦୧ର ଓଡ଼ିଶା ସାହିତ୍ୟ ଏକାଡେମୀ ପୁରସ୍କାରପ୍ରାପ୍ତ ହୋଇଥିଲା। ନାରୀ ମନୋଦଶାର ସୂକ୍ଷ୍ମ ବିଶ୍ଳେଷଣ କରିବାରେ ଔପନ୍ୟାସିକ ଗୌରହରି ଦାସ ଜଣେ କୁଶଳୀ ସ୍ରଷ୍ଟା। ଭିନ୍ନ ଭିନ୍ନ ଧରଣର ବ୍ୟକ୍ତିବିଶେଷଙ୍କୁ ଅତି ନିକଟରୁ ବୁଝିଥିବା ହେତୁ ଚରିତ୍ରାୟନରେ ତାଙ୍କୁ ବେଶୀ ଶ୍ରମ ଦେବାକୁ ପଡ଼େ ନାହିଁ। ଅତି ସହଜ ଓ ସ୍ୱାଭାବିକ ଢଙ୍ଗରେ ସେ ନିଜର ଈପ୍ସିତ ଉଦ୍ଦେଶ୍ୟ ସ୍ପଷ୍ଟ କରନ୍ତି। 'ଛାୟାସୌଧର ଅବଶେଷ' ଉପନ୍ୟାସର ମିନୁ ତା'ର ସଂକୋଚପଣରୁ ପୂର୍ଣ୍ଣ ଭାବରେ ମୁକ୍ତ ହୋଇ 'ନିଜ ସାଙ୍ଗେ ନିଜର ଲଢ଼େଇ'ର ଦ୍ରୌପଦୀ ମିଶ୍ର ଚରିତ୍ର ଦ୍ୱାରା ସତ୍‌ସାହସ ଓ ସାମର୍ଥ୍ୟ ହାସଲ କରିପାରିଥିବା ମନେହୁଏ। ଦ୍ରୌପଦୀ ଜଣେ କର୍ମଜୀବୀ ନାରୀ, ଯାହାର ପିଣ୍ଟୁ ନାମକ ଛୋଟ ପୁଅଟିଏ ଅଛି। ପ୍ରବାସରେ ଥିବା ସ୍ୱାମୀ ଦେବଦତ୍ତଙ୍କ ଅନୁପସ୍ଥିତିରେ ପାରିବାରିକ ନିରାପତ୍ତାକୁ ନେଇ ଆଶଙ୍କିତ ରହିବା ତା' ପାଇଁ ସ୍ୱାଭାବିକ। ଜିଉଁଥିବା ଜୀବନରେ ମନ-ଦେହ-ଦାମ୍ପତ୍ୟର ବ୍ୟବଧାନ ତାଙ୍କୁ କଷ୍ଟ ଦେଉଥିଲେ ହେଁ ମାତୃତ୍ୱରେ ସେ ଆନନ୍ଦିତ। ସ୍ୱାମୀ ଦେବଦତ୍ତଙ୍କ ଅନୁପସ୍ଥିତିରେ ପୁଅ ପ୍ରତି ଥିବା ଦାୟିତ୍ୱବୋଧ ସହିତ ଦେହସୁହା ଏକଲାପଣର ଭୟ ମାଧ୍ୟମରେ ସେ ନିଜ କର୍ତ୍ତବ୍ୟବୋଧକୁ ଭୁଲିନାହିଁ। ପିଣ୍ଟୁକୁ ସ୍କୁଲ୍‌ରେ ଛାଡ଼ିବା ଓ ଆଣିବା ତା'ର ସବୁଦିନର କାମ। ଏକଦା ପିଣ୍ଟୁକୁ ସ୍କୁଲ୍‌ରୁ ଆଣିବାକୁ ଯାଉଥିବା ବେଳେ ରାସ୍ତାରେ କିଛି ଦୁର୍ବୃତ୍ତଙ୍କ ଭିତରେ ଧସ୍ତାଧସ୍ତିର ଦୃଶ୍ୟ ଦେଖିଛି। ଦ୍ରୌପଦୀ ଦେଖିଛି- "ଚବିଶ-ପଚିଶ ବର୍ଷର ପିଲାଟିଏକୁ ଦି ଜଣ ବଲୁଆ ଯୁବକ ସାଇକେଲ୍ କ୍ୟାବିନ୍ ସାମ୍‌ନାରେ ଘୋଷାଡ଼ି ତଳେ ପକେଇଦେଇଥିଲେ। ଜଣେ ତା'ର ପେଟ, ପିଠି, ଜଙ୍ଘ ଓ ମୁହଁକୁ ମୁଥ ମାରୁଥିଲା ଓ ଆରଜଣକ ଚକ୍‌ଚକ୍ କରୁଥିବା ଗୋଟେ ଛୁରୀ ଧରି ପିଲାଟା ଉପରକୁ ଚଢ଼ିଯାଉଥିଲା।" (୩୩)

ଦ୍ରୌପଦୀ ଏ ଘଟଣାରେ ହସ୍ତକ୍ଷେପ କରି 'ଏ କ'ଣ ହେଉଛି' ପଚାରୁ

ପଚାରୁ ଦୁର୍ବୃତ୍ତମାନେ ପିଲାଟି ପେଟରେ ଛୁରୀ ଭୁସି ମଟର ସାଇକେଲ୍‌ରେ ପବନ ବେଗରେ ଚାଲିଯାଇଥିଲେ। ଦ୍ରୌପଦୀ ଭୟଭୀତ ହୋଇପଡ଼ିଥିଲା। ତା' ପରଦିନଠାରୁ ତାକୁ ସେହି ମର୍ଡର କେସ୍ ବାବଦରେ ବେନାମୀ ଫୋନ୍ କଲ୍ ଆସିବାରେ ଲାଗିଲା। ଦ୍ରୌପଦୀ ଆଖି ଆଗରେ ସେ ଭୟାବହ ଦୃଶ୍ୟ ଠିକ୍ ସିନେମାର ଦୃଶ୍ୟ ଭଳି ବାରମ୍ବାର ଆସିଯାଉଥିଲା। ଯେତେ ଚେଷ୍ଟା କଲେ ବି ସେ ଦୃଶ୍ୟ ତା' ଆଖି ଆଗରୁ ଯାଉ ନ ଥିଲା। ସେ ଦୃଶ୍ୟର ଚାକ୍ଷୁଷ ବିମ୍ବ ତୋଳିବାକୁ ଯାଇ ଔପନ୍ୟାସିକ ବର୍ଣ୍ଣନା କରିଛନ୍ତି- "ଦ୍ରୌପଦୀ ଆଖି ସାମ୍ନାରେ ସେଇ ହତ୍ୟାକାଣ୍ଡର ଦୃଶ୍ୟ ନାଚିଯାଉଥିଲା। ସେ ଆଗରୁ ଏତେଗୁଡ଼ିଏ ରକ୍ତ କୋଉଠି ଦେଖି ନ ଥିଲା। ପିଲାଟାର ନାକରୁ ପାଣି ନିଗିଡ଼ିବା ପରି ଧାର ଧାର ହୋଇ ରକ୍ତ ବୋହୁଥିଲା। ତା'ପରେ ତା' ପେଟରୁ ପିଚ୍‌ପିଚ୍ ହୋଇ ରକ୍ତ ବୋହିଆସିଥିଲା। ଦ୍ରୌପଦୀ ମାଛ ଓ ମାଉଁସର ରକ୍ତ ମାର୍କେଟ୍‌ରେ ଦେଖିଥିଲା। ମାଛ ବେପାରୀମାନେ କଟାମାଛର ରକ୍ତ ପାଣିରେ ଧୋଇ ନ ଦେଇ ବିକା ହେବା ପାଇଁ ଥିବା ମାଛଗୁଡ଼ାକ ଦେହରେ ଥୋପିଦିଅନ୍ତି। ଛେଲା ଛେଲା ରକ୍ତ ଲାଗି ମଲା ମାଛଗୁଡ଼ା ଜିଅନ୍ତା ଦିଶନ୍ତି। କିନ୍ତୁ ଇଏ ମଲାମାଛର ରକ୍ତ ନ ଥିଲା। ଜିଅନ୍ତା ମଣିଷର ରକ୍ତ।" (୩୪) ଦ୍ରୌପଦୀ ଅତ୍ୟନ୍ତ ଭୟଭୀତ ହୋଇପଡ଼ିଥିଲା। ଗୁଣ୍ଡାମାନେ ତା' ରିକ୍ସାର ନମ୍ବର ଠଉରାଇ ତା' ଗତିବିଧିର ଖବର ରଖୁଛନ୍ତି ବୋଲି ତା' ମନରେ ଆଶଙ୍କା ସୃଷ୍ଟି ହେଉଥିଲା। ପିଣ୍ଟୁର ସୁରକ୍ଷା କଥା ଭାବି ଭାବି ସେ ବିବ୍ରତ ହୋଇପଡୁଥିଲା। ଦିନେ ପୁଅର ସ୍କୁଲ୍ ଫେରିବା ବିଳମ୍ବିତ ହେବା ଦେଖି ଅପହରଣ ଆଶଙ୍କାରେ ଶିହରି ଉଠିଛି ସେ। "ଛୋଟ ସହରଟିରେ ତା'ର ପରିଚୟ ଅଜ୍ଞାତ ରହେ ନାହିଁ, ଅପରାଧୀଏ ତାକୁ ଫୋନ୍ ଜରିଆରେ ଚୁପ୍ କରାଇ ରଖନ୍ତି। ଦୂରରେ ଥିବା ସ୍ୱାମୀଙ୍କୁ ସେ ପରିସ୍ଥିତି ବୁଝାଇପାରେ ନାହିଁ। ପୁଅ ଅପହରଣ ନେଇ ଆଶଙ୍କା ସେ ନିଜ ଭିତରେ ଭୋଗେ। ସ୍ୱାମୀଟି ତା' ଚାକିରି କ୍ଷେତ୍ରରେ ଜଙ୍ଗଲ ମାଫିଆଙ୍କ ଦୌରାତ୍ମ୍ୟ ଓ ବିଭାଗୀୟ ଅବହେଳାର ଶିକାର ହେଉଥାଏ। ସ୍ୱାମୀ-ସ୍ତ୍ରୀ ପରସ୍ପରଠାରୁ ଉଭୟଙ୍କ ସମସ୍ୟା ଗୋପନ ରଖି ନିଜେ ନିଜେ ପରିସ୍ଥିତିର ସାମ୍‌ନା କରନ୍ତି। ତା' ଭିତରେ ସ୍ୱାମୀର ବୃତ୍ତିଗତ ନାନା ସମସ୍ୟା, ସହକର୍ମୀମାନଙ୍କ ସହ ତୁଳନା, ସରକାରୀ ନୀତିନିୟମର ସମୀକ୍ଷା - ଦ୍ରୌପଦୀର ଆଶଙ୍କା, ସ୍ୱପ୍ନ, ଭୟର ଖଣ୍ଡିତ ଚିତ୍ର ଔପନ୍ୟାସିକ ଖଞ୍ଜି ଦେଇଛନ୍ତି। ଶେଷରେ ପୁଅର ସ୍କୁଲ୍ ଫେରନ୍ତି ବିଳମ୍ବର କାରଣ ଅପହରଣ ହୋଇପାରେ ପରି ଆଶଙ୍କାରେ ବ୍ୟାକୁଳିତ ଦ୍ରୌପଦୀ ଅନୁଭବ କରିଛି ଯେ ସେ ଦେଖିଥିବା ମର୍ଡର କେସ୍‌ର ତଦନ୍ତରେ ତା'ର ଭୂମିକା ଅସ୍ପଷ୍ଟ ରହିବା ଉଚିତ ନୁହେଁ। ତା'ଠାରେ ଏକ ପ୍ରକାର ସାହସ ଆସିଛି ଓ ସେ ପୋଲିସ୍ ଇନ୍‌ଫର୍ମର ହେବା ପାଇଁ ଥାନାକୁ ତାର ଆଗ୍ରହ ଜଣାଇ ଦେଇଛି। (୩୫)

ସାମାଜିକ ଜୀବନର ଗତାନୁଗତିକ ଘଟଣାର ଆଧାରରେ 'ନିଜ ସାଙ୍ଗେ ନିଜର ଲଢ଼େଇ' ସାଧାରଣ ଭାବରେ ଅସାଧାରଣ ମାନସିକତାର କଥା କହିଛି। ନିମ୍ନ ମଧ୍ୟବିତ୍ତ ଆଦର୍ଶବାଦୀ ଶିକ୍ଷକର ଝିଅ ଦ୍ରୌପଦୀ ସମାଜର ଭୟସଂକୁଳ ସ୍ଥିତିର ମୁକାବିଲା କରିବା ନିମନ୍ତେ ଅଣ୍ଟା ଭିଡ଼ିବା ଆଜିର ସମୟ ପାଇଁ ଏକ ସ୍ୱାଗତଯୋଗ୍ୟ ପଦକ୍ଷେପ। ଏହି ବାସ୍ତବବାଦୀ ସମସ୍ୟାକୁ ଦର୍ଶାଇବା ଭିତରେ ଔପନ୍ୟାସିକ ସଂସାରୀପଣର ମହତ୍ତ୍ୱ ପ୍ରଦାନ କରି ଲେଖିଛନ୍ତି- "ସନ୍ନ୍ୟାସୀ ଓ ସଂସାରୀ ଭିତରେ ବେଶୀ କିଛି ଫରକ ତା' ଦୃଷ୍ଟିରେ ନାହିଁ। ଉଭୟେ ସେହି ସଂସାରରେ ରହନ୍ତି; ବରଂ ସନ୍ନ୍ୟାସୀମାନେ ଭୀରୁ, ପଳାୟନପନ୍ଥୀ। ସନ୍ନ୍ୟାସୀ ହେବା କଷ୍ଟ ନୁହେଁ, ସଂସାରୀ ହେବା କଷ୍ଟ।" (୩୬) ମାତୃତ୍ୱର ସୂକ୍ଷ୍ମ ମନୋଦଶାର ମଞ୍ଜୁଳ ଅଭିବ୍ୟକ୍ତି 'ନିଜ ସାଙ୍ଗେ ନିଜର ଲଢ଼େଇ'କୁ ପ୍ରଭାବଶାଳୀ କରିପାରିଛି। ଏହାର ମୁଖ୍ୟ ବାର୍ତ୍ତା ହେଉଛି- ଅପରାଧ କରିବା ଯେତିକି ଗର୍ହିତକର, ଅପରାଧ ହେଉଥିବାର ଦେଖି ତାକୁ ଏଡ଼ାଇ ଯିବା କିମ୍ବା ଦେଖି ନ ଦେଖିବାର ଛଳନା କରିବା ତାହାଠାରୁ ଅଧିକ ଗର୍ହିତକର।

ଔପନ୍ୟାସିକ ଗୌରହରି ଦାସଙ୍କ ତୃତୀୟ ଉପନ୍ୟାସ ହେଉଛି 'ଏଇଠୁ ଆରମ୍ଭ'। 'ଛାୟାସୌଧର ଅବଶେଷ'ର ମିନୁ ଅନ୍ୟ ପାଇଁ ପ୍ରାଣବଳି ଦେବାବେଳେ ମନ ଭିତରେ କୌଣସି ଗ୍ଲାନି ରଖି ନ ଥିଲା। 'ନିଜ ସାଙ୍ଗେ ନିଜର ଲଢ଼େଇ'ର ଦ୍ରୌପଦୀ ଭୟମୁକ୍ତ ହେବା ପରେ ଯାଇ ସତ୍ୟ ଉନ୍ମୋଚନ ପାଇଁ ରାସ୍ତାକୁ ବାହାରିଥିଲା। କିନ୍ତୁ ସେ ଦୁଇଜଣଙ୍କଠାରୁ 'ଏଇଠୁ ଆରମ୍ଭ'ର ନାୟିକା ଉର୍ବଶୀର ଜୀବନ ସଂପୂର୍ଣ୍ଣ ଅଲଗା। ଏଠି ସେ ଆଉ ଗୋଟିଏ ପାଦ ଆଗକୁ ଯାଇଛି। ଜୀବନ ଜିଇବାକୁ ହେଲେ ବାସ୍ତବବାଦୀ ହେବାକୁ ପଡ଼େ, ଦୁନିଆ ବଜାରର ଚଳନ୍ତି ମୁଦ୍ରାରେ କାରବାର କରିବାକୁ ହୁଏ, ଏହି ହେଉଛି ଉର୍ବଶୀର ବଡ଼ ଉପଲବ୍ଧି। ଉର୍ବଶୀ ଆମର ଗତକାଲି ଓ ଆସନ୍ତାକାଲି ମଝି ସମୟର ନାୟିକା - ଯିଏ ମୂଲ୍ୟବୋଧକୁ ସମ୍ମାନ ଦେଉଛି ଅବଶ୍ୟ, କିନ୍ତୁ କଣ୍ଟାକୁ କଣ୍ଟାରେ କାଢ଼ିବାକୁ ହୁଏ - ଏହି ନୀତିକୁ ସଂପୂର୍ଣ୍ଣ ପ୍ରତ୍ୟାଖ୍ୟାନ କରିନାହିଁ।" (୩୭) ଆଲୋଚ୍ୟ ଉପନ୍ୟାସର କଥାବସ୍ତୁ 'ରାଜଧାନୀ'ରୁ ଆରମ୍ଭ ହୋଇ 'ରାଉରକେଲା'ରେ ସମାପ୍ତ ହୋଇଛି। ରାଜନୀତିକ ଆସ୍ପୃହା ରଖୁଥିବା ରମାରମଣଙ୍କ ଅତ୍ୟାଚାର ସହ୍ୟ କରି ନ ପାରି ଉର୍ବଶୀ ତାଙ୍କ ସ୍ୱାମୀଙ୍କ ଅଭିଯୋଗରେ କେସ୍ ଦାୟର କରିଥିଲା। ଓକିଲ ମଧ୍ୟ ତାକୁ ସାହାଯ୍ୟ କରିବାକୁ ଯାଇ ପ୍ରତାରିତ କରିଥିଲା। 'ଏଇଠୁ ଆରମ୍ଭ'ରେ ହତଭାଗିନୀ ଉର୍ବଶୀ ତା' ଜୀବନର ପ୍ରତିକୂଳ ସ୍ଥିତି ଉପରେ ବିଜୟପ୍ରାପ୍ତ କରି ପରିଶେଷରେ ସମାଜରେ ପ୍ରତିଷ୍ଠା ଲାଭ କରିପାରିଥିବାର ନିଛକ ବର୍ଣ୍ଣନା ରହିଛି। ଆଲୋଚ୍ୟ ଉପନ୍ୟାସରେ କଥାକାର ଗୌରହରି ଦାସ ନାରୀ ଜୀବନର ଅନେକ

ଅନ୍ଧାରୀ ଦିଗ ପ୍ରତି ଅଙ୍ଗୁଳି ନିର୍ଦ୍ଦେଶ କରିଛନ୍ତି। ହିନ୍ଦୁ ସଭ୍ୟତାରେ ଝିଅ ଜନ୍ମକୁ ଅଶୁଭ ଘଟଣା ମନେ କରିବା, ପୁତ୍ରଜନ୍ମକୁ ବିବାହର ମୌଳିକ ଉଦ୍ଦେଶ୍ୟ ବିଚାରିବା, ନାରୀର ଉଚ୍ଚାଧିଷ୍ଠାନ ପ୍ରତି ସମାଜର ଅସ୍ୱୀକାର ବା ଈର୍ଷା, ନାରୀ ଜୀବନର ବ୍ୟବସ୍ଥା ପୁରୁଷ ଦ୍ୱାରା ନିର୍ଦ୍ଦେଶିତ ହେବା ଓ କନ୍ୟା ନିଲାମର ପ୍ରଥାସିଦ୍ଧ ବିକୃତିକୁ ପ୍ରସଙ୍ଗାନୁକ୍ରମେ ଲେଖକ ବର୍ଣ୍ଣନାଭୁକ୍ତ କରିଛନ୍ତି। ନାରୀ ସଶକ୍ତିକରଣର ଏକ ବିଦ୍ରୋହାତ୍ମକ ବ୍ୟବସ୍ଥିତ ରୂପ 'ଏଇଠୁ ଆରମ୍ଭ' ଉପନ୍ୟାସରେ ବିଶ୍ଳେଷିତ ହୋଇଛି। ମହାଭାରତର ଦ୍ରୌପଦୀଠାରୁ ନେଇ ଆଜି ପର୍ଯ୍ୟନ୍ତ ନାରୀକୁ ବ୍ୟକ୍ତି ଭାବରେ ସମ୍ମାନ ନ ଦେଇ ବସ୍ତୁ ଭାବରେ ବ୍ୟବହାର କରାଯାଉଥିବା ଭଳି ସତ୍ୟର ଉନ୍ମୋଚନ କରାଯାଇଛି 'ଏଇଠୁ ଆରମ୍ଭ'ରେ।

ନାରୀର ସାମର୍ଥ୍ୟ ଓ ଆତ୍ମବିଶ୍ୱାସର କାହାଣୀରେ ମୋଡ଼ ପରିବର୍ତ୍ତନ କରାଇ ଉପନ୍ୟାସକୁ ଉତ୍କଣ୍ଠାପୂର୍ଣ୍ଣ ରୂପ ପ୍ରଦାନ କରାଯାଇଛି। ଏକ ନିର୍ଦ୍ଦିଷ୍ଟ କଥା ଛାଞ୍ଚ ଉପରେ ସମକାଳର ବାସ୍ତବ ଘଟଣାକୁ ଏଥିରେ ରୂପାୟିତ କରାଯାଇଛି। ଉର୍ବଶୀ କଷ୍ଟ ପାଇଛି, ଦୁଃଖ ପାଇଛି, କିନ୍ତୁ ପରିଶେଷରେ ସେ ଜିତିଛି। ପୁଲକ ଓ ଉର୍ବଶୀର ସଂପର୍କକୁ ନୀତିନିଷ୍ଠ ବନ୍ଧୁତ୍ୱର ମାନ୍ୟତା ଦିଆଯାଇଛି। ସାହସୀ ଓ ନିର୍ଭୀକ ଉର୍ବଶୀ ନିଜ ନିର୍ଯାତନା ଓ ଅପମାନର ସମସ୍ତ ସାମଗ୍ରୀକୁ ସମ୍ମାନର ଆୟୁଧ ଭାବରେ ପ୍ରତିଷ୍ଠା ଦେଇଛି। ପୁରାଣର ଦୁର୍ଗାଙ୍କ ଭଳି ନିରସ୍ତ ଉର୍ବଶୀ ଲୋକସମର୍ଥନ ପାଇଁ ରାଜନୀତି କ୍ଷେତ୍ରରେ ବିଜୟିନୀ ହୋଇପାରିଛି। ନାରୀ ସୁଯୋଗ ପାଇଲେ ପୁରୁଷଠାରୁ ଶକ୍ତିଶାଳୀ ହୋଇପାରିବ ଏବଂ ସେହି ଉଚ୍ଚତାକୁ ଆରୋହଣ କରିପାରିବ - ଏହି ମହତ୍ତର ଦର୍ଶନ ଉପରେ ପର୍ଯ୍ୟବସିତ 'ଏଇଠୁ ଆରମ୍ଭ' ଏକ ବଳିଷ୍ଠ ନାରୀ ମନସ୍ତତ୍ତ୍ୱଧର୍ମୀ ଉପନ୍ୟାସ।

'କେତେ ରଙ୍ଗର ଜୀବନ' ୨୦୧୩ରେ 'କଥା' ପତ୍ରିକାରେ ପ୍ରକାଶିତ ଏକ ଲୋକପ୍ରିୟ ଉପନ୍ୟାସ। ଏହି ଉପନ୍ୟାସରେ ପ୍ରତିନାୟକ ଚରିତ୍ର ନାହିଁ। ପ୍ରତ୍ୟେକ ମଣିଷ ତା'ର ପରିସ୍ଥିତିର ଦାସ। ପରିସ୍ଥିତି ତାକୁ ଯେପରି ଭାବରେ ନିୟନ୍ତ୍ରଣ କରେ, ସେ ସେହିପରି ପରିଚାଳିତ ହୋଇଥାଏ। କୌଣସି ମଣିଷକୁ ଭଲ-ଖରାପର ବିଭାଜନ ରେଖା ଦ୍ୱାରା ନିର୍ଣ୍ଣିତ କରିହେବ ନାହିଁ। ଉଭୟ ମଝିରେ ଏକ ଧୂସର ଅଞ୍ଚଳ ରହିଛି। ଭଲ ମଣିଷର କିଛି ଖରାପ ଓ ଖରାପ ମଣିଷର ମଧ୍ୟ କିଛି ଭଲ ଗୁଣ ରହିଛି। କୌଣସି ମଣିଷ ସଂପୂର୍ଣ୍ଣ ଭଲ ନୁହେଁ କି କୌଣସି ମଣିଷ ସଂପୂର୍ଣ୍ଣ ଖରାପ ନୁହେଁ। 'କେତେ ରଙ୍ଗର ଜୀବନ' ଉପନ୍ୟାସ ସଂପର୍କରେ ଔପନ୍ୟାସିକ କହନ୍ତି- "ଏହି ଉପନ୍ୟାସର ନାରୀଚରିତ୍ରମାନେ ସେମାନଙ୍କ ମନର ଦାବି ପରି ଦେହର ପ୍ରୟୋଜନ ସଂପର୍କରେ କିଛି କଥା ଖୋଲାଖୋଲି ଭାବିଛନ୍ତି। x x x ଆହାର, ନିଦ୍ରା ଓ ମୈଥୁନ - ଏ ତିନିଟି ମଣିଷର ଜୀବନ ଲାଗି କେତେ ଜରୁରି, ତାହା ବୁଝାଇ କହିବାର ପ୍ରୟୋଜନ ନାହିଁ।

ଅଧାପେଟ କି ଅଭୁକ୍ତ ମଣିଷଟି ଯେମିତି ଅସନ୍ତୁଷ୍ଟ ରହିବାକୁ ବାଧ୍ୟ, ଅତୃପ୍ତ ଯୌନକାମନାର ନାରୀ ବା ପୁରୁଷ ସେମିତି ଅଶାନ୍ତ ରହିବାକୁ ବାଧ୍ୟ। ଯୁକ୍ତି, ତର୍କ ବା ଶାସ୍ତ୍ରଚର୍ଚ୍ଚା ଦ୍ୱାରା ତାହାର ନିରାକରଣ ସମ୍ଭବ ନୁହେଁ। ମଣିଷର ଏଇ ଦେହ ସତ୍ୟ ଓ ତା'ର ପ୍ରୟୋଜନଗୁଡ଼ିକ ବାସ୍ତବ - ତାହାକୁ ଅସ୍ୱୀକାର କରାଯାଇ ନ ପାରେ।" (୩୮) 'କେତେ ରଙ୍ଗର ଜୀବନ' ଉପନ୍ୟାସରେ ମେଟାଫିକ୍‌ସନ୍ ଶୈଳୀର ପ୍ରୟୋଗ ପୂର୍ବକ ଛୋଟ ଛୋଟ କାହାଣୀମାନଙ୍କୁ ମୁଖ୍ୟ କାହାଣୀ ସହ ସଂଯୋଗ କରାଯାଇଛି। ଆଲୋଚ୍ୟ ଉପନ୍ୟାସର ନାୟିକା ରାଜଶ୍ରୀ ଦୀର୍ଘ ବର୍ଷର ବୈବାହିକ ଜୀବନ ସତ୍ତ୍ୱେ ମାତୃତ୍ୱଲାଭ କରିପାରି ନ ଥିଲା। ସ୍ୱାମୀଙ୍କ ଦୃଷ୍ଟିରେ ସେ ତାଙ୍କୁ ସେତିକି ପ୍ରଲୁବ୍ଧ କରିପାରିବାର ଆକର୍ଷଣ ରଖୁ ନ ଥିଲା। ରାଜଶ୍ରୀର ସ୍ଥିର - ଆବେଗଶୂନ୍ୟ ଜୀବନରେ ତମାଳ (ଚିତ୍ରଶିଳ୍ପୀ) ନାମକ ଯୁବକର ଆଗମନ ତାର ଜୀବନକୁ ନୂତନ ମୋଡ଼ ପ୍ରଦାନ କରିଥିଲା। ଉଭୟ କଳାପ୍ରେମୀ ଥିବାରୁ ଚିନ୍ତା-ଚେତନାର ସମଦୃଷ୍ଟି ଉଭୟଙ୍କୁ ପରସ୍ପରର ନିକଟତର କରିଥିଲା। ରାଜଶ୍ରୀ ଅଧିକାଂଶ ସମୟରେ ତାକୁ ଉପେକ୍ଷା କରୁଥିବା ତା'ର ମହାତ୍ୱାକାଂକ୍ଷୀ ସ୍ୱାମୀ ଦେବାଶିଷଙ୍କୁ ମନେପକାଇ ସନ୍ତାନହୀନା ଥିବାର ଦୁର୍ଭାଗ୍ୟ ପାଇଁ ମର୍ମାହତ ହୁଏ। "ମଣିଷ ପାଖରେ ଯାହା ନ ଥାଏ, ତାକୁଇ ନେଇ ସେ ସବୁଠୁ ବେଶୀ ବିକଳ ହୁଏ। ତାକୁ ହିଁ ଝୁରେ ସଦାବେଳେ। ବୈଶାଖ ଖୋଜେ ବର୍ଷାବୁନ୍ଦା, ଛେଉଣ୍ଡ ଛୁଆ ଖୋଜେ ମାଆର ପଣତକାନି ଓ ଅପୁତ୍ରକ ଖୋଜେ ଛୋଟ ଛୁଆର କୋମଳ ଦୁଷ୍ଟାମି।" (୩୯)। ଏହିପରି ଏକ ବିକ୍ଷୁବ୍ଧ ନାରୀର ଜୀବନରେ ଚିତ୍ରଶିଳ୍ପୀ ତରୁଣ ତମାଳର ଉପସ୍ଥିତି ତା'ର ଜୀବନକୁ ନୂଆ ରଙ୍ଗରେ ପରିପୂର୍ଣ୍ଣ କରିଛି।

ରାଜଶ୍ରୀ ବ୍ୟତୀତ କାବେରୀ, ରାଜଲକ୍ଷ୍ମୀ, ମୀରା ଇତ୍ୟାଦି ନାରୀଚରିତ୍ରମାନଙ୍କ ମାନସ୍ତାତ୍ତ୍ୱିକ ସମାବେଶରେ ଏହି ଉପନ୍ୟାସର କଥାବସ୍ତୁ ଗତିଶୀଳ ହୋଇଛି। ଆଧୁନିକ ସମାଜରେ ଆକର୍ଷଣ ହରାଇ ବସିଥିବା ସଂପର୍କକୁ ସାଇତି ପୁଣି ମଣିଷ କିପରି ଭାବରେ ସାମାଜିକ ନୀତି-ନିୟମ ସହିତ ଛନ୍ଦି ହୋଇ ରହିବାକୁ ବାଧ୍ୟ ହୁଏ ତା'ର ମାର୍ମିକ ଚିତ୍ର ଏଥିରେ ରହିଛି। 'ଯୌନତୃପ୍ତି ହିଁ ସବୁ ଆନନ୍ଦ, ପ୍ରଗତି ଓ ବିକାଶର କେନ୍ଦ୍ରବିନ୍ଦୁ' ବୋଲି ଦୁର୍ବାର ଜୀବିଚ୍ଛାର ଜୟଗାନ ଉପନ୍ୟାସକୁ ଉତ୍ତର-ଆଧୁନିକତାର ସ୍ୱରୂପ ଉଦ୍‌ଘାଟନ କ୍ଷେତ୍ରରେ ଶକ୍ତି ପ୍ରଦାନ କରିଛି। ଅପର ପାର୍ଶ୍ୱରେ 'ମଣିଷର ହୃଦୟ ବୋଲି ମଧ୍ୟ ଗୋଟେ ଜିନିଷ ଅଛି' - ଉକ୍ତି ମାଧ୍ୟମରେ ଆବେଗସିକ୍ତ-ହାର୍ଦ୍ଦିକ ସଂପର୍କ ହିଁ ପ୍ରକୃତ ପ୍ରେମ ଭଳି ନୀତିନିଷ୍ଠ-ମର୍ଯ୍ୟାଦାପୂର୍ଣ୍ଣ ଉପଲବ୍ଧିର କଥା ଉପନ୍ୟାସକୁ ମହିମାନ୍ୱିତ କରିଛି। 'କେତେ ରଙ୍ଗର ଜୀବନ'ର କାହାଣୀ ସଂପୂର୍ଣ୍ଣ ନୂଆ ଧରଣର। ସେହିପରି ମଧ୍ୟ ଏହାର ଚରିତ୍ରାୟନ। ଏଥିରେ ଆଧୁନିକ ବାଣିଜ୍ୟିକ ସଂସ୍ଥା ବା କର୍ପୋରେଟ୍

ହାଉସ୍‌ର ବାଣିଜ୍ୟ କୌଶଳର ଚିତ୍ର ଦିଆଯାଇଛି। ତା' ସହ ଆଧୁନିକ ପୁରୁଷ-ନାରୀ ଭିତରର ଭିନ୍ନ ଭିନ୍ନ ଧରଣର ସମ୍ବନ୍ଧ କଥା ମଧ୍ୟ କୁହାଯାଇଛି। ଗୋଟିଏ ପଟେ ରାଜଶ୍ରୀ ସହ ଦେବାଶିଷର ସଂପର୍କ ଓ ରାଜଶ୍ରୀ ସହ ତମାଳର ସଂପର୍କ ଏବଂ ଅନ୍ୟପଟେ ରାଜଲକ୍ଷ୍ମୀ (ପରେ କାବେରୀ ନାମରେ ସେ ଆବିର୍ଭୂତା ହୋଇଛି) ସହ ମନୋଜର ସଂପର୍କ ଏବଂ କାବେରୀ ସହ ଦେବାଶିଷର ସଂପର୍କ ଭିନ୍ନ ଭିନ୍ନ ମୂଲ୍ୟବୋଧର ଧାରଣା ଉପରେ ଗତିଶୀଳ। ଉପନ୍ୟାସର ଦିବାକର ଚରିତ୍ର ଆଧୁନିକ କର୍ପୋରେଟ୍ ଜଗତର ଏକ ସାର୍ଥକ ପ୍ରତିନିଧି, ଯାହାଙ୍କ ପକ୍ଷେ କୌଣସି କାର୍ଯ୍ୟ ଅସମ୍ଭବ ନୁହେଁ। ଏହି ଉପନ୍ୟାସରେ ଭିନ୍ନ ଭିନ୍ନ ସ୍ତରରେ ନାରୀ-ପୁରୁଷ ସଂପର୍କ ଓ ପ୍ରେମର ଚିତ୍ରଣ ଦେଖିବାକୁ ମିଳେ। କେଉଁଠି ଏହା ଅତି ସୁକୁମାର, ସଂଯତ ତ କୋଉଠି ଏହା ଉଗ୍ର-ଦେହସର୍ବସ୍ୱ। ନାରୀ ମନସ୍ତତ୍ତ୍ୱ ଅଧ୍ୟୟନ କ୍ଷେତ୍ରରେ ଔପନ୍ୟାସିକ ପୂର୍ବ ଉପନ୍ୟାସରେ ଯେଉଁ ପରାକାଷ୍ଠା ଦେଖାଇଥିଲେ, 'କେତେ ରଙ୍ଗର ଜୀବନ'ରେ ତାହା ଅନ୍ୟ ଏକ ଉଚ୍ଚତାକୁ ସ୍ପର୍ଶ କରିଅଛି। ଔପନ୍ୟାସିକଙ୍କ ଛଅଗୋଟି ଉପନ୍ୟାସରେ:

- ମଧ୍ୟବିତ୍ତ-ନିମ୍ନ ମଧ୍ୟବିତ୍ତ ଚରିତ୍ର
- ସ୍ଥାନୀୟ-ଆଞ୍ଚଳିକ ପରିବେଶ
- ପାରିବାରିକ-ସାମାଜିକ-ନୈତିକ ସମସ୍ୟାର ସମାଧାନର ମାର୍ଗ
- ଅନ୍ତଃସାରଶୂନ୍ୟ ଆବେଗ ମଧ୍ୟ ବଞ୍ଚିବାର କୌଶଳ
- ନିଃସଙ୍ଗତା ଓ ନିର୍ମମ ଅବସାଦ ମଧ୍ୟରେ ଜୀବନପଥରେ ଅଗ୍ରସର ହେବା

ନିମନ୍ତେ ସ୍ପର୍ଶକାତର ଦୃଷ୍ଟିକୋଣ ଉପସ୍ଥାପିତ ହୋଇଛି।

ଉଇକିପିଡିଆ ଅନୁଯାୟୀ- "The primary features of postmodernism typically included the ironic play with styles, citations and narrative levels." (୪୦)

ଉତ୍ତର-ଆଧୁନିକତାର ଏକ ଅଭିନବ ରୂପ ହେଉଛି ସ୍ୱବିଦ୍ରୂପଧର୍ମୀ-ତିର୍ଯ୍ୟକ୍ ବ୍ୟଙ୍ଗ। ସମାଜର ଜଣେ ସତର୍କ ପ୍ରହରୀ ରୂପେ ଲେଖକ ସାମାଜିକ ଅସଙ୍ଗତି, ଦୁର୍ନୀତି, ଭ୍ରଷ୍ଟାଚାର, ବିରୋଧାଭାସ ପ୍ରତି ସଚେତନ ଥାଏ। ଏହି ନକରାତ୍ମକ ସ୍ଥିତାବସ୍ଥାକୁ ଶୃଙ୍ଖଳିତ-ବ୍ୟବସ୍ଥିତ ତଥା ସଂସ୍କାରିତ କରିବା ଉଦ୍ଦେଶ୍ୟରେ ଲେଖକ ଲେଖନୀ ଚାଳନା କରିବାକୁ ନିଜର କର୍ତ୍ତବ୍ୟ ମଣେ। ଔପନ୍ୟାସିକ ଗୌରହରି ଦାସ ସମାଜର ବିକୃତି ବିରୋଧରେ ଓ ସଂସ୍କୃତିର ସୁରକ୍ଷା ଦିଗରେ ନମ୍ର ବିଦ୍ରୋହ କରିଛନ୍ତି 'ଆପଣଙ୍କ ଆଜ୍ଞାଧୀନ' ଉପନ୍ୟାସ ମାଧ୍ୟମରେ। ଔପନ୍ୟାସିକଙ୍କ ମତରେ- "ତୋଷାମଦ ପରି ଦାସତ୍ୱ ମଧ୍ୟ ମଣିଷର ଆଉ ଗୋଟେ ଦୁର୍ବଳତା। କିଛି କିଛି ମଣିଷ ଅଛନ୍ତି, ଯେମିତି ତୋଷାମଦ

ଶୁଣିବାକୁ ଭଲପାଆନ୍ତି, ସେମିତି କିଛି କିଛି ମଣିଷ ଅଛନ୍ତି, ଯେଉଁମାନେ ଚିରକାଳ କାହାର ନା କାହାର ଦାସ ହୋଇ ରହିବାକୁ ଚାହାନ୍ତି। ସେମାନେ ଦାୟିତ୍ୱ ଓ ଦାସତ୍ୱ ଭିତରର ବ୍ୟବଧାନକୁ ଜାଣିପାରନ୍ତି ନାହିଁ। ମାତ୍ର ସେମାନଙ୍କର ଶ୍ରଦ୍ଧା ଓ ସମ୍ମାନକୁ ଅପରପକ୍ଷ ଯେ ଦୁର୍ବଳତା ବୋଲି ଧରି ନେଇଥାନ୍ତି, ସେକଥା ସେମାନେ ଚିନ୍ତା କରିପାରନ୍ତି ନାହିଁ। ଏଥିପାଇଁ ଜୀବନରେ ସେମାନଙ୍କୁ ପ୍ରଚୁର ମୂଲ୍ୟ ଦେବାକୁ ହୁଏ। ମାତ୍ର ତା' ସତ୍ତ୍ୱେ ସେମାନେ ସେଭଳି ମାନସିକତାଠାରୁ ନିଜକୁ ଦୂରେଇ ନେଇପାରନ୍ତି ନାହିଁ। x x x ସେହି ତୋଷାମଦକାରୀ, ତୋଷାମଦକୁ ଭଲପାଉଥିବା ସାମନ୍ତବାଦୀ ଏବଂ ଦାୟିତ୍ୱକୁ ଦାସତ୍ୱ ବୋଲି ଭାବି ବସୁଥିବା ଲୋକମାନଙ୍କ ବ୍ୟବହାର ଦେଖି ମନ ଭିତରେ ଯେଉଁ ପ୍ରତିକ୍ରିୟା ସୃଷ୍ଟି ହୋଇଛି, ତାହାରି ଭିତରୁ ଏଇ ଉପନ୍ୟାସଟିର ଜନ୍ମ।" (୪୧)

ଆଧୁନିକ ସମାଜରେ ପ୍ରିୟାପ୍ରୀତି ତୋଷଣକାରୀ - ତୋଷାମଦିଆଙ୍କ ଅଭାବ ନାହିଁ। 'ଆପଣଙ୍କ ଆଜ୍ଞାଧୀନ' ଉପନ୍ୟାସରେ ଥିବା ଅନୁରୂପ ଚରିତ୍ରଟି ହେଉଛି 'ଜଳଧର'। ସେ ହିଁ ଆଲୋଚ୍ୟ ଉପନ୍ୟାସର ମୁଖ୍ୟ ନାୟକ। ଜଳଧରର ବ୍ୟକ୍ତିତ୍ୱ ସଂପର୍କରେ ଲେଖକଙ୍କ ସ୍ୱଷ୍ଟୋକ୍ତି ରହିଛି- "ଆପଣଙ୍କ ଆଜ୍ଞାଧୀନ' ଉପନ୍ୟାସର ଜଳଧର ଚରିତ୍ରଟିକୁ ସାମ୍ନାସାମ୍ନି ଭେଟିବାର ସୁଯୋଗ ବା ଦୁର୍ଯୋଗ ମୋର ହୋଇଛି। ଲୋକଟିର ଧୂର୍ତ୍ତତା, ତା'ର ଠାଣି ଓ ବାଣୀ ଦେଖି ମୁଁ ବିସ୍ମିତ ହୋଇଛି। ଯେଉଁଠି ଅନ୍ୟମାନଙ୍କର ପ୍ରବେଶ ନିଷିଦ୍ଧ ବା କଷ୍ଟସାଧ୍ୟ, ସେଠିକୁ ସେ ଅନାୟାସରେ ପ୍ରବେଶ କରିପାରେ। ଏକ ସମୟରେ ଦୁଇଟି ଭିନ୍ନ ଭିନ୍ନ ମତାଦର୍ଶର ରାଜନୈତିକ ନେତାଙ୍କ ସହ ସଂପର୍କ ରଖି ସେ ନିଜର କାର୍ଯ୍ୟଗୁଡ଼ିକୁ ସହଜରେ କରେଇ ନେଇ ପାରେ। ନିଜେ ଜଣେ ସାଧାରଣ ସ୍ତରର ମଣିଷ ହୋଇଥିଲେ ମଧ୍ୟ ଉଚ୍ଚ ସ୍ଥାନରେ ଥିବା ବିଶିଷ୍ଟ ଲୋକମାନଙ୍କ ମନ କିଣିବାରେ ତାକୁ ବେଶୀ କଷ୍ଟ କରିବାକୁ ପଡ଼ିନାହିଁ। ଦୀର୍ଘକାଳ ଧରି ସେ ଚରିତ୍ରଟିକୁ ଭେଟିବା ଓ ତା'ର କାରବାର ଦେଖିବା ପରେ ମୋର ଧାରଣା ହୋଇଛି, ଖଣ୍ଡିଏ ମେଘ ଯେତେବେଳେ ସୂର୍ଯ୍ୟଙ୍କ ତେଜକୁ ଢାଙ୍କିପକାଇଛି ସେଇଠି ଧୂର୍ତ୍ତ ଲୋକଙ୍କ ସାମୟିକ ତୋଷାମଦ କୌଣସି ଜ୍ଞାନୀଗୁଣୀ ଲୋକଙ୍କ ବ୍ୟକ୍ତିତ୍ୱକୁ ଢାଙ୍କି ପକେଇବା ବିଚିତ୍ର ନୁହଁ।" (୪୨) ପ୍ରତ୍ୟେକ ଲୋକ ନିଜ ଜୀବନରେ କିପରି ଆଗେଇବ ସେ ପନ୍ଥା ସ୍ଥିର କରିବାର ତା'ର ଅଧିକାର ଅଛି। କିନ୍ତୁ ନିଜର ଆଗେଇବା ପଛରେ ସରଳ, ସଚ୍ଚୋଟ, ନିରୀହ ଲୋକଙ୍କୁ ସେମାନଙ୍କୁ ସେ ଯେ ହଇରାଣ କରିବ ଏହା ଉଚିତ ନୁହେଁ। ଜଳଧର ମାଲିକ ଶିବପ୍ରସାଦ ସାମନ୍ତରାୟଙ୍କଠାରୁ ଲକ୍ଷ ଲକ୍ଷ ଟଙ୍କା ନେଇ ପରିଶୋଧ କରେ ନାହିଁ। କିନ୍ତୁ ସେଇ ଦପ୍ତରର ମ୍ୟାନେଜର ସନାତନ ଦାସ ଯେ କି

ଋଣ-କରଜ କରନ୍ତି ନାହିଁ, ସେ ତାଙ୍କୁ ହଇରାଣ କରେ। ପ୍ରତ୍ୟେକ ଲୋକର ଦୁର୍ବଳତା ଜାଣି ସେ ଲୋକଙ୍କୁ ନିୟନ୍ତ୍ରଣ କରେ। ଜଳଧର ଭିତରେ ନିଜ ମାଲିକଙ୍କ ପ୍ରତି ଆନୁଗତ୍ୟ ନ ଥିଲା। କେବଳ ନିଜର ଲାଭ ପାଇଁ ସେ ମାଲିକଙ୍କ ତୋଷାମଦି କରୁଥିଲା। ଉପନ୍ୟାସର ଶେଷ ଭାଗରେ ମାଲିକ ଶିବପ୍ରସାଦ ସାମନ୍ତରାୟଙ୍କ ଦୁଇ କୋଟିରୁ ଊର୍ଦ୍ଧ୍ୱ ସଂପତ୍ତିକୁ ହଡ଼ପ କରିବା ପାଇଁ ଜଳଧର ସହକର୍ମୀ ଗୋବିନ୍ଦ ସହ ମିଶି ହତ୍ୟା ଷଡ୍‌ଯନ୍ତ୍ର କରୁଛି। ପିଲାଟି ବେଳୁ ଶିବପ୍ରସାଦଙ୍କ ସ୍ନେହ-ଶ୍ରଦ୍ଧାରେ ପାଳିତ ସନାତନ ମଧ୍ୟ ଜଳଧରର ଆକ୍ରୋଶର ଶିକାର ହୋଇଛି। ଜଳଧର ତାକୁ ତଣ୍ଟିଚିପି ମାରିଦେବାକୁ ଚେଷ୍ଟା କରିଛି। ହେଲେ କୌଣସିମତେ ସେ ବଞ୍ଚିଯାଇଛି। ନିଜର ଅଭାବ, ଅସୁବିଧା, ଦୁଃଖ ଓ ଦୈନ୍ୟ ସତ୍ତ୍ୱେ ସନାତନ ଦାସଙ୍କ ବ୍ୟକ୍ତିତ୍ୱ ଅପରିବର୍ତ୍ତିତ ରହିଛି। ଆଲୋଚ୍ୟ ଉପନ୍ୟାସରେ ସନାତନ ଚରିତ୍ରର ମହତ୍ତ୍ୱ ପ୍ରକଟିତ ହୋଇଛି। ଜଣେ ସଚ୍ଚୋଟ-ନିଷ୍ଠାପର କର୍ମଚାରୀ ଭାବରେ ଶିବପ୍ରସାଦଙ୍କ ପ୍ରତି ସେ ଏକନିଷ୍ଠ ଥିଲା। ହେଲେ ଜଳଧର ନିଜ ସ୍ୱାର୍ଥ ହାସଲ ନିମନ୍ତେ କୁମ୍ଭୀର କାନ୍ଦଣା କାନ୍ଦି ସନାତନକୁ ମାଲିକଙ୍କ ଦୃଷ୍ଟିରେ ନ୍ୟୂନ କରିଦେବାକୁ ଚାହିଁଛି। ମାଲିକଙ୍କ ଗୃହଶତ୍ରୁମାନଙ୍କ ପ୍ରତି ସତର୍କ ରହିବାକୁ ଉପଦେଶ ଦେଇ ତୋଷାମଦ କରିଛି। ସନାତନ ଦାସଙ୍କ ସଚ୍ଚୋଟତା ସମ୍ମୁଖରେ ଜଳଧରର ପ୍ରକୃତ ସ୍ୱରୂପ ଉଦ୍‌ଘାଟିତ ହୋଇଛି।

'ଆପଣଙ୍କ ଆଜ୍ଞାଧୀନ'ରେ ଠକ, ପ୍ରତାରକ, ଶୋଷକ ଓ ତୋଷାମଦକାରୀଙ୍କ ପ୍ରତି ବିଦ୍ରୂପର ସ୍ୱର ଉଚ୍ଚକିତ ହୋଇଛି। ସନାତନ ଦାସ ଚରିତ୍ର ମାଧ୍ୟମରେ ବିବେକାନୁମୋଦିତ କାର୍ଯ୍ୟ କରିବା ସହିତ ଆନୁଗତ୍ୟ, ଶ୍ରଦ୍ଧା ଓ କର୍ମପ୍ରବଣତାର ମହତ୍ତ୍ୱ ପ୍ରକାଶ କରିଛନ୍ତି। ନିଜ ବିବେକକୁ ଭୁଲି କ୍ରୀତଦାସ ହେବା ଉଚିତ ନୁହେଁ ବୋଲି ଉପନ୍ୟାସରେ ନିର୍ଦ୍ଦେଶ ରହିଛି। 'ଆଜ୍ଞାବହତା'କୁ ଆଲୋଚ୍ୟ ଉପନ୍ୟାସରେ ବ୍ୟଙ୍ଗ କରାଯାଇଛି। ଶେଷରେ ଅନୁଗତ-ବିଶ୍ୱସ୍ତ ଲୋକଟି ତା'ର ପୁଅ ସୁକଲ୍ୟାଣ ଦ୍ୱାରା ପ୍ରକୃତ ଆଜ୍ଞାବହତାର ମର୍ମ ବୁଝିବା ପରେ ମାଲିକଙ୍କୁ ଛାଡ଼ି ଚାଲିଯାଇଛି। ତୋଷାମଦ ଏବଂ ଶୂନ୍ୟଗର୍ଭ ପ୍ରଶଂସା କିପରି ବିବେକୀ ମଣିଷଙ୍କୁ ମଧ୍ୟ ଦୁର୍ବଳ କରିପାରେ, ଏହାରି ଭାବଭୂମି ଉପରେ ଆଲୋଚ୍ୟ 'ଆପଣଙ୍କ ଆଜ୍ଞାଧୀନ' ଉପନ୍ୟାସ ଆଧାରିତ। ସନାତନ ଦାସର ଚରିତ୍ର ମଧ୍ୟରେ ଲେଖକଙ୍କ ଜୀବନର ଦର୍ଶନ ଫୁଟି ଉଠିଛି, ଯେଉଁଠି ସେ ଉଲ୍ଲେଖ କରିଛନ୍ତି- "ସନାତନ ଜୀବନତମାମ ଗୋଟିଏ କଥା ଉପରେ ଜୋର୍ ଦେଇ ଆସିଛନ୍ତି - ଧର୍ମ। ପରିସ୍ଥିତି ଯାହା ହେଉନା କାହିଁକି, ମଣିଷ ତା' ଧର୍ମ ହୁଡ଼ିବା ଉଚିତ ନୁହେଁ। ସେତକ ଚାଲିଗଲେ ପଶୁପକ୍ଷୀ ଓ ମଣିଷ ଭିତରେ ଆଉ ଫରକଟି ରହିଲା କ'ଣ ?" (୪୩)

'ଆପଣଙ୍କ ଆଜ୍ଞାଧୀନ' ଉପନ୍ୟାସର ସ୍ୱର ବ୍ୟଙ୍ଗାତ୍ମକ ହେଲେ ହେଁ ଏଥିରେ ସାମାଜିକ ଶୃଙ୍ଖଳ ଓ ଜୀବନଧାରଣ ତଥା ନାରୀମନସ୍ତତ୍ତ୍ୱର ସୀମିତ ରୂପ ରହିଛି। ସମାଜବାଦୀ କଥାକାର ଭାବରେ ଗୌରହରି ଦାସଙ୍କୁ ଯେବେ ବି ସୁଯୋଗ ମିଳିଛି ସେ ସାମାଜିକ ପରମ୍ପରା, ନୀତି, ଜୀବନଶୃଙ୍ଖଳା ଓ ନାରୀ ଜୀବନର ସମସ୍ୟାକୁ ବିଷୟାନୁସାରୀ କରି ଗଢ଼ି ତୋଳିଛନ୍ତି। ସମ୍ଭ୍ରାନ୍ତ ଶିବପ୍ରସାଦ ସାମନ୍ତରାୟଙ୍କ ପାଠପଢୁଆ କନ୍ୟା ସୋନି ବେଶ୍ ଆଧୁନିକା। ରକ୍ଷଣଶୀଳ ଧାରଣା ପ୍ରତି ତା' ମନରେ ବିଦ୍ରୋହର ଭାବ। ତା'ରି ମୁଖରେ ଔପନ୍ୟାସିକ କହିଛନ୍ତି- "ଆଜି ବି ଅନେକ ଦେଶରେ ସେହି ପରମ୍ପରା ଚାଲିଛି। ନାରୀର ଗୁରୁତ୍ୱ ନାହିଁ। ତା' ଭଲମନ୍ଦ କଥା ଅନ୍ୟମାନେ ଚିନ୍ତା କରିବେ। ସିଏ ଗୋଟିଏ ସାମଗ୍ରୀ କିମ୍ବା ଖଣ୍ଡିଏ ଜମି। ଆରବ ଦେଶର ବୁଢ଼ାମାନେ ତ ପଇସା ଦେଇ ନିଜ ଦେହସୁଖ ନିମନ୍ତେ ନାତୁଣୀ ବୟସର ଝିଅଙ୍କୁ କିଣି ବାହା ହୋଇପଡୁଛନ୍ତି। ନାରୀମାନଙ୍କର ଭାଗ୍ୟ କୋଉଠି ସଂପୂର୍ଣ୍ଣ ବଦଳିଲାଣି!" (୪୪) ଆଧୁନିକୀ ସମାଜର ପ୍ରେକ୍ଷାପଟରେ 'ଆପଣଙ୍କ ଆଜ୍ଞାଧୀନ' ଚଳନ୍ତି ସଭ୍ୟ-ଶିକ୍ଷିତ କିନ୍ତୁ ମୁଖାପିନ୍ଧା ମଣିଷଙ୍କ ସ୍ୱରୂପ ଉଦ୍‌ଘାଟନରେ ସମର୍ଥ ହୋଇଛି।

ବିସ୍ଥାପନ ସମସ୍ୟାର ଏକ ଉଦାତ୍ତ ରୂପ ଭାବରେ 'ସାରାଂଶ' ଏକ ପ୍ରଭାବଶାଳୀ ଉପନ୍ୟାସ। "ଶୋଷଣ ସତ୍ୟ - ଯୁଗ ଯୁଗ ଧରି ଏହି ଶୋଷଣ ତା'ର ରୂପ ବଦଳେଇ ଆସିଛି ଏବଂ ମାନବ ସମାଜର ଇତିହାସ ହେଉଛି ଶ୍ରେଣୀ ସଂଗ୍ରାମର ଇତିହାସ।" (୪୫) ଉଦ୍‌ବାସ୍ତୁମାନଙ୍କର ହନ୍ତସନ୍ତିଆ ଜୀବନ, ଭିଟାମାଟିର ମୋହକୁ ନେଇ ସେମାନଙ୍କ ବିକଳ ଭାବର ଅପୂର୍ବ ଉପସ୍ଥାପନା ରହିଛି ଗୌରହରି ଦାସଙ୍କ 'ସାରାଂଶ' ଉପନ୍ୟାସରେ। ଉତ୍ତର ଅଶୀ ଓଡ଼ିଆ ଉପନ୍ୟାସରେ 'ବିସ୍ଥାପନ' ଏକ ବିରାଟ ଯୁଗୀୟ ସମସ୍ୟା। ଔପନ୍ୟାସିକ ଗୌରହରି ଦାସ ଜଣେ ପ୍ରକୃତିବାଦୀ ସ୍ରଷ୍ଟା। ତାଙ୍କ ସାହିତ୍ୟରୁ ଜୀବନ ସଂଘର୍ଷର ବିଭୂତି ଝରେ। ଏ ସଂପର୍କରେ ସେ କହନ୍ତି- "ମୋର ସଂଘର୍ଷର ଅନୁଭୂତି ମୋ ସାହିତ୍ୟର ମୂଳ ପୁଞ୍ଜି। ସେସବୁ ବଡ଼ କଷ୍ଟ କରି ମୁଁ ଅର୍ଜନ କରିଛି। ଏକାଧିକ କ୍ଷୁଧାର୍ତ୍ତ ରାତିର ଅଭିଜ୍ଞତା, ଖାଲି ଦେହରେ ଶୀତ ରାତି ବିତେଇବାର ଅନୁଭବ ପୁଣି ଦୀର୍ଘଶ୍ୱାସକୁ ସାଥୀ କରି ଅନିଶ୍ଚିତତାକୁ ପାଦ ବଢ଼େଇବାର ବାଧ୍ୟବାଧକତା - ଏ ସବୁକିଛି ମୁଁ ମୋ ଛାତି ଭିତରେ ସାଇତି ରଖିଛି।" (୪୬) ସମାଜର ବାସ୍ତବତାକୁ ହେଜିଥିବାରୁ ତାଙ୍କ ସୃଷ୍ଟିରେ ସମାଜର ନିଛକ ସତ୍ୟର ମର୍ମୋଦ୍‌ଘାଟନ ହୋଇଛି। ତାଙ୍କ ମତରେ- "ମୁଁ ମୋ ସମୟର ପ୍ରତିନିଧି। ମୋ ସମୟର ଚିତ୍ରକୁ ଧରି ରଖିବା ମୋର ଦାୟିତ୍ୱ।" (୪୭) 'ସାରାଂଶ' ଗୌରହରି ଦାସଙ୍କର ଷଷ୍ଠ ଉପନ୍ୟାସ। ସାଧାରଣ ଜନତାର ସ୍ଥାନଚ୍ୟୁତ (Displacement)ର ସମସ୍ୟାକୁ ଏହା

ଉତ୍ଥାପନ କରିଛି । ଏ ସଂପର୍କରେ ଗୌରହରି କହନ୍ତି- "'ସାରାଂଶ' ଉଦ୍‌ବାସ୍ତୁମାନଙ୍କର ସମସ୍ୟାକୁ ନେଇ ଲେଖାଯାଇଥିବା ଏକ ଉପନ୍ୟାସ । ଯେଉଁ ଲୋକଙ୍କୁ ନିଜର ଭିଟାମାଟି ଛାଡ଼ି ଅନ୍ୟଆଡ଼େ ଚାଲିଯିବାକୁ କୁହାଯାଏ ସେମାନଙ୍କଠାରୁ ବଳି ଦୁଃଖୀ ଆଉ କେହି ନାହାନ୍ତି । ସେ ଦୁଃଖ ବର୍ଣ୍ଣନାତୀତ । ଉଦ୍‌ବାସ୍ତୁ ହେବାକୁ ଯାଉଥିବା ମଣିଷଙ୍କ ଉଦ୍‌ବେଗର କାହାଣୀ 'ସାରାଂଶ'।" (୪୮) (ସାରାଂଶ - ନିଜକଥା) ଆଲୋଚ୍ୟ ଉପନ୍ୟାସରେ ସମାଜ ବ୍ୟବସ୍ଥାର ବିବର୍ତ୍ତିତ ରୂପ, ଶୋଷଣ ଓ ପୁଞ୍ଜିବାଦର ବିକୃତି, ନୁଆଁଣିଆ ବସ୍ତିରେ ଥିବା ସାଧାରଣ ଦୁଃସ୍ଥ ଜନତାର ସ୍ଥିତାବସ୍ଥା ତଥା ବାସଭୂମିରୁ ବେଦଖଲ ହେବାର ଅସହାୟତା ଗୌରହରି ଦାସଙ୍କୁ ନିରାଶ ଓ ବ୍ୟଥିତ କରିଛି । ବିଶେଷ ଭାବରେ ଦଳିତ ଆନ୍ଦୋଳନ (Depressed class movement) ପଛରେ ଥିବା ଉଚ୍ଚ ଜାତିର ତିରସ୍କାର, ଅସ୍ପୃଶ୍ୟ ମନୋଭାବ, ଜମିର ମାଲିକାନା, ଶୋଷିତଙ୍କ ପରିଚୟ ଓ ଅଧିକାର ଦାବିର କ୍ରାନ୍ତିକୁ ଗୌରହରି ଦାସ ଅତି ନିକଟରୁ ଦେଖିଥିବା ସ୍ୱୀକାର କରିଛନ୍ତି । ସେହି ଅସହାୟ-ଦୁଃସ୍ଥ ମଣିଷମାନଙ୍କୁ ସମାଜର ମୁଖ୍ୟସ୍ରୋତରେ ବ୍ୟବସ୍ଥିତ ଦେଖିବାର ଆଶାରେ ଗୌରହରି ଦାସଙ୍କ 'ସାରାଂଶ' ଭଳି ଏକ ସମସ୍ୟାମୂଳକ ଉପନ୍ୟାସ ରଚିତ । ୧୯୯୧ ମସିହାର ଏକ ବାସ୍ତବ ଘଟଣା ଉପରେ ଆଧାରିତ ଏହି ଉପନ୍ୟାସ 'କଥା' ପତ୍ରିକାରେ ଧାରାବାହିକ ଭାବରେ ପ୍ରକାଶ ଲାଭ କରିଥିଲା । ଭୁବନେଶ୍ୱର ବିମାନ ବନ୍ଦର ପାଖ ବରମୁଣ୍ଡା ଗାଁରେ ବିମାନଘାଟି ସଂପ୍ରସାରଣ ନିମନ୍ତେ ଆବଶ୍ୟକ ହେଉଥିବା ସ୍ଥାନ ଦଖଲ କରିବା ଉଦ୍ଦେଶ୍ୟରେ ଲେଖକଙ୍କ ପରିବାର ସମେତ ସେ ରହୁଥିବା ବରମୁଣ୍ଡାର କିଛି ଲୋକଙ୍କୁ ଘରଛାଡ଼ି ଚାଲିଯିବାର ପରିସ୍ଥିତି ସୃଷ୍ଟି ହୋଇଥିଲା । ଏହା ସାଙ୍ଗକୁ ତାଙ୍କର ବୃତ୍ତିଗତ ଜୀବନରେ ସେ କିଛି ତଥ୍ୟ ହାସଲ କରିଥିଲେ । ଔପନ୍ୟାସିକ କହନ୍ତି- "ମୁଁ ରିପୋର୍ଟିଂ ପାଇଁ ହୀରାକୁଦ, ଝାରସୁଗୁଡ଼ା, ଅନୁଗୁଳ ପ୍ରଭୃତି ଜିଲ୍ଲାର ବିଭିନ୍ନ ଅଞ୍ଚଳ ବୁଲି ଦେଖିଛି । ଉଦ୍‌ବାସ୍ତୁମାନଙ୍କ ଦୁଃଖ କାହାଣୀ ଶୁଣିଛି । ଜଣେ ଜଣେ ଲୋକ ଦୁଇ ତିନି ଥର ଭିନ୍ନ ଭିନ୍ନ ଜାଗାକୁ ଉଠିଯିବାକୁ ବାଧ୍ୟ ହୋଇଥିବା ଦେଖିଛି । ସେମାନଙ୍କ ଦୁଃଖ ଶୁଣିଲେ ପଥର ଆଖିରୁ ସୁଦ୍ଧା ଲୁହ ନିଗିଡ଼ି ଆସିବ । ଜୁଲିୟସ୍ ସିଜର କହିଥିଲେ- ବାହାରର ଶତ୍ରୁଙ୍କ ସହ ଲଢ଼େଇ କରିବା ସହଜ, ମାତ୍ର ନିଜ ଲୋକଙ୍କ ଭିତରେ ଥିବା ବିଶ୍ୱାସଘାତକଙ୍କୁ ଚିହ୍ନିବା କଷ୍ଟକର । ସିଜର୍ ଏହିପରି ବିଶ୍ୱାସଘାତକଙ୍କ ହାତରେ ପ୍ରାଣ ହରାଇଥିଲେ । 'ସାରାଂଶ'ରେ ସେଭଳି ଚରିତ୍ରମାନଙ୍କର ବର୍ଣ୍ଣନା ମଧ୍ୟ ରହିଛି ।" (୪୯)

'ସାରାଂଶ' ଉପନ୍ୟାସର ପରିବେଶ ଭାବରେ ଔପନ୍ୟାସିକ ପାଟପୁର ଗାଁକୁ ଆଶ୍ରୟ କରିଛନ୍ତି । କଥାବସ୍ତୁର ଆରମ୍ଭ ପରିବେଶର ସୁନ୍ଦର ଅବତାରଣା କରି ଲେଖିଛନ୍ତି- 'ବଙ୍ଗୋପସାଗର ଓ ସୁନାପାହାଡ଼ ମଝିରେ ଏକଲା ଗାଁଟିଏ ପାଟପୁର । କୁହାଯାଏ

କନିକା ରାଜା ଏ ଗାଁଟା ବସେଇଥିଲେ। ସମୁଦ୍ର ଓ ନୂଆନଈ ମଝିରେ ପରସ୍ତେ ଜଙ୍ଗଲ। ଜଙ୍ଗଲ ଏପଟେ ନୂଆନଈ ଓ ନୂଆନଈ କୂଳରେ ପାଟପୁର। ପାଟପୁର ପଶ୍ଚିମକୁ ସୁନାପାହାଡ଼। ସୁନାପାହାଡ଼ ପାରିହେଲେ ପୁଣି ଆଖି ପାଉ ନ ଥିବାର ଲମ୍ବା ଟାଙ୍ଗରା ଭୂଇଁ। ପାଞ୍ଚ ମାଇଲ୍ ପରେ ଆସେ ପ୍ରଥମ ପଡ଼ିଶା ଗାଁ ଗୋପୀନାଥପୁର।" (୫୦) ୨୮୨ ପୃଷ୍ଠା ବିଶିଷ୍ଟ 'ସାରାଂଶ' ଉପନ୍ୟାସରେ ସମାନ୍ତରାଳ ଭାବରେ ଦୁଇଟି କାହାଣୀ ଗତିଶୀଳ ହୋଇଛି। ଗୋଟିଏ ପାଟପୁର ଗାଁକୁ ଶିଳ୍ପପ୍ରତିଷ୍ଠା ଲାଗି ଦଖଲ କରିବାର ଯୋଜନା ଏବଂ ଆରଟି ନିଶିଗନ୍ଧା ଓ ମାଳତୀ ପରି ନାରୀଙ୍କ ପ୍ରତି ପ୍ରତାରଣା। 'ହନିଟ୍ରାପ୍' ଦ୍ୱାରା ମାଳତୀକୁ କବଳିତ କରି ତା ବାପା-ଭାଇଙ୍କୁ ଚୁପ୍ କରାଇଦେବାର ଷଡ଼୍‌ଯନ୍ତ୍ର ଖୁବ୍ ସୁନ୍ଦର ଭାବରେ ଏଥିରେ ବର୍ଣ୍ଣିତ ହୋଇଅଛି। ଅତ୍ୟନ୍ତ ସାଂକେତିକ ଭାବରେ ଔପନ୍ୟାସିକ ଗୌରହରି ଉପନ୍ୟାସର ଅନ୍ତଃସ୍ୱରକୁ ସ୍ପଷ୍ଟ କରି ଉଲ୍ଲେଖ କରିଛନ୍ତି- "ଆମ ସମସ୍ତଙ୍କୁ ଆମ ଅସ୍ତିତ୍ୱର ଯଥାର୍ଥତା ପ୍ରମାଣିତ କରିବାକୁ ପଡ଼େ। ସେଇଟା ଜୀବନର ସାରାଂଶ, ଯାହାର ଯେତେ ଅଧିକ ପ୍ରୟୋଜନ ସେ ସେତିକି ବେଶୀ ସଫଳ।"(୫୧)

ଶିଳ୍ପ ଓ ଶକ୍ତି ବିଭାଗର ଦୁଇଟି ପ୍ରୋଜେକ୍ଟ ପ୍ରତିଷ୍ଠା ଉଦ୍ଦେଶ୍ୟରେ ସ୍ଥାନୀୟ ବିଧାୟକ ଲୋକମାନଙ୍କୁ ତିନିଗୁଣା କ୍ଷତିପୂରଣ, ଚାକିରି ବାକିରି, କୋଠାଘର ଦେବାର ମିଥ୍ୟା ପ୍ରତିଶ୍ରୁତି ଦେଇ ପାଟପୁର ନୂଆନଈଠାରୁ ନେଇ ସମୁଦ୍ର ପର୍ଯ୍ୟନ୍ତ ବ୍ୟାପ୍ତ ହଜାର ହଜାର ଏକ ଜମିକୁ ହାତେଇବାକୁ ଚାହିଁଛି। ଶହେ ବର୍ଷର ପୁରୁଣା ଗାଁର ମୋହ ଛାଡ଼ି ପାରୁ ନ ଥିବା ଲୋକଙ୍କ ଉଦ୍ଦେଶ୍ୟରେ ବିଧାୟକ ବିନୟ ବେହେରା ପ୍ରଲୋଭନପୂର୍ଣ୍ଣ କଥା କହିଛନ୍ତି - "ଯେଉଁ କମ୍ପାନି କାରଖାନା ବସେଇବ, ସିଏ ସବୁ ଖର୍ଚ୍ଚ କରିବ। ସେଥିପାଇଁ ତୁମର ଚିନ୍ତା କରିବାର ଦରକାର ନାହିଁ। ମୂଳକଥା ହେଲା ଶିଳ୍ପର ବିକାଶ ଆମ ସରକାରଙ୍କର ମୂଳ୍ୟ ଲକ୍ଷ୍ୟ। ଆମେ ଏ କାରବାରରେ ଆନ୍ଧ୍ର, ତେଲେଙ୍ଗାନାକୁ ଟପିବାକୁ ଚାହୁଁଛୁ। କଲିକତା କଥା ଛାଡ଼। କମ୍ୟୁନିଷ୍ଟ ପଲେ ସେ ରାଜ୍ୟଟାକୁ ନଷ୍ଟଭ୍ରଷ୍ଟ କରିଦେଲେ। ସବୁ କମ୍ପାନି, କଳକାରଖାନା ମାଲିକ ଏବେ ଆମ ପାଖକୁ ଧାଉଁଛନ୍ତି। ଆମ ପାଖେ ଜମି ଅଛି, ପାଣି ଅଛି, ବିଜୁଳି ଅଛି, ଖଣି ଅଛି ଓ ସବୁଠୁ ବଡ଼କଥା ମନ ଅଛି। ଇଏ ଗୋଟେ ସୁବର୍ଣ୍ଣ ସୁଯୋଗ।" (୫୨) ଉଦ୍ଧବ ମହାନ୍ତି, ନାରଣ, ଘନଶ୍ୟାମ, ଇନ୍ଦ୍ରମଣି, ରମାକାନ୍ତ ଭଳି ଚରିତ୍ରମାନେ ଏହାର ବିରୋଧ କରିଛନ୍ତି, ମାତ୍ର ମହାବୀର କମ୍ପାନି ଡିନାମାଇଟି ଯୋଗେ ସୁନାପାହାଡ଼ ଫଟେଇଥିବାରୁ ଲୋକେ ଲାଭଖୋର୍ କମ୍ପାନି ବିରୋଧରେ ସ୍ୱର ଉତ୍ତୋଳନ କରି ଶେଷକୁ ଜୟଯୁକ୍ତ ହୋଇଛନ୍ତି। ସନାତନ ଚରିତ୍ର ଦ୍ୱାରା ଲେଖକ କୁହାଇଛନ୍ତି- "ଚାଣକ୍ୟ କହିଥିଲେ, ଯେତେବେଳେ ଦେଶ ପ୍ରୟୋଜନ ଲୋଡ଼ିବ, ସେତେବେଳେ ଗୁରୁମାନଙ୍କୁ ଶାସ୍ତ୍ର ଥୋଇଦେଇ ଶସ୍ତ୍ର

ଉଠେଇବାକୁ ପଡ଼ିବ।" (୫୩) ଶୁଭେନ୍ଦୁ ଚରିତ୍ର କହିଛି- 'ଲୋକମାନେ ଚାଷ କରିବେ। ଚାଷ ଆମର ପ୍ରଧାନ କର୍ମ।' (୫୪)

ଉପନ୍ୟାସର ଅନ୍ୟତମ ଚରିତ୍ର ସିଦ୍ଧାର୍ଥ ପାଟପୁର ଗାଁରେ ପ୍ରୋଜେକ୍ଟ ପ୍ରତିଷ୍ଠାର ଔଦ୍ୟୋଗିକ ଲାଭ ସଂପର୍କରେ କହିଛି- "ମଣିଷ ଇତିହାସରେ ଏହି ସ୍ଥାନାନ୍ତର, ଏଠୁ ସେଠିକି ଯିବାର ପ୍ରକ୍ରିୟା, ବହୁ ପୁରୁଣା। କେବେ ଜୀବିକା ପାଇଁ, କେବେ ଆଶ୍ରୟ ପାଇଁ ପୁଣି କେବେ ଆଗକୁ ଆଗେଇବା ଲାଗି ମଣିଷ ପୃଥିବୀର ଏ ମୁଣ୍ଡରୁ ସେ ମୁଣ୍ଡ ସବୁଠି ଘୂରିଛି। ଆଫ୍ରିକାର ମଣିଷ ଏସିଆ, ୟୁରୋପ ଏପରିକି ଅଷ୍ଟ୍ରେଲିଆ ପର୍ଯ୍ୟନ୍ତ ଯାଇଥିବା କଥା ତ ଆମେ ଇତିହାସରେ ପଢ଼ିଛନ୍ତି। ଆମ ନିଜ ଦେଶ କଥା ଦେଖାଯାଉ। କେତେ ଆସିଛନ୍ତି, କେତେ ଯାଇଛନ୍ତି - ତାହାର ସୀମା ନାହିଁ। ମୋ ବିଚାରରେ ଆମର ପ୍ରୋଜେକ୍ଟ ପାଟପୁର ଗାଁ ଲୋକଙ୍କ ଲାଗି ଆଶୀର୍ବାଦ। ସେମାନେ ଏହି ସୁଯୋଗକୁ କୁଣ୍ଢେଇ ଧରିବା, ମାନେ ଇଂରାଜୀରେ 'ଗ୍ରାବ୍' କରିବା କଥା।" (୫୫) ଆଲୋଚ୍ୟ ଉପନ୍ୟାସରେ ପ୍ରାଚୀନ ଓ ଯନ୍ତ୍ର ସଭ୍ୟତାର ଅନ୍ତର୍ବିରୋଧର ସ୍ୱର ରହିଛି। ପ୍ରୟୋଜନ ଅନୁଯାୟୀ କଳକାରଖାନାର ସ୍ଥାପନା ଅନୁଚିତ ନୁହେଁ। କିନ୍ତୁ ଲୋକମାନେ ସ୍ୱାବଲମ୍ବୀ ହେବାର ଆବଶ୍ୟକତାକୁ ଔପନ୍ୟାସିକ ଗୁରୁତ୍ୱ ପ୍ରଦାନ କରିଛନ୍ତି। ଗାଁ ଗଣ୍ଡଗୋଳ, ବିବାଦ, ରାଜନୀତିକ କନ୍ଦଳ, ଦୁର୍ନୀତି, ନିର୍ବାଚନୀ ପ୍ରଚାରର ଚିତ୍ର ସହିତ ଔପନ୍ୟାସିକ ଗୌରହରି ଦାସ ସ୍ଥାନୀୟତାକୁ ଗୁରୁତ୍ୱ ଦେଇଛନ୍ତି। 'ସାରାଂଶ'ରେ ଗୌରହରି ଦାସ ପାଟପୁର ଅଞ୍ଚଳ କେବଳ ନୁହେଁ, ତତ୍‌ସଂଯୁକ୍ତ ବଣିଆସାହି, ମଣିଷମରା ପଦା, ନୂଆନଈ, ଅର୍ଜୁନ ବାଆଜୀ ପୋଖରୀକୁ ମଧ୍ୟ ମହତ୍ତ୍ୱ ପ୍ରଦାନ କରିଛନ୍ତି। 'ସାରାଂଶ' ଉପନ୍ୟାସରେ କେବଳ ପାଟପୁର ଗାଁ ଉଚ୍ଛେଦ ଓ ବିସ୍ଥାପନ ସମସ୍ୟାର ଚିତ୍ର ଉତ୍ତୋଳିତ ହୋଇ ନାହିଁ; ତାହା ସହ ବୈଜ୍ଞାନିକ ପ୍ରଗତି ଓ ବିକାଶ ପଥର ଯାତ୍ରୀ ହୋଇ ସ୍ୱାବଲମ୍ବୀ ହେବାର ପ୍ରେରଣା ମଧ୍ୟ ପ୍ରଦାନ କରାଯାଇଅଛି।

'ସାରାଂଶ'ରେ କୈନ୍ଦ୍ରିକ ପ୍ଲଟ୍ (କଥାବସ୍ତୁ) ଭାବରେ ସ୍ଥାନୀୟ ବାସିନ୍ଦାଙ୍କ ଉଚ୍ଛେଦ ଘଟଣା ସହିତ 'ନିଶିଗନ୍ଧା' ପରି ନାରୀର ମନସ୍ତାତ୍ତ୍ୱିକ ଚିତ୍ର ମଧ୍ୟ ରହିଛି। ଅହଲ୍ୟା, ମାଳତୀ, ବାସନ୍ତୀ ପରି ନାରୀ ଚରିତ୍ରମାନେ 'ସାରାଂଶ'କୁ ସ୍ୱୀୟ ମହିମାରେ ମହିମାନ୍ୱିତ କରିଛନ୍ତି। ଗୌରହରି ଦାସ 'ସାରାଂଶ'ରେ 'ଆଣ୍ଟି-ସିଷ୍ଟମ୍'ର କଥା ମଧ୍ୟ କହିଛନ୍ତି।

'ସାରାଂଶ' ଉପନ୍ୟାସରେ ନାରୀ ଏବଂ ଭୂମିକୁ ଗୋଟିଏ ସମତଳରେ ରଖିବାକୁ ଚେଷ୍ଟା କରିଛନ୍ତି ଲେଖକ। ନାରୀର ମାତୃତ୍ୱ ପରି ଭୂମିର ଶସ୍ୟ ଉତ୍ପାଦନ ଯୋଗ୍ୟତା ଯୋଗୁଁ ତାହା ମଣିଷ ପାଖରେ ଏତେ ମୂଲ୍ୟବାନ। ଏ ଉପନ୍ୟାସର

ସ୍ୱାର୍ଥାନ୍ୱେଷୀ ଶିଳ୍ପସଂସ୍ଥାର ପ୍ରତିନିଧି ଭୂମି ଦଖଲ ପାଇଁ ନାରୀଟିଏକୁ ପଣବନ୍ଦୀ କରିଛି। ନାରୀ ଉପରେ କୁମାରୀ ମାତୃତ୍ୱ ଲଦିଦେଇ ତାହାକୁ ନିଜ ପଞ୍ଝା ଭିତରକୁ ଆଣିବା ପରି ଚାଷ ଜମି ଉପରେ ସିମେଣ୍ଟର ଆସ୍ତରଣ ତିଆରି କରି ତାହାକୁ କୃଷିଅଯୋଗ୍ୟ କରିଦେବାର ମସୁଧା କରିଛନ୍ତି, ଯାହାଫଳରେ ଗାଁର ଚାଷୀମାନେ ନିଜ ନିଜ ଜମିକୁ ଶିଳ୍ପସଂସ୍ଥା ହାତରେ ଟେକିଦେବାକୁ ବାଧ୍ୟ ହେବେ। ମାତ୍ର ଉଭୟ କ୍ଷେତ୍ରରେ ସ୍ୱାର୍ଥାନ୍ଧ ଶିଳ୍ପସଂସ୍ଥା, ତା'ର ପ୍ରତିନିଧି ଏବଂ ରାଜନୈତିକ ଟାଉଟରମାନଙ୍କର ଷଡ଼ଯନ୍ତ୍ର ବିଫଳ ହୋଇଛି। ହନି-ଟ୍ରାପ୍‌ର ଶିକାର ହୋଇଥିବା ନାୟିକା ମାଳତୀ ଯେପରି ନୂଆ ଜୀବନ ଏବଂ ନୂଆ ସଂସାର ଫେରି ପାଇଛି, ପାଟପୁର ବାସିନ୍ଦା ମଧ୍ୟ ସେହିପରି ନିଜ ନିଜର ଚାଷଜମି ହରେଇବାର ଦୁର୍ଭାଗ୍ୟରୁ ବଞ୍ଚି ଯାଇଛନ୍ତି। ଏହି ଉପନ୍ୟାସ ଆଧୁନିକ ସମୟର ସତ୍ୟନିଷ୍ଠ ଚିତ୍ର ପାଠକ ଆଗରେ ତୋଳି ଧରିଛି। କର୍ପୋରେଟ୍ ସାମାଜିକ ଦାୟିତ୍ୱ ନିର୍ବାହ ନାମରେ ବଡ଼ ବଡ଼ ଶିଳ୍ପସଂସ୍ଥା କିପରି ଲୋକମାନଙ୍କୁ ବିଭ୍ରାନ୍ତ କରୁଛନ୍ତି ତାହାର ଚିତ୍ର ଗୌରହରି 'ସାରାଂଶ'ରେ ଦେଇଛନ୍ତି।

ଏହି ଉପନ୍ୟାସର ନାୟିକା ନିଶିପଦ୍ମା ଏକ ଗୁରୁତ୍ୱପୂର୍ଣ୍ଣ ଚରିତ୍ର। ଔପନ୍ୟାସିକଙ୍କ ଦୃଷ୍ଟିରେ ଜଣେ ମଣିଷ ହିଁ ଦେବତା ସାଜି ଅନ୍ୟ ଜଣକୁ ସାହାଯ୍ୟ କରେ। ସ୍ୱର୍ଗରୁ କୌଣସି ଦେବତା ବା ଦେବୀ ଓହ୍ଲେଇ ଆସନ୍ତି ନାହିଁ। ଅଥଚ ଆମର ଦୃଷ୍ଟିଭଙ୍ଗୀ ଏଭଳି ଯେ, ଯୋଗ୍ୟତର ମଣିଷମାନଙ୍କୁ ଆମେ ଦେବଦେବୀ ଆସନରେ ନେଇ ବସାଇଦେଉ। ନିଶିପଦ୍ମାର ପ୍ରାଣବଳି ପାଟପୁରକୁ ଶିଳ୍ପାୟନର ପଞ୍ଝାରୁ ବଞ୍ଚେଇ ଦେଇଛି। ଯିଏ ଦିନେ ଅଲୋଡ଼ା, ଅନାମନ୍ତ୍ରିତା ଏବଂ ଅନୁପ୍ରବେଶକାରିଣୀ ଭାବେ ଅନାଦର ପାଉଥିଲା ଉପନ୍ୟାସର ଶେଷରେ ସେ ସବୁରି ବନ୍ଦନୀୟା, ପୂଜନୀୟା ଠାକୁରାଣୀରେ ପରିଣତ ହୋଇଯାଇଛି। ଅତି ସୂକ୍ଷ୍ମ ଭାବରେ ରକ୍ତମାଂସର ମଣିଷ ଭିତରେ ଦେବତ୍ୱର ସମ୍ଭାବନା ଓ ପ୍ରତିଷ୍ଠାର କଥା କହିଛନ୍ତି ଔପନ୍ୟାସିକ ଗୌରହରି ଦାସ।

ଉପନ୍ୟାସ ବାଙ୍ମୟରେ ଆଙ୍ଗିକ କାରିଗରୀ ଓ କଳାଦୃଷ୍ଟି:

"କଳାକାରର ବୌଦ୍ଧିକ ବିକାଶ ସମାଜଠାରୁ ବିଚ୍ଛିନ୍ନ ହୋଇପାରେନା - ତାହାର ମାନସିକ ଉଚ୍ଚତା ଏବଂ ଅନ୍ତର୍ଦୃଷ୍ଟି ସବୁକିଛି ଏହି ଦେଶ, ଏହି ମାଟି ଓ ସମାଜର ପରିସୀମାରେ ସୀମିତ ରହେ। ଅତଏବ ଯେତେବେଳେ ଲେଖକର ଚିନ୍ତାଧାରା କିମ୍ବା ଅନୁଭୂତି ସାହିତ୍ୟର ରୂପ ନିଏ, ସେତିକିବେଳେ ତାହା ପରିବେଶ, ପ୍ରକୃତି ଓ ପଡ଼ୋଶୀ ମନୁଷ୍ୟକୁ ଛାଡ଼ିପାରେ ନାହିଁ।" (୫୬)

ସାଂପ୍ରତିକ ଉପନ୍ୟାସ ନିଛକ ବାସ୍ତବତାର ପ୍ରସଙ୍ଗକୁ ଉତ୍‌ଥାପନ କରେ। "ଭାଗ୍ୟ-ଭଗବାନ୍, ପ୍ରକୃତି-ବିକୃତି, ଧର୍ମ-ଅଧର୍ମ, ପାପ-ପୁଣ୍ୟ ଓ ସୁଖ-ଦୁଃଖର

ସ୍ୱଭାବସୁଲଭ ରୀତି-ପ୍ରବୃତ୍ତିକୁ ବରଣ କରି ମଣିଷର ଜୀବନଯାତ୍ରା କିଭଳି ସମାହିତ ହୋଇଚାଲିଛି” (୫୭) ତାହା ଗୌରହରି ଦାସଙ୍କ ଉପନ୍ୟାସର ସ୍ୱରୂପ ତଥା ଧର୍ମ ପାଲଟିଛି। ଗୌରହରି ଦାସ ‘କଥାବୀଜ’କୁ ଅନୁକୂଳ ବାତାବରଣ ଭିତରେ ବପନ କରିବା ସମୟରେ ଚରିତ୍ର, ଘଟଣା ସହିତ ନିଜ ବକ୍ତବ୍ୟ ଜନିତ ଆତ୍ମିକ ସଂପୃକ୍ତିକୁ ଗୁରୁତ୍ୱ ପ୍ରଦାନ କରିଛନ୍ତି। ପ୍ରଚଣ୍ଡ କଳ୍ପନାଶକ୍ତିର କଳାତ୍ମକତା ସହିତ ଅନ୍ତର୍ମନର ଭାବରୂପରେ ବାହ୍ୟ ଜଗତର ମାଟି-ପାଣି-ପବନର ସ୍ପର୍ଶ ଦେଇ ତାକୁ ସେ ବିମୂର୍ତ୍ତ କରିଛନ୍ତି। ଗୌରହରି ଦାସଙ୍କ ଉପନ୍ୟାସ ଗୁଡ଼ିକରେ ଥିବା ପରିବେଶ, ସ୍ୱତନ୍ତ୍ର ନାମକରଣ, ଚରିତ୍ରାୟନ, ବିଷୟର ଉପସ୍ଥାପନା, ଭାଷା ସଂଯୋଜନା, ଚିତ୍ରକଳ୍ପର ନବୀନତା, ବର୍ଣ୍ଣନାଚାତୁରୀ, ଶବ୍ଦମାଧୁର୍ଯ୍ୟ, ଅଭିବ୍ୟଞ୍ଜନାତ୍ମକ କ୍ଷମତା ଇତ୍ୟାଦି କ୍ଷେତ୍ରରେ ଜୀବନ-ଦର୍ଶନ, ଅତୀତ ଓ ବର୍ତ୍ତମାନ ପ୍ରତି ତାଙ୍କର ସମ୍ମାନବୋଧ ପ୍ରଭୃତି ତାଙ୍କ ଉପନ୍ୟାସକୁ ଶିଖାନ୍ୱିତ କରିଛି। ସାଧାରଣ ଜୀବନରୁ ସଂଗୃହୀତ ଅଙ୍ଗେନିଭା ଅନୁଭବର ସୁବିନ୍ୟସ୍ତ ରୂପ, ଚମତ୍କାର ବର୍ଣ୍ଣନାଶୈଳୀ, ସୁବୋଧ ଭାଷାର ସଂଯୋଜନାରେ ଗୌରହରିଙ୍କ ଉପନ୍ୟାସ ସୁଲିଖିତ ହୋଇଛି। ବିଶେଷ ଭାବରେ ଚିତ୍ରକଳ୍ପ ସୃଷ୍ଟି କରି ଭାବମୟ-ଚିନ୍ତାଦ୍ୟୋତକ ପରିବେଶର ଫଟୋଗ୍ରାଫିକ୍ ଚିତ୍ର ଉତ୍ତୋଳନରେ ଗୌରହରି ଦାସ ଜଣେ କୁଶଳୀ ସ୍ରଷ୍ଟା।

ଅନୁକୂଳ ବାତାବରଣ ବା ପରିବେଶ:

ପ୍ରତ୍ୟେକ ମଣିଷର ବ୍ୟକ୍ତିତ୍ୱର ବିକାଶ କ୍ଷେତ୍ରରେ ଆଦ୍ୟ ପୃଷ୍ଠଭୂମି ରୂପେ ତା’ର ପାରିପାର୍ଶ୍ୱିକ ସ୍ଥିତାବସ୍ଥା ଗୁରୁତ୍ୱପୂର୍ଣ୍ଣ ଭୂମିକା ନିର୍ବାହ କରେ। ଜଣେ ସାମାଜିକ ମଣିଷ ଭାବରେ ଗୌରହରି ଦାସଙ୍କ ଲେଖକୀୟ ସତ୍ତାର ସୃଜନଭୂମି ଭାବରେ ତାଙ୍କ ପରିବେଶ ତାଙ୍କୁ ବହୁ ଖୋରାକ ଯୋଗାଇଛି। “ଦେଖାଯାଏ ଯେ ପ୍ରତିକୂଳ ବାତାବରଣରେ ମଧ୍ୟ ମହାନ୍ କୃତିମାନ ସୃଷ୍ଟ ହୋଇପାରିଛି। ଏହି ସ୍ଥଳରେ ଆତ୍ମିକ ପ୍ରେରଣା ଓ ପ୍ରବଳ ଇଚ୍ଛାଶକ୍ତିକୁ ପ୍ରାଧାନ୍ୟ ଦେବା ଉଚିତ। ଏହା ବୋଲି ବାତାବରଣକୁ ଏକବାରେ ବାଦ୍ ଦିଆଯାଇ ନ ପାରେ। ବାତାବରଣ ଅଧିକାଂଶ ସ୍ରଷ୍ଟାଙ୍କ ମନରେ ସୃଜନାତ୍ମକ ପ୍ରେରଣା ଉତ୍ପନ୍ନ କରିଥାଏ। ମୁକ୍ତ ଆକାଶ, ନଦୀକୂଳ, ସବୁଜ ବୃକ୍ଷ, କୋମଳ ପବନ, ଭାସମାନ ମେଘ କାହା ମନରେ ଆହ୍ଲାଦ ସୃଷ୍ଟି କରି ନ ଥାଏ? ନୀଳ ରଙ୍ଗ ଓ ସବୁଜ ବର୍ଣ୍ଣ ଉଚ୍ଚ ଚିନ୍ତନ, ପଠନ ଓ ସୃଜନକ୍ରିୟାରେ ସହାୟକ ହୋଇଥାଏ। ଅତଏବ ଅନୁକୂଳ ବାତାବରଣକୁ ସୃଜନକ୍ରିୟାର ମୌଳିକ ତତ୍ତ୍ୱ ରୂପେ ଗ୍ରହଣ ନ କଲେ ହେଁ ସହାୟକ ତତ୍ତ୍ୱରୂପେ ଗ୍ରହଣ କରିବାରେ କୌଣସି ବାଧା ନାହିଁ। ଏଣୁ ସ୍ୱୀକାର କରାଯାଇପାରେ ଯେ, ସୃଜନକ୍ଷମ ପ୍ରତିଭାଶାଳୀ ମସ୍ତିଷ୍କ,

ଇଚ୍ଛାଶକ୍ତି, ଅଭ୍ୟାସ ବା ସାଧନା ଏବଂ ଅନୁକୂଳ ବାତାବରଣ ପ୍ରଭୃତି ପରସ୍ପରର ପରିପୂରକ ମାତ୍ର।"(୫୮) 'ଛାୟାସୌଧର ଅବଶେଷ'ରେ ମଫସଲର ଗାଁର ଚିତ୍ର, ଆଖଡ଼ାଘର, ସାହି, କଲିକତାର କୋଠି, 'ନିଜ ସାଙ୍ଗେ ନିଜର ଲଢ଼େଇ' ଉପନ୍ୟାସରେ ଭୁବନେଶ୍ୱର, ଷ୍ଟୁଆର୍ଟ ସ୍କୁଲ୍, ସେକ୍ରେଟେରିଏଟ୍ ପ୍ରମୁଖ ସ୍ଥାନ, 'ଏଇଠୁ ଆରମ୍ଭ' ଉପନ୍ୟାସରେ ଓଡ଼ିଶାର ସ୍ଥାନୀୟ ରାଜଧାନୀ ଅଞ୍ଚଳ, ଜଗନ୍ନାଥପୁର କଲେଜ (କଳ୍ପିତ), ଏଜି ଛକ, ଫରେଷ୍ଟ୍ ପାର୍କ, ନୂଆ ଗାଁ, କଟକ, ରାଉରକେଲା, 'ଆପଣଙ୍କ ଆଜ୍ଞାଧୀନ' ଉପନ୍ୟାସରେ ରାଜଧାନୀ, ଖଡ଼ଗପୁର, ପାଟପୁର, ଘଣ୍ଟେଶ୍ୱର, ବେତନଟୀ ପ୍ରମୁଖ ସ୍ଥାନ, 'କେତେ ରଙ୍ଗର ଜୀବନ' ଉପନ୍ୟାସରେ ରାଜଧାନୀ ଭୁବନେଶ୍ୱର, କେନ୍ଦ୍ରାପଡ଼ା, ଜୟପୁର, ନୂଆପୁର ଗାଁ, ଜୟପୁର ପ୍ରମୁଖ ସ୍ଥାନ ଏବଂ ପରିଶେଷରେ 'ସାରାଂଶ' ଉପନ୍ୟାସରେ ପାଟପୁର ଗାଁ ଇତ୍ୟାଦି ସ୍ଥାନୀୟ ଅଞ୍ଚଳକୁ କାହାଣୀର ପରିବେଶ ଭାବରେ ଗୌରହରି ଦାସ ଗ୍ରହଣ କରିଛନ୍ତି।

ନାମକରଣ:

ଗୌରହରି ଦାସଙ୍କ ଉପନ୍ୟାସଗୁଡ଼ିକର ନାମକରଣ ଅତ୍ୟନ୍ତ ସଂକେତାତ୍ମକ। ନାମରୁ ତାଙ୍କ ଉପନ୍ୟାସରେ ନିହିତ ଦୃଷ୍ଟିକୋଣର ପରିଚୟ ମିଳେ। ଏ ସଂପର୍କରେ ସେ ସ୍ପଷ୍ଟ କରି କହିଛନ୍ତି- "ଉପନ୍ୟାସ ଆରମ୍ଭ ବେଳେ ଗୋଟେ ନାଆଁ ଦେଇଥାଏ, ତାକୁ working title କୁହାଯାଇଥାଏ। ଅସ୍ଥାୟୀ ନାଆଁ ସେଇଟି। ତା'ପରେ ଲେଖା ଚାଲେ। ଲେଖା ମଝିରେ ବା ଶେଷରେ ଯେଉଁ ନାଆଁ ଆସେ ସେଇ ହୁଏ ଉପନ୍ୟାସର ଶେଷ ନାମ। ତେବେ ଏହି ନିୟମ ସେଭଳି କିଛି ଧରାବନ୍ଧା ନୁହେଁ। ମୋର 'ସାରାଂଶ' ଉପନ୍ୟାସର ନାଆଁ ମୁଁ ମୂଳରୁ ସେଇ ନାଆଁ ଦେଇ ଲେଖା ଆରମ୍ଭ କରିଥିଲି। 'ଏଇଠୁ ଆରମ୍ଭ' ନାଆଁଟି ବହି ଲେଖିସାରି ସ୍ଥିର କଲି। 'ଛାୟାସୌଧର ଅବଶେଷ' ନାମଟି କବି ହରପ୍ରସାଦ ଦାସ ପ୍ରସ୍ତାବ ଦେଇଥିଲେ ଓ ମୋତେ ତାହା ଭଲ ଲାଗିଥିଲା। ତେବେ ସେ ନାଆଁଟି ବୁଝିବାକୁ ପାଠକମାନଙ୍କୁ ଟିକେ କଷ୍ଟ ଲାଗିବାରୁ ପର ଉପନ୍ୟାସର ନାମକରଣ ମୁଁ ନିଜେ କରିଛି ଏବଂ ସେସବୁ ବେଶ୍ ସହଜ ନାମ। ଯେମିତି 'ନିଜ ସାଙ୍ଗେ ନିଜର ଲଢ଼େଇ', 'ଆପଣଙ୍କ ଆଜ୍ଞାଧୀନ', 'କେତେ ରଙ୍ଗର ଜୀବନ' ଇତ୍ୟାଦି। ମୁଁ ସିଧାସଳଖ ସରଳ ଓ ଛୋଟ ନାଆଁ ଦେବାକୁ ପସନ୍ଦ କରିଥାଏ।" (୫୯) 'ଛାୟାସୌଧ' କେବଳ ନିଜ ଇଚ୍ଛା-ଆକାଂକ୍ଷାକୁ ନିଜ ଭିତରେ ସଂଗୋପିତ ରଖି କାଳ କାଳ ଯାଏ ସ୍ଥିର ଥାଏ। 'ମିନୁ' ଚରିତ୍ର ଭଳି ନାରୀମାନେ ନିଜର ବ୍ୟକ୍ତିକ ଆଶା-ଉନ୍ମାଦନା-ଅଭୀପ୍ସାକୁ କେବଳ ଅନ୍ଧାରୀ ମନର ଗଳିରେ ଛାଇ ଭଳି ଆତଯାତ ହେବା ଦେଖନ୍ତି ସିନା; କିନ୍ତୁ ଅଫେରା ସମୟର ଦୀର୍ଘ କଙ୍କରିଳ ପଥରେ କେବଳ

ଗୁଡ଼ିଏ ହା-ହତୋଽସ୍ମିପୂର୍ଣ୍ଣ ଅସହାୟ ଅବସୋସକୁ ହିଁ ସାଉଁଟି ନିଃଶେଷ ହୋଇଯାଇଥାନ୍ତି । ସବୁ ଆଶା-ସ୍ୱପ୍ନ ବିଡ଼ମ୍ବିତ ଓ ବିଳମ୍ବିତ ହୋଇଥିବାରୁ ସେମାନଙ୍କ ହାତ ପାପୁଲି ରିକ୍ତ ଥାଏ ଯାହା । ଏ ଦୃଷ୍ଟିରୁ 'ଛାୟାସୌଧର ଅବଶେଷ' ଉପନ୍ୟାସର ନାମକରଣ ଯଥାର୍ଥ ମନେହୁଏ ।

'ଦ୍ରୌପଦୀ' ଭଳି ନାରୀମାନଙ୍କ ଜୀବନର ସଂଘର୍ଷପୂର୍ଣ୍ଣ ସ୍ଥିତିକୁ ଦର୍ଶାଇ ପ୍ରତିକୂଳ ଅବସ୍ଥା ସହିତ ମାନସିକ ସଂଘର୍ଷର ଜୀବନ୍ତ ଚିତ୍ର ରହିଛି 'ନିଜ ସାଙ୍ଗେ ନିଜର ଲଢ଼େଇ' ଉପନ୍ୟାସରେ । ଦ୍ରୌପଦୀ ନାମ୍ନୀ ନାରୀର ମାତୃତ୍ୱକୁ ନେଇ କାତରତା ଓ ଭୟଶୂନ୍ୟ ଆତ୍ମସଂଘର୍ଷର ପ୍ରସଙ୍ଗ ଆଧାରିତ ଉପନ୍ୟାସର ନାମକରଣଟି ଅତ୍ୟନ୍ତ ସାର୍ଥକ ମନେହୁଏ ।

'Morning shows the day' ନ୍ୟାୟରେ ଏକ ନିର୍ଦ୍ଦିଷ୍ଟ କ୍ଷଣକୁ ମହତ୍ତ୍ୱ ଦେଇ ନୂଆ ଜୀବନ ଆରମ୍ଭ କରିବାର ବାର୍ତ୍ତା ରହିଛି 'ଏଇଠୁ ଆରମ୍ଭ' ଉପନ୍ୟାସରେ । ୨୦୦୩ ପୂଜାସଂଖ୍ୟାରେ 'କାଦମ୍ବିନୀ' ପତ୍ରିକା ପାଇଁ ଲିଖିତ ଏହି ଉପନ୍ୟାସର ନାୟିକା ଉର୍ବଶୀ ଚରିତ୍ର ଦ୍ୱାରା ଜୀବନମୂଲ୍ୟକୁ ହୃଦ୍‌ବୋଧ କରି ଆଗକୁ ବଢ଼ିଚାଲିଥିବାର ବାର୍ତ୍ତା ରହିଛି । ଏ ଦୃଷ୍ଟିରୁ ଏହାର ନାମକରଣ ଯଥାର୍ଥ ମନେହୁଏ ।

ସାମାଜିକ ଶୋଷଣର ପୃଷ୍ଠଭୂମି ଉପରେ ଦାସତ୍ୱକୁ ଆଦରି ନେଇଥିବା ବ୍ୟକ୍ତିବିଶେଷଙ୍କ ପ୍ରତି ବ୍ୟଙ୍ଗାତ୍ମକ ଅଙ୍ଗୁଳି ନିର୍ଦ୍ଦେଶ ରହିଛି 'ଆପଣଙ୍କ ଆଜ୍ଞାଧୀନ' ଉପନ୍ୟାସରେ । ସେହି ତୋଷାମଦକାରୀଙ୍କ ଆଜ୍ଞାବହ ହେବାର ଗୁଣକୁ ଆଧାର କରି ଗୌରହରି ଦାସ ଉପନ୍ୟାସର ଏତାଦୃଶ ନାମକରଣ କରିଛନ୍ତି । ୨୦୦୧ ମସିହାରେ କଲିକତାର 'ପ୍ରତିବେଶୀ' ପତ୍ରିକାରେ ଏହାର କିଛି ଅଂଶ ଏବଂ ୨୦୦୯ ମସିହାରେ 'ପକ୍ଷୀଘର' ପତ୍ରିକାରେ ଏହା ସଂପୂର୍ଣ୍ଣ ଭାବେ ଆତ୍ମପ୍ରକାଶ ଲାଭ କରିଥିଲା ।

ମଣିଷର ଜୀବନର ଭିନ୍ନ ଭିନ୍ନ ପର୍ଯ୍ୟାୟ ଅନୁଯାୟୀ ଅନୁଭୂତି, ସଂପର୍କ, ଆବେଗ ଓ ପ୍ରେମର ରଙ୍ଗ ପରିବର୍ତ୍ତିତ ହେବାର ବାସ୍ତବତା ଉପରେ ଆଧାରିତ ଉପନ୍ୟାସ 'କେତେ ରଙ୍ଗର ଜୀବନ' ନାମକରଣ ଅତ୍ୟନ୍ତ ଉଚିତ ମନେହୁଏ । ଏହା 'କଥା' ପତ୍ରିକାର ୨୦୧୩ ଫେବ୍ରୁଆରି ସଂଖ୍ୟା (ଜନ୍ମଦିନ ବିଶେଷାଙ୍କ)ରେ ପ୍ରକାଶ ପାଇଥିଲା ।

ଭିଟାମାଟି ହିଁ ଯେଉଁମାନଙ୍କ ପାଇଁ ସମଗ୍ର ଜୀବନର ସବୁକିଛି, ସେହି ଉଦ୍‌ବାସ୍ତୁମାନଙ୍କର ବିସ୍ଥାପନ ସମସ୍ୟା ଉପରେ ଆଧାରିତ ଓ ନାମିତ ହୋଇଛି 'ସାରାଂଶ' ଉପନ୍ୟାସ । 'କଥା' ପତ୍ରିକାରେ ଧାରାବାହିକ ଭାବରେ ପ୍ରକାଶିତ ଏହି ଉପନ୍ୟାସଟି କେବଳ ସେହି ସମସ୍ୟାଗ୍ରସ୍ତ ନିର୍ଦ୍ଦିଷ୍ଟ ବ୍ୟକ୍ତିବିଶେଷଙ୍କ ଦୟନୀୟ ସ୍ଥିତିକୁ ଚିତ୍ରିତ କରିନାହିଁ, ତତ୍‌ସହିତ ଜୀବନମୂଲ୍ୟର ଅର୍ଥହୀନ - ଅସଙ୍ଗତି ଓ ବିକୃତ ବସ୍ତୁବାଦକୁ ମଧ୍ୟ ଅଙ୍ଗୁଳି ନିର୍ଦ୍ଦେଶ କରିଛି । ନାମକରଣଗତ ସ୍ୱାତନ୍ତ୍ର୍ୟ ଗୌରହରି ଦାସଙ୍କ ଉପନ୍ୟାସର ଆଲୋକିତ

ଦିଗ। ପ୍ରତ୍ୟେକଟି ଉପନ୍ୟାସ ତା'ର ନାମକରଣ ଦୃଷ୍ଟିରୁ ବେଶ୍ ସଂକେତାତ୍ମକ ଓ ଯଥାର୍ଥ ମନେହୁଏ।

ଚରିତ୍ରାୟନ:

ଉପନ୍ୟାସର ଘଟଣା, ପରିବେଶ ତଥା କାହାଣୀର ବର୍ଣ୍ଣନାକୁ ଗତିଶୀଳ କରିବା କ୍ଷେତ୍ରରେ ଚରିତ୍ରମାନଙ୍କ ଭୂମିକା ଗୁରୁତ୍ୱପୂର୍ଣ୍ଣ। "ଏକ ସାମାଜିକ ବ୍ୟକ୍ତିବିଶେଷର ଛାୟାରେ ସାହିତ୍ୟର ଏକ ଚରିତ୍ର ସୃଷ୍ଟି କରାଯାଇପାରେ। ମାତ୍ର ଏକ ଚରିତ୍ର ସାମାଜିକ ବ୍ୟକ୍ତି ହେବାକୁ ଆଦୌ ବାଧ୍ୟ ନୁହେଁ। ସେ ସଂପୂର୍ଣ୍ଣ କଳ୍ପିତ ହୋଇପାରେ। ବର୍ଣ୍ଣିତ ପରିବେଶ ମଧ୍ୟରେ ଏକ ନିର୍ଦ୍ଦିଷ୍ଟ ଆଭିମୁଖ୍ୟ ପ୍ରକଟ କରିବାରେ ଯେ ସର୍ବାଧିକ ଓ ସମୁନ୍ନତ ସ୍ଥାନ ଲାଭ କରିଥାଏ, ସେ ହୁଏ ମୁଖ୍ୟ ଚରିତ୍ର ଏବଂ ଅନ୍ୟମାନେ ସହାୟକ ଚରିତ୍ର ବା ଗୌଣ ଚରିତ୍ର ହୁଅନ୍ତି। ଏହି ଗୌଣ ବା ପାର୍ଶ୍ୱ ବା ସହାୟକ ଚରିତ୍ରଗୁଡ଼ିକ ମୁଖ୍ୟ ଚରିତ୍ରର ବିରୋଧ ଅଥବା ସହାୟତା କରିଥାନ୍ତି। ଯାହା ବି କରନ୍ତୁ ତଦ୍ଦ୍ୱାରା କେବଳ ମୁଖ୍ୟ ଚରିତ୍ରର ଚାରିତ୍ରିକ ମହତ୍ତ୍ୱ ହିଁ ପ୍ରକଟିତ କରିଥାନ୍ତି।" (୬୦)

ଔପନ୍ୟାସିକ ଗୌରହରି ଦାସ ତାଙ୍କ ସୃଷ୍ଟିର ଚରିତ୍ରମାନଙ୍କ ସହିତ ସମଭାବାପନ୍ନ ହୋଇ କାୟାପ୍ରବେଶ କରିବା ସ୍ୱୀକାର କରନ୍ତି। ପ୍ରତ୍ୟେକଟି ଚରିତ୍ରଙ୍କୁ ଯଥୋଚିତ ନ୍ୟାୟ ପ୍ରଦାନ ନିମନ୍ତେ ତାଙ୍କ ଲେଖନୀ ଉନ୍ମୁଖ ଥାଏ। ସେ ତାଙ୍କର ଉପନ୍ୟାସର ଚରିତ୍ରମାନଙ୍କ ସହ ଅନ୍ତରଙ୍ଗ ଥିବା ସଂପର୍କରେ ଉଲ୍ଲେଖ କରନ୍ତି ଯେ- "ଚରିତ୍ରମାନଙ୍କୁ ସେତିକି ଅନ୍ତରଙ୍ଗ ଭାବେ ଜାଣି ନ ଥିଲେ ସେମାନଙ୍କୁ ନେଇ ଶହ ଶହ ପୃଷ୍ଠା ଲେଖିବା ସମ୍ଭବ ନୁହେଁ। ମୋ ଉପନ୍ୟାସର ଚରିତ୍ରମାନେ ମୋର ଖୁବ୍ ପରିଚିତ। 'ଛାୟାସୌଧର ଅବଶେଷ'ର ମିନୁ, 'ନିଜ ସାଙ୍ଗେ ନିଜର ଲଢ଼େଇ'ର ଦ୍ରୌପଦୀ କିମ୍ବା 'ଏଇଠୁ ଆରମ୍ଭ'ର ଉର୍ବଶୀ - ଏମାନେ ମୋର ଖୁବ୍ ପରିଚିତ। ମୁଁ ସେମାନଙ୍କ ଭାଗ୍ୟ-ଦୁର୍ଭାଗ୍ୟ ସହ ଅବଗତ। ତେବେ ସମୟେ ସମୟେ ଚରିତ୍ର ଲେଖକକୁ ଖୋଜି ଖୋଜି ଆସନ୍ତି। ଯେମିତି 'ଆପଣଙ୍କ ଆଜ୍ଞାଧୀନ'ର ଜଳଧର ଚରିତ୍ର।" (୬୧) ଚରିତ୍ର ନିର୍ମାଣ କ୍ଷେତ୍ରରେ ଗୌରହରି ତାଙ୍କ ଉପନ୍ୟାସରେ 'sense of realism'ର ସ୍ପର୍ଶକୁ ଗୁରୁତ୍ୱ ଦିଅନ୍ତି। ତେଣୁ ସେ ସର୍ବଦା କାଳ, ପରିବେଶକୁ ନେଇ ବେଶ୍ ସଚେତନ ଥା'ନ୍ତି।

ଗୌରହରିଙ୍କ ଉପନ୍ୟାସର ନାରୀ-ପୁରୁଷ ଚରିତ୍ର:

ନାରୀଚରିତ୍ରମାନେ ହେଲେ: ମିନୁ, ଲକ୍ଷ୍ମୀ, ସାବିତ୍ରୀ, ଚମ୍ପା, ଅରୁନ୍ଧତୀ, ନିଶିଗନ୍ଧା, ମାଳତୀ, ଅହଲ୍ୟା, ଦ୍ରୌପଦୀ, ମଞ୍ଜୁଶ୍ରୀ, କଳ୍ପନା, ସୋନି, ସୁଲକ୍ଷଣା, ଉର୍ବଶୀ, ଶକୁନ୍ତଳା, ମୋନାଲିସା, ନନ୍ଦିନୀ, କାବେରୀ, ରାଜଶ୍ରୀ, ମୀରା, ରାଜଲକ୍ଷ୍ମୀ ପ୍ରମୁଖ।

ପୁରୁଷ ଚରିତ୍ର: ଗଙ୍ଗାଧର ମାଷ୍ଟ୍ରେ, ଶୁକଦେବ, ଟିମା, କରୁଣି, ମାଇଚିଆ ନବଘନ, ଦାମୋଦର, ପରମେଶ୍ୱର, ପ୍ରାଣକୃଷ୍ଣ, ରମାକାନ୍ତ, କାର୍ତ୍ତିକ ମାଝି, ଇନ୍ଦ୍ରମଣି, ଭାଗବତ, ଦେବଦତ୍ତ, ନାରଣ ଦାଦି, ନରୋତ୍ତମ, ବିଜୟ ଘୋଷ, ମାନଗୋବିନ୍ଦ, ଅଭିଳାଷ, କରୁଣାକର, ଘନଶ୍ୟାମ, ଶୁଭେନ୍ଦୁ, ନୀଳାମ୍ବର, ଲକ୍ଷ୍ମଣ ରେଡ୍ଡି, ଗଗନ, ମଦନ ସାମନ୍ତରାୟ, ଶିବପ୍ରସାଦ ସାମନ୍ତରାୟ, ଭାସ୍କର ନନା, ଡିଗଲ୍, ରହିମ୍, ନାୟକ ବାବୁ, ବୋଷବାବୁ, ସୁମନ୍ତ ବାବୁ, ସୁକଲ୍ୟାଣ, ଜଳଧର, ସନାତନ ଦାସ, ଗୋବିନ୍ଦ, ଦଶରଥ ବାବୁ, ଶାନ୍ତନୁ ସାମନ୍ତରାୟ, ଅବିନାଶ, ତମାଳ, ଷଡ଼ଙ୍ଗୀ ବାବୁ, ଦେବାଶିଷ, ମନୋଜ, ନିଗମାନନ୍ଦ, ସରୋଜ ତ୍ରିପାଠୀ, ପୁଲକ ମହାପାତ୍ର, ଭାରତ ମହାପାତ୍ର, ରବି ଦାସ, ଚୈତନ୍ୟ ଚରଣ, ନୀଳମାଧବ, ସଂଜୟ ପଟ୍ଟନାୟକ, ରମାରମଣ, ସନ୍ଦୀପ ରାୟ ପ୍ରମୁଖ ଚରିତ୍ରମାନେ ସ୍ମରଣୀୟ। ଚରିତ୍ର ସୃଷ୍ଟି କରିବାକୁ ଯାଇ ଲେଖକ ପକ୍ଷରେ ପ୍ରୟୋଜନୀୟ ହୋଇପଡ଼ିଛି ସାମାଜିକ ଆଚାର, ବ୍ୟବହାର ଓ ବିଭିନ୍ନ ଶ୍ରେଣୀର ନରନାରୀମାନଙ୍କର କଥୋପକଥନ ସଂଗରେ ପରିଚିତି।

ଗୌରହରି ଦାସଙ୍କ ଉପନ୍ୟାସରେ ଗାମ୍ଭୀର୍ଯ୍ୟପୂର୍ଣ୍ଣ ସହଜ-ସରଳ ଭାଷାର ସମାବେଶ ରହିଛି। ଏତଦ୍‌ଭିନ୍ନ କେବେ ନାଟକୀୟ (Dramatic) ପୁଣି କେବେ ବିଶ୍ଳେଷଣୀ (Analytic) ଶୈଳୀର ପ୍ରୟୋଗ ରହିଛି।

ଭାଷିକ ରୀତି: ଔପନ୍ୟାସିକ ଗୌରହରି ଦାସ ତାଙ୍କ ଉପନ୍ୟାସ ଗୁଡ଼ିକରେ ଦୁଇ ପ୍ରକାର ଭାଷାର ବ୍ୟବହାର କରିଛନ୍ତି।

୧) ସାଧାରଣ ପ୍ରଚଳିତ ଭାଷା (ଗ୍ରାମୀଣ, ସଂସ୍କୃତ, ହିନ୍ଦୀ, ଉପନିବେଶିକ)

୨) ଅସାଧାରଣ ଭାଷା (ପ୍ରତୀକ, ରୂପକ, ବିମ୍ବାତ୍ମକ, ପୁରାବୃତ୍ତାତ୍ମକ (myth), ଆର୍କିଟାଇପ୍, କାବ୍ୟିକ)

ଗ୍ରାମୀଣ ଶବ୍ଦାବଳୀ: ଟାଙ୍ଗରା, ଗୋହିରୀ, କେନ୍ଦୁବଣ, ବାଲି ପୋଖରୀ, ଆଖଡ଼ା, ଡାଳମାଙ୍କୁଡ଼ି, ଦେଉଳବେଢ଼ା, ଦୋଳପୂନେଇଁ, ନିଉଛୁଣା, ଲୋକ୍‌ସାନ୍, ଅଣପୁରୁଷା, ଦରବୁଢ଼ା, ଚିଲମ୍, ସୁଡୁକା।

ଗ୍ରାମୀଣ ବ୍ୟବହାର୍ଯ୍ୟ ଚିଜ: କାଠଖଣ୍ଡା, ଟିଣଡାଲ, ହାର୍‌ମୋନିୟମ୍, ଡୁବି-ତାବ୍‌ଲା, ଯୋଡ଼ି ନାଗରା, ଢୋଲ ଓ ଘୁଙ୍ଗୁର, ମୃଦଙ୍ଗ, ଢୋଲକ।

କାବ୍ୟିକ ଭାଷାଶୈଳୀ: କାବ୍ୟିକ ଭାଷାଶୈଳୀ ଔପନ୍ୟାସିକ ଗୌରହରି ଦାସଙ୍କ ଏକ ସ୍ୱତନ୍ତ୍ର ଉପସ୍ଥାପନା ଶୈଳୀ। ଅତି ଚମତ୍କାର ଶବ୍ଦବିନ୍ୟାସ ଦ୍ୱାରା କାବ୍ୟିକ ରସର ଅବତାରଣା କରିବାରେ ସେ ଅଦ୍ୱିତୀୟ। କାବ୍ୟିକ ସାବଲୀଳ ପ୍ରବାହ ପାଠକଙ୍କୁ ଆନନ୍ଦିତ କରିଥାଏ। ଯେମିତି -

- ଝରକା ସେପଟେ ଜହ୍ନ ଧୀରେ ଧୀରେ ଅପସରିଯାଉଥିଲା। ତାରାମାନେ ଜହ୍ନକୁ ବାଟୋଇଦେବାକୁ ଠିଆ ହୋଇଥିଲେ ଦଳଦଳ ହୋଇ। ପବନ ସେମାନଙ୍କ କ୍ଳାନ୍ତି ଅପନୋଦନ ପାଇଁ ଚାମର ସେବାରେ ଲାଗିଥିଲା। କ୍ଷେତର ଧାନଗଛମାନେ ଆଖିରୁ ପୋଛୁଥିଲେ ଶିଶିରର ଅଶ୍ରୁ। (ପଞ୍ଚପର୍ବ - କେତେ ରଙ୍ଗର ଜୀବନ - ପୃ: ୫୨୩)
- ବେଳେବେଳେ ଆକାଶକୁ ଚାହିଁବା ପାଇଁ ତାକୁ ଭଲ ଲାଗେ। ବଉଦମାନଙ୍କର ବେଶବଦଳ ଦେଖି ସେ ଖୁସି ହୁଏ। ତାରାମାନଙ୍କ ଭାଗ୍ୟ ସାଙ୍ଗରେ ନିଜର ଭାଗ୍ୟକୁ ଯୋଡ଼ି ସେମାନଙ୍କୁ କେତେକଥା ଶୁଣାଏ। ଅଳସ ଆଖିପତା ଯୋଡ଼ିକ ମୁଦିହୋଇ ନ ଆସିଲା ଯାଏ ସେ ଝରକା ଉପରେ ଆଉଜିଲା ପରି ମୁହଁ ଗଳେଇ ଦେଖେ ସମୁଦ୍ର, ଦେଖେ ଆକାଶ। (ପଞ୍ଚପର୍ବ - ଛାୟାସୌଧର ଅବଶେଷ - ପୃ: ୭୫)
- ବାଡ଼ିପଟର ଖୋଲା ଆକାଶ ଚାରିପଟେ ସବୁଜ ଆନ୍ତରିକତା। (ପଞ୍ଚପର୍ବ - ଛାୟାସୌଧର ଅବଶେଷ - ପୃ: ୬୧)
- ତାରାଗୁଡ଼ିକ ବି ମେଘପଖଳା ଆକାଶରେ ତୋଫା ଗୋରା ଦିଶୁଥାନ୍ତି। (ପଞ୍ଚପର୍ବ - ଆପଣଙ୍କ ଆଜ୍ଞାଧୀନ - ପୃ: ୪୪୭)
- ପଉଷ ସକାଳର କୁହୁଡ଼ି ସୁନାପାହାଡ଼, ନୂଆନଈ ଓ ଦୁଇ ବିସ୍ତୀର୍ଣ୍ଣ ଧାନକ୍ଷେତକୁ ତା'ର ପାଉଁଶିଆ ଚାଦରରେ ଢାଙ୍କି ରଖିଥିଲା। (ସାରାଂଶ - ପୃ: ୧)
- କିଛି ସମୟ ହେଲା ଲଗାଣ ବର୍ଷା ଛାଡ଼ିଯାଇଥିଲା। କୃଷ୍ଣପକ୍ଷର ଜହ୍ନ ଉଙ୍କି ମାରୁଥିଲା ମେଘଘେରା ଆକାଶରୁ। କଳାବାଦଲ ଉହାଡ଼ରୁ ସେହି ଜହ୍ନର ଚେହେରା, ପ୍ରତିକୂଳ ପରିସ୍ଥିତି ସହ ଲଢ଼ି ଆଗକୁ ଆସିଥିବା ମଣିଷର ଚେହେରା ପରି ଉତ୍ସାହପୂର୍ଣ୍ଣ ଦିଶୁଥିଲା। ଜହ୍ନ ଆଲୁଅରେ ଆଲୋକିତ ହେଉଥିଲା ପାଟପୁରର ବର୍ଷାବତୁରା ଗଛଲତା। (ସାରାଂଶ - ପୃ: ୭୪୬)
- ସମୁଦ୍ର ଉପରେ ଆକାଶ ଦିଶୁଛି ମେଘ ଢାଙ୍କିଲା ପରି। ଖଣ୍ଡ ଖଣ୍ଡ ବାଦଲ ସମୁଦ୍ର ପିଠିରୁ ଜଳକଣା ପରି ଅଳସ ଗତିରେ ଦୂରେଇ ଦୂରେଇ ଯାଇଛନ୍ତି। ଲହଡ଼ିମାନ ଉଠୁଛି ଉପରକୁ, ରାସ୍ତାର ଆଲୁଅ ସେହି ଧୂଆଁଳିଆ ପରିବେଶ ଭିତରେ ଦିଶୁଛି, ଦୂରରୁ ଆସୁଥିବା ଶଗଡ଼ିଆମାନଙ୍କର ଗୋଟେ ଗୋଟେ ଲଣ୍ଠନ ପରି।" (ପଞ୍ଚପର୍ବ - ଛାୟାସୌଧର ଅବଶେଷ - ପୃ: ୯୪)

ଗୌରହରିଙ୍କ ଉପନ୍ୟାସରେ ପୁରାବୃତ୍ତ (myth) ଓ ଆର୍କିଟାଇପ୍:

ପୌରାଣିକ କଥାକୁ ପୁରାବୃତ୍ତ (myth) ଏବଂ କିମ୍ବଦନ୍ତୀ ଆଧାରିତ କିଛି

ଲୋକକଥାକୁ ଆର୍କିଟାଇପ୍ କୁହାଯାଏ। ଆଧୁନିକ ସମାଜରେ କୌଣସି ବିଶେଷ ମୂଲ୍ୟବୋଧକୁ ପ୍ରତିଷ୍ଠା ଦେବା ଉଦ୍ଦେଶ୍ୟରେ ଏହାର ବ୍ୟବହାର ହୁଏ। ସମାଲୋଚକ ସୁଶେନ୍ ଲାଙ୍ଗର୍‌ଙ୍କ ମତରେ- 'Myth is the only poetry.' ଜଣେ ସଚେତନଶୀଳ-ବୁଦ୍ଧିଦୀପ୍ତ ସାହିତ୍ୟିକ ଭାବରେ ଗୌରହରି ଦାସ ମିଥ୍‌ଧର୍ମୀ ପ୍ରସଙ୍ଗଗୁଡ଼ିକୁ ତାଙ୍କ ଉପନ୍ୟାସରେ ଯଥୋଚିତ ଭାବରେ ସ୍ଥାନିତ କରିଛନ୍ତି। ତାଙ୍କ ଉପନ୍ୟାସରେ ସଂଯୁକ୍ତ ପୁରାକଳ୍ପଗୁଡ଼ିକର ପ୍ରାସଙ୍ଗିକ ପ୍ରୟୋଗ, ଔପନ୍ୟାସିକ ଗୌରହରିଙ୍କ ବହୁଶାସ୍ତ୍ରଦର୍ଶିତାକୁ ସିଦ୍ଧ କରେ। ପୌରାଣିକ-ସଂସ୍କାରବୋଧ ହିଁ ତାଙ୍କ ଦର୍ଶନକୁ ବଳିଷ୍ଠ କରିବା ସହିତ ତାଙ୍କ ବ୍ୟକ୍ତିତ୍ୱକୁ ମହିମାନ୍ୱିତ କରିଛି। ତାଙ୍କ ଉପନ୍ୟାସ ଗୁଡ଼ିକରେ ଏଗୁଡ଼ିକର ସୁନ୍ଦର ସଂଯୋଜନା ରହିଛି।

- ବିନା ମୂଲ୍ୟରେ ଦୁର୍ଯ୍ୟୋଧନ ହସ୍ତିନା ଜିଣିନେଲା ପରି ଦାଦା ମିନୁର ପୈତୃକ ସଂପତ୍ତିର ମାଳିକ ହୋଇଯାଇଥିଲେ। (ପଞ୍ଚପର୍ବ - ଛାୟାସୌଧର ଅବଶେଷ - ପୃ: ୪୯)
- ଠାକୁରଙ୍କ ଦୟା ନ ଥିଲେ ଉତ୍ତରାପେଟର ପିଲା କେବେ ବି ଅଶ୍ୱତ୍‌ଥମା ଅସ୍ତ୍ର କବଳରୁ ରକ୍ଷା ପାଇ ନ ଥାନ୍ତା। ଶ୍ରୀକୃଷ୍ଣଙ୍କ ସେହି ସୁଦର୍ଶନ ଚକ୍ର ତା' ପିଣ୍ଡୁକୁ ରକ୍ଷା କରିବ ବୋଲି ଦ୍ରୌପଦୀ ମନକୁ ମନ କହୁଥିଲା। (ପଞ୍ଚପର୍ବ - ନିଜ ସାଙ୍ଗେ ନିଜର ଲଢ଼େଇ - ପୃ: ୧୭୧)
- ପୁରାଣର ଉର୍ବଶୀ କଥା ପଢ଼ିଛି। ଦେବସଭାର ଅପୂର୍ବ ସୁନ୍ଦରୀ ଉର୍ବଶୀ ସେଦିନ ମହାରାଜ ପୁରୁରବାଙ୍କୁ ଦେଖି ଅନ୍ୟମନସ୍କ ହୋଇପଡ଼ିଥିଲେ। ତେଣୁ ଇନ୍ଦ୍ରଙ୍କ ଅଭିଶାପରେ ତାଙ୍କୁ ଜନ୍ମ ନେବାକୁ ପଡ଼ିଥିଲା ବ୍ୟାଧି ଓ ବାର୍ଦ୍ଧକ୍ୟର ମର୍ତ୍ତ୍ୟଭୂମିରେ। (ପଞ୍ଚପର୍ବ - ଏଇଠୁ ଆରମ୍ଭ - ପୃ: ୨୬୯)
- ଅଜ୍ଞାତବାସ ସମୟରେ ବିରାଟ ନଗରୀରେ ବୃହନ୍ନଳା ହୋଇ ବର୍ଷେ କାଳ ନୃତ୍ୟଗୁରୁ ରୂପେ ଅର୍ଜୁନ ଜୀବିକା ନିର୍ବାହ କରିବା ଥିଲା ଉର୍ବଶୀଙ୍କ ଅଭିଶାପର ଫଳ। (ପଞ୍ଚପର୍ବ - ଏଇଠୁ ଆରମ୍ଭ - ପୃ: ୨୬୯)
- ସ୍ୱାମୀକୁ ସବୁ ପ୍ରକାର ଆପଦ ବିପଦରୁ ରକ୍ଷା କରିବା ପାଇଁ ସ୍ତ୍ରୀର କି ବିକଳ ଉଦ୍ୟମ! ସ୍ୱାମୀକୁ କ୍ଷୁଧା କବଳରୁ ମୁକ୍ତି ଦେବାଲାଗି ପୁତ୍ର ଅଜାତଶତ୍ରୁର ରୋଷଚକ୍ଷୁରୁ ଲୁଚି ଲୁଚି ସ୍ତ୍ରୀ ନିଜର ଦେହସାରା ମହୁ ବୋଳିହୋଇ କାରାଗାରକୁ ଯାଇଥିଲା। ସାବିତ୍ରୀ ଯମ ସାଙ୍ଗରେ ଯୁଝିଥିଲେ ବୁଦ୍ଧିର ଯୁଦ୍ଧରେ। ସୀତା ପଶିଥିଲେ ଅଗ୍ନିରେ। ଗାନ୍ଧାରୀ ସାରା ଜୀବନ ବରଣ କରିନେଲେ। ଅନସୂୟା ନିଜ କାନ୍ଧରେ ବୋହି ବୋହି କାମୁକ ସ୍ୱାମୀକୁ ନେଇଯାଇଥିଲେ ନର୍ତ୍ତକୀର

ଗୃହକୁ। (ପଞ୍ଚପର୍ବ - ଏଇଠୁ ଆରମ୍ଭ - ପୃ: ୨୭୧)

ସମ୍ଭବତଃ ଏଭଳି ମାନସିକତାକୁ ଦୃଷ୍ଟିରେ ରଖି ଫ୍ରଏଡ୍ ମତ ଦେଇଥିଲେ- "The world is the symbol of man's secret desires."

- ଏଇ ଓଡ଼ିଶାର ଗଜପତି କ'ଣ ମାନରକ୍ଷା ପାଇଁ ନିଜର କନ୍ୟାକୁ ବଳି ଦେଇନାହାନ୍ତି, ରାଜନୀତିର ଯଜ୍ଞବେଦୀରେ ! (ପଞ୍ଚପର୍ବ - ଏଇଠୁ ଆରମ୍ଭ - ପୃ: ୨୭୧)
- ପାଟଳୀପୁତ୍ରର ରାଜନର୍ତ୍ତକୀ ବାସବଦତ୍ତା ଦିନେ ରାଜଧାନୀ ଛାଡ଼ି ଅନ୍ୟତ୍ର ଯିବା ନିମନ୍ତେ ରାଜାଙ୍କ ଅନୁମତି ପ୍ରାର୍ଥନା କରିଥିଲା। ଏହାର କାରଣ ପଚାରନ୍ତେ, ବାସବଦତ୍ତା କହିଥିଲା, ପାଟଳୀପୁତ୍ରରେ କେହି ଜଣେ ପୁରୁଷ ନାହାନ୍ତି, ଯିଏ ତାଙ୍କୁ ରତିତୃପ୍ତି ଦେଇପାରିବେ। (ପଞ୍ଚପର୍ବ - କେତେ ରଙ୍ଗର ଜୀବନ - ପୃ: ୫୦୪)

ମର୍ମବାଣୀ: ଔପନ୍ୟାସିକ ଗୌରହରି ଦାସ ସାଂପ୍ରତିକ ସମୟର ଜଣେ ସଚେତନ କଥାକାର। ସାହିତ୍ୟ ତାଙ୍କ ଦୃଷ୍ଟିରେ ମନୋରଞ୍ଜନ ନୁହେଁ, ବରଂ ଏକ ପ୍ରତିବଦ୍ଧ ସମର୍ପଣ। ତାଙ୍କ ଉପନ୍ୟାସର ଚରିତ୍ରମାନେ ତାଙ୍କ ଚେତନାର ପ୍ରତିନିଧିତ୍ୱ କରିଛନ୍ତି। ସେମାନେ ହିଁ ତାଙ୍କ ଭାବ-ବିଚାର-ସିଦ୍ଧାନ୍ତ ଏବଂ ବାର୍ତ୍ତାର ବାହକ ସାଜିଛନ୍ତି। ତେଣୁ ଗୌରହରିଙ୍କ ଉପନ୍ୟାସର ବକ୍ତବ୍ୟ ଠିକ୍ ଆପ୍ତବାକ୍ୟ ଭଳି ଅତ୍ୟନ୍ତ ପ୍ରଭାବଶାଳୀ ମନେହୁଏ। 'ମର୍ମବାଣୀ' ହିଁ ସାହିତ୍ୟିକର ଚୈତ୍ତିକ ଉଦ୍‌ଭାସ ଏବଂ ବ୍ୟକ୍ତିତ୍ୱର ମହିମା (Essence)କୁ ପାଠକ ସମ୍ମୁଖରେ ପ୍ରତିଷ୍ଠା କରେ।

ଗୌରହରି ଦାସଙ୍କ ଛଅଗୋଟି ଉପନ୍ୟାସର 'ମର୍ମବାଣୀ' ବର୍ତ୍ତମାନ ଏବଂ ଆଗାମୀ ସମୟ ନିମନ୍ତେ ହିତୋପଦେଶ, ଚେତାବନୀ, ସିଦ୍ଧାନ୍ତ ଅବା ସମ୍ବାଦଧର୍ମୀ ବକ୍ତବ୍ୟ ଭଳି ମଙ୍ଗଳପ୍ରଦ ଓ କଲ୍ୟାଣକାରୀ। କିଛି ଉଲ୍ଲେଖନୀୟ ମର୍ମବାଣୀ:-

- ଏତେ ଦୁଃସାହସ, ଏତେ ସ୍ୱପ୍ନ ଓ ଏତେ ସମ୍ଭାବନାର ମଣିଷ ଶେଷକୁ ଏଭଳି ଅଭିଶପ୍ତ ଜୀବନ ଜିଇବାର ବାଧ୍ୟବାଧକତାକୁ ଗ୍ରହଣ କରିପାରେ। (ପଞ୍ଚପର୍ବ - ଛାୟାସୌଧର ଅବଶେଷ - ପୃ: ୨୧)
- ପଥର, ମାଟି ଓ କାଗଜର ମୂର୍ତ୍ତି ନିରୁତ୍ତର ରହନ୍ତି। (ପଞ୍ଚପର୍ବ - ଛାୟାସୌଧର ଅବଶେଷ - ପୃ:୩୭)
- ଏ କୋଠିକୁ ଆସିବା ପାଇଁ ଅନେକ ରାସ୍ତା ଅଛି, କିନ୍ତୁ ଯିବା ପାଇଁ ଗୋଟିଏ ହେଲେ ବାଟ ନାହିଁ। ଇଏ ଏକ ଅମୁହାଁ ଗଳି, ଯାହା ଭିତରକୁ ଥରେ

ପଶିଆସିଲେ ଆଉ ଫେରିବାର ଯୁ ନ ଥାଏ। (ପଞ୍ଚପର୍ବ - ଛାୟାସୌଧର ଅବଶେଷ - ପୃ: ୩୭)

- ଯୋଉ ଗଛ ଯେତେ ଉଚ୍ଚ, ସେ ଗଛର ଛାଇ ସେତେ ଲମ୍ବା। ଯିଏ ଯେତିକି ବଡ଼, ତା'ର ନିନ୍ଦକମାନଙ୍କ ସଂଖ୍ୟା ସେତେ ବେଶି। (ପଞ୍ଚପର୍ବ - ଛାୟାସୌଧର ଅବଶେଷ - ପୃ: ୪୨)
- ଗୋଟେ ଗୋଟେ ପୁରୁଷ ନିରାଶ୍ରୟା ନାରୀଠୁ ବି ତାକୁ ଆହୁରି କରୁଣ ଲାଗନ୍ତି। (ପଞ୍ଚପର୍ବ - ଛାୟାସୌଧର ଅବଶେଷ - ପୃ: ୪୫)
- ଦାୟିତ୍ୱ ସାଙ୍ଗରେ ଭୟର ବି ଗଭୀର ସମ୍ବନ୍ଧ ଅଛି। (ପଞ୍ଚପର୍ବ - ନିଜ ସାଙ୍ଗେ ନିଜର ଲଢ଼େଇ - ପୃ: ୧୪୦)
- ପୁରୁଷ ପୁଅର ବୟସ ମପାଯାଏ ନାହିଁ। (ପଞ୍ଚପର୍ବ - ଛାୟାସୌଧର ଅବଶେଷ - ପୃ: ୪୭)
- ମଣିଷ ତୁଣ୍ଡରେ ବିଷ ଅଛି, ଅମୃତ ଅଛି। (ପଞ୍ଚପର୍ବ - ଛାୟାସୌଧର ଅବଶେଷ - ପୃ: ୪୮)
- ପରିତ୍ୟକ୍ତ ଖୋଳପାକୁ ନା ପଚାରେ ଫଳ ଖାଇଥିବା ମଣିଷ, ନ ଚିହ୍ନେ ପରିଚିତ ଗଛର ଶାଖା। (ପଞ୍ଚପର୍ବ - ଛାୟାସୌଧର ଅବଶେଷ - ପୃ: ୮୬)

ସଂସ୍କୃତାୟିତ ଭାଷା: ପ୍ଳାବନ, ନାରୀତ୍ୱ, ବିକୃତି, ଅନ୍ତର୍ବାସ, ସମ୍ବୋଧିତ, ନିର୍ଦ୍ଦୟ, କ୍ଳାନ୍ତି, ଉଜ୍ଜ୍ୱଳ, ନିର୍ଯ୍ୟାସ, ପିତୃତ୍ୱ, ମାତୃତ୍ୱ ଇତ୍ୟାଦି।

ଉପନିବେଶିକ ଭାଷା: ଫେସ୍‌ବୁକ୍, ଇଣ୍ଟରକମ୍, ସ୍ପନ୍‌ସର୍, ଆଇଟି ସଂସ୍ଥା, ମାର୍କେଟ୍ ଭାଲ୍ୟୁ, ଏଚ୍.ଆର୍.ଡି, କମ୍ପୁଟର, ଟେଣ୍ଡର, ଇମେଲ୍, ଇଣ୍ଟରନେଟ୍, ମେଲ୍‌ବକ୍ସ, ଆଇଟି ଇଞ୍ଜିନିୟର୍, ମଲ୍, ଏକ୍‌ସପୋଜର, କୋରିୟର୍, କପିପେଷ୍ଟ୍ ଇତ୍ୟାଦି।

ହିନ୍ଦୀ ଭାଷା: ଜାହିର୍, ବିଜ୍‌ଲୀ, ମର୍ଜି, ହୋସିଆର୍, ଜୁଲୁମ୍, ମିଜାଜ୍, ଟୁକ୍‌ଡ଼ା ଇତ୍ୟାଦି।

ଯୁଗ୍ମ ଶବ୍ଦାବଳୀ: ଦୁମ୍‌ଦୁମ୍, ଠକ୍‌ଠକ୍, ଦୂର୍‌ଦୂର୍, ଖାଁ ଖାଁ, ଝମ୍‌ଝମ୍, ଝଣ୍‌ଝଣ୍, ଆକ୍ତାମାକ୍ତା, ଚିତ୍ରଫିତ୍ର, ଛଳଛଳ, ପରସ୍ତ ପରସ୍ତ, ଧୁ ଧୁ, ଟକ୍‌ଟକ୍, କୁହୁକୁହୁ, ଜୁଲୁଜୁଲୁ, ଟୁକୁଡ଼ା ଟୁକୁଡ଼ା, ଉଛୁଳୁ ମୁଛୁଳୁ, ଜୁଲୁଜୁଲୁ, ଝଣ୍‌ଝଣ୍, ବୁନ୍ଦାବୁନ୍ଦା, ଧୂ ଧୂ, ଘନଘନ, ଭୁଟୁରୁ ଭୁଟୁରୁ ଇତ୍ୟାଦି।

ଅସାଧାରଣ ବିମ୍ବଧର୍ମୀ ସଂଯୋଜନା: ସମର୍ଥ ରୂପକଳ୍ପବାଦୀ ଗୌରହରିଙ୍କ ଐନ୍ଦ୍ରିକ ଅନୁଭୂତି ପ୍ରସୂତ ରୂପକଳ୍ପର କାବ୍ୟଭାଷାରେ ପାଠକଙ୍କ ଶ୍ରୋତ୍ରେନ୍ଦ୍ରିୟ ଏବଂ ଦର୍ଶନେନ୍ଦ୍ରିୟ ପ୍ରଭାବିତ ହୁଏ। ପାଠକର ଭାବବଳୟକୁ ତାହା ରସମୁଗ୍ଧ କରେ।

- ଆଖିର ଲୁହଟୋପାମାନଙ୍କୁ ଗୋଟେଇ ଆଣି କାନିରେ ବାନ୍ଧିଦିଏ କପଟସତୀ (ପଞ୍ଚପର୍ବ - ପୃ: ୪୦)
- ମାଛକୁ ମନା ହେଲା ପାଣି, ଗଛକୁ ମନା ହେଲା ସୂର୍ଯ୍ୟକିରଣ, ନଈକୁ ମନା ହେଲା ମୁହାଣ (ପଞ୍ଚପର୍ବ - ପୃ: ୪୩)
- ଦେହରେ ସାତସମୁଦ୍ରର ଶୋଷ (ପଞ୍ଚପର୍ବ - ପୃ: ୪୩)
- କାଳିଜହ୍ନର ମାୟାମୟ ଆବେଶ (ପଞ୍ଚପର୍ବ - ପୃ: ୪୩)
- ଆକାଶ ସାରା ଅସଂଖ୍ୟ ତାରା କୁଲାରୁ ଖସିପଡ଼ିଥିବା ଖୁଦକଣା ପରି (ପଞ୍ଚପର୍ବ - ପୃ: ୬୧)
- ଭାଦ୍ରବର ଅପରାହ୍ଣ ରାସ୍ତା ଦି' ଧାର ଧାନବିଲ ମେଳରେ ସବୁଜ ଶ୍ୟାମଳ ଦିଶେ ଗାଁ (ପଞ୍ଚପର୍ବ - ପୃ: ୨୫୩)
- ପରଦା ଓଲରା ଦୁଆର ଓ ଝରକା ଦିଶୁଥିଲା ଗୋଟେ ବିଧବାର ଘରକରଣା ପରି (ପଞ୍ଚପର୍ବ - ପୃ: ୫୩)
- ଆଖିର ଲୁହମାନଙ୍କୁ ବିଦାୟ ଦେଇ ଓଠର ହସମାନଙ୍କୁ ପାଛୋଟି ଆଣିବାର ସ୍ୱପ୍ନ (ପଞ୍ଚପର୍ବ - ପୃ: ୫୩)
- ଆକାଶରେ ଶୁକ୍ଳପକ୍ଷର ଜହ୍ନ। ଅଷ୍ଟମୀ କି ନବମୀ ତିଥି ହେବ କି କ'ଣ। ନୀଳ ଆକାଶ କୋଳରେ ଚିକମିକ କରୁଥିଲେ ଲକ୍ଷ ଲକ୍ଷ ତାରା (ସାରାଂଶ - ପୃ: ୨୫)
- ନିଷ୍ପ୍ରଭ ଦୀପର କମ୍ପିତ ଶିଖାରେ ଭବିଷ୍ୟତର ଗୋଟେ ଡଉଲଡାଉଲ ମାନଚିତ୍ର (ପଞ୍ଚପର୍ବ - ପୃ: ୫୩)
- ଛାୟାଛନ୍ନ ଏଇ ରାତ୍ରିର ନିର୍ଜନତା କେଡ଼େ ଅନ୍ତରଙ୍ଗ (ପଞ୍ଚପର୍ବ - ପୃ: ୬୨)
- ଆକାଶର ପଡ଼ିଆରୁ ଆଖିର ଆଞ୍ଜୁଳାରେ ତାରା ସାଉଣ୍ଟୁଥିଲା (ପଞ୍ଚପର୍ବ - ପୃ: ୭୫)
- ନୂଆନଈ ଘାଟରେ ପୌଷ କୁହୁଡ଼ି ଚିରି ନୂଆ ସୂର୍ଯ୍ୟଟେ ପରି ଆବିର୍ଭୂତା ନିଶିଗନ୍ଧା (ସାରାଂଶ - ପୃ: ୨୮୧)
- ହଜାର ହଜାର ପ୍ରଜାପତି ଯେମିତି ହଠାତ୍ ତା' ଚାରିପଟେ ଉଡ଼ି ବୁଲୁଥିଲେ। କୋଉଠୁ ଦୂରରୁ ମେଞ୍ଚାମେଞ୍ଚା ଶୀତଳ ପବନ ବୋହି ଆସୁଥିଲା। ଝିପ୍‌ଝିପ୍ ବର୍ଷା ବର୍ଷିଯାଉଥିଲା ଦେହସାରା। ସୁଲୁସୁଲିଆ ପବନରେ ତା'ର ଆଖିପତା ମୁଦି ହୋଇଆସୁଥିଲା। ସେ ଗୋଟେ ସବୁଜ ଉପତ୍ୟକାରେ ଦଉଡ଼ି ଦଉଡ଼ି ଧାଉଁଥିଲା। (ପଞ୍ଚପର୍ବ - ନିଜ ସାଙ୍ଗେ ନିଜର ଲଢ଼େଇ - ପୃ: ୨୩୨)

- ଭାଦ୍ରବର ଅପରାହ୍ଣ ରାସ୍ତା ଦି' ଧାର ଧାନବିଲ ମେଳରେ ସବୁଜ ଶ୍ୟାମଳ ଦିଶୁଥିଲା। ଏମିତି ସବୁଜ ଶ୍ୟାମଳ ଦିଶେ ତା' ଗାଁର ଧାନବିଲ। ଏମିତି ଏକଲା ବଗମାନେ ତା' ଗାଁର ବିଲମାଳରେ ବସି ମୀନ ଖୋଜୁଥାଆନ୍ତି। ଏମିତି ଉଚ୍ଚ ତାଳଗଛ ଦୂରରୁ ଦିଶନ୍ତି ତା' ଗାଁର ଅଭିଭାବକ ପରି (ପଞ୍ଚପର୍ବ - ଏଇଠୁ ଆରମ୍ଭ - ପୃ: ୨୫୩)
- କେଡ଼େ ଅକ୍ଷିତ ଏ ମଣିଷ! କେତେ ଅନ୍ତଃସାରଶୂନ୍ୟ ମଣିଷର ଗର୍ବ ଓ ଅହଂକାର। (ପଞ୍ଚପର୍ବ - ଛାୟାସୌଧର ଅବଶେଷ - ପୃ: ୮୯)
- ଜୀବନର ଆକର୍ଷଣ ଅଦ୍ଭୁତ! ସେଇ ଆକର୍ଷଣ ତାକୁ ବାରମ୍ବାର ଫେରେଇ ଆଣେ ମୃତ୍ୟୁ ପାଖରୁ (ପଞ୍ଚପର୍ବ - ଛାୟାସୌଧର ଅବଶେଷ - ପୃ: ୯୫)
- ଜୀବନ ସହଜ କଥା ନୁହେଁ (ତତ୍ରୈବ - ପୃ: ୧୦୦)
- ଯେଉଁଠି ଦାରିଦ୍ର୍ୟ, ସେଇଠି ଶୋଷଣ (ପଞ୍ଚପର୍ବ - କେତେ ରଙ୍ଗର ଜୀବନ - ପୃ: ୫୨୦)
- ଦାର୍ଶନିକ ଶବ୍ଦ ମାଧ୍ୟମରେ ବ୍ୟାଖ୍ୟା କରେ, ଶିଳ୍ପୀ କରେ ରଙ୍ଗ ଜରିଆରେ। ରଙ୍ଗ ସବୁଦିନେ ଶବ୍ଦଠାରୁ, ଅଧିକ ପ୍ରାଞ୍ଜଳ (ପଞ୍ଚପର୍ବ - କେତେ ରଙ୍ଗର ଜୀବନ - ପୃ: ୫୨୧)
- ମଣିଷର ସମଗ୍ର ଜୀବନ ଗୋଟେ ବୃତ୍ତ (ତତ୍ରୈବ)
- ମଣିଷର ମୁହଁ ହିଁ ତା'ର ସୂଚିପତ୍ର (ପଞ୍ଚପର୍ବ - କେତେ ରଙ୍ଗର ଜୀବନ - ପୃ: ୫୪୩)
- କ୍ଷୁଧାର୍ତ୍ତ ନିକଟରେ ଖାଦ୍ୟ ହିଁ ଗୁରୁତ୍ୱପୂର୍ଣ୍ଣ, ତତ୍ତ୍ୱ ନୁହେଁ (ପଞ୍ଚପର୍ବ - କେତେ ରଙ୍ଗର ଜୀବନ - ପୃ: ୫୪୪)
- ଅନୁଭବ ବିନା ମଣିଷ କେବଳ ପଥରଖଣ୍ଡଟିଏ (ପଞ୍ଚପର୍ବ - କେତେ ରଙ୍ଗର ଜୀବନ - ପୃ: ୫୪୮)
- ଯେକୌଣସି କାମ ଲାଗି 'ପଜିଟିଭ୍' ମାନସିକତା ଦରକାର (ପଞ୍ଚପର୍ବ - କେତେ ରଙ୍ଗର ଜୀବନ - ପୃ: ୫୫୬)
- ପ୍ରେମ ହିଁ ପ୍ରାର୍ଥନାର ପ୍ରଥମ ଶବ୍ଦ। କାହାକୁ ପ୍ରେମ ନ କରି ପ୍ରାର୍ଥନା କରିହେବ ନାହିଁ (ପଞ୍ଚପର୍ବ - କେତେ ରଙ୍ଗର ଜୀବନ - ପୃ: ୫୬୦)
- ପାପ ଥାଏ ମିଛରେ, ଶଠତାରେ, କପଟ ଆଚରଣରେ, କାହାକୁ ନିର୍ମଳ ଭଲପାଇବାରେ ନ ଥାଏ। ପାପ ଥାଏ ଛଳନାରେ, ଷଡ୍‌ଯନ୍ତ୍ରରେ, ଈର୍ଷା-ଅସୂୟାରେ - ପାପ ସମ୍ଭୋଗରେ ନ ଥାଏ (ପଞ୍ଚପର୍ବ - କେତେ ରଙ୍ଗର ଜୀବନ - ପୃ: ୫୬୧)

- ନାରୀର ଜୀବନ ପଥର ତଳ ଘାସବୁଦାର ଜୀବନ ପରି। ବଡ଼ କଷ୍ଟରେ ବିତେ ଏ ଜୀବନ। ପରର ଆହା-ଚୁଚୁ, ସହାନୁଭୂତି, ଦୟାକୁ ଆଶ୍ରା କରି ସେ ବଞ୍ଚେ (ପଞ୍ଚପର୍ବ - ଛାୟାସୌଧର ଅବଶେଷ - ପୃ: ୧୧୬)
- ଗେଣ୍ଡା ପରି ନାରୀର ଜୀବନ, ଧୀରେ ଧୀରେ ଘୁଷୁରୁ ଥାଏ (ତତ୍ରୈବ - ପୃ: ୧୧୬)
- ବିଧାତା ସୃଷ୍ଟିରେ ମଣିଷ ଏକ ଅସଂପୂର୍ଣ୍ଣ ସୃଷ୍ଟି (ପଞ୍ଚପର୍ବ - କେତେ ରଙ୍ଗର ଜୀବନ - ପୃ: ୪୬୮)

ଗୌରହରି ଦାସଙ୍କ ଉପନ୍ୟାସଗୁଡ଼ିକ ପ୍ରକାରାନ୍ତରେ ତାଙ୍କ ଜୀବନର ବେଦତୁଲ୍ୟ ସତ୍ୟାଶ୍ରୟୀ। ଆଧୁନିକ ମଣିଷର ବ୍ୟଥା-ବିଧୁର ଜୀବନଗାଥା ଓ ସମୟର ପ୍ରାଣସ୍ପନ୍ଦନକୁ ଗୌରହରୀୟ ଶିଳ୍ପୀମାନସ ଯଥାର୍ଥ ଭାବରେ ବିଶ୍ଳେଷଣ କରିଛି। ମାନବର ସ୍ଥିତି ଓ ଅସ୍ତିତ୍ୱକୁ ମହତ୍ତ୍ୱ ଦେବା ସହିତ ସମାଜ ପ୍ରତି ସେ ତାଙ୍କର ବିଶ୍ୱସନୀୟତା ଓ ପ୍ରତିବଦ୍ଧତା ବଜାୟ ରଖିଛନ୍ତି। ତାଙ୍କର 'ସିସୃକ୍ଷା' ତାଙ୍କ ପୂର୍ବାନୁଭୂତି, କଳ୍ପନା, ସଂସ୍କାର, ପରମ୍ପରା ତଥା ବାତାବରଣ ପ୍ରତିଧାରଣା ସଂଜାତ ମନନଶୀଳତାର ଦିବ୍ୟରୂପ। ଗୌରହରିଙ୍କ ସୃଜନ ପ୍ରକ୍ରିୟାର ବିବିଧ ସ୍ତରଗୁଡ଼ିକ ହେଲା-

୧) ପାରିପାର୍ଶ୍ୱିକ ବାତାବରଣରୁ ପ୍ରାପ୍ତ ଅନୁଭୂତି ଓ ଅଭିଜ୍ଞତା

୨) ବ୍ୟକ୍ତିଗତ ଶିକ୍ଷା - ସଂସ୍କାର ଓ ତା'ର କ୍ରିୟାଶୀଳତା

୩) ଐନ୍ଦ୍ରିକ ତଥା ପ୍ରତ୍ୟକ୍ଷାନୁଭୂତିର ଆହରଣଶୀଳତା

୪) ଆତ୍ମପ୍ରକାଶେଚ୍ଛା ଓ ଅଭିବ୍ୟକ୍ତିଗତ ଅଭୀପ୍ସାର ସ୍ୱତଃସ୍ଫୂର୍ତ୍ତତା

୫) ଏକାଗ୍ର - ନୂତନ ଚେତନା ପ୍ରତିଷ୍ଠା କ୍ଷେତ୍ରରେ କଳ୍ପନା ପ୍ରବଣତା ଓ ବୌଦ୍ଧିକତାର ପ୍ରତିଷ୍ଠା

୬) ଜୀବନୀୟ ଆଦର୍ଶବର୍ତ୍ତା ସହ ଭାବ-ଭାବନା-ସତ୍ୟ-ସୌନ୍ଦର୍ଯ୍ୟର ସହୃଦୟ-ସମ୍ବେଦନାତ୍ମକ (susceptible) ଅଭିବ୍ୟକ୍ତି।

ଗୌରହରି ଦାସଙ୍କ ଛଅଟି ଉପନ୍ୟାସ ଔପଚାରିକ - ସ୍ଲୋଗାନଧର୍ମୀ ପ୍ରଚାରବାଦ ନୁହେଁ; ବରଂ ସାଂକେତିକ ଦୃଷ୍ଟିଦର୍ଶନର ଦୃଢ଼ପୀନବଦ୍ଧ (compactness) ରୂପ। ଅନୁଭୂତିର ମୁକ୍ତ କିନ୍ତୁ ଅନ୍ତର୍ବଦ୍ଧ ରୂପ ରହିଛି। ନିଜ ଅଭୀପ୍ସାକୁ ପ୍ରତିଷ୍ଠା ଦେଲାବେଳେ ଗୌରହରି ଦାସ ଅତ୍ୟନ୍ତ ସଚେତନତାର ସହ ଔଚିତ୍ୟ (Decorum) ରକ୍ଷା କରିଛନ୍ତି। ତାଙ୍କ କଥାବସ୍ତୁରେ କାଳ୍ପନିକତାର ସ୍ପର୍ଶ ରହିଲେ ହେଁ ସ୍ୱୟଂଜ୍ଞାନ (Intution)ର ପ୍ରଚୁର ପ୍ରଭାବ ରହିଛି ଯେଉଁଥିପାଇଁ ତାଙ୍କର କଥାବସ୍ତୁରେ ପାଠକୀୟ ପ୍ରେଷଣୀୟତା (communicability) ଅତ୍ୟନ୍ତ ହୃଦ୍ୟ ହୁଏ। ଉପନ୍ୟାସ ସଂପର୍କରେ

ଆଲୋଚନା କଲାବେଳେ 'ଅନ୍ତଃସମ୍ବନ୍ଧତା' ଏବଂ 'ଲେଖକୀୟ ଅଭୀପ୍ସା' ଭଳି ଉପନ୍ୟାସ ତତ୍ତ୍ୱ ଦ୍ୱୟ ତାଙ୍କ ସୃଷ୍ଟିରେ ସୁରକ୍ଷିତ ଥିବା ମନେ ହୁଅନ୍ତି। ଅନ୍ତଃସମ୍ବନ୍ଧତା ଏବଂ ଲେଖକୀୟ ଅଭୀପ୍ସାକୁ କ୍ରମଶଃ ଆନ୍ତରିକ ଏକତ୍ୱ ଓ ଲେଖକୀୟ ଅନ୍ତର୍ଦୃଷ୍ଟି କହିହେବ। ପୂର୍ବ ପ୍ରଚଳିତ କଥାବସ୍ତୁ, ପାତ୍ର, ଚରିତ୍ରଚିତ୍ରଣ, ଦେଶ, କାଳ ଓ ଶୈଳୀ ପ୍ରଭୃତି ଆଜି ଗତାନୁଗତିକ ମନେହୁଏ। ଏଣୁ ବର୍ତ୍ତମାନର ପରିପ୍ରେକ୍ଷୀରେ ସୂକ୍ଷ୍ମ ନିରୀକ୍ଷଣ; ବିଶ୍ଳେଷଣ, ଆଭ୍ୟନ୍ତରୀଣ ଅନ୍ୱିତି ବା ଅନ୍ତଃସମ୍ବନ୍ଧତା ଏବଂ ଲେଖକୀୟ ଅଭୀପ୍ସା ବା ଅନ୍ତର୍ଦୃଷ୍ଟିକୁ ଉପନ୍ୟାସର ପରିବର୍ତ୍ତିତ ତତ୍ତ୍ୱ ରୂପେ ଗ୍ରହଣ କରାଯାଇପାରେ।" ସମ୍ଭବତଃ ଏହି ବ୍ୟତିକ୍ରମ ହେତୁ ଗୌରହରିଙ୍କ କଥାକାରିତା ମଧ୍ୟ ସ୍ୱତନ୍ତ୍ର ସାମର୍ଥ୍ୟ ରଖେ। ତାଙ୍କ ଆଦର୍ଶ ଓ ତାଙ୍କ ଦର୍ଶନ ହିଁ ତାଙ୍କ ବ୍ୟକ୍ତିତ୍ୱ। ଜଣେ ଦାୟବଦ୍ଧ ସୃଜନଶିଳ୍ପୀ ଭାବେ ସେ ଚାହାନ୍ତି- "ହିଂସା ଏବଂ ରକ୍ତପାତହୀନ ଗୋଟେ ସବୁଜ ସୁନ୍ଦର ପୃଥିବୀ, ଯେଉଁଠି ମଣିଷମାନେ ପରସ୍ପରକୁ ଦେଖିଲେ ହସୁଥିବେ। ସବୁ ମଣିଷ ଖାଇବାକୁ ଓ ପିନ୍ଧିବାକୁ ପାଉଥିବେ। ଚଢ଼େଇମାନଙ୍କ ଗୀତ ଓ ଫୁଲମାନଙ୍କର ପ୍ରାର୍ଥନାରେ ସକାଳ ଆସୁଥିବ; ରାତି ଆସୁଥିବ ନୀଳ ଆକାଶର ଚନ୍ଦ୍ର ଏବଂ ତାରାମାନଙ୍କର ତରାଟରେ। ସେମିତି ଗୋଟେ ପ୍ରେମ ଓ ପ୍ରତ୍ୟୟର ପୃଥିବୀ ମୋର ସ୍ୱପ୍ନ।"

ତାଙ୍କ ମତରେ 'ଲେଖକର ସେଇ ସାମର୍ଥ୍ୟ ଥିବା ଦରକାର ଯେ ଅନ୍ୟର ଅନୁଭବକୁ ନୈର୍ବ୍ୟକ୍ତିକ ଭାବରେ ଉପସ୍ଥାପନ କରିପାରିବ'। ଗୌରହରିଙ୍କ ଦୃଷ୍ଟିରେ ମଣିଷ ଚିରକାଳ ଈଶ୍ୱରଙ୍କଠାରୁ ବଡ଼। ତାଙ୍କର ପ୍ରତ୍ୟେକ କାହାଣୀ ପଛରେ ବାସ୍ତବ ଘଟଣା ଥିବା ସେ ସ୍ୱୀକାର କରନ୍ତି। ଅବଶ୍ୟ ସେଥିରେ ସେ କଳ୍ପନାର ପୁଟ ଦେଇଥାଆନ୍ତି। ମଣିଷର ଅସହାୟ-ଅସମର୍ଥ-ଅକୁଳାଣପଣ ସତ୍ତ୍ୱେ ଆତ୍ମାର କଥାକୁ ବାରମ୍ବାର ବଖାଣି ବସିଛନ୍ତି। ସେ ପ୍ରଚଣ୍ଡ ପରମ୍ପରାବାଦୀ, ପ୍ରକୃତିବାଦୀ, ଆଶାବାଦୀ ଏବଂ ନୀତିବାଦୀ ମଧ୍ୟ। ଜୀବନର ବିଭଙ୍ଗ ସ୍ଥିତି, ସାଂସ୍କୃତିକ ସଂକଟ, ଅସହାୟତା ଓ ନିଃସଙ୍ଗତା ସତ୍ତ୍ୱେ ସେ ତାଙ୍କର ଲେଖନୀ ମାଧ୍ୟମରେ ମାନବ ସମାଜ ପ୍ରତି ସୂକ୍ଷ୍ମବୋଧୀ (sensitive) ଚେତନାକୁ ପ୍ରଦର୍ଶନ କରିଛନ୍ତି।

'ପକ୍ଷୀଘର' ପ୍ରକାଶନ ଦ୍ୱାରା ପ୍ରକାଶିତ ଗୌରହରି ଦାସଙ୍କ 'ବିଡ଼ମ୍ବିତ ଅଭିସାର' ଉପନ୍ୟାସରେ ପୌରାଣିକ ବ୍ୟଞ୍ଜନାର ମୂର୍ତ୍ତରୂପ ବେଶ୍ ବଳିଷ୍ଠ। ଆଲୋଚ୍ୟ ଉପନ୍ୟାସରେ 'ପୁରାଣକଳ୍ପ'ରୁ କଥାବସ୍ତୁର ଅବତାରଣା ହୋଇଥିଲେ ହେଁ ଏକବିଂଶ ଶତାବ୍ଦୀରେ ଏହାର ଅନ୍ତର୍ନିହିତ ମୂଲ୍ୟବୋଧର ପ୍ରାସଙ୍ଗିକତା ବଜାୟ ରଖିବାରେ ଏକ ସଫଳ ପ୍ରୟାସ। 'ନାରୀ ମନସ୍ତତ୍ତ୍ୱ'ର ନିଗୂଢ଼-ଗମ୍ଭୀର ତତ୍ତ୍ୱକୁ ମହତ୍ତ୍ୱ ପ୍ରଦାନ କରି ପୁରାଣର ରାଜା ଯଯାତିଙ୍କ କନ୍ୟା ମାଧବୀ ଚରିତ୍ରର ଅବତାରଣା କରାଯାଇଛି। ମାଧବୀର

ଅନ୍ତର୍ନିହିତ ଆବେଗ, ମନଃସ୍ଥିତିର ସୂକ୍ଷ୍ମ ବିଶ୍ଳେଷଣ ପୂର୍ବକ ଗୌରହରି ଦାସ ସାଂପ୍ରତିକ ସମାଜରେ ନାରୀମାନଙ୍କ ସ୍ଥିତି ଓ ପ୍ରତିଷ୍ଠା ପ୍ରତି ଯତ୍ନବାନ ହୋଇଥିବା ମନେହୁଏ। ତେବେ "ମିଥ୍ ହେଉଛି ମନ ଗହନର ରହସ୍ୟ ସଂଜାତ ପରିଣତି, ଅନ୍ତରୀଣ ନିର୍ଯ୍ୟାସର ବାହ୍ୟ ପରିପ୍ରକାଶ। ପ୍ରତି ମଣିଷ ଅଚେତନ ଭିତରୁ ଆଦି ବିଶ୍ୱର ପ୍ରକାରଗୁଡ଼ିକ ବାହ୍ୟ ଅନୁଭୂତିକୁ ଆଧାର କରି ପ୍ରକାଶିତ ହୁଏ। ଏହା ଏକ ନିରନ୍ତର ମିଥ୍ ନିର୍ମାଣ କ୍ରିୟା। x x x ବ୍ଲେକ୍‌ଙ୍କ ମତରେ ମିଥ୍ ହେଉଛି ସମଗ୍ର ମାନବ ଜାତିର ଇତିହାସର ଅନ୍ତରୀଣ ସଂରଚନା।" (୬୩) 'ମାଧବୀ' ମିଥ୍ ସାଂପ୍ରତିକ ନାରୀ ସମାଜରେ ମୂଲ୍ୟବୋଧର ପ୍ରତିଷ୍ଠାପକ ହୋଇଛି। "ନାରୀ ଚିରନ୍ତନୀ ହେଲେ ମଧ୍ୟ ନାରୀ ସଂପର୍କିତ ତାତ୍ତ୍ୱିକ ବିଚାର କିନ୍ତୁ ଆଧୁନିକ। ଯାହାକୁ 'ନାରୀବାଦ' ନାମରେ ଏବେ ଅଭିହିତ କରାଯାଉଅଛି। ପରିବର୍ତ୍ତିତ ପରିପ୍ରେକ୍ଷୀରେ ନାରୀର ଅବଶ୍ୟ ଅଗ୍ରଗତି ଘଟୁଅଛି, ତଦନୁପାତରେ ନାରୀର ଅଗ୍ରଗତି ଘଟୁ ନ ଥିବାରୁ ଆଧୁନିକ କାଳର ସଚେତନ ନାରୀ ସେଥିପାଇଁ ବିଭିନ୍ନ ଉଦ୍ୟମ ଅବ୍ୟାହତ ରଖିଛି। ସେଥିପାଇଁ ନାରୀକୁ ଆନ୍ଦୋଳନାତ୍ମକ ପନ୍ଥା ମଧ୍ୟ ଅବଲମ୍ବନ କରିବାକୁ ପଡୁଅଛି। ପରିବାରରେ, ସମାଜରେ, ରାଷ୍ଟ୍ରୀୟ ସ୍ତରରେ, ରାଜନୀତିକ ପଦ-ପଦବିମାନଙ୍କରେ, ଆର୍ଥିକ ସ୍ୱାଧୀନତା କ୍ଷେତ୍ରରେ, ଶିକ୍ଷା ଓ ସାକ୍ଷରତା ପ୍ରଭୃତିରେ ନାରୀର ଯେପରି ଭୂମିକା ରହିବା କଥା, ବିଭିନ୍ନ କ୍ଷେତ୍ରରେ ତାକୁ ଯେପରି ମହତ୍ତ୍ୱ-ମର୍ଯ୍ୟାଦା ଦିଆଯିବା କଥା, ତା'ର ସ୍ୱାତନ୍ତ୍ର୍ୟ ଓ ସ୍ୱାଭିମାନକୁ ଯେପରି ଭାବରେ ସ୍ୱୀକୃତି ମିଳିବା କଥା, ତା' ପାଇଁ ସେସବୁ ସୁଲଭ ହୋଇପାରୁନାହିଁ। କିନ୍ତୁ କାହିଁକି ହେଉନାହିଁ, ତା'ର କାରଣ ସବୁ କ'ଣ - ଏକଥା ଆଜିର ଆତ୍ମସଚେତନା ନାରୀ ଅନୁସନ୍ଧାନ କରିବା ପାଇଁ ତତ୍ପର ହୋଇ ଉଠିଛି। ପୁରୁଷ ପରିଚାଳିତ ସମାଜ, ପରିବାର, କାର୍ଯ୍ୟାଳୟ, ବ୍ୟବସାୟ-ବାଣିଜ୍ୟ ଏବଂ ଅନ୍ୟାନ୍ୟ କର୍ମକ୍ଷେତ୍ରମାନଙ୍କରେ ଆଜିର ଏହି ପ୍ରଗତିଶୀଳ ଯୁଗରେ ମଧ୍ୟ ନାରୀ ଯେଉଁ ଅସୁବିଧା ଗୁଡ଼ିକର ସମ୍ମୁଖୀନ ହୁଏ ତାହା ସଭ୍ୟ ଶିକ୍ଷିତ ନାରୀ ମନରେ ବିଦ୍ରୋହ ଭାବ ସୃଷ୍ଟି କରିବା ସ୍ୱାଭାବିକ।" (୬୪)

ନାରୀବାଦୀ ପ୍ରବକ୍ତା ଗୌରହରି ଦାସ ନାରୀ ଜୀବନର ବିବିଧ ସମସ୍ୟା ପ୍ରତି ବେଶ୍ ସଚେତନ। ଜଣେ ପୁରୁଷ ଭାବରେ ନାରୀ ମନତଳର ବିବିଧ କ୍ରିୟା-ପ୍ରତିକ୍ରିୟା, ଆବେଗ, ସମ୍ବେଦନାର ମାର୍ମିକ ତଥା ମନସ୍ତାତ୍ତ୍ୱିକ ବିଶ୍ଳେଷଣ କ୍ଷେତ୍ରରେ ସେ ଏହି ସମୟର ଜଣେ ଅଦ୍ୱିତୀୟ ଔପନ୍ୟାସିକ। ଉତ୍ତର-ଆଧୁନିକା ନାରୀ ଜୀବନର ପରିବର୍ତ୍ତିତ ପୃଷ୍ଠଭୂମି ଉପରେ ମାଧବୀ ଚରିତ୍ରର ପୁନଃପ୍ରତିଷ୍ଠା ଓ ମୂଲ୍ୟାୟନର ପଶ୍ଚାତ୍ ଭାଗରେ ରହିଛି ନାରୀର ଦୃଢ଼ ମନୋବଳ, ତ୍ୟାଗ ତଥା ପ୍ରଲୋଭନମୁକ୍ତ-ଶକ୍ତିଶାଳୀ ମନୋଭୂମିର ଉଦାତ୍ତ ଆହ୍ୱାନ। ଜଣେ ପୁରୁଷ ହୋଇ ସୁଦ୍ଧା କଥାକାର ଗୌରହରିଙ୍କ ବାମାବାଦୀ

ଚେତନାକୁ ପ୍ରୋତ୍ସାହିତ କରିବାର ନିରବଚ୍ଛିନ୍ନ ଆଭିମୁଖ୍ୟ ବିଚିତ୍ର ମନେ ହେଉଥିଲେ ଏହା ତାଙ୍କ ଭାବ ସମ୍ବେଦନାର ସତ୍ୟନିଷ୍ଠ ରୂପ କହିଲେ ଭୁଲ୍ ହେବ ନାହିଁ। ତାଙ୍କ ମତରେ- "ମାଆଛେଉଣ୍ଡ ଶିଶୁକୁ ଲାଳନପାଳନ କଲାବେଳେ ପୁରୁଷଟିଏ ଭିତରେ ଗୋଟିଏ ମାଆର ମାତୃତ୍ୱ ତଥା ବାତ୍ସଲ୍ୟପ୍ରେମ ସଂପୂର୍ଣ୍ଣ ସତ୍ୟ।" ତେଣୁ ନାରୀର ଯନ୍ତ୍ରଣା, ବ୍ୟଥା-ବେଦନାକୁ ପୁରୁଷ ହେବା ସତ୍ତ୍ୱେ ଅନୁରୂପ ଭାବରେ ସେ ଅନୁଭବ କରିଛନ୍ତି। ୧୮୪୭ ମସିହାରେ ଭିକ୍ଟୋରିଆ ଯୁଗର ଔପନ୍ୟାସିକା ସାର୍ଲଟ ବ୍ରଣ୍ଟିଙ୍କ 'ଜେନ୍ ଆୟାର୍', ଥୋମାସ୍ ହାର୍ଡିଙ୍କ 'ଦି ମେୟର୍ ଅଫ୍ କ୍ୟାଷ୍ଟର୍ ବ୍ରିଜ୍', ଫରାସୀ ଲେଖିକା ସିମନ୍ ଡେ ବେନୁଭୟାରଙ୍କ ଦ୍ୱାରା ୧୯୪୯ ମସିହାରେ ରଚିତ 'ଲେ ଡେକ୍ସିମେ ସେକ୍ସେ' (Le Deuxime Sexe), ଭର୍ଜିନିଆ ଉଲ୍‌ଫଙ୍କ 'ଏ ରୁମ୍ ଅଫ୍ ଓ୍ୱାନ୍‌ସ ଓନ୍' ଇତ୍ୟାଦି ପୁସ୍ତକରେ ନାରୀ ଅତ୍ୟାଚାରର ବାସ୍ତବ ଚିତ୍ର ପ୍ରଦତ୍ତ ହୋଇଛି। "ନାରୀ ଜାତିର ପକ୍ଷ ସମର୍ଥନ କରି ଗାନ୍ଧୀ ସ୍ପଷ୍ଟ ମତବ୍ୟକ୍ତ କରିଥିଲେ ଯେ, ନାରୀମାନେ ନିଜକୁ ନ୍ୟୁନ ବା ପୁରୁଷର ଦାସ ତଥା ଅନୁଚର ଭାବିବା ଆଦୌ ଉଚିତ ନୁହେଁ। ସେମାନେ ନିଜକୁ ପୁରୁଷର କ୍ରୀଡ଼ନକ ଭାବିବା ମଧ୍ୟ ଉଚିତ ନୁହେଁ। ତାଙ୍କ ସମସ୍ୟାର ସମାଧାନ ତାଙ୍କର ହାତରେ ହିଁ ରହିଛି। ଏଣୁ ପୁରୁଷ ଜାତିର (ନିଜ ସ୍ୱାମୀର ମଧ୍ୟ) ଅଭିରୁଚିର ପରିତୃପ୍ତି ପାଇଁ ସେମାନେ ନିଜକୁ ବିଭିନ୍ନ ବେଶଭୂଷାରେ ସଜାଇ ପୁରୁଷ ଜାତି ଆଗରେ ଏକ ବିଳାସ ସାମଗ୍ରୀ ରୂପେ ଉପସ୍ଥାପିତ କରିବା ଆଦୌ ବାଞ୍ଛନୀୟ ନୁହେଁ। x x x 'ୟଙ୍ଗ୍ ଇଣ୍ଡିଆ' (ଡିସେମ୍ବର ୮, ୧୯୨୭)ରେ ସେ ଲେଖିଥିଲେ- "If I had born a woman, I would rise in rebellion against any pretension on the part of man that woman is born to be his play thing." ଅର୍ଥାତ୍, ମୁଁ ସ୍ତ୍ରୀ ହୋଇ ଜନ୍ମ ହୋଇଥିଲେ, ସ୍ତ୍ରୀକୁ ତା'ର କ୍ରୀଡ଼ନକ ବୋଲି ଭାବିବା ନେଇ ପୁରୁଷର ଯେଉଁ ଭଣ୍ଡାମି, ତାହା ବିରୋଧରେ ବିଦ୍ରୋହ କରିଥାନ୍ତି।" (୬୫)

'ବିଡ଼ମ୍ବିତ ଅଭିସାର' ଉପନ୍ୟାସରେ କେବଳ ଅସହାୟ ନାରୀ ଜୀବନର ଚିତ୍ର ନୁହେଁ, ତତ୍‌ସହିତ 'ନାରୀର ମୂଲ୍ୟ ଏ ପୃଥିବୀରେ କ'ଣ ? ସେ ଗୋଟେ ରକ୍ତମାଂସର ନା ସନ୍ତାନ ପ୍ରସବକାରିଣୀ ଯନ୍ତ୍ର ?' ଭଳି ଚିରନ୍ତନ ପ୍ରଶ୍ନ ଉତ୍‌ଥାପନ କରିଛନ୍ତି ଔପନ୍ୟାସିକ ଗୌରହରି ଦାସ। ନିଜେ ଔପନ୍ୟାସିକ ଏହାର ଉତ୍ତରରେ ଉଲ୍ଲେଖ କରିଛନ୍ତି- "କାହାର ସ୍ନେହ, ଶ୍ରଦ୍ଧା, ଆଦର ନାରୀର ଲୋଡ଼ା ନାହିଁ। ନାରୀ ଚିରକାଳ ଏକାକିନୀ। ଚିରକାଳ ସ୍ୱୟଂସଂପୂର୍ଣ୍ଣା। ସେ କାହାର ଦୟାର ପାତ୍ରୀ ନୁହେଁ।" (୬୬) ପୁରାଣର କଥାବସ୍ତୁ ଅନୁଯାୟୀ ଚନ୍ଦ୍ରବଂଶର ମଉଡ଼ମଣି - ଚକ୍ରବର୍ତ୍ତୀ ସମ୍ରାଟ ଯଯାତିଙ୍କ କନ୍ୟା ମାଧବୀ ଥିଲେ ଜଣେ ଉଚ୍ଚ ଭାବନାସଂପନ୍ନା ନାରୀ। ଯଯାତିଙ୍କ ପିତା ରାଜା

ନହୁଷ ବ୍ରହ୍ମାଙ୍କ ବଳରେ ଅହଂକାରୀ ଓ ଇନ୍ଦ୍ରପଦାସୀନ ଥିଲେ। କିନ୍ତୁ ଇନ୍ଦ୍ରପତ୍ନୀ ଶଚିଙ୍କ ପ୍ରତି ତାଙ୍କର କାମାସକ୍ତି ହେତୁ ସେ ଭୃଗୁ ଋଷିଙ୍କ ଦ୍ୱାରା ଶାପଗ୍ରସ୍ତ ହୋଇ ହସ୍ତପଦହୀନ ସର୍ପରେ ପରିଣତ ହୋଇଯାଇଥିଲେ। ଅହଂକାରୀ ପିତା ନହୁଷଙ୍କ ଭଳି ଯଯାତିଙ୍କ ଭିତରେ ମଧ୍ୟ ଚାରିତ୍ରିକ ଦୌର୍ବଲ୍ୟ ପ୍ରକାଶ ପାଇଥିଲା ଏବଂ ଯଯାତିଙ୍କର କନ୍ୟା ସନ୍ତାନ ପ୍ରତି ଉପେକ୍ଷା ଓ ଉନ୍ନାସିକତାର ଭାବ ପ୍ରବଳ ମାତ୍ରାରେ ରହିଥିଲା। ରାଜା ଯଯାତି ବ୍ରାହ୍ମଣ ଗୁରୁ ଶୁକ୍ରାଚାର୍ଯ୍ୟଙ୍କ କନ୍ୟା ଅନ୍ଧୁଣୀ ଦେବଯାନୀ ପ୍ରତି ଆକର୍ଷିତ ଥିଲେ। ଗୁରୁ ଶୁକ୍ରାଚାର୍ଯ୍ୟ କନ୍ୟା ଦେବଯାନୀଙ୍କୁ ଯଯାତିଙ୍କ ସହିତ ବିବାହ ଦେଇଥିଲେ। "ଯଯାତିଙ୍କୁ କନ୍ୟା ସଂପ୍ରଦାନ କରିବାବେଳେ ଗୁରୁ ଶୁକ୍ରାଚାର୍ଯ୍ୟ ବାରମ୍ୱାର କରି ଚେତାବନୀ ଦେଲେ, ଦେବଯାନୀର ସୁଖ ଉପରେ ଯଯାତିଙ୍କ ସୁଖ ସ୍ୱାଚ୍ଛନ୍ଦ୍ୟ ନିର୍ଭରଶୀଳ। ତାଙ୍କ କନ୍ୟା ଯେପରି କୌଣସି ଦିନ କିଛି ଅଭିଯୋଗ ବାଢ଼ିବାର ଅବକାଶ ନ ପାଏ। ଆଉ ଗୋଟିଏ କଥା, ଶର୍ମିଷ୍ଠା ସୁନ୍ଦରୀ ଓ କ୍ଷତ୍ରିୟ ରାଜକୁମାରୀ ହେଲେ ସୁଦ୍ଧା ଦାସୀ। ଦାସୀ ସହ ଯଦି ଯଯାତି କୌଣସି ପ୍ରକାର ସଂପର୍କ ରଖିବସନ୍ତି ତାହାହେଲେ ସେ ଅପରାଧର ଶାସ୍ତି ଭୟଙ୍କର ହେବ। ଦେବଯାନୀର ସୁଖ ସ୍ୱାଚ୍ଛନ୍ଦ୍ୟ ପାଇଁ ସେ ସବୁକିଛି କରିପାରିବେ, ଯାହା କେହି କେବେ ଚିନ୍ତା କରି ନ ଥିବେ।" (୬୭) ମାତ୍ର ଯଯାତି ଗୁରୁ ଶୁକ୍ରାଚାର୍ଯ୍ୟଙ୍କୁ ଦେଇଥିବା ସତ୍ୟ ରକ୍ଷା କରିପାରି ନ ଥିଲେ। ଔପନ୍ୟାସିକ ଗୌରହରି ଦାସ ଯଯାତିଙ୍କ ଚାରିତ୍ରିକ ଦୁର୍ବଳତାକୁ ଅଙ୍ଗୁଳି ନିର୍ଦ୍ଦେଶପୂର୍ବକ ସ୍ପଷ୍ଟ ଭାବରେ ଉଲ୍ଲେଖ କରିଛନ୍ତି- "ପିତା ନହୁଷଙ୍କଠାରୁ ଉତ୍ତରାଧିକାର ସୂତ୍ରରେ ପୁତ୍ର ଯଯାତି କେବଳ ବୀରତ୍ୱ ବା ଦାନୀପଣିଆ ଆଣି ନ ଥିଲେ, ତାହା ସହ ଉଦଗ୍ର ଯୌନ ଆକାଂକ୍ଷା ମଧ୍ୟ ଧରି ଜନ୍ମ ହୋଇଥିଲେ। ଇନ୍ଦ୍ରିୟ ଭୋଗର କୌଣସି ଉପାୟ ଯଯାତି କଦାପି ଛାଡୁ ନ ଥିଲେ। ତାଙ୍କ ପାଇଁ ଭୋଗ ବିଳାସ ହିଁ ଥିଲା ଜୀବନର ମୁଖ୍ୟ, ଆଉ ସବୁ କଥା ପଛ।" (୬୮) ସମୟାନୁକ୍ରମେ ଯଯାତି ସୁନ୍ଦରୀ ଶର୍ମିଷ୍ଠାଙ୍କ ପ୍ରତି ଆସକ୍ତ ହୋଇପଡ଼ିଥିଲେ ଏବଂ ଉପପତ୍ନୀ ଭାବରେ ଗ୍ରହଣ କରିବା ପାପ ଯୋଗୁଁ ଗୁରୁ ଶୁକ୍ରାଚାର୍ଯ୍ୟ ଯଯାତିଙ୍କୁ ତାଙ୍କର ଯୌବନ ଓ ପୌରୁଷ ଅନ୍ତର୍ହିତ ହୋଇଯିବା ସହ ଅବଶିଷ୍ଟ ଜୀବନ ଏକ ନପୁଂସକ ଓ ଅଥର୍ବ ବୃଦ୍ଧ ଭାବରେ ଜୀବନ ଅତିବାହିତ କରିବାକୁ ଅଭିଶାପ ଦେଇଥିଲେ। ଯଯାତି କ୍ଷମାଭିକ୍ଷା କରିବା ପରେ ଶୁକ୍ରାଚାର୍ଯ୍ୟ ଅଭିଶାପରୁ ମୁକ୍ତିର ଉପାୟ ଭାବରେ "କୌଣସି ଯୁବକଙ୍କ ସ୍ୱେଚ୍ଛାକୃତ ଆୟୁଷ ଓ ପୌରୁଷ ଦାନ କଲେ ସେ ପୁନର୍ବାର ତାଙ୍କର ପୂର୍ବ ସ୍ଥିତି ଫେରିପାଇବାର ଆଶ୍ୱାସନା ପ୍ରଦାନ କରିଥିଲେ।" ନିଜ ପୌରୁଷକୁ ଫେରିପାଇବା ପ୍ରଲୋଭନରେ ପିତା ଯଯାତି କନ୍ୟା ମାଧବୀଙ୍କୁ ଦାନମୁଦ୍ରାର ଏକ ଅବଲମ୍ବନ ଭାବରେ ବ୍ୟବହାର କରିଥିଲେ। ଯଯାତିଙ୍କ ପୁତ୍ର ପୁରୁ ମଧ୍ୟ ଯଯାତିଙ୍କୁ

ନିଜ ପୌରୁଷ ଏବଂ ଆୟୁଷର ଏକ ହଜାର ବର୍ଷ ଦାନ କରି ରାଜଚକ୍ରବର୍ତ୍ତୀ ହୋଇଥିଲେ ଏବଂ ଯଯାତି ବାନପ୍ରସ୍ଥାଶ୍ରମରେ କନ୍ୟା ମାଧବୀ ସହିତ ରାଜ୍ୟର ଶେଷ ସୀମାସ୍ଥିତ ଅରଣ୍ୟରେ ରହିଥିଲେ। ସେହି ସମୟରେ ବିଶ୍ୱାମିତ୍ରଙ୍କ ଶିଷ୍ୟ ଗାଲବ ଏକଦା ଗୁରୁଦକ୍ଷିଣା ଯୋଗାଡ଼ କରିବା ନିମନ୍ତେ ଯଯାତିଙ୍କ ବାସଭବନ ପ୍ରତିଷ୍ଠାନପୁର ଆଗମନ କରିଥିଲେ। ଯଯାତି-ଗାଲବଙ୍କ ଅସହାୟ ସ୍ଥିତି ଅନୁଭବ କରି ନିଜ ପୌରୁଷହୀନ, ଅଥର୍ବ ନିର୍ବେଦତା ଓ ନପୁଂସକତ୍ୱରୁ ମୁକ୍ତି ନିମନ୍ତେ ପୁନର୍ବାର ନିଜ କନ୍ୟା ମାଧବୀର ସହାୟତା ଲୋଡ଼ିଲେ। ପିତୃଋଣ ପରିଶୋଧ ନିମନ୍ତେ ମାଧବୀ ଗାଲବଙ୍କୁ ବିବାହ କରିଥିଲେ। ଗାଲବ ନିଜର ଗୁରୁଦକ୍ଷିଣା ଭାବରେ ଆଠଶତ ଅଶ୍ୱମେଧୀ ଘୋଡ଼ା ପଇଠ କରିବା ନିମନ୍ତେ ମାଧବୀଙ୍କୁ ଏକ ଦୁର୍ଲ୍ଲଭ ବିନିମୟ ମୁଦ୍ରା ରୂପେ ବ୍ୟବହାର କରିବାକୁ ଚାହିଁଥିଲେ। ଗୁରୁଦକ୍ଷିଣା ସଂଗ୍ରହ ନିମନ୍ତେ ଗାଲବ – ମାଧବୀଙ୍କୁ ଅଯୋଧ୍ୟାର ନିଃସନ୍ତାନ-ଅପୁତ୍ରକ ରାଜଚକ୍ରବର୍ତ୍ତୀ ହର୍ଯ୍ୟକ୍ଷ, ପରେ କାଶୀରାଜା ଅପୁତ୍ରକ ଦିବ୍ୟଦାସ, ପରେ ଭୋଜନଗରୀର ରାଜା ଉଶୀନର ଏବଂ ପରିଶେଷରେ ଗୁରୁ ବିଶ୍ୱାମିତ୍ରଙ୍କ ଅଙ୍କଶାୟିନୀ ହେବାକୁ ଅନୁରୋଧ କରିଛି। ଉପର୍ଯ୍ୟୁକ୍ତ ରାଜାମାନଙ୍କ ସନ୍ତାନର ଜନନୀ ହୋଇ ମାଧବୀ ବିଶ୍ୱାମିତ୍ରଙ୍କ ଗୁରୁଦକ୍ଷିଣା ଯୋଗାଡ଼ କ୍ଷେତ୍ରରେ ଗାଲବଙ୍କୁ ସଂପୂର୍ଣ୍ଣ ସହାୟତା କରିଛି। ମାଧବୀ- ସ୍ୱାମୀ ଗାଲବଙ୍କ ଋଣ ପରିଶୋଧପୂର୍ବକ ତାଙ୍କ ବୈବାହିକ ସୁନ୍ଦର ଜୀବନର ସ୍ୱପ୍ନକୁ ନେଇ ବିଭୋର ହୋଇପଡ଼ିଛି। ଗୁରୁ ବିଶ୍ୱାମିତ୍ରଙ୍କ ଅଙ୍କଶାୟିନୀ ଭାବରେ ପୁତ୍ର ଅଷ୍ଟକଙ୍କୁ ଜନ୍ମ ଦେବା ପରେ ମାଧବୀ, ଗାଲବଙ୍କ ଋଣମୁକ୍ତିର ସମାଧାନକୁ ନେଇ ଆଶାବାଦିନୀ ହୋଇଥିଲେ ହେଁ ଗାଲବ ମାଧବୀଙ୍କୁ ସ୍ତ୍ରୀ ରୂପେ ଗ୍ରହଣ କରିବାକୁ ଅଗ୍ରାହ୍ୟ କରିଛନ୍ତି। ଗାଲବଙ୍କ ଯୁକ୍ତିରେ- "ତୁମେ ଏବେ ଗୁରୁପତ୍ନୀ। ଗୁରୁ ବିଶ୍ୱାମିତ୍ରଙ୍କ ସନ୍ତାନର ଜନନୀ ହେବା ପରେ ତୁମକୁ ବିବାହ କରିବା ତ ଦୂରର କଥା, ସେ କଥା ଭାବିବା ସୁଦ୍ଧା ମୋ ପକ୍ଷେ ଘୋର ଅପରାଧ।" (୬୯)

ମାଧବୀ ନିଜ ଜୀବନର ସର୍ବସ୍ୱ ଦେଇ ବିଡ଼ମ୍ବିତ ବର୍ତ୍ତମାନ ଓ ଭବିଷ୍ୟତର ଚକ୍ରାକାର ଅନ୍ଧାର ଭିତରେ ଅସହାୟ ହୋଇ ସଂପୂର୍ଣ୍ଣ ଭାଙ୍ଗିପଡ଼ିଛି। ଔପନ୍ୟାସିକ ଗୌରହରି ଦାସ ମାଧବୀର ମନଃସ୍ଥିତିର ବର୍ଣ୍ଣନା ଦେଇ ଲେଖିଛନ୍ତି- "ମାଧବୀ ଚାରିପାଖେ ଅନେକ ପୁରୁଷଙ୍କ ମୁହଁ ଦେଖିପାରୁଥିଲେ। ପିତା ଯଯାତି, ପ୍ରେମିକ ଗାଲବ, ଅପୁତ୍ରକ ରାଜା ହର୍ଯ୍ୟକ୍ଷ, ଦିବ୍ୟଦାସ, ଉଶୀନର, ପୁତ୍ର ବସୁମାନସ, ପ୍ରତିଦାନ, ଔଶନିର ଶିବି, ଅଷ୍ଟକ ଏବଂ ଶେଷରେ ଗୁରୁ ବିଶ୍ୱାମିତ୍ର। ସେମାନଙ୍କୁ ପ୍ରଶ୍ନ ପଚାରୁଥିଲେ- ମୋ ପରି ନାରୀର ମୂଲ୍ୟ ଏ ପୃଥିବୀରେ କ'ଣ ? ମୁଁ ଗୋଟେ ରକ୍ତମାଂସର ନା ସନ୍ତାନ ପ୍ରସବକାରିଣୀ ଯନ୍ତ୍ର ? ପିତା ଯଯାତି ମହାଦାନୀର ଗୌରବ ଅର୍ଜନ କରିବାକୁ ଚାହୁଁଥିଲେ। ଏ କ୍ଷେତ୍ରରେ

ସେ ଅନନ୍ୟ କୀର୍ତ୍ତିମାନ ପ୍ରତିଷ୍ଠା କରିବାକୁ ଚାହୁଁଥିଲେ ସଂସାରରେ। ଅଥଚ ଏଥିପାଇଁ ତାଙ୍କ ପାଖରେ ସମ୍ବଳ ନ ଥିଲା। ଚକ୍ରାକାରରେ ତାଙ୍କ ଆଖି ଆଗରେ ଘୂରୁଥିଲା ମାଧବୀ। ତେଣୁ କନ୍ୟା ମାଧବୀକୁ ତାଙ୍କର ଦାନମୁଦ୍ରା ଭାବେ ସେ ଭିକ୍ଷାର୍ଥୀର ଥାଳ ଭିତରକୁ ଫିଙ୍ଗିଦେଲେ। ଭର୍ତ୍ତା ଗାଲବ ଋଷିପୁତ୍ର, ମହାଜ୍ଞାନୀ। ସେ ତାଙ୍କୁ ଭଲପାଉଥିଲେ। ତାଙ୍କ ସହ ସାରା ଜୀବନ ବିତେଇବେ ବୋଲି ମାଧବୀ ସଂକଳ୍ପ କରିଥିଲେ। କିନ୍ତୁ ଗାଲବ ଗୁରୁ ଋଣରୁ ମୁକ୍ତ ହେବା ଲାଗି ଅଶ୍ୱ ସଂଗ୍ରହ ନିମନ୍ତେ ମାଧବୀଙ୍କୁ ଅପୁତ୍ରକ ରାଜାମାନଙ୍କ ସନ୍ତାନ ଜନ୍ମ କାମରେ ନିୟୋଜିତ କରି ସଫଳ ହେଲେ। ଆଉ ଅପୁତ୍ରକ ରାଜାଗଣ! ସେମାନେ ମାଧବୀଙ୍କ ମାଧ୍ୟମରେ ଚକ୍ରବର୍ତ୍ତୀ ସମ୍ରାଟଙ୍କର ପିତା ହେବାର ମନୋବାଞ୍ଛା ପୂରଣ କରାଇ ନେଲେ, ତା' ସହ ବର୍ଷାଧିକ କାଳ ଯୁବତୀ ନାରୀର ଅଙ୍ଗସଙ୍ଗ ଲାଭର ବିଳାସ ମଧ୍ୟ। ଏବଂ ଗୁରୁ ବିଶ୍ୱାମିତ୍ର! ନିଜ ଦରିଦ୍ର ଶିଷ୍ୟର ସାମାନ୍ୟ ଅହଂକାର ପାଇଁ ଭୟଙ୍କର ମୂଲ୍ୟ ମାଗି ଏ ସଂସାରରେ ଭୟଙ୍କର ଉଦାହରଣଟିଏ ପ୍ରତିଷ୍ଠା କଲେ, ଭବିଷ୍ୟତରେ ଆଉ ଯେମିତି କେହି ଶିଷ୍ୟ ଗାଲବଙ୍କ ପରି ଧୃଷ୍ଟତା ନ କରେ।" (୭୦)

ନାରୀ ଜୀବନର ଅସହାୟତା, ତା'ର ଅନ୍ତର୍ନିହିତ ସ୍ପର୍ଶକାତରତାକୁ ଯୁଗେ ଯୁଗେ ସ୍ୱାର୍ଥାନ୍ଧ ପୁରୁଷ ପଦାଘାତ କରିଥିବାର ପ୍ରାମାଣିକତାକୁ 'ପୁରାକଳ୍ପ'ରୁ ଔପନ୍ୟାସିକ ସାଉଁଟିଛନ୍ତି। ପୁରାଣର ମାଧବୀ ଚରିତ୍ର ଆଧୁନିକ ସମାଜରେ ଅଭାବ ନାହିଁ ଏବଂ ଆଲୋଚିତ ଘଟଣା ଓ ସ୍ଥିତିର ମଧ୍ୟ ଅଭାବ ନାହିଁ। ଔପନ୍ୟାସିକଙ୍କ ଉଦ୍ଦେଶ୍ୟ- "ନାରୀ ଚିରକାଳ ସ୍ୱୟଂସଂପୂର୍ଣ୍ଣା, ସେ କାହାର ଦୟାର ପାତ୍ରୀ ନୁହେଁ।" ନାରୀକୁ ଏକ ବସ୍ତୁ ରୂପରେ ବ୍ୟବହାର କରୁଥିବା ସମାଜ ତା'ର ବ୍ୟକ୍ତିତ୍ୱ, ଇଚ୍ଛା ଓ ଅଭିଳାଷକୁ ବିନଷ୍ଟ କରୁଥିବା ସାମାଜିକ ଦୁରବସ୍ଥା ପ୍ରତି ଔପନ୍ୟାସିକ ଗଭୀର ଖେଦ ପ୍ରକାଶ କରିଛନ୍ତି। ଜୟଶଙ୍କର ପ୍ରସାଦଙ୍କ 'କାମାୟନୀ'ର ସେହି ଦିବ୍ୟ ଉଚ୍ଚାରଣ- 'ନାରୀ ସିର୍ଫ ତୁମ୍ ଶ୍ରଦ୍ଧା ହୋ'ର ବାର୍ତ୍ତା ପ୍ରତିଷ୍ଠା ହିଁ ଲେଖକଙ୍କ ଆଭିମୁଖ୍ୟ ହୋଇଛି। ଭାରତୀୟ ପୁରାଣ-ଶାସ୍ତ୍ରାଦିର ଅସଂଖ୍ୟ ଚରିତ୍ର ଆମ ମନ-ପ୍ରାଣକୁ ନିୟତ ପ୍ରଭାବିତ କରନ୍ତି। ଏମିତିବି ଚରିତ୍ରମାନେ ଅଛନ୍ତି, ଯେଉଁମାନେ ଏବେବି ଅନାଦୃତ ଓ ଅନାଲୋଚିତ। କଦବା କେମିତି ପ୍ରସଙ୍ଗାନୁକ୍ରମେ ହୁଏତ ଆସିଥିବେ। କଥାକାର ଗୌରହରି ଦାସଙ୍କ ବିଶେଷତ୍ୱ ଏହି ଯେ, ସେ ସେଇଭଳି କିଛି ଅପାଂକ୍ତେୟ ଚରିତ୍ରଙ୍କୁ ନେଇ ନିଜ କଥାକୁ କେନ୍ଦ୍ରୀଭୂତ କରନ୍ତି। ଯେଉଁମାନଙ୍କ ସ୍ୱର ହୁଏତ ସଭ୍ୟତାର ନିରବ ଇଲାକା ଭିତରେ ସମୟର ସ୍ତରିତ ଧୂଳିଝଡ଼ରେ ଆକ୍ରାମାକ୍ରା ହୋଇ ମୁହଁମାଡ଼ି ପଡ଼ିଛନ୍ତି, ସେହିମାନଙ୍କ ବ୍ୟଥା, ସ୍ପୃହା, ଅଭିମାନ, ନିରାଶାକୁ ଶବ୍ଦରେ ସାଉଁଟି ପାରିବାର ସଫଳ ଅଧିନାୟକତ୍ୱ କରିଛନ୍ତି

ଗୌରହରି ଦାସ। ପୁରାଣର 'ମାଧବୀ' ସେମିତି ଏକ ଅନାଦୃତ ଚରିତ୍ର। ଯାହାକୁ ଯୁଗସନ୍ଧିରୁ ଲେଖନୀର ହାତ ଧରେଇ ଗୌରହରି ଦାସ ତା'ର ଅବ୍ୟକ୍ତ ସବୁକୁ ଅଭିବ୍ୟକ୍ତ କରିଛନ୍ତି 'ବିଡ଼ମ୍ବିତ ଅଭିସାର'ରେ।

ଆଙ୍ଗିକ ତଥା ଆତ୍ମିକ ଦୃଷ୍ଟିରୁ 'ବିଡ଼ମ୍ବିତ ଅଭିସାର' ଉପନ୍ୟାସ ଅତ୍ୟନ୍ତ ଉଚ୍ଚକୋଟୀର ଏବଂ ମାନବୀୟ ସମ୍ବେଦନାର ପ୍ରତିଷ୍ଠାପକ ହୋଇଛି।

ତତ୍ସମ ଶବ୍ଦାବଳୀ: ଭିକ୍ଷାର୍ଥୀ, ସଂକଳ୍ପ, ମନୋବାଞ୍ଛା, କ୍ଲେଦାକ୍ତ, ଧ୍ୟାନମୁଦ୍ରା, ଭର୍ତ୍ତା, ପାତ୍ରୀ, ଆଶାନ୍ୱିତ, ମାୟାବର୍ତ୍ତ, ଉତ୍ତମ, ସମ୍ମତି, ଚକ୍ରବର୍ତ୍ତୀ, ଯୂଥବଦ୍ଧ, ପଥଶ୍ରମ, ବିଶ୍ରାମ, ସରୀସୃପ, ନିଷ୍କୃତି, ପୁଷ୍ପସ୍ତବକ, ଆଶ୍ରମ, ଦକ୍ଷିଣା, ଅସ୍ତିତ୍ୱ, ଅନ୍ୱେଷଣ, ପୌରୁଷ, ଅଗ୍ରଜ, ଅକ୍ଷୁଣ୍ଣ, ଉତ୍ସୁକ, ଶିକ୍ଷାର୍ଥୀ, ବରିଷ୍ଠ, କୃପାପ୍ରାର୍ଥୀ, ସାହଚର୍ଯ୍ୟ, ଦୃକ୍‌ପାତ, ଶୀଘ୍ରାତିଶୀଘ୍ର, ଅଶ୍ୱଶାଳା ଇତ୍ୟାଦି।

ରୂପାତ୍ମକ-ଶବ୍ଦବିମ୍ବ: ଆଲକ୍ତକ ଗଣ୍ଡଦେଶ, ନିତମ୍ବ ଡେଇଁ ତଳକୁ ଝୁଲି ପଡ଼ିଥିବା ସୁଦୀର୍ଘ ମୁକ୍ତକେଶ, ବନହଂସୀ ଠାଣି, ନଭଶ୍ଚୁମ୍ବୀ ଖ୍ୟାତି, ଅପରାହ୍ଣର ଆକାଶ ବିଗତ ଯୌବନାର ମୁହଁ ପରି ଉଦ୍‌ବିଗ୍ନା, ଅହଂକାରର କୁହୁଡ଼ି, ସଂପୂର୍ଣ୍ଣ ଶରୀର ଶ୍ୱେତବର୍ଣ୍ଣ, ଗୋଟିଏ କୃଷ୍ଣବର୍ଣ୍ଣର ଇତ୍ୟାଦି।

ସମ୍ବୋଧନାତ୍ମକ ପଦ: ଯଶସ୍ୱୀ ଭବ, ଧନ୍ୟ, ଧନ୍ୟ କଚ!

ମର୍ମବାଣୀ:

- ଇନ୍ଦ୍ରିୟ ସୁଖ ନିଆଁ ପରି। ନିଆଁ ଉପରେ ଯେତେ ଘିଅ ଢାଳିବ ନିଆଁର ଭୋକ ସେତିକି ବଢ଼ି ବଢ଼ି ଚାଲିବ। କାମନାର ଶେଷ ନାହିଁ, ତୃଷ୍ଣାର ପରିସମାପ୍ତି ନାହିଁ।
- ନହୁଷଙ୍କ ଭାଗ୍ୟର ପରିଣତି କେବଳ ତାଙ୍କ ପାଇଁ ନୁହେଁ, ସମଗ୍ର ପ୍ରାଣୀଜଗତ ଲାଗି ଏକ ଚେତାବନୀ। ମଣିଷର ଅହଙ୍କାର ତାକୁ କୋଉଠୁ ନେଇ କୋଉଠି ପହଞ୍ଚାଇ ଦିଏ ଏ ଘଟଣା ତାହାର ଏକ ବିରଳ ଦୃଷ୍ଟାନ୍ତ। ଅହଙ୍କାର ଏବଂ କାମ ବାସନା ମଣିଷକୁ ସରୀସୃପ କରିଦିଏ।
- ଦେବ, ଦାନବ କି ମାନବ ସଭିଙ୍କର ସାମର୍ଥ୍ୟର ଗୋଟିଏ ଗୋଟିଏ ସୀମା ଅଛି। (ତତ୍ରୈବ, ପୃ:୮୨)

- ନିଜ ପିତାମାତାଙ୍କର ମୁଖ ଉଜ୍ଜ୍ୱଳ କରୁଥିବା ପୁତ୍ରର ଜନ୍ମ ସାର୍ଥକ, ପିତାମାତାଙ୍କ ସହ ଦେଶର ମୁଖ ଉଜ୍ଜ୍ୱଳ କରୁଥିବା ପୁତ୍ରର ଜୀବନ ସାର୍ଥକତର, ତେବେ ପିତାମାତା ଓ ଦେଶ ସହ ନିଜ କୁଳର ମୁଖ ଉଜ୍ଜ୍ୱଳ କରୁଥିବା ଜୀବନ ସାର୍ଥକତମ।" (ତତ୍ରୈବ - ପୃ:୮୨)
- ପ୍ରେମର ପ୍ରଥମ ଉପସର୍ଗ ଗୋପନୀୟତା !
- ମହାକାଳ ନିକଟରେ ନାରୀ କେଡ଼େ ଅସହାୟ !
- ଅପୂର୍ଣ୍ଣତାକୁ ନେଇ ଜୀବନ। ମଣିଷର ଇଚ୍ଛା ପରି ଏ ସଂସାର, ସବୁଦିନେ ଅସଂପୂର୍ଣ୍ଣ ଥିବ, ଅଥଚ ଆମେ ସମସ୍ତେ ବିଦାୟ ନେଇଯିବା।

ସାଂଳାପିକ ନାଟକୀୟତା:

- ରାଜକୁମାରୀ ମାଧବୀଙ୍କ ପାଖରେ ତାଙ୍କର କି ପ୍ରୟୋଜନ !
- କେଉଁଠିକୁ ଯିବା ପାଇଁ ଲକ୍ଷ୍ୟ ସ୍ଥିର କଲ ଗାଲବ ?
- ଆସ ମାଧବୀ, କିଛି କ୍ଷଣ ଏଠାରେ ବିଶ୍ରାମ ନେଇ ପୁଣି ଯାତ୍ରା ଆରମ୍ଭ କରିବା।
- କୁହନ୍ତୁ, ଆପଣଙ୍କ ସମସ୍ୟା ସଂପର୍କରେ ନିଃସଙ୍କୋଚରେ ମୋତେ କୁହନ୍ତୁ।

ଉତ୍ତର-ଆଧୁନିକତାର ଭାବଭୂମି ଉପରେ ଆଧୁନିକ ଚେତନାର ନବ୍ୟ-ନାନ୍ଦନିକ ବ୍ୟାପ୍ତି ହିଁ ଗୌରହରି ଦାସଙ୍କ ଉପନ୍ୟାସଗୁଡ଼ିକୁ ଏହି ସମୟର ବଳିଷ୍ଠ କୃତିର ମାନ୍ୟତା ପ୍ରଦାନ କରିପାରିଛି। ଚଳନ୍ତି ସମୟର ଉପନ୍ୟାସ ସାହିତ୍ୟ କ୍ଷେତ୍ରରେ ଔପନ୍ୟାସିକ ଗୌରହରି ଦାସ ଜଣେ ଅସାଧାରଣ ଶିଳ୍ପୀ।

ସହାୟକ ପାଦଟୀକା:

୧. ଦାସ ତାରିଣୀ ଚରଣ (ଚିଦାନନ୍ଦ) - ସାହିତ୍ୟ: ପୁନର୍ମୂଲ୍ୟାୟନ - ଏସ୍.ବି. ପବ୍ଲିକେଶନ୍ସ - ବିନୋଦ ବିହାରୀ - ୧୯୮୩ - ପୃ:୯

୨. ପାଣ୍ଡବ ଶତ୍ରୁଘ୍ନ - ଆଧୁନିକତାରୁ ଉତ୍ତର-ଆଧୁନିକତା: ସମକାଳୀନ ଓଡ଼ିଆ କବିତା - ଏଥେନା ବୁକ୍ସ-୨୦୧୭ - ପୃ:୧୬୪

୩. ବେହେରା ଚିନ୍ତାମଣି - ଆଧୁନିକତାର କ, ଖ ଓ ଅନ୍ୟାନ୍ୟ ଆଲୋଚନା - ଫ୍ରେଣ୍ଡ୍ସ ପବ୍ଲିଶର୍ସ-୧୯୭୩ - ପୃ: ୨୬

୪. ବେହେରା ଚିନ୍ତାମଣି - ଆଧୁନିକତାର କ, ଖ ଓ ଅନ୍ୟାନ୍ୟ ଆଲୋଚନା - ଫ୍ରେଣ୍ଡ୍ସ ପବ୍ଲିଶର୍ସ-୧୯୭୩ - ପୃ: ୩

୫. ଦାସ ଗୌରହରି - ପଞ୍ଚପର୍ବ - ଫ୍ରେଣ୍ଡ୍ସ ପବ୍ଲିଶର୍ସ-୨୦୧୯ - ପୃ: ଦୁଇପଦ

୬. ବେହେରା ଚିନ୍ତାମଣି - ଆଧୁନିକତାର କ, ଖ ଓ ଅନ୍ୟାନ୍ୟ ଆଲୋଚନା - ଫ୍ରେଣ୍ଡ୍ସ ପବ୍ଲିଶର୍ସ-

୧୯୭୩ - ପୃ: ୫
୭. ଦାସ ଗୌରହରି - ଛାୟାସୌଧର ଅବଶେଷ - ବ୍ଲାକ୍ ଇଗଲ୍ ବୁକ୍ସ-୨୦୨୧ - (ପ୍ରଥମ ସଂସ୍କରଣର ନିଜକଥା)
୮. ବେହେରା ଶିଶିର - ଅନ୍ତରଂଗ ଆଳାପ - ମା' ସାରଦା ପବ୍ଲିକେଶନ୍ସ - ୨୦୨୧
୯. ମିଶ୍ର ଚିତ୍ତରଞ୍ଜନ - ସାଂପ୍ରତିକ ପାଶ୍ଚାତ୍ୟ ସାହିତ୍ୟ ତତ୍ତ୍ୱ - ଗ୍ରନ୍ଥମନ୍ଦିର-୨୦୧୩ - ପୃ:୯୦
୧୦. ସ୍ୱାଇଁ ଦିଲୀପ କୁମାର - ପ୍ରାଚ୍ୟ-ପାଶ୍ଚାତ୍ୟ ଓ ପ୍ରାଦେଶିକ ସାହିତ୍ୟତତ୍ତ୍ୱ - ବିଜୟିନୀ ପବ୍ଲିକେଶନ୍‌ସ-୨୦୧୯ - ପୃ:୨୬୫
୧୧. ମିଶ୍ର ଚିତ୍ତରଞ୍ଜନ - ସାଂପ୍ରତିକ ପାଶ୍ଚାତ୍ୟ ସାହିତ୍ୟ ତତ୍ତ୍ୱ - ଗ୍ରନ୍ଥମନ୍ଦିର-୨୦୧୩ - ପୃ:୯୦
୧୨. ବେହେରା ଶିଶିର - ଅନ୍ତରଂଗ ଆଳାପ - ମା' ସାରଦା ପବ୍ଲିକେଶନ୍ସ - ୨୦୨୧
୧୩. ବେହେରା ଶିଶିର - ଅନ୍ତରଂଗ ଆଳାପ - ମା' ସାରଦା ପବ୍ଲିକେଶନ୍ସ - ୨୦୨୧
୧୪. ପଟ୍ଟନାୟକ କଇଳାଶ - ଓଡ଼ିଆ ଉପନ୍ୟାସର ସମାଜତତ୍ତ୍ୱ - ବିଦ୍ୟାପୁରୀ-୧୯୮୮ - ପୃ:୧୦
୧୫. ପଟ୍ଟନାୟକ କଇଳାଶ - ଓଡ଼ିଆ ଉପନ୍ୟାସର ସମାଜତତ୍ତ୍ୱ - ବିଦ୍ୟାପୁରୀ-୧୯୮୮ - ପୃ:୧୦
୧୬. ସ୍ୱାଇଁ ଦିଲୀପ କୁମାର - ପ୍ରାଚ୍ୟ-ପାଶ୍ଚାତ୍ୟ ଓ ପ୍ରାଦେଶିକ ସାହିତ୍ୟତତ୍ତ୍ୱ - ବିଜୟିନୀ ପବ୍ଲିକେଶନ୍‌ସ-୨୦୧୯ - ପୃ:୨୭୫
୧୭. ଏଷଣା - The Journal of The Institute of Odia Studies - କଥା ସାହିତ୍ୟ ସୃଷ୍ଟିର ନବଦିଗନ୍ତ - ଡକ୍ଟର ପଞ୍ଚାନନ କାନୁନ୍‌ଗୋ - ପୃ:୨୦୫
୧୮. ବେହେରା ଶିଶିର - ଅନ୍ତରଂଗ ଆଳାପ - ମା' ସାରଦା ପବ୍ଲିକେଶନ୍ସ - ୨୦୨୧
୧୯. ପାଣ୍ଡବ ଶତ୍ରୁଘ୍ନ - ଆଧୁନିକତାରୁ ଉତ୍ତର-ଆଧୁନିକତା: ସମକାଳୀନ ଓଡ଼ିଆ କବିତା - ସାହିତ୍ୟ ଶ୍ୱେତପଦ୍ମା-୨୦୧୭ - ପୃ:୨୬୫
୨୦. ବେହେରା ଶିଶିର - ଅନ୍ତରଙ୍ଗ ଆଳାପ - ମା' ସାରଦା ପବ୍ଲିକେଶନ୍ସ - ୨୦୨୧
୨୧. ତତ୍ରୈବ
୨୨. ତତ୍ରୈବ
୨୩. ଦାସ ଗୌରହରି - ପଞ୍ଚପର୍ବ - ଫ୍ରେଣ୍ଡ୍‌ସ ପବ୍ଲିଶର୍ସ-୨୦୧୯ - ପୃ: ନିଜକଥା
୨୪. ଦାସ ଗୌରହରି - ପଞ୍ଚପର୍ବ - ଫ୍ରେଣ୍ଡ୍‌ସ ପବ୍ଲିଶର୍ସ-୨୦୧୯ - ପୃ: ୧୭
୨୫. ଦାସ ଗୌରହରି - ପଞ୍ଚପର୍ବ - ଫ୍ରେଣ୍ଡ୍‌ସ ପବ୍ଲିଶର୍ସ-୨୦୧୯ - ପୃ: ୫୬
୨୬. ଦାସ ଗୌରହରି - ପଞ୍ଚପର୍ବ - ଫ୍ରେଣ୍ଡ୍‌ସ ପବ୍ଲିଶର୍ସ-୨୦୧୯ - ପୃ: ୫୭
୨୭. ଦାସ ଗୌରହରି - ପଞ୍ଚପର୍ବ - ଫ୍ରେଣ୍ଡ୍‌ସ ପବ୍ଲିଶର୍ସ-୨୦୧୯ - ପୃ: ୬୦
୨୮. ଦାସ ଗୌରହରି - ପଞ୍ଚପର୍ବ - ଫ୍ରେଣ୍ଡ୍‌ସ ପବ୍ଲିଶର୍ସ-୨୦୧୯ - ପୃ:
୨୯. ଦାସ ଗୌରହରି - ପଞ୍ଚପର୍ବ - ଫ୍ରେଣ୍ଡ୍‌ସ ପବ୍ଲିଶର୍ସ-୨୦୧୯ - ପୃ: ୮୯
୩୦. ଦାସ ଗୌରହରି - ପଞ୍ଚପର୍ବ - ଫ୍ରେଣ୍ଡ୍‌ସ ପବ୍ଲିଶର୍ସ-୨୦୧୯ - ପୃ: ୧୨୧
୩୧. ଦାସ ଗୌରହରି - ପଞ୍ଚପର୍ବ - ଫ୍ରେଣ୍ଡ୍‌ସ ପବ୍ଲିଶର୍ସ-୨୦୧୯ - ପୃ: ୭୧
୩୨. ବେହେରା ଶିଶିର - ଅନ୍ତରଂଗ ଆଳାପ - ମା' ସାରଦା ପବ୍ଲିକେଶନ୍ସ - ୨୦୨୧
୩୩. ଦାସ ଗୌରହରି - ପଞ୍ଚପର୍ବ - ଫ୍ରେଣ୍ଡ୍‌ସ ପବ୍ଲିଶର୍ସ-୨୦୧୯ - ପୃ: ୧୪୦

୩୪. ଦାସ ଗୌରହରି - ପଞ୍ଚପର୍ବ - ଫ୍ରେଣ୍ଡ୍ସ ପବ୍ଲିଶର୍ସ-୨୦୧୯ - ପୃ: ୧୪୩
୩୫. ଦାସ ଗୌରହରି - ଗୌର ଚନ୍ଦ୍ରିକା - ସଂ: ଡ. ବିଜୟାନନ୍ଦ ସିଂହ, ଡ. ପ୍ରକାଶ କୁମାର ପରିଡ଼ା - କାହାଣୀ-୨୦୧୦ - ପୃ: ୬୯
୩୬. ଦାସ ଗୌରହରି - ପଞ୍ଚପର୍ବ - ଫ୍ରେଣ୍ଡ୍ସ ପବ୍ଲିଶର୍ସ-୨୦୧୯ - ପୃ: ୨୧୬
୩୭. ଦାସ ଗୌରହରି - ପଞ୍ଚପର୍ବ - ଫ୍ରେଣ୍ଡ୍ସ ପବ୍ଲିଶର୍ସ-୨୦୧୯ - ପୃ: ୨୩୯
୩୮. ଦାସ ଗୌରହରି - ପଞ୍ଚପର୍ବ - କେତେ ରଙ୍ଗର ଜୀବନ - ଫ୍ରେଣ୍ଡ୍ସ ପବ୍ଲିଶର୍ସ-୨୦୧୯ - ପୃ: ନିଜକଥା
୩୯. ଦାସ ଗୌରହରି - ପଞ୍ଚପର୍ବ - କେତେ ରଙ୍ଗର ଜୀବନ - ଫ୍ରେଣ୍ଡ୍ସ ପବ୍ଲିଶର୍ସ-୨୦୧୯ - ପୃ: ୪୮୩
୪୦. Wikipedia - Hutcheon Linda : A poetics of postmodernism - History, Theory, Fiction - New York : Routledge, 1988, PP- 3-21
୪୧. ଦାସ ଗୌରହରି - ପଞ୍ଚପର୍ବ - ଫ୍ରେଣ୍ଡ୍ସ ପବ୍ଲିଶର୍ସ-୨୦୧୯ - ପୃ: ମୁଖବନ୍ଧ
୪୨. ତତ୍ରୈବ
୪୩. ଦାସ ଗୌରହରି - ପଞ୍ଚପର୍ବ - ଫ୍ରେଣ୍ଡ୍ସ ପବ୍ଲିଶର୍ସ-୨୦୧୯ - ପୃ: ୩୭୯
୪୪. ଦାସ ଗୌରହରି - ପଞ୍ଚପର୍ବ - ଫ୍ରେଣ୍ଡ୍ସ ପବ୍ଲିଶର୍ସ-୨୦୧୯ - ପୃ: ୩୮୪
୪୫. ଶତପଥି ବିଜୟ କୁମାର - ପ୍ରଗତିବାଦୀ - କାବ୍ୟଚେତନା - ପୃ:୨୨
୪୬. ବେହେରା ଶିଶିର - ଅନ୍ତରଂଗ ଆଳାପ - ମା' ସାରଦା ପବ୍ଲିକେଶନ୍ସ - ୨୦୨୧ - ପୃ: ୧୨
୪୭. ବେହେରା ଶିଶିର - ଅନ୍ତରଂଗ ଆଳାପ - ମା' ସାରଦା ପବ୍ଲିକେଶନ୍ସ - ୨୦୨୧- ପୃ: ୧୪
୪୮. ଦାସ ଗୌରହରି - ସାରାଂଶ - ପୃ: (ନିଜକଥା)
୪୯. ତତ୍ରୈବ - ପୃ: ଠ - ଠଓ
୫୦. ଦାସ ଗୌରହରି - ସାରାଂଶ - ପୃ: ୨୫
୫୧. ଦାସ ଗୌରହରି - ସାରାଂଶ - ପୃ: ୩୧
୫୨. ଦାସ ଗୌରହରି - ସାରାଂଶ - ପୃ: ୩୮
୫୩. ଦାସ ଗୌରହରି - ସାରାଂଶ - ପୃ: ୧୬୪
୫୪. ଦାସ ଗୌରହରି - ସାରାଂଶ - ପୃ: ୧୮୨
୫୫. ଦାସ ଗୌରହରି - ସାରାଂଶ - ପୃ: ୧୮୩
୫୬. ଦାସ ତାରିଣୀ ଚରଣ (ଚିଦାନନ୍ଦ) - ସାହିତ୍ୟ: ପୁନର୍ମୂଲ୍ୟାୟନ - ଏସ୍.ବି. ପବ୍ଲିକେଶନ୍ସ - ବିନୋଦ ବିହାରୀ - ୧୯୮୩ - ପୃ: ୧୭
୫୭. ପଣ୍ଡା ଚିତ୍ତରଞ୍ଜନ - ଓଡ଼ିଆ ଉପନ୍ୟାସ ସ୍ରଷ୍ଟାଙ୍କ କୃତି ଓ କୃତିତ୍ୱ - ଏ.କେ. ମିଶ୍ର-୨୦୨୦ - ପୃ: ୧୪୮
୫୮. ଦାସ ତାରିଣୀ ଚରଣ (ଚିଦାନନ୍ଦ) - ସାହିତ୍ୟ: ପୁନର୍ମୂଲ୍ୟାୟନ - ଏସ୍.ବି. ପବ୍ଲିକେଶନ୍ସ - ବିନୋଦ ବିହାରୀ - ୧୯୮୩ - ପୃ: ୧୪
୫୯. ବେହେରା ଶିଶିର - ଅନ୍ତରଂଗ ଆଳାପ - ମା' ସାରଦା ପବ୍ଲିକେଶନ୍ସ - ୨୦୨୧

୬୦. ପରିଢ଼ା ପ୍ରକାଶ କୁମାର - କଥା-କଥାଗ୍ରନ୍ଥ-କଥାକାର - ଫ୍ରେଣ୍ଡ୍ସ ପବ୍ଲିଶର୍ସ-୧୯୯୫ - ପୃ: ୩୫
୬୧. ବେହେରା ଶିଶିର - ଅନ୍ତରଂଗ ଆଳାପ - ମା' ସାରଦା ପବ୍ଲିକେଶନ୍ସ - ୨୦୨୧
୬୨. ତତ୍ରୈବ
୬୩. ସାଂପ୍ରତିକ ସାହିତ୍ୟ ଓ ତତ୍ତ୍ୱ ବିଚାର - ଡକ୍ଟର ଚିତ୍ତରଞ୍ଜନ ମିଶ୍ର - ଗ୍ରନ୍ଥ ମନ୍ଦିର-୨୦୧୫ - ପୃ:୪୬)
୬୪. ସମାଲୋଚନା ତତ୍ତ୍ୱ - ଡକ୍ଟର ଦୀନବନ୍ଧୁ ମିଶ୍ର - ନବୋଦୟ ପ୍ରକାଶନ - ୨୦୧୪ - ପୃ:୯୬)
୬୫. ଯୁଗ ମାନବ ମହାତ୍ମା ଗାନ୍ଧୀ - ଡକ୍ଟର ସୂର୍ଯ୍ୟ ନାରାୟଣ ଦାସ - ଓଡ଼ିଶା ବୁକ୍ ଷ୍ଟୋର୍ - ୧୯୬୮ - ପୃ:୧୯୦)
୬୬. ବିଢ଼ମ୍ବିତ ଅଭିସାର - ପ୍ର: ପକ୍ଷୀଘର ପ୍ରକାଶନୀ ୨୦୨୨ - ଗୌରହରି ଦାସ
୬୭. ତତ୍ରୈବ
୬୮. ତତ୍ରୈବ
୬୯. ତତ୍ରୈବ
୭୦. ତତ୍ରୈବ

ଚେତନା ଓ ଚିତ୍ରାୟନର ସୁଦକ୍ଷ କାରିଗରୀ: ଗୌରହରିଙ୍କ କଥାଶିଳ୍ପ

ସଂଘମିତ୍ରା ଭଞ୍ଜ

ଆଧୁନିକ ଓଡ଼ିଆ ଗଳ୍ପ ସାହିତ୍ୟରେ ନବ୍ୟ-ଚେତନାର ଉଦ୍‌ଗାତା ଭାବରେ ଗାଳ୍ପିକ ଗୌରହରି ଦାସଙ୍କ ଭୂମିକା ଉଲ୍ଲେଖନୀୟ। ଗଳ୍ପ ସଂରଚନା କ୍ଷେତ୍ରରେ କଳାତ୍ମକତା ତାଙ୍କ ସୃଷ୍ଟିକୁ ଭିନ୍ନ ଧରଣର ସ୍ୱାତନ୍ତ୍ର୍ୟ ପ୍ରଦାନ କରିଛି। ସମକାଳୀନ ଓଡ଼ିଆ ସାହିତ୍ୟରେ ସେ ଜଣେ ଗଭୀର ଦର୍ଶନବାଦୀ-ଚେତନଶୀଳ ବ୍ୟକ୍ତିତ୍ୱ। 'ମୁଁ'ର ବିସ୍ତାର ହିଁ ଚେତନାର ବିସ୍ତାର' - ନ୍ୟାୟରେ ତାଙ୍କ ସାହିତ୍ୟ 'ମୁଁ'ର ମର୍ଯ୍ୟାଦାସଂପନ୍ନ ଚେତନାକୁ ଅଭିଷିକ୍ତ କରିଛି। କଥାକାର ଗୌରହରି ବ୍ୟକ୍ତିକ ଅନୁଭବର ଆଧାର ଓ ଘଟଣାଗୁଡ଼ିକୁ ନିଜ ବୌଦ୍ଧିକତା ଦ୍ୱାରା ଅନୁଶୀଳନ କରିଛନ୍ତି। ମନୋବିଜ୍ଞାନ ଦୃଷ୍ଟିରୁ- "ଚେତନା ସମସ୍ତ ପ୍ରକାର ଅନୁଭବର ସଂଗ୍ରହାଳୟ" - ଏହି ମର୍ମରେ କଥାକାର ଗୌରହରିଙ୍କ ଅନୁଭବ ହିଁ ତାଙ୍କ ବ୍ୟକ୍ତିଗତ ସଂପତ୍ତି ଓ କେନ୍ଦ୍ରୀୟ ଶକ୍ତି ରୂପେ ଗଳ୍ପ ସାହିତ୍ୟକୁ ନିୟନ୍ତ୍ରଣ କରିଛି। ଗଭୀର ଚେତନାବୋଧ ଅନୁସାରେ ତାଙ୍କ ଅନୁଭୂତି, ବିଚାର, ଚିନ୍ତନ, ସଂକଳ୍ପ ଏବଂ କଳ୍ପନା ଆଦି କ୍ରିୟା ନାନ୍ଦନିକ ବିଭାଯୁକ୍ତ ହୋଇ ସାହିତ୍ୟରେ ଝରିପଡ଼ିଛି। ସମାଜ ସଂପୃକ୍ତି ହିଁ ତାଙ୍କ ଚେତନାର ଆଧାର ପାଲଟିଛି। ଜର୍ମାନ୍ ଲେଖକ Eckhart Tolleଙ୍କ ମତରେ- "The awakening of consiousness is the next evolutionary step for mankind." ଚେତନାର ବିପ୍ଳବ ହିଁ ପ୍ରକୃତ ବିପ୍ଳବ। ଗୌରହରି ଦାସଙ୍କ ପାଖରେ 'ଚୈତନ୍ୟ ଲକ୍ଷଣା ଜୀବଃ' ଉକ୍ତିଟି ସାର୍ଥକ ପ୍ରତିପାଦିତ ହୋଇଛି। ସମାଜର ଉନ୍ନତିକଳ୍ପେ ତାଙ୍କର ଚୈତନ୍ୟ, ଜ୍ଞାନ, ଜାଗରଣ, ସ୍ମରଣ, ବୁଦ୍ଧି ତଥା ଜୀବନ ଶକ୍ତି ସାହିତ୍ୟ ମାଧ୍ୟମରେ ପୂର୍ଣ୍ଣତା ଲାଭ କରିଛି, ଯାହା ପାଠକକୁ ବାର୍ତ୍ତମାନିକ ସ୍ଥିତିରେ ନିଜ ପରିଣତି ସଂପର୍କରେ ସଚେତନ ରହିବାର ଦ୍ରାଘିମା ସୂଚିତ କରେ।

'ଗଳ୍ପାତ୍ ପରତରଂ ନହି' - ଗଳ୍ପଠାରୁ ଉତ୍କୃଷ୍ଟ ବିଷୟ ଆଉ କିଛି ନାହିଁ। ଏହା ଏକ ଦୀପଶିଖା ଭିତରେ ଲୁକ୍କାୟିତ ବୃହତ୍ ଦୀପଦଣ୍ଡିର ଔଜ୍ଜ୍ୱଲ୍ୟ ଭଳି ଶକ୍ତିଶାଳୀ। କ୍ଷୁଦ୍ର ଅବୟବରେ ସାମାନ୍ୟ ମନେ ହେଉଥିଲେ ହେଁ ଗତିଶୀଳ (dynamic) ଅବଧାରଣା ସୃଷ୍ଟିକାରୀ ଗଦ୍ୟରୂପ, ଯାହା ପାଠକର ଭାବଜଗତକୁ କ୍ଷଣିକ ମଧ୍ୟରେ ଓଲଟପାଲଟ କରିପାରିବାରେ ସମର୍ଥ। ଅନ୍ନଦାଶଙ୍କର ରାୟ 'ଉପନ୍ୟାସ' ଓ 'ଗଳ୍ପ' ମଧ୍ୟରେ ପାର୍ଥକ୍ୟ ବୁଝାଇବାକୁ ଯାଇ ଲେଖିଥିଲେ- "ଉପନ୍ୟାସ ଯଦି ତରୁ ହୁଏ, ଆଧୁନିକ କ୍ଷୁଦ୍ରଗଳ୍ପ ହେଉଛି ତୃଣ। ତରୁ ଭଳି ଶାଖାପ୍ରଶାଖା ବିସ୍ତାର କରିବାରେ ନୁହେଁ, ତୃଣର ସଂକ୍ଷିପ୍ତ, ସଂଯତ ସବୁଜିମାରେ ହିଁ କ୍ଷୁଦ୍ରଗଳ୍ପର ଅନ୍ତଃସୌନ୍ଦର୍ଯ୍ୟ ଫୁଟି ଉଠେ।" (୧) ବହୁମୁଖୀ ଜୀବନରୁ କୌଣସି ନିର୍ଦ୍ଦିଷ୍ଟ ଖଣ୍ଡାଂଶର କଥା ଭିତରେ ଅଖଣ୍ଡ ବ୍ୟଞ୍ଜନାର ଦ୍ୟୁତି ଧାରଣ କରିଥାଏ ଗଳ୍ପ। 'ଆକୃତି' ଦ୍ୱାରା ନୁହେଁ ବରଂ 'ପ୍ରକୃତିଗତ ମର୍ମସ୍ପର୍ଶୀ ବୈଶିଷ୍ଟ୍ୟ' ଦ୍ୱାରା ଏହା ପାଠକପ୍ରାଣକୁ ଆଚ୍ଛନ୍ନ କରିଥାଏ। ପ୍ରସାରିତ ଜୀବନଯାତ୍ରାର ଦୀର୍ଘଚିତ୍ର ନୁହେଁ ବରଂ କୌଣସି ନିର୍ଦ୍ଦିଷ୍ଟ ସଂକ୍ଷିପ୍ତ ରୂପଟି ଗୁରୁତ୍ୱପୂର୍ଣ୍ଣ। ବିଶିଷ୍ଟ କଥାକାର କାଳିନ୍ଦୀଚରଣ ପାଣିଗ୍ରାହୀଙ୍କ ଶବ୍ଦରେ- "ଜୀବନର ଚିତ୍ର ବହନ କରୁଥିବା କ୍ଷୁଦ୍ରଗଳ୍ପ ମଧ୍ୟ ଅପୂର୍ଣ୍ଣ, ଖଣ୍ଡିତ ଏବଂ ଅସମାପ୍ତ। ସେହି ଅପୂର୍ଣ୍ଣତା ହିଁ ଶ୍ରେଷ୍ଠ କଳ୍ପନା; ବହୁ ସମ୍ଭାବ୍ୟ ଚିତ୍ରରେ ଭରପୂର। ନା, ନା, ପୂରା ଏକ ନୁହେଁ ସେ; ଅଧା କି ଚଉଠା - ସେଇ ଅଧାକୁ ଦେଖି ଜଗତ୍ କଳ୍ପନା କରେ ପୂର୍ଣ୍ଣତରକୁ, ଖଣ୍ଡିଆ ଦିଅଁ, ଭଙ୍ଗା ଦେଉଳକୁ ଆମେ ପୂଜା କରୁଁ - ଯେତିକି ହୋଇପାରିଛି, ତାହାରି ପାଇଁ କେବଳ ନୁହେଁ - ଆହୁରି ଯାହା ହୋଇପାରିଥାନ୍ତା, ବୋଧହୁଏ ତାହାରି ପାଇଁ। ଏଇ ହେଉଛି ଆମ ଗପର ଭିତ୍ତିଭୂମି।" (୨) ଆଇମା' ତୁଣ୍ଡରେ କାହାଣୀ ପେଡ଼ିରୁ ସ୍ୱପ୍ନ, ଇନ୍ଦ୍ରଜାଲ, କୁହୁକ ରାଇଜ ଦେଇ ବ୍ରତ-ଓଷା ପୁଣି ସମାଜର ବାସ୍ତବତା ପର୍ଯ୍ୟନ୍ତ କାହାଣୀର ବିବର୍ତ୍ତନ ଘଟିଛି। ସପ୍ତଦଶ ଶତାବ୍ଦୀର 'ସୋମନାଥ ବ୍ରତକଥା', 'ବତ୍ରିଶ ସିଂହାସନ କଥା', ଅଷ୍ଟାଦଶ ଶତାବ୍ଦୀର 'ଚତୁର ବିନୋଦ' ପର୍ଯ୍ୟାୟ ମଧ୍ୟ ଦେଇ କଥା ସମ୍ରାଟ ଫକୀରମୋହନଙ୍କର ଏଯାବତ୍ ଥିବା ଗଳ୍ପର ଧାରା ଅକ୍ଷୁଣ୍ଣ ରହିବା ପଛରେ ରହିଛି କ୍ଷୁଦ୍ରଗଳ୍ପର 'ସ୍ୱଳ୍ପ ଉପାଦାନରେ ଅଧିକ ପ୍ରଭାବଶାଳୀ' (Maximum effect with minimum materials) ତାତ୍ତ୍ୱିକ ଆବେଦନର ପ୍ରଭାବ। ଏହାକୁ ଜୀବନର ଅବ୍ୟକ୍ତ - ଖଣ୍ଡିତ ଅଂଶ (cutter of life) ରୂପେ ଗ୍ରହଣ କରାଯିବା ସହିତ ଇଂରାଜୀର ଲିପଲିଂଙ୍କ କ୍ଷୁଦ୍ରଗଳ୍ପକୁ 'ସ୍କଟ୍‌ଲାଣ୍ଡ୍ ୟାର୍ଡ' ପୋଲିସ୍‌ର 'ଚୋରାଲଣ୍ଠନ ଆଲୁଅ' (Bull's eye lantern) ସହିତ ତୁଳନା କରିଛନ୍ତି। ଏହି ଲଣ୍ଠନ ଆଲୁଅ ଯେପରି କେବଳ ମାତ୍ର ଲକ୍ଷ୍ୟବସ୍ତୁ ଉପରେ ଯାଇ

ପଡ଼େ, ଠିକ୍ ଅନୁରୂପ ଭାବେ କ୍ଷୁଦ୍ରଗଳ୍ପ ମଧ୍ୟ କେବଳ ନିଜର ବକ୍ତବ୍ୟ ଉପରେ ଆଲୋକପାତ କରିଥାଏ। "ଚଳନ୍ତି ଯୁଗରେ ମୁଦ୍ରାଯନ୍ତ୍ରର ଅଧିକ ପ୍ରଚଳନ ଓ ପତ୍ରପତ୍ରିକାର ପ୍ରସାର ଫଳରେ ଲେଖକଙ୍କ ସଂଖ୍ୟା ବୃଦ୍ଧି ହୋଇଅଛି। ଆଧୁନିକ ଯୁଗ ମାନବର ରୁଚିକର ହେଲା ଭଳି ସଂକ୍ଷିପ୍ତ ଗଳ୍ପ ରଚନା ପ୍ରତି ଲେଖକ ମନୋନିବେଶ କରିଅଛନ୍ତି। ଏ ଯୁଗର ଗଳ୍ପ-ସାହିତ୍ୟ ବହୁମୁଖୀ। କୌଣସି ଏକ ନିର୍ଦ୍ଦିଷ୍ଟ ପରିବେଶର ପରିସର ମଧ୍ୟରେ ଆଜିର ଗଳ୍ପ ସୀମାବଦ୍ଧ ନୁହେଁ। ବିଜ୍ଞାନ ଯୁଗର କର୍ମତତ୍ପର ମାନବର ଗତି ଚଞ୍ଚଳ। ଏହି ଚଞ୍ଚଳତାର ଅନୁକୂଳ ହେଲା ଭଳି ଅତି କ୍ଷୁଦ୍ରଗଳ୍ପ ସୃଷ୍ଟି କରିବା, ଏ ଯୁଗର ଗଳ୍ପ ସାହିତ୍ୟରେ ଲେଖକଙ୍କ ପ୍ରଧାନ ଲକ୍ଷ୍ୟ ହୋଇ ପଡ଼ିଛି - ଏ ଯୁଗ ବହୁବିଧ ସମସ୍ୟାର ଯୁଗ - ଏ ସମସ୍ୟା ବହୁଳ ଯୁଗରେ ମଧ୍ୟ ଗଳ୍ପର ସୀମିତ ଓ ସଂକୀର୍ଣ୍ଣ ପରିସର ମଧ୍ୟରେ ଲେଖକ ଏକ ସମସ୍ୟା ଅବତାରଣା କରିବାକୁ ଚାହାନ୍ତି। ଯେଉଁ ଯୁଗର ମାନବ, ଲକ୍ଷ ଲକ୍ଷ ଆଦର୍ଶର ଦୂରତ୍ୱକୁ ମାତ୍ର କେତୋଟି ଘଣ୍ଟାର ସମୟ ମଧ୍ୟରେ ଅତିକ୍ରମ କରିପାରେ, ସେ ଯୁଗର ସାହିତ୍ୟ ସ୍ରଷ୍ଟା ପକ୍ଷରେ ଗଳ୍ପର ସଂକୀର୍ଣ୍ଣ ପରିସର ମଧ୍ୟରେ ଏକ ବୃହତ୍ ସମସ୍ୟା ଉନ୍ମୋଚନ କରିବା ମଧ୍ୟ ଅସ୍ୱାଭାବିକ ନୁହେଁ।" (୩)

ପାଶ୍ଚାତ୍ୟ ସାହିତ୍ୟରେ ଜୀବନର ସମସ୍ୟାକୁ କେନ୍ଦ୍ର କରି ମାର୍କିନ୍ ଲେଖକ Edgar Allan Poeଙ୍କ ଦ୍ୱାରା ଲିଖିତ 'Tales of Mystery and Imagination' ଥିଲା ଆଧୁନିକ - ପ୍ରଥମ କ୍ଷୁଦ୍ରଗଳ୍ପ ଗ୍ରନ୍ଥ। ପରବର୍ତ୍ତୀ ପର୍ଯ୍ୟାୟରେ ମୋପାଁସା, ଚେଖଭ୍‌ଙ୍କ ସମାଜବାଦୀ ଦୃଷ୍ଟିକୋଣ ସହିତ ବିଷାଦବୋଧ, ଆଶାବାଦ ତଥା ସେମାନଙ୍କ ବ୍ୟକ୍ତିତ୍ୱର ପ୍ରତିଫଳନ ସେମାନଙ୍କ କ୍ଷୁଦ୍ରଗଳ୍ପରେ ସ୍ପଷ୍ଟ ଉପଲବ୍ଧ ହୋଇଥିଲା। କଥାକାରର ଜୀବନବୃତ୍ତକୁ ନେଇ ତା'ର ଅନୁଭବ, ଅନୁଭୂତି ଓ ଘଟଣାର ତିକ୍ତ-ମଧୁର ମୁହୂର୍ତ୍ତ ସେମାନଙ୍କ କଥାବୃତ୍ତ ପାଲଟିଲା। ବିଖ୍ୟାତ ଫରାସୀ ସାହିତ୍ୟିକ ଓ ଦାର୍ଶନିକ ଜ୍ୟାଁ ପଲ୍ ସାର୍ତ୍ତ୍ରେ ଲେଖିଛନ୍ତି- "ଆଜି ମଣିଷର ସ୍ଥିତି ଯାହା ଅଛି ଓ ଯେପରି ହେବାକୁ ମୁଁ ଚାହେ ସେଥି ଭିତରେ ବହୁତ ବଡ଼ ପାର୍ଥକ୍ୟ ରହିଛି। ସେଥିଯୋଗୁଁ ମୁଁ ବଡ଼ ବେଦନା (Anguish) ଅନୁଭବ କରେ। ମାତ୍ର ମୁଁ ସେ ବେଦନାରୁ ନିଜକୁ ରକ୍ଷା କରିବାକୁ ଚାହେଁ ନାହିଁ। କାରଣ ସେଇଥିରୁ ହିଁ ସୃଷ୍ଟିଶୀଳତାର ଜନ୍ମ ହୁଏ।" (୪)

ଅନୁରୂପ ଭାବରେ ବିଶ୍ୱବିଶ୍ରୁତ 'ଦ ୱେଷ୍ଟ୍‌ଲ୍ୟାଣ୍ଡ'ର କବି ଇଲିୟଟ୍ ତାଙ୍କ ପରିକଳ୍ପିତ ଦୀର୍ଘ କବିତା ନିମନ୍ତେ ନିଜ ଜୀବନର ବିଭିନ୍ନ ପର୍ଯ୍ୟାୟରୁ ସାର ସଂଗ୍ରହ କରିବା ନେଇ ଲେଖିଥିଲେ- "I have lived through materials for a score of long poems." ଏହି ସମାନ ମର୍ମରେ ଆଧୁନିକ ବିଶିଷ୍ଟ କବି ଦୀପକ ମିଶ୍ର ମଧ୍ୟ ଲେଖିଛନ୍ତି-

"ମୁଁ ଖାଲି ପୋଡ଼ିଯିବି
ପୋଡ଼ି ପାଲଟିବି କୁତ୍ସିତ ଅଙ୍ଗାର
କିନ୍ତୁ ମୁଁ ସ୍ଥିର ଓ ନିଶ୍ଚଳ
ଏ ଅଙ୍ଗାର ଦିନେ ହେବ ସହସ୍ର ଆଲୋକ ଗୋଟିଏ ହୀରାର।"

(ସମର୍ପଣ - ମଧ୍ୟାହ୍ନର ଛାଇ)

ତେଣୁ ପ୍ରତି ସୃଜନଶିଳ୍ପୀ ତା'ର ପାରିପାର୍ଶ୍ୱିକ ଅବସ୍ଥା (Attitude), ଧରାବନ୍ଧା ମୂଲ୍ୟ (accepted values), ସମତଳ ଚେତନଶୀଳତା (Surface of Consiousness)କୁ ନେଇ ସୃଜନକର୍ମରେ ବ୍ୟାପୃତ ହୋଇଥାଆନ୍ତି। ସମାଜ ସହିତ ଲେଖକର ସଂପୃକ୍ତି (Involvement) ହିଁ ଗଳ୍ପକୁ ଘନତ୍ୱ ପ୍ରଦାନ କରିଥାଏ।

ବିଂଶ ଶତାବ୍ଦୀର ଶେଷ ଦୁଇ ଦଶକରେ ଓଡ଼ିଆ କଥା ସାହିତ୍ୟ କ୍ଷେତ୍ରରେ ସମାଜନିଷ୍ଠ-ବାସ୍ତବବାଦୀ ଗାଳ୍ପିକ ଭାବରେ ଯଶସ୍ୱୀ କଥାକାର ଗୌରହରି ଦାସ ଜଣେ ତେଜସ୍ୱୀ ସାଧକ। ଜୀବନଯନ୍ତ୍ରଣା, ସଂଘାତ ଓ ପ୍ରତିକୂଳ ଅବସ୍ଥା ସତ୍ତ୍ୱେ କଥା ସାହିତ୍ୟ-ମହାଦ୍ୱୀପର ଏକ ନାନ୍ଦନିକ ଭୂମିରେ ସେ ଚେତନାର ଊର୍ଦ୍ଧ୍ୱଗ ଯୋଗ ସାଧିଛନ୍ତି। ଜୀବନର ଘାତ-ପ୍ରତିଘାତ ଭିତରୁ ଜୀବନଗ୍ରନ୍ଥର ଉପାଦାନ ସଂଗ୍ରହ କରି ଗପର ଧାଡ଼ି ବାନ୍ଧିଥିବା ଅଦ୍ଭୁତ ଶିଳ୍ପୀ ସେ। କଥାକାର ଗୌରହରି ଦାସ ବାସ୍ତବବାଦୀ-ମନନଶିଳ୍ପୀ। ପ୍ରଖ୍ୟାତ କଥାକାର ଡକ୍ଟର ବିଭୂତି ପଟ୍ଟନାୟକଙ୍କର ମତରେ- "ଗୌରହରି ଦାସ ଓଡ଼ିଆ ଛୋଟ ଗଳ୍ପର ଜଣେ କୁଶଳୀ ବିଶ୍ୱକର୍ମା।" (୪) ତାଙ୍କ ଗଳ୍ପ ସାମ୍ରାଜ୍ୟରେ ପ୍ରତ୍ୟକ୍ଷ ଜୀବନାନୁଭୂତି, ନିପଟ ଗ୍ରାମ୍ୟ ଜୀବନ, ଅର୍ବାଚୀନତାରୁ ପ୍ରାଚୀନତା ତଥା କୃତ୍ରିମତାରୁ ପ୍ରାକୃତିକତାର ଯଥାର୍ଥ ଚିତ୍ର ରହିଛି। ତାଙ୍କର ଗଳ୍ପରେ ମାନବ ଜୀବନ, ବିବିଧ ଦର୍ଶନ, ପୂର୍ଣ୍ଣ ମଣିଷ (Integral Man), ଜୀବନକୈନ୍ଦ୍ରିକ ବାସ୍ତବ ଛାଇ-ଆଲୁଅ, ସାମାଜିକ ମୂଲ୍ୟବୋଧର ସ୍ଥିର-ଅସ୍ଥିର ବିବର୍ତ୍ତନ, ପରିଚ୍ଛନ୍ନ-ସାଦା କଥାବସ୍ତୁ, ମାନବର ମନଃସ୍ଥିତିର ସାମସଂଗୀତ ଗାନ କରେ। ସାଦା-ପରିଚ୍ଛନ୍ନ କଥାବସ୍ତୁ ସହିତ ଉପସ୍ଥାପନାରେ ଶୈଳୀ ସ୍ୱାତନ୍ତ୍ର୍ୟ, ସାବଲୀଳ-କାବ୍ୟିକ ମାନସିକତା ଏବଂ ବ୍ୟଙ୍ଗାତ୍ମକ ଦୃଷ୍ଟିକୋଣ ତାଙ୍କ ଗଳ୍ପଗୁଡ଼ିକର ଟ୍ରେଡ୍‌ମାର୍କ। ଘନସନ୍ନିବଦ୍ଧ (Concentrate) ଗଳ୍ପାଂଶ, ଗଳ୍ପାଂଶରେ ଦ୍ୱନ୍ଦ୍ୱର ଅବତାରଣା କରି ଚରିତ୍ରର ସଂଘର୍ଷମୟ ସ୍ଥିତି, ଏକମୁଖୀ-ଘଟଣା ସଂଗଠନ, ନିମ୍ନ-ମଧ୍ୟ-ଉଚ୍ଚ ଚରିତ୍ର, ଉଦ୍ଦେଶ୍ୟ ଓ ଶୈଳୀର ସମନ୍ୱୟରେ ତାଙ୍କ ଗଳ୍ପଗୁଡ଼ିକ ନୂତନ ଉଚ୍ଚତା ହାସଲ କରିଛନ୍ତି। ଗଳ୍ପର ପରିସମାପ୍ତିକୁ

ଅତ୍ୟନ୍ତ କୌଶଳର ସହ ରୂପାୟିତ କରୁଥିବା ହେତୁ ଗଳ୍ପର ବକ୍ତବ୍ୟ ଶେଷ ହୋଇଥିଲେ ହେଁ ପାଠକର କ୍ରମିକ ଚିନ୍ତନ କିନ୍ତୁ ଅବ୍ୟାହତ ରହେ। ଗୌରହରି ଦାସଙ୍କ ଗଳ୍ପ ଶୈଳୀ ଓ. ହେନରିଙ୍କ ନାଟକୀୟ ପରିସମାପ୍ତି (whip-crack ending) ଭଳି ବେଶ୍ ନାଟକୀୟ। ପୁଣି କେତେକ ଗଳ୍ପର ପରିଣତି ଅତ୍ୟନ୍ତ ସାଧାରଣ କିନ୍ତୁ ବେଶ୍ ପ୍ରଭାବଶାଳୀ।

ଭଲ ଗଳ୍ପର ପରିଭାଷା ଦେଇ ନିଜେ ଗୌରହରି ଦାସ କହନ୍ତି- 'ଭଲ ଗପ କହିଲେ ମୁଁ ସେଇ ଗପକୁ ବୁଝେ, ଯାହା ପଢ଼ିଲାବେଳେ ଭଲ ଲାଗେ, ପଢ଼ିସାରିବା ପରେ ତାର କାହାଣୀକୁ ଅନ୍ୟ ଆଗରେ କହିବାକୁ ଇଚ୍ଛା ହୁଏ ଏବଂ ସବୁଠୁ ବଡ଼ କଥା, ଗପଟା ଜୀବନସାରା ମନେ ରହିଯାଏ। ମୋ ନିଜ ଗଳ୍ପଗୁଡ଼ିକୁ ନିଜେ ସ୍ମରଣୀୟ ପର୍ଯ୍ୟାୟରେ ରଖିବା ଅସ୍ୱସ୍ତିକର। ତେବେ 'ଅହଲ୍ୟାର ବାହାଘର', 'ବାପା', 'ଘର', 'ଛୁଆ ବାଆଜି', 'କାହ୍ନୁର ଘର', 'ପୁଅ' ଓ 'କାଚ କଣ୍ଢେଇ' ପରି କେତେକ ଗପ ମୋତେ ଭଲ ଲାଗେ। ଏଗୁଡ଼ିକୁ ପଢ଼ିଲାବେଳେ ମୁଁ ଗପର ଚରିତ୍ରମାନଙ୍କ ପ୍ରତି ସମ୍ବେଦନଶୀଳ ହୋଇପଡ଼େ। ସେମାନଙ୍କ ଦୁଃଖସୁଖର ଫାଙ୍କ ଦେଇ ମୁଁ ଜୀବନର କିଛି କିଛି ସମସ୍ୟାକୁ ବୁଝିବା ପାଇଁ ଚେଷ୍ଟା କରେ। ମଣିଷର ତୁଚ୍ଛତା, କ୍ଷୁଦ୍ରତା, ଅସାରତା; ପୁଣି ସୀମାହୀନ ସାମର୍ଥ୍ୟ ଏବଂ ଅଦ୍ଭୁତ ମାନସିକତା ସଂପର୍କରେ ମୋତେ ଏହି ଗପମାନଙ୍କର ଚରିତ୍ର ସଚେତନ କରିଦିଅନ୍ତି।" (୬)

କଥାକାର ଗୌରହରି ଦାସ ପ୍ରତ୍ୟକ୍ଷ ଜୀବନାନୁଭୂତି ଏବଂ ବୃହତ୍ତର ମଣିଷ ସମାଜର ଟେଲିସ୍କୋପିକ୍ ଚିତ୍ର ପ୍ରଦାନ କରିବାରେ ଜଣେ ଅଦ୍ୱିତୀୟ ଗାଳ୍ପିକ। ସମସାମୟିକ ଗଳ୍ପ ସାହିତ୍ୟ ଧାରାରେ ପଦ୍ମଶ୍ରୀ ମନୋଜ ଦାସ ତାଙ୍କର ପ୍ରିୟ ଗାଳ୍ପିକ। ମନୋଜ ଦାସଙ୍କ ଗଳ୍ପ ତାଙ୍କୁ ଅନ୍ୟ ଗାଳ୍ପିକଙ୍କଠାରୁ ଭିନ୍ନ ମନେ ହୋଇଛି। ତେବେ ଓଡ଼ିଆ ସାହିତ୍ୟର ଯଶସ୍ୱୀ କଥାକାର ସୁରେନ୍ଦ୍ର ମହାନ୍ତି, ଅଖିଳମୋହନ ପଟ୍ଟନାୟକ, ଗୋପୀନାଥ ମହାନ୍ତି, ବାମାଚରଣ ମିତ୍ରଙ୍କ କଥାକାରିତା ତାଙ୍କୁ ପ୍ରଭାବିତ କରିଛି। ସମସାମୟିକ ଗାଳ୍ପିକ ରାମଚନ୍ଦ୍ର ବେହେରା, ରବି ପଟ୍ଟନାୟକ, ଶାନ୍ତନୁ ଆଚାର୍ଯ୍ୟ, ଜଗଦୀଶ ମହାନ୍ତି, ପଦ୍ମଜ ପାଲ ଆଦିଙ୍କର ସେ ମୁଗ୍ଧ ପାଠକ।

ଇଂରାଜୀ ଭାଷା ମାଧ୍ୟମରେ ସେ ପଢ଼ିଥିବା ବିଭିନ୍ନ ଦେଶର ପ୍ରିୟ ଗାଳ୍ପିକମାନେ ହେଲେ ସମରସେଟ ମମ୍, ମୋପାସାଁ, ଚେକଭ୍, ଟଲଷ୍ଟୟ, ଅସ୍କର୍ ୱାଇଲଡ୍, ଏସ୍ ପର୍ଲବକ୍, ଗାବ୍ରିଏଲ୍ ଗାର୍ସିଆ ମାର୍କ୍ୱେଜ୍, ଜେ.ଏମ୍. କୋଏସେ , ଖଲିଦ୍ ହୋସେନ୍, ଚିନୁଆ ଆଚିବି, ରସ୍କିନ୍ ବଣ୍ଡ୍, ଏମ୍. ଭି. ଲୋସା, ହାରୁକୀ ମୁରାକାମୀ, ପଲ୍ ସେଲୋ ପ୍ରମୁଖ।

ବଙ୍ଗଳା ଭାଷାରେ ତାଙ୍କର ପ୍ରିୟ ଲେଖକ: ବିଭୂତି ଭୂଷଣ ବନ୍ଦୋପାଧ୍ୟାୟ, ଶରତଚନ୍ଦ୍ର, ରବୀନ୍ଦ୍ରନାଥ, ତାରାଶଙ୍କର ବନ୍ଦୋପାଧ୍ୟାୟ, ସୁନୀଲ ଗଙ୍ଗୋପାଧ୍ୟାୟ, ବିମଲ୍ ମିତ୍ର, ଜୀବନାନନ୍ଦ ଦାସ, ଶକ୍ତି ଚଟ୍ଟୋପାଧ୍ୟାୟ, ବନଫୁଲ, ମହାଶ୍ୱେତା ଦେବୀ, ଆଶାପୂର୍ଣ୍ଣା ଦେବୀ ପ୍ରମୁଖ।

ହିନ୍ଦୀ ଭାଷାରେ ତାଙ୍କର ପ୍ରିୟ ଲେଖକ: ଫଣୀଶ୍ୱର ନାଥ ରେଣୁ, ପ୍ରେମଚାନ୍ଦ, ଭଗବତୀ ଚରଣ ବର୍ମା, କୃଷ୍ଣା ସୋବତୀ, କମଲେଶ୍ୱର, କ୍ରିଷନ୍ ଚନ୍ଦର, ମଣ୍ଟୋ, ଅମ୍ରିତା ପ୍ରୀତମ୍, ଗୁଲ୍‌ଜାର୍, ଭୀଷ୍ମ ସାହାଣୀ ପ୍ରମୁଖ। ଏତଦ୍‌ଭିନ୍ନ ସେ ମରାଠୀର ଏସ୍ ଖଣ୍ଡେକର୍, ଅହମିୟା ଭାଷାର ବୀରେନ୍ଦ୍ର ଭଟ୍ଟାଚାର୍ଯ୍ୟ, ଗୁଜୁରାଟୀ ଭାଷାର ରଘୁବୀର ଚୌଧୁରୀ, ରାଜସ୍ଥାନୀ ଭାଷାର ବିଜୟଦାନ୍ ଜେଥା, ମାଲୟାଲମ ଭାଷାର ଶିବଶଙ୍କର ପିଲାଇ, ଏମ୍.ଟି. ବାସୁଦେବ ନାୟାର, ବସିର୍, କମଳା ଦାସ, ବେନିଆମିନ ଏବଂ କନ୍ନଡ଼ ଭାଷାର ଶିବରାମ କରନ୍ଥ, ୟୁ.ଆର୍. ଅନନ୍ତମୂର୍ତ୍ତି ପ୍ରମୁଖ ତାଙ୍କର ପ୍ରିୟ ଲେଖକ।

ଏମାନଙ୍କ ବ୍ୟତୀତ ଆହୁରି ଅନେକ ଲେଖକ ଅଛନ୍ତି, ଯାହାଙ୍କର ଖଣ୍ଡେ ଗପବହି କିମ୍ବା ଉପନ୍ୟାସ ତାଙ୍କୁ ମୁଗ୍ଧ କରିଛି। ଯେମିତି ଅରୁନ୍ଧତୀ ରାୟ, ଝୁମ୍ପା ଲାହିରୀ ଏବଂ ବିବେକ ସାନବାର (ଘୋଚର କୋଚର ଉପନ୍ୟାସର ଲେଖକ) ପ୍ରମୁଖ ଲେଖକ ତାଙ୍କୁ ଭଲ ଲାଗନ୍ତି।

ସାମାଜିକ ବାସ୍ତବତାକୁ ଗୌରହରି ନିଜ ଗଳ୍ପର ଆଧାର ଭାବରେ ଗ୍ରହଣ କରିଛନ୍ତି। ସାହିତ୍ୟରେ ବାସ୍ତବତା ଦୁଇ ପ୍ରକାର। ମାକ୍‌ସିମ୍ ଗର୍କିଙ୍କ ଭାଷାରେ ଯେଉଁମାନେ ସମାଜ ଜୀବନର ଦୋଷତ୍ରୁଟିକୁ ସମାଲୋଚନା କରନ୍ତି, ନିପୀଡ଼ିତ ଅତ୍ୟାଚାରିତ ଲୋକଙ୍କ ପାଇଁ ସମବେଦନା ଦେଖାଇ ସେ ଅତ୍ୟାଚାରର ଛବିକୁ ସାହିତ୍ୟରେ ଚିତ୍ରାୟିତ କରନ୍ତି, ସେମାନେ ସମାଲୋଚନାପନ୍ଥୀ ବାସ୍ତବବାଦୀ। ପଶ୍ଚିମୀ ସାହିତ୍ୟ-ସମାଲୋଚକମାନେ ଏହି ଶ୍ରେଣୀର ସାର୍ଥକ ସ୍ରଷ୍ଟାଙ୍କୁ ମାନବବାଦୀ ଓ ଜୀବନବାଦୀ କଥାଶିଳ୍ପୀ ଭାବରେ ଆଖ୍ୟାୟିତ କରିଛନ୍ତି। କିନ୍ତୁ ଯେଉଁମାନେ ସଭ୍ୟତାର ଅଗ୍ରଗତିରେ ଶ୍ରେଣୀ ସଂଘର୍ଷର ମହତ୍ତ୍ୱକୁ ଉପଲବ୍‌ଧି କରି ସାହିତ୍ୟରେ ମଣିଷର ଶ୍ରମ ଓ ଶକ୍ତିକୁ ମୌଳିକ ଉପାଦାନ ଭାବରେ ଗ୍ରହଣ କରନ୍ତି, ସେମାନେ ହେଉଛନ୍ତି ସମାଜତାନ୍ତ୍ରିକ ବାସ୍ତବବାଦୀ। ବିଂଶ ଶତାବ୍ଦୀର କଥା ସାହିତ୍ୟ ସମାଲୋଚନାମୂଳକ ବାସ୍ତବବାଦ ଏବଂ ସମାଜବାଦୀ ବାସ୍ତବବାଦ - ଏହିପରି ଦୁଇ ଭାଗରେ ବିଭକ୍ତ ହୋଇଛି।" (୭) କଥାକାର ଗୌରହରି ଦାସଙ୍କ ଗଳ୍ପରେ ସମାଜବାଦୀ ବାସ୍ତବବାଦର ନିଖୁଣ ରୂପଚିତ୍ର ବେଶ୍ ସମୁଜ୍ଜ୍ୱଳ। ସେ ବୁଝନ୍ତି ମଣିଷ ଜୀବନର ଚାହିଦା କଥା। "ଏଇ ମଣିଷ ପାହାଡ଼, ନଈ ଓ ଜଙ୍ଗଲ ଦେଇ କେତେ କେତେ ରାସ୍ତାରେ ଘୂରିଛି; କେବେ ଖାଦ୍ୟ ପାଇଁ, କେବେ ଆଶ୍ରୟ ପାଇଁ, ପୁଣି

କେତେବେଳେ ଜୀବିକା ପାଇଁ। ଜୀବନର ଏହି କଠୋର ସତ୍ୟକୁ ଆବେଗ ଆଉ ଭାବପ୍ରବଣତା ଅଟକେଇ ପାରି ନାହିଁ।" (୮) ଗୌରହରି ଦାସଙ୍କ ଗଳ୍ପଜଗତରେ ଭିନ୍ନ ଭିନ୍ନ ଚେତନାର କଳାତ୍ମକ ସ୍ପର୍ଶ ଅନୁଭବ ହେବା ସହିତ ମଫସଲର ପାଣି-ପବନର ହିଲ୍ଲୋଳ, କାଶତଣ୍ଡୀ, ଧାନକ୍ଷେତର ମନମତାଣିଆ ଦୋଳନ, ପ୍ରତି ଦୁଃସ୍ଥ ମଣିଷର ଦୁକୁଦୁକିର ସ୍ପନ୍ଦନ ବାରିହୁଏ। ଅତି ଜୀବନ୍ତ ଚିତ୍ରାୟନ ତାଙ୍କ ଗଳ୍ପସବୁକୁ ଉତ୍କୃଷ୍ଟ କରି ଗଢ଼ି ତୋଳିଛି। ଏହି ମର୍ମରେ କବି ସଚ୍ଚି ରାଉତରାୟ 'ରାଜଜେମା' କବିତାରେ ଲେଖିଥିବା କବିତା ସ୍ମରଣୀୟ ମନେହୁଏ।

"ତୁମେ ମୋର ଛପା ବହି ଯେତେବେଳେ ଛୁଅଁ
ଛୁଅଁ ନୂଆ ମଣିଷର ଛାତି
ଏଇ ପୃଥିବୀର ସବୁ ମଣିଷ ଜାତି
ତା'ର ପ୍ରତିଟି ଖବର- ରୂପ ପାଏ କବିତାରେ ମୋର
ଖାଲି ମୋ ସମାଜ ବା ଦେଶର ନୁହେଁ
ଆଗାମୀ ସମାଜର ହାସ୍ୟ ଉଜ୍ଜ୍ୱଳ ମୁହଁ
ତା'ର ନୂତନ ଖସଡ଼ା
ମଣିଷର ପ୍ରେମ, ଅଶ୍ରୁ, ସୁଖ, ଦୁଃଖ ଖାପଛଡ଼ା
ରୂପ ପାଏ ଇସ୍ତାହାରେ ମୋର।
x x x ମଣିଷର ଲହୁ ଲୁହେ କବିତା ମୋ ନୀଳ।

"ଅନେକେ ମନେ କରନ୍ତି ଗୋଟେ ଭଲ ଗପର ଗୁଣ ହେଉଛି ଗଳ୍ପଟିକୁ ମନେ ରଖିପାରିବା (ସ୍ମରଣୀୟତା)। ଆଜି କିନ୍ତୁ ଗୋଟେ ସଫଳ ଗପର ଗୁଣ ହେଉଛି ପାଠକର ପରିଚିତ ଅନୁଭୂତିକୁ ତୀବ୍ର ଭାବେ ଉଖାରି ପାରିବା ଓ ସେହି ଭାବରେ ପାଠକର ସମଗ୍ର ମନ ଓ ଚେତନାକୁ ଆବିଷ୍ଟ କରିଦେବା। ପାଠକର ନିଜସ୍ୱ କିଛି ଅନୁଭୂତି ଅଛି - ଅନେକ ବିଷୟରେ ଅନେକ ପ୍ରକାରର। ଗାଳ୍ପିକର ଅନୁଭୂତି ସହିତ ପାଠକର ଅନୁଭୂତି ଯେତେ ସମାନ ଓ ନିବିଡ଼ ହେବ ପାଠକର ଗଳ୍ପପାଠ ସେତିକି ସାର୍ଥକ ହୋଇପାରିବ। ଆପଣା ମନର ଜହ୍ନରାତି ଓ ପଦ୍ମ ପୋଖରୀକୁ ସେ ଖୋଜି ପାଇବ। ଶୈଶବର ସ୍ମୃତି ପ୍ରତି ଏ ପୃଥିବୀରେ ସମସ୍ତଙ୍କର ବିଶେଷ ଏକ ସମ୍ମୋହନ ରହିଛି। ଅତୀତ ପ୍ରତି କମ୍-ବେଶୀରେ ସମସ୍ତେ ଅତ୍ୟନ୍ତ ନଷ୍ଟାଲ୍‌ଜିକ।" (୯) ଗୌରହରି ଦାସ ଜଣେ ଅନୁଭବୀ କଥାକାର। ତାଙ୍କ ଗଳ୍ପଗୁଡ଼ିକ ସ୍ମୃତିବିଜଡ଼ିତ, ଆବେଗ ଓ ମଣିଷପଣିଆରେ ମର୍ମରିତ। ପ୍ରତ୍ୟେକ ଗଳ୍ପରେ ତାଙ୍କ ମନନଶୀଳତାର ସ୍ପର୍ଶ ରହିଛି। ମାନବ ଜୀବନମୂଲ୍ୟର ଗତିଶୀଳତା ଓ ପରିବର୍ତ୍ତନ ହିଁ ତାଙ୍କ ଗଳ୍ପର

ଆତ୍ମା କିନ୍ତୁ ତାଙ୍କ ଗଳ୍ପର ଭାବଭୂମି ତାଙ୍କର ପାରିପାର୍ଶ୍ୱିକ ଜଗତ ଓ ସ୍ମୃତିପଖଳା ଅନୁଭବ। ତେଣୁ ସେ ସ୍ୱୀକାର କରି କହନ୍ତି- "ମଣିଷର ଅନେକ ଅସାମର୍ଥ୍ୟ ଅଛି। ତାହା ଭିତରୁ ଗୋଟିଏ ହେଲା ପଛରେ ଛାଡ଼ି ଆସିଥିବା ଜୀବନ ପାଖକୁ ଆଉ ଫେରି ନ ପାରିବା। ଦିନେ ହୁଏତ ମଣିଷ ଦୂର ଆଉ କୋଉ ଗ୍ରହରେ ଯାଇ ଘର କରିବ, ମାତ୍ର ଗତକାଲି ପାଖକୁ ସେ କେବେ ବି ଫେରି ପାରିବ ନାହିଁ, ଶତଚେଷ୍ଟା ସତ୍ତ୍ୱେ। ସେଇଥିପାଇଁ ମଣିଷ ଅତୀତକୁ ଝୁରେ, ବେଶୀ ବେଶୀ ମନେପଡ଼େ ସେଇ ସମୟ ଯାହା ତା' ପାଖକୁ ଫେରି ଆସିବ ନାହିଁ କୌଣସି ଦିନ। ତେଣିକି ସ୍ମୃତିକୁ ସମ୍ବଳ କରି ବଞ୍ଚିବା ତା' ପାଇଁ ଅବଧାରିତ। ସ୍ମୃତି ନ ଥାଇ ମଣିଷ ନାହିଁ। x x x ମୋର ମନେହୁଏ, ବାସ୍ତବରେ ଅତୀତ ହେଉଛି ଅମୃତ। ଏହି ଅତୀତ ଖାଲି ଧୂଳିଘେର ଅଭିଜ୍ଞତାର ସମାବେଶ ନୁହେଁ, ତାହା ଆମେ ପାଇପାରି ନ ଥିବା ଅୟୁତ ଅପ୍ରାପ୍ତିର କୋଳାହଳ। କାହା ପାଇଁ ତାହା ହଜିଲା ସଂପର୍କ ହୋଇପାରେ, କାହା ପାଇଁ ପଛରେ ଛାଡ଼ି ଆସିଥିବା ଦେଶ ହୋଇପାରେ, କାହା ପାଇଁ ହୋଇପାରେ ଅପୂର୍ଣ୍ଣ ଆଗ୍ରହ। ଇଏ ସବୁ ମିଶିମାଶି ମଣିଷର ସ୍ମୃତି। କିଛି ସ୍ମୃତିକୁ ସେ ଚାହିଲେ ବି ଫିଙ୍ଗିଦେଇ ପାରେ ନାହିଁ, ଆଉ କିଛି ସ୍ମୃତିକୁ ସେ ଆଦୌ ଭୁଲିବାକୁ ଚାହେଁ ନାହିଁ। ତାକୁ ଗଣ୍ଠିଧନ ପରି ପାଖରେ ରଖେ। ତାକୁ ନେଇ ଗପ ଲେଖେ, ଗୀତ ଗାଏ କିମ୍ବା ଚିତ୍ର ଆଙ୍କେ। ରଙ୍ଗରେ ହେଉ କି ଯେଉଁ ଢଙ୍ଗରେ ହେଉ; ଅତୀତ ସ୍ମୃତି ହୋଇ ଆମ ପାଖେ ପାଖେ ରହେ। ସ୍ମୃତି ହିଁ ଜୀବନ, ସ୍ମୃତିହୀନତା ହେଉଛି ମୃତ୍ୟୁ। x x x ମୋର ଅଧିକାଂଶ ଗଳ୍ପରେ ଓଡ଼ିଶାର ଭଦ୍ରକ ଜିଲ୍ଲାର ଭୂଗୋଳକୁ ପାଠକେ ଖୋଜି ପାଇବେ। ଖୋଜି ପାଇବେ ସେହି ଅଞ୍ଚଳର ଗାଁ ମାଳର ଆତଯାତ ଚରିତ୍ର, ସେମାନଙ୍କର ନିତିଦିନିଆ ଜୀବନ, ପୁଣି ସେଇ ସାଧାରଣ ମଣିଷଙ୍କ ଭିତରେ ଥିବା ଅସାଧାରଣପଣିଆ।" (୧୦)

ଗୌରହରିଙ୍କ ଗଳ୍ପଜଗତର ଭାବଭୂମି ଭାବରେ ନିମ୍ନୋକ୍ତ ପରିବେଶ ଶକ୍ତିଶାଳୀ କଥାଭୂମି ପ୍ରଦାନ କରିଛି। ସେଗୁଡ଼ିକ ମଧ୍ୟରେ ରହିଛି:-

- ନିପଟ ଗାଁ ପରିବେଶ (ଭଦ୍ରକ ଜିଲ୍ଲାର ଷଣ୍ଢଗଡ଼ା ଓ ମନ୍ତେଇ ନଈ, କାଳ୍ପନିକ ଗାଁ ପାଟପୁର)
- ବିବିଧ ସ୍ମୃତି
- ଗ୍ରାମ୍ୟ ଜୀବନ ଉପରେ ସହରୀ ଜୀବନର ପ୍ରଭାବ
- ନିରାପତ୍ତାଶୂନ୍ୟ ପିଲାଦିନ
- ପ୍ରିୟ-ପରିଜନଙ୍କଠାରୁ ବିଚ୍ଛେଦ

- ଇପ୍‌ସିତ, ଆଗ୍ରହ ଥିବା ଚିଜଠାରୁ ଦୂରତା
- ଅଚିହ୍ନା ପରିବେଶର ପ୍ରତିକୂଳ ସ୍ଥିତି
- ପୁରୁଷକୈନ୍ଦ୍ରିକ ସମାଜରେ ନାରୀର ଦୁର୍ବିସହ ସ୍ଥିତି, ଶୋଷଣ
- ସାଧାରଣପଣ ଭିତରେ ଅସାଧାରଣ ମଣିଷପଣିଆର ସ୍ଥିତି
- ପରିବର୍ତ୍ତନଶୀଳ ମୂଲ୍ୟବୋଧ
- ସଂଯୁକ୍ତ ପରିବାରର ଆଗ୍ରହ
- କୁସଂସ୍କାର କ୍ଷେତ୍ରରେ ସାମାଜିକ ମୂଲ୍ୟବୋଧର ପ୍ରତିଷ୍ଠା ପ୍ରତି ସଚେତନତା
- ଚୁକ୍ତିଭିତ୍ତିକ ମାତୃତ୍ୱ, ଲିଭ୍-ଇନ୍-ରିଲେସନ୍‌ସିପ୍ - (ବିନା ବିବାହରେ ନାରୀ-ପୁରୁଷ ସହାବସ୍ଥାନ)
- ମାନବୀୟ ପ୍ରବୃତ୍ତି ପ୍ରତି ବୁଝାମଣାତ୍ମକ ଦୃଷ୍ଟିକୋଣ
- ସାମାଜିକ ସମସ୍ୟା
- ପାରିବାରିକ ଜୀବନର ଦୁଃଖସୁଖ
- ନିରାପତ୍ତାଶୂନ୍ୟ ଶୈଶବ
- ବାର୍ଦ୍ଧକ୍ୟର ଅସହାୟତା
- ପ୍ରବାସର ଦୁଃଖ
- ସାଧାରଣ ମଣିଷଙ୍କ ଜୀବନ ସଂଗ୍ରାମ

ନିଜକୁ ଅଭିବ୍ୟକ୍ତ କରିବା, ନିଜ କଳ୍ପନାକୁ ଜୀବନ୍ୟାସ ଦେବା ଓ ନିଜର ଅଭିବ୍ୟକ୍ତିକୁ ବ୍ୟକ୍ତ କରିବାର ଆଭିମୁଖ୍ୟ ଓ ଅନିବାର୍ଯ୍ୟ ଅନୁପ୍ରେରଣାରୁ ଗୌରହରି ଲେଖନୀ ଚାଳନା କରୁଥିବା କଥା ସ୍ୱୀକାର କରନ୍ତି। ତାଙ୍କର ଲେଖାଗୁଡ଼ିକରେ ତାଙ୍କ ଚେତନାର ପ୍ରତିଫଳନ ସ୍ପଷ୍ଟ ଉପଲବ୍ଧ ହୁଏ। ସେ କହନ୍ତି- "ମୋର ଲେଖିବା ପଛରେ ଅନ୍ୟ ଯୋଉ କାରଣଟି ଦାୟୀ ତାହା ହେଲା ମୋର ସଂପୃକ୍ତି। ଏହାକୁ ମୁଁ ଅନୁବଦ୍ଧତା ବୋଲି କହିବାର ଧୃଷ୍ଟତା କରିବି ନାହିଁ। ପ୍ରତି ମଣିଷ ପରି ମୋର ମଧ୍ୟ କିଛି ପ୍ରବୃତ୍ତି ଜନ୍ମରୁ, କିଛି ସ୍ୱପ୍ନ-ଶିକ୍ଷା ତାଲିମ୍‌ରୁ, କିଛି ସଂକଳ୍ପ ମୋର ଆବେଗ ଓ ଅନୁଭୂତିରୁ ସୃଷ୍ଟି ହୋଇଛନ୍ତି ଏବଂ ମୋ ସାଙ୍ଗେ ସାଙ୍ଗେ ବରାବର ରହିଛନ୍ତି। ସେଇମାନେ ମିଶି ତିଆରି କରିଛନ୍ତି ମୋର ଦୃଷ୍ଟିକୋଣ। କାହା ସଂପର୍କରେ ମୋର ଧାରଣା ଓ ଅବବୋଧ କ'ଣ ହେବ ତାହା ସେଇମାନେ ସ୍ଥିର କରନ୍ତି। ମୋତେ ମୋ ବାଟରେ ଜୀବନ ଜିଇବାର ଅନୁପ୍ରେରଣା ଦିଅନ୍ତି। ମୋ ଶବ୍ଦରେ ଗପ ଲେଖିବାର, ମୋ ରଙ୍ଗରେ ସ୍ୱପ୍ନ ଦେଖିବାର ଓ ମୋ ରେଖାରେ କଳ୍ପନାର ମାନଚିତ୍ର ଆଙ୍କିବାର ସାମର୍ଥ୍ୟ ଯୋଗାନ୍ତି। ମୋ ଜୀବନର ନିଆରା ଅନୁଭୂତିଗୁଡ଼ିକ ଯୋଗୁଁ ମୋର ଗୀତ ଗାଇବାର, ସ୍ୱପ୍ନ ଦେଖିବାର ଓ ଗଳ୍ପ

ଲେଖିବାର ଢଙ୍ଗ ମଧ୍ୟ ଅଲଗା ହୋଇଥାଏ। ମୁଁ ହେଉଛି ମୁଁ, ଆଉ କେହି ନୁହେଁ, ମୋରଏହି ଯେ ସଂପୃକ୍ତି ତାହା ଆସେ ସଂସର୍ଗରୁ, ସମ୍ବନ୍ଧରୁ। ସେ ସମ୍ବନ୍ଧ ପରୋକ୍ଷ ବି ପ୍ରତ୍ୟକ୍ଷ ବି। ବାହାରର ବସ୍ତୁ ବା ଭାବ ସହ ସମ୍ବନ୍ଧିତ ହେଲା ପରେ ଯୋଉ ପ୍ରତିକ୍ରିୟା ସୃଷ୍ଟି ହୁଏ ତାକୁ ମୁଁ ଲିପିବଦ୍ଧ କରିବାକୁ ଚାହିଁବସେ। x x x ମୁଁ ମୋ ଗଳ୍ପରେ ଅନ୍ୟ ପାଇଁ ଏବଂ ମୋ ନିଜ ପାଇଁ ଲିପିବଦ୍ଧ କରିଯାଏ। ମୋ ଅପୂର୍ଣ୍ଣ ଇଚ୍ଛା ସକଳ, ମୋର ଭୀରୁ ପୌରୁଷ, ମୋର ବ୍ୟକ୍ତିଗତ ଅଭାବ ସମୂହ ବି ମୋ ଗଳ୍ପର ଚରିତ୍ରମାନଙ୍କୁ ଆଧାର କରି ତାଙ୍କରି ଜରିଆରେ ପରିପ୍ରକାଶ ହୁଅନ୍ତି। x x x ଏହି ସଂପୃକ୍ତି ଓ ଆପଣେଇ ନେବାରପଣ ପରେ ଆଉ ଯୋଉ ଦୁଇଟି କାରଣ ମୋର ଲେଖାଲେଖି ପାଇଁ ଦାୟୀ, ସେ ଦୁଇଟି ପରସ୍ପରର ଯେତିକି ନିକଟବର୍ତ୍ତୀ, ସେତିକି ଦୂରବର୍ତ୍ତୀ। ସେ ଦୁଇଟି ହେଲେ ଆତ୍ମସନ୍ତୋଷ ବା ମୋର ସାମର୍ଥ୍ୟ ଏବଂ ଅସନ୍ତୋଷ ବା ମୋର ଅସାମର୍ଥ୍ୟ। ଏହି ଅସନ୍ତୋଷରୁ ସନ୍ତୋଷ ଏବଂ ସାମର୍ଥ୍ୟରୁ ଅସାମର୍ଥ୍ୟ ଭିତରେ ମୋର ଲେଖକ ସତ୍ତା ପେଣ୍ଡୁଲମ୍ ପରି ଝୁଲୁଥାଏ।" (୧୧) ସାମାଜିକ ବାସ୍ତବତା ବ୍ୟତିରେକ ଭଲ ଗଳ୍ପର କଳ୍ପନା ସମ୍ଭବ ନୁହେଁ। "ସାମାଜିକ ବାସ୍ତବତାର ସୀମାନ୍ତ ଅତିକ୍ରମ କରି ଗଳ୍ପ-ଭାବନା ଯେତେବେଳେ ସମାଜବାଦୀ-ବାସ୍ତବତାର ସୀମା ସ୍ପର୍ଶ କରେ ସେତେବେଳେ ଗଳ୍ପ ଯଥାର୍ଥରେ ଆଧୁନିକ ହୋଇଯାଏ।" (୧୨) ସମାଜର ପାରିପାର୍ଶ୍ୱିକ ସ୍ଥିତି ହିଁ ଗୌରହରୀୟ ଶିଳ୍ପୀମାନସକୁ ପରିପୁଷ୍ଟ କରିଛି। ଭିନ୍ନ ଭିନ୍ନ ଚେତନା ତାଙ୍କୁ ସମାଜବୃତ୍ତର ସ୍ୱରୂପ ନିର୍ଣ୍ଣୟ କରିଛି। ବୌଦ୍ଧିକତାର ବେଷ୍ଟନୀରୁ ଊର୍ଦ୍ଧ୍ୱାୟିତ ତାଙ୍କ ମେଦିନୀ ଦୃଷ୍ଟି ନୈତିକ ସଂପ୍ରସାରଣକୁ ସ୍ୱତଃ ସ୍ୱୀକୃତି ଦେଇଛି ତାଙ୍କ ସୃଜନକର୍ମ। ଭିନ୍ନ ଭିନ୍ନ ଚେତନାର ପରିବ୍ୟାପ୍ତ ରୂପ ତାଙ୍କ ବୌଦ୍ଧିକତାର ଉଚ୍ଚତାକୁ ପ୍ରତିଷ୍ଠା ପ୍ରଦାନ କରିଛି। ଚେତନା ଓ ଚିତ୍ରାୟନର କୁଶଳୀ କାରିଗରୀ ଗୌରହରିଙ୍କୁ ଓଡ଼ିଆ ଗଳ୍ପ ସାହିତ୍ୟରେ ତେଣୁ ଦେଇଛି ସ୍ୱତନ୍ତ୍ର ପରିଚିତି। ବିବିଧ ଚେତନାରେ ଚିତ୍ରାୟିତ ତାଙ୍କ ଗଳ୍ପଜଗତ। ସେଗୁଡ଼ିକୁ ଦଶ ଭାଗରେ ବିଭାଜିତ ଓ ଆଲୋଚନାଭୁକ୍ତ କରାଯାଇପାରେ:

୧. ସମାଜ ଓ ପରମ୍ପରାବାଦୀ ଚେତନା
୨. ଦାର୍ଶନିକ ଚେତନା
୩. ସଂସ୍କାରବାଦୀ ଚେତନା
୪. ପ୍ରକୃତିବାଦୀ ଚେତନା
୫. ସ୍ଥାନୀୟତାବାଦୀ ଚେତନା
୬. ନାରୀବାଦୀ ଚେତନା
୭. ମନସ୍ତାତ୍ତ୍ୱିକ ଚେତନା

୮. ରାଜନୀତିକ ଚେତନା

୯. ପ୍ରତୀକାତ୍ମକ-ବ୍ୟଙ୍ଗଧର୍ମୀ ଚେତନା

୧୦. ମାନବବାଦୀ ଚେତନା।

ବିଶିଷ୍ଟ କଥାକାର ଚୌଧୁରୀ ହେମକାନ୍ତ ମିଶ୍ରଙ୍କ ମତରେ- "ଗଳ୍ପ ଏକ ବୟାନ୍ ଏକ ବିବରଣର ବାହକ। ତହିଁରେ ପହିଲେ ଥିବା ଦରକାର ଗୋଟିଏ କାହାଣୀ, ଯାହାର ଆଦ୍ୟ, ମଧ୍ୟ ଓ ଅନ୍ତ ବାରି ହେବା ଦରକାର। ସେହି କାହାଣୀ କହିବାର ଏକ ରସମୟ ଶୈଳୀ ଥିବା ଦରକାର। ଶୁଖିଲା ବିବରଣୀ କାହାର ଉପଭୋଗ୍ୟ ନୁହେଁ। ପୁଣି ସେହି କଥନ ମଧ୍ୟରେ କୌଣସି ଏକ ଚରିତ୍ରର ଉନ୍ମୋଚନ ଥିବ। ଏପରି ଏକ ଦିଗ ଦେଖାଇ ଦିଆଯାଇଥିବ ଯାହାକି ବାହାରୁ ଦେଖିଲେ ଯେଉଁ ରୂପ ଦିଶେ ତାହାଠାରୁ ଭିନ୍ନ, ଗଭୀର ସ୍ତରରେ ପହଞ୍ଚି ପାରିଥିବ। ଏହାପରେ ଅଛି ଘଟଣାର ଚରମ ପରିଣତି। ଏହି ଚରମ ପରିଣତିର ଉନ୍ମେଷ ହିଁ ଗଳ୍ପର ପ୍ରକୃତ ଉଦ୍ଦେଶ୍ୟ। ସେ ଗୋଟିଏ ମୁହୂର୍ତ୍ତ, ଗୋଟିଏ ନବୋନ୍ମେଷ, ଏକ କୁହୁକଭରା ଦିଗନ୍ତର ଆଭାସକୁ ହିଁ କ୍ରମ ପରିଣତି ଦେଇଥିବ। ରାଗ ସଂଗୀତର ଯେପରି ଗୋଟିଏ ସ୍ୱରକୁ ହିଁ ରୂପାୟନ ଦେବାଲାଗି ରାଗର ନିୟମ, ଆରୋହ, ଅବରୋହ, ଜାତି, ବାଦୀ, ସମ୍ବାଦୀ ସବୁକିଛି ରହିଥାଏ ଏବଂ ସତେ ଯେମିତି ସେହି ସ୍ୱରଟିକୁ ବିଭିନ୍ନ ସ୍ୱର ସମୂହରେ ରଖି ତାହାର ସୌନ୍ଦର୍ଯ୍ୟକୁ ଦେଖାଇବାକୁ ହିଁ ଶିଳ୍ପୀ ନୂଆ ନୂଆ ରଚନା ଦ୍ୱାରା ଚେଷ୍ଟିତ ହୋଇଥାଏ।" (୧୩)

ଏ ଦୃଷ୍ଟିରୁ କଥାକାର ଗୌରହରି ଦାସଙ୍କ ଗଳ୍ପଚାତୁରୀ ଅତ୍ୟନ୍ତ ପ୍ରଭାବଶାଳୀ। ଶବ୍ଦ ଓ ଭାବର ସୁସମନ୍ୱୟରେ ତାଙ୍କ କଥା ପାଠକ ସମ୍ମୁଖରେ ପ୍ରତ୍ୟକ୍ଷ ଭାବେ ଦୃଷ୍ଟିବଦ୍ଧ ହୁଏ। ପରିମିତ ସମୟ ମଧ୍ୟରେ ଜୀବନର ଛୋଟ ଛୋଟ ଘଟଣାକୁ ଅତି ସଂହତ ଓ ସଂଯତ ଭାବରେ ଚିତ୍ରାୟିତ କରିବା କ୍ଷେତ୍ରରେ ଗୌରହରି ଜଣେ ଦକ୍ଷ କାରିଗର। ପ୍ରଭାବଶାଳୀ ଘଟଣାକୁ ଚୁମ୍ବକରେ କହିବା ସମୟରେ ତାଙ୍କ ଇଙ୍ଗିତଧର୍ମୀ ଭାଷା ବିନ୍ୟାସ, ଗଳ୍ପ ଆଭିମୁଖ୍ୟ ଓ ପରିଣତିର ଏକମୁଖୀନତା ତାଙ୍କ ଗଳ୍ପଗୁଡ଼ିକୁ ସାର୍ଥକ କରିଛି। ବିଶେଷ ଭାବରେ ତାଙ୍କର ପ୍ରତ୍ୟେକ ଗଳ୍ପରେ 'ପ୍ରତୀତି ସାମର୍ଥ୍ୟ' (Unity of Impression) ବେଶ୍ ବଳିଷ୍ଠ। ସମୀକ୍ଷକ ଜନ୍ କୋର୍ନସ୍‌ଙ୍କ - "A good story is not a slice of life, call it a roll if you must but a whole roll" ଉକ୍ତିଟି ଗୌରହରୀୟ ଗଳ୍ପସମ୍ଭାର ନିମନ୍ତେ ପ୍ରଯୋଜ୍ୟ ମନେହୁଏ। ସମ୍ଭବତଃ ସେଥିପାଇଁ ତାଙ୍କର ଗଳ୍ପଗୁଡ଼ିକ ଅତି ଚୁମ୍ବକରେ ପାଠକ ହୃଦୟକୁ ଆବିଷ୍ଟ କରେ। ଚରିତ୍ରମାନଙ୍କର ଚିତ୍ରାୟନ ଜରିଆରେ ସେମାନଙ୍କ ସୁଖ-ଦୁଃଖ, ଆବେଗ, କାରୁଣ୍ୟ-

ବେଦନା, ଅଶ୍ରୁ, ବୈଫଲ୍ୟ ଓ ଅନୁରାଗର ପୁଞ୍ଜା ପୁଞ୍ଜା ଅବବୋଧକୁ ପାଠକ ଆକଣ୍ଠ ଆସ୍ୱାଦନ କରିପାରେ। ଗଳ୍ପଟି ସରିଯିବା ପରେ ଦୀର୍ଘ ସମୟ ନିମନ୍ତେ ପାଠକ ପୁଞ୍ଜୀଭୂତ ଅତୃପ୍ତିକୁ ଅନୁଭବ କରିପାରେ। ଚାରି ଦଶନ୍ଧିରୁ ଊର୍ଦ୍ଧ୍ୱକାଳ ଧରି ଓଡ଼ିଆ କଥା ସାହିତ୍ୟ କ୍ଷେତ୍ରରେ ତାଙ୍କର ନିରବଚ୍ଛିନ୍ନ ଅବଦାନ ବେଶ୍ ସ୍ୱତନ୍ତ୍ର। ଦଶମ ଶ୍ରେଣୀରେ ଅଧ୍ୟୟନରତ ଥିଲାବେଳେ ତାଙ୍କର ପ୍ରଥମ ଗଳ୍ପ ସମାଜ ଅଭିପ୍ରେତ ଥିଲା ଏବଂ ସେହି ସ୍ମୃତିକୁ ସେ ଅନେକ ସମୟରେ ବାଣ୍ଟିବସନ୍ତି- "୧୯୭୫ରେ 'କଲ୍ୟାଣୀ' ପତ୍ରିକାରେ ଲେଖିଥିବା ପ୍ରଥମ ଗଳ୍ପ 'କ୍ଷୀଣାଲୋକ'ରେ ଗୋଟେ ଯୁକ୍ତି ଥିଲା। ସେ ସମୟରେ ଆମ ଅଞ୍ଚଳ (ଭଦ୍ରକ ଜିଲ୍ଲା ଘଣ୍ଟେଶ୍ୱର)ର ଚାଷୀମାନେ ନିଜ କ୍ଷେତ୍ରରେ ରାସାୟନିକ ସାର ବ୍ୟବହାରକୁ ବିରୋଧ କରୁଥିଲେ। ସେମାନଙ୍କର ଧାରଣା ଥିଲା ଯେ ରାସାୟନିକ ସାର ବ୍ୟବହାର କଲେ ଜମିର ଉର୍ବରତା ସବୁଦିନ ଲାଗି ଶେଷ ହୋଇଯିବ। ଏହି ମାନସିକତା ବିରୋଧରେ ମୁଁ ଗପଟି ଲେଖିଥିଲି। ପରବର୍ତ୍ତୀ ସମୟରେ ମୁଁ ପାଠ ପଢ଼ିବା ଲାଗି କଟକ ଆସିଲି। କଟକର ଦିନଗୁଡ଼ିକ ଖୁବ୍ ସଂଘର୍ଷମୟ ଥିଲା। ଯୌବନର ଚପଳତା ଓ ଉନ୍ମାଦନା ଗୋଟିଏ ପଟେ, ଅନ୍ନସଂସ୍ଥାନ ଏବଂ ଗ୍ରାସାଚ୍ଛାଦନ ସମସ୍ୟା ଆଉ ଗୋଟିଏ ପଟେ। ଏହି ମାନସିକତାକୁ ନେଇ କେତୋଟି ଗଳ୍ପ 'ସୌରଭ' ପତ୍ରିକାରେ ଲେଖିଥିଲି। ପଛକୁ ଫେରି ଚାହିଁଲେ ମୁଁ ଜାଣିପାରୁଛି, ସାମାଜିକ ବାସ୍ତବତା ଉପରେ ଆଧାରିତ ସମସ୍ୟାଗୁଡ଼ିକ ମୋତେ ବରାବର ଆଚ୍ଛନ୍ନ କରିଆସିଛି। ଯେଉଁ ସମୟରେ ଯେଉଁ ସମସ୍ୟାମାନ ଆସିଛି, ଜଣେ ଲେଖକ ଭାବରେ ମୁଁ ତାହାର ପାଦଚିହ୍ନକୁ ମୋ ଗପଗୁଡ଼ିକରେ ଧରି ରଖିବାର ଚେଷ୍ଟା କରିଛି।" (୧୪) ଜଣେ ସାଧାରଣ ମଣିଷ ଭାବରେ ପ୍ରତିନିୟତ ପରିବର୍ତ୍ତନଶୀଳ ସମୟ-ସମାଜ ଓ ମାନବ ଚରିତ୍ରର ବିବିଧ ଦିଗକୁ ଜଣେ ସଚେତନଶୀଳ କଥାକାର ଭାବରେ କଥାକାର ଗୌରହରି ଦାସ ଚିତ୍ରିତ କରିଛନ୍ତି। ଜଣେ ଗାଳ୍ପିକ ଭାବରେ ମଣିଷର ଅସହାୟତାକୁ ନେଇ ସେ ଅତ୍ୟନ୍ତ ସମ୍ବେଦନଶୀଳ। ତେଣୁ ପ୍ରାୟତଃ ଅସହାୟ ଅବସ୍ଥାରେ ସେ ଗଳ୍ପ ଲେଖିଥିବା କଥା ସ୍ୱୀକାର କରନ୍ତି। ସେ କହନ୍ତି- "ଅସହାୟ ଅନୁଭବ କରୁ ନ ଥିଲେ ମୁଁ ଗପ ଲେଖୁ ନ ଥାନ୍ତି। ବାଲ୍ମୀକି ଯଦି କ୍ରୌଞ୍ଚ ପକ୍ଷୀଟିର ଜୀବନ ଫେରେଇ ଦେଇପାରିଥାନ୍ତେ ତାହାହେଲେ ସେ 'ମା' ନିଷାଦ...' ଶ୍ଳୋକ ଲେଖି ନ ଥାନ୍ତେ। କବି ଓ ଲେଖକ ସବୁଦିନେ ଅସହାୟ। ସେମାନଙ୍କର ଅସହାୟତା ଓ ଅସାମର୍ଥ୍ୟ ଭିତରୁ ରୂପ ନିଏ କାବ୍ୟ, କବିତା, ଗଳ୍ପ ଓ ଉପନ୍ୟାସ। ଏକଥା ବହୁପୂର୍ବରୁ ବଡ଼ ବଡ଼ ଲେଖକମାନେ କହିଯାଇଛନ୍ତି। କବି ରମାକାନ୍ତ ରଥ ଠାଏ ଲେଖିଥିଲେ, 'ଯୁଦ୍ଧକ୍ଷେତ୍ରରେ ପ୍ରାଣ ହରେଇଥିବା ଯୁବକଟିର ମୃତ୍ୟୁ ଖବର ପାଇବା ପରେ ତା'ର

ବୁଢ଼ା ବାପ-ମା କିମ୍ବା ତରୁଣ ପତ୍ନୀ ଆଖିରୁ ଯେଉଁ ଲୁହ ନିଗିଡ଼ି ଆସେ ତାହାକୁ ପୋଛିଦେବାର ସାମର୍ଥ୍ୟ କେଉଁ କାବ୍ୟ କବିତାର ଅଛି ?' ମୋ ଜୀବନରେ ମୁଁ ଏଭଳି ଘଟଣା ଅନେକ ଥର ପ୍ରତ୍ୟକ୍ଷ କରିଛି। ସେହିପରି ନିଜ ଗପ ଲେଖିବାବେଳେ ଚରିତ୍ରମାନଙ୍କ ଦୁର୍ଭାଗ୍ୟ ଚିତ୍ରଣ କରିବାକୁ ଯାଇ ମୁଁ ନିଜେ କାନ୍ଦିଛି। ମୁଁ କାନ୍ଦିଛି 'ଛାୟାସୌଧର ଅବଶେଷ' ଉପନ୍ୟାସର ମିନୁ ଏବଂ 'ଏଇଠୁ ଆରମ୍ଭ'ର ଉର୍ବଶୀ ପାଇଁ।" (୧୫) ଗୌରହରିଙ୍କ ଚେତନାରେ ଜାଗତିକ ଅସରନ୍ତି ଦୁଃଖର ପଟୁଆରର ଚିହ୍ନ ରହିଛି। ଅତୀତ ବ୍ୟଥାପୂର୍ଣ୍ଣ ହେବା ସତ୍ତ୍ୱେ ସେସବୁ ପ୍ରତି ସେ ସର୍ବଦା ଆସକ୍ତ। ସେଥିରୁ ସେ ଉତ୍ତୀର୍ଣ୍ଣ ହୋଇପାରି ନ ଥିବାରୁ ସମାଜକୁ ନେଇ ତାଙ୍କ ଚେତନାଗତ ବୈବିଧ ତାଙ୍କ ସମ୍ବେଦନଶୀଳ ବ୍ୟକ୍ତିତ୍ୱ ଓ ମର୍ମସ୍ପର୍ଶୀ ସୃଷ୍ଟିସମ୍ଭାରକୁ ସଂକ୍ରମିତ ହୋଇଥିବା ମନେହୁଏ। ତାଙ୍କ ଲିଖିତ ଗଳ୍ପ ସଂପର୍କରେ ପରିଚୟ ପ୍ରଦାନ କରିବା ସହିତ ନିଜ ସାମାଜିକ ପୃଷ୍ଠଭୂମି ସଂପର୍କରେ ସେ ସ୍ପଷ୍ଟ କରି ଉଲ୍ଲେଖ କରିଛନ୍ତି- "ମୋର ଅଧିକାଂଶ ଗଳ୍ପ ପ୍ରତ୍ୟକ୍ଷ ଅଭିଜ୍ଞତାକୁ ନେଇ ଲିଖିତ। ଯେମିତି 'ଘର', 'ମାଟି କଣ୍ଢେଇ', 'କାହ୍ନୁର ଘର', 'ଖୋଳପା', 'ଛୁଆ ବାଆଜି', 'ହସ୍ତାକ୍ଷର' ପ୍ରଭୃତି। ଆଉ କିଛି ଗଳ୍ପର କାହାଣୀ ବନ୍ଧୁମାନଙ୍କଠାରୁ ଶୁଣିଛି, ମାତ୍ର ତାକୁ ନିଜର ଅଭିଜ୍ଞତାରେ ପରିଣତ କରିବାକୁ ଚେଷ୍ଟା କରିଛି। x x x 'ଅଣଲେଉଟା', 'ଝିଅ ଫେରିଛି' ଓ ଆହୁରି ଅନେକ ଗଳ୍ପ ମୋର ଅନୁଭୂତି ଓ ଅଭିଜ୍ଞତାକୁ ନେଇ ଲେଖିଛି। ସଂଘର୍ଷ, ନିରାପତ୍ତାଶୂନ୍ୟତା ମୋତେ ବହୁ କଥା ଶିକ୍ଷା ଦେଇଛି। ମୁଁ ଦାରିଦ୍ର୍ୟର କୁତ୍ସିତ ଚେହେରାକୁ ଖୁବ୍ ନିକଟରୁ ଦେଖିଛି ଏବଂ ଦେଖିଛି ପୁଣି ଦାରିଦ୍ର୍ୟ ଭିତରେ ଥିବା ସାଧାରଣ ମଣିଷଙ୍କ ଅସାଧାରଣପଣିଆ। ଆମ ସମାଜରେ ନାରୀର ଦୁର୍ଭାଗ୍ୟ ମୋର ଅନେକ ଗଳ୍ପରେ ରୂପ ନେଇଛି। ମୁଁ ବିଶ୍ୱାସ କରେ, ଲେଖକ ଭାବରେ ମୁଁ ସ୍ୱରହୀନ, ଭାଷାହୀନ ଓ ଦୁର୍ବଳ ମଣିଷର ମୁଖପାତ୍ର। ମୋର ଅଧିକାଂଶ ଗଳ୍ପରେ ସମସ୍ୟା ଅଛି, ଦୁଃଖ ଅଛି। ମୁଁ ପୁଅ ପଚାରୁ ନ ଥିବା ବିଧବା ମାଆର ଆଖିରେ ଅସହାୟତାକୁ ଦେଖିଛି, ସରକାରୀ ଦପ୍ତରରୁ ଠୋକର୍ ଖାଇ ଖାଲି ହାତରେ ଫେରିଥିବା ସଂସାରୀ ମଣିଷର ମୁହଁରେ ବିଦ୍ରୋହକୁ ଭେଟିଛି। ତାହା ହିଁ ମୋ ଗଳ୍ପର ପ୍ରେରଣା, ମୋର ପୃଷ୍ଠଭୂମି।" (୧୬) କଥାକାର ଗୌରହରିଙ୍କ ଗଳ୍ପରେ ତ୍ରିବିଧ ଭାବବସ୍ତୁ ଅନୁଭବ ହୁଏ।

୧. ଭାବବସ୍ତୁ ଭିତ୍ତିକ ଗଳ୍ପ

୨. ଚରିତ୍ରଭିତ୍ତିକ ଗଳ୍ପ

୩. ପରିସ୍ଥିତିଭିତ୍ତିକ ଗଳ୍ପ

ଗାଳ୍ପିକ ଗୌରହରିଙ୍କ ଗଳ୍ପଜଗତ ଅତ୍ୟନ୍ତ ବିସ୍ତାରିତ। ଅଦ୍ଭୁତ ତାଙ୍କର ଚେତନା ଏବଂ ଅନନ୍ୟ ତାଙ୍କର ଉପସ୍ଥାପନା। ପ୍ରାୟ ୧୯ ଖଣ୍ଡ ଗଳ୍ପ ସଂକଳନ ଦ୍ୱାରା ସେ ଆଧୁନିକ କଥା ସାହିତ୍ୟକୁ ପରିପୁଷ୍ଟ କରିଛନ୍ତି। ତନ୍ମଧ୍ୟରେ ରହିଛି -

୧. ଜୁଆର ଭଙ୍ଗା (୧୯୮୧)
୨. ଆଖଡ଼ା ଘର (୧୯୮୯)
୩. ସ୍ୱପ୍ନ ପାଇଁ ରାତି କାହିଁ (୧୯୯୧)
୪. ଭାରତବର୍ଷ (୧୯୯୪)
୫. ମାଟି କଣ୍ଢେଇ (୧୯୯୫)
୬. ପୁନରାବୃତ୍ତି (୧୯୯୫)
୭. ଶେଷ ବାଜି (୧୯୯୭)
୮. ମାୟା (୧୯୯୮)
୯. ଘର (୨୦୦୦)
୧୦. କାଗଜଡଙ୍ଗା (୨୦୦୨)
୧୧. ଅହଲ୍ୟାର ବାହାଘର (୨୦୦୪)
୧୨. ମଥୁରାର ମାନଚିତ୍ର (୨୦୦୭)
୧୩. ପିଛିଲା ପଚିଶ (୨୦୦୭)
୧୪. କଣ୍ଟା ଓ ଅନ୍ୟାନ୍ୟ ଗଳ୍ପ (୨୦୦୯)
୧୫. ଆକାଶ ଦିନେ ନୀଳ ଥିଲା (୨୦୧୧)
୧୬. ଅଣଲେଉଟା ଓ ଅନ୍ୟାନ୍ୟ ଗଳ୍ପ (୨୦୧୫)
୧୭. ବାଘ ଓ ଅନ୍ୟାନ୍ୟ ଗଳ୍ପ (୨୦୧୮)
୧୮. ଶ୍ରେଷ୍ଠଗଳ୍ପ (୨୦୧୬)
୧୯. ବିଦେଶ ଓ ଅନ୍ୟାନ୍ୟ ଗଳ୍ପ (୨୦୧୯)

ଉପର୍ଯ୍ୟୁକ୍ତ ଗଳ୍ପ ସଂକଳନଗୁଡ଼ିକରେ ପ୍ରାୟ ଦୁଇଶହ ତିରିଶରୁ ଉର୍ଦ୍ଧ୍ୱ ଗଳ୍ପ ସନ୍ନିବେଶିତ ହୋଇଛି।

ମଣିଷର ଅବସ୍ଥା ପ୍ରତି ଅନାସକ୍ତ ଦୃଷ୍ଟିଭଙ୍ଗୀ ସହ ଅତୀତ ଆମୁଖତା ଏବଂ ସମ୍ପର୍କର ବ୍ୟବଚ୍ଛେଦରେ କଥାକାର ଗୌରହରିଙ୍କ କଥାଦକ୍ଷତା ଅନବଦ୍ୟ। ଏହି ମର୍ମରେ ତାଙ୍କର ଗଳ୍ପ ସଂକଳନଗୁଡ଼ିକର ସୂକ୍ଷ୍ମାତିସୂକ୍ଷ୍ମ ବିଶ୍ଳେଷଣ ପାଠକମାନଙ୍କ ନିମନ୍ତେ ଉପାଦେୟ ହେବ।

୧୯୮୧ ମସିହାରେ ପ୍ରକାଶିତ 'ଜୁଆର ଭଙ୍ଗା' ଗଳ୍ପ ସଂକଳନରେ ସନ୍ନିବେଶିତ

'ଜୁଆର ଭଙ୍ଗା', 'ଚଷମା', 'ବଂଶୀର ବିଳାପ', 'ମୁହଁ', 'ଦୁଆଁଳ ଗାଈ' ଏବଂ 'ବ୍ୟର୍ଥ ବସନ୍ତ' ଇତ୍ୟାଦି ଗଳ୍ପରେ ଗାଳ୍ପିକଙ୍କ ବାଲ୍ୟଜୀବନର ସ୍ମୃତି-ଅନୁଭୂତି-ଆବେଗର ଅପୂର୍ବ ମହୋତ୍ସବ ଅନୁଭବ ହୁଏ। 'ଜୁଆର ଭଙ୍ଗା' ଗଳ୍ପରେ ମାମୁଘର ଗାଁର ମଧୁର ଅନୁଭବ ସହିତ ଗୀତାଦେଈଙ୍କ ସହିତ ଆବେଗିକ ସଂପର୍କର ଖିଅକୁ ଗାଳ୍ପିକ ଅତି ଭାବପୂର୍ଣ୍ଣ ଶବ୍ଦରେ ପରିପ୍ରକାଶ କରିଛନ୍ତି। ତାଙ୍କ ଶବ୍ଦରେ- "ପାରଦ ଛାଡ଼ିଯାଇଥିବା ଆଇନାରେ ଝାପ୍‌ସା ଝାପ୍‌ସା ଦିଶୁଥିବା ମୁହଁ ପରି ଗୀତାଦେଈଙ୍କର ସ୍ମୃତିଟା ମୋ ମନ ଆଇନାରୁ ଝାପ୍‌ସା ହୋଇଯାଇଥିଲା। କେବଳ ନିରୋଳା ମୁହୂର୍ତ୍ତରେ କିମ୍ବା ରାସ୍ତାରେ ଯାଉ ଯାଉ ତା' ପରି କୌଣସି ଓଢ଼ଣାଟଣା ଝିଅକୁ ଦେଖିଲେ ମୋର ଗୀତାଦେଈଙ୍କର କଥା ମନେପଡ଼ିଯାଏ। ଅଜାଣତରେ ମନଟା ଗୀତାଦେଈଙ୍କୁ ଦେଖିବା ପାଇଁ ବ୍ୟାକୁଳ ହୋଇଉଠେ।" (୧୭) ସମୟାନ୍ତରେ ଗାଳ୍ପିକ ଗୀତାଦେଈ ଚରିତ୍ରରୁ ସାକ୍ଷାତ ପାଇ ପୂର୍ବର 'ଗୀତା' ଏବଂ ପରବର୍ତ୍ତୀ ସମୟର 'ଗୀତା' ମଧ୍ୟରେ ଅଦ୍ଭୁତ ପରିବର୍ତ୍ତନକୁ ଲକ୍ଷ୍ୟ କରି ଆଶ୍ଚର୍ଯ୍ୟ ହୋଇଛନ୍ତି। ପୂର୍ବର ବନହରିଣୀ - ଝରଣା ଭଳି ଗୀତାଦେଈର ବ୍ୟବହାର ଓ ଛନ୍ଦର ଜୁଆରରେ ଭଙ୍ଗା ପଡ଼ିଥିବା ଅନୁଭବ କରିଛନ୍ତି ଗାଳ୍ପିକ।

ଆତ୍ମଜୀବନୀ ଶୈଳୀରେ 'ମୁଁ', (ଉତ୍ତମ ପୁରୁଷ ଏକବଚନ)ର ପ୍ରୟୋଗପୂର୍ବକ ନିଜ ବ୍ୟକ୍ତିଗତ ଅନୁଭୂତିକୁ ଅତି ଚମତ୍କାର ଢଙ୍ଗରେ ସେ ଏହି ଗଳ୍ପରେ ଉପସ୍ଥାପନ କରିଛନ୍ତି। କଥାକାର ସୁରେନ୍ଦ୍ର ମହାନ୍ତିଙ୍କ 'ସବୁଜ ପତ୍ର ଓ ଧୂସର ଗୋଲାପ', ଅଖିଳ ମୋହନ ପଟ୍ଟନାୟକଙ୍କ 'ରୂପନାରାୟଣ ସାହା' ତଥା ରବି ପଟ୍ଟନାୟକଙ୍କର 'ଅନ୍ଧଗଳିର ଅନ୍ଧକାର' ଭଳି ଅନେକ ଗଳ୍ପରେ ଗୌରହରି ଦାସ ଆତ୍ମଜୀବନୀ ଶୈଳୀକୁ ପ୍ରୟୋଗ କରିଛନ୍ତି। "ଆଧୁନିକ କ୍ଷୁଦ୍ରଗଳ୍ପର ଏହି 'ମୁଁ ଧର୍ମିତା' ଅନ୍ତରାଳରେ ଥିବା ତତ୍ତ୍ୱକୁ ବୁଝାଇ ରବି ପଟ୍ଟନାୟକ କହନ୍ତି- "ମୁଁ ହିଁ ସେଠି ଅନ୍ତଃସାରସର୍ବସ୍ୱ। ସେହି 'ମୁଁ' ମଧ୍ୟ ବିଶ୍ୱରୂପୀ। ତା'ର କେତେ ରୂପ, କେତେ ପ୍ରାଣ, କେତେ ଚେତନା। ସବୁଠାରେ ସେଇ ଗୋଟିଏ ଚୈତସ 'ମୁଁ'। ସମସ୍ତେ କାଳ୍ପନିକ, ସମସ୍ତେ ମିଛ। ମାୟା, ଭ୍ରାନ୍ତି, କିନ୍ତୁ ସତ୍ୟ ଏକା 'ମୁଁ' - ଲେଖକ। ପ୍ରତ୍ୟେକ ଚରିତ୍ରରେ 'ମୁଁ' ନିଜକୁ ପ୍ରକାଶ କରନ୍ତି। ଏକ 'ମୁଁ', ବହୁ ଭାବରେ, ବହୁ ବେଶରେ ନିଜକୁ ହିଁ ରୂପାୟିତ କରନ୍ତି। ଏକା ମୁଁ ଅଥଚ ଅନେକ ମୋର ରୂପ। ମୁଁ ଏକ ବହୁରୂପୀ। (ବହୁରୂପୀ / ନିଜକଥା) ସଂପର୍କରେ କିଶୋରୀ ଚରଣ କହନ୍ତି- "କେତେକ କ୍ଷେତ୍ରରେ 'ମୁଁ'ର ମୁହଁରେ ଗପ ଶୁଣେଇଲେ ଭଲ ହେବ ପରା। କିନ୍ତୁ ସେଥିରେ ଗୋଟିଏ ଅସୁବିଧା। 'ମୁଁ' ନିଜ ଭାବନା ଛଡ଼ା ଆଉ କାହାରି ଭାବନାରେ ଦଖଲ ଦେଇପାରିବ ନାହିଁ। କିନ୍ତୁ ଏଇ ସୀମାବଦ୍ଧତାକୁ ଅସ୍ୱୀକାର କରି ସର୍ବଜ୍ଞ ହିସାବରେ ଗପଟିକୁ ଶୁଣେଇଲେ ମଧ୍ୟ ଅନ୍ତରଙ୍ଗତାର କ୍ରମ ଆଣିଦେଇ ହେବ, ଯଦି ପ୍ରତ୍ୟେକ ଚରିତ୍ର

ପାଠକ ପାଇଁ 'ତୁମର ମୁଁ' ହୋଇ କଥା କହିପାରେ, ଏଭଳି ଗୋପନ ଗହୀର କଥା ଯେ ସେ ଆଉ କାହାକୁ କହିପାରି ନ ଥିଲା ଆଜି ଯାଏ।" (୧୮)

'ଜୁଆର ଭଟ୍ଟା' ଗଳ୍ପରେ ନାରୀ ଜୀବନର ଉନ୍ମାଦନାର ଜୁଆରରେ ବହୁ ସଂଘର୍ଷପୂର୍ଣ୍ଣ ସ୍ଥିତି ଭଟ୍ଟା ସୃଷ୍ଟି କରିବା ପରି ବ୍ୟଞ୍ଜନାତ୍ମକ ରୂପ ପ୍ରଦତ୍ତ ହୋଇଛି। ଏ ଅସହାୟ ସ୍ଥିତିକୁ ଦେଖି ଗାଳ୍ପିକ ଯେଉଁଠି ଲେଖିଛନ୍ତି- "ହଉ ଗୀତାଦେଈ, ଦିନେ ତମକୁ ଜୀବନର ଖୁସିବାସର ଜୁଆରିଆ ମୁହୂର୍ତ୍ତରେ ଦେଖିଥିଲି। କିନ୍ତୁ ଆଜି ତମ ଜୀବନ ନଈର ଭଟ୍ଟା ଦେଖୁଛି। କିଏ ଜାଣେ ପୁଣି କେବେ ତମର ଏ ନଈରେ ଜୁଆର ଆସିବ? ତେବେ ଜୁଆର ଆସିବ ନିଶ୍ଚୟ।" (୧୯) 'ଚଷମା' ଗଳ୍ପରେ ଗାଳ୍ପିକ ଗୌରହରିଙ୍କ ବ୍ୟଙ୍ଗାତ୍ମକ ଦୃଷ୍ଟିଭଙ୍ଗୀ ସୁସ୍ପଷ୍ଟ। 'ଚଷମା' କାଚର ରଙ୍ଗ ଅନୁଯାୟୀ ମଣିଷକୁ ଜଗତର ସ୍ୱରୂପ ଦେଖାଯାଏ। ଆଲୋଚ୍ୟ ଗଳ୍ପରେ ପଦବିଧାରୀ ଅଫିସରବର୍ଗଙ୍କର ଦୁର୍ନୀତିଗ୍ରସ୍ତ ଜୀବନଚର୍ଯ୍ୟା, ବଡ଼-ସାନ ନିଶୁଣିର ପ୍ରତିଯୋଗିତାର ପ୍ରସଙ୍ଗ ରହିଛି। 'ବଂଶୀର ବିଳାପ' ଗଳ୍ପରେ ଏକ କ୍ଳାନ୍ତ ଶ୍ରମିକର ହାଡ଼ଭଙ୍ଗା ଖଟଣି ଓ ତା'ର ସଂଘର୍ଷପୂର୍ଣ୍ଣ ଜୀବନ ଯନ୍ତ୍ରଣା ପ୍ରତି କଥାକାର ଗୌରହରିଙ୍କ ସମ୍ବେଦନା ବେଶ୍ ମର୍ମସ୍ପର୍ଶୀ।

'ଆତ୍ମକଥନ ଶୈଳୀ' ପ୍ରୟୋଗ ପୂର୍ବକ ଗାଳ୍ପିକ ତାନ୍‌ସେନ୍ ନାମକ ଶ୍ରମିକକୁ ମାଛକୁଣ୍ଡ ସହରଠାରୁ ଅଳ୍ପ ଦୂରରେ ତିଆରି ହେଉଥିବା ସଡ଼କ କାମରେ ଶ୍ରମିକ ଭାବରେ ଦେଖିଥିବା ସ୍ପଷ୍ଟ କରିଛନ୍ତି। ଶ୍ରମିକଟି ଜଣେ ଚମତ୍କାର ବଂଶୀବାଦକ। ଶ୍ରମିକ ସଂପର୍କରେ ଗାଳ୍ପିକଙ୍କ ଆବେଗିକ ଶବ୍ଦ ସଂଯୋଜନା ଅତ୍ୟନ୍ତ ମର୍ମସ୍ପର୍ଶୀ - "ଅଦ୍ଭୁତ ତା'ର ଚାଲିଚଳଣ, ଆଶ୍ଚର୍ଯ୍ୟ ତାହାର ଢଙ୍ଗରଙ୍ଗ ଓ ଅପ୍ରତ୍ୟାଶିତ ତା'ର ଯୁକ୍ତିଭଙ୍ଗୀ। ତା'ର ସଂସ୍ପର୍ଶରେ ମାତ୍ର କେଇଟି ଦିନ ଆସିବା ପରେ ମୋର କାହିଁକି ତା' ପ୍ରତି ସହାନୁଭୂତି ଆସିଯାଇଥିଲା। ତା'ର ପରିସ୍ଥିତି ଉପଲବ୍ଧି କରି ଅକାଳେ ସକାଳେ ତାକୁ କିଛି ଆର୍ଥିକ ସାହାଯ୍ୟ କରିବାକୁ ଚାହିଁଥିଲି, ହେଲେ ସେ ବିରୋଧ କରିଥିଲା। କିଛି ପରିଶ୍ରମ ନ କରି କାହାରି ଠାରୁ ପଇସାଟିଏ ନେବାକୁ ସେ ପସନ୍ଦ କରେନି। ତା'ର ସେଇ ସରଳ ମଣିଷପଣିଆ ପାଖରେ ମୁଁ ଏଇମିତି ଅନେକଥର ହାର୍ ମାନିଛି। x x x ତା' ମନରେ ଦୁଃଖ ନାହିଁ, ଅନୁଶୋଚନା ନାହିଁ। କଣ୍ଠରେ ହତାଶାର ସ୍ୱର ନାହିଁ କିମ୍ବା ଆଖିରେ କିଛି ପାଇବାର ଆଶା ନାହିଁ। ସେ ନିଛକ ବାସ୍ତବବାଦୀ।" (୨୦) ଶ୍ରମିକ ତାନ୍‌ସେନ୍‌ର କର୍ମକ୍ଳାନ୍ତ ଜୀବନରେ 'ମଇନା' ନାମ୍ନୀ ଝିଅର ସରାଗ ତାକୁ ସକ୍ରିୟ କରିଥିଲା। ହେଲେ କାହାଣୀର ଶେଷ ଭାଗରେ 'ମଇନା'ର ଦୁର୍ଘଟଣା ଜନିତ ମୃତ୍ୟୁ, ମଇନାର ସମାଧି ପାଖରେ ତାନ୍‌ସେନ୍‌ର ବଇଁଶୀ ଫୁଙ୍କି ଯନ୍ତ୍ରଣା ଉପଶମର ଅସହାୟତାକୁ ଗାଳ୍ପିକ

ଅତ୍ୟନ୍ତ କରୁଣ ଭାବେ ରୂପାୟନ କରିଛନ୍ତି। 'ବଂଶୀର ବିଳାପ' ତୋଳି ମୃତ ମଇନାକୁ ଆହ୍ୱାନ କରିବାର ଅପଚେଷ୍ଟା ସଂପର୍କରେ ଗାଳ୍ପିକଙ୍କ ଉଚ୍ଚାରଣ ବେଶ୍ ହୃଦ୍ୟ। "ତାନ୍‌ସେନ୍ ବଇଁଶୀ ଫୁଙ୍କୁଛି ପାହାଡ଼ ପାଖର ସେଇ ଜାଗାରେ, ଯେଉଁଠି ଗଲାବର୍ଷ ମଇନାକୁ ସମାଧି ଦିଆଯାଇଥିଲା ମୋ ଉପସ୍ଥିତିରେ। x x x ଏଇ ବଂଶୀ ଦିନେ ତାକୁ ଆଣି ଦେଇଥିଲା ମଇନାର ସାନ୍ନିଧ୍ୟ। ମଇନା ତା' ଉପରେ ଅଭିମାନ କରି କେଉଁଠି ଲୁଚି ବସିଛି ପରା ! ଏ ବଂଶୀସ୍ୱର ଶୁଣିଲେ ସେ ନିଶ୍ଚୟ ଆସିବ। ଥୟଧରି କେବେ ରହିପାରିବ ନାହିଁ। ଯେଉଁଠି ଥିଲେ ବି ମଇନା କ'ଣ ତାନ୍‌ସେନ୍‌କୁ ଭୁଲି ରହିପାରେ ?" (୨୧) 'ଦୁହାଁଳ ଗାଈ'ରେ ଗାଳ୍ପିକ ପ୍ରତି ବେତନଧାରୀ ଘର ମୁଖିଆକୁ ଏକ 'ଦୁହାଁଳ ଗାଈ' ଭାବରେ ଆଖ୍ୟାୟିତ କରିଛନ୍ତି। ଯିଏ ଅବସରପ୍ରାପ୍ତି ପରେ ଜୀବନର ଶେଷାର୍ଦ୍ଧ ପର୍ଯ୍ୟନ୍ତ ନିଜ ଜୀବନକୁ ପରିବାର ପାଇଁ ଉତ୍ସର୍ଗ କରିଥାଏ। 'ବ୍ୟର୍ଥ ବସନ୍ତ' ଗଳ୍ପ ଏକ ଭିନ୍ନ ଧରଣର ଗଳ୍ପ। ଆଧୁନିକ ଗଳ୍ପ ସାହିତ୍ୟରେ ଗାଳ୍ପିକ ଗୌରହରିଙ୍କୁ 'ସରୋଗେସି' ମାତୃତ୍ୱର ରୂପରେଖ ଅଙ୍କନ କରିଥିବା ଓଡ଼ିଆ ଭାଷାର ଆଦ୍ୟ ପ୍ରବକ୍ତା ଭାବରେ ଗ୍ରହଣ କରାଯାଇପାରେ। ମାତୃତ୍ୱ ପାଇଁ ବିକଳ ନିଜ ସ୍ତ୍ରୀ ଗାନ୍ଧାରୀର ଇଚ୍ଛାକୁ ପରିପୂର୍ଣ୍ଣ କରିପାରି ନ ଥିବା 'ମଳୟ' ନାମକ ନପୁଂସକ ଚରିତ୍ରଟି କିପରି ନିଜ ବନ୍ଧୁ ଅଜିତ୍‌ର ସହଯୋଗ କାମନା କରିଛି ଏବଂ ପରିବେଶରେ ଅଜିତ୍‌ର ସାହଚର୍ଯ୍ୟରେ 'ଗାନ୍ଧାରୀ' କିପରି ମାତୃତ୍ୱ ଲାଭ କରିଛି - ଏହାରି ଭାବଭୂମି ଉପରେ ଆଧାରିତ ହୋଇଛି 'ବ୍ୟର୍ଥ ବସନ୍ତ' ଗଳ୍ପ। ଅତ୍ୟାଧୁନିକ ସମାଜରେ 'ମାତୃତ୍ୱ' ଲାଭକୁ ନେଇ କଥାକାରଙ୍କ ବୈଜ୍ଞାନିକ ଦୃଷ୍ଟିକୋଣ ଆଲୋଚ୍ୟ ଗଳ୍ପକୁ ବାସ୍ତବବାଦୀ କରିଛି। ପରବର୍ତ୍ତୀ ସମୟରେ ସେ ଏଇ ଥିମ୍‌କୁ ନେଇ ଲେଖିଛନ୍ତି ତାଙ୍କର ଅନ୍ୟ ଏକ ଗଳ୍ପ 'ଉଧାର ମାଆ'।

ପନ୍ଦରଟି ଗଳ୍ପର ସୁସମନ୍ୱୟରେ କଥାକାର ଗୌରହରି ଦାସଙ୍କ 'ଆଖଡ଼ା ଘର' ଗଳ୍ପ ସଂକଳନଟି ଅତ୍ୟନ୍ତ ମର୍ମସ୍ପର୍ଶୀ ହୋଇଛି। 'ରକ୍ତାକ୍ତ ଅଭିଷେକ' ଗଳ୍ପରେ ନଖଣ ମଳିକ ପରି ମଳିମୁଣ୍ଡିଆ ଲୋକଙ୍କ ପାଇଁ ପିତୃତ୍ୱ ଲାଭର ବିଡ଼ମ୍ବିତ ଚିତ୍ର ରୂପାୟିତ ହୋଇଛି, ଯେଉଁଠି ଉତ୍ସବମୁଖର ରାଜଧାନୀରେ ଆସନ୍ନପ୍ରସବା ମହାରାଣୀଙ୍କ ପାଇଁ ଶିଶୁ ଜନ୍ମର ବହୁ ପୂର୍ବରୁ ମହୋତ୍ସବ ପାଳନ ଉଦ୍ଦେଶ୍ୟରେ ରାଜ୍ୟବାସୀ ନଗରକୁ ସୁସଜ୍ଜିତ କରି ରଖିଛନ୍ତି, ଅପର ପାର୍ଶ୍ୱରେ ଗରିବ-ଖଟିଖିଆ ନଖଣ ମଳିକ ପରି ଅସହାୟ ନାଗରିକର ଆସନ୍ନ ପ୍ରସବା ପତ୍ନୀର ଦୁର୍ଦ୍ଦଶା ଦେଖିବା ଲାଗି ସରକାରୀ ଡାକ୍ତରଖାନାରେ ଡାକ୍ତର କି ନର୍ସ କେହି ନାହାନ୍ତି। ଡାକ୍ତରଖାନାରେ ଅବହେଳା

ଯୋଗୁଁ ନଖଣ ମଲିକ ସ୍ତ୍ରୀର ସଦ୍ୟଜାତ ଶିଶୁକୁ କୁକୁର ଟାଣି ଟାଣି ଖାଇବାର ଦାରୁଣ ଚିତ୍ର ଗଳ୍ପଟିକୁ ଜୀବନ୍ତ କରିଛି। 'ଚିଡ଼ିଆଖାନା' ଗଳ୍ପରେ ସ୍ୱପ୍ନ, ବାସ୍ତବତା, ଯୋଜନା, କଳ୍ପନା, ଇତିହାସ ଓ ଭବିଷ୍ୟତକୁ ହରାଇଥିବା ହରି ନାହାକ ଭଳି ଦୁଃସ୍ଥ ଚରିତ୍ରର ଜୀବନ ଯନ୍ତ୍ରଣାର ନିଖୁଣ ଚିତ୍ର ରହିଛି। ରାଜନୀତିକ ଦାଓପେଞ୍ଚର ଶିକାର ହୋଇ ଅଗ୍ନିକାଣ୍ଡରେ ଦଗ୍ଧ ନିଜ ପିତାମାତାଙ୍କ ମୃତ ଶରୀର ମଧ୍ୟ ସେ ସଂସ୍କାର କରିପାରି ନାହିଁ, ବରଂ ଅଯଥା ଗଣମାଧ୍ୟମର ସାମ୍ବାଦିକଙ୍କ ରିପୋର୍ଟ ନିମନ୍ତେ ଏକ ବିଜ୍ଞାପିତ ଚିତ୍ର ପାଲଟିଯିବା ଦୁଃସ୍ଥ ମଣିଷଙ୍କ ଅସହାୟତାକୁ ସୂଚିତ କରିଛି। 'କଙ୍କାଳର ଅଭିମାନ', 'ମଧ୍ୟରାତ୍ରର ଇନ୍ଦ୍ରଧନୁ', 'କାର୍ଟୁନ୍' ଇତ୍ୟାଦି ଗଳ୍ପରେ ସାମାଜିକ ସଂଘାତମୟ ସ୍ଥିତିର ବର୍ଣ୍ଣନା ରହିଛି। 'ହାରିଯାଇଥିବା ମଣିଷ' ଗଳ୍ପରେ କୌଣସି ଏକ ଜେଲ୍‌ରେ ୧୨୭ ନମ୍ବର କଏଦୀ ଓରଫ୍ ବୁଦ୍ଧଦେବର ଆତ୍ମହତ୍ୟା ପ୍ରସଙ୍ଗ ରହିଛି। ପ୍ରତ୍ୟେକ ମୃତ୍ୟୁକୁ ନେଇ ନିଜ ଦୃଷ୍ଟିକୋଣ ସମ୍ପର୍କରେ ଗୌରହରି ଦାସ କହିଛନ୍ତି- "ସ୍ୱାଭାବିକ ହେଉ ବା ଅସ୍ୱାଭାବିକ ହେଉ, ସବୁ ମୃତ୍ୟୁ ପଛରେ ପଡ଼ିରହେ ଗୋଟାଏ ବ୍ୟକ୍ତି ଜୀବନର ଇତିହାସ। ସେହିପରି ଇଏ ଯେଉଁ ଜୀବନର ପୂର୍ଣ୍ଣଚ୍ଛେଦ ପଡ଼ିଗଲା ଜେଲ୍‌ର ଚାରିକାନ୍ଥ ଭିତରେ, ତା' ପଛରେ ବି ପଡ଼ିରହିଲା ଗୋଟାଏ ଅଲୋଡ଼ା ଇତିହାସ।" (୨୨) କଏଦୀ ବୁଦ୍ଧଦେବର ମୃତ୍ୟୁ ପଛରେ ଯେ ତା'ର ଏକ ଇତିହାସ ଲୁକ୍କାୟିତ ତା'ର ବର୍ଣ୍ଣନା ଦେଇ ଗାଳ୍ପିକ ବୁଦ୍ଧଦେବର ପାରିବାରିକ ଜୀବନର ଚିତ୍ର ପ୍ରଦାନ କରିଛନ୍ତି। ବୁଦ୍ଧଦେବର ଦି'ପା ଜମି, ଘରଡିହକୁ ସୁଧଖୋର ମହାଜନ କାହ୍ନୁ ସାହୁ ଛଳନା କରି ହଡ଼ପ କରିବା ଏବଂ ସ୍ତ୍ରୀ ମଞ୍ଜୁ ପ୍ରତି ଅତ୍ୟାଚାର ଓ ତା'ର ଆତ୍ମହତ୍ୟାର ବର୍ଣ୍ଣନା ଆଲୋଚ୍ୟ ଗଳ୍ପକୁ ପ୍ରଭାବଶାଳୀ କରିଛି। 'ଆଖଡ଼ା ଘର' ଗଳ୍ପରେ ଗାଳ୍ପିକ ନିଜ ବ୍ୟକ୍ତିଗତ ପରିସରରୁ କଥା ସାଉଁଟିଛନ୍ତି। ନିଜ ଗାଁ 'ଆଖଡ଼ା ଘର'କୁ ସୁଦୀର୍ଘ ସମୟ ଓ ପରମ୍ପରାର ସ୍ମାରକୀ ରୂପେ ଅଭିବ୍ୟଞ୍ଜିତ କରିବାକୁ ଯାଇ ଲେଖିଛନ୍ତି- "ଇତିହାସ କ'ଣ ବୋଲି ମୋତେ କେହି ପଚାରିଲେ ଉତ୍ତରରେ ମୁଁ 'ଏଇ' କହି ଯାହାକୁ ହାତଠାରି ଦେଖାଇଦେଇ ପାରିବି ସେ 'ଏଇ' ଜିନିଷଟି ଆମ ଗାଆଁର 'ଆଖଡ଼ା ଘର' ବ୍ୟତୀତ ଅନ୍ୟ କିଛି ନୁହେଁ। ଅତୀତ, ଭବିଷ୍ୟତ ଓ ବର୍ତ୍ତମାନ ମଧ୍ୟରେ ଏକ ଅପୂର୍ବ ସମନ୍ୱୟ ରକ୍ଷା କରି ମହେଞ୍ଜୋଦାରୋ ବା ହରପ୍ପାର ଭଗ୍ନାବଶେଷ ପରି ଏ ଯେଉଁ ଆଖଡ଼ା ଘରଟି ବହୁ ଗ୍ରୀଷ୍ମ, କାକର ଓ ଉତ୍ତରା ପବନର ମୁକାବିଲା କରି ଛିଡ଼ା ହୋଇଛି ତାକୁ ଯଦି ମୁଁ ଇତିହାସ କହେ, ତେବେ ସେଥିରେ 'ଇତିହାସ' ଶବ୍ଦର ଗୌରବ ଆଦୌ ହାନି ହେବ ନାହିଁ। କେତେ ସୁଖ-ଦୁଃଖ, ଆନନ୍ଦ-ଉତ୍ସାହ, ଆବେଗ-ଅନୁରାଗ ପୁଣି ଆକ୍ରୋଶ ତିତିକ୍ଷାର ଜୀର୍ଣ୍ଣ ସ୍ମୃତିରେ ମୂର୍ତ୍ତିମନ୍ତ

ଏ ଇତିହାସର କାଦୁଅଲିପା କାନ୍ଥ ଓ ନଡ଼ାଛାଉଣୀ ଘର। ଏହାର ପ୍ରତିଟି କୋଣ ଅନୁକୋଣରେ ଦୂର ଅତୀତର ସ୍ମୃତିବହୁଳ ଗାଥା ଗୁମ୍ଫିତ।" (୨୩) ଆଲୋଚ୍ୟ ଗଳ୍ପରେ ମାନୀ ଅପା, କସ୍ତୁରୀ ମଉସା, ହଉଡ଼ା ଦାଦା, ଦାମ ଅଜା, ପାଣ୍ଡୁ ସାମଲ ଓ ଘୁଣ୍ଡ ନାୟକ ଇତ୍ୟାଦି ଚରିତ୍ରମାନଙ୍କ ସ୍ମୃତିଚାରଣ କରି ଗାଁ ଆଖଡ଼ା ଘରେ ଅଭିନୀତ ନାଟକ ପରଂପରାର ସମୃଦ୍ଧି ଚିତ୍ର ଅଙ୍କନ କରିଛନ୍ତି। 'ସଂଳାପ ଭୁଲିଥିବା ନାୟକଟିର ଅସହାୟତାରେ' ଜଣେ ଯୁବକର ପାଇବା-ହରେଇବାର ମନସ୍ତାତ୍ତ୍ୱିକ ଚିତ୍ର ରହିଛି। ଜଣେ କୁଶଳୀ କଳାକାର ଭାବରେ ହସକାନ୍ଦକୁ କରାୟତ୍ତ କରି ରଙ୍ଗମଞ୍ଚରେ ଅଭିନୟ କରିବା ଏବଂ ବାସ୍ତବ ଜୀବନରେ ଅଭିନୟ କରିବା ମଧ୍ୟରେ ଆକାଶ ପାତାଳ ପ୍ରଭେଦକୁ ଆଲୋଚ୍ୟ ଗଳ୍ପରେ ଗାଳ୍ପିକ ଦର୍ଶାଇଛନ୍ତି। ଅତି ନାଟକୀୟ ଢଙ୍ଗରେ ଗଳ୍ପଟିକୁ ମାତ୍ର ଦୁଇଟି ଧାଡ଼ିରେ ପାଠକ ସମ୍ମୁଖରେ ସ୍ପଷ୍ଟ କରି ଗାଳ୍ପିକ ଲେଖିଛନ୍ତି- "ଟେବୁଲ୍ ଉପରେ ପଡ଼ିରହିଛି ଦୁଇଟିଯାକ ଟେଲିଗ୍ରାମ୍। ଗୋଟିକରେ ଜୀବନବ୍ୟାପୀ ସାଧନାର ଚୂଡ଼ାନ୍ତ ସ୍ୱାକ୍ଷର। ସେ ସ୍ୱର୍ଣ୍ଣକମଳ ବିଜେତା, ତାଙ୍କୁ ଦିଲ୍ଲୀ ଯିବାକୁ ପଡ଼ିବ। ଆଉ ଗୋଟାକରେ ତାଙ୍କ ବାପାଙ୍କର ପରଲୋକ ହୋଇଥିବା ଖବର। x x x ତେବେ କୁଆଡ଼େ ଗଲା କଳାକାର ଜୀବନର ଦକ୍ଷତା, ହସକାନ୍ଦକୁ କରାୟତ୍ତ କରିପାରିଥିବା ସଦର୍ପ ଆସ୍ଫାଳନ? କାହିଁ, ସେ ତ ଏଇ ମୁହୂର୍ତ୍ତରେ ହସିପାରୁନାହାନ୍ତି ରଙ୍ଗମଞ୍ଚର ସେ ଏକଛତ୍ର ସମ୍ରାଟଟିଏ ପରି।" (୨୪) ଅତୀତର ସ୍ମୃତି ଅବଲମ୍ବନରେ ଗାଳ୍ପିକ 'ସେଇ ଭାଦ୍ରବର ସ୍ମୃତି', 'ଆଉ ଜଣେ ଭୀଷ୍ମ', 'ପରେ କଥା ହେବା' ଇତ୍ୟାଦି ଗଳ୍ପ 'ଆଖଡ଼ା ଘର' ସଂକଳନକୁ ପରିପୂର୍ଣ୍ଣ କରିଛି। 'ଆଖଡ଼ା ଘର'ର ଶେଷ ଗଳ୍ପ 'ପିପିଲିର ପିପୀଲିକା'ରେ ବେପାରୀ ବଣିଆର ମୁନାଫା ପାଇଁ ଶୈଶବର ଧୂଳିଖେଳ ଭୁଲି ରଙ୍ଗବେରଙ୍ଗ କନା କାଗଜରେ ହାତୀ, ଘୋଡ଼ା, ଚଢ଼େଇର ଚିତ୍ରିତ ଚାନ୍ଦୁଆ ତିଆରି କରି ଦି'ଟଙ୍କା ମଜୁରି ଆଶା ରଖୁଥିବା ଅସହାୟ ଭାଇ-ଭଉଣୀଙ୍କ ପ୍ରତି ସମବେଦନାର ହାର୍ଦ୍ଦିକ ସ୍ୱର ବେଶ୍ ହୃଦୟସ୍ପର୍ଶୀ।

ଚଉଦଟି ଗଳ୍ପ ସନ୍ନିବେଶିତ 'ସ୍ୱପ୍ନ ପାଇଁ ରାତି କାହିଁ' ସଂକଳନରେ ବାସ୍ତବବାଦର ଚରମ ସ୍ଥିତି ଅନୁଭୂତ ହୁଏ। 'ସ୍ୱପ୍ନ ପାଇଁ ରାତି କାହିଁ' ଗଳ୍ପର ମାନସ ଚରିତ୍ର ମଧ୍ୟରେ ପାଠକେ ଗାଳ୍ପିକଙ୍କ ଜୀବନାନୁଭୂତିର ଅବ୍ୟକ୍ତ ରୂପକୁ ହେଜିପାରିବେ। ମଠର ଛୁଆ ବାଆଜିଟିଏ ଗାଁରୁ ପଳେଇ ଆସି କଟକରେ ବଞ୍ଚିବା ପାଇଁ କରିଥିବା ସଂଘର୍ଷର ଚିତ୍ର ଏଥିରେ ରହିଛି। ସାମାଜିକ ଜୀବନରେ ତିଷ୍ଠି ରହିବା ପାଇଁ ମଣିଷ ଭିତରେ ଲୁକ୍କାୟିତ ପଶୁ ଓ ଯୌନ ପ୍ରବୃତ୍ତିର ନିଛକ ଚିତ୍ର ଏଥିରେ ରହିଛି। କଥାକାର ଗୌରହରିଙ୍କ ଅନେକ କାହାଣୀରେ ଅତୀତ ଆମୁଖତା (ନଷ୍ଟାଲଜିଆ)ର ସ୍ୱର ସୁସ୍ପଷ୍ଟ।

ଏମିତି ସ୍ମୃତିରୁ ତାଜା କରି ଗପର ନାୟକ ଭାବରେ ଅନେକଙ୍କୁ ସେ ତାଙ୍କ କଥାକାରିତାରେ ଜୀବନ୍ୟାସ ଦିଅନ୍ତି। 'ଜଣେ ରାଜା ଥିଲେ', 'ଏକଲା ରାଜପୁତ୍ର'ରେ ଅତୀତ ଆମୁଖତାର ସ୍ୱର, ବିଭିନ୍ନ ଲୋକ ପରିଚିତ ମଧ୍ୟରୁ ସ୍ମୃତିରେ ଖୋଜିଥିବା 'ମିଷ୍ଟର ଡି.କେ ଲକ୍ଷ୍ମଣ', 'ମିଷ୍ଟର୍ ସାକ୍ସେନା ଓ ଜହ୍ନରାତି' ଇତ୍ୟାଦି ଗଳ୍ପ ଉଲ୍ଲେଖଯୋଗ୍ୟ। 'ରଥ ଆଉ ଯାତ' ଗଳ୍ପରେ ଭକ୍ତିଭାବ ଓ ଆବେଗହୀନ ଦେଖାଣିଆପଣର ବାସ୍ତବ ଚିତ୍ର ଅଙ୍କନ ହୋଇଛି। ଆଲୋଚ୍ୟ ସଂକଳନର 'ଇତିହାସଟିଏ ପଡ଼ିରହିଛି' ଗଳ୍ପର ଶୀର୍ଷକ କ୍ରମେ ପରିବର୍ତ୍ତିତ ହୋଇ 'ବୁଢ଼ା ଲୋକଟି ଶୋଇଛି' ନାମରେ ପ୍ରକାଶିତ ହୋଇଛି। ଆଲୋଚ୍ୟ ଗଳ୍ପରେ ବୁଢ଼ା-ବୁଢ଼ୀଙ୍କ ଦାମ୍ପତ୍ୟ ପ୍ରେମର ଚିତ୍ର ସହ ସନ୍ତାନମାନଙ୍କର ସେମାନଙ୍କ ପ୍ରତି ହତାଦରର ଚିତ୍ର ରହିଛି। ପ୍ରୌଢ଼ମାନଙ୍କ ପ୍ରତି ଯୁବପିଢ଼ିର ଅବହେଳା ଓ ଅଣଦେଖା ଭାବ ପ୍ରତି ଏହି ଗଳ୍ପରେ ତୀବ୍ର ବିଦ୍ରୂପ ଚିତ୍ରିତ ହୋଇଛି। ରଙ୍ଗମଞ୍ଚ ଓ ମଞ୍ଚ ପ୍ରଦୀପର ଆଲୋକରେ ଅଭିନୟକୁ ଆଦରି ନେଇଥିବା ନିଃସଙ୍ଗ ମଣିଷମାନଙ୍କ ଯନ୍ତ୍ରଣାର ସ୍ୱର ରହିଛି 'ଅଭିନୟର ରଙ୍ଗ' ଗଳ୍ପରେ। ପିଲାଦିନର ସ୍ମୃତି, ବର୍ଷାଧୁଆ ଅପରାହ୍ନର ରୋମାଞ୍ଚକର ଅନୁଭୂତିକୁ ଆଧାର କରି 'ଧୂଳିଘର, ଲୁନା ଓ ଗଜଲ୍' ଗଳ୍ପଟି ବେଶ୍ ହୃଦୟସ୍ପର୍ଶୀ। ଶିଶୁ ମନସ୍ତତ୍ତ୍ୱକୁ ନେଇ ଗୌରହରିଙ୍କ ବିଶ୍ଳେଷଣ ଅତ୍ୟନ୍ତ ହୃଦୟସ୍ପର୍ଶୀ। 'ଗୋଟିଏ କଥାକୁହା କଣ୍ଢେଇର ବିୟୋଗ' ଗଳ୍ପରେ ମଣିଷର ଅସଲ ଶତ୍ରୁ ସେଇ ମଣିଷର ମର୍ମବାଣୀ ଅନୁରଣିତ ହୋଇଛି। ପଦସ୍ଥ ମନ୍ତ୍ରୀ-ଯନ୍ତ୍ରୀଙ୍କ ଦୁର୍ନୀତି, କଣ୍ଟ୍ରାକ୍ଟର ଓ ଠିକାଦାରମାନଙ୍କର ଟଙ୍କା ହଡ଼ପ ମନୋବୃତ୍ତି ହେତୁ ସାଧାରଣ ଜନତାଙ୍କର ଅଭାବନୀୟ ଦୁର୍ଦ୍ଦଶା ଭୋଗର ଚିତ୍ର ରହିଛି 'ଖଜୁରୀ ଗଛ' ଗଳ୍ପରେ। 'ଖଜୁରୀ ଗଛର କି ଗୁଣ ଗାଇବି, ମୂଳରୁ ପାହାଚ ପାହାଚ' ନୀତିରେ ସମାଜକୁ ରସାତଳଗାମୀ କରିବା କ୍ଷେତ୍ରରେ ପାହ୍ୟାଧାରୀ-ପଦସ୍ଥମାନଙ୍କର ଦୁର୍ନୀତିକୁ ଏଥିରେ ଗାଳ୍ପିକ ଦାୟୀ କରିଛନ୍ତି।

ଗୌରହରିଙ୍କ ଦ୍ୱାରା ଲିଖିତ ଏଗାର ଗୋଟି ଗଳ୍ପର ସୁସମାହାରରେ ପ୍ରକାଶିତ 'ଭାରତବର୍ଷ' ଗଳ୍ପ ସଂକଳନରେ ଜାତି, ସମାଜ ଏବଂ ଦେଶର ବାସ୍ତବ ଚିତ୍ର ରହିଛି। ଆଲୋଚ୍ୟ ସଂକଳନସ୍ଥ ଗଳ୍ପଗୁଡ଼ିକ ସଂପର୍କରେ ସ୍ପଷ୍ଟ କରିବାକୁ ଯାଇ ଗାଳ୍ପିକ ଉଲ୍ଲେଖ କରିଛନ୍ତି- "ପ୍ରତି ଭାରତୀୟ ମନରେ ତା' ଦେଶକୁ ନେଇ କଳ୍ପନାର ସ୍ୱତନ୍ତ୍ର ମାନଚିତ୍ରଟିଏ ରହିଛି। ଦେଶର ଆଶା-ପ୍ରତ୍ୟାଶା ନେଇ ଭିନ୍ନ ଚିତ୍ରଟିଏ ରହିଛି, ଭିନ୍ନ ଭିନ୍ନ ସ୍ୱପ୍ନଟିଏ ରହିଛି। ସେ ସ୍ୱପ୍ନ ସହ ଯୋଡ଼ି ହୋଇ ରହିଛି ତା' ନିଜର, ନିଜ ପରିବାରର ପୁଣି ତା' ଚାରିପାଖରେ ରହୁଥିବା ମଣିଷ, ପଶୁପକ୍ଷୀ, ପାହାଡ଼, ଝରଣା, ନଈ, ସମୁଦ୍ର ଓ ଗଛଲତାଙ୍କର ସୁଖ ଓ ସମୃଦ୍ଧି। ନିଜ ଦେଶର କଳା, ସାହିତ୍ୟ, ଇତିହାସ

ଓ ସଂସ୍କୃତିର ସମୃଦ୍ଧି। x x x ଏ ଦେଶର କୋଟି କୋଟି ମଣିଷଙ୍କ ପାଇଁ ଭାରତ କେବଳ ମାତ୍ର ଏକ ଭୌଗୋଳିକ ଅବସ୍ଥିତି ନୁହେଁ, ଏହା ସେମାନଙ୍କ ଅତୀତ, ବର୍ତ୍ତମାନ ଓ ଭବିଷ୍ୟତ ଚେତନାର ଅବିଚ୍ଛେଦ୍ୟ ଅଙ୍ଗ। ସେମାନଙ୍କର ପଥ, ପାଥେୟ ଓ ଲକ୍ଷ୍ୟ।" (୨୫) 'ଭାରତବର୍ଷ' ସଂକଳନସ୍ଥ 'ଭାଙ୍ଗିପଡୁଥିବା ଭୂଗୋଳ' ଗଳ୍ପରେ ସଭ୍ୟତାର ବିକାଶ ଓ ପ୍ରଗତି ସ୍ରୋତରେ ଏବେ ମଧ୍ୟ ବଞ୍ଚିବା ପାଇଁ ସଂଘର୍ଷରତ ଭାରତୀୟମାନଙ୍କ ଦୃଶ୍ୟ ରହିଛି। ଏ ଗଳ୍ପରେ ଗାଳ୍ପିକ ଟ୍ରେନ୍‌ଟିକୁ ଭାରତ ଭାବେ ଗ୍ରହଣ କରିଛନ୍ତି। ଏଠି ବାତାନୁକୂଳିତ ବଗି ଜାମ୍ମୁ ଓ କାଶ୍ମୀର, ପାଣି ସମସ୍ୟା ଥିବା ବଗି ଜଳସମସ୍ୟା ଭୋଗୁଥିବା ତାମିଲନାଡୁ ପରି ରାଜ୍ୟ। ଟ୍ରେନ୍‌ଟି ଭାରତ ବିଭାଜନ ପରଠାରୁ ଦି ଭାଗ ହୋଇଛି। ଗୋଟିଏ ଇଞ୍ଜିନ୍ ସହ କିଛି ବଗି ସିନ୍ଧୁ ଡେଇଁ ଚାଲିଗଲା (ପାକିସ୍ତାନ)। ଆଉ କିଛି ଅଧିକ ବଗି ଧରି ଇଞ୍ଜିନ୍‌ଟିଏ ସହିତ ଏପଟକୁ ଆସିଲା ନୂଆ ଟ୍ରେନ୍ (ଭାରତ)। ମାତ୍ର କ୍ରମେ ସଂରକ୍ଷଣ ସମସ୍ୟା, ମଣ୍ଡଳ ସମସ୍ୟା, ସନ୍ତ୍ରାସବାଦ ଓ ଆତଙ୍କବାଦୀ ପରି ସମସ୍ୟା ଭିତରେ ଭାରତ ଦୁର୍ବଳ ହୋଇଯାଉଛି। ଏ ଗଳ୍ପରେ ଗାଳ୍ପିକ ଜଣେ ପଙ୍ଗୁ କିଶୋରୀ ଏବଂ ଆଉ ଜଣେ ବୃଦ୍ଧ ଯାତ୍ରୀ ଭିତରେ କଥୋପକଥନ ମାଧ୍ୟମରେ ଭାରତର ସମସ୍ୟାମାନ ଉତ୍‌ଥାପନ କରିଛନ୍ତି। ପରିଣତିରେ ଟ୍ରେନ୍‌ଟି ମୃତ ମଣିଷଙ୍କ ଶବ ଓ ରକ୍ତନିଗିଡ଼ା ଲୁଗାପଟା ନେଇ ଆଗକୁ ଗଡୁଛି। ଗାଳ୍ପିକଙ୍କ ମନରେ ପ୍ରଶ୍ନ - ଏଭଳି ଟ୍ରେନ୍ କ'ଣ ସତରେ ଦିନେ ଈପ୍‌ସିତ ବିକାଶ ପାଖରେ ପହଞ୍ଚି ପାରିବ ! 'ଉତ୍ତାନପାଦ' ଗଳ୍ପରେ ତଥାକଥିତ ଶାସନ ବ୍ୟବସ୍ଥା, ନ୍ୟାୟ ବ୍ୟବସ୍ଥା ଓ ପ୍ରଶାସନ ବ୍ୟବସ୍ଥାର ବିକୃତ ରୂପ ରହିଛି। କଲଣପୁର ଗାଆଁର ପାଞ୍ଚଟି ହତଭାଗ୍ୟ ପରିବାରର ସମସ୍ୟା ନେଇ କଟକ ଆସିଥିବା ଯୁବକ ଜଗଦୀଶ କିପରି ନିଜେ ନିର୍ଯାତନାର ଶିକାର ହୋଇଛି 'ବିପ୍ଳବୀ' ଗଳ୍ପରେ ତାହା ସ୍ପଷ୍ଟ ଉପଲବ୍ଧ ହୁଏ। ସେହିପରି 'ମୁକାବିଲା' ଗଳ୍ପରେ ନାୟକ କରୁଣା ବହୁ ଘାତ-ପ୍ରତିଘାତ ଓ ଚରମ ବିପର୍ଯ୍ୟୟ ସତ୍ତ୍ୱେ ଜୀବନରେ ହାର୍ ନ ମାନି ନିଜ ଆତ୍ମବିଶ୍ୱାସକୁ ପାଥେୟ କରିଥିବାର ଦୃଢ଼ତା ଅନୁରଣିତ ହୁଏ। ସାମଜିକ ସମସ୍ୟାକୁ ସମ୍ମୁଖୀନ କରୁଥିବା ନିର୍ଭୟ ଯୁବକ ଗୌତମର ଅନ୍ତରାତ୍ମାର ଆହ୍ୱାନ ଶୁଭେ 'ଯୁଦ୍ଧ' ଗଳ୍ପରେ। 'ଏକଲା ମଣିଷ', 'ମୁଖାବତରଣ', 'ପବିତ୍ର ସକାଳ', 'ଚଉଧୁରୀ ପୋଖରୀ', 'ସମ୍ରାଟ' ଇତ୍ୟାଦି ଗଳ୍ପରେ ଜୀବନସଂଗ୍ରାମ ଓ ସାମାଜିକ ମୂଲ୍ୟବୋଧର ଅବକ୍ଷୟମାଣ ଚିତ୍ର ପ୍ରଦତ୍ତ। ସ୍ୱାଧୀନ ଭାରତର ନାଗରିକ ଭାବେ ନୂଆପାଟ ଗ୍ରାମବାସୀଙ୍କ ତରଫରୁ ପ୍ରତିନିଧିତ୍ୱ କରୁଥିବା ବୃଦ୍ଧ ରଘୁନାଥଙ୍କ ପ୍ରତିଟି ଅସହାୟ ଯନ୍ତ୍ରଣାର କରୁଣ ମର୍ମଲିପି ବହନ କରିଛି 'ଭାରତବର୍ଷ' ଗଳ୍ପ। ବିଶିଷ୍ଟ କଥାଶିଳ୍ପୀ ଗୋଦାବରୀଶ ମହାପାତ୍ରଙ୍କ 'ଏବେ ମଧ୍ୟ ବଞ୍ଚିଛି'ର ଅନାମ ମହାପାତ୍ରଙ୍କୁ ଗୌରହରିଙ୍କ 'ରଘୁନାଥ' ଚରିତ୍ର ମଧ୍ୟରେ

ପାଠକ ଖୋଜି ପାଇପାରନ୍ତି। ରଘୁନାଥଙ୍କ କଥାସବୁକୁ ପଦସ୍ଥ ଅଫିସରମାନେ ଏଡ଼େଇ ଦେଇ ଚାଲିଯାଇଛନ୍ତି। ଲୋକମାନଙ୍କର ଦୁର୍ଦ୍ଦଶାର ଦଲିଲ୍ ଭାବରେ ତାଙ୍କ ହାତରେ ଥିବା ଦରଖାସ୍ତ ପ୍ରଶାସନ ଆଖିରେ ମୂଲ୍ୟହୀନ ହୋଇପଡ଼ିଛି। ଗାଳ୍ପିକ ଗୌରହରି ଦାସ ଏହାର ଜୀବନ୍ତ ଦୃଶ୍ୟ ପ୍ରଦାନ କରିବାକୁ ଯାଇ ଲେଖିଛନ୍ତି- "ରଘୁନାଥ ଦୁଇ ହାତ ମେଲେଇ ଚିତ୍‌କାତ୍ ହୋଇ ପଡ଼ିରହିଥିଲେ ଗଛମୂଳେ। ଲମ୍ବା ସାବ୍‌ଜା ଘାସ ପଡ଼ିଆ ଉପରେ ରଘୁନାଥଙ୍କ ଚେହେରା ଦିଶୁଥିଲା ଭାରତବର୍ଷର ନକ୍‌ସାଟେ ପରି। ଲୋଚାକୋଚା ହେଇ ପଡ଼ିରହିଥିଲା ରଘୁନାଥଙ୍କର ବ୍ୟାଗ୍ ଖଣ୍ଡେକ ଏବଂ ସେହି ବ୍ୟାଗ୍ ଭିତରେ ରାଷ୍ଟ୍ରପତି, ପ୍ରଧାନମନ୍ତ୍ରୀ, ମୁଖ୍ୟମନ୍ତ୍ରୀଙ୍କ ପାଖକୁ ପଠାଯାଇଥିବା ଦରଖାସ୍ତମାନଙ୍କର ନକଲ।" (୨୬)

ଚଉଦଗୋଟି ଗଳ୍ପ ସମାହାରରେ ପ୍ରକାଶିତ 'ମାଟି କଣ୍ଢେଇ' ଗଳ୍ପ ସଂକଳନ ଜୀବନର ଅର୍ଥହୀନତା, ଭଙ୍ଗୁରତା ଓ ଅନ୍ତଃସାରଶୂନ୍ୟତା ସଂପର୍କରେ ଗାଳ୍ପିକଙ୍କ ଅବଧାରଣା ଅତ୍ୟନ୍ତ ବାସ୍ତବ ମନେହୁଏ। ଗାଳ୍ପିକଙ୍କ ମତରେ- "ବେଳେବେଳେ ଲାଗେ ସବୁ ମଣିଷ ଯେମିତି ଗୋଟେ ଗୋଟେ ମାଟି କଣ୍ଢେଇ। କେଉଁ ଅଦୃଶ୍ୟ କାରିଗର ହାତରେ ତିଆରି ଏଇ କଣ୍ଢେଇମାନେ ନିଜର ଭାଗ୍ୟ ବାବଦରେ କେତେ ବେଶୀ ବା ଜାଣନ୍ତି ! କେତେ ବେଶୀ ଜାଣନ୍ତି ଆସନ୍ତାକାଲିର ଚେହେରା ଓ ପରିଚିତ-ଅପରିଚିତ ବନ୍ଧୁମାନଙ୍କର ଚରିତ୍ର ବାବଦରେ। କାହା ପାଇଁ କିଛି ଅନୁକୂଳ ପରିବେଶ ମିଳିଯାଏ, ମିଳିଯାଏ ସ୍ନେହ ଓ ସୌହାର୍ଦ୍ଦ୍ୟ, ମାଟି କଣ୍ଢେଇ ସେଇ ଭିତରେ ହସଖୁସିରେ କିଛିଦିନ ବିତେଇଦିଏ। କାହା ପାଇଁ ସେତିକି ମିଳେନା। ଗଢ଼ି ହେବାର ପର୍ବ ନ ସରୁଣୁ ଭାଙ୍ଗିବାର ପ୍ରକ୍ରିୟା ଆରମ୍ଭ ହୋଇଯାଏ। x x x 'ମାଟି କଣ୍ଢେଇ' ସଂକଳନର ଅଧିକାଂଶ ଚରିତ୍ର ଅଦୃଷ୍ଟ ହାତରେ ଗୋଟେ ଗୋଟେ ଅସହାୟ ଖେଳଣା। ମାତ୍ର ତା' ସତ୍ତ୍ୱେ ସେମାନେ ପରାଜୟକୁ ସ୍ୱୀକାର କରି ନେଇ ନାହାନ୍ତି। ହାରିବାଟା ଅନିବାର୍ଯ୍ୟ ବୋଲି ଜାଣି ସୁଦ୍ଧା ଯୁଝିବାର ସଂକଳ୍ପନରୁ ଓହରି ଯାଇ ନାହାନ୍ତି।" (୨୭) 'ମାଟି କଣ୍ଢେଇ' ସଂକଳନସ୍ଥ 'ସ୍ତ୍ରୀ' ଗଳ୍ପରେ ଗାଳ୍ପିକଙ୍କ ନାରୀବାଦର ନମ୍ର ସ୍ୱର ଭାସ୍ୱର। 'କମଳା' ପରି ନାରୀମାନେ ସମାଜର ପ୍ରତି ଅପବାଦ ଓ ଲାଞ୍ଛନାକୁ ମୁଣ୍ଡପାତି ସହ୍ୟ କରିନେଇ କେବଳ କଣ୍ଢେଇ ସାଜିବାର ଚିତ୍ର ରହିଛି ଗଳ୍ପରେ। ବଂଶମର୍ଯ୍ୟାଦା ଓ ଲୋକଲଜ୍ଜାକୁ ଆଡ଼େଇ କୁଲିଗିରିକୁ ଆପଣେଇ ନେଇଥିବା 'ସପନି' ନାମ୍ନୀ ନାରୀର ଦୁର୍ଦ୍ଦଶା ବର୍ଣ୍ଣିତ ହୋଇଛି 'ଚିହ୍ନା ଅଚିହ୍ନା' ଗଳ୍ପରେ। ନାରୀ ଜୀବନକୁ 'ଗୁଡ଼ି' ସହିତ ତୁଳନା କରି ଗାଳ୍ପିକ ଗୌରହରି ପ୍ରତ୍ୟେକ ଝିଅ ସୁରକ୍ଷିତ ରହନ୍ତୁ ବୋଲି ସେମାନଙ୍କର ବାପାମାନେ ଚାହୁଁଥିବା ଉଲ୍ଲେଖ କରିଛନ୍ତି। ପତ୍ନୀହରା

ଦୀପ୍ତିପ୍ରକାଶ ଅବଶିଷ୍ଟ ଜୀବନର ନିଃସଙ୍ଗତାକୁ କାଟି 'ସୁମିତ୍ରା'ଙ୍କୁ ଗ୍ରହଣ କରିବାକୁ ଚାହିଁଥିଲେ ହେଁ ଝିଅ ଲୁସି ମୁହଁକୁ ଚାହିଁ ସେପରି କରିପାରି ନ ଥିଲେ। ଲୁସିକୁ ଆଦରି ଅବଶିଷ୍ଟ ଜୀବନ ବଞ୍ଚିବା ନିମନ୍ତେ ଅସହାୟ ପିତୃତ୍ୱର ଅନୁଚିନ୍ତାକୁ ମାର୍ମିକ ଢଙ୍ଗରେ ଗାଳ୍ପିକ ଉଲ୍ଲେଖ କରିଛନ୍ତି- "ଲୁସିର ନିଷ୍ପତ୍ତି ସେଦିନ ହୋଇପଡ଼ିଥିଲା ଦୀପ୍ତିପ୍ରକାଶଙ୍କର ନିଷ୍ପତ୍ତି। ଜିଇବା ପାଇଁ ଗୋଟିଏ କିଛି ଅବଲମ୍ବନ ଦରକାର, ଆବଶ୍ୟକ ଗୋଟିଏ ଅର୍ଥପୂର୍ଣ୍ଣ ବାହାନା। ଲୁସି ଥିଲା ସେହି ବାହାନା, ଅବଲମ୍ବନ।" (୨୮) ପରବର୍ତ୍ତୀ ପର୍ଯ୍ୟାୟରେ ଲୁସି ବିବାହ ନିମନ୍ତେ ନିଜ ଇଚ୍ଛା ମୁତାବକ ବର ଚୟନ କରିନେଇଛି। କଷ୍ଟକର ହେଲେ ମଧ୍ୟ ଏହି ବାସ୍ତବତାକୁ ଗ୍ରହଣ କରି ନେଇଛନ୍ତି ଦୀପ୍ତିପ୍ରକାଶ। ମିଛ ସହାନୁଭୂତି, ଦୟା, ଅନୁକମ୍ପାକୁ ଆଶ୍ରା କରି ଜୀବନ ଜିଇବାକୁ ରାଜି ନ ଥିବା 'ମଞ୍ଜୁ ମହାପାତ୍ର' ନାମ୍ନୀ ଏକ ଅସହାୟା ଝିଅର କରୁଣ କାହାଣୀ ରହିଛି 'ଚିଠି' ଗଳ୍ପରେ। ଡାକବାକ୍ସରେ ଚିଠି ପକେଇ ଦେଇ ଆସିଥିବା କାଳୀ ଝିଅ ମଞ୍ଜୁ ମହାପାତ୍ରକୁ ନେଇ ସନ୍ଦିଗ୍ଧ ତିନିଜଣ ଯୁବକ, କୌଶଳ କରି ତାର ଚିଠିଟିକୁ ବାକ୍ସରୁ ବାହାର କରି ଆଣି ପଢ଼ିଛନ୍ତି। ତାହାକୁ ଏକ ପ୍ରେମ ଚିଠି ମନେକରି ତିନି ବନ୍ଧୁଙ୍କ ଭିତରେ ପ୍ରଥମେ କିଏ ଚିଠିଟିକୁ ପଢ଼ିବ ବୋଲି ପରସ୍ପର ଭିତରେ ପ୍ରତିଦ୍ୱନ୍ଦ୍ୱିତା ହୋଇଛି। ଗଳ୍ପର କ୍ଲାଇମାକ୍ସରେ ଗାଳ୍ପିକ ମୋଡ଼ ବଦଳେଇ 'ଚିଠି' ଗଳ୍ପଟିକୁ ହୃଦୟସ୍ପର୍ଶୀ କରି ତୋଳିଛନ୍ତି। ଗାଳ୍ପିକଙ୍କ ଦୃଷ୍ଟିରେ ମଞ୍ଜୁ ମହାପାତ୍ରର ଜୀବନ ସତେ ଯେପରି ଏକ ପରିତ୍ୟକ୍ତ ପ୍ଲାଟ୍‌ଫର୍ମ ପାଲଟିଯାଇଛି। ମାଇକ୍ରୋଫୋନ୍ ଦ୍ୱାରା ପ୍ଲାଟ୍‌ଫର୍ମରେ ଲାଗୁଥିବା ଟ୍ରେନ୍ ସଂପର୍କରେ ଯାତ୍ରୀମାନଙ୍କୁ ସମୟର ସୂଚନା ଦେଉଥିବା ମଞ୍ଜୁର ବିଡ଼ମ୍ବିତ ଜୀବନକୁ ନେଇ କଥାକାରଙ୍କ ଭାବପ୍ରବଣ ଶବ୍ଦମାନ ଝରିପଡ଼ିଛି- "ଏମିତି ଟ୍ରେନ୍ ଆସୁଥିବ, ପୁଣି ଷ୍ଟେସନ୍‌ରେ ରହି ଚାଲିଯାଉଥିବ। ମଞ୍ଜୁ ମହାପାତ୍ର କେବଳ ସେମାନଙ୍କ ଯା-ଆସ ସମୟ ଘୋଷଣା କରୁଥିବ ମାଇକ୍ରୋଫୋନ୍ ଆଗରେ। ଅଥଚ ତା' ନିଜ ଜୀବନ ପ୍ଲାଟ୍‌ଫର୍ମରେ କୌଣସି ଟ୍ରେନ୍ ଆସିବାର ଶବ୍ଦକୁ ସେ ଅପେକ୍ଷା କରୁ ନ ଥିବ।" (୨୯) ମଞ୍ଜୁ ମହାପାତ୍ର ପରି ଜୀବନବୀମା ଅଫିସ୍‌ରେ କାର୍ଯ୍ୟରତ 'ସୁରେଖା'କୁ ନେଇ କଥାକାର ଗୌରହରି ଦାସଙ୍କ ସହାନୁଭୂତି ଆସିଛି 'ଆତତାୟୀ' ଗଳ୍ପରେ। ପରମ ବୈଷ୍ଣବ ନଟଦାଦିଙ୍କ କୁକୁଡ଼ା ତରକାରି ଖିଆ ପ୍ରସଙ୍ଗ ରହିଛି 'ପାପ' ଗଳ୍ପରେ। ଏ ଗଳ୍ପଟି କୈଶୋର ଓ ବୟସ୍କଙ୍କ ପୃଥିବୀ ମଧ୍ୟରେ ଥିବା ବ୍ୟବଧାନ ଓ ପାପ-ପୁଣ୍ୟକୁ ନେଇ ଥିବା ଭିନ୍ନ ବିଚାରବୋଧକୁ ମାର୍ମିକ ଢଙ୍ଗରେ ଉପସ୍ଥାପନ କରିଛି। 'ସେ ଏତେ ହସୁଛି କିପରି', 'ଦୂର ଆକାଶର ପକ୍ଷୀ', 'ମୁଖା', 'ମେଢ଼', 'ଅଭିଯୁକ୍ତ ଆସାମୀ', 'ଦିନ ପ୍ରତିଦିନ' ଇତ୍ୟାଦି ଗଳ୍ପରେ ନାରୀ ଜୀବନକୁ ନେଇ କଥାକାରଙ୍କ ଭିନ୍ନ ଭିନ୍ନ

ଅନୁଭବ ଅତ୍ୟନ୍ତ ଜୀବନ୍ତ ଭାବରେ ଉପସ୍ଥାପିତ ହୋଇଛି।

'ମାଟି କଣ୍ଢେଇ' ପରବର୍ତ୍ତୀ 'ପୁନରାବୃତ୍ତି' (୧୯୯୫) ଗଳ୍ପ ସଂକଳନରେ ୧୩ଟି ଗଳ୍ପ ସନ୍ନିବେଶିତ ହୋଇଛି। 'ମାଟି କଣ୍ଢେଇ' ଭଳି 'ପୁନରାବୃତ୍ତି' ଗଳ୍ପ ସଂକଳନସ୍ଥ ଗଳ୍ପଗୁଡ଼ିକରେ ନାରୀସମସ୍ୟାର ଜଟିଳ ରୂପ ପ୍ରତି କଥାକାର ଅଙ୍ଗୁଳି ନିର୍ଦ୍ଦେଶ କରିଛନ୍ତି। ଏ ସଂପର୍କରେ ସ୍ପଷ୍ଟ କରି କଥାକାର ଗୌରହରି ଦାସ ଉଲ୍ଲେଖ କରିଛନ୍ତି- "ନାରୀକୁ ନେଇ ଅନେକ ଗଳ୍ପ ଅତୀତରେ ଲେଖାଯାଇଛି, ଏବେ ବି ଲେଖାହେଉଛି ଓ ଭବିଷ୍ୟତରେ ମଧ୍ୟ ଲେଖା ହେବ। ଏଇ ସଂକଳନରେ ନାରୀର ଯୋଉ ଯୋଉ ସମସ୍ୟାକୁ ନେଇ ମୁଁ କିଛି ଲେଖିବାର ପ୍ରୟାସ କରିଛି, ସେସବୁ ତେଣୁ ସାହିତ୍ୟର ପ୍ରଥମ ପ୍ରୟାସ ନୁହେଁ ବରଂ ପୁନରାବୃତ୍ତି। ମାତ୍ର ଏହି ପୁନରାବୃତ୍ତିର ପ୍ରୟୋଜନ ମୋ ପାଇଁ ଏଇ ଦୃଷ୍ଟିରୁ ଜରୁରୀ, କାରଣ ସାହିତ୍ୟର ନିରବଚ୍ଛିନ୍ନ ପ୍ରୟାସ ସତ୍ତ୍ୱେ ସମସ୍ୟାର ସମାଧାନ ତ ଦୂରର କଥା, ସମସ୍ୟା ସମ୍ବନ୍ଧରେ ମଧ୍ୟ ସବୁ କଥା କୁହାଯାଇପାରି ନାହିଁ। ମହାଭାରତର ଦ୍ରୌପଦୀ କୁରୁ ରାଜସଭାରେ ବିବସନା ହେବାର ଅବ୍ୟବହିତ ପୂର୍ବରୁ ଗୋଟେ ପ୍ରଶ୍ନ ଉତ୍‌ଥାପନ କରିଥିଲେ। ସେ ପ୍ରଶ୍ନଟି ହେଲା- ନାରୀ ଏକ ବ୍ୟକ୍ତି ନା ବସ୍ତୁ? ସେହି ରାଜସଭାରେ ଧର୍ମରାଜ ଯୁଧିଷ୍ଠିରଙ୍କ ଠାରୁ ନେଇ ପିତାମହ ଭୀଷ୍ମ, ମହାବୀର ଦ୍ରୋଣ, ବିଚକ୍ଷଣ ବିଦୂର ଓ ରାଜା ଧୃତରାଷ୍ଟ୍ର ପ୍ରମୁଖ ବହୁ ମାନୀ, ଜ୍ଞାନୀ ଓ ଗୁଣୀ ବ୍ୟକ୍ତି ଉପସ୍ଥିତ ଥିଲେ। ମାତ୍ର ତା' ସତ୍ତ୍ୱେ ଦ୍ରୌପଦୀ ତାଙ୍କ ପ୍ରଶ୍ନଟିର ଉତ୍ତର ପାଇ ପାରି ନ ଥିଲେ। ମୋର ମନେହୁଏ, ଦ୍ରୌପଦୀଙ୍କର ସେହି ପ୍ରଶ୍ନଟି ଆଜି ସୁଦ୍ଧା ଅନୁତ୍ତରିତ ଅବସ୍ଥାରେ ଆମ ସମାଜର ଦୁର୍ବଳ ସାବ୍ୟସ୍ତ ହୋଇଛି। ନାରୀ ଏପର୍ଯ୍ୟନ୍ତ ବ୍ୟକ୍ତିର ମର୍ଯ୍ୟାଦା ପାଇ ନାହିଁ, ତା'ର ସ୍ୱାତନ୍ତ୍ର୍ୟ ସ୍ୱୀକୃତ ହୋଇ ନାହିଁ - ଯୋଉଠି କିଛି କିଛି ପରିମାଣରେ ତାକୁ ସ୍ୱାଧୀନତା ମିଳିଛି, ମର୍ଯ୍ୟାଦା ମିଳିଛି, ସେଠି ସେହି ସ୍ୱାଧୀନତା ବା ମର୍ଯ୍ୟାଦା ସାଙ୍ଗରେ ମିଶି ରହିଛି ନିଷ୍ଠୁର ଅନୁକମ୍ପା ଅଥବା ଅହଙ୍କାରୀ ନମ୍ରତା। ଏଭଳି ଏକ ପୃଷ୍ଠଭୂମିରେ ନାରୀ କେବଳ ପ୍ରୟୋଜନୀୟ ବସ୍ତୁଟେ ଭାବେ ଗୃହୀତ ହୋଇ ରହିବା ଅତ୍ୟନ୍ତ ସ୍ୱାଭାବିକ। କୋଉଠି ଉପଭୋଗ ତ କୋଉଠି ଉପଯୋଗର ବସ୍ତୁ ରୂପେ ନାରୀର ସଂପୂର୍ଣ୍ଣ ଚେହେରା ଫୁଟେଇପାରିବ - ଏଭଳି ସାମର୍ଥ୍ୟ ବୋଧହୁଏ କୌଣସି ଚିତ୍ରଶିଳ୍ପୀର ନାହିଁ। x x x ମୋର ସେହି ଅସାମର୍ଥ୍ୟ ଓ ଅସହାୟତାର 'ପୁନରାବୃତ୍ତି'କୁ ଆପଣମାନଙ୍କ ସମ୍ମୁଖରେ ଥୋଇଦେଇ ଆଶା କରୁଛି, ମୁଁ ଠିକଣା ଭାବେ ନ କହି ପାରିଲି ନାହିଁ ପଛକେ, ଆପଣ କିନ୍ତୁ ଠିକଣା ଢଙ୍ଗରେ ସେମାନଙ୍କୁ ବୁଝିବେ, ସେଥିପାଇଁ କିଛି ସମୟ ଦେବେ।" (୩୦)

କଥାକାର ଗୌରହରିଙ୍କ ଦ୍ୱାରା ଲିଖିତ 'ମୋକ୍ଷ' ଗଳ୍ପଟି ଏକ ପ୍ରଭାବଶାଳୀ

ଗଳ୍ପ। ଆଲୋଚ୍ୟ ଗଳ୍ପରେ ଗାଳ୍ପିକ 'ଚେମୀ ବାଉରାଣୀ' ଭଳି ଜଣେ ସାଧାରଣ ଜନଜାତିର ନାରୀ ପ୍ରତି ସମ୍ବେଦନା ପ୍ରକାଶ କରିଛନ୍ତି। ଆଣ୍ଠୁକୁଡ଼ୀ, ରାଣ୍ଡ, ବାଞ୍ଝ, ଅଲକ୍ଷଣୀ ଇତ୍ୟାଦି ଅପଶବ୍ଦରେ ଗାଁ ଲୋକଙ୍କ ଦ୍ୱାରା ସମ୍ବୋଧିତ ଚେମୀ ଶ୍ରୀକ୍ଷେତ୍ର ଯାଇ ରଥ ଉପରେ ବିଜେ ତିନି ଠାକୁରଙ୍କ ଦର୍ଶନ କରି - ପୁଣ୍ୟ ଅର୍ଜନ କରୁଥିବା ଲକ୍ଷ୍ମୀ ବୋଉଙ୍କ ପାଦଧୂଳି ନେବା ଆଶାରେ ଧାଇଁ ଆସିଛି। ଶ୍ରୀକ୍ଷେତ୍ର ପ୍ରତ୍ୟାଗତ ଲକ୍ଷ୍ମୀ ବୋଉ ଗ୍ରାମବାସୀଙ୍କ ସମ୍ମୁଖରେ ଦିଅଁମାନଙ୍କର ରଥ ବର୍ଣ୍ଣନା ଦେଉଥିବା ବେଳେ ପାଣୁ ବାଉରାଣୀ ଝିଅ ଚେମୀ ପହଞ୍ଚି ତାଙ୍କରି ପାଦଧୂଳି ନେଇ ପାପୀ ଜନ୍ମରୁ ମୁକ୍ତ ହେବାକୁ ଚାହିଁଛି। ଚେମୀର ବିଡ଼ମ୍ବିତ ଜୀବନ ସଂପର୍କରେ ବାସ୍ତବ ଚିତ୍ର ପ୍ରଦାନ କରି ଗାଳ୍ପିକ ଲେଖିଛନ୍ତି- "ଚେମୀ ବାଉରାଣୀ ଗୋଟେ ନିରିମାଖୀ ମଣିଷ। ମଣିଷ ନୁହେଁ ତ ଆଞ୍ଜୁଳାଏ ହାହାକାର, କୁରୁପାର ହାତ ଧରି ବାହା ହେଇ ଆସିବାର ଦିନକ ପରେ ସେ ବିଧବା ହେଲା। ଚଉଠି ରାତି ସୁଦ୍ଧା ତା ଜୀବନରେ ଆସିଲା ନାହିଁ। ଆଗରୁ ମା ବାପାଙ୍କୁ ଖାଇଥିଲା। ଗେରସ୍ତ ମରିଯିବା ପରେ ତା'ର କପାଳ ପୋଡ଼ିଗଲା। ସେଇଠୁ ସେ ଗ୍ରାମବାସୀଙ୍କ ଆଗରେ ପାଲଟିଗଲା ଗୋଟେ ମୂର୍ତ୍ତିମନ୍ତ ଦୁଷ୍ଟ ଗ୍ରହ, ଯାହାର ଛାଇ ପଡ଼ିଲେ କଅଁଳା ଛୁଆ ଦେହରୁ ରକ୍ତ ଶୁଖିଯିବ, ଗଛ ବି ମରିଯିବ! ମଣିଷଖାଇ ଡାହାଣୀ ପାଲଟିଗଲା ଚେମୀ ବାଉରାଣୀ।" (୩୧) ସେଇ ଅଲକ୍ଷଣୀ ଚେମୀ ଯେତେବେଳେ ଲକ୍ଷ୍ମୀ ବୋଉର ପାଦଧୂଳି ନେବା ପାଇଁ ଧାଇଁ ଆସିଛି, ଲକ୍ଷ୍ମୀବୋଉ ତାକୁ କ୍ରୋଧ, ଅସୂୟା ଓ ଘୃଣାରେ ନିଜର ପାଦ ସ୍ପର୍ଶ କରିବାକୁ ଦେବା ପରିବର୍ତ୍ତେ ଚାକୁଣ୍ଡା ଗଛ ମାଧ୍ୟମରେ ଛୁଇଁ ନିଜ ପାଦଧୂଳି ଦେଇଛନ୍ତି। ସେହି ଚାକୁଣ୍ଡା ଗଛକୁ ଆଲିଙ୍ଗନ କରି ଅତି ବିଶ୍ୱାସ ଓ ଭକ୍ତିରେ ଚେମୀ କହିଉଠିଛି- "ମୋତେ ମୁକ୍ତି ଦିଅ ଠାକୁରେ। ତମେ ଦାରୁବ୍ରହ୍ମ। ମୋଅରି ପାଇଁ ଏଇ ଅପାଣ୍ଡବା ଗାଆଁକୁ ଆସିଛ ଠାକୁରେ। ଚେମୀକୁ ମୁକ୍ତି ଦିଅ। ସେ ଆଉ ପାରୁ ନାହିଁ। ତାକୁ ମୁକ୍ତି ଦିଅ। x x x ସେହିପରି ନିବିଡ଼ ଆଶ୍ଳେଷରେ କୁଣ୍ଢେଇ ଧରିଛି ଗଛଟାକୁ - ଦାରୁବ୍ରହ୍ମ ମୋତେ ମୁକ୍ତି ଦିଅ, ଅଲକ୍ଷଣୀ, ପାତକିନୀକୁ ମୁକ୍ତି ଦିଅ, ମୁକ୍ତି ଦିଅ।" (୩୨) 'ମୋକ୍ଷ' ଗଳ୍ପର କଥାବସ୍ତୁର ଗତିଶୀଳତା ମଧ୍ୟ ଦେଇ ପାଠକର ହୃଦୟ ଦ୍ରବୀଭୂତ ହୁଏ ଏବଂ ପରିଣତିରେ ପାଠକର ଆଖି ଚେମୀ ବାଉରାଣୀ ପ୍ରତି ଅଶ୍ରୁସଜଳ ହୋଇଉଠେ। 'ଝଡ଼', 'ପାହାଡ଼, 'ରବର କଣ୍ଢେଇ', 'ଭିନ୍ନ ରାସ୍ତା' ଇତ୍ୟାଦି ଗଳ୍ପରେ ନାରୀ ଜୀବନ ପ୍ରତି ଗାଳ୍ପିକଙ୍କ ସମବେଦନାର କରୁଣ ସ୍ୱର ଉପଲବ୍ଧ ହୁଏ। 'ପଳାତକ' ଗଳ୍ପରେ ଅଳ୍ପବୟସ୍କା ସୁନ୍ଦରୀ ଝିଅଟିଏ ଦରବୁଢ଼ା ମାତାଲର ଦ୍ୱିତୀୟ ସ୍ତ୍ରୀ ରୂପେ ବଞ୍ଚିବା ଅପେକ୍ଷା ଗୋଟିଏ ଯୁବକ (ମାଗି)ର 'ପ୍ରେମିକା' ବଦନାମ ନେଇ

ବଞ୍ଚିବାକୁ ଶ୍ରେୟ ମଣିଛି। 'ମୁକ୍ତି' ଗଳ୍ପରେ 'କଳ୍ପନା' ନାମ୍ନୀ ନାରୀ ନିଜ ସ୍ୱାମୀର ସଂଜୟର ଅତ୍ୟାଚାର ଶୃଙ୍ଖଳରୁ ମୁକ୍ତ ହେବାକୁ ଚାହିଁଛି। ଗାଳ୍ପିକଙ୍କ ଶବ୍ଦରେ- "ମୁକ୍ତି ଆଶାୟୀ କଳ୍ପନା ଏବେ ଖୁବ୍ କ୍ଲାନ୍ତ। ଏପରିକି ନିଜ ପଛକଥା ସବୁ ରୋମନ୍ଥନ କରିବା ପାଇଁ ମଧ୍ୟ ତା'ର ଇଚ୍ଛା ହେଉ ନ ଥିଲା। କେବଳ ଗୋଟିଏ ସାନ ଇଚ୍ଛା ଏବେ ତା' ମନ ଭିତରେ କୁନି କୁନି ଢେଉ ସୃଷ୍ଟି କରୁଥିଲା। ଆଉ ଥରେ ପିଲାଦିନର ଜୀବନକୁ ସେ ଫେରିଯାଇ ପାରନ୍ତା କି? ନୂଆ କରି ଏ ଶବ୍ଦମାନଙ୍କର ଅର୍ଥ ସେ ପୁଣି ଖୋଜିବାକୁ ଚେଷ୍ଟା କରନ୍ତା।" (୩୩) 'ଦକ୍ଷିଣା ପବନ', 'ବିଲେଇ', 'ପ୍ରଥମା' ଇତ୍ୟାଦି ଗଳ୍ପରେ ନାରୀ ମନସ୍ତତ୍ତ୍ୱର ସୂକ୍ଷ୍ମ ବିଶ୍ଳେଷଣ ରହିଛି। 'ଚମ୍ପାଫୁଲ ଓ ଚଢ଼େଇ' ଗଳ୍ପରେ କଥାକାର ଗୌରହରି ଦାସଙ୍କ ସମାଜ ବ୍ୟବସ୍ଥାକୁ ନେଇ ପ୍ରଚ୍ଛନ୍ନ ପ୍ରତିବାଦ ଅନୁରଣିତ ହୋଇଛି। ବିବାହର ଅଳ୍ପଦିନରେ ବୈଧବ୍ୟ ଭୋଗ କରିଥିବା ସୁଲତା ସାମାଜିକ ରକ୍ଷଣଶୀଳତାର ବିକୃତ ନୀତି-ନିୟମକୁ ଆଦରି ଅନ୍ୟତ୍ର ବିବାହ କରିପାରିନାହିଁ, ଭଲପାଉଥିବା ମଣିଷକୁ ନିଜର କରିବାର ଦୁଃସାହସ ଦେଖାଇ ପାରି ନାହିଁ। ଗାଳ୍ପିକ ସୁଲତାର ଭଙ୍ଗାରୁଜା ସ୍ୱପ୍ନର ଶବ୍ଦକୁ ସାଉଁଟି ଲେଖିଛନ୍ତି- "ସୁଲତାର ସ୍ୱପ୍ନ ଭାଙ୍ଗିଯାଏ। ଯେତେସବୁ ଅର୍ଥଶୂନ୍ୟ କୁସଂସ୍କାର, ରକ୍ଷଣଶୀଳତାର ବିକୃତି। ସେ କିଛି ଦୋଷ କରି ନାହିଁ। ପୁରୁଷଟେ ନାରୀକୁ ଭଲପାଇବ - ତା' ଭିତରେ ବୟସ ଗୋଟେ ଗୌଣ ବ୍ୟବଧାନ। ବ୍ୟବଧାନ ମାନସିକତାରେ ଥାଏ, ବୟସରେ ନୁହେଁ। ଏ ପାପ-ପୁଣ୍ୟକୁ ନେଇ ସେ ତା' ଜୀବନଟାକୁ ଏଇମିତି ଜଳିଯିବାକୁ ଦେବ କି?" (୩୪) ଆଲୋଚ୍ୟ ଗଳ୍ପରେ ପ୍ରକୃତି ପ୍ରେମର ଜୟଗାନ କରିବାକୁ ଗାଳ୍ପିକ ପଶ୍ଚାତ୍‌ପଦ ହୋଇ ନାହାନ୍ତି। ତାଙ୍କ ମତରେ- "ପ୍ରେମ ବଡ଼, ପ୍ରେମିକା ନୁହେଁ କି ପ୍ରେମିକ ନୁହେଁ। ପ୍ରେମ ଏକ ଅପରାଜେୟ ପାହାଡ଼। ଯାହାର ଶୀର୍ଷ କେହି ଦେଖିନାହିଁ।" (୩୫)

'ଶେଷ ବାଜି' (୧୯୯୭) ଗଳ୍ପ ସଂକଳନସ୍ଥ ତେରଗୋଟି ଗଳ୍ପରେ କଥାକାର ଗୌରହରି ଦାସ ଜୀବନର ବିବିଧ ଅବସ୍ଥାଚକ୍ର ଏବଂ ନିୟତ ସଂଘଟିତ ସଂଘାତର ନିଛକ ଚିତ୍ର ପ୍ରଦାନ କରିଛନ୍ତି। ଆଲୋଚ୍ୟ ସଂକଳନସ୍ଥ ଗଳ୍ପଗୁଡ଼ିକରେ ମଣିଷ ଜୀବନର ନିଃସଙ୍ଗତା, ଜୀବନର ଅସହାୟ ସ୍ଥିତି, ପ୍ରୟୋଜନଭିତ୍ତିକ ସଂପର୍କ, ଯାନ୍ତ୍ରିକ ଜୀବନଯାତ୍ରା, ମାନବଧର୍ମ, ନିର୍ବାଚନୀ ଛକାପଞ୍ଝା ଇତ୍ୟାଦି ଅନୁଭୂତିର ବାସ୍ତବ ଚିତ୍ର ଦୃଶ୍ୟାୟିତ ହୋଇଛି। 'ଶେଷ ବାଜି' ସଂକଳନସ୍ଥ 'କାରିଗର' ଗଳ୍ପରେ କାହାଣୀ ଭିତରେ ଅନ୍ୟ ଏକ କାହାଣୀ ସୁଗୁମ୍ଫିତ ହୋଇଛି। କଥାକାର ଗଳ୍ପଟିଏ ଲେଖିବା ଛଳରେ ନିଜ ବନ୍ଧୁଙ୍କ ଜୀବନ କାହାଣୀକୁ ନେଇ କଥାବସ୍ତୁକୁ ଗତିଶୀଳ କରିଛନ୍ତି। ସାହାଯ୍ୟ ପ୍ରତିଦାନରେ କୌଣସି ସାହାଯ୍ୟ ଗ୍ରହଣ କରିବାକୁ ଇଚ୍ଛା କରି

ନ ଥିବା ଜଣେ ସ୍ୱାଭିମାନୀ କାରିଗର ରମେଶ ଦାସର କାହାଣୀ ରହିଛି 'କାରିଗର' ଗଳ୍ପରେ। ବଣଜଙ୍ଗଲ ଘେରା ଆଦିବାସୀ ଅଞ୍ଚଳ 'କାନ୍ଦୁଲିପଡ଼ା'ର ଆଦିବାସୀଙ୍କ ମନରେ ଥିବା ଅନ୍ଧବିଶ୍ୱାସର ଦୟନୀୟ ରୂପ ଅଭିବ୍ୟଞ୍ଜିତ ହୋଇଛି 'ବିଷଚକ୍ର' ଗଳ୍ପରେ। ଅପମାନିତ ମାତୃତ୍ୱ ଓ ଅନ୍ଧାରୀ ଭବିଷ୍ୟତକୁ ନେଇ ବଞ୍ଚିଥିବା ଏକ ଅସହାୟ ସ୍ତ୍ରୀ ବୁଧା ମୁଦୁଲିର କାହାଣୀ ରହିଛି 'ଇଜ୍ଜତ' ଗଳ୍ପରେ। 'ଯେତେବେଳେ ଶାନ୍ତିର ସବୁ ପଥ ବନ୍ଦ ହୋଇଯାଏ, ସେତେବେଳେ ଯୁଦ୍ଧ ହିଁ ଏକମାତ୍ର ଉପାୟ' - ଏହି ମର୍ମରେ ରଚିତ ହୋଇଛି 'ଧର୍ମଯୁଦ୍ଧ' ଗଳ୍ପ। ନିର୍ବାଚନର ରାଜନୈତିକ ପଟ୍ଟଭୂମି ଉପରେ ଗାଳ୍ପିକ ଗୌରହରି ଦାସଙ୍କ 'ସୁଆଙ୍ଗ' ଗଳ୍ପ ଅତି ବାସ୍ତବ ହୋଇଛି। 'ଉପେକ୍ଷିତ ରାଜପୁତ୍ର' ଗଳ୍ପରେ ଗାଳ୍ପିକ ଗୌରହରି ଦାସ ଯାତ୍ରା ଅଭିନେତାଙ୍କର ବ୍ୟକ୍ତିଗତ ବୈଫଲ୍ୟର ପ୍ରସଙ୍ଗ ଉତ୍‌ଥାପନ କରିଛନ୍ତି। ଯାତ୍ରା କଳାକାରଙ୍କ ବ୍ୟକ୍ତିତ୍ୱ ସଂପର୍କର ଜୀବନ୍ତ ଚିତ୍ର ରହିଛି 'କ୍ଲୀବ' ଗଳ୍ପରେ। ଏକଦା ପ୍ରଶାସନ ପକ୍ଷରୁ ବହୁ ଗୁରୁତ୍ୱପୂର୍ଣ୍ଣ ନିଷ୍ପତ୍ତି ନେଇଥିବା ହାକିମ ମନ୍ମଥ କୁମାରଙ୍କ ଅଭିମାନ ଓ ଅହଂକାରର ଅନ୍ତଃସାରଶୂନ୍ୟତାର କଥା ରହିଛି 'ମୋହମୁକ୍ତି' ଗଳ୍ପରେ। ମନ୍ମଥ କୁମାରଙ୍କ ମନ ଭିତରେ ଅଭିମାନ ଥିଲା- 'କାୟାର ଦୈର୍ଘ୍ୟ ଯେତିକି ବଢ଼ି ବଢ଼ି ଯାଏ ତା'ର ଛାୟା ମଧ୍ୟ ସେତିକି ଦୀର୍ଘ ହୋଇଚାଲେ। ତାଙ୍କୁ ନେଇ ଗୋଟିଏ ଟ୍ରଷ୍ଟ କିମ୍ବା ଅନୁଷ୍ଠାନ ଗଠିତ ନ ହେଲେ ତାଙ୍କର ସମୁଦାୟ ବ୍ୟକ୍ତିତ୍ୱର ଆକଳନ କଦାପି ସମ୍ଭବ ହେବ ନାହିଁ, ଏହା ଥିଲା ତାଙ୍କର ଦୃଢ଼ ଧାରଣା। ନିଜ ସହରରେ ପହଞ୍ଚିଲା ପରେ ସେ ଯୁବକମାନଙ୍କୁ ଏ ପ୍ରସ୍ତାବଟି ପରୋକ୍ଷ ଭାବରେ ଦେବେ ଏବଂ ସେମାନେ ଯେ ପ୍ରସ୍ତାବଟି ଶୁଣୁ ଶୁଣୁ ଆନନ୍ଦରେ ଗ୍ରହଣ କରିବେ ଏ ନେଇ ତାଙ୍କର କୌଣସି ସନ୍ଦେହ ନ ଥିଲା।' (୩୬) ମାତ୍ର ଅବସର ପରେ ଲୋକଙ୍କର ଘୃଣା-ଅସୂୟାର ଭାବକୁ ହୃଦ୍‌ବୋଧ କରିଥିବା ମନ୍ମଥ କୁମାରଙ୍କ ମୋହ ତୁଟିଛି। ନାରୀ ଜୀବନର ଦ୍ୱନ୍ଦ୍ୱ, ମାନସିକ ସଂଘାତର ଚିତ୍ର ରହିଛି 'ସୂର୍ଯ୍ୟୋଦୟର ଅପେକ୍ଷା' ଗଳ୍ପରେ। 'ଚରମ ସ୍ୱାର୍ଥ ତ୍ୟାଗ ବିନା କେବେ କୋଉଠି କିଛି ସମ୍ଭବ ହୋଇନାହିଁ'ର ମର୍ମବାଣୀ ରହିଛି 'ଶେଷ ବାଜି' ଗଳ୍ପରେ।

କଥାକାର ଗୌରହରି ଦାସ ଜଣେ ଦାର୍ଶନିକ। ତାଙ୍କ ଗଳ୍ପ, ଉପନ୍ୟାସ ତଥା ସ୍ତମ୍ଭଗୁଡ଼ିକରେ ଜୀବନ ପ୍ରତି ସ୍ୱତନ୍ତ୍ର ଦୃଷ୍ଟିକୋଣ ଉପଲବ୍ଧ ହୁଏ। ସେହି ସ୍ୱତନ୍ତ୍ର ଦୃଷ୍ଟିକୋଣ ହିଁ ତାଙ୍କୁ ଅସଂଖ୍ୟ ଗଳ୍ପ ଲିଖନରେ ଅନୁବ୍ରତୀ କରିଛି। ସେ କହନ୍ତି- "ଅନେକ ସମୟରେ ଭାବେ କେଉଁ କେଉଁ କଥାଗୁଡ଼ିକ ମଣିଷକୁ ଗପ ଲେଖାଇ ଥାଆନ୍ତି ? ଉତ୍ତର ପାଇଛି- 'ସ୍ମୃତି', 'କଳ୍ପନା' ଏବଂ 'ସ୍ୱପ୍ନ'। ମଣିଷର ଯଦି ସ୍ମୃତିଶକ୍ତି ନ ଥାନ୍ତା, ତାହାହେଲେ

ସେ ଦେଖିଥିବା କଥା କି ଭୋଗିଥିବା ଅନୁଭବକୁ ମନେ ରଖିପାରନ୍ତା ନାହିଁ। ତା' ପାଖରେ ଯଦି କଳ୍ପନାର ସାମର୍ଥ୍ୟ ନ ଥାନ୍ତା, ତାହାହେଲେ ସେ ନ ଥିବା ଗଛରେ ନାଲି, ହଳଦିଆ ଫୁଲ ଫୁଟେଇ ପାରନ୍ତା ନାହିଁ। ସେ ଯଦି ସ୍ୱପ୍ନ ଦେଖୁ ନ ଥାନ୍ତା, ତାହାହେଲେ ଏତେ ଆନନ୍ଦ, ବିଷାଦ, ମୋହ ଏବଂ ମୋହଭଙ୍ଗର ଅବକାଶ ହୁଏତ ଆସନ୍ତା ନାହିଁ। ଏହି ସ୍ମୃତି, କଳ୍ପନା ଏବଂ ସ୍ୱପ୍ନ ମାଟି, ପାଣି ଓ ସୂର୍ଯ୍ୟାଲୋକ ପରି ଗଳ୍ପକୁ ବଞ୍ଚାଇ ଆସିଛନ୍ତି।" (୩୭) ପ୍ରତ୍ୟେକ ମଣିଷ ପାଇଁ ଜୀବନର ଶେଷ ଯାଏ ଅସଂଖ୍ୟ ମାୟାଜାଲ ତାକୁ ଭ୍ରମିତ କରେ। କେବେ ପ୍ରେମ, ଆଶା, ପୁଣି କେବେ ସ୍ୱପ୍ନ।

ବାରଗୋଟି ଗଳ୍ପ ସମାହାରରେ ପ୍ରକାଶିତ 'ମାୟା' (୧୯୯୮) ଗଳ୍ପ ସଂକଳନ କଥାକାର ଗୌରହରି ଦାସଙ୍କ ସ୍ମୃତିବିଜଡ଼ିତ ଜୀବନାନୁଭୂତିର ଦାର୍ଶନିକ ଅଭିବ୍ୟକ୍ତି ମାତ୍ର। ଆଲୋଚ୍ୟ ଗଳ୍ପ ସଂକଳନର ମୁଖବନ୍ଧରେ 'ନିଜ କଥା' ସ୍ପଷ୍ଟ କରି ସେ ଲେଖିଛନ୍ତି- "କାମନାର ବିନାଶରେ ଦୁଃଖର ବିନାଶ ବୋଲି ବାରମ୍ବାର ପଢ଼ିଥିବା ମଣିଷ ବି କାମନା କରେ। ଅତୀତ ଆଉ ଫେରିବ ନାହିଁ ବୋଲି ବହିରୁ ଘୋଷିଥିବା ଜୀବନ ବାରମ୍ବାର ଝୁରି ହେଉଥାଏ ଅତୀତକୁ। ଧୂଳି ଓ ପବନ ସାଙ୍ଗେ ମିଳେଇ ଯାଇଥିବା ଜୀବନକୁ ମନେ ପକାଉଥାଏ ସଂପର୍କ। ଧ୍ୱସ୍ତବିଧ୍ୱସ୍ତ ରଣଭୂମିର ପାଣ୍ଡୁର ପିଠିରେ ଦିନେ ଘାସଫୁଲ ଚହଟି ଉଠେ। ଜୀବନର କୋରଡ଼ା ମାଡ଼ରେ ପଙ୍ଗୁ ପାଲଟି ଥିବା ଅସମର୍ଥର ଓଠ ଉପକୂଳରେ ହସ ଫୁଟେ। ବୈରାଗ୍ୟର ବୃନ୍ଦାବନରୁ ହଠାତ୍ ଫେରିଆସେ ସଂସାର। ଉଷର, ଧୂସର ଭୂମି ଉପରକୁ ଓହ୍ଲେଇ ଆସେ ଚେନାଏ ସବୁଜିମା। ଆକାଶକୁ କୌଣସି ଦିନ ଛୁଇଁ ହେବ ନାହିଁ ବୋଲି ବରାବର କୁହାଯାଉଥିବା ସତ୍ତ୍ୱେ ଜହ୍ନକୁ ଧରିବା ପାଇଁ ହାତ ବଢ଼ାଉଥାଏ ଶୈଶବ। ଜୀବନ ଅନିତ୍ୟ ଏବଂ ଅଳୀକ ବୋଲି ବାରମ୍ବାର ପ୍ରବଚନ ଶୁଣୁଥିବା ସତ୍ତ୍ୱେ ସ୍ୱପ୍ନ ଏବଂ ଆଶାଗୁଡ଼ିକୁ ଗୁଡ଼ି କରି ଉଡ଼ଉଥାଏ ଯୌବନ। ଜନ୍ମ ହେଲେ ମୃତ୍ୟୁ ଅବଶ୍ୟମ୍ଭାବୀ ଜାଣି ମଧ୍ୟ ସମୟର ରଥଚକକୁ ପଛକୁ ଘୂରେଇବାର ଅସଫଳ ଉଦ୍ୟମ କରୁଥାଏ ବାର୍ଦ୍ଧକ୍ୟ। ରାତି ଦୀର୍ଘ ଓ ଅନ୍ଧାର ଜାଣି ସୁଦ୍ଧା ଜଳୁଥାଏ ସଂଜଦୀପ। ସାମର୍ଥ୍ୟ ସସୀମ ଓ ଜ୍ୱଳନ ଯନ୍ତ୍ରଣାପୂର୍ଣ୍ଣ ଜାଣି ସୁଦ୍ଧା ସୁଗନ୍ଧ ବାଣ୍ଟି ଚାଲିଥାଏ ଧୂପ। ଏସବୁ କ'ଣ? ମାୟା ନା!" (୩୮)

'ମାୟା' ଶୀର୍ଷକ ଗଳ୍ପରେ ପ୍ରେମର ମାୟାରେ ପଡ଼ି ଜୀବନ ହରେଇଥିବା ପାଣୁଆର କାହାଣୀଟି ଅତି ମର୍ମସ୍ପର୍ଶୀ ହୋଇଛି। ଏ କାହାଣୀର ମୂଳକଥା ହେଉଛି, ପ୍ରତି ମଣିଷର କିଛି ନା କିଛି ଦୁର୍ବଳତା ରହିଛି। 'ମିଶାଣ ଫେଡ଼ାଣ' ଗଳ୍ପ ଏକ ସ୍ୱତନ୍ତ୍ର

ଧରଣର ପ୍ରେମଗଳ୍ପ। ପୁରୀ ଭ୍ରମଣରେ ଆସିଛି ସୁଦୀପା। ବାରବର୍ଷ ତଳର ଅତୀତ ପ୍ରେମକୁ ମନେପକେଇ ସୁଦୀପା ମନୋଜର କଥାବାର୍ତ୍ତା-ଭାବଭଙ୍ଗୀର ସ୍ମୃତିଚାରଣ କରୁଥିଲା। ଈପ୍‌ସିତ ମଣିଷକୁ ହରେଇ ଅନ୍ୟତ୍ର ବିବାହ କରିଥିଲା ସୁଦୀପା। ପୁରୀ ସମୁଦ୍ରକୂଳରେ ସ୍ୱାମୀ ଓ ପୁତ୍ରଙ୍କ ସହିତ ସମୟ କଟାଇବା ଅବସରରେ ପୁଣିଥରେ ଅତୀତ ଆସି ତା' ସମ୍ମୁଖରେ ଛିଡ଼ା ହୋଇଛି। ମନୋଜକୁ ଦୀର୍ଘ ବର୍ଷର ବ୍ୟବଧାନ ପରେ ଦେଖି ସେ ଅନ୍ୟମନସ୍କ ହୋଇପଡ଼ିଛି। ଅଥଚ ଅତୀତର ସେଇ ପୁରୁଣା ପରିଚିତ ସ୍ମୃତିକୁ ଧରି ନ ଜାଣିବା ପାରି ଫେରିଆସିବା ଭିତରେ ନାରୀ ମନର ଯନ୍ତ୍ରଣା ତାକୁ ବିବଶ କରିଥିବାର ଚିତ୍ର ରହିଛି 'ମିଶାଣ ଫେଡ଼ାଣ' ଗଳ୍ପରେ। ଦୀର୍ଘ ଆଠ ବର୍ଷ ଧରି ଗୋଟେ ପୁରୁଷର ସ୍ତ୍ରୀ ଭାବରେ ପରିଚିତା ଏ ସମାଜର ନାରୀ ଆଗକୁ ସ୍ୱତନ୍ତ୍ର ଭାବରେ ବଞ୍ଚିପାରିବ ନା ନାହିଁର ଅସମାଧିତ ପ୍ରଶ୍ନବାଚୀ ଉପରେ 'ଚାରୁଲତା' ଗଳ୍ପ ପର୍ଯ୍ୟବସିତ। ବାମାବାଦୀ କଥାକାର ଗୌରହରିଙ୍କର 'ଚାରୁଲତା' ପ୍ରତି ପ୍ରୋତ୍ସାହନର ବାଣୀ ଅତି ଆବେଗପୂର୍ଣ୍ଣ - "ଇଚ୍ଛା ହେଉଥିଲା କହିବି, ତମେ ଏଠୁ ଉଡ଼ି ପଳେଇଯାଅ ଚାରୁଲତା। ନିଜ ପାଦରେ ନିଜେ ଛିଡ଼ାହୁଅ। ନିଜ ଡେଣାରେ ନିଜେ ଉଡ଼ି ଶିଖ। ଏ ପାପ-ପୁଣ୍ୟ, ନ୍ୟାୟ-ଅନ୍ୟାୟ ଏସବୁ ଗୋଟେ ଗୋଟେ ଅଦ୍ଭୁତ ଶବ୍ଦ। ଏସବୁକୁ ଅତିକ୍ରମ କରିଯାଅ। ଏ ଜୀବନ ତୁମର, ତମ ଇଚ୍ଛାରେ ବଞ୍ଚି ଶିଖ। ନିଜକୁ ଅଙ୍ଗାର ପରି ଏମିତି ଜାଳିଦିଅ ନାହିଁ।" (୩୯) 'ଯାହା ପାଇଁ ମଣିଷ ଦିନରାତି ଧନ୍ଦି ହେଉଥାଏ, ସେ ଜିନିଷ ମିଳେ ନାହିଁ; ଅଥଚ ଅଖୋଜା ଜିନିଷମାନେ ବରାବର ଆସି ହାତ ଛନ୍ଦୁଥାନ୍ତି' - ଏହି ଭାବଭୂମି ଉପରେ ଗାଳ୍ପିକଙ୍କର 'ଅପେକ୍ଷା' ଗଳ୍ପଟି ବେଶ୍ ହୃଦୟସ୍ପର୍ଶୀ। ମାଲିକର ଅନ୍ୟାୟ ଅତ୍ୟାଚାରକୁ ବିଦ୍ରୋହ ଓ ପ୍ରତିରୋଧ କରିଥିବା ସୀମାଞ୍ଚଳର ଅଦ୍ଭୁତ ସାହସିକତାର କଥା ରହିଛି 'ସାହସ' ଗଳ୍ପରେ। 'ଉଧାର-ମା' କଥାକାର ଗୌରହରିଙ୍କ ଜୀବନଧର୍ମୀ ଗଳ୍ପରୁ ଗୋଟିଏ। ଓଡ଼ିଆ ଗଳ୍ପ ସାହିତ୍ୟରେ ସରୋଗେସି ମାତୃତ୍ୱ ପ୍ରସଙ୍ଗକୁ ଗୌରହରି ଦାସ ପ୍ରଥମ କରି ତାଙ୍କର 'ବ୍ୟର୍ଥ ବସନ୍ତ'ରେ ସ୍ଥାନିତ କରିଛନ୍ତି। ଆଲୋଚ୍ୟ ଗଳ୍ପ 'ଉଧାର ମା'ରେ ବଂଶରକ୍ଷା ନିମନ୍ତେ ବେଦବ୍ୟାସଙ୍କ ଶରଣାପନ୍ନ ସତ୍ୟବତୀଙ୍କ ମିଥ୍‌କୁ ସଂଯୋଜିତ କରି ଅପୁତ୍ରକ ସିଂହ ଦମ୍ପତିଙ୍କ ସାହାଯ୍ୟ ନିମନ୍ତେ ଅହଲ୍ୟା ନାମ୍ନୀ ନାରୀର ଗର୍ଭାଶୟକୁ ଭଡ଼ା ସୂତ୍ରରେ ନେବା ଏବଂ ରାଜିନାମା ପ୍ରସଙ୍ଗ ରହିଛି। ଜୀବନ ଜିଇବାର ସଂଘାତର ଚିତ୍ର ରହିଛି। ବଞ୍ଚିବା ପାଇଁ ଅନ୍ୟର ଗର୍ଭକୁ ଏ ଗଳ୍ପରେ ଅସହାୟ ଭାବରେ ଗ୍ରହଣ କରି ନେଇଥିବା ଅହଲ୍ୟା ପ୍ରତି ଗାଳ୍ପିକ ସମ୍ବେଦନଶୀଳ। ଦାରିଦ୍ର୍ୟର କଷାଘାତରେ ଛଟପଟ ହେଉଥିବା ଅହଲ୍ୟାର ମନୋସ୍ଥିତିର କରୁଣ ବର୍ଣ୍ଣନା ଦେଇ ଗାଳ୍ପିକ ଲେଖିଛନ୍ତି- "ରାତି ଅନେକ

ହୋଇଯାଇଥିଲା। ଅହଲ୍ୟା ଦୁଆର ବନ୍ଧ ପାଖରୁ ତା'ର ରୋଗଣା ସ୍ୱାମୀ, ତା'ର ଦରଉଜୁଡ଼ା ଘରକରଣା, ତା'ର ଶୂନ୍ୟ ସଂସାର ଆଡ଼େ ଚାହିଁଲା। ଛାତି ଭିତରଟା ତା'ର ହାହାକାର କରି ଉଠିଲା। ଏଇ କ'ଣ ଜୀବନ, ଯୋଉଠି ପିନ୍ଧିବାକୁ ଖଣ୍ଡେ ଭଲ ଲୁଗା ନାହିଁ, ଖାଇବାକୁ ଦୁଇବେଳା ଭାତ ନାହିଁ, ମୁଣ୍ଡ ଗୁଞ୍ଜିବା ପାଇଁ ବଖରାଏ ଘର ନାହିଁ। ଏଇ ଜୀବନକୁ ବୋହି ବୋହି ସେ ଏପର୍ଯ୍ୟନ୍ତ ଆସିଛି ଯେତିକି ବର୍ଷ, ଯିବାକୁ ହେବ ତାହାଠୁଁ ଆହୁରି ଦି' ଗୁଣା ବର୍ଷ। ସେ ମନକୁ ଦୃଢ଼ କଲା। x x x ସେ ଅପୁତ୍ରକକୁ ପୁତ୍ର ଦେବ। ଅନ୍ଧାରକୁ ଦେବ ଆଲୁଅ। ସେ ମାଆ ହେବ, ମା। ହଉ ପଛେ ଉଧାର ମା, ସେ ତା'ର ବଳ କଳିବ, ତା'ର ଧୈର୍ଯ୍ୟ କଳିବ। ନିଜେ ନିଜର ପରୀକ୍ଷା ଦେବ।" (୪୦) 'ମାୟା' ଗଳ୍ପ ସଂକଳନସ୍ଥ ଅନ୍ୟତମ ଲୋକପ୍ରିୟ ଗଳ୍ପ ହେଉଛି 'ଛୁଆ ବାଆଜି'। ଯେଉଁଥିରେ ଲେଖକଙ୍କ ସ୍ୱାନୁଭୂତି ଓ ନିରାପତ୍ତାଶୂନ୍ୟ ଶୈଶବର ସ୍ମୃତିବିଜଡ଼ିତ ଅଧ୍ୟାୟ ସଂଲଗ୍ନ ହୋଇ ରହିଛି। ଟୁଟୁଲ୍ ପରି ନିରୀହ ଶିଶୁ ମନର ସୂକ୍ଷ୍ମ ବର୍ଣ୍ଣନା ଆଲୋଚ୍ୟ ଗଳ୍ପକୁ ମର୍ମସ୍ପର୍ଶୀ କରିଛି। ନିଃସନ୍ତାନ ପିତା-ମାତାଙ୍କ ଦୀର୍ଘ ପ୍ରତୀକ୍ଷା ପରେ ପୁତ୍ର ସନ୍ତାନ ଲାଭ ଆଶୀର୍ବାଦ ମନେ ହେଲେ ହେଁ ଶିଶୁ ଟୁଟୁଲ୍ କ୍ଷେତ୍ରରେ ତାହା ବିଡ଼ମ୍ବନା ପାଲଟିଛି। ପୁତ୍ରଲାଭ କରି ଈଶ୍ୱରଙ୍କ ନିକଟରେ କୃତ୍ୟକୃତ୍ୟ ମାତା-ପିତା ଟୁଟୁଲ୍‌କୁ ଭଗବାନଙ୍କ ନାମରେ ବାବାଜି କରିଦେଇଛନ୍ତି। ବାପା-ବୋଉଙ୍କ ଆଦର-ଯତ୍ନରେ ବଢ଼ିଆସୁଥିବା ଟୁଟୁଲ୍‌ର ମଠରହଣି ଅନୁଭୂତି ସହିତ ଗତିଶୀଳ ହୋଇଛି ତା'ର ପ୍ରତି ମୁହୂର୍ତ୍ତରେ ଝୁରୁଥିବା ନିଜ ପ୍ରିୟ ଗାଁ ମାଟି ପ୍ରତି ଐକାନ୍ତିକ ଅନୁରାଗ, ବାପା-ବୋଉଙ୍କ ସ୍ନେହ ଓ ପିଲାଦିନ ଧୂଳିଖେଳ, ସାଙ୍ଗସାଥୀଙ୍କ ଅଭାବବୋଧର ଅସହାୟ ଚିତ୍ର। 'କବି' ଗଳ୍ପରେ ନିଶାକର ନାମକ ପିଅନର ସାହିତ୍ୟ ସାଧନା ହେତୁ ସାଂସାରିକ ଜୀବନରେ ତାଳମେଳ ରକ୍ଷା କରିପାରି ନ ଥିବା ନିପାରିଲା ଗୃହସ୍ଥୀ ଜୀବନର ଚିତ୍ର ରହିଛି। କ୍ଷମତାସଂପନ୍ନ ରାଜନୀତିକ ପ୍ରଭାବ-ପତିଆରାର କଥା ରହିଛି 'ବଳି ବିଚରା' ଗଳ୍ପରେ।

'ଘର' (୨୦୦୦) ସଂକଳନସ୍ଥ ବାରଗୋଟି ଗଳ୍ପରେ ସାଂସାରିକ ଜୀବନର କିଛି ଆଶା-ଆକାଂକ୍ଷା ଓ ଭଙ୍ଗାରୁଜା ସ୍ୱପ୍ନର କରୁଣ ଭାବବସ୍ତୁ ରହିଛି। କଥାକାର ଗୌରହରିଙ୍କ ଦୃଷ୍ଟିରେ 'ଘର' ଏକ ସୁନ୍ଦର-ସୁକୁମାର ସ୍ୱପ୍ନଟିଏ। 'ଘର'ର ଛାତତଳେ ମଣିଷ ଆଶ୍ୱସ୍ତ ଥାଏ। କିନ୍ତୁ ବେଳେବେଳେ ଏଇ ଘରର ନିଶା ଓ ମାୟାରେ ମଣିଷର ତମାମ ଜୀବନ ବିତିଯାଇଥାଏ। ଗାଳ୍ପିକଙ୍କ ମତରେ- "ଜନ୍ମଠୁଁ ନେଇ ମରଣ ଯାଏ, ସବୁବେଳେ, ସବୁ ମୁହୂର୍ତ୍ତରେ ମଣିଷ ଘରଟିଏର ସ୍ୱପ୍ନ ଦେଖୁଥାଏ। ସେ ଘରର ସ୍ୱପ୍ନ ସାଙ୍ଗରେ ମିଶି ରହିଥାଏ ଶହେ କି ହଜାରେ ସୁନ୍ଦର ଓ ସୁକୁମାର କଳ୍ପନା। ସେଥିରୁ

କିଛି କିଛି ସତ ହୁଏ, କେବେ ଗୋଟିଏ ସୁଦ୍ଧା ସତ ହୁଏ ନାହିଁ, ଅଧିକାଂଶ ରହିଯାଏ କିନ୍ତୁ ସ୍ୱପ୍ନ ହେଇ। ସେଇ ସ୍ୱପ୍ନ-ଘରକୁ ମଣିଷ ତା' ମନର ସିନ୍ଦୁକରେ ସାଇତି ରଖେ।" x x x ଘର ହିଁ ଘରକୁ ଭାଙ୍ଗୁଥାଏ, ଘର ପୁଣି ଘରକୁ ଗଢ଼ି ଦେଉଥାଏ।" (୪୧) ଆଲୋଚ୍ୟ 'ଘର' ଗଳ୍ପଟିରେ ପାଟପୁର ଗାଁର ସ୍ଥିତିବାନ୍ ବାସିନ୍ଦା ମାନଗୋବିନ୍ଦ ନିଜର ଦୁଇ ପୁଅଙ୍କ ନିକଟରେ ଗାଁରେ ଘର ଖଣ୍ଡିଏ ତିଆରି କରିବା ପାଇଁ ବାରମ୍ବାର ନିଜ ଆଗ୍ରହ ପ୍ରକାଶ କରନ୍ତି। ମାତ୍ର ତାଙ୍କର ପୁଅମାନେ ସେଥିପାଇଁ ଗୁରୁତ୍ୱ ଦିଅନ୍ତି ନାହିଁ। ଫଳରେ ଗାଁରେ ଘର ଖଣ୍ଡିଏ କରିବାର ଉଜ୍ଜ୍ୱଳ ସ୍ୱପ୍ନ ତାଙ୍କର ଦୁଇ ପୁଅଙ୍କ ଅନାଗ୍ରହ ଭିତରେ ଧୀରେ ଧୀରେ ଝାଉଁଳି ପଡ଼ିଛି। ଆଲୋଚ୍ୟ ଗଳ୍ପଟି 'ଆମ ଘରର ନକ୍‌ସା' ନାଟକ ଭାବରେ ପ୍ରକାଶିତ ଏବଂ 'ଶତାବ୍ଦୀର କଳକାର'ର ମଞ୍ଚଶିଳ୍ପୀମାନଙ୍କ ଦ୍ୱାରା ରବୀନ୍ଦ୍ର ମଣ୍ଡପରେ ଅଭିନୀତ ହୋଇଛି ମଧ୍ୟ। 'ଘର'ର କଥାବସ୍ତୁ ଗାଁ ମାଟି ପ୍ରତି ବତୁରା ଆବେଗ ରଖୁଥିବା ପ୍ରତ୍ୟେକ ଗ୍ରାମୀଣ ବ୍ୟକ୍ତିଙ୍କ ଆବେଗ ପ୍ରବଣତାକୁ ପ୍ରତିଷ୍ଠା କରେ। 'ଘର' ତିଆରିର ପରାହତ ସ୍ୱପ୍ନକୁ ନେଇ କାହାଣୀ ଗତିଶୀଳ ହୋଇଛି ଏବଂ ପରିଣତିରେ ପାଠକ ହୃଦୟରେ ଦୀର୍ଘଶ୍ୱାସ ସୃଷ୍ଟି ହୋଇଛି। ଆତ୍ମୀୟତାରେ ମୋହଭଙ୍ଗର ଚିତ୍ର ପ୍ରଦତ୍ତ ହୋଇଛି 'କାଚ କଣ୍ଢେଇ' ଗଳ୍ପରେ। ଛୁଆବେଳୁ ବଟଦାଦି ନାମକ ମଣିଷର ସଂଭ୍ରାନ୍ତ ଛବିକୁ ହୃଦୟ ଭିତରେ ସାଇତି ଥିବା ବାଳକଟିଏ ଯେବେ ସମୟାନ୍ତରେ ବଟଦାଦିର ପରିବର୍ତ୍ତିତ ବିକଳ ଜୀବନଶୈଳୀ ଓ ଚେହେରା ଦେଖିଛି ସେତେବେଳେ ସେ ଗଭୀର ଭାବରେ ଆହତ ହୋଇଛି। ପୁରୁଣା ଜିନିଷ ଭାଙ୍ଗିଗଲେ ମନରେ ହେଉଥିବା କଷ୍ଟ ପରି ବାଳକର ହୃଦୟରେ ତାହା ଗଭୀର କ୍ଷତ ସୃଷ୍ଟି କରିଛି। ବାପଘରର ଖାନ୍ଦାନି ପରମ୍ପରା ଓ ଶାଶୂଘରର ବୁନିଆଦି ପ୍ରତିଷ୍ଠାର ଲୁହା ପାଚେରି ଭିତରେ ସନ୍ତୁଳିତ ନାରୀ ଜୀବନର କାହାଣୀ ରହିଛି 'ପଞ୍ଜୁରି' ଗଳ୍ପରେ। ଅସ୍ଫୁଟ ଚିତ୍କାର ଓ ବିକଳ ଆବେଗକୁ ପାଥେୟ କରି ନାରୀକୁ ତା'ର ଅବଶିଷ୍ଟ ଜୀବନ କାଟିବାକୁ ହୁଏ ଚିରାଚରିତ-ରକ୍ଷଣଶୀଳ-ରୀତି-ନୀତିର ପଞ୍ଜୁରି ଭିତରେ। ମାତ୍ର ପଞ୍ଜୁରିର ଚଢ଼େଇ ପରି ରେଣୁ ପଞ୍ଜୁରିଦ୍ୱର ମୁକ୍ତ ହୋଇଥିବାର ପ୍ରଗତିଶୀଳ ଆହ୍ୱାନ ରହିଛି ଏହି ଗଳ୍ପରେ। 'ଊର୍ମିଳା' ଗଳ୍ପରେ ନାରୀ ଜୀବନର ଦୁର୍ଦ୍ଦଶାର ଚିତ୍ର ପ୍ରଦତ୍ତ ହୋଇଛି। ଯେଉଁ ସୁନ୍ଦରୀ ଊର୍ମିଳା ପ୍ରତି ପିଲାବେଳୁ ଗାଳ୍ପିକଙ୍କ ଈର୍ଷା ଭାବ ଥିଲା ସେହି ଊର୍ମିଳାର ଜୀବନରେ ମଦ୍ୟପ ସ୍ୱାମୀର ଅତ୍ୟାଚାର, ତା'ର କାଙ୍ଗାଳ ଘରକରଣା ଓ ତା'ର ବିକଳ ପରିସ୍ଥିତି ପ୍ରତ୍ୟକ୍ଷ କରି ଗାଳ୍ପିକ ସମ୍ବେଦନଶୀଳ ହୋଇ ଉଠିଛନ୍ତି। ସ୍ଥାନ, ପଦବି ଏବଂ ଚଉକିର ମୋହ ପ୍ରତି ମଣିଷକୁ ଘାରିଥାଏ। କିନ୍ତୁ 'ଚଉକି'ର ସେ ସ୍ଥିତି ପରିବର୍ତ୍ତନଶୀଳ, ଅର୍ଥାତ୍ 'ଚଉକି' କାହାର ନୁହେଁ। କାମ ସରିଗଲେ

'ଚଉକି' ତା' କୋଳର ମଣିଷକୁ କାଗଜ ଟୁକୁଡ଼ା ପରି ଫୋପାଡ଼ି ଦେବାର ବାସ୍ତବତା ଉପରେ ଆଧାରିତ ହୋଇଛି 'ଚଉକି' ଗଳ୍ପ। ଦିଲ୍ଲୀରେ ଜୀବନର ସୁଖ-ଦୁଃଖ ଭୋଗି ଗୁଜୁରାଣ ମେଣ୍ଟାଇ ବଢ଼ିଥିବା ପ୍ୟାରେଲାଲ୍ ପରି ଜଣେ ଭାବପ୍ରବଣ ମଣିଷର କାହାଣୀ ରହିଛି 'ପ୍ୟାରେଲାଲ୍‌ର ପୃଥିବୀ' ଗଳ୍ପରେ।

ବାତ୍ସଲ୍ୟ ପ୍ରେମର ସ୍ୱରକୁ ନେଇ 'ପୁଅ' ଗଳ୍ପ, ସୁନା ପଞ୍ଜୁରିର ବନ୍ଦିନୀ ପକ୍ଷୀ ଭଳି ବିରାଟ ପ୍ରାସାଦରେ ଜୀବନ ବିତାଉଥିବା ଗୋଟେ ନାରୀର ଯନ୍ତ୍ରଣାର ସ୍ୱର ରହିଛି 'ଘରଟିଏ' ଗଳ୍ପରେ। 'କଳ୍ପନା ବିଯୁକ୍ତ ସ୍ୱପ୍ନ ହିଁ ବାସ୍ତବତା' - ଏହି ମର୍ମରେ ରଚିତ ହୋଇଛି 'ପ୍ରଥମ ପୃଷ୍ଠା' ଗଳ୍ପ। କପିଳବାସ୍ତୁର ରାଜପୁତ୍ର ସିଦ୍ଧାର୍ଥଙ୍କ କିମ୍ବଦନ୍ତୀ ଉପରେ ଗାଳ୍ପିକଙ୍କ 'ପୂର୍ଣ୍ଣିମାର ପ୍ରତିଶ୍ରୁତି' ଗଳ୍ପ ଆଧାରିତ। ଯୁବରାଣୀ ଯଶୋଧାରାଙ୍କୁ ତ୍ୟାଗ କରି ଗୌତମ ସନ୍ନ୍ୟାସୀ ସାଜିଥିବାର ସେଇ ନିଷ୍ଠୁରତାକୁ ନେଇ 'ପୂର୍ଣ୍ଣିମାର ପ୍ରତିଶ୍ରୁତି' ଗଳ୍ପ ଅତ୍ୟନ୍ତ ମର୍ମସ୍ପର୍ଶୀ।

ବିଶ୍ୱକବି ରବୀନ୍ଦ୍ରନାଥଙ୍କ ଉକ୍ତିରେ- "These paper boats of mine are meant to dance on the ripples of hours and not reach destination." କଥାରେ ଅଛି- "ଓଳିତଳ ପାଣି ଟାଣଇ ଯେପରି କାଗଜଡଙ୍ଗାକୁ ଧୀରେ, ଭାଗ୍ୟଡୋରି ସିନା ଟାଣଇ ସେପରି ମଣିଷକୁ ତା' ପଛରେ।" 'କାଗଜଡଙ୍ଗା କେବଳ ଜଳତରଙ୍ଗରେ କିଛି ମୁହୂର୍ତ୍ତ ଛନ୍ଦ ତୋଳି ଗତିଶୀଳ ହୁଏ, ମାତ୍ର ଏହାର କୌଣସି ଲକ୍ଷ୍ୟସ୍ଥଳ ନ ଥାଏ। କାରଣ ଜଳସମାଧି ହିଁ ଏହାର ଶେଷ ଛନ୍ଦ। କାଗଜଡଙ୍ଗା ଭଳି ପରିଣତି ହିଁ ଜୀବନର ସବାଶେଷ ପରିଣତି' - ଏହି ଭାବଭୂମି ଉପରେ ଗାଳ୍ପିକ ଗୌରହରି ଦାସଙ୍କ 'କାଗଜଡଙ୍ଗା' ଗଳ୍ପ ଆଧାରିତ।

'କାଗଜଡଙ୍ଗା' (୨୦୦୨) ଗଳ୍ପ ସଂକଳନସ୍ଥ ଅଠର ଗୋଟି ଗଳ୍ପରେ ଜୀବନର ଦୋଦୁଲ୍ୟମାନ ସ୍ଥିତି ମଧ୍ୟରେ ଆଶାବାଦର ସ୍ୱର ଅନୁରଣିତ ହୋଇଛି। ଗୌରହରି ଦାସ 'କାଗଜଡଙ୍ଗା' ଗଳ୍ପର ନାମକରଣର ଯଥାର୍ଥତା ପ୍ରତିପାଦନ କରି ଉଲ୍ଲେଖ କରିଛନ୍ତି- "ମଣିଷର ଜୀବନ ବି କାଗଜଡଙ୍ଗାର ଜୀବନ ପରି। କେତେ କେତେ ସ୍ୱପ୍ନ ଦେଖି ନ ଥାଏ ମଣିଷ ଜୀବନକୁ ନେଇ? କେତେ ପ୍ରକାର ରଙ୍ଗରେ ରଙ୍ଗେଇ ନ ଥାଏ ନିଜର ଭବିଷ୍ୟତ? ଅଥଚ ସ୍ୱପ୍ନ ଅପହଞ୍ଚ ଓ କଳ୍ପନାର ବନ୍ଦର ପୂର୍ବ ପରି ଦୂରବର୍ତ୍ତୀ ଥିବାବେଳେ ଆୟୁଷ ସରିଯାଏ, ଯାତ୍ରା ଶେଷ ହୋଇଯାଏ। କିନ୍ତୁ ତା' ସତ୍ତ୍ୱେ ନୂଆ ନୂଆ 'କାଗଜଡଙ୍ଗା' ତିଆରି ହେଉଥାଆନ୍ତି, ନୂଆ ନୂଆ କଳ୍ପନା ଖିଅ ମେଲୁଥାଆନ୍ତି ମନର ମାନଚିତ୍ରରେ, ନୂଆ ନୂଆ ସ୍ୱପ୍ନର ବୋଇତ ଲଙ୍ଗର ପକଉଥାଆନ୍ତି କଳ୍ପନାର ବନ୍ଦରରେ। 'କାଗଜଡଙ୍ଗା' ସଂକଳନସ୍ଥ 'ବାପା' ଏବଂ

'କାହ୍ନୁର ଘର' ଗଳ୍ପ ଦ୍ୱୟ ଗାଳ୍ପିକଙ୍କ ଦୁଇଟି ସଫଳ ଗଳ୍ପ। ପୁତ୍ର ସଂଜୟ ଆଗରେ ବାପାଙ୍କ ମୃତ୍ୟୁ ପରେ ଅନୁକମ୍ପାମୂଳକ ଚାକିରିର ପ୍ରଲୋଭନ ଏବଂ ଦୁରାରୋଗ୍ୟ କ୍ୟାନ୍‌ସର ପୀଡ଼ିତ ଶଯ୍ୟାଶାୟୀ ପିତାଙ୍କ ପ୍ରତି ଦାୟିତ୍ୱର ଦ୍ୱନ୍ଦ୍ୱପୂର୍ଣ୍ଣ ସ୍ଥିତି ଉପୁଜିଛି। ହାତରୁ ଚାକିରି ସୁଯୋଗ ହରେଇବସିବା ଆଶଙ୍କାରେ ସେ ଡାକ୍ତରଙ୍କ ସହାୟତାରେ ଇଞ୍ଜେକ୍‌ସନ୍ ଦ୍ୱାରା ବାପାଙ୍କୁ ମୃତ୍ୟୁଦାନ କରିବାର ସ୍ୱପ୍ନ ଦେଖିଛି। ଅଥଚ ପରମୁହୂର୍ତ୍ତରେ ପିଲାଦିନର ସ୍ମୃତି ଓ ବାପାଙ୍କ ଅମୂଲ୍ୟ ସ୍ନେହ-ଅବଦାନ କଥା ଭାବି ତା' ହୃଦୟ ଦ୍ରବୀଭୂତ ହୋଇଯାଇଛି। ସଂଜୟର ଆବେଗକୁ ଶବ୍ଦାୟିତ କରିବାକୁ ଯାଇ କଥାକାର ଲେଖିଛନ୍ତି- "ନା ସେ ତା ବାପାଙ୍କୁ ବଞ୍ଚେଇବା ଲାଗି ଲଢ଼େଇ କରିବ। ଯେତିକି ଦିନ ସେ ବଞ୍ଚିବେ, ସମସ୍ତଙ୍କର ସ୍ନେହ ଆଦର ନେଇ ସେ ବଞ୍ଚିବେ। ତା ଚାକିରି ନ ହେଲେ ନ ହେଉ ପଛକେ।" (୪୨) ଆଲୋଚ୍ୟ ଗଳ୍ପରେ ଭାରତୀୟ ସଂସ୍କୃତିର 'ପିତାଃ ସ୍ୱର୍ଗ' ଚେତନାର ମହତ୍ତ୍ୱ ପ୍ରତିଷ୍ଠିତ ହୋଇଛି।

'କାଗଜଡଙ୍ଗା' ସଂକଳନସ୍ଥ 'କାହ୍ନୁର ଘର' ଗାଳ୍ପିକଙ୍କର ଏକ ଜନପ୍ରିୟ ଗଳ୍ପ। ବାସଭୂମିର ମୋହ ବେଳେବେଳେ ମଣିଷକୁ ଏତେ ଅସହାୟ କରିଦିଏ ଯେ, ତାକୁ ଛାଡ଼ିଦେଲେ ସେ ଅବାକ୍ ଏବଂ ନିଷ୍ପନ୍ଦ ହୋଇଯାଏ। ଅନୁରୂପ ଭାବାବେଗକୁ ନେଇ ଗୌରହରିଙ୍କ 'କାହ୍ନୁର ଘର' ଅତ୍ୟନ୍ତ ସମ୍ବେଦନଶୀଳ। ମାଲିକ-ମାଲିକାଣୀଙ୍କ ପାଖରେ ରହି ପନ୍ଦର-ଷୋହଳ ବର୍ଷର କାଳିଆ ଗେଟମା କାହ୍ନୁ ଘରକାମ କରେ। ମାଲିକ ତାକୁ କୂଳରେ ଲଗେଇ ଦେବାର ଆଶା ଓ ସ୍ୱପ୍ନ ଦେଖାଇ ନିଜ ପାଖରେ ରଖିଥିଲେ। ଧୀରେ ଧୀରେ କାହ୍ନୁ ମାଲିକଙ୍କ କୋଠା ତିଆରି କାମର ଦେଖାରଖା କଲା। ଦିନରାତି, ସକାଳ ସଞ୍ଜ, ଖରା ବର୍ଷା, ଜ୍ୟେଷ୍ଠ ପଉଷ କାହ୍ନୁ ତାର ବାବୁଙ୍କୁ ଖୁସି କରିବାରେ ବ୍ୟସ୍ତ ରହୁଥିଲା। କାହ୍ନୁ ମନେ ମନେ ସ୍ୱପ୍ନର ଘର ତୋଳେ। ଘର ତିଆରି ସରିଯିବା ପରେ ଗାଁରୁ ମାଆକୁ ନେଇଆସି ସେଇ କୋଠାଘରେ ରଖିବାକୁ ମାଲିକ କହିଥିଲେ। ମାତ୍ର ଗାଁରୁ ଫେରିଲା ପରେ ତା'ର ଚିନ୍ତା-ଚେତନା ଆଘାତପ୍ରାପ୍ତ ହୁଏ ଯେତେବେଳେ ସେ ଦେଖେ ମାଲିକଙ୍କ ନୂଆ ଘର ଗୋଟେ କମ୍ପାନିର ଗେଷ୍ଟହାଉସ୍ ପାଲଟିଛି ଏବଂ ଦୀର୍ଘବର୍ଷ ଧରି ଯେଉଁ ଘର ପ୍ରତି ସେ ମୋହାଚ୍ଛନ୍ନ ଥିଲା, ତା'ର କୌଣସି କୋଠରିରେ ତା' ପାଇଁ ଟିକେ ହେଲେ ସ୍ଥାନ ନାହିଁ। ଏହି ମର୍ମରେ ସୁଜାନେ ୱାଗନର୍‌ଙ୍କ ପଙ୍‌କ୍ତି ସ୍ମରଣୀୟ- 'Illusions break apart in the harsh light of reality. Projections of others are paper dolls with no substance. Where are you floating a paper boat in the rain ?' ବାସ୍ତବତାର ନିର୍ମମ ଆଲୋକରେ କାହ୍ନୁର ଘର କାଗଜଡଙ୍ଗା ପରି ମିଳେଇ ଯାଇଥିଲା। ଗୌରହରି ଦାସଙ୍କ ଏହି ଗଳ୍ପର ଅନ୍ତଃସ୍ୱର ପାଠକପ୍ରାଣକୁ ଏକ ଅବ୍ୟକ୍ତ ଯନ୍ତ୍ରଣାରେ

ଆହତ କରେ। ପରବର୍ତ୍ତୀ ଗଳ୍ପ 'ସହିଦ'ରେ କୁତାଲପୁରର ବନଓ୍ୱାରୀଲାଲ୍ ପୁଅ ରାଜିନ୍ଦର ଦେଶ ପାଇଁ ଲଢ଼ି ସହିଦ ହୋଇଯାଇଛି। ସହିଦର ମୃତ୍ୟୁକୁ ଦେଶର ପ୍ରଧାନମନ୍ତ୍ରୀଙ୍କ ଠାରୁ ଆରମ୍ଭ କରି ମୁଖ୍ୟମନ୍ତ୍ରୀଙ୍କ ପର୍ଯ୍ୟନ୍ତ ସମସ୍ତେ ଗୌରବର କଥା କହୁଥିଲା ବେଳେ ସହିଦର ଅପାଠୋଇ ସ୍ତ୍ରୀ ମୀରା କିନ୍ତୁ ନିଜ ସ୍ୱାମୀର ବଳିଦାନକୁ ଦାରିଦ୍ର୍ୟର ଅସହାୟତା ମନେ କରିଛି। ସହିଦର ଆତ୍ମବଳିର ପାରିତୋଷିକ ଭାବରେ ମୀରା ହାତରେ କିଛି ଟଙ୍କା ଗୁଞ୍ଜିଦେଇ ସାନ୍ତ୍ୱନା ଦେବାକୁ ଚେଷ୍ଟା କରାଯାଉଥିବାବେଳେ ମୀରା ନିଜ ସ୍ୱାମୀର ପାର୍ଥିବ ଶରୀର ଦେଖିବାକୁ ଜିଦ୍ କରି ଚିତ୍କାର କରିବା ଓ ସହରକୁ ଯିବା ବାଟରେ ଗର୍ଭସ୍ଥ ଶିଶୁକୁ ହରାଇ ବସିବା ଗଳ୍ପଟିକୁ କାରୁଣ୍ୟରେ ଭରିଦେଇଛି। ଗାଁ ପୂଜା, କନ୍ଦଳ, ପୋଡ଼ାଜଳାକୁ ନେଇ ଏକ ନିଛକ କଥାବସ୍ତୁ ରୂପେ 'ବିସର୍ଜନ' ଗଳ୍ପ ବେଶ୍ ବାସ୍ତବବାଦୀ। ଗାଁର ଉନ୍ନତିକଳ୍ପେ ରାସ୍ତା ନିର୍ମାଣ, ବିଜୁଳି ଲାଇନ୍ ଆଣିବା ପାଇଁ ଖୁଣ୍ଟ ପକେଇବାର ଦାବିରେ ଭୋଟ୍ ବର୍ଜନ ସହ ଗାନ୍ଧୀ ନୀତିକୁ ଅନୁସରଣ କରୁଥିବା ଦେବପ୍ରତିମ ଶିକ୍ଷକ ନରୋତ୍ତମ ମିଶ୍ରେ ଶାସକ ଦଳ ଓ ବିରୋଧୀ ଦଳ ବିପକ୍ଷରେ ଥିଲେ। ନରୋତ୍ତମ ମିଶ୍ରେ ମନ୍ତ୍ରୀ-ଯନ୍ତ୍ରୀଙ୍କର ହାତଟେକା ରିଲିଫ୍‌କୁ ଗ୍ରହଣ ନ କରିବାକୁ ଯୁବକମାନଙ୍କୁ ବୁଝାଉଥିଲେ। ତାଙ୍କ ମୃତ୍ୟୁ ପରେ ତାଙ୍କରି ଶ୍ରାଦ୍ଧରେ ରିଲିଫ୍ ଚାଉଳ ରନ୍ଧା ଖାଦ୍ୟକୁ ଜଣେ ବୟସ୍କ ବୃଦ୍ଧା ବିରୋଧ କରିଥିବା ଚିତ୍ର ରହିଛି 'ରିଲିଫ୍' ଗଳ୍ପରେ। ଗାନ୍ଧୀବାଦୀ ଦର୍ଶନର ମୁଗ୍ଧ ସ୍ତାବକ କଥାକାର ଗୌରହରି ଦାସ 'ରିଲିଫ୍' ଗଳ୍ପକୁ ପରବର୍ତ୍ତୀ 'ଗାନ୍ଧୀ ଜୟନ୍ତୀ' ଗଳ୍ପ ସହିତ ସଂଯୋଜିତ କରିଛନ୍ତି। 'ରିଲିଫ୍' ଗଳ୍ପରେ ଦେବୋପମ ବ୍ୟକ୍ତି-ଶିକ୍ଷକ ନରୋତ୍ତମ ମିଶ୍ରଙ୍କ ପରଲୋକରେ ଶେଷ ହୁଏ ଏବଂ 'ଗାନ୍ଧୀ ଜୟନ୍ତୀ' ଗଳ୍ପରେ ଯୁବକ ସଂଘର ପୁନଃସ୍ଥାପନାର କଥା ଉତ୍‌ଥାପିତ ହୁଏ। ତେବେ ନରୋତ୍ତମ ମିଶ୍ରଙ୍କ ଗାନ୍ଧୀ ଚେତନା ସାଙ୍ଗକୁ ଗାନ୍ଧୀଜୀଙ୍କ ଆଦର୍ଶ ଓ ମୂଲ୍ୟବୋଧର ବିଡ଼ମ୍ବିତ ରୂପକୁ ଏହି ଗଳ୍ପରେ ଦର୍ଶାଇ ଦିଆଯାଇଛି। 'ସଂକୀର୍ତ୍ତନ' ଗଳ୍ପରେ ନୃଶଂସ ଧର୍ମାନ୍ଧତା, 'ଖରାପ ଲୋକ' ଗଳ୍ପରେ ସାଧାରଣ ମଣିଷ ଭିତରେ ଅସାଧାରଣ ମଣିଷପଣିଆ, 'ନିଜ ଭିତରର ଦୃଶ୍ୟ' ଗଳ୍ପରେ ମାନବୀୟ ଅନ୍ତର୍ନିହିତ ନକାରାତ୍ମକ ଚିନ୍ତାଧାରା, 'ଦାଗ' ଗଳ୍ପରେ ପ୍ରେମ-ପ୍ରତାରଣାର ଅଭୁଲନୀୟ ଦାଗ ଏବଂ ସ୍ୱପ୍ନର ବୋଇତ ଜଳସମାଧି ଲଭିବାର ଚିତ୍ର ରହିଛି 'କାଗଜଡଙ୍ଗା' ଗଳ୍ପରେ।

କଥାକାର ଗୌରହରି ଦାସଙ୍କ ୨୦୦୪ ମସିହାରେ ପ୍ରକାଶିତ 'ଅହଲ୍ୟାର ବାହାଘର' ଏକ ବାସ୍ତବ ଚେତନାଧର୍ମୀ ଗଳ୍ପ ସଂକଳନ। ଏହି ସଂକଳନସ୍ଥ ପନ୍ଦର ଗୋଟି ଗଳ୍ପରେ ଜୀବନ ଯନ୍ତ୍ରଣାର ନିଛକ ଚିତ୍ର ରହିଛି। ଏ ସଂପର୍କରେ କଥାକାର ଉଲ୍ଲେଖ କରିଛନ୍ତି - "ଏ ସଂକଳନରେ ଅଧିକାଂଶ ଚରିତ୍ର ମୋ ଚାରିପାଖ ପୃଥିବୀର। ସେମାନେ କଳ୍ପନାରୁ ଜନ୍ମ ନେଇ ନାହାନ୍ତି। 'ଇଟା'ର ପୁଷ୍ପାଞ୍ଜଳି, 'ବସୁଦେବ'ର

ବାସୁ, 'ମଝି ରାସ୍ତାର ଜୀବନ'ର ମୀନା, 'ସାହାଭରସା'ର ନୀର ବୋଉ, 'ଏ ରାତି ପାହିବ'ର ନିଶା ଏପରିକି 'ଗୋଟିଏ ସନ୍ଧ୍ୟା' ଓ 'ମରୁଦ୍ୟାନ' ଗପର ଚରିତ୍ରମାନଙ୍କୁ ଆପଣ କେଉଁଠି ନା କେଉଁଠି ଭେଟିଥିବେ। ହୁଏତ ସେମାନଙ୍କର ସୁଖଦୁଃଖର କଥା ବି ଶୁଣିଥିବେ କିଛି କିଛି। ମୁଁ ସେଇ କଥାକୁ ଆଉ ଥରେ ଦୋହରାଇଛି।" (୪୩) 'ଅହଲ୍ୟାର ବାହାଘର' କଥାକାର ଗୌରହରିଙ୍କ ଏକ ବହୁଚର୍ଚ୍ଚିତ - ଲୋକପ୍ରିୟ ଗଳ୍ପ। ଯାହା ପ୍ରଥମେ ଗଳ୍ପ ପରେ ସିନେମା ଏବଂ ତାପରେ ମଞ୍ଚ ନାଟକ ଭାବରେ ଦୃଶ୍ୟାୟିତ ହେବାର ସୌଭାଗ୍ୟଲାଭ କରିଛି। 'ଅହଲ୍ୟାର ବାହାଘର' ଗପର ପ୍ରେରଣା ସଂପର୍କରେ କଥାକାର ସ୍ୱଷ୍ଟୋକ୍ତି ଉପସ୍ଥାପିତ କରିଛନ୍ତି- 'ଦି ହଜାର ଦୁଇ ମସିହା। ପତ୍ନୀ ସଂଯୁକ୍ତା ମୋତେ ତାଙ୍କ ଗାଁର ଜଣେ ଗରିବ ଝିଅର କଥା କହିଲେ। ଝିଅଟିକୁ ବାହାଦେବେ - ଏଇ ପ୍ରତିଶ୍ରୁତି ଦେଇ ତାକୁ ଗୋଟେ ସ୍ୱଚ୍ଛଳ ପରିବାରର ଲୋକେ ଖଟଉଥିଲେ। ଝିଅଟି ତାଙ୍କ ଘରେ କାମ କରୁଥିଲା, ଗଣ୍ଡେ ଖାଇ ଖଣ୍ଡେ ପିନ୍ଧି ରହୁଥିଲା। ଏମାନେ ତାହାର ବାହାଘର କଥା ଆଦୌ ଚିନ୍ତା କରୁ ନ ଥିଲେ, ମାତ୍ର ମଝିରେ ମଝିରେ ତାକୁ ବାହାଘରର ସ୍ୱପ୍ନ ଦେଖାଉଥିଲେ। ଶେଷକୁ ତାଙ୍କ ନିଜ ଝିଅର ବାହାଘର ହେଲା। ସେଇ ପରିବାରଟି କାମ କରୁଥିବା ଝିଅଟିକୁ ବାହା ଦେବେ କଅଣ ନିଜ ଝିଅ ସାଙ୍ଗରେ ପୋଇଲି ସଜେଇ ପଠେଇ ଦେଲେ। ଏକଥା ଶୁଣି ମୋ ମନରେ ତୀବ୍ର ପ୍ରତିକ୍ରିୟା ସୃଷ୍ଟି ହୋଇଥିଲା। ଭାବିଲି, ଆମେ ସମାଜର ବଡ଼ ବଡ଼ ସମସ୍ୟା କଥା ଆଲୋଚନା କରୁଛୁ, ମାତ୍ର ଏଇ ପ୍ରକାର ଯେଉଁ ଶୋଷଣ ଓ ପ୍ରବଞ୍ଚନା ଜାରି ରହିଛି - ତାହାକୁ ଆଡ଼େଇ ଚାଲିଯାଉଛୁ। ଏଇ କଥାଟିକୁ ନେଇ ଲେଖିଥିଲି 'ଅହଲ୍ୟାର ବାହାଘର'। ଓଡ଼ିଶାର ବିଶିଷ୍ଟ ଚଳଚ୍ଚିତ୍ର ନିର୍ଦ୍ଦେଶକ ନୀରଦ ମହାପାତ୍ର 'ଅହଲ୍ୟାର ବାହାଘର'କୁ ନେଇ ଟେଲିଫିଲ୍ମ ନିର୍ମାଣ କରିଛନ୍ତି। ଏହି ଟେଲିଫିଲ୍ମ ମରିସସ୍, ଆମେରିକା, ହାଇଦ୍ରାବାଦ ଓ ମୁମ୍ବାଇର ଦର୍ଶକଙ୍କ ପ୍ରତିକ୍ରିୟା ଲାଭ କରିଛି। ଏ ସଂପର୍କରେ ନୀରଦ ମହାପାତ୍ରଙ୍କ ପତ୍ନୀ ସବିତା ମହାନ୍ତି ଲେଖିଛନ୍ତି, "ଦର୍ଶକଙ୍କ ପ୍ରତିକ୍ରିୟା ଯେ 'ଅହଲ୍ୟା ଯେତେବେଳେ ଯୌତୁକ ଟ୍ରକ୍‌ର ଆଗ ସିଟ୍‌ରେ ବସି ପଛକୁ ମହାପାତ୍ର ବାବୁଙ୍କ ଘର ଆଡ଼କୁ ଚାହୁଁଛି, ତା'ର ଆଖିରୁ ଲୁହଧାର ଗଡ଼ି ଆସୁଛି, ସେତେବେଳକୁ ଆମେ ଆଉ ଆମର ଲୁହଧାରକୁ ରୋକିପାରୁନୁ।' (୪୪) କୂଅମୂଳର ପୁରୁଣା ପଥର ଭଳି ଅହଲ୍ୟା ଭଳି ଯୁବତୀ ଝିଅର ମଉଳା-ଉଜୁଡ଼ା ଜୀବନ ବ୍ୟର୍ଥ ହୋଇଥିବାର କରୁଣ ଦୃଶ୍ୟ ଆଲୋଚ୍ୟ ଗଳ୍ପକୁ ଶକ୍ତିଶାଳୀ କରିଛି। ଗାଳ୍ପିକଙ୍କ ଶବ୍ଦରେ ଅହଲ୍ୟା - "ସ୍ୱପ୍ନ ପରି ଗୋଛାଏ ମଳା ଘାସ, ଯାହାର କଥା କେହି ବୁଝନ୍ତି ନାହିଁ।" (୪୫) ଶ୍ୟାମଳୀ-ଦୀର୍ଘଦେହୀ ଏବଂ ସ୍ୱାଭିମାନୀ ପୁଷ୍ପାଞ୍ଜଳି

ଦାସ ଭଳି ଦୃଢ଼ମନା ଝିଅର କାହାଣୀ ରହିଛି 'ଇଟା' ଗଳ୍ପରେ। ଗାଳ୍ପିକଙ୍କ ମତରେ- "ଭାଟିରେ ପୋଡ଼ା ନ ହେଲା ଯାଏ ମାଟି ଇଟାର ଆକୃତି ବଦଳାଇ ହୁଏ। ଶୁଖିଲା ମାଟିରେ ପାଣି ଆଞ୍ଜୁଳାଏ ପକେଇଦେଲେ ତାହା ପୁଣି ବତୁରିଯାଏ। କଞ୍ଚାମାଟି ନିର୍ଦ୍ଦିଷ୍ଟ ଜାଗା ଖୋଜେ ନାହିଁ। ଯେଉଁଠି ରଖିଦେଲେ ଲୋଚାକୋଚା ହୋଇ ଖାପିଯାଏ ମଫସଲୀ ଲୋକ ପରି। ଇଟା କିନ୍ତୁ ଲୋଚାକୋଚା ହୋଇ ବସିପାରେ ନାହିଁ। ଇଟା ପାଇଁ ସ୍ୱତନ୍ତ୍ର ଆକୃତିର ଜାଗା ଲୋଡ଼ା।" (୪୬) ନିଜ ପୁରୁଷାକାରକୁ ପ୍ରତିଷ୍ଠିତ କରିବା ଉଦ୍ଦେଶ୍ୟରେ ନିଜ ପ୍ରେମକୁ ଉପେକ୍ଷା କରି ଆଗକୁ ବଢ଼ିଥିବା ଶିକ୍ଷା ବିଭାଗର ଜଏଣ୍ଟ୍ ସେକ୍ରେଟାରୀ ଅନୁପମଙ୍କ ନିକଟକୁ ନିଜର ଏକ ଜରୁରୀ ଆବଶ୍ୟକତା ନେଇ ପୁଷ୍ପାଞ୍ଜଳିର ସ୍ୱାମୀ ଆସିଛି। ପୁଷ୍ପାଞ୍ଜଳି ଥିଲା ସେଇ ଝିଅ ଯିଏ ଏକଦା ଅନୁପମଙ୍କୁ ପ୍ରେମ କରୁଥିଲା ଓ ତାଙ୍କର ଉନ୍ନତି କାମନା କରି ଅତି ନିର୍ବୋଧ ଭାବରେ ପ୍ରେମିକ ବାଟରୁ ହଟିଯାଇଥିଲା। ପୁଷ୍ପାଞ୍ଜଳି ଭଳି ସରଳ ଓ ଅକପଟ ଝିଅ ପାଇଁ ଗହଣା ଓ ଦାମୀ ଉପହାର ଅପେକ୍ଷା 'ପ୍ରେମ' ମୁଖ୍ୟ ଥିଲା। ସେ କହୁଥିଲା- "ଏସବୁ ଉପହାର ପ୍ରେମ ନୁହେଁ। ପ୍ରେମ ଏସବୁ ଭିତରେ ନ ଥିଲା କୌଣସି ଦିନ। ପ୍ରେମ କେବଳ ଚେତନାରେ ଥାଏ, ଭାବରେ ଥାଏ, ବସ୍ତୁରେ ନୁହେଁ।" (୪୭) ଅତିକ୍ରାନ୍ତ ସମୟ ଭିତରେ ପୁଷ୍ପାଞ୍ଜଳି ଅନୁପମଙ୍କ ବସ୍ତୁବାଦୀ-ଆତ୍ମକୈନ୍ଦ୍ରିକ ସଂକୀର୍ଣ୍ଣତାକୁ ଚିହ୍ନିପାରିଥିଲା। କ୍ଷମତାଶାଳୀ ଅନୁପମ ନିଜକୁ ବ୍ୟକ୍ତିତ୍ୱସଂପନ୍ନ ଇଟା ଏବଂ ପୁଷ୍ପାଞ୍ଜଳିର ସ୍ୱାମୀ ଅରବିନ୍ଦକୁ ମେଞ୍ଚାଏ କାଦୁଅ ଭାବି ଦୟା କରେ, ମାତ୍ର ଅରବିନ୍ଦ ବୁଝାଇଦିଏ ଯେ ଇଟା ପାଖରେ ସେହି କୋମଳତା ନ ଥାଏ, ଯାହା ଥାଏ ମାଟି ପାଖରେ। ପୁରୁଷକୈନ୍ଦ୍ରିକ ସମାଜରେ ନାରୀର ଶକ୍ତିଶାଳୀ ବ୍ୟକ୍ତିତ୍ୱ ପ୍ରତି କଥାକାର ଗୌରହରିଙ୍କ ସମ୍ମାନବୋଧ ନିଶ୍ଚିତ ରୂପେ ଉଲ୍ଲେଖନୀୟ। 'ଏ ରାତି ପାହିବ' ଗଳ୍ପରେ ଯୌତୁକ ସମସ୍ୟା ଭଳି ଏକ ସାମାଜିକ ବ୍ୟାଧିର ଚିତ୍ର ରହିଛି। 'ସାହା ଭରସା' ଗଳ୍ପରେ ନିରବୋଉ ଭଳି ଗରିବଗୁରୁବାଙ୍କ ନିମନ୍ତେ ସରକାରୀ ସ୍ତରରୁ ଆସିଥିବା ଟଙ୍କାକୁ ବାଟମାରଣା କରିଥିବା ବିଡିଓ କୃଷ୍ଣ ଦାସର ଚାକିରି ବଞ୍ଚେଇବାକୁ ଯାଇ ସେଇ ଅସହାୟା ମହିଳା ସହାୟତା କରିଥିବାର କାହାଣୀ ରହିଛି। 'ମଝି ରାସ୍ତାର ଜୀବନ' ଗଳ୍ପରେ ସ୍ୱାମୀର ଅତ୍ୟାଚାରରେ ଦୁର୍ଭାଗ୍ୟପୂର୍ଣ୍ଣ ଜୀବନରୁ ମୁକ୍ତ ହେବା ପାଇଁ ଆତ୍ମହତ୍ୟାର ମାର୍ଗ ଆପଣେଇବାକୁ ଚେଷ୍ଟା କରିଥିବା ମୀନା ନାମ୍ନୀ ଗୋଟିଏ ନାରୀ ଜୀବନର କାହାଣୀ ରହିଛି। 'ବସୁଦେବ' ଗଳ୍ପରେ କୃତ୍ରିମ ପ୍ରଜନନ ଭଳି ଏକ ଗମ୍ଭୀର ବିଜ୍ଞାନଧର୍ମୀ ତତ୍ତ୍ୱକୁ କାହାଣୀରେ ସରସ ରୂପ ପ୍ରଦାନ କରାଯାଇଛି। ଆଲୋଚ୍ୟ ଗଳ୍ପରେ କଥାକାର ଗୌରହରି ସମଗ୍ର ନାରୀ ଜାତି ପ୍ରତି ସମ୍ମାନ ଜଣାଇ ଲେଖିଛନ୍ତି-

"ସବୁ ଝିଅ ଜନ୍ମରୁ ଜଣେ ଜଣେ ମାଆ।" (୪୮) ଡାକ୍ତରୀ ରିପୋର୍ଟ ଅନୁସାରେ ସରୋଜ ବାପା ହେବାକୁ ଅକ୍ଷମ ଥିଲା। ତେଣୁ ସ୍ତ୍ରୀ ମମତାର ଗର୍ଭାଶୟରେ ଭ୍ରୁଣ ସଞ୍ଚାର କରିବାର ବ୍ୟବସ୍ଥା କରିବାର ପ୍ରସଙ୍ଗ ଉଠିଥିଲେ ହେଁ ତାହା ସମ୍ଭବ ହୋଇ ନ ଥିଲା, ବରଂ ବିଭିନ୍ନ ନର୍ସିଂହୋମ୍ ଓ କ୍ଲିନିକ୍‌ରେ କାମ କରୁଥିବା ବାସୁ ଗୋଟିଏ ପରିତ୍ୟକ୍ତ ଶିଶୁକୁ ମମତା ଓ ସରୋଜଙ୍କୁ ଦେଇଥିଲା। କିନ୍ତୁ ସେଇ ବାସୁଦେବ ଭୁଲ୍ ବୁଝାମଣାର ଶିକାର ହେଇଛି। ଗାଳ୍ପିକଙ୍କ ଶବ୍ଦରେ- "ଅସହ୍ୟ ଯନ୍ତ୍ରଣାରେ ଗୋଟେ ଗୋଟେ ପାଦ ଆଗକୁ ପକେଇ, କାହାର ଅବାଞ୍ଛିତ ଛୁଆକୁ ଆଶ୍ରୟ ଦେବା ସନ୍ଧାନରେ ଚାଲୁଥିବା ଠକ, ମିଛୁଆ, କଣା ବାସୁଆ ଦିଶୁଥିଲା ମଥୁରା ରାସ୍ତାର ବସୁଦେବ ପରି।" (୪୯) ନର୍ସିଂହୋମ୍‌ରୁ ଅଲୋଡ଼ା-ଅଖୋଜା ଛୁଆଙ୍କୁ ନଳାକୁ ଫିଙ୍ଗି ନ ଦେଇ ପିଲାଝିଲା ନ ଥିବା ଘରେ ପହଞ୍ଚାଉଥିବା ମହାନ୍ ବ୍ୟକ୍ତିଚରିତ୍ର ବାସୁଦେବ ପ୍ରତି ଗାଳ୍ପିକ ସମ୍ବେଦନଶୀଳ ହୋଇଛନ୍ତି। ସମସ୍ୟାଗ୍ରସ୍ତ ମଣିଷ ଜୀବନରେ ଅସଂଖ୍ୟ ଇଚ୍ଛା-ଆକାଂକ୍ଷା ବସା ବାନ୍ଧିଥାଏ। ତା'ର ଅସୀମିତ ଇଚ୍ଛାରେ କେବେ ପୂର୍ଣ୍ଣାହୂତି ନ ଥାଏ। ତେବେ ଏହିଭଳି ଏକ ଦର୍ଶନ ଅଭିବ୍ୟକ୍ତ ହୋଇଛି ଗାଳ୍ପିକଙ୍କ 'ଶେଷ ଇଚ୍ଛା' ଗଳ୍ପରେ। ଗାଳ୍ପିକ ଏହି ମର୍ମରେ ମଣିଷର ଚିରନ୍ତନୀ ପ୍ରଶ୍ନକୁ ଉପସ୍ଥାପିତ କରିଛନ୍ତି- "କେଉଁଟା ମଣିଷର ଶେଷ ଇଚ୍ଛା ! ଖାଦ୍ୟ ନା ବସ୍ତ୍ର ନା ସମ୍ଭୋଗ ନା ନିର୍ଜନତା ନା ନିରବତା ନା ନୂଆ କ୍ଷମତା ! କ'ଣ ମଣିଷର ଶେଷ ଇଚ୍ଛା ?" (୫୦) 'ଅଧିକାରପଣର ବଳିକାଠରେ ଜୀବନସାରା ବାନ୍ଧି ରଖିବା ପ୍ରେମ ନୁହେଁ' - ଏହି ମର୍ମ ଅନୁରଣିତ ହୋଇଛି 'ମରୁଦ୍ୟାନ' ଗଳ୍ପରେ। ପୁରୁଷ ଭିତରେ ଥିବା ଜାନ୍ତବ କ୍ଷୁଧା ଓ ପଶୁତ୍ୱ ଭିତରେ ଗାଳ୍ପିକ 'ମହିଷାସୁର'କୁ ଦର୍ଶନ କରିଛନ୍ତି। ନିଜ କୃତକର୍ମ ପାଇଁ ଅନୁଶୋଚନା ପ୍ରକଟ କରୁଥିବା ବସନ୍ତ ନିଜ ଘରର କାମବାଲୀ ଭିତରେ ଦୁର୍ଗାର ମୁହଁକୁ ଦେଖିପାରିଛି ଏବଂ ନିଜକୁ ମହିଷାସୁର ବୋଲି ମନେ କରିଛି।

ଷୋହଳଟି ଗଳ୍ପର ସମାହାରରେ 'ମଥୁରାର ମାନଚିତ୍ର' (୨୦୦୭) ଗଳ୍ପ ସଂକଳନଟି ଅତ୍ୟନ୍ତ ପ୍ରଭାବଶାଳୀ ହୋଇଛି। ଆଲୋଚ୍ୟ ସଂକଳନ ସଂପର୍କରେ ଗାଳ୍ପିକ ସ୍ୱକ୍ଷୋକ୍ତି ବାଢ଼ିଛନ୍ତି- "ମଥୁରାର ମାନଚିତ୍ର କହିଲେ ମୁଁ ସେହି ଦେଶର ମାନଚିତ୍ରକୁ ବୁଝେ ଯାହାର ରଙ୍ଗରେ ଉକୁଟି ଉଠିଥାଏ ଷଡ଼୍‌ଯନ୍ତ୍ରର ରଙ୍ଗ। ସେ ଦେଶର ଗଛରେ ସବୁଜିମା, ଆକାଶରେ ନୀଳିମା କି ଫୁଲମାନଙ୍କର ସତ୍ତାରେ ଯେ ଇନ୍ଦ୍ରଧନୁର ରଙ୍ଗ ନ ଥାଏ ନୁହେଁ, ମାତ୍ର ଷଡ଼୍‌ଯନ୍ତ୍ର, ଭୟ ଓ ଆଶଙ୍କାର ପାଣ୍ଡୁର ରଙ୍ଗ ସେସବୁକୁ ଢାଙ୍କି ପକାଇଥାଏ। ପ୍ରତିଦିନ ସେଠାରେ ନିରୀହପଣର ହତ୍ୟା ଲାଗି ନୂଆ କଳାକୌଶଳ ଚିନ୍ତା କରାଯାଉଥାଏ; ଆତତାୟୀମାନେ ଛଦ୍ମବେଶର ନୂଆ ନୂଆ ମୁଖା ପିନ୍ଧୁଥାନ୍ତି

ଏବଂ ଆତଙ୍କର ନୂଆ ନୂଆ ଅନୁଛେଦ ଯୋଡ଼ା ଯାଉଥାଏ ସେ ଦେଶର ଇତିହାସରେ। ମରଣ ଆତଙ୍କରେ ଆତଙ୍କିତ ଅଥଚ ଅମରତ୍ୱ ଆଶାୟୀ ଜଣେ ଜଣେ ରାଜାଙ୍କ ଖିଆଲ ନିକଟରେ ସଂଖ୍ୟାଗରିଷ୍ଠ ଜନସାଧାରଣଙ୍କ ଆଶା-ଆକାଂକ୍ଷା ବଳି ପଡୁଥାଏ। ମଥୁରା ଏମିତି ଏକ ଷଡ୍‌ଯନ୍ତ୍ରର ଭୂଗୋଳ ଯେଉଁଠି ସତ୍ୟକୁ ସ୍ୱୀକାର କରିବା ଲାଗି ପରାଙ୍‌ମୁଖ ତା'ର କ୍ଷମତାପ୍ରମତ୍ତ ସିଂହାସନ। ସେ ସିଂହାସନ ବୁଝେ ନାହିଁ ଯେ କପଟ ଆଗ୍ରହ ଦେଖାଇ ହୁଏତ ରଙ୍ଗସଭାର ଆୟୋଜନ କରାଯାଇପାରେ ମାତ୍ର ତା'ର ପରିଣତିକୁ ନିୟନ୍ତ୍ରଣାଧୀନ କରିହୁଏ ନାହିଁ। ଅଥଚ ରଙ୍ଗସଭାର କରୁଣ ପରିଣତି ସତ୍ତ୍ୱେ ପ୍ରତିଦିନ ନୂଆ ରଙ୍ଗସଭାର ଆୟୋଜନ ଚାଲିଥାଏ କେଉଁଠି ନା କେଉଁଠି।" (୫୧) ଆଲୋଚ୍ୟ ସଂକଳନସ୍ଥ 'ଦଂଶନ' ଗଳ୍ପରେ ଅନ୍ୟର ସହୃଦୟ ସହଯୋଗକୁ ସହଜରେ ଗ୍ରହଣ କରିପାରୁ ନ ଥିବା ଗଳ୍ପନାୟକ ଅନିରୁଦ୍ଧଙ୍କ ନିମନ୍ତେ ପ୍ରଶଂସା ବାସ୍ତବରେ ଦଂଶନ ପରି ମନେହେବା ଭଳି ଏକ ମନୋସ୍ଥିତିର ବର୍ଣ୍ଣନା ରହିଛି। 'ଖୋଳପା' ଗଳ୍ପରେ ସନା ବେହେରା ଭଳି ଜଣେ ନିରୀହ ରୋଗୀ ଓ ଦୁଃସ୍ଥ-ଦୁର୍ବଳ ବ୍ୟକ୍ତିର କାହାଣୀ ରହିଛି। ସନା ବେହେରାର ପୁଅ ବାପର ଦାୟିତ୍ୱ ନିଏ ନାହିଁ। ଲୋକଲଜ୍ଜାକୁ ଭୟ କରି କେବଳ ଭଦ୍ରତାର ଖୋଳପା ଢାଙ୍କି ବାପର ଯତ୍ନ ନେଉଥିବାର ଅଭିନୟ କରେ। ସନା ବେହେରା ତେଣୁ ଡାକ୍ତରଙ୍କ ଦ୍ୱାରା ଚିକିତ୍ସିତ ହେଉଥିବା ବୁଢ଼ାବାବୁଙ୍କ ପାଖକୁ ଆସି ଦୁଃଖ-ସୁଖ ହୁଏ। ବୁଢ଼ାବାବୁଙ୍କ ପୁଅ ସଂଜୟ ଉପରେ ସନା ବେହେରାର ଭାରି ବିଶ୍ୱାସ। ବୁଢ଼ାବାବୁ ଥିଲାବେଳେ ଅସୁସ୍ଥ ସନାକୁ ସେ ମଝିରେ ମଝିରେ ଔଷଧ ଦେଇ ସାହାଯ୍ୟ କରନ୍ତି। ବୁଢ଼ାବାବୁଙ୍କ ଅନୁପସ୍ଥିତିରେ କଙ୍କାଳସାର-ପକ୍ଷାଘାତଗ୍ରସ୍ତ, ଶ୍ୱାସ ଆକ୍ରାନ୍ତ ଦୁର୍ବଳ ସନା ବେହେରା ଦିନେ ସଂଜୟ ପାଖକୁ ଆସି କିଛି ଔଷଧ ମାଗିଛି। ଭଦ୍ରତାର ଖୋଳପା ପିନ୍ଧିଥିବା ସଂଜୟ ଅତି ବିରକ୍ତିରେ ତାକୁ କିଛି ଏକ୍ସପାୟାର୍ ଡେଟ୍ ଗଡ଼ିଯାଇଥିବା ଭିଟାମିନ୍ ବଟିକା ଦେଇଛନ୍ତି ଏବଂ ଆଶ୍ଚର୍ଯ୍ୟଜନକ ଭାବେ ତାକୁ ଖାଇ ସନା ସୁସ୍ଥ ହୋଇଯାଇଛି। କିନ୍ତୁ ଏ ଘଟଣାରେ ଭଦ୍ରତାର ଖୋଳପାରେ ଥିବା ସଂଜୟ ଆଘାତ ପାଇଛନ୍ତି। ନିଜ ବାପାଙ୍କୁ ବଞ୍ଚେଇ ପାରି ନ ଥିବାରୁ ଲଜ୍ଜା ଓ ଅନୁଶୋଚନାରେ ସେ ମର୍ମାହତ ହୋଇଛନ୍ତି। ବୁଢ଼ା ବାପା-ମାଆଙ୍କ ପ୍ରତି ଆଦର ନ ଥାଇ କେବଳ ଲୋକାଚାର ଭୟରେ ପୁଅବୋହୂ ନିଜ ପାଖରେ ରଖି ସେମାନଙ୍କୁ ମାନସିକ ଯନ୍ତ୍ରଣା ଦେଉଥିବାର ଚିତ୍ର ରହିଛି 'ସୁନାହାର' ଗଳ୍ପରେ। ରଘୁନାଥ ଚରିତ୍ର ଜରିଆରେ ତାର ବିଧବା ମାଆର ଅସହାୟତାକୁ ମାର୍ମିକ ଶବ୍ଦରେ ଗାଳ୍ପିକ ଅଭିବ୍ୟଞ୍ଜିତ କରିଛନ୍ତି- "ରଘୁନାଥ ଜାଣେ ନାହିଁ, ତା'ର ସ୍ତ୍ରୀ କି ବଡ଼ ଝିଅ ଗୋଟାକୁ ଗୋଟା ସୁନା ଜିନିଷ ପିନ୍ଧିଥିବାବେଳେ ଫୁଙ୍ଗୁଳା ବେକହାତରେ ଥିବା ତା' ମାଆ କେମିତି ଘର କୋଣରୁ ଲୋଭିଲା ଆଖିରେ

ଚାହେଁ। ସେ ବୁଝେ ନାହିଁ, ଏବେ ସେ ବିଧବା ନାରୀ। ଏ ଦେଶର ବିଧବା ନାରୀ ଗୋଟେ ଲକ୍ଷ୍ମୀଛଡ଼ା ଜୀବ। ତା' ଦେହକୁ ଭଲ ଶାଢ଼ି କି ଭଲ ଗହଣା ସାଜେ ନାହିଁ। ମାତ୍ର ସେ ବିକଳ ହୋଇ ଚାହେଁ। ଏଇ ଯେ ତା'ର ଫୁଙ୍ଗୁଳା ବେକ, ହାତ, କାନ ଓ ନାକ - ଥରୁଟେ ଲାଗି ସୁନା ଜିନିଷର ଛୁଆଁ ପାଇଲେ ନାହିଁ, ସେଇଆ ଭାବି ସାନପିଲାଟେ ପରି ଡହଳବିକଳ ହୁଏ, ରଘୁନାଥ ସେକଥା ଜାଣିପାରେ। କିନ୍ତୁ କିଛି କହିପାରେ ନାହିଁ।" (୫୨) ଅସହାୟ ବାପ-ମାଆଙ୍କ ମାନସିକତାର ନିଛକ ବର୍ଣ୍ଣନା ଦେଇ ଗାଳ୍ପିକ ଗୌରହରି ଦାସ ପୁଣି ଲେଖିଛନ୍ତି- "ରଘୁନାଥ ବୁଝିପାରେ, ମଣିଷ କ'ଣ, ଗଛ କ'ଣ, ଯେତିକି ଯେତିକି ପାକଳ ହୁଅନ୍ତି, ମୂଳକୁ ଜାବୋଡ଼ି ଧରିବା ଲାଗି ସେତିକି ସେତିକି ଡହଳବିକଳ ହୁଅନ୍ତି। ପୁଅବୋହୂ ଲୋଡ଼ନ୍ତୁ ନ ଲୋଡ଼ନ୍ତୁ, ଘରର ଛିଣ୍ଡା, ଭଙ୍ଗା ଦରବକୁ ଗୋଟେଇ ଆଣି ସାଇତିବାକୁ ମନ କରନ୍ତି।" (୫୩) କଥାସମ୍ରାଟ ଫକୀରମୋହନଙ୍କ ଦ୍ୱାରା ଲିଖିତ ଆଧୁନିକ ଓଡ଼ିଆ ପ୍ରଥମ କ୍ଷୁଦ୍ରଗଳ୍ପ ଭାବେ 'ରେବତୀ'ର ବିକଳ୍ପ ନାହିଁ। ଫକୀରମୋହନଙ୍କ 'ରେବତୀ' (୧୮୯୮)ରୁ ଜଗଦୀଶ ମହାନ୍ତିଙ୍କ 'ରେବତୀ' (୧୯୭୮) ପର୍ଯ୍ୟନ୍ତ, ଏଇ ଦୀର୍ଘ ୮୦ ବର୍ଷ ମଧ୍ୟରେ ସେନାପତୀୟ 'ରେବତୀ'ର ଅଖଣ୍ଡ ପ୍ରଭାବ ଓ ପ୍ରତିଷ୍ଠା ରହିଛି। ପରବର୍ତ୍ତୀ ସମୟରେ 'ରେବତୀ' ନାମକୁ ନେଇ ଅନେକ ଗଳ୍ପ ଲେଖାଯାଇଛି। ଗୌରହରି ଦାସ ମଧ୍ୟ ଏହି ପ୍ରଭାବରୁ ବାଦ୍ ପଡ଼ିନାହାନ୍ତି। ଗୌରହରି ଦାସଙ୍କ 'ରେବତୀ' ଗଳ୍ପରେ ରେବତୀ ଜେନା ନାମକ ଏକ ଉଚ୍ଚଶିକ୍ଷିତା ନାରୀ ଚରିତ୍ରର ପରିକଳ୍ପନା ରହିଛି। ପୁଲିସ ସବ୍-ଇନିସ୍‌ପେକ୍ଟର ରେବତୀ ଜେନାର ସଂଘର୍ଷପୂର୍ଣ୍ଣ ଜୀବନ କାହାଣୀକୁ ନେଇ କଥାବସ୍ତୁ ଗତିଶୀଳ ହୋଇଛି। ଜନଜାତିର ଝିଅ - ମା'ଛେଉଣ୍ଡ ରେବତୀ ଗାଁ ଦୁର୍ବୃତ୍ତଙ୍କ ନିକଟରୁ ନିଜକୁ କୌଶଳ କରି ରକ୍ଷା କରିଛି ଏବଂ ପରବର୍ତ୍ତୀ ସମୟରେ ପାଠ-ଶାଠ ପଢ଼ି ନିଜକୁ ଜଣେ ପୁଲିସ ଅଫିସର ଭାବରେ ପ୍ରତିଷ୍ଠିତ କରିପାରିଛି। ସମୟାନ୍ତରରେ ସେହି ପାପୀମାନଙ୍କ ମଧ୍ୟରୁ ଜଣଙ୍କୁ ସହାୟତା କରି ତାକୁ ସେ ଜୀବନଭିକ୍ଷା ଦେଇଛି। ନାରୀ କେବଳ 'ଶକ୍ତି ରୂପେଣ ସଂସ୍ଥିତା' ନୁହେଁ, ସେ 'ଦୟା-କ୍ଷମା ରୂପେଣ ସଂସ୍ଥିତା' ମଧ୍ୟ ହୋଇପାରେ। ନାରୀ ଜୀବନର କିଛି ଅବ୍ୟକ୍ତ ସମ୍ବେଦନଶୀଳ ଘଟଣାକୁ 'ଚରିତ୍ରହୀନା', 'ଝିଅର ମାଆ', 'ଲକ୍ଷ୍ମୀ' ଆଦି ଗଳ୍ପରେ ଜୀବନ୍ତ ଭାବରେ ଚିତ୍ରିତ କରାଯାଇଛି। ଧର୍ମକୁ ଢାଲ କରି ମୁଖାଧାରୀ ମଣିଷଙ୍କ ପ୍ରତି ତିର୍ଯ୍ୟକ୍ ବ୍ୟଙ୍ଗଦୃଷ୍ଟି ରହିଛି 'ବୈରାଗ୍ୟ' ଗଳ୍ପରେ। 'ଧର୍ମ ଏକା ସିନା ମହତପଣିଆ, ଆଉ ସବୁ କଥା ଅଢ଼େଇ ଦିନିଆ'ର ମର୍ମବାଣୀ ଆଲୋଚ୍ୟ ଗଳ୍ପର ଅନ୍ତଃସ୍ୱର। ଇତିହାସର ପୃଷ୍ଠଭୂମି ଉପରେ ବରୁଣେଇ ପାଦଦେଶରେ ସ୍ଥିତ କଟକଗଡ଼ର ଖୁରଧା ଦୁର୍ଗର ପ୍ରତିଷ୍ଠାପକ ରାମଚନ୍ଦ୍ର ଦେବଙ୍କ ପୁତ୍ର

ଶ୍ରୀ ପୁରୁଷୋତ୍ତମ ଦେବଙ୍କ ସୁପୁତ୍ରୀ ରାଜଜେମା ମୁକ୍ତାଦେଈଙ୍କ ପ୍ରେମ-ପ୍ରଣୟ, ଈର୍ଷା ସହ ଅନିନ୍ଦ୍ୟ ସୁନ୍ଦରୀ ପରିଚାରିକା ଶଶିକଳାକୁ ମାରିଦେବାର ଷଡ଼୍‌ଯନ୍ତ୍ର ଏବଂ ଗଳ୍ପର ପରିଣତିରେ ଶଶିକଳାର ତ୍ୟାଗ-ତିତିକ୍ଷା ନିକଟରେ ମୁକ୍ତାଦେଈ ମୁଣ୍ଡ ନୁଆଁଇବା କଥାବସ୍ତୁ ଆଧାରିତ ଗଳ୍ପଟି ହେଉଛି 'ରାଜଜେମା'। 'ମଥୁରାର ମାନଚିତ୍ର' ଗଳ୍ପରେ ଷାଠିଏ ବର୍ଷ ବୟସ୍କା ଯଶୋଦା ପ୍ରଧାନର ଜୀବନଯନ୍ତ୍ରଣାର ସ୍ୱର ଅନୁରଣିତ ହୋଇଛି।

ଗାଳ୍ପିକ ଗୌରହରି ଦାସଙ୍କ ଦ୍ୱାରା ଲିଖିତ 'କଣ୍ଟା ଓ ଅନ୍ୟାନ୍ୟ ଗଳ୍ପ' (୨୦୦୯) ଏକ ଉଚ୍ଚକୋଟୀର ଗଳ୍ପ ସଂକଳନ। ଏହି ସଂକଳନ ପାଇଁ ଲେଖକ ୨୦୧୨ରେ କେନ୍ଦ୍ର ସାହିତ୍ୟ ଏକାଡେମୀ ପୁରସ୍କାର ପାଇଛନ୍ତି। ଏହି ସଂକଳନସ୍ଥ ଷୋହଳଗୋଟି ଗଳ୍ପରେ ଓଡ଼ିଶାର କୁସଂସ୍କାର ଓ ଅନ୍ଧବିଶ୍ୱାସମୂଳକ ସମସ୍ୟା ଆଧାରିତ ବିବିଧ ଚିତ୍ର ପ୍ରଦତ୍ତ ହୋଇଛି। ଆଲୋଚ୍ୟ ସଂକଳନ ସଂପର୍କରେ ଗାଳ୍ପିକ ସ୍ପଷ୍ଟ କରି ଲେଖିଛନ୍ତି- "'କଣ୍ଟା ଓ ଅନ୍ୟାନ୍ୟ ଗଳ୍ପ' ସଂକଳନରେ ସ୍ଥାନିତ ଗଳ୍ପଗୁଡ଼ିକ ଭିନ୍ନ ଭିନ୍ନ କଥାବସ୍ତୁର କାହାଣୀ। କେତେକ ଗପ ଅଛି ଯାହାର ମୂଳଭିତ୍ତି ଓଡ଼ିଶାର କୁସଂସ୍କାର ଓ ଅନ୍ଧବିଶ୍ୱାସ। ଆମେମାନେ ସମସ୍ତେ ନିଜ ନିଜ ଜୀବନରେ ଅନ୍ଧବିଶ୍ୱାସର ବେଦିରେ ବଳି ପଡ଼ିଥିବା ନିରୀହ ମଣିଷଙ୍କୁ ଦେଖିଥିବା। ଜାତି, ଧର୍ମ ଓ ଅର୍ଥନୈତିକ ବୈଷମ୍ୟ ପରି ଏହି ଅନ୍ଧବିଶ୍ୱାସ ଓ କୁସଂସ୍କାର କିପରି ଭାରତୀୟ ସମାଜକୁ କ୍ଷତବିକ୍ଷତ କରୁଛି ତାହା ଆମ ସମସ୍ତଙ୍କର ଅଙ୍ଗେନିଭା କଥା। ମାତ୍ର ଏପର୍ଯ୍ୟନ୍ତ ଏହାକୁ ଅନୁନ୍ନତ, ନିରକ୍ଷର ଓ ଗରିବଙ୍କ ସମସ୍ୟା କହି ଆମେ ଏଡ଼ାଇ ଦେଇ ଆସିଛୁ।" (୫୪) ଜଣେ ସଚେତନଶୀଳ ଶିଳ୍ପୀ ଭାବରେ କଥାକାର ଗୌରହରି ସମାଜକୈନ୍ଦ୍ରିକ ସମସ୍ୟାଗୁଡ଼ିକର ଉତ୍‌ଥାପନ ଓ ସମାଧାନ ଦିଗରେ ଅତ୍ୟନ୍ତ ଆଗ୍ରହୀ। ଏ କ୍ଷେତ୍ରରେ ଗୌରହରି ଦାସ ସାଧାରଣ ମଣିଷମାନଙ୍କ ପ୍ରତି ନିଜ ସମ୍ବେଦନା ଓ ସହୃଦୟତା ପ୍ରକଟ କରିଛନ୍ତି। ସ୍ୱାମୀ ବିବେକାନନ୍ଦଙ୍କ ମତରେ- "Drive out the superstition that has covered your minds. Let us be brave. Know the Truth and practice the Truth. The goal may be distant, but awake, arise and stop not till the goal is reached." ମଣିଷର ମାନସିକତାକୁ ଆଚ୍ଛାଦନ କରି ରଖିଥିବା ଅନ୍ଧବିଶ୍ୱାସ ତଥା କୁସଂସ୍କାରକୁ ବାହାର କରି ଫିଙ୍ଗିବାର ଅନୁରୂପ ପ୍ରୟାସ କରିଛନ୍ତି କଥାକାର ଗୌରହରି ଦାସ।

'କଣ୍ଟା ଓ ଅନ୍ୟାନ୍ୟ ଗଳ୍ପ' ସଂକଳନସ୍ଥ ଗଳ୍ପଗୁଡ଼ିକରେ- "ଲେଖକ ଅଙ୍ଗେନିଭା କଥା କହିଥିବାରୁ ପ୍ରତିଟି ଗଳ୍ପ ଭିତରର କଥା ସହ ଜଡ଼ିତ ରହିଛି କଥାକାରଙ୍କ ଅନ୍ତରାତ୍ମାର ପ୍ରତିଲିପି। ସମାଜରେ ଘଟୁଥିବା ଘଟଣାର ବାସ୍ତବ ଚିତ୍ର ଏଥିରେ ପ୍ରତିଫଳିତ ଏବଂ ଚରିତ୍ରଗୁଡ଼ିକ ନିଜସ୍ୱ ଚେହେରାରେ ରୂପାୟିତ। ପଲ୍ଲୀ ଓ

ନଗରର ନାନାଦି ସମସ୍ୟାକୁ ସାହିତ୍ୟରୂପ ଦେଇ ଗାଳ୍ପିକ ନିଜ କୃତିତ୍ୱର ପରିଚୟ ଦେଇଛନ୍ତି। ସମାଜ, ରାଜନୀତି, ଅମଲାତନ୍ତ୍ର ଓ ନକ୍ସଲବାଦ ଇତ୍ୟାଦି ବିଭିନ୍ନ ଭାବଧାରାରେ ସଂକଳନଟି ହୋଇଚି ବୈଚିତ୍ର୍ୟ ବିମଣ୍ଡିତ।" (୫୫) 'କଣ୍ଟା' ଶୀର୍ଷକ ଗଳ୍ପରେ ଷାଠିଏ ବୟସର ନକୁଳ ନାୟକ ଗୋଟେ ଗାଁ ଟାଉଟର ଚରିତ୍ର, ଯାହାର କୂଟବୁଦ୍ଧି ଅସଂଖ୍ୟ ନିରୀହ ମଣିଷଙ୍କୁ ହଇରାଣ କରିଛି। ନକୁଳ ନାୟକ ଭଳି କୂଟବୁଦ୍ଧିସଂପନ୍ନ ଚରିତ୍ରର ରୂପ ବର୍ଣ୍ଣନା ଦେବାକୁ ଯାଇ ଗାଳ୍ପିକ ଅତି ଚମତ୍କାର ଢଙ୍ଗରେ ତା' ଚିତ୍ରକୁ ପାଠକ ସମ୍ମୁଖରେ ଉପସ୍ଥାପିତ କରିଛନ୍ତି- "ନକୁଳ ନାୟକର ବୟସ ଷାଠିଏ। ଡେଙ୍ଗା ଓ ଦୁର୍ବଳିଆ ଚେହେରା, ଆଖି ଯୋଡ଼ିକ କିନ୍ତୁ ଛଞ୍ଚାଣର ଆଖି ପରି ତୀବ୍ର। ମୁଣ୍ଡର ଉପର ଭାଗ ଚନ୍ଦା, ତିନି ପଟକୁ କିଛି କିଛି ଧଳା ଓ କଷରା ମୁଣ୍ଡବାଳ, ନାକ ଉପରେ ମୋଟା ଫ୍ରେମ୍‌ର ଚଷମା। ପୋଷାକ କହିଲେ ଖଣ୍ଡେ ଫତେଇ, ସମୟେ ସମୟେ ତା' ଉପରେ ଗୋଟେ ପୁରୁଣା ନେହରୁ ଜ୍ୟାକେଟ୍ ପଡ଼େ। ତା' ସାଙ୍ଗକୁ ଚଉଡ଼ା କଳାଧଡ଼ିର ଧୋତି। ଶୀତଦିନେ କାନ୍ଧ ଉପରେ ସେ ଗୋଟେ ପୁରୁଣା ଶାଲ୍ ପକାଏ। ନିୟମିତ ପାନ ଖାଇବା ଅଭ୍ୟାସ ଯୋଗୁଁ ଦାନ୍ତଗୁଡ଼ିକ କଳା। x x x ନକୁଳ ନାୟକର ସ୍ୱଭାବ ସ୍ୱତନ୍ତ୍ର। ଅନ୍ୟର ଦୁଃଖ ଦେଖିଲେ ସେ ଖୁସି ହୁଏ। ପୁଣି ସେ ଲୋକଟା ଦୁଃଖୀ ହେବାର କାରଣ ଯଦି ସେ ନିଜେ ହୋଇଥାଏ, ତାହାହେଲେ ତା'ର ଖୁସିଟା ବେଶୀ ବଢ଼ିଯାଏ। ସେ କୁହେ, ଅନ୍ୟର ଭଲ କରିବା ଯେତିକି କଷ୍ଟ, ମନ୍ଦ କରିବା ତା'ଠାରୁ ଅଧିକ କଷ୍ଟ।" (୫୬) ନ' ଛଅ ଲଗେଇ ଘର ଭାଙ୍ଗିବା, ମିଛ ମାଲିମକଦ୍ଦମାରେ ତା'ର ସଂପୃକ୍ତି ଥାଏ। ଗାଁ ଶିକ୍ଷକ ଗୋପାଳ ମାଷ୍ଟ୍ରଙ୍କୁ ମିଛ କେସ୍‌ରେ ଫସାଇ ହଇରାଣ କରୁଥିବା ଦେଖି ନକୁଳର ପୁଅ ବ୍ରଜମୋହନ ପ୍ରତିବାଦ କରି ଉଠିଛି। ବାପ ନକୁଳ ଦୃଷ୍ଟିରେ ପୁଅ ବ୍ରଜମୋହନ ଏକ ବାମନ ଓ ଅପାରଗ ପୁତ୍ର। ଗଳ୍ପର ପରିଣତିରେ ନକୁଳର ପୁତ୍ର ବ୍ରଜମୋହନ କିନ୍ତୁ ବାପ ନକୁଳଙ୍କୁ ମିଥ୍ୟା କେସ୍‌ରେ ଅଭିଯୁକ୍ତ କରିବା ଘଟଣା ଗଳ୍ପଟିକୁ ନୂଆ ମୋଡ଼ ପ୍ରଦାନ କରିଛି। ନିରୀହ ଲୋକମାନଙ୍କ ଦୁର୍ବଳ ସ୍ଥିତି ଓ ଅସହାୟତାର ଫାଇଦା ଉଠାଇ ତାଙ୍କୁ ଅସୁବିଧାରେ ପକାଇବା ନିମନ୍ତେ ଫନ୍ଦିଫିକର ପୂର୍ବକ ବିଭିନ୍ନ ପେଞ୍ଚପୂର୍ଣ୍ଣ ଅସ୍ତ୍ର ଖଞ୍ଜୁଥିବା ନକୁଳ ନାୟକର ସ୍ୱଭାବ ପାଇଁ ଏକ ଜର୍ମାନ ଶବ୍ଦ ହିଁ ପ୍ରଯୋଜ୍ୟ - ସାଦନଫ୍ରଏଡ୍ (Schadenfreude)। ତେବେ ଏଭଳି ଧୂର୍ତ୍ତ ଜଣକ ଶେଷରେ ନିଜେ ଦେଶଦ୍ରୋହ ଅପରାଧରେ ଦୋଷୀ ସାବ୍ୟସ୍ତ ହୋଇଛି। ନକୁଳ ସେତେବେଳେ ବିଷ ହରେଇବା ନାଗଟିଏ ଭଳି କେବଳ କୁହୁଳିଛି ନିଜ କୃତକର୍ମର ନିଆଁରେ। କଥାକାର ଗୌରହରିଙ୍କ ବ୍ୟକ୍ତିଗତ ଜୀବନ ଉତ୍‌ଥାନ-ପତନର ବ୍ୟକ୍ତ-ଅବ୍ୟକ୍ତ ମହାଯାତ୍ରା ଭଳି। ବିଶିଷ୍ଟ

କଥାଶିଳ୍ପୀ ଡକ୍ଟର ପ୍ରତିଭା ରାୟଙ୍କ ମତରେ "ଯେଉଁଠି ବ୍ୟକ୍ତିତ୍ୱ ବିପନ୍ନ, ସେଠାରେ ସୃଷ୍ଟିର ଛତ୍ରେ ଛତ୍ରେ ସଂକଟର ଚିତ୍ର ଫୁଟି ଉଠେ। ସାଂପ୍ରତିକ ସ୍ରଷ୍ଟାମାନସ ସାଂପ୍ରତିକ ବ୍ୟକ୍ତି ସମସ୍ୟାରେ ଓତପ୍ରୋତ ଜଡ଼ିତ ହୋଇ ନିଃସଙ୍ଗ, ସନ୍ଦିଗ୍ଧ ଓ ବିପନ୍ନ। ତେଣୁ ସେ ଦୁର୍ବୋଧ, ନିଜର ଏକକ ପୃଥିବୀରେ ଅନ୍ୟଠାରୁ ବିଚ୍ଛିନ୍ନ। କିନ୍ତୁ ସଂକଟ ଭିତରେ ବି ପ୍ରତ୍ୟେକ ମଣିଷର ଭରପୂର ଆଶା ଭଳି ସ୍ରଷ୍ଟା ମାନସର ଗୋଟାଏ ଅଭୀପ୍‌ସା ଅଛି। ତୃତୀୟ ନୟନରେ ସେ ଦେଖେ ଶାପମୁକ୍ତ, ସଂକଟ-ମୁକ୍ତ ଆଉ ଏକ ସୁନ୍ଦର ପୃଥିବୀର ସ୍ୱପ୍ନ। କିନ୍ତୁ ସୁନ୍ଦର ପୃଥିବୀର ସ୍ୱପ୍ନ ଭିତରେ ବାସ୍ତବତା ନ ଥିଲେ, ତାହା ମଣିଷ ପାଖରେ ପହଞ୍ଚି ପାରେ ନାହିଁ। ଆଜିର ମଣିଷ ନିଛକ ବାସ୍ତବବାଦୀ। ପ୍ରତ୍ୟେକ ଜିନିଷରେ ନିଜର ମୁହଁଟିକୁ ହିଁ ଖୋଜେ। ତେଣୁ ଗଳ୍ପରେ ମଣିଷର ବାସ୍ତବ ଜୀବନର ସମସ୍ୟା ପ୍ରକଟିତ ନ ହେଲେ ସେ ଗଳ୍ପ ମଣିଷକୁ ଆନନ୍ଦ ଦିଏ ନାହିଁ। (୫୭) ନିଛକ ବାସ୍ତବତାକୁ ହଜମ କରିଥିବା ଗାଳ୍ପିକଙ୍କ 'କଣ୍ଟା ଓ ଅନ୍ୟାନ୍ୟ ଗଳ୍ପ'ରେ ସମାଜର ପ୍ରଗତି କ୍ଷେତ୍ରରେ କଣ୍ଟା ଭଳି ଦଣ୍ଡାୟମାନ ପ୍ରତିବନ୍ଧକ ଗୁଡ଼ିକର ସ୍ୱରୂପ ଉଦ୍‌ଘାଟନ ହୋଇଛି। ଚରିତ୍ରମାନଙ୍କ ଜରିଆରେ ଗୌରହରି ଦାସ କିଛି ନୂଆ ବାଗରେ ସମାଧାନର ପଥ ନିର୍ଣ୍ଣୟ କରିଛନ୍ତି। 'ସତ' ଗଳ୍ପରେ କୁଷ୍ଠ ରୋଗାକ୍ରାନ୍ତ ହରିଶଙ୍କରଙ୍କ ସେବାକାରିଣୀ ମାଳତୀ ଏକ ଛୋଟ ଜାତିର ଝିଅ। ଗାଁ ସରପଞ୍ଚ ଖଳ ଚରିତ୍ର କାନୁନ୍‌ଗୋ ଦ୍ୱାରା ମାଳତୀ ପାପଗର୍ଭା ହୋଇଛି। ମାତ୍ର ନିଜ ଦୋଷକୁ ରୋଗାକ୍ରାନ୍ତ ହରିଶଙ୍କରଙ୍କ ଉପରେ ଲଦି ଦେବାକୁ ଚେଷ୍ଟା କରିଛି ସରପଞ୍ଚ କାନୁନ୍‌ଗୋ। ହରିଶଙ୍କରଙ୍କ ବାପା ପ୍ରତିପତ୍ତିଶାଳୀ ଏବଂ ହରିଶଙ୍କର ନିଜେ ଜଣେ ସ୍ୱଚ୍ଛଳ-ଉଚ୍ଚଶିକ୍ଷିତ ଓକିଲ। ତାଙ୍କୁ କୌଣସି ଉପାୟରେ ଗାଁରୁ ବିତାଡ଼ିତ କରି, ତାଙ୍କର ବେଓ୍ୱାରିସ୍ ସଂପତ୍ତିତକ ଦଖଲ କରିବା ପାଇଁ ସରପଞ୍ଚ ଷଡ଼୍‌ଯନ୍ତ୍ର କରିଛନ୍ତି। ମାଳତୀକୁ ବିଶ୍ୱାସକୁ ଆଣି ହରିଶଙ୍କରଙ୍କୁ ବଦନାମ କରିଛନ୍ତି। କିନ୍ତୁ ଉଚ୍ଚଶିକ୍ଷିତ ହରିଶଙ୍କର ମାଳତୀକୁ ଅପବାଦରୁ ବଞ୍ଚାଇବାକୁ ଯାଇ ନିଜକୁ ଉତ୍ତରଦାୟୀ ବୋଲି ସ୍ୱୀକାର କରି ଆତ୍ମହତ୍ୟା କରିଦେଇଛନ୍ତି। ଘୃଣା ଓ କ୍ରୋଧରେ କାନୁନ୍‌ଗୋ ମୁହଁ ଉପରକୁ ଛେପ ଲେଣ୍ଡାଏ ପକେଇ ମାଳତୀ କାନୁନ୍‌ଗୋକୁ କହି ଉଠିଛି- "ମୋ ବାବୁଙ୍କ ଦେହରେ ଖାଲି କୁଷ୍ଠରୋଗ ଥିଲା, ତୋ ଆତ୍ମାପୁରୁଷ କୁଷ୍ଠରୋଗୀ।" (୫୮) 'ସୁଦାମ ଜେନା ଗଲା କୁଆଡ଼େ' ଗଳ୍ପରେ ଏକ ଟେଲିଭିଜନ୍ କମ୍ପାନିରେ ଜଣେ ନିମ୍ନ ବେତନଭୋଗୀ ଅସ୍ଥାୟୀ କର୍ମଚାରୀ ସୁଦାମ ଜେନାର ସଂଘର୍ଷର କାହାଣୀ ରହିଛି। ଏ ଗଳ୍ପରେ କର୍ପୋରେଟ ଦୁନିଆର ଚାକଚକ୍ୟପୂର୍ଣ୍ଣ ପରିବେଶର ନେପଥ୍ୟରେ ଥିବା ଆବେଗଶୂନ୍ୟ ବସ୍ତୁବାଦୀ ସଂସ୍କୃତିର କଥା କୁହାଯାଇଛି। 'ଡାଆଣୀ' ଗଳ୍ପରେ ଇନ୍ଦୁପୁରର ବୋହୂ

ପୂର୍ଣ୍ଣିମା ଥିଲା ମା'ଛେଉଣ୍ଡ ଝିଅଟିଏ। ବାହାଘରର ମାତ୍ର ତିନି ଚାରି ମାସ ସିଏ ଶ୍ୱଶୁରାଳୟର ସଦସ୍ୟଙ୍କଠାରୁ ସ୍ନେହ-ଆଦର ପାଇ ନିଜକୁ ଧନ୍ୟ ମନେ କରୁଥିଲା। ମାତ୍ର ପରବର୍ତ୍ତୀ ସମୟରେ ସ୍ୱାମୀ ମନୋଜଙ୍କ ମନରେ ତାକୁ ଡାଆଣୀ ଭାବେ ସନ୍ଦେହ କରିବାର ବିଡ଼ମ୍ବନା ତାଙ୍କୁ ଅପମାନିତ କଲା। ଗାଁରେ ଘଟୁଥିବା ଯାବତୀୟ ପ୍ରତିକୂଳ ସ୍ଥିତି ପାଇଁ ପୂର୍ଣ୍ଣିମାକୁ ଦାୟୀ କରାଗଲା। ପରିଶେଷରେ ସ୍ୱାମୀର ସ୍ନେହକୁ ଝୁରି ଝୁରି ପୂର୍ଣ୍ଣିମାର ମୃତ୍ୟୁ 'ଡାଆଣୀ' ଗଳ୍ପକୁ କାରୁଣ୍ୟରେ ଆର୍ଦ୍ର କରି ତୋଳିଛି। 'ମାଆ', 'କୁଆଡ଼େ ଯିବି' ଆଦି ଗଳ୍ପରେ ସମାଜର ସ୍ପର୍ଶକାତର ଘଟଣାର ଚିତ୍ର ରହିଛି। 'ପୋଡ଼ାଭୂଇଁ' ଗଳ୍ପର କଥାବସ୍ତୁ ସଂପର୍କରେ ବିଶିଷ୍ଟ ଆଲୋଚିକା ଇନ୍ଦୁ ମିଶ୍ର ଉଲ୍ଲେଖ କରିଛନ୍ତି- "ବସ୍ତୁତଃ ଏ ହୃଦୟହୀନ ସମାଜ ଏକ 'ପୋଡ଼ାଭୂଇଁ'। କବି ଟି.ଏସ୍. ଇଲିୟଟ୍ ପ୍ରଥମ ଯୁଦ୍ଧୋତ୍ତର ପୃଥିବୀକୁ 'ଦ ୱେଷ୍ଟଲ୍ୟାଣ୍ଡ' ପ୍ରତୀକ ମାଧ୍ୟମରେ ପ୍ରକାଶ କରିଥିଲେ। ଶିକ୍ଷିତ ଆଦିବାସୀ ଭଦ୍ରଲୋକ 'ପୋଡ଼ାଭୂଇଁ' ଗଳ୍ପରେ ମିଥ୍ୟା ଅଭିଯୋଗରେ ଗିରଫ ହେବା ପରେ ଗଣମାଧ୍ୟମ ଏପରିକି ପଡ଼ୋଶୀମାନେ ସୁଦ୍ଧା ତାଙ୍କର ଦୁଇ ଝିଅ ଜୟନ୍ତୀ ଓ ଦମୟନ୍ତୀକୁ ସାହାଯ୍ୟ ନ ଦେଇ ନିଷ୍ଠୁର ଭାବେ ରିକ୍ତହସ୍ତରେ ଫେରାଇ ଦେଇଥିଲେ। ତାଙ୍କର ସୁଦୃଶ୍ୟ ଫୁଲ ବଗିଚାଟିକୁ କରିଥିଲେ ଧ୍ୱସ୍ତ-ବିଧ୍ୱସ୍ତ। ପରେ କଅଁରଙ୍କ ବିରୋଧରେ ଆସିଥିବା ଅଭିଯୋଗ ମିଥ୍ୟା ପ୍ରମାଣିତ ହେବା ପରେ ଗଣମାଧ୍ୟମ ଓ ପଡ଼ୋଶୀ ଆସି ଭଲଲୋକି ଦେଖାଇଛନ୍ତି ସତ; ମାତ୍ର ସେମାନଙ୍କର ପୂର୍ବ ବ୍ୟବହାରକୁ ଭୁଲିପାରିନାହାନ୍ତି କଅଁର ପରିବାର। ତେଣୁ ତାଙ୍କର ଶେଷ ଅଭିଜ୍ଞତା - ତାଙ୍କୁ ଏ ପରିଚିତ ଲୋକଙ୍କ କରାଘାତ ଅପରିଚିତ ପୁଲିସ ପାହାରଠାରୁ ଅଧିକ ନିର୍ଦ୍ଦୟ ମନେ ହେଉଥିଲା।" (୫୯) ମାଓବାଦୀ ଅପହରଣ ଓ ମାନସିକ ଅନ୍ତର୍ଦ୍ୱନ୍ଦ୍ୱର କଥାବସ୍ତୁ ରହିଛି 'କୋରାପୁଟ' ଗଳ୍ପରେ। 'ଜ୍ୟୋତିଷଶାସ୍ତ୍ର'ର ଅଳୀକତା ସିଦ୍ଧ ହୋଇଛି 'ଗଣନା' ଗଳ୍ପରେ। ସଚ୍ଚି ରାଉତରାୟଙ୍କ 'ହାତ' ଗଳ୍ପ ଭଳି ଗୌରହରିଙ୍କ 'ଗଣନା' ଗଳ୍ପରେ ଜ୍ୟୋତିଷଶାସ୍ତ୍ରର ପ୍ରଭାବ ପ୍ରତି ଅନ୍ଧାନୁସରଣ କରୁଥିବା ମଣିଷମାନଙ୍କ ଦୁର୍ବଳତାର କଥା ରହିଛି। ଗଳ୍ପର ପରିଣତିରେ ଗାଳ୍ପିକଙ୍କ ଦୃଢ଼ୋକ୍ତି- "ଜୀବନ ଜିତିଛି, ଗ୍ରହମାନେ ହାରିଛନ୍ତି।" (୬୦) 'ବାରୁଦ' ଗଳ୍ପରେ ରାଜନୀତିକ ଛକାପଞ୍ଝାର ଚିତ୍ର, 'ପଦ୍ମତୋଳା', 'ସମ୍ବର୍ଦ୍ଧନା' ଆଦି ଗଳ୍ପରେ ଭୋଟସର୍ବସ୍ୱ ରାଜନୀତିକ ପ୍ରତାରଣା ଓ ଭ୍ରଷ୍ଟାଚାରର ପ୍ରସଙ୍ଗ ରହିଛି। 'ସଦ୍‌ଗତି'ରେ ସାମାଜିକ ରୀତିନୀତିର ଅନ୍ଧାନୁସରଣ ପ୍ରତି ଗାଳ୍ପିକଙ୍କ ତିର୍ଯ୍ୟକ୍ ବିଦ୍ରୁପ ରହିଛି। 'କଥା ଦେଇଛି' ଗଳ୍ପରେ ସ୍ୱାମୀ ଦ୍ୱାରା ନିର୍ଯାତିତା ମଧୁମିତା ସ୍ୱାମୀର ମୃତ୍ୟୁ ପରେ ସୁଦ୍ଧା ତା'ରି ଅପେକ୍ଷାରେ ଚାହିଁ ରହିଥିବା ଅମରେଶଙ୍କ ଭଳି ପୁରୁଷର ସ୍ତ୍ରୀ ଭାବେ ବଞ୍ଚିବାକୁ

ଚାହିଁ ନାହିଁ। 'ଭସାମେଘ' ଗଳ୍ପରେ 'ପ୍ରେମର ଅସ୍ତିତ୍ୱ ଅଛି କିନ୍ତୁ ବିସ୍ମୃତି ନାହିଁ'ର ଅନ୍ତଃସ୍ୱର ରହିଛି।

'ଆକାଶ ଦିନେ ନୀଳ ଥିଲା' (୨୦୧୧) ଗଳ୍ପ ସଂକଳନସ୍ଥ ସତର ଗୋଟି ଗଳ୍ପରେ ପାରମ୍ପରିକ ମୂଲ୍ୟବୋଧ ପ୍ରତି ସମ୍ମାନବୋଧ ସହିତ ଅନ୍ଧବିଶ୍ୱାସ ଓ କୁସଂସ୍କାରାଚ୍ଛନ୍ନ ମାନସିକତାକୁ ପ୍ରଗତିର ବାଧକ ଭାବରେ ଗାଳ୍ପିକ ଅଭିବ୍ୟଞ୍ଜିତ କରିଛନ୍ତି। ଅତୀତଆମୁଖ କଥାକାର ଗୌରହରି ଦାସ ଗତାୟୁ ସାମାଜିକ ମୂଲ୍ୟକୁ ମହତ୍ତ୍ୱ ପ୍ରଦାନ କରିବା ସହିତ ପରିବର୍ତ୍ତିତ ଆଦର୍ଶ ଓ ବିଚାର ମୂଲ୍ୟ ପ୍ରତି ବୀତସ୍ପୃହ ଭାବ ପ୍ରକାଶ କରନ୍ତି। ତାଙ୍କ ମତରେ- "ଅନ୍ଧବିଶ୍ୱାସ ଓ କୁସଂସ୍କାର ଯେମିତି ଥିଲା ସେମିତି ରହିଛି। ସାଧାରଣ ଜୀବନରୁ ସହାନୁଭୂତି ଓ ସମାନୁଭୂତି ଦୂରେଇ ଯାଉଛି, ଉପଭୋଗବାଦ ଓ ଆତ୍ମକୈନ୍ଦ୍ରିକତାର ବିଜ୍ଞାପନ - ବିକଟାଳ ରୂପ ଜଳଜଳ ହୋଇ ଦିଶୁଛି। ପ୍ରତି କଥାକୁ ଆମେ ପ୍ରୟୋଜନର ମାପକାଠିରେ ତଉଲି ବସୁଛୁ। ଆବେଗ ଓ ଭାବପ୍ରବଣତା ଆଜି ଗୁରୁତ୍ୱହୀନ। ମାତ୍ର ଏସବୁ ଚାଲିଯିବା ପରେ ଯନ୍ତ୍ର ଆଉ ମଣିଷ ଭିତରେ ଫରକ ରହିବ କ'ଣ ?" (୬୧) ବିଶିଷ୍ଟ ଲେଖକ ଜେମ୍‌ସ ପ୍ଲାଥ୍‌ଙ୍କ ମତରେ- "The best endings resonate because they echo a word, phrase or image from earlier in the story and the reader is prompted to think back to that reference and speculate on a deeper meaning" - ଏହି ମର୍ମରେ କଥାକାର ଗୌରହରି ଦାସଙ୍କ ଆଲୋଚ୍ୟ ଗଳ୍ପ ସଂକଳନସ୍ଥ ପ୍ରତ୍ୟେକ ଗଳ୍ପ ବିଚାର୍ଯ୍ୟ। 'ଆକାଶ ଦିନେ ନୀଳ ଥିଲା' ସଂକଳନସ୍ଥ ସତର ଗୋଟି ଗଳ୍ପର ପରିଣତିରେ ରହିଛି ତାତ୍ପର୍ଯ୍ୟପୂର୍ଣ୍ଣ ଗଭୀର ଅର୍ଥଦ୍ୟୋତନା। 'ନିଷ୍ପତ୍ତି' ଗଳ୍ପରେ ଗ୍ରାମ୍ୟ ପରିବେଶର ପାରିବାରିକ ଜୀବନ, ଜମିବାଡ଼ିକୁ ନେଇ ଆନ୍ତରିକ ମୋହାବିଷ୍ଟ ଚିତ୍ର ପ୍ରଦତ୍ତ ହୋଇଛି। 'ଜୀବନକୁ ଆଉ ଗୋଟେ ସୁଯୋଗ' ଗଳ୍ପରେ ଜଣେ ନୀତିବାନ୍ ଶିକ୍ଷକଙ୍କ ବୁଦ୍ଧିମତୀ କନ୍ୟା ଦମୟନ୍ତୀ ବିବାହ ପୂର୍ବରୁ ଅନ୍ତଃସତ୍ତ୍ୱା ହେବା ଘଟଣା ତାଙ୍କ ଜୀବନକୁ ଅପବାଦର କାଳିମା ଭିତରକୁ ଠେଲି ଦେଇଥିଲା। ଅଧ୍ୟାପନା କ୍ଷେତ୍ରରୁ ଅବସରପ୍ରାପ୍ତି ପରେ ମଧ୍ୟ ଦମୟନ୍ତୀଙ୍କୁ ସେହି ଅପବାଦ ପିଛା କରି ଚାଲିଥିଲା। କୁମାରୀ ମାତୃତ୍ୱଲାଭର ବୋଝକୁ ଦାୟିତ୍ୱବୋଧର ମର୍ଯ୍ୟାଦା ଭିତରେ ବାନ୍ଧି ନିଜ ଝିଅ ନିବେଦିତାକୁ ସେ ଏକା ଏକା ବଢ଼େଇଲେ କିନ୍ତୁ ନିବେଦିତାର ବିବାହ ଠିକଣା ହେବା ପରେ କନ୍ୟାଦାନ କରି ସମାଜ ଆଗରେ ଝିଅର ସମ୍ମାନ ରଖିବାକୁ ସେ ଶେଷଥର ପାଇଁ ଅନୁରୋଧ କରିଥିଲେ ଦୁର୍ଗାମାଧବଙ୍କୁ। ଗଳ୍ପର ପରିଣତିରେ ପତ୍ନୀହରା-ରୁଗ୍‌ଣ ଦୁର୍ଗାମାଧବ ଆସି ଦମୟନ୍ତୀଙ୍କ ଶରଣାପନ୍ନ ହୋଇଛନ୍ତି। ସେ ମଣିଷଟା ପ୍ରତି

ଅସମ୍ଭବ ଘୃଣାଭାବ ସତ୍ତ୍ୱେ ଦମୟନ୍ତୀ ଦୁର୍ଗାମାଧବଙ୍କୁ କ୍ଷମା କରିଦେଇ ତାଙ୍କର ସେବା କରିଛନ୍ତି। 'ନାରୀ'ର କ୍ଷମାପଣର ମହାନତା ଆଲୋଚ୍ୟ ଗଳ୍ପକୁ ଭିନ୍ନ ମୋଡ଼ ପ୍ରଦାନ କରିଛି। 'କାର୍ତ୍ତିକ ଫେରିବ' ଗଳ୍ପରେ ସାତବର୍ଷ ତଳେ ଭୁବନେଶ୍ୱରରେ ନିଜ ପୁଅ କାର୍ତ୍ତିକକୁ ହଜେଇ ଦେଇଥିବା ତା'ର ବାପା ସନାତନର ଅନ୍ତଃହୀନ ଉଦ୍‌ବେଗର ସ୍ୱର ଅନୁରଣିତ ହୋଇଛି। ଦୀର୍ଘ ସାତବର୍ଷ ଧରି ତା' ଭିତରେ ବିଶ୍ୱାସ ରହିଛି ଯେ ତା' ପୁଅ କାର୍ତ୍ତିକ ମରିନାହିଁ କି ନକ୍ସଲ ହୋଇନାହିଁ, ସେ ବଞ୍ଚିଛି ସରକାରଙ୍କ ଅନ୍ୟାୟ ବିରୋଧରେ ଲଢ଼ିବାକୁ ଏବଂ ଦିନେ ନା ଦିନେ ସେ ଫେରି ଆସିବ। 'କ୍ଷତିପୂରଣ', 'ଅଧିକାର', 'ଅନୁଭବ' ଇତ୍ୟାଦି ଗଳ୍ପରେ ଆତ୍ମୀୟ ସଂପର୍କମାନଙ୍କର ବିବିଧ ଭାବାତ୍ମକ ରୂପ ବର୍ଣ୍ଣିତ ହୋଇଛି। 'ବିଦେଶ' ଗଳ୍ପରେ କଥାକାର ଗୌରହରି ଦାସଙ୍କ ଦାର୍ଶନିକତା ଅନୁଭବ କରି ହୁଏ। ନିଜ ଘରେ ରହି ଆତ୍ମୀୟତାର ଅଭାବ ଓ ଅବସୋସକୁ ଗାଳ୍ପିକ 'ବିଦେଶ' ରୂପେ ପରିଭାଷିତ କରିଛନ୍ତି। ମନ୍ତେଇ କୂଳ ପାଟପୁର ଇତିଶ୍ରୀର ବାପଘର। ଡାକ୍ତରୀ ଶିକ୍ଷା ପରେ ବିବାହ କରି ସ୍ୱାମୀଙ୍କ ସହ ଆମେରିକା ଚାଲିଯାଇ ପୁଣି ଫେରି ଆସିଛନ୍ତି। ଇତିଶ୍ରୀ ବାପଘର ପାଟପୁରକୁ ଫେରିବାକୁ ଉଦ୍‌ବିଗ୍ନ। ଗାଳ୍ପିକ ଇତିଶ୍ରୀ ମାଧ୍ୟମରେ କୁହାଇଛନ୍ତି- "ରାସ୍ତା ଧାରରେ ବଡ଼ ପଦ୍ମ ପୋଖରୀଟିଏ। ଇତିଶ୍ରୀ ଗାଡ଼ିର କାଚ ଖସେଇ ଫୁଲଗୁଡ଼ିକୁ ଅନେଇଲା। କେତେ ମୋହମୟ ଓ ସୁନ୍ଦର ଲାଗୁଛି ନିଜ ଜନ୍ମଭୂମି! କେତେ ଅନ୍ତରଙ୍ଗ ଏ ରାଜ୍ୟର ପାଣିପବନ! ବିଦେଶରେ ଯେତେ ପ୍ରାଚୁର୍ଯ୍ୟ କି ବିଳାସରେ ରହିଲେ ବି ନିଜ ଦେଶ ପରି ତାହା ଆପଣାର ଲାଗେ ନାହିଁ। ଏଠି କିଛି ନ ଥିବା ଲୋକ ବି ତା' ଦେଶକୁ ଭାବେ ତା' ନିଜର।" (୬୨) ଇତିଶ୍ରୀ ଘରେ ପହଞ୍ଚି ଭାଇ-ଭାଉଜଙ୍କ ଆତ୍ମୀୟତାରେ ଅଭାବ ଓ ଆନ୍ତରିକତାରେ ଦୂରତା ଅନୁଭବ କରିଛି। ପାରିବାରିକ ଜୀବନର ଅବକ୍ଷୟମାଣ ଦୁର୍ଦ୍ଦଶା ପ୍ରତି ଗାଳ୍ପିକଙ୍କ ବକ୍ତବ୍ୟ ରହିଛି- "ଘରେ ପହଞ୍ଚୁ ପହଞ୍ଚୁ ପରିବର୍ତ୍ତନର ଆଭାସ ପାଇଯାଇଥିଲା ଇତିଶ୍ରୀ। କେହି କିଛି କହି ନ ଥିଲେ ବି ସେ ଜାଣିପାରୁଥିଲା ଗୋଟେ ବଡ଼ ଧରଣର ଅଦଳବଦଳ ହୋଇଯାଇଛି ଏହା ଭିତରେ। x x x ବାପା ବସିଥିଲେ ତାଙ୍କ ଚଉକି ଉପରେ ନିଶ୍ଚଳ ହୋଇ, ମୁଣ୍ଡ ତଳକୁ କରି। ସେ ଦିଶୁଥିଲେ ହାରିଯାଇଥିବା ଜଣେ ସୈନିକ ପରି।" (୬୩) ନିଜ ଘରେ ଥାଇ ମଧ୍ୟ ନିଜ ପିତାଙ୍କ ପ୍ରତି ପରିବାରର ସଦସ୍ୟଙ୍କର ଔପଚାରିକ ଉଦାସୀନ ବ୍ୟବହାର ଇତିଶ୍ରୀକୁ ବ୍ୟଥିତ କରିଛି। ପିତା ମାନଗୋବିନ୍ଦଙ୍କୁ ନିଜ ସାଥିରେ ନିଜ ପାଖକୁ ନେଇଯିବାକୁ ଅନୁରୋଧ କରିଛି। ହେଲେ ପିତା ମାନଗୋବିନ୍ଦ ନିଜ ଝିଅ ସହିତ ବିଦେଶରେ ରହିବାକୁ ଆଗ୍ରହ ପ୍ରକାଶ କରି ନାହାନ୍ତି। ଇତିଶ୍ରୀ ମୁହଁରେ ଗାଳ୍ପିକ ବୁଝାଇବା ଛଳରେ

କହିଉଠିଛନ୍ତି- "କୋଉଟା ବିଦେଶ ବାପା, ସେଇଟା ନା ଏଇଟା? ପାଟପୁରର ଏଇ ଘରଟା ତୁମ ପାଇଁ କ'ଣ ଏବେ ବିଦେଶ ନୁହେଁ? ଯେଉଁଠି ପ୍ରତିଦିନ ତମ ଆଖି ଆଗରେ ଚାରି ଚାରିଟା ଜାଗାରେ ରୋଷେଇ, ଚାରି ଚାରିଟା ଜାଗାରେ ଖିଆପିଆ ସେଇଟା କ'ଣ ତୁମର ଦେଶ? ପ୍ରତିଦିନ ଏଇ ବିଦେଶର ଲାଞ୍ଛନା ତୁମେ କେମିତି ସହୁଛ ବାପା?" (୬୪) ଅତ୍ୟାଧୁନିକ ଗ୍ରାମୀଣ ଜୀବନରେ ଯୌଥ ପରିବାରରେ ସୃଷ୍ଟି ହୋଇଥିବା ଫାଟ ଓ ଦୂରତା ସଂପର୍କରେ ଗାଳ୍ପିକ ଜୀବନ୍ତ ଚିତ୍ର ପ୍ରଦାନ କରିଛନ୍ତି। 'ସୁନାହରିଣ' ଗଳ୍ପରେ ଟଙ୍କା ପାଇଁ ନିଜ ଅଭିନେତ୍ରୀ ଝିଅକୁ ଶୋଷଣ କରୁଥିବା ପିତାର କଥାବସ୍ତୁ ବର୍ଣ୍ଣିତ। 'ବଳି' ଗଳ୍ପରେ ଗାଳ୍ପିକ ବଳି ପ୍ରଥା ଭଳି କୁତ୍ସିତ ରୀତିନୀତି ଏବଂ ତଜ୍ଜନିତ ଅତ୍ୟାଚାରର ଶିକାର ହେଉଥିବା ନିରୀହ ପଶୁମାନଙ୍କୁ ମୁକ୍ତ କରିଦେଇ ବଞ୍ଚିବାକୁ ଛାଡ଼ିଦେବା ନିମନ୍ତେ ଆହ୍ୱାନ ଦେଇଛନ୍ତି। 'ଗଣତନ୍ତ୍ର' ଗଳ୍ପରେ ଯୁବପିଢ଼ିର ଅଧଃପତନ ଓ ରାଜନୀତିକ ଭ୍ରଷ୍ଟାଚାରର ପ୍ରସଙ୍ଗ ରହିଛି। ଏହା ଉଦ୍ଦେଶ୍ୟରେ ଗାଳ୍ପିକ ଶାଣିତ ବିଦ୍ରୂପ କରି ଉଲ୍ଲେଖ କରିଛନ୍ତି- "ମାତ୍ର ଆମର ଏ ଦେଶ ଗଣତନ୍ତ୍ର। ଏଠି ଗୋଟେ ଘୋଡ଼ାଠାରୁ ଦିଇଟି ଗଧଙ୍କର ମୂଲ୍ୟ ବେଶି। କାରଣ ଗୋଟେ ଘୋଡ଼ାର ଗୋଟିଏ ଭୋଟ୍, ଯୋଡ଼େ ଗଧଙ୍କର ଦିଇଟି ଭୋଟ୍।" (୬୫) 'ଖତ' ଗଳ୍ପରେ ଛାତ୍ର ରାଜନୀତିର ସ୍ୱର ରହିଛି। ଅନ୍ୟ ପାଇଁ ଖତ ପାଲଟିଯିବା ଗୋଟେ ବୋକା ଯୁବକର କାହାଣୀ ଏହି ଗଳ୍ପରେ ବର୍ଣ୍ଣିତ ହୋଇଛି। ଗାଳ୍ପିକ ଗୌରହରି ଦାସ ଗଳ୍ପର ମର୍ମବାଣୀ ଭାବରେ ଏକ ନିର୍ଦ୍ଦେଶ ଦେଇ ଲେଖିଛନ୍ତି- "ଦୟାକରି ଅନ୍ୟ ଗଛର ସମୃଦ୍ଧି ପାଇଁ ନିଜକୁ ଖତ କରି ଦିଅ ନାହିଁ। ତୁମେ ଖତ ହୋଇ ମାଟିରେ ନିଶ୍ଚିହ୍ନ ହୋଇଯିବ, ଅଥଚ ନେତାଏ ତମରି ରସ ଶୋଷି ଉପରକୁ ଉଠିବେ।" (୬୬) 'ଆକାଶ ଦିନେ ନୀଳ ଥିଲା' ଗଳ୍ପରେ ପୁଞ୍ଜିବାଦର ପଞ୍ଝାରେ କବଳିତ ଗ୍ରାମୀଣ ଅର୍ଥନୀତିର ଆର୍ତ୍ତନାଦର ସ୍ୱର ରହିଛି।

'ଅଣଲେଉଟା ଓ ଅନ୍ୟାନ୍ୟ ଗଳ୍ପ' (୨୦୧୫) ସଂକଳନସ୍ଥ ସତର ଗୋଟି ଗଳ୍ପରେ ମୁହୁର୍ମୁହୁଃ ବଦଳୁଥିବା ଜୀବନ ଓ ତା'ର ଅଭିଜ୍ଞତାର ପ୍ରସଙ୍ଗ ଆଲୋକିତ ହୋଇଛି। ଆଲୋଚ୍ୟ ଗଳ୍ପଗୁଡ଼ିକରେ ଗାଳ୍ପିକ ଏକ ସ୍ୱତନ୍ତ୍ର ବର୍ଗର ମଣିଷମାନଙ୍କର ମୁଖପାତ୍ର ସାଜିଛନ୍ତି। ସେହି ଚରିତ୍ରମାନଙ୍କର ଅବ୍ୟକ୍ତ କଥାକୁ ସେ ଗଳ୍ପ ମାଧ୍ୟମରେ ବ୍ୟକ୍ତି କରିବାର ଗୁରୁଦାୟିତ୍ୱ ବହନ କରିଛନ୍ତି। ଗୌରହରିଙ୍କ ମତରେ- "ଇତିହାସ ଯେତେବେଳେ ରାଜା ଓ ମନ୍ତ୍ରୀମାନଙ୍କର ସିଂହାସନ ଆରୋହଣ ଏବଂ ଜୟ-ପରାଜୟ କଥା କହେ, ସାହିତ୍ୟ ସେତେବେଳେ ସେଇ ଦେଶର ସାଧାରଣ ମଣିଷଙ୍କ ଜୀବନ ସଂଘର୍ଷ, ସ୍ୱପ୍ନ ଓ ସ୍ୱପ୍ନଭଙ୍ଗ କଥା ଲେଖେ। ସବୁଠାରୁ ବଡ଼କଥା, ସାହିତ୍ୟ

ସେଇମାନଙ୍କର କଥା କହିବାକୁ ଚେଷ୍ଟା କରେ ଏବଂ ସେଇମାନଙ୍କର ମୁଖପାତ୍ର ହୋଇ ଉଭା ହୁଏ ଯେଉଁମାନଙ୍କର ସ୍ୱର ହିଁ ନାହିଁ, ସ୍ୱପ୍ନ ତ ବହୁ ଦୂରର କଥା। x x x ଯଥାର୍ଥ ସାହିତ୍ୟ ମଣିଷ ପାଇଁ ଅବଶ୍ୟ ଜରୁରୀ। କାରଣ ତାହା ବନ୍ଧୁ ପରି ସାହସ ଦିଏ, ଶିକ୍ଷକ ପରି ନୂଆ ବାଟ ଦେଖାଏ ଏବଂ ଦାର୍ଶନିକ ପରି ତାହାର ଚିଦାକାଶକୁ ନୂଆ ଆଲୋକରେ ଆଲୋକିତ କରିଦିଏ।" (୬୭) 'ଅଣଲେଉଟା' ଗଳ୍ପରେ ଏକତରଫା ପ୍ରେମର କରୁଣ କାହାଣୀ ବର୍ଣ୍ଣିତ ହୋଇଛି। 'ପରାଜୟ', 'ଝିଅ ଫେରିଛି', 'ଶିଉଳି', 'ପ୍ରାୟଶ୍ଚିତ୍ତ' ଇତ୍ୟାଦି ଗଳ୍ପରେ ମାନସିକ ସଂଘାତ, ଅନ୍ତର୍ଦ୍ୱନ୍ଦ୍ୱର ଚିତ୍ର ରହିଛି। ଦୁର୍ବଳ ମଣିଷଙ୍କ ଉପରେ ସବଳର ଅତ୍ୟାଚାର ଓ ଶୋଷଣର କଥାବସ୍ତୁ ରହିଛି 'ନୂଆ ଠିକଣା' ଗଳ୍ପରେ। ବ୍ୟାଙ୍କ ଅଧିକାରୀଙ୍କ ପ୍ରାଦୁର୍ଭାବରୁ ବଞ୍ଚିବା ପାଇଁ ମେଲଛା ପରି ଜଣେ ଘୁଷୁରିପାଳକ ଏବଂ ତା' ସ୍ତ୍ରୀ ଗୁରୁବାରୀ ନିଜ ବାସସ୍ଥାନ ଛାଡ଼ିଦେବାର ଅନନ୍ୟୋପାୟ ସ୍ଥିତି ବର୍ଣ୍ଣିତ ହୋଇଛି ଆଲୋଚ୍ୟ ଗଳ୍ପରେ। 'ଶିକୁଳି' ଗଳ୍ପରେ ନାରୀ ମନସ୍ତତ୍ତ୍ୱର ସୁନ୍ଦର ଅବତାରଣା ରହିଛି। 'ସଂପର୍କରେ ସ୍ୱାଧୀନତା ରହିବା ଉଚିତ, ନଚେତ୍ ଏହା ଶିକୁଳିରେ ପରିଣତ ହୋଇଯାଏ'ର ଭାବାଦର୍ଶ ଉପରେ ଆଲୋଚ୍ୟ ଗଳ୍ପଟି ପର୍ଯ୍ୟବସିତ ହୋଇଛି। 'ଦୀର୍ଘଶ୍ୱାସ' ଗଳ୍ପରେ ସାମାଜିକ ସମସ୍ୟାର ପ୍ରସଙ୍ଗ ଉତ୍‌ଥାପିତ ହୋଇଛି। 'ପାଣି' ଗଳ୍ପରେ ସୁନୀତା ଭଳି ଯୁବତୀର ଜୀବନଯନ୍ତ୍ରଣା ଚିତ୍ରିତ ହେବା ସହିତ ସରକାରଙ୍କ ଅପାରଗତା, ପାନୀୟ ଜଳ ସମସ୍ୟାର ଜୀବନ୍ତ ଦୃଶ୍ୟ ଚିତ୍ରାୟିତ ହୋଇଛି। 'ବନଲତାର ଦୁଃଖ' ଗଳ୍ପରେ ପାଶବିକ ଅତ୍ୟାଚାରର ଶିକାର ହୋଇ ଆସାମୀକୁ ହତ୍ୟା କରିଥିବା ବନଲତାର ଜୀବନ କାହାଣୀ ଉତ୍କୀର୍ଣ୍ଣ ହୋଇଛି। 'ବାଆଜିର ବାପା' ଗଳ୍ପଟି ଗାଳ୍ପିକଙ୍କ ବ୍ୟକ୍ତିଗତ ଜୀବନ ସଂଶ୍ଳିଷ୍ଟ କିଛି ଅନୁଭୂତି ତଥା କାଳ୍ପନିକତାର ସମ୍ମିଶ୍ରିତ ରୂପ, ଯେଉଁଥିରେ ପିତୃପ୍ରାଣ ନରୋତ୍ତମ ନିଜ ପୁତ୍ର ପାଇଁ ଈଶ୍ୱରଙ୍କୁ ପ୍ରାର୍ଥନା କରିଛନ୍ତି- "ମୋ ପୁଅକୁ ଶଙ୍ଖେ ପୂରାଇ ଚକ୍ର ଉହାଡ଼ି ମଙ୍ଗଳରେ ରଖ ଠାକୁରେ।" (୬୮)

ବାରଗୋଟି ଗଳ୍ପର ସମାବେଶରେ ପ୍ରକାଶିତ 'ବାଘ ଓ ଅନ୍ୟାନ୍ୟ ଗଳ୍ପ' (୨୦୧୮) କଥାକାର ଗୌରହରି ଦାସଙ୍କ ଅନୁଭୂତି ଓ ଅଭିଜ୍ଞତା ଉତ୍ସାରିତ ଅନବଦ୍ୟ ସଂକଳନଟିଏ। ଆଲୋଚ୍ୟ ସଂକଳନ ସଂପର୍କରେ ଗୌରହରି ଦାସ କହିଛନ୍ତି- "'ବାଘ ଓ ଅନ୍ୟାନ୍ୟ ଗଳ୍ପ' ପ୍ରକାଶ ପାଇବାବେଳେ ମୋର ଏଥିରେ ବର୍ଣ୍ଣିତ ଘଟଣାଗୁଡ଼ିକ ଏବଂ ଗପଗୁଡ଼ିକର ଚରିତ୍ର ମନେପଡ଼ିଯାଉଛନ୍ତି। ସେମାନଙ୍କୁ ମୁଁ ଦେଶର ବିଭିନ୍ନ ଗାଁ ଓ ସହରରେ ଭେଟିଛି, ସେମାନଙ୍କର ଅବସ୍ଥା ଦେଖିଛି। ଗୋଟିଏ ଗୋଟିଏ ଚରିତ୍ର ଏଭଳି ମୋତେ ଅଥୟ କରିଛନ୍ତି ଯେ ତାଙ୍କର କଥାଟି ନ ଲେଖିସାରିବା

ପର୍ଯ୍ୟନ୍ତ ଛାତି ଭିତରଟା ରୁନ୍ଧି ହେଲା ପରି ମନେ ହୋଇଛି। ଏସବୁ କାହାଣୀ ସେମାନଙ୍କର ସେହି ଚରିତ୍ରମାନଙ୍କର।" (୬୯) 'ବାଘ' ଶୀର୍ଷକ ଗଳ୍ପରେ ପବ୍ଲିସିଟି ସେକ୍ସନ୍‌ର ନିମାଇଁ ରାଉତ, ସ୍ପେଶାଲ ସେକ୍ରେଟାରିଙ୍କ ମୁହଁରେ ତାଙ୍କ ଦୁର୍ବଳ ଦିଗ ଗୁଡ଼ିକୁ ପ୍ରତ୍ୟକ୍ଷ ଭାବରେ କହିବାର ସାହସ କରିଛି। ପଦସ୍ଥ ଅଫିସରମାନଙ୍କ ନିର୍ଯାତନା ଓ ଅପମାନର ସମ୍ମୁଖୀନ ହେବା ସେକ୍ସନ୍‌ର କ୍ଲର୍କ ନିମାଇଁ ରାଉତଙ୍କ ପାଇଁ ନୂଆ କଥା ନ ଥିଲା। କିନ୍ତୁ ପରବର୍ତ୍ତୀ ସମୟରେ ନିମାଇଁ ନିଜ ଭିତରେ ଅସୀମ ସାହସ ଅନୁଭବ କରିଛି। ସାଧାରଣ ପଦବିରେ ଥାଇ ମଧ୍ୟ ସେ ବାଘ ଭଳି ସାହସିକତାର ପରିଚୟ ଦେଇ ସ୍ପେଶାଲ୍ ସେକ୍ରେଟାରୀଙ୍କୁ କହିଛି- "ଆପଣଙ୍କ ପରି ଅଫିସରମାନେ ଗୋଟେ ଗୋଟେ ଖଜୁରି ଗଛର ଡାଳ, କାହାକୁ ଟିକେ ଛାୟା ବି ଦେଇପାରେ ନାହିଁ। ଅନ୍ୟକୁ ସମ୍ମାନ ଦେଇ ଶିଖନ୍ତୁ, ସମ୍ମାନ ପାଇବେ। ଭୁଲିଯିବା ଉଚିତ ନୁହେଁ ଯେ ଏ ଦେଶର ଗୋଟେ ସମ୍ବିଧାନ ଅଛି ଓ ତାହାର ସୁରକ୍ଷା ଲାଗି ସର୍ବୋଚ୍ଚ ନ୍ୟାୟାଳୟ ଅଛି।" (୭୦) 'ଫୁଲନୋଳ' ଗଳ୍ପଟିରେ ଅନେଶତ ବାତ୍ୟାର ପୃଷ୍ଠଭୂମି ରହିଛି। ବାତ୍ୟାର ପ୍ରକୋପରେ ବିପର୍ଯ୍ୟସ୍ତ ସ୍ଥିତିର ସୁଦୃଶ୍ୟ ବର୍ଣ୍ଣନା ଦେଇ ଗାଳ୍ପିକ ଲେଖିଛନ୍ତି- "ବାତ୍ୟା ପରେ ରାଇପୁର ଗାଁଟା ଦିଶୁଥିଲା ଗୋଟେ ପରିତ୍ୟକ୍ତ ମଶାଣି ଭୂଇଁ। ଚାରିଆଡ଼େ ପଚପଚ ପଙ୍କ କାଦୁଅ, ଭଙ୍ଗାଘରର କାଠ, ବାଉଁଶ, ଉପୁଡ଼ି ପଡ଼ିଥିବା ଗଛ। ହିଡ଼ମୂଳରେ ଶଢୁଥିବା ଗାଈ ବାଛୁରୀଙ୍କ ମଲାଦେହ।" (୭୧) ଆଲୋଚ୍ୟ ଗଳ୍ପରେ- "ଜୀବନ ମରେ ନାହିଁ, ଜୀବନ ସରେ ନାହିଁ। ଯୋଉଠି ମରିଗଲା କି ସରିଗଲା ବୋଲି ଭାବିବ, ପୁଣି ସେଇଠୁ ଆରମ୍ଭ ହେବ ନୂଆ ଜୀବନ, ନୂଆ ଶାଗୁଆପଣ, ନୂଆ ସବୁଜପଣ"ର ଆହ୍ୱାନ ରହିଛି। 'ଚେର' ଗଳ୍ପରେ ଗାଳ୍ପିକ ସହରୀକରଣ ଚକତଳେ ନିଶ୍ଚିହ୍ନ ହୋଇଯାଉଥିବା ଗାଁ ଗୁଡ଼ିକର କଥା କହିଛନ୍ତି। ପୁଞ୍ଜିବାଦୀ ଅର୍ଥନୀତି ଆବେଗର ଅର୍ଥ ବୁଝେ ନାହିଁ। ତାହା ନିକଟରେ ସବୁ କିଛି ପଣ୍ୟ - ସ୍ନେହ, ସଂପର୍କ, ସ୍ମୃତି ଏବଂ ଶ୍ରଦ୍ଧା। ଗ୍ରାମ୍ୟ ଜୀବନ ଭିତରକୁ ସହରୀ-ଆଧୁନିକତାର ଅନୁପ୍ରବେଶର ଚିତ୍ର ଆଲୋଚ୍ୟ 'ଚେର' ଗଳ୍ପକୁ ବଳିଷ୍ଠ କରିଛି। ସିଦ୍ଧାର୍ଥଙ୍କ ପିତା ଗାଁରେ ଘରଟିଏ କରିବାକୁ ଆଶା କରିଥିଲେ। କିନ୍ତୁ ସେଇ ଭୂଇଁ ଉପରେ ହାଉସିଂ ପ୍ରୋଜେକ୍ଟ ପ୍ରତିଷ୍ଠା କରିବାର ଯୋଜନା ମଧ୍ୟରେ ସେ ସ୍ୱପ୍ନ ସବୁ ଧୂଳିସାତ୍ ହୋଇଯାଇଛି। ଯନ୍ତ୍ର ସଭ୍ୟତାର ଅନୁପ୍ରବେଶ ସରଳ ପଲ୍ଲୀ ଜୀବନକୁ ବିପର୍ଯ୍ୟସ୍ତ କରି ପୁରୁଖା ଭିଟାମାଟିର ଚେରକୁ ମଧ୍ୟ ଭିଡ଼ିଓଟାରି ପକାଇଛି। ଏ ଗଳ୍ପରେ ମୃତ୍ୟୁର ଚିରନ୍ତନତା କଥା ମଧ୍ୟ ସେ କହିଛନ୍ତି। ତାଙ୍କ ଶବ୍ଦରେ- "ଯାହାର ଡାକରା ପାଇଲେ ମଣିଷ ଭଲପାଇବାର ଏହି ପୃଥିବୀକୁ ମୁହଁ ଆଡ଼େଇ ସବୁଦିନ ଲାଗି

ଦୂରେଇଯାଏ ସେଇ ହେଉଛି ମୃତ୍ୟୁ। ଯାହାର ପ୍ରେମରେ ପଡ଼ିଲେ, ମୁହୂର୍ତ୍ତକ ପାଇଁ ଅଲଗା ହୋଇପାରୁ ନ ଥିବା ସଂପର୍କକୁ ମଣିଷ ତୁଚ୍ଛ କରିଦିଏ ସେଇ ମୃତ୍ୟୁ। ତାହାର ନୀଳ ଆମନ୍ତ୍ରଣକୁ ଏଡ଼ାଇ ଯିବା କାହାରି ପକ୍ଷେ ସମ୍ଭବ ନୁହେଁ। ମରଣ ବୁଝେ ନାହିଁ ଝାଳ, ରକ୍ତ, ସିନ୍ଦୂର କି ଲୁହର ଆବେଦନ।" (୭୨) 'ହାର୍ମୋନିୟମ୍' ଗଳ୍ପରେ ମାଳତୀ ଭଳି ବିଡ଼ମ୍ବିତ ନାରୀଜୀବନର ଦୁଃଖ ଅନୁରଣିତ ହୋଇଛି। 'ସମୟ ସରେ ନାହିଁ', 'ନିଜ ନିଜର ଆକାଶ'ରେ ମଣିଷର ଜୀବନର ବ୍ୟକ୍ତିକ ଉପଲବ୍ଧିର କଥା ରହିଛି। 'ନିଜ ଜନ୍ମଭୂମିର ସେବା ଦ୍ୱାରା ସେହି ମାଟିର ଋଣ ପରିଶୋଧ କରିବା ସମ୍ଭବ'ର ବାର୍ତ୍ତା ରହିଛି 'ଋଣ' ଗଳ୍ପରେ। 'ନିଜ ଘର', 'ବେପାର', 'ଅବାଧ ଛାତ୍ର'ରେ ଗାଳ୍ପିକଙ୍କ ଅନୁଭୂତି ରସାଣିତ କଥାଭାଗ ରହିଛି। 'ଅସ୍ତ ଜହ୍ନର ପ୍ରସ୍ତାବନା' ଗଳ୍ପରେ କିମ୍ବଦନ୍ତୀ ପ୍ରସିଦ୍ଧ ଗାଲବ, ରାଜଜେମା ମାଧବୀ, ରାଜଜେମା ଶର୍ମିଷ୍ଠା, ଯଯାତି, ରାଜଜେମା କୃଷ୍ଣାକୁମାରୀ, ରାଜଜେମା ମୁକ୍ତାଦେଈ ଆଦିଙ୍କୁ ନେଇ ପୁରାଣ ଓ ଇତିହାସଭିତ୍ତିକ କାହାଣୀ ଉପସ୍ଥାପନ କରିଛନ୍ତି। ଆଲୋଚିତ ଗଳ୍ପ ସଂକଳନ ବ୍ୟତିରେକ କଥାକାର ଗୌରହରି ଦାସଙ୍କ ଦ୍ୱାରା ଅନ୍ୟ ତିନିଟି ନିର୍ବାଚିତ ଗଳ୍ପ ସଂକଳନ ମଧ୍ୟ ରହିଛି, ଯାହା 'ପିଛିଲା ପଚିଶ', 'ଶ୍ରେଷ୍ଠ ଗଳ୍ପ' ଏବଂ 'ବିଦେଶ ଓ ଅନ୍ୟାନ୍ୟ ଗଳ୍ପ' ନାମରେ ପ୍ରକାଶିତ ହୋଇଛି। ଉପର୍ଯ୍ୟୁକ୍ତ ସଂକଳନତ୍ରୟ ପୂର୍ବ ପ୍ରକାଶିତ ସଂକଳନଗୁଡ଼ିକରୁ ସୁନିର୍ବାଚିତ କିଛି କିଛି ଗଳ୍ପର ସମ୍ଭାର ମାତ୍ର।

ପରିମାଣାତ୍ମକ ଦୃଷ୍ଟିରୁ ଉଲ୍ଲେଖନୀୟ ଗୌରହରି ଦାସଙ୍କ ଗଳ୍ପରାଜ୍ୟର ଆଉ ଏକ ଗୁରୁତ୍ୱପୂର୍ଣ୍ଣ ଦିଗ ହେଲା ବିସ୍ତୀର୍ଣ୍ଣ ଚିତ୍ରଶାଳା। ତାଙ୍କର ଚିତ୍ରଶାଳା ବା କ୍ୟାନ୍‌ଭାସ୍ ଖୁବ୍ ବିସ୍ତୀର୍ଣ୍ଣ ଯେଉଁଥିରେ ବୌଦ୍ଧଯୁଗ, ପୌରାଣିକ, ଐତିହାସିକ ଏବଂ ଆଧୁନିକ କାଳଠାରୁ ନେଇ ଭବିଷ୍ୟତ ସମୟ ପର୍ଯ୍ୟନ୍ତ ବିସ୍ତୃତ। ଏଠାରେ କେତୋଟି ଗଳ୍ପର ଆଲୋଚନା କରାଯାଉଛି ଯାହା ସ୍ୱତନ୍ତ୍ର ଉଲ୍ଲେଖର ଅପେକ୍ଷା ରଖେ:-

ମ୍ୟାଜିକ୍ ରିଏଲିଜିମ୍ ବା କୁହୁକ ବାସ୍ତବତାବାଦର ଗଳ୍ପ:

ମ୍ୟାଜିକ୍ ରିଏଲିଜିମ୍‌ର ସମନ୍ୱୟରେ ନିର୍ମିତ କୁହୁକ ବାସ୍ତବତାବାଦ ବା ମ୍ୟାଜିକ୍ ରିଏଲିଜିମ୍ କଥା ବିଶେଷ ଭାବେ ନୋବେଲ ବିଜେତା ଗାବ୍ରିଏଲ୍ ଗାର୍ସିଆ ମାର୍କ୍ୱେଜ୍‌ଙ୍କ ଗଳ୍ପରେ ଓ ଉପନ୍ୟାସରେ ଦେଖିବାକୁ ମିଳିଥିଲା। ତାଙ୍କର ଉଲ୍ଲେଖନୀୟ ଉପନ୍ୟାସ 'ୱାନ୍ ହଣ୍ଡ୍ରେଡ୍ ଇୟର୍ସ ଅଫ୍ ସଲିଟ୍ୟୁଡ୍'ରେ ସେ ଏହି ଶୈଳୀର ପ୍ରୟୋଗ କରିଛନ୍ତି। ଅନ୍ୟତମ ପ୍ରସିଦ୍ଧ ଲେଖକ ଏବଂ ନୋବେଲ ବିଜେତା ମାରିଓ ଭାର୍ଗସ ଲୋସାଙ୍କ 'ଦ ଫିଷ୍ଟ ଅଫ୍ ଗୋଟ୍'ରେ ଏହି ଶୈଳୀକୁ ପାଠକ ଭେଟିଥାନ୍ତି। ଗୌରହରି ମଧ୍ୟ ଏହି ଶୈଳୀକୁ ଭିନ୍ନ ଭିନ୍ନ ଢଙ୍ଗରେ ବ୍ୟବହାର କରିଛନ୍ତି। ତାଙ୍କର ଗଳ୍ପ 'ମୋକ୍ଷ'ରେ ସେ ଏହି କୁହୁକ ବାସ୍ତବରେ

ପ୍ରୟୋଗ କରିଛନ୍ତି ଯେଉଁଠି ନିଷ୍ଫଳା ଚାକୁଣ୍ଡା ଗଛରେ ହଠାତ୍ ଫୁଲ ଫୁଟିଛି ଏବଂ ତହିଁରୁ ଅଗୁରୁ, ଚନ୍ଦନର ବାସ୍ନା ଭାସି ଆସିଛି। ସେହି ଗଛଟି ଲକ୍ଷ୍ମୀବୋଉଙ୍କୁ ଦାରୁବ୍ରହ୍ମ ପରି ପ୍ରତୀୟମାନ ହୋଇଛନ୍ତି। ସେ କହିଛନ୍ତି, "ଦେଖୁଛୁରେ କୁସୁନି, ଚାକୁଣ୍ଡାଗଛରେ କିମିତି ମୂଳରୁ ଅଗଯାଏ ଫୁଲସବୁ ଭର୍ତ୍ତି ହୋଇ ଯାଇଛି, ଚାକୁଣ୍ଡା ଦେହରୁ କିମିତି ଆସୁଛି ଚନ୍ଦନର ବାସ୍ନା ! ଆରେ ଇଏ ତ ଦାରୁବ୍ରହ୍ମରେ କୁସୁନି। ମୁଁ କି ପାପ କଲି !" (୭୩)

ତେବେ କୁହୁକ ବାସ୍ତବତାବାଦର ପ୍ରାଞ୍ଜଳ ପ୍ରୟୋଗ ଗୌରହରିଙ୍କ 'ମୁକୁଳିବାର ମୁହୂର୍ତ୍ତ' ଗଳ୍ପରେ ଦେଖିବାକୁ ମିଳେ। ଏହି ଗଳ୍ପଟି 'କାଦମ୍ବିନୀ' ପତ୍ରିକାର ୨୦୨୦ ପୂଜା ବିଶେଷାଙ୍କରେ ପ୍ରକାଶିତ ହୋଇଥିଲା। ଗଳ୍ପଟିରେ ଉପେକ୍ଷିତ ଜଣେ ବାପା ଏବଂ ଆଉ ଗୋଟିଏ ଗାଁର ମାଆ ଗୋଟେ ଜଙ୍ଗଲକୁ ଚାଲିଯାଇଛନ୍ତି। ନିଜ ପୁଅର ଉପେକ୍ଷା ଯୋଗୁଁ ବାପା ସତ୍ୟାନନ୍ଦ ମହାନ୍ତି ନିଜକୁ ନିଜେ ଶ୍ରାଦ୍ଧ ହୋଇପଡ଼ିଛନ୍ତି। 'ଜୀବିତ ଶ୍ରାଦ୍ଧ' ଭାବବସ୍ତୁକୁ ନେଇ ଓଡ଼ିଆ ସାହିତ୍ୟରେ ବେଶି ଗଳ୍ପ ନ ଥିବାବେଳେ ଗାଳ୍ପିକ ଗୌରହରି ତାଙ୍କର 'ମୁକୁଳିବାର ମୁହୂର୍ତ୍ତ'ରେ ସେଇ ବ୍ୟବସ୍ଥାର ବିଶଦ ବିବରଣୀ ଦେଇଛନ୍ତି। ଏହି ବ୍ୟବସ୍ଥାର ନିୟମ ଅନୁସାରେ ଯେଉଁ ଲୋକ ବଞ୍ଚି ଥାଉ ଥାଉ ନିଜକୁ ଶ୍ରାଦ୍ଧ ଦେବ ସିଏ ଆଉ ତା'ର ନିଜ ଗାଁ କିମ୍ବା ଘରେ ରହିପାରିବ ନାହିଁ। ତାକୁ ବାର ଗାଁ ଅତିକ୍ରମ କରି ଦୂରକୁ ଚାଲିଯିବାକୁ ପଡ଼ିବ। ସତ୍ୟାନନ୍ଦ ମହାନ୍ତି ଗାଁ ଛାଡ଼ି ଜଙ୍ଗଲକୁ ଚାଲି ଯାଇଛନ୍ତି। ନିଜ ବିଚାରରେ ସେ ମରିଯାଇଥିଲେ ସୁଦ୍ଧା ସରକାରଙ୍କ ଭୋଟର ତାଲିକାରେ ସିଏ ବଞ୍ଚିଥିବାରୁ ଗ୍ରାମବାସୀ କେତେଜଣ ତାଙ୍କ ସନ୍ଧାନରେ ବାହାରିପଡ଼ନ୍ତି। ସେମାନେ ଯାଇ ଦେଖନ୍ତି ବିଚିତ୍ର ଅବସ୍ଥା। ଗାଳ୍ପିକ ଗୌରହରିଙ୍କ ଭାଷାରେ, "ଚଇତ୍ରର ଚଇତାଳି ପିଠିରେ ବସି ମହୁଲ ଫୁଲର ବାସ୍ନା ଚାରିଆଡ଼େ ଘୂରି ବୁଲୁଥିଲା। ଉଜ୍ଜ୍ୱଳ ଜହ୍ନକିରଣ ବିଞ୍ଚି ହୋଇଥିଲା ପାହାଡ଼ର ସେଇ ଅରାକ ଜାଗା ଉପରେ। ଦୂର ଶିମିଳି ଗଛ ସେପଟୁ କୋଇଲିର ଉଚ୍ଚାଟ କୁହୁତାନ ଦୂରରୁ ଦୂରକୁ ଭାସିଯାଉଥିଲା। ସେଇ ଜାଗାର ଠିକ୍ ତଳେ ଛୋଟ ଝରଣାଟିଏ। ଝରଣାକୂଳ ପଥର ଚଟାଣରେ ଅସାଡ଼ ହେଲା ପରି ଯାହାର ମୁକୁଳା ଲମ୍ବା ବାଳତକ ଝରଣାର ପାଣିଧାର ପରି ଚାରିଆଡ଼କୁ ଖେଳେଇ ପଡ଼ିଲା ସେ ଥିଲା ହୃଷ୍ଟପୁଷ୍ଟ ଶରୀରର ବିରାଟ ନାରୀଟିଏ। ସେ ନିଜେ ବାଁ କଡ଼ ମାଡ଼ି ଶୋଇଥିଲା ଓ ତା' ଡାହାଣ ଥନରୁ କ୍ଷୀର ଝରୁଥିଲା। ସେଇ କ୍ଷୀରଟୋପା ସାଙ୍ଗରେ ପାଖରେ ବସିଥିବା ବୁଢ଼ା ସତ୍ୟାନନ୍ଦ ଆଖିର ଲୁହ ଯେମିତି ମିଶିଯାଉଥିଲା ସେମିତି ସାଙ୍ଗେ ସାଙ୍ଗେ ତାହା ଗୋଟେ ଗୋଟେ ମଲ୍ଲୀଫୁଲ ପାଲଟି ଯାଉଥିଲା। ମଧୁପୁର ଗାଁର ଲୋକମାନେ ଆଶ୍ଚର୍ଯ୍ୟ ହୋଇ ଏ ଦୃଶ୍ୟ ଦେଖୁଥିଲେ। ଇଏ ସତ ନା ମାୟା ?

ବୃନ୍ଦାବନ କହିଲା, "ଆରେ ଦେଖୁଛ କଣ ? ହରିବୋଲ ପକାଅ। ଶଙ୍ଖ ବଜାଅ। ଝାଞ୍ଜ, ମୃଦଙ୍ଗ ବଜାଅ। ଇଏ ସାମାନ୍ୟ ଦୃଶ୍ୟ ନୁହେଁ। ଇଏ ଶିବ ପାର୍ବତୀ ମେଳଣ। ସତ୍ୟାନନ୍ଦ ଶିବ ପାଲଟି ଯାଇଛନ୍ତି। ସେ ଆଉ ଆମ ପରି ରକ୍ତ ମାଂସର ମଣିଷ ହୋଇ ନାହାନ୍ତିରେ ବାବୁ, ନାହାନ୍ତି, ପାଷାଣ ପାଲଟି ଯାଇଛନ୍ତି।" (୭୪)

ବୌଦ୍ଧଯୁଗୀୟ କଥାବସ୍ତୁ ଆଧାରିତ ଗଳ୍ପ:

ଗୌରହରି ବୌଦ୍ଧ ଦର୍ଶନର ଅନୁରାଗୀ। ତାଙ୍କର 'ଜୀବନର ଜଳଛବି'ର ମୁଖ୍ୟ ଚରିତ୍ରର ନାମ ସିଦ୍ଧାର୍ଥ ଯାହା ବୁଦ୍ଧଙ୍କର ନାମ। ଗୌତମ ବୁଦ୍ଧଙ୍କ ସମୟର କଥାବସ୍ତୁକୁ ନେଇ ସେ ଲେଖିଥିବା ଗଳ୍ପ ମଧ୍ୟରୁ 'ପୂର୍ଣ୍ଣିମାର ପ୍ରତିଶ୍ରୁତି' ଏବଂ 'ଅଧିମୋକ୍ଷ' ଦୁଇଟି ଅତି ଗୁରୁତ୍ୱପୂର୍ଣ୍ଣ ଗଳ୍ପ। ପୂର୍ବରୁ ସୁରେନ୍ଦ୍ର ମହାନ୍ତି ଏହି ବିଷୟକୁ ନେଇ ଲେଖିଥିବା ବିଖ୍ୟାତ ଗଳ୍ପ 'ସାରୀପୁତ୍ତ'ରେ ଦର୍ଶାଇଥିଲେ ଯେ ସାରୀପୁତ୍ତ ଥିଲେ ଜଣେ ଶୂଦ୍ର। ମାତ୍ର ଗୌରହରି ତାଙ୍କ ଗଳ୍ପରେ ଉଲ୍ଲେଖ କରିଛନ୍ତି ଯେ ସାରୀପୁତ୍ତ ବାସ୍ତବରେ ଥିବା ବୁଦ୍ଧଙ୍କର ଆଦ୍ୟ ବ୍ରାହ୍ମଣ ଶିଷ୍ୟମାନଙ୍କ ମଧ୍ୟରେ ଅନ୍ୟତମ। ଅନୁରୂପ ଭାବରେ, ଗୌତମ ବୁଦ୍ଧଙ୍କୁ ତାଙ୍କ ଇଚ୍ଛା ବିରୋଧରେ ବିବାହ କରାଇ ଦିଆଯାଇଥିବା ନେଇ ଯେଉଁ ଧାରଣା ରହି ଆସିଛି ତାହାର ମଧ୍ୟ ବିରୋଧ କରିଛନ୍ତି ଗାଳ୍ପିକ ଗୌରହରି। ଏହି 'ପୂର୍ଣ୍ଣିମାର ପ୍ରତିଶ୍ରୁତି' ଗଳ୍ପରେ ସେ ଦର୍ଶାଇଛନ୍ତି ଯେ ବାସ୍ତବରେ ଗୌତମ ଅନ୍ୟ ରାଜକୁମାରମାନଙ୍କୁ ଅସ୍ତ୍ର ପ୍ରତିଯୋଗିତାରେ ପରାସ୍ତ କରି ଯଶୋଧାରାଙ୍କ ପାଣିଗ୍ରହଣର ଯୋଗ୍ୟତା ଅର୍ଜନ କରିଥିଲେ। 'ପୂର୍ଣ୍ଣିମାର ପ୍ରତିଶ୍ରୁତି'ର ମୁଖ୍ୟ ଚରିତ୍ର ଯଶୋଧାରା ହୋଇଥିବା ବେଳେ 'ଅଧିମୋକ୍ଷ' ('ସମ୍ବାଦ' ବାର୍ଷିକ ବିଶେଷାଙ୍କ ୨୦୨୦)ର ମୁଖ୍ୟ ଚରିତ୍ର ଶୁଦ୍ଧୋଦନ, ଗୌତମ ବୁଦ୍ଧଙ୍କର ପିତା। ଏହି ଗଳ୍ପଟି ଓଡ଼ିଆ ସାହିତ୍ୟରେ ଏକ ଗୁରୁତ୍ୱପୂର୍ଣ୍ଣ ଗଳ୍ପ ଭାବେ ପରିଗଣିତ ହେବ। ଏଥିରେ ଗାଳ୍ପିକ ଗୌରହରି ଯଶୋଧାରା-ଗୌତମ ସଂପର୍କର ଚମତ୍କାର ବର୍ଣ୍ଣନା ଦେବା ସହ ପିତା ଶୁଦ୍ଧୋଦନଙ୍କ ଅସହାୟତା ବର୍ଣ୍ଣନା କରିଛନ୍ତି। ଗୌତମ ସନ୍ନ୍ୟାସ ଗ୍ରହଣ କରିବା ପରେ ପରେ ଯଶୋଧାରା, ଗୋପା ଏପରିକି ତାଙ୍କ ପୁତ୍ର ରାହୁଳ ଜଣକ ପରେ ଜଣେ ସନ୍ନ୍ୟାସ ଗ୍ରହଣ କରିଥିଲେ ସୁଦ୍ଧା ଏକାକୀ ଶୁଦ୍ଧୋଦନ କପିଳବାସ୍ତୁ ରାଜପ୍ରାସାଦରେ ଅଟକି ରହିଥିଲେ। ଯେଉଁ ବୃଦ୍ଧଙ୍କର ଜଣକ ପରେ ଜଣେ ସଂପର୍କୀୟ ତାଙ୍କୁ ତ୍ୟାଗ କରି ଘରୁ ଚାଲିଯାଉଥିବେ, ସେ ବୃଦ୍ଧ କିଭଳି ବିଫଳ ଓ ବିକଳ ମନୋଭୂମି ନେଇ ଜୀବନ ଧାରଣ କରିଥିବେ ତାହା ହିଁ 'ଅଧିମୋକ୍ଷ' ଗଳ୍ପର କଥାବସ୍ତୁ। 'ଅଧିମୋକ୍ଷ' ଶବ୍ଦର ଅର୍ଥ 'ଦୃଢ଼ ସଂକଳ୍ପ' ଯାହା ଶୁଦ୍ଧୋଦନଙ୍କ ଚରିତ୍ର ମାଧ୍ୟମରେ ଗାଳ୍ପିକ ଗୌରହରି ବର୍ଣ୍ଣନା କରିଛନ୍ତି। ଗୌରହରିଙ୍କ ଶବ୍ଦରେ "ଶୁଦ୍ଧୋଦନ କହିଲେ, 'ଯାଅ ଗୌତମ ବୁଦ୍ଧ, ପରମ କାରୁଣିକ, ସଭିଙ୍କୁ ସାଙ୍ଗରେ ନେଇ ଚାଲିଯାଅ,

ଶୁଦ୍ଧୋଦନର ଚିନ୍ତା ନାହିଁ। ଶୁଦ୍ଧୋଦନ ଗୋଟେ ବୃଦ୍ଧ ପିପ୍ପଳ ବୃକ୍ଷ। ତା ଶାଖାରୁ ପତ୍ର ଝଡ଼ିଯିବା ପରେ ପକ୍ଷୀମାନେ ମଧ୍ୟ ଉଡ଼ି ଚାଲିଯିବେ, ମାତ୍ର ବୃକ୍ଷ କେଉଁ ଆଡ଼କୁ ଘୁଞ୍ଚି ଯାଇପାରିବ ନାହିଁ। ସେ ଏଇଠି ଥାଇ ଅପେକ୍ଷା କରିବ, କାଳେ ଦିନେ ପୁଣି ଫେରି ଆସିବେ ସେ ପକ୍ଷୀକୁଳ।" (୭୫)

ମିଥ୍ ନିର୍ମାଣ:

ଗୌରହରିଙ୍କ ଗଳ୍ପଶୈଳୀର ଏକ ବୈଶିଷ୍ଟ୍ୟ ହେଲା ବିଶ୍ୱସନୀୟତାର ପ୍ରତିଷ୍ଠା। ତାଙ୍କ ମତ ହେଲା, "ଗପ ପଢ଼ିଲା ବେଳେ ଯଦି ତାହା ଗପ ପରି ଲାଗେ ତାହାହେଲେ ଗପ ମରିଯାଏ, ତାହା ସତ ପରି ଲାଗୁଥିବା ଯାଏ ଗପ ବଞ୍ଚିଥାଏ।" ଗୌରହରିଙ୍କ ଗଳ୍ପ 'ସାହା ଭରସା'ରେ ସେ ଏହିପରି ଏକ ମିଥ୍ ନିର୍ମାଣ କରିଛନ୍ତି। ତାଙ୍କରି ବର୍ଣ୍ଣନାରେ, "ମହାଦେବଗଡ଼ା ପୁରୁଣା ଗାଁ। କାହିଁ କେତେ ଯୁଗ ତଳେ ଏଇ ମନ୍ତେଇ ସେପଟ ମୁଣ୍ଡିଆ ଉପରେ ଶିବ-ପାର୍ବତୀ ବିଜେ ହେଉଥିଲେ ଜାଗର ଅମାବାସ୍ୟା ରାତିରେ। ସେଦିନ ତାଙ୍କ ପାଖକୁ ଇନ୍ଦ୍ରରାଜାଠୁଁ ନେଇ ବରୁଣ, କୁବେର ଏପରିକି ନିଜେ ଲକ୍ଷ୍ମୀ ନାରାୟଣ ଆସୁଥିଲେ ଖଣ୍ଡମଣ୍ଡଳର ବାର୍ତ୍ତା ଦେବା ପାଇଁ। ମୁଣ୍ଡିଆ ଉପରେ କୋଉ କାଳର ବିରାଟ ଶିବଲିଙ୍ଗ। କନିକା ରାଜା ସେଇଠି ମନ୍ଦିରଟିଏ ତୋଳି ଦେଇଥିଲେ ଦେଢ଼ଶହ ବର୍ଷ ତଳେ।" (୭୬) ବାସ୍ତବରେ ଏପରି କୌଣସି ମନ୍ଦିର ମନ୍ତେଇ ନଈ କୂଳରେ କୋଉଠି ନାହିଁ କିମ୍ବା କନିକାର ରାଜା ସେପରି ମନ୍ଦିର ତୋଳେଇ ନ ଥିଲେ। ଏହା ଗୌରହରିଙ୍କର ଏକ ମିଥ୍ ନିର୍ମାଣ।

ତଥ୍ୟାଶ୍ରିତ ଗଳ୍ପ:

କଳ୍ପନା, କୁହୁକ ବାସ୍ତବତା, ପୁରାଣ ଏବଂ ଇତିହାସକୁ ନେଇ ଗଳ୍ପ ଲେଖିଥିବା ଗୌରହରି ମଧ୍ୟ 'ମୁଁ ତ ଯାଉଛି' ପରି ଗଳ୍ପ ରଚନା କରିଛନ୍ତି ଯାହା ସଂପୂର୍ଣ୍ଣ ତଥ୍ୟାଶ୍ରିତ। ଏହାକୁ 'ଫ୍ୟାକ୍ସନ୍' ବୋଲି ସମାଲୋଚକମାନେ କହୁଛନ୍ତି। ଯେଉଁଠି ଫ୍ୟାକ୍ଟକୁ ବା ତଥ୍ୟକୁ ଫିକ୍ସନ୍ ବା କଳ୍ପନାର କାହାଣୀ ଭାବରେ ଲେଖାଯାଏ ତାହାକୁ 'ଫ୍ୟାକ୍ସନ୍' ବୋଲି କୁହାଯାଇଥାଏ। ୧୯୪୨ର ଭାରତଛାଡ଼ ଆନ୍ଦୋଳନ ସମୟରେ କୋରାପୁଟ ଜିଲ୍ଲାର ସ୍ୱାଧୀନତା ସଂଗ୍ରାମୀ ଲକ୍ଷ୍ମଣ ନାୟକ ଆନ୍ଦୋଳନରେ ଭାଗ ନେଇ ଗିରଫ ହୋଇଥିଲେ। ପରେ ତାଙ୍କୁ ହତ୍ୟା ଅପରାଧରେ ଅଭିଯୁକ୍ତ କରାଯାଇ ବ୍ରହ୍ମପୁର ଜେଲ୍‌ରେ ଫାଶୀ ଦିଆଯାଇଥିଲା। ଏହି ଘଟଣାକୁ ଆଧାର କରି ଗୌରହରି 'ମୁଁ ତ ଯାଉଛି' ଗଳ୍ପ ରଚନା କରିଛନ୍ତି ଯାହା ତଥ୍ୟଭିତ୍ତିକ। (୭୭)

କଥାକାର ଗୌରହରିଙ୍କ ଚେତନାବିଷ୍ଟ କଥାକାରିତାର ପ୍ରମୁଖ ଉତ୍ସ ହେଉଛି ତାଙ୍କର ଅତୀତ ପ୍ରତି ଆଦରପୂର୍ଣ୍ଣ ମାନସିକତା (Nostalgia)। ଅତୀତଆମୁଖ

ଦୃଷ୍ଟିକୋଣ ସଂପର୍କରେ ଅକ୍ସଫୋର୍ଡ ଶବ୍ଦକୋଷଙ୍କ ମନ୍ତବ୍ୟ ସ୍ମରଣୀୟ – 'Indeed, nostalgia - "a sad feeling mixed with pleasure when you think of happy times in the past; as the oxford Learner's Dictionary defines it has been a powerful tool used across the political spectrum for mobilising the masses, through its importance seen as to grow as one moves towards the right, From Donald Trump's 'Make America Great Again' to Erdogan's invocation of the Ottoman empire, the politics of nostalgia revolves around claims to resurrect the greatness of a pass era in the present. It usually involves privileging one version of the past over others - and that's linked to which groups are being mobilised in particular.' (୭୮) ଅତୀତ ପ୍ରତି ଅହେତୁକ ଅନୁରାଗରୁ ଉଦ୍ଗାରିତ ଉଦାସପଣ ଗୌରହରିଙ୍କ କଥାକାରିତାକୁ ଦେଇଚି ନୂତନ ଚମକ । କାରଣ ଏଥିରେ ଅତୀତର ଭଲ କଥା ଭବିଷ୍ୟତରେ ଫେରି ଆସିବାର ସମ୍ଭାବନା ମଧ୍ୟ ସେ ଦେଖିଛନ୍ତି । ତାଙ୍କ ଦୃଷ୍ଟିରେ 'ନଷ୍ଟାଲ୍‌ଜିଆ' କେବଳ ଅତୀତସର୍ବସ୍ୱ ନୁହେଁ, ବରଂ ଭବିଷ୍ୟତ ପାଇଁ ଅତୀତ ନିର୍ମାଣ କରିଥିବା ଏକ ନକ୍‌ସା । ଘଟଣାକ୍ରମର ତିକ୍ତ-ମଧୁର ସ୍ମୃତିମାନ ତାଙ୍କ ଲେଖନୀକୁ କରିଛି ସକ୍ରିୟ । କିଛି ନିପାରିଲାପଣ ଓ ଅସହାୟତାବୋଧକୁ ନେଇ କଥାକାରଙ୍କ କ୍ଷୁବ୍ଧ-ଆକ୍ରୋଶ ଗଳ୍ପର ଚରିତ୍ରମାନଙ୍କ ସାଞ୍ଜୁ ପାଲଟିଛି । ଅତୀତ ପାଇଁ ଲାଳାୟିତ-ଗୃହବିରହୀ ଗୌରହରି ସର୍ବଦା ଜନ୍ମମାଟିର କୋଳକୁ ଫେରି ଆସିବାର ପ୍ରୟାସ କରିଛନ୍ତି । ଯାହା ପ୍ରତ୍ୟକ୍ଷ ଭାବରେ ସେ କରିପାରିନାହାନ୍ତି ତାହା ତାଙ୍କ ଭାବାଲୋକର ସୁଗୁମ୍ଫିତ କାହାଣୀର ଚରିତ୍ରମାନଙ୍କ ଦ୍ୱାରା ସେ କରାଇଛନ୍ତି । ଯେଉଁ ଗଳ୍ପର ଚରିତ୍ରମାନଙ୍କ ସହ ସେ ଏକୀଭୂତ ହୋଇଛନ୍ତି ସେଗୁଡ଼ିକ ମଧ୍ୟରେ ରହିଛି–

'ଘର': ଏହା ଗାଳ୍ପିକଙ୍କ ନିଜ ଜୀବନର କଥା । ତତ୍‌ସହିତ ତାଙ୍କ ବାପାଙ୍କର ଅନୁଭବ ମଧ୍ୟ ଏଥିରେ ଏକୀଭୂତ ହୋଇଛି ।

'ଛୁଆ ବାଆଜି': ଏହା ଗାଳ୍ପିକଙ୍କ ନିଜର କଥା । ଆଠ ବର୍ଷ ବୟସରେ ତାଙ୍କୁ ଭଦ୍ରକ ଜିଲ୍ଲା ଘଟପୁର ମଠରେ ବାଆଜି କରିଦିଆଯାଇଥିଲା ।

'ଅହଲ୍ୟାର ବାହାଘର' : ଏହା ମଧ୍ୟ କଥାକାରଙ୍କ ପରିଚିତ ପରିବେଶର କଥାବସ୍ତୁଟିଏ ।

'ବାଘ' ଗଳ୍ପର ମୁଖ୍ୟ ଚରିତ୍ର ଭିତରେ ସେ ନିଜକୁ ଖୋଜିପାରିଥିବା କଥା ଅନେକତ୍ର ସ୍ୱୀକାର କରିଛନ୍ତି । 'ଛୁଆ ବାଆଜି'ର ଟୁଟୁଲ୍, 'ପାପ' ଗଳ୍ପରେ ଭୋଜି କରିବାକୁ ଆଗ୍ରହୀ

କିଶୋର, 'ହସ୍ତାକ୍ଷର' ଗଳ୍ପର ପ୍ରଧାନଶିକ୍ଷକ, 'କାଚ କଣ୍ଢେଇ'ର କିଶୋର ଚରିତ୍ରରେ ସେ ସ୍ୱୟଂ ସଂଯୁକ୍ତ।

ଅତୀତଆମୁଖ ଗୌରହରି ଦାସଙ୍କ ଗଳ୍ପରେ ରହିଛି ଭଦ୍ରକ ଜିଲ୍ଲାର ପ୍ରାନ୍ତୀୟ ପାଟପୁର, (ଘଟପୁର), ଷଣ୍ଢଗଡ଼ା, ମନ୍ତେଇ, ବଣିଆ ସାହି, ଅର୍ଜୁନ ବାଆଜି ପୋଖରୀ ଏବଂ ଅନେକ ଚର୍ଚ୍ଚିତ ସ୍ଥାନ।

ନିଜ ଗଳ୍ପ ମାଧ୍ୟମରେ ନାରୀସଶକ୍ତିର ଆହ୍ୱାନ ଦେଇଥିବା କଥାକାର ଗୌରହରି ଦାସ ନିଜ ଭିତରେ ନାରୀର ଆବେଗିକ ଚେତନାକୁ ଅନୁଭବ କରନ୍ତି। ଗୌରହରି ଠାଏ ଲେଖିଛନ୍ତି ତାଙ୍କ ଗଳ୍ପରେ ବାରମ୍ବାର ବର୍ଣ୍ଣିତ ପାଟପୁର ଗାଁ ବାସ୍ତବରେ ତାଙ୍କ ନିଜର ଗ୍ରାମ ଷଣ୍ଢଗଡ଼ା ଓ ସେ ପାଠ ପଢ଼ିଥିବା ଘଟପୁର ଗାଁର ମିଶ୍ରିତ ଏକ କାଳ୍ପନିକ ଭୂଗୋଳ। (୭୯) ଗାଳ୍ପିକ ଗୌରହରି ଦାସ ତାଙ୍କର 'ଆଉ କିଛି କଥା' ପ୍ରବନ୍ଧ-ବକ୍ତୃତା ସଂକଳନରେ 'ସାୟନ୍ତନୀ' ଦେଇଥିଲା ଆତ୍ମବିଶ୍ୱାସ' ଶୀର୍ଷକ ପ୍ରବନ୍ଧରେ ଲେଖିଛନ୍ତି ଯେ "ଘଟପୁର ପାଖରେ ନଈ ନାହିଁ, ପିଚୁରାସ୍ତା ଅଛି, ମାତ୍ର ଷଣ୍ଢଗଡ଼ା ପାଖରେ ମନ୍ତେଇ ନଈ ଅଛି କିନ୍ତୁ ପିଚୁ ରାସ୍ତା ନାହିଁ। ମୋ ଗଳ୍ପରାଜ୍ୟ ପାଟପୁର ଗାଁର ଏପଟେ ନଈ, ସେପଟେ ପିଚୁ ରାସ୍ତା। କେହି ଯଦି କେବେ ମୋ ଗପ ସଂପର୍କରେ ଅଧିକ ଜାଣିବାକୁ ଚାହିଁବେ ସିଏ ଏଇ ଦିଇଟା ଗାଁ ବୁଲିଆସିଲେ ମୋ ଗପର ପ୍ରେକ୍ଷାପଟ (କ୍ୟାନ୍‌ଭାସ୍) ଭଲ ଭାବେ ବୁଝି ପାରିବେ। (୮୦) ସେ ସର୍ବଦା ନାରୀ ସମାଜର ପକ୍ଷଧର ସାଜିଛନ୍ତି। ତାଙ୍କ ଗଳ୍ପରେ ନାରୀ ଚରିତ୍ରମାନେ ନିଜ ଗୁରୁତ୍ୱ ବିସ୍ତାର କରିଛନ୍ତି। ଗୀତାଦେଈ, ଉର୍ମିଳା, ଅହଲ୍ୟା, ଚାରୁଲତା, ବନଲତା ପରି ନାରୀମାନେ ନିଜ ନିଜ ଭୂମିକାରେ ଅନନ୍ୟା। ଅପର ପାର୍ଶ୍ୱରେ - ତାନ୍‌ସେନ୍, ମନ୍ମଥ, ନକୁଳ ନାୟକ, ସୁଦାମ ଜେନା, ହରିଶଙ୍କର ଆଦି ଚରିତ୍ର ପୁରୁଷ ସମାଜର ପ୍ରତିନିଧିତ୍ୱ କରିଛନ୍ତି।

ଡକ୍ଟର ପ୍ରତିଭା ରାୟଙ୍କ ମତରେ "ଭଲ ଗଳ୍ପ ହେଉଛି ଏକ 'ଇଙ୍ଗିତ', ଆଙ୍ଗିକ ନୁହେଁ - ଗଳ୍ପର ଆଙ୍ଗିକକୁ ନେଇ ନାନା ପରୀକ୍ଷା ନିରୀକ୍ଷା ଚାଲିଛି, ଅଥଚ ଆଙ୍ଗିକ ଭିତରେ ଇଙ୍ଗିତଟି ଯଦି ଉହ୍ୟ ରହିଯାଏ ତେବେ 'ଆଙ୍ଗିକ' ଯେତେ ଚମତ୍କାର ହେଉନା କାହିଁକି ତାହା ଆଉ ଭଲ ଗଳ୍ପ ଭାବରେ ବିଚାରକୁ ନିଆଯାଇପାରିବ ନାହିଁ। ଆଙ୍ଗିକ ଯଦି ହୁଏ ଗଳ୍ପର ପୋଷାକ, ଇଙ୍ଗିତ ହେଉଛି ଗଳ୍ପର ପ୍ରାଣ, ଆତ୍ମା। ଭଲ ଗଳ୍ପ ହେଉଛି ଏକ 'ଜଳ ଭଉଁରୀ' ଯାହା ପାଠକର ମନ, ଜ୍ଞାନ, ଚୈତନ୍ୟକୁ ଦୃଶ୍ୟରୁ ଅଦୃଶ୍ୟକୁ, ସମତଳରୁ ଅନ୍ତଃସ୍ଥଳକୁ, ଜଡ଼ତାରୁ ଚେତନାର ଗଭୀରତମ ସତ୍ତା ପର୍ଯ୍ୟନ୍ତ ଟାଣିନିଏ।" (୮୧) ଗୌରହରି ଦାସଙ୍କ ଚେତନା ସୁଦୂରବିସ୍ତାରୀ। କେଉଁଠି

ସେ ମଣିଷର ଢମ ବା ଅହଂକାରର ସମାଲୋଚନା (‘ଇଟା’ ଗଳ୍ପରେ) କରିଛନ୍ତି ତ କେଉଁଠି ନୂଆ ଆଇଡିଆ ବା ସରୋଗେସୀ ପରି ପ୍ରସଙ୍ଗକୁ ‘ବ୍ୟର୍ଥ ବସନ୍ତ’ ଓ ‘ଉଧାର ମା’ ଗଳ୍ପରେ ସ୍ଥାନିତ କରିଛନ୍ତି। କର୍ପୋରେଟ୍ ଜଗତର କାୟାବିସ୍ତାରର ବିରୋଧର ‘ଆକାଶ ଦିନେ ନୀଳ ଥିଲା’ ଓ ‘ସୁଦାମ ଜେନା ଗଲା କୁଆଡ଼େ’ ଗଳ୍ପରେ ସେ ସ୍ୱର ଉତ୍ତୋଳନ କରିଛନ୍ତି। ‘ଅହଲ୍ୟାର ବାହାଘର’ଠାରୁ ‘ମୋକ୍ଷ’ର ଚେମି ବାଉରାଣୀ ପର୍ଯ୍ୟନ୍ତ ସକଳ ନାରୀମାନଙ୍କ ଦୁର୍ଭାଗ୍ୟକୁ ସମାଜ ଆଗରେ ଉପସ୍ଥାପିତ କରି ସେମାନଙ୍କୁ ସମାଜର ମୁଖ୍ୟସ୍ରୋତର ଏକ ପ୍ରମୁଖ ଆଧାର ଭାବରେ ପ୍ରତିଷ୍ଠା ଦେବାକୁ ଚାହିଁଛନ୍ତି। ପୁଣି ସିଦ୍ଧାର୍ଥ, ବୁଦ୍ଧ, ଗାନ୍ଧୀଙ୍କ ପ୍ରତି ଅନୁରାଗ ପ୍ରଦର୍ଶନ ପୂର୍ବକ ଜୀବନମୂଲ୍ୟର ଅନ୍ୱେଷା କରିଛନ୍ତି। ବୁଦ୍ଧଙ୍କ ପ୍ରତି ତାଙ୍କର ଐକାନ୍ତିକତାର ସ୍ୱର ‘ଅଧିମୋକ୍ଷ’, ‘ପୂର୍ଣ୍ଣିମାର ପ୍ରତିଶ୍ରୁତି’ ଆଦି ଗଳ୍ପକୁ ଭାବପୂର୍ଣ୍ଣ କରି ତୋଳିଛି। ଏତଦ୍‌ବ୍ୟତୀତ ତାଙ୍କ ଗଳ୍ପରେ ରହିଛି -

- ଦୂରେଇ ଯାଉଥିବା ଗାଁର କମ୍ର-ମଧୁର ଛବି, ଯାହାର ସକାଳ ଆସେ ଲାଜକୁଳୀ ପତ୍ର ଉପରେ ଶିଶିର ଟୋପାର ଶବ୍ଦ ହୋଇ, ଦ୍ୱିପ୍ରହର ଆସେ ଚାଳ ଉପରୁ ଉଠୁଥିବା ରୋଷେଇ ଘରର ଧୂଆଁ ଆଣି, ଡଙ୍କେଇଥିବା କଖାରୁ ଗଛର ସାବ୍‌ଜା ପତ୍ରଙ୍କ ହାତହଲା ଓ ସଞ୍ଜର ଗୋଠଫେରନ୍ତା ଗାଈଙ୍କ ହମ୍ବାରଡ଼ି, ସଞ୍ଜଦୀପ ଓ ମନ୍ଦିରର ଶଙ୍ଖଧ୍ୱନିରେ, ସେ ଗାଁ ହଜିଯାଉଥିବାର ଯନ୍ତ୍ରଣା ତାଙ୍କ ଭିତରେ।
- ନିରାପଦ ପିଲାଦିନ। ମଣିଷକୁ ପିଲାଦିନ ଗଢ଼େ। ଗୋଟେ ଜାତିକୁ ନିରୁପଦ୍ରବ ଶୈଶବ ଦିଅନ୍ତୁ, ସେମାନେ ଦେଶକୁ ନିରାପଦ ଭବିଷ୍ୟତ ଦେବେ।
- ଶିକ୍ଷକମାନଙ୍କ ପ୍ରତି ସ୍ୱୀକୃତି ଓ ସମ୍ମାନ।
- ଦେଶ କଥା ଚିନ୍ତା କରୁଥିବା ଲୋକଙ୍କ ତରଫରୁ ଯୁକ୍ତି। ସେମାନେ ପାଗଳ ନୁହନ୍ତି।
- ଦରିଦ୍ର, ଦଳିତ, ନିରନ୍ନ, ଅସହାୟଙ୍କର ମୁଖପାତ୍ର ସ୍ୱୟଂ ଗାନ୍ଧିଜୀ।
- ରାଜନୈତିକ ଶଠତାର ସେ ଦୃଢ଼ ସମାଲୋଚକ।
- ମଣିଷ ଭିତରେ ଅନ୍ଧାରି ଜଗତର ଚିତ୍ର। (‘କଣ୍ଟା’, ‘ସତ’, ‘ପଦ୍ମତୋଳା’ ଆଦି ଗଳ୍ପରେ)

କଥାକାର ଗୌରହରି ଜଣେ ବିଶିଷ୍ଟ ଶୈଳୀକାର। ସେ ତାଙ୍କର ଗଳ୍ପରେ ଅନେକ ପରୀକ୍ଷା-ନିରୀକ୍ଷା କରିଛନ୍ତି।

୧. ମିଛ ଗଛ - (ଏକ ଆକସ୍ମିକ ଘଟଣା ପୃଷ୍ଠଭୂମିରେ ଏ ଗଳ୍ପ ଲିଖିତ)

୨. ପ୍ରଥମ ପୃଷ୍ଠା - ଏହି ଗପରେ ମୁଖ୍ୟ ଚରିତ୍ର ନାରୀ। ସେ ତା’ ଡାଏରିରେ

ସବୁଦିନ ଲେଖିବସେ। ତାକୁ ପଢ଼ି ତା' ସ୍ୱାମୀ ଭାବେ ଏହାର ଆଉ କାହା ସହ ସଂପର୍କ ଅଛି। ପରେ ବୁଝେ - ତାହା ଭୁଲ୍। ପ୍ରତି ନାରୀ ଭିତରେ, ବାହା ହେବା ଆଗରୁ ତା'ର ସ୍ୱାମୀକୁ ନେଇ ଏକ କାଳ୍ପନିକ ଚେହେରା ଥାଏ। ପରେ ଆସେ ବାସ୍ତବତା। ଏହି ଦୁଇଟା ଭିତରେ ଥିବା ବ୍ୟବଧାନକୁ ଏହି ଗଳ୍ପରେ ଦର୍ଶାଯାଇଛି।

୩. ସେମିତି 'ଭାଙ୍ଗି ପଡୁଥିବା ଭୂଗୋଳ'ର ଟ୍ରେନ୍‌ଟି ଭାରତବର୍ଷର ପ୍ରତୀକ। ବାତାନୁକୂଳିତ ବଗି ଶୀତଳ କାଶ୍ମୀର, ପାଣି ନ ଥିବା ବଗି ଜଳସଙ୍କଟର ସମ୍ମୁଖୀନ ତାମିଲନାଡୁ। ଭାରତରେ ବିଭିନ୍ନ ରାଜ୍ୟର ବିଭିନ୍ନ ସମସ୍ୟା ସବୁକୁ ସେଥିରେ ସାଙ୍କେତିକ ଭାବେ ଦର୍ଶାଯାଇଛି।

୪. ଶିଶୁ ଜୀବନ ପ୍ରତି ଆକର୍ଷଣ (କାଗଜଡଙ୍ଗା) ରହିଛି।

ଇତିହାସ ପରମ୍ପରାର ଚିତ୍ର ରହିଛି 'ଆଖଡ଼ା ଘର', 'ପିପୀଲିକା', ଗ୍ରାମ୍ୟଜୀବନ ଚିତ୍ର ରହିଛି 'ବିଷଚକ୍ର', 'ନୂଆ ଠିକଣା', ଯୁବସମାଜର ସମସ୍ୟାର ଚିତ୍ର ରହିଛି 'କ୍ଳୀବ', ଅତୀତ ଆମୁଖତା ବା ନଷ୍ଟାଲଜିଆର ଚିତ୍ର 'ଚଉଧୁରୀ ପୋଖରୀ', ଦୁର୍ନୀତିଗ୍ରସ୍ତ ସୁବିଧାବାଦର ଚିତ୍ର ରହିଛି 'ଚଷମା' ଓ 'ଶେଷ ବାଜି'ରେ, ଭ୍ରଷ୍ଟ ରାଜନୀତି, ପ୍ରଶାସନିକ ହିଂସ୍ରତାର ରୂପ ରହିଛି 'ଚିଡ଼ିଆଖାନା', ବସ୍ତୁବାଦୀ ସଂଘର୍ଷର ଚିତ୍ର ରହିଛି 'ଅଧିକାର'ରେ, ଦାଦନ ଶ୍ରମିକର ସମସ୍ୟା ରହିଛି 'ଜୀବନ-ମରଣ' ଗଳ୍ପରେ।

କାବ୍ୟ ଭାଷା: କଥାକାର ଗୌରହରିଙ୍କ ଚିତ୍ତବୃତ୍ତିରେ ରସାତ୍ମକ ଅଭିବ୍ୟକ୍ତି ହେଉଛି ତାଙ୍କ କାବ୍ୟ ଭାଷା; ଯେଉଁଥିରେ କଳ୍ପନା ଏବଂ ମନୋବେଗର ସୁନ୍ଦର ସମନ୍ୱୟ ରହିଛି। ତାଙ୍କ ଗଳ୍ପର ଶବ୍ଦ, ରଙ୍ଗ, ରେଖାକୁ ସେ ଅତ୍ୟନ୍ତ କାବ୍ୟିକ କରି ଗଢ଼ି ତୋଳିଛନ୍ତି। 'ଅର୍ଥ ରମଣୀୟତା' ତାଙ୍କ କଥାକାରିତାର କଳାତ୍ମକତାକୁ ସ୍ୱତନ୍ତ୍ର ଭାବରେ ପ୍ରତିଷ୍ଠା ଦେଇଛି। କିଛି ଦୃଷ୍ଟାନ୍ତ ଏଠାରେ ଉଲ୍ଲେଖଯୋଗ୍ୟ:

- ଫଗୁଣର ଏହି ସଞ୍ଜରେ ରତିକ୍ଳାନ୍ତା ରମଣୀ ପରି ଘୁମେଇ ପଡ଼ିଛି ଟିକେ ସହରଟି। ଗବାକ୍ଷ ଫାଙ୍କ ଦେଇ ଭାସି ଆସୁଛି ସେଇ ବଂଶୀର ସ୍ୱର। କରୁଣ, ମର୍ମସ୍ପର୍ଶୀ ତା'ର ରାଗିଣୀ (କଥା ସମଗ୍ର - ପ୍ରଥମ ଭାଗ - ବଂଶୀର ବିଳାପ - ପୃ: ୩୩)
- ନୀଳ ଆକାଶରେ ସପ୍ତମୀ ଚାନ୍ଦର ଖିଲିଖିଲି ହସ। ଝାଉଁ ବନାନୀର ମର୍ମର ଶବ୍ଦ ସାଙ୍ଗକୁ ଝରଣାର ଦୁର୍ବୋଧ୍ୟ ସଂଗୀତର ମୂର୍ଚ୍ଛନା ପାହାଡ଼ ପାଦଦେଶରେ ଏଇ ଟିକି ପ୍ରକୋଷ୍ଟଟିର ଅଳିନ୍ଦ ନିଳୟରେ ପ୍ରତିଧ୍ୱନିତ ହୋଇ ଉଠୁଥିଲା। ଦୂର ଆକାଶରେ ନୀଡ଼ ବାହୁଡ଼ା ପକ୍ଷୀ ଦମ୍ପତିଙ୍କର ଚିତ୍ର ଧୂମାୟିତ ସନ୍ଧ୍ୟା ଆକାଶରେ ବେଶ୍ ଦିଶୁଥିଲା ସୁନ୍ଦର ଓ ମନୋହର।

- ଗୋଧୂଳି ଆକାଶ କୋଳରେ ବନ୍ଧ୍ୟା ବାଦଲଗୁଡ଼ିକର ଶୋଭାଯାତ୍ରା। (ଜୁଆର ଭଟ୍ଟା - ପୃ: ୫୩)
- ପଉଷ ସନ୍ଧ୍ୟାର ଆକାଶରେ ସଂଜୁଆ ତାରା ଚିକ୍‌ଚିକ୍ କରୁଥିଲା। (ମାଟି କଣ୍ଢେଇ - ପୃ: ୧୭)
- ଘରର ଆଲୋକିତ କାନ୍ଥ ଦିଶୁଥିଲା ଅନୁତାପର ରଙ୍ଗ ପରି ମଳିନ ଓ ନିଷ୍ପ୍ରଭ। (ଅଣଲେଉଟା ଓ ଅନ୍ୟାନ୍ୟ ଗଳ୍ପ - ପୃ:୮୩)
- ମେଘମୁକ୍ତ ଉଜ୍ଜ୍ୱଳ ଆକାଶର ପିଠିରେ ଗୁଡ଼ିଟିର ଉଡ଼ାଣ ଦିଶୁଥିଲା ଚମତ୍କାର। (ମାଟି କଣ୍ଢେଇ - ଗୁଡ଼ି - ପୃ:୩୨)
- ଆକାଶରେ ଜହ୍ନଟା ଢେର୍ କାଳ ଘୂରାଘୂରି କରିବା ପରେ ହାଲିଆ ଶିଶୁଟେ ପରି ଖଣ୍ଡିଏ ମେଘ କୋଳରେ ମୁହଁ ଗୁଞ୍ଜି ଦେଇଥିଲା। (ମାଟି କଣ୍ଢେଇ - ପୃ:୪୭)
- ନୂଆନଈ ଆଡ଼ିରେ କେତକୀ ଫୁଲ। ଶରତର କାଶତଣ୍ଡୀ ନୂଆନଈ ପଠାରେ ନିତ୍ୟରାସର ମାୟା ସୃଷ୍ଟି କରେ। କୁମାର ପୂର୍ଣ୍ଣିମା ରାତିରେ ତଳବନ୍ଧ ଦିଶେ ମାୟାଚ୍ଛନ୍ନ ଏକ ସୁନୀଳ ଉପତ୍ୟକା ପରି। ଉପରେ ମେଘମୁକ୍ତ ଆକାଶ, ମାଟି ଉପରେ ଅସରନ୍ତି ଧାନକ୍ଷେତ, ମଝିରେ କାଶତଣ୍ଡୀ ଓ କିଆଫୁଲର ବାସ୍ନା। (କଥା ସମଗ୍ର - ଦ୍ୱିତୀୟ ଭାଗ - ପୃ:୫୨୭)
- ରାସ୍ତାର ଦୁଇ ଧାରରେ ପଳାଶ ଗଛର ଫୁଲଭର୍ତ୍ତି ଶାଖା। ଚାରିଆଡ଼ ଫୁଲମୟ। ମଝିରେ ବଉଳ ଭର୍ତ୍ତି ବଡ଼ ବଡ଼ ଆମ୍ବଗଛ। ଠାଏ ଠାଏ ଶିମିଳି ଆଉ କରଞ୍ଜ। ଲାଲ୍ ଆଉ ସବୁଜ ରଙ୍ଗର ପତ୍ରଫୁଲ ଦେଖି ଲାଗୁଥିଲା କେହି ଯେମିତି ରାସ୍ତା ଦି ଧାରକୁ ରଙ୍ଗିନ କାଗଜ ଫୁଲରେ ସଜାଇ ଦେଇଛି। (କଥା ସମଗ୍ର - ଦ୍ୱିତୀୟ ଭାଗ - ପୃ:୫୫୪)
- ମେଘପଖଳା ଆଷାଢ଼ ଆକାଶ ତଳେ ଘନ ଅରଣ୍ୟ ବେଷ୍ଟିତ ବରୁଣେଇ ପାହାଡ଼। (କଥା ସମଗ୍ର - ଦ୍ୱିତୀୟ ଭାଗ - ପୃ:୮୨୫)
- ଗଙ୍ଗଶିଉଳି ଗଛ ତଳେ ଅଜାଡ଼ି ପଡ଼ିଥିଲା ଗତ ରାତିର ରାଶି ରାଶି ମଉଳା ଫୁଲ। (କଥା ସମଗ୍ର - ତୃତୀୟ ଭାଗ - ପୃ:୧୭୧)

ଗାଳ୍ପିକ ଗୌରହରି ଦାସଙ୍କ ସାମଗ୍ରିକ ଜୀବନ ହିଁ ଗଳ୍ପର ଏକ ବିସ୍ତାରିତ ଓଏସିସ୍। ଅନୁଭୂତିର ଶରଶଯ୍ୟା ଉପରେ ତାଙ୍କ ଅଙ୍ଗୀକାରର ଭୀଷ୍ମପ୍ରତିଜ୍ଞା ତାଙ୍କୁ ଦେଇଛି ପ୍ରତିଷ୍ଠା ଓ ସମ୍ମାନ। ସେ ବୁଝନ୍ତି– "ଭଲ ଗଳ୍ପଟିଏ ହେଉଛି ଏକ 'ସେତୁ'। ସ୍ରଷ୍ଟା ଏଠାରେ ଅଗଣିତ ଜୀବନ ସହ ଐକାନ୍ତିକ ସଂଯୋଗ ସ୍ଥାପନ କରି ଅଗଣିତ

ଜୀବନ ପ୍ରତି ସହାନୁଭୂତି ଓ ସମ୍ବେଦନଶୀଳ ହୋଇଥାଏ। ଜଣେ ମଣିଷର ଅନ୍ୟ ଜଣେ ମଣିଷ ପ୍ରତି ଆଗ୍ରହ ସୃଷ୍ଟି କରିବା - ଜଣେ ମଣିଷ ଜୀବନ ପ୍ରତି ଆଗ୍ରହ ସୃଷ୍ଟି କରିବା, ହୃଦୟକୁ ହୃଦୟ ସହ ସଂଯୋଗ କରିବା" (୮୨) ହିଁ ଗାଳ୍ପିକର ମହତ୍ ଲକ୍ଷ୍ୟ। ତେଣୁ ଜୀବନୀୟ ଅସହାୟତା, ଦୁଃଖ, ଦୈନ୍ୟ ସଂଘାତ-ସଂଘର୍ଷ ସତ୍ତ୍ୱେ ସେ ଭୀଷଣ ଭାବରେ ଆଶାବାଦୀ ହୋଇଛନ୍ତି। କଥାକାର ଗୌରହରି ଦାସଙ୍କ ଆହ୍ୱାନ ସମଗ୍ର ପାଠକସମାଜ ନିମନ୍ତେ ଆଶାନ୍ୱିତ ଆହ୍ୱାନ। ସେ କହନ୍ତି- "ଦୁଃଖ ଓ ଅସହାୟତା ସମ୍ବନ୍ଧରେ ଏତେସବୁ ଲେଖିଥିବା ସତ୍ତ୍ୱେ ମୁଁ ଭିତରେ ଭିତରେ ପ୍ରଚଣ୍ଡ ଆଶାବାଦୀ। ମୋର ବିଶ୍ୱାସ, ରାତି ଯେତେ ଗାଢ଼ କଳା ହେଉନା କାହିଁକି ଏହା ଶେଷ ହେବ ଏବଂ ଏକ ଉଜ୍ଜ୍ୱଳ ସୂର୍ଯ୍ୟର କିରଣରେ ପ୍ରଭାତ ଆଲୋକିତ ହେବ। ସବୁ ଦୁଃଖ ଶେଷରେ କୋଉଠି ନା କୋଉଠି ସୁଖର ଚେହେରାଟିଏ ଦିଶିବ, ଲୁହ ଶେଷରେ ହସ ପରି। ସେହି ଆଶା, ବିଶ୍ୱାସ ଓ ଭରସା ଜୀବନକୁ ବଞ୍ଚେଇ ରଖେ, ତାକୁ ଆଗକୁ ଚାଲିବାକୁ ଉତ୍ସାହିତ କରେ। ଜୀବନର ଜୟଗୀତି ମୋ ସାହିତ୍ୟର ମରମ କଥା।" (୮୩) କଥାକାର ଗୌରହରି ଦାସଙ୍କ ବୈଶିଷ୍ଟ୍ୟ କ'ଣ? ସଂକ୍ଷେପରେ କହିଲେ ତାଙ୍କର କ୍ୟାନ୍‌ଭାସ୍ ବା ଗଳ୍ପଗୁଡ଼ିକର ପୃଷ୍ଠଭୂମି ବିସ୍ତୃତ। ଗୌରହରିଙ୍କ କାହାଣୀର ଚରିତ୍ରଗୁଡ଼ିକ ପ୍ରତିନିଧିସ୍ଥାନୀୟ ଏବଂ ସେମାନେ ସମାଜର ବିଶାଳ ଅଂଶର ପ୍ରତିନିଧିତ୍ୱ କରନ୍ତି। ରାଜା ଠାରୁ ନେଇ ରଙ୍କ, ରାଜକୁମାରୀଙ୍କ ଠାରୁ ନେଇ ରକ୍ଷିତା, ଚାଷୀଠୁଁ ନେଇ କବି, ଗିରିଜନଙ୍କ ଠାରୁ ନେଇ ଜନନାୟକ, ବୁଦ୍ଧିଜୀବୀ ଠାରୁ ନେଇ ଶୋଷକ ସାମନ୍ତବାଦୀ ସମସ୍ତେ ତାଙ୍କ ଚରିତ୍ର ମଣ୍ଡଳୀରେ ସ୍ଥାନ ପାଇଛନ୍ତି। ଗୌରହରିଙ୍କ ଗଳ୍ପର ବଡ଼ ଦିଗ ପୁଣି ହେଲା ବିଶ୍ୱସନୀୟତା। ସେଗୁଡ଼ିକ ତାଙ୍କ ସମୟ ଓ ତାଙ୍କ ସମାଜର ସାକ୍ଷ୍ୟ ବହନ କରନ୍ତି। ତାଙ୍କ ସୃଷ୍ଟିରେ ଦୁଃଖ-ଯନ୍ତ୍ରଣାର ଅମୃତ ଓ ଆତ୍ମସମୀକ୍ଷାର ଅଦ୍ଭୁତ ବିଭୂତିରେ ଶୁଦ୍ଧପୂତ ହୋଇପାରେ ପାଠକର ଇନ୍ଦ୍ରିୟ-ମନ-ଆତ୍ମା ଓ ସଂପୂର୍ଣ୍ଣ ଜୀବନ। ଏହା ସାଙ୍ଗକୁ ତାଙ୍କର ବହୁବର୍ଣ୍ଣୀ ଭାଷାର ବ୍ୟବହାର ଗଳ୍ପଗୁଡ଼ିକୁ ଉଲ୍ଲେଖନୀୟ ପଠନୀୟତା ଦେଇଥାଏ। ଏହିସବୁ ଦୃଷ୍ଟିରୁ ଗୌରହରି ଦାସ ନିଃସନ୍ଦେହରେ ମଣିଷ ଚେତନା ଓ ମୂଲ୍ୟବୋଧର ଜଣେ ବିଶିଷ୍ଟ ଚିତ୍ରକର।

ପାଦଟୀକା:

୧. ପଟ୍ଟନାୟକ ବିଭୂତି - ଆଧୁନିକ କଥା ସାହିତ୍ୟ - ଗ୍ରନ୍ଥ ମନ୍ଦିର - ପୃ: ୧୩୯

୨. ପାଣିଗ୍ରାହୀ କାଳିନ୍ଦୀଚରଣ - କୋଣାର୍କ - ଓଡ଼ିଆ ଗଳ୍ପ: ଆଲୋଚନା ବିଶେଷାଙ୍କ - ପୃ: ୫୩

୩. ମହାନ୍ତି ଜାନକୀ ବଲ୍ଲଭ - ସଂକଳନ ଓ ସଂପାଦନା- ସେମାନଙ୍କ ହାତଲେଖା କାହାଣୀ - ଓଡ଼ିଶା ଜଗନ୍ନାଥ କମ୍ପାନି - ୧୯୬୬ - ପୃ: କାହାଣୀ କଳା- ୬

୪. ଚୌଧୁରୀ ମନମୋହନ - କସ୍ତୁରୀ ମୃଗସମ - ପ୍ରଥମ ସଂସ୍କରଣ (୨୦୧୦) - କବୀର - ପୃ: ୫୦୯

୫. ବେହେରା ଶିଶିର - ଅନ୍ତରଙ୍ଗ ଆଳାପ - ମା' ସାରଦା ପବ୍ଲିକେଶନ୍ସ - ୨୦୨୧, ପୃ: ୧୭

୬. ତତ୍ରୈବ - ପୃ: ୧୭

୭. ପଟ୍ଟନାୟକ ବିଭୂତି - ଆଧୁନିକ କଥା ସାହିତ୍ୟ - ଗ୍ରନ୍ଥ ମନ୍ଦିର - ପୃ: ୧୩୫

୮. ଦାସ ଗୌରହରି - ବାଘ ଓ ଅନ୍ୟାନ୍ୟ ଗଳ୍ପ - ଟାଇମ୍‌ପାସ୍ - ୨୦୧୮ - ପୃ: ୪୯

୯. ସାହୁ ଆଦିକନ୍ଦ - ଓଡ଼ିଆ ଗଳ୍ପ-ଉପନ୍ୟାସର ନବଦିଗନ୍ତ - ପୃ: ୧୧

୧୦. ଦାସ ଗୌରହରି - ବିଦେଶ ଓ ଅନ୍ୟାନ୍ୟ ଗଳ୍ପ - ବ୍ଲାକ୍ ଇଗଲ୍ - ୨୦୧୯ - ପୃ: ୭

୧୧. ଦାସ ଗୌରହରି - କଥା ସରିନାହିଁ - ପୃ: ୧୧

୧୨. ଦାସ ଗୌରହରି - ଭଲ ଗଳ୍ପ: ଭୂମି ଓ ଭୂମିକା - ଭାରତ ଭରତୀ -୨୦୦୪ ପୃ: ୨୩

୧୩. ତତ୍ରୈବ - ପୃ: ୨୮

୧୪. ବେହେରା ଶିଶିର - ଅନ୍ତରଙ୍ଗ ଆଳାପ - ମା' ସାରଦା ପବ୍ଲିକେଶନ୍ସ - ୨୦୨୧, ପୃ: ୬୦

୧୫. ତତ୍ରୈବ - ପୃ: ୬୨

୧୬. ଦାସ ଗୌରହରି - ଆଉ କିଛି କଥା - ପୃ: ୩୯୦

୧୭. ଦାସ ଗୌରହରି - ଜୁଆର ଭଟ୍ଟା - ପଶ୍ଚିମା ପବ୍ଲିକେଶନ୍ - ୧୯୮୧ - ପୃ: ୧୪

୧୮. ମିଶ୍ର ଦୀନବନ୍ଧୁ - ସାହିତ୍ୟରେ ସ୍ୱରୂପ ଓ ସର୍ବେକ୍ଷଣ - ପୃ: ୧୫୩

୧୯. ଦାସ ଗୌରହରି - ଜୁଆର ଭଟ୍ଟା - ପଶ୍ଚିମା ପବ୍ଲିକେଶନ୍ - ୧୯୮୧ - ପୃ: ୧୮

୨୦. ତତ୍ରୈବ - ପୃ: ୩୦

୨୧. ତତ୍ରୈବ - ପୃ: ୩୪

୨୨. ଦାସ ଗୌରହରି - ଆଖଡ଼ା ଘର - ପଶ୍ଚିମା ପବ୍ଲିକେଶନ୍ - ୧୯୮୯ - ପୃ: ୪୫

୨୩. ତତ୍ରୈବ - ପୃ: ୫୫

୨୪. ଦାସ ଗୌରହରି - ଆଖଡ଼ା ଘର - ପଶ୍ଚିମା ପବ୍ଲିକେଶନ୍ - ୧୯୮୯ - ପୃ: ୭୧

୨୫. ଦାସ ଗୌରହରି - ଭାରତବର୍ଷ (ନିଜ କଥା) - ପଶ୍ଚିମା ପବ୍ଲିକେଶନ୍ - ୧୯୯୪ - ପୃ: ୬

୨୬. ତତ୍ରୈବ - ପୃ: ୧୧୭

୨୭. ଦାସ ଗୌରହରି - ମାଟି କଣ୍ଢେଇ - ପଶ୍ଚିମା ପବ୍ଲିକେଶନ୍ - ୧୯୯୫ - ପୃ: ନିଜ କଥା

୨୮. ତତ୍ରୈବ - ପୃ: ୩୬

୨୯. ତତ୍ରୈବ - ପୃ: ୫୧

୩୦. ଦାସ ଗୌରହରି - ପୁନରାବୃତ୍ତି - ପଶ୍ଚିମା ପବ୍ଲିକେଶନ୍ - ୧୯୯୫ - ପୃ: ୩

୩୧. ତତ୍ରୈବ - ପୃ: ୧୧

୩୨. ତତ୍ରୈବ - ପୃ:୧୪

୩୩. ତତ୍ରୈବ - ପୃ: ୭୭

୩୪. ତତ୍ରୈବ - ପୃ: ୧୧୬

୩୫. ତତ୍ରୈବ - ପୃ: ୧୧୬

୩୬. ଦାସ ଗୌରହରି - କଥା ସମଗ୍ର - ପ୍ରଥମ ଭାଗ - ପୃ: ୭୪୧

୩୭. ଦାସ ଗୌରହରି - କଥା ସମଗ୍ର - ପ୍ରଥମ ଭାଗ - ପୃ: ମୁଖବନ୍ଧ

୩୮. ଦାସ ଗୌରହରି - କଥା ସମଗ୍ର - ଦ୍ୱିତୀୟ ଭାଗ -୨୦୨୧ - ପୃ: ନିଜକଥା

୩୯. ଦାସ ଗୌରହରି - କଥା ସମଗ୍ର - ଦ୍ୱିତୀୟ ଭାଗ -୨୦୨୧ - ପୃ: ୪୭

୪୦. ଦାସ ଗୌରହରି - କଥା ସମଗ୍ର - ଦ୍ୱିତୀୟ ଭାଗ -୨୦୨୧ - ପୃ: ୯୩

୪୧. ତତ୍ରୈବ - ପୃ: ୧୪୧

୪୨. ତତ୍ରୈବ - ପୃ: ୩୦୦

୪୩. ତତ୍ରୈବ - ପୃ: ୪୯୯

୪୪. ସମ୍ବାଦ - ରବିବାର ପୃଷ୍ଠା - ଅକ୍ଟୋବର ୩ -୨୦୨୧ - ପୃ:୬

୪୫. ଦାସ ଗୌରହରି - କଥା ସମଗ୍ର - ପ୍ରଥମ ଭାଗ - ପୃ: ୫୧୭

୪୬. ଦାସ ଗୌରହରି - କଥା ସମଗ୍ର - ଦ୍ୱିତୀୟ ଭାଗ-୨୦୨୧ - ପୃ: ୫୨୪

୪୭. ତତ୍ରୈବ - ପୃ: ୫୨୫

୪୮. ତତ୍ରୈବ - ପୃ: ୫୬୩

୪୯. ତତ୍ରୈବ - ପୃ: ୫୬୯

୫୦. ତତ୍ରୈବ - ପୃ: ୫୮୬

୫୧. ତତ୍ରୈବ - ପୃ: ୬୫୯

୫୨. ତତ୍ରୈବ - ପୃ: ୭୦୦

୫୩. ତତ୍ରୈବ - ପୃ: ୭୦୫

୫୪. ଦାସ ଗୌରହରି - କଥା ସମଗ୍ର - ତୃତୀୟ ଭାଗ-୨୦୨୧ - ପୃ:୧୦

୫୫. ମିଶ୍ର ଇନ୍ଦୁ - ଏଷଣା - ସଂ: କୃଷ୍ଣଚରଣ ବେହେରା - Vol-70, Dec-2015, ISBN No- 978-81-921411-7-6 - ପୃ: ୨୦୭

୫୬. ଦାସ ଗୌରହରି - କଥା ସମଗ୍ର - ତୃତୀୟ ଭାଗ-୨୦୨୧ - ପୃ: ୧୮

୫୭. ଦାସ ଗୌରହରି - ଭଲ ଗଳ୍ପ: ଭୂମି ଓ ଭୂମିକା - ଭାରତଭାରତୀ-୨୦୦୪ - ପୃ: ୪୦

୫୮. ଦାସ ଗୌରହରି - କଥା ସମଗ୍ର - ଦ୍ୱିତୀୟ ଭାଗ-୨୦୨୧ - ପୃ: ୩୭

୫୯. ମିଶ୍ର ଇନ୍ଦୁ - ଏଷଣା - ସଂ: କୃଷ୍ଣଚରଣ ବେହେରା - Vol-70, Dec-2015, ISBN No- 978-81-921411-7-6 - ପୃ: ୨୦୮

୬୦. ଦାସ ଗୌରହରି - କଥା ସମଗ୍ର - ତୃତୀୟ ଭାଗ-୨୦୨୧ - ପୃ: ୧୩୫

୬୧. ତତ୍ରୈବ - ପୃ: ୧୯୪

୬୨. ତତ୍ରୈବ - ପୃ: ୨୬୧

୬୩. ତତ୍ରୈବ - ପୃ: ୨୬୭

୬୪. ତତ୍ରୈବ - ପୃ: ୨୬୯

୬୫. ତତ୍ରୈବ - ପୃ: ୩୩୨

୬୬. ତତ୍ରୈବ - ପୃ: ୩୪୦

୬୭. ଦାସ ଗୌରହରି - କଥା ସମଗ୍ର - ତୃତୀୟ ଭାଗ-୨୦୨୧ - ନିଜ କଥା - ପୃ: ୩୭୮

୬୮. ଦାସ ଗୌରହରି - କଥା ସମଗ୍ର - ତୃତୀୟ ଭାଗ-୨୦୨୧ - ପୃ: ୫୮୭

୬୯. ଦାସ ଗୌରହରି - ବାଘ ଓ ଅନ୍ୟାନ୍ୟ ଗଳ୍ପ - ପୃ: ନିଜ କଥା

୭୦. ତତ୍ରୈବ - ପୃ: ୨୧

୭୧. ତତ୍ରୈବ - ପୃ: ୨୯

୭୨. ତତ୍ରୈବ - ପୃ: ୪୫

୭୩. ଦାସ ଗୌରହରି - ପୁନରାବୃତ୍ତି - ବିଦ୍ୟାପୁରୀ-୧୯୯୫ - କଟକ - ପୃ:

୭୪. ଦାସ ଗୌରହରି - ମୁକୁଳିବାର ମୁହୂର୍ତ୍ତ - କାଦମ୍ବିନୀ ପୂଜାସଂଖ୍ୟା-୨୦୨୦ - ପୃ:

୭୫. ଦାସ ଗୌରହରି - ଅଧିମୋକ୍ଷ - ସମ୍ବାଦ ବାର୍ଷିକ ସଂଖ୍ୟା-୨୦୨୦ - ପୃ:୧୭୪
୭୬. ଦାସ ଗୌରହରି - ଅହଲ୍ୟାର ବାହାଘର
୭୭. ସଂ: ନାୟକ ବିଜୟ - 'କାହାଣୀ' ପତ୍ରିକା - ଶରତ-୨୦୨୧ - ପୃ: ୪୫
ମୁଁ ତ ଯାଉଛି - ସଂ: ବିଜୟ ନାୟକ - ଭୁବନେଶ୍ୱର-ପୂଜାସଂଖ୍ୟା-୨୦୨୧ - ପୃ: ୭୦
୭୮. Outlook - October 18, 2021 - Nostalgia - Page no: 25
୭୯. ଦାସ ଗୌରହରି - ଆଉ କିଛି କଥା - ଏଥେନା ବୁକ୍ସ-୨୦୨୧ - ପୃ: ୩୯୮
୮୦. ତତ୍ରୈବ - ପୃ: ୩୯୮
୮୧. ସଂ: ଦାସ ଗୌରହରି - ଭଲ ଗଛ: ଭୂମି ଓ ଭୂମିକା - ପୃ: ୪୧
୮୨. ତତ୍ରୈବ - ପୃ:୪୧
୮୩. ଦାସ ଗୌରହରି - ଆଉ କିଛି କଥା - ପୃ: ୩୯୦

ସମୁଚ୍ଚ ମୂଲ୍ୟବୋଧର ମର୍ମଲିପି: ଜୀବନର ଜଳଛବି

ସଂଘମିତ୍ରା ଭଞ୍ଜ

ଚେତନା ଚୌହଦିରେ ଜୀବନମୂଲ୍ୟକୁ ଭିନ୍ନ ଢଙ୍ଗରେ ଅଭିବ୍ୟକ୍ତ କରୁଥିବା ଚଳିତ ସମୟର ଜଣେ କୁଶଳୀ ସାହିତ୍ୟିକ ଭାବରେ ଗୌରହରି ଦାସ ଅନନ୍ୟ। ଜିଇବାର ବାସ୍ତବ ଅର୍ଥକୁ ଅତି ନିକଟରୁ ହୃଦ୍‌ବୋଧ କରିଥିବା ଅନୁଭବୀ ସୃଜନକାର ସେ। ଚଳମାନ ସମୟର ନିଛକ ରୂପଚିତ୍ର ଅଙ୍କନ ସହିତ ପରିପୂର୍ଣ୍ଣ ମାନବତାର ଦର୍ଶନକୁ ଉପସ୍ଥାପିତ କରିବା କ୍ଷେତ୍ରରେ ତାଙ୍କ ବ୍ୟାପକ ଦର୍ଶନ ଓ ଚିନ୍ତନର ସ୍ୱତନ୍ତ୍ର ଶବ୍ଦ ସ୍ତମ୍ଭ ହେଉଛି 'ଜୀବନର ଜଳଛବି'। ସମୟ- ସମାଜ ତଥା ଜୀବନବାଦକୁ ନେଇ ଏହା ଏକ ସୁସଂହତ ମର୍ମଲିପି।

'ଶ୍ୱେତଶ୍ୱବତାର ଉପନିଷଦ'ର ଦ୍ୱିତୀୟ ପରିଚ୍ଛେଦ - ପଞ୍ଚମ ଶ୍ଳୋକରେ ସଂସାରର ଶାଶ୍ୱତ ସନ୍ତାନମାନଙ୍କ ଉଦ୍ଦେଶ୍ୟରେ ଉଚ୍ଚାରିତ ହୋଇଛି -

"ଶୃଣ୍ୱନ୍ତୁ ବିଶ୍ୱେ ଅମୃତସ୍ୟ ପୁତ୍ରାଃ
ଆୟେ ଧାମାନି ଦିବ୍ୟାନି ତସ୍ଥୁଃ।"

ସେହି ଅମୃତର ସନ୍ତାନମାନଙ୍କ ଉଦ୍ଦେଶ୍ୟରେ ସ୍ତମ୍ଭକାର ଗୌରହରି ଦାସଙ୍କ 'ଜୀବନର ଜଳଛବି' ଏକ ଅନନ୍ତ-ଅସୀମ ଦିବ୍ୟ ଆହ୍ୱାନ କହିଲେ କିଛି ଭୁଲ୍ ହେବ ନାହିଁ। ଅତ୍ୟାଧୁନିକ ସମାଜର ଶୃଙ୍ଖଳିତ-ନୀତିବୋଧକୁ ପୁନଃ ପୁନଃ ସମୀକ୍ଷା ଉଦ୍ଦେଶ୍ୟରେ ତାଙ୍କ ସ୍ତମ୍ଭଗୁଡ଼ିକ ଅପୂର୍ବ ମହତ୍ତ୍ୱ ପ୍ରତିପାଦନ କରିଛନ୍ତି। ଏଠାରେ ମାନବ ଜୀବନର ଯାତ୍ରାପଥକୁ ଉଦ୍ଦେଶ୍ୟପୂର୍ଣ୍ଣ କରିବା ନିମନ୍ତେ ଜନୈକ ହିନ୍ଦୀ କବି ସୌରଭ ଆନନ୍ଦ ଶ୍ରୀବାସ୍ତବଙ୍କ କବିତାର କିୟଦଂଶ ଉଦ୍ଧାରଯୋଗ୍ୟ-

"ଯୋ ଚଢ଼େ ହିମାଲୟ କି ଚୋଟି ପର୍
କ୍ୟା ଏକ୍‌ବାର୍ ମେଁ ୱହାଁ ପହୁଁଚେ ହୋଙ୍ଗେ
କଇବାର୍ କଦମ୍ ଭି ଫିସ୍‌ଲେ ହୋଙ୍ଗେ
ଇରାଦେ ଭି ଦମ୍ ତୋଡ଼େ ହୋଙ୍ଗେ
କିସିନେ ୟେ ଉନ୍‌ସେ କହା ହୋଗା
ଚଲୋ କୋଶିଶ୍ ଫିର୍ ଏକ୍ ବାର୍ କରେଁ
ଜବ୍ ଗିରୋ ତୋ ଦର୍ଦ କୋ ସହନା ସିଖୋ।"

ଜୀବନର ଘାତ-ପ୍ରତିଘାତ, ଦାରୁଣ ପରିସ୍ଥିତି, ବିଫଳତା, ନିରାଶା ଭିତରେ ବଞ୍ଚିବାର ଅମୋଘ ମନ୍ତ୍ରକୁ ପାଇବା ପାଇଁ ପ୍ରତ୍ୟେକ ମଣିଷ ସତତ ଚେଷ୍ଟିତ। କେବଳ ଯାହା ଜୀବନପଥକୁ ଅର୍ଥପୂର୍ଣ୍ଣ ଦୃଷ୍ଟି ନେଇ ଅତିକ୍ରମି ଯିବାକୁ ହୁଏ।

'ଜୀବନର ଜଳଛବି'ରେ ଭିନ୍ନ ଭିନ୍ନ ଉଲ୍ଲେଖନୀୟ ଘଟଣା (Fact) ତଥା କାଳ୍ପନିକତା (Fiction)ର ମଞ୍ଜୁଳ ସମନ୍ୱୟ ଘଟିଛି। 'ସିଦ୍ଧାର୍ଥ' ଚରିତ୍ରକୁ ଘଟଣାବଳୀର ସାକ୍ଷୀ ତଥା ସୂତ୍ରଧର ଭାବରେ ପାଠକମାନଙ୍କ ସହିତ ସମ୍ବନ୍ଧିତ କରି ରଖିବା ଦ୍ୱାରା ପାଠକୀୟ ସ୍ୱୀକୃତି ଓ ଆତ୍ମୀୟତା ଲାଭର ସୁନ୍ଦର ସେତୁଟିଏ ନିର୍ମିତ ହୋଇଛି। ସ୍ତମ୍ଭ ଏବଂ କଥକତାର ଅପୂର୍ବ ସମାବେଶରେ ମନଯୋଗୀ ପାଠକ ଏକାତ୍ମ ହୋଇପଡ଼ିବା ସ୍ୱାଭାବିକ ମନେହୁଏ। ସର୍ଜନର ଉଭୟ ରୂପ 'ଫିଚର୍' ତଥା 'ଫିକ୍‌ସନ୍'କୁ ଗୌରହରି ଏତେ ଚମତ୍କାର ଭାବରେ ଉପସ୍ଥାପନ କରିଛନ୍ତି ଯେ ସମୟେ ସମୟେ ସତ ଘଟଣାଗୁଡ଼ିକ ଗଳ୍ପର ଭ୍ରମ ସୃଷ୍ଟି କରିଥାନ୍ତି। ସମ୍ବାଦଧର୍ମୀ ନିରସ ଘଟଣା ଗପର ଅନ୍ତଃହୀନ ବ୍ୟାପ୍ତି ଭିତରେ ନିମଜ୍ଜିତ ହେବା କ'ଣ ଏକ ବିଶେଷ କଳାତ୍ମକ ଉପସ୍ଥାପନା ନୁହେଁ କି? ତେବେ 'ଜୀବନର ଜଳଛବି' ସଂପର୍କରେ ସ୍ତମ୍ଭକାର ଶ୍ରୀ ଦାସ କହନ୍ତି- "ଜୀବନର ଜଳଛବି' - ମୁଁ ବଞ୍ଚିଥିବା ସମୟର ଚିତ୍ର। x x x ଜୟ-ପରାଜୟ ନିର୍ବିଶେଷରେ ସାଧାରଣ ମଣିଷର ଜୀବନ ସଂଗ୍ରାମ, ସାଧାରଣ ଚରିତ୍ରଗୁଡ଼ିକର ଅସାଧାରଣ ମଣିଷପଣିଆ ଏବଂ ସକଳ ପ୍ରତିକୂଳ ପରିସ୍ଥିତି ସତ୍ତ୍ୱେ ବଞ୍ଚି ରହିବା ଲାଗି ମଣିଷର ଦୁର୍ବାର ସଂକଳ୍ପ ହିଁ 'ଜୀବନର ଜଳଛବି'ର ମୂଳକଥା ବୋଲି ମୁଁ ବିଚାର କରେ।" (୧)

ବୃତ୍ତିରେ ସାମ୍ବାଦିକ ଏବଂ ପ୍ରବୃତ୍ତିରେ ଜଣେ କୃତବିଦ୍ୟ ସାହିତ୍ୟିକ ରୂପେ ଗୌରହରି ଦାସ ନିଜକୁ ସାହିତ୍ୟ ଏବଂ ସମ୍ବାଦର ସମନ୍ୱୟକର୍ତ୍ତା ଭାବରେ ପରିପ୍ରକାଶ କରିଛନ୍ତି। 'ସମ୍ବାଦ' ପୃଷ୍ଠାରେ ନିୟମିତ ଭାବେ 'ଶେଷସ୍ତମ୍ଭ' ଲେଖୁଥିବା 'ସମ୍ବାଦ'ର ମୁଖ୍ୟ ସଂପାଦକ, ପ୍ରଖ୍ୟାତ ଲେଖକ ଶ୍ରୀ ସୁରେନ୍ଦ୍ର ମହାନ୍ତିଙ୍କଠାରୁ ଏକ ସଂଖ୍ୟା ପାଇଁ ଲେଖା ସଂଗ୍ରହରେ ବିଫଳକାମୀ ହୋଇଥିବା ଶ୍ରୀ ଦାସ କୌଣସିମତେ ଏକ ଲେଖା

ଲେଖି ଛାପି ଦେଇଥିଲେ । ସେଇଠାରୁ ହିଁ ତାଙ୍କର ସ୍ତମ୍ଭ ଲେଖା ଆରମ୍ଭ ହୋଇଥିବା ସେ ଅନେକତ୍ର ସ୍ୱୀକାର କରିଛନ୍ତି । ଗୌରହରିଙ୍କ ପାଇଁ 'ଜୀବନର ଘଟଣା ଗପ ନୁହେଁ, ବାସ୍ତବତା ।' (୨) ଜୀବନକୁ ଅତି ଅନ୍ତରଙ୍ଗ ଭାବରେ ସାକ୍ଷାତ୍ କରିଥିବାରୁ ସେ ଜୀବନର ସୂକ୍ଷ୍ମ-ନିଛକ ମୂଲ୍ୟବୋଧକୁ ଆତ୍ମିକ ଭାବରେ ହୃଦୟଙ୍ଗମ କରିଛନ୍ତି । ତେଣୁ ମଣିଷକୁ ନେଇ ତାଙ୍କ ଚିନ୍ତା ଓ ବିଚାରଧାରା ପର୍ଯ୍ୟାପ୍ତ ! ବିକ୍ଷିପ୍ତ ତାଙ୍କର ଅଙ୍ଗେନିଭା ଅନୁଭବ ଏବଂ ଅସୀମ ପ୍ରବାହରେ ପରିପୂର୍ଣ୍ଣ ତାଙ୍କର ଚେତନାର ଉତ୍ସ ! ସତେ ଯେପରି ଏତାଦୃଶ ନିରବଚ୍ଛିନ୍ନ ଆତ୍ମମୁଖୀ ପ୍ରବାହର ଆବାହକ ବି ସେ ଏବଂ ଉତ୍ସ ମଧ୍ୟ ସେ ନିଜେ ।

ଓଡ଼ିଆ ସାହିତ୍ୟରେ ବିଶିଷ୍ଟ କଥାକାର ମନୋଜ ଦାସଙ୍କ ଉତ୍ତର ଦାୟାଦ ଭାବରେ ଗୌରହରି ଦାସ ସ୍ୱତନ୍ତ୍ର ମର୍ଯ୍ୟାଦା ଦାବି କରନ୍ତି । ସାହିତ୍ୟକୁ ସେ ସ୍ୱତନ୍ତ୍ର ବର୍ଣ୍ଣବିଭା ପ୍ରଦାନ କରିଥିବା ଯଶସ୍ୱୀ ସ୍ରଷ୍ଟା ପୁରୁଷ । ଗୌରହରି ଦାସଙ୍କ ଶବ୍ଦବସାଣ ଖାଣ୍ଟି ଓଡ଼ିଆତ୍ୱର ପରିଚୟ ପ୍ରଦାନ କରେ । ତାଙ୍କର ବୌଦ୍ଧିକତା ସାହିତ୍ୟର ମୁରବିମାନଙ୍କୁ ଆଶ୍ୱାସନା ପ୍ରଦାନପୂର୍ବକ ନୂତନ ପିଢ଼ିକୁ ସାହିତ୍ୟ ଚିନ୍ତନର ସୁସ୍ଥ ଭିଟାମାଟି ପ୍ରଦାନ କରେ । ସାମାଜିକ ବିରୋଧାଭାସ ପ୍ରତି ଗୌରହରିଙ୍କ ପ୍ରତିକ୍ରିୟାଶୀଳ ଦୃଷ୍ଟିକୋଣ ଅସଂଖ୍ୟ ନିରିମାଖି ନାରୀଙ୍କୁ ସେମାନଙ୍କ ସ୍ୱପ୍ନର ବାଲିକୁଦ ଉପରେ ସହସ୍ର କଳ୍ପଲୋକର ହର୍ମ୍ୟ ନିର୍ମାଣ ନିମନ୍ତେ ପ୍ରଚୁର ସତ୍‌ସାହସ ଦିଏ । ତାଙ୍କରି ସାହିତ୍ୟ ମଧ୍ୟ ଦେଇ ଦୁର୍ବଳ-ଅସହାୟ ମଣିଷପଣିଆ ରାହା ପାଏ । ଗୌରହରି ଓଡ଼ିଶା ମାଟିର ଯଥାର୍ଥ ଉପାସକ । ତାଙ୍କ ଶବ୍ଦ ମଧ୍ୟରେ ନିରବ ସଞ୍ଜ, ଶୀତୁଆ-ପାହାନ୍ତି, ପାର୍ବଣମୁଖର ଋତୁ-ତିଥି, ଉଜ୍ଜ୍ୱଳ ତାରକା, ଶୀତଳ ଚନ୍ଦ୍ର, ନୀଳକଇଁ ଓ ପଦ୍ମଫୁଲ ବେଷ୍ଟିତ ସାଧାରଣ ପୋଖରୀ, କଳା ଭଅଁର ପାଣିରେ ଉଚ୍ଛୁଳା ଅଳସୀ ନଈ ଜିଇଁ ଉଠନ୍ତି । ଆତ୍ମୀୟତା, ଆତ୍ମସମୀକ୍ଷା, ଆତ୍ମାନୁସନ୍ଧାନର ବାର୍ତ୍ତାବହ ଭାବରେ ସାରସ୍ୱତ ପୁରୁଷ ଗୌରହରି ଦାସ ଜଣେ ଅନାବିଳ ବ୍ୟକ୍ତିତ୍ୱ । ସେ ଏକାଧାରରେ ଜଣେ ଶିକ୍ଷାବିତ୍, ସଂଗଠକ, ଦାର୍ଶନିକ, କବି, ଔପନ୍ୟାସିକ, ଗାଳ୍ପିକ, ନାଟ୍ୟକାର, ସ୍ତମ୍ଭକାର, ସଂପାଦକ, ଅନୁବାଦକ କଥା ଭ୍ରମଣସାହିତ୍ୟ ସ୍ରଷ୍ଟା । ଗୌରହରିଙ୍କ ସତୁରିରୁ ଊର୍ଦ୍ଧ୍ୱ ସୃଷ୍ଟିସମ୍ଭାରରେ ମାନବ ଜୀବନର ବିବିଧ ଛନ୍ଦର ମହୋତ୍ସବ ଉପଲବ୍ଧ ହୁଏ । 'ଜୀବନର ଜଳଛବି' ତାଙ୍କର ଅଦ୍ୱିତୀୟ କ୍ଲାସିକ୍ କୃତି । ବ୍ୟକ୍ତିକ ଜୀବନର ଅସୁମାରି ଦୁଃଖ-ଜଞ୍ଜାଳକୁ ଅଖଣ୍ଡ ଜଖମ୍ ଭଳି ଭୋଗିଥିବା ହେତୁ ତଜ୍ଜନିତ ଘଟଣା, ପରିବେଶ ତଥା ଚରିତ୍ରମାନେ ହିଁ ତାଙ୍କ ସୃଷ୍ଟିର ଆଧାରଭୂମି ରୂପେ ଉଭା ହୋଇଛନ୍ତି । ସାହିତ୍ୟକୁ ସବୁକାଳର ସମ୍ବାଦ ଏବଂ ସମ୍ବାଦକୁ ସେହି ଦିନର ସାହିତ୍ୟ ମନେ କରୁଥିବା ଲେଖକ ଗୌରହରି ଦାସ ଜୀବନ ଓ ଜଗତକୁ ତାଙ୍କ 'ଜୀବନର

ଜଳଛବି'ରେ ରସୋତ୍ତୀର୍ଣ୍ଣ ତଥା କାଳୋତ୍ତୀର୍ଣ୍ଣ କରିଛନ୍ତି । ସଂଘର୍ଷମୟ ସ୍ୱାନୁଭୂତିକୁ ସାହିତ୍ୟର ବିବିଧ ପରିପାଟୀରେ ଜୀବନ୍ୟାସ ଦେଇଛନ୍ତି । ଆୟୁଷକୁ ଅତିକ୍ରମ କରିବା ହିଁ ଜୀବନର ଗତି ବୋଲି ମନେ କରୁଥିବା ଗୌରହରି ନିଜ ଅଙ୍ଗେନିଭା ଯନ୍ତ୍ରଣାକୁ ହିଁ ପ୍ରକାରାନ୍ତରେ କଳାତ୍ମକ ରୂପ ପ୍ରଦାନ କରିଛନ୍ତି ତାଙ୍କ ସ୍ତମ୍ଭଗୁଡ଼ିକରେ । ସମୟର ବିବିଧ ରଙ୍ଗରୂପକୁ ଅନ୍ତର୍ଗର୍ଭିତ କରିବା ସହିତ ପ୍ରବହମାନ ହେଉଥିବା ଜୀବନକୁ ପ୍ରତ୍ୟକ୍ଷ କରିଥିବା ଆତ୍ମସ୍ଥ ଯୋଗୀ ଭଳି ଗୌରହରି ବ୍ୟାପୃତ ହୋଇଛନ୍ତି ତାଙ୍କ ସାରସ୍ୱତ କର୍ମାନୁଷ୍ଠାନରେ । ଏ କ୍ଷେତ୍ରରେ ପାଠକମାନଙ୍କ ସମ୍ମୁଖରେ ଲେଖକଙ୍କର ତ୍ରିବିଧ ରୂପ ଉଦ୍‌ଭାସିତ ହୁଏ । ପ୍ରଥମତଃ 'ବ୍ୟକ୍ତି ଗୌରହରି', ଦ୍ୱିତୀୟତଃ 'ସାମ୍ବାଦିକ ଗୌରହରି', ତୃତୀୟତଃ 'ସାହିତ୍ୟିକ ଗୌରହରି' । ତାଙ୍କ ସାହିତ୍ୟର ଦ୍ୱିବିଧ ଧାରା । ୧. ସମାଜ ଚେତନା ଓ ୨. ବ୍ୟକ୍ତି ଚେତନା । ଦାର୍ଶନିକ ପ୍ଲେଟୋଙ୍କ ପରି ସୃଜନଶୀଳତା କ୍ଷେତ୍ରରେ ତାଙ୍କର ପ୍ରତିକୂଳ ଅବସ୍ଥା ତାଙ୍କୁ ପ୍ରେରଣା ଦେଇଥିବା ସେ ସ୍ୱୀକାର କରନ୍ତି । ତେଣୁ ପରିସ୍ଥିତିର ବିଷମତା ତାଙ୍କ ସ୍ରଷ୍ଟାମାନସକୁ ପ୍ରଭାବିତ କରିଥିଲେ ହେଁ ଏହା ହିଁ ତାଙ୍କ ସାହିତ୍ୟ ପ୍ରବୃତ୍ତିକୁ ପରିପୁଷ୍ଟ କରିବାକୁ ଖୋରାକ ଯୋଗାଇଛି । ସେ ସର୍ବଦା ସ୍ୱାଧୀନ, ନିରପେକ୍ଷ, ସମ୍ବେଦନଶୀଳ ତଥା ଅନୁସନ୍ଧାନଧର୍ମୀ ସାମ୍ବାଦିକତାକୁ ଗୁରୁତ୍ୱ ପ୍ରଦାନ କରିଛନ୍ତି । ବ୍ୟକ୍ତି ଭାବରେ ସାମ୍ବାଦିକତାକୁ ବୃତ୍ତି କରିଥିଲେ ହେଁ ସାହିତ୍ୟ ତାଙ୍କ ପ୍ରବୃତ୍ତିର ଆକାଂକ୍ଷିତ ଅଂଶ ।

୪୦୦ରୁ ଊର୍ଦ୍ଧ୍ୱ ବିବିଧ ଘଟଣାକୁ ନେଇ 'ଜୀବନର ଜଳଛବି' ସାତଗୋଟି ସଂକଳନରେ ପ୍ରକାଶିତ ଏକ ସ୍ତମ୍ଭ ମହାକାବ୍ୟ । ଏହା ବାସ୍ତବତା ଏବଂ କାଳ୍ପନିକତାର ଅପୂର୍ବ ମଞ୍ଜୁଷା । ଏହା ସଂପର୍କରେ ଆଲୋଚକ ଡକ୍ଟର ମନୋରଞ୍ଜନ ମିଶ୍ର ମତ ଦିଅନ୍ତି– "A vignette can be defined as a short graceful literary essay or sketch. What makes the essays spectacular is the fact that the characters are drawn from the very world that we inhabit. x x x Not a single incident delineated here is purely imaginary. He believes in, what Mark Twain, the famous novelist believes in, "Truth is stranger than fiction". Das has seen 'uncommonness among the commoners' and 'absurdity among the normal". (Rock Pebbles: ISSN 0975-0509 - December 2018) ଉପର୍ଯ୍ୟୁକ୍ତ ମତାମତ କ୍ଷେତ୍ରରେ ସ୍ତମ୍ଭକାର ଗୌରହରି ଦାସଙ୍କ ବକ୍ତବ୍ୟ ମଧ୍ୟ ଉଲ୍ଲେଖଯୋଗ୍ୟ ମନେହୁଏ । "ଜୀବନର ଜଳଛବି' ଲେଖାଗୁଡ଼ିକୁ କ'ଣ ବୋଲି କୁହାଯିବ ? ଗଳ୍ପ, ସ୍ମୃତିଚିତ୍ର, ରମ୍ୟ ରଚନା ନା କଅଣ ? ବିଶିଷ୍ଟ କବି ଓ ଚିନ୍ତକ ହରପ୍ରସାଦ ଦାସ ଥରେ ଏଇ ପ୍ରଶ୍ନ ଉଠାଇ ତାହାର ଉତ୍ତରରେ ଲେଖିଥିଲେ

ଯେ, "ଏଗୁଡ଼ିକୁ... ଗଳ୍ପ କହିବା, ଉପନ୍ୟାସ କହିବା, ସ୍ମୃତିଚିତ୍ର କହିବା ନା ସାମାଜିକ ଟିପ୍ପଣୀ କହିବା ? ନା ଏସବୁକୁ କବଳିତ କରି ମାନବିକ ଆବେଗର ସୁକୁମାର ପଣରେ ଉଦ୍‌ବେଳିତ ଜୀବନ ପ୍ରବାହ କହିବା ?" ନିଜେ ଲେଖକ ଏହି ସ୍ତମ୍ଭ ପ୍ରସଙ୍ଗରେ କହନ୍ତି, "ଏ ସଂପର୍କରେ ମୁଁ କେବଳ ଏତିକି କହିବି ଯେ ଏଥିରେ ବର୍ଣ୍ଣିତ କୌଣସିଟି ଘଟଣା ସଂପୂର୍ଣ୍ଣ କାଳ୍ପନିକ ନୁହେଁ। ଏଭଳି ସ୍ତମ୍ଭଟିଏ ଲେଖିବା ପଛରେ ମୋର ପ୍ରେରଣା ହେଲା, ମାର୍କ ଟ୍ୱାଇନ୍‌ଙ୍କ ସେହି ପ୍ରସିଦ୍ଧ ବାକ୍ୟ - ଟ୍ରୁଥ୍ ଇଜ୍ ଷ୍ଟ୍ରେଞ୍ଜାର୍ ଦ୍ୟାନ୍ ଫିକ୍‌ସନ୍ ବା ବାସ୍ତବତା କଳ୍ପନାଠାରୁ ଅଧିକ ଆଶ୍ଚର୍ଯ୍ୟକର। ମୁଁ ସାଧାରଣ ଚରିତ୍ରମାନଙ୍କର ଭିତରେ ଅସାଧାରଣପଣିଆକୁ ଦେଖିଛି ଏବଂ ସ୍ୱାଭାବିକ ଭିତରେ ଆସ୍ୱାଭାବିକତା। ଏହି ସ୍ତମ୍ଭର ଚିତ୍ର ଓ ଚରିତ୍ରମାନେ ଆମ ସମସ୍ତଙ୍କର ପରିଚିତ, ଆମ ଚାରିପାଖର ପୃଥିବୀରେ ସେମାନେ ଆତଯାତ ହେଉଥାଆନ୍ତି। ସେମାନଙ୍କ ଆଶା, ବିଶ୍ୱାସ, ମୋହ, ସ୍ୱପ୍ନ, ପୁଣି ସ୍ୱପ୍ନଭଙ୍ଗ, ନୈରାଶ୍ୟ, କ୍ଷୋଭ ଓ ଗ୍ଲାନି ଇତ୍ୟାଦି ଆମ ନିଜ ପରିକା। ଏହି ସାଧାରଣପଣ ଓ ସ୍ୱାଭାବିକତା ହିଁ 'ଜୀବନର ଜଳଛବି'ର ଏକମାତ୍ର ବୈଶିଷ୍ଟ୍ୟ ବୋଲି ମୁଁ ମନେ କରେ।" (୩) ତେବେ, ସ୍ତମ୍ଭଗୁଡ଼ିକୁ 'ଶବ୍ଦଚିତ୍ର', 'ରେଖାଚିତ୍ର' ଅଥବା 'ସ୍କେଚ୍' ଭାବରେ ମଧ୍ୟ ଗ୍ରହଣ କରାଯାଇପାରେ, ଯେଉଁଥିରେ ଲେଖକଙ୍କ ଅତୀତର ସ୍ମୃତି ବିଜଡ଼ିତ ମୁହୂର୍ତ୍ତ କଳାତ୍ମକ ଉପସ୍ଥାପନ କୌଶଳରେ ଅସମ୍ଭବ ଚିତ୍ର ଉତ୍ତୋଳନକ୍ଷମ ହୋଇଛି।

'ଜୀବନର ଜଳଛବି'ରେ ଗୌରହରିଙ୍କ ଦ୍ୱିବିଧ ଅନୁଭୂତି ପାଠକ ଚିତ୍ତକୁ ସମ୍ମୋହିତ କରେ।

୧. ପ୍ରତ୍ୟକ୍ଷ ଜୀବନାନୁଭୂତି

୨. ପରୋକ୍ଷ ଜୀବନାନୁଭୂତି

ତାଙ୍କର ଏହି ଅନୁଭୂତି ହିଁ ଦୀର୍ଘ ଅର୍ଦ୍ଧଶତାବ୍ଦୀର ଅଙ୍ଗେନିଭା ଉପଲବ୍ଧିର ଉଜ୍ଜ୍ୱଳ ଛାୟାସ୍ତୂପ। ୧୯୮୭ ମସିହାରୁ ଏଯାବତ୍ ଦୀର୍ଘ ୩୫ ବର୍ଷ ଧରି ଜୀବନର ଅନୁଭୂତି ସର୍ବସ୍ୱ ସାରସ୍ୱତ କୃତି ଭାବରେ 'ଜୀବନର ଜଳଛବି' ମାନବ ଜୀବନର ଉପପାଦ୍ୟ ପାଲଟିଛି। ଏହା 'ଜୀବନର ଜଳଛବି' (୧୯୯୩), 'ଚିହ୍ନା ଚୌହଦି' (୧୯୯୬), 'ଭିନ୍ନ ଭୂମିକା' (୧୯୯୮), 'ପରିଚିତ ପରିଧି' (୨୦୦୧), 'ଅସମର୍ଥ ଈଶ୍ୱର' (୨୦୦୭), 'ହାତଲେଖା ଚିଠି' (୨୦୧୨) ଏବଂ 'ଈଶ୍ୱରଙ୍କ ଠିକଣା' (୨୦୧୯) ଶୀର୍ଷକ ପୁସ୍ତକ ରୂପରେ ପ୍ରକାଶିତ ହୋଇଛି। 'ଜୀବନର ଜଳଛବି'ର ପ୍ରତିଟି ପର୍ଯ୍ୟାୟରେ ରହିଛି ଆଦର୍ଶ ମୂଲ୍ୟବୋଧ, ମହନୀୟ ମାନବିକତା, ମଣିଷପଣିଆ ପ୍ରତିଷ୍ଠାର ମହାନ୍ ବାର୍ତ୍ତା। ଏଥିରେ ରହିଛି ଯାନ୍ତ୍ରିକ ଜୀବନଶୈଳୀ ସହ ଆତ୍ମିକ ଭାବାନୁଭୂତିର ସାଙ୍ଖ୍ୟ ଓ ସଂଯୋଗ, ପ୍ରକୃତିର ଅସୀମ ସୌନ୍ଦର୍ଯ୍ୟର ଦିବ୍ୟଗାନ, କୃତ୍ରିମ ଜୀବନଚର୍ଯ୍ୟା ସହ

ନିଃସର୍ଗ ପ୍ରକୃତିର ସମନ୍ୱୟ, ଖାଣ୍ଟି ଓଡ଼ିଆ (ମୃତପ୍ରାୟ) ଶବ୍ଦ ସହିତ ଆଧୁନିକ ଓଡ଼ିଆଙ୍କୁ ପରିଚୟ କରାଇବାର ଆଗ୍ରହ, ସ୍ୱଚ୍ଛ ଓଡ଼ିଆପଣର ପ୍ରଚାର ତଥା କ୍ରମବର୍ଦ୍ଧିଷ୍ଣୁ କଂକ୍ରିଟ୍ ଜୀବନଯାତ୍ରାରୁ ମୁକ୍ତ ଏକ ଅକୃତ୍ରିମ - ପ୍ରାକୃତିକ ବିଭୋରତାରେ ବଞ୍ଚିବାର ଉଦାତ୍ତ ଆହ୍ୱାନ। ଦୁଇରୁ ଅଢ଼େଇ ପୃଷ୍ଠା ଭିତରେ ଅତି ବିଚିତ୍ର ଅନୁଭବକୁ ପାଠକ ହୃଦୟରେ ଅଙ୍କନ କରି 'ଫିଚର୍'ର ସମାପ୍ତି ବେଶ୍ ବିଧିବଦ୍ଧ ହୋଇଥାଏ। ସ୍ତମ୍ଭକାର ପାଠକପ୍ରାଣକୁ ଭାରାକ୍ରାନ୍ତ ନ କରିବାକୁ ସତତ ସଚେତନ। ଜଣେ ମନସ୍ତତ୍ତ୍ୱବିଦ୍ ଭଳି ଆଧୁନିକ ମଣିଷର ମନୋଭୂମିର ଉତ୍‌ଥାନ-ପତନକୁ ସେ ବେଶ୍ ହୃଦ୍‌ବୋଧ କରିପାରନ୍ତି। ବିଶେଷ ଘଟଣା ଓ ନିର୍ଦ୍ଦିଷ୍ଟ ପ୍ରସଙ୍ଗକୁ ନେଇ ତାଙ୍କ ଗାମ୍ଭୀର୍ଯ୍ୟପୂର୍ଣ୍ଣ ଆଲୋଚନା ସମୟରେ ସେ ଅତି ଚମତ୍କାର ଢଙ୍ଗରେ କିଛି ସାବଲୀଳ ପ୍ରସଙ୍ଗର ଅବତାରଣା କରିଥାନ୍ତି। ଓଡ଼ିଶାର ଫଟୋଗ୍ରାଫିକ୍ ଚିତ୍ର ଉତ୍ତୋଳନ କ୍ଷେତ୍ରରେ ତାଙ୍କ ସାହିତ୍ୟର ଯାଦୁକରୀ ପ୍ରଭାବ ଅନତିକ୍ରମ୍ୟ। ବିଭିନ୍ନ ଋତୁ, ପର୍ବପର୍ବାଣି, ଓଷା-ବ୍ରତ, ପିଠାପଣା, ଅନ୍ଧବିଶ୍ୱାସ, ସାମନ୍ତବାଦୀ ମାନସିକତା, ବ୍ୟକ୍ତିକ ସଂପର୍କ, ପ୍ରେସ୍-କମ୍ପାନୀର କର୍ମଚାରୀଙ୍କ ଜୀବନ ଚିତ୍ର, ଗଛବୃଛ, ବିବିଧ ସାଂଗୀତିକ ଯନ୍ତ୍ର, ଦେବ-ଦେବୀ, ଲୋକସଂସ୍କୃତି (ପାଲା, ସଞ୍ଚାର), ଜୀବିକାଧାରୀ ମଣିଷର ସଂଘର୍ଷ, ପୁରାଣକଞ୍ଚର ଚରିତ୍ର ତଥା ଜୀବନଦର୍ଶନର ରସାଳ ସମାବେଶ ହୋଇଛି 'ଜୀବନର ଜଳଛବି' ମଧ୍ୟରେ। କଥାକାର ସୁରେନ୍ଦ୍ର ମହାନ୍ତିଙ୍କ 'ଶେଷସ୍ତମ୍ଭ' ଏବଂ ମନୋଜ ଦାସଙ୍କ 'ଅନ୍ତରଙ୍ଗ ଭାରତ' ଭଳି ଗୌରହରିଙ୍କ 'ଜୀବନର ଜଳଛବି' ଦୀର୍ଘକାଳ ଧରି ଲେଖାଚାଲିଥିବା ଏକ ସ୍ମରଣୀୟ ସ୍ତମ୍ଭ।

ବିସ୍ତୃତି ଏବଂ ଆବେଦନ ଦୃଷ୍ଟିରୁ ଫିଚର୍ କିମ୍ବା ରୂପକ ଅତ୍ୟନ୍ତ ଗଭୀର ତଥା ଗମ୍ଭୀର। ଯଦିଓ ଏହା ସମ୍ବାଦ ବା ସମାଚାର ପ୍ରସ୍ତୁତିକରଣର ଏକ ରୂପ କିନ୍ତୁ, 'ରୋଚକ ବିଷୟର ମନୋରମ ତଥା ବିଶଦ ପ୍ରସ୍ତୁତି ହିଁ ଫିଚର୍'। "The good newspaper is not just only paper and ink. The good newspaper lives. News is its life blood, leaders are its heart and features may be said to be its soul." ଏହି ମର୍ମରେ ତଥା ପ୍ରସଙ୍ଗାନୁକ୍ରମେ ଗୌରହରିଙ୍କ 'ଫିଚର୍' ଓ ତାଙ୍କ ଦୃଷ୍ଟିକୋଣ ସମ୍ବନ୍ଧୀୟ ମତାମତକୁ ଆଲୋଚନାଭୁକ୍ତ କରିବା ଉଚିତ ମନେ ହୁଏ। ତାଙ୍କ ମତରେ- "ଖବରକାଗଜର ଖବର ତଥ୍ୟ ଉପରେ ଗୁରୁତ୍ୱ ଦିଏ। ସେଠାରେ ସାମ୍ବାଦିକର ନିଜ ମତ ଲଦିଦେବାର ସ୍ୱାଧୀନତା ନାହିଁ। ସେ ଜଣେ ଖବରଦାତା ବା ରିପୋର୍ଟର। ଅନ୍ୟମାନେ ଯାହା କହିବେ ତାହା ଆଧାରରେ ସେ ଲେଖିବ। ମାତ୍ର ଫିଚର୍ ଲେଖକର ଅଧିକ ଟିକିଏ ସ୍ୱାଧୀନତା ରହିଛି। ସେ ସେହି ଖବରର ଭିନ୍ନ ଭିନ୍ନ ଦିଗକୁ ନେଇ ଆଲୋଚନା କରିପାରିବ। x x x ଫିଚର୍‌ର ନାନା ପ୍ରକାର ଅଛି। ସବୁକଥାକୁ

ଫିଚରଧର୍ମୀ ଲେଖାରେ ପ୍ରକାଶ କରାଯାଇପାରିବ। ଫିଚରର ସାହିତ୍ୟସ୍ପର୍ଶ ତାକୁ ଦୀର୍ଘ ଜୀବନ ଦେଇଥାଏ। ମୋର 'ଜୀବନର ଜଳଛବି' ସାହିତ୍ୟଧର୍ମୀ ଏକ ଫିଚର୍, ଯାହା ନିୟମିତ ବ୍ୟବଧାନରେ ପ୍ରକାଶ ପାଉଥିବାରୁ ଏକ ସ୍ତମ୍ଭର ପଦବାଚ୍ୟ। ସାଧାରଣତଃ ଜଣେ ଫିଚର୍ ଲେଖକ ସ୍ଥାୟିତ୍ୱ କିମ୍ବା ଦୀର୍ଘ ସମୟ ମନେ ରହିବା ଭଳି ଲେଖାଟିଏ ଲେଖିବା ଉପରେ ଗୁରୁତ୍ୱ ଦିଏ।" (୪) 'ଜୀବନର ଜଳଛବି'ରେ ଚାରିଶହରୁ ଊର୍ଦ୍ଧ୍ୱ ସ୍ତମ୍ଭରେ 'କଥାଭାଗ'ର ଲାଳିତ୍ୟ ବେଶ୍ ହୃଦୟସ୍ପର୍ଶୀ। ଗୌରହରି କହନ୍ତି, "ମୋର 'ଜୀବନର ଜଳଛବି' ସୁରେନ୍ଦ୍ର ମହାନ୍ତିଙ୍କ ସ୍ତମ୍ଭର ନିକଟବର୍ତ୍ତୀ। କାରଣ ଏଥିରେ ମୁଁ ମୋର ବକ୍ତବ୍ୟକୁ ଗୋଟିଏ ଗଳ୍ପର ଢାଞ୍ଚାରେ କହିଥାଏ। ତା'ର ଆରମ୍ଭ ଅଛି, ଶୀର୍ଷ ଅଛି ଏବଂ ସମାପ୍ତି ଅଛି। କ୍ଷୁଦ୍ର ଆୟତନ ଭିତରେ ଏହାକୁ ଲେଖିବାକୁ ପଡୁଥିବାରୁ ଏଥିରେ ବେଶୀ କାରିଗରୀ ଦେଖାଇବାର ସୁଯୋଗ ନ ଥାଏ। ପୁଣି ମୋର ଆଭିମୁଖ୍ୟ ହେଉଛି, ଏହା ଅଧିକରୁ ଅଧିକ ପାଠକଙ୍କ ବୋଧଗମ୍ୟ ହେଉ। ଏହାର ବିଷୟବସ୍ତୁ କାଳ୍ପନିକ ନୁହେଁ, ବାସ୍ତବ। ଏହା ଏକ ପ୍ରକାର ସତ୍ୟ ସହ ଶବ୍ଦଯାତ୍ରା।" (୫)

ଗୌରହରିଙ୍କ ପ୍ରତ୍ୟେକ ଫିଚର୍ କୌଣସି ନା କୌଣସି ଘଟଣାଶ୍ରୟୀ ଯାହା ଗଳ୍ପର ଭ୍ରମ ଉପୁଜାଏ। ତାଙ୍କ ଅନୁଭବର ସଂକ୍ଷିପ୍ତ ଜାଲରେ ପାଠକ ଛନ୍ଦିହେବାକୁ ଆଗ୍ରହୀ ହେବେ। ତାଙ୍କର ସେ ଆବେଦନାତ୍ମକ ଉପଲବ୍ଧି ହିଁ ତ ପାଠକକୁ ଜୀବନର ରାହା ଆଉ ସମସ୍ୟା ମୁକ୍ତିର ମାର୍ଗ ନିର୍ଦ୍ଦେଶ କରେ। 'ତାଙ୍କର ଫିଚରଗୁଡ଼ିକ ଏଭଳି କାହିଁକି'ର ଉତ୍ତର ଦେଇ ସେ କହନ୍ତି- "ଆପଣମାନଙ୍କ ଧାରଣା ଠିକ୍। ପ୍ରତ୍ୟେକ ଖବରର ଗୋଟେ ସାହିତ୍ୟିକ ଦିଗ ଥାଏ। ଠିକଣା ଢଙ୍ଗରେ ସମ୍ବାଦଟି ଲେଖାଯାଇ ନ ଥିଲେ ବା ଅଯଥା ଅତିରଞ୍ଜନ ଥିଲେ ସେ ସମ୍ବାଦକୁ ପାଠକ ଭଲପାଏ ନାହିଁ। ସେହିପରି ଭଲ ବ୍ୟଞ୍ଜନାତ୍ମକ ଶୀର୍ଷକ ଥିଲେ ଖବରଟି ଦୃଷ୍ଟି ଆକର୍ଷଣ କରେ। ଠିକେ ଠିକେ କହିଦେଲେ ସେଭଳି ଦୃଷ୍ଟି ଆକର୍ଷଣ କରେ ନାହିଁ। ସେଥିପାଇଁ ସାମ୍ବାଦିକତାକୁ ତରବରରେ ଲେଖାଯାଇଥିବା ସାହିତ୍ୟ ବୋଲି ମାଥ୍ୟୁ ଆର୍‌ନଲ୍‌ଡ୍ କହିଛନ୍ତି- 'Journalism is literature in a hurry.' । ସାହିତ୍ୟ ପରି ଏଥିରେ କଳ୍ପନାର ଅବକାଶ ରହିଛି। ରସ, ବ୍ୟଞ୍ଜନା, ବ୍ୟଙ୍ଗ ଓ ବସ୍ତୁନିଷ୍ଠତାର ଅବକାଶ ଅଛି। ଯେତେବେଳେ ଜଣେ ସାମ୍ବାଦିକ ବା ଲେଖକ ଲକ୍ଷ୍ୟ କରେ ଯେ ତା ସାମ୍ନାରେ ଥିବା ଘଟଣାର ଏକାଧିକ ଦିଗ ଅଛି ବା ଏ ଘଟଣାରେ ଏଭଳି କିଛି ସ୍ୱତନ୍ତ୍ର ବିଶେଷତ୍ୱ ଅଛି କିମ୍ବା ଏହା ମଣିଷର ମର୍ମସ୍ଥଳକୁ ଏଭଳି ସ୍ପର୍ଶ କରିବ ସେତେବେଳେ ସେ ତାକୁ ନିଜ ଫିଚରଧର୍ମୀ ଲେଖାର ବିଷୟ ଭାବେ ଗ୍ରହଣ କରିଥାଏ। କ୍ଷୁଦ୍ରଗଳ୍ପର ପରିଭାଷା କ'ଣ? ସୀମିତ ପରିସରରେ ଉତ୍କଣ୍ଠା ରକ୍ଷା କରୁଥିବା ଏକ ଘଟଣାର ବର୍ଣ୍ଣନା, ଯାହା ପଢ଼ା ସରିବା

ପରେ ସୁଦ୍ଧା ପାଠକ ମନରେ ଅତୃପ୍ତି ଘେରି ରହିଥିବ। ଫିଚର୍‌ର ଆଭିମୁଖ୍ୟ ଠିକ୍ ସେଇଆ। ଏଥିପାଇଁ 'ଜୀବନର ଜଳଛବି' ସ୍ତମ୍ଭରେ ଅନେକ ଲେଖାକୁ ପାଠକ ଗଳ୍ପ ଭାବରେ ଗ୍ରହଣ କରିଥାଆନ୍ତି। ମୁଁ ଏହାକୁ ଭ୍ରମ ବୋଲି କହିବି ନାହିଁ।" (୬)

ଗୌରହରି ଦାସ ଜଣେ ଦାୟବଦ୍ଧ ସୃଜନଶିଳ୍ପୀ। ଅଧିକାଂଶ ଲେଖକଙ୍କ ପରି ସେ ମଧ୍ୟ ଗଭୀର ଅନ୍ତର୍ଦାହରୁ ମୁକ୍ତି ପାଇବା ନିମନ୍ତେ ଲେଖନ୍ତି। ଜଣେ ଲେଖକର ସୃଜନାତ୍ମକ-ଅସହାୟତାକୁ ଅତି ଭାବପ୍ରବଣ ଢଙ୍ଗରେ ସେ ଉଲ୍ଲେଖ କରିଛନ୍ତି- "ଲେଖାଟି ଲେଖିବା ବେଳେ ମନ ଭିତରେ ବିଶ୍ୱାସ ଥାଏ, ଲେଖିସାରିଲା ପରେ ଅବା ମୁଁ ଏହି ଯନ୍ତ୍ରଣା ଓ ମର୍ମଦାହରୁ ରକ୍ଷା ପାଇଯିବି; ମାତ୍ର ତାହା ହୁଏ ନାହିଁ। ଏହାର କାରଣ ଖୋଜି ଦେଖିଛି, ମୁଁ ଲେଖା ଆରମ୍ଭ କଲାବେଳେ ଯେମିତି ଯାହା ଲେଖିଦେବି ବୋଲି ଆସ୍ଫାଳନ କରିଥାଏ, ବାସ୍ତବରେ ସେମିତି ଲେଖିପାରେ ନାହିଁ। ଏହି ଅସଫଳତା ପାଇଁ ମୋ ନିଜର ଅସାମର୍ଥ୍ୟ ଯେତିକି ଦାୟୀ, ଶବ୍ଦମାନଙ୍କର ଅସହାୟତା ବି ସେତିକି ଦାୟୀ। ଅନୁଭବ ଅଭିବ୍ୟକ୍ତି ପର୍ଯ୍ୟାୟକୁ ଆସିବା ବାଟରେ ଆବେଶ ଅନେକ ହୁଗୁଳା ହୋଇଯାଏ ଓ ଶବ୍ଦମାନଙ୍କ ପିଠିରୁ ଭାବ ଓହ୍ଲେଇ ଯାଇଥାଏ।" (୭) ସୃଜନଶିଳ୍ପୀ ଗୌରହରିଙ୍କ ବ୍ୟକ୍ତିତ୍ୱ ଯେତିକି ଗରିମାମୟ ତାଙ୍କର ସମଗ୍ର ସୃଷ୍ଟିସମ୍ଭାର ମଧ୍ୟ ସେତିକି ମହିମାନ୍ୱିତ। ତାଙ୍କ ଅଭିବ୍ୟକ୍ତିର ସରଳତା ସାହିତ୍ୟାନୁରାଗୀ ପାଠକ ହୃଦୟକୁ ଏଭଳି ଦ୍ରବୀଭୂତ କରିବାରେ ସକ୍ଷମ ଯେ, ଅପାଠକଟିଏ ପାଠକ ହୋଇପାରେ, ବେରସିକଟିଏ ରସିକ ହୋଇପାରେ ଏବଂ ଅଜ୍ଞାନ ମଣିଷଟିଏ ଅକସ୍ମାତ୍ ଜ୍ଞାନାତ୍ମକ ଦର୍ଶନରେ ଅବଗାହନ କରିପାରେ। 'ଜୀବନର ଜଳଛବି' ପୁଣ୍ୟତୋୟାର ଜଳ ଭଳି ସ୍ୱଚ୍ଛ-ଶୁଦ୍ଧ ଏବଂ ଚାକ୍ଷୁଷ ଦୃଶ୍ୟ ଭଳି ଅକୃତ୍ରିମ ଓ ପ୍ରାଞ୍ଜଳ। ଚମତ୍କାର କଥାକାରିତାକୁ ଆଧାର କରି ଗତାନୁଗତିକ-ପ୍ରଥାସିଦ୍ଧ ଗଡ୍‌ଡାଳିକା ଉପରେ ଚେତନାଦର୍ଶର ମୃଦୁ-କରାଘାତ ସହ ସ୍ନେହପୂର୍ଣ୍ଣ ଆକଟ ଓ ନମ୍ର ହସ୍ତକ୍ଷେପ ହିଁ 'ଜୀବନର ଜଳଛବି'କୁ ଏକ ଶିକ୍ଷାକୋଷରେ ପରିଣତ କରିଛି।

'ଜୀବନର ଜଳଛବି' ଶୀର୍ଷକସ୍ଥ ପ୍ରଥମ ସଂକଳନରେ ପ୍ରାୟ ୪୪ ଗୋଟି ସ୍ତମ୍ଭ ରହିଛି। ଗପ ସହିତ ଜନ୍ମ ହୋଇଥିବା କଥାକାର ଗୌରହରି ଦାସଙ୍କ ନିମନ୍ତେ ସୀମା ଓ ସୀମାନ୍ତକୁ ଅସ୍ୱୀକାର କରୁଥିବା ବିଚିତ୍ର ପକ୍ଷୀ ହେଉଛି ସାହିତ୍ୟ। ଏହା ଜୀବନର ବିବିଧ ରୂପକୁ ନିଜ ପୃଷ୍ଠାମାନଙ୍କ ମାଧ୍ୟମରେ ଚିତ୍ରାୟନ କରେ। ଗୌରହରି ଦାସଙ୍କ ଶବ୍ଦରେ- "ଯେଉଁଠି ବଞ୍ଚି ରହିବା ପାଇଁ ସାମାନ୍ୟ ସ୍ୱପ୍ନଟିଏ ନାହିଁ, ଅବଲମ୍ବନ ନାହିଁ - ଇଆରି ନାଁ ଜୀବନ।" (୮) 'ଜୀବନର ଜଳଛବି'ରେ ମାନବ ଜୀବନନିଷ୍ଠ ଅସଂଖ୍ୟ ରୂପର ମାର୍ମିକ ଚିତ୍ର ରହିଛି। "ଜୀବନ ଏକ ବିଚିତ୍ର ଅନୁଭବ। ଆକସ୍ମିକ ଅଥଚ

ଅନିବାର୍ଯ୍ୟ ଏହାର ଅଧିକାଂଶ ଚାହିଦା। ଅଦ୍ଭୁତ ପୁଣି ଏହାର ପ୍ରତିଟି ଅଭିଜ୍ଞତା। ଏଠି ସୁଖ ଆସି ପ୍ରଜାପତି ପରି ଖଣ୍ଡିଉଡ଼ା ଦେଇ ଚାଲିଯାଏ, ଅଥଚ ଦୁଃଖ ଆସି ସୁଧଖୋର ମହାଜନ ପରି ଅଗଣାରେ ବସିରହେ ଅଚଳ ମହାମେରୁ ପରି। ଚାହୁଁଥିବା ଜିନିଷ ମିଳେ ନାହିଁ, ଅଥଚ ନ ଚାହୁଁଥିବା ଜିନିଷମାନ ଆସି ଗଳା ଛନ୍ଦି ଓହଳି ବସନ୍ତି। ଅପେକ୍ଷା କରୁଥିବା ଅତିଥି ଆସନ୍ତି ନାହିଁ, ଆଡ଼େଇ ଚାଲିଥିବା ଶତ୍ରୁ ହିଁ ଆସି ଆଗରେ ଛିଡ଼ା ହୁଅନ୍ତି।" (୯) ନିତ୍‌ସେଙ୍କ ପରି ଗୌରହରିଙ୍କ ପାଇଁ ଜୀବନର ବ୍ରତ ହେଲା- 'ମଣିଷର ଉନ୍ନତତର ଜୀବନ, ଉନ୍ନତତର ସଂସ୍କୃତିର ସନ୍ଧାନ।' ନିତ୍‌ସେଙ୍କ ଭଳି ଗୌରହରି 'transvaluation of values' ଉପରେ ଗୁରୁତ୍ୱାରୋପ କରନ୍ତି। ଏକଦା ନିତ୍‌ସେ କହିଥିଲେ- "ମୋ ଲେଖାରେ ମୁଁ ନିଜକୁ ଫୁଟାଇଛି। ମୋର ପ୍ରବୃତ୍ତି, ଅନ୍ତର୍ବୋଧ, ବିଶ୍ୱାସ, ମୋର ଜ୍ଞାନ ତଥା ଅଜ୍ଞାନକୁ ତମେ ଜାଣ। ମୋ ଜୀବନରେ ଯାହାସବୁ ପାଥେୟ ଭାବେ ଗ୍ରହଣ କରିଛି, ଯେଉଁଠୁ ସାହସ ପାଇଛି, ପ୍ରେରଣା ପାଇଛି, ଜୀବନକୁ ଅଙ୍ଗୀକାର ଶକ୍ତି ପାଇଛି, ତମେ ସେସବୁରୁ କିଛି ଉପକାର ପାଉଛ କି ନା ଦେଖ।" (୧୦) ଅନୁରୂପ ଭାବରେ ଗୌରହରି ଦାସଙ୍କ 'ଜୀବନର ଜଳଛବି' ତାଙ୍କ ଜୀବନାନୁଭୂତି ଓ ଜୀବନ ଜିଜ୍ଞାସାର ସଜଳ ପଟ୍ଟଚିତ୍ର।

'ଭୂଗୋଳ ସେପାରି ଭୂଇଁ' ଫିଚର୍‌ରେ କିଛି ସାଧାରଣ ଅଲଭ୍ୟ ଚିଜର ପ୍ରାପ୍ତିର ପ୍ରସଙ୍ଗ ରହିଛି। ଯାହା ଏକଦା ମଣିଷକୁ ଶାନ୍ତି ପ୍ରଦାନ କରୁଥିଲା, ତାହା କ୍ରମଶଃ ମୂଲ୍ୟହୀନ ହୋଇପଡୁଥିବାର ଚିତ୍ର ଏଥିରେ ରହିଛି। ପୂର୍ବେ ଓଡ଼ିଶାର ଗାଁ ଗହଳିରେ ବିଦେଶୀ ଅଙ୍ଗୁର, ସେଓ ଇତ୍ୟାଦି ଫଳ ସାତ ସପନ ଥିଲା। ଭୂଗୋଳରେ ସେହି ଅନାମଧେୟ ଗାଁର ଅସଂଖ୍ୟ ନିରୀହ ମଣିଷ ଦୁର୍ଲଭ ମିଠା ଓ ଫଳ ପାଇଁ ଏକଦା ଆକାଂକ୍ଷିତ ରହୁଥିବାର ନିଛକ ବର୍ଣ୍ଣନା ଏଥିରେ ରହିଛି। 'ମଧୁର ମିଥ୍ୟା' ଫିଚର୍‌ରେ ଦାରିଦ୍ର୍ୟକୁ ଓ ଅତୀତକୁ ଅସ୍ୱୀକାର ଏବଂ ଅସମ୍ମାନ କରୁଥିବା ଚିତ୍ତରଞ୍ଜନଙ୍କ ପାଖକୁ ଅବସରପ୍ରାପ୍ତ ସ୍କୁଲ୍ ହେଡ୍‌ମାଷ୍ଟର ମାନ୍ଧାତା ମହାପାତ୍ର କିପରି ବହୁ ଆଶା-ପ୍ରତ୍ୟାଶା ନେଇ ଆସନ୍ତି; କିନ୍ତୁ ପୁତ୍ରବଧୂ ଦ୍ୱାରା ଉପେକ୍ଷିତ-ଅପମାନିତ ହୋଇ ଫେରିଯାଆନ୍ତି, ତାର ଚିତ୍ର ରହିଛି। ନିଜ ଗାଁର ମାଟି-ଗୋଡ଼ି-ବିଲ-ଅପନ୍ତରା ପୋଖରୀ, ମନ୍ଦିର, ନଈ ଓ ମଣିଷ ମୁଖପାତ୍ର ସାଜିଥିବା ସ୍ତମ୍ଭକାର ଗୌରହରି 'ଅର୍ଜୁନ ବାଆଜୀ ପୋଖରୀ', 'ତଳବନ୍ଧ', 'ମୁଠିଶାଗ ଓ ଆମ୍ବ ବଉଳର ଶୈଶବ', 'ଆମ ଗାଆଁ', 'ମାମୁଘର', 'ପୂଜାଛୁଟି', 'ସନାତନ ମାଷ୍ଟ୍ରେ', 'ନିତ୍ୟାନନ୍ଦ ସାର୍', 'ଆଦର୍ଶ ଶିକ୍ଷକ' ଇତ୍ୟାଦି ଫିଚର୍‌ଗୁଡ଼ିକରେ ଜୀବନ୍ତ ଭାବରେ ସ୍ମୃତି ଓ ଚିତ୍ରର ରୂପାୟନ କରିଛନ୍ତି। ଗୌରହରି ନିଜ ଶିକ୍ଷକଙ୍କ ପ୍ରତି ଶ୍ରଦ୍ଧାପୂର୍ଣ୍ଣ ଭାବପ୍ରବଣତାକୁ ଶବ୍ଦାୟିତ କରିଛନ୍ତି: "ସମାଜର ଦମ୍ଭିଲା

ମଣିଷମାନେ ନିପାରିଲା ମଣିଷଙ୍କ ଆବେଗ, ଭାବପ୍ରବଣତାକୁ ରାସ୍ତା ଉପରର ଅଲୋଡ଼ା କାଗଜ ଟୁକୁରା ପରି ଦଳିଚକଟି ଚାଲିଯାଉଥିବାର ଦେଖିବାବେଳେ ହିଁ ସିଦ୍ଧାର୍ଥର ମନେପଡ଼ନ୍ତି ନିତ୍ୟାନନ୍ଦ ସାର୍।" (୧୧) ନିଜ ଗାଁ ମାଟିକୁ ଶଙ୍ଖୋଳିବାକୁ ଯାଇ ଗୌରହରି ଦାସ 'ଛୋଟ ମୋର ଗାଁଟି'ର କବି ସଚ୍ଚି ରାଉତରାୟଙ୍କ ପରି ଭାବପ୍ରବଣ ହୋଇଉଠିଛନ୍ତି। ତାଙ୍କର ସେହି ଆବେଗପୂର୍ଣ୍ଣ ଉକ୍ତି ସବୁ କେତେ ଯେ ହୃଦୟସ୍ପର୍ଶୀ ଦେଖନ୍ତୁ-

"ଓଡ଼ିଶାର ଭୌଗୋଳିକ ମାନଚିତ୍ରରେ ନ ହେଲେ ବି ବାଲେଶ୍ୱର (ଏବେ ଭଦ୍ରକ) ଜିଲ୍ଲା ମାନଚିତ୍ରରେ ଛୋଟ ଏକ ସୋରିଷଦାନାର ସ୍ଥିତି ପରି ଅର୍ବାଚୀନ ସ୍ଥିତି ତଳବନ୍ଧ ଗାଆଁର।" (୧୨)

'ବିଧବା ସକାଳ', 'ଉଆଁସୀ କନ୍ୟା' ଆଦି ଫିଚର୍‌ରେ ନାରୀ ଜୀବନର କରୁଣ ସ୍ଥିତି ବର୍ଣ୍ଣିତ ହୋଇଛି। ବାଲ୍ୟବିଧବା ନିଆଶ୍ରୀ ମାଳଅପାର ନିଃସଙ୍ଗ ଜୀବନ ଓ ଦୀର୍ଘଶ୍ୱାସର ଯନ୍ତ୍ରଣା ପ୍ରତି ଲେଖକ ସମ୍ବେଦନଶୀଳ ହୋଇ ଉଠିଛନ୍ତି। ଅନୁରୂପ ଭାବରେ ଗୋଟାଏ ରକ୍ତମାଂସର ମଣିଷର ନିଃସଙ୍ଗ, ନିର୍ଜନ ଓ ଯନ୍ତ୍ରଣାକାତର ଚିତ୍ର ସହିତ ସମାଜର ବଦ୍ଧମୂଳ ଅନ୍ଧବିଶ୍ୱାସ ପାଇଁ ନିଜର ଜୀବନ ଓ ଯୌବନକୁ ଅନିଚ୍ଛାରେ ବଳି ଦେଇଥିବା ସରଳା, ଅସହାୟା ନାରୀର ଦୁର୍ଭାଗ୍ୟପୂର୍ଣ୍ଣ ଜୀବନର ଚିତ୍ର ହେଉଛି 'ଉଆଁସୀ କନ୍ୟା' ସ୍ତମ୍ଭ। 'ଶାଳବଣର ଗୀତ', 'ଶୈଶବ ପାଇଁ ସ୍ମୃତି ତର୍ପଣ' ଓ 'ମୋହଭଙ୍ଗର ପର୍ବ' ଇତ୍ୟାଦି ସ୍ତମ୍ଭଗୁଡ଼ିକରେ ଗ୍ରାମ୍ୟ ଜୀବନ, ଶିଶୁପଣ, ସହରୀ ଜୀବନର ମୃଦୁ ପଦପାତର ଚିତ୍ର ରହିଛି। ସ୍ତମ୍ଭକାର ଗୌରହରି ଶକ୍ତି ଦାସ ଭଳି ସାପୁଆ କେଳା ପ୍ରତି ସମ୍ବେଦନଶୀଳ ହୋଇ ଉଠିଛନ୍ତି 'କଂସର ଘରଣୀ, ପଦ୍ମାବତୀ ରାଣୀ' ଫିଚର୍‌ରେ। ଅପରପାର୍ଶ୍ୱରେ 'ଉଦାର ଈଶ୍ୱର', 'ଅସହାୟ ଦେବଶିଶୁ', 'ଅନୁତ୍ତରିତ', 'କପଟ ଅଭିମନ୍ୟୁ' ଫିଚର୍‌ରେ ମଣିଷର ଜୀବନ-ଜୀବିକା, ଅସହାୟତା ପ୍ରତି ଲେଖକଙ୍କର ଦରଦ, ଆପଣାପଣ ଓ ସହାନୁଭୂତି ଝରିପଡ଼ିଛି। 'ମେହେନତୀ ମଣିଷ ସ୍ମୃତିରେ' ଫିଚର୍‌ରେ ଶ୍ରମକୁ ସୁଲଭ ମୂଲ୍ୟରେ ବିକି ଗୁଜୁରାଣ ମେଣ୍ଟାଉଥିବା ଶ୍ରମଜୀବୀଙ୍କ ପ୍ରତି ସ୍ତମ୍ଭକାରଙ୍କ ସହାନୁଭୂତି ସୁସ୍ପଷ୍ଟ। ସଂସାରର ଧାଁ ଦଉଡ଼ ଭିତରେ ଜୀବନର ଯାବତୀୟ ଚାହିଦା ମେଣ୍ଟେଇବାକୁ ଯାଇ ଯନ୍ତ୍ରରେ ପରିଣତ ହେଉଥିବା ମଣିଷଙ୍କ ଚିତ୍ର ରହିଛି 'ଜୀବନ-ଚମ୍ପୂ'ରେ। ରାଜଧାନୀର ବର୍ଣ୍ଣାଢ଼୍ୟ କୋଳାହଳ ଭିତରେ ଉଷୁମ ଆନ୍ତରିକତା କେବେଠାରୁ ଆତ୍ମହତ୍ୟା କରିଥିବାର ବିଡ଼ମ୍ବନାପୂର୍ଣ୍ଣ ସ୍ଥିତିକୁ ଦର୍ଶାଇଛନ୍ତି 'ସହରୀ ସଂପର୍କ' ମାଧ୍ୟମରେ। ଲେଖକ ନିଜ କୈଶୋରର ଗାଁ ସ୍ମୃତିକୁ ଦୀର୍ଘ ୩୦ ବର୍ଷ ପରେ ଝୁରି ହୋଇଛନ୍ତି 'ଅଚିହ୍ନା ଆକାଶ' ସ୍ତମ୍ଭରେ। ସମୟାନୁକ୍ରମେ ମନ୍ତେଇ ନଈ, କାଦୁଅନାସୀ

ଗାଁ ଓ ଚତୁର୍ଦ୍ଦଶୀ ଜହ୍ନର ବିବର୍ଣ୍ଣ ରୂପକୁ ଦେଖି ସିଦ୍ଧାର୍ଥ ଓରଫ୍ ଗୌରହରି ଦାସ ଚରମ ଅବସାଦ ଓ ଅସହାୟତାରେ ଭାଙ୍ଗିପଡ଼ିଛନ୍ତି। ସ୍ତମ୍ଭକାର 'ଗ୍ରାମ୍ୟ ଜୀବନ' ମଧ୍ୟରେ ଭାରତକୁ ଦର୍ଶନ କରିଛନ୍ତି 'ଇଣ୍ଡିଆ ଦ୍ୟାଟ୍ ଇଜ୍ ଭାରତ' ସ୍ତମ୍ଭରେ। ଲେଖକଙ୍କ ଶାଣିତ ଟିପ୍ପଣୀ: "ଭାରତର ମଣିଷମାନେ ମଫସଲରେ ରହନ୍ତି, ଭାରତର ଚାଷଜମି ଚଷି, ମୂଲ ଲାଗି ପେଟ ପୋଷନ୍ତି। x x x ଅଥଚ ଏଇ ଭାରତର ଲୋକମାନଙ୍କ ସୁଖ, ଦୁଃଖ, ଉତ୍‌ଥାନ ଓ ଅଭ୍ୟୁଦୟ ପାଇଁ ସେମାନଙ୍କର ଜୀବନ, ସ୍ୱପ୍ନ, ଆବେଗ ଓ ପରମ୍ପରା ସହ ଆଦୌ ସମ୍ବନ୍ଧ ରଖୁ ନ ଥିବା 'ଇଣ୍ଡିଆ'ର ଲୋକମାନେ ଯୋଜନା ତିଆରି କରନ୍ତି, ତାକୁ ପ୍ରଣୟନ କରନ୍ତି।" (୧୩)

'ଚିହ୍ନା ଚୌହଦି' ସ୍ତମ୍ଭ ସଂଲଗ୍ନ ପ୍ରାୟ ୫୦ ଗୋଟି ପ୍ରସଙ୍ଗରେ ସ୍ତମ୍ଭକାର ପଲ୍ଲୀ ଜୀବନର ସୌନ୍ଦର୍ଯ୍ୟ, ଆହ୍ଲାଦ, ଶାନ୍ତି, ସ୍ୱଚ୍ଛତାକୁ ଝୁରି ହୋଇଛନ୍ତି। "ମଣିଷର ଅନେକ ଅସାମର୍ଥ୍ୟ ଅଛି। ତାହା ଭିତରୁ ଗୋଟିଏ ହେଲା ପଛରେ ଛାଡ଼ି ଆସିଥିବା ଜୀବନ ପାଖକୁ ଆଉ ଫେରି ନ ପାରିବା। ଦିନେ ହୁଏତ ମଣିଷ ଦୂର ଆଉ କୋଉ ଗ୍ରହରେ ଯାଇ ଘର କରିବ, ମାତ୍ର ଗତକାଲି ପାଖକୁ ସେ କେବେ ବି ଫେରିପାରିବ ନାହିଁ, ଶତଚେଷ୍ଟା ସତ୍ତ୍ୱେ। ସେଥିପାଇଁ ମଣିଷ ଅତୀତକୁ ଝୁରେ, ବେଶି ବେଶି ମନେପଡ଼େ ସେଇ ସମୟ ଯାହା ତା ପାଖକୁ ଫେରି ଆସିବ ନାହିଁ କୌଣସି ଦିନ। ତେଣିକି ସ୍ମୃତିକୁ ସମ୍ବଳ କରି ବଞ୍ଚିବା ପାଇଁ ତା ପାଇଁ ଅବଧାରିତ। ସ୍ମୃତି ନ ଥାଇ ମଣିଷ ନାହିଁ।" (୧୪) ସହର ଜୀବନରେ କୁଆଁର ପୁନେଇଁ, ରଜଦୋଳି, ଦୋଳମେଲଣ କ୍ରମଶଃ ତା'ର ମହତ୍ତ୍ୱ ହରାଉଥିବାର ଚିତ୍ର ରହିଛି 'ଦୋଳି' ଫିଚର୍‌ରେ। 'ଚିହ୍ନା ଚୌହଦି'ରେ ସ୍ତମ୍ଭକାର ସାଂସ୍କୃତିକ ଜୀବନର ମୂଲ୍ୟକୁ ମହତ୍ତ୍ୱ ପ୍ରଦାନ କରିବା ସହିତ ନାରୀ ଜୀବନର ଅସହଣି ଦୁଃଖ (ଅନ୍ତରଙ୍ଗ ଦୁଃଖ, ଗଙ୍ଗଶିଉଳିମାନଙ୍କର ସ୍ୱପ୍ନ), ଶିକ୍ଷକମାନଙ୍କ ଆଦର୍ଶବତ୍ତା (ଗୁରୁଦକ୍ଷିଣା), ଅପୂର୍ଣ୍ଣ-ଅବସୋସମୟ ଜୀବନ (ସିଦ୍ଧାର୍ଥର ନୂଆ ତତ୍ତ୍ୱ), ଦୁର୍ନୀତି, ଅନ୍ୟାୟର ଦୁର୍ଭାଗ୍ୟପୂର୍ଣ୍ଣ ସ୍ଥିତି (ଅସହାୟ ଭାରତ)ର ନିଚ୍ଛକ ବର୍ଣ୍ଣନା ରହିଛି। ଲେଖକଙ୍କୁ ଯେଉଁଠି ଧର୍ମ, ନୈତିକତା ଓ ମୂଲ୍ୟବୋଧ ଆଖିବୁଜି ଦେଉଥିବା ସବୁ ମଣିଷଙ୍କ ମୁହଁ ପରି ସମାନ ଦେଖାଯାଉଛି, ସେଇଠି ପରମୁଖାପେକ୍ଷୀ ପରାଧୀନ ଓ ଅସହାୟ ସହରୀ ଜୀବନ ତାଙ୍କୁ ବ୍ୟଥିତ କରୁଛି। ଦେଶ-ସମାଜର ପ୍ରତିକୂଳ-ଦୁର୍ଦ୍ଦଶାପୂର୍ଣ୍ଣ ସ୍ଥିତିକୁ ଦେଖି ଲେଖକଙ୍କ ମନରେ ପ୍ରଶ୍ନ ଉଠିଛି- "ସ୍ୱାଧୀନତା ଆନ୍ଦୋଳନ ବେଳର ଏଇସବୁ ଧାରା ପରମ୍ପରାସିଦ୍ଧ ଭାବେ ଆଜି ଅନୁସୃତ ହେଉଛି ସ୍ୱାଧୀନ ଭାରତରେ। ଦିନେ ଫିରିଙ୍ଗି ଶାସନକୁ ହଟେଇବା ପାଇଁ ଅନୁସୃତ ପଦକ୍ଷେପମାନ ଆଜି ସ୍ୱାଧୀନ ଭାରତର ସରକାରୀ ସଂପତ୍ତି ନଷ୍ଟଭ୍ରଷ୍ଟ କରିଦେବା ପାଇଁ ଅନୁସୃତ ହେଉଛି। ଆନ୍ଦୋଳନ ନାଁରେ ହିଂସା ହିଁ

ହୋଇ ଉଠିଛି ମୁଖ୍ୟ ଆୟୁଧ; ମହାତ୍ମା ଗାନ୍ଧୀଙ୍କର ଦେଶ ଏହି ଭାରତବର୍ଷରେ। କେବେ ଏଥିରୁ ମୁକ୍ତି କିଏ ଜାଣେ?" (୧୫) ନିର୍ବାଚନୀ ପ୍ରଚାରରେ ଆର୍ଥିକ ଫାଇଦା ସହିତ ଭାରତୀୟ ରାଜନୀତିରେ ନିସ୍ପୃହ କର୍ମୀମାନଙ୍କ ସୁବିଧାବାଦର ପ୍ରସଙ୍ଗ ରହିଛି 'କର୍ମଣ୍ୟେ ବାଧିକାରସ୍ତେ' ସ୍ତମ୍ଭରେ। 'ମୋହ ମୁଦ୍‌ଗର', 'ସଂପର୍କ', 'ପ୍ରଜାପତିର ଡେଣା' ଇତ୍ୟାଦିରେ ସଂପର୍କ ତଥା ଅସ୍ତବ୍ୟସ୍ତ ଜୀବନ ଯନ୍ତ୍ରଣାର ଚିତ୍ର ରହିଛି। ପୃଥିବୀର ଅସଂଖ୍ୟ ଦୁଃଖ, ଅସହାୟତା, ନିର୍ଯାତନାର ଚିତ୍ରକୁ ଜୀବନ୍ତ ଭାବରେ ଅଭିବ୍ୟକ୍ତ କରାଯାଇଛି 'ଶୋଷଣର ଶ୍ୱେତପତ୍ର' ଫିଚର୍‌ରେ। ଯେଉଁମାନଙ୍କ ପାଇଁ ମୃତ୍ୟୁ ନୁହେଁ ଜୀବନ ହିଁ ସବୁଠୁ ବଡ଼ ସମସ୍ୟା, ସେହିମାନଙ୍କ ପ୍ରତି ସ୍ତମ୍ଭକାରଙ୍କ ହୃଦୟ ବିଗଳିତ ହୋଇଉଠିଛି। ଜୀବନର ମୋହଭଙ୍ଗର ଚିତ୍ର 'ମହଙ୍ଗା ସ୍ୱପ୍ନ' ସ୍ତମ୍ଭରେ ଅନୁରଣିତ ହୋଇଛି। ଜିଘାଂସା, ହତ୍ୟା, ପ୍ରତିଶୋଧ, କ୍ଷମତାର ମୋହ, ଗଣହତ୍ୟାର ପ୍ରସଙ୍ଗକୁ ନେଇ 'ମୁମୂର୍ଷୁ ମୂଲ୍ୟବୋଧ', 'ଦାରିଦ୍ର୍ୟ'କୁ ନେଇ 'ଅତିଥି' ଓ ଓଡ଼ିଆ ଭାଷାପ୍ରୀତିର ବାର୍ତ୍ତା ରହିଛି 'ଉଜ୍ଜ୍ୱଳ ଉଦାହରଣ' ଫିଚର୍‌ରେ। 'ଭାଙ୍ଗି ପଡୁଥିବା କୋଣାର୍କ', 'ସଭ୍ୟ ଓ ସାକ୍ଷର', 'ବିଷ ବଳୟ', 'ଚିଲମ୍ ଓ ଚିଲିକା', 'କଳା ପାହାଡ଼', 'ଚିହ୍ନା ମଣିଷ, ଅଚିହ୍ନା ସ୍ୱର', 'ବସୁଧୈବ କୁଟୁମ୍ବକମ୍' ଇତ୍ୟାଦିରେ ସ୍ତମ୍ଭକାର ଇତିହାସ, ଭାରତୀୟ ପରମ୍ପରାର ମହତ୍ତ୍ୱକୁ ଅନ୍ୱେଷା କରିଛନ୍ତି। ପ୍ରତିମାପୂଜା ଅପେକ୍ଷା ମାନବ ସେବାର ମହତ୍ ଦର୍ଶନ ରହିଛି 'କ୍ଷୁଧାର୍ତ୍ତ ଈଶ୍ୱର' ଫିଚର୍‌ରେ।

'ଭିନ୍ନ ଭୂମିକା' ସ୍ତମ୍ଭ ସଂଲଗ୍ନ ପ୍ରାୟ ୫୦ରୁ ଊର୍ଦ୍ଧ୍ୱ ପ୍ରସଙ୍ଗରେ ବନ୍ୟାପ୍ରପୀଡ଼ିତ ଘଡ଼ିମୂଳ ଓ ମୁଣ୍ଡିଲୋ ଗାଁର ହତଭାଗ୍ୟ ମଣିଷମାନଙ୍କ ପ୍ରତି ସହାନୁଭୂତିର ଚିତ୍ର ରହିଛି 'ଘଡ଼ିମୂଳ' ଫିଚର୍‌ରେ। 'ଜଙ୍ଗଲରେ ଜହ୍ନରାତି' ଫିଚର୍‌ରେ ପ୍ରକୃତିର ଅଲଘ୍ୟ ଆହ୍ୱାନର ଚିତ୍ର ରହିଛି। 'ନିର୍ମୂଳୀ' ଫିଚର୍‌ରେ ଓଡ଼ିଆ ପରମ୍ପରା ଓ ସଂସ୍କୃତିର ମହତ୍ତ୍ୱ ପ୍ରଖ୍ୟାପିତ ହୋଇଛି। ପ୍ରତିକୂଳ ପରିସ୍ଥିତି ସାଙ୍ଗେ ମୁକାବିଲା କରିପାରୁଥିବା ସଂଗ୍ରାମୀ ମଣିଷଙ୍କ ପ୍ରତି ସହାନୁଭୂତିଶୀଳ ହୋଇଉଠିଛନ୍ତି ସ୍ତମ୍ଭକାର 'ମଣିଷ' ଫିଚର୍‌ରେ। ହରିଆନାର ଛୋଟ ସହରର 'ଡବଓ୍ୱାଲି'ରେ ଘଟିଥିବା ଅଗ୍ନିକାଣ୍ଡ ଭଳି ପାରିପାର୍ଶ୍ୱିକ ଦୁଃସ୍ଥିତି ଓ ବିପତ୍ତି କାଳରେ 'ମଣିଷପଣିଆ'ର ମନ୍ତ୍ରଗାନ କରିଛନ୍ତି ଲେଖକ। ଶ୍ରୀ ଦାସ ଓଡ଼ିଶା ଏବଂ ଓଡ଼ିଶା ବାହାରେ ଥିବା ବହୁ ପର୍ଯ୍ୟଟନସ୍ଥଳୀର ମହତ୍ତ୍ୱକୁ ପ୍ରତିଷ୍ଠା କରିଛନ୍ତି 'ରୁପ୍‌ସାର ରୂପସୀ ସନ୍ଧ୍ୟା', 'ଧନ୍ୟବାଦ କେରଳ', 'ପର୍ଯ୍ୟଟନ ନା ପଥଶ୍ରମ' ଇତ୍ୟାଦି ଫିଚର୍‌ରେ। 'ଶୋକର ଲୁଣ୍ଠନକାରୀ' ଫିଚର୍‌ରେ ଐତିହାସିକ ଟ୍ରାନ୍‌ସଓ୍ୱାର୍ଲ୍ଡ୍ ଏୟାର୍‌ଲାଇନ୍‌ସର ବିମାନ ଦୁର୍ଘଟଣାର ପ୍ରସଙ୍ଗ ଏବଂ କରୁଣ ବିପର୍ଯ୍ୟୟର ଚିତ୍ର ରହିଛି। 'ମାଟି ଓ ଆକାଶର ମନ୍ତ୍ର' ଫିଚର୍‌ରେ ବାସୁଦେବପୁର ଧାମରାର କରଣପଲ୍ଲୀ ଓ ତତ୍‌ସଂଲଗ୍ନ ମାଇଲ୍ ମାଇଲ୍

ବ୍ୟାପୀ ଚାଷଜମିର ବର୍ଣ୍ଣନା ଛଳରେ ଓଡ଼ିଶାର ମାଟି ଓ ଆକାଶର ଜୟଗାନ ରହିଛି। ଜଣେ ନିରକ୍ଷରା ବୃଦ୍ଧାଙ୍କ ଭିତରେ ଗୌରହରି ଜୀବନର ମୂଲ୍ୟବୋଧକୁ ସନ୍ଦର୍ଶନ କରିଛନ୍ତି। ସେହିମାନେ ହିଁ ଭବିଷ୍ୟତର ପିଢ଼ିକୁ ମାର୍ଗ ନିର୍ଦ୍ଦେଶ କରିବାର ସଂସ୍କାର ଧାରଣ କରିଥାନ୍ତି ବୋଲି ଲେଖକ ମତ ଦିଅନ୍ତି। ଆଧୁନିକ ଯୁବକମାନେ ଜୀବନର ଅନନ୍ତ ରୂପ, ରସ ଓ ରହସ୍ୟ ସନ୍ଧାନକୁ ଭୁଲି ଜମି ଖର୍ଦ୍ଦି, ପଦୋନ୍ନତି ଓ ଜାଲ୍ ଭାଉଚର୍ ପ୍ରସ୍ତୁତିରେ ସମୟ କାଟୁଥିବାର ଚିତ୍ର ରହିଛି 'ବଣମଲ୍ଲୀ' ଲେଖାରେ।

'ସାମର୍ଥ୍ୟର ସୀମା', 'ଖାତକର ଖାତା', 'ଅଭିମାନର ଓଜନ', 'ମାଆ', 'ହିସାବୀ ହୃଦୟ', 'ନିରବ ପ୍ରଶ୍ନ', 'ଔଦ୍ଧତ୍ୟର ସ୍ଥିର ଚିତ୍ର' ଆଦି ସ୍ତମ୍ଭଗୁଡ଼ିକରେ ମଣିଷ ଜୀବନର ଅନୁଭବ, ସଂପର୍କର ବିବର୍ତ୍ତିତ ରୂପରେଖର ବାସ୍ତବ ବର୍ଣ୍ଣନା ରହିଛି। 'ଏଠି ସବୁଦିନେ ମରୁଡ଼ି' ସ୍ତମ୍ଭରେ ଗ୍ରାମ୍ୟ ଜୀବନ ଅପେକ୍ଷା ସହରୀ ଜୀବନରେ ମୂଲ୍ୟବୋଧର ମରୁଡ଼ିକୁ ବ୍ୟଙ୍ଗ କରିଛନ୍ତି ଲେଖକ। 'ସଞ୍ଚାର ପାଇଁ ସ୍ୱପ୍ନଟିଏ' ସ୍ତମ୍ଭରେ କଳାକାରର ଦୁଃସ୍ଥ ସ୍ଥିତିର ମନୋବୈଜ୍ଞାନିକ ବିଶ୍ଳେଷଣ ରହିଛି। ଅନୁରୂପ ଭାବରେ 'ପ୍ରେମର ଚାଦର' ସ୍ତମ୍ଭରେ ନିୟମଗିରି ଡଙ୍ଗରିଆ କନ୍ଧ ସଂସ୍କୃତି ପ୍ରତି ଲେଖକଙ୍କ ଅନୁରାଗ ପଢ଼ି ହୁଏ। ସେମାନେ ପରିଶ୍ରମ କରି ପ୍ରସ୍ତୁତ କରୁଥିବା ଚାଦରର ଚାହିଦା ଅଧିକ। ହେଲେ ସେମାନଙ୍କୁ ପାରିଶ୍ରମିକ ଯଥେଷ୍ଟ ମିଳେ ନାହିଁ। ସ୍ତମ୍ଭକାର ସେହି ସ୍ୱାଭିମାନୀ କନ୍ଧ କିଶୋରୀମାନଙ୍କ କଠୋର ପରିଶ୍ରମକୁ ସମ୍ମାନ ଜଣାଇ ଲେଖିଛନ୍ତି- "ଚାଦରଗୁଡ଼ିକରେ ଲାଗିଥିବା ମାଟି ଓ କାଦୁଅର ଚିହ୍ନ ତାକୁ ପ୍ରେମ, ପ୍ରତ୍ୟୟ ଓ ପ୍ରତୀକ୍ଷାର ବିଶ୍ୱସ୍ତ ପରିଚୟ ପରି ଲାଗୁଥିଲା। ସେ ତହିଁରୁ ଯୋଡ଼ିଏ ତରବରରେ କିଣି ନେଉ ନେଉ ଭାବୁଥିଲା, ଏମିତି ପ୍ରେମ ଓ ଏମିତି ମିଠା ରଙ୍ଗର ପ୍ରକାଣ୍ଡ ଥାନ ଖଣ୍ଡିଏ କନ୍ଧ କିଶୋରୀକୁ ମିଳନ୍ତା କି, ସେ ତହିଁରେ ଫୁଲମାନ ବୁଣି ଏ ସାରା ପୃଥିବୀକୁ ଆଦରରେ ଢାଙ୍କିଦିଅନ୍ତା। କୌଣସି ଅଶୁଭ ଗ୍ରହର ଖରାପ ନଜର ଆଉ ଏ ପୃଥିବୀ ଉପରେ ପଡ଼ନ୍ତା ନାହିଁ।" (୧୬) ବାସ୍ତବବାଦୀ ଘଟଣାଶ୍ରିତ ସ୍ତମ୍ଭ 'ପାଉଁଶର ପ୍ରଶ୍ନ'ରେ ବାରିପଦା - ନିଗମାନନ୍ଦ ଆଶ୍ରମସ୍ଥ ମଧୁବନ ଗଣଦାହ ପରି କରୁଣ ଘଟଣାର ସଜଳ ଚିତ୍ର ରହିଛି। ସ୍ତମ୍ଭକାର ସେହି ଘଟଣାର ବିବରଣୀ ପ୍ରଦାନ କରି ଲେଖିଛନ୍ତି- "୧୯୯୭ ତେଇଶି ଫେବ୍ରୁଆରିର ଅଶୁଭ ଅପରାହ୍ଣରେ ପୋଡ଼ି ଅଙ୍ଗାର ହୋଇଗଲା ବର୍ଷ ବର୍ଷର ଦାମ୍ପତ୍ୟ, ବାତ୍ସଲ୍ୟ ଓ ସଂପର୍କ। x x x ଆଖି ସାମ୍ନାରେ ନିଜ ପ୍ରିୟ ମଣିଷଟିକୁ ନିଆଁର ଜ୍ୱାଳାରେ ଜଳିପୋଡ଼ି ଚିତ୍କାର କଲାବେଳେ ଏ ଘଟଣାକୁ ରକ୍ଷା କରି ନ ପାରିବାର ଅସାମର୍ଥ୍ୟ, କୁଢ଼ କୁଢ଼ ଶବ ମେଳରୁ ନିଜ ପୁଅ କିମ୍ବା ସ୍ୱାମୀର ଶବକୁ ଖୋଜି ବୁଲିବାର ମର୍ମନ୍ତୁଦ ଉପଲବ୍ଧି, ଡାକ୍ତରଖାନା ବାରନ୍ଦାରେ ପଡ଼ିଥିବା ବିକଳାଙ୍ଗ ମଣିଷର ପୋଡ଼ା ଘା'

ଉପରୁ ମାଛି ଓ ମଶାମାନଙ୍କୁ ଗୋଟିଏ ହାତରେ ଆଡ଼େଇ, ଆର ହାତରେ ଆଖିରୁ ଲୁହ ପୋଛିବାର ଅଭିଜ୍ଞତା କୌଣସି ଦିନ ଭୁଲିହେବ ନାହିଁ। (୧୭)

'ଜୀବନର ଜଳଛବି'ରେ ମଣିଷ ଜୀବନର ଯାବତୀୟ ଭାବ-ବିଚାର, ରୀତି-ନୀତି, ଯୌଥ ଜୀବନ, ବିବେକାନୁମୋଦିତ ଜୀବନ, ପ୍ରାପ୍ତି-ଅପ୍ରାପ୍ତି, ପୂର୍ଣ୍ଣ-ଅପୂର୍ଣ୍ଣର ପ୍ରସଙ୍ଗ, ଆଦର୍ଶବୋଧ, ସାଂସ୍କୃତିକ ଅବକ୍ଷୟର ଚିତ୍ର, ଭାଗ୍ୟବାଦ, ଜୀବନ ପ୍ରଣାଳୀ, ବିଫଳତା, ଅବସୋସ, ମିଥ୍ୟାଡ଼ମ୍ବର, ଦାୟିତ୍ୱବୋଧ, କ୍ଷୟମାଣ ମୂଲ୍ୟବୋଧ, ଇତିହାସର ଉଦାସୀନ ସ୍ଥିତି, ମାନବ ଚରିତ୍ରର ଅନ୍ତର୍ନିହିତ ଦିଗ, ସନ୍ନ୍ୟାସ, ଆଧ୍ୟାତ୍ମିକତା, ପ୍ରାକୃତିକ ନିସର୍ଗ ପ୍ରବାହର ମହତ୍ତ୍ୱ ଇତ୍ୟାଦି ସଂପର୍କିତ ଏକାଧିକ ସ୍ତମ୍ଭ ରହିଛି।

'ଜୀବନର ଜଳଛବି' ଶୃଙ୍ଖଳାର ଚତୁର୍ଥ ଏବଂ ପଞ୍ଚମ ସଂକଳନ ହେଉଛି 'ପରିଚିତ ପରିଧି' (୨୦୦୧) ଏବଂ 'ଅସମର୍ଥ ଈଶ୍ୱର' (୨୦୦୭)। 'ପରିଚିତ ପରିଧି'ରେ ୧୯୯୭ରୁ ୨୦୦୦ ପର୍ଯ୍ୟନ୍ତ ଲିଖିତ ଲେଖାଗୁଡ଼ିକ ସଂକଳିତ ହୋଇଥିବା ବେଳେ ୨୦୦୨ରୁ ୨୦୦୬ ପର୍ଯ୍ୟନ୍ତ ଲିଖିତ ଲେଖାଗୁଡ଼ିକ 'ଅସମର୍ଥ ଈଶ୍ୱର'ରେ ସଂକଳିତ ହୋଇଛି। 'ପରିଚିତ ପରିଧି' ସଂକଳନସ୍ଥ ୬୩ଟି ସ୍ତମ୍ଭ ଏବଂ 'ଅସମର୍ଥ ଈଶ୍ୱର' ସଂକଳନସ୍ଥ ୫୭ଟି ସ୍ତମ୍ଭରେ ମଣିଷ ଜୀବନର ବହୁବିଧ ରୂପ ଆଲୋଚିତ ହୋଇଛି। ଏଥିରେ କଳ୍ପନାର ଐନ୍ଦ୍ରିକ ଶବ୍ଦଜାଲ ମଧ୍ୟ ଦେଇ ବାସ୍ତବ ଘଟଣାର ଅନ୍ୱୟ ହୋଇଛି। ବିକ୍ରମାଦିତ୍ୟଙ୍କ କାନ୍ଧରେ ବେତାଳ ଝୁଲିପଡ଼ି ଅମୀମାଂସିତ ପ୍ରଶ୍ନମାନଙ୍କର ଉତ୍ତର ଅନ୍ୱେଷା କରିବା ଭଳି ଲେଖକ ଗୌରହରି 'ସିଦ୍ଧାର୍ଥ' ଚରିତ୍ର ମାଧ୍ୟମରେ ଜୀବନର ଅସଂଖ୍ୟ ଅମୀମାଂସିତ ଅନ୍ତର୍ଦ୍ୱନ୍ଦ୍ୱ - ସଂଶୟର ରୂପରେଖ ଓ ସତ୍ୟାସତ୍ୟ ନିର୍ଣ୍ଣୟ କରିଛନ୍ତି।

ମଣିଷର ମନର ନିଶାକୁ ପରିପୂର୍ତ୍ତି କରିବା ପାଇଁ କେତେ ଯେ ଅସହାୟତାକୁ ନେଇ ବଞ୍ଚିଥାଏ ତାର ସେଇ ନିରୀହ ମନୋଦଶା 'ନିଶା' ସ୍ତମ୍ଭରେ ଅନୁମେୟ ହୁଏ। ଯୌଥ ଜୀବନର ମହାନ୍ ପରିକଳ୍ପନାକୁ ନେଇ ଉଚ୍ଛ୍ୱସିତ ହୋଇଛନ୍ତି ଗୌରହରି, ତାଙ୍କର 'ଯୌଥ ଜୀବନ' ସ୍ତମ୍ଭରେ। ମାତ୍ର ଆଧୁନିକ ସମାଜରେ ବିଡ଼ମ୍ବିତ ଯୌଥ ଜୀବନକୁ ନେଇ ସେ ବ୍ୟଥିତ। ତାଙ୍କୁ ମନେ ହୋଇଛି - "ଆଜି ଜୀବନ ଗୋଟେ ସମାବେଶରୁ ସଂକୁଚିତ ହୋଇ ଏକକ ଅଭିନୟରେ ପରିଣତ ହୋଇଛି।" (୧୮) ଜୀବନର ଅପ୍ରାପ୍ତି ଓ ଅବସୋସକୁ ନେଇ ସନ୍ତୁଷ୍ଟ ରହିବା ପାଇଁ ସ୍ତମ୍ଭକାର ଗୌରହରି ଆହ୍ୱାନ ଦେଇଛନ୍ତି ତାଙ୍କର 'ପ୍ରାପ୍ତି-ଅପ୍ରାପ୍ତି' ରଚନାରେ। ଅତି ରମଣୀୟ ଶବ୍ଦ ସଂଯୋଜନା ପୂର୍ବକ 'ସିଦ୍ଧାର୍ଥ' ଚରିତ୍ର ମାଧ୍ୟମରେ ଲେଖକ ନିଜ ଅନୁଭବକୁ ହିଁ ବର୍ଣ୍ଣନା କରିଛନ୍ତି। ଗୌରହରି ଅବସୋସ ପ୍ରକଟ କରିଛନ୍ତି ଆଧୁନିକ ମଣିଷର

ମିଥ୍ୟାଲୋକାଚାରକୁ ଦେଖି। କାର୍ତ୍ତିକ ପୂର୍ଣ୍ଣିମା ନେପଥ୍ୟରେ ଥିବା ସାଂସ୍କୃତିକ ବୈଶିଷ୍ଟ୍ୟ ସଂପର୍କରେ ବିସ୍ମୃତ ଓଡ଼ିଆଙ୍କ ପାଇଁ ଲେଖକ ବ୍ୟଥିତ ଏବଂ ଚିନ୍ତିତ। ପ୍ରାପ୍ତି-ଅପ୍ରାପ୍ତିର ହିସାବନିକାଶକୁ ନେଇ ତତ୍ପର ଆଧୁନିକ ମଣିଷଙ୍କ ନିମନ୍ତେ ଲେଖକଙ୍କ ଅଭିବ୍ୟକ୍ତି ଅତ୍ୟନ୍ତ ମାର୍ମିକ। ଗୌରହରିଙ୍କ ମତରେ- "ହାତ ପାପୁଲିର ପ୍ରାପ୍ତିକୁ ନେଇ ସନ୍ତୁଷ୍ଟ ରୁହନ୍ତୁ, ଅପ୍ରାପ୍ତିମାନଙ୍କୁ ନେଇ ଅବସୋସ କରି ବସିଲେ ସମଗ୍ର ଜୀବନ ତ ଅକୁଳାଣ ପଡ଼ିଯିବ।" (୧୯)

ଗୌରହରି ବିରୋଧାଭାସପୂର୍ଣ୍ଣ ଜୀବନକୁ ଅଙ୍ଗୁଳି ନିର୍ଦ୍ଦେଶ କରିଛନ୍ତି 'ମୁହଁ ଓ ମୁଖା' ରଚନାରେ। ସ୍ୱାମୀ ହରେଇଥିବା ଗୋଟିଏ ଝିଅ ପାଇଁ ସମାଜର କଠୋର ଦୃଷ୍ଟିକୋଣ ଏବଂ ତାକୁ ବହୁ ରୀତି-ନୀତି ବନ୍ଧନରେ ବାନ୍ଧି ଦିଆଯିବା ବିଧି-ବ୍ୟବସ୍ଥାକୁ ସ୍ତମ୍ଭକାର ଅଙ୍ଗୁଳି ନିର୍ଦ୍ଦେଶ କରି ସମାଜକୁ ପ୍ରଶ୍ନ କରିଛନ୍ତି-

"ସ୍ୱାମୀ ହରେଇଥିବା ଝିଅଟିଏ ପାଇଁ କଣ ହସିବା ବି ମନା? ସେ କଣ ସବୁବେଳେ ବିପର୍ଯ୍ୟସ୍ତ ଓ କାନ୍ଦୁରା କାନ୍ଦୁରା ଦିଶୁଥିବା ଗୋଟେ ଦର୍ଶନୀୟ ବସ୍ତୁ ହୋଇ ରହିବାକୁ ବାଧ୍ୟ! ଗୋଟେ ପ୍ରଲମ୍ବିତ ହାହାକାର ଏବଂ ମର୍ମାନ୍ତକ ଯନ୍ତ୍ରଣାର ସ୍ଥାୟୀ ବ୍ୟକ୍ତିରୂପ ହୋଇ ରହିବା ହିଁ ତାର ଭବିଷ୍ୟତ? ତା ଉପରେ ସମୟର, ସାନ୍ନିଧ୍ୟର, ସଂପର୍କର, ସ୍ୱପ୍ନର, ସମ୍ଭାବନା କି ସଂକଳ୍ପ କୌଣସିଟିର ସ୍ୱାକ୍ଷର ପଡ଼ିବା ଅପରାଧ? x x ତା'ର ଅପୂର୍ଣ୍ଣ ମାତୃତ୍ୱ ଏବଂ ଗାର୍ହସ୍ଥ୍ୟର ସଫଳତା ନିମନ୍ତେ ଉଚ୍ଚସ୍ୱରରେ କାମନା କରୁଥିଲେ। ତାହାହେଲେ କଣ ସେ ପ୍ରସ୍ତାବ, ସେ ଚିତ୍କାର ଓ ସେ ସହାନୁଭୂତି ସବୁ ଥିଲା ସାମୟିକ ଉତ୍ତେଜନା! ପ୍ରତାରଣାର ପୃଥକ୍ ପୃଥକ୍ ଚେହେରା!" (୨୦) ନାରୀ ଜୀବନର ଅସହାୟ ସ୍ଥିତି ପ୍ରତି ସମ୍ବେଦନଶୀଳ ଲେଖକ ଗୌରହରି ଦାସ 'ସତ୍ୟ-ଅସତ୍ୟ' ସ୍ତମ୍ଭରେ ଅନୁରୂପ ଭାବେ 'ନାରୀ' ପ୍ରତି ସମ୍ମାନ ପ୍ରଦର୍ଶନ କରି ସମାଜକୁ ପ୍ରଶ୍ନ କରିଛନ୍ତି- "ମହାଭାରତରେ ଦ୍ରୌପଦୀ ପଚାରିଥିବା ପ୍ରଶ୍ନଟି ବାରମ୍ବାର ମୁଣ୍ଡ ଟେକୁଥିଲା- ନାରୀ ଗୋଟେ ବସ୍ତୁ ନା ବ୍ୟକ୍ତି? ତାର ଇଚ୍ଛା-ଅନିଚ୍ଛା, ରାଜି-ଅରାଜିର କ'ଣ କିଛି ମୂଲ୍ୟ ନାହିଁ? ଗୋଟେ କଅଁଳା ପିଲାର ଅସହାୟତାକୁ ଢାଲ କରି ତା ଜୀବନ ଓ ଯୌବନ ପାଇଁ ଆଗୁଆ ନିଷ୍ପତ୍ତି ନେଲାବେଳେ ମନ ଭିତରେ ଏତେ ଟିକିଏ କୁଣ୍ଠା ଆସେ ନାହିଁ?" (୨୧)

ନିଜ ମହାତ୍ତ୍ୱାକାଂକ୍ଷା ଚରିତାର୍ଥତା ପାଇଁ ଅନ୍ୟର ସ୍ୱାର୍ଥକୁ ବାଜି ଲଗେଇ ସାବାସି ନେଉଥିବା ବ୍ୟକ୍ତିବିଶେଷଙ୍କ ପ୍ରତି ଲେଖକଙ୍କ ଶାଣିତ ବ୍ୟଙ୍ଗ ମର୍ମରିତ ହୋଇଛି 'ପାଗଳପଣ' ରଚନାରେ। ରାଜନୈତିକ ଦଳର ମିଥ୍ୟା ପ୍ରତିଶ୍ରୁତିର କରୁଣ ଚିତ୍ର ରହିଛି 'ଗଣତନ୍ତ୍ରର ଗୋଟି' ରଚନାରେ। କ୍ଷମତାସୀନ ରାଜନୀତିକ ନେତାମାନଙ୍କ ମିଛ ପ୍ରତିଶ୍ରୁତି

ସମ୍ମୁଖରେ ସ୍ୱପ୍ନାବିଷ୍ଟ ମଣିଷମାନେ ଖଣ୍ଡେ ଖଣ୍ଡେ ପତାକା ଧରି ର୍‍ୟାଲି କରନ୍ତି। କିନ୍ତୁ ନିର୍ବାଚନୀର ଫମ୍ପା ଓ ପରିତ୍ୟକ୍ତ ପଶାପାଲିରେ ସେମାନେ କେବଳ ଦାନ ଗୋଟି ଭଳି ଗଡୁଥିବା କଥାଟି ସତ। ଅଫେରା ଶୈଶବ ଓ କୋମଳ କୈଶୋର ପାଇଁ ଲେଖକଙ୍କ ଉଚ୍ଛ୍ୱାସର ଏକ ସୁନ୍ଦର ସ୍ତମ୍ଭ ହେଉଛି 'ବାଟ ବରକୋଳି'। ବିଳାସର ସୁନାହରିଣ ପଛରେ ଧାଇଁ ଧାଇଁ ନିଜ ଅନ୍ତରଙ୍ଗ ସାଥୀ-ପରିଚିତଙ୍କ ସଂପର୍କରେ ବିସ୍ମୃତ ଲେଖକ ଅଶାନ୍ତ ଓ ଅନୁତପ୍ତ ହୋଇଥିବା ମନେହୁଏ। 'ଗଣତନ୍ତ୍ରର ରେଜା କୁଲି' ସ୍ତମ୍ଭରେ ରାଜନୈତିକ ଉଦାସୀନତା ଓ ଭାଗ୍ୟବାଦକୁ ନେଇ ବଞ୍ଚିଥିବା ମଣିଷମାନଙ୍କର ଯନ୍ତ୍ରଣାର ସ୍ୱର ଶୁଭେ। 'ବିବେକର କୃଷ୍ଣପକ୍ଷ' ରଚନାଟି ଲେଖକଙ୍କ ଏକ ଦାର୍ଶନିକ ଅଭିବ୍ୟକ୍ତି। ଏଥିରେ ବୁଝାମଣା ଏବଂ ଭଲପାଇବା ଭିତରେ ମଣିଷର ବିବେକର ବ୍ୟାପ୍ତି ନ ବଢ଼ି କାହିଁକି କୃଷ୍ଣପକ୍ଷ ଜହ୍ନର ଔଜ୍ଜ୍ୱଲ୍ୟ ପରି ହ୍ରାସ ପାଉଛି - ସେହି ଅନୁତ୍ତରିତ ପ୍ରଶ୍ନ ରହିଛି। 'ମେଳା (୧)' ଓ 'ମେଳା (୨)' ରଚନାରେ ଜୀବନର ମେଳା ସଂପର୍କିତ ଦାର୍ଶନିକ ତଥା ମନସ୍ତାତ୍ତ୍ୱିକ ବିଚାର ରହିଛି। ସ୍ତମ୍ଭକାରଙ୍କ ମତରେ- "ଜୀବନର ମେଳା ସବୁଠି ଓ ସବୁବେଳେ ଏଇପରି ନାଟକୀୟ। କିଛି କିଛି ଲୋକଙ୍କ ହାତରୁ ଅତର୍କିତ ଭାବରେ ତାଙ୍କର ପ୍ରିୟ ବସ୍ତୁ ଯେମିତି ଖସିଯାଏ, କିଛି କିଛି ହାତରେ ତାହା ଅନାୟାସରେ ପୁଣି ସେମିତି ଧରା ଦିଏ। କୋଉଠି ପ୍ରାପ୍ତିର ସଫଳତା ତ କୋଉଠି ହଜେଇବାର ବିଫଳତାକୁ ନେଇ ହିଁ ମଣିଷର ଜୀବନ।" (୨୨) ପୁଣି ମଧ୍ୟ ସେ ଦାର୍ଶନିକ ଭଳି କହିବସିଛନ୍ତି- "ଜୀବନ ତ ସବୁଦିନେ ଏହିପରି। ହାତପାଆନ୍ତାରେ ଥିବା ସୁଖଟିକକ ଦେଖୁ ଦେଖୁ ହାତଛଡ଼ା ହୋଇଯାଏ, ବିଶ୍ୱାସ ହୁଏନି ଆଦୌ। ନିଜ ପାରିବାର ପଣିଆ ଉପରେ ସନ୍ଦେହ ଆସେ। ଦୂରତ୍ୱ ନେଇ ଭ୍ରମ ସୃଷ୍ଟି ହୁଏ।" (୨୩) ପ୍ରତି ମଣିଷ ଆଖିରେ ଜୀବନର ଅସରନ୍ତି ମେଳା ଚାଲିଥିବାର ସୁନ୍ଦର ଯୁକ୍ତି ବାଢ଼ିଛନ୍ତି ଲେଖକ। ଗୁଜୁରାଟ କାଣ୍ଡଲା ଅଞ୍ଚଳର ଝଡ଼ବାତ୍ୟା ଘଟଣାକୁ ଦୃଶ୍ୟାୟିତ କରିବାକୁ ଯାଇ ସିଦ୍ଧାର୍ଥ ଚରିତ୍ର ଜରିଆରେ ସ୍ୱୟଂ ସ୍ତମ୍ଭକାର ସେହି ପ୍ରାକୃତିକ ବିପର୍ଯ୍ୟୟର ସ୍ମୃତିଚାରଣ କରିଛନ୍ତି 'ପ୍ରଳୟ ଓ ପଲିଥିନ୍' ସ୍ତମ୍ଭରେ। ପ୍ରଚଣ୍ଡ ବାତ୍ୟାରେ କ୍ଷତିଗ୍ରସ୍ତ ହୋଇଥିବା ପ୍ରାକୃତିକ ଓ ସାମାଜିକ ଦୁଃସ୍ଥିତି ପ୍ରତି ଲେଖକ ଆତଙ୍କିତ ହୋଇଥିବା ପ୍ରକାଶ କରିଛନ୍ତି। ଏ ସମସ୍ତ ଆଦିଭୌତିକ ପ୍ରତିକୂଳ ସ୍ଥିତିରେ ମଣିଷ ମନର ଅହଂ-ବଡ଼ପଣକୁ ଅଙ୍ଗୁଳି ନିର୍ଦ୍ଦେଶ କରି ସ୍ତମ୍ଭକାର ଲେଖିଛନ୍ତି- "ମଣିଷର ଇଚ୍ଛା ସାମ୍ନାରେ ମଣିଷ ହାତ ତିଆରି ଘରବାଡ଼ି, ବିଜୁଳି-ଟେଲିଫୋନ୍ ଖୁଣ୍ଟ ଓ ଗଛମାନେ କେତେ ଅସହାୟ! ପଲିଥିନ୍ ମୁଣାର ପ୍ରୟୋଜନ ସରିଲା ପରେ ମଣିଷ ତାକୁ ମୋଡ଼ିମକଚି ଦୂରକୁ ଫିଙ୍ଗିଦେବା ପରି ପ୍ରକୃତି ଗୋଟିଏ ଫୁତ୍କାରରେ ମଣିଷର ଅହଂକାର, ଔଦ୍ଧତ୍ୟ ଓ ସାମର୍ଥ୍ୟକୁ ଠେଲିଦିଏ ଯୋଜନ ଯୋଜନ ଦୂରକୁ। (୨୪)

ଅହମଦାବାଦ ଗସ୍ତକାଳୀନ ଏକ ସ୍ମୃତିବିଜଡ଼ିତ ଘଟଣା ଅନୁସାରେ ଜଣେ ଅଟୋରିକ୍ସା ବାଲାର ସଚ୍ଚୋଟପଣକୁ ଭୁବନେଶ୍ୱରର ଟ୍ୟାକ୍ସି ଚାଳକଙ୍କ ଠାରେ ଖୋଜି ବସିଛନ୍ତି ଲେଖକ 'ୟେ ଅହମଦାବାଦ୍ ହୈ' ସ୍ତମ୍ଭରେ। ସାଧାରଣ ଅଟୋଚାଳକ ହେଲେ ହେଁ ଅହମଦାବାଦର ସେଇ ସ୍ୱାଭିମାନୀ-ସଚ୍ଚୋଟ ବ୍ୟକ୍ତିଠାରୁ ପ୍ରତ୍ୟେକ ମଣିଷକୁ ଶିକ୍ଷା ଗ୍ରହଣ କରିବା ଉଚିତ ବୋଲି ଗୌରହରିଙ୍କ ମତ। 'ଦ୍ୱିତୀୟ ଈଶ୍ୱର' ଲେଖାରେ ଆରବ ସାଗରର ପୃଷ୍ଠଭୂମିରେ ସୋମନାଥ ମନ୍ଦିର ପ୍ରସଙ୍ଗ ଉତ୍‌ଥାପନ କରି ଲେଖକ ଶିଳ୍ପୀ ସାଧନାର ଶତ ଜୟଗାନ କରିଛନ୍ତି। ଲେଖକଙ୍କ ମତରେ- "ସବୁ ପ୍ରକାର ଷଡ଼୍‌ଯନ୍ତ୍ର, ଲୁଣ୍ଠନ, ଆକ୍ରମଣ, ନିର୍ଯାତନା ସତ୍ତ୍ୱେ ଶିଳ୍ପୀ ସାଧନାର ବିଜୟ ତିଳକ, ମହାକାଳର ଗଳାରେ ସଫଳତାର ଜୟମାଲ୍ୟ। ମଣିଷ ଭିନ୍ନ କିଏ ବା ଏତେ କଷଣ, ପୀଡ଼ନ ଓ ପ୍ରତିବନ୍ଧକ ସତ୍ତ୍ୱେ ପୁଣି ଥରେ ପାଉଁଶ ଭିତରୁ ପ୍ରତ୍ୟୟର ପ୍ରତିମାକୁ ଗଢ଼ିଦେଇ ପାରିଥାନ୍ତା !" (୨୫) ଲେଖକ ମନେ କରନ୍ତି ଦ୍ୱିତୀୟ ଈଶ୍ୱରର ସ୍ପର୍ଦ୍ଧା ରଖୁଥିବା ମାନବୀୟ ଦିବ୍ୟାନୁଭୂତିର ସ୍ମୃତିସ୍ତମ୍ଭ ରୂପେ ଏହିପରି କଳା-ସ୍ଥାପତ୍ୟର ବିକଳ୍ପ ନାହିଁ। ସମୟଚକ୍ରରେ ମଣିଷର ଭୂମି ଓ ଭୂମିକା କିପରି ବଦଳିଯାଏ, ତାର ଏକ ବାସ୍ତବ ରୂପ ରହିଛି 'ଭିନ୍ନ ଭୂମି, ଭିନ୍ନ ଭୂମିକା' ସ୍ତମ୍ଭରେ। ଆଲୋଚ୍ୟ ଫିଚର୍‌ରେ ସ୍ତମ୍ଭକାର ଗୌରହରି ଭାବୀ ପିଢ଼ିଙ୍କୁ ନେଇ ଆଶାବାଦୀ ହୋଇଛନ୍ତି। ତାଙ୍କ ମତରେ- "କାଲିର ଦୁଷ୍ଟ ପୁଅ ଭୂମିକାରେ ଥିବା ମଣିଷ ଆଜି ଦାୟିତ୍ୱବାନ୍ ବାପା ପାଲଟିଯାଏ। ଆଜିର ଦୁଷ୍ଟ ବାଳକ ଆସନ୍ତାକାଲିକୁ ଅପେକ୍ଷା କରୁଥାଏ - ସମୟ ଆସିବ ଓ ସେ ବି ପାଲଟିଯିବ ଗୋଟେ ବୟସ୍କ ଅଭିଭାବକ।" (୨୬)

ସଂସ୍କାରପ୍ରବଣ-ପରମ୍ପରାନୁରାଗୀ ସ୍ତମ୍ଭକାର ଗୌରହରି ଦାସଙ୍କ 'କୁଆଁର ପୂନେଇଁ ଜହ୍ନ' ସ୍ତମ୍ଭ ଗ୍ରାମୀଣ ଜନଜୀବନରେ ପାରମ୍ପରିକ ଓଷା-ବ୍ରତର ଅର୍ଥପୂର୍ଣ୍ଣ ମୂଲ୍ୟକୁ ବିଚାର କରିଛି। ଯଦିଓ ଆଧୁନିକତାର ପ୍ରଭାବ ସେସବୁକୁ କ୍ରମେ ଅନ୍ତଃସାରଶୂନ୍ୟ ଏବଂ ନିଷ୍ପ୍ରଭ କରିଚାଲିଛି ତଥାପି ପରମ୍ପରାର ମହତ୍ତ୍ୱ ଅକ୍ଷୁଣ୍ଣ ରହିବ ବୋଲି ତାଙ୍କର ବିଶ୍ୱାସ।

'ପୂର୍ଣ୍ଣ-ଅପୂର୍ଣ୍ଣ' ସ୍ତମ୍ଭରେ ଅପୂର୍ଣ୍ଣତାକୁ ଆନ୍ତରିକ ଭାବରେ ଗ୍ରହଣ କରିନେବାର ଆହ୍ୱାନ ରହିଛି। ଲେଖକଙ୍କ ମତରେ- "କିଛି କିଛି ଅପୂର୍ଣ୍ଣତା ବାହାରକୁ ଦିଶେ, ଆଉ କିଛି କିଛି ବାହାରକୁ ଦିଶେ ନାହିଁ। ମାତ୍ର ଅପୂର୍ଣ୍ଣତା ତ ସବୁବେଳେ ନିନ୍ଦନୀୟ ନୁହେଁ। ଅଧାଗଢ଼ା ଜଗନ୍ନାଥଙ୍କ ପରି ଅପୂର୍ଣ୍ଣତା ବି କେବେ କେବେ ବନ୍ଦନୀୟ। xxx ଅପୂର୍ଣ୍ଣତାର ଅର୍ଥ ଅସଂଖ୍ୟ ପୂର୍ଣ୍ଣତାର ଉନ୍ମୁକ୍ତ ସମ୍ଭାବନା, ହେଲେ ପୂର୍ଣ୍ଣତା କେବଳ ଗୋଟିଏ ନିର୍ଦ୍ଦିଷ୍ଟ କଳ୍ପନାର ସୀମିତ ପରିପୂର୍ତ୍ତି।" (୨୭) ମୂଲ୍ୟବୋଧ ଏବଂ ମଣିଷପଣିଆର ଅବକ୍ଷୟମାଣ

ସ୍ଥିତିକୁ ନେଇ 'ଭାଗବଣ୍ଟରା' ଲିଖିତ। ଏଠାରେ ଲେଖକ ଜୀବନମୂଲ୍ୟକୁ 'ସବୁଜ ଆତ୍ମୀୟତା'ର ଇମେଜ୍ ମଧ୍ୟରେ ଅନ୍ୱେଷଣ କରିଛନ୍ତି। ଦାରିଦ୍ର୍ୟର କଷାଘାତରେ ଦୁର୍ଭାଗ୍ୟପୂର୍ଣ୍ଣ ଜୀବନ ବଞ୍ଚୁଥିବା ଦୁଃସ୍ଥ ମଣିଷମାନଙ୍କ ଉଦ୍ଦେଶ୍ୟରେ ଦରଦୀ ଲେଖକ ଗୌରହରି ଦାସ 'ଅସଂପୂର୍ଣ୍ଣ ଈଶ୍ୱର' ନାମରେ ଏକ ଚମତ୍କାର ଆଲେଖ୍ୟ ପ୍ରସ୍ତୁତ କରିଛନ୍ତି। ଅନୁରୂପ ଭାବରେ 'ଈଶ୍ୱରଙ୍କ ଭେଟ' ସ୍ତମ୍ଭରେ ଦୀନ-ଦୁଃଖୀ ମଣିଷମାନଙ୍କୁ ଲେଖକ ଈଶ୍ୱର ରୂପେ ବିବେଚନା କରିଛନ୍ତି। ଲେଖକ ଏ ଉଦ୍ଦେଶ୍ୟରେ ମତବ୍ୟକ୍ତ କରିଛନ୍ତି- "ଲୋକମାନେ ଅବଶ୍ୟ ଈଶ୍ୱରଙ୍କୁ ରତ୍ନସିଂହାସନ ଉପରେ ଖୋଜିଥାଆନ୍ତି, କିନ୍ତୁ ଈଶ୍ୱର ତ ହାଟ, ବସ୍ତି ଓ ସଡ଼କ ଘୂରି ଘୂରି ପ୍ରକୃତ ମଣିଷକୁ ଖୋଜି ହୁଅନ୍ତି।" (୨୮) ଅଭାବୀ ପରିବାରର ଜଞ୍ଜାଳ, ଦୁଃସ୍ଥ ଜୀବନ, ପୁଣି କପାଳରେ ଆଦର୍ଶ ଶିକ୍ଷକର ତିଳକ ଧାରଣ କରିଥିବା ଶିକ୍ଷକଙ୍କ ପ୍ରତିନିଧିତ୍ୱ କରେ 'ବିମ୍ବାଧର ସାର୍' ଫିଚର୍। "ଅନ୍ଧାରକୁ ଅଭିଶାପ ଦେବା ବଦଳରେ ମହମବତିଟିଏ ଜଳେଇ ଦେବାର ଆତ୍ମବିଶ୍ୱାସ ଏବଂ ଏକଲା ଏକଲା ଜୀବନ ଜିଇବାର ଅର୍ଥପୂର୍ଣ୍ଣ ଦୃଷ୍ଟିଭଙ୍ଗୀ"କୁ (୨୯) ନେଇ ମର୍ମରିତ ହୋଇଛି 'ସନ୍ଧ୍ୟାତାରା' ସ୍ତମ୍ଭ। ଏ ପୃଥିବୀର ଭିଡ଼ ସମାବେଶ ମଧ୍ୟରେ ପ୍ରତ୍ୟେକ ମଣିଷ ପ୍ରତ୍ୟେକଙ୍କଠାରୁ ଯୋଜନ ଯୋଜନ ଦୂରରେ। ଏଠି ସମସ୍ତେ ଗୋଟେ ଗୋଟେ ନିର୍ଜନ ଉପଦ୍ୱୀପ। ଟିକିଏ ସ୍ନେହ ଆଦର ପାଇଁ ସନ୍ତୁଳି ହେଉଥିବା ଛେଉଣ୍ଡ ପିଲାପଣକୁ ନେଇ ଗୌରହରିଙ୍କ 'ଏକଲା ମଣିଷ' ରଚନା ଅତ୍ୟନ୍ତ ହୃଦୟସ୍ପର୍ଶୀ। 'ଛବି ବହିର ଗଛ', 'ଘର ଓ ଉଆସ', 'ଭଦ୍ରକ ୧୯୯୯', 'ଏରସମା', 'ଚାରୁଲତା ଓ ଗାନ୍ଧାରୀ' ଇତ୍ୟାଦି ଲେଖାରେ ବାସ୍ତବତା, କିମ୍ବଦନ୍ତୀ ଏବଂ ଦର୍ଶନର ଅଦ୍ଭୁତ ସମାବେଶ ଘଟିଛି। 'କୌତୂହଳ', 'ଆନୁଗତ୍ୟ', 'ପାଲଟା ପ୍ରଶ୍ନ', 'ମଧୁମାଳତୀର ପ୍ରଶ୍ନ', 'ଚେତନାର ଚଇତାଳି', 'ଅନ୍ଧାରର ପ୍ରଶ୍ନ', 'ନିରୁଦ୍ଦିଷ୍ଟ ସନ୍ନ୍ୟାସୀ' ଇତ୍ୟାଦି ସ୍ତମ୍ଭରେ ଲେଖକୀୟ ବ୍ୟକ୍ତିସତ୍ତା ଏବଂ ଜୀବନଦର୍ଶନର ମନୋବୈଜ୍ଞାନିକ ତତ୍ତ୍ୱ ସବୁ ସୁଗୁମ୍ଫିତ ହୋଇଛି।

'ଅସମର୍ଥ ଈଶ୍ୱର' ସଂକଳନସ୍ଥ ସ୍ତମ୍ଭଗୁଡ଼ିକରେ ବାସ୍ତବ ଘଟଣାଶ୍ରୟୀ ପରିବେଶ ଏବଂ କଳ୍ପନାଶ୍ରିତ କଥାବସ୍ତୁର କଳାତ୍ମକ ସମ୍ମିଶ୍ରଣ ଘଟିଛି। 'ଅଙ୍ଗଦର ଆରଜନ୍ମ' ଲେଖିଥିବାବେଳେ ଏହି ଜଳଛବି ଯାତ୍ରା ଏତେଦିନ ଚାଲିବ ବୋଲି ଲେଖକ ଗୌରହରି କଳ୍ପନା କରି ନ ଥିଲେ। ନାନା ପ୍ରକାର ଜଞ୍ଜାଳ ଏବଂ 'ଏସବୁ ଲେଖି ଲାଭ କ'ଣ' ଭଳି ମନୋଭାବ ଯୋଗୁଁ ସେ ଲେଖାଲେଖି ପ୍ରତି ଉଦାସୀନ ହୋଇପଡ଼ିଥିଲେ। ପରବର୍ତ୍ତୀ ସମୟରେ 'ଜୀବନର ଜଳଛବି'ରୁ ପ୍ରଚୁର ଶ୍ରଦ୍ଧା ଓ ପାଠକୀୟ ସ୍ୱୀକୃତି ପାଇବା ହେତୁ 'ଅସମର୍ଥ ଈଶ୍ୱର' ପରି ସଂକଳନର ସୃଷ୍ଟି। ଆଲୋଚ୍ୟ ସଂକଳନରେ ଲେଖକ ଗୌରହରି ଦାସ ଜୀବନର ପ୍ରକୃତ ମୂଲ୍ୟବୋଧ ସହିତ ସାଧାରଣ ମଣିଷକୁ ସାକ୍ଷାତ କରାଇବାର

ପ୍ରୟାସ କରିଛନ୍ତି। 'ଅସମର୍ଥ ଈଶ୍ୱର' ସଂକଳନସ୍ଥ ଫିଚରଗୁଡ଼ିକରେ ଓଡ଼ିଶୀ ସଂସ୍କୃତି, ଲୋକାଚାର, ସଣ୍ଢା, ରାଜନୀତି, ଇତିହାସ, ଧର୍ମବିଶ୍ୱାସ, ସାମାଜିକ ବିଧି ବ୍ୟବସ୍ଥା, ଅନ୍ତର୍ମନର ସଂଗୁପ୍ତ ଭାବଧାରା ଇତ୍ୟାଦିର ପ୍ରସଙ୍ଗ ଉତ୍‌ଥାପିତ ହୋଇଛି।

ଗୌରହରିଙ୍କ ଫିଚରଗୁଡ଼ିକୁ ଆକଳନ କଲେ ବିଶେଷ ଭାବରେ ତ୍ରିବିଧ ଭାବରୂପ ସମ୍ମୁଖକୁ ଆସେ। ପ୍ରଥମଟି ସାମାଜିକ ଭାବରୂପ, ଦ୍ୱିତୀୟଟି ରାଜନୀତିକ ଭାବରୂପ ଏବଂ ତୃତୀୟଟି ନୈତିକ ଭାବରୂପ। ଏହି ପର୍ଯ୍ୟାୟରେ ସମାଜନିଷ୍ଠ ସମସ୍ତ ଫିଚରରେ ସ୍ଥାନୀୟ ଅଞ୍ଚଳ, ସେମାନଙ୍କ କର୍ମାନୁଷ୍ଠାନ ଓ ପାରମ୍ପରିକ ମୂଲ୍ୟ ପ୍ରତିଭାତ ହୁଏ। 'ମୁଦୁଲିପଡ଼ାର ମଣିଷ' ସ୍ତମ୍ଭରେ ପ୍ରାଗୈତିହାସିକ ଆଦିମ ସଭ୍ୟତାର ବଣ୍ଡା ଜାତି ପ୍ରସଙ୍ଗ ରହିଛି। ବଣ୍ଡା ଜାତିର ମଣିଷମାନଙ୍କ ବଞ୍ଚିବା ଅଧିକାରକୁ ନେଇ ଲେଖକ ଅତ୍ୟନ୍ତ ସମ୍ବେଦନଶୀଳ ହୋଇ ଉଠିଛନ୍ତି। ମାଲକାନଗିରି ପରି ବକ୍ସାଇଟ୍ ପୂର୍ଣ୍ଣ ଅଞ୍ଚଳ ପ୍ରତି ସରକାରଙ୍କ ଉଦାସୀନତାକୁ ନେଇ 'ମଉଳା ଫୁଲତୋଡ଼ା' ସ୍ତମ୍ଭ ରଚିତ। ମଫସଲର ଗ୍ରାମୀଣ ଜୀବନ ଆଧାରିତ ଏକ ସୁନ୍ଦର ଫିଚର୍ ହେଉଛି 'ସେମାନଙ୍କ ଓଡ଼ିଶା'। ଯେଉଁଥିରେ ସମାଜ ଜୀବନର ବହୁ ନଗ୍ନ ସତ୍ୟ ବର୍ଣ୍ଣିତ ହୋଇଛି। ଓଡ଼ିଶାବାସୀଙ୍କୁ ପଙ୍ଗୁ, ବିକଳାଙ୍ଗ, ଦୁଃସ୍ଥ ଏବଂ ଦରିଦ୍ରର ମୋହର ଦେବା ଯୋଗୁଁ ସେ ଅତ୍ୟନ୍ତ ଲଜ୍ଜିତ ମନେ କରିଛନ୍ତି। କାରଣ ଗୌରହରି ଦାସ ଜାଣନ୍ତି- "ପ୍ରାଚୁର୍ଯ୍ୟର ଆଲୋକ ନୁହେଁ, ଅନ୍ଧାରର ଦାରିଦ୍ର୍ୟ ଭିତରେ ହିଁ ବ୍ୟକ୍ତି-ନକ୍ଷତ୍ରର ଔଜ୍ଜ୍ୱଲ୍ୟ ଫୁଟି ଉଠେ।" (୩୦) 'ଚିନି ଚମ୍ପାର ଠିକଣା', 'ବାହାଦୁର ଶାହ ଓ ବାଜାବାଲା', 'ଆଶା ଅଛି, ବିଶ୍ୱାସ ଅଛି', 'ଡେରାସରେ ବଣଭୋଜି', 'କାମାକ୍ଷା ଦର୍ଶନ', 'ପରିବାବିକାଳି ଝିଅ', 'ଶିକ୍ଷକର ହାତ', 'ବୋହୂ', 'ଭାତ' ଇତ୍ୟାଦିରେ ଲେଖକଙ୍କ ସାମାଜିକ ଜୀବନଦର୍ଶନ ଫୁଟି ଉଠିଛି।

'ଅମାବାସ୍ୟା', 'ଜବରଦଖଲ', 'ପୁରୁଣା ଇତିହାସ' ଇତ୍ୟାଦିରେ ରାଜନୀତିକ ଭାବରୂପ ବେଶ୍ ହୃଦ୍ୟ। ମହାବିଦ୍ୟାଳୟ କ୍ଷେତ୍ରରେ ଛାତ୍ର ରାଜନୀତିର ପୃଷ୍ଠଭୂମି ଉଦ୍ଧାର କରି ଲେଖକ ଗୁରୁ-ଶିଷ୍ୟ ପରମ୍ପରାର ବିଡ଼ମ୍ବିତ ସ୍ଥିତିକୁ ନେଇ ଅବସୋସ ପ୍ରକଟ କରିଛନ୍ତି। 'ଅମାବାସ୍ୟା' ନାମକରଣ କରି ଶୈକ୍ଷିକ ବାତାବରଣର ଘନ କାଳିମାମୟ ଦୁର୍ଦ୍ଦଶାକୁ ବର୍ଣ୍ଣନା କରିବାକୁ ଯାଇ ସ୍ତମ୍ଭକାର ଉଲ୍ଲେଖ କରିଛନ୍ତି- "ଶିକ୍ଷା ବଦଳରେ ନିଜ ଜୀବନର ସବୁକିଛି ଗୁରୁଙ୍କ ପାଦତଳେ ସମର୍ପି ଦେବାର ନମ୍ରତା ଓ ଶିକ୍ଷାଦାନ ବିନିମୟରେ ଛାତ୍ରଠୁଁ କପର୍ଦ୍ଦକଟେ ସୁଦ୍ଧା ଗ୍ରହଣ ନ କରିବାର ବଡ଼ପଣ ଭିତରେ ବଞ୍ଚି ରହିଥାଏ ଗୁରୁ-ଶିଷ୍ୟର ସଂପର୍କ।" (୩୧) କାହାଣୀଧର୍ମୀ କଥକତା ମାଧ୍ୟମରେ ଏବଂ କିମ୍ବଦନ୍ତୀର କା ପୁରୁଷ ଭଳି ସିଦ୍ଧାର୍ଥ ଦ୍ୱାରା ସମସାମୟିକ ସ୍ଥିତିକୁ ଜୀବନ୍ତ ଭାବରେ

ଚିତ୍ରାୟିତ କରିବାର ଗୁରୁଦାୟିତ୍ୱକୁ ଗୌରହରି ଦାସ ଅତ୍ୟନ୍ତ ନିଷ୍ଠାପର ଭାବରେ ସଂପାଦନ କରିଛନ୍ତି।

ସ୍ତମ୍ଭଗୁଡ଼ିକରେ ନୀତିବୋଧର ନିର୍ମାଣକାରୀ ଗୌରହରି ସ୍ୱୟଂ ନୀତିବିଶ୍ୱାସୀ। ଯୁଗ ଯୁଗ ଧରି ମଣିଷ ଜୀବନର ଅନ୍ତର୍ନିହିତ ଉଦ୍ଦେଶ୍ୟ ହେଉଛି ଅମୃତ ଉତ୍ସକୁ ଅନ୍ୱେଷଣ କରିବା। ଯିଏ ଯେତେ ନୀତିନିଷ୍ଠ ସେ ସେତେ ସଂସ୍କାରିତ ଓ ଶୃଙ୍ଖଳିତ। 'ଗଣତନ୍ତ୍ରର ବିଶ୍ୱରୂପ' ଫିଚର୍‌ରେ ବିହାରର ରାଜଗିରି ଅଞ୍ଚଳରେ ବଢୁଥିବା ଅରାଜକତା, ନେତା ପୋଷାକଧାରୀ ବିଶୃଙ୍ଖଳିତ ବ୍ୟକ୍ତିବିଶେଷଙ୍କ ଅନ୍ୟାୟ-ଅନୀତିର ସ୍ୱରୂପ ଉଦ୍‌ଘାଟନ ହୋଇଛି। 'ଖଜୁରିର କ୍ଷତ' ସ୍ତମ୍ଭରେ ନାରୀ ଜୀବନର ଅବ୍ୟକ୍ତ ଯନ୍ତ୍ରଣାର ଚିତ୍ର ମର୍ମରିତ। ନାରୀ ଖଜୁରି ଗଛ ପରି ସହିଷ୍ଣୁ ଓ ମଧୁର ଫଳ ଏବଂ ରସଦାୟୀ ହୋଇଥିବାରୁ ତାକୁ ପୁରୁଷର ଆଘାତ ଏବଂ ନିର୍ଯାତନା ସହିବାକୁ ପଡ଼େ। 'ପ୍ରତାରଣା' ସ୍ତମ୍ଭରେ 'ଶ୍ରମିକ ଦିବସ' ପାଳନ କରୁଥିବା ଅସଂଖ୍ୟ ଶୋଷିତ ଶ୍ରମିକମାନଙ୍କ ଯନ୍ତ୍ରଣା ଚିତ୍ରିତ। 'ନିଖୋଜ ମହାନିବାସ'ରେ ଆଜୀବନ ଶ୍ରମ-ସ୍ୱେଦ ଦେଇ, ଆତ୍ମୀୟମାନଙ୍କୁ ନିଜର କରି ସଂପର୍କରେ ବାନ୍ଧିଥିବା ମଣିଷର ମୃତ୍ୟୁ ପରବର୍ତ୍ତୀ ମହାକ୍ଳାନ୍ତି ନିବାରଣ ନିମନ୍ତେ ପାଳିତ ଗତାନୁଗତିକ ରୀତି-ନୀତିର ଦେଖାଣିଆପଣ ପ୍ରତି ସ୍ତମ୍ଭକାର ଅଙ୍ଗୁଳି ନିର୍ଦ୍ଦେଶ କରିଛନ୍ତି।

'ଜୀବନର ଜଳଛବି'ରେ ଷଷ୍ଠତମ ପର୍ବ ରୂପେ 'ହାତଲେଖା ଚିଠି' ମାନବୀୟ ସମ୍ବେଦନାର ଜୀବନ୍ତ ଆଲେଖ୍ୟଗୁଚ୍ଛ। ୫୫ ଗୋଟି ଫିଚର୍‌ର ସମନ୍ୱୟରେ ଏହା ଏକ ଚମତ୍କାର ସଂକଳନଟିଏ। ସମସ୍ତ ଫିଚର୍ ଭଳି ଏହି ସ୍ତମ୍ଭଗୁଡ଼ିକରେ 'ସିଦ୍ଧାର୍ଥ' ମାନବମୂଲ୍ୟର ପୃଷ୍ଠପୋଷକତା କରିଛନ୍ତି। ଜୀବନର କ୍ଷୁଦ୍ରାତିକ୍ଷୁଦ୍ର ଅନୁଭବକୁ ନେଇ ଆଲୋଚ୍ୟ ସଂକଳନଟି ଅତ୍ୟନ୍ତ ମର୍ମସ୍ପର୍ଶୀ। 'ଫଟୋଗ୍ରାଫ୍' ସ୍ତମ୍ଭରେ ପ୍ରତ୍ୟେକ ମଣିଷ ନିମନ୍ତେ ଜୀବନର ପ୍ରଥମ ଫଟୋ ଉତ୍ତୋଳନ ସହ ସମ୍ପୃକ୍ତ ଘଟଣା ଅତି ସ୍ମରଣୀୟ। ସେହିପରି ଜଣେ ରେଳ କର୍ମଚାରୀର ନିର୍ଭରଯୋଗ୍ୟ ପ୍ରତିଶ୍ରୁତି ପାଇ ଟ୍ରେନ୍‌ରେ ଆରାମରେ ଶୋଇପଡ଼ି ଗନ୍ତବ୍ୟ ଷ୍ଟେସନ୍ ଠାରୁ ବହୁତ ଦୂରକୁ ଚାଲିଆସି ହଟହଟା ହେବାର ଅସହାୟ ଚିତ୍ର ରହିଛି 'ନିଦ'ରେ। ଏହି ସ୍ତମ୍ଭରେ ପ୍ରତି ମଣିଷ ଉପରେ 'ନିଦ୍ରାରୂପେଣ ସଂସ୍ଥିତା-ଶକ୍ତି'ର ଦୁର୍ବାର ପ୍ରଭାବକୁ ଲେଖକ ସ୍ୱୀକାର କରି ଲେଖିଛନ୍ତି- "ବିଦ୍ୟାଦେବୀଙ୍କୁ ଛାଡ଼ି ପୃଥିବୀର ହଜାର ହଜାର ଲୋକ ଜୀବନ ଜିଉଁଛନ୍ତି, ମାତ୍ର ନିଦ୍ରାଦେବୀଙ୍କୁ ଛାଡ଼ି କେହି ଜଣେ ସୁଦ୍ଧା ନାହାନ୍ତି। ସମସ୍ତେ ତାଙ୍କର ଅଧୀନ।" (୩୨) ଉପହାର ଭାବରେ ପ୍ରତିବର୍ଷ ପାଉଥିବା ଅସଂଖ୍ୟ ଡାଏରୀ ମଧ୍ୟରୁ ଖଣ୍ଡିଏ ଡାଏରୀକୁ ଜଣେ ବୃଦ୍ଧ ବ୍ୟକ୍ତିଙ୍କ ନାତି ଉଦ୍ଦେଶ୍ୟରେ ପ୍ରଦାନ କରି ଅଦ୍ଭୁତ ଆତ୍ମୀୟତା ଓ ଶାନ୍ତି ଅନୁଭବ କରିବାର ମର୍ମସ୍ପର୍ଶୀ ସ୍ୱର ରହିଛି 'ଡାଏରୀ' ଲେଖାରେ। ଅତୀତ ପୃଷ୍ଠାରେ

କ୍ରମଶଃ ହଜି ଯାଉଥିବା ବଡ଼ବିଲ ଅଞ୍ଚଳର ପ୍ରାକୃତିକ ସୌନ୍ଦର୍ଯ୍ୟ ଓ ତାର ଅଭାବନୀୟ ପ୍ରଦୂଷିତ ବାତାବରଣ ପ୍ରତି ଲେଖକଙ୍କ ହୃଦୟ ମର୍ମାହତ ହୋଇଛି। 'ବଡ଼ବିଲ' ସ୍ତମ୍ଭରେ ସ୍ତମ୍ଭକାର ଉଲ୍ଲେଖ କରିଛନ୍ତି- "ଦିନେ ହୁଏତ ପାହାଡ଼ କୋଳରେ ଏହି ବଡ଼ବିଲ ସେମିତି ସବୁଜ ସୁନ୍ଦର ଥିଲା; ମାତ୍ର ଆଜି ବଡ଼ବିଲ ମୃତ ଯୌବନ ଓ ହୃତ ସବୁଜିମାର ନଷ୍ଟଭୂଇଁ। ତଳୁ ଧୂଳି ଓ ଉପରୁ ଧୂଆଁ ଉଡ଼ି ଢାଙ୍କି ଦେଇଛି ତାର ଆକାଶ, ଯେଉଁଠି ଦିନେ ଭଦଭଦଳିଆ, ବଗ, ବଣି ଏବଂ ଘରଚଟିଆମାନେ ଉଡୁଥିଲେ।" (୩୩) ପାରସ୍ପରିକ ବୁଝାମଣାର ଅଭାବରେ ଘନିଷ୍ଠ ସଂପର୍କର ବିଫଳ ସ୍ଥିତିକୁ ନେଇ ବାସ୍ତବ ମନେହୁଏ ଲେଖକଙ୍କ 'ଘର ଭାଙ୍ଗିଯାଉଛି' ଫିଚର୍। ଯେଉଁଠି ସେ ଆମେରିକା ନିବାସୀ ଜଣେ ଭାରତୀୟ ପ୍ରଫେସରଙ୍କ ଉକ୍ତିକୁ ଉଦ୍ଧାରପୂର୍ବକ ଲେଖିଛନ୍ତି- "ଏକବିଂଶ ଶତାବ୍ଦୀର ଭାରତରେ କୌଣସି ଗୋଟିଏ ଅନୁଷ୍ଠାନ ଯଦି ସବୁଠାରୁ ଅଧିକ ବିପଦର ସମ୍ମୁଖୀନ ହେବ ତାହା ହେଉଛି ବାହାଘର। ଯୌଥ ପରିବାର ଭାଙ୍ଗିଯାଉଛି। ସ୍ୱାମୀ-ସ୍ତ୍ରୀ ଭିତରେ କଳି ଲାଗିଲେ କେହି ମଧ୍ୟସ୍ଥତା କରିବାକୁ ପାଖରେ ନାହିଁ।" (୩୪)

ଭାରତୀୟ ପାରିବାରିକ ଜୀବନର ମୂଳଦୁଆ ଭୁଶୁଡ଼ିବାର ଚିତ୍ର ଏ ସମୟର ନିଛକ ପ୍ରସଙ୍ଗ ନିଶ୍ଚୟ। ସ୍ତମ୍ଭକାର ଗୌରହରିଙ୍କ ମତରେ- "ଗତକାଲିର ଭଲପାଇବା ଉପରେ ଭରସା କରି ଆଜିର ସଂପର୍କ ତିଷ୍ଠିପାରେ ନାହିଁ। ପୁରୁଣା ଦରରେ ଯେମିତି ବଜାରରେ ଜିନିଷ ମିଳେ ନାହିଁ, ପୁରୁଣା ଭରସାରେ ସେମିତି ଘରକରଣା ତିଷ୍ଠେ ନାହିଁ।" (୩୫) 'ଉଜୁଡ଼ା ଘର' ସ୍ତମ୍ଭ ମାଧ୍ୟମରେ ଉଜୁଡ଼ା ଘରକୁ ସଜାଇବାର ପ୍ରୟାସ କରିଛନ୍ତି ସ୍ତମ୍ଭକାର। 'ବସାଘର' ଲେଖାରେ ମାନବେତର ବାରମାସୀ ଚଢ଼େଇଙ୍କ ପ୍ରତି ସମ୍ବେଦନାର ସ୍ୱର ଅନୁରଣିତ ହୋଇଛି। ଦମୟନ୍ତୀଙ୍କ ମତରେ- "ସମସ୍ତେ ନିଜ ନିଜର ସାମର୍ଥ୍ୟ ଅନୁସାରେ ବସା ବାନ୍ଧନ୍ତି, ସେ ମଣିଷ ହୁଅନ୍ତୁ କି ଚଢ଼େଇ।" (୩୬) 'ତିରୁପତି ଦର୍ଶନ', 'ସୁନାପୁର', 'ମଣିକର୍ଣ୍ଣିକା ଘାଟ' ଲେଖାରେ ସେହି ସେହି ଅଞ୍ଚଳର ମହତ୍ତ୍ୱ ପ୍ରତିପାଦିତ ହୋଇଛି। 'ସ୍ମୃତିର ଭିଡ଼'ରେ ଅତୀତ ସ୍ମୃତିର ମହତ୍ତ୍ୱ, 'ହସର କାରଣ' ଲେଖାରେ ମୁହୂର୍ତ୍ତକ ଲାଗି କାହା ହସର କାରଣ ସାଜିବାରେ ଜୀବନ ସାର୍ଥକତାର ବାଣୀ ମର୍ମରିତ ହୋଇଛି। 'ନୀଳକଇଁ', 'ବାପାଙ୍କ ଆଲମାରି', 'ବୋଉର ପାନଖର୍ଚ୍ଚ', 'ଅପରିଚିତ', 'ରାଜୁର ଫଟୋ' ଇତ୍ୟାଦିରେ ଆବେଗପୂର୍ଣ୍ଣ-ଅନୁଭବର କଥା ରହିଛି। ଓଡ଼ିଶା ପ୍ରତି ନିବିଡ଼ ଆନ୍ତରିକତାର ରୂପଚିତ୍ର ରହିଛି 'ଶେଷଘର' ସ୍ତମ୍ଭରେ। 'ନିରୁଦ୍ଦିଷ୍ଟ ବସନ୍ତ' ଲେଖାରେ ହରିବଂଶ ରାୟବଚ୍ଚନଙ୍କ 'ମଧୁଶାଳା' କବିତା ବିରୋଧରେ ଜାରି ହୋଇଥିବା ଫତୱା, ପାକିସ୍ତାନୀ ଗାୟକ ଗୁଲାମ୍ ଅଲୀଙ୍କ ଭାରତଗସ୍ତ ଉପରେ କଟକଣା ପ୍ରସଙ୍ଗକୁ ଆଲୋଚନାଭୁକ୍ତ କରି ପ୍ରତ୍ୟେକ ମଣିଷ ଉଦାର ଏବଂ ହୃଦୟବାନ୍ ହେବାକୁ

ଲେଖକଙ୍କ ଅନୁରୋଧ ରହିଛି। ବିଜ୍ଞାନ ଓ ସଭ୍ୟତାର ପ୍ରଗତି ମଣିଷକୁ ବାହ୍ୟସ୍ତରରେ ମହାନ୍ କରିଛି ସତ, ମାତ୍ର ଆତ୍ମିକ ସ୍ତରରେ ସେ ସଂକୀର୍ଣ୍ଣ ହୋଇପଡ଼ିଛି। ନିରୁଦ୍ଦିଷ୍ଟ ବସନ୍ତ ଭଳି ତା' ଭିତରୁ ମଣିଷପଣିଆ ଲୋପ ପାଇବାକୁ ବସିଲାଣି ବୋଲି ଲେଖକ ଦୁଃଖ ପ୍ରକାଶ କରିଛନ୍ତି। 'ଛୋଟଲୋକ', 'ଗଙ୍ଗଶିଉଳିର ସ୍ୱପ୍ନ', 'ପୋଷ୍ଟମ୍ୟାନ୍' ଇତ୍ୟାଦି ସ୍ତମ୍ଭରେ ମାନବ ପ୍ରତି ଆନ୍ତରିକ ଭଲପାଇବାର ସ୍ୱର ଅନୁରଣିତ ହୋଇଛି। 'ଜଉ କଣେଇ' ସ୍ତମ୍ଭରେ ନାରୀ ମନର ଦୁଃଖ-ଯନ୍ତ୍ରଣାର ସ୍ୱରୂପ ଉନ୍ମୋଚିତ ହୋଇଛି। 'ହାତଲେଖା ଚିଠି' ଅନ୍ତର୍ଭୁକ୍ତ 'ଅଯୋଧ୍ୟାରେ ଜଳକଷ୍ଟ' ଲେଖାରେ ଆଦିବାସୀପଡ଼ାର ସୀତା ସିଂହର ଟ୍ୟୁବ୍‌ୱେଲ୍ ସ୍ଥାପନ ସ୍ୱପ୍ନ ଓ ତା'ର ପାରିବାପଣର କଥା ରହିଛି। ଅଫିସରମାନଙ୍କ ନିପାରିଲାପଣ ଓ ମିଥ୍ୟା ପ୍ରତିଶ୍ରୁତି ଆଗରେ 'ଅଯୋଧ୍ୟାର ଜଳକଷ୍ଟ' ବିଡ଼ମ୍ବିତ ମନେହୋଇଛି। 'ଅନ୍ଧାର' ଲେଖାରେ ଦେଶର ଭବିଷ୍ୟତ ନେଇ ସ୍ୱପ୍ନ ଦେଖୁଥିବା ସାଧାରଣ ଦରିଦ୍ର ଓ ନିରକ୍ଷର ନାଗରିକଙ୍କ ପ୍ରତି ସ୍ତମ୍ଭକାର ସହାନୁଭୂତି ପ୍ରଦର୍ଶନ କରିଛନ୍ତି। ମାନବ ଜୀବନର ସବୁଠୁ ଅଧିକ ପ୍ରଭାବଶାଳୀ ରୂପ ହେଉଛି 'ଭୟ ଓ ଲୋଭ'। ଏହାର ମନସ୍ତାତ୍ତ୍ୱିକ ବିଶ୍ଳେଷଣଟିଏ ରହିଛି 'ଭୟ ଓ ଲୋଭ' ଲେଖାରେ। 'ହାତଲେଖା ଚିଠି' ଫିଚର୍‌ରେ ଚିଠି ପରମ୍ପରାର ମହତ୍ତ୍ୱ ଏବଂ ଉତ୍କଳୀୟ ପୁରପଲ୍ଲୀରେ ଓଡ଼ିଆ ଘରର ରୀତି-ନୀତିର ମହତ୍ତ୍ୱ ପ୍ରତିଷ୍ଠିତ ହୋଇଛି। ବିଦେଶ ଯାତ୍ରାକୁ ନେଇ ଗୌରହରି ଦାସଙ୍କ ବ୍ୟକ୍ତିଗତ ଅନୁଭବ ରୂପ ରହିଛି 'ଦେଶ' ସ୍ତମ୍ଭରେ। ସକଳ ନିରାଶା ସତ୍ତ୍ୱେ ଭବିଷ୍ୟତ ପାଇଁ ଆତ୍ମବିଶ୍ୱାସର ଦୃଢ଼ତା ମଣିଷକୁ ବଞ୍ଚେଇ ରଖିବାରେ ସହାୟକ ହୋଇପାରେ ବୋଲି ବାର୍ତ୍ତା ରହିଛି 'ଅନନ୍ତ ସମ୍ଭାବନା'ରେ। ମଣିଷକୁ ହିଁ ଅନନ୍ତ ସମ୍ଭାବନାର ଆଧାର ମନେ କରିଛନ୍ତି ଲେଖକ। 'ଦାୟିତ୍ୱ', 'ଅନ୍ଧବିଶ୍ୱାସ', 'ନିଖୋଜ ମଣିଷ' ଇତ୍ୟାଦିରେ ଜୀବନର ବିବିଧ ମୂଲ୍ୟବିଚାରର ପ୍ରସଙ୍ଗ ରହିଛି। ସହାନୁଭୂତି, ଶ୍ରଦ୍ଧା ଓ ସମ୍ବେଦନା ଏବଂ ମଣିଷପଣିଆର ଆହ୍ୱାନ ରହିଛି 'ଅପହୃତ ଆବେଗ' ଲେଖାରେ।

'ଜୀବନର ଜଳଛବି'ର ସପ୍ତମ ପର୍ବ ହେଉଛି 'ଈଶ୍ୱରଙ୍କ ଠିକଣା'। ଏଥିରେ ୬୦ଟି ସ୍ତମ୍ଭ ସନ୍ନିବେଶିତ। ଏହାର ମୁଖବନ୍ଧରେ ଲେଖକ ଉଲ୍ଲେଖ କରିଛନ୍ତି- "କୌଣସି ଘଟଣା ମନକୁ ଆନ୍ଦୋଳିତ ନ କଲେ ଜଣେ ଲେଖକ ଲେଖାଟିଏ ଲେଖିପାରେ ନାହିଁ। ମୋ କ୍ଷେତ୍ରରେ ମଧ୍ୟ ସେଇଆ ଘଟିଥାଏ। ଏହି ସଂକଳନରେ ଯେଉଁ ଲେଖାଗୁଡ଼ିକ ପ୍ରକାଶ ପାଇଛି ସେସବୁ ମୋତେ ଗଭୀର ଭାବରେ ଆନ୍ଦୋଳିତ କରିଛନ୍ତି। ତେଣୁ ମୁଁ ସଂପୃକ୍ତ ଚରିତ୍ରମାନଙ୍କ ନିକଟରେ ମୋର ଋଣ ସ୍ୱୀକାର କରୁଚି।" x x x ଦୀର୍ଘବର୍ଷ ଧରି ଏହି ସ୍ତମ୍ଭ ଲେଖିବା ଭିତରେ ମୋର ଅନୁଭବ ହୋଇଛି ଯେ ଆମ ସମାଜର

ଏକ ବିରାଟ ଅଂଶ ରଚନାତ୍ମକ ଏବଂ ସୃଜନାତ୍ମକ ଜୀବନକୁ ଆଦର କରନ୍ତି। ସେମାନେ ବିଶ୍ୱାସ ରଖନ୍ତି, ଆମ ଚାରିପାଖର କିଛି କିଛି କଥା ବିଗିଡ଼ି ଯାଇଥିଲେ ମଧ୍ୟ ସମୁଦାୟ ସମାଜ ଅସଜଡ଼ା ହୋଇ ନାହିଁ। ଆସନ୍ତାକାଲି ଉପରେ ସେମାନଙ୍କର ଦୃଢ଼ ବିଶ୍ୱାସ, ସମାଜ ଓ ବ୍ୟବସ୍ଥା ଉପରେ ସେମାନଙ୍କର ଗଭୀର ଆସ୍ଥା। ଏହି ଉପଲବ୍ଧି ମୋତେ ସମାଜ ଓ ମଣିଷ ଉପରେ ଭରସା ରଖିବା ଲାଗି ଅଧିକରୁ ଅଧିକ ପ୍ରଚୋଦିତ କରିଥାଏ।"(୩୭)

ଗୌରହରି ଦାସ ଅବକ୍ଷୟମାଣ ଗ୍ରାମ୍ୟ ଜୀବନର ଚିତ୍ର ପ୍ରଦାନ କରିଛନ୍ତି, 'ଏ ମାଟି ସ୍ୱର୍ଗ ଥିଲା' ଫିଚର୍‌ରେ। ଏତଦ୍‌ବ୍ୟତୀତ ଗଣତନ୍ତ୍ର, ସ୍ୱାଧୀନତା, ସାମ୍ୟବାଦର ଚରିତ୍ର କ୍ରମେ ଅପସୃତ ଏବଂ ବିଡ଼ମ୍ବିତ ହେଉଛି। ଅତୀତରେ ଯେ ଏହି ମାଟି ସ୍ୱର୍ଗ ଥିଲା, ସ୍ୱର୍ଗ ଅଛି, ସ୍ୱର୍ଗ ରହିବ, ଏ ଦେଶେ ପୁଣ୍ୟ ଥିଲା, ପୁଣ୍ୟ ଅଛି, ପୁଣ୍ୟ ରହିବ-କେବଳ ଆଶା ଓ ସ୍ୱପ୍ନ ଛଡ଼ା ଏହା ଆଉ କିଛି ନୁହେଁ। ଯୁବପିଢ଼ି ମଧ୍ୟରେ ଭାବପ୍ରବଣତାକୁ ଖୋଜିଛନ୍ତି ଲେଖକ 'ପ୍ରଥମ ଦେଖା' ସ୍ତମ୍ଭରେ। ବିଦେଶରେ ରହୁଥିବା ରାଧାରଂଜନ ଯେବେ ବି ଭାରତ ଆସନ୍ତି, ନିଜ ଗାଁ ମାଟିକୁ ଖୋଜିହୁଅନ୍ତି। 'ମାଳଅପା', 'ମାଆର ଝିଅ', 'ସଂଜବଳିତା', 'ଲଳିତା', 'ଦ୍ରୌପଦୀର ପ୍ରଶ୍ନ' ଇତ୍ୟାଦିରେ ନାରୀ ମନୋଦଶା ଓ ତା'ର ଜୀବନସ୍ଥିତିର ମାର୍ମିକ ଚିତ୍ର ରହିଛି।

'କନକ ଚମ୍ପା', 'ରଙ୍ଗଣୀ ଲଟା', 'ସ୍ୱପ୍ନ ଖାଲି ସତ୍ୟ', 'ଆଷାଢ଼ ଆସିବ' ଇତ୍ୟାଦିରେ ଆନ୍ତରିକ ସହାନୁଭୂତି ଓ ମାନବ ଜୀବନଦର୍ଶନର ସ୍ୱର ଅନୁରଣିତ ହୋଇଛି। ଅନୁରୂପ ଭାବରେ 'ବିବେକଦୀପ', 'ସାମ୍ନାରେ ବୈକୁଣ୍ଠ', 'ବିଶ୍ୱାସର ଧରାତଳ', 'ଆସ୍ଥା', 'ସ୍ମୃତି ଓ ସ୍ୱପ୍ନର ଜୀବନ', 'ଝୁରିହେବା ଜୀବନ ନୁହେଁ', 'ଈଶ୍ୱରଙ୍କ ଠିକଣା', 'ଈଶ୍ୱରଙ୍କ ଜାତି' ଇତ୍ୟାଦି ସ୍ତମ୍ଭରେ ଗୌରହରି ଦାସଙ୍କ ସୂକ୍ଷ୍ମ ଦାର୍ଶନିକତାର ସ୍ୱତନ୍ତ୍ର ରୂପ ଚିତ୍ରିତ ହୋଇଛି। ଜୀବନକୁ ଅବଲୋକନ କରିବାର ପୃଥକ୍ ଦୃଷ୍ଟିକୋଣ ହେତୁ ଉପର୍ଯ୍ୟୁକ୍ତ ଫିଚର୍‌ଗୁଡ଼ିକରେ ଗଭୀର ଜୀବନଦର୍ଶନ ସ୍ପଷ୍ଟ ଉପଲବ୍ଧ ହୁଏ। 'ଅନ୍ଧରାତିର ଅରୁଣିମା'ରେ ଗୌରହରିଙ୍କ ଆଶାବାଦ ବେଶ୍ ହୃଦୟସ୍ପର୍ଶୀ। ସେ ଲେଖିଛନ୍ତି- "ଚତୁରମାନଙ୍କ ସବୁ ଚକ୍ରାନ୍ତ ଓ ସଇତାନମାନଙ୍କ ସବୁ ଷଡ଼ଯନ୍ତ୍ର ସତ୍ତ୍ୱେ ଏ ଦେଶ ବଞ୍ଚିବ। ସବୁ ଅନୈତିକତା ଓ ଅବକ୍ଷୟର ଝଡ଼ ତୋଫାନ ଭିତରୁ ଏ ଦେଶ ପୁଣି ମୁଣ୍ଡ ଟେକିବ।"(୩୮) ଝିଅମାନଙ୍କ ସୁନ୍ଦର ଭବିଷ୍ୟତ ନିମନ୍ତେ ସ୍ତମ୍ଭକାର ଆଶାବାଦୀ ହୋଇ ଲେଖିଛନ୍ତି- "ଗ୍ରୀଷ୍ମ ତାତିରେ ତତଲା ଏ ମାଟି ଉପରକୁ ଆଷାଢ଼ ଆସିବ। ବର୍ଷାର ସ୍ନେହ ଆଦରରେ ଓଦା ହେବ ଏ ମାଟି। ପୁଣିଥରେ ସୃଷ୍ଟିସମ୍ଭବା ହେବ ପୃଥିବୀ। ପୃଥିବୀର କୌଣସି ଦୁଃଖ କି କୌଣସି ସମସ୍ୟା ସ୍ଥାୟୀ ନୁହେଁ।" (୩୯) ମଣିଷର

'ମଣିଷପଣିଆ'ର ଅଭୀପ୍‌ସା ରହିଛି 'ସ୍ନେହତର୍ପଣ' ସ୍ତମ୍ଭରେ। 'ଆସ୍ଥା' ଫିଚର୍‌ରେ ପାରାଅଲିମ୍ପିକ୍ ଉଚ୍ଚଡିଆଁ ପ୍ରତିଯୋଗିତାରେ ସ୍ୱର୍ଣ୍ଣପଦକ ପାଇଥିବା ଖେଳାଳିଙ୍କ ସଂଗ୍ରାମ ପ୍ରସଙ୍ଗ ରହିଛି। ଥଙ୍ଗାଭେଲୁଙ୍କ ସ୍ୱର୍ଣ୍ଣପଦକ ପ୍ରାପ୍ତିର ଔଜ୍ଜ୍ୱଲ୍ୟ ପଛରେ ଲୁଚିଥିବା ତା'ର ପ୍ରଲମ୍ବିତ ସଂଗ୍ରାମ ଓ ସଂଘର୍ଷର ଅନ୍ଧକାରକୁ ସ୍ତମ୍ଭକାର ଗୌରହରି ଅନୁଭବ କରି କୃତ୍ୟକୃତ୍ୟ ହୋଇଛନ୍ତି। ଏହି ମର୍ମରେ ତାଙ୍କର ଭାବପୂର୍ଣ୍ଣ ଉଚ୍ଚାରଣ ଥିଲା- "ମଣିଷ ଈଶ୍ୱରଙ୍କୁ ଭେଟିବାକୁ ଯେତିକି ଆଗ୍ରହୀ, ଈଶ୍ୱର ମଧ୍ୟ ମଣିଷକୁ ଭେଟିବା ପାଇଁ ସେତିକି ବ୍ୟସ୍ତ। ମାତ୍ର ମଣିଷ ଯେଉଁ ଠିକଣାରେ ଓ ଯେଉଁ ଚେହେରାରେ ଈଶ୍ୱରଙ୍କୁ ଖୋଜୁଥାଏ, ଈଶ୍ୱର ସେ ଠିକଣାରେ କି ସେହି ଚେହେରାରେ ନ ଥାନ୍ତି। ସେଥିପାଇଁ ଈଶ୍ୱର ଭିନ୍ନ ଭିନ୍ନ ଚେହେରାରେ ବରାବର ମଣିଷ ପାଖକୁ ଆସୁଥାଆନ୍ତି, ମାତ୍ର ମଣିଷ ତାହାଙ୍କୁ ଅନାଗ୍ରହରେ ଏଡ଼ାଇ ଯାଇ ପୂର୍ବ ନିର୍ଦ୍ଧାରିତ ଠିକଣାରେ ଧାଉଁଥାଏ।" (୪୦) ନିଜେ କଷ୍ଟ ସହ୍ୟ କରି ନିଜ ଏକମାତ୍ର ପୁତ୍ରକୁ ବିଦେଶ ନିବାସୀ ହେବାକୁ ଗ୍ରହଣ କରିନେବାର ହୃଦୟବତ୍ତାର ଚିତ୍ର ରହିଛି 'ଉପଲବ୍ଧି' ଫିଚର୍‌ରେ।

'ଈଶ୍ୱରଙ୍କ ଠିକଣା' ଫିଚର୍‌ରେ ଗୌରହରୀୟ ଦାର୍ଶନିକତା ଅତ୍ୟନ୍ତ ଚମତ୍କାର। ତାଙ୍କ ମତରେ- ମଣିଷର ଦୁର୍ଭାଗ୍ୟର ଦୁଇ ବଡ଼ କାରଣର ଆବିଷ୍କର୍ତ୍ତା ସିଏ ନିଜେ। ପ୍ରଥମଟି ହେଉଛି ଧର୍ମ ଏବଂ ଦ୍ୱିତୀୟଟି ଈଶ୍ୱର। x x x ଈଶ୍ୱର କାହିଁକି ଅଛନ୍ତି ଜାଣ ? କାରଣ, ମଣିଷ ମନରେ ଭୟ ଅଛି। ଯଦି ମଣିଷ ମନରେ ଭୟ ନ ଥାଆନ୍ତା, ତାହାହେଲେ ଈଶ୍ୱର କୋଉକାଳୁ ଏ ପୃଥିବୀରୁ ବିଦାୟ ନେଇଯାଆନ୍ତେଣି।" (୪୧) ସ୍ତମ୍ଭକାର ଗୌରହରି ଦାସ ମାନବଙ୍କୁ ନିଜ ଭିତରେ ଈଶ୍ୱରୀୟ ସ୍ଥିତି ସନ୍ଦର୍ଶନ କରିବା ପାଇଁ ବାର୍ତ୍ତା ପ୍ରଦାନ କରିଛନ୍ତି। ଜୀବନକୁ ଭଲ ପାଇବାର ଚିତ୍ର ରହିଛି 'ଜୀବନ' ଫିଚର୍‌ରେ। ସୋସିଆଲ୍ ମିଡିଆର ପ୍ରଭାବ ବିସ୍ତାର ହେତୁ ମାନବ ଜୀବନର ବିବିଧ ସମସ୍ୟାକୁ ନେଇ 'ଛଳନାର ଜଉଘର' ରଚିତ। ଲେଖକ ମଣିଷକୁ ଅସହାୟତମ ଜୀବ ଭାବରେ ଚିତ୍ରିତ କରିଛନ୍ତି 'ଭଙ୍ଗା ଖେଳଣା'ରେ। ପୁରୁଣା ଜୀବନକୁ ନୂଆ କରି ଜିଇବାର ଇସ୍ତାହାର ରହିଛି 'ଝୁରିହେବା ଜୀବନ ନୁହେଁ' ସ୍ତମ୍ଭରେ। 'ଈଶ୍ୱରଙ୍କ ଜାତି' ସ୍ତମ୍ଭରେ ଗୌରହରୀୟ ଦାର୍ଶନିକ ବକ୍ତବ୍ୟ ଆଜିର ସମାଜ ପାଇଁ ଅତ୍ୟନ୍ତ ଶିକ୍ଷଣୀୟ। ସେ କହିଛନ୍ତି- "ପ୍ରତିଟି ମଣିଷ ଭିତରେ ଜଣେ ଜଣେ ଦେବତା ଅଛନ୍ତି। ନେତା ଓ ଧର୍ମଗୁରୁମାନେ ସେମାନଙ୍କ ଆଡ଼କୁ ଚାହାଁନ୍ତୁ। ସମୟ ମିଳିଲେ ଚାହାଁନ୍ତୁ ଆକାଶକୁ - ସୂର୍ଯ୍ୟ ଓ ଚନ୍ଦ୍ରମାକୁ। ନଦୀ ଓ ସମୁଦ୍ରକୁ। ଅନୁଭବ କରନ୍ତୁ ଆଲୋକ ଓ ପାଣି-ପବନର ସ୍ପର୍ଶକୁ। କାହିଁ, କେଉଁଠି ହେଲେ ତ ପାତର-ଅନ୍ତର ବା ଭେଦ-ବିଭେଦର ସ୍ପର୍ଶ ନାହିଁ।" (୪୨)

'ଈଶ୍ୱରଙ୍କ ଠିକଣା'ରେ ଆଧୁନିକ ମାନବ ସମାଜ ନିମନ୍ତେ ଜୀବନ ଜିଇଁବା, ଗନ୍ତବ୍ୟସ୍ଥଳରେ ପହଞ୍ଚି ଲକ୍ଷ୍ୟକୁ ହାସଲ କରିବାର ସୂକ୍ଷ୍ମ ମାର୍ଗଦର୍ଶନ କରାଇଛନ୍ତି ସ୍ତମ୍ଭକାର ଗୌରହରି ଦାସ। 'ଜୀବନର ଜଳଛବି' ସନ୍ନିବେଶିତ ସାତଗୋଟି ପର୍ବ ଜୀବନ ସଂଗୀତର ସପ୍ତସ୍ୱର ତଥା ଯୋଗାଚାରର ସପ୍ତାଙ୍ଗ ଭଳି ଦିବ୍ୟ-ଶାଶ୍ୱତ ତଥା ସମୁଚ୍ଚ।

'ଜୀବନର ଜଳଛବି'ର ଏହିସବୁ ସଂକଳନରେ ସ୍ଥାନିତ ୪୦୦ରୁ ଊର୍ଦ୍ଧ୍ୱ ସ୍ତମ୍ଭଗୁଡ଼ିକରେ ରହିଛି ଅଦ୍ଭୁତ କଳାତ୍ମକ ପ୍ରାଚୁର୍ଯ୍ୟ। ସମୟ, ସମାଜ, ନୀତି, ପରମ୍ପରାଦିର ବଳିଷ୍ଠ ରୂପରେଖକୁ ନେଇ ସ୍ତମ୍ଭଗୁଡ଼ିକର ଆତ୍ମିକ ବିଭବ ପରିପୁଷ୍ଟ ହୋଇଥିବା ବେଳେ ଗୌରହରିଙ୍କ ଚମତ୍କାର ଶବ୍ଦ ସଂଯୋଜନା, ରୂପକଳ୍ପ ଏବଂ ଶୈଳୀଗତ ଚମତ୍କାରିତା ସ୍ୱତନ୍ତ୍ର ଭାବରେ ଉପସ୍ଥାପିତ ହୋଇଛି।

'ଜୀବନର ଜଳଛବି'ରେ ଗ୍ରାମୀଣ ଜୀବନଚିତ୍ର:

ପ୍ରକୃତିବାଦୀ ଗୌରହରି ଦାସ ଜଣେ ଖାଣ୍ଟି ଓଡ଼ିଆ। ତାଙ୍କ ସୃଷ୍ଟି ଭିତରେ ସଭ୍ୟତାର ଦେଖା-ଅଦେଖା ରଙ୍ଗ, ସମୟର ପାଦଚିହ୍ନ, ଜୀବନୀୟ ପ୍ରସ୍ତ ପ୍ରସ୍ତ ଉପଲବ୍ଧିର ବର୍ଣ୍ଣବୋଧ ରହିଛି। ଲେଖକଙ୍କ ସାମଗ୍ରିକ ସୃଷ୍ଟିର ପ୍ରକୃଷ୍ଟ ପୃଷ୍ଠଭୂମି ହୋଇଛି ତାଙ୍କ ଗାଁ ମାଟି। ଗ୍ରାମ୍ୟଜୀବନ ତଥା ପଲ୍ଲୀ ପ୍ରକୃତିକୁ ସେ ଭରପୂର ଭୋଗିଛନ୍ତି ଓ ବଞ୍ଚିଛନ୍ତି ମଧ୍ୟ। ପାଟପୁର, ଷଣ୍ଢଗଡ଼ା ଅଞ୍ଚଳର ଆମ୍ବତୋଟା, ଧାନବିଲ, ଗୋହିରି, କାଚକେନ୍ଦୁ ପୋଖରୀର ନାଲି କଇଁ, ନଈ ଆଡ଼ିରେ କେତକୀ ଫୁଲ, ବଣୁଆଗଛ, ବାଉଁଶ ବଣ, କ୍ଷୀରଭର୍ତ୍ତି ଧାନଫୁଲର ବାସ୍ନା, ଅମରୀ ବଣ, ଗାଁର ଓଦା ପବନ, ଫୁଲ ଉଡ଼ା ଧାନଗଛ, ମାଟିର ସବୁଜିମା, କିଆଫୁଲର ବାସ୍ନା, ଶରତର କାଶତଣ୍ଡୀ, କେତକୀ ଫୁଲ, ଶୁଖିଲା ମେଘ, ଅଶିଣର ପାଣିଚିଆ ଖରା, ବଉଦମାନଙ୍କ ଗୋଡ଼ିଆଗୋଡ଼ି ଖେଳ, ଆକାଶର ଇନ୍ଦ୍ରଧନୁ, ପୋଖରୀ ତୁଠରେ ଲଙ୍ଗଳା ପିଲା, ରାସ୍ତାଧାରର ବାବୁଲା ଗଛ, ଘାସପଡ଼ିଆ, ମନ୍ତେଇ ନଦୀ ଉପରର ନୀଳ ଆକାଶ, ଘାସଫୁଲ, କଙ୍କି, ପ୍ରଜାପତି, ନୀଳ ପୋଖରୀ, କାଠ କଣ୍ଢେଇ ଖେଳ, ଅଷ୍ଟପ୍ରହରୀ କୀର୍ତ୍ତନ, ସାହିପିଲାଙ୍କ ଅପେରା, ଭୋଜି, ରଜର ବାଗୁଡ଼ି ଖେଳ, ବଡ଼ପୋଖରୀ ମାଛଧରା, ଗଙ୍ଗଶିଉଳିର ବାସ୍ନା, ମୁଠି ଶାଗ, ପୋଇଶାଗ, ଗୁଗୁଚିଆ, ମେଘପଖଳା ଶ୍ରାବଣର ଥଣ୍ଡା ପରିବେଶ, ଚଉଁରାମୂଳ ସଞ୍ଜ, ଘଣ୍ଟେଶ୍ୱରର ଦୁର୍ଗାପୂଜା, ଦୁର୍ଗାଷ୍ଟମୀ ତିଥି ଇତ୍ୟାଦିର ସୁଗୁମ୍ଫନରେ 'ଜୀବନର ଜଳଛବି' ଖାଣ୍ଟି ଓଡ଼ିଆ ପାଠକପ୍ରାଣକୁ ନିଜର ନିଜର ଲାଗେ, ଆତ୍ମୀୟତା ଓ ତନ୍ମୟତାରେ ମୋହାଚ୍ଛନ୍ନ କରେ। "ସହରୀ ଶୀତଳ ଜୀବନ ଭିତରେ ଫେରାର୍ ହୋଇଯାଇଥିବା ନିଜର ସରଳ, ନିଷ୍ପାପ ଗ୍ରାମୀଣ କୈଶୋର ପାଇଁ ଏକ ପ୍ରଚଣ୍ଡ nostalgia କୃତିଟିର ସାମଗ୍ରିକ ସ୍ଥାୟୀ ଭାବ କହିଲେ ଅତ୍ୟୁକ୍ତି ହେବ ନାହିଁ। x x x ଲେଖକଙ୍କ ଶୈଶବକାଳୀନ ଆଡ୍‌ଭେଞ୍ଚରର

ବର୍ଣ୍ଣନା କୌଣସି ଚଳଚ୍ଚିତ୍ର ନିର୍ଦ୍ଦେଶକର shooting scriptର ଭ୍ରମ ଉପୁଜାଏ।" (୪୩) ଭୀଷଣ ପ୍ରକୃତିବାଦୀ ଗୌରହରିଙ୍କ ମନରେ ପ୍ରକୃତି ପ୍ରୀତି ଏକ ସ୍ୱତନ୍ତ୍ର ଅବଧାରଣା ରଖେ। ଗଛର ନମ୍ରତା, ଫୁଲ-ଫଳର ଶ୍ରଦ୍ଧା, ପାହାଡ଼-ଝରଣାର ନିରବ ପୃଷ୍ଠପୋଷକତା ମଣିଷକୁ ଋଣୀ କରିଦିଏ। ସେ ପ୍ରଶ୍ନ କରନ୍ତି- "ଏ ପୃଥିବୀଠାରୁ ସୁନ୍ଦରତମ ମନ୍ଦିର ଆଉ କେଉଁଠି ଅଛି? କାରଣ ଏହାର ସଞ୍ଜ, ସକାଳ, ମଧ୍ୟାହ୍ନ, ମଧ୍ୟରାତ୍ରି, କୁହୁଡ଼ି-କାକର, ଚଇତ୍ର ପବନ ଓ ଶ୍ରାବଣ ବର୍ଷା ଯେଉଁ ଦିବ୍ୟ ଆନନ୍ଦ ଦିଏ ତାହା କୌଣସି ବାଦ୍ୟଯନ୍ତ୍ର କେବେ ଦେଇପାରେ ନାହିଁ।"

ଓଡ଼ିଶୀ ଖାଦ୍ୟ ଓ ପିଠାପଣାର ସୁଗନ୍ଧ:

'ଜୀବନର ଜଳଛବି'ରେ ନାନା ପ୍ରକାର ଓଡ଼ିଶୀ ଖାଦ୍ୟ ଓ ପିଠାପଣାର ଉଲ୍ଲେଖ ରହିଛି। ସଂଘର୍ଷପୂର୍ଣ୍ଣ ଜୀବନରେ ଗୌରହରି ଭଲ ରୋଷେଇ ଅଭିଜ୍ଞତା ମଧ୍ୟ ରଖନ୍ତି। ତାଙ୍କ ସୃଷ୍ଟି ଭିତରେ ଖାଣ୍ଟି ଓଡ଼ିଆ ଘରର ପାକଶାଳାର ମହମହ ସୁଗନ୍ଧକୁ ଆଘ୍ରାଣ କରିହୁଏ। ମାଛ-ଆମ୍ବୁଲ, ଇଲିଶି ମାଛ ଝୋଳ, ଗଇଁଠା, ଚକୁଳି, ଖମ୍ବ ଆଳୁ, କଦଳୀ ଭଜା, ମୁଠି ଶାଗଭଜା, ମୁଢ଼ିଛେନା, ଛେନା ମୁଡ଼କୀ ଇତ୍ୟାଦି।

'ଜୀବନର ଜଳଛବି'ରେ 'ଲୋକକଥା' ଏବଂ ପୁରାଣକଳ୍ପ (ମିଥ୍):

ତତ୍ତ୍ୱାନ୍ୱେଷୀ ଗୌରହରି ଆଧୁନିକ ସମାଜର ଛଳ-ଛଦ୍ମ-ବ୍ୟବସ୍ଥା-ନିୟମର ବହୁବିଧ ସ୍ୱରୂପକୁ ଅଙ୍ଗେ ନିଭେଇଛନ୍ତି। ଜଣେ ସଚେତନଶୀଳ-ସମାଜବାଦୀ ସ୍ରଷ୍ଟା ଭାବରେ ମଣିଷକୁ ସଂସ୍କାରିତ କରିବାର ଗୁରୁଦାୟିତ୍ୱ ପ୍ରତି ସେ ବେଶ୍ ଯତ୍ନବାନ୍ ମନେ ହୁଅନ୍ତି। ଲୋକକଥା ତଥା ପୁରାଣର ଚରିତ୍ରମାନେ ଆଜିର ସମୟ ପାଇଁ ନୂତନ ମୂଲ୍ୟବୋଧକୁ ପ୍ରତିଷ୍ଠା ଦେବା କ୍ଷେତ୍ରରେ ବିଶେଷ ଭୂମିକା ଗ୍ରହଣ କରିଥାନ୍ତି। ପୌରାଣିକ ଆଧାରର ଅନ୍ୱେଷା କରି ଗୌରହରି ଆଧୁନିକ ମଣିଷ ଜୀବନର ସମୁଚ୍ଚ ମୂଲ୍ୟବୋଧକୁ ସମନ୍ୱିତ କରିବାକୁ ଚାହିଛନ୍ତି। ପୁରାଣର ଚରିତ୍ରମାନଙ୍କ ନାମୋଲ୍ଲେଖ ତାଙ୍କ ସ୍ତମ୍ଭର ଆତ୍ମିକ ଅବବୋଧକୁ ଭାବାତ୍ମକ ଆଧାର ପ୍ରଦାନ କରିଛି। ଏହି ମର୍ମରେ ଗୌରହରି ଶକୁନିର ବିଷମଞ୍ଜି ବୁଣା, ଧୃତରାଷ୍ଟ୍ରର ରାଣୀ, କର୍ଣ୍ଣାର୍ଜୁନ ଯୁଦ୍ଧ, ଅଭିମନ୍ୟୁ ବଧ, କଂସର ଘରଣୀ, ମତ୍ସ୍ୟଗନ୍ଧା, ଖୁଲଣା ସୁନ୍ଦରୀ, କଲୁରେଇବେଣ୍ଟ, ବୁଢ଼ୀ ଅସୁରୁଣୀ, ମାଙ୍କଡ଼ ଓ କୁମ୍ଭୀର କଥା ଆଦିକୁ ସ୍ଥାନିତ କରିଛନ୍ତି।

ଉତ୍କଳୀୟ ବାଦ୍ୟଯନ୍ତ୍ରର ମୂର୍ଚ୍ଛନା:

ଗୌରହରି ଦାସ ଜଣେ ସଂଗୀତ ଅନୁରାଗୀ ଲେଖକ। ପିଲାବେଳୁ ସାଂଗୀତିକ ପରିବେଶ ପ୍ରତି ତାଙ୍କର ଦୁର୍ବଳତା ଥିବା କଥା ସେ ସ୍ୱୀକାର କରନ୍ତି। ରାଗ-ରାଗିଣୀ, ତାଳ, ଲୟ, ଛନ୍ଦଯୁକ୍ତ ସଂଗୀତ ପ୍ରତି ତାଙ୍କ ଅନୁରାଗ ରହିଛି। ସଂଗୀତକୁ ନେଇ ତାଙ୍କ

ବ୍ୟକ୍ତିଗତ ରୁଚିବୋଧ 'ଜୀବନର ଜଳଛବି'କୁ ସ୍ୱରମୟ କରିଛି। ତାଙ୍କର ଅନେକ ସ୍ତମ୍ଭରେ ସଂଗୀତ ଓ ବାଦ୍ୟଯନ୍ତ୍ରର ବର୍ଣ୍ଣନା ରହିଛି। ସେଗୁଡ଼ିକ ଢୋଲ୍‌କି, ହାରମୋନିୟମ, ତାବ୍‌ଲା, ଯୋଡ଼ିନାଗରା, ବଇଁଶୀ, ସାହାନାଇ, ଘୁଙ୍ଗୁରୁ ଇତ୍ୟାଦି। ସମାଜରେ ହଜିଯାଉଥିବା ପାଲା, ସଞ୍ଚାର ଓ ଦାସକାଠିଆର ଚିତ୍ର ମଧ୍ୟ ସେ ପ୍ରଦାନ କରିଛନ୍ତି।

'ଜୀବନର ଜଳଛବି'ରେ ରାଜନୀତିକ ଚିତ୍ର:

ସାମ୍ବାଦିକତାକୁ ନେଇ ଗୌରହରିଙ୍କ ଜୀବନବୃତ୍ତ ବେଶ୍ ସକ୍ରିୟ। ରାଜ୍ୟ, ଦେଶ ତଥା ବିଦେଶର ଖବର ତାଙ୍କ ସାମ୍ବାଦିକତାକୁ ବିବିଧ ଖୋରାକ ଦିଏ। ରାଜନୀତିକ ପ୍ରେକ୍ଷାପଟର ନିୟତ ପରିବର୍ତ୍ତିତ ସ୍ଥିତିସବୁ ମଧ୍ୟ ତାଙ୍କ ସମ୍ବାଦର ଏକ ପ୍ରମୁଖ ଦିଗ। ଅତି ନିରପେକ୍ଷ ଭାବରେ ରାଜନୀତିକ ପଟ୍ଟ ପରିବର୍ତ୍ତନକୁ ସେ ନିଜ ସୃଷ୍ଟିରେ ରୂପାୟିତ କରନ୍ତି। ପ୍ରକୃତ ଗଣତନ୍ତ୍ରର ମୂଲ୍ୟବୋଧକୁ ଧାରଣ କରିଥିବା ଗୌରହରି ତାଙ୍କ ସ୍ତମ୍ଭଗୁଡ଼ିକରେ ଦୁର୍ନୀତି, ଭ୍ରଷ୍ଟାଚାର, ନିର୍ବାଚନୀ ହଟଚମଟ ପ୍ରତି ଶାଣିତ ଦୃଷ୍ଟି ନିକ୍ଷେପ କରିଛନ୍ତି। ନିର୍ବାଚନ ପ୍ରଚାରରେ କେବଳ ଆର୍ଥିକ ଫାଇଦା ନୁହେଁ ବରଂ ତତ୍‌ସହିତ ପ୍ରଚୁର ଉତ୍ତେଜନା ଗୌରହରିଙ୍କ ଦୃଷ୍ଟିରୁ ବାଦ ପଡ଼ିନାହିଁ। କିନ୍ତୁ ଗାଉଁଲି, ଦରିଦ୍ର ଏବଂ ନିରୁଦ୍‌ବିଗ୍ନ ମଣିଷମାନଙ୍କ ପାଇଁ ଭାରତୀୟ ରାଜନୀତିର ମହତ୍ତ୍ୱକୁ ନେଇ ସେ ଅନେକ ସ୍ତମ୍ଭରେ ସନ୍ଦିହାନ ହୋଇଛନ୍ତି। ରାଜନୀତିକ ଶପଥ ପାଠ ପରେ ରାଜନେତାମାନଙ୍କର ନୀତିହୀନ ଭୋଟ ପ୍ରଚାର, ରଙ୍ଗବଦଳା ନୀତି, ପଦ-ପଦବି ଲାଭ ପରେ ନିରୀହ-ଜନତାଙ୍କ ପ୍ରତି ଉଦାସୀନତାର ଜୀବନ୍ତ ଚିତ୍ର ଉତ୍ତୋଳିତ ହୋଇଛି ତାଙ୍କର ଅନେକ ସ୍ତମ୍ଭରେ।

'ଜୀବନର ଜଳଛବି'ରେ ଇତିହାସର ସ୍ୱର:

ସାମ୍ବାଦିକତାରେ ସମୟ, ସ୍ଥାନ, ଘଟଣାର ପଦଧ୍ୱନି ଥାଏ। 'ଇତିହାସ' - ଅତୀତର ସମୟକୁ ବର୍ତ୍ତମାନର ସ୍ଥିତିରେ ଆଉ ଥରେ ବିଶ୍ଳେଷଣ କରିବାର ଆଧାରଭୂମି ପ୍ରଦାନ କରେ। ଇତିହାସର ସ୍ମୃତି ବିଜଡ଼ିତ ଚିତ୍ର ଯୁଗେ ଯୁଗେ ପାଠକ ଚିତ୍ତକୁ ଆତ୍ମସମୀକ୍ଷାର ସୁଯୋଗ ଦିଏ। ଏହା ସଚେତନ କରେ ସମୟକୁ ଓ ମଣିଷ ସମାଜକୁ। ସର୍ବଦା ଆଜିର ଘଟଣାକୁ ଗୁରୁତ୍ୱ ପ୍ରଦାନ କରୁଥିବା ଗୌରହରିଙ୍କ ପାଇଁ କାଲିର ଘଟଣା ମଧ୍ୟ ଅନୁରୂପ ଭାବରେ ଗୁରୁତ୍ୱ ରଖେ। ଇତିହାସର ଘଟଣାରୁ ଆଜିର ସମାଜ ପାଇଁ ସେ ଶିକ୍ଷଣୀୟ ନଥି ପ୍ରସ୍ତୁତ କରିଛନ୍ତି 'ଜୀବନର ଜଳଛବି' ସ୍ତମ୍ଭଗୁଡ଼ିକରେ। 'ଜୀବନର ଜଳଛବି'ରେ ଦେଶ ବିଦେଶର ବହୁ ବିଶେଷ ଐତିହାସିକ ଘଟଣା ସନ୍ନିବେଶିତ ହୋଇଛି। ତନ୍ମଧ୍ୟରୁ ୧୯୮୯ ଅଗଷ୍ଟ ମାସରେ ସମ୍ବଲପୁରର କଟରଧୁଆଠାରେ ତିନିବର୍ଷର ଏକ ନିଷ୍ପାପ, ନିର୍ବୋଧ ଶିଶୁକୁ ନୃଶଂସ ହତ୍ୟା, ୧୯୯୭ର ୨୩

ଫେବ୍ରୁଆରିରେ ମଧୁବନ ନିଗମାନନ୍ଦ ଆଶ୍ରମରେ ଅଗ୍ନିକାଣ୍ଡ, ୧୯୯୬ ଜୁଲାଇ ୧୭ ତାରିଖର ନ୍ୟୁୟର୍କରୁ ପ୍ୟାରିସ୍ ଆସୁଥିବା ଟ୍ରାନ୍ସୱାର୍ଲ୍ଡ୍ ଏୟାରଲାଇନ୍ସର ବିମାନ ଦୁର୍ଘଟଣା, ୧୯୯୫ ଡିସେମ୍ବର ୨୩ ତାରିଖରେ ହରିଆନାର ଡବ୍‌ୱାଲି ସହରରେ ଅଗ୍ନିକାଣ୍ଡ ଇତ୍ୟାଦି। ସେହିପରି ଆଉ କିଛି ଉଦାହରଣ ହେଲା:-

- ଏହା ଭିତରେ ଅନେକ ବର୍ଷ ବିତିଗଲାଣି। ଅଣସ୍ତରୀରେ ହାତପାଣ୍ଠି ଉଚ୍ଛେଦ ହେଇଗଲା ରାଜାରାଜୁଡ଼ାଙ୍କର। ଇଲାକାରେ ପ୍ରଜାମାନେ କୁଆଡ଼େ ଜମି ଛାଡ଼ିଲେ ନାହିଁ। ସିଲିଂରେ ବହୁ ଜମି ଚାଲିଗଲା। (ଟିକାଏତ ଓ ଟାଉନବସ୍ - ଜୀବନର ଜଳଛବି: ଏକ, ଚିହ୍ନା ଚୌହଦି - ପୃ: ୧୮୧)
- ତା' ଫଟୋଟି ଖବରକାଗଜରେ ଛପାହେଲା ବେଳକୁ ସେ କିନ୍ତୁ ଶୋଇପଡ଼ିଥିଲା ଧ୍ୱସ୍ତବିଧ୍ୱସ୍ତ ତ୍ରିପୋଲି ଶିବିରର ଧ୍ୱଂସସ୍ତୂପ ଭିତରେ, ରକ୍ତର ପୋଖରୀ ଭିତରେ ନିଜର ଖେଳଣା କଣ୍ଢେଇଟିକୁ ଧରି। ଲିବ୍ୟାର ରାଷ୍ଟ୍ରନେତା କର୍ଣ୍ଣେଲ ଗଦ୍ଦାଫିଙ୍କର ପାଳିତା ଶିଶୁ କନ୍ୟା, ହାନା ଥିଲା ତା'ର ଗେଲବସରିଆ ନାଆଁ। ମାତ୍ର ତେର ମାସ ହେଲା ପୃଥିବୀକୁ ଆସିଥିଲା ସେ। ଆମେରିକାର ବୋମାବର୍ଷୀ ଉଡ଼ାଜାହାଜ ମାଡ଼ରେ ଧ୍ୱସ୍ତବିଧ୍ୱସ୍ତ ତ୍ରିପୋଲିର ରାଷ୍ଟ୍ରପତି ଭବନ ଭିତରେ ଶେଷ ନିଃଶ୍ୱାସ ନେବାବେଳକୁ ସେ ଖେଳଣା ଧରି ଖେଳୁଥିଲା। (ଚିହ୍ନା ଚୌହଦି - ହାତ ନୁହେଁ ପଞ୍ଝା)
- ଇତିହାସର କଳାପାହାଡ଼ ହିନ୍ଦୁ ମନ୍ଦିର ଓ ବିଗ୍ରହମାନଙ୍କୁ ଧ୍ୱଂସ କରି ପ୍ରକାରାନ୍ତରେ ଏହି କୀର୍ତ୍ତିମାନଙ୍କର ପ୍ରାଧାନ୍ୟକୁ ହିଁ ସ୍ୱୀକୃତି ଦେଇଥିଲା। କିନ୍ତୁ ଆଜି ହିନ୍ଦୁ ଧର୍ମପୀଠ ଓ ତୀର୍ଥମାନଙ୍କରେ ରକ୍ତବୀର୍ଯ୍ୟ ପ୍ରାୟ ବିଛେଇ ଯାଇଥିବା ଏହି ଅପଶକ୍ତିମାନଙ୍କର ପ୍ରତିବାଦ କରିବ କିଏ? (ଜୀବନର ଜଳଛବି: ଏକ, ଚିହ୍ନା ଚୌହଦି - କଳା ପାହାଡ଼ - ପୃ: ୩୦୫)
- ଯୋଉ ଲୁହଧାରଟି ଆଖିରୁ ନିଗିଡ଼ି ଚିବୁକ ଦେଇ ମାଟିରେ ଖସିପଡ଼ିଲା, ଯୋଉ ଦୀର୍ଘଶ୍ୱାସ ଧୂଆଁରେ ମିଶି ପବନରେ ମିଳେଇଗଲା ସେସବୁ ଆଉ ଫେରିବେ ନାହିଁ। ଡବ୍‌ୱାଲିର ସେଇ କୁନି କୁନି ମଣିଷମାନେ ଆଉ ଫେରିବେ ନାହିଁ କୌଣସିଦିନ। (ଜୀବନର ଜଳଛବି: ଏକ, ଭିନ୍ନ ଭୂମିକା - ମଣିଷ ପଣିଆ - ପୃ: ୪୧୮)
- ରୁପ୍‌ସା ବାରିପଦା ଟ୍ରେନ୍ ଚଳାଚଳ ଆରମ୍ଭ ହୋଇଥିଲା ୧୯୦୫ ଜାନୁଆରି ୨୦ ତାରିଖରେ, ବାରିପଦାରୁ ବାଙ୍ଗିରିପୋଷି ଯାଏ ଟ୍ରେନ୍ ଚଳାଚଳ ଆରମ୍ଭ ହେଲା ୧୯୨୦ ମସିହା ଜୁଲାଇ ୧୫ ତାରିଖରେ। ୧୯୦୫ ବେଳକୁ ଅବଶ୍ୟ ମୟୂରଭଞ୍ଜ ରାଜାଙ୍କ ପ୍ରତିଷ୍ଠା ଥିଲା ଅବିସମ୍ବାଦିତ। (ରୁପ୍‌ସାର ରୂପସୀ ସନ୍ଧ୍ୟା - ଭିନ୍ନ ଭୂମିକା - ଜୀବନର ଜଳଛବି: ଏକ - ପୃ: ୪୨୧)

- ୧୮୨୯ ମସିହାରେ ଇଟାଲୀର ଜେନୱାରେ ପ୍ରାଣତ୍ୟାଗ କରିବା ପୂର୍ବରୁ ଜେମ୍ସ ସ୍ମିଥ୍‌ସନ୍ ଭବିଷ୍ୟବାଣୀ କରିଥିଲେ, 'ସମୟ ଆସିବ, ଯୋଉଦିନ ମୋତେ ସାମାଜିକ ସ୍ୱୀକୃତି ଦେଇ ନ ଥିବା ଏଇ ରାଜା ଓ ସମ୍ଭ୍ରାନ୍ତ ପରିବାରର ଲୋକଙ୍କୁ ପୃଥିବୀ ଭୁଲିଯିବ, ମାତ୍ର ସେଦିନ ମଣିଷ ଜାତି ଏହି ସ୍ମିଥ୍‌ସନ୍‌ର ନାଆଁକୁ ଶ୍ରଦ୍ଧାର ସହ ସ୍ମରଣ କରୁଥିବ। ('ଅବୈଧ ସନ୍ତାନ, ଅମର କୀର୍ତ୍ତି' - ଭିନ୍ନ ଭୂମିକା - ଜୀବନର ଜଳଛବି: ଏକ - ପୃ: ୪୫୫)
- "ଆସନ୍ତାକାଲି ଠାରୁ (ମାର୍ଚ୍ଚ, ୨୦୧୩) ଆଉ ମେଘାଳୟ ଲୋକଙ୍କୁ ଗୁଆହାଟୀର ହାଇକୋର୍ଟକୁ ଯିବାକୁ ପଡ଼ିବ ନାହିଁ। ତୁମେ ତ ଜାଣ, ଆସନ୍ତାକାଲି ଶିଲଂ ହାଇକୋର୍ଟର ଉଦ୍‌ଘାଟନ ଉତ୍ସବ - ଆଡ୍‌ଭୋକେଟ୍ ଶ୍ୱେତାମ୍ବର ଉତ୍ତର ଦେଲେ।" (ସବୁଠୁ ସୁନ୍ଦର ଦୃଶ୍ୟ - ଈଶ୍ୱରଙ୍କ ଠିକଣା - ପୃ: ୨୬)
- "ତ୍ରିଭାଙ୍କୋରର ରାଣୀ ଏକଦା ଏହି ମନ୍ଦିର (କେରଳର ସବରିମାଳା ମନ୍ଦିର)କୁ ଯାଇଥିଲେ ଏବଂ ଅନ୍ୟମାନେ ମଧ୍ୟ ଯିବାରେ ବାରଣ ନ ଥିଲା। ୧୯୯୧ ମସିହାରେ କେରଳର ହାଇକୋର୍ଟ ତାଙ୍କ ରାୟରେ ଏ ପ୍ରକାର ଏକ ରାୟ ଦେଇ ଦଶରୁ ପଚାଶ ବର୍ଷ ବୟସର ମହିଳାମାନଙ୍କ ପାଇଁ ନିଷେଧାଦେଶ ଲାଗୁ କରିଥିଲେ।" (କବାଟ ଖୋଲିଦିଅ - ଈଶ୍ୱରଙ୍କ ଠିକଣା - ପୃ: ୨୩୮)
- "ଚଣ୍ଡୀଗଡ଼ର ରକ୍ ଗାର୍ଡେନ୍ ଏକ ସୁନ୍ଦର କୃତି। ଅଦରକାରୀ ଜିନିଷପତ୍ରକୁ ନେଇ ଯେ ଏତେ ସୁନ୍ଦର ପ୍ରସ୍ତର ଉଦ୍ୟାନ ନିର୍ମାଣ କରାଯାଇପାରେ, ଆଖିରେ ନ ଦେଖିଲେ ଜଣେ ତାହା ବିଶ୍ୱାସ କରିପାରିବ ନାହିଁ। ୧୯୫୭ ମସିହାରେ ସରକାରୀ କର୍ମଚାରୀ ନେକ୍ ଚାନ୍ଦ କାହାକୁ କିଛି ନ ଜଣାଇ ଏହି ପାର୍କର ନିର୍ମାଣ କାମ ଆରମ୍ଭ କରିଥିଲେ। (ଭଙ୍ଗା ଖେଳଣା - ଈଶ୍ୱରଙ୍କ ଠିକଣା - ପୃ: ୨୨୬)
- ବିଶ୍ୱ ଇତିହାସର ଚେହେରାରେ ହିରୋସୀମା ଓ ନାଗାସାକି ଦୁଇଟି ଲୁହଟୋପା, ତାହାର କାରୁଣ୍ୟକୁ ଯେତେ କହିଲେ ବି ସରିବ ନାହିଁ। ଇତୋ ସେମାନଙ୍କୁ ମୋତେୟାସୁ ଆଉ ଓତା ଦୁଇ ନଈ ମଝିର ସେଇ ଜାଗାକୁ ଦେଖଉଥିଲେ, ଯୋଉଠି ନଈପାଣି ୧୯୪୫ ଅଗଷ୍ଟ ୬ ତାରିଖ ସକାଳେ ତତଲା ତରଳ ସୀସା ପାଲଟି ଯାଇଥିଲା। (ଇଚିଗୋ ଇଚିଏ - ଈଶ୍ୱରଙ୍କ ଠିକଣା - ପୃ: ୨୦୨)
- ୱାଘା ସୀମାନ୍ତରେ ପ୍ରତିଦିନ ସନ୍ଧ୍ୟାରେ ଅନୁଷ୍ଠିତ ହେଉଥିବା ଭାରତ ଓ ପାକିସ୍ତାନର ଜାତୀୟ ପତାକା ଅବତରଣ ଦୃଶ୍ୟ ଦେଖିବା ପାଇଁ ସିଦ୍ଧାର୍ଥ ଅପେକ୍ଷା

କରୁଥିଲା। ୧୯୫୯ ମସିହାରୁ ପ୍ରତିଦିନ ଭାରତ ଓ ପାକିସ୍ତାନ ସେନା ନିଜ ନିଜର ଜାତୀୟ ପତାକା ସୂର୍ଯ୍ୟାସ୍ତ ପୂର୍ବରୁ ଓହ୍ଲେଇ ଆଣନ୍ତି। (ୱାଘାରେ ଦେଶ ପ୍ରେମ - ଈଶ୍ୱରଙ୍କ ଠିକଣା - ପୃ:୨୧୩)

'ଜୀବନର ଜଳଛବି'ରେ ଓଡ଼ିଶା ଓ ବିଦେଶର ନିସର୍ଗ ପ୍ରକୃତି ଚିତ୍ର:

ଗୌରହରି ଦାସ ଜଣେ ମାଟିମଗ୍ନ ପ୍ରକୃତିପ୍ରାଣ ବ୍ୟକ୍ତିତ୍ୱ। ଜୀବନ ଓ ଜଗତକୁ ଦେଖିବାର ଦୃଷ୍ଟିକୋଣ ତାଙ୍କର ସ୍ୱତନ୍ତ୍ର। ତାଙ୍କ ସୃଷ୍ଟିସମଗ୍ର ଭିତରେ ଖାଣ୍ଟି ଓଡ଼ିଆର ସ୍ୱାଭିମାନ ସ୍ପଷ୍ଟ ଉପଲବ୍ଧ ହୁଏ। ଜଣେ ସାମ୍ବାଦିକ ଭାବରେ ଓଡ଼ିଶାର ପ୍ରତ୍ୟେକ ଅଞ୍ଚଳର ଖବର ତାଙ୍କ ପାଖରେ ରହିବା ସ୍ୱାଭାବିକ ଘଟଣା, କିନ୍ତୁ ଘଟଣାକ୍ରମର ବାସ୍ତବତାକୁ ନେଇ ସେହି ସ୍ଥାନଗୁଡ଼ିକର ସ୍ୱତନ୍ତ୍ର ମହତ୍ତ୍ୱକୁ ସେ ତାଙ୍କ ଲେଖନୀ ମଧ୍ୟରେ ଜୀବନ୍ତ ଭାବରେ ରୂପାୟିତ କରିଛନ୍ତି। ଓଡ଼ିଶାର ଛୋଟରୁ ବଡ଼ ଘଟଣା ସହିତ ଓଡ଼ିଶା ବାହାରେ ଥିବା ଭୌଗୋଳିକ-ପାରିପାର୍ଶ୍ୱିକ ସ୍ଥିତାବସ୍ଥା ପ୍ରତି ମଧ୍ୟ ସେ ଅତ୍ୟନ୍ତ ସଚେତନ ଥାନ୍ତି। କାରଣ ସେ ବୁଝନ୍ତି- "ଶିଳ୍ପୀ ଯଦି ଅସୀମ ଭାବମୟ ଉପାୟ ଛାଡ଼ି ଖାଲି କେତେଗୁଡ଼ିକ ବନ୍ଧା ବୋଲି (diction) ଧରି ଏପାଖ ସେପାଖ ହୁଅନ୍ତି, ତାହେଲେ ଏପରି କଳା ଦୀର୍ଘଶ୍ୱାସ ଆଉ ତତଲା ଲୁହରେ ହିଁ ଉଭେଇଯାଏ।" (୪୪) ତେଣୁ ଚିହ୍ନା-ଅଚିହ୍ନା, ଜଣା-ଶୁଣା ଜଗତ ତାଙ୍କ ସୃଷ୍ଟି ମଧ୍ୟରେ କଳ୍ପନାଶ୍ରିତ ହୋଇ ଚମତ୍କାର ରୂପ ଲାଭ କରିଛି। ଏହା ହିଁ ଗୌରହରୀୟ ଶୈଳୀର କୋମଳ ମରମ ଭାବ (emotion)କୁ ପ୍ରତିଷ୍ଠା ପ୍ରଦାନ କରିଛି। 'ଜୀବନର ଜଳଛବି'ରେ ପ୍ରକୃତି ପ୍ରତି ଲେଖକଙ୍କ ଆବେଦନ ଅଦ୍ଭୁତ। "କବି ୱର୍ଡସଓ୍ୱର୍ଥ ଡେଜିଫୁଲ ଦେଖି ହଜିଥିଲେ; କିନ୍ତୁ ଡେଜିଫୁଲର ଧାରଣା ଯାହାର ନ ଥିବ, ସେ କାହୁଁ ରସ ଚାଖିବ! x x x ଯେ ଜାଣେ ସେ ବୁଝିବ!" (୪୫) ଗୌରହରିଙ୍କ ସୃଷ୍ଟି ମଧ୍ୟରେ ବିଶ୍ୱମେଦିନୀଭାବ ସହିତ ସ୍ଥାନୀୟ ଭାବର ମୌଳିକ ବିଚାରବୋଧ ରହିଛି। ସ୍ଥାନର ରଙ୍ଗ ଯେଉଁଠି ତାଙ୍କ 'ଜୀବନର ଜଳଛବି'କୁ ବର୍ଣ୍ଣୋଜ୍ଜ୍ୱଳ କରିଛି, ସେଇଠି ବାହ୍ୟ-ବିଦେଶୀ ପ୍ରକୃତିର ଅନୁଭୂତି ତାଙ୍କ ସୃଷ୍ଟିକୁ ମୌଳିକ ତଥା ବାସ୍ତବବାଦୀ କରି ତୋଳିଛି।

ଓଡ଼ିଶାର ପର୍ବପର୍ବାଣି, ନଦ-ନଦୀ, ଫୁଲ, ତୋଟା, ନଈ, ସବୁଜିମାପୂର୍ଣ୍ଣ ଧାନବିଲ, ଗୋହିରି, ଜହ୍ନ, ସୂର୍ଯ୍ୟ, ତାରକା ଇତ୍ୟାଦିଙ୍କ ସୌନ୍ଦର୍ଯ୍ୟ ବର୍ଣ୍ଣନାରେ 'ଜୀବନର ଜଳଛବି' ବେଶ୍ ଛବିଳ ଦିଶେ। ମନ୍ତେଇ ନଈ, ମହାନଦୀ, ଋଷିକୁଲ୍ୟା, କେନ୍ଦୁଝରର ମାଛକାନ୍ଦଣା ନଈ, ଘାଗରା ଜଳପ୍ରପାତ, ଘୁଟୁର୍ ପାହାଡ଼, ଅର୍ଜୁନ ବାଆଜୀ ପୋଖରୀ, ଷଣ୍ଢଗଡ଼ା ବଡ଼ପୋଖରୀ, ବାରିପଦା ବାରୁଣୀଘାଟ, ଲୁଲୁଙ୍ଗ ଡାକବଙ୍ଗଳା, ଖିଚିଂ ଦେଉଳ, ବରେଇପାଣି ପ୍ରପାତ, ଚାନ୍ଦିପୁର ସମୁଦ୍ର, ବ୍ରହ୍ମପୁର ସହରର ଗୋଳନ୍ଥରା ସିଦ୍ଧଭୈରବୀ

ଇତ୍ୟାଦିର ବର୍ଣ୍ଣନା ସେ ଏହି ଲେଖାଗୁଡ଼ିକରେ ପ୍ରଦାନ କରିଛନ୍ତି । ଏତଦ୍‌ବ୍ୟତୀତ କନ୍ୟାକୁମାରୀର ମୀନାକ୍ଷୀ ମନ୍ଦିର, ବିବେକାନନ୍ଦ ସ୍ମୃତିଶିଳା, କେରଳ ହାଉସ୍, କେରଳର ଶୁଚିନ୍ଦ୍ରମ ମନ୍ଦିର, କୋଭଲାମ୍ ବିଚ୍, ପଦ୍ମନାଭାୟା ପ୍ୟାଲେସ୍, ରାଜଗିରି - ଏରିଏଲ୍ ରୋପ୍-ୱେ, ଆନ୍ଧ୍ର-ଓଡ଼ିଶା ସୀମାର ସୁନାପୁର, ଇଚ୍ଛାପୁର ଅଞ୍ଚଳ, ବାହୁଦା ନଈ, ମେଘାଳୟର ଶିଲଂ, ବୋସ୍କୋ ମ୍ୟୁଜିୟମ୍, ଏଲିଫ୍ୟାଣ୍ଟ୍ ଫଲ୍‌ସ, ଭାଗାଟର୍ ବିଚ୍, କାଣ୍ଡୋଲିମ୍ ବିଚ୍ ଓ କୋଲାବ୍ ବିଚ୍ ଇତ୍ୟାଦିର ବର୍ଣ୍ଣନା ରହିଛି । ମହାନଦୀ, ଋଷିକୁଲ୍ୟା, ମନ୍ତେଇ, ବ୍ରାହ୍ମଣୀ, ତେଲ୍, କୋଏଲ୍, ଶାଲୁଙ୍କି ନଈର ମଧ୍ୟ ପ୍ରସଙ୍ଗାନୁକୂଳ ଅବତାରଣା କରିଛନ୍ତି ସ୍ରଷ୍ଟାକାର ।

ଓଡ଼ିଶାର ବିଭିନ୍ନ ଫୁଲ-ଫଳ-ବୃକ୍ଷ, ଋତୁ ଓ ନାନ୍ଦନିକତାର ଚିତ୍ର:

ଗୌରହରି ଦାସଙ୍କ ସମଗ୍ର ସୃଷ୍ଟିର ଅନ୍ତଃସୌନ୍ଦର୍ଯ୍ୟକୁ ନୂତନ ଚମକ ପ୍ରଦାନ କରିଛି ପ୍ରକୃତିର ସୌନ୍ଦର୍ଯ୍ୟ । 'ଜୀବନର ଜଳଛବି'ରେ ଓଡ଼ିଶାର ବଣ-ଜଙ୍ଗଲରେ ଉପଲବ୍ଧ ବିବିଧ ଫୁଲ-ଫଳର ନାମକୁ ଉଲ୍ଲେଖ କରିବା ଛଳରେ ବାହ୍ୟ ପ୍ରକୃତି ସହିତ ଲେଖକଙ୍କ ଅନ୍ତରଙ୍ଗ-ଆତ୍ମୀୟତା ସ୍ପଷ୍ଟ ଉପଲବ୍ଧ ହୁଏ । କେତକୀ, ଚମ୍ପା, ନାଗେଶ୍ୱର, କରଞ୍ଜ, କାଶତଣ୍ଡୀ, କିଆବଣ, ଶେଫାଳୀ, ବଣମଲ୍ଲୀ, କଇଁଫୁଲ ଇତ୍ୟାଦି; ଅଁଳା, ଜାମୁ, ବରକୋଳି, ଜାମୁକୋଳି, କ୍ଷୀରକୋଳି, ପିଚ୍‌କୋଳି, ଦୁଧକୋଳି, ନରକୋଳି, ଭଇଁଚ କୋଳି, କାନକୋଳି, ଶଗଡ଼ବାଟୁଆ କୋଳି, କଣ୍ଟେଇ କୋଳି ଇତ୍ୟାଦି; ଶାଳ, କେନ୍ଦୁ, ବାବୁଲ୍, ପଳାଶ, ଶିମିଳି, କୃଷ୍ଣଚୂଡ଼ା ଇତ୍ୟାଦିର ଚିତ୍ର ରହିଛି । ଏତଦ୍‌ବ୍ୟତୀତ 'ଋତୁ'ମାନଙ୍କର ଅଭିନବ ସଂଯୋଜନା ଦ୍ୱାରା 'ଜୀବନର ଜଳଛବି' ପାଠକଙ୍କ ସମ୍ମୁଖରେ ଚଳଚ୍ଚିତ୍ର ଭଳି ଜୀବନ୍ତ ହୋଇ ଉଠେ । ଚଇତ୍ର ଆକାଶ, ଭାଦ୍ରବର ପାଗ, ଜ୍ୟେଷ୍ଠ ମାସର ଖରା, ଜ୍ୟେଷ୍ଠ ମାସର ଗୁଳୁଗୁଳି, ବଇଶାଖୀ ପବନ ଇତ୍ୟାଦି ଅତ୍ୟନ୍ତ ଚମତ୍କାର ଶୈଳୀରେ ସୁବିନ୍ୟସ୍ତ ହୋଇଛି । ଏ ସମସ୍ତରେ ପାଠକ ଗୌରହରୀୟ ସୃଷ୍ଟିର ନାନ୍ଦନିକ ଆନନ୍ଦରେ ବିଭୋରପଣ (Aesthitic Pleasure) ଅନୁଭବ କରନ୍ତି, କାରଣ ତାଙ୍କର ସୃଜନଶୀଳ କଳାତ୍ମକ ଦୃଷ୍ଟିକୋଣ ଅନନ୍ୟ । ଏହି ମର୍ମରେ ଗୌରହରିଙ୍କ ଦ୍ୱାରା ସଂଯୋଜିତ ବିବିଧ ରୂପାତ୍ମକ-ଚିତ୍ରର ବ୍ୟାପ୍ତ ରୂପ ଉଦ୍‌ଭାସିତ ହୁଏ । ଏହି ରୂପାତ୍ମକ ଚିତ୍ର ହିଁ ତାଙ୍କ 'ଜୀବନର ଜଳଛବି'କୁ ରସସିକ୍ତ କରିବାରେ ପ୍ରମୁଖ ଭୂମିକା ଗ୍ରହଣ କରିଛି ।

ଗ୍ରୀକ୍ ଦାର୍ଶନିକ ପ୍ଲେଟୋ, କାଣ୍ଟ, ହେଗେଲ୍, ସାନ୍ତାୟନ୍ ଇତ୍ୟାଦିଙ୍କ ସୃଷ୍ଟି ସୌନ୍ଦର୍ଯ୍ୟର ଆନ୍ତରିକ ଉଚ୍ଚାରଣ ଗୌରହରିଙ୍କ ସୃଷ୍ଟିକର୍ମ ମଧ୍ୟରେ ଅନୁଭୂତ ହୁଏ । ଗୌରହରିଙ୍କ ଉପଲବ୍ଧି, ଜୀବନାନୁଭୂତି ତଥା ଭାବାବେଗ ତାଙ୍କ ସୌନ୍ଦର୍ଯ୍ୟବୋଧକୁ

ଅଦ୍ଭୁତ ଦୀପ୍ତି ପ୍ରଦାନ କରିଛି। ଯେପରି- କାଶତଣ୍ଡୀର ଚାମର, ମେଘପଖଲା ଆକାଶ, ସୁନେଲି ବେଳାଭୂମି, ପରୀକଥାର ସବୁଜ ଉପତ୍ୟକା, ଦାୟିତ୍ୱଶୂନ୍ୟ କୈଶୋର, ଅଳସ ଉଦାସ ଅପରାହ୍ଣ, କର୍ପୂରବୋଳା ସ୍ମୃତି, ନବୋଦିତ ସୂର୍ଯ୍ୟଙ୍କ ଅରୁଣିମା, ଶ୍ରାବଣର ଅହଙ୍କାର, ସହାନୁଭୂତିର ବୋଇତ, ବିଷାଦର ପୋତାଶ୍ରୟରେ ଲଙ୍ଗର, ଅପରାହ୍ଣରେ ପୋଖରୀତୁଠର କରଞ୍ଜ ଫୁଲର ଶେଯ, ନିଆଶ୍ରୀ ବିଧବା ପରି ପୋଖରୀ, ପୋଖରୀ ହୁଡ଼ାର ଚଇତାଳି, ମେଘାଳୟର ମେଘ ଖାସି କିଶୋରୀଙ୍କ ପରି ମନୋଇ, ଜୀବନର ଖୁଆଡ଼ରୁ କଅଁଳା ବାଛୁରୀ ପରି ଡେଇଁ ପଡୁଥିବା ଚଞ୍ଚଳପଣ, ଉଦାର ଈଶ୍ୱର, କାରୁଣ୍ୟର ଅଦିନିଆ ବର୍ଷା, କଦଳୀପଟୁଆ ଭେଳା, ଗାଁର ଚାରିପଟେ ପେଟରା ଭିତରେ ଗୁଡ଼େଇ ରହିଥିବା ସାପ ପରି ବୁଲାଣି ରାସ୍ତା, ଧୂଆଁଳିଆ କୁହୁଡ଼ିର ନରମ ଆସ୍ତରଣ ତଳେ ଫୁଙ୍ଗୁଳା ଶୈଶବ, ଧାନକଟା ଶେଷ ଗହୀର ବିଲର ଅବଶେଷ ନଡ଼ା, ପଳାଶ ଗଛର ଅଗ୍ନ୍ୟୁତ୍ସବ, ବୟସ୍କ ସନ୍ଧ୍ୟା, ଉଡ଼ାଣ ଖୋର ସ୍ମୃତି, କାର୍ତ୍ତିକର ଉତ୍ତୀର୍ଣ୍ଣ ଅପରାହ୍ଣ, ସୁନାଆଉଟା ଅସ୍ତରାଗ, ଆକାଶରେ ବାଦଲର ବାଲିଯାତ୍ରା, ମେଘଢଙ୍କା ଆକାଶ ପରି ଗମ୍ଭୀର ମୁହଁ, ଅନୂଢ଼ା କିଶୋରୀର ରେଶମୀ କେଶ, ଦରବୁଢ଼ା ଫଗୁଣ, ଆଲୁଅ ଅନ୍ଧାରର ଭଗ୍ନାଂଶ ଭିତରେ କଳା ପିଚୁରାସ୍ତା, ଅଶିଣର ଆକାଶ ତଳେ ଥୋଡ଼ ଧରି ଆସୁଥିବା ଧାନଗଛର ବାସ୍ନା, ମାଘ-ଫଗୁଣର ଚଳଚଞ୍ଚଳ ପ୍ରତ୍ୟୁଷ-ଗୋଧୂଳି, ନିରିମାଖୀ ଗାଁ, କଅଁଳା ବାଛୁରୀ ପରି ଦିନସବୁ, ଗୋଧୂଳିର ଡାହାଣିଆ ଖରା ଇତ୍ୟାଦିର କଳାତ୍ମକ ସଂଯୋଜନାରେ 'ଜୀବନର ଜଳଛବି' ରସଗ୍ରାହୀ ପାଠକପ୍ରାଣକୁ ଭାବବିହ୍ୱଳ କରିବାରେ ବେଶ୍ ସମର୍ଥ। ଗୌରହରିଙ୍କ କାବ୍ୟିକ ଛଟା ଗଦ୍ୟର ଗାମ୍ଭୀର୍ଯ୍ୟକୁ ଏକ ପ୍ରକାର ଛଳଛଳ ସ୍ରୋତସ୍ୱିନୀରେ ପରିଣତ କରିପାରିଛି। ତାଙ୍କ ବର୍ଣ୍ଣନାରେ- "ସିଦ୍ଧାର୍ଥ ରେଳ ବଗିର ଝରକା ଦେଇ ରାତି ଆକାଶର ତାରାମାନଙ୍କ ଆଡ଼େ ଚାହିଁଥିଲେ। ନୀଳ ଆକାଶର ଛାତିରେ ଅସୁମାରି ତାରା, ମଣିଷ ମନର ଅସୁମାରି ସ୍ୱପ୍ନ ପରି! ସହର ପରିବେଶରେ ରହୁଥିବା ମଣିଷ ପାଇଁ ମଥା ଉପରର ଆକାଶ ବି ଦୂରର ଅତିଥି।" (୪୬)

ଗୌରହରି ଦାସଙ୍କ ରସବୋଧ ହିଁ ତାଙ୍କ ସୃଷ୍ଟି ସୌନ୍ଦର୍ଯ୍ୟର ମୁଖ୍ୟ ଉତ୍ସ। ତାଙ୍କ ସ୍ୱାନୁଭୂତି, ମନୋଭାବ ତଥା କଳ୍ପନାର ସୁସମନ୍ୱୟରେ 'ଜୀବନର ଜଳଛବି' ଅଖଣ୍ଡ ପ୍ରତୀତି ସୃଷ୍ଟି କରିବାରେ ସମର୍ଥ। ହେଗେଲ୍‌ଙ୍କ ମତରେ- "ସ୍ୱୟଂଭୂ ପ୍ରତ୍ୟୟ' (Absolute Idea) ହିଁ ସୃଷ୍ଟିକୁ ବ୍ୟତିକ୍ରମ କରେ। ଏ ଦୃଷ୍ଟିରୁ ଗୌରହରିଙ୍କ ସୃଜନକର୍ମରେ ରହିଛି ଅନ୍ତର୍ଜ୍ଞାନ ବିଶିଷ୍ଟ ଆତ୍ମିକ ଆହ୍ଲାଦ (psychic pleasure)ର ଦ୍ୟୁତି। ରବୀନ୍ଦ୍ରନାଥଙ୍କ ମତରେ- "କୌଣସି ଚିତ୍ର ବା କଳାକୃତି ଆମକୁ ସୁନ୍ଦର ଦିଶେ, କାରଣ ତାହା ଯେ ଆମ ଭିତରେ ଏକ ଦୈହିକ ଆନନ୍ଦ ସୃଷ୍ଟି କରେ ତାହା ଆଦୌ ନୁହେଁ;

ବରଂ ତାହା ଆମ ଭିତରେ ଏକ ଚିରନ୍ତନ ଆନନ୍ଦବୋଧର ସତତ ପରିପ୍ରକାଶ କରାଇପାରେ ବୋଲି ତାହା ଆମକୁ ଭଲ ଲାଗେ, ସୁନ୍ଦର ଦିଶେ।" (୪୭) ଗୌରହରି ଦାସ ଆମ ସମାଜର ସାଧାରଣ ଜୀବନକୁ ଆନ୍ତରିକ ଭାବରେ ରୂପାୟନ କରିବା କ୍ଷେତ୍ରରେ ଏହାର ପାରିପାର୍ଶ୍ୱିକ ସୌନ୍ଦର୍ଯ୍ୟକୁ ଭରପୂର ଆସ୍ୱାଦନକୁ ଗୁରୁତ୍ୱ ପ୍ରଦାନ କରିଛନ୍ତି। ତାଙ୍କ ଜୀବନୀୟ ଉପଲବ୍ଧି, ଭୂୟୋଦର୍ଶନର ସମ୍ଭାର, ଅସୀମ (Infinite) ପ୍ରତି ଆଗ୍ରହ, ମାନବପ୍ରେମ ତଥା ସମ୍ବେଦନା (Sensibility) 'ଜୀବନର ଜଳଛବି'କୁ ଅନନ୍ୟ ବିଭାରେ ବିମଣ୍ଡିତ କରିଛି। ତାଙ୍କର ପଦଗୁଡ଼ିକ ପାଠକ ଚିତ୍ତକୁ ଅନନ୍ୟ ଚେତନାରେ ଆବିଷ୍ଟ କରିବା ନିମନ୍ତେ ଠିକ୍ ନିଶା ତୁଲ୍ୟ ପ୍ରଭାବୀ ମନେହୁଏ। ଦେଖନ୍ତୁ କେତେ ପ୍ରଭାବଶାଳୀ ତାଙ୍କ ପଦବନ୍ଧ:-

- ଆଷାଢ଼ର ବର୍ଷାବତୁରା ପବନରେ କେତକୀ ଫୁଲର ବାସ୍ନା
- ପ୍ରଭାତର ସୂର୍ଯ୍ୟ କୁହୁଡ଼ି ଦୁଆର ସେପଟୁ ମୁହଁ ଦେଖଉଥାନ୍ତି
- ଗୋଛା ଗୋଛା ସ୍ୱପ୍ନ, ବିଡ଼ା ବିଡ଼ା ବିସ୍ମୟ
- ଚଇତ୍ର ଆକାଶରେ ମେଞ୍ଚା ମେଞ୍ଚା ମେଘ
- ପବନ ବିଛେଇ ଦିଏ ଚୁନି ଚୁନି କରଞ୍ଜ ଫୁଲ
- ଜାମୁକୋଳି ଗଛର ଶାଖାରେ ପେନ୍ଥା ପେନ୍ଥା ପାଚିଲା ଜାମୁକୋଳି
- ଲଙ୍କାଆମ୍ବ ବଣରେ ମହୁମାଛିଙ୍କର ମେଳଣ
- ପାହାଡ଼ର ଚୂଡ଼ା ଉପରେ ମୁକ୍ତକେଶା ଅବଧୂତ
- ସମାଧିସ୍ଥ ଯୋଗୀ ପରି ମନ୍ଦିର
- ଚାହୁଁ ଚାହୁଁ ଭାଦ୍ର ଆକାଶର ଅନ୍ତଃସତ୍ତ୍ୱା ମେଘମାନେ ପାଲଟି ଯାଆନ୍ତି ଫର୍ଦ୍ଦ ଫର୍ଦ୍ଦ ବନ୍ଧ୍ୟା ବାଦଲ
- କାଶତଣ୍ଡୀର ଲହରାୟିତ ଚାମର ଚାଳନା
- ରଙ୍ଗଭର୍ତ୍ତି ଦିନ
- ସ୍ୱପ୍ନଭର୍ତ୍ତି ରାତି
- ଉଦ୍ଧତ ଧାନଗଛ
- ଚଇତ୍ର ପବନର ଉଷ୍ମତା
- ଉଷୁମ ସ୍ମୃତି
- ହାହାକାରମୟ ବାଲୁବନ୍ତ
- ଶାନ୍ତ-ସମାହିତ ମହମମୂର୍ତ୍ତି
- ଜଙ୍ଗଲ ଛାଡି ଚିରି କେଶବତୀ କନ୍ୟାର ମୁକ୍ତ କୁନ୍ତଳ ପରି ଅଣଓସାରିଆ ରାସ୍ତା

- ସୂର୍ଯ୍ୟାସ୍ତର ସୁନାଆଉଟା ଅସ୍ତରାଗ
- ନବପତ୍ରମାନଙ୍କର ସବୁଜ ସମାବେଶ ଇତ୍ୟାଦି ଉଲ୍ଲେଖନୀୟ ।

ଜନୈକ ସାହିତ୍ୟାନୁରାଗୀ-ସମାଲୋଚକଙ୍କ ଶବ୍ଦରେ: "Most frequently poetry oozes out of the prose pieces affecting the readers. For instance: "The sparkling Sun-beams spread themselves on the sprawling grass. The disabled butterfly tried again. But in vain. x x x Suddenly, the bright morning saddened his heart. It was suffocating." (୪୮) ଗୌରହରିଙ୍କ ନାନ୍ଦନିକ ବିଚାର ସାଂପ୍ରତିକ ସାହିତ୍ୟରେ ନୂତନ ଅଧ୍ୟାୟ ସୃଷ୍ଟି କରିବାରେ ସମର୍ଥ ହୋଇଛି ।

'ଜୀବନର ଜଳଛବି'ରେ ସ୍ଥାନୀୟତାର ଚିତ୍ର:

ସମାଜମନସ୍କ ସ୍ତମ୍ଭକାର ଗୌରହରି ଦାସଙ୍କ ସ୍ତମ୍ଭଗୁଡ଼ିକରେ ସ୍ଥାନୀୟ ଅଞ୍ଚଳ ସବୁ ଚଳଚଞ୍ଚଳ ହୋଇ ଉଠିଛନ୍ତି । ସତେ ଯେପରି ସେସବୁ ଅଞ୍ଚଳ ତାଙ୍କରି ଶୈଳୀ ଲେଖନୀରେ ଚିତ୍ରିତ ହୋଇଯିବାର ଅପେକ୍ଷାରେ ଥାଆନ୍ତି ! ଗୌରହରି ନିଜ ଓଡ଼ିଶା ମାଟି ତଥା ଭାରତବର୍ଷର ପ୍ରତ୍ୟେକ କ୍ଷୁଦ୍ରାତିକ୍ଷୁଦ୍ର ସ୍ଥାନକୁ ମଧ ମହତ୍ତ୍ୱ ପ୍ରଦାନ କରିବାର ଆଗ୍ରହ ରଖନ୍ତି । ତେଣୁ 'ଜୀବନର ଜଳଛବି'ରେ ଓଡ଼ିଶା, ଓଡ଼ିଶା ବାହାରର ବହୁ ସ୍ଥାନ ଅତି ସୁନ୍ଦର ଭାବରେ ଚିତ୍ରିତ ହୋଇଛନ୍ତି । ସ୍ଥାନଗୁଡ଼ିକୁ ନେଇ ଗୌରହରିଙ୍କ ସ୍ୱଅନୁଭୂତିର ପରିଚର୍ଚ୍ଚା 'ଜୀବନର ଜଳଛବି'କୁ ଆକର୍ଷଣୀୟ କରିବାରେ ସକ୍ରିୟ ହୋଇଉଠିଛି । ସ୍ଥାନଗୁଡ଼ିକର ନାମୋଲ୍ଲେଖ ସହିତ ସେହି ଅଞ୍ଚଳର ବିଶେଷତ୍ୱ ପୁଣି ସ୍ଥାନୀୟ ଅଭାବ ଏବଂ ସମସ୍ୟାସବୁକୁ ପାଠକଙ୍କ ନିକଟରେ ଉପସ୍ଥାପନ କରିବାରେ ଗୌରହରି ଜଣେ ଅଦ୍ୱିତୀୟ ସ୍ତମ୍ଭକାର । ଏ କ୍ଷେତ୍ରରେ ତାଙ୍କ ସଚ୍ଚୋଟ ଏବଂ ନିରପେକ୍ଷ ଆଲୋଚନା ଯେ ପାଠକମାନଙ୍କୁ ତାଙ୍କ ପ୍ରତି ଶ୍ରଦ୍ଧାତୁର କରେ, ଏହା ନିଃସନ୍ଦେହ । ଏହି ପରିପ୍ରେକ୍ଷୀରେ ଗୌରହରି ଦାସ ବ୍ରହ୍ମପୁର ସହରର ଗୋଲନ୍ଥରା ସିଦ୍ଧ ଭୈରବୀ, ବଲାଙ୍ଗୀରର ଲୋଇସିଙ୍ଗା, ନଅଗାଁ, ଆଗଲପୁର, ସାନଟିକା, ଆନ୍ଧ୍ର-ଓଡ଼ିଶା ସୀମାର ସୁନାପୁର, ଇଚ୍ଛାପୁର, ଚଣ୍ଡୀଖୋଲର ଡୁବୁରି, ହରିଚନ୍ଦନପୁର, କେନ୍ଦୁଝର, କୋରାପୁଟ, ଘଣ୍ଟେଶ୍ୱର, କାଦୁଅନାସି ଗାଁ, ରସୁଲଗଡ଼, ବାଣୀବିହାର, ଚନ୍ଦ୍ରଶେଖରପୁର, ଆଇଗିଣିଆ, ଖେରଙ୍ଗ ବଜାର, ଗୁରୁଦାସପୁର, ବରଦା, ନଛିବିନ୍ଧା, ପୀରହାଟ, ବେଦବ୍ୟାସ ତୁଠ, ସରସ୍ୱତୀ କୁଣ୍ଡ, ଧଉଳି, ସାମନ୍ତରାପୁର, ବାଲୁଗାଁ, କାଳିଜାଈ, ଚିଲିକା, ମାହାଙ୍ଗା, କୁଣ୍ଡି, ମଣିଯୋରୀ, ରାଣୀଗୋଡ଼ା, ଅଚ୍ୟୁତପୁର, ବାସୁଦେବପୁର, ପଣସପୁର, ନୃତାଙ୍ଗ, ବାଙ୍ଗିରୀପୋଷି-ରୁପ୍‌ସା, ବଲାଙ୍ଗୀର-ଲୋଇସିଙ୍ଗା, ସାନଟିକା, କେରଳର କୁଟ୍ଟିପୁରମ୍,

ତିରୁର୍, ତ୍ରିଭେନ୍ଦ୍ରମ୍, ହରିଆନାର ଡବୱାଲି, ମହାରାଷ୍ଟ୍ର ସିକନ୍ଦରାବାଦ, ପଞ୍ଜାବର କମଜତ୍ ଗାଁ, ବିହାରର ମୁଙ୍ଗେର ଜିଲ୍ଲା ଇତ୍ୟାଦି ସ୍ଥାନର ବର୍ଣ୍ଣନା ରହିଛି। ଗୌରହରିଙ୍କ ଫିଚର୍ ଗୁଡ଼ିକରେ କୋଳାହଳଶୂନ୍ୟ ଗ୍ରାମ୍ୟ ପରିବେଶ ଓ ଗ୍ରାମ୍ୟ ଜୀବନ ସହ ପ୍ଲାଟ୍‌ଫର୍ମ, ହାଟ ବଜାର, ନିର୍ଜନ ମଶାଣି, ନଈକୂଳ, କିମ୍ବା ସରକାରୀ ଦପ୍ତରର ବିଭିନ୍ନ ସ୍ଥାନ ଇତ୍ୟାଦି ନିଛକ ଭାବରେ ଚିତ୍ରିତ ହୋଇଛନ୍ତି।

କେନ୍ଦୁଝରର ପାହାଡ଼ ଓ ପ୍ରପାତକୁ ପ୍ରଶଂସାରେ ପୋତିପକାଇଛନ୍ତି ଗୌରହରି। ଅତି ଚମତ୍କାର ବର୍ଣ୍ଣନା ଦେଇ ଉଲ୍ଲେଖ କରିଛନ୍ତି- "ନିତ୍ୟ ବସନ୍ତର ଲୀଳାଭୂଇଁ କେନ୍ଦୁଝରର ନଈ, ପାହାଡ଼, ପ୍ରପାତ ଓ ଝରଣା - ସବୁରି ନାମକରଣ ବେଶ୍ କାବ୍ୟିକ। କବିତା ଏ ମାଟିର ଲୋମକୂପରେ, ଆକାଶରେ, ଶାଳଜଙ୍ଗଲ ଓ ମାଛ କାନ୍ଦଣା ନଈର ବାଙ୍କ ବୁଲାଣିରେ।" (୪୯) ଅନୁରୂପ ଭାବରେ ଓଡ଼ିଶାର ବହୁ ଅଖ୍ୟାତ ଅନାମଧେୟ ଅଞ୍ଚଳକୁ ଲୋକଲୋଚନକୁ ଆଣିବାରେ 'ଜୀବନର ଜଳଛବି' ଦୃଷ୍ଟାନ୍ତମୂଳକ କାର୍ଯ୍ୟ ସଂପାଦନ କରିଛି। ଯେପରି 'ଭୂଗୋଳ ସେପାରି ଭୂଇଁ'ର ରାଇଚରଣ- ଉଠା ବୁକ୍‌ଷ୍ଟଲ୍‌ର ମଇଳା ମାଲିକାନା ପଛରେ ଜୀବନ୍ୟାସ ପାଇଥିବା ତାଙ୍କର ଉଜ୍ଜ୍ୱଳ ସାମ୍ରାଜ୍ୟ। ଘଣ୍ଟେଶ୍ୱରରୁ କାଦୁଅନାସି ଯାଏ ବିସ୍ତୃତ ସେ ସାମ୍ରାଜ୍ୟ, ଆମର ପୃଥିବୀଠାରୁ ବଡ଼।" (୫୦) ଜଣେ ସ୍ତମ୍ଭକାର ଭାବରେ ଗୌରହରି ପାଠକ ସମାଜର ମାନସିକତା ବୁଝିପାରନ୍ତି। ସେଥିପ୍ରତି ସଚେତନ ଥିବାରୁ ସେ ମନେ କରନ୍ତି- "ସ୍ତମ୍ଭକାରମାନେ ଅଭିଜ୍ଞ ଲେଖକ, ଯେଉଁମାନଙ୍କର ସମାଜରେ ଗ୍ରହଣୀୟତା ଅଛି, ସେହି ବିଷୟରେ ସେମାନଙ୍କର ଦକ୍ଷତା ପ୍ରମାଣିତ ହୋଇଥିବାରୁ ପାଠକ ତାଙ୍କ କଥା ଶୁଣନ୍ତି, ପଢ଼ନ୍ତି। ସେମାନଙ୍କଠାରୁ ବହୁପାଠିତା ଆଶା କରାଯାଏ। ଶବ୍ଦରେ ଦଖଲ ନ ଥିଲେ, ବିଚାରବୋଧରେ ନିରପେକ୍ଷତା ନ ଥିଲେ ସେମାନଙ୍କର ମତକୁ ବୃହତ୍ତର ସମାଜର ମତ ବୋଲି ପାଠକ ଗ୍ରହଣ କରିବେ ନାହିଁ। ଏଥିପାଇଁ ଜଣେ ସ୍ତମ୍ଭକାରଙ୍କୁ ନିଜର ବିଶ୍ୱସନୀୟତା ଉପରେ ଗୁରୁତ୍ୱ ଦେବାକୁ ପଡ଼ିବ। ସ୍ତମ୍ଭକାରମାନେ ସମାଜର ମତ ନିର୍ମାଣ କରିଥାନ୍ତି। ତେଣୁ ସେମାନଙ୍କ ଭୂମିକା ନିଶ୍ଚୟ ଗୁରୁତ୍ୱପୂର୍ଣ୍ଣ। (୫୧) ପାଠକମାନଙ୍କ ସହ ଆନ୍ତରିକ ସହାବସ୍ଥାନକୁ ଗୁରୁତ୍ୱ ପ୍ରଦାନପୂର୍ବକ ଗୌରହରି ଅତି ନିରପେକ୍ଷ ଭାବରେ ବୃହତ୍ତର ସମାଜର ନିଛକ ରୂପକୁ ଉପସ୍ଥାପିତ କରିଛନ୍ତି। ସ୍ଥାନୀୟ ଅଞ୍ଚଳଗୁଡ଼ିକର ରୂପାୟନ କାଳରେ ବିଶ୍ୱସନୀୟତାକୁ ପ୍ରତିଷ୍ଠା ଦେବା ପାଇଁ ସେ ସର୍ବଦା ଚେଷ୍ଟିତ ଥାଆନ୍ତି।

ସ୍ଥାନୀୟତାର ଚିତ୍ର ପ୍ରଦାନ କରିବାକୁ ଯାଇ ଭଦ୍ରକ-ଚାନ୍ଦବାଲି ରାସ୍ତା, ସାଳନ୍ଦୀ କୂଳ, ନରେନ୍ଦ୍ରପୁର ଗାଁ, ପାଟଣମଙ୍ଗଳା, ଗୁଜୁରାଟର ଦଙ୍ଗା, ବର୍ମା ବାଇପାସ୍, ଭୋପାଳର ଭାରତ ଭବନ, କୁଆଖିଆ, ଘୋଳପୁର, ଅହମଦାବାଦ, ବରୋଦା,

ସାବରମତୀ, ରାୟଗଡ଼ା, ମୁଦୁଲିପଡ଼ା ଇତ୍ୟାଦି ଅଞ୍ଚଳର ପ୍ରସଙ୍ଗ ଉତ୍‌ଥାପିତ। କେବଳ ସ୍ଥାନୀୟତା ନୁହେଁ, ଓଡ଼ିଶାର ପାଲା, ଦାସକାଠିଆ, ଯାତ୍ରା, ନାଚ, ବିବିଧ ସାଂଗୀତିକ ବାଦ୍ୟଯନ୍ତ୍ର, ଓଡ଼ିଶାର ବିବିଧ ଶାଗ, ମାଛ ଇତ୍ୟାଦିର ବିକ୍ଷିପ୍ତ ସୁଗୁମ୍ଫନ ତାଙ୍କ ଫିଚରଗୁଡ଼ିକୁ ଚିତ୍ରମୟ କରିଛି। ଓଡ଼ିଶାକୁ ଚିହ୍ନିବାକୁ ଚାହୁଁଥିବା ଜିଜ୍ଞାସୁ-ଅନୁସନ୍ଧିତ୍ସୁମାନଙ୍କ ନିମନ୍ତେ 'ଜୀବନର ଜଳଛବି' ଏକ ଦର୍ପଣ। ଜାତୀୟ ଅସ୍ମିତାର ପ୍ରତିନିଧିତ୍ୱ କରିଛି ଜୀବନର ଜଳଛବି।

'ଜୀବନର ଜଳଛବି'ରେ ବିଦେଶର ରୂପଚର୍ଯ୍ୟା:

ଗୌରହରି ଦାସଙ୍କ ବୃତ୍ତିଗତ ଜୀବନକୁ ଅଧ୍ୟୟନ ଓ ପର୍ଯ୍ୟଟନ ବହୁମାତ୍ରାରେ ପରିପୁଷ୍ଟ କରିଥିବା ମନେହୁଏ। ୧୯୯୬ ମସିହାରେ 'ଓଡ଼ିଶା ସୋସାଇଟି ଅଫ୍ ଆମେରିକାଜ୍' (ଓସା) ଦ୍ୱାରା ଆମନ୍ତ୍ରିତ ହୋଇ ସେ ଆମେରିକା ଯାଇଥିଲେ। ଏହାର ଚାରିବର୍ଷ ପରେ ଅର୍ଥାତ୍ ୨୦୦୦ରେ ଗୌରହରି ଆଉ ଥରେ ଆମେରିକା ସହ ସ୍ୱିଡେନ୍ ଓ ୨୦୦୨ରେ ଚୀନ୍ ଯିବାର ସୁଯୋଗ ପାଇଥିଲେ। ଏହାଛଡ଼ା ସେ ୟୁରୋପର ବିଭିନ୍ନ ଦେଶ, ଜାପାନ, ସିଙ୍ଗାପୁର ଓ ମାଲୟେସିଆ ପ୍ରଭୃତି ଦେଶ ଭ୍ରମଣ କରିଛନ୍ତି। ଏହିସବୁ ଭ୍ରମଣକାଳୀନ ଅନୁଭୂତି ତାଙ୍କ ବୌଦ୍ଧିକତାକୁ ନୂତନ ବିସ୍ତୃତି ପ୍ରଦାନ କରିବାରେ ସହାୟକ ହୋଇଛି। ନ୍ୟୁୟର୍କ, ୱାଶିଂଟନ୍ ଡିସି, ନ୍ୟାସ୍‌ଲିଭ୍, ସୁଇଡେନ୍ ଇତ୍ୟାଦି ସ୍ଥାନ ତାଙ୍କୁ ପ୍ରଚୁର ଅଭିଜ୍ଞତା ପ୍ରଦାନ କରିଥିବା ସେ ସ୍ୱୀକାର କରନ୍ତି। 'ଜୀବନର ଜଳଛବି'ରେ ଯୁକ୍ତରାଷ୍ଟ୍ର ଆମେରିକାର ରାଜଧାନୀ ୱାଶିଂଟନ୍ ଡିସି ସଂପର୍କରେ ସେ ଉଲ୍ଲେଖ କରିଛନ୍ତି- "ଯୁକ୍ତରାଷ୍ଟ୍ର ଆମେରିକାର ରାଜଧାନୀ ୱାଶିଂଟନ୍ ଡିସିର କେନ୍ଦ୍ରସ୍ଥଳରେ ଅବସ୍ଥିତ 'ସ୍ମିଥ୍‌ସନିଆନ୍ ଇନ୍‌ଷ୍ଟିଚ୍ୟୁସନ୍' କେବଳ ଆମେରିକା ନୁହେଁ, ସମଗ୍ର ପୃଥିବୀର ଏକ ବିରାଟ ଅନୁଷ୍ଠାନ। ଏହି ଅନୁଷ୍ଠାନ ଅଧୀନରେ ଚବିଶରୁ ଊର୍ଦ୍ଧ୍ୱ ଆନ୍ତର୍ଜାତିକ ସଂସ୍ଥା କାମ କରୁଛି।" (୫୨) ବିଦେଶ ପର୍ଯ୍ୟଟନ ସମୟର ମଧୁରତମ ଅନୁଭୂତିକୁ 'ଜୀବନର ଜଳଛବି'ରେ ସ୍ଥାନିତ କରି ବହୁ ସ୍ଥାନର ପ୍ରସଙ୍ଗାନୁସାରୀ ନାମୋଲ୍ଲେଖ କରିଛନ୍ତି। ନ୍ୟାସ୍‌ନାଲ୍ ମ୍ୟୁଜିୟମ୍ ଅଫ୍ ନାଚୁରାଲ୍ ହିଷ୍ଟ୍ରି, ନ୍ୟାସ୍‌ନାଲ୍ ଏୟାର୍ ଆଣ୍ଡ୍ ସ୍ପେସ୍ ମ୍ୟୁଜିୟମ୍, ସ୍ମିଥ୍‌ସନିଆନ୍ ଆଷ୍ଟ୍ରୋ ଫିଜିକାଲ୍ ଅବ୍‌ଜର୍ଭେଟରୀ, ନ୍ୟାସ୍‌ନାଲ୍ ମ୍ୟୁଜିୟମ୍ ଅଫ୍ ଆମେରିକାନ୍ ଆର୍ଟ, ଇଣ୍ଟରନ୍ୟାସ୍‌ନାଲ୍ ସେଣ୍ଟର ଫର୍ ସ୍କଲାର୍ସ ଇତ୍ୟାଦି। ଲେଖକଙ୍କ ମତରେ- "ସମଗ୍ର ମଣିଷ ଜାତିର ସେବା ଓ ଜ୍ଞାନର ବିଚ୍ଛୁରଣ ଦିଗରେ 'ସ୍ମିଥ୍‌ସନିଆନ୍ ଇନ୍‌ଷ୍ଟିଚ୍ୟୁସନ୍'ର ପଟାନ୍ତର ନାହିଁ।" (୫୩) ସାନ୍‌ଫ୍ରାନ୍‌ସିସ୍‌କୋର ବେଳାଭୂମି, କାଲିଫର୍ଣ୍ଣିଆ, ଡିସ୍‌ନିଲ୍ୟାଣ୍ଡ, ବର୍ମିଂହାମ୍ ଆଦି ସ୍ଥାନଗୁଡ଼ିକୁ ନେଇ ଲେଖକ 'ଜୀବନର ଜଳଛବି'ରେ ନିଜ ସ୍ମୃତିଚାରଣ କରିଛନ୍ତି। ଗୌରହରି ଦାସଙ୍କ ସାହିତ୍ୟ ନିଜ ଦେଶ

ପ୍ରତି ଯେତିକି ପ୍ରଗାଢ଼ ମମତ୍ୱବୋଧ ରଖେ, ବିଦେଶର ବାସ୍ତବିକ ସ୍ଥିତି ପ୍ରତି ମଧ୍ୟ ସେତିକି ସ୍ୱୀକୃତି ଓ ସମ୍ମାନବୋଧ ଧାରଣ କରିଥିବା ଉପଲବ୍ଧି ହୁଏ।

'ଜୀବନର ଜଳଛବି'ରେ ବିବିଧ ସମସ୍ୟାର ଚିତ୍ର:

"ସୀମାହୀନ ଅନ୍ଧାରୀ ଭାଗ୍ୟ ବିରୋଧରେ ମଣିଷ କେଡ଼େ ନଗଣ୍ୟ, ନିଆଁ-ବିରୋଧୀ ତୁଳାଗଦା; କିନ୍ତୁ ଯେତେବେଳେ ମଣିଷ ବୁଝିଲା, ସୀମାଦିଆ ମାଟିର ଘଟ ନୁହେଁ ସର୍ବସ୍ୱ, ଭାଗ୍ୟର ଏକତରଫା ଡିଗ୍ରି ଛାଡ଼ି ମଣିଷ ପକ୍ଷରେ ଖୁବ୍ ଅଛି କହିବାକୁ, ସେତେବେଳେ ସାହିତ୍ୟିକର ଧାରଣା ବଦଳିଲା। (୫୪) ଗୌରହରି ଦାସ ଜଣେ ମାନବବାଦୀ ସାହିତ୍ୟିକ। ତାଙ୍କ ସମଗ୍ର ସୃଷ୍ଟିର ମୁଖ୍ୟ ଉପାଦାନ ହିଁ ମଣିଷ ଓ ତାର ଜୀବନୀୟ ସ୍ଥିତାବସ୍ଥା। ତେଣୁ ଜଣେ ଦାୟବଦ୍ଧ ସ୍ତମ୍ଭକାର ତଥା ସାହିତ୍ୟିକ ଭାବରେ ସେ ତାଙ୍କର ଦାୟିତ୍ୱକୁ ବୁଝିଛନ୍ତି। ସେ ଅବହେଳିତ, ଅସହାୟ, ନିରବ ମଣିଷମାନଙ୍କ ଅକୁହା ଶବ୍ଦର ଉଚ୍ଚାରକ ଭାବରେ ପ୍ରତିନିଧିତ୍ୱ କରିଛନ୍ତି। ଗୌରହରି ଦାସଙ୍କ ମତରେ- "ଯାହା ଚାରିପାଖେ ଯେତେ ଶବ୍ଦ, ଯେତେ କୋଳାହଳ, ତା'ର ସେତେ ଖାତିର, ସେତେ ଗୁରୁତ୍ୱ। ଯିଏ ନିର୍ଜନ, ନିରବ, ସିଏ ପଛୁଆ, ଦୁର୍ବଳିଆ, ଏକଲା ମଣିଷ।" (୫୫) ସେହି ଦୁର୍ବଳିଆ - ଏକଲା ମଣିଷଙ୍କ ପାଇଁ ଲେଖନୀ ଚାଳନାପୂର୍ବକ ସେମାନଙ୍କ ଅଧିକାର, ଇଚ୍ଛା, ଆକାଂକ୍ଷା, ସ୍ୱପ୍ନ ତଥା ପରିଶ୍ରମର ପାଉଣା ଦାବି କରିବାକୁ ଅଣ୍ଟା ଭିଡ଼ିଛନ୍ତି ଗୌରହରି ଦାସ। ସମାଜର ବିବିଧ ସମସ୍ୟା ମଧ୍ୟରେ ରହିଛି- ଦାଦନ ଦୁର୍ଦ୍ଦଶା, ଶ୍ରମିକମାନଙ୍କ ସ୍ୱପ୍ନ ଏବଂ ସ୍ୱପ୍ନଭଙ୍ଗ, ବିଦେଶ ଭୂଇଁରେ ମାଟି ସଂଗେ ମାଟି ହୋଇ ଖଟୁଥିବା କଙ୍କାଳସାର ମଣିଷଙ୍କ ଚିତ୍ର, ହାକିମ ହୁକୁମା - ତଥାକଥିତ ନାମୀଦାମୀ ଲୋକଙ୍କ ପ୍ରଚାରପ୍ରବଣତା, ଅନୁଶାସନହୀନ ଛାତ୍ରଙ୍କ ଦୌରାତ୍ମ୍ୟ, ବନ୍ୟା-ବିଧ୍ୱସ୍ତ ଜଳମଗ୍ନ ମଫସଲ, ସାମାଜିକ ସ୍ୱୀକୃତି ଓ ଅର୍ଥନୈତିକ ନିରାପତ୍ତାର ଅଭାବ, ବିକାରଗ୍ରସ୍ତ ରୁଚି, ବିଦେଶୀ ସଂସ୍କୃତିର ପ୍ରଭାବ, ଗ୍ରାମ୍ୟ ଜୀବନର ଅପମୃତ୍ୟୁ, ମଣିଷର ଧର୍ମଧାରଣା, ଅନ୍ଧବିଶ୍ୱାସ, ଚିକିତ୍ସା ବିଜ୍ଞାନ ଉପରେ ଅନାସ୍ଥା ଭାବ, ଲୋକପ୍ରତିନିଧିଙ୍କୁ ଲାଞ୍ଚ-ଅଣ୍ଟାଗୁଞ୍ଜା, ହାତଗୁଞ୍ଜା, ଆଜିର ପିଲାମାନଙ୍କ ହାତରେ ପ୍ରଚୁର ଅବସର, ଅଖଣ୍ଡ ସ୍ୱାଧୀନତା, ମନ୍ତ୍ରୀ ହାକିମମାନଙ୍କ ଚକ୍ରବ୍ୟୂହ, ମିଥ୍ୟାଚାର, ପ୍ରତିପତ୍ତିର ଅହଂକାର, ଅନ୍ୟାୟ ପ୍ରତିଯୋଗିତା, ସ୍ଥାନୀୟ ରାଜନୀତିର ସଂକୀର୍ଣ୍ଣ ରୂପ, ଦଳୀୟ ନେତାଙ୍କ ଖଣ୍ଡିତ ଭାବମୂର୍ତ୍ତି, ଦାରିଦ୍ର୍ୟ ଓ ଅସହାୟତାରୁ ବେପାରୀଙ୍କ ଲାଭ, ଅବସରହୀନ ସହରୀ ଜୀବନ, ଆତଙ୍କବାଦୀଙ୍କ ଗୁଳିକାଣ୍ଡରେ ଓଡ଼ିଆ ଶ୍ରମିକଙ୍କ ନିଧନ, ଆନ୍ତରିକତାଶୂନ୍ୟ ସହରୀ ଜୀବନ, ସ୍ୱୀକୃତିହୀନ କଳାକାର ଜୀବନ, ଅଜଣା ଉପନିବେଶ ଭଳି ଦଣ୍ଡାୟମାନ ଗ୍ରାମ୍ୟ ଜୀବନ, ଉନ୍ମାଦନାହୀନ ଓଡ଼ିଶୀ ପର୍ବପର୍ବାଣି,

ମୃତପ୍ରାୟ ଓଡ଼ିଆ ପତ୍ରପତ୍ରିକାର ବିଡ଼ମ୍ବନାର ଚିତ୍ର ଇତ୍ୟାଦି ଚିତ୍ରିତ ହୋଇଛି। ବନ୍ୟାବିଧ୍ୱସ୍ତ ଅଞ୍ଚଳର ବର୍ଣ୍ଣନା ଦେଇ ଗୌରହରି ଉଲ୍ଲେଖ କରିଛନ୍ତି- "ଶହ ଶହ ତାଳବରଡ଼ା ତାଟିଘେରା ଟିକି ଟିକି ଘର। ପିଚୁରାସ୍ତାର ଦୁଇକଡ଼େ ସେଇ ଘରଗୁଡ଼ିକ ଦିଶୁଛନ୍ତି ଛୋଟ ପାଳଗଦାଗୁଡ଼ିଏ ପରି। କାନ୍ଥ କହିଲେ ଓଦା ଶାଢ଼ି କି ଧୋତି ଖଣ୍ଡେ ବେଢ଼ା ହେଇଛି। ତାରି ଭିତରେ ମୁଣ୍ଡ ନୁଆଁଇ ବସିଛନ୍ତି ବନ୍ୟାବିଧ୍ୱସ୍ତ ଅଞ୍ଚଳର ଗରିବ ମଣିଷ। ଚାରିପଟେ ବନ୍ୟାଜଳ। ଉପରୁ ଶ୍ରାବଣର ବର୍ଷା। ବତୁରି ଯାଇଛି ତାଳବରଡ଼ା, ରାସ୍ତାକଡ଼ରେ ସେମାନଙ୍କର ହାଣ୍ଡି, ଆଟିକା, ଲୁଗାପଟା ଓ ସର୍ବସ୍ୱ। ଆଖିରେ ନିଦ ନାହିଁ। ଗାଆଁର ଘର ଭାଙ୍ଗିଯାଇଛି, କ୍ଷେତରେ ଚରିଯାଇଛି ବଢ଼ିପାଣି। ବର୍ତ୍ତମାନ ନାହିଁ, ଭବିଷ୍ୟତ ନାହିଁ - କେବଳ ମୁଠାଏ ଦୀର୍ଘଶ୍ୱାସକୁ ନେଇ ଏଇ ଯେ ନିଉଛୁଣା ଜୀବନ, ଆହା ପଦେ କହିବାକୁ କାଉଟେ ବି ଆସେ ନାହିଁ ତାଙ୍କ ପାଖକୁ।" (୫୬) ସେହିପରି ଅଭାବୀ ଅସହାୟ ଗରିବମାନଙ୍କ ପ୍ରତି ପ୍ରତିଷ୍ଠିତ ବାବୁଭାୟାଙ୍କ ଶୋଷଣର ଚିତ୍ର ପ୍ରଦାନ କରିବାକୁ ଯାଇ ଗୌରହରି ଲେଖିଛନ୍ତି- "ଦଳେ ଚାଲାକ ମଣିଷଙ୍କ ଉଚ୍ଚାକାଂକ୍ଷା ଓ ଅନୈତିକତାର ଯୁଗଳବନ୍ଦୀ ଭିତରେ ସର୍ବସ୍ୱାନ୍ତ ହୋଇ ଚାଲିଥିବା ଏହିପରି ଅସହାୟ ଗରିବଗୁରୁବା ହିଁ ତାର ଓଡ଼ିଶା!" (୫୭)

କ୍ଷୁଧାର୍ତ୍ତ ମଣିଷମାନଙ୍କର ଏ ରାଜ୍ୟରେ ଅଭାବ ନାହିଁ। ରାମରାଜ୍ୟ ପ୍ରତିଷ୍ଠାର ସ୍ୱପ୍ନ ଦେଖାଇ ଏମିତି ସହସ୍ର ବର୍ଷ ଧରି ଗରିବ-ନଗ୍ନ ଫକୀରମାନଙ୍କ ଘରେ ଭୋକର ଜ୍ୱାଳା ହୁତୁହୁତୁ ହୋଇ ଜଳି ଚାଲିଛି। ଦରଦୀ ସ୍ତମ୍ଭକାର ଗୌରହରି ସେହିଭଳି ବୁଭୁକ୍ଷୁମାନଙ୍କ ଯନ୍ତ୍ରଣାର ଚିତ୍ର ପ୍ରଦାନ କରି ଲେଖିଛନ୍ତି- "ସିଦ୍ଧାର୍ଥ ଘରକୁ ଫେରିଲା। ତା ଚାରିପଟେ ପୁଞ୍ଜାଏ ଅସହାୟ ଓ ଆତୁର ଭୋକଙ୍କ ଭିଡ଼। ସେ ଭୋକମାନଙ୍କ ଆଖିରେ ଲୁହ, ପିଠିରେ ମାଡ଼ର ଆଘାତ, ଛାତି ଭିତରେ ଅସଂଖ୍ୟ ଦୀର୍ଘଶ୍ୱାସ। ଇଏ ଭୋଜି ନୁହେଁ, ଆକାଶର ସବୁ ତାରା ଯଦି ରନ୍ଧାଭାତ ହୋଇ କୌଣସି ଦିନ ମାଟି ଉପରକୁ ଖସିପଡ଼ନ୍ତେ ହୁଏତ ସେହିଦିନ ପୃଥିବୀର ଭୋକମାନେ ମନଭରି ଥରୁଟିଏ ଭୋଜି ଖାଇପାରନ୍ତେ।" (୫୮) ଆଧୁନିକ ସମାଜରେ ନିଜ ସଂଘର୍ଷପୂର୍ଣ୍ଣ ସ୍ଥିତିକୁ ନେଇ କର୍ମତତ୍ପର-ମେହେନତି ଅସଂଖ୍ୟ ଶିଶୁ ଶ୍ରମିକଙ୍କ ପାଇଁ ଗୌରହରିଙ୍କ ହୃଦୟ ବିଗଳିତ। ସେମାନଙ୍କ ପ୍ରତି ସମବେଦନା ଜ୍ଞାପନପୂର୍ବକ ଗୌରହରି ଲେଖିଛନ୍ତି- "କେତେ ଆଇନ ପ୍ରତିଦିନ ଏ ଦେଶରେ ତିଆରି ହେଉନାହିଁ ଶିଶୁଶ୍ରମିକମାନଙ୍କୁ ଖଟେଇବାର ନିଷେଧାଦେଶ ଜାରି କରି! ଅଥଚ ଏପରି ଶହ ଶହ, ହଜାର ହଜାର ପିଲା ବିଡ଼ି କାରଖାନା, ହୋଟେଲ୍, ଦୋକାନ ଓ ଟ୍ରେନ୍‌ରେ ଝାଡୁଦାର ଭାବେ କାମ କରୁଛନ୍ତି।" (୫୯) ଆଧୁନିକ ସମାଜରେ ଶିଶୁଶ୍ରମିକଙ୍କ ପ୍ରତି ହେଉଥିବା ଶୋଷଣର

ଚିତ୍ରକୁ ଲେଖକ ତାଙ୍କର ଅସଂଖ୍ୟ ସ୍ତମ୍ଭରେ ବାରମ୍ବାର ଚିତ୍ରିତ କରିଛନ୍ତି। ନାହି ତଳକୁ ଖସିପଡୁଥିବା କୋଚଟ ମଇଳା ପ୍ୟାଣ୍ଟ୍ ଖଣ୍ଡକୁ ଟେକିଧରି ଦି ପଇସା ରୋଜଗାର ପାଇଁ ଦିନରାତି ଦୌଡୁଥିବା ଝାଡୁବାଲା ପିଲା, ଭିକାରିଙ୍କୁ ଦେଖି ସାଂପ୍ରତିକ ସମୟର ଶୋଷଣର ଚିତ୍ର ଅଙ୍କନ କରିଛନ୍ତି।

ସମାଜର ବିବିଧ ସମସ୍ୟା ତାଙ୍କର 'ଜୀବନର ଜଳଛବି'ର କୈନ୍ଦ୍ରିକ ଆଧାର। ଏହାକୁ କଳାତ୍ମକ ଭାବରେ ସେ ଅଭିବ୍ୟକ୍ତ କରିଛନ୍ତି। 'ଗୌରହରି ତାଙ୍କର ଫିଚରଗୁଡ଼ିକରେ 'ସାହିତ୍ୟ ତତ୍ତ୍ୱ'ର ପ୍ରୟୋଗକୁ କେତେ ଗୁରୁତ୍ୱ ପ୍ରଦାନ କରନ୍ତି'ର ଉତ୍ତରରେ ଥିବା ତାଙ୍କ ବକ୍ତବ୍ୟ- "ପ୍ରତି ଖବରର ଭିନ୍ନ ଭିନ୍ନ ଦିଗ ଅଛି। ଆମେ ଗୋଟିଏ ଦିଗରୁ ତା ସଂପର୍କରେ ଶେଷ ରାୟ ଦେଇପାରିବା ନାହିଁ। ଉଦାହରଣ ସ୍ୱରୂପ- ଯୁଦ୍ଧ। ଦୁଇ ଦେଶ ଭିତରେ ଯୁଦ୍ଧ ହୁଏ। ଗୋଟେ ଦେଶ ଜିଣେ, ଆଉ ଗୋଟେ ଦେଶ ହାରେ। ମାତ୍ର ଯୁଦ୍ଧର ସ୍ଥୁଳ ବିବରଣୀ ପଛରେ ଆହୁରି ଅନେକ କଥା ଅକୁହା ରହିଯାଏ। ଯୁଦ୍ଧ ଜିଣିଥିବା ଦେଶର ସୈନିକ ମଧ୍ୟ ମରିଥାଆନ୍ତି, ସେମାନଙ୍କର ମାଆ ହରେଇଥାଆନ୍ତି ପୁତ୍ର, ପତ୍ନୀ ହରେଇଥାଏ ସ୍ୱାମୀ, ପିଲାଏ ହରେଇ ବସିଥାଆନ୍ତି ନିଜର ବାପାକୁ। ସେକଥା ମଧ୍ୟ ଲେଖାହେବା ଦରକାର। ଫିଚର୍ ବା ଅଣ-ସମ୍ବାଦ ରଚନା ସମ୍ବାଦ-ଆଶ୍ରିତ ହୋଇଥାଏ, ମାତ୍ର ସମ୍ବାଦ-ସର୍ବସ୍ୱ ନୁହେଁ। ତାର ବାହାରକୁ ସିଏ ଉଙ୍କି ମାରି ଦେଖେ। ଏଥିରେ ମଣିଷର ସମ୍ବେଦନଶୀଳତା ମୁଖ୍ୟ ପ୍ରଶ୍ନ। ଏହା ମସ୍ତିଷ୍କ ଅପେକ୍ଷା ହୃଦୟକୁ ଅଧିକ ସ୍ପର୍ଶ କରିଥାଏ। ଏଥିପାଇଁ ଲେଖକକୁ ଅଧିକ ଗବେଷଣା କରିବାକୁ ପଡ଼େ, ଉଭୟ ପକ୍ଷର ତଥ୍ୟ ସଂଗ୍ରହ କରିବାକୁ ପଡ଼େ ଏବଂ ସେ ତାକୁ ଏଭଳି ଭାଷାରେ ଲେଖେ ଯାହା ପାଠକଙ୍କୁ ସ୍ପର୍ଶ କରିବ। ଗୋଟିଏ ଛୋଟ ଉଦାହରଣ ଦେବି। ଏହି ଘଟଣାକୁ ନେଇ ଅତୀତରେ ମୁଁ ଗୋଟିଏ ପ୍ରବନ୍ଧ ଲେଖିଥିଲି- 'ସମ୍ବାଦ କେତେବେଳେ ସାହିତ୍ୟ ହୁଏ'। ସେହି ପ୍ରବନ୍ଧରେ ମୁଁ ଏହି ଘଟଣା ଉଲ୍ଲେଖ କରିଥିଲି। ବୁଢ଼ୀଟିଏ, ହାରାମଣି ଷଡ଼ଙ୍ଗୀ। ୨୦୦୧ ମସିହାର ବନ୍ୟା ସମୟରେ ମୁଖ୍ୟମନ୍ତ୍ରୀ ନବୀନ ପଟ୍ଟନାୟକ ହାରାମଣିଙ୍କ ଗାଁକୁ ଯାଇଥିଲେ। ହାରାମଣିଙ୍କର ଦୁଇଟି ଇଚ୍ଛା- ସେ ମୁଖ୍ୟମନ୍ତ୍ରୀ ଓ ପ୍ରଧାନମନ୍ତ୍ରୀଙ୍କୁ ଭେଟିବେ। ମୁଖ୍ୟମନ୍ତ୍ରୀଙ୍କ ସାଙ୍ଗେ ତ ଦେଖା ହୋଇଗଲା, କିନ୍ତୁ ପ୍ରଧାନମନ୍ତ୍ରୀଙ୍କ ସହ ଦେଖା କରେଇବ କିଏ ? ବୁଢ଼ୀ ନିଜର ଇଚ୍ଛାଟିକୁ ମୁଖ୍ୟମନ୍ତ୍ରୀଙ୍କ ପାଖରେ ଜଣାଇଥିଲେ। ମୁଖ୍ୟମନ୍ତ୍ରୀ ହସି ହସି କହିଥିଲେ, ସେ ଏ ଦିଗରେ ତାଙ୍କୁ ସାହାଯ୍ୟ କରିବେ। ମାତ୍ର ବୁଢ଼ୀଙ୍କ ମନ ସେମିତିରେ ବୁଝି ନ ଥିଲା। ସେ ଶହେଟି ଟଙ୍କା ମୁଖ୍ୟମନ୍ତ୍ରୀଙ୍କୁ ଦେଇଥିଲେ, ଏ ଟଙ୍କା ରଖିଥାଅ। ନ ହେଲେ ମୋ କଥା ଭୁଲିଯିବ। ମୁଖ୍ୟମନ୍ତ୍ରୀ ବୁଢ଼ୀଙ୍କ ଜିଦ୍ ଦେଖି ଶହେଟି ଟଙ୍କା ରଖିଥିଲେ। ୨୦୦୩

ଜୁଲାଇ ୧୬ ତାରିଖରେ ପ୍ରଧାନମନ୍ତ୍ରୀ ଅଟଳ ବିହାରୀ ବାଜପେୟୀ ଆସିଲେ। ତାଙ୍କର ଗସ୍ତ କାର୍ଯ୍ୟକ୍ରମ ଚୂଡ଼ାନ୍ତ କଲାବେଳେ ମୁଖ୍ୟମନ୍ତ୍ରୀଙ୍କର ହାରାମଣି ଷଡ଼ଙ୍ଗୀଙ୍କ କଥା ମନେପଡ଼ିଲା। ତାଙ୍କ ଅଫିସ୍‌ରୁ ନିର୍ଦ୍ଦେଶ ଦେଲେ ବୁଢ଼ୀଙ୍କୁ ଖୋଜ ଓ ତାଙ୍କୁ ଭୁବନେଶ୍ୱର ଆଣିବାର ବ୍ୟବସ୍ଥା କର, ଯେମିତି ସେ ପ୍ରଧାନମନ୍ତ୍ରୀଙ୍କୁ ଭେଟିପାରିବେ। ଅଫିସରମାନେ ସେ ଗାଁକୁ ଗଲେ। ବୁଢ଼ୀଙ୍କ ଘର ପାଖେ ପହଞ୍ଚିଗଲେ। ମାତ୍ର ବୁଢ଼ୀଙ୍କ ସାକ୍ଷାତ ପାଇଲେ ନାହିଁ। କାରଣ ଗତବର୍ଷ ନଭେମ୍ବର ୧୦ ତାରିଖରୁ ୭୦ ବର୍ଷର ବୁଢ଼ୀ ହାରାମଣି ମରିଗଲେଣି। ହାତରେ ଶହେ ଟଙ୍କିଆ ନୋଟ୍‌ଟିଏ ଧରି ମୁଖ୍ୟମନ୍ତ୍ରୀ ବସିଛନ୍ତି। ଦି ଦିନ ପରେ ପ୍ରଧାନମନ୍ତ୍ରୀ ଆସିବେ। ଇଏ ସାହିତ୍ୟ ପରି ସମ୍ବାଦ ନା ସମ୍ବାଦ ପରି ସାହିତ୍ୟ ତାହା ଆପଣ ବିଚାର କରିବେ।" (୬୦) 'ଜୀବନର ଜଳଛବି' ଗୌରହରି ଦାସଙ୍କ ଜୀବନୋପଲବ୍ଧ ପ୍ରତ୍ୟକ୍ଷ ଅନୁଭୂତିର ସ୍ପଷ୍ଟ ଉଚ୍ଚାରଣ, ଯାହା ସମସ୍ୟାମୂଳକ ସାହିତ୍ୟ ମାଧ୍ୟମରେ ଆତ୍ମପ୍ରକାଶ ଲାଭ କରିପାରିଛି। ସେ ପ୍ରତ୍ୟକ୍ଷ କରିଥିବା ସମସ୍ୟାଗୁଡ଼ିକ ପ୍ରତି ପାଠକୀୟ ଦୃଷ୍ଟି ଆକର୍ଷଣ ସହିତ ତା'ର ସମାଧାନ ଉଦ୍ଦେଶ୍ୟରେ ସାହିତ୍ୟକୁ ନିଜର ଆୟୁଧ ଭାବରେ ହିଁ ପାଥେୟ କରିଛନ୍ତି।

କିଛି କଳ୍ପିତ ନାମ କିନ୍ତୁ ବାସ୍ତବ ଚରିତ୍ର:

କବି ରବୀନ୍ଦ୍ରନାଥ କାକଳି କରି ଉଡ଼ିଯାଉଥିବା ଶୁଭ୍ର ବଳାକାମାନଙ୍କୁ ନିରୀକ୍ଷଣପୂର୍ବକ ଗାଇ ଉଠିଥିଲେ-

ଏଇ ବାସାଛାଡ଼ା ପାଖି ଯାୟ ଆଲୋ-ଅନ୍ଧକାରେ
କୋନ୍‌ପାର୍ ହତେ କୋନ୍‌ପାରେ
ଧ୍ୱନିଆ ଉଠିଛେ ଶୂନ୍ୟ ନିଖିଲେର୍ ପାଖାର ଏଗାନେ
ହେଥା ନୟ, ଅନ୍ୟ କୋଥା, ଅନ୍ୟ କୋଥା, ଅନ୍ୟ କୋନ୍ ଖାନେ।" (ବଳାକା)

ଆଲୋକ-ଅନ୍ଧକାରର ବଳୟ ପାର ହୋଇ ସୁଦୂର ଅତୀତରୁ ଅନାଗତ ଭବିତବ୍ୟ ନିମନ୍ତେ ପ୍ରତିକ୍ଷଣର ନିରବଚ୍ଛିନ୍ନ ଯାତ୍ରା ସଂଗୀତ ଗାନ କରୁଥିବା ସେହି ବଳାକାଙ୍କ କାକଳିରେ ଜୀବନକୁ ବଞ୍ଚିବାର ଅଦମ୍ୟ ଆହ୍ୱାନକୁ ଉପଲବ୍ଧି କରିଥିଲେ ବିଶ୍ୱକବି। ସେହି ଅନୁଭବର ସ୍ୱର ବେଶ୍ ପ୍ରାଞ୍ଜଳ ଓ ଉଦାତ୍ତ ଶୁଭେ ଗୌରହରିଙ୍କ ଚରିତ୍ରମାନଙ୍କ କଣ୍ଠରେ। ତାଙ୍କ ସୃଷ୍ଟିସମଗ୍ରରେ ଚରିତ୍ରମାନଙ୍କୁ ଆଧାର କରି ବିଚିତ୍ର ଜୀବନର ଭିନ୍ନ ଭିନ୍ନ ପୃଷ୍ଠାଙ୍କନ ବେଶ୍ ତାତ୍ପର୍ଯ୍ୟପୂର୍ଣ୍ଣ ଓ ଅକୃତ୍ରିମ। ନାରୀ ଓ ପୁରୁଷ ଚରିତ୍ର କେବଳ ନୁହେଁ ପ୍ରାଣୀଜଗତ, ଉଦ୍ଭିଦ ଜଗତ ପ୍ରତି ଲେଖକଙ୍କ ଆନ୍ତରିକ ସଦିଚ୍ଛା ବେଶ୍ ବାରି ହୁଏ ତାଙ୍କ 'ଜୀବନର ଜଳଛବି'ରେ। ତାଙ୍କ ଚର-ଅଚର, ସଜୀବ-ନିର୍ଜୀବ ଜଗତର ରୂପ ଏ ସମାଜକୁ ଅର୍ଥପୂର୍ଣ୍ଣ ଜୀବନ ବଞ୍ଚିବାର ଶପଥ ପାଠ କରାଏ।

ତେଣୁ 'ଜୀବନର ଜଳଛବି'ରେ ତାଙ୍କ ଚରିତ୍ରମାନେ ଜୀବନର ହର୍ଷ, ବିଷାଦ, ଆନନ୍ଦ, ନିରାନନ୍ଦ, ସ୍ୱପ୍ନ, ବିଫଳତା, ଜୟ-ପରାଜୟ, ଉଲ୍ଲାସ, ଉଦାସୀନତା, ଯୋଜନା, କଳ୍ପନା ତଥା ଅନିର୍ଦ୍ଦିଷ୍ଟ ଅନୁଭବର ଚିରନ୍ତନ ଆବେଗକୁ ଜୀବନ୍ତ ଭାବରେ ଉପସ୍ଥାପନ କରନ୍ତି। ଗୌରହରି ଦାସଙ୍କ ଚରିତ୍ରମାନେ କେବଳ ଜୀବନର ନିଛକ ତଥ୍ୟ ପ୍ରଦାନ କରନ୍ତି ନାହିଁ, ତତ୍‌ସହିତ କୋମଳ ମାର୍ମିକ ଅନୁଭବକୁ ମଧ୍ୟ ନିରବରେ ଉଚ୍ଚାରଣ କରନ୍ତି।

ସ୍ତମ୍ଭକାର ଗୌରହରି ଦାସ ନିଜ ଗତାନୁଗତିକ ଜୀବନରେ ଯେଉଁ ଚରିତ୍ରମାନଙ୍କୁ ସାକ୍ଷାତ୍ କରିଛନ୍ତି, ଦୂରରୁ ହେଉ ଅବା ନିକଟରୁ ହେଉ ଯେଉଁମାନଙ୍କ ସମସ୍ୟା-ଘଟଣା ତଥା ଜୀବନ ବଞ୍ଚିବାର ସ୍ଥିତିକୁ ପରଖିଛନ୍ତି, ସେହିମାନଙ୍କୁ ନେଇ ସେ ତାଙ୍କ ସ୍ତମ୍ଭରେ ନିରପେକ୍ଷ ଦଲିଲ୍ ମଧ୍ୟ ପ୍ରସ୍ତୁତ କରିଛନ୍ତି। 'ଜୀବନର ଜଳଛବି'ରେ ସ୍ଥାନିତ ବିଶେଷ ସ୍ଥାନ, ଘଟଣା ଓ ବ୍ୟକ୍ତିବିଶେଷ ସଂପୂର୍ଣ୍ଣ ସତ୍ୟାଧାରିତ ଉପାଦାନ। କେବଳ କିଛି କଳ୍ପିତ ନାମୋଲ୍ଲେଖ ଥାଇପାରେ କିନ୍ତୁ ଚରିତ୍ରମାନେ ଏଇ ଆଖିଦେଖା-ନିତିଦିନିଆ ସଂସାର ଭିଡ଼ରୁ କେହି ନା କେହି ନିଶ୍ଚୟ।

ପୁରୁଷ ଚରିତ୍ରମାନଙ୍କ ମଧ୍ୟରେ ଅଛନ୍ତି:- ନୀଳନନା, ବଗୁଲି, ମଣ୍ଟୁ, ଯଦୁ, ମଧୁଆ, ଚଗଲାନନା, ମାଗୁଣି ମହାନ୍ତି, ସନାଦାଦି, ସାନଭାଇ ବୁଲୁ, ମାଗୁଣୀ ମାଝି, ଚନ୍ଦ୍ରମଣି, କାର୍ତ୍ତିକ ସ୍ୱାଇଁ, ଲକ୍ଷ୍ମଣ, ସାପୁଆ କେଳା ଶକ୍ତି ଦାସ, ରାଧାରମଣ, ଉମାଚରଣ, ଶୁକଦେବ, ବବ୍‌ଲୁ ବାବୁ, ଅଧିକାରୀ ବାବୁ, ଚନ୍ଦ୍ରକାନ୍ତ, ମହାନ୍ତି ବାବୁ, ଖଗ ସାର୍, ରାଇଚରଣ, ଅଭୟ ଦାସ, କମଳାକାନ୍ତ, କୁଶୁଭାଇ, ଶୁକୁରୁ ପ୍ରଧାନ, ନରେନ୍ଦ୍ର ମହାପାତ୍ର, ହଳଧର, ଆଦର୍ଶ ଶିକ୍ଷକ ହଳଧର ମହାନ୍ତି, ରାଧାଚରଣ, କାଶିନନା, ନବକିଶୋର, ଶ୍ୟାମଳକାନ୍ତି, ଫେଲୁ, ମହାପାତ୍ର ବାବୁ, ବୁବୁନ୍, ମୃତ୍ୟୁଞ୍ଜୟ, ବୈଜୟନ୍ତ, କାଳିଆ, ହରବାବୁ, ନିରଞ୍ଜନ ବାବୁ, ଅକ୍ଷୟ ବାବୁ, ଚିନ୍ତାମଣି ରାୟ ମହାପାତ୍ର, ସଂଜୟ, ବୁଦ୍ଧିରାମ, ସଚ୍ଚିଦାନନ୍ଦ, ପ୍ରମୋଦ, ସୋମନାଥ, ସର୍ବେଶ୍ୱର, କୁଳମଣି, ପ୍ରଦ୍ୟୁମ୍ନ, ସହଯାତ୍ରୀ ମାଧବଚାନ୍ଦ, ଟ୍ୟାକ୍ସି ଡ୍ରାଇଭର ଅରୁଣ, ବନ୍ଧୁ ନିରଞ୍ଜନ, କ୍ଷେତ୍ରବାସୀ ପ୍ରମୁଖ।

ନାରୀ ଚରିତ୍ରମାନଙ୍କ ମଧ୍ୟରେ ଅଛନ୍ତି:- ମହାପାତ୍ର ଘର ବୁଢ଼ୀ, ଲଳିତା, ଶର୍ମିଷ୍ଠା, ଊର୍ମିଳା, ଅପର୍ଣ୍ଣା, ତିଳୋତ୍ତମା, ମାଳଅପା, ସବିତା ସ୍ୱାଇଁ, ସୁମିତ୍ରା, ମିନୁ, କୁନ୍‌ମୁନ୍, ତିଳୋତ୍ତମା ଦେବୀ, ସୁତପା, ମଣିମାଳା, ମାଳତୀ ବେହେରା, ଚନ୍ଦ୍ରଲେଖା, ଅରୁଣିମା, ସୁରମା ପଟ୍ଟନାୟକ, ସ୍ନେହଲତା ପ୍ରମୁଖ। ଏତଦ୍‌ଭିନ୍ନ 'ଜୀବନର ଜଳଛବି'ରେ ବହୁ କିଶୋର-କିଶୋରୀ, ହଳିଆ-ହାଟୁଆ, ହୋଟାଘର, ବଳ ଘର, ବେହେରା ଘର, ଦାସ ଘର, ପରିଡ଼ା ଘର ଇତ୍ୟାଦି ପ୍ରସଙ୍ଗ ରହିଛି।

ନିରପେକ୍ଷ ଭାବରେ ଚରିତ୍ରମାନଙ୍କ ଚିତ୍ରାୟନ ପ୍ରତି ଗୌରହରି ଅତ୍ୟନ୍ତ ସଚେତନ। ପୁରୁଷପ୍ରଧାନ ସମାଜରେ ନାରୀମାନଙ୍କ ଅସହାୟତାକୁ ଜୀବନ୍ତ ଭାବରେ ପାଠକମାନଙ୍କ ସମ୍ମୁଖରେ ଉପସ୍ଥାପନ କରିବା କ୍ଷେତ୍ରରେ ସେ ଏ ସମୟର ଜଣେ ଯଥାର୍ଥ ଚିତ୍ରକର। ପ୍ରତ୍ୟେକ ଦୁର୍ବଳ ନାରୀର- "ଗମ୍ଭୀର ଓ ନିରବ ଚେହେରା ଭିତରେ ମୁଁ ଲକ୍ଷ୍ୟ କରେ ଏକଦା ଛନଛନିଆ ଏକ ଫୁଲ ବଗିଚାର ଧ୍ୱସ୍ତବିଧ୍ୱସ୍ତ ବିକୃତ ରୂପ। ଗୋଟାଏ ରକ୍ତମାଂସର ମଣିଷର ନିଃସଙ୍ଗ, ନିର୍ଜନ ଓ ଯନ୍ତ୍ରଣାକାତର ଚିତ୍ର।" (୬୧) ଗୌରହରିଙ୍କ ସୃଷ୍ଟି ମଧ୍ୟରେ ସ୍ତ୍ରୀ ଲୋକର ପରଶ (feminine touch) ଅତ୍ୟନ୍ତ କରୁଣ ତଥା ସମ୍ବେଦନଶୀଳ।

'ଜୀବନର ଜଳଛବି'ରେ ସମାଜ ଅଭିପ୍ରେତ କିଛି ମହାପୁରୁଷଙ୍କ ନାମୋଲ୍ଲେଖ ମଧ୍ୟ ରହିଛି। ପ୍ରସଙ୍ଗାନୁକ୍ରମେ ସକ୍ରେଟିସ୍‌ଙ୍କ ବିଷପାନ, ଯୀଶୁଙ୍କ କ୍ରୁଶବିଦ୍ଧ, ମହାତ୍ମା ଗାନ୍ଧୀଙ୍କ ହତ୍ୟା, ଗୌତମ ବୁଦ୍ଧଙ୍କ ନିର୍ବାଣ ପ୍ରସଙ୍ଗ ଉଲ୍ଲେଖଯୋଗ୍ୟ।

ତେବେ ଅଳ୍ପ କେତୋଟି ଚରିତ୍ରକୁ ଛାଡ଼ିଦେଲେ ପୁସ୍ତକ ବର୍ଣ୍ଣିତ ଅଧିକାଂଶ ଚରିତ୍ର ଓ ଦେଶ, କାଳ, ଲେଖକଙ୍କ ଅତି ପରିଚିତ। ନିଜ ଫିଚର୍‌ର ଚରିତ୍ରମାନଙ୍କ ସଂପର୍କରେ ଗୌରହରି ଦାସ ମତ ଦିଅନ୍ତି- "ଜୀବନର ଜଳଛବି'ର ଚରିତ୍ରମାନେ ମୋ ଚାରିପାଖ ପୃଥିବୀର। ସେମାନଙ୍କ ସହ ଦେଖା ହେଇଛି ଭିଡ଼ ପ୍ଲାଟ୍‌ଫର୍ମ, ହାଟବଜାର ଓ ନିର୍ଜନ ମଶାଣିରେ, ନଈକୂଳରେ, ପୁଣି ସରକାରୀ ଦପ୍ତର ଓ ରେସନ ଦୋକାନର ଲମ୍ବାଧାଡ଼ିରେ। ସେମାନେ ଗାଁରେ ରହନ୍ତି, ସହରରେ ବି ରହନ୍ତି। ସେମାନଙ୍କର ସୁଖ ଅଛି, ଦୁଃଖ ଅଛି, ଅଭିମାନ ଅଛି, ଅବସୋସ ମଧ୍ୟ ଅଛି। ସେମାନଙ୍କର ସେହି ସେହି ଅନୁଭବକୁ ମୁଁ ଯେମିତି ଭାବରେ ପ୍ରତ୍ୟକ୍ଷ କରିଛି, ଠିକ୍ ସେହିପରି ଭାବରେ ଧରି ରଖିବାକୁ ଚେଷ୍ଟା କରିଛି। ସେସବୁ ଯଦି ଆପଣଙ୍କ ହୃଦୟକୁ ଛୁଏଁ, ଆପଣଙ୍କ ଭିତରେ ସଂପୃକ୍ତ ଚରିତ୍ରମାନଙ୍କ ପ୍ରତି ଅନୁରାଗ କି ଅନୁକମ୍ପା ସୃଷ୍ଟି କରିବାରେ ସମର୍ଥ ହୁଏ, ତାହାହେଲେ ସେ ସବୁ ସେହି ଚରିତ୍ରମାନଙ୍କର ସଫଳତା। ଯଦି ସେଥିରେ ମୁଁ ବିଫଳ ହୁଏ ସେ ବିଫଳତା ସର୍ବତୋଭାବେ ମୋର।" (୬୨)

ଚରିତ୍ରମାନଙ୍କ ପ୍ରତି ଅସମ୍ଭବ ଶ୍ରଦ୍ଧା ଓ ଦରଦ, ସେମାନଙ୍କ ସଂପର୍କରେ ଲେଖକଙ୍କର ଅନୁଭୂତି ତଥା ହୃଦୟସ୍ପର୍ଶୀ ରୂପକଧର୍ମୀ ଉପସ୍ଥାପନା ଶୈଳୀ ହେତୁ ପ୍ରତ୍ୟେକଟି ସ୍କେଚ୍‌ରୁ ନିର୍ଗତ ହେଉଛି କିପରି ଗୋଟାଏ ନିବିଡ଼ତାର ଉଷ୍ମତା। x x x କେତେକ ଚରିତ୍ରକୁ ନିଖୁଣ ଭାବେ ଆଙ୍କିବାକୁ ଯାଇ ଲେଖକ ଏପରି ଛୋଟ ଛୋଟ କଥାର ପୁଙ୍ଖାନୁପୁଙ୍ଖ ବର୍ଣ୍ଣନା ଦେଇଛନ୍ତି ଯେ ସେହି ବର୍ଣ୍ଣନା ଦେଇ ଚରିତ୍ରର ବ୍ୟକ୍ତିତ୍ୱ ଉଜ୍ଜ୍ୱଳ ହୋଇ ଫୁଟି ଉଠିଛି। (୬୩)

ନାରୀ-ପୁରୁଷ ଚରିତ୍ରମାନେ ନିଜ ନିଜ ଭୂମିକାନୁରୂପ ରୁଚି, ଇଚ୍ଛା, ଆଗ୍ରହ, ଅନୁଭବ ତଥା ବିଚାରକୁ ଉପସ୍ଥାପନ କରିଛନ୍ତି। ସେମାନଙ୍କ ବ୍ୟକ୍ତିତ୍ୱ ଏବଂ ବକ୍ତବ୍ୟରେ କୃତ୍ରିମତା ନାହିଁ, ବରଂ ସେମାନେ ସମୟାନୁସାରୀ ଜୀବନମୂଲ୍ୟ, ବିରୋଧାଭାସ, ଅବସୋସ, ଅପୂର୍ଣ୍ଣତା ଏବଂ ସାଲିସ୍‌କରା ଜୀବନଧାରାର ରୂପ ସ୍ପଷ୍ଟ କରିଛନ୍ତି। ଏହା ହିଁ ଗୌରହରୀୟ ଶୈଳୀଗତ ନୈପୁଣ୍ୟ। ଚରିତ୍ରମାନଙ୍କ ଚାରିତ୍ରିକ ଦିଗସବୁକୁ ଅବିକଳ ଭାବରେ ଚିତ୍ରିତ କରିବାରେ ସେ ଜଣେ ସମର୍ଥ ଶିଳ୍ପୀ।

'ସିଦ୍ଧାର୍ଥ' - 'କା'ରେ ନିଜେ ଲେଖକ:

'ମୁଁ' ଲୋପ ହେଲେ ସବୁ ଶେଷ, ମଣିଷ-ମଣିଷ ନୁହେଁ, କିଛି ନୁହେଁ ବୋଲି ନିରଭିମାନୀ ସାହିତ୍ୟିକ ଗୌରହରି ଦାସ ସତତ ସଚେତନ। (୬୪) ଅଭାବନୀୟ ପ୍ରତିକୂଳ ଜୀବନସ୍ଥିତି ସତ୍ତ୍ୱେ 'ମୁଁ'ଟିକୁ ବଞ୍ଚେଇ ରଖି, ଆତ୍ମପ୍ରତିଷ୍ଠା ଦ୍ୱାରା ତାକୁ ଅଭିଷିକ୍ତ କରିପାରିଥିବା ଅପରାଜିତ ଶିଳ୍ପୀ ସେ, ଯେ ସର୍ବଦା ଭାବନ୍ତି- "ଜୀବନ ସଂପର୍କରେ ସବୁଯାକ ସତ୍ୟ ଗୋଟେ ଗୋଟେ ଅର୍ଦ୍ଧସତ୍ୟ।" (୬୫) ତେଣୁ ଯୁଗେ ଯୁଗେ ଜୀବନକୁ ଭିନ୍ନ ଢଙ୍ଗରେ ବାରମ୍ବାର ଆଲୋଚନା କରିଚାଲନ୍ତି ଶିଳ୍ପୀ-ସ୍ଥପତି-ସନ୍ନ୍ୟାସୀ-ସାଧକଗଣ। ଗୌରହରି ତାଙ୍କ ପାରିପାର୍ଶ୍ୱିକ ଅବସ୍ଥାକୁ ଯେତିକି ବୁଝିଛନ୍ତି, ସେସବୁକୁ ନିଜ ଶବ୍ଦ ମାଧ୍ୟମରେ ସ୍ଥିତିବାନ୍ କରି ତୋଳିଛନ୍ତି। ସେ ଜଣେ ସ୍ୱପ୍ନପ୍ରିୟ-ଉଦାର-ସମ୍ବେଦନଶୀଳ ସ୍ରଷ୍ଟା ଭାବରେ ସବୁଦିନର ଆକାଶ, ପୃଥିବୀ, ଘାସଫୁଲ, ମାଟି-ଗୋଡ଼ିକୁ ନୂଆ ରୂପରେ ଦେଖିଛନ୍ତି ଏବଂ ପାଠକମାନଙ୍କୁ ଦେଖେଇଛନ୍ତି ମଧ୍ୟ। 'ଜୀବନର ଜଳଛବି' ତାଙ୍କ ଶିଳ୍ପୀପ୍ରାଣର ଖିଆଲୀ ସୃଷ୍ଟି ନୁହେଁ, ତାଙ୍କ ସାଧାରଣ ଜୀବନାନୁଭୂତି ନିବିଡ଼ ଜୀବନଦର୍ଶନ ସହ ସମନ୍ୱିତ ଦେଖା-ପରଖା ଜଗତର ମହାର୍ଘ ଆଲେଖ୍ୟ। କାରଣ 'ପ୍ରକୃତ ଅନୁଭୂତି ନ ଆସିଲେ କଳା ଅସମ୍ଭବ'। (୬୬) 'ସିଦ୍ଧାର୍ଥ' ନାମରେ ସ୍ୱ-ଅନୁଭୂତିକୁ ବଖାଣିବା ନିମନ୍ତେ ପରୋକ୍ଷ ଚରିତ୍ରର ସର୍ଜନା କରିଛନ୍ତି। 'ଜୀବନର ଜଳଛବି'ରେ ସ୍ଥାନିତ ପ୍ରତିଟି ପ୍ରସଙ୍ଗ ତଥ୍ୟଯୁକ୍ତ ନ ହେଲେ ହେଁ ବେଶ୍ ରମଣୀୟ। ସରଳ ସାବଲୀଳ ଭାଷାରେ ଛୋଟ ଛୋଟ ଘଟଣାର ବର୍ଣ୍ଣନା ଉପସ୍ଥାପନା ଶୈଳୀ ଖୁବ୍ ଅନ୍ତରଙ୍ଗ ବୋଧ ହୁଏ। ଠାଏ ଠାଏ ପ୍ରକୃତିର ଦୃଶ୍ୟ ରଚନା ଚମତ୍କାରିତା ବୃଦ୍ଧି କରିଛି। ଜୀବନର ସ୍ମୃତି-ଅନୁଭୂତି କେନ୍ଦ୍ରୀୟ ଚରିତ୍ର ସିଦ୍ଧାର୍ଥ ମଧ୍ୟ ଦେଇ କାହାଣୀ ଆଙ୍ଗିକରେ ପ୍ରକାଶ ପାଇଥିବାରୁ ମର୍ମସ୍ପର୍ଶୀ ହୋଇପାରିଛି। ଫିଚର୍ ରଚନା କ୍ଷେତ୍ରରେ ଏହା ଏକ ସ୍ୱତନ୍ତ୍ର ବୈଶିଷ୍ଟ୍ୟ। ପ୍ରକାଶଭଙ୍ଗୀରେ ଲାଳିତ୍ୟ ଓ ନାଟକୀୟତା ଏହାର ଅନ୍ୟତମ ଗୁରୁତ୍ୱପୂର୍ଣ୍ଣ ଦିଗ।" (୬୭)

ଯେଉଁ ଭୂଇଁର ମାଟି ଓ ମଣିଷ ବିନା କିଛି ପ୍ରତିଦାନରେ ନିଜର ସର୍ବସ୍ୱ ଅଜାଡ଼ି ଦିଅନ୍ତି ସେଇ ଗ୍ରାମ୍ୟ ଜୀବନ ପାଇଁ ଲେଖନ୍ତି ସିଦ୍ଧାର୍ଥ ଓରଫ୍ ଗୌରହରି ଦାସ। ସେ

ସ୍ପଷ୍ଟ କରି କହନ୍ତି- "କାହିଁକି କେଜାଣି ଓଡ଼ିଶାର ସବୁ ଛୋଟ ବଡ଼ ଗାଆଁ ମୋତେ ଦୂରରୁ ଦିଶନ୍ତି ଏକାପରି- ମୋ ନିଜର ଗାଁ ପରି। ଗାଆଁର ଶାନ୍ତ ଶୀତଳ ପରିବେଶ ପାଇଁ ମନ ଭିତରେ ଟେଇଁଉଠେ ଏକ ଅହେତୁକ ଦୁର୍ବଳତା। ଜୀବନର ସବୁଠୁ ସ୍ମରଣୀୟ ଶୈଶବ ଓ କୈଶୋରର ଦିନଗୁଡ଼ିକ ଏଇ ଗାଁର ମାଟି, ପାଣି ଓ ପବନ ସହିତ ବିତିଥିବାରୁ ହିଁ ମୋ ଭିତରେ ଗାଁ ପ୍ରତି ଏମିତି ଏକ ଆବେଗିକ ଦୁର୍ବଳତା ଛାଏଁ ଛାଏଁ ଚେର ମେଲେଇ ବସିଛି। (୬୮) ସିଦ୍ଧାର୍ଥ ଚଳନ୍ତି ସମୟର ଏକ ଆଲୁଅପିଣ୍ଡ- ଚେତନାର ଦୀପଦଣ୍ଡି। ଯେ ହାରିଯାଇଥିବା ମାନବ ସମାଜକୁ ଦିଗ୍‌ଦର୍ଶନ ଦେଇ କହିବସନ୍ତି- "ଅମାବାସ୍ୟା କେବେହେଲେ ପୂର୍ଣ୍ଣିମାର ପଥରୋଧ କରିପାରେ ନାହିଁ, ସେହି ଅନ୍ଧାର ଭିତରୁ ପୁଣି ଉଙ୍କିମାରେ ଆଲୋକର ଇସ୍ତାହାର।" (୬୯) ଗୌରହରି ଦାସଙ୍କ ଚେତନାପୁଷ୍ଟ ସିଦ୍ଧାର୍ଥ ଭିତରେ ଦେଶ ଓ ଜାତିର ବ୍ୟବଧାନ ନାହିଁ। ସିଦ୍ଧାର୍ଥ - ଅସୀମ ପ୍ରତି ଉନ୍ମୁଖ-ଆଦର୍ଶପୂର୍ଣ୍ଣ ବ୍ୟକ୍ତିଚେତନାର ପ୍ରତିନିଧିତ୍ୱ କରେ। ଗୌରହରି ଦାସଙ୍କ ପାଇଁ 'ସିଦ୍ଧାର୍ଥ' ତାଙ୍କର ମାନସ ସନ୍ତାନ। "ବୁଦ୍ଧତ୍ୱର ଅନୁଭବ, ସମଗ୍ର ପୃଥିବୀର ଦୁଃଖ ଓ ଯନ୍ତ୍ରଣାକୁ ଉପଲବ୍ଧି କରିବାର ସାମର୍ଥ୍ୟ ଓ ସ୍ଥାବର ଜଙ୍ଗମର ମର୍ମଦାହକୁ ଆପଣେଇ ନେବାର ଦିବ୍ୟଭାବ ଜଣେ ସାଧାରଣ ମଣିଷ ଆଶା କରିବା ବୃଥା। ସେଥିପାଇଁ ସାଧାରଣ ମଣିଷଟିଏ ସୁଖ-ଦୁଃଖ, ସଂସାର-ବୈରାଗ୍ୟ ମଝିରେ ପେଣ୍ଡୁଲମ୍ ପରି ଝୁଲୁଥାଏ। କେବେ ସବୁକୁ ମୁରୁଛି ଦେବାର ଅନାସକ୍ତି ଏବଂ କେବେ ସବୁକୁ ଜଡ଼େଇ ଧରିବାର ଆସକ୍ତିକୁ ନେଇ ଜୀବନ ଜିଉଁଥାଏ। (୭୦)

ସଂସ୍କାରିତ ଜୀବନାଲୋକର ଉତ୍ତରିତ ଦିଗସବୁକୁ ଉନ୍ମୋଚନ କଲାବେଳେ କିମ୍ବଦନ୍ତୀ ଚରିତ୍ର ଭାବରେ କେବେ ସିଦ୍ଧାର୍ଥ ତ କେବେ ସଂଜୟଙ୍କ ଆବଶ୍ୟକତା ପଡ଼ିଛି। କାରଣ ଆଜିର ସମୟରେ କୌଣସି ନିର୍ଦ୍ଦିଷ୍ଟ ଭାବମୂଲ୍ୟକୁ ନିଜେ ବୁଝେଇବା ଅପେକ୍ଷା ପ୍ରଭାବଶାଳୀ-ଦୃଷ୍ଟାନ୍ତମୂଳକ ଚରିତ୍ରମାନଙ୍କ ସହାୟତା ଅଧିକ ଉପଯୋଗୀ ହୁଏ। ତେଣୁ ମିଥ୍‌ର ଚରିତ୍ର 'ସିଦ୍ଧାର୍ଥ' ଜରିଆରେ ସ୍ୱୟଂ ସ୍ତମ୍ଭକାର ନୈତିକ ମୂଲ୍ୟବୋଧ ଏବଂ ଆଧୁନିକ ବାସ୍ତବତାର ନିହିତ ସତ୍ୟକୁ ଉଦ୍‌ଘୋଷଣା କରିଛନ୍ତି। ନୈତିକତା କେବଳ ଜୀବନର ନିୟାମକ ନୁହେଁ; ବରଂ "ପ୍ରତିକୂଳ ପରିସ୍ଥିତି ସାଙ୍ଗେ ସଂଗ୍ରାମ କରି ବଞ୍ଚିବା ପାଇଁ ସତେକି ନିର୍ବେଦ ଦ୍ରୁମଗୁଡ଼ିକର ମଞ୍ଜି ଭିତରେ ଛପିଥିବା ପ୍ରତ୍ୟୟ ଟିକକର ଅଦ୍ଭୁତ ପ୍ରେରଣା।" (୭୧)

'ଜୀବନର ଜଳଛବି' ନାମକରଣର ସାର୍ଥକତା:

ପାଞ୍ଚଶହରୁ ଉର୍ଦ୍ଧ୍ୱ ଶୀର୍ଷକରେ ଲିଖିତ ବିବିଧ ସ୍ତମ୍ଭଗୁଡ଼ିକର ନାମକରଣ ବେଶ୍ ଚାତୁର୍ଯ୍ୟପୂର୍ଣ୍ଣ। 'ନାମ' ହିଁ କୌଣସି ତତ୍ତ୍ୱ-ବ୍ୟକ୍ତିତ୍ୱର ମହତ୍ତ୍ୱ ପ୍ରକ୍ଷାପନ କରିବାରେ

ସହାୟକ ହୋଇଥାଏ। ଲେଖକଙ୍କର ଆତ୍ମସଂଭୂତ ଅନୁଭବର ଏକ ମୂର୍ତ୍ତ ରୂପ ଭାବରେ ନାମକରଣ ବା ଶିରୋନାମାର ମହତ୍ତ୍ୱ ବେଶ୍ ଅଧିକ। ଗୌରହରି ଦାସଙ୍କ ଫିଚର୍‌ଗୁଡ଼ିକ ନାମକରଣ ଦୃଷ୍ଟିରୁ ବେଶ୍ ସ୍ୱତନ୍ତ୍ର ମନେ ହୁଅନ୍ତି। ସ୍ତମ୍ଭଗୁଡ଼ିକର ନାମକରଣ ସମୟରେ ସେ ନିର୍ଦ୍ଦିଷ୍ଟ ଭାବ-ବିଚାର ଏବଂ ଦୂରଦୃଷ୍ଟିକୁ ମହତ୍ତ୍ୱ ପ୍ରଦାନ କରନ୍ତି। ଫିଚର୍‌ଗୁଡ଼ିକର 'ଶିରୋନାମା' ବା ନାମକରଣ ସମ୍ବନ୍ଧୀୟ ତାଙ୍କ ବିଶେଷ ବିଚାରର ସଂପର୍କରେ ସେ କହନ୍ତି- "ହଁ, ନାମକରଣ କ୍ଷେତ୍ରରେ ବିଶେଷ ବିଚାର ଥାଏ। ଏଥିପାଇଁ ମୁଁ ବେଶ୍ କିଛି ସମୟ ଚିନ୍ତା କରିଥାଏ। କାରଣ, ଗୋଟିଏ ବହିର ନାଆଁ ବା ଲେଖାର ଶୀର୍ଷକ ଗୋଟେ ପିଲାର ନାମ ପରି ଗୁରୁତ୍ୱପୂର୍ଣ୍ଣ। ଯୋଉ ଶୀର୍ଷକଟି ପାଠକଙ୍କୁ ଛୁଇଁବା ସହ ମୋର ଲେଖାଗୁଡ଼ିକର ଅନ୍ତଃସ୍ୱରକୁ ପ୍ରକାଶ କରୁଥିବ ମୁଁ ସେହିପରି ନାଆଁଟିଏ ସ୍ଥିର କରେ। ତାହା ନ ହେଲେ ନାମଟି ପ୍ରାସଙ୍ଗିକ ମନେ ହେବ ନାହିଁ।" (୭୨)

'ସମ୍ବାଦ'ରେ ସାମ୍ବାଦିକତା ଆରମ୍ଭ ସମୟର ଘଟଣା ମଧ୍ୟରୁ ୧୯୮୭ ମସିହା ମେ ମାସ ୪ ତାରିଖ ସଂସ୍କରଣରେ ପ୍ରକାଶିତ 'ଅଙ୍ଗଦର ଆରଜନ୍ମ' ଲେଖା ମହତ୍ତ୍ୱପୂର୍ଣ୍ଣ। ଏହି ଲେଖାରୁ 'ଜୀବନର ଜଳଛବି'ର ସୃଷ୍ଟି ପ୍ରକ୍ରିୟା ଆରମ୍ଭ ହୋଇଥିଲା। ବିଶିଷ୍ଟ ସାହିତ୍ୟିକ ଆର୍.କେ. ନାରାୟଣଙ୍କ 'ମାଲ୍‌ଗୁଡି' ପରି ଗୌରହରି ତାଙ୍କ ଜନ୍ମସ୍ଥାନ ଓ ତତ୍‌ସଂଲଗ୍ନ ଅଞ୍ଚଳଗୁଡ଼ିକୁ ନେଇ ପାଟପୁରର ଚିତ୍ର ବର୍ଣ୍ଣନା କରିଛନ୍ତି। ସେ ଏ ସଂପର୍କରେ ଉଲ୍ଲେଖ କରିଛନ୍ତି- "ମୋ ଗାଁ ଷଣ୍ଢଗଡ଼ା ଓ ଘଣ୍ଟେଶ୍ୱର ବଜାରର କୋଳାହଳ, ତାହାର ଲଙ୍କା ଆମ୍ବବଣ, ଖରାଦିନର ତତଲା ବାଲି ରାସ୍ତା ଏବଂ ଚାରିପଟର ବିସ୍ତୀର୍ଣ୍ଣ ଧାନକ୍ଷେତ ମୋତେ ବାରମ୍ବାର ଆନମନା କରେ। ମୋ ଗାଁର ମନ୍ତେଇ କୂଳରୁ ନିର୍ମଳ ଆକାଶର ଜହ୍ନ ଯେତିକି ସୁନ୍ଦର ଦିଶେ, ସେଭଳି ଅନ୍ୟ କେଉଁଠୁ ସୁନ୍ଦର ଦିଶୁଥିବ ବୋଲି ମୋର ମନେ ହୁଏ ନାହିଁ। ସେଇ ହେତୁ 'ଜୀବନର ଜଳଛବି'ର ଅଧିକାଂଶ ଲେଖାରେ ମୁଁ ମୋ ନିଜ ଅଞ୍ଚଳର ଦୃଶ୍ୟକୁ ପାଟପୁରର ଦୃଶ୍ୟ ଭାବେ ଗ୍ରହଣ କରିଛି।" (୭୩) ଅନୁରୂପ ଭାବରେ ସହରକୁ ନେଇ 'ଜୀବନର ଜଳଛବି'ର ଦ୍ୱିତୀୟ ପର୍ବ 'ଚିହ୍ନା ଚୌହଦି' ନାମିତ ହୋଇଛି। ଲେଖକଙ୍କର ଭିନ୍ନ ଭିନ୍ନ ଅନୁଭବର କଥା ରହିଛି 'ଭିନ୍ନ ଭୂମିକା'ରେ, ଜୀବନର ଅନ୍ତରଙ୍ଗ ମଣିଷମାନଙ୍କ ସହ ଅଙ୍ଗେଲିଭା ସ୍ମୃତିର କିଛି ପର୍ବ ସଂଯୋଜିତ ହୋଇଛି 'ପରିଚିତ ପରିଧି'ରେ। ଅସହାୟ ମାନବ ଜୀବନର ସଜଳ ରୂପାଙ୍କନ ରହିଛି 'ଅସମର୍ଥ ଈଶ୍ୱର'ରେ, ମଧୁର ମୁହୂର୍ତ୍ତମାନଙ୍କ ପ୍ରାଚୀନ ମୂଲ୍ୟବୋଧ ଓ ପରମ୍ପରା ସହ ଅନୁବନ୍ଧିତ କରିବାର ପ୍ରୟାସ ରହିଛି 'ହାତଲେଖା ଚିଠି'ରେ ଏବଂ ସର୍ବୋପରି 'ମାନବ ଶିଶୁ' ଓ ଅବହେଳିତ ମଣିଷଙ୍କ ବିକଳ ସ୍ଥିତିରେ 'ଈଶ୍ୱରଙ୍କ ଠିକଣା' ଖୋଜିଛନ୍ତି ସ୍ତମ୍ଭକାର ଗୌରହରି ଦାସ। 'ଜୀବନର ଜଳଛବି'ର ସମସ୍ତ

ଉପ-ଶିରୋନାମା ଅତ୍ୟନ୍ତ ପ୍ରଭାବଶାଳୀ ତଥା ଯଥାର୍ଥ। ନାମକରଣଗତ ସ୍ୱାତନ୍ତ୍ର୍ୟ ଗୌରହରିଙ୍କ ଶୈଳୀଗତ ଚମତ୍କାରିତାକୁ ଆଉ ପାଦେ ବଳିଷ୍ଠ ଓ ସୁଠାମ କରିପାରିଛି।

ଧ୍ୱନ୍ୟାତ୍ମକ ଶବ୍ଦ: ଫଁ ଫଁ, ଫୁଁ ଫୁଁ, ପେଁ ପେଁ, ପୁଁ ପାଁ, ଛିଃ ଛିଃ, ଥ, ଫୁଃ, ଚୁ-ଚୁ ଇତ୍ୟାଦି।

ଯୁଗ୍ମ ଶବ୍ଦ: ମେଞ୍ଚାମେଞ୍ଚା, ଝିପ୍‌ଝିପ୍, ଦୂର୍‌ଦୂର୍, ଟକ୍‌ଟକ୍, କୁଲୁକୁଲୁ, ଝଣ୍‌ଝଣ୍, ଠୋଠୋ, ଥଣ୍ଡା ଥଣ୍ଡା, ରଖ୍ ରଖ୍, ଟୁକୁଡ଼ା ଟୁକୁଡ଼ା, ସାମ୍‌ନାସାମ୍‌ନି, ଥମଥମ, ଚିକ୍‌ଚିକ୍, ଶିରିଶିରି, ଧାଇଁ ଧାଇଁ, ସ୍ତୂପସ୍ତୂପ, ଠାଏ ଠାଏ, ଖପ୍‌ଖାପ୍, ଝଲ୍‌ମଲ୍, ଟିଣ୍‌ଟିଣ୍, ଲହରେଇ ଲହରେଇ, ଦଲ୍‌କା ଦଲ୍‌କା, ଡବଡବ, ମହମହ, ଟୁକୁଟୁକୁ, ଯୁଆଡ଼େ ଯୁଆଡ଼େ, କଣେଇ କଣେଇ, ଫଡ଼ଫଡ଼, ଗୁରୁଣ୍ଡି ଗୁରୁଣ୍ଡି, ରୁଗୁରୁଗୁ, ବିଡ଼ିବିଡ଼ି, ଛାଇଁଛାଇଁ, ଟୁକୁଟୁକୁ, ଗୁଲୁଗୁଲି, ଝଣଝଣ, ଫରଫର, ଟୁଲୁଟୁଲୁ, ଫୁରୁଫୁରୁ, ଗୁରୁଗୁରୁ, ଫେଁ ଫେଁ, କାନ୍ଦୁରା କାନ୍ଦୁରା, ପୃଥକ୍ ପୃଥକ୍, ଚକଚକ, ବୁଦ୍‌ବୁଦ୍ ଇତ୍ୟାଦି।

ଗାଉଁଲି ଶବ୍ଦ: ନଥ୍, ହିଡ଼, ଗୋଡ଼ି, କାନ୍ଦୁରା, କତରା, କୋତରା, ବେହରଣ, ଉଲୁଗୁଣା, ମାଇପି, ନୁଖୁରା, ମାମଲତ, ଅହନ୍ତା, ଗଲାସନ, ଆରେଇ, ମଗଜ, ବାଡ଼ବତା, ଓକ୍ଷେଇତୀ, ଚଉଁରା, ଟାଙ୍ଗରା, ହୁଗୁଳା, ଆଉଁଶା, ପାକଳ, ମୂଳଚାଲ, ତୁଣ୍ଡ, ଖୁଚୁରା, ଚର୍‌କି, ପୁଞ୍ଜାଏ, ବଇଶାଖ, ମସିଣା, ସଅଳ, ବାହୁନି କାନ୍ଦିବା, ମୁକୁଳା, ଓଗାଳିବା, ଡିହ, ଘଷି, ପଲସ୍ତରା, ହଡ଼ା, ଶିରିଣି ଇତ୍ୟାଦି।

ହିନ୍ଦୀ ଶବ୍ଦ: ସବ୍‌ଜାନ୍‌ତା, ଆୱାଜ୍, ସାବାସି, ତେଜାବ୍, ଆଲାପ୍, ନାରାଜ୍, ମେହେଫିଲ୍, ଓସ୍ତାଦ୍, କରିସ୍ମା, ହାର୍‌ଜିତ୍, ମେହେନତୀ, ଜୁଲୁମ୍, ଚୁନୌତି, ବେବକୁଫ୍, ଦରୱାନ୍, ହାୱା, ଖୁଦାହ, ଜାହିର୍, ଲିଜିୟେ, ଠୈରିହେ, ଅକାଲ୍, ହୁକୁମ୍ ଇତ୍ୟାଦି।

ଇଂରାଜୀ ଶବ୍ଦ: ସିଗ୍‌ନାଲ୍, କମ୍ପାର୍ଟମେଣ୍ଟ୍, ସାଇନ୍‌ବୋର୍ଡ, ଇଲେକ୍‌ଟ୍ରିକ୍।

ଶବ୍ଦବିମ୍ବ (ରୂପକଳ୍ପ): ପାପୁଲିଏ ପୌରୁଷ, ପବନର ଉଦାର ଆଲିଙ୍ଗନ, କାକରଭିଜା କୋଳାହଳ, ପଡ଼ିଆର ଜାଙ୍ଗଲିକ ଚିତ୍କାର, ଅପହୃତ ଶ୍ୟାମଳ, ହଳେ ମନପବନ କଠଉ, ମଫସଲ ଗାଁର ଶୀତ ମଠେଇ ବୋହୂ ପରି, ଧୃତରାଷ୍ଟ୍ରୀ ଆଲିଙ୍ଗନ, ବିବେକର କୃଷ୍ଣପକ୍ଷ, ବିଶ୍ୱାସର ଅଞ୍ଜନ, ସକାଳର ସଲଜ୍ଜ ସମୀରଣ, ଭୂଲୁଣ୍ଠିତ ଘର, ନିଷ୍କରୁଣ ପ୍ରାଚୀର, ପ୍ରଲମ୍ବିତ ଅନ୍ଧାର, କପଟ କଅଁଳା ବାଛୁରୀ ପରି ସ୍ମୃତି, ଶ୍ରମ ଓ ସ୍ୱପ୍ନର ବସାଘର, କ୍ଷୁଧା ଓ କ୍ଳାନ୍ତିରେ ଅସାଡ଼ ମଣିଷ, ବାଲିଛତୁର ଜୀବନ, ଆଷାଢ଼ର ତୃଷାତୁର ଚେହେରା, ଉତ୍ପୀଡ଼କ ସ୍ମୃତି, ବଜାର ଦରର କ୍ରୁଦ୍ଧ ଚେହେରା, ଜଙ୍ଗଲୀ

ଫୁଲର ଉଲ୍ଲଂଘ ଅଭିସାର, କାକର ଗାଧୁଆ ଦୂବ, ଶୀତାର୍ତ୍ତ ରାତି, ଅସୂୟାର କଳାସାପ, ସଦ୍ୟପ୍ରସୂତ ଶିଶୁ ପରି ଲାଲ୍ ଲତପତ କୁଆଁର ପୂନେଇଁ ଜହ୍ନ, ସବୁଜ ଆତ୍ମୀୟତା, ଫୁଲଭର୍ତ୍ତି ମହୁଲ, ସ୍ମୃତିକୋଷରେ ନୂଆ ଆମ୍ବକଷି ପରି ସତେଜ, ଅଳସ ଅପରାହ୍ଣ, ଉଦାସ ମଣିଷ ପରି ଘୁମେଇଥିବା ରାସ୍ତା, ଘଞ୍ଚ ବେହରଣ ତଳେ କୋଇଲିର ପ୍ରଳମ୍ବିତକୁ ଅପୂର୍ଣ୍ଣ ଇଚ୍ଛାର ତୁଳସୀ ବଣ, କଳଙ୍କର ସପ୍ତଫେଣୀ ବୁଦା ଇତ୍ୟାଦି।

ମର୍ମବାଣୀ:

- ଗଭୀର ପାଣିରେ ଥିବା ରୋହିମାଛ ଗର୍ବ କରେ ନାହିଁ, ମାତ୍ର ଗଣ୍ଡୂଷେ ପାଣିରେ ଥିବା ଛୋଟ ମୀନ ବେଶୀ ଫଡ୍‌ଫଡ୍ ହୁଏ। (ପରିଚିତ ପରିଧି)
- ମଣିଷ ଦେହେ ଦିବ୍ୟଜ୍ଞାନ, ଦେଖି ସନ୍ତୋଷ ଭଗବାନ।
- କୂଳ ଛାଡ଼ିଗଲେ କି କରେ ନାଆ, କୋଳ ଛାଡ଼ିଗଲେ କି କରେ ମାଆ! (ପରିଚିତ ପରିଧି, ପୃ:୯୮)
- ଶିଳ୍ପୀ କଳ୍ପନାର ପ୍ରତୀକ ଈଶ୍ୱର। (ପରିଚିତ ପରିଧି)
- ଯେମିତି କର୍ମକୁ ସେମିତି ଫଳ।
- ଘର ବୋଲି ଅର୍ଜିଛୁ ଯେତେ ପଦାର୍ଥ, ଘଟ ଛୁଟିଲେ ତୋତେ ବୋଲିବେ ଭୂତ।
- ଜୀବନ ରାସ୍ତାର ଗୋଟିଏ ବାଟ ବନ୍ଦ ହୋଇଗଲେ ଆଉ ଗୋଟେ ବାଟ ଖୋଲିଯାଏ। (ଅସମର୍ଥ ଈଶ୍ୱର, ପୃ:୧୧୦)
- ଦେଶ ସ୍ୱାସ୍ଥ୍ୟ ଆଦୌ ଭଲ ନାହିଁ। (ଈଶ୍ୱରଙ୍କ ଠିକଣା, ପୃ:୨୯)
- ଚତୁରମାନଙ୍କ ସବୁ ଚକ୍ରାନ୍ତ ଓ ସଇତାନ୍‌ମାନଙ୍କ ସବୁ ଷଡ଼ଯନ୍ତ୍ର ସତ୍ତ୍ୱେ ଏ ଦେଶ ବଞ୍ଚିବ। ସବୁ ଅନୈତିକତା ଓ ଅବକ୍ଷୟର ଝଡ଼ ତୋଫାନ ଭିତରୁ ଏ ଦେଶ ପୁଣି ମୁଣ୍ଡ ଟେକିବ। (ଈଶ୍ୱରଙ୍କ ଠିକଣା, ପୃ:୩୨)
- ଦୟା ମଣିଷକୁ ମାରିଦିଏ, ତାହାଠୁଁ ବରଂ ଭଲ ଈର୍ଷା। (ଈଶ୍ୱରଙ୍କ ଠିକଣା, ପୃ:୩୨)
- ମଣିଷ ନିଜେ ଏପର୍ଯ୍ୟନ୍ତ ସଂପୂର୍ଣ୍ଣ ମଣିଷ ହୋଇପାରି ନାହିଁ। ଯେଉଁଦିନ ସିଏ ନିଜେ ସଂପୂର୍ଣ୍ଣ ପାଲଟିଯିବ, ସେଦିନ ତା'ର ଈଶ୍ୱର ବି ସଂପୂର୍ଣ୍ଣ ପାଲଟିଯିବେ। (ଅସମର୍ଥ ଈଶ୍ୱର, ପୃ:୮୯)
- ଶିକ୍ଷିତ ଶ୍ରେଣୀ ହିଁ ସମାଜର ବଡ଼ ଶତ୍ରୁ। (ଅସମର୍ଥ ଈଶ୍ୱର, ପୃ:୧୮୦)
- ଜୀବନର ଅନ୍ୟ ନାମ ସଂଘର୍ଷ। (ଅସମର୍ଥ ଈଶ୍ୱର, ପୃ:୧୦୯)
- ମଣିଷ ଗୋଟେ ଅଦ୍ଭୁତ ପ୍ରାଣୀ। ଅନ୍ୟର ନିର୍ଯାତନାରୁ ସେ ଯେତିକି ଆନନ୍ଦ

ପାଏ, ନିଜର ସଫଳତାରୁ ସୁଦ୍ଧା ସେତିକି ପାଏ ନାହିଁ। (ଅସମର୍ଥ ଈଶ୍ୱର, ପୃ:୧୦୨)

- ଆଘାତକୁ ଉପହାର ଭାବେ ଗ୍ରହଣ କର। ତାହାହେଲେ ତୁମ ଜୀବନ ବି ଅର୍ଥମୟ ହୋଇଯିବ। (ଅସମର୍ଥ ଈଶ୍ୱର, ପୃ:୨୪)
- ଜୀବନରେ ଅନ୍ଧାରର ଆଶଙ୍କା ସାଙ୍ଗରେ ଆଶାର ଆଲୋକ ସବୁଦିନ ରହିଛି। ବନ୍ଧନ ସାଙ୍ଗେ ସାଙ୍ଗେ ମୁକ୍ତିର ସମ୍ଭାବନା ମଧ୍ୟ ଅଛି। (ପରିଚିତ ପରିଧି, ପୃ:୧୫୪)
- ସବୁ କାନ୍ଥ ଭିତରେ ଯେମିତି ଗୋଟେ ଝରକା ଖୋଲିବାର ସମ୍ଭାବନା ଥାଏ, ସବୁ ମଣିଷ ଭିତରେ ବି ସେମିତି ଜଣେ ସନ୍ନ୍ୟାସୀ ଜନ୍ମ ନେବାର ସମ୍ଭବନା ଥାଏ। (ଅସମର୍ଥ ଈଶ୍ୱର, ପୃ:୬୪)
- ମଣିଷ ପରି ପ୍ରକୃତି ଆଉ କାହାକୁ ଦେଖେଇବା ପାଇଁ ସଜାଏ ନାହିଁ। ତାହା ତା'ର ସ୍ୱଭାବ। (ଅସମର୍ଥ ଈଶ୍ୱର, ପୃ:୧୧୪)

ଓଡ଼ିଆତ୍ୱକୁ ଧାରଣ କରିଥିବା ଏକାଗ୍ର ଚିତ୍ତ ଗୌରହରି ଦାସଙ୍କ 'ଜୀବନର ଜଳଛବି' ସାହିତ୍ୟିକ ମୂଲ୍ୟରେ ଉଦ୍‌ଭାସିତ। 'ଜୀବନର ଜଳଛବି' ପାଠ କଲା ପରେ ପାଠକ ନିଶ୍ଚିତ ଭାବରେ ଶବ୍ଦ ଝୁଲଣାରେ ଝୁଲି ଆତ୍ମଚିନ୍ତନରେ ବିଭୋର ହୋଇଯିବ। ଚମତ୍କାର କଥକତା ଯେ ଜଗତକୁ ପରିବର୍ତ୍ତନ କରିବାର ସାମର୍ଥ୍ୟ ରଖେ, ତାହା 'ଜୀବନର ଜଳଛବି' ପ୍ରତିପାଦନ କରେ। ଏହାକୁ ଏକାଗ୍ର ପଠନ ସହ ପାଠକୀୟ ହାର୍ଦ୍ଦିକ ସ୍ୱୀକୃତିର ଆବଶ୍ୟକତା ରହିଛି। କୌଣସି ସାହିତ୍ୟ-ସ୍ତମ୍ଭ ଯେ ଏତେ ନାନ୍ଦନିକ ବିଭାଯୁକ୍ତ ହୋଇପାରେ, ତାହା ସେହି ପର୍ବଗୁଡ଼ିକୁ ପାଠକଲା ପରେ ହିଁ ଅନୁଭବ କରିହୁଏ। ଏଥିରେ ମାନବପ୍ରେମର ବ୍ୟାପ୍ତି ସହିତ ଜୀବନବାଦ ତଥା ସମୁଚ୍ଚ ଚେତନାର ବୈଦୂର୍ଯ୍ୟ ମଣିର ଆଲୋକମୟ ସ୍ଥିତି ରହିଛି। ଏହି ଦୃଷ୍ଟିରୁ 'ଜୀବନର ଜଳଛବି' ପ୍ରକାରାନ୍ତରେ ପ୍ରତ୍ୟେକ ମାନବ ପାଇଁ ଜୀବନବେଦ କହିଲେ କିଛି ଭୁଲ୍ ହେବ ନାହିଁ।

'ଜୀବନର ଜଳଛବି'ରେ କିଛି ସ୍ମରଣୀୟ ପଦ:

ଗୌରହରି ଦାସ ଜଣେ ପ୍ରତିଭାସଂପନ୍ନ ସାହିତ୍ୟିକ। ସାମ୍ବାଦିକତାର ବୃତ୍ତି ମଧ୍ୟରେ ସାହିତ୍ୟର ଭାବଗତ ରୂପଚର୍ଯ୍ୟାକୁ ଅତି ନିଖୁଣ ଭାବରେ ସେ ଅଭିବ୍ୟକ୍ତ କରିଛନ୍ତି। 'ଜୀବନର ଜଳଛବି'ର ସାତଟି ସଂକଳନରେ ବହୁ ପଦ ଗୀତର ସୁସମନ୍ୱୟ ତାଙ୍କୁ ଶାସ୍ତ୍ରଜ୍ଞର ମାନ୍ୟତା ଦେବାକୁ ଯଥେଷ୍ଟ।

- କ୍ଷୁଦ୍ର ସିପ୍ରା ସ୍ରୋତ ବିଖ୍ୟାତ ଜଗତେ, ମହାନଦୀ ନାମ ରହିଲା ଗୁପତେ
- ଇଛନ୍ତି ଦାମ୍ଭିକେ ହସ୍ତେ ରଖିବାକୁ ସମସ୍ତଙ୍କ ଭାଗ୍ୟ ଡୋରି

ନିଜ ଭାଗ୍ୟ ଡୋରି କାଳହସ୍ତେ ଏହା ପକାନ୍ତି ହେଲେ ପାସୋରି

- ତମେ ଡହକ ଗଛର ମହକ
  ତମେ ତଳେ କାହିଁ ପାଇଁ ଲୋଟୁଛ
  ତମେ ଜିରା ମରିଚରେ ବଘରା
  ତମେ ଘାସ କାଇଁପାଇଁ ଖାଉଛ ! (ଜୀବନର ଜଳଛବି - ପୃ: ୩୬୮)
- ଅନଳ କନକ ଗୋରୀ
  ନୁହଁଇ ପୁରୁଷ ନୁହଁଇ ସ୍ତିରୀ
  ସିଏ ତ ବିଧବା ନାରୀ
  କାନ୍ଦୁଛନ୍ତି ପତି ଗୁଣ ସୁମରି । (ଜୀବନର ଜଳଛବି - ପୃ: ୩୬୮)
- ଆ' ଜହ୍ନମାମୁ ସରଗଶଶୀ
- ଅକଲ ମକଲ ଟକଲ ଟିଆଁ
- କଦମ୍ବ ବନେ ବଂଶୀ ବାଜିଲାରେ
- ବାଆ କଲେ ବସା ଦୋହଲୁଥାଏ
- ବନସ୍ତେ ରାବିଲା ଗଜ, ବରଷକେ ଥରେ ଆସଇ ରଜ ।

'ଜୀବନର ଜଳଛବି'ର ଆଙ୍ଗିକକୁ ଗୌରହରି ଦାସଙ୍କ ଚମତ୍କାର ଭାଷାଶୈଳୀ ବିଦଗ୍ଧ ବାକ୍‌ବିଳାସ ପରିପୁଷ୍ଟ କରିବା ବେଳେ ଘଟଣା ଏବଂ ଚରିତ୍ର ପ୍ରତି ଗଭୀର ଅନ୍ତର୍ଦୃଷ୍ଟି, ମନନଧର୍ମୀ ବିଶ୍ଳେଷଣ, ବୁଦ୍ଧିଦୀପ୍ତ ଶ୍ଳେଷ, ଅକଳ୍ପନୀୟ ଦୃଶ୍ୟମାନଙ୍କର ମୁଗ୍ଧ ଅଭିବ୍ୟକ୍ତି ଏହାକୁ କାଳଜୟୀ ସୃଷ୍ଟିର ମାନ୍ୟତା ପ୍ରଦାନ କରିବାରେ ସମର୍ଥ ହୋଇଛି । ଜୀବନର ଫଟୋଗ୍ରାଫିକ୍ ଚିତ୍ର ଉତ୍ତୋଳନ କ୍ଷେତ୍ରରେ 'ଜୀବନର ଜଳଛବି' ଅଦ୍ୱିତୀୟ ଭୂମିକା ନିର୍ବାହ କରିଛି ।

'ଜୀବନର ଜଳଛବି' ଜୀବନୀୟ ଗଭୀର ଅନୁଭବର କଳାତ୍ମକ ଉପସ୍ଥାପନା ମାତ୍ର । ପ୍ରତ୍ୟେକ ସ୍ତମ୍ଭର ପଶ୍ଚାତ୍‌ଭାଗରେ ରହିଛି ମାନବ ଜୀବନର ବିବିଧ ରୂପ, ସମସ୍ୟା, ମାର୍ଗ ନିର୍ଣ୍ଣୟର ବ୍ୟାପକ ଦର୍ଶନ । ସ୍ତମ୍ଭକାର ତଥା ମୌଳିକ ଚିନ୍ତାନାୟକ ଗୌରହରି ଦାସ ସାହିତ୍ୟ ଜରିଆରେ ଅସହାୟ ମାନବାତ୍ମାର ପ୍ରତିନିଧିତ୍ୱ କରିଛନ୍ତି । ଯନ୍ତ୍ରଣାପିଷ୍ଟ ଦୁର୍ବଳ ମାନବ ପ୍ରତି ଲେଖକଙ୍କ ଭାବାବେଗ ହିଁ 'ଜୀବନର ଜଳଛବି'କୁ ସାର୍ଥକ କରିଛି । ସେହି ଦୁର୍ବଳ ମାନବାତ୍ମା ହିଁ ଗୌରହରିଙ୍କ ସୃଷ୍ଟିର ପ୍ରାଣସ୍ପନ୍ଦନ । ନିତ୍‌ସେଙ୍କ ମତରେ- "ମଣିଷର ନୂତନ ସୃଜନଶକ୍ତି ତାର ଭାବାବେଗ ଦ୍ୱାରା ରୂପାୟିତ ହୁଏ । ଆମର ପ୍ରବୃତ୍ତି, ଲାଳସା ବା ସର୍ବବିଧ କ୍ଷୁଧା ବା କାମନାକୁ ଦମନ କରିନାହିଁ । ତା'ର ଉର୍ଦ୍ଧ୍ୱପାତନ (sublimition) ଦ୍ୱାରା ହିଁ ମଣିଷ ସେଇ ଅତିମାନବ

ହେବା ଦିଗରେ ଗତି କରିବ।” (୭୪) ‘ଜୀବନର ଜଳଛବି’ରେ ରହିଛି ମଣିଷର ଊର୍ଦ୍ଧ୍ୱପାତନର ଆହ୍ୱାନ। ସେଥିପାଇଁ ଗୌରହରି ବାରମ୍ବାର କହନ୍ତି- “ମଣିଷ ଚିରକାଳ ନିଃସଙ୍ଗ, ଲୋଭ ଓ ଭୟର ମଝିରେ ଝୁଲୁଥିବା ଗୋଟିଏ ପେଣ୍ଡୁଲମ୍। ସେଥିପାଇଁ ସେ ସମାଜ, ସାହିତ୍ୟ, ଦର୍ଶନ ଏବଂ ଆଧ୍ୟାତ୍ମିକତା ଲୋଡ଼ିଥାଏ। ଏସବୁ ତାକୁ ବିଶ୍ୱାସ ଦିଅନ୍ତି ଯେ ସେ ଏଇ ପୃଥିବୀରେ ନିହାତି ଏକଲା ନୁହେଁ। ତାର ଗୋଟିଏ ସମାଜ ଅଛି, ତାର ଗୋଟିଏ ପରିଚିତ ପୃଥିବୀ ଅଛି ଏବଂ ସର୍ବୋପରି ସେ ଦିବ୍ୟ ମହାଚେତନାର ଏକ ଅଂଶବିଶେଷ।” (୭୫) ‘ଜୀବନର ଜଳଛବି’ ଅନ୍ତର୍ଭୁକ୍ତ ଲେଖାଗୁଡ଼ିକ ଜୀବନକୁ ବଞ୍ଚିବାର, ଅବ୍ୟକ୍ତକୁ ବ୍ୟକ୍ତ କରିବାର, ଅପୂର୍ଣ୍ଣତା ଭିତରେ ପୂର୍ଣ୍ଣତା ତଥା ସାଧାରଣ ମଧ୍ୟରେ ଅସାଧାରଣ ଜୀବନର ନୈଷ୍ଠିକ ଯଜ୍ଞାନୁଷ୍ଠାନର ଆଲୋଚନା କରିଛି। ଗୌରହରି ଏହି ମର୍ମରେ କହନ୍ତି- “ସବୁ ମଣିଷଙ୍କ ଜୀବନରେ ସୁଖ ସାଙ୍ଗରେ ଦୁଃଖ ଅଛି, ଅଶ୍ରୁ ଅଛି, ବ୍ୟର୍ଥତା ଓ ଅବସୋସ ମଧ୍ୟ ରହିଛି; କିନ୍ତୁ ସେସବୁକୁ ଝୁରି ବସିଲେ ସମୟ ସରିବ ନାହିଁ। ସେଥିପାଇଁ ସାହିତ୍ୟ କହେ, ‘ଜୀବନ ଯେତେବେଳେ ତୁମକୁ କାନ୍ଦିବା ପାଇଁ ଶହେଟି କାରଣ ଦେଖେଇବ, ତୁମେ ସେତେବେଳେ ହସିବା ପାଇଁ ତାକୁ ଶହେ ଏକଟି କାରଣ ଦେଖେଇ ପାରିଲେ ଏ ସଂସାରରେ ବଞ୍ଚିପାରିବ। ଯେଉଁମାନେ ହସୁଛନ୍ତି ସେମାନଙ୍କର ଯେ କୌଣସି ଦୁଃଖ ନାହିଁ ବୋଲି ହସୁଛନ୍ତି, ତାହା ନୁହେଁ; ବରଂ ସବୁ ଦୁଃଖ ସତ୍ତ୍ୱେ ସେମାନେ ହସିବାକୁ ଚେଷ୍ଟା କରୁଛନ୍ତି।” (୭୬) ଶ୍ରୀମା’ଙ୍କ ଉକ୍ତି- ‘Do not take the sorrows of life for what they seem to be, they are in truth a way to greater achievements’ରେ ଗୌରହରି ବିଶ୍ୱାସୀ।

ଗୌରହରିଙ୍କ ଲେଖାରେ ମଣିଷ ଜୀବନର ପରୀକ୍ଷାନିରୀକ୍ଷା ରହିଛି। ମଣିଷର ପ୍ରତ୍ୟେକଟି ମୂଲ୍ୟ, ଚିନ୍ତନ, ଆଦର୍ଶ, ଉପଲବ୍ଧି ତାଙ୍କ ସ୍ତମ୍ଭର ଗୋଟିଏ ଗୋଟିଏ ପରୀକ୍ଷିତ ଉପାଦାନ। ମାଟି, ଆତ୍ମିକ ମୂଲ୍ୟବୋଧ, ଗ୍ରାମ୍ୟ ପରିସରକୁ କେନ୍ଦ୍ର କରି ସେ ‘ଜୀବନର ଜଳଛବି’ରେ ଯେଉଁ ଭାବାତ୍ମକ ଆଧାରଭୂମି ଗଢ଼ିଛନ୍ତି ସେଥିରେ ରହିଛି-

- ଅପୂର୍ଣ୍ଣତା ମଧ୍ୟରେ ପୂର୍ଣ୍ଣତା, ଅସମ୍ଭବରେ ସମ୍ଭାବନାମୟ ସୋପାନ ଆରୋହଣର ସୂତ୍ର
- ସମାଜ ବ୍ୟବସ୍ଥାର ସୂକ୍ଷ୍ମ ଅନୁଶୀଳନ
- ମଣିଷର ଅସାଧୁ ଉଦ୍ୟମ ପ୍ରତି ତୀକ୍ଷ୍ଣ ବ୍ୟଙ୍ଗ
- ଆଧ୍ୟାତ୍ମିକ ଚେତନାର କ୍ରିୟାଶୀଳତା ପ୍ରତି ସକରାତ୍ମକ ଆତ୍ମପ୍ରତ୍ୟୟ

- ସାଂପ୍ରତିକ ମଣିଷର ଅସାମର୍ଥ୍ୟ, ଅଯୋଗ୍ୟତା ଓ ଅହଂକାରର ଅନ୍ତଃସାରଶୂନ୍ୟ-ଦୟନୀୟ ସ୍ଥିତିର ସ୍ୱରୂପ ଉଦ୍‌ଘାଟନ
- ରାଜନୈତିକ ଶାଣିତ ବ୍ୟଙ୍ଗ
- ଗୌରହରିଙ୍କ ବହିର୍ଦୃଷ୍ଟି, ଜୀବନର ସଂଘାତମୟ ସ୍ଥିତିକୁ ପ୍ରତ୍ୟକ୍ଷ କରିବା ସହିତ ତାଙ୍କର ଅନ୍ତର୍ଦୃଷ୍ଟିର ସଂପ୍ରସାରିତ ରୂପ।
- ଜୀବନର ବିବିଧ ପ୍ରବୃତ୍ତି, ବିବର୍ତ୍ତିତ ଜୀବନ ପୃଷ୍ଠାର ଭିନ୍ନ ଭିନ୍ନ ଅଧ୍ୟାୟର ଗତିଶୀଳ ରୂପରେଖ।

ଗୌରହରି ଦାସଙ୍କ ନିମନ୍ତେ ଔପନ୍ୟାସିକା ପ୍ରତିଭା ରାୟଙ୍କ ବକ୍ତବ୍ୟ ଯଥାର୍ଥ ମନେ ହୁଏ- "ମହୁମାଛିର ଦଂଶନ ପରି ଦୁଃଖର ଦଂଶନ ସହି ମଧୁ ସଂଗ୍ରହ କରିପାରିଲେ ମଣିଷ ବଞ୍ଚେ। ନ ପାରିଲେ ଜୀବନଟା ମରଣ ପାଲଟିଯାଏ। ଏଇ ଦୁଇଟି ହେଲା ମଣିଷ ଆଗରେ ରାସ୍ତା। x x x ମଲା କାଠ ଖତରି ଯାଏ - ଜିଅନ୍ତା ଗଛର ଡାଳ ଖତରି ଯାଏ ନାହିଁ। ମଣିଷ ତ ମଲାକାଠ ନୁହେଁ। ମଣିଷ ହେଉଛି ଅନନ୍ତ ଭବିଷ୍ୟତର ଜିଅନ୍ତା ଡାଳ। ସେ ଖତରିବ କେମିତି ?" (୭୭)

'ଜୀବନର ଜଳଛବି'ରେ ସ୍ଥାନିତ ସମସ୍ତ ଲେଖାଗୁଡ଼ିକରେ ମଣିଷର ଜୀବନର ବ୍ୟକ୍ତିକ ତଥା ସାମୂହିକ ସ୍ଥିତିର ମୂଲ୍ୟସିଦ୍ଧାନ୍ତ ରହିଛି। ସମସ୍ତ ସ୍ତମ୍ଭରେ ଚିରନ୍ତନ ମାନବିକ ଭାବାବେଗ-ସହାନୁଭୂତି-ସମ୍ବେଦନାର ଆର୍କିଟାଇପ୍ (Archetype) ରୂପ ରହିଛି। ଓଡ଼ିଶାର ମାଟି-ପାଣି-ପବନ-ରୀତି-ନୀତି-ଚଳଣି ତଥା ପରମ୍ପରାର ପ୍ରବାହରୁ ଲବ୍ଧ ଆର୍କିଟାଇପ୍ ଚିନ୍ତନକୁ ଗୌରହରି ସ୍ୱୀକୃତି ପ୍ରଦାନପୂର୍ବକ ଏହାର ନବରୂପାୟନ କରିଛନ୍ତି। ପାଶ୍ଚାତ୍ୟ ସମାଲୋଚକ ରବର୍ଟ, ଗ୍ରେଭେସ୍, ହ୍ୟୁଇଟ୍‌ମ୍ୟାନ୍ ତଥା କ୍ୟାମ୍ପ୍‌ବେଲ୍ ପ୍ରମୁଖଙ୍କ ଭଳି ସମୟ-ସମାଜ-ପରିବେଶ ତଥା ପରିସ୍ଥିତିରୁ ହିଁ ଗୌରହରିଙ୍କ ସାହିତ୍ୟ ଜଗତ ଖୋରାକ ଯୋଗାଡ଼ କରିଛି। ପ୍ରତ୍ୟେକ ସୃଷ୍ଟି ଭିତରେ ଗୌରହରୀୟ ଜୀବନ ଜିଜ୍ଞାସା ନୂତନ ନୂତନ ପୃଷ୍ଠା ଉନ୍ମୋଚନ କରିବା ସହ ପ୍ରଚୁର ଆଶାବାଦ ଓ ସମ୍ଭାବନାର ବିଶ୍ୱସ୍ତ ବାର୍ତ୍ତା ପ୍ରଦାନ କରିଛି। ଆଧୁନିକ ସମାଜ ନିମନ୍ତେ ସମୁଚ୍ଚ ମୂଲ୍ୟବୋଧର କୁଜ୍‌ଝଟିକା ସାଜି ଏହା ଯୁଗ ଯୁଗ ଧରି ଅଦମ୍ୟ ଜୀବନଶକ୍ତିର ପ୍ରେରଣା ପ୍ରଦାନ କରୁଥାଉ।

ଆଙ୍ଗିକ ତଥା ଆତ୍ମିକ ଦୃଷ୍ଟିରୁ ଗୌରହରି ଦାସଙ୍କ 'ଜୀବନର ଜଳଛବି' ଏକ ମାନବ ଜୀବନଗ୍ରନ୍ଥ। ଜଣେ ନିରପେକ୍ଷ ସାମ୍ବାଦିକ ଓ ସାହିତ୍ୟିକ ଭାବରେ ସେ ସମୟ-ସମାଜ ଏବଂ ମାନବ ଜୀବନର ନିରପେକ୍ଷ ଦଲିଲ ପ୍ରସ୍ତୁତ କରିଛନ୍ତି। ଅସଂଖ୍ୟ

ଦୁର୍ଭାବନା ଭିତରେ ନିଶ୍ଚିତ ସମ୍ଭାବନାର ଅବିର ବିଞ୍ଚୁଥିବା, ଘନ ଅବିଶ୍ୱାସ ଭିତରେ ପ୍ରତ୍ୟୟର ଛନ୍ଦ ତୋଳୁଥିବା, ଦୀର୍ଘ ନିରାଶା ଭିତରେ ମୁଠା ମୁଠା ଆଶ୍ୱାସନା ଓ ଉଦ୍ଦୀପନା ବିଞ୍ଚୁଥିବା ସୃଜନଶିଳ୍ପୀ ଗୌରହରି ଦାସଙ୍କ 'ଜୀବନର ଜଳଛବି' ମାନବ ସମାଜକୁ ସ୍ଥିର-ଚିତ୍-କଳ୍ପର ଆଲୋକିତ ପରିସର ପ୍ରଦାନ କରେ। 'ଜୀବନର ଜଳଛବି'କୁ ଆଜି ପାଇଁ ଏବଂ ଅନାଗତ ଭବିଷ୍ୟତ ପାଇଁ ଏକ ମହତ୍ତର 'ଜୀବନ ଖସଡ଼ା' (Life Syllabus) ତଥା ମାନବୀୟ ମୂଲ୍ୟବୋଧର ପରଖାଘର (Laboratory) କହିଲେ ଭୁଲ୍ ହେବ ନାହିଁ।

ସହାୟକ ପାଦଟୀକା:

୧. ବେହେରା ଶିଶିର, ଅନ୍ତରଂଗ ଆଳାପ, ମା' ସାରଦା ପବ୍ଲିକେଶନ୍ସ, ୨୦୨୧

୨. ତତ୍ରୈବ

୩. ଦାସ ଗୌରହରି, ଜୀବନର ଜଳଛବି, ଫ୍ରେଣ୍ଡ୍ସ ପବ୍ଲିଶର୍ସ, ୨୦୧୭, ପୃ: xi

୪. ବେହେରା ଶିଶିର, ଅନ୍ତରଂଗ ଆଳାପ, ମା' ସାରଦା ପବ୍ଲିକେଶନ୍ସ, ୨୦୨୧

୫. ତତ୍ରୈବ

୬. ତତ୍ରୈବ

୭. ଦାସ ଗୌରହରି, ଜୀବନର ଜଳଛବି, ଫ୍ରେଣ୍ଡ୍ସ ପବ୍ଲିଶର୍ସ, ୨୦୧୭, ପୃ: ନିଜକଥା

୮. ଦାସ ଗୌରହରି, ବିଦେଶ ଓ ଅନ୍ୟାନ୍ୟ ଗଳ୍ପ, ବ୍ଲାକ୍ ଇଗଲ୍ ବୁକ୍ସ, ୨୦୧୯, ପୃ: ୩୩

୯. ଦାସ ଗୌରହରି, ଜୀବନର ଜଳଛବି, ଫ୍ରେଣ୍ଡ୍ସ ପବ୍ଲିଶର୍ସ, ୨୦୧୭, ପୃ: ନିଜକଥା

୧୦. ମହାନ୍ତି ଶରତ କୁମାର, ଅସ୍ତିତ୍ୱବାଦର ମର୍ମକଥା, ଅଗ୍ରଦୂତ ପ୍ରକାଶନୀ, ୧୯୭୭, ପୃ: ୧୧୮

୧୧. ଦାସ ଗୌରହରି, ଜୀବନର ଜଳଛବି, ଫ୍ରେଣ୍ଡ୍ସ ପବ୍ଲିଶର୍ସ, ୨୦୧୭, ପୃ: ୧୭

୧୨. ଦାସ ଗୌରହରି, ଜୀବନର ଜଳଛବି, ଫ୍ରେଣ୍ଡ୍ସ ପବ୍ଲିଶର୍ସ, ୨୦୧୭, ପୃ: ୨୦

୧୩. ଦାସ ଗୌରହରି, ଜୀବନର ଜଳଛବି, ଫ୍ରେଣ୍ଡ୍ସ ପବ୍ଲିଶର୍ସ, ୨୦୧୭, ପୃ: ୧୬୫

୧୪. ଦାସ ଗୌରହରି, ବିଦେଶ ଓ ଅନ୍ୟାନ୍ୟ ଗଳ୍ପ, ବ୍ଲାକ୍ ଇଗଲ୍ ବୁକ୍ସ, ୨୦୧୯, ପୃ: ୭

୧୫. ଦାସ ଗୌରହରି, ଜୀବନର ଜଳଛବି, ଫ୍ରେଣ୍ଡ୍ସ ପବ୍ଲିଶର୍ସ, ୨୦୧୭, ପୃ: ୨୪୭

୧୬. ଦାସ ଗୌରହରି, ଜୀବନର ଜଳଛବି, ଫ୍ରେଣ୍ଡ୍ସ ପବ୍ଲିଶର୍ସ, ୨୦୧୭, ପୃ: ୫୦୯

୧୭. ଦାସ ଗୌରହରି, ଜୀବନର ଜଳଛବି, ଫ୍ରେଣ୍ଡ୍ସ ପବ୍ଲିଶର୍ସ, ୨୦୧୭, ପୃ: ୫୧୧

୧୮. ଦାସ ଗୌରହରି, 'ପରିଚିତ ପରିଧି', ଫ୍ରେଣ୍ଡ୍ସ ପବ୍ଲିଶର୍ସ, ୨୦୦୧, ପୃ: ୧୪

୧୯. ଦାସ ଗୌରହରି, 'ପରିଚିତ ପରିଧି', ଫ୍ରେଣ୍ଡ୍ସ ପବ୍ଲିଶର୍ସ, ୨୦୦୧, ପୃ: ୨୩

୨୦. ଦାସ ଗୌରହରି, 'ପରିଚିତ ପରିଧି', ଫ୍ରେଣ୍ଡ୍ସ ପବ୍ଲିଶର୍ସ, ୨୦୦୧, ପୃ: ୨୫

୨୧. ଦାସ ଗୌରହରି, 'ପରିଚିତ ପରିଧି', ଫ୍ରେଣ୍ଡ୍ସ ପବ୍ଲିଶର୍ସ, ୨୦୦୧, ପୃ: ୨୮

୨୨. ଦାସ ଗୌରହରି, 'ପରିଚିତ ପରିଧି', ଫ୍ରେଣ୍ଡ୍ସ ପବ୍ଲିଶର୍ସ, ୨୦୦୧, ପୃ: ୫୦

୨୩. ଦାସ ଗୌରହରି, 'ପରିଚିତ ପରିଧି', ଫ୍ରେଣ୍ଡ୍ସ ପବ୍ଲିଶର୍ସ, ୨୦୦୧, ପୃ: ୫୦
୨୪. ଦାସ ଗୌରହରି, 'ପରିଚିତ ପରିଧି', ଫ୍ରେଣ୍ଡ୍ସ ପବ୍ଲିଶର୍ସ, ୨୦୦୧, ପୃ: ୬୬
୨୫. ଦାସ ଗୌରହରି, 'ପରିଚିତ ପରିଧି', ଫ୍ରେଣ୍ଡ୍ସ ପବ୍ଲିଶର୍ସ, ୨୦୦୧, ପୃ: ୭୨
୨୬. ଦାସ ଗୌରହରି, 'ପରିଚିତ ପରିଧି', ଫ୍ରେଣ୍ଡ୍ସ ପବ୍ଲିଶର୍ସ, ୨୦୦୧, ପୃ: ୭୯
୨୭. ଦାସ ଗୌରହରି, 'ପରିଚିତ ପରିଧି', ଫ୍ରେଣ୍ଡ୍ସ ପବ୍ଲିଶର୍ସ, ୨୦୦୧, ପୃ: ୮୫
୨୮. ଦାସ ଗୌରହରି, 'ପରିଚିତ ପରିଧି', ଫ୍ରେଣ୍ଡ୍ସ ପବ୍ଲିଶର୍ସ, ୨୦୦୧, ପୃ: ୧୦୭
୨୯. ଦାସ ଗୌରହରି, 'ପରିଚିତ ପରିଧି', ଫ୍ରେଣ୍ଡ୍ସ ପବ୍ଲିଶର୍ସ, ୨୦୦୧, ପୃ: ୧୧୪
୩୦. ଦାସ ଗୌରହରି, 'ଅସମର୍ଥ ଈଶ୍ୱର', ଫ୍ରେଣ୍ଡ୍ସ ପବ୍ଲିଶର୍ସ, ୨୦୦୭, ପୃ: ୪୨
୩୧. ଦାସ ଗୌରହରି, 'ଅସମର୍ଥ ଈଶ୍ୱର', ଫ୍ରେଣ୍ଡ୍ସ ପବ୍ଲିଶର୍ସ, ୨୦୦୭, ପୃ: ୩୫
୩୨. ଦାସ ଗୌରହରି, 'ଅସମର୍ଥ ଈଶ୍ୱର', ଫ୍ରେଣ୍ଡ୍ସ ପବ୍ଲିଶର୍ସ, ୨୦୦୭, ପୃ: ୧୧୬
୩୩. ଦାସ ଗୌରହରି, 'ହାତଲେଖା ଚିଠି', ଫ୍ରେଣ୍ଡ୍ସ ପବ୍ଲିଶର୍ସ, ୨୦୧୨, ପୃ: ୧୫
୩୪. ଦାସ ଗୌରହରି, 'ହାତଲେଖା ଚିଠି', ଫ୍ରେଣ୍ଡ୍ସ ପବ୍ଲିଶର୍ସ, ୨୦୧୨, ପୃ: ୨୪
୩୫. ଦାସ ଗୌରହରି, 'ହାତଲେଖା ଚିଠି', ଫ୍ରେଣ୍ଡ୍ସ ପବ୍ଲିଶର୍ସ, ୨୦୧୨, ପୃ: ୨୫
୩୬. ଦାସ ଗୌରହରି, 'ହାତଲେଖା ଚିଠି', ଫ୍ରେଣ୍ଡ୍ସ ପବ୍ଲିଶର୍ସ, ୨୦୧୨, ପୃ: ୨୬
୩୭. ଦାସ ଗୌରହରି, 'ହାତଲେଖା ଚିଠି', ଫ୍ରେଣ୍ଡ୍ସ ପବ୍ଲିଶର୍ସ, ୨୦୧୨, ପୃ: ୨୯
୩୮. ଦାସ ଗୌରହରି, 'ଈଶ୍ୱରଙ୍କ ଠିକଣା', ଫ୍ରେଣ୍ଡ୍ସ ପବ୍ଲିଶର୍ସ, ୨୦୧୯, ପୃ: ନିଜକଥା
୩୯. ଦାସ ଗୌରହରି, 'ଈଶ୍ୱରଙ୍କ ଠିକଣା', ଫ୍ରେଣ୍ଡ୍ସ ପବ୍ଲିଶର୍ସ, ୨୦୧୯, ପୃ: ୩୨
୪୦. ଦାସ ଗୌରହରି, 'ଈଶ୍ୱରଙ୍କ ଠିକଣା', ଫ୍ରେଣ୍ଡ୍ସ ପବ୍ଲିଶର୍ସ, ୨୦୧୯, ପୃ: ୬୪
୪୧. ଦାସ ଗୌରହରି, 'ଈଶ୍ୱରଙ୍କ ଠିକଣା', ଫ୍ରେଣ୍ଡ୍ସ ପବ୍ଲିଶର୍ସ, ୨୦୧୯, ପୃ: ୧୩୫
୪୨. ଦାସ ଗୌରହରି, 'ଈଶ୍ୱରଙ୍କ ଠିକଣା', ଫ୍ରେଣ୍ଡ୍ସ ପବ୍ଲିଶର୍ସ, ୨୦୧୯, ପୃ: ୧୭୨
୪୩. ଦାସ ଗୌରହରି, 'ଈଶ୍ୱରଙ୍କ ଠିକଣା', ଫ୍ରେଣ୍ଡ୍ସ ପବ୍ଲିଶର୍ସ, ୨୦୧୯, ପୃ: ୨୪୮
୪୪. ଦାସ ଗୌରହରି, ଜୀବନର ଜଳଛବି, ଫ୍ରେଣ୍ଡ୍ସ ପବ୍ଲିଶର୍ସ, ୨୦୧୭, ପୃ: ୫୩୬
୪୫. ମହାନ୍ତି ଗୋପୀନାଥ, କଳାଶକ୍ତି, ଅଗ୍ରଦୂତ, ୧୯୭୩, ପୃ: ୧୭
୪୬. ମହାନ୍ତି ଗୋପୀନାଥ, କଳାଶକ୍ତି, ଅଗ୍ରଦୂତ, ୧୯୭୩, ପୃ: ୯୨
୪୭. ଦାସ ଗୌରହରି, 'ହାତଲେଖା ଚିଠି', ଫ୍ରେଣ୍ଡ୍ସ ପବ୍ଲିଶର୍ସ, ୨୦୧୨, ପୃ: ୧୩
୪୮. ଓଡ଼ିଆ ଗବେଷଣା ପରିଷଦ ଗ୍ରନ୍ଥମାଳା, (ପ୍ରଫେସର ନରେନ୍ଦ୍ରନାଥ ମିଶ୍ର), ନନ୍ଦନତତ୍ତ୍ୱ (ଏକ ସଂପାନ), କୋଣାର୍କ ପବ୍ଲିଶର୍ସ, ପୃ: ୧୩
୪୯. ଦାସ ଗୌରହରି, ଜୀବନର ଜଳଛବି, ଫ୍ରେଣ୍ଡ୍ସ ପବ୍ଲିଶର୍ସ, ୨୦୧୭, ପୃ: ୫୩୩
୫୦. ଦାସ ଗୌରହରି, ଜୀବନର ଜଳଛବି, ଫ୍ରେଣ୍ଡ୍ସ ପବ୍ଲିଶର୍ସ, ୨୦୧୭, ପୃ: ୪୨
୫୧. ଦାସ ଗୌରହରି, ଜୀବନର ଜଳଛବି, ଫ୍ରେଣ୍ଡ୍ସ ପବ୍ଲିଶର୍ସ, ୨୦୧୭, ପୃ: ୫୨୯

୫୨. ବେହେରା ଶିଶିର, ଅନ୍ତରଂଗ ଆଳାପ, ମା' ସାରଦା ପବ୍ଲିକେଶନ୍ସ, ୨୦୨୧

୫୩. ଦାସ ଗୌରହରି, ଜୀବନର ଜଳଛବି, ଫ୍ରେଣ୍ଡ୍ସ ପବ୍ଲିଶର୍ସ, ୨୦୧୭, ପୃ: ୪୫୨

୫୪. ମହାନ୍ତି ଗୋପୀନାଥ, କଳାଶକ୍ତି, ଅଗ୍ରଦୂତ, ୧୯୭୩, ପୃ: ୭୯

୫୫. ମହାନ୍ତି ଗୋପୀନାଥ, କଳାଶକ୍ତି, ଅଗ୍ରଦୂତ, ୧୯୭୩, ପୃ: ୭୯

୫୬. ଦାସ ଗୌରହରି, ଜୀବନର ଜଳଛବି, ଫ୍ରେଣ୍ଡ୍ସ ପବ୍ଲିଶର୍ସ, ୨୦୧୭, ପୃ: ୧୭

୫୭. ଦାସ ଗୌରହରି, ଜୀବନର ଜଳଛବି, ଫ୍ରେଣ୍ଡ୍ସ ପବ୍ଲିଶର୍ସ, ୨୦୧୭, ପୃ: ୧୯

୫୮. ଦାସ ଗୌରହରି, ଜୀବନର ଜଳଛବି, ଫ୍ରେଣ୍ଡ୍ସ ପବ୍ଲିଶର୍ସ, ୨୦୧୭, ପୃ: ୧୦୨

୫୯. ଦାସ ଗୌରହରି, ଚିହ୍ନା ଚୌହଦି, ଫ୍ରେଣ୍ଡ୍ସ ପବ୍ଲିଶର୍ସ, ୧୯୯୬, ପୃ: ୧୯୩

୬୦. ଦାସ ଗୌରହରି, କଥା ସରିନାହିଁ, ସମ୍ବାଦ କେତେବେଳେ ସାହିତ୍ୟ ହୁଏ, ଏଥେନା ବୁକ୍ସ, ଭୁବନେଶ୍ୱର, ୨୦୧୮, ପୃ: ୨୪୬

୬୧. ବେହେରା ଶିଶିର, ଅନ୍ତରଂଗ ଆଳାପ, ମା' ସାରଦା ପବ୍ଲିକେଶନ୍ସ, ୨୦୨୧

୬୨. ଦାସ ଗୌରହରି, ଜୀବନର ଜଳଛବି, ଫ୍ରେଣ୍ଡ୍ସ ପବ୍ଲିଶର୍ସ, ୨୦୧୭, ପୃ: ୫୨

୬୩. ଦାସ ଗୌରହରି, ଜୀବନର ଜଳଛବି, ଫ୍ରେଣ୍ଡ୍ସ ପବ୍ଲିଶର୍ସ, ୨୦୧୭, ପୃ: 'ଖ'

୬୪. ମହାନ୍ତି ଗୋପୀନାଥ, କଳାଶକ୍ତି, ଅଗ୍ରଦୂତ, ୧୯୭୩, ପୃ: ୮୭

୬୫. ଦାସ ଗୌରହରି, ଜୀବନର ଜଳଛବି, ଫ୍ରେଣ୍ଡ୍ସ ପବ୍ଲିଶର୍ସ, ୨୦୧୭, ପୃ: ୫୩୬

୬୬. ଦାସ ଗୌରହରି, ଜୀବନର ଜଳଛବି, ଫ୍ରେଣ୍ଡ୍ସ ପବ୍ଲିଶର୍ସ, ୨୦୧୭, ପୃ: ୧୫୭

୬୭. ମହାନ୍ତି ଗୋପୀନାଥ, କଳାଶକ୍ତି, ଅଗ୍ରଦୂତ, ୧୯୭୩, ପୃ: ୧୪୧

୬୮. ଦାସ ଗୌରହରି, ଜୀବନର ଜଳଛବି, ଫ୍ରେଣ୍ଡ୍ସ ପବ୍ଲିଶର୍ସ, ୨୦୧୭, ପୃ: ୫୩୫

୬୯. ଦାସ ଗୌରହରି, ଜୀବନର ଜଳଛବି, ଫ୍ରେଣ୍ଡ୍ସ ପବ୍ଲିଶର୍ସ, ୨୦୧୭, ପୃ: ୭୭

୭୦. ଦାସ ଗୌରହରି, ଈଶ୍ୱରଙ୍କ ଠିକଣା, ଫ୍ରେଣ୍ଡ୍ସ ପବ୍ଲିଶର୍ସ, ୨୦୧୯, ପୃ: ୯୪

୭୧. ଦାସ ଗୌରହରି, ଜୀବନର ଜଳଛବି, ଫ୍ରେଣ୍ଡ୍ସ ପବ୍ଲିଶର୍ସ, ୨୦୧୭, ପୃ: 'ଖ'

୭୨. ଦାସ ଗୌରହରି, ଅସମର୍ଥ ଈଶ୍ୱର, ଫ୍ରେଣ୍ଡ୍ସ ପବ୍ଲିଶର୍ସ, ୨୦୧୭, ପୃ: ୧୧୬

୭୩. ଗୌରହରି ଦାସଙ୍କ ସହ ଏକ ବିଶେଷ ସାକ୍ଷାତକାର, ଡକ୍ଟର ସଂଘମିତ୍ରା ଭଞ୍ଜ, ୨୦୨୧

୭୪. ଦାସ ଗୌରହରି, ଜୀବନର ଜଳଛବି, ଫ୍ରେଣ୍ଡ୍ସ ପବ୍ଲିଶର୍ସ, ୨୦୧୭, ପୃ: xi

୭୫. ନାୟକ ଅର୍ଚ୍ଚନା, ମହାପାତ୍ର ନୀଳମଣି ସାହୁ, ଅତିମାନବ ସମ୍ଭାବନା ଓ ପ୍ରତିଶ୍ରୁତି, କଟକ ଷ୍ଟୁଡେଣ୍ଟ୍ସ ଷ୍ଟୋର, ୨୦୧୦, ପୃ: ୩୪

୭୬. ଦାସ ଗୌରହରି, କଥାଟିଏ, ଆମ ଓଡ଼ିଶା, ୨୦୧୬, ପୃ: ନିଜକଥା

୭୭. ରାୟ ପ୍ରତିଭା, ମଗ୍ନମାଟି, ଆଦ୍ୟା ପ୍ରକାଶନୀ, ୨୦୧୪, ପୃ: ୪୩୭

ସାମାଜିକ ବାସ୍ତବତାର ନାନ୍ଦିପାଠ: ଗୌରହରି ଦାସଙ୍କ ନାଟକ

ଦୀପ୍ତିମୟୀ ସାହୁ

"Drama is the art of expressing about life in such a manner as to render that expression capable of interpretation by actors and likely to interest an audience assembled to hear the words and witness the actions." - A. Nicoll. The Theory of Drama (Indian Edition, 1969), P. 35.

'ନାଟକ' ବାସ୍ତବ ତଥା ଆଦର୍ଶ ଜୀବନର ଅନ୍ତରଙ୍ଗ ଦୃଶ୍ୟପଟ। ମଣିଷର ବର୍ହି ଓ ଅନ୍ତର୍ମନର ନିରୋଳା ଅଭିବ୍ୟକ୍ତି। ସମାଜ ତଥା ପରିବେଶର ପ୍ରତ୍ୟକ୍ଷ ଚିତ୍ରରୂପ ଭାବରେ କଳାକାରମାନଙ୍କ ଦ୍ୱାରା ବ୍ୟାଖ୍ୟାୟିତ ହୋଇ ଦର୍ଶକଙ୍କୁ ଆମୋଦିତ କରିପାରିବାର ସାମର୍ଥ୍ୟ ରଖୁଥିବା ସାହିତ୍ୟର ଅନ୍ୟତମ ସର୍ବଶ୍ରେଷ୍ଠ ବିଭାଗ। ଏହା ସାହିତ୍ୟ କ୍ଷେତ୍ରରେ ଦୃଶ୍ୟ, ଶ୍ରାବ୍ୟ ଓ ପାଠ୍ୟ ପରି ତିନିଟି ଧର୍ମକୁ ପ୍ରକାଶ କରୁଥିବା ଏକ ରମଣୀୟ କଳାକୃତି। ମଣିଷର ରହସ୍ୟ ଘନ ଜୀବନ ପରିଧିକୁ ଉନ୍ମୋଚନ କରିବାରେ ଏ ବିଭାଗର ସ୍ୱାତନ୍ତ୍ର୍ୟ ବାରିହୋଇପଡ଼େ। ବିଶେଷତଃ, 'ଜୀବନଧର୍ମୀ ଚାହାଣୀ ଓ ଲୋକଚଳଣି' ଜଣେ ନାଟ୍ୟକାରର ଦୃଷ୍ଟିରେ ଆଦର୍ଶ ହେବାକୁ ନିର୍ଦ୍ଦେଶ ଦେଇ 'ନାଟ୍ୟଶାସ୍ତ୍ର' ମଧ୍ୟ କହିଛି-

"ନାନା ଶିଳାଃ ପ୍ରକୃତୟଃ ସଚଳନାଟ୍ୟଂ ପ୍ରତିଷ୍ଠିତଂ।
ତସ୍ମାତ୍ ଲୋକପ୍ରମାଣଂ ହି କର୍ତ୍ତବ୍ୟଂ ନାଟ୍ୟଯୋକ୍ତୁ ଭିଃ।। ୧୧୯ ।।

(ଭରତମୁନି, ନାଟ୍ୟଶାସ୍ତ୍ର - ଅଧ୍ୟାୟ- ୨୬)

ଅନ୍ୟାନ୍ୟ ବିଭାଗର ସାହିତ୍ୟ ଶିଳ୍ପୀଙ୍କ ଅପେକ୍ଷା ନାଟ୍ୟଶିଳ୍ପୀଙ୍କ ନାଟକ ରଚନାର କୌଶଳ ସ୍ୱତନ୍ତ୍ର ଓ ଜଟିଳ। ତାଙ୍କ ତୀକ୍ଷ୍ଣ ଦୃଷ୍ଟିଶକ୍ତିରେ ଥାଏ ମଞ୍ଚ, ଅଭିନୟ, ଦର୍ଶକ ଓ ସମୟପ୍ରତି ସଚେତନପଣ। ମୁକ୍ତମଞ୍ଚରେ ପ୍ରଦର୍ଶିତ ହୋଇ ଦର୍ଶକଙ୍କ ହୃଦୟକୁ ଛୁଇଁପାରିଲେ ନାଟ୍ୟକାରଙ୍କ ନାଟ୍ୟ ରଚନା ସଫଳ ହୁଏ। ଯଥାର୍ଥରେ ଏ ସମ୍ପର୍କରେ ବିଶିଷ୍ଟ ନାଟ୍ୟ-ସମୀକ୍ଷକ ଡକ୍ଟର ହେମନ୍ତ କୁମାର ଦାସ କୁହନ୍ତି- "ନାଟକଟିଏ ଲେଖିଦେଲେ କାମ ସରିଯାଏ ନାହିଁ। ସାହିତ୍ୟର ଅନ୍ୟାନ୍ୟ ବିଭାଗ ପରି ନାଟକ ଶ୍ରାବ୍ୟ ନୁହେଁ। ଦୃଶ୍ୟ ହିଁ ହେଉଛି ଏହାର ମୁଖ୍ୟଧର୍ମ। ମଞ୍ଚ ହେଉଛି ଏହାର ସ୍ୱାଦୁ ପରୀକ୍ଷାର ଉପଯୁକ୍ତ କ୍ଷେତ୍ର।" (୧) ବାସ୍ତବବାଦ ଓ ଆଦର୍ଶବାଦର ମଞ୍ଜୁଳ ରୂପକାର ହେଉଛନ୍ତି ନାଟ୍ୟକାର। ଏହି କ୍ଷେତ୍ରରେ ପାଦଦେଇ ସମାଜର ଦାରୁଣ ବାସ୍ତବତା ତଥା ସ୍ୱପ୍ନପ୍ରବଣ ଜୀବନକୁ ନେଇ ନାଟକ ରଚନା ଦିଗରେ ସଫଳତା ସାଉଁଟି ଥିବା ନାଟ୍ୟପ୍ରତିଭା ହେଲେ ଗୌରହରି ଦାସ। ସଂଘର୍ଷମୟ ଜୀବନରୁ ପ୍ରେରଣା ସାଉଁଟିଥିବା ଗୌରହରି ଦାସ "କଟକ ବାଦାମବାଡ଼ି ଫୁଟ୍‌ପାଥ୍‌ରୁ ନେଇ ବକ୍ସି ବଜାରର ହାଣ୍ଡିଶାଳ, ବଜ୍ରକବାଟୀ ରୋଡ୍ ଠିକାଦାରଙ୍କ ସାଇଟ୍‌ରୁ ନେଇ ବଣିଆ ସାହି ମାରୱାଡ଼ି ବ୍ୟବସାୟୀଙ୍କ ସିରସ୍ତା ହେବା ପର୍ଯ୍ୟନ୍ତ" (୨) ପ୍ରତ୍ୟେକଟି କ୍ଷେତ୍ରରୁ ଜୀବନର ରୁକ୍ଷ ବାସ୍ତବତା ଓ ମଣିଷର ବାହ୍ୟ ଏବଂ ଅନ୍ତଃସ୍ୱରୂପକୁ ଚିହ୍ନିଛନ୍ତି। ନିଜ ଜୀବନକୁ ଶିକ୍ଷକ ମନେକରୁଥିବା ନାଟ୍ୟକାର ଗୌରହରି ମଣିଷ ଜୀବନର ତନ୍ନତନ୍ନ ଅନ୍ୱେଷଣ କରିଛନ୍ତି ସ୍ୱ-ନାଟ୍ୟ ସାହିତ୍ୟରେ। ତାଙ୍କ ସୁଉଚ୍ଚ ନାଟ୍ୟଦିଗନ୍ତକୁ ଆକଳନ କରିବା ନିମନ୍ତେ ଏଠାରେ ଯତ୍ କିଞ୍ଚିତ୍ ପ୍ରୟାସ କରାଯାଇଛି।

ସାମ୍ପ୍ରତିକ ଓଡ଼ିଆ ସାହିତ୍ୟରେ ଗୌରହରି ଦାସଙ୍କ ନାମ ଏକ ସମ୍ମାନାସ୍ପଦ ଉଚ୍ଚାରଣ। ସଂଘର୍ଷପୂର୍ଣ୍ଣ ଖାଲଖମାଭରା ଜୀବନପଥରେ ସେ ଜଣେ ବିସ୍ମୟ ସାରସ୍ୱତ ପ୍ରତିଭା। ବୃତ୍ତିରେ ଜଣେ ସ୍ୱନାମଧନ୍ୟ ସାମ୍ବାଦିକ ମାତ୍ର ସାହିତ୍ୟ ପାଇଁ ତାଙ୍କ ହୃଦୟ ଚିରସମର୍ପିତ। ସତ୍ୟର ଉନ୍ମୋଚନ ପରି ସାମ୍ବାଦିକତାର ଧର୍ମ ନେଇ ସ୍ୱ-ସାହିତ୍ୟକୁ କରିପାରିଛନ୍ତି ବାସ୍ତବ ତଥା ଜୀବନଧର୍ମୀ। ସେ ଜଣେ ସମାଜନିଷ୍ଠ-ଆବେଗଦୀପ୍ତ ସାହିତ୍ୟିକ। ତାଙ୍କ ସାହିତ୍ୟ ସାମ୍ପ୍ରତିକ ସମାଜର ଦର୍ପଣ ଭଳି ବାସ୍ତବ। ତାଙ୍କ ସାହିତ୍ୟରେ ପାଠକେ ଖୋଜି ପାଇବେ ଜୀବନକୁ, ସନ୍ଧାନ କରିପାରିବେ ମଣିଷ ଅନ୍ତରର ଗୂଢ଼ତାକୁ। ଯଶସ୍ୱୀ କଥାକାର ଫକୀରମୋହନ ସେନାପତି, ଗୋପୀନାଥ ମହାନ୍ତି, ସୁରେନ୍ଦ୍ର ମହାନ୍ତି, ମନୋଜ ଦାସ ପ୍ରମୁଖଙ୍କ ପରେ ମଣିଷକୁ, ଜଗତକୁ ଅତି ନିକଟରୁ ନିରିଖେଇ ଦେଖିବାର ସ୍ୱତନ୍ତ୍ର କଳା ବୋଧହୁଏ କେବଳ

ତାଙ୍କ ସାହିତ୍ୟରେ ଅନୁଭବ୍ୟ। ବହୁ ଚର୍ଚ୍ଚିତ, ବହୁ ପ୍ରଶଂସିତ 'ସମ୍ବାଦ'ରେ ପ୍ରକାଶ ପାଉଥିବା 'ଜୀବନର ଜଳଛବି' ତାହାର ଉଜ୍ଜ୍ୱଳ ଦୃଷ୍ଟାନ୍ତ। ଜଣେ କଥାକାର, କବି, ଚିନ୍ତାଶୀଳ ପ୍ରାବନ୍ଧିକ, ମନନଶୀଳ ସ୍ତମ୍ଭକାର, ଭ୍ରମଣ କାହାଣୀକାର, ଅନୁବାଦକ, ସମ୍ପାଦକ ଓ ସଫଳ ନାଟ୍ୟକାର ଭାବରେ ତାଙ୍କର ରହିଛି ଏକ ସ୍ୱତନ୍ତ୍ର ପରିଚୟ। ନିଜର ପ୍ରତିଭା ପାଇଁ ସେ ଓଡ଼ିଆ ସାହିତ୍ୟ ଏକାଡେମୀ ଏବଂ କେନ୍ଦ୍ର ସାହିତ୍ୟ ଏକାଡେମୀ ସାଙ୍ଗକୁ ଅନ୍ୟାନ୍ୟ ବହୁ ପୁରସ୍କାର ଓ ସମ୍ମାନରେ ସମ୍ମାନିତ ହୋଇଛନ୍ତି।

ଜଣେ ଲେଖକ ଯେ କୌଣସି ଦିଗରେ ଲେଖନୀ ଚାଳନା କରିପାରନ୍ତି। ଏହା ତାଙ୍କ ଉଜ୍ଜ୍ୱଳ ପ୍ରତିଭା ତଥା ବିଦ୍‌ବତ୍ତାର ପରିଚୟ ଦିଏ। କୁମ୍ଭାର ସ୍ୱହସ୍ତରେ ଯେମିତି ନାନା ଧରଣର ମାଟି ତିଆରି ଦ୍ରବ୍ୟକୁ ସୁନ୍ଦର ରୂପ ପ୍ରଦାନ କରନ୍ତି; ତଦନୁରୂପ ଜଣେ ସାହିତ୍ୟସ୍ରଷ୍ଟା ମଧ୍ୟ ସାହିତ୍ୟର ଯେ କୌଣସି କ୍ଷେତ୍ରରେ ଲେଖନୀ ଚଳାଇ ସେହି କ୍ଷେତ୍ରକୁ ପରିପୁଷ୍ଟ କରିପାରନ୍ତି। ଯଥାର୍ଥତଃ ଲେଖକୀୟ ପରିସରକୁ ନେଇ ଗୌରହରି ଦାସ ଯୁକ୍ତିଯୁକ୍ତ ମନ୍ତବ୍ୟ ଦେବା ସହିତ ନାଟକ ରଚନା ପ୍ରତି ସ୍ୱ-ମନୋଭାବ ପ୍ରକାଶ କରି କହନ୍ତି- "ମୋ ବିଚାରରେ କୁମ୍ଭାର ମାଟିରେ କଳସୀ, ଆଟିକା, ସୁରେଇ ସବୁ ଗଢ଼ନ୍ତି। ସାହିତ୍ୟିକଟିଏ ଶବ୍ଦର କାରିଗର। ସିଏ ଗପ ଲେଖୁଛି ବୋଲି କ'ଣ କବିତା ଲେଖିବ ନାହିଁ? ମୋତେ ତ ନାଟକ ଲେଖିବାଟା ବେଶୀ ଚ୍ୟାଲେଞ୍ଜିଂ ଲାଗେ। ମଞ୍ଚସ୍ଥ କରିବା ବ୍ୟୟସାପେକ୍ଷ ହେଉଥିବାରୁ ସେଆଡ଼େ ବେଶୀ ମନ ଦେଇପାରୁନାହିଁ।" (ସାକ୍ଷାତକାର) ତେବେ ଏସବୁ ମଧ୍ୟରେ ନାଟକ ରଚନାକୁ ଚ୍ୟାଲେଞ୍ଜ ଭାବେ ଗ୍ରହଣ କରୁଥିବା ପ୍ରତିଭାଶାଳୀ ସାହିତ୍ୟିକ ଗୌରହରି ଦାସଙ୍କ ବ୍ୟୟସାପେକ୍ଷ ଏହି ନାଟ୍ୟକଳା ପ୍ରତି ଅହେତୁକ ଆକର୍ଷଣ ଓ ଆଦର ବାସ୍ତବିକ ପ୍ରଶଂସନୀୟ।

ଗୌରହରି ଦାସଙ୍କ ସାହିତ୍ୟର ବିଭିନ୍ନ ବିଭାଗ ମଧ୍ୟରେ ନାଟ୍ୟ ପରିଧିର ସ୍ୱାତନ୍ତ୍ର୍ୟ ବେଶ୍ ବଳିଷ୍ଠ। ନାଟକ ରଚନା କ୍ଷେତ୍ରରେ ସେ ଜଣେ ବ୍ୟତିକ୍ରମ ସାରସ୍ୱତ ସ୍ରଷ୍ଟା। ଅଧ୍ୟୟନ କଲେ ଜଣାଯାଏ ଯେ, ପିଲାଟିବେଳୁ ନାଟ୍ୟକାର ଗୌରହରି ଦାସଙ୍କର ନାଟକ ପ୍ରତି ଥିଲା ଦୁର୍ବାର ଆକର୍ଷଣ। ଛାତ୍ରାବସ୍ଥାରେ ନାଟ୍ୟାଭିନୟ ଏବଂ ନାଟ୍ୟ ନିର୍ଦ୍ଦେଶନା ଦେଇ ବନ୍ଧୁମାନଙ୍କ ଦ୍ୱାରା ଉତ୍ସାହ ପାଉଁଟିଥିବା ଗୌରହରି ଦାସ ପାରିପାର୍ଶ୍ୱିକ ପ୍ରତିକୂଳତା ପାଇଁ ଅଭିନୟ ଓ ମଞ୍ଚଠାରୁ ଦୂରେଇ ଯାଇଥିଲେ। କଥାରେ ଅଛି- 'ମହତ ଇଚ୍ଛାରେ କେବେ ବି କଳଙ୍କି ଲାଗିପାରେନି। ସଂଘର୍ଷ ଏବଂ କର୍ତ୍ତବ୍ୟ ନିଷ୍ଠାରେ ଦିନେ ନା ଦିନେ ସେ ଉଜ୍ଜ୍ୱଳି ଉଠେ।' ଏହିପରି ଭାବରେ ଗୌରହରି

ଦାସଙ୍କର ମଳିନ ପଡ଼ିଯାଇଥିବା ସେଇ ସ୍ୱପ୍ନ ଝଲସି ଉଠିଛି। କଥାକାରରୁ ନାଟ୍ୟକାର ହେବାର ପଥଟି ହୋଇଛି ଉନ୍ମୁକ୍ତ। ବିଶିଷ୍ଟ ନିର୍ଦ୍ଦେଶକ ଓ ଅଭିନେତା ଶ୍ରୀ ଅନନ୍ତ ମହାପାତ୍ରଙ୍କ ଉତ୍ସାହ ଓ ପ୍ରେରଣା ପାଇ ସମୟୋପଯୋଗୀ ନାଟକ ରଚନା କରି ନାଟ୍ୟସାହିତ୍ୟକୁ କରିଛନ୍ତି ଶ୍ରୀସମୃଦ୍ଧ। ତନ୍ମଧ୍ୟରେ 'ଅପରାଧ' (୨୦୦୩), 'ଆମ ଘର ନକ୍‌ସା' (୨୦୨୧), 'ଆସାମୀ', 'ନୂଆ ଠିକଣା' ଓ 'ମାୟା' ନାଟକ ଗୌରହରିଙ୍କ ନାଟ୍ୟପ୍ରାଣତାର ଅଦ୍ୱିତୀୟ ସ୍ୱାକ୍ଷର। ମଞ୍ଚୋପଯୋଗିତା ଓ ନାଟ୍ୟାଙ୍ଗ ନିର୍ମାଣ କଳା କୌଶଳ ଦୃଷ୍ଟିରୁ ଏଗୁଡ଼ିକ ଏକ ଏକ ସାର୍ଥକ ସୃଷ୍ଟି। ଏସବୁ ହେଉଛି ନାଟ୍ୟକାର ଦାସଙ୍କ ପରିବେଶ, ଅଭିଜ୍ଞତା ଏବଂ ପ୍ରତିଭାର ଏକ ଏକ ମୂଲ୍ୟବାନ ଇସ୍ତାହାର । ତାଙ୍କର ଏ ସାହିତ୍ୟ ମନୋରଞ୍ଜନର ବଳିଷ୍ଠ ମାଧ୍ୟମ ସତ୍ୟ ମାତ୍ର; ତନ୍ମଧ୍ୟରେ ପ୍ରଚ୍ଛନ୍ନରେ ଉଦ୍‌ଘାଟିତ ହୋଇଛି ବ୍ୟକ୍ତି ତଥା ସମାଜ ସଚେତନତାର ବାର୍ତ୍ତା ଓ ସାମାଜିକ ମଣିଷର ପ୍ରକୃତ ସ୍ୱରୂପ। ପରିବାର, ସମ୍ପର୍କ, ସମାଜ, ସ୍ନେହ-ସୌହାର୍ଦ୍ଦ୍ୟ, ଜାଗତିକ ଜୀବନର ପ୍ରତ୍ୟକ୍ଷାନୁଭବୀ ଭାବରେ ସେ ସମଗ୍ର ପାଠକ ତଥା ଦର୍ଶକଙ୍କୁ ଶୁଣାଇଛନ୍ତି ଜୀବନର ରହସ୍ୟ ଓ ବଞ୍ଚିବାର କଳା। ସାଧାରଣ ମଣିଷର କଥା ଏବଂ ସେମାନଙ୍କ ହୃଦୟର ଭାଷା ତାଙ୍କ ନାଟକର ହୋଇଛି ମୁଖ୍ୟ ସ୍ୱର। ବାସ୍ତବତାର ରୂପକାର ଭାବରେ ତନ୍ନତନ୍ନ କରି ଏସବୁର ଯଥାର୍ଥ ରୂପ ଦର୍ଶାଇଛନ୍ତି ସ୍ୱ-ନାଟ୍ୟ ସାହିତ୍ୟରେ। ସର୍ବସାଧାରଣଙ୍କ ଜୀବନର କଥା କହିଛି ଗୌରହରି ଦାସଙ୍କ ନାଟକ। ମଣିଷର ଜୀବନ, ଜୀବିକା, ଅନୁଭବ, ସାମାଜିକ କ୍ରିୟାକଳାପ, ମଣିଷର କଥା ଅତି ସ୍ପଷ୍ଟ ଭାବରେ ବଖାଣିଛି ତାଙ୍କ ସାହିତ୍ୟ। ପ୍ରକୃତ ବାସ୍ତବବାଦୀ ସାହିତ୍ୟରେ ଥାଏ, ସାଧାରଣ ମଣିଷ ଜୀବନର ସଂଘର୍ଷ କଥା। ସତ୍ୟହିଁ ବାସ୍ତବବାଦର ମୂଳପୁଞ୍ଜି। ତେଣୁ କୁହାଯାଇଛି-

"Realism in art may be considered generally the antithesis of idealism that the representation of things as they are and not in imagined perfection."

(Everyman's Dictionary of Pictorial Art, P-II, P-213)

ଏ ଦୃଷ୍ଟିରୁ ନାଟ୍ୟକାରଙ୍କ ବାସ୍ତବ ଦୃଷ୍ଟି ଅନୁରୂପ ଭାବରେ ପ୍ରକାଶ ପାଇଛି।

ନାଟ୍ୟକାରଙ୍କ ଦୃଷ୍ଟିକୋଣ ସମସ୍ତ ନାଟକରେ ସୁଦୂରପ୍ରସାରୀ। ସାମଗ୍ରିକ ଭାବରେ ଦେଖିଲେ ତାଙ୍କ ନାଟକ ବହୁ ଦିଗନ୍ତକୁ ସ୍ପର୍ଶ କରିଛି। ଯେମିତିକି -

- ବସ୍ତୁତାନ୍ତ୍ରିକ ସମାଜ ବ୍ୟବସ୍ଥାର କଥା।
- ରାଜନୀତିକ ପ୍ରତାରଣାର ରହସ୍ୟ ଉନ୍ମୋଚନ।

- ଭାରତୀୟ ତଥା ଓଡ଼ିଆ ସଂସ୍କୃତି ପ୍ରତି ଶ୍ରଦ୍ଧାଶୀଳ ଦୃଷ୍ଟି।
- ପଲ୍ଲୀପ୍ରାଣତା।
- ଅବକ୍ଷୟଗ୍ରସ୍ତ ସାମ୍ପ୍ରତିକ ପାରିବାରିକ ଜୀବନର ଚିତ୍ର।
- ଅର୍ଥପିପାସୁ ମଣିଷଙ୍କ ପ୍ରତି ବ୍ୟଙ୍ଗ ଦୃଷ୍ଟି।
- ସାଧାରଣ ଅସହାୟ ମଣିଷର ବିକଳ ସ୍ୱର।
- ଆବେଗଶୂନ୍ୟ, ଯନ୍ତ୍ରବତ୍ ସହରୀ ମଣିଷର କଥା।
- ଦୁର୍ନୀତି, ବ୍ୟଭିଚାର, ଶୋଷଣ ବିରୋଧରେ ପରୋକ୍ଷ ପ୍ରତିବାଦ।
- ଆତ୍ମୀୟଙ୍କ ପ୍ରତି ଆଜିର ଯୁବପିଢ଼ିଙ୍କ ଅନୁଦାର ଦୃଷ୍ଟି, ଇତ୍ୟାଦି।

ନାଟ୍ୟକାର ଗୌରହରିଙ୍କ ଲେଖନୀ ନିଃସୃତ ନାଟକଗୁଡ଼ିକ ସମ୍ପର୍କରେ ନିମ୍ନରେ କିଞ୍ଚିତ୍ ଦୃଷ୍ଟିପାତ କରାଗଲା।

ଅପରାଧ:

ନାଟ୍ୟ ସାହିତ୍ୟ କ୍ଷେତ୍ରରେ ବାସ୍ତବତାର ଯଥାର୍ଥ ରୂପକାର ଭାବରେ ଗୌରହରିଙ୍କ ପ୍ରଥମ ସ୍ୱାକ୍ଷର ହେଉଛି 'ଅପରାଧ'। ସମାଜର ବିଶୃଙ୍ଖଳା, ବିଶ୍ୱାସହୀନତା ଏବଂ ଅସଂଲଗ୍ନତା ପରି ବାସ୍ତବତାର ଅନ୍ୟତମ ବୈଶିଷ୍ଟ୍ୟ ନେଇ ଏହି ନାଟକର ଜନ୍ମ। ଏହା ୨୦୦୧ ମସିହା ଫେବ୍ରୁଆରି ୨୭ ତାରିଖ ଦିନ ରବୀନ୍ଦ୍ରମଣ୍ଡପରେ ମଞ୍ଚାୟନ ହୋଇ ୨୦୦୩ ମସିହାରେ ପୁସ୍ତକାକାରରେ ପ୍ରକାଶ ପାଇଥିଲା। ସାଗରିକା, ଦେବଦତ୍ତ, ପୁଲିସ ଇନ୍ସପେକ୍ଟର, ବିନୋଦ, ଅରବିନ୍ଦ ପଟ୍ଟନାୟକ, ପିଣ୍ଟୁ, କଳ୍ପନା, ଅଶୋକ, ସଦାନନ୍ଦ, ସୀମାଞ୍ଚଳ, ତିଗଲ, ମହାପାତ୍ର, ନରେନ୍ଦ୍ର ସିଂହ, ମିଷ୍ଟର ଚୌଧୁରୀ, ବିନୋଦର ମାଆ, ସନ୍ତୋଷ, କାର୍ତ୍ତିକ ପ୍ରଭୃତି ଚରିତ୍ର ଦ୍ୱାରା କାହାଣୀଟି ଗତିଶୀଳ ହୋଇଛି। ଏହା ଏକ ସାମାଜିକ ସମସ୍ୟାମୂଳକ ନାଟକ। ଅପରାଧ ପରି ଗୁରୁତର ସମସ୍ୟାରେ ଆଜି ବି ସମାଜ ଭୀତତ୍ରସ୍ତ। ଅନ୍ୟାୟର ପ୍ରତିବାଦ କରିବାକୁ ଯାଇ ସଇତାନ ଅପରାଧୀର ଚୋଟରେ ବଳି ପଡ଼ିଯାଉଛି ନିରୀହ ମଣିଷ। ସୁଶିକ୍ଷିତ ଅଥଚ ଆତ୍ମସ୍ୱାର୍ଥୀ ସାଧାରଣ ଜନତାଙ୍କ ନିରବତା, ଅଣଦେଖାପଣ ପାଇଁ ଏ ସମସ୍ୟା ଦିନକୁ ଦିନ ଗୁରୁତର ହେବାରେ ଲାଗିଛି। ରାଜନେତା, ଜଙ୍ଗଲ ମାଫିଆ, ଲାଞ୍ଚଖୋର ସରକାରୀ କର୍ମଚାରୀ ପ୍ରମୁଖ କ୍ଷମତାଶାଳୀ ବ୍ୟକ୍ତିବିଶେଷଙ୍କ ଛତ୍ରଛାୟା ପାଇ ଅପରାଧୀ ଅପରାଧ କରିବାର ସୁଯୋଗ ପାଉଛି। 'ଆପେ ବଞ୍ଚିଲେ ବାପର ନାଁ' ନ୍ୟାୟରେ ଅପରାଧର ପ୍ରତ୍ୟକ୍ଷଦର୍ଶୀ ନିଜ ତୁଣ୍ଡରେ ତାଲା ବାନ୍ଧୁଛି। ଏ ପରିପ୍ରେକ୍ଷୀରେ ନାଟ୍ୟକାର ଗୌରହରି ଦାସଙ୍କ 'ଅପରାଧ' ଏକ ବ୍ୟତିକ୍ରମ ସୃଷ୍ଟି।

ସମାଜର ସୁଚିନ୍ତିତ ନାଗରିକଙ୍କ ଅନ୍ତର୍ଦୃଷ୍ଟିକୁ ସେ ଉନ୍ମୁକ୍ତ କରିଦେଇଛନ୍ତି। ଅପରାଧ ଏବଂ ଅପରାଧୀ ବିରୋଧରେ ସ୍ୱର ଉତ୍ତୋଳନ ପାଇଁ ପରୋକ୍ଷରେ ଆହ୍ୱାନ ଦେଇଛନ୍ତି। ଅପରାଧର ସ୍ୱରୂପ ବାଢ଼ିବାକୁ ଯାଇ ସ୍ୱୟଂ ନାଟ୍ୟକାର କହନ୍ତି -

"ଅପରାଧ କରୁଥିବା ବ୍ୟକ୍ତି କେବଳ 'ଅପରାଧୀ' ନୁହେଁ, ଅପରାଧ ହେଉଥିବାର ଦେଖି ନିରବ ରହୁଥିବା ଲୋକ ମଧ୍ୟ ଅପରାଧୀ। x x x ଅପରାଧ ନଷ୍ଟ ସମାଜ ଭିତରେ ଆଶା ଉପତ୍ୟକାର କାହାଣୀ, ସବୁ ଅନ୍ଧାର ଭିତରେ ଏକ ଆଲୋକିତ ସକାଳର ପ୍ରତିଶ୍ରୁତି।" (୩)

ଉଚ୍ଚଶିକ୍ଷିତ, ସମାଜସେବୀ ବିନୋଦ ଅସାମାଜିକ ବ୍ୟକ୍ତିଙ୍କ କ୍ରିୟାକଳାପକୁ ବିରୋଧ କରିବାରୁ ଷଡ଼ଯନ୍ତ୍ର କରି ତାଙ୍କୁ ନୃଶଂସ ଭାବରେ ହତ୍ୟା କରାଯାଇଛି। ଏହାର ପ୍ରତ୍ୟକ୍ଷଦର୍ଶୀ ଥିଲେ ରେଞ୍ଜର ଦେବଦତ୍ତଙ୍କ ପତ୍ନୀ ତଥା ପିଣ୍ଟୁର ମାଆ ସାଗରିକା। ହତ୍ୟାକାରୀ କ୍ଷମତାଶାଳୀ ରାଜନେତାଙ୍କ ବାହୁଛାୟା ତଳେ ସୁରକ୍ଷିତ ରହିଛି। ସାଗରିକାଙ୍କୁ ଫୋନ୍ ଯୋଗେ ଧମକ ଦେଇ ତାଙ୍କ ମୁହଁ ବନ୍ଦ ରଖିବାକୁ ଅପରାଧୀମାନେ ଚାପ ପକାଇଛନ୍ତି। ଘଟଣାକ୍ରମେ ବିନୋଦର ପାଗଳୀ ମାଆଙ୍କ ଖେଦ ସାଗରିକାଙ୍କ ମାତୃତ୍ୱକୁ ଉଚ୍ଚାଟିତ କରିଛି। ଫଳରେ ସେ ପ୍ରମାଣ ସ୍ୱରୂପ ସତ୍ୟ ସାକ୍ଷ୍ୟ ପ୍ରଦାନ କରିଛନ୍ତି। କଳାମୁଖା ପିନ୍ଧା ସଇତାନଙ୍କ ଗୁମର ଉନ୍ମୋଚିତ ହୋଇଛି।

ଅସୁରକ୍ଷିତ ସମୟର ଘନ ଅନ୍ଧକାର ଭିତରେ ଏ ନାଟକ ଏକ ନୂତନ ସକାଳର ସଙ୍କେତ ଦେଇଛି। ସାଗରିକା, ପୋଲିସ୍, ଦେବଦତ୍ତ, ବାଳକ ପିଣ୍ଟୁ ମାଧ୍ୟମରେ ସୂର୍ଯ୍ୟୋଦୟର ନୂତନ କିରଣ ହୋଇଛି ଉଦ୍ଭାସିତ। ନାଟ୍ୟକାର ଏ ନାଟକ ଜରିଆରେ ଅପରାଧକୁ ଦେଖି ସୁଦ୍ଧା ନିରବ ରହୁଥିବା ସମଗ୍ର ବିବେକବାନ୍ ମଣିଷ ସମାଜକୁ ଚେତେଇ ଦେଇ ଦେବଦତ୍ତ ମୁଖରେ ସାରଗର୍ଭକ ମନ୍ତବ୍ୟ ରଖି କହିଛନ୍ତି -

"x x x ଧୃତରାଷ୍ଟ୍ରର ରାଜସଭାରେ ମହାବୀର ଭୀଷ୍ମ, ମହାଦାନୀ କର୍ଣ୍ଣ, ଗୁରୁଦେବ ଦ୍ରୋଣାଚାର୍ଯ୍ୟ ସମସ୍ତେ ଏମିତି ମୁଣ୍ଡ ତଳକୁ ପୋତି ଦେଇଥିଲେ। ଜାଣନ୍ତି ମହାପାତ୍ର ବାବୁ, ଯେତେବେଳେ ସମାଜର ସବୁଠୁ ଜ୍ଞାନୀ, ସବୁଠୁ ବଳଶାଳୀ ଓ ବିବେକବାନ ଲୋକ ସବୁ ଦେଖି ନ ଦେଖିଲା ପରି ମୁଣ୍ଡ ତଳକୁ କରିନିଅନ୍ତି ସେତେବେଳେ ସେ ସମାଜ, ଭରପୂର କୁରୁସଭାରେ ଦ୍ରୌପଦୀ ବିବସ୍ତ୍ର ହେଲା ପରି ବିପର୍ଯ୍ୟସ୍ତ ହୋଇପଡ଼େ। ତାକୁ ଆଉ ଧ୍ୱଂସ ମୁହଁରୁ ରକ୍ଷା କରିବା ସମ୍ଭବ ହୁଏ ନାହିଁ।" (୪)

ଯଥାର୍ଥତଃ ମଣିଷର ଏଭଳି ମୂକାଭିନୟହିଁ ତା' ଦୁର୍ଗତିର ଅସଲ କାରଣ। ଅନେକର ସୁରକ୍ଷାରେ ବ୍ୟକ୍ତିଟିଏ ନିଜକୁ ସୁରକ୍ଷିତ ରଖିପାରେ। ବେଳ ଥାଉଁ ଥାଉଁ

ଏଥିପ୍ରତି ସତର୍କ ନ ହେଲେ ନିଜେ ନଚେତ୍ ନିଜର ଆତ୍ମୀୟସ୍ୱଜନଙ୍କୁ ଅତ୍ୟାଚାରର ଶିକାର ହେବାକୁ ପଡ଼େ। ଏ ନାଟକ ବ୍ୟକ୍ତି ଅପେକ୍ଷା ସମୂହ କଲ୍ୟାଣର ମହତ୍ ଚିନ୍ତାଧାରାକୁ ଅଙ୍କିତ କରେ।

ତଦନୁରୂପ ଅଶୋକ ମୁଖରେ ଆଜିର ଏଇ ସାମାଜିକ ମଣିଷର ସ୍ୱରୂପ ଯଥାର୍ଥ ଭାବରେ ଅନୁଶୀଳନ କରି ନାଟ୍ୟକାର କହନ୍ତି -

"ହଁ, ଆମ ସମାଜର ଲୋକମାନେ ବାହାରକୁ ଯାହା ଦେଖେଇ ହୁଅନ୍ତି, ଭିତରେ ସେଇଆ ନୁହନ୍ତି। ଡ୍ରଇଂରୁମ୍ ଆଲୋଚନାବେଳେ ସମସ୍ତେ ନିର୍ଭୀକ ଓ ସଚ୍ଚୋଟ ବୋଲି ଦେଖେଇ ହୁଅନ୍ତି। କିନ୍ତୁ ବାହାରେ ଠିକ୍ ଓଲଟା। x x x କିଛି ଲୋକ ନିଜର ବ୍ୟକ୍ତିଗତ ଲାଭପାଇଁ ମୁହଁରେ ତୁଣ୍ଡି ବାନ୍ଧି ରୁହନ୍ତି। କିଛି ଲୋକ ଭୟ କରି ଚୁପ୍ ରୁହନ୍ତି। ଆଉ କିଛି ଲୋକ ଭବିଷ୍ୟତରେ କିଛି ଫାଇଦା ମିଳିବା ଆଶା କରି ମୁହଁ ବୁଲାଇ ନିଅନ୍ତି। ଫଳରେ କୌଣସି ମର୍ଡର, ରେପ୍ କି ଡକାୟତି ଘଟିଲେ କିଛିଦିନ ତା'ର ଚର୍ଚ୍ଚା ହୁଏ, ତା'ପରେ ସାକ୍ଷୀ ପ୍ରମାଣ ଅଭାବରୁ କେସ୍ ବନ୍ଦ ହୋଇଯାଏ।" (୫)

କୌଣସି କ୍ଷେତ୍ରରେ କାର୍ଯ୍ୟନ୍ୟସ୍ତ ସଚ୍ଚୋଟ ବ୍ୟକ୍ତିବର୍ଗ ନିଷ୍ଠାପର କର୍ତ୍ତବ୍ୟକୁ ଆଦର୍ଶ ମନେ କରନ୍ତି। ଏହି କର୍ତ୍ତବ୍ୟର ନିଷ୍ଠା ପାଇଁ କେଉଁଠି ତାଙ୍କୁ ପ୍ରଶଂସାର ପାତ୍ର ହେବାକୁ ପଡ଼େ ତ ପୁଣି କେଉଁଠି ଏଥିପାଇଁ ଅପରାଧୀ ବ୍ୟକ୍ତିର ବିଷ-ନଜରର ଶିକାର ହେବାକୁ ହୁଏ। ନିଜର ନିଷ୍ଠାପରତା ପାଇଁ ପ୍ରତି ମୁହୂର୍ତ୍ତରେ ପ୍ରତିକୂଳତାକୁ ସମ୍ମୁଖୀନ କରି, ଅସାମାଜିକ ଖଳଲୋକଙ୍କ ଦ୍ୱାରା କ୍ଷତବିକ୍ଷତ ହେଉଥିବା କର୍ମଚାରୀଙ୍କ ଉଦ୍ଦେଶ୍ୟରେ ନାଟ୍ୟକାରଙ୍କ ସାମାଜିକ ଦୃଷ୍ଟିଭଙ୍ଗୀ ଅତି ଚମତ୍କାର ଭାବରେ ନାଟକର ଅନ୍ୟତମ ଚରିତ୍ର ମହାପାତ୍ର ମୁଖରେ ଫୁଟିଉଠିଛି -

"ଯୋଉ ଗଛ ଯେତେ ନିଷ୍ଠାର ସହ ବଢ଼େ, ସେ ଗଛର ବେଳ କାଳ ସେତେ ଶୀଘ୍ର ପୂରିଯାଏ। ତାକୁ ସେତେ ଶୀଘ୍ର ହାଣି କରତକଳକୁ ପଠେଇ ଦିଆଯାଏ।" (୬)

ମାନବ ଚରିତ୍ରରେ ଲୁକ୍କାୟିତ ଅପରାଧିକ ମାନସିକତା ଉପରେ ବିଜୟପ୍ରାପ୍ତି ହିଁ ଗୌରହରିଙ୍କ ଆଲୋଚ୍ୟ ନାଟକର ଅନ୍ତଃସ୍ୱର। ନିଷ୍ଠାପରତା ପ୍ରତି ସମାଜର ଏ ଚିରାଚରିତ ଚେତନାକୁ ବଦଳେଇବା ଅଭିପ୍ରାୟ ନେଇ ପାଠକ ତଥା ଦର୍ଶକ ହୃଦୟରେ ସ୍ୱ-ହାତଗଢ଼ା ଚରିତ୍ର ମାଧ୍ୟମରେ ଦୃଢ଼ ଆତ୍ମବିଶ୍ୱାସ ବଢ଼େଇଛନ୍ତି ନାଟ୍ୟକାର। ନିଷ୍ଠାପର ବ୍ୟକ୍ତି ମାଧ୍ୟମରେ ନାଟ୍ୟକାର ଦାସଙ୍କ ନିଷ୍ଠାପରକୁ ନେଇ ଦାର୍ଶନିକ ଦୃଷ୍ଟିକୋଣ ବେଶ୍ ସୂକ୍ଷ୍ମ। ଏହା ସହ ନାଟ୍ୟକାରଙ୍କ ଚରିତ୍ରଗୁଡ଼ିକ କେତେ ସକାରାତ୍ମକ ଚେତନା (positive consciousness) ରଖନ୍ତି ତାହା ଦେବଦତ୍ତ ଦ୍ୱାରା ଉପରୋକ୍ତ ମନ୍ତବ୍ୟର ପ୍ରତ୍ୟୁତ୍ତରରୁ ଉପଲବ୍ଧି କରିହୁଏ।

"ନା, ମହାପାତ୍ର ବାବୁ। ସେମିତି କୁହନ୍ତୁ ନାହିଁ। ନିଷ୍ଠା କେବେ ବି ବ୍ୟର୍ଥ ହୁଏନାହିଁ। ଗଛରୁ ପତ୍ର ଝଡ଼ିଯିବ, ଡାଳରୁ ଫୁଲଫଳ ଝଡ଼ିଯିବ। ସେ ଗଛ କାଠ ହୋଇ ଯିବ କରତକଳକୁ। ସେଠି ବି ସେ ଖଣ୍ଡ ଖଣ୍ଡ ହୋଇ କଟାଯିବ। ହୁଏତ ବଢ଼େଇ ତହିଁରେ କବାଟ କି ଝରକା ତିଆରି କରିବ। ତଥାପି, ରନ୍ଦା ମାରିବାବେଳେ ସେ କାଠର ମଞ୍ଜକୁ ଦେଖି ବୁଝିବ, ଏ ଗଛ ନିଷ୍ଠାର ସହ ବଢ଼ିଥିଲା।" (୭)

ବାସ୍ତବିକ କୌଣସି ବ୍ୟକ୍ତିର ବ୍ୟକ୍ତିତ୍ୱ ତା'ର କର୍ମରେ ହିଁ ପ୍ରସ୍ଫୁଟିତ ହୋଇଥାଏ। ଆଜି ନହେଲେ କାଲି ନିଶ୍ଚିତ କେହି ତା'ର ନିଷ୍ଠାପରତାକୁ ବୁଝନ୍ତି, ଅନୁପ୍ରାଣିତ ହୁଅନ୍ତି, ଏହା ସତ୍ୟ। ମଣିଷ ଜନ୍ମ ହୋଇଛି ମାନେ ମୃତ୍ୟୁ ଅବଶ୍ୟମ୍ଭାବୀ। ତେଣୁ ଲେଖକଙ୍କ ମହତ ଦୃଷ୍ଟି କହେ- "ବିବେକବାନ ଓ ସଚେତନ ମଣିଷକୁ ହିଁ ସମୟ ମନେ ରଖେ। ସୁତରାଂ ମଣିଷ ଭୟାତୁର ହୋଇ ନିଜର ମହତ୍ ମାନବିକତାର ଧର୍ମକୁ ଭୁଲି ଆପଣାର ବିବେକ ହରାଇବା ଅନୁଚିତ।"

ସାମଗ୍ରିକ ଭାବରେ ବିଚାର କଲେ ଏ ନାଟକରେ ନିମ୍ନ ବୈଶିଷ୍ଟ୍ୟ ଗୁଡ଼ିକ ଦୃଷ୍ଟିଗୋଚର ହୁଏ -

୧. ଅସୁରକ୍ଷିତ ସମୟ ଓ ସମାଜର ଚିତ୍ର।
୨. ସଚ୍ଚୋଟ କର୍ତ୍ତବ୍ୟ ପରାୟଣ ସରକାରୀ ଅଫିସରଙ୍କୁ ବଦନାମ କରିବାପାଇଁ ହୀନ ଚକ୍ରାନ୍ତ।
୩. ଦୁର୍ନୀତିଖୋର ଅଫିସର, ରାଜନେତାଙ୍କ କ୍ଷମତାର ଅପବ୍ୟବହାର।
୪. ଅସାମାଜିକ ମଣିଷର ଘୃଣ୍ୟ ଚିନ୍ତାଧାରାର ଅସୁରକ୍ଷିତ କ୍ରିୟାକଳାପ କଥା।
୫. ଅପରାଧକୁ ପ୍ରଶ୍ରୟ ଦେଉଥିବା ସାମାଜିକ ମଣିଷ ପ୍ରତି ନାଟ୍ୟକାରଙ୍କ କଟାକ୍ଷ।
୬. ଦୁର୍ନୀତିକୁ ବିରୋଧ କରୁଥିବା ମଣିଷର ଦୁଃସ୍ଥିତି।
୭. ସଭ୍ୟ ମଣିଷର ଚେହେରା ତଳେ ଲୁଚି ରହିଥିବା ଅପରାଧପ୍ରବଣ ମାନସିକତାର ଉଦ୍‌ଘାଟନ।
୮. ମଣିଷ ଭିତରେ ସାହସ ଏବଂ ଉତ୍ସାହ ପ୍ରଦାନ ନିମନ୍ତେ ନାଟ୍ୟକାରଙ୍କ ପ୍ରଚ୍ଛନ୍ନ ପ୍ରେରଣା।
୯. ସନ୍ତାନହରା ମମତାମୟୀ ଜନନୀର ଆର୍ତ୍ତ ଚିତ୍କାରର କରୁଣ ବ୍ୟଥା।
୧୦. ମା'ଟିଏ ସନ୍ତାନ ପାଇଁ ସତ୍ୟକୁ ସାମ୍ନା କରିବା ପରି ଦୁଃସାହସର କଥା।
୧୧. ପିଣ୍ଟୁ ପରି କୁନି ବାଳକଙ୍କ ମାଧ୍ୟମରେ ମଧ୍ୟ ଅପରାଧକୁ ରୋକିବା ପାଇଁ ନାଟ୍ୟକାରଙ୍କ ପ୍ରଶଂସନୀୟ ଉଦ୍ୟମ ଓ ଚେଷ୍ଟା ଇତ୍ୟାଦି।

ଆଖିଦେଖା ଘଟଣାକୁ ଅଣଦେଖା କରୁ ନ ଥିବା ନାଟ୍ୟକାର ଗୌରହରିଙ୍କ

ନାଟ୍ୟରୂପ ନାନା ପ୍ରତିକୂଳ ସ୍ଥିତି ଭିତରେ ମଧ୍ୟ ସକରାତ୍ମକ ଚିନ୍ତାର ସ୍ୱାକ୍ଷର ଅଙ୍କନ କରେ। ଦୁଃସ୍ଥ ସମାଜରେ ଥାଇ ମଧ୍ୟ ସଂଘର୍ଷରତ ତାଙ୍କ ନାଟକର ଚରିତ୍ର ଭିତରେ ସେ ଅସୀମ ସମ୍ଭାବନା ଓ ଆତ୍ମବଳ ଯୋଗାଇ ଦେଇଛନ୍ତି। ତାଙ୍କ ଚରିତ୍ର ପରିସ୍ଥିତିକୁ ସାମ୍ନା କରିଛି। ସମସ୍ୟା ଆଗରେ ମୁଣ୍ଡ ନୁଆଇଁନି; ତା'ର ପ୍ରତିକାର ପାଇଁ ଅଣ୍ଟା ଭିଡ଼ିଛି। ଅପରାଧ ଦୁନିଆର ଅନ୍ଧାର ଭିତରେ ଆଜିର ମଣିଷ ସମାଜ ପାଇଁ ସେମାନଙ୍କ ମାଧ୍ୟମରେ ନାଟ୍ୟକାର ନିର୍ଭୟରେ ବଞ୍ଚିବାର ମାର୍ଗଟିଏ ଉନ୍ମୋଚନ କରିପାରିଛନ୍ତି।

ଆମ ଘର ନକ୍ସା:

ନାଟ୍ୟକାର ଗୌରହରି ଦାସଙ୍କ ଅନ୍ୟତମ ଲୋକପ୍ରିୟ ନାଟକ 'ଆମ ଘର ନକ୍ସା'। ଏହା ତାଙ୍କର 'ଘର' ଗଳ୍ପର ମୂଳଦୁଆ ଉପରେ ନିର୍ମିତ। ୯୬ ପୃଷ୍ଠା ବିଶିଷ୍ଟ ଏହି ନାଟକଟି 'ପେନ୍ ଇନ୍ ପବ୍ଲିକେଶନ୍' ଦ୍ୱାରା ୨୦୨୧ ମସିହାରେ ପ୍ରକାଶ ପାଇଛି। ଏହା ପୂର୍ବରୁ ନାଟକଟି ୨୦୧୯ ଫେବ୍ରୁଆରି ୪ ତାରିଖ 'ରବୀନ୍ଦ୍ର ମଣ୍ଡପ'ରେ ପ୍ରଥମେ ମଞ୍ଚାୟନ ହୋଇଥିଲା। ଏ କାହାଣୀର ବିକାଶ ହୋଇଛି ମାନଗୋବିନ୍ଦ ମହାପାତ୍ର (ବାପା), ସିଦ୍ଧାର୍ଥ ମହାପାତ୍ର (ବଡ଼ ପୁଅ- ବୁଢ଼ା), ସୁଶାନ୍ତ ମହାପାତ୍ର (ସାନ ପୁଅ-ଲିଟୁ), ରଞ୍ଜୁ ମହାପାତ୍ର (ବଡ଼ ବୋହୂ), ମମତା ମହାପାତ୍ର (ସାନ ବୋହୂ), ମଣ୍ଟୁ (ବଡ଼ପୁଅର ପୁଅ), ସୋନା (ସାନପୁଅର ଝିଅ), ମାନସ (ସିଦ୍ଧାର୍ଥର ବନ୍ଧୁ), ଡକ୍ଟର ରାୟ, ବ୍ରଜମୋହନ, ଶ୍ୟାମଚରଣ, ସୋମନାଥ, ଗ୍ରାମବାସୀ (୧), ଗ୍ରାମବାସୀ (୨), ଖୁଡ଼ୀ, ଟ୍ୟାକ୍ସି ଡ୍ରାଇଭର, ଭ୍ରମରବର ପ୍ରମୁଖ ଚରିତ୍ରମାନଙ୍କ ଦ୍ୱାରା। ଏହା ହେଉଛି ବର୍ତ୍ତମାନର ପ୍ରମୁଖ ସମସ୍ୟାଭିତ୍ତିକ ନାଟକ। ଚରିତ୍ର ଠାରୁ ଆରମ୍ଭ କରି ମଞ୍ଚାୟନ ପର୍ଯ୍ୟନ୍ତ ଏହାର ନିଖୁଣ ପରିପାଟୀରେ ପାଠକ ଏବଂ ଦର୍ଶକର ହୃଦୟ କରୁଣ ରସରେ ଦ୍ରବୀଭୂତ ହୋଇଯାଏ। ମଣିଷ ଜୀବନର ଶ୍ରେଷ୍ଠ ଆଶ୍ରୟ ତା' ଘର। ଜୀବନର ଯାବତୀୟ କର୍ମ ପ୍ରଚୋଦନା ପଛରେ ଥାଏ ଘରଟିଏ ଗଢ଼ିବାର ଏକ ସୁନ୍ଦର ପରିକଳ୍ପନା। ମନେ ମନେ ସେ ଘରର ନକ୍ସା ତିଆରି କରେ। ଆଉ ଯେତେବେଳେ ସେ ନକ୍ସା ଖଣ୍ଡିତ ହୁଏ ସେତେବେଳେ ସେ ଭାଙ୍ଗିପଡ଼େ, ମର୍ମାହତ ହୁଏ।

ଆଜିର ସମୟରେ ଯୌଥ ପରିବାର ଭାଙ୍ଗିଛି। ତା' ସ୍ଥାନରେ ଚକାମାଡ଼ି ବସିଛି ଛୋଟ ପରିବାର। ବିଶେଷକରି ସହରରେ ନିଜର ସ୍ଥିତି ପ୍ରତିଷ୍ଠା ପାଇଁ ଏ ମଣିଷ ଆଜି ବ୍ୟାକୁଳ ଓ ବ୍ୟସ୍ତ। ଅର୍ଥପିପାସାର ମୋହରେ ସେ ପାଲଟି ଯାଇଛି ଯନ୍ତ୍ରମାନବ। ଧାଁଦୌଡ଼ ଜୀବନ ଭିତରେ ଆତ୍ମୀୟଙ୍କ ଆବେଗାନୁରାଗ ପ୍ରତି ତା'ର କୌଣସି ଆସ୍ପୃହା ନାହିଁ। ସ୍ଥାପତ୍ୟ ତତ୍ତ୍ୱବିତ୍ Joseph Hudnut ଅନୁରୂପ ଭାବରେ ଏଭଳି ଆବେଗଶୂନ୍ୟ ଐହିକ

ସୁଖରେ ଲିପ୍ତ ଅଶାନ୍ତ ଅସ୍ଥିର ମଣିଷର ସଂଜ୍ଞା ଦେଇ କହିଛନ୍ତି- "Unsentimental and locked to science to improve the quality of life." ଅପରପକ୍ଷେ ଯେଉଁ ଧୂଳିମାଟିର ଗାଁ ମଣିଷଟି ମାଟି ସହ ମାଟି ହୋଇ ନିଜ ସନ୍ତାନଙ୍କ ସ୍ୱପ୍ନକୁ ସାର୍ଥକ କରିବା ପାଇଁ ନିଜକୁ ତିଳ ତିଳ କରି ନିଃଶେଷ କରିଥିଲା, ପରିଶେଷରେ ସେ ହୋଇଛି ସେଇ ସନ୍ତାନମାନଙ୍କ ଦ୍ୱାରା ଅବହେଳିତ, ଅପମାନିତ। ଚାକିରିଜୀବୀ ସହରିଆ ପୁଅ ପାଇଁ ସେମାନଙ୍କ ସ୍ୱପ୍ନ, ଭାବପ୍ରବଣତା ହୋଇଛି ମୂଲ୍ୟହୀନ। ମିଛ ପ୍ରୋତ୍ସାହନ ପାଇ ବଞ୍ଚି ରହିଥିବା ଏହି ନିଃସଙ୍ଗ ମଣିଷମାନେ ନିଜର ଅପୂର୍ଣ୍ଣ ସ୍ୱପ୍ନକୁ ସାଉଁଟି, ଅଜସ୍ର ବେଦନାକୁ ମୁଠା କରି ହଠାତ୍ ଦିନେ ମୃତ୍ୟୁର କୋଳରେ ଶୋଇଯା'ନ୍ତି। ମାଟିମଣିଷର ଏହି ଦରଦଭରା କାହାଣୀ ଆବେଗପ୍ରବଣ ସାହିତ୍ୟିକଙ୍କ ହୃଦୟକୁ ଆଲୋଡ଼ିତ କରିଛି। ସେମାନଙ୍କ ସ୍ୱପ୍ନଭଙ୍ଗ ଓ ସରଳ ଭାବନାର କରୁଣ ଧ୍ୱନିରେ ଗୁଞ୍ଜରି ଉଠିଛି ସାହିତ୍ୟର ପ୍ରତ୍ୟେକ ପୃଷ୍ଠା। ଏହିଭଳି କିଛି ଅସହାୟଙ୍କ ମୁଖପତ୍ର ଭାବରେ ଗଳ୍ପ, ଉପନ୍ୟାସ, କବିତା, ନାଟକାଦି ଜୀବନ୍ତ ରୂପଲାଭ କଲା। ଅସହାୟ ବୃଦ୍ଧ ପିତାମାତାଙ୍କ ଓଦା ଆଖିରେ ପୃଷ୍ଠାଗୁଡ଼ିକ ଭିଜିଛି, ପୁଣି ଶୂନ୍ୟ ହୃଦୟର ଜଡ଼ତାରେ ଦିଶିଛି ଆହୁରି ପାଣ୍ଡୁର, ବିବର୍ଣ୍ଣ।

ଏହିଭଳି ସମାଜର ନିତ୍ୟ ବାସ୍ତବତାକୁ ନେଇ ନାଟ୍ୟକାର ଗୌରହରି ଦାସଙ୍କ 'ଆମ ଘର ନକ୍ସା' ନାଟକର ପରିକଳ୍ପନା। ନାଟ୍ୟକାରଙ୍କ ଆଖିଦେଖା ଘଟଣା, ପ୍ରତ୍ୟକ୍ଷାନୁଭୂତିର ଏହା ଏକ ଅଶ୍ରୁସଜଳ ଶବ୍ଦଲିପି। ଏହାର ମୁଖ୍ୟ ଚରିତ୍ର ହେଉଛନ୍ତି 'ମାନଗୋବିନ୍ଦ' ଯେ କି ସମଗ୍ର ଅସହାୟ ଅବହେଳିତ ବୃଦ୍ଧ ପିତାମାତାଙ୍କ ପ୍ରତିନିଧିତ୍ୱ କରନ୍ତି। ଗାଁ ଭିଟାମାଟିକୁ ସର୍ବସ୍ୱ ମନେକରୁଥିବା ମାନଗୋବିନ୍ଦ, ପତ୍ନୀଙ୍କ ବିୟୋଗାନ୍ତେ ସହରରେ ଥିବା ପୁଅଙ୍କ ପାଖରେ ଆସି ରହିଛନ୍ତି। ୧୯୯୯ ମସିହାର ବାତ୍ୟାରେ ଭାଙ୍ଗିଯାଇଥିବା ଘର ଡିହରେ ଗୋଟେ ନୂଆ ଘର ତୋଳିବା ପାଇଁ ଦୁଇ ପୁଅଙ୍କୁ କହିଛନ୍ତି। ପୁଅମାନଙ୍କ ମିଛ ପ୍ରତିଶ୍ରୁତି ଏବଂ ବୋହୂମାନଙ୍କ ହତାଦର, ଗଞ୍ଜଣା ଯୋଗୁଁ ସେ ମାନସିକ ରୋଗୀରେ ପରିଣତ ହୋଇଛନ୍ତି। ଭିଟାମାଟି ଛାଡ଼ି ଉଠାକୁଳିଆ ହେବାର ଅପବାଦକୁ ସହ୍ୟ କରିପାରିନାହାନ୍ତି ସ୍ୱାଭିମାନୀ ମାନଗୋବିନ୍ଦ। ସମସ୍ତଙ୍କ ଅଜାଣତରେ ସହରରୁ ଗାଁକୁ ଆସି ନିଜ ଉଜୁଡ଼ା ଅରମା ଭଙ୍ଗା ଘର ଡିହରେ ସ୍ୱ-ହାତଅଙ୍କା ନୂଆ ଘରର ନକ୍ସାଟିକୁ ଧରି ଶେଷ ନିଃଶ୍ୱାସ ତ୍ୟାଗ କରିଛନ୍ତି।

ଗୌରହରି ଦାସଙ୍କ ପ୍ରତ୍ୟକ୍ଷ ଅନୁଭବର ବାସ୍ତବ ପରିପ୍ରକାଶ ଏ ନାଟକ। ଗାଁ ଡିହରେ ନୂଆ ଘରର ସ୍ୱପ୍ନ ଦେଖୁଥିବା ମାନଗୋବିନ୍ଦଙ୍କ ପରି ଉଠାକୁଳିଆର ଦଣ୍ଡରେ ଭୟଭୀତ ଅଗଣିତ ନିରୀହ ପିତାମାତାଙ୍କ ହୃଦୟର ଭାଷାକୁ ସେ କିଭଳି ଜୀବନ୍ତ କରି ଶବ୍ଦରେ ଥୋଇପାରିଛନ୍ତି ତାହା ନିମ୍ନରେ ବର୍ଣ୍ଣିତ।

"ପ୍ରତ୍ୟେକ ମଣିଷ ଚାହେଁ ତା'ର ନିଜର ପରିଚୟ। ତା' ନିଜ ମାଟିରେ ଚେର ମେଲାଇ ସେ ଦୃଢ଼ ଭାବରେ ଛିଡ଼ା ହେବ। ସମସ୍ତେ ଦେଖିବେ ତା'ର ଏକ ସ୍ୱତନ୍ତ୍ର ସ୍ଥିତି ରହିଛି। ସେ ସ୍ଥିତିବାନ। ଉଠାକୁଳିଆର ଦୁର୍ଭାଗ୍ୟ ବରଣ କରିବାକୁ କେହି ଚାହେଁ ନାହିଁ।" (୮)

ଆଜିର ଶିକ୍ଷିତ ସନ୍ତାନମାନେ ବାପା-ମାଆଙ୍କ ପ୍ରତି ନିଜର କର୍ତ୍ତବ୍ୟ, ସେବା, ସମ୍ମାନ ସର୍ବୋପରି ନିଜର ଦାୟବଦ୍ଧତାକୁ ପାଳନ କରିବା ପାଇଁ ନାଟ୍ୟକାର ପରୋକ୍ଷରେ ସୂଚନା ଦେଇଛନ୍ତି। ସର୍ବୋପରି ଏହି ନାଟକରେ ପାଠକେ ଦେଖିପାରିବେ -

୧. ମାନଗୋବିନ୍ଦଙ୍କ ଗାଁ ଓ ଭିଟାମାଟି, ଗ୍ରାମ୍ୟ ପ୍ରକୃତିର ଜୀବନ୍ତ ବର୍ଣ୍ଣନା ମଧ୍ୟରେ ନାଟ୍ୟକାରଙ୍କ ଗାଁ ପ୍ରତି ଗଭୀର ଶ୍ରଦ୍ଧା ଓ ଭଲ ପାଇବା।
୨. ସହର ଓ ଗ୍ରାମ୍ୟ ପରିବେଶର ପ୍ରସଂଗାନୁଯାୟୀ ବାସ୍ତବ ରୂପାୟନ।
୩. ସ୍ଖଳିତ ଯୌଥପରିବାର ବଦଳରେ ଛୋଟ ପରିବାର ପ୍ରତି ସାମ୍ପ୍ରତିକ ମଣିଷର ମୋହ।
୪. ସହରରେ ସ୍ଥିତି ଗଢ଼ିବା ପାଇଁ ଗ୍ରାମ୍ୟବିମୁଖ ଭାଇ ଭାଇ ମଧ୍ୟରେ ପ୍ରତିଯୋଗିତା ମନୋଭାବ।
୫. ଜେଜେବାପା ଏବଂ ନାତି ସମ୍ପର୍କରେ ଥିବା ଅନାବିଳ ମମତା ଏବଂ ପରସ୍ପର ପ୍ରତି ଆକର୍ଷଣର ମଧୁର ଚିତ୍ର।
୬. ସହରରେ ଆପଣାର ଅସ୍ତିତ୍ୱକୁ ନେଇ ସଂଶୟାଚ୍ଛନ୍ନ ମାନଗୋବିନ୍ଦ ଓ ତାଙ୍କ ସମବୟସ୍କ ବନ୍ଧୁମାନଙ୍କ ଦୁଃସ୍ଥିତିର ଚିତ୍ର।
୭. ବୋହୂମାନଙ୍କ ଅନାଦର, ଅବହେଳାରେ ନିକ୍ଷେପିତ ବୃଦ୍ଧ ଶାଶୂ ଶ୍ୱଶୁରଙ୍କ ଦୁରବସ୍ଥା।
୮. ମୂଲ୍ୟବୋଧହୀନ ସମାଜର ବାସ୍ତବତା।
୯. ଗାଁ ପ୍ରତି ଆଜିର ଯୁବପିଢ଼ିଙ୍କ ମୋହଭଙ୍ଗର ଚିତ୍ର।
୧୦. ଭାଇ ଭଗାରି ଭାବ ନେଇ ବୋହୂମାନଙ୍କ ମଧ୍ୟରେ ପରଶ୍ରୀକାତରତାର ଏବଂ ଈର୍ଷା ଦ୍ୱେଷର ଚିତ୍ର।
୧୧. ଅବକ୍ଷୟଗ୍ରସ୍ତ ସମାଜ ଓ ପରିବେଶର ବାସ୍ତବାୟନ ପ୍ରଭୃତି।

ଆଧୁନିକ ସମାଜ ଓ ପରିବାରର ଦୁଃସ୍ଥ ବୟସ୍କ ପିତାମାତାଙ୍କ ଝାଉଁଳା ସ୍ୱପ୍ନର ଉଜୁଡ଼ା ଆଶା ବିଶ୍ୱାସ ଭିତରେ ଏ ନାଟକଟି ରସାଣିତ। ଚାରିତ୍ରିକ ବୈଶିଷ୍ଟ୍ୟ ଦୃଷ୍ଟିରୁ ଦେଖିଲେ ନାଟ୍ୟକାର ଗୌରହରି ଦାସ ଚରିତ୍ରଗୁଡ଼ିକ ଭିତରେ ପ୍ରାଣସଞ୍ଚାର କରିଛନ୍ତି, ଯାହାଦ୍ୱାରା ପାଠକେ ପ୍ରତ୍ୟେକଙ୍କୁ ଅନୁଶୀଳନ ଦ୍ୱାରା ନିଜକୁ ଏବଂ

ନିଜ ଚତୁଃପାର୍ଶ୍ୱର ବ୍ୟକ୍ତିଙ୍କୁ ସାକ୍ଷାତ କରିପାରିବେ। ଆଖିଦେଖା ଘଟଣା ଏବଂ ପରିଚିତ ଚରିତ୍ର ସମୂହର ଜୀବନ୍ୟାସ ହୋଇଛି ଏଥିରେ। ଚରିତ୍ରଗୁଡ଼ିକ କେବଳ ଯଥାର୍ଥ ଭାବରେ ବ୍ୟବହାର ହୋଇନାହାନ୍ତି, ବରଂ ତତୋଽଧିକ ସାମାଜିକ ମଣିଷର ଚିର ବାସ୍ତବ ସ୍ୱରୂପକୁ ବହନ କରି ସତ୍ୟ ପ୍ରତୀତ ହୋଇଛନ୍ତି। ଏ ନାଟକର 'ନିଜ କଥା' ପ୍ରସଙ୍ଗରେ ନାଟ୍ୟକାରଙ୍କ ଆବେଗପ୍ରବଣ ମନର କଥା ପ୍ରକାଶିତ। ପାଠକ ସମାଜ ପାଇଁ ବିଶ୍ୱାସର ବାର୍ତ୍ତା ମଧ୍ୟରେ ଚରିତ୍ରଗୁଡ଼ିକ ପ୍ରତି ଲେଖକଙ୍କ ଆତ୍ମୀୟତା ସ୍ୱାଭାବିକ ଭାବରେ ପ୍ରକାଶ ପାଇଛି। ସେ କହନ୍ତି- "ଆମ ଘର ନକ୍‌ସା' ନାଟକର ପ୍ରସଙ୍ଗ ସହ ମୋର ବ୍ୟକ୍ତିଗତ ସମ୍ପର୍କ ରହିଛି। ମୁଁ ନିଜେ ଏହି ନାଟକର ମୁଖ୍ୟ ଚରିତ୍ରଙ୍କୁ ଖୁବ୍ ନିକଟରୁ ଦେଖିଛି। ତାଙ୍କର ବିରସ, ବିଷଣ୍ଣ ମୁହଁରେ ଦେଖିଛି ଗାଁରେ ଘର ଖଣ୍ଡିଏ କରିବାର ଉଜ୍ଜ୍ୱଳ ସ୍ୱପ୍ନ କିଭଳି ଧୀରେ ଧୀରେ ଝାଉଁଳି ଯାଇଥାଏ। ସେଥିପାଇଁ 'ଶତାବ୍ଦୀର କଳାକାର'ର ମଞ୍ଚଶିଳ୍ପୀମାନଙ୍କ ଦ୍ୱାରା 'ରବୀନ୍ଦ୍ର ମଣ୍ଡପ'ରେ ଅଭିନୀତ ହେଉଥିବାବେଳେ ମୁଁ ମୋ ଆଖିର ଲୁହକୁ ଅଟକାଇ ପାରିନାହିଁ। ଏ ନାଟକର ପ୍ରସଙ୍ଗ ଆମ ସମୟର ପୁଣି ଏକ ପରିଚିତ ପ୍ରସଙ୍ଗ। ମୋ ବିଶ୍ୱାସ, ଦର୍ଶକମାନଙ୍କ ମଧ୍ୟରୁ ଅଧିକାଂଶ ଏ ନାଟକ ଭିତରେ ନିଜକୁ ବା ନିଜର କୌଣସି ପରିଚିତ ଚରିତ୍ରଙ୍କୁ ଖୋଜି ପାଇବେ।" (୯)

ସେହିପରି ନାଟ୍ୟକାରଙ୍କ ମାଟିମନସ୍କ ଚରିତ୍ରଗୁଡ଼ିକର ଗାଁ ପ୍ରତି ମୋହ, ଓଡ଼ିଆ ସଂସ୍କୃତି ପ୍ରତି ପ୍ରଚଣ୍ଡ ଆବେଗ, ଭାବପ୍ରବଣତା, ବର୍ତ୍ତମାନ ପିଢ଼ିର ଏଥିପ୍ରତି ଆବେଗହୀନ ନୈରାଶ୍ୟ ପ୍ରତି ବରିଷ୍ଠ ପିଢ଼ିଙ୍କ ଖେଦୋକ୍ତି ନାଟ୍ୟାରମ୍ଭରୁ ଦେଖିହେବ। ମାନଗୋବିନ୍ଦ, ବ୍ରଜମୋହନ, ଶ୍ୟାମଚରଣ ଓ ସୋମନାଥଙ୍କ କଥୋପକଥନ ମଧ୍ୟରେ ଏହି ଚେତନା ପ୍ରକାଶିତ। ଯଥା:

"ବ୍ରଜମୋହନ : ମାର୍ଗଶୀର ଗୁରୁବାର ଆସୁଛି। ଶ୍ରୀମତୀ ମାଣ ବସେଇବେ ତ! ଏଇଠି ଭୁବନେଶ୍ୱରରେ ମାଣ ବସେଇବାକୁ କହିଲାରୁ ମୋ ଉପରେ କି ରାଗ! କହିଲେ, ମୋ ଦେଇପିଣ୍ଡି, ଭାଗବତ ଘର ସବୁ ଗାଁରେ, ମୋ ଚାଷଜମି ଗାଁରେ, ଆଉ ମୁଁ ମାଣ ବସେଇବି ଏଠି, ଏଇ ଭଡ଼ାଘରେ?

ଶ୍ୟାମଚରଣ : ଭାଉଜ ତ ଠିକ୍ କଥା କହିଛନ୍ତି। ଆଜ୍ଞା,ଏଇ ସହରରେ ସିନା ଆମେ ଡାଳପତ୍ର ମେଲେଇଛୁ, ହେଲେ ଆମର ମୂଳ ତ ଅଛି ଗାଁରେ। ମୁଁ ସବୁବେଳେ ପିଲାଙ୍କୁ ସେଇଆ କୁହେ; ମାତ୍ର ମୋ କଥା ଶୁଣୁଛି କିଏ?

ସୋମନାଥ : ସତକଥା କହିଲେ ଆପଣ ! ଆଜିକାଲିକା ପିଲାଙ୍କ ପାଖରେ ଆବେଗ, ଭାବପ୍ରବଣତା କିଛି ନାହିଁ।" x x x (୧୦)

ପ୍ରସଙ୍ଗାନୁଯାୟୀ ପରିବେଶ ତଥା ପ୍ରକୃତିର ନିଛକ ବର୍ଣ୍ଣନା ମଧ୍ୟ ନାଟକର ଅନ୍ୟତମ ସଫଳତା। ଏ ଦୃଷ୍ଟିରୁ ଦେଖିଲେ, ଗ୍ରାମ୍ୟ ପ୍ରକୃତିର ସୁରମ୍ୟ ଚିତ୍ରକର ହେଉଛନ୍ତି ଗୌରହରି ଦାସ। ମାତ୍ର ଆଠ ବର୍ଷ ବୟସରୁ ଗାଁ ମାଟି ଛାଡ଼ିଥିବା ଏହି ନାଟ୍ୟ ପ୍ରତିଭାଙ୍କର ଗାଁ ପ୍ରତି ମୋହ ଓ ଗାଁ ମାଟି ପ୍ରତି ମମତା ବେଶି ଗଭୀର। ତାଙ୍କର ସାହିତ୍ୟ ମଧ୍ୟରେ ଗାଁର ମହମହ ବାସ୍ନା ପ୍ରତ୍ୟେକ ପାଠକ ଅନୁଭବ କରେ। ଏକ ସାକ୍ଷାତକାରରେ ତାଙ୍କର ଗାଁକୁ ନେଇ ପ୍ରକାଶ ପାଇଥିବା ସମ୍ମୋହକ ସରଳ ଅଭିବ୍ୟକ୍ତି ଏହିପରି:-

"ମୋ ନିଜ ଗାଁଟି ଖୁବ୍ ସୁନ୍ଦର। ମନ୍ତେଇ ନଈ କୂଳରେ ଏକୁଟିଆ 'ଷଣ୍ଢଗଡ଼ା' ଏବଂ ମୁଁ ପଢ଼ିଥିବା ଘଟପୁର - ଏ ଯୋଡ଼ିକ ମିଶିମାଶି ମୋ ଗପ ଉପନ୍ୟାସର ବହୁ ବର୍ଣ୍ଣିତ 'ପାଟପୁର'କୁ ନିର୍ମାଣ କରିଛନ୍ତି। ମୋର ଅଧିକାଂଶ ଲେଖାରେ ପାଠକ ଯେ ମନ୍ତେଇ ନଈ କି ପାଟପୁର ଗାଁକୁ ଭେଟିଥା'ନ୍ତି ତାହାର କାରଣ ଏଇଆ। ସେ ଗାଁର ଚାରିପଟେ ଧାନକ୍ଷେତ ଆଉ ଧାନକ୍ଷେତ। ଯେତେବେଳେ ପବନ ବହେ, ମତେ ଲାଗେ ହଜାର ହଜାର ଶାଗୁଆ ଶାଢ଼ି କିଏ ସେଠି ଢାଙ୍କି ଦେଇଛି। ମନ୍ତେଇ ନଈ କୂଳର କିଆଫୁଲର ବାସ୍ନା ଅତ୍ୟନ୍ତ ସମ୍ମୋହକ। ସେଇଠି ବସି ମୁଁ ଅନେଇଲେ ଆକାଶର ଜହ୍ନ, ତାରା, ଉଡ଼ିଯାଉଥିବା ପକ୍ଷୀ ସବୁ ସୁନ୍ଦର ଦିଶନ୍ତି। ମୁଁ ଯେତେ ଦୂରକୁ ଯୁଆଡ଼େ ଗଲେ ବି ମୋ ଗାଁ ମୋ ସାଙ୍ଗରେ ଥାଏ। ଆମେ ଦିହେଁ ହାତ ଧରାଧରି ହେଇ ବାଟ ଚାଲୁଥାଉ।" (୧୧)

ଗୌରହରିଙ୍କ ସାହିତ୍ୟର ଅନ୍ୟାନ୍ୟ ବିଭାଗ ପରି ନାଟ୍ୟ ସାହିତ୍ୟରେ ମଧ୍ୟ ତାଙ୍କ ଗ୍ରାମାନୁରାଗର ପ୍ରତ୍ୟକ୍ଷ ପ୍ରଭାବ ପଡ଼ିଛି। ପ୍ରତି କ୍ଷଣ ଓ ପ୍ରତ୍ୟେକ କ୍ଷେତ୍ରରେ ଗାଁ ସହ ହାତ ଛନ୍ଦି ଚାଲିବାର ଅନୁଭବ ରଖୁଥିବା ନାଟ୍ୟକାରଙ୍କ ଗାଁ ପ୍ରତି ପ୍ରେମ ଓ ଛବିଳ ରୂପବିନ୍ୟାସ ରୂପାୟିତ ହୋଇଛି ଏହି ନାଟକରେ। ମାନଗୋବିନ୍ଦଙ୍କର ସହରିଆ ବନ୍ଧୁମାନଙ୍କୁ ଗାଁକୁ ଆମନ୍ତ୍ରଣ ମଧ୍ୟରେ ନାଟ୍ୟକାର ଗାଁର ଯେଉଁ ପରିବେଶର ବର୍ଣ୍ଣନା ତାଙ୍କ ମୁଖରେ ଖଞ୍ଜି ଦେଇଛନ୍ତି, ତାହା ଲେଖକଙ୍କ ଗାଁ ପ୍ରକୃତିର ମନୋରମ ଚିତ୍ରାନୁଭବର ଯେ ଏକ ମଧୁର ଆଲେଖ୍ୟ, ତାହା ଯେ କେହି ସ୍ୱୀକାର କରିବେ।

"ମନ୍ତେଇ ନଈକୂଳ ଆମ ପାଟପୁର ଗାଁର ପ୍ରାକୃତିକ ଦୃଶ୍ୟ ଖୁବ୍ ସୁନ୍ଦର ! ଚାରିଆଡ଼େ ଧାନବିଲ, ନଈକୂଳରେ କିଆବଣ, ତା' ଭିତରେ କିଆଫୁଲ-ଭାରି ବାସ୍ନା ! ଥରେ ଗଲେ ସେଠୁ ଆସିବାକୁ ଇଚ୍ଛା ହେବନି। ନଈ ପଠାରେ ବିରାଟ ଗୋଟାଏ ତେନ୍ତୁଳି ଗଛ, ଆଉ ସେ ତେନ୍ତୁଳି ଗଛ ଡାଳରେ ଶହ ଶହ ବଗ ସକାଳେ ସଞ୍ଜେ ମେଳି ବାନ୍ଧନ୍ତି। ଓଃ, କି

ଦୃଶ୍ୟ ! ଆଉ ଆମ ଘର ପାଖ ପୋଖରୀରେ କଇଁଫୁଲ ଭର୍ତ୍ତି। ରାସ୍ତା ଦି' କଡ଼ରେ ତାଳ, ନଡ଼ିଆ ଗଛ।" (୧୨)

ଗ୍ରାମ୍ୟ ପ୍ରକୃତିର ଏଭଳି ନିଛକ ଦୃଶ୍ୟପଟରୁ ନାଟ୍ୟକାରଙ୍କ ପଲ୍ଲୀପ୍ରୀତିର ପରିଚୟ ମିଳେ।

ସେହିପରି ଚରିତ୍ରମାନଙ୍କ ଦ୍ୱାରା ବାହ୍ୟ ଏବଂ ମାନସିକ ଦ୍ୱନ୍ଦ୍ୱର ସଫଳ ରୂପାୟନ ଏ ନାଟକର ଅନ୍ୟତମ ଆକର୍ଷଣ। ବାପାଙ୍କର ଗାଁରେ ଘରତୋଳାର ସ୍ୱପ୍ନକୁ ନେଇ ପୁଅ-ବୋହୂଙ୍କର ପରସ୍ପର ମଧ୍ୟରେ ନିରବ କନ୍ଦଳରୁ ବାହ୍ୟ ଦ୍ୱନ୍ଦ୍ୱ ପ୍ରକାଶ ପାଇଛି-

"ରଞ୍ଜୁ : ତମେ ତ ସକାଳ ଆଠଟାରୁ ଅଫିସ୍ ଚାଲିଯାଉଛ, ଫେରୁଛ ରାତି ଆଠଟାରେ। ଏଠି ସକାଳ ସାରା ମୁଁ ତମ ବାପାଙ୍କ ସାଙ୍ଗମାନଙ୍କ ସେବାରେ ଲାଗିବି ! ଚା' ଆଣ, ପାଣି ଆଣ, ମାଣ୍ଟୁକୁ କହୁଛନ୍ତି ଅମୁକ ବହି ଆଣ, ସମୁକ ବହି ଆଣ ! ସକାଳବେଳା ନିଃଶ୍ୱାସ ମାରିବାକୁ ସମୟ ନ ଥିବାବେଳେ ୟାଙ୍କର ଶହେ ବରାଦ... ହୁଁଃ !

ସିଦ୍ଧାର୍ଥ : (ଚାପାଗଳାରେ) ଓଃ... ଧୀରେ କୁହ ! ହଁ, ମଣ୍ଟୁ ବହିରେ ବାପାଙ୍କ କି କାମ ? ତାଙ୍କ ରାମାୟଣ, ଭାଗବତ ବହି ତ ତାଙ୍କ ପାଖରେ ୟାର୍କରେ ଅଛି।

ରଞ୍ଜୁ : ଚିତ୍ର ଦେଖିବେ, ଘରର ଚିତ୍ର ! ଗାଁରେ ଗୋଟେ ଉଆସ ତୋଳିବେ ତ ! ସେଇଥିପାଇଁ ମ୍ୟାଗାଜିନ୍‌ରୁ ଘର ଛବି ସବୁ ଦେଖିବେ !

ସିଦ୍ଧାର୍ଥ : ଘର !

ରଞ୍ଜୁ : ଏମିତି ଚମକି ପଡୁଛ କାହିଁକି ? ତମେ ପରା କହିଚ, ବସନ୍ତ ପଞ୍ଚମୀ ଦିନ ଶୁଭ ଦିଆଯିବ ! ଗାଁରେ କୋଠାଘର ତୋଳିବେ ତମ ବାପା। ଗାଁବାଲାଙ୍କ ଆଗରେ ଛାତି ଫୁଲେଇ ଚାଲିବେ !

ସିଦ୍ଧାର୍ଥ : ମୁଁ, ହଁ... ମୁଁ କହିଛି। ପୁରୁଣା ଘରଟା ଭାଙ୍ଗିଯାଇଛି ତ !

ରଞ୍ଜୁ : ଏତେବେଳକୁ ମନେପଡ଼ିଲା ? ଗାଁରେ ଘର ତୋଳିବାକୁ ତମ ପାଖରେ ଟଙ୍କା ହାଉଯାଉ ହଉଛି। ମୋ ସାନ ଭଉଣୀ ବାହାଘର ବେଳେ ବାପା ତମକୁ ଦି' ଲକ୍ଷ ଟଙ୍କା ମାଗିଲେ ଯେ ସିଧା ସିଧା ମନା କରିଦେଲ।

ସିଦ୍ଧାର୍ଥ : ମନା କୋଉଠି କରିଥିଲି ! କହିଲି, ପାଖରେ ନାହିଁ, ଯୋଗାଡ଼ କରିବାକୁ ପଡ଼ିବ ! ତମ ବାପା ସେଇଠୁ ମନାକଲେ । କହିଲେ, ଥାଉ !

ରଞ୍ଜୁ : ତମେ ଯାହା କରୁଛ କର, ଆମକୁ ନେଇ ଆମ ଗାଁରେ ଛାଡ଼ିଦେଇ ଆସ ! ଏଠି ରହିଲେ ତମ ବାପା ଆମକୁ ପାଗଳ କରିଦେବେ !" (୧୩)

କେବଳ ପ୍ରକୃତି, ପରିବେଶ କି ନାଟ୍ୟ ଦ୍ୱନ୍ଦ୍ୱରେ ନୁହେଁ, ପାତ୍ରୋପଯୋଗୀ ସଂଳାପ, ପରିବେଶ ଓ କାହାଣୀରେ ଚମତ୍କାରିତା, ଚରିତ୍ରାୟନରେ ବିଶ୍ୱସନୀୟତା ଓ ଦୁଃଖାନ୍ତକ ପରିଣତି ଭିତରେ ଏ ନାଟକଟି ସଫଳ ହୋଇଛି । ବର୍ତ୍ତମାନର ସାମାଜିକ ସମସ୍ୟାଭିତ୍ତିକ ନାଟକ ଭାବରେ ଏହାର ପ୍ରଚ୍ଛଦପଟରେ ରହି ନାଟ୍ୟକାର, ପାଠକ ତଥା ଦର୍ଶକଙ୍କ ହୃଦୟରେ ଗ୍ରାମ ପ୍ରତି ଅନୁରାଗ ଓ ବୟୋଜ୍ୟେଷ୍ଠ ଗୁରୁଜନଙ୍କ ପ୍ରତି ସମ୍ମାନ ଓ ଶ୍ରଦ୍ଧାଶୀଳ ମନୋଭାବ ରଖିବା ନିମନ୍ତେ ବାର୍ତ୍ତା ବାଣ୍ଟିଛନ୍ତି ।

ଆସାମୀ:

ଅସୁରକ୍ଷିତ ପରିବେଶ ତଥା ସମୟର ଜୀବନ୍ତ ପ୍ରତିଲିପି ହେଉଛି 'ଆସାମୀ' ନାଟକ । ସମାଜରେ ନିତି ପରିଲକ୍ଷିତ ହେଉଥିବା ପ୍ରତିପତ୍ତିଶାଳୀ, ପୁଞ୍ଜିପତିମାନଙ୍କର ନାଲିଆଖି ଆଗରେ ମଥାନତ ସାଧାରଣ ଲୋକଙ୍କ ଦୁରବସ୍ଥାର ଚିତ୍ର ଅତି ନିଛକ ଭାବେ ଏଥିରେ ରୂପାୟିତ ହୋଇଛି । ଫମ୍ପା ମିଛ ସୋହାଗରେ ପିଠି ଥାପୁଡ଼ାଇ ଗରିବର ସରଳ ମନରେ ପୁଞ୍ଜିପତିମାନେ ବିଷ ସଂଚରି ଦିଅନ୍ତି । ସେମାନଙ୍କ ସୁଖର ସଂସାର ଉଜାଡ଼ି ଦେବାରେ ଏମାନେ ପାଆନ୍ତି ପରମ ଆନନ୍ଦ । ନିଶାପାଣି ପରି ଗରଳକୁ ଆଦର କରି, ବିଚାରଶୂନ୍ୟ ହୋଇଯିବାର ଦୁଃଖଦ ପରିଣତି ସାଙ୍ଗକୁ ଗରିବର ସୁନାସଂସାର ଛାରଖାର ହୋଇଯିବାର କରୁଣ ଦୃଶ୍ୟରେ ଏ ନାଟକଟି ହୋଇଛି ରୋମନ୍ଥିତ । ନାଟ୍ୟକାର ଗୌରହରି ଦାସ ଏ ନାଟକ ସମ୍ପର୍କରେ ଲେଖିଛନ୍ତି-

"ନାଟକ 'ଆସାମୀ', ନୋଟ୍ ଓ ଭୋଟ୍‌ର ରାଜନୀତି ଭିତରେ ଛନ୍ଦି ପଡ଼ିଥିବା, ମାଟି ଓ ଭାଟିର ବିଷଚକ୍ରରୁ ମୁକୁଳି ପାରୁ ନ ଥିବା ଗୋଟେ ସାଧାରଣ ପରିବାରର କାହାଣୀ । ଯେଉଁ ପରିବାର କେବଳ ଚାହୁଁଥିଲା, ଦିନରେ ଦୁଇ ଓଳି ଭାତ, ରାତିରେ ଦି' ପହଡ଼ ମିଠା ନିଦ ଏବଂ ଗୋଟେ ଗେଲବସରିଆ ଘରକରଣା । କିନ୍ତୁ ମଝି ବାଟରେ ନିଶାପାଣି ପରି ଅପଦେବତାର ବିଷବୃଷ୍ଟି ଜାଳିପୋଡ଼ି ଛାରଖାର କରିଦିଏ ସେମାନଙ୍କର ସ୍ୱପ୍ନ । ସମୟକ୍ରମେ ନିଶାସକ୍ତ ମଣିଷ ବୁଝିପାରେ- ଯୋଉ ନିଶାପାଣିକୁ ସେ ଅମୃତ

ଭାବି ଦିନେ ଓଠରେ ଧରିଥିଲା, ସେଇ ନିଶାପାଣି ହଳାହଳ ବିଷ ହେଇ ତା'ର ସୁନା ସଂସାରକୁ ଚୂନା କରିଛି। ମାତ୍ର ସେତେବେଳକୁ ଅନେକ ବିଳମ୍ବ ହୋଇଯାଇଥାଏ। ନିଜର ସ୍ୱପ୍ନ ଓ ସମ୍ଭାବନାଠାରୁ ସେ ଚାଲିଯାଇଥାଏ ଅପହଞ୍ଚ ଦୂରତାକୁ।" (୧୪)

କାହାଣୀଟି ଏହିପରି - ସନିଆ ଓ ରଜନୀର ଦାମ୍ପତ୍ୟ ପ୍ରେମରେ ଝଡ଼ ହୋଇ ଆସିଛି ଠିକାଦାର ରୁଦ୍ର। ବେଆଇନ ନିଶା କାରବାରରେ ସନିଆକୁ କରିଛି ମୋହରା। ରଜନୀର ଶରୀର ଉପରେ ତାର ଲୋଲୁପ ଦୃଷ୍ଟି। ମୋହଭଙ୍ଗ ପରେ ସନିଆ ବୁଝିପାରିଛି ଠିକାଦାରର ଷଡ଼ଯନ୍ତ୍ର। ସଇତାନ ରୁଦ୍ରର କବଳରୁ ନିଜ ପତ୍ନୀକୁ ରକ୍ଷା କରିବାକୁ ଯାଇ ତାକୁ ହତ୍ୟା କରିଛି। ଆସାମୀର ଅପବାଦ ନେଇ ଭୋଗିଛି ଜେଲ୍ ଦଣ୍ଡ। ନିଜ ଅନୁପସ୍ଥିତିରେ ସ୍ତ୍ରୀ ଏବଂ ସନ୍ତାନର ମୃତ୍ୟୁ ଖବର ସନିଆକୁ ଦେଇଛି ଦାରୁଣ ଆଘାତ। ଠିକାଦାର ହତ୍ୟା ଅଭିଯୋଗରେ ଆସାମୀ ପାଲଟି ଯାଇଥିବା ସନିଆର କରୁଣ କାହାଣୀ ଶୁଣି ଦରଦୀ କନେଷ୍ଟବଳ ତା'ର ସୁରକ୍ଷା ପାଇଁ ତା' ସପକ୍ଷରେ ଦେଇଛି ବୟାନ। କନେଷ୍ଟବଳ ଏବଂ ମୃତ ଠିକାଦାର ପତ୍ନୀର ବୟାନ କ୍ରମେ ସନିଆ ନିର୍ଦ୍ଦୋଷ ପ୍ରମାଣିତ ହୋଇଛି।

ଯଦି ଆମେ ମନରେ ପ୍ରଶ୍ନ କରିବା - ସନିଆର ବିପର୍ଯ୍ୟୟ ପାଇଁ କ'ଣ ସେ ଏକା ଦାୟୀ ? ବିଶୃଙ୍ଖଳିତ କିଛି ମଣିଷଙ୍କ ପାଇଁ କାହିଁକି ସନିଆ ପରି ନିରୀହ ବ୍ୟକ୍ତି ଅପରାଧର ପନ୍ଥାକୁ ଆଶ୍ରା କରୁଛନ୍ତି ? ଏ କ୍ଷେତ୍ରରେ ଆତ୍ମସଚେତନତା ଯେତିକି ଆବଶ୍ୟକ ଥିଲା ତତୋଽଧିକ ସମୂହ ସଚେତନତା ମଧ୍ୟ ଆବଶ୍ୟକ ଥିଲା। ଆମେ ଜାଣିଛେ ଯେ, କେବଳ ପରିବାର ନୁହେଁ, ମଣିଷର ବିଚାର ତଥା ସଂସ୍କାର କ୍ଷେତ୍ରରେ ପ୍ରମୁଖ ମାନଦଣ୍ଡ ଭାବରେ ସମାଜ ଉତ୍ତରଦାୟୀ। ଗୋଟେପଟେ ପରିବାରର ବେଦନାକୁ ବୁଝି ମଧ୍ୟ ସନିଆ ନିଶାକୁ ଆଦର କରି, ପତଙ୍ଗଟିଏ ପରି ଖଳ ବ୍ୟକ୍ତିର ମାୟାଗ୍ନିରେ ଝାସ ଦେବାର ଦଣ୍ଡ ଭୋଗିଛି। ଅନ୍ୟପଟେ ଏକାଧିକ ଅସହାୟ ନାରୀଙ୍କ ଇଜ୍ଜତ ସହ ଖେଳି, ସେମାନଙ୍କୁ ହତ୍ୟା ଭଳି ଜଘନ୍ୟ ଅପରାଧ କରି ସମାଜରେ ନିର୍ଭୟରେ ଛାତି ଫୁଲାଇ ବୁଲୁଥିବା ରୁଦ୍ର ମହାପାତ୍ର ପରି ସଇତାନ ନିଜର କୁକର୍ମ ପାଇଁ ନିର୍ମମ ଶାସ୍ତି ପାଇଛି। ଦୁରାଚାରୀମାନଙ୍କ ଅଧର୍ମ, ଶୋଷଣକୁ ବରଦାସ୍ତ କଲେ ସେମାନଙ୍କ ଅତ୍ୟାଚାରରେ ଅତିଷ୍ଠ ସନିଆ ପରି ସରଳ ଚରିତ୍ର ହାତରେ ଅସ୍ତ୍ର ଧରିବାକୁ ବାଧ୍ୟ ହୁଅନ୍ତି। ଅନିଚ୍ଛା ସତ୍ତ୍ୱେ ଆସାମୀର ମୋହର ଲାଗିଯାଏ ତାଙ୍କ ପିଠିରେ। ଉଜୁଡ଼ି ଯାଏ ତାଙ୍କ ସୁଖର ସଂସାର।

ଏ କାହାଣୀ ମାଧ୍ୟମରେ ସମାଜକୁ ସଚେତନତାର ବାର୍ତ୍ତା ଦେଇଛନ୍ତି ନାଟ୍ୟକାର। କେବଳ ବିଷୟବସ୍ତୁ ଦୃଷ୍ଟିରୁ ନୁହେଁ ଚରିତ୍ର ଚିତ୍ରଣ, ପ୍ରସଙ୍ଗାନୁଯାୟୀ ପରିବେଶ ଚିତ୍ରଣ,

ସଂଳାପ, ସଙ୍ଗୀତ, ଦ୍ୱନ୍ଦ୍ୱ, ପରିଣତି ଦିଗରୁ ମଧ୍ୟ ନିଃସନ୍ଦେହରେ କୁହାଯାଇପାରେ ଯେ ଏହା ନାଟ୍ୟକାରଙ୍କ ଏକ ସଫଳ ସୃଷ୍ଟି। ରଜନୀ, ଠିକାଦାର ପତ୍ନୀ, କନେଷ୍ଟବଳ ପରି ସମତଳ ଚରିତ୍ର ଗୁଡ଼ିକୁ ନାଟ୍ୟକାର ଯେତିକି ଚାରିତ୍ରିକ ମୂଲ୍ୟ ଦେଇଛନ୍ତି ଅନୁରୂପ ଭାବରେ ରୁଦ୍ର, ସନାତନ ଆଦି ବର୍ତ୍ତୁଳ ଚରିତ୍ରଙ୍କୁ ଦେଇଛନ୍ତି ଜୀବନ୍ତ ରୂପ। ସେହିପରି ପାତ୍ରୋପଯୋଗୀ ସଂଳାପ ସହିତ ମଣିଷର ଦୈନନ୍ଦିନ ବ୍ୟବହୃତ ଭାଷାର ଝଲକ ମଧ୍ୟ ଏଥିରେ ଦେଖିବାକୁ ମିଳେ। ସେହିପରି ଏ ନାଟକରେ ଦର୍ଶକ କେଉଁଠି ପତି-ପତ୍ନୀର ରସୋଚ୍ଛଳ ଦାମ୍ପତ୍ୟ ପ୍ରେମ-ସଙ୍ଗୀତର ମାଧୁରୀ ଶୁଣିବାକୁ ପାଇବେ ତ ପୁଣି କେତେବେଳେ ଖଳନାୟକର ଚାଟୂକ୍ତିମିଶା ସାଙ୍ଗୀତିକ ସଂଳାପ ମଧ୍ୟରେ ନାଟ୍ୟ ବୈଶିଷ୍ଟ୍ୟକୁ ବାରିପାରିବେ। ତନ୍ମଧ୍ୟରୁ ନିମ୍ନରେ ଖଳନାୟକର ଦୁଇଟି ଦୃଷ୍ଟାନ୍ତ ପ୍ରଦାନ କରାଗଲା। ଚାଟୂକ୍ତିମିଶା ଆତ୍ମପ୍ରଶଂସାମୂଳକ ସଂଗୀତ ଲମ୍ପଟ ଠିକାଦାର ମୁହଁରୁ -

"୧, ୨, ୩, ୪
୫, ୬, ୭, ୮
୯, ୧୦, ୧୧,
ମୁଁ ଠିକାଦାର.... ମୁଁ ଠିକାଦାର...
ଇଲାକାର ସବୁ ଧନ ମୋର
ରାଇଜର ଯେତେ ମନ ମୋର
ଏ ଜହ୍ନଗୁଡ଼ା ବି ମୋର
ମୁଁ ଠିକାଦାର ....
ଜଗତ ଯାକର ଯୌବନ ମୋର
ମାଟିର ଫସଲ ପତ୍ର ଫଳ ଫୁଲ
ସବୁ ମୋର ... ସବୁ ମୋର ... ସବୁ ମୋର ..." (୧୫)
"ପାହାଡ଼ ଝରଣା ନଈ ମୋର
ଇଟା, ବାଲି, ଗୋଡ଼ି, ପଥର ମୋର, ରେଜାଯାକ ମୋର
ଓଭରସିଅର, ଇଂଜିନିୟର
ସବୁ ମୋର, ସବୁ ମୋର
ମୁଁ ଠିକାଦାର।
ପିଆଦା ଦାରୋଗା ଥାନାଦାର
ମହୁଲି, ସ୍ପିରିଟ ଦମଦାର
ଭାଙ୍ଗ, ଗଞ୍ଜେଇ, ଚରସ, ହାସିସ

ସବୁ ମାଲରେ ମୁଁ ମାଲାମାଲ
ମାଲାମାଲ ମୁଁ ମାଲାମାଲ
ଠିକାଦାର ମୁଁ ଠିକାଦାର।" (୧୬)

ଏହିପରି ତାତ୍ପର୍ଯ୍ୟପୂର୍ଣ୍ଣ ସଙ୍ଗୀତ ଦ୍ୱାରା ନାଟକଟି ରସୋତ୍ତୀର୍ଣ୍ଣ ହୋଇଛି।

ଏ ନାଟକରେ ପାଠକେ ବା ଦର୍ଶକେ ଦର୍ଶନପିପାସା କି ପଠନସ୍ପୃହାକୁ କେବଳ ଚରିତାର୍ଥ କରିବେ ନାହିଁ ବରଂ ନିମ୍ନଲିଖିତ ବିଶେଷତ୍ୱ ଗୁଡ଼ିକ ସାକ୍ଷାତ କରିପାରିବେ -

୦. ନୋଟ୍ ଭୋଟ୍ ଭିତରେ ସମାଜର ରାଜନୈତିକ କ୍ଷମତାର ଅପବ୍ୟବହାର ଏବଂ ସ୍ଖଳିତ ରାଜନୀତିର ଚିତ୍ର।
୧. ଧନୀ ଦରିଦ୍ର ମଧ୍ୟରେ ଟଣାଓଟରାର ଦ୍ୱନ୍ଦ୍ୱ ଓ ଆତ୍ମସଂଘାତର ଚିତ୍ର।
୨. ସାଧାରଣ ନିମ୍ନମଧ୍ୟବିତ୍ତ ମଣିଷର ଦୁରବସ୍ଥା।
୩. ପାରିବାରିକ ଜୀବନର ଦୁଃସ୍ଥିତି।
୪. ଦାମ୍ପତ୍ୟ ପ୍ରେମ ଓ ସ୍ୱପ୍ନଭଙ୍ଗର କରୁଣ ସ୍ୱର।
୫. ବିପଥଗାମୀ ନିଶାସକ୍ତ ମଣିଷ ଜୀବନରେ ବିପର୍ଯ୍ୟୟର କଥା।
୬. ଆଜିର ଠିକାଦାରମାନଙ୍କ ଶୋଷଣ କଷଣର ପ୍ରମତ୍ତ ଲୀଳା।
୭. ନାରୀମାଂସ ଲୋଭୀ ନରରାକ୍ଷସର ସର୍ବନାଶର ଚିତ୍ର।
୮. ଅସହାୟା ନିର୍ଯାତିତା ସମ୍ଭ୍ରାନ୍ତ ନାରୀର ଦୁଃସ୍ଥିତି।
୯. ଅନ୍ୟାୟର ଦମନାର୍ଥେ ପ୍ରତିବାଦକାରିଣୀ ନାରୀର ସ୍ୱରୂପ।
୧୦. ହାବିଲଦାର ଚରିତ୍ର ଦ୍ୱାରା ମାନବିକତାର ଜୟଗାନ ଇତ୍ୟାଦି।

ଅପରପକ୍ଷରେ ନାଟକରେ ପାଠକେ ଠିକାଦାର ପତ୍ନୀ ନିରୋଳାରେ କାନ୍ଦୁଥିବାର ଦୃଶ୍ୟ ଦେଖିବାକୁ ପାଇବେ। ପରୋକ୍ଷରେ ଏହା ବିଡ଼ମ୍ବିତ ନାରୀ ଭାଗ୍ୟର କଥା କହିଛି। ସେହିପରି ରଜନୀ ଚରିତ୍ର ମାଧ୍ୟମରେ ଦର୍ଶକ କେବଳ ସ୍ୱାମୀ ସୋହାଗିନୀ ଅସହାୟା ନାରୀକୁ ନୁହେଁ, ଅନ୍ୟାୟର ପ୍ରତିବାଦ କରୁଥିବା ଜଣେ ବିଦ୍ରୋହିଣୀ ଶକ୍ତିକୁ ଭେଟିବେ। ଏଠାରେ ସନିଆ ହୁଣ୍ଡା-ସରଳ-ନିରୀହ ମଣିଷର ପ୍ରତୀକ ଭାବେ ଚିତ୍ରିତ ହେବା ପରି ମନେହୁଏ, ଯିଏ କି ବୃହନ୍ନଳା ହୋଇ ନାଚିପାରେ, ପୁଣି ଅର୍ଜୁନ ହୋଇ ଅଧର୍ମ ପ୍ରତି ଶର ସନ୍ଧାନ ମଧ୍ୟ କରିପାରେ। ଠିକାଦାର ରୁଦ୍ର ମହାପାତ୍ର ସମାଜର ଅଗଣିତ ପୁଞ୍ଜିପତି ଭଦ୍ର ମୁଖାପିନ୍ଧା ଶୋଷଣକାରୀଙ୍କ ପ୍ରତିନିଧି। ଏ ନାଟକରେ ମାନବିକତାର ପ୍ରତିଷ୍ଠା ହୋଇଛି କନେଷ୍ଟବଳ ଚରିତ୍ର ମାଧ୍ୟମରେ। ତା'ର ନିଷ୍ଠୁର ମୁହଁ ତଳେ କୋମଳ ମନଟିର ସାକ୍ଷାତ ପାଇବେ ଦର୍ଶକ।

ନୂଆ ଠିକଣା:

ସମୟ ସ୍ରୋତରେ ନୂତନର ଆହ୍ୱାନ ଓ ପ୍ରଗତିର କଥା ଏଥିରେ କୁହାଯାଇଛି। ମାତ୍ର ଏହି ସ୍ୱପ୍ନବିହ୍ୱଳ ପରିବେଶ ମଧ୍ୟରେ ଅସଂଖ୍ୟ ମଣିଷ ସେମିତି ପୀଡ଼ିତ-ଅସହାୟ-ପଛୁଆ ଥାଆନ୍ତି। ସେଇମାନଙ୍କ ପାଇଁ ନାଟ୍ୟକାର ଗୌରହରିଙ୍କ ସମ୍ବେଦନାର ଏକ ବହୁସ୍ରାବୀ ଧାରା ହେଉଛି 'ନୂଆ ଠିକଣା'।

ଜଗତୀକରଣ ଓ ଉଦାରୀକରଣ ଦ୍ୱାରା ଯୋଜନା ପରେ ଯୋଜନା ସରକାର କରୁଥିଲେ ମଧ୍ୟ ପ୍ରକୃତ ଗରିବ ସେ ସୁଯୋଗରୁ ବଞ୍ଚିତ ହୁଅନ୍ତି। ଶାସନକଳର ତଳ ଅମଲାଙ୍କ ଦ୍ୱାରା ସବୁ ଯୋଜନା ହୁଏ ବାଟମାରଣା। ଦୁଇ ଓଳି ଦୁଇ ମୁଠା ଖାଦ୍ୟ ଯୋଗାଡ଼ କରିପାରୁ ନ ଥିବା ମଳିମୁଣ୍ଡିଆ ମଣିଷଟି ନିଜର ସ୍ୱାଭିମାନ ଜଗି କୁଳ-ବେଉସାକୁ ଆଶ୍ରା କରି ସନ୍ଧାନ କରେ ରୋଜଗାରର ପନ୍ଥା। ମାତ୍ର ଏଥିରେ ସେ ହୁଏ ନିରାଶ। ଏହି ଅବସ୍ଥାର ସୁଯୋଗ ନିଅନ୍ତି କିଛି ସ୍ୱାର୍ଥାନ୍ଧ ମଣିଷ। ଏମାନଙ୍କ ସ୍ୱାର୍ଥ ଆଗରେ ଧୋଇଯାଏ ସେମାନଙ୍କର ସ୍ୱପ୍ନ।

ଏହିଭଳି ଦୂଷିତ ରାଜନୀତି ଓ ସରଳ ଆଦିବାସୀ ବ୍ୟକ୍ତିର ଜୀବନକୁ ନେଇ ନାଟ୍ୟକାରଙ୍କ 'ନୂଆ ଠିକଣା' ନାଟକର ରଚନା। ମେଳେଛା, ଗୁରୁବାରୀ, ରାଜୁ, ପ୍ଲାଷ୍ଟିକ୍ ବିକାଳି, ଡାକ୍ତର, ଅଫିସର, ଡ୍ରାଇଭର, ଗଞ୍ଜା, କୁକୁଡ଼ା, ଲେଖକ/ଗଛ, ଗ୍ରାମବାସୀ ଓ ଦଳୀୟ ଅଭିନେତାଙ୍କୁ ନେଇ କାହାଣୀଟି ବିକାଶ ହୋଇଥିବାର ଦେଖାଯାଏ। ବାରଟି ଦୃଶ୍ୟ ବିଶିଷ୍ଟ ଏ ନାଟକଟି ଗରିବ ଆଦିବାସୀ ଜୀବନର ପ୍ରେମ ଓ କାରୁଣ୍ୟରେ ଜର୍ଜରିତ। ଅନ୍ୟ ସମସ୍ତ ନାଟକ ପରି ଦର୍ଶକମାନେ ନାଟ୍ୟକାର ଗୌରହରି ଦାସଙ୍କ ଏ ନାଟକର ଚରିତ୍ରଗୁଡ଼ିକରୁ ମଧ୍ୟ ଗରିବ ମଣିଷର ଦରଦଭରା ଜୀବନର ନିଛକ ଚିତ୍ର ଦେଖିପାରିବେ। ସମାଜର ନିମ୍ନବର୍ଗର ଚରିତ୍ରକୁ ଖୋଜି, ତାକୁ ସାହିତ୍ୟରେ ଜୀବନ୍ୟାସ ଦେଇ ପାଠକ ସମାଜର ଆଖିଖୋଲି ଦେଉଥିବା ଗୌରହରି ଦାସଙ୍କ ନାଟ୍ୟ ସ୍ୱାତନ୍ତ୍ର୍ୟ ଉଲ୍ଲେଖନୀୟ। ଏ ନାଟ୍ୟ ପରିକଳ୍ପନାକୁ ନେଇ ସେ କହନ୍ତି –

"ସମାଜର ଗୋଟିଏ ନିହାତି ଶେଷ ଲୋକ ଭାବେ ଏଇ ମେଳେଛା ଆଉ ଗୁରୁବାରୀ ଆଦିବାସୀ ଦମ୍ପତିଙ୍କୁ ଖୋଜି ଖୋଜି ପାଇଥିଲି। ଜାଣିଗଲି ଯେ ସେମାନେ ତାଙ୍କ ଜୀବନର ଭିତିରି କଥା ମୋତେ କହିବା ସମ୍ଭବ ନୁହଁ। ତେଣୁ ବେଶ୍ ସମୟ ଦେଇ ତାଙ୍କୁ ପିଛା କରି ସେମାନଙ୍କ ସତ ଜୀବନ ଦେଖିପାରିବି ବୋଲି ଭାବିଲି। ମୁଁ ଯାହା ଦେଖିଛି ଅପଣମାନଙ୍କୁ ସେଇଆ ଦେଖେଇବାକୁ ଚେଷ୍ଟା କରିଛି।" (୧୭)

ମେଳେଛା ଓ ଗୁରୁବାରୀ ଦାରିଦ୍ର୍ୟର କଷାଘାତ ତଳେ ବଞ୍ଚୁଥିବା ଏକ

ନିରୀହ ଆଦିବାସୀ ଦମ୍ପତି । କୁଳ ବେଉସାକୁ ଆଦରି ହାତବୁଣା ବାଉଁଶ ଟୋକେଇ ବିକ୍ରି କରି ଜୀବନ ବଞ୍ଚିବାକୁ ଚାହିଁଛନ୍ତି । ମାତ୍ର ପ୍ଲାଷ୍ଟିକ୍ ଟୋକେଇର ଚାହିଦା କାରଣରୁ ତାଙ୍କ ହାତ ତିଆରି ଦ୍ରବ୍ୟ ବିକ୍ରି ହୋଇପାରିନି । ଫଳରେ ଖାଦ୍ୟାଭାବ କାରଣରୁ ତା'ର ସ୍ତ୍ରୀ ମାତୃତ୍ୱ ଧାରଣରୁ ବଞ୍ଚିତ ହୋଇଛି । ସରକାରଙ୍କର ଗରିବଙ୍କ ଜୀବିକାର୍ଜନ ପାଇଁ ଛେଳି ଓ ଘୁଷୁରି ଯୋଗାଣର ବ୍ୟବସ୍ଥା 'ରାଜୁ'ଠାରୁ ଶୁଣି ମେଳେଛା ମନରେ ଅପୋଷା ପେଟ ପୋଷି ହେବାର ସ୍ୱପ୍ନ ଚେଇଁ ଉଠିଛି । ମାତ୍ର ଲାଞ୍ଚଖୋର ଅଫିସରଙ୍କ ଲୋଭିଲା ଲାଳସାକୁ ଚରିତାର୍ଥ କରି ନ ପାରି ସରକାରଙ୍କ ଯୋଜନାରୁ ବଞ୍ଚିତ ହୋଇଛନ୍ତି ସେମାନେ । ଗରିବକୁ ମିଛ ସ୍ୱପ୍ନ ଦେଖାଇ, ତା'ର ଅସହାୟ, ଅଶିକ୍ଷିତପଣର ସୁଯୋଗ ନେଇ କୌଶଳରେ ତା' ଅଧିକାରକୁ, ତା' ସ୍ୱପ୍ନକୁ ଉଜାଡ଼ି ଦେବାର ଚକ୍ରାନ୍ତକାରୀ ଅଫିସରର ମୁଣ୍ଡକୁ ଟାଙ୍ଗିଆରେ ଦି'ଗଡ଼ କରିଦେଇଛି ମେଳେଛା । ଶଠତା କାର୍ଯ୍ୟରେ ସାମିଲ ଥିବା ରାଜୁ ଏବଂ ଡ୍ରାଇଭର ମଧ୍ୟ ତା' ଆକ୍ରମଣରୁ ବର୍ତ୍ତି ପାରିନାହାନ୍ତି; କ୍ଷତାକ୍ତ ହୋଇଛନ୍ତି । ତତ୍କାଳୀନ ପରିସ୍ଥିତିରୁ ବର୍ତ୍ତିବା ପାଇଁ ସ୍ତ୍ରୀ ଗୁରୁବାରୀ ସହ ନୂଆ ଠିକଣା ସନ୍ଧାନରେ ବାହାରି ଯାଇଛି ମେଳେଛା । ବର୍ତ୍ତମାନକୁ ନେଇ ବଞ୍ଚୁଥିବା ସରଳ ନିରୀହ ଏଇ ଆଦିବାସୀର କଣ୍ଟକିତ ଜୀବନର ନିଷ୍କର୍ଷ ଦର୍ଶାଇ ନାଟ୍ୟକାର କହନ୍ତି -

"ମୋର ଶେଷ ଉପଲବ୍ଧି ହେଲା- ଆଦିବାସୀ ଗରିବଟିଏ କେବଳ ବର୍ତ୍ତମାନକୁ ନେଇ ବଞ୍ଚେ । ଭବିଷ୍ୟତର ଯୋଜନା ସେମାନଙ୍କର ନ ଥାଏ କି ଅତୀତ ଲାଗି ସେମାନଙ୍କ ଅନୁଶୋଚନା ନ ଥାଏ । ଭବିଷ୍ୟତ ଆଉ ଅତୀତ ମଝିରେ ରହିଥିବା ଏଇ-ଏବେ-ଏଇଠି ଯାହା ଘଟେ ତାହା ସେମାନଙ୍କ ଜୀବନ ଆଉ ତାର ପ୍ରତିକ୍ରିୟା ଦେଖେଇବା ତା'ର କାମ । ମେଳେଛା ସେତିକିହିଁ କରିଛି ।" (୧୮)

ମଣିଷଙ୍କୁ ନେଇ ସମାଜ । ମାତ୍ର ସେଇ ସମାଜରେ ଆଜି ମଣିଷ ବଞ୍ଚିବା ପାଇଁ ଭୟଭୀତ । ତା'ର ଅସହାୟତା, ହୃଦୟର ଯନ୍ତ୍ରଣା, କରୁଣ କ୍ରନ୍ଦନ, ଅଭାବ ଅସୁବିଧାଦି ସଭ୍ୟ ସୁବିଧାବାଦୀ ପୁଞ୍ଜିପତି ଶ୍ରେଣୀ ପାଇଁ ହୋଇଛି ନାକହସା । ଏଇ ସୁବିଧାବାଦୀମାନେ ସାହାଯ୍ୟ ପରିବର୍ତ୍ତେ ଶୋଷଣ କରୁଛନ୍ତି । ନାଟ୍ୟକାର ଗୌରହରି ଦାସ ଏହି ନାଟକ ରଚନା ମାଧ୍ୟମରେ କେବଳ କଲମ ଚାଳନା କରିନାହାନ୍ତି, ବର୍ତ୍ତମାନ ସମାଜର ସମସ୍ୟାକୁ ନେଇ ଥିବା ଗୂଢ଼ତତ୍ତ୍ୱକୁ ଉନ୍ମୋଚନ କରିଦେଇଛନ୍ତି । ଏଥିରୁ ନାଟ୍ୟକାରଙ୍କର ସମାଜପ୍ରାଣତା ଓ ଜଣେ ସଚେତନଶୀଳ ଦୂରଦର୍ଶିତାର ପରିଚୟ ମିଳେ ।

ଏ ନାଟକରେ ରହିଛି -

୧. ଖାଦ୍ୟାଭାବରେ ନିଷ୍ପେଷିତ ଦଳିତ ଆଦିବାସୀ ମଣିଷର ଆର୍ତ୍ତତା ।

୨. ବଞ୍ଚିବା ପାଇଁ ସାଧାରଣ ମଣିଷ ନିତ୍ୟ ସଂଘର୍ଷର ଚିତ୍ର।
୩. ଅଭାବୀ ଗରିବମାନଙ୍କ ସରଳ ହୃଦୟରେ ପ୍ରେମର ଅମୃତମୟ ଛିଟା।
୪. ମାତୃତ୍ୱ ନିମନ୍ତେ ଅସହାୟା ନାରୀର ବିକଳ ଚିତ୍ର।
୫. ଘରୋଇ କୁଳବେଉସାକୁ ଆଦର କରୁଥିବା ମଣିଷର ଦୁଃସ୍ଥିତି।
୬. ଲୋକଙ୍କ କୁଟୀରଶିଳ୍ପ ପ୍ରସ୍ତୁତ ଦ୍ରବ୍ୟ ପ୍ରତି ଅନାଗ୍ରହପଣ ଓ ଏ ଶିଳ୍ପର ଅଧୋଗତିର ବାସ୍ତବ ରୂପ।
୭. ଦୂଷିତ ରାଜନୈତିକ ପରିମଣ୍ଡଳରେ ଲାଞ୍ଚଖୋର ନେତା ଅଫିସରଙ୍କ ଶୋଷଣର ଚିତ୍ର।
୮. ବର୍ତ୍ତମାନକୁ ନେଇ ବଞ୍ଚୁଥିବା ମଣିଷର ସ୍ୱପ୍ନ ଓ ବିଶ୍ୱାସ ସହ ଖେଳିବାର ଭୟଙ୍କର ପରିଣତି କଥା।
୯. କଳୁଷିତ ସଭ୍ୟ ସମାଜର ନଗ୍ନ ବାସ୍ତବତା।
୧୦. ଅସୁରକ୍ଷିତ ସମାଜ ଓ ସମୟରୁ ଅନିର୍ଦ୍ଦିଷ୍ଟ ନୂଆ ଠିକଣାରେ ଧାବମାନ ଶୋଷିତ ପିଢ଼ିର କରୁଣ କ୍ରନ୍ଦନ ଇତ୍ୟାଦି।

ଏ ନାଟକରେ ନିଜ ଘର-ଦ୍ୱାର ଛାଡ଼ି ଜଙ୍ଗଲରେ ଅଣନିଃଶ୍ୱାସୀ ହୋଇ ଦୁଇ ପରାଣୀ ଧାଇଁଲାବେଳେ ଗୁରୁବାରୀ ଯାତ୍ରାର ପରିଣତି କଥା ସ୍ୱାମୀକୁ ପଚାରେ। ନାଟକର ନାୟକ ମେଳେଛା ସମାଜର ପ୍ରଥାସିଦ୍ଧ ଚିରନ୍ତନ ସତ୍ୟକୁ ନିଜର ପତ୍ନୀ ଗୁରୁବାରୀକୁ ଜଣାଇ କହୁଛି -

"ଗୁରୁବାରୀ : ଜଙ୍ଗଲରେ କୁଆଡ଼େ ଯିବା ? ଆମ ଘର , ଆମ ବାଡ଼ି .. ..

ମେଳେଛା : ସେସବୁ କଥା ଆଉ ଭାବନା ଗୁରୁବାରୀ। ତୁ ମୋ ଉପରେ ବିଶ୍ୱାସ ରଖ - ମୋର କିଛି ବୋଲି କିଛି ଭୁଲ୍ ନାହିଁ। ସମସ୍ତେ ଠକିଦେଲେ। ଏବେ ମୁଁ ଆଉ କାହାର ଗୋଡ଼ ଧରିବି ନାହିଁ, କାହାକୁ ଗୁହାରି ହେବି ନାହିଁ। ଆମେ ସେଇ ଠିକଣାକୁ ଯିବା, ଯୋଉଠି ଦୁନିଆର ସବୁ ବାଟ ବନ୍ଦ ହୋଇଗଲେ ବି କୋଉ ନା କୋଉ ବାଟ ଖୋଲୁଥିବ। ଏଇ ଆକାଶକୁ ଅନା। ଆକାଶ ଲାଲ୍ ହୋଇ ଆସିଲାଣି। ଆମେ ସେଇ ସୂରୁଜ ଯୋଉ ଦିଗରୁ ବାହାରିବ ସେଇ ଦିଗରେ ଯିବା। ଆ ଦଉଡ଼ି ଆ -" x x x (୧୯)

'ନୂଆ ଠିକଣା' ଏକ ବାସ୍ତବବାଦୀ ସାମାଜିକ ନାଟକ। ଅନ୍ୟାୟ, ଅବିଚାର ତଥା ନିଜ ସରଳତା ପାଇଁ ପ୍ରତି ମୁହୂର୍ତ୍ତରେ ସମ୍ମାନହାନୀ ସହ ଠକାମିର ଶିକାର ହେଉଥିବା ଦଳିତ ଅସହାୟ ମଣିଷ ସମାଜକୁ ପରୋକ୍ଷରେ ନାଟ୍ୟକାରଙ୍କ ଏଥିରେ ଆହ୍ୱାନ ହେଲା- ସହିବାର ସୀମା ଅତିକ୍ରମ ହେଲେ ପ୍ରତିବାଦ କରି ଶିଖ, ଦରକାର ପଡ଼ିଲେ ମେଲେଛା ପରି ଅସ୍ତ୍ର ଧରି ନିଜର ହକ୍ ପାଇଁ ଅନ୍ୟାୟର ସାମ୍ନା କର, ଭଦ୍ର ମୁଖା ପିନ୍ଧା ଲାଞ୍ଚଖୋର ସଇତାନ ସମାଜର ଆଖି ଖୋଲି ଦିଅ।

ଦୁଇ ବେଳା ଦୁଇମୁଠା ଖାଇବାକୁ ପାଉ ନ ଥିବା ସରଳ ଆଦିବାସୀ ଦମ୍ପତି ଅନ୍ନାଭାବ ପାଇଁ ସନ୍ତାନ ସୁଖରୁ ହୋଇଛନ୍ତି ବଞ୍ଚିତ। ସରକାର 'ଘୁଷୁରି' ଯୋଗାଇ ଦେଲେ ସେମାନଙ୍କୁ ପାଳି ଅଭାବ ଦୂର କରିବାର ସୁଦୂର ସ୍ୱପ୍ନରେ ମସଗୁଲ୍ ହେବାବେଳେ ଅଭାବୀ ମଣିଷର ସ୍ୱପ୍ନବିଭୋରପଣକୁ ନାଟ୍ୟକାର ସଂକ୍ଷିପ୍ତ ସଂଳାପ ମଧ୍ୟରେ କିଭଳି ଉପସ୍ଥାପିତ କରିପାରନ୍ତି ତାହା ନିମ୍ନରେ ବର୍ଣ୍ଣିତ -

"ମେଲେଛା : xxx ଗୁରୁବାରୀ, ଏଇ ଗୁରୁବାରୀ - ଦେଖୁଚୁ?

ଗୁରୁବାରୀ : ହଁ। ଦେଖୁଛି!

ମେଲେଛା : ଠିକ୍ , ଆକାଶରେ କ'ଣ ଦେଖୁଚୁ?

ଗୁରୁବାରୀ : ତାରା।

ମେଲେଛା : କେତେ ତରା ଦେଖୁଚୁ?

ଗୁରୁବାରୀ : ବହୁତ ତରା!

ମେଲେଛା : ଏକଦମ୍ ନିରିଖେଇ ଅନେଇଲୁ। ଖାଲି ତାରା ଦିଶୁଚି ନା ଆଉ କ'ଣ?

ଗୁରୁବାରୀ : ଆଉ କ'ଣ?

ମେଲେଛା : ଛୋଟିଆ ଛୋଟିଆ ଧୋବଲା ଧୋବଲା ଘୁଷୁରି ଛୁଆମାନେ, ଦୁଶୁନାହାଁନ୍ତି?

ଗୁରୁବାରୀ : ହଁ, ହଁ ତ, ଇ ଧୋବଲା ଧୋବଲା ଘୁଷୁରି ଛୁଆମାନେ, କେନ୍ତା ମନ୍ଦା ମନ୍ଦା ହେଇ ଦିଶୁଛନ୍ତି। ରାତିରେ ଆକାଶ ଏଡ଼େ ସୁନ୍ଦର ଦିଶେ!

ମେଲେଛା : ଏଇ ଛୁଆ ତୋ କୋଳକୁ ଆସିବେ। ଦୁନିଆରେ ସବୁ ଛୁଆ ସମାନ। ଏଇ ମାଟି ପରା ସମସ୍ତଙ୍କ ମା।" (୨୦)

ଦାମ୍ପତ୍ୟ ପ୍ରେମର ମଧୁର ତାନ 'ନୂଆ ଠିକଣା'ରେ ଶୁଣିବାକୁ ମିଳେ। ପୋଷା କୁକୁଡ଼ା ଏବଂ ଗଞ୍ଜାର ପ୍ରେମରେ ନିଜର ପ୍ରେମକୁ ଅନୁଭବ କରୁଥିବା ଗୁରୁବାରୀ ଓ

ମେଳେଛା ପରି ମଣିଷମାନେ ନାଟ୍ୟକାରଙ୍କ ଲେଖନୀରେ ଯେ ଏତେ ଜୀବନ୍ତ ହୋଇପାରନ୍ତି, ତାହା ପ୍ରତ୍ୟକ୍ଷ ନ କଲେ ଦର୍ଶକ ବିଶ୍ୱାସ କରିବେ ନାହିଁ। ମେଳେଛାର ଗୁଣୁଗୁଣୁରେ ନିରୁତା ପ୍ରେମ ସଙ୍ଗୀତ ଏ କ୍ଷେତ୍ରରେ ବେଶ୍ ଭାବୋଦ୍ଦୀପକ ମନେହୁଏ -

"ଏଇ ମହୁଲ ଫୁଲର ବାସ ...
ମହକି ଯାଉଚେ ଚତୁରପାଶ ..
ତାକେ ମୁହିଁ ଝୁରି ମରେ ଗୋ ..
ମୋର ସଜନୀ।
କେବେ ଆଇଚୁ ବୋଲି ତୁହି।
ବସି ଅଛେ ବାଟ ଚାହିଁ ..
ତାକେ ମୁହିଁ ଝୁରି ମରେ ଗୋ ..
ମୋର ସଜନୀ .." (୨୧)

ବିଶ୍ୱାସକୁ ପାଥେୟ କରି ବଞ୍ଚୁଥିବା ମଣିଷ କିନ୍ତୁ ଏ ସମାଜର ଶଠମାନଙ୍କ ବିଶ୍ୱାସଘାତର ଶିକାର ହୁଏ। ଆପଣାର ସ୍ୱାର୍ଥ ପାଇଁ ନିରୀହ ସରଳ ବିଶ୍ୱାସୀ ମଣିଷକୁ ଭୁଆଁ ବୁଲାଇ, ତାଙ୍କୁ ପରିହାସ କଲାବେଳେ ଏମାନଙ୍କ ଘୃଣ୍ୟ ବ୍ୟକ୍ତିତ୍ୱର କୁତ୍ସିତ ଚେହେରା ଉକୁଟି ଉଠିଛି। ଘୁଷୁରି ଦେବାକୁ କହି ମେଳେଛାକୁ ପ୍ରତାରିତ କଲାବେଳେ ରାଜୁ ଏବଂ ଅଫିସରଙ୍କ ବକ୍ତବ୍ୟରେ ତାଙ୍କର ଧୂର୍ତ୍ତତାକୁ ଲକ୍ଷ୍ୟ କରାଯାଇପାରେ।

"ଅଫିସର : ଘୁଷୁରି ପାଇବା ଠିକଣା।

ରାଜୁ : ଘୁଷୁରି ପାଇବା ଠିକଣାକୁ ବାଟ .. .. ହଁ ମେଳେଛା ଶୁଣେ ହେଲେ ସେ ଘର ଦେଖୁଚୁ ? (ମେଳେଛା ମୁଣ୍ଡ ଟୁଙ୍ଗାରିଲା).. ତା' ପାଖରୁ ବାଁ ହାତି ଯିବୁ। ତା'ପରେ ଦେଖିବୁ ଗୋଟେ ମନ୍ଦିର। ସେଇଠୁ ଯିବୁ ଡାହାଣକୁ। ତିନିଟା ଗଳି ଛାଡ଼ିଦବୁ। ତା'ପରେ ଦେଖିବୁ ଗୋଟେ ପଡ଼ିଆ। ପଡ଼ିଆ ଯୋଉଠି ସରିବ, ତା' ପାଖରେ ଅଛି ଗୋଟେ ପୋଖରୀ। ପୋଖରୀ ଯୋଉଠି ସରିବ ସେଇଠି-

ଅଫିସର : ସେଇଠି ଅଛି ଗୋଟେ ଗୋଲେଇ ଛକ ! ସେଇ ଯାଏଁ ଆଗ ଚାଲ, ତା'ପରେ ଆମକୁ ପାଇବୁ। ହେଃ, ସିଏ ଏତେ କଥା ମନେରଖିବ ? ବୁଢ଼ୀ ଅସୁରୁଣୀର ଜୀବନ ଖୋଜିବା ଭଳିଆ କଥା। ତୁ ଯେତିକି ସମୟ ନେଲୁଣି ସେପଟେ ଘୁଷୁରି ବଣ୍ଟା ସରିଯିବ। ତୁ ଯାହା ବୁଝିଲୁ

ଚାଲୁଥା, ରାଜୁବାବୁ ନ ହେଲେ ତତେ ଖୋଜି ବାହାର କରିଦବନି ? ଚାଲରେ !

ମେଳେଛା : ମୋର ଧଳା ଘୁଷୁରି ବାବୁ । ରାଜୁ, ଦେଖିବୁ ରେ !" (୨୨)

ଆଜିକାଲି ସାଧାରଣ ମଣିଷ କିଛି ସରକାରୀ ସୁବିଧା ପାଇବାକୁ ହେଲେ ଉପରିସ୍ଥ ଅଧିକାରୀ ଓ ତଳ କର୍ମଚାରୀଙ୍କୁ ମୁହଁଗୁଞ୍ଜା ଦେଉଛି । ଏହା ଏକ ପରମ୍ପରା ପାଲଟିଗଲାଣି । ସେମାନଙ୍କ ମନତୋଷି ନ ପାରିଲେ ସାଧାରଣ ମଣିଷ ଆକ୍ରୋଶର ଶିକାର ହେଉଛି । ସ୍ୱପ୍ନ ପୂରଣାର୍ଥେ ଲାଞ୍ଚଖୋର ଅଫିସରର ଜିହ୍ୱାଲାଳସାକୁ ଚରିତାର୍ଥ କରିବା ଉଦ୍ଦେଶ୍ୟରେ ନିଜ ପୋଷାଜୀବକୁ ଭେଟି ଦେବାପାଇଁ ପ୍ରସ୍ତୁତ ହେଲାବେଳେ ତନ୍ମଧ୍ୟରୁ କାରୁଣ୍ୟ ଜର୍ଜରିତ ନିରୀହ ଆଦିବାସୀ ଦମ୍ପତିଙ୍କ ଅଭିମାନମିଶା ଖେଦୋକ୍ତି ପାଠକର ହୃଦୟକୁ ବିଦୀର୍ଣ୍ଣ କରିଦିଏ । ଏଇ ଗଞ୍ଜା-କୁକୁଡ଼ାଙ୍କ ପ୍ରେମ ଭିତରେ ତ ସେମାନେ ନିଜ ଦାମ୍ପତ୍ୟ ପ୍ରେମକୁ ଅନୁଭବ କରୁଥିଲେ । ସେମାନଙ୍କ ଭିତରୁ କୁକୁଡ଼ାଟିକୁ ଅଲଗା କଲାବେଳେ ମେଳେଛା ଓ ଗୁରୁବାରୀ ପରସ୍ପରଠୁ ବିଛିନ୍ନ ହେବା ଅନୁଭବ କରିଛନ୍ତି । ନିରୀହ ଦମ୍ପତିଙ୍କ ପ୍ରସଙ୍ଗୋଚିତ ଏହି କଥୋପକଥନରୁ ପାଠକ ତଥା ଦର୍ଶକର ଆଖି ସୁଦ୍ଧା ଛଳଛଳ ହୋଇଯାଏ –

"ମେଳେଛା : ତୋର କୁକୁଡ଼ାକୁ ତୁ ଧର, ମୁଁ ଗଞ୍ଜାକୁ ଧରୁଚି । କିଲୋ ମୋତେ ଆଁଟା କରି ଦେଖୁଛୁ କ'ଣ ? କହିଲି ପରା କୁକୁଡ଼ାକୁ ଅଟକାଇଦେ !

(ଗୁରୁବାରୀ ବାଧ ହୋଇ ମେଳେଛାକୁ ସାହାଯ୍ୟ କରିବାକୁ ଚେଷ୍ଟା କଲା । ମେଳେଛା ଗଞ୍ଜାକୁ ଶେଷରେ ଧରିଲା, କାରଣ ଗୁରୁବାରୀ କୁକୁଡ଼ାକୁ ଅଟକେଇଲା । ଗଞ୍ଜା ଓ କୁକୁଡ଼ା ଉଭୟେ କକକ... କକକ... ରଡ଼ି କରି କରି ବିଦାୟ ଦେବା ନେବା ହେଲେ । ସତେ ଯେମିତି ଦୁଇ ମଣିଷ ସେମାନଙ୍କ ଭାଷା କହୁଚନ୍ତି –)

ମେଳେଛା : ଗୁରୁବାରୀ ଲୋ, ତୁ-ମୁଁ ଦି' ଜଣ ଦୁହିଁକୁ ବାଛିଲେ, ବାହା ହେଲେ । ବାହା ହବାକୁ ଋଣ କରି ଶୁଝିଲେ । ଭଗବାନ ଯାହା ଦେଲେ ସାଙ୍ଗ ହେଇ ସହିଲେ । ଦିନେ ତୁ ମୁଁ ଏ ସଂସାର ଛାଡ଼ିବା ନା ନାହିଁ ? ସେତେବେଳେ ତତେ ମତେ ଛାଡ଼ିବାକୁ ହବ ଆଉ ତା ପରେ ବି ବଞ୍ଚିବାକୁ ହବ ।

ଗୁରୁବାରୀ : ତୁ ମତେ ଛାଡ଼ି ବଞ୍ଚିପାରିବୁ ବୋଲି ଭାବିପାରୁଚୁ କି ?

ମେଳେଛା : ଦଇବ ଯଦି ଏବେ କହିବ ଆଉ ତା ଘଟିବ, ଆମେ ନିଜେ ନିଜକୁ ମାରିବା କି ?
(ଜନ୍ତୁଙ୍କ ମାୟା ତୁଟେଇବାକୁ ଉପରବାଲା ଆଦେଶ ଦେଲା।) ମୁଁ କ'ଣ କରିବି ? ମୁଁ ଆଜି ତତେ ଘୁଷୁରି ଆଣିଦେବି କହିଚି ମାନେ - ଆଣିବି (ଘର ଭିତରକୁ ଯାଇ ଗୋଟିଏ ବ୍ୟାଗ୍‌ରେ ଗଞ୍ଜାକୁ ଧରି କାନ୍ଧରେ ଟାଙ୍ଗିଆ ପକେଇ ପ୍ରବେଶ କଲା ମେଳେଛା !)

ଗୁରୁବାରୀ : ମେଳେଛାରେ, ରାଗ ରୋଷରେ ଯାହା କଲେ ଭୁଲ୍ ହେଇଯାଏ ବୋଲି କହନ୍ତି।

ମେଳେଛା : ଏଥିରେ ରାଗ ରୋଷ କ'ଣ ଅଛି ? ତାଙ୍କର ଯଦି ଲୋଭ ଆମ ଗଞ୍ଜା ଉପରେ, ପାଇବେ। ମୁଁ ତ ଝଗଡ଼ା କରିବାକୁ ଯାଉନି।" (୨୩)

ବାସ୍ତବିକ ଏ ସମାଜରେ ବଞ୍ଚିବା କାହା ପାଇଁ ସଉକ ତ ପୁଣି କାହା ପାଇଁ ତାହା ଏକ ଭୋକ। ସେଇ ଭୋକକୁ ମେଣ୍ଟାଉ ମେଣ୍ଟାଉ ନିଜକୁ ନିଃଶେଷ କରିଦିଅନ୍ତି ଦାରିଦ୍ର୍ୟର ଶକ୍ତ କରାଘାତ ସହୁଥିବା ବେହାଲ୍ ମଣିଷମାନେ। ତା' ସାଙ୍ଗକୁ ଧୂର୍ତ୍ତ ଶିକ୍ଷିତ ଜଣାଶୁଣା ସାଇଭାଇ ପୁଣି ସେମାନଙ୍କ କଲ୍ୟାଣର ଯୋଜନା ନେଇ ଆସୁଥିବା ଲାଞ୍ଛୁଆ ମିଛୁଆ ନେତା, ମନ୍ତ୍ରୀ, ସରକାରୀ ଚାକିରିପ୍ରାପ୍ତ ବାବୁ-ଅଫିସରଙ୍କ କୂଟନୀତିରେ ଛନ୍ଦି ହେଇଯାଏ ଏଇ ନିରୀହ ମଣିଷଙ୍କ ଜୀବନ। ତାଙ୍କର ଟିକି ସ୍ୱପ୍ନ, ଛୋଟ ସଂସାର, ବର୍ତ୍ତମାନର ଜୀବନକୁ ଯେଉଁମାନେ ଅନିଶ୍ଚିତ କରିଦିଅନ୍ତି, ସେମାନଙ୍କ ବିରୋଧରେ ତାଙ୍କ ନରମ ହୃଦୟ କଠିନ ହୋଇଯାଏ। 'ଶିକାର'ର 'ଘିନୁଆ' ପରି ବର୍ତ୍ତମାନରୁ ଅନ୍ୟାୟକୁ ଅପରାଧକୁ ନିର୍ମୂଳେ ବିନାଶ କରିବାକୁ ପଣ କରି ନିଜ ଅସ୍ତ୍ର ଉଠାଏ। ଯେଉଁ ପରିବେଶ, ଯେଉଁ ଠିକଣା ଜୀବନ ଧାରଣ ପାଇଁ ପ୍ରତିକୂଳ ସାଜେ, ସେଠାରୁ ମୁହଁ ଫେରାଇ ସେମାନେ ବାହାରିଯାଆନ୍ତି 'ନୂଆ ଠିକଣା'ର ସନ୍ଧାନରେ। ଏ ନାଟକ ତା'ର ବାସ୍ତବ ରୂପ।

ମାୟା:

ଶ୍ରୀମଦ୍‌ଭାଗବତ ଗୀତାନୁସାରେ- "Maya is a subtle force that creates the grand illusion that the phenomenal world that we see is real." ମାୟାରେ ଭ୍ରମିତ ଜଗତକୁ ଆମେ ସତ୍ୟ ମଣିଥାଉ।

'ମାୟା' ଏକ ରହସ୍ୟମୟ ଶବ୍ଦ। ଏହା ଏମିତି ଏକ ଅଦୃଶ୍ୟ ଶକ୍ତି ଯାହା ସତ୍ୟ ନ ହୋଇ ମଧ୍ୟ ସତ୍ୟ ପରି ପ୍ରତୀତ ହୋଇପାରେ। ଶିବ ଦର୍ଶନରେ ଆତ୍ମାକୁ ସାଂସାରିକ ବନ୍ଧନ ଫାଶରେ ବାନ୍ଧି ରଖିବାର ଯେଉଁ ଚାରିଟି ଫାଶ ରହିଛି ତନ୍ମଧ୍ୟରୁ 'ମାୟା' ହେଉଛି ଅନ୍ୟତମ। ଏହା ମଣିଷ ପାଇଁ ଏମିତି ଏକ ଆକର୍ଷଣ, ଯେଉଁଥିରେ ବଶୀଭୂତ ହୋଇ ସେ ଭୁଲିଯାଏ ନିଜତ୍ୱ। ଦରକାର ହେଲେ ନିଜକୁ ସେହି ମାୟା ପାଇଁ ଉତ୍ସର୍ଗ କରିଦେବାକୁ ସେ କୁଣ୍ଠା ପ୍ରକାଶ କରେନାହିଁ। ବସ୍ତୁ ପ୍ରତି ହେଉ ଅଥବା ବ୍ୟକ୍ତି ପ୍ରତି ଏହି ଆକର୍ଷଣ ମଣିଷକୁ ତା' ସ୍ୱଭାବଠାରୁ ବହୁ ଦୂରକୁ ନେଇଯାଏ। ଅନ୍ୟମନା ହୋଇ ସେ ଅସ୍ୱାଭାବିକ କ୍ରିୟାକଳାପ କରିବାକୁ ବାଧ୍ୟ ହୁଏ। ଏହି ମାୟା 'ପ୍ରେମ' ବି ହୋଇପାରେ। ଅଜବ ଏହାର ପରିଭାଷା। ପ୍ରଚଣ୍ଡ ଏହାର ଶକ୍ତି। ଏହା କେତେବେଳେ ବ୍ୟକ୍ତିର ବ୍ୟକ୍ତିତ୍ୱକୁ ସଜାଡ଼ିଦିଏ ତ ପୁଣି କେତେବେଳେ ତା'ର ଜୀବନ-ଦୀପକୁ କରିଦିଏ ନିର୍ବାପିତ। ଅତି ଚମତ୍କାର ଭାବେ ନାଟ୍ୟକାର ଗୌରହରି ଦାସ, ମାୟାବିନୀଙ୍କ ମାୟାଜାଲରେ ଛନ୍ଦା ଶକ୍ତିଶାଳୀ ପୁରୁଷମନର ଦୁର୍ବଳ ଦିଗଟିକୁ ଉନ୍ମୋଚନ କରିଛନ୍ତି ତାଙ୍କର ଅନ୍ୟତମ 'ମାୟା' ନାଟକରେ। ଏହାର ମର୍ମଲିପିକୁ ଦର୍ଶାଇ ସ୍ୱୟଂ ନାଟ୍ୟକାର କହନ୍ତି-

"ସମୟେ ସମୟେ ଲୁହାର ଶିକୁଳିକୁ ଛିଣ୍ଡାଇ ଆଗକୁ ଯାଇ ହୁଏ; ମାତ୍ର ଫୁଲର ମାଳାଟିକୁ ଛିଣ୍ଡେଇ ଆଗକୁ ଯାଇ ହୁଏ ନାହିଁ। x x x ନାଟକ 'ମାୟା' ମଣିଷ ଜୀବନର ଏମିତି ଏକ ରହସ୍ୟାଚ୍ଛନ୍ନ ଜୀବନର କଥା। ନାରୀ ମନକୁ ଜିଣିବା ପାଇଁ ପୁରୁଷର ଅସମ୍ଭବ ଉଦ୍ୟମର କଥା। ପୁଣି ଚିରୁଡ଼ାଏ ପ୍ରେମ ପାଇଁ ପରିଣତିକୁ ଭ୍ରୂକ୍ଷେପ କରୁ ନ ଥିବା ଗୋଟେ ପ୍ରେମ ପାଗଳର କଥା।" (୨୪)

'ମାୟା' ନାଟକ ପ୍ରେମ ଓ ଆତ୍ମତ୍ୟାଗର ଅମରଲିପି। ୪୯ ପୃଷ୍ଠା ବିଶିଷ୍ଟ ସାତଟି ଦୃଶ୍ୟରେ ଏହାର କଳେବର ବ୍ୟାପ୍ତ। ସୂତ୍ରଧର, ପାଣୁଆ, କାଳିଆ, ଉଦ୍ଧବା, ନରି, ବାବୁଲା, କାଲୁମିଆଁ, ସର୍ବେଶ୍ୱର, ଧନେଶ୍ୱର, ପୋଲିସ୍ ଇନିସ୍‌ପେକ୍ଟର, ଭୋଳା (କନେଷ୍ଟବଳ), ରାମାନନ୍ଦ (ମନ୍ତ୍ରୀ), ଗନ୍ତାୟତ, ଲୋକ, ସାଧୁବାବା, ସାମଲ, ନଣ୍ଡା, ସତୁରା, ରଜନୀ, ମାମୁନୀ, ଟିକିଲି ଚରିତ୍ରମାନଙ୍କ ଦ୍ୱାରା ଏହି ନାଟକଟି ଗତିଶୀଳ ହୋଇଛି। ସାମ୍ପ୍ରତିକ ସମୟରେ ପ୍ରେମ ହେଉଛି ଜୀବନ-ବ୍ୟାଧି। ଏହାର ପରିଚ୍ଛନ୍ନ ପରିପ୍ରକାଶ ହେଉଛି 'ମାୟା'। ଶୁଷ୍କକୁ ସରସ, ହିଂସ୍ରକୁ ନିରୀହ କରିବା ଏହାର ଧର୍ମ।

ଏହି ନାଟକର ମୁଖ୍ୟ ଚରିତ୍ର ହେଉଛି ପାଣୁଆ, ଯେ କି ଜଣେ ବିଶୃଙ୍ଖଳିତ ବ୍ୟକ୍ତି। ଅପରାଧର ପରିଧି ଭିତରେ ଜିଇ ଚାଲିଥିବା ପାଣୁ, ଘଟଣାକ୍ରମେ ରଜନୀ ପ୍ରତି ଆକୃଷ୍ଟ ହୋଇଛି। ତା'ର ନିଷ୍ଠୁର ହୃଦୟ ତଳେ ପ୍ରସ୍ଫୁଟିତ ହୋଇଛି ପ୍ରେମର

ଶତଦଳ ପାଖୁଡ଼ା। ଯାହା ପ୍ରଭାବରେ ସେ ରଜନୀକୁ ଚଉଷଠି ପଦ୍ମ ଭେଟି ଦେବାପାଇଁ ବିଷାକ୍ତ ସର୍ପ ଥିବା ପଦ୍ମ ପୋଖରୀରେ ପ୍ରବେଶ କରି ସର୍ପାଘାତରେ ପ୍ରାଣତ୍ୟାଗ କରିଛି। ପାଣୁ ଅନ୍ତେ ଉଦ୍ଧବା ମଧ୍ୟ ସେଇ ପଥରେ ପଥିକ ସାଜିଛି। ରଜନୀ ପାଇଁ ମୃତ୍ୟୁକୁ ଭ୍ରୂକ୍ଷେପ ନ କରି ସେ ପଦ୍ମଫୁଲ ତୋଳିବା ପାଇଁ କଥା ଦେଇ ମୃତ୍ୟୁ ଦିଗକୁ ଝପଟି ଯାଇଛି।

ପ୍ରେମର ପ୍ରଚଣ୍ଡ ଶକ୍ତି ଆଗରେ ହାର୍ ମାନିଯାଏ ଶକ୍ତିଧର। ପ୍ରେମର ମାୟା ବେଗବାନ୍‌କୁ ପଙ୍ଗୁ କରିଦିଏ, ଯେମିତି ହୀନବୀର୍ଯ୍ୟ ହୋଇଯାଇଛନ୍ତି ପାଣୁଆ ଓ ଉଦ୍ଧବା ପରି ଚରିତ୍ରମାନେ। ଏ ପ୍ରସଙ୍ଗରେ କବି ରାଧାନାଥଙ୍କ ପଙ୍‌କ୍ତିଟି ମନେପଡ଼ିଯାଏ-

"ଦାରୁଭେଦ କ୍ଷମ ଭ୍ରମର ପଶି କମଳ କୋଳେ
ପାଶୋରେ ଆପଣା ବିକ୍ରମ ପ୍ରେମ ମୋହନ ଭୋଳେ।" (ଚନ୍ଦ୍ରଭାଗା)

ବିଶାଳ ଶକ୍ତ କାଷ୍ଠଗଣ୍ଡି ଭେଦ କରିପାରୁଥିବା ଭ୍ରମର, ପଦ୍ମଫୁଲର ସୌନ୍ଦର୍ଯ୍ୟ ଓ ପ୍ରେମରେ ମୋହିତ ହୋଇ ତାର କୋମଳ ପାଖୁଡ଼ାର କ୍ରୋଡ଼କୁ ଭେଦ କରିପାରେ ନାହିଁ। ଭୁଲିଯାଏ ନିଜର ବଳ ବିକ୍ରମ। ପ୍ରାଣ ତ୍ୟାଗ କରେ ପଛେ, କୋମଳ ପାଖୁଡ଼ାକୁ ଛିଦ୍ର କରି ସେ ବାହାରି ଆସିପାରେ ନାହିଁ। ତଦନୁରୂପ ଡକ୍ଟର ଦାସଙ୍କ ପାଣୁଆ ଭୁଲିଛି ନିଜର ପୌରୁଷ। ବଳ ବିକ୍ରମ ଥାଇ ସୁଦ୍ଧା ନାରୀର ସୌନ୍ଦର୍ଯ୍ୟ ରୂପକ ମୋହିନୀ ଶକ୍ତି ଆଗରେ ସେ ହାର୍ ମାନିଛି।

ସାମଗ୍ରିକ ଭାବେ ଦେଖିଲେ, ଏଥିରେ ରହିଛି -

୦. ପରିବାର ତଥା ସାଂସାରିକ ଜୀବନଟିଏ ପାଇଁ ପୁରୁଷର ତୀବ୍ର ଆକାଂକ୍ଷାବୋଧ।
୧. ଅସୁସ୍ଥ ସମୟ ଭିତରେ ପ୍ରେମବିଜଡ଼ିତ ପ୍ରେମ ପାଗଳର ଅଶ୍ଳୀଳ ଗାଥା।
୨. ଆଖିଦେଖା ସୌନ୍ଦର୍ଯ୍ୟ ଓ ରୂପତୃଷ୍ଣାର ମାୟାଜାଲରେ ବିବେକଶୂନ୍ୟ ମଣିଷର କଥା।
୩. ମାୟା ବଶୀଭୂତ ବିଭୀଷିକାମୟ ଜୀବନର କରୁଣ ଚିତ୍ର।
୪. ଅପରାଧପ୍ରବଣ ଯୁବପିଢ଼ିର କ୍ଷୁଣ୍ଣ ମାନସିକ ଚେତନା।
୫. ସ୍ୱାର୍ଥାନ୍ଧ ସ୍ଖଳିତ ରାଜନେତା ଓ ରାଜନୀତିର ସ୍ୱରୂପ।
୬. ପାରସ୍ପରିକ ସୌହାର୍ଦ୍ଦ୍ୟ ଭିତରେ ବନ୍ଧୁତ୍ୱର ମଧୁର ସମ୍ପର୍କ।
୭. ନିରୁତା ପ୍ରେମରେ ଅବିଶ୍ୱାସର ରକ୍ତଛିଟା।
୮. ନାରୀର ଖୁସି ପାଇଁ ପୁରୁଷର ଦୁଃସାହସିକ କାର୍ଯ୍ୟକଳାପ।
୯. ପ୍ରଚ୍ଛଦରେ ଅନ୍ଧବିଶ୍ୱାସ ଓ ଧର୍ମ ନାମରେ ଭଣ୍ଡାମିର ଚିତ୍ର।
୧୦. ଉଦାସ ପ୍ରେମିକର ଯନ୍ତ୍ରଣାକ୍ତ ବିରହ ବେଦନା।

୧୧. ନାରୀ ରୂପକ ମାୟାବିନୀର ରୂପ ଫାଶରେ ବିପର୍ଯ୍ୟସ୍ତ ପୁରୁଷର କ୍ଷୁଣ୍ଣ ପୌରୁଷର କଥା ଇତ୍ୟାଦି।

ଇତିହାସ, ପୁରାଣ, କାବ୍ୟ-କବିତାର ଅମର ପୃଷ୍ଠା ସମୂହ, କେତେ ଦେବତା, କେତେ ବୀର, କେତେ ତେଜସ୍ୱୀଙ୍କ ପ୍ରେମରେ ଛନ୍ଦି ହେବାର ଅଶ୍ରୁସଜଳ ଦୃଷ୍ଟାନ୍ତରେ ହୋଇଛି ସିକ୍ତ। ଗୌରବ, ବୀରତ୍ୱ, ପ୍ରତିଷ୍ଠା, ସମ୍ମାନ, ଆଭିଜାତ୍ୟକୁ ପଛରେ ପକାଇ ଈପ୍ସିତ ସୁନ୍ଦରୀ ନାରୀ ପଛରେ ହୋଇଛନ୍ତି ଧାବମାନ। ପରିଣତିରେ ଅପରର ଅପମାନ ଅଭିଶାପରେ ହୋଇଛନ୍ତି ସର୍ବସ୍ୱାନ୍ତ। ପରିଣତି ଜାଣି ସୁଦ୍ଧା ରହସ୍ୟମୟ ଭାବେ ସେଥିରେ ଆପେ ଆପେ ଛନ୍ଦି ହୋଇଯାଇଛନ୍ତି। ଏ ମାୟା ଆପେକ୍ଷିକ ଓ ସାର୍ବକାଳିକ। ସବୁ ସମୟରେ ଏହା ମଣିଷକୁ ବାଟବଣା କରେ। କେତେବେଳେ ଏହା ଜୀବନ ଦିଏ ତ ପୁଣି କେତେବେଳେ ଦିଏ ମୃତ୍ୟୁର ଉପହାର। ଏହିଭଳି ମୃତ୍ୟୁ କୋଳରେ ଶୋଇଯାଉଥିବା ନାୟକମାନଙ୍କ ଭାବକୁ କଲମରେ ଜୀବନ୍ତ ରୂପ ଦେଇଛନ୍ତି ନାଟ୍ୟକାର। ସୂତ୍ରଧର ରୂପୀ ନାଟ୍ୟକାରଙ୍କ ମୁଖରେ ପ୍ରେମାପ୍ଲୁତ ନାୟକର ଖେଦ କେତେ ନିଛକ ତାହା ନିମ୍ନରେ ବର୍ଣ୍ଣିତ –

"ଆଖି ବୁଜିବା ପୂର୍ବରୁ କାହାକୁ ଯେମିତି ସେ ଖୋଜୁଥିଲା। ବୋଧହୁଏ ସେ ଭିଡ଼ ଭିତରେ ରଜନୀକୁ ଖୋଜୁଥିଲା। ଶେଷଥର ପାଇଁ ମନଭରି ଦେଖିବାକୁ ଚାହୁଁଥିଲା। ଯାହା ପାଇଁ ତା'ର ଏ ଦଶା ହେଲା, ମରିବା ଆଗରୁ ଥରେ ସେ ତାକୁ ଦେଖିବାଲାଗି ଚାହୁଁଥିଲା। ତା'ର ସେ ଚାହାଣିରେ ମୃତ୍ୟୁର ଭୟ ନ ଥିଲା, ଥିଲା ବିରହର, ବିଚ୍ଛେଦର।" (୨୫)

ପ୍ରେମ ଏକ କୋମଳ ଅନୁଭବ। ଏହା ମାୟା ଓ କାଳର ପ୍ରତୀକ ଭାବେ ଏ ନାଟକରେ ବ୍ୟବହୃତ। କୌଣସି ମଣିଷ ତା' ପ୍ରଭାବରୁ ମୁକ୍ତ ନୁହଁନ୍ତି। ଏହି ମାୟା ତା'ର ଲେଲିହାନ ଜିହ୍ୱାରେ ଗ୍ରାସ କରିପାରେ। ପାଣୁ କି ଉଦ୍ଧବା ନୁହେଁ; ତା' ପରି ଅନେକ ଯୁବପ୍ରାଣ ଆଜି ଏହାର କବଳିତ ହୋଇ ମୃତ୍ୟୁଶାୟୀ ହେଉଛନ୍ତି, ଏହା ନିଃସନ୍ଦେହ। ସାମ୍ପ୍ରତିକ ପରିବେଶ ମଧ୍ୟରୁ ଉପାଦାନ ସାଉଁଟି ଚରିତ୍ର, ଘଟଣା, ଦ୍ୱନ୍ଦ୍ୱ, ପାତ୍ରୋପଯୋଗୀ ସଂଳାପ ଦେଇ ନାଟ୍ୟକାର ଏ ନାଟକକୁ ସାର୍ଥକ କରିଛନ୍ତି। ଗଭୀର ଅନୁଭବ ଓ ମନନଶୀଳ ଚାରୁଚିନ୍ତାର ମର୍ମଲିପି ଭାବରେ ଏହା ପ୍ରତ୍ୟେକ ଶ୍ରଦ୍ଧାଶୀଳ ପାଠକର ଓ ଦର୍ଶକର ହୃଦୟକୁ ସ୍ପର୍ଶ କରିବ, ଏହା ନିଃସନ୍ଦେହରେ କୁହାଯାଇପାରେ।

ସାମଗ୍ରିକ ଭାବରେ ବିଚାର କଲେ ନାଟ୍ୟକାର ଗୌରହରି ଦାସଙ୍କ ପ୍ରତ୍ୟେକଟି ନାଟକ ସାମ୍ପ୍ରତିକ ମଣିଷ ଜୀବନର ଚିତ୍ରକୁ ଅଙ୍କନ କରିଛି। ମଣିଷ ଅନ୍ତରର ଭାଷା ତାଙ୍କ ନାଟକରେ ଅଭିବ୍ୟକ୍ତ। ଦୁଃଖ, ଶୋକ, କାରୁଣ୍ୟ ଜର୍ଜରିତ ମଣିଷ ପାଇଁ କେଉଁଠି ନାଟ୍ୟକାରଙ୍କ ଆବେଗପ୍ରବଣ ଦରଦୀ ପ୍ରାଣକୁ ଦେଖିବାକୁ ମିଳେ ତ ପୁଣି କେଉଁଠି

ଖଳ ଚରିତ୍ରଗୁଡ଼ିକୁ ରୂପାୟିତ କଲାବେଳେ ସେମାନଙ୍କ ବିଶୃଙ୍ଖଳିତ କାର୍ଯ୍ୟ ପ୍ରତି ଲେଖକଙ୍କ ବିଦ୍ରୋହୀ ଉନ୍ମୁଖ ଚେତନାକୁ ଆବିଷ୍କାର କରାଯାଇଥାଏ। ତାଙ୍କର କୌଣସି ନାଟକ କଳ୍ପନା ନୁହେଁ ବରଂ ଆଖିଦେଖା ଘଟଣାର ଜୀବନ୍ୟାସ। ସେସବୁ ମଣିଷ ହୃଦୟର ପରିଭାଷା ଓ ବର୍ତ୍ତମାନ ସମୟର ଉଜ୍ଜ୍ୱଳ ସ୍ୱାକ୍ଷର। ମଣିଷ ଭିତରେ ମଣିଷପଣିଆର ଜାଗରଣ ପାଇଁ ନୈତିକତାର ଏକ ଏକ ଇସ୍ତାହାର।

ଗୌରହରିଙ୍କ ନାଟକର ଗଠନ କଳା, ବିବିଧ ପ୍ରୟୋଗ ଓ ପରୀକ୍ଷାର ସ୍ୱର:

ଗୌରହରିଙ୍କ ନାଟକ ଗୁଡ଼ିକ ଆତ୍ମିକ ଦିଗରୁ କେବଳ ସଫଳ ନୁହନ୍ତି, ଆଙ୍ଗିକ ଦିଗରୁ ମଧ୍ୟ ଏସବୁ ଏକ ଏକ ସଫଳ ସୃଷ୍ଟି। ବିଷୟ ପରିକଳ୍ପନା, ଚରିତ୍ର ଚିତ୍ରଣ, ସଂଳାପ, ନାଟକୀୟ ଦ୍ୱନ୍ଦ୍ୱ, ନାଟକୀୟ ଉତ୍କଣ୍ଠା, ପରିବେଶ ଓ ନାଟ୍ୟଶ୍ଳେଷ, ଉଦ୍ଦେଶ୍ୟ ଆଦିର ଚମତ୍କାର ପରିବେଷଣ ହୋଇଥିବାର ଦେଖାଯାଏ।

ଗୌରହରି ନିଜ ଚତୁଃପାର୍ଶ୍ୱର ଘଟଣାଗୁଡ଼ିକୁ କାହାଣୀ ଭାବରେ ଚୟନ କରିଛନ୍ତି। ଜଣେ ସଚେତନଶୀଳ ନାଟ୍ୟକାରର ଦୃଷ୍ଟି ନେଇ ସମାଜ ସମ୍ପର୍କିତ କାହାଣୀ ଗୁମ୍ଫନ କ୍ଷେତ୍ରରେ ସେ ଜଣେ ଅବିସ୍ମରଣୀୟ ସ୍ରଷ୍ଟା। ତାଙ୍କ ନାଟକୀୟ କଥାବସ୍ତୁର ମୁଖ୍ୟ ସ୍ୱର ହୋଇଛି -

୧. ସମାଜ
୨. ରାଜନୀତି
୩. ମଣିଷ
୪. ଅପରାଧ
୫. ପ୍ରେମ ଇତ୍ୟାଦି।

ସାମାଜିକ ସମସ୍ୟାବହୁଳ ବିଷୟର ବାସ୍ତବାୟନ 'ଆମ ଘର ନକ୍ସା', 'ନୂଆ ଠିକଣା', 'ଅପରାଧ', 'ଆସାମୀ' ଆଦି ନାଟକରେ ଦେଖିବାକୁ ମିଳେ। ନାଟ୍ୟକାରଙ୍କ ସମାଜ ସଚେତନ ଭାବରୁ ଏସବୁ ଆତ୍ମପ୍ରକାଶ କରିଛନ୍ତି। ସ୍ଖଳିତ ସମାଜ, ଭୁଆଁବୁଲା ରାଜନୀତି, ସ୍ୱାର୍ଥାନ୍ଧ ମଣିଷ, ଆଖିଦେଖା ପ୍ରତିବାଦଶୂନ୍ୟ ଅପରାଧୀ, ପ୍ରେମ ପାଗଳଙ୍କ ଅନ୍ଧାନୁସରଣ ନୀତିରେ ନାଟ୍ୟ ବିଷୟ ଯେତିକି ରୋମାଞ୍ଚକ; ତତୋଽଧିକ ଅସହାୟଙ୍କ ନିରବ ଅଥଚ କରୁଣ କ୍ରନ୍ଦନରେ ହୋଇଛି ସ୍ପର୍ଶକାତର।

ସାମ୍ପ୍ରତିକ ମଣିଷର ଛଳନା ବା ହିପୋକ୍ରାସି କେବଳ ନୁହେଁ, ନାଟ୍ୟକାର ଗୌରହରି ଦାସଙ୍କ ସମସ୍ତ ନାଟକରେ ପାଠକ ସରଳ ତଥା ସଚ୍ଚୋଟ ମଣିଷର ସାକ୍ଷାତ

ପାଇପାରିବେ। ସେ ମାନଗୋବିନ୍ଦ (‘ଆମ ଘର ନକ୍ସା’), ଦେବଦତ୍ତ, ସାଗରିକା (‘ଅପରାଧ’), ସନାତନ, ରଜନୀ (‘ଆସାମୀ’), ମେଲେଛା, ଗୁରୁବାରୀ (‘ନୂଆ ଠିକଣା’) ପରି ସାଧାରଣ ଚରିତ୍ର ହୁଅନ୍ତୁ କିମ୍ବା ପାଣୁ (‘ମାୟା’), ରୁଦ୍ର (‘ଆସାମୀ’), ଅଫିସର, ନେତା, ରାଜୁ (‘ନୂଆ ଠିକଣା’), (‘ଅପରାଧ’) ପରି ଖଳ ଚରିତ୍ର ହୁଅନ୍ତୁ, ସେମାନଙ୍କ ନିରୁତା ରୂପ ପ୍ରତ୍ୟେକ ନାଟକର ଚାରିତ୍ରିକ ବୈଶିଷ୍ଟ୍ୟକୁ ସାର୍ଥକ କରିଛି। ମନେହୁଏ ଏମାନେ ନାଟକର ଚରିତ୍ର ନୁହନ୍ତି, ଆମ ସମାଜର ଜୀବନ୍ତ ମଣିଷ; ସେହିପରି ଏସବୁ କାହାଣୀ ନୁହେଁ, ଏହା କୌଣସି ନା କୌଣସି ପରିବାରର ନିତ୍ୟନୈମିତ୍ତିକ ଘଟଣାର ବାସ୍ତବ ଚିତ୍ର। ଜଣେ ସମ୍ବେଦନଶୀଳ ସ୍ରଷ୍ଟା ଭାବରେ ତାଙ୍କ ଚରିତ୍ର ଗୁଡ଼ିକ ପ୍ରତି ଆକୁଳ ଆବେଗ ଏବଂ ଖଳଚରିତ୍ର ମାନଙ୍କ ପ୍ରତି ନେତିବାଚକ ଦୃଷ୍ଟିଭଙ୍ଗୀ ଦେଖିବାକୁ ମିଳେ।

ପାତ୍ରାନୁସାରୀ ସଂଳାପ ସଂଯୋଜନାରେ ନାଟ୍ୟକାର ଗୌରହରି ଦାସ ବେଶ୍ ଧୁରୀଣ। ସେ ଜାଣିଛନ୍ତି “The dramatist must do everything in dialogue” ଅର୍ଥାତ୍ ଜଣେ ନାଟ୍ୟକାର ସବୁ କାର୍ଯ୍ୟ ସଂଳାପରେ କରିଥାଆନ୍ତି। ତାଙ୍କ ସଂଳାପ ହିଁ ଚରିତ୍ରଗୁଡ଼ିକର ବୈଶିଷ୍ଟ୍ୟକୁ ପ୍ରତିପାଦିତ କରିପାରିଛି। ଶିକ୍ଷିତ ଅଶିକ୍ଷିତ, ଗାଉଁଲି ସହରୀ, ରାଜନେତା ସାଧାରଣ ମଣିଷ, ମୁଖ୍ୟ ଚରିତ୍ର ଓ ଗଣ ଚରିତ୍ରଗୁଡ଼ିକର ସଂଳାପ ଯଥାରୀତି ବ୍ୟବହାର କରିଥିବାର ଦେଖିବାକୁ ପାଇବା। ନିମ୍ନ ଚରିତ୍ରକୁ ନେଇ ନାଟ୍ୟକାର ଗୌରହରିଙ୍କ ସଂଳାପ ସଂଯୋଜନାକୁ ଯେ କେହି ବିଚାର କରିପାରିବେ–

୧. ଗାଉଁଲି ଶିକ୍ଷିତ ମଣିଷର ସଂଳାପ
୨. ସହରୀ ମଣିଷର ସଂଳାପ
୩. ରାଜନେତାଙ୍କ ସଂଳାପ
୪. ଅସାଧୁ ଖଳ ବ୍ୟକ୍ତିର ସଂଳାପ
୫. ଅଶିକ୍ଷିତ ଆଦିବାସୀ ମଣିଷର ସଂଳାପ
୬. ସାଧୁ ବ୍ୟକ୍ତିର ସଂଳାପ (‘ମାୟା’ ନାଟକର ସାଧୁବାବାଙ୍କ ଠାରେ)
୭. ସମାଜସେବୀଙ୍କ ସଂଳାପ ଇତ୍ୟାଦି।

ସେହିପରି ନାଟ୍ୟକାରଙ୍କର ନାଟକଗୁଡ଼ିକର ଦ୍ୱନ୍ଦ୍ୱ ସେଗୁଡ଼ିକୁ ପ୍ରଭାବଶାଳୀ କରିପାରିଛି। କେତେବେଳେ ଦୁଇ ବ୍ୟକ୍ତିଙ୍କ ଭିତରେ ତ ଆଉ କେତେବେଳେ ମାଲିକ ସହିତ ଶ୍ରମିକର, ସାଧାରଣ ଜନତା ସହ ରାଜନେତାର ପୁଣି କେତେବେଳେ ଚରିତ୍ରଗୁଡ଼ିକର ମାନସିକ ସଂଘର୍ଷ ଦ୍ୱାରା ବାହ୍ୟ ଓ ଅନ୍ତର୍ଦ୍ୱନ୍ଦ୍ୱ ସଫଳ ରୂପ ପାଇଛି।

ନାଟ୍ୟ ଉତ୍କଣ୍ଠା ମଧ୍ୟ ଚରିତ୍ରମାନଙ୍କ ଦ୍ୱାରା ଆହୁରି ତୀବ୍ର ଭାବେ ପ୍ରତିଫଳିତ ହୋଇ ପାଠକ ତଥା ଦର୍ଶକଙ୍କୁ ପରିଣତି ପର୍ଯ୍ୟନ୍ତ ମନ୍ତ୍ରମୁଗ୍ଧ କରିପାରିଛି।

ନାଟ୍ୟକାର ଗୌରହରି ଦାସଙ୍କର ନାଟ୍ୟ ପରିବେଶ ଦର୍ଶକ ତଥା ପାଠକଙ୍କୁ ବାସ୍ତବ ଜଗତର ପରିଚୟ ଦେଇଥାଏ। ଯୁଗୀୟ ପ୍ରବୃତ୍ତି ଓ ଚିନ୍ତାଧାରା ପ୍ରସଙ୍ଗୋଚିତ ଭାବରେ ନାଟ୍ୟକାର ଫୁଟାଇ ପାରିଛନ୍ତି। ଚରିତ୍ରମାନଙ୍କ ଜରିଆରେ ତାଙ୍କ ନାଟକର ପରିବେଶ ପାଇଛି ଜୀବନ୍ତ ରୂପ। ସେହିପରି ଆବଶ୍ୟକତାନୁଯାୟୀ ସଙ୍ଗୀତର ମଧୁର ଛନ୍ଦରେ ନାଟକଗୁଡ଼ିକ ହୋଇଛି ରସୋତ୍ତୀର୍ଣ୍ଣ।

ବାସ୍ତବବାଦର ସ୍ୱର:

ସମାଜ ଜୀବନର ଅବିକଳ ସତ୍ୟ ରୂପ ତଥା କାର୍ଲମାର୍କ୍ସଙ୍କ ବସ୍ତୁବାଦୀ ଚିନ୍ତା ଓ ଦର୍ଶନ ନାଟ୍ୟ ସାହିତ୍ୟରେ ଫୁଟିଉଠିଥିଲା ଊନବିଂଶ ଶତାବ୍ଦୀର ସାମାଜିକ ପରିବର୍ତ୍ତନ ଦ୍ୱାରା। ବସ୍ତୁତାନ୍ତ୍ରିକ ସମାଜର ଅବିକଳ ଅନୁକରଣରେ ରୂପରେଖ ପାଇଲା ନାଟକ। ସେଇଥିପାଇଁ ତ ପାଶ୍ଚାତ୍ୟ ନାଟ୍ୟାଲୋଚକ 'ନିକଲ୍' ଏହାକୁ 'ଜୀବନର ପ୍ରତିଛବି, ରୀତିନୀତିର ଦର୍ଶନ ଏବଂ ସତ୍ୟର ପ୍ରତିଫଳନ ବୋଲି କହିଛନ୍ତି' ("a copy of life, a mirror of custom, a reflection of truth." Theory of drama, page- 24)

ସାହିତ୍ୟ ହୋଇପାରେ କାଳ୍ପନିକ ମାତ୍ର; ତା'ର ଜନ୍ମ ଓ ବିକାଶ ଏଇ ସମାଜରୁ। ତେଣୁ ତନ୍ମଧ୍ୟରେ ସମାଜର ବାସ୍ତବତା ନିଖୁଣ ଭାବରେ ରୂପ ପାଇବା ସ୍ୱାଭାବିକ। ଆଜିର ପରୀକ୍ଷାନିରୀକ୍ଷା ଯୁଗରେ ନାଟ୍ୟକାର ଗୌରହରି ଦାସଙ୍କ ନାଟକ, ଜୀବନ ଏବଂ ବାସ୍ତବତାର କଥା କହିଛି। ତେଣୁ ତାହା ବୌଦ୍ଧିକ ଜଟିଳତାରେ ଭାରାକ୍ରାନ୍ତ ନୁହେଁ। ବାସ୍ତବତାର ଭୁରୁଭୁରୁ ଗନ୍ଧ ଓ ଜୀବନର ନିଛକ ସତ୍ୟରେ ତାଙ୍କ ସାହିତ୍ୟର ପ୍ରତ୍ୟେକ ପୃଷ୍ଠା ଭର୍ତ୍ତି। ଆମ ପରିବେଶର ମର୍ମଦାୟକ, ନିଷ୍ଠୁର, ଯନ୍ତ୍ରଣାକ୍ଲିଷ୍ଟ, କୁତ୍ସିତ ଜୀବନ ଲେଖକଙ୍କ ଦୃଷ୍ଟି ଆଢୁଆଳରେ ଛପି ପାରିନାହିଁ। ବିଶ୍ୱାସ-ଅବିଶ୍ୱାସ ମିଶା 'ଆମ ଘର ନକ୍ସା'ର କାହାଣୀ ହେଉ କି ଦାମ୍ପତ୍ୟ ପ୍ରେମର ମଧୁର ଛନ୍ଦ ଓ ସାମାଜିକ ସୁବିଧା ସୁଯୋଗରୁ ବଞ୍ଚିତ, ଅବହେଳିତ ଆଦିବାସୀ ଜୀବନକୈନ୍ଦ୍ରିକ 'ନୂଆ ଠିକଣା'ର କାହାଣୀ ହେଉ ସର୍ବତ୍ର ଲେଖକୀୟ ନିଷ୍ଠାପରତା ରହିଛି। ସମାଜହିଁ ଗୌରହରି ଦାସଙ୍କ ସାହିତ୍ୟକୁ ପ୍ରମୁଖ ଉପାଦାନ ଯୋଗାଇଛି। ବାସ୍ତବବାଦୀ ସମୀକ୍ଷକ F. W. J. Hemings କହିଛନ୍ତି -

"The realist is supposed to deal with contemporary life and common place scenes x x x The realist fixes his gaze on the world of man, the streets where they jostle and the rooms where they meet and converse x x x The realist is drawn into social vertex, charts the cross currents of ambition and Self Interest, is familiar with all the process of getting and spending."

(F. W. J. Heming, The age of Realism)

ଆଦର୍ଶବାଦକୁ ଫିଙ୍ଗି, କଳ୍ପନାକୁ ତୁଚ୍ଛ କରି ସେ ଅନୁରୂପ ଭାବରେ ଅବିକଳ ଜୀବନର ଛବିକୁ ସାହିତ୍ୟରେ ରୂପାୟିତ କରିଛନ୍ତି। ସମାଜବାଦୀ ବାସ୍ତବତାର ସୂକ୍ଷ୍ମ ରୂପକାର ସେ। ଅନୁରୂପ ଭାବେ ନାଟ୍ୟକାର ଗୌରହରିଙ୍କ ସାମାଜିକ ଘଟଣାର ପ୍ରତ୍ୟକ୍ଷ ରୂପ ପ୍ରକାଶ କରିଛନ୍ତି ନାଟକ ଗୁଡ଼ିକରେ। ଓଡ଼ିଆ ସାହିତ୍ୟର ଅଶ୍ୱିନୀ କୁମାର ଘୋଷ, କାଳୀଚରଣ ପଟ୍ଟନାୟକ, ରାମଚନ୍ଦ୍ର ମିଶ୍ର, ଗୋପାଳ ଛୋଟରାୟ ଓ କମଳ ଲୋଚନ ମହାନ୍ତି ପ୍ରମୁଖଙ୍କ ସଦୃଶ ଜଣେ ନିଛକ ବାସ୍ତବବାଦୀ ନାଟ୍ୟକାର ଭାବେ ଗୌରହରିଙ୍କ ନାଟକ ଗୁଡ଼ିକରେ ରୂପ ପାଇଛି -

- ଉପେକ୍ଷିତ, ଅବହେଳିତ, ସର୍ବହରା ନିମ୍ନଶ୍ରେଣୀର ନିଃସ୍ୱ ମଣିଷଙ୍କ ପ୍ରତିଛବି ('ଆସାମୀ', 'ନୂଆ ଠିକଣା')।
- ଅବହେଳିତ ମଣିଷଙ୍କ ଜୀବନର ନିଛକ ଚିତ୍ର ('ଆମ ଘର ନକ୍ସା'ର ମାନସିକ ରୋଗୀ ମାନଗୋବିନ୍ଦ ଜୀବନ ଓ 'ନୂଆ ଠିକଣା'ର ଦାରିଦ୍ର୍ୟ-କଷାଘାତରେ ସମାଜର ଆଦିବାସୀ ମଣିଷ ଗୁରୁବାରୀ ଓ ମେଳେଛା ପ୍ରଭୃତିଙ୍କ ଜୀବନକୁ ଏହାର ଦୃଷ୍ଟାନ୍ତ ଭାବେ ନିଆଯାଇପାରେ)।
- ଆଜିର ପରିବର୍ତ୍ତିତ ସମାଜରେ ଶ୍ରମିକ, ମାଲିକ ତଥା ନିମ୍ନବିତ୍ତ ଓ ବିତ୍ତଶାଳୀ ମଣିଷର ଶ୍ରେଣୀ ସଂଘର୍ଷର କଥା ('ଆସାମୀ' ନାଟକରେ ଗରିବ ସନାତନ ଏବଂ ଠିକାଦାର ରୁଦ୍ର ମଧ୍ୟରେ ଯେଉଁ ଷଡ଼ଯନ୍ତ୍ର ଓ ସଂଘର୍ଷର କଥାକୁ ଏହାର ଉଦାହରଣ ନିଆଯାଇପାରେ)।
- ସର୍ବେସର୍ବା ମନୋଭାବ ରଖୁଥିବା କୁଟିଳ ବ୍ୟକ୍ତିବର୍ଗଙ୍କ ପ୍ରକୃତ ସ୍ୱରୂପ ଉଦ୍‌ଘାଟନ ଇତ୍ୟାଦି।

ପ୍ରତୀକାତ୍ମକ:

ଅପ୍ରତ୍ୟକ୍ଷ ଘଟଣାକୁ ପ୍ରତ୍ୟକ୍ଷ କରାଇବା ନିମନ୍ତେ ପ୍ରତୀକ (Symbol) ହେଉଛି ସର୍ବୋତ୍କୃଷ୍ଟ ମାଧ୍ୟମ। ଜୀବନର ବହୁବିଧ ସମସ୍ୟାକୁ ପ୍ରତୀକ ମାଧ୍ୟମରେ ରୂପାୟିତ କରାଯାଇପାରେ ପ୍ରଭାବଶାଳୀ ଅଭିବ୍ୟଞ୍ଜନା ଦେଇ। ଗୌରହରି ଦାସଙ୍କ ନାଟକରେ ଏହାର ପ୍ରୟୋଗ ଲକ୍ଷ୍ୟରେ ହେଉ ବା ଅଲକ୍ଷ୍ୟରେ ହେଉ ଅତି ଶକ୍ତିଶାଳୀ ଭାବରେ

ପ୍ରକାଶ ପାଇଥିବାର ଦେଖାଯାଏ। ଓଡ଼ିଆ ନାଟ୍ୟସାହିତ୍ୟରେ ବହୁଚର୍ଚ୍ଚିତ ନାଟ୍ୟକାର ମନୋରଞ୍ଜନ ଦାସ, ବିଜୟ ମିଶ୍ର, ରମେଶ ପାଣିଗ୍ରାହୀ, ଜଗନ୍ନାଥ ପ୍ରସାଦ ଦାସ, ଶଙ୍କର ତ୍ରିପାଠୀ, ବିଜୟ ଶତପଥି, ନାରାୟଣ ସାହୁ , ପଞ୍ଚାନନ ପାତ୍ର ପ୍ରମୁଖଙ୍କ ପରି ନାଟ୍ୟକାର ଗୌରହରି ଦାସ ସମାଜ ଜୀବନକୁ ଗଭୀର ଭାବରେ ଅନ୍ୱେଷଣ କରୁ କରୁ ନିଜର ଅନ୍ତର୍ମନର ସଂଶ୍ଳେଷାତ୍ମକ ଭାବସଙ୍କେତକୁ ଅତି ଚମତ୍କାର ଭାବେ ନାଟକଗୁଡ଼ିକରେ ପରୀକ୍ଷା କରିଛନ୍ତି। ଯେମିତିକି-

ଆଧୁନିକତାକୁ ନେଇ ଲେଖନୀ ଚାଳନା କରିଥିଲେ ମଧ୍ୟ ପ୍ରାଚୀନ ପରମ୍ପରା ସଂସ୍କୃତି ପ୍ରତି ନାଟ୍ୟକାରଙ୍କ ଶ୍ରଦ୍ଧାଶୀଳ ଦୃଷ୍ଟି ଲକ୍ଷ୍ୟ କରାଯାଏ।

- 'ଆମ ଘର ନକ୍‌ସା'ରେ ମାନଗୋବିନ୍ଦଙ୍କ ଖିଲିକାଟି ଏବଂ ପଥର ଗିନା ପରମ୍ପରା ବା ବିଶ୍ୱାସ ପ୍ରତି ପ୍ରତୀକ ଭାବରେ ବ୍ୟବହାର ହୋଇଛନ୍ତି।
- 'ଆସାମୀ' ନାଟକରେ ଠିକାଦାରଙ୍କ ପତ୍ନୀ ସମଗ୍ର ଆଭିଜାତ୍ୟସମ୍ପନ୍ନ ଦୁଃସ୍ଥ ଓ ଅସହାୟା ନାରୀ ଜାତିର ପ୍ରତୀକ ଭାବରେ ବ୍ୟବହୃତ।
- 'ନୂଆ ଠିକଣା'ରେ ଗଞ୍ଜା ଏବଂ କୁକୁଡ଼ା ମଧୁର ଦାମ୍ପତ୍ୟ ଜୀବନର ପ୍ରତୀକ ହୋଇଛନ୍ତି।
- 'ମାୟା' ନାଟକରେ ପଦ୍ମ ଫୁଲ ମାୟାର ପ୍ରତୀକ ଭାବରେ ବ୍ୟବହୃତ ହୋଇଛି।

ସାମଗ୍ରିକ ଭାବେ ଦେଖିଲେ ନାଟ୍ୟକାର ଗୌରହରିଙ୍କ ପ୍ରତ୍ୟକ୍ଷ ଘଟଣାର ଅନ୍ତର୍ବିଚାର ଅତି ସୂକ୍ଷ୍ମାତିସୂକ୍ଷ୍ମ ଭାବେ ବ୍ୟବହୃତ। ଅଧିକ ଗବେଷଣା ଦ୍ୱାରା ଏହାକୁ ଅନୁଶୀଳନ କରାଯାଇପାରେ।

ନାଟକ ଗୁଡ଼ିକର ଆଙ୍ଗିକ ଓ ଆତ୍ମିକ ପର୍ଯ୍ୟାୟକୁ ଅନୁଧ୍ୟାନ କଲେ ଜଣାଯାଏ ଯେ, ଗୌରହରିଙ୍କ ସମଗ୍ର ନାଟ୍ୟ ସାହିତ୍ୟ ଆଧୁନିକ ନାଟ୍ୟ ବୈଶିଷ୍ଟ୍ୟ ନେଇ ସ୍ୱୟଂସମ୍ପୂର୍ଣ୍ଣ। ସାଧାରଣ ମଣିଷଠାରୁ ଆରମ୍ଭ କରି ସମାଜ ଓ ତା'ର ସମସ୍ୟା ପ୍ରତି ସଚେତନ ଦୃଷ୍ଟିପାତ ନାଟ୍ୟକାରଙ୍କ ଉଜ୍ଜ୍ୱଳ ବିଶେଷତ୍ୱ। ଏହି ଦୃଷ୍ଟିରୁ ତାଙ୍କର ଅବଦାନ ଉଲ୍ଲେଖନୀୟ ଏବଂ ସେ ଏକ ଉଜ୍ଜ୍ୱଳ ବ୍ୟତିକ୍ରମ କହିଲେ ଅତ୍ୟୁକ୍ତି ହେବ ନାହିଁ।

ପାଦଟୀକା:

୧. ଦାସ ଡ. ହେମନ୍ତ କୁମାର, ତବୁ ବିହଙ୍ଗ ଓରେ ବିହଙ୍ଗ ମୋର ..., ସୃଜନ ଓ ସମାଲୋଚନାର ଯୁଗଳବନ୍ଦୀ, ପୃଷ୍ଠା-୯

୨. ଦାସ ଗୌରହରି ନିଜ ସହ ସୃଜନ ସାକ୍ଷାତକାର, ଆମରି ଗପ ଗୌରଚନ୍ଦ୍ରିକା, ପୃଷ୍ଠା-୨୪୬, ୨୭ ସେପ୍ଟେମ୍ବର ୨୦୦୫

୩. ଦାସ ଗୌରହରି, ନିଜ କଥା, ଅପରାଧ

୪. ଦାସ ଗୌରହରି, ଅପରାଧ, ଦଶମ ଦୃଶ୍ୟ, ପୃଷ୍ଠା-୮୨
୫. ଦାସ ଗୌରହରି, ଅପରାଧ, ନବମ ଦୃଶ୍ୟ, ପୃଷ୍ଠା-୭୪
୬. ଦାସ ଗୌରହରି, ଅପରାଧ, ଦଶମ ଦୃଶ୍ୟ, ପୃଷ୍ଠା-୮୦-୮୧
୭. ଦାସ ଗୌରହରି, ଅପରାଧ, ଦଶମ ଦୃଶ୍ୟ, ପୃଷ୍ଠା-୮୧
୮. ଦାସ ଗୌରହରି, ଆମ ଘର ନକ୍ସା, ପୃଷ୍ଠା-୮
୯. ଦାସ ଗୌରହରି, ନିଜ କଥା, ଆମଘର ନକ୍ସା, ପୃଷ୍ଠା-୯
୧୦. ଦାସ ଗୌରହରି, ଆମଘର ନକ୍ସା, ପ୍ରଥମ ଦୃଶ୍ୟ, ପୃଷ୍ଠା-୨୦
୧୧. ଭଞ୍ଜ ଡ. ସଂଘମିତ୍ରା, ସାକ୍ଷାତକାର, ପୃଷ୍ଠା-୫
୧୨. ଦାସ ଗୌରହରି, ଆମଘର ନକ୍ସା, ପ୍ରଥମ ଦୃଶ୍ୟ, ପୃଷ୍ଠା-୨୨
୧୩. ଦାସ ଗୌରହରି, ଆମଘର ନକ୍ସା, ଦ୍ୱିତୀୟ ଦୃଶ୍ୟ, ପୃଷ୍ଠା-୨୯-୩୦
୧୪. ଦାସ ଗୌରହରି, ଆସାମୀ, ପୃଷ୍ଠା-୧
୧୫. ଦାସ ଗୌରହରି, ଆସାମୀ, ପ୍ରଥମ ଦୃଶ୍ୟ, ପୃଷ୍ଠା-୮
୧୬. ଦାସ ଗୌରହରି, ଆସାମୀ, ଅଷ୍ଟମ ଦୃଶ୍ୟ, ପୃଷ୍ଠା-୨୮
୧୭. ଦାସ ଗୌରହରି, ନୂଆ ଠିକଣା, ଦ୍ୱାଦଶ ଦୃଶ୍ୟ, ପୃଷ୍ଠା-୬୦
୧୮. ଦାସ ଗୌରହରି, ନୂଆ ଠିକଣା, ଦ୍ୱାଦଶ ଦୃଶ୍ୟ, ପୃଷ୍ଠା-୬୦
୧୯. ଦାସ ଗୌରହରି, ନୂଆ ଠିକଣା, ଦ୍ୱାଦଶ ଦୃଶ୍ୟ, ପୃଷ୍ଠା-୫୯
୨୦. ଦାସ ଗୌରହରି, ନୂଆ ଠିକଣା, ଷଷ୍ଠ ଦୃଶ୍ୟ, ପୃଷ୍ଠା-୩୨
୨୧. ଦାସ ଗୌରହରି, ନୂଆ ଠିକଣା, ଷଷ୍ଠ ଦୃଶ୍ୟ, ପୃଷ୍ଠା-୩୨
୨୨. ଦାସ ଗୌରହରି, ନୂଆ ଠିକଣା, ଅଷ୍ଟମ ଦୃଶ୍ୟ, ପୃଷ୍ଠା-୪୩
୨୩. ଦାସ ଗୌରହରି, ନୂଆ ଠିକଣା, ନବମ ଦୃଶ୍ୟ, ପୃଷ୍ଠା-୪୯
୨୪. ଦାସ ଗୌରହରି, ନାଟକ ମାୟା ସମ୍ପର୍କରେ, ମାୟା, ପୃଷ୍ଠା-୬
୨୫. ଦାସ ଗୌରହରି, ମାୟା, ପ୍ରଥମ ଦୃଶ୍ୟ, ପୃଷ୍ଠା-୩

ସହାୟକ ଗ୍ରନ୍ଥପଞ୍ଜୀ:

୧. ଦାସ ଗୌରହରି, ଅପରାଧ, ପ୍ରକାଶକ - ଭାରତଭାରତୀ , 'କାଞ୍ଚନ' ଗଜପତି ନଗର, କଟକ, ପ୍ରଥମ ପ୍ରକାଶ-୨୦୦୩। ISBN 81-86550-50-X
୨. ଦାସ ଗୌରହରି, ଆମଘର ନକ୍ସା, ପ୍ରକାଶକ- ପେନ୍ ଇନ୍ ବୁକସ୍, ଭୁବନେଶ୍ୱର, ପ୍ରଥମ ପ୍ରକାଶ-୨୦୨୧। ISBN 978-93-88863-48-3
୩. ଦାସ ଗୌରହରି, ଆସାମୀ।
୪. ଦାସ ଗୌରହରି, ନୂଆ ଠିକଣା।
୫. ଦାସ ଗୌରହରି, ମାୟା, ପ୍ରଥମ ମଞ୍ଚାୟନ-୧୪, ମଇ, ୨୦୧୬, ଭଞ୍ଜକଳା ମଣ୍ଡପ।
୬. ସିଂହ ଡକ୍ଟର ବିଜୟାନନ୍ଦ, ପରିଡ଼ା ଡକ୍ଟର ପ୍ରକାଶ କୁମାର (ସଂପାଦକ), ଗୌର ଚନ୍ଦ୍ରିକା, ପ୍ରକାଶକ - କାହାଣୀ, କଲ୍ୟାଣୀ ନଗର, କଟକ, ପ୍ରଥମ ପ୍ରକାଶ- ୯ ଅକ୍ଟୋବର ୨୦୧୦।
୭. ଦାସ ହେମନ୍ତ କୁମାର, ଓଡ଼ିଆ ନାଟକର ବିକାଶଧାରା (ଚତୁର୍ଥ ଖଣ୍ଡ-ଆଧୁନିକ ପର୍ବ), ପ୍ରକାଶକ - ଶ୍ରୀ ରାଧାଶ୍ୟାମ ମହାନ୍ତି, ସାଥୀ ମହଲ, କଟକ, ପ୍ରଥମ ପ୍ରକାଶ - ୧୯୮୮।

୮. ବେହେରା କାଳିନ୍ଦୀ , ଓଡ଼ିଆ ନାଟକ ଓ ରଙ୍ଗମଞ୍ଚ, ପ୍ରକାଶକ- ଫ୍ରେଣ୍ଡସ ପବ୍ଲିଶର୍ସ, କଟକ, ପ୍ରଥମ ପ୍ରକାଶ - ୧୯୭୮ ।

୯. ଦାସ ଡକ୍ଟର ହେମନ୍ତକୁମାର, ଓଡ଼ିଆ ନାଟକର ଐତିହାସିକ ବିବର୍ତ୍ତନ, ପ୍ରକାଶକ - ନଳିନୀକାନ୍ତ ନନ୍ଦ, ଏସ୍ ବି ପବ୍ଲିକେଶନ୍, କଟକ, ପ୍ରଥମ ପ୍ରକାଶ - ୨୦୦୩। ISBN 817404 0684

୧୦. ଦାସ ଡକ୍ଟର ହେମନ୍ତକୁମାର, ଓଡ଼ିଆ ନାଟକର ଉତ୍ତର ଆଧୁନିକ ପର୍ବ (୧୯୮୦-୨୦୦୬), ପ୍ରକାଶକ - ପିତାମ୍ବର ମିଶ୍ର, ବିଦ୍ୟାପୁରୀ, କଟକ, ପ୍ରଥମ ପ୍ରକାଶ - ଜାନୁଆରୀ, ୨୦୦୮ । ISBN 978-81-7411-644-4

୧୧. ପ୍ରଧାନ ଡଃ କୃଷ୍ଣଚନ୍ଦ୍ର, ଧର୍ମ, ସାହିତ୍ୟ ଓ ସାହିତ୍ୟ ତତ୍ତ୍ୱ, ପ୍ରକାଶକ - ସହଦେବ ପ୍ରଧାନ, ଫ୍ରେଣ୍ଡସ୍ ପବ୍ଲିଶର୍ସ, କଟକ, ପ୍ରଥମ ପ୍ରକାଶ - ୧୯୯୮ । ISBN 81-7401-218-4

ବିଡ଼ମ୍ବିତ ପୃଥିବୀ: ଗୌରହରି ଦାସଙ୍କ ପ୍ରବନ୍ଧ ମାନସ

ଜ୍ୟୋତି ସାହୁ

ଗାଳ୍ପିକ ଏବଂ ଔପନ୍ୟାସିକ ଗୌରହରି ଦାସଙ୍କର ଅଦ୍ୟାବଧି ୮ଟି ପ୍ରବନ୍ଧ ପୁସ୍ତକ ପ୍ରକାଶିତ ହୋଇଛି। ସେଗୁଡ଼ିକ ହେଲା 'ଓଡ଼ିଶା ଡାଏରି' (୨୦୦୧), 'କଥାବାର୍ତ୍ତା' (୨୦୦୧), 'କଥା ସରିନାହିଁ' (୨୦୧୧), 'କାହାର ଓଡ଼ିଶା' (୨୦୧୨), 'ରାଜଧାନୀ ରାଜନୀତି' (୧ମ ଭାଗ-୨୦୧୪), 'ରାଜଧାନୀ ରାଜନୀତି' (୨ୟ ଭାଗ-୨୦୧୪), 'ଆଉ କିଛି କଥା' (୨ୟ ଭାଗ-୨୦୧୯), ଭାବକୁ ନିକଟ (୨୦୨୧)। ଏହାଛଡ଼ା ତାଙ୍କର ତିନିଟି ଭ୍ରମଣ-କାହାଣୀ ମଧ୍ୟ ରହିଛି, ଯାହା ଭିନ୍ନ ଆଲୋଚନାର ଅପେକ୍ଷା ରଖେ।

'ସମ୍ବାଦ' ପୃଷ୍ଠାରେ ଗତ ତିନି ଦଶନ୍ଧିରୁ ଊର୍ଦ୍ଧ୍ୱ କାଳ ହେଲା ପ୍ରକାଶ ପାଉଥିବା ଆତ୍ମସ୍ମୃତି ଓ ଅନୁଭୂତି 'ଜୀବନର ଜଳଛବି' ଲେଖକଙ୍କ ସୃଜନ ଶକ୍ତିକୁ ବିପୁଳ ମାଧୁର୍ଯ୍ୟ ଆଣି ଦେଇଛି। ତାଙ୍କର ଗଳ୍ପ ଏବଂ କବିତା ସବୁ ସୃଜନ ପ୍ରେରଣାରୁ ସମ୍ଭୂତ ହୋଇଥିବା ବେଳେ ପ୍ରବନ୍ଧ ଓ ଭ୍ରମଣ ବୃତ୍ତାନ୍ତ ଗୁଡ଼ିକ ଅଭିଜ୍ଞତାର ପୃଷ୍ଠଭୂମିରେ ଉପସ୍ଥାପିତ। ଗୌରହରିଙ୍କ ଗଳ୍ପଗୁଡ଼ିକ ଭାବଗତ ସ୍ତରରେ ପାଠକଙ୍କୁ ତୃପ୍ତି ପ୍ରଦାନ କରିଥିବା ବେଳେ ପ୍ରବନ୍ଧ ଗୁଡ଼ିକ ମନନ ସ୍ତରରେ ଚିନ୍ତା କରିବାକୁ ଖୋରାକ ଯୋଗାଇଥାଏ।

ଆଦିକବି ବାଲ୍ମୀକିଙ୍କ ପ୍ରଥମ କବିତା 'ମା' ନିଷାଦ' ଗଭୀର ଅବସୋସ ଓ ତୀବ୍ର ଅସନ୍ତୋଷରୁ ସଂଜାତ। ସରସ୍ୱତୀ ଫକୀରମୋହନଙ୍କ ସାହିତ୍ୟରେ ଉଦାରବାଦ ସାମାଜିକ ବିଡ଼ମ୍ବନାରୁ ସୃଷ୍ଟ। ପ୍ରଖ୍ୟାତ ଲେଖକ ମନୋଜ ଦାସଙ୍କ ଅନ୍ତରଙ୍ଗ ସୃଜନ ଗୁଡ଼ିକ ସମଗ୍ର ସୃଷ୍ଟିର ଚତୁର୍ଦ୍ଦିଗରେ ଦୋଳାୟମାନ ଦୃଶ୍ୟ-ଅଦୃଶ୍ୟର ସାମଗ୍ରିକ ଅଭିବ୍ୟକ୍ତି। ଗୌରହରି ଦାସଙ୍କ ପ୍ରବନ୍ଧଗୁଡ଼ିକ ସେହିପରି ସମାଜର ପ୍ରତ୍ୟକ୍ଷ

ଚିତ୍ତ ପ୍ରତିକ୍ରିୟା ଓ ଉଦ୍‌ବେଳନରୁ ସୃଷ୍ଟି ହୋଇଛି। ଗୌରହରିଙ୍କ ପ୍ରବନ୍ଧ ଗୁଡ଼ିକ ବସ୍ତୁନିଷ୍ଠ ପ୍ରବନ୍ଧର ସମାହାର। ଏଗୁଡ଼ିକରେ ସାଂପ୍ରତିକ ସମସ୍ୟା ପ୍ରମୁଖ ସ୍ଥାନ ଲାଭ କରିଛି। ପ୍ରବନ୍ଧର ଉଦ୍ଦେଶ୍ୟ ସମାଜ ସଂସ୍କାର ଏବଂ ଏ କ୍ଷେତ୍ରରେ ପ୍ରାବନ୍ଧିକ ସଦ୍ୟ ଘଟଣାକ୍ରମର ଅପକର୍ଷ ଦିଗ ପ୍ରତି ଅଧିକ ଧ୍ୟାନଶୀଳ ହେବା ସହ ବୌଦ୍ଧିକ ଦିଗ ଓ ତିର୍ଯ୍ୟକ୍ କଟାକ୍ଷକୁ ସ୍ୱତନ୍ତ୍ର ଗଦ୍ୟ ଶୈଳୀ ରୂପେ ଗ୍ରହଣ କରିଛନ୍ତି।

ଗୌରହରି ଦାସଙ୍କ ପ୍ରବନ୍ଧର ଭୂମି ଓ ବ୍ୟାପ୍ତି ଏକାନ୍ତ ଭାବେ ବ୍ୟକ୍ତିଗତ ରୁଚି ଓ ବିଚାର ପ୍ରବୃତ୍ତିର ଉନ୍ମୁକ୍ତ ପ୍ରକାଶ। ଏଥିରେ କାହାର ଅନୁପ୍ରବେଶ ବା ଚିନ୍ତାର ଅପହରଣ ନାହିଁ। ମନୋଜ ଦାସଙ୍କ 'ଅନ୍ତରଙ୍ଗ ଭାରତ' ସମଗ୍ର ଭାରତ ଭୂଖଣ୍ଡର ସ୍ୱର୍ଣ୍ଣିମ ତଥା ଗୌରବ ବିମଣ୍ଡିତ ଐତିହ୍ୟର ବିପୁଳ ବ୍ୟାପ୍ତିକୁ ମହତ୍ତ୍ୱ ପ୍ରଦାନ କରିଥିବା ବେଳେ ଗୌରହରି ଦାସଙ୍କ ପ୍ରବନ୍ଧ-ସମଗ୍ର ସାଂପ୍ରତିକ ଭାରତର ଚିତ୍ତ ବିକାର, ବାସ୍ତବ ଓ ଆକସ୍ମିକ ଘଟଣାକ୍ରମର ନିର୍ଭୀକ ଉପସ୍ଥାପନ। ପ୍ରବନ୍ଧ ଗୁଡ଼ିକ ସମ୍ବାଦଧର୍ମୀ ଏବଂ ବିବରଣାତ୍ମକ।

ଗୌରହରି ଦାସଙ୍କ ପ୍ରବନ୍ଧ ସମୂହରେ ରମ୍ୟତା ପରିଲକ୍ଷିତ। ଏଗୁଡ଼ିକ ବସ୍ତୁନିଷ୍ଠ। ବିବିଧ ଘଟଣା ପ୍ରବାହକୁ କେନ୍ଦ୍ର କରି ମନନ ଜଗତରେ ଆଲୋଡ଼ନ ସୃଷ୍ଟି ହେବାର ପରବର୍ତ୍ତୀ କାଳରେ ତାହା ପ୍ରବନ୍ଧର ରୂପ ପରିଗ୍ରହଣ କରିଛି। ଏହା କୌଣସି ନିର୍ଦ୍ଦିଷ୍ଟ ପରିସୀମା ମଧ୍ୟରେ ଆବଦ୍ଧ ନୁହେଁ। ଏଭଳି ପ୍ରବନ୍ଧ ରଚନା କ୍ଷେତ୍ରରେ ପ୍ରାବନ୍ଧିକ ଯଥେଷ୍ଟ ସାବଧାନତା ଅବଲମ୍ବନ କରିଛନ୍ତି। ଗୌରହରିଙ୍କ ପ୍ରବନ୍ଧ ଗୁଡ଼ିକ ସିଧାସଳଖ ପାଠକ ପାଠିକାଙ୍କ ଚିତ୍ତବୃତ୍ତିରେ ବିସ୍ମୟ ଓ ବିଦ୍ରୋହ ସୃଷ୍ଟି କରିଥାଏ।

ପ୍ରାବନ୍ଧିକଙ୍କର 'ଶହେବର୍ଷ ବିତିଗଲା ରେବତୀର ଭାଗ୍ୟ ବଦଳିଲା ନାହିଁ' - ପ୍ରବନ୍ଧଟି ଖୁବ୍ ସମ୍ବେଦନଶୀଳ। ପ୍ରାଚୀନ ଭାରତୀୟ ଧର୍ମଶାସ୍ତ୍ର ଓ ସାମାଜିକ ଆଚାର ଧାରାରେ ନାରୀକୁ ଜାୟା-ଜନନୀ-ଭଗ୍ନୀ ରୂପରେ ଓ ସମ୍ମାନ-ଭକ୍ତି-ମମତ୍ୱବୋଧର ତରାଜୁରେ ମପା ଯାଉଥିଲା, ଏବେ ତାହାକୁ ଖେଳଣା ସାମଗ୍ରୀ ଭାବରେ ବିବେଚନା କରାଯାଉଛି। ଅତି ଜଘନ୍ୟ ଭାବେ ଶାରୀରିକ ଓ ପାଶବିକ ଯନ୍ତ୍ରଣା ଦିଆଯାଉଛି। ଦୁର୍ଗତିର ଶିକାର ହେଉଥିବା ନାରୀଟିର ନିଃସହାୟତା ପ୍ରତି ସାମାନ୍ୟ ସମବେଦନା ପ୍ରକାଶ ପାଉନାହିଁ। ଗୋଟିଏ ଜାତିର ସାମଗ୍ରିକ ବିକାଶ କ୍ଷେତ୍ରରେ ଏହା ଚରମ ଅନ୍ତରାୟ। କେବଳ ଶାସ୍ତ୍ର ଅଧ୍ୟୟନ ଦ୍ୱାରା ଯେ ମାନସିକ ସଂସ୍କାର ହେବ ତାହା ନୁହେଁ, ଏହାର ସାଂସ୍କୃତିକ ପ୍ରକ୍ରିୟାକରଣ ଆବଶ୍ୟକ। ପ୍ରତ୍ୟେକ ଉପଲବ୍ଧିରେ ନାରୀ ଭିନ୍ନ ଏକ ଶରୀରଧାରୀ ପ୍ରାଣୀ ବିଶେଷ ନୁହେଁ, ପୁରୁଷ ଭଳି ଅପରିହାର୍ଯ୍ୟ ଏବଂ ପୁରୁଷ ପାଇଁ ଅତ୍ୟାବଶ୍ୟକ ତଥା ବିବିଧ ମହତ୍ତ୍ୱର ପ୍ରବୃତ୍ତିର ଅଧିକାରୀ ବୋଲି ନିରପେକ୍ଷ

ଭାବରେ ଗ୍ରହଣ କରିବାକୁ ହେବ। ବିଶିଷ୍ଟ ବାମାବାଦୀ ଦାର୍ଶନିକ Simone de Beauvoir 'The Second Sex'ରେ ସମାନ୍ତରାଳ ଯୁକ୍ତି ଉପସ୍ଥାପନ କରିଛନ୍ତି-

"Feminism both an intellectual commitment and a political movement that seeks justice for women and the end of sexism in all forms."

ଓଡ଼ିଆ କଥା ସାହିତ୍ୟର ପ୍ରାରମ୍ଭ କାଳରେ ଫକୀରମୋହନଙ୍କ 'ରେବତୀ'ରୁ ହିଁ ନାରୀ ମନସ୍ତତ୍ତ୍ୱ ଓ ଅସହାୟତା ଆଧାରରେ ପରୀକ୍ଷା ନିରୀକ୍ଷା କରାଯାଇଛି। ପ୍ରାବନ୍ଧିକ ଗୌରହରିଙ୍କ ଦୃଷ୍ଟିରେ ନାରୀର ଡେଣାକୁ ସଂସ୍କାର ଦ୍ୱାହିରେ କାଟି ଦିଆଯାଇଛି। ପୁଣି ତାକୁ ଉଡ଼ି ନ ପାରିବାର ନିନ୍ଦାରେ ଅଭିଯୁକ୍ତ କରାଯାଇଛି। ଏହା ହୀନମନ୍ୟତା ଛଡ଼ା ଆଉ କିଛି ହୋଇ ନ ପାରେ। ପ୍ରାବନ୍ଧିକଙ୍କ ଏକ ଉକ୍ତିକୁ ଉଦ୍ଧାର କରାଯାଇପାରେ-

"ଗୋଟେ ପଶୁ ଯେତେ ଖରାପ ହେଲେ ବି ଏଭଳି ମଣିଷର ସ୍ତରକୁ ଓହ୍ଲେଇ ଆସିପାରେ ନାହିଁ। ସେଥିପାଇଁ ପଶୁଟିଏ କେଉଁଠି କଦର୍ଯ୍ୟ ବ୍ୟବହାର କଲେ ବରଂ ତା'ର ସେ ଆଚରଣକୁ ମାନବିକ କାର୍ଯ୍ୟ କହି ନିନ୍ଦା କରାଯାଉ ମାତ୍ର ମିଥ୍ୟା ଓ କପଟାଚାରକୁ ନେଇ ବଞ୍ଚୁଥିବା ମଣିଷର ଅପକର୍ମକୁ ପାଶବିକ କହି ବିଚରା ପଶୁର ଅପମାନ କରା ନ ଯାଉ।" (୧)

ଏଭଳି ପ୍ରବନ୍ଧର ଲେଖକୀୟ ଉପସଂହାର କ'ଣ? ଗୋଟିଏ ସମ୍ବେଦନଶୀଳ ଘଟଣାକୁ ପ୍ରସାରିତ କରିବା ନା ବିଶେଷ ଦୃଷ୍ଟିରେ ବିଚାର କରିବା? ବସ୍ତୁନିଷ୍ଠ ପ୍ରବନ୍ଧର ଲକ୍ଷଣ ଏହାର ମର୍ମବାଣୀ। ବୃହତ୍ତର ସ୍ୱାର୍ଥ ନିମନ୍ତେ ଆଶାବ୍ୟକ୍ତ କରିବା। ଅର୍ଥାତ୍ ପୁରୁଷର ନିରୀହ ବାଲ୍ୟ, ବିକଶିତ କୈଶୋର, ଉଦ୍ଦାମ ଯୌବନ, ନିଃସ୍ୱ ବାର୍ଦ୍ଧକ୍ୟରେ ନାରୀ ବିଭିନ୍ନା। ସେ ଜନନୀ - ଦୀକ୍ଷା ଦାୟିନୀ - ବିଳାସିନୀ - ସେବା ପ୍ରଦାୟିନୀ। ପୁରୁଷର ସମସ୍ତ ଅପ୍ରକାଶିତ ଭାଗ୍ୟର ନିର୍ଣ୍ଣୟସିଦ୍ଧା। ଲେଖକ ଗୌରହରି ଦାସ, ନାରୀ ଓ ନାରୀତ୍ୱ ସଂପର୍କରେ ସାମାଜିକ ସଚେତନତାର ଅଭାବବୋଧରେ ଉତ୍ତର ଉନ୍ନତି ବାଧାପ୍ରାପ୍ତ ହେବ ବୋଲି Simone de Beauvoirଙ୍କ ସହ ସହମତ।

"One day when it will be possible for woman to love not in her weakness but in strength, not to escape herself but to find her-self, not to abase herself but to assert herself. On that day love will become for her, as for man, a source of life." (The Second Sex)

'ପାପ ନା ପୁଣ୍ୟ' ପ୍ରବନ୍ଧରେ ମଧ୍ୟ ପ୍ରାବନ୍ଧିକ ପୁରାଣର ବ୍ୟାସ ଓ ଅମ୍ବିକା-ଅମ୍ବାଳିକା ପ୍ରସଙ୍ଗ ଉତ୍‌ଥାପନ କରି ପ୍ରୟୋଜନ ବିଶେଷରେ ଶାରୀରିକ ସଂପର୍କକୁ ଦୁର୍ବଳତା ବୋଲି ସ୍ୱୀକାର କରିନାହାନ୍ତି। ସ୍ତ୍ରୀର ବନ୍ଧ୍ୟାତ୍ୱ ଏବଂ ପରବର୍ତ୍ତୀ ବଂଶଧରର

ଆବଶ୍ୟକ ନିମନ୍ତେ ଭିନ୍ନ ନାରୀ ରମଣ ଏବଂ ପାରିବାରିକ ଆର୍ଥିକ ବା ବିଶେଷ ସମସ୍ୟାରୁ ମୁକ୍ତି ପାଇଁ (ଯେମିତି ବ୍ୟାଧିଗ୍ରସ୍ତ ସ୍ୱାମୀର ଚିକିତ୍ସା ନିମନ୍ତେ) ଅନ୍ୟ ପୁରୁଷ ସହିତ ଶାରୀରିକ ସଂପର୍କ ରକ୍ଷା କରିବାକୁ ବ୍ୟଭିଚାର କୁହାଯାଇ ପାରିବ ନାହିଁ। ଏହା ଦ୍ୱାରା ସାମାଜିକ ଅନାଚାର ଘଟିବାର କୌଣସି ଯୁକ୍ତି ନାହିଁ। ଲେଖକ ନାରୀର ଭୂମିକା ଓ ଅବସ୍ଥା ଭେଦରେ ଅସହାୟତା ପ୍ରତି ଉଦ୍‌ବିଗ୍ନ। ସାଂପ୍ରତିକ କାଳରେ ଭିନ୍ନ ଏକ ଘଟଣାକୁ ଲେଖକ ଗୁରୁତ୍ୱର ସହ ବିଚାର କରିଛନ୍ତି। ଏବେ ଅବୈଧ ଭାବରେ ବହୁ ଶିଶୁ ଜନ୍ମ ହେଉଥିବା କଥାକୁ ସେ ଅସ୍ୱୀକାର କରିନାହାନ୍ତି। ଲେଖକଙ୍କ ବିଚାରରେ ଏହି ଅନାଥ ସନ୍ତାନଙ୍କ ନିମନ୍ତେ ଆଇନ ପ୍ରଣୟନ ହେବା ଉଚିତ, ସେମାନେ ଯେପରି ସମାଜରେ ମର୍ଯ୍ୟାଦା ଲାଭ କରିପାରିବେ।

"କାରଣ ସେ ଶିଶୁଟି ଏକବିଂଶ ଶତାବ୍ଦୀର ପୃଥିବୀରେ ବଢ଼ିବ, ପଢ଼ିବ ଓ ଜିଇଁବ। ଜୀବନରେ ଶହ ଶହ ଲୋକଙ୍କ ସଂସ୍ପର୍ଶରେ ସେ ଆସିବ। ସେତେବେଳେ ଯଦି ତାକୁ ଏ ସମାଜ ଗ୍ରହଣ ନ କରେ କିମ୍ବା ପ୍ରତି କ୍ଷେତ୍ରରେ ତାକୁ ଲାଞ୍ଛନା ଓ ଅପମାନ ମିଳେ ତାହା ହେଲେ ସେ ବିଂଶ ଶତାବ୍ଦୀକୁ କ୍ଷମା କରିପାରିବ ନାହିଁ। ଏହି ଶତାବ୍ଦୀର ସମସ୍ୟା ତେଣୁ ଏହି ଶତାବ୍ଦୀରେ ହିଁ ସମାଧିତ ହୋଇଯିବା ପ୍ରୟୋଜନ।" (୨)

'ଓଡ଼ିଶା ଡାଏରି'ରେ ମୁଦ୍ରିତ 'ବରଗଡ଼ ଧନୁଯାତ୍ରା', 'କୋଣାର୍କ', 'କି ଥିଲା ଏ ରାଜ କି ହୋଇଛି ଆଜ', 'ଲଳିତଗିରିର ଶିଳ୍ପୀ' ପ୍ରଭୃତିରେ ଅତୀତ-ସାଂପ୍ରତିକ, ଇତିହାସ-କିମ୍ବଦନ୍ତୀ, ଧର୍ମ-ବିଶ୍ୱାସ, ଉତ୍ସାହ-ଉଦ୍ଦୀପନା ସମ୍ପର୍କରେ ଉତ୍କଳୀୟ ରୁଚି ଓ ତପସ୍ୟାର ଚାରଣ ଅଭିବ୍ୟକ୍ତ। ବରଗଡ଼ ଧନୁଯାତ୍ରାର ପ୍ରତ୍ୟକ୍ଷଦର୍ଶୀ ଉଷ୍ମତା ଲେଖକଙ୍କୁ ମୁଗ୍ଧ କରିଛି। ଏହି ବିଚିତ୍ର ସୃଷ୍ଟି ଏବଂ ଲୁକ୍କାୟିତ ବିସ୍ମୟ ପରି ବରଗଡ଼ର ଅତି-ବିଶ୍ୱାସ ଭିତରେ ଲୁଚି ରହିଥିବା ଅତି-ବାସ୍ତବତାର ଚଳଚଞ୍ଚଳ ନିରୀହ ବିଶ୍ୱାସ ସବୁକୁ ଦର୍ଶନ କରି ଲେଖକ ଉଲ୍ଲସିତ ହୋଇଛନ୍ତି।

ପ୍ରାବନ୍ଧିକ 'କୋଣାର୍କ'ର କଳା ଓ ଭାସ୍କର୍ଯ୍ୟର ଯୁଗଳ ଲୀଳା ମଧ୍ୟରେ ରହସ୍ୟାବୃତ୍ତ ଇତିହାସ ଓ କିମ୍ବଦନ୍ତୀ ସଂପର୍କରେ ଆଲୋକପାତ କରିଛନ୍ତି। କୋଣାର୍କର ଗଢ଼ିବା ଭାଙ୍ଗିବା ଏକ ଅସମାହିତ ପ୍ରଶ୍ନ ହୋଇଥିବା ବେଳେ ଲେଖକ କଳିଙ୍ଗ ଶିଳ୍ପୀର ରମ୍ୟକଳା ସମ୍ପର୍କିତ ପୌରାଣିକ ଉପାଖ୍ୟାନରୁ ତଥ୍ୟ ସନ୍ଧାନ କରିଛନ୍ତି। ଐତିହାସିକ ଓ ଆଲୋଚକଗଣ ସୂର୍ଯ୍ୟପୂଜାର ପରଂପରା ସହିତ ପ୍ରାଚୀନ ବେବିଲୋନକୁ ଯୋଡୁଥିବାବେଳେ, ଗୌରହରି ଦାସ ଖ୍ରୀ:ପୂ: ୪ ହଜାର ବର୍ଷ ପୂର୍ବରୁ ଶ୍ରୀକୃଷ୍ଣଙ୍କ ପୁତ୍ର ଶାମ୍ବଙ୍କ କୋଣାର୍କ ନିର୍ମାଣ ପ୍ରସଙ୍ଗକୁ ଉପସ୍ଥାପିତ କରି, ଗଙ୍ଗବଂଶୀ ସମ୍ରାଟ

ଲାଙ୍ଗୁଳା ନରସିଂହ ଦେବଙ୍କ ପର୍ଯ୍ୟନ୍ତ ୪ଟି ଲଳିତ ବିଷୟକୁ ସଂଯୋଜିତ କରି ଦେଉଛନ୍ତି। 'କୋଣାର୍କ'କୁ ଆଧାର କରି ଓଡ଼ିଆ ସାହିତ୍ୟରେ ବିରଚିତ ସାହିତ୍ୟ କୃତିମାନଙ୍କର ଏକ ଦୀର୍ଘ ବିବରଣୀ ଉପସ୍ଥାପନ କରିବା ସହିତ ବହୁଚର୍ଚ୍ଚିତ ମାୟାଧର ମାନସିଂହଙ୍କ 'କୋଣାର୍କ' ଏବଂ ସଚ୍ଚିଦାନନ୍ଦ ରାଉତରାୟଙ୍କ 'କୋଣାର୍କ' ସଂପର୍କରେ ପୁଣିଥରେ ସ୍ମରଣ କରାଇ ଦେଇଛନ୍ତି। ଲଳିତ ଗାଥାର ମହାକାବ୍ୟ କୋଣାର୍କ କେବଳ ପ୍ରସ୍ତରସାର ବ୍ଲାକ୍ ପାଗୋଡ଼ା ନୁହେଁ, ଆଦିଭୌତିକ ଦିବ୍ୟାନୁଭୂତି ଓ ଜୀବନ ଅରଣ୍ୟରୁ ପ୍ରସାରିତ ସୁବାସିତ ମହକ ବୋଲି ପ୍ରମାଣିତ କରିବା ଲେଖକଙ୍କ ଉଦ୍ଦେଶ୍ୟ।

"ଆଜି ବି ଚନ୍ଦ୍ରଭାଗାର ଝାଉଁବଣ ଭିତରେ ସୂର୍ଯ୍ୟମୁଖୀର ଅଳସ ମୁଦ୍ରାରେ, ଚାରିପଟେ ନୂଆ ନୂଆ କଥା, ଉପକଥାର ଝିଅ ମେଲେଇ କୋଣାର୍କ ବସିରହିଛି। ସେ କୋଣାର୍କ କବିର କୋଣାର୍କ, ଶିଳ୍ପୀର କୋଣାର୍କ, ଦ୍ରଷ୍ଟାର ତୀର୍ଥ, ସ୍ରଷ୍ଟାର ମହାତୀର୍ଥ।" (୩)

ଲେଖକ କୋଣାର୍କ ଭାଙ୍ଗିଯିବାର ୫ଟି ମତ ଓ ୨ଟି ଉପାଖ୍ୟାନକୁ ଉପସ୍ଥାପନ କରିବା ସହିତ ସୂର୍ଯ୍ୟ ମନ୍ଦିରରେ ଉପାସିତ ହେଉଥିବା ସୂର୍ଯ୍ୟ ପ୍ରତିମା ଏବେ ପୁରୀ ଶ୍ରୀମନ୍ଦିର ବେଢ଼ାର ଉତ୍ତର ପାର୍ଶ୍ୱରେ ଏକ ମନ୍ଦିରରେ ପୂଜିତ ହେଉଥିବା ପ୍ରକାଶ କରିଛନ୍ତି।

ହୀରକ ତ୍ରିଭୁଜ ଉଦୟଗିରି-ରତ୍ନଗିରି-ଲଳିତଗିରି ସଂପର୍କରେ ତଥ୍ୟଭିତ୍ତିକ ଆଲୋଚନା ଏକ ଉପଯୋଗୀ ପ୍ରବନ୍ଧ। ଏଥିରେ ଦୁଇଟି ବିଷୟ ବିଶେଷ ପ୍ରାଧାନ୍ୟ ଲାଭ କରିଛି। ସମଗ୍ର ବିଶ୍ୱରେ ପ୍ରସିଦ୍ଧି ଅର୍ଜନ କରିଥିବା ପ୍ରାଚୀନ ଉତ୍କଳର 'ପୁଷ୍ପଗିରି' ବୌଦ୍ଧ ଶିକ୍ଷା ବିହାର ଓ ଦ୍ୱିତୀୟଟି ଲଳିତଗିରିରୁ ଉଦ୍ଧାର କରାଯାଇଥିବା ବୁଦ୍ଧଙ୍କ ଅସ୍ଥି ଓ ଦେହାବଶେଷ। 'ପୁଷ୍ପଗିରି' ଯେ 'ଲଳିତଗିରି' ଏହା ପ୍ରାମାଣିକ ତଥ୍ୟ ରୂପେ ନାଗାର୍ଜୁନ କୋଣ୍ଡାରୁ ମିଳିଥିବା ଇକ୍ଷ୍ୱାକୁ ରାଜା ଶ୍ରୀ ବୀର ପୁରୁଷଦତ୍ତଙ୍କର ଏକ ଶିଳାଲେଖ ଓ ଚୀନ ପରିବ୍ରାଜକ ହୁଏନ୍‌ସାଂଙ୍କ ଭ୍ରମଣ ବୃତ୍ତାନ୍ତରେ ଉଲ୍ଲେଖ ଥିବା ପିଉ-ସୋ-ପୋ-କି-ଲିକୁ ଗ୍ରହଣ କରିଛନ୍ତି। ନାଳନ୍ଦା ପରେ ସମଗ୍ର ପୂର୍ବ ଭାରତରେ ପ୍ରମୁଖ ଶିକ୍ଷାୟତନର ମାନ୍ୟତା ଲାଭ କରିବାରେ 'ପୁଷ୍ପଗିରି' ଅନ୍ୟତମ ପ୍ରସିଦ୍ଧ ବିଶ୍ୱବିଦ୍ୟାଳୟ।

ହୁଏନ୍‌ସାଂ ତାଙ୍କ ଭ୍ରମଣ ବୃତ୍ତାନ୍ତରେ ଲଳିତଗିରି ବିହାରର ସ୍ତୂପ ମଧ୍ୟରୁ ଏକ ଦିବ୍ୟ ଆଲୋକରେଖା ବିଚ୍ଛୁରିତ ହେଉଥିବା ଉଲ୍ଲେଖ କରିଛନ୍ତି। ଲଳିତଗିରି ଉତ୍‌ଖନନ କାଳରେ ଏହି ସତ୍ୟ ପ୍ରମାଣିତ ହୋଇଛି। ଖନନ କାଳରେ ଉଦ୍ଧାର କରାଯାଇଥିବା ତିନିଟି ପଥର ମଞ୍ଜୁଷାକୁ ଏବେ ଲଳିତଗିରି ସଂଗ୍ରହାଳୟରେ ସର୍ବସାଧାରଣ ଦର୍ଶନ ନିମନ୍ତେ ରଖାଯାଇଛି। ତିନିଟି ମଞ୍ଜୁଷା ମଧ୍ୟରୁ ପ୍ରଥମ ମଞ୍ଜୁଷା ଭିତରେ ବୁଦ୍ଧଦେବଙ୍କ ଅସ୍ଥି ସଂରକ୍ଷିତ। ତୃତୀୟ ମଞ୍ଜୁଷା ମଧ୍ୟରେ ଯେଉଁ ଅସ୍ଥି

ରହିଛି, ତାହାକୁ ସୁନା ତାରରେ ଗୁଡ଼ାଯାଇଛି । ମାତ୍ର ଦଶ କିଲୋମିଟର ବ୍ୟାସାର୍ଦ୍ଧ ମଧ୍ୟରେ ଉଦୟଗିରି ଓ ରତ୍ନଗିରି ବିହାର ଅବସ୍ଥିତ । ଅଦୂରରେ ସନ୍ଥ ଅରକ୍ଷିତ ଦାସଙ୍କ ସାଧନା କ୍ଷେତ୍ର ଓଲାଶୁଣି ଗୁମ୍ଫା ମଧ୍ୟ ଅବସ୍ଥିତ । ଏହିପରି ଐତିହାସିକ ଓ ପୌରାଣିକ ସ୍ଥଳକୁ ବିଶ୍ୱ ପର୍ଯ୍ୟଟନ କ୍ଷେତ୍ର ରୂପେ ପରିଣତ କରିବା କ୍ଷେତ୍ରରେ ସରକାରୀ ଉଦାସୀନତା ଓଡ଼ିଶା ପର୍ଯ୍ୟଟନ ଶିଳ୍ପ ପାଇଁ ଶୁଭଙ୍କର ନୁହେଁ ବୋଲି ଲେଖକ ମତବ୍ୟକ୍ତ କରି ଦୀର୍ଘଶ୍ୱାସ ତୋଳିଛନ୍ତି 'କି ଥିଲା ଏ ରାଜ, କି ହୋଇଛି ଆଜ !'

'ଲଳିତଗିରିର ଶିଳ୍ପୀ'ରେ ପ୍ରାବନ୍ଧିକ ଲଳିତଗିରି ଓ ଶୁଖୁଆପଡ଼ାର ଅବହେଳିତ ପଥର ଶିଳ୍ପୀ ଓ ଅବଲୁପ୍ତ ହେଉଥିବା ପଥର ଶିଳ୍ପ ପ୍ରତି ଦରଦ ଓ ଶ୍ରଦ୍ଧା ପ୍ରକାଶ କରିଛନ୍ତି । ଯେଉଁଠି ଖାଣ୍ଡେଲାଇଟ୍, ଗ୍ରାନାଇଟ୍ ଓ ଖଡ଼ିପଥରରେ ଅପୂର୍ବ ମୂର୍ତ୍ତିମାନ ଶିଳ୍ପୀର ନିହାଣ ସ୍ପର୍ଶରେ ଜୀବନ୍ତ ହୋଇ ଉଠେ । ନିଜର କଳା କୁଶଳତା ପାଇଁ ଭାରତରେ ଏବଂ ଭାରତ ବାହାରେ ପ୍ରସିଦ୍ଧି ଅର୍ଜନ କରିଥିଲେ ମଧ୍ୟ ପ୍ରୋତ୍ସାହନ ଅଭାବରୁ ଏହା ଏବେ ମୃତ ଜଳଧାରା ପରି ଅନ୍ତିମ ଦୁଃସ୍ୱପ୍ନ ଦେଖୁଛି । ଏଠାରେ ଏକ 'ଶିଳ୍ପୀଗ୍ରାମ' ପ୍ରତିଷ୍ଠା କରାଯାଇ ପ୍ରସାର ଓ ପ୍ରଚାର ନିମନ୍ତେ ପଦକ୍ଷେପ ଗ୍ରହଣ କଲେ ଶୁଖିଲା ଅଧରରୁ ତରଳ ହାସ୍ୟର ଝର୍ଣ୍ଣା ଉଛୁଳିତ ହେବ ବୋଲି ପ୍ରାବନ୍ଧିକ ଆଶାବ୍ୟକ୍ତ କରିଛନ୍ତି ।

'ଓଡ଼ିଶାକୁ କିଏ କାହିଁକି ଆସିବ' ପ୍ରବନ୍ଧଟି 'ଓଡ଼ିଶା ଡାଏରି'ର ପ୍ରଥମ ପ୍ରବନ୍ଧ । ସମଗ୍ର ଭାରତବର୍ଷରେ ପ୍ରଖ୍ୟାତ ଚାରିଟି ପୀଠ ବା ଧାମ ମଧ୍ୟରୁ ପୁରୀ ଅନ୍ୟତମ । ପୁରୀର ଆଧ୍ୟାତ୍ମିକ ବାତାବରଣ, ବିସ୍ତୀର୍ଣ୍ଣ ବେଳାଭୂମି ଆସ୍ତିକମାନଙ୍କୁ ସର୍ବକାଳରେ ଆକର୍ଷିତ କରିଥାଏ । କିନ୍ତୁ କ୍ଷୋଭର ସହ ଲେଖକ ଓଡ଼ିଶାର ଟ୍ୟାକ୍ସି, ରିକ୍ସାଚାଳକ ମାନଙ୍କର ଦୌରାତ୍ମ୍ୟ ଓ ଦୁର୍ବ୍ୟବହାର ସଂପର୍କରେ ପ୍ରତିକ୍ରିୟା ଓ ଚିନ୍ତା ପ୍ରକଟ କରିଛନ୍ତି ।

'ଅତିଥି ଦେବୋଭବଃ' ଆର୍ଯ୍ୟ ସଂସ୍କୃତିର ସନାତନୀ ପ୍ରକୃତିକୁ ପ୍ରତିଷ୍ଠା କରିଛି । ବିକଶିତ ରାଷ୍ଟ୍ରସମୂହ ଭ୍ରମଣକାରୀମାନଙ୍କ ଆକୃଷ୍ଟ କରିବା ନିମନ୍ତେ ବିବିଧ ଯୋଜନା କାର୍ଯ୍ୟକାରୀ କରୁଛନ୍ତି । ଆମ ଦେଶର ଅତିଥିମାନଙ୍କୁ ଦେବତାର ସମ୍ମାନ ଦିଆଯିବା ପରଂପରା ପ୍ରାଚୀନ ହୋଇଥିବାବେଳେ ଏହା ଏବେ ଅନ୍ୟାନ୍ୟ ବହୁ ଦେଶରେ ଯତ୍ନର ସହ କାର୍ଯ୍ୟକାରୀ ହେଉଛି । ନିଜ ଦେଶର ଐତିହ୍ୟ ସଂପର୍କରେ ବିଶ୍ୱଦୃଷ୍ଟିକୁ ଆକର୍ଷିତ କରିବା ନିମନ୍ତେ ସେଠାରେ ସ୍ୱତନ୍ତ୍ର ବିଶେଷଜ୍ଞମାନଙ୍କୁ ନିଯୁକ୍ତି ଦିଆଯାଇଛି । ଗୋଟିଏ ଉଦାହରଣ ମାଧ୍ୟମରେ ଏହାକୁ ସ୍ପଷ୍ଟ କରାଯାଇପାରେ । ପ୍ୟାରିସ୍ ସହରର ବିଖ୍ୟାତ ସାଂସ୍କୃତିକ ସଂଗ୍ରହାଳୟ ଲୁଭ୍ରେରେ ଦୁର୍ଲ୍ଲଭ ପଦାର୍ଥ ଭାବେ ମୋନାଲିସା ପେଣ୍ଟିଂକୁ ସଜାଯାଇଛି । ଏହାକୁ ଆଧାର କରି ପାଠ୍ୟକ୍ରମ, ପୁସ୍ତକ ରଚନା, ଗବେଷଣା କାର୍ଯ୍ୟକୁ ପ୍ରୋତ୍ସାହିତ କରାଯାଉଛି । ଏହାର ଗଭୀର ରହସ୍ୟ ହେଉଛି ମୋନାଲିସାକୁ

କେନ୍ଦ୍ର କରି ଯିଏ ଯେତେ ନୂଆ ପ୍ରସଙ୍ଗ ସୃଷ୍ଟି କରିପାରିବ। ଏହାଦ୍ୱାରା ସେହି ଚିତ୍ର ଉପରେ ସାରା ବିଶ୍ୱର ଭ୍ରମଣପ୍ରିୟ ପର୍ଯ୍ୟଟକମାନଙ୍କ ଦୃଷ୍ଟି ନିବଦ୍ଧ ହେବ। ଏହି କାରଣରୁ ସେଠାକୁ ଭ୍ରମଣକାରୀମାନଙ୍କର ସୁଅ ଛୁଟିଛି, ତାହା ପର୍ଯ୍ୟଟନ ଶିଳ୍ପରେ ପରିଣତ ହୋଇଛି। ଗୋଟିଏ ଦେଶର ଆର୍ଥିକ ବିକାଶ କ୍ଷେତ୍ରରେ ଏହା ସିଂହଭାଗ ସହାୟତା କରୁଛି। ପ୍ରାବନ୍ଧିକ ଗୌରହରି ଦାସ ଓଡ଼ିଶାରେ ପର୍ଯ୍ୟଟନ ଶିଳ୍ପର ବହୁଳ ସୁଯୋଗ ଥିଲେ ମଧ୍ୟ ରିକ୍‌ସା ଓ ଅଟୋଚାଳକ, ହୋଟେଲ୍ ମାଲିକ ଓ ମନ୍ଦିର ପଣ୍ଡାମାନଙ୍କ ଦାୟିତ୍ୱହୀନତା ଯୋଗୁଁ ପର୍ଯ୍ୟଟକମାନେ ଓଡ଼ିଶା ଆଗମନକୁ ସୁରକ୍ଷିତ ମଣୁ ନାହାନ୍ତି ବୋଲି ଆଶଙ୍କା ପ୍ରକଟ କରିଛନ୍ତି। ଦେବତାମାନେ ପଣ୍ଡାମାନଙ୍କର ବଶତା ସ୍ୱୀକାର କରିଥିଲା ଭଳି ମନେ ହେଉଛି! ଏଥି ପ୍ରତି ସରକାର, ପ୍ରଶାସନ, ଚିନ୍ତାଶୀଳ ବ୍ୟକ୍ତି ସଚେତନ ନୁହନ୍ତି।

'ଓଡ଼ିଆମାନେ କ'ଣ କୃପଣ?' ପ୍ରସଙ୍ଗରେ ସମଗ୍ର ଜାତି ପ୍ରତି ଏହା ଏକ ବିଦ୍ରୂପ ଓ ହୀନମନ୍ୟ ମାନସିକତା ବୋଲି ପ୍ରାବନ୍ଧିକ ବିଚାର କରିଛନ୍ତି। ୨୦୧୦ ମସିହାରେ 'ସମ୍ବାଦ' ପୃଷ୍ଠାରେ 'ଜୀବନର ଜଳଛବି' ସ୍ତମ୍ଭରେ ପ୍ରକାଶ ପାଇଥିବା 'ଅଯୋଧ୍ୟାର ଜଳକଷ୍ଟ' ଶୀର୍ଷକ ଲେଖା ପାଠ କରି ଜର୍ମାନୀରେ ବାସ କରୁଥିବା ଇଞ୍ଜିନିୟର ରାଜେନ୍ଦ୍ର ନାରାୟଣ ଦାସ ଷାଠିଏ ହଜାର ଟଙ୍କା ଓ ଲଣ୍ଡନରେ ରହୁଥିବା ଡାକ୍ତର ତିରିଶ ହଜାର ଟଙ୍କା ମୁକ୍ତହସ୍ତରେ ଦାନ କରିଥିଲେ। ଏହି ଟଙ୍କାରେ ଅଯୋଧ୍ୟାରେ ଗଭୀର ନଳକୂପ ଖୋଳାଯାଇ ଜଳକଷ୍ଟ ଦୂର କରାଯାଇପାରିଥିଲା। ବହୁ ଅନୁରୋଧ ପରେ ମଧ୍ୟ ତତ୍କାଳୀନ କଲେକ୍ଟର କିମ୍ବା ସରକାରଙ୍କ ଦ୍ୱାରା କୌଣସି ପଦକ୍ଷେପ ନିଆଯାଇ ନ ଥିବା ବେଳେ ଚୁଆପାଣି ପିଉଥିବା ଅଯୋଧ୍ୟାବାସୀଙ୍କ ଦୁଃଖ ପ୍ରବାସୀ ଓଡ଼ିଆଙ୍କ ଦାନରେ ଦୂର ହୋଇଥିଲା। ଲେଖକଙ୍କ ଦୃଷ୍ଟିରେ ଓଡ଼ିଆମାନଙ୍କୁ କୃପଣ କହିବା ମୂଢ଼ତା ମାତ୍ର। 'ଭୋଟ ରାଜନୀତି' ପାଇଁ ସରକାର ଲୋକମାନଙ୍କ ଟିକସ ଓ ଜୋରିମାନା ଅର୍ଥରେ ଦାନୀ ବୁଲାଉଛନ୍ତି। କେନାଲ ଖୋଳା ହେଉଛି, ରବି ଫସଲ ପାଇଁ ପାଣି ନାହିଁ। ଗଭୀର ବୋର୍‌ୱେଲ୍ ଖନନ ହେଉଛି, ବିଦ୍ୟୁତ୍ ସଂଯୋଗ ନାହିଁ। ଏଭଳି କ୍ଷେତ୍ରରେ 'ସବୁଜ ବିପ୍ଳବ' ଏକ ସ୍ଲୋଗାନ ହୋଇ ରହୁଛି। ସରକାର ଯେପରି ପାସୋରି ଯାଇଛନ୍ତି ଯେ ଓଡ଼ିଶା କୃଷିପ୍ରଧାନ ରାଜ୍ୟ। ଶିକ୍ଷକ, ଅଧ୍ୟାପକ ଅବସର ନେଉଛନ୍ତି, ନୂତନ ନିଯୁକ୍ତି ନାହିଁ। ସରକାରୀ ଚିକିତ୍ସା କେନ୍ଦ୍ର ବିନା ଡାକ୍ତରରେ ଚାଲିଛି। ଅର୍ଥାତ୍ କୃଷି, ଶିକ୍ଷା, ସ୍ୱାସ୍ଥ୍ୟ, ଯୋଗାଯୋଗ ଓ ଭିତ୍ତିଭୂମିର ବିକାଶ ନିମନ୍ତେ ସରକାରୀ ଉଦାସୀନତା ଯୋଗୁଁ ସର୍ବସାଧାରଣରେ ଏପରି ଏକ ମାନସିକତାର ବିକାଶ ହୋଇଛି ଯେ, ଦାନ ଦେଲେ ମଧ୍ୟ ତାହା ଠିକ୍ ରୂପେ ବିନିଯୋଗ ହୋଇପାରିବ ନାହିଁ। ତେଣୁ

ଓଡ଼ିଆମାନେ କୃପଣ ବ୍ୟଙ୍ଗୋକ୍ତି ପ୍ରକାଶକୁ ଲେଖକ ଗ୍ରହଣ କରିବାକୁ ପ୍ରସ୍ତୁତ ନୁହନ୍ତି, କାରଣ କାର୍‌ଗିଲ୍ ଯୁଦ୍ଧ କାଳରେ ଓଡ଼ିଆମାନେ ପ୍ରୟୋଜନୀୟ ଦାନ ଦେଇ ନିଜର ମହାନତାର ପରିଚୟ ଦେଇଛନ୍ତି।

'ଓଡ଼ିଆ ସମାଜ: ଶିକ୍ଷା ଓ ସଂସ୍କୃତି' ଶୀର୍ଷକ ପ୍ରବନ୍ଧଟି ଖୁବ୍ ତାତ୍ପର୍ଯ୍ୟପୂର୍ଣ୍ଣ। ପ୍ରାବନ୍ଧିକଙ୍କ ଦୃଷ୍ଟିରେ ସାମାଜିକ ବିକାଶର ମୁଖ୍ୟ ପ୍ରତିବନ୍ଧକ ହେଉଛି ସଂସ୍କୃତି ପ୍ରତି ଉଦାସୀନତା। ଗୋଟିଏ ଭୂଖଣ୍ଡରେ ବସବାସ କରୁଥିବା ବିବିଧ ଭାଷାଭାଷୀ ଜାତୀୟତା କ୍ଷେତ୍ରରେ ବଙ୍ଗାଳୀ, ବିହାରୀ, ଓଡ଼ିଆ ନୁହନ୍ତି। 'ବସୁଧୈବ କୁଟୁମ୍ବକମ୍' ନୀତିରେ ଭିନ୍ନତା ମଧ୍ୟରେ ସ୍ୱତନ୍ତତା। ଯେଉଁଥିପାଇଁ ଜଣେ ବ୍ୟକ୍ତି ଭାରତୀୟ ବୋଲି ବାରି ହୋଇ ପଡ଼ିବ; ଓଡ଼ିଆ କି ବଙ୍ଗାଳୀ ରୂପରେ ନୁହେଁ। ଗୋଟିଏ ବୈଜ୍ଞାନିକ ସଂସ୍କାର ସାଂସ୍କୃତିକ ଜାଗରଣ ପାଇଁ ଅନୁକୂଳ। ପ୍ରାବନ୍ଧିକ ବିଶ୍ୱବିଦ୍ୟାଳୟ ପ୍ରଫେସରମାନଙ୍କର ନିଷ୍କ୍ରିୟତା, ବଡ଼ନେତା, ହାକିମ, କମ୍ପ୍ୟୁଟର ବିଜ୍ଞାନୀମାନଙ୍କର ଭାଗ୍ୟବାଦ ଉପରେ ବିଶ୍ୱାସ, ଅମଲାତାନ୍ତ୍ରିକଙ୍କ ଶୋଷଣଖୋର ପ୍ରବୃତ୍ତି, କ୍ଷମତା ରାଜନୀତି ସାମାଜିକ ଅଭ୍ୟୁଦୟର ପରିପନ୍ଥୀ ବୋଲି ଦୃଢ଼ମତ ଉପସ୍ଥାପନ କରିଛନ୍ତି। ପ୍ରଫେସରଙ୍କ ଠାରୁ ଶିକ୍ଷକ, ସାମ୍ବାଦିକଙ୍କ ଠାରୁ ସଂପାଦକ, ନେତା ଠାରୁ ସମାଜସେବୀ, କମ୍ପ୍ୟୁଟର ବିଜ୍ଞାନୀଙ୍କ ଠାରୁ କୃଷି ବିଜ୍ଞାନୀ, ଅମଲାଙ୍କ ଠାରୁ ଚତୁର୍ଥ ଶ୍ରେଣୀ କର୍ମଚାରୀଙ୍କ ପର୍ଯ୍ୟନ୍ତ ଅଭୟମୁଦ୍ରାରେ ନିଜର କର୍ତ୍ତବ୍ୟ ପ୍ରତି ସଚେତନ ହେଲେ ନୈରାଶ୍ୟର ଅବସାନ ଘଟି ସାଂସ୍କୃତିକ ବିକାଶ ସମ୍ଭବ ହେବ ବୋଲି ଲେଖକ ଯୁକ୍ତି ଉପସ୍ଥାପନ କରିଛନ୍ତି।

'ଠାକୁର ଅଛନ୍ତି କି ?' ପ୍ରଶ୍ନରେ ଲେଖକ ଖୁବ୍ ଉନ୍ମୁକ୍ତ। ସର୍ବସାଧାରଣଙ୍କ ଧାରଣା, ଭକ୍ତଜନଙ୍କ ବିଶ୍ୱାସ, ତପସ୍ୱୀଙ୍କ ସାଧନାରେ ଠାକୁରଙ୍କ ଆଜ୍ଞାରେ ଦିବାରାତ୍ର ସଂହାର ଓ ସୃଷ୍ଟିର ସମସ୍ତ କ୍ରିୟା ସମ୍ଭବ ହେଉଛି। କିନ୍ତୁ ପ୍ରାବନ୍ଧିକ ଏ କ୍ଷେତ୍ରରେ ନକରାତ୍ମକ। ତାଙ୍କ ଦୃଷ୍ଟିରେ ଯଦି ଠାକୁର ଏତେ ଶକ୍ତିମାନ, ତେବେ ସାମାଜିକ ବିଶୃଙ୍ଖଳା ଓ ପବିତ୍ରତା ରକ୍ଷା ପାଇଁ ତାଙ୍କର ଅଲୌକିକ ଶକ୍ତି ପ୍ରୟୋଗ କରିବାରେ ଅସମର୍ଥ କାହିଁକି ? ରଗଡ଼ିମଡ଼ା ଗାଁର ଡମ ଝିଅ ଓ ସଜନାଗଡ଼ ଗାଁର ଖଦଳା କନ୍ୟାର ନିର୍ଯାତନା ଠାକୁରଙ୍କ ସାମ୍‌ନାରେ ଘଟିଥିଲେ ମଧ୍ୟ ଦୋଷୀ ଶାସ୍ତି ପାଇବା ପରିବର୍ତ୍ତେ ନିର୍ବିଘ୍ନରେ ଦିବାଲୋକରେ ବିଚରଣ କରୁଛନ୍ତି। ଦେବତାଙ୍କର ସାମାନ୍ୟ ଅଲୌକିକତା ପ୍ରକାଶ ପାଇ ନାହିଁ। ଭକ୍ତି ଆଜି ଭୟର ଶବ୍ଦାନ୍ତର। ଅନୈତିକ କାର୍ଯ୍ୟରେ ବ୍ୟସ୍ତ ରାଜନେତା, ପରସ୍ୱ ଅପହରଣରେ ଲିପ୍ତ କଳାବଜାରୀ, ମୁନାଫାଖୋର ବେପାରୀ ଓ ପରାଙ୍ଗପୁଷ୍ଟ ଦଲାଲମାନଙ୍କର ଅସାଧୁ ମେଣ୍ଟ,

ତଥାକଥିତ ଆଧ୍ୟାତ୍ମିକ ବଡ଼ପଣ୍ଡା ବରଂ ସଜୀବ ଦେବତା ଭାବରେ ଉଭା ହୋଇ ମୁଣ୍ଡିଆ ଲଭୁଛନ୍ତି ।

ଅସାଧୁମାନଙ୍କର ସ୍ୱର୍ଗ ପାଲଟିଥିବା ଓଡ଼ିଶା ଓ ଏହାର ଅଧିବାସୀଙ୍କ ମାନସିକତା ଦୁର୍ବଳରୁ ଦୁର୍ବଳତର ହେବାରେ ଲାଗିଛି । ଘରେ ଘରେ ମନ୍ଦିର ତିଆରି ହୋଇଛି । ଅଷ୍ଟପ୍ରହରୀ, ନାମଯଜ୍ଞର ମାତ୍ରା ଅସମ୍ଭବ ଭାବେ ବୃଦ୍ଧି ପାଉଛି; କିନ୍ତୁ ଏହାର ଫଳ ନିରାଶାଜନକ । ସବୁଠାରୁ ଚିନ୍ତାଜନକ କଥା ହେଉଛି, ସମାଜକୁ ନୂତନ ଦିଗ୍‌ଦର୍ଶନ ଦେବା ନିମନ୍ତେ ପ୍ରମୁଖ ଭୂମିକା ଗ୍ରହଣ କରୁଥିବା ବୁଦ୍ଧିଜୀବୀ, ଚିନ୍ତାଶୀଳ ବ୍ୟକ୍ତି, ସଂଗଠକ, ଲେଖକ, ସାମ୍ବାଦିକ ଏ ସଂପର୍କରେ ନିରବ । ପ୍ରଚଣ୍ଡ ଭାଗ୍ୟବାଦ, ପରାଙ୍ମୁଖତା ଓ ହୀନମନ୍ୟତା ଓଡ଼ିଶାର ସବୁ ସ୍ତରକୁ ତଳିତଳାନ୍ତ କରିନେବାକୁ ବସିଲାଣି । ଲେଖକଙ୍କ ମତରେ- "ରାଜନୈତିକ ଶଠତା, ଗଣତନ୍ତ୍ର ନାମରେ ଏକଛତ୍ରବାଦ ଓ ସାମନ୍ତବାଦର ଅଶ୍ଳୀଳ ବିଜ୍ଞାପନ, ଅର୍ଥନୈତିକ ସମସ୍ୟା ଓ ସର୍ବୋପରି ଦୃଢ଼ ବ୍ୟକ୍ତିତ୍ୱ ଗଠନ ପାଇଁ ଆବଶ୍ୟକ ଭିତ୍ତିଭୂମିର ଅଭାବ ପରି ଦୁର୍ଦ୍ଦଶାର ସୁଯୋଗ ନେଇ ଏହି ମଠାଧୀଶ, ପୂଜକ ଧର୍ମଗୁରୁ ଓ ଧର୍ମପ୍ରଚାରକମାନେ ଏ ଜାତିକୁ, ଏ ସମାଜକୁ ପ୍ରତିଦିନ ଦୁର୍ବଳରୁ ଦୁର୍ବଳତର କରୁଛନ୍ତି ।" (୪)

ଆଧୁନିକ ମଣିଷର ସକାଳ ଆରମ୍ଭ ହେଉଛି କପଟ ରାଶିଫଳ ବିଶ୍ଳେଷଣରୁ ଏବଂ ରାତି ଶେଷ ହେଉଛି ଉଦ୍ଭଟ ଏବଂ ପୌରାଣିକ ସିରିଏଲ୍‌ରୁ । ନିଜକୁ ଡରିବା ବିଷୟ ଛାଡ଼ିଦେଲେ ମଣିଷ ଦୁଇଟି ଜିନିଷ ଭାଗ୍ୟ ଓ ଭଗବାନଙ୍କୁ ବେଶୀ ଭୟ କରୁଛି ଏବଂ ଏହି ଭୟର ସୃଷ୍ଟି ଧର୍ମାନ୍ଧତାରୁ ।

ତେବେ ହିନ୍ଦୁ ଧର୍ମ କ'ଣ ଏତେ ଭୟଙ୍କର ? ଲେଖକ ପ୍ରଶ୍ନ ପଚାରିଛନ୍ତି । ଧର୍ମରେ ଆଦୌ ଜାତିଭେଦ ନାହିଁ । ମଇଳା ପଡ଼ିଥିବା ସ୍ଥାନରେ ଫୁଲଫୁଟି ଦେବତା ଗଳାରେ ଶୋଭା ପାଉଛି । ଅଥଚ ଦଳିତ ହାତର ଫୁଲମାଳ ପିନ୍ଧିଲେ ଦେବତା ମାରା ହୋଇଯାଉଛନ୍ତି । ପ୍ରଶ୍ନ ଉଠେ ଦଳିତ ମଣିଷ କ'ଣ ଫୁଲଠାରୁ ହୀନ ?

ପ୍ରାବନ୍ଧିକଙ୍କ ମତରେ ମଣିଷ ନିଜର ବିଳାସ, ଅଖଣ୍ଡ କ୍ଷମତା ଲାଭ ଓ ସ୍ୱାର୍ଥସିଦ୍ଧି ନିମନ୍ତେ ଜାତିପ୍ରଥା ସୃଷ୍ଟି କରିଛି । ଏହା ହୋଇ ନ ଥିଲେ ଓଡ଼ିଶାର ଜ୍ଞାନଦୀପ କୁହାଯାଉଥିବା ଜଗତସିଂହପୁର ଜିଲ୍ଲାରେ ଅଜ୍ଞାନ ରାଜତ୍ୱ କରୁ ନ ଥାନ୍ତା । ଯେଉଁ ଜିଲ୍ଲାରେ ପ୍ରାଣକୃଷ୍ଣ ପରିଜା ଓ ଶ୍ରୀରାମ ଦାଶଙ୍କ ପରି ବିଦ୍ୱାନ୍‌ମାନେ ଜନ୍ମଗ୍ରହଣ କରିଥିଲେ, ସେଠାରେ ମଣିଷ ମଣିଷ ଭିତରେ ବିଭେଦର ପ୍ରଶ୍ନ ଏକାନ୍ତ ପୁରୁଣାକାଳିଆ ।

ଲେଖକ ଏହି ପ୍ରବନ୍ଧ ମାଧ୍ୟମରେ ଜାତିପ୍ରଥା ସହିତ ଧର୍ମକୁ ଯୋଡ଼ା ଯାଉଥିବାରୁ ନୈତିକତା ଓ ଆଧ୍ୟାତ୍ମିକତାର ଅବକ୍ଷୟ ଘଟୁଛି ଏବଂ ଏହାଫଳରେ ସଭ୍ୟତା ଓ ସଂସ୍କୃତିର

ଅଧଃପତନ ଘଟୁଛି ମତବ୍ୟକ୍ତ କରିଛନ୍ତି। ସବୁଠୁ ବଡ଼କଥା ହେଲା କେତେକ ଦଳିତ ଶ୍ରେଣୀର ନିଜସ୍ୱ ଆଚାର ଓ ବିଚାର ପ୍ରକ୍ରିୟାରେ ଅନେକ ଆଭ୍ୟନ୍ତରୀଣ ବୈଷମ୍ୟ ଓ ଅଦ୍ଭୁତ ଚିନ୍ତାଧାରା ମଧ୍ୟ ରହିଛି। ଯାହା ଉଚ୍ଚ ବର୍ଗଙ୍କ ବିରୋଧରେ ସଂଘର୍ଷ କରିବାକୁ ଯଥେଷ୍ଟ ଶକ୍ତି ସଞ୍ଚୟ କରିପାରୁ ନାହିଁ। "ଦୁଃଖର କଥା ହେଉଛି ଯେ ଉଚ୍ଚ ବର୍ଣ୍ଣ ଓ ଉଚ୍ଚ ବର୍ଗର ଏହି ଅନ୍ୟାୟ ବିରୋଧରେ ସଂଗ୍ରାମ କରିବା ପାଇଁ ନିର୍ଯାତିତ ଲୋକଙ୍କ ମେଳରେ ମଧ୍ୟ ଅଙ୍ଗୀକାରବଦ୍ଧ ପ୍ରତିନିଧି ବେଶୀ ନାହାନ୍ତି।" (୫) ଶ୍ରୀଜଗନ୍ନାଥ ସଂସ୍କୃତିକୁ ନେଇ ଗର୍ବ କରିବାକୁ ହେଲେ ପ୍ରଥମେ ଜାତି ଓ ଧର୍ମ ଭେଦରେ ବିଭେଦକୁ ଦୂର କରିବାକୁ ହେବ। ସବୁ ଉପରେ ମଣିଷକୁ ସତ୍ୟ ବୋଲି ଗ୍ରହଣ କରିବାକୁ ହେବ। ସତୀର୍ଥ ଲେଖକମାନଙ୍କୁ ଏ ସଂପର୍କରେ ଲେଖନୀ ଚାଳନା କରିବାକୁ ହେବ।

"ଶ୍ରୀଜଗନ୍ନାଥ ସଂସ୍କୃତିକୁ ନେଇ ଓଡ଼ିଶା ପୃଥିବୀ ଆଗରେ ଗର୍ବ କରିଥାଏ। ଶ୍ରୀଜଗନ୍ନାଥ ମନ୍ଦିର ବେଢ଼ାର ମୁକ୍ତିମଣ୍ଡପ ମଧ୍ୟ ଏକଥା ଉପରେ ନିଜର ମନ୍ତବ୍ୟ ରଖିବା ଦରକାର। ହରିଜନମାନେ ହିନ୍ଦୁ କି ନୁହେଁ, ସେ ମୀମାଂସା ହେବାର କ'ଣ ସମୟ ଆସିନାହିଁ?" (୬)

ପ୍ରାବନ୍ଧିକ ସମ୍ବାଦପତ୍ର, ସଂପାଦକ ଓ ସାମ୍ବାଦିକତା ସଂପର୍କିତ ବହୁ ବୌଦ୍ଧିକ ପ୍ରଶ୍ନ ଓ ସମସ୍ୟାମାନଙ୍କର ସରଳ ସମାଧାନ ନିମନ୍ତେ ଚିନ୍ତାଶୀଳ ଉପାୟ ଅନ୍ୱେଷଣ କରିଛନ୍ତି। ସମ୍ବାଦ ପ୍ରକାଶନର ସମସ୍ୟା ଓ ଆଶୁ ନିରାକରଣ ବିଷୟ ଏଥିରେ ଅନ୍ତର୍ଭୁକ୍ତ। ଲେଖକଙ୍କ ଗୋଟିଏ ଯୁକ୍ତି ଖୁବ୍ ତାତ୍ପର୍ଯ୍ୟପୂର୍ଣ୍ଣ। ସମ୍ବାଦପତ୍ର ସଂପାଦକମାନଙ୍କର ପ୍ରତ୍ୟକ୍ଷ ରାଜନୀତି ସହିତ ସଂପର୍କ, ନିଜର ପ୍ରତିଷ୍ଠା, କ୍ଷମତା ଲାଭ, ଅର୍ଥ ଲାଳସା, ବିବିଧ ସୁବିଧା ପ୍ରାପ୍ତିର ଅଭିଳାଷ, ସମ୍ବାଦପତ୍ରର ସ୍ୱାଧୀନତା ପ୍ରତି ମୁଖ୍ୟ ବିପଦ। ଅପରପକ୍ଷେ ଅସୁରକ୍ଷିତ ସାମ୍ବାଦିକ, ନିରପେକ୍ଷ ସମ୍ବାଦ ପରିବେଷଣ ଯୋଗୁଁ ସମ୍ମୁଖୀନ ହେଉଥିବା ଆକ୍ରୋଶକୁ ପ୍ରତିହତ କରିବା ନିମନ୍ତେ ସରକାରୀ ଉଦାସୀନତା ତଥା ଆର୍ଥିକ ସମସ୍ୟା, ନିରୋଳା ତଥା ନିରପେକ୍ଷ ସମ୍ବାଦ ପ୍ରକାଶ କ୍ଷେତ୍ରରେ ପ୍ରତିବନ୍ଧକ ସୃଷ୍ଟି ହେଉଛି। ଆମେରିକା ଭଳି ବିକଶିତ ରାଷ୍ଟ୍ରର ସମ୍ବିଧାନ ସମ୍ବାଦପତ୍ରକୁ ପୂର୍ଣ୍ଣ ସ୍ୱାଧୀନତା ଘୋଷଣା କରିଥିବା ବେଳେ ଭାରତ ଭଳି ବୃହତ୍ ଗଣତାନ୍ତ୍ରିକ ଉପମହାଦେଶରେ ବହୁ ସରକାରୀ କଟକଣା ସମ୍ବାଦପତ୍ରର ସ୍ୱାଧୀନତାକୁ କ୍ଷୁଣ୍ଣ କରିଛି।

"ଗୋଟିଏ ଗଣତନ୍ତ୍ରର କାର୍ଯ୍ୟ କରିବା ପାଇଁ ମୁକ୍ତ ଓ ଅବାଧ ସମ୍ବାଦପତ୍ରର ଭୂମିକା କଥା ପୃଥିବୀର ବହୁ ମହାନ ନେତା ମୁକ୍ତ କଣ୍ଠରେ ସ୍ୱୀକାର କରିଯାଇଛନ୍ତି। ମାତ୍ର ଭାରତ ପରିପ୍ରେକ୍ଷୀରେ ଏହି ସ୍ୱାଧୀନତା ଏପର୍ଯ୍ୟନ୍ତ ଏକ ଆପେକ୍ଷିକ ସ୍ୱାଧୀନତା ହୋଇ ହିଁ ରହିଯାଇଛି।" (୭)

ସବ୍‌ଜାନ୍‌ତା ଭାବକୁ ପରିହାର କରି ତାଲିମପ୍ରାପ୍ତ ଅଭିଜ୍ଞଙ୍କ ପରି କାର୍ଯ୍ୟ କଲେ ଓ ସରକାରୀ ନିୟନ୍ତ୍ରଣରୁ ସମ୍ବାଦ ପ୍ରସାରଣ ସଂସ୍ଥାକୁ ମୁକ୍ତ କଲେ ସାମ୍ବାଦିକ ଓ ସମ୍ବାଦପତ୍ରର ସାମାଜିକ ପ୍ରତିବଦ୍ଧତା ବିକଶିତ ହୋଇ ପାରିବ ବୋଲି ପ୍ରାବନ୍ଧିକ ମତ ପ୍ରକାଶ କରିଛନ୍ତି। 'ଅଗଷ୍ଟ ପନ୍ଦର: ପ୍ରତିଶ୍ରୁତି ଓ ପରିଣତି' ବିଶେଷ ଭାବନାତ୍ମକ ପ୍ରବନ୍ଧ। ପ୍ରାବନ୍ଧିକ ସ୍ୱାଧୀନତାର ପ୍ରତିଶ୍ରୁତି ଓ ଅଗଷ୍ଟ ପନ୍ଦର ସ୍ଲୋଗାନ ମଧ୍ୟରେ ଅବଲୁପ୍ତ ବ୍ୟକ୍ତି ସ୍ୱାତନ୍ତ୍ର୍ୟବୋଧର ବିପର୍ଯ୍ୟୟକୁ ଉପସ୍ଥାପନ କରିଛନ୍ତି।

'ଅଗଷ୍ଟ ୧୫' ଭାରତବର୍ଷର ଦୁଇଶହ କୋଟି ଜନସାଧାରଣଙ୍କ ପାଇଁ ଏକ ସ୍ମରଣୀୟ ଦିବସ। ଏହାର ପାଳନ ଅର୍ଥ ଆମେ ଶିକୁଳିମୁକ୍ତ ବ୍ୟକ୍ତିଗଣ ଗଗନ ପବନକୁ ଉଚ୍ଚ ସ୍ୱରରେ ଜଣାଇ ଦେବୁ ଆମ ଶାସନ ବ୍ୟବସ୍ଥା ଲୋକଙ୍କ ପାଇଁ, ଲୋକଙ୍କ ଦ୍ୱାରା ଏବଂ ଲୋକଙ୍କ ନିମନ୍ତେ ଉଦ୍ଦିଷ୍ଟ। କିନ୍ତୁ ନିଃସ୍ୱ ଶୈଶବ ଏଠି ପଲିଥିନ୍ ସାଉଁଟେ, ଉଚ୍ଚଶିକ୍ଷିତ ହତାଶ ହୁଏ। ସରକାରୀ ବଡ଼ପଣ୍ଡାମାନେ ସରକାରୀ ଅର୍ଥରେ ଜୀବନକୁ ଉପଭୋଗ କରନ୍ତି ଏବଂ ବୁଭୁକ୍ଷୁ ପରି ହସ୍ତ ପ୍ରସାରି ଉତ୍କୋଚ ଗ୍ରହଣ କରନ୍ତି। ରାଜନେତାମାନେ ସାଧାରଣ ଜନତାର ଟିକସରେ ଆୟାସ କରି ରାଜକୋଷକୁ ଲୁଣ୍ଠନ କରନ୍ତି।

ଆମ ଶାସନ, ଆମ ବ୍ୟବସ୍ଥା 'ମଧ୍ୟାହ୍ନ ଭୋଜନ' ଦେଇ ଶୈଶବକୁ ଅପହରଣ କରୁଛି। ଶୁଖିଲା କେନାଲକୁ ଖୋଲିଦେଇ କୃଷକକୁ ପ୍ରତାରିତ କରାଯାଉଛି, ମଜଦୁରକୁ କର୍ମସଂସ୍ଥାନ ଦେବାକୁ କହି ଶୋଷଣ କରାଯାଉଛି। ଏ ଦେଶ ଆଉ ଶଙ୍କରାଚାର୍ଯ୍ୟ, ଅରବିନ୍ଦ, ବିବେକାନନ୍ଦ, ଗୋପବନ୍ଧୁଙ୍କ ଦେଶ ହୋଇ ନାହିଁ। ଡ୍ରଇଂରୁମ୍‌ରେ ଯୋଜନା ବିଷୟରେ ଯୋଜନା କରୁଥିବା କପଟ ବୁଦ୍ଧିଜୀବୀଙ୍କ ଦେଶରେ ପରିଣତ ହୋଇଗଲାଣି। ପ୍ରାବନ୍ଧିକ ଗୋଟିଏ ପଟରେ ଅମଲାତନ୍ତ୍ର ଓ ଅନ୍ୟ ପଟରେ ରାଜନେତାଙ୍କ ମଧୁଚନ୍ଦ୍ରିକାର ସୁଯୋଗ ପ୍ରାପ୍ତ ହୋଇ କଳାବଜାରୀ ଓ ଅଗଣତାନ୍ତ୍ରିକ ବ୍ୟବସ୍ଥାର ଅକ୍‌ଟୋପାସ୍ ସ୍ୱାଧୀନତା ପ୍ରସଙ୍ଗକୁ ସ୍ଥବିର କରି ଦେଇଛି ବୋଲି ମତବ୍ୟକ୍ତ କରିଛନ୍ତି।

"ସମୟ ଯେତିକି ଗଡ଼ି ଗଡ଼ି ଯାଉଛି, ଆଶାଗୁଡ଼ିକ ସେତିକି ଆଶଙ୍କାରେ ପରିଣତ ହେଉଛି, ଅବସାଦ ରୂପ ନେଉଛି ପ୍ରଚଣ୍ଡ ନୈରାଶ୍ୟବାଦ। ଚାରିଆଡ଼େ ବିଶ୍ୱାସର ସଂକଟ, ପ୍ରତିବଦ୍ଧତାର ଅଭାବ ଓ ଦାୟିତ୍ୱ ଶୂନ୍ୟତାର ଏକଚ୍ଛତ୍ରବାଦ।" (୮)

'ଗିରିଧର ଗମାଙ୍ଗ: ଭଙ୍ଗୁର ଭାବମୂର୍ତ୍ତି', 'ପ୍ରଳୟର ପଦଚିହ୍ନ', 'ବାତ୍ୟା ବିଧ୍ୱସ୍ତ ଓଡ଼ିଶା' ଏହି ତିନିଟି ପ୍ରବନ୍ଧ ମୁଖ୍ୟମନ୍ତ୍ରୀ ଗିରିଧର ଗମାଙ୍ଗଙ୍କ ମୁଖ୍ୟମନ୍ତ୍ରିତ୍ୱ କାଳର ଅବ୍ୟବସ୍ଥିତ ଚିତ୍ରକୁ ଉପସ୍ଥାପନ କରିଛନ୍ତି। ଶ୍ରୀଯୁକ୍ତ ଗମାଙ୍ଗଙ୍କ ଅଦୂରଦର୍ଶୀ, ଅପରିପକ୍ୱ, ଯୋଜନାବିହୀନ ରାଜନୀତି ଓଡ଼ିଶାର ଦୁର୍ଭାଗ୍ୟକୁ କିପରି ଉପହାସ କରିଥିଲା ତାହାକୁ

ଲେଖକ ପ୍ରକାଶ କରିଛନ୍ତି। ୧୯୯୯ ଫେବ୍ରୁଆରି ୧୭ ତାରିଖରେ ଗିରିଧର ଗମାଙ୍ଗ ଆକସ୍ମିକ ଭାବେ ଓଡ଼ିଶାର ପଞ୍ଚଦଶ ମୁଖ୍ୟମନ୍ତ୍ରୀ ଭାବେ ଶପଥ ନେଲେ। କିନ୍ତୁ ନିଜର ଦକ୍ଷତା ପ୍ରଦର୍ଶନରେ ବିଫଳ ହଲେ, ଅମଲାତନ୍ତ୍ର ବ୍ୟୂହରେ ନିଜେ ସନ୍ତୁଳନ ହରାଇଲେ। ବ୍ୟୁରୋକ୍ରାଟିକ୍ ଅକ୍‌ଟୋପାସି ପ୍ରଭାବ ଯୋଗୁଁ ସକାଳେ ବିଜ୍ଞପିତ ଆଦେଶନାମା ସନ୍ଧ୍ୟାବେଳକୁ ପ୍ରତ୍ୟାହୃତ ହେଲା। ଶହେ ଦିନ ପୂର୍ବରୁ ଓଡ଼ିଶାବାସୀ ତାକୁ କେନ୍ଦ୍ର କରି ପରିବର୍ତ୍ତନର ଯେଉଁ ଆଶା ବାନ୍ଧିଥିଲେ ତାହା ହୋଇ ନ ଥିଲା, ବରଂ ଶହେ ଦିନ ପରେ ତାଙ୍କ ଭାବମୂର୍ତ୍ତି ମଳିନ ହୋଇଯାଇଥିଲା।

୧୯୯୯ ଅକ୍‌ଟୋବର ୨୮ ତାରିଖରେ ବିଗତ ଶତାବ୍ଦୀର ସବୁଠାରୁ ଭୟଙ୍କର ମହାବାତ୍ୟା ଓଡ଼ିଶାରେ ତାଣ୍ଡବ ରଚିଲା। ହା ଅନ୍ନର ଚିତ୍କାର ଓ ମହାମାରୀର ପ୍ରକୋପକୁ ମୁକାବିଲା କରିବା ପାଇଁ ମୁଖ୍ୟମନ୍ତ୍ରୀ ଗିରିଧର ଗମାଙ୍ଗ ଅକ୍ଷମ ହେଲେ। ଯେଉଁ ପ୍ରଶାସନିକ ଅଧିକାରୀ ଓ ମନ୍ତ୍ରୀମାନଙ୍କୁ ବିଭିନ୍ନ ଅଞ୍ଚଳ ଗସ୍ତ କରିବା ପାଇଁ ନିର୍ଦ୍ଦେଶ ଦିଆଗଲା, ତାକୁ କେହି ଗୁରୁତ୍ୱ ଦେଲେ ନାହିଁ। କାଙ୍ଗାଳ ହୋଇଯାଇଥିବା ଅସହାୟ ବୁଭୁକ୍ଷୁ ଶଢ଼ା ମୁର୍ଦ୍ଦାର ଭିତରେ ନିଜର ପରିଚୟ ହଜାଇ ଦେଲେ।

ଓଡ଼ିଶାର ପ୍ରଳୟଙ୍କର ମହାବାତ୍ୟା କାଳରେ ଭାରତର ପ୍ରଧାନମନ୍ତ୍ରୀ ଥିଲେ ଅଟଳ ବିହାରୀ ବାଜପେୟୀ। ତାଙ୍କ ପରି ଜଣେ ଦକ୍ଷ ରାଷ୍ଟ୍ରନୀତିଜ୍ଞ ମଧ୍ୟ ଓଡ଼ିଶାକୁ ଅଣଦେଖା କଲେ। ଓଡ଼ିଶାର ଏହି ବିପର୍ଯ୍ୟୟକୁ 'ଜାତୀୟ ବିପର୍ଯ୍ୟୟ' ଭାବରେ ଘୋଷଣା କରିବାକୁ ରାଜନୈତିକ ଇଚ୍ଛା ପ୍ରକାଶ ପାଇଲା ନାହିଁ। ପରୋକ୍ଷରେ ରିଲିଫ୍ କୋର୍ଡରେ 'ଜାତୀୟ ବିପର୍ଯ୍ୟୟ' ବୋଲି କୌଣସି ଶବ୍ଦ ନାହିଁ ବୋଲି ଅଦ୍ଭୁତ ଯୁକ୍ତି କରାଗଲା। କିନ୍ତୁ ଲାଟୁର ଭୂମିକମ୍ପକୁ ଜାତୀୟ ବିପର୍ଯ୍ୟୟ ଭାବରେ ଘୋଷଣା କରାଯାଇପାରିଲା। 'ରାଷ୍ଟ୍ର ନିର୍ମାଣ' ନିମନ୍ତେ ରିଲିଫ୍ କୋର୍ଡରେ ସଂଶୋଧନ ଆଣିବା କ'ଣ ଅସମ୍ଭବ ବ୍ୟାପାର ? 'ଇନ୍‌ଫର୍ମେସନ୍ ଟେକ୍‌ନୋଲଜି' ନାମରେ ଏକ ସ୍ୱତନ୍ତ୍ର ମନ୍ତ୍ରଣାଳୟ ନ ଥିବାବେଳେ ତାହାକୁ ନୂତନ ଭାବେ ସୃଷ୍ଟି କରାଯାଇ ପାରିଲା କିପରି ? ପ୍ରାବନ୍ଧିକ ଗୌରହରି ଦାସ ରାଜନୀତିରେ ହୀନମନ୍ୟତା, ଭୂତ ପରି ସବାର ହେଉଥିବା କିଛି ବିଷୟକୁ ଅକାଟ୍ୟ ଯୁକ୍ତି ଓ ତଥ୍ୟ ଦ୍ୱାରା ବିଦ୍ରୂପ କରିଛନ୍ତି। ମହାବାତ୍ୟାର ହୃଦୟ ବିଦାରକ ଦୃଶ୍ୟର ବିଶ୍ୱସ୍ତ ଉପସ୍ଥାପନ ଏହି ପ୍ରବନ୍ଧକୁ ମର୍ମସ୍ପର୍ଶୀ କରିଛି।

ମହାବାତ୍ୟାରୁ ଯେଉଁମାନେ ବଞ୍ଚିଗଲେ ସେମାନେ ନିଜକୁ ଭାଗ୍ୟବାନ ମନେ କଲେ ନାହିଁ। ଅନାଥ ଛୁଆମାନେ ବିଲେଇ କୁକୁର ଭଳି ହେଲେ। ଖାଇବାକୁ ନାହିଁ, ଜୀବିକା ନାହିଁ, ରାସ୍ତାଘାଟ ନିଶ୍ଚିହ୍ନ, ବିଜୁଳି ଯୋଗାଯୋଗ ବ୍ୟାହତ। ଲେଖକଙ୍କ ଭାଷାରେ– "ଉପରେ ନିଷ୍କରୁଣ ଆକାଶ, ତଳେ ଉଚ୍ଛନ୍ନ ପୃଥିବୀ ଓ ଚାରିପଟେ ଉଦାସୀନ

ବ୍ୟବହାର ଭିତରେ ସେ ଆସନ୍ନ ଶୀତ ମାସ ସବୁକୁ କେମିତି ବିତେଇବ ତାହା ଚିନ୍ତା କରିପାରୁ ନାହିଁ।" (୯)

ପ୍ରାବନ୍ଧିକ ଗୌରହରି ଦାସ 'ମାଦଳା ପାଞ୍ଜି' ପରି ଓଡ଼ିଶାର ସମସ୍ୟାକୁ ତାଙ୍କର 'ଓଡ଼ିଶା ଡାଏରି' ସ୍ତମ୍ଭରେ ପରବର୍ତ୍ତୀ କାଳ ପାଇଁ ଲିପିବଦ୍ଧ କରିଛନ୍ତି। ତତ୍କାଳୀନ ସମସ୍ୟା ଓ ପରିସ୍ଥିତିକୁ ନିଜସ୍ୱ ନିଖୁଣ ବିଚାରଶୀଳତା ମଧ୍ୟରେ ଅତ୍ୟନ୍ତ ଉପଯୋଗୀ କରିପାରିଛନ୍ତି। ସେ ଘଟଣା ସବୁର ବାସ୍ତବତା ପ୍ରତି ଯେତିକି ସଚେତନ, ତତୋଽଧିକ ତଥ୍ୟ ଉପସ୍ଥାପନାରେ ସିଦ୍ଧହସ୍ତ। ମାନବିକତା ଓ ରାଜନୀତିକୁ ସାମଗ୍ରିକ ଭାବେ ବିଚାର କରିବା ତାଙ୍କ ପ୍ରବନ୍ଧର ପ୍ରେରଣା।

ନିଜର ଆସନ ଓ କ୍ଷମତାକୁ ବଜାୟ ରଖିବା ପାଇଁ ଓ ନିଜର ମହତ୍ ଆକାଂକ୍ଷାକୁ ପରିପୂରଣ ପାଇଁ ନେତାମାନେ ହାଇକମାଣ୍ଡଙ୍କ ପ୍ରତି ଅନ୍ଧ ଆନୁଗତ୍ୟ ପ୍ରକାଶ କରିବା ରାଜନୀତି, ଦେଶ ଜାତି ପାଇଁ ମଙ୍ଗଳକର ନୁହେଁ ବୋଲି ଲେଖକ ମତ ପ୍ରକାଶ କରିଛନ୍ତି। ଦେଶ ଓ ଦେଶର ବିକାଶ କଣ୍ଟେ ସମାଧାନର ସୂତ୍ର ମଧ୍ୟ ନିର୍ଦ୍ଧାରଣ କରିଛନ୍ତି - "ଯେଉଁଦିନ ଓଡ଼ିଶାର ନେତାମାନେ ନିଜ ନିଜ କଳା ଟଙ୍କାର ସ୍ୱାର୍ଥ ଓ ଧୃତରାଷ୍ଟ୍ରୀୟ ମୋହକୁ ପଛରେ ପକାଇ ଓଡ଼ିଶା ଓ ଓଡ଼ିଆଙ୍କ ସ୍ୱାର୍ଥ ପାଇଁ ସ୍ୱର ଉତ୍ତୋଳନ କରିବାକୁ ଆଗେଇ ଆସିବେ ସେହିଦିନ ପ୍ରାକୃତିକ ବିପର୍ଯ୍ୟୟ, ବିଭୀଷିକା ମଧ୍ୟ ଏଠି ପରାଜୟ ବରଣ କରିବାକୁ ବାଧ୍ୟ ହେବ।" (୧୦)

ପ୍ରାବନ୍ଧିକ କେବଳ ରାଜନୀତି ଓ ରାଜନୈତିକ ସମସ୍ୟା ପ୍ରତି ସମ୍ବେଦନଶୀଳ ନୁହନ୍ତି, ଧର୍ମାନ୍ଧତା ଯୋଗୁଁ କନ୍ଧମାଳ ପରି ସରଳ ଆଦିବାସୀ ବହୁଳ ଅଞ୍ଚଳରେ ଦଙ୍ଗାର ଶିକାର ହୋଇଥିବା ବଣ ମୂଳକର ମଣିଷମାନଙ୍କର ଅସହାୟତାର କରୁଣ କାହାଣୀ ମଧ୍ୟ ଉପସ୍ଥାପନ କରିଛନ୍ତି। ନିରୀହତା ଭିତରେ ହିଂସ୍ରତା ଭରି ଦେଉଥିବା ସଂଗଠକମାନଙ୍କର ହୀନମନ୍ୟତାକୁ ଅତି କଠୋର ଦୃଷ୍ଟିରେ ବିଚାର କରିଛନ୍ତି। ଜଲେସପଟାର ସ୍ୱାମୀ ଲକ୍ଷ୍ମଣାନନ୍ଦଙ୍କ ହତ୍ୟା ହେଉ କିମ୍ବା କେ. ନୂଆଗାଁର ନନ୍ ଧର୍ଷଣ ଘଟଣା ହେଉ, ଏହା ଯେ ମୁଷ୍ଟିମେୟ ପ୍ରତାରକମାନଙ୍କର ଗର୍ହିତ କାର୍ଯ୍ୟ, ଏକଥା ସମସ୍ତେ ସ୍ୱୀକାର କରିବେ। ଲେଖକ ନିଜେ ଦଙ୍ଗାଗ୍ରସ୍ତ ଅଞ୍ଚଳ ଗସ୍ତ କରି ଖ୍ରୀଷ୍ଟିୟାନ ଓ ହିନ୍ଦୁ ଧର୍ମାବଲମ୍ବୀମାନଙ୍କର ମାନସିକତା ପର୍ଯ୍ୟବେକ୍ଷଣ କରିବା ସହିତ ରିଲିଫ୍ କ୍ୟାମ୍ପର ଦୁରବସ୍ଥା ତଥା ପ୍ରଶାସନର ବେପରୱା ନୀତି ଯୋଗୁଁ ସମସ୍ୟା ଅଧିକ ଜଟିଳ ହୋଇଛି ବୋଲି ଅଭିବ୍ୟକ୍ତି ପ୍ରଦାନ କରିଛନ୍ତି। 'କେମିତି ଅଛି କନ୍ଧମାଳ ?' ଏହାର ପ୍ରତ୍ୟକ୍ଷ ଉପସ୍ଥାପନ।

'କାହାର ଓଡ଼ିଶା' ଶୀର୍ଷକ ଲେଖାଟି ବଲାଙ୍ଗୀର ଜିଲ୍ଲାର ଝିଣ୍ଟୁ ବରିହାର ଅନାହାର ମୃତ୍ୟୁ ପ୍ରସଙ୍ଗ ଠାରୁ କଳାହାଣ୍ଡି ଜିଲ୍ଲାର ମଥୁରା ଶବର ପର୍ଯ୍ୟନ୍ତ ବହୁ ବିବରଣୀକୁ ନେଇ

ପ୍ରସ୍ତୁତ ହୋଇଛି। ଘଟଣାଗୁଡ଼ିକ ସ୍ୱାଧୀନତା ପ୍ରାପ୍ତିର ସାତ ଦଶନ୍ଧି ପରେ ମଧ୍ୟ ଘଟୁଥିବା ବିଷୟ ଖୁବ୍ ଚିନ୍ତାଜନକ। ଏ କ୍ଷେତ୍ରରେ ସାମାଜିକ ସଂଗଠନ, ରାଜନେତା, ବୁଦ୍ଧିଜୀବୀ, ସରକାର, ପ୍ରଶାସନ ସମସ୍ତେ ନିରବ। ରକ୍ଷଣଶୀଳ ମନୋବୃତ୍ତି ରକ୍ତଶୋଷକ କୀଟ ପରି ପ୍ରତିକ୍ଷଣରେ ନିରୀହତାକୁ ଦଂଶନ କରି ଚାଲିଛି। ପ୍ରାବନ୍ଧିକ ଏଥି ନିମନ୍ତେ ଖୁବ୍ ବିଚଳିତ। କେବେ ଶେଷ ହେବ ଏ ଦୁର୍ଦ୍ଦଶା? ବାଟୋଇର ନିଃସଙ୍ଗତା ପ୍ରସନ୍ନ ହୋଇ ଉଠିବ ସହସ୍ର ହସ୍ତର ଆଶ୍ରୟ ଲାଭ କରି। ଲେଖକ ପ୍ରତିକ୍ରିୟା ପ୍ରକାଶ କରି ଲେଖିଛନ୍ତି- "ଆଜି ଓଡ଼ିଶାର ଲୋକ ହିଁ ଓଡ଼ିଶାର ଶତ୍ରୁ। ସେଦିନ ତ ଚମଡ଼ାର ଚେହେରା ଓ ମୁହଁର ଭାଷାରୁ ବିଦେଶୀ ଶତ୍ରୁଙ୍କୁ ଚିହ୍ନି ହେଉଥିଲା। ମାତ୍ର ଆମରି ଭାଷା କହୁଥିବା ଓ ଆମରି ପରି ଦିଶୁଥିବା ଆଜିର ଏହି ଶତ୍ରୁମାନଙ୍କୁ ଚିହ୍ନିବା ଅସମ୍ଭବ। ପ୍ରଶାସନର ହୃଦୟହୀନତା ସାଙ୍ଗକୁ ନାଗରିକ ସମାଜର ଉଦାସୀନତା ଆଜି ଓଡ଼ିଶାର ଦୁର୍ଦ୍ଦଶାକୁ ବଢ଼ାଇ ଦେଇଛି।"(୧୧)

'କାହାର ଓଡ଼ିଶା' ପ୍ରବନ୍ଧ ସଂକଳନରେ ସ୍ଥାନିତ 'ଭୋଗ ନ ହେଲା ଭାତ ତ?' ଏକ ଚିନ୍ତା ଉଦ୍ରେକକାରୀ ପ୍ରବନ୍ଧ। ଏହି ପ୍ରବନ୍ଧ ପ୍ରଥମେ ୨୦୦୭ ମାର୍ଚ୍ଚ ୭ ତାରିଖ ଦୈନିକ 'ସମ୍ବାଦ'ରେ ପ୍ରକାଶ ପାଇ ଓଡ଼ିଶାରେ ଚହଳ ସୃଷ୍ଟି କରିଥିଲା। ପ୍ରବନ୍ଧର ଆଲୋଚ୍ୟ ପ୍ରସଙ୍ଗ ଥିଲା ଯେ - ୨୦୦୭ ମାର୍ଚ୍ଚ ୧ ତାରିଖ ଦିନ ପୁରୀ ଶ୍ରୀମନ୍ଦିରରେ ମହାପ୍ରସାଦ ସେବା ସମୟରେ ଜଣେ ବିଦେଶୀ ପର୍ଯ୍ୟଟକ ମନ୍ଦିର ଭିତରକୁ ପ୍ରବେଶ କରିଥିବା ଖବର ମିଳିବାରୁ ଭୋଗ ପାଇଁ ବଢ଼ାଯାଇଥିବା ୫ ଲକ୍ଷ ଟଙ୍କାର ମହାପ୍ରସାଦ ପୋତି ଦିଆଯାଇଥିଲା। ଯେଉଁ ମହାପ୍ରସାଦକୁ ଓଡ଼ିଆ ଜାତି ଅତ୍ୟନ୍ତ ପବିତ୍ର ବସ୍ତୁ ରୂପେ ଗ୍ରହଣ କରିଥାଏ ସେସବୁକୁ ନେଇ ଆବର୍ଜନା ପରି ପୋତି ଦିଆଗଲା। ହଜାର ହଜାର ଭକ୍ତ ମହାପ୍ରସାଦ ନ ପାଇ ନିରାଶରେ ଫେରିଲେ। ସେଦିନ ଅପରାହ୍ନ ଦୁଇଟାରୁ ରାତି ଗୋଟାଏ ପର୍ଯ୍ୟନ୍ତ ଠାକୁରଙ୍କର ସବୁ ରୀତିନୀତି ବନ୍ଦ ରହିଲା। ଏଇ ଘଟଣାକୁ କଠୋର ସମାଲୋଚନା କରି ଲେଖକ ଗୌରହରି ଦାସ ପ୍ରବନ୍ଧଟି ଲେଖିଥିଲେ। ତାଙ୍କର ଯୁକ୍ତି ଥିଲା, "ଯେଉଁ ଶ୍ରୀମନ୍ଦିର ନୀଳାଚଳ ଉପବନରେ ଏସବୁ ଫିଙ୍ଗି ଦିଆଗଲା, ସେଇ ଶ୍ରୀମନ୍ଦିର ସିଂହଦ୍ୱାର ଆଗରେ କ୍ଷୁଧା, ତୃଷା ଏବଂ ଅସହାୟତାର ଭିଡ଼ ସକାଳୁ ରାତି ପର୍ଯ୍ୟନ୍ତ ସମସ୍ତେ ଦେଖୁଛନ୍ତି। xxx ଯଦି ଏହି କୁଡୁଆ କୁଡୁଆ ଅନ୍ନ, ଡାଲି, ମହୁର, ବେସର ଭୋଗ ପଦବାଚ୍ୟ ନ ହେଲା ତାହାହେଲେ ଠିକ୍ ଅଛି; ତାହା ତ ଭାତ, ଡାଲି, ତରକାରି ଭାବେ ଭୋକିଲା ମଣିଷଙ୍କୁ ବିତରଣ କରିଦିଆଯାଇପାରିଥାନ୍ତା!" (କାହାର ଓଡ଼ିଶା - ପକ୍ଷୀଘର ପ୍ରକାଶନୀ - ୨୦୧୨ - ପୃଷ୍ଠା-୧୧)। ଲେଖକ ଗୌରହରି ଦାସଙ୍କର ଏହି ପ୍ରବନ୍ଧ

ଖୁବ୍ ପ୍ରଭାବଶାଳୀ ହୋଇଥିଲା, କାରଣ ୨୦୧୦ ଡିସେମ୍ବର ୪ ତାରିଖରେ ଅନୁରୂପ ଏକ ଘଟଣା ଘଟିବାବେଳେ ଶ୍ରୀମନ୍ଦିର ପ୍ରଶାସନ ଭୋଗଗୁଡ଼ିକ ପୋତି ନ ଦେଇ ତାହାକୁ ପୁରୀର ଅନାଥାଶ୍ରମ ଓ ଜେଲ୍ ଅନ୍ତେବାସୀମାନଙ୍କ ଭିତରେ ବାଣ୍ଟି ଦେଇଥିଲେ। ଏ ପ୍ରସଙ୍ଗକୁ ନେଇ ଗୌରହରି ଦାସ ଲେଖିଥିବା ପ୍ରବନ୍ଧ ୨୦୧୦ ଡିସେମ୍ବର ୯ ତାରିଖ ଦୈନିକ 'ସମ୍ବାଦ'ରେ ପ୍ରକାଶିତ ହୋଇଥିଲା ଯାହା ଆଲୋଚ୍ୟ 'କାହାର ଓଡ଼ିଶା' ପ୍ରବନ୍ଧ ସଂକଳନରେ ସ୍ଥାନିତ ହୋଇଅଛି। ଏହି ପ୍ରବନ୍ଧର ଶୀର୍ଷକ ଥିଲା, 'ଶ୍ରୀମନ୍ଦିରକୁ ନେଇ ଗୋଟେ ଭଲ ଖବର'। ଏହି ପୁସ୍ତକଟିରେ ଅନ୍ୟ ଗୁରୁତ୍ୱପୂର୍ଣ୍ଣ ପ୍ରବନ୍ଧଗୁଡ଼ିକ ହେଲା, 'ଓଡ଼ିଶାକୁ କିଏ କାହିଁକି ଆସିବ?', 'ଅରକ୍ଷିତ ଓଡ଼ିଆ ଭାଷା ପାଇଁ କୁମ୍ଭୀର କାନ୍ଦଣା', 'ସେମାନଙ୍କ କଥା କେଉଁଠି ଛପାଯିବ', 'ଖାକି ପୋଷାକ, ନାଲିଫିତା ଓ ଖାସି ମାଉଁସ' ଏବଂ 'ମଣିଷ ସବୁଦିନେ ଠାକୁରଙ୍କଠୁଁ ବଡ଼'। ଏହି ପ୍ରବନ୍ଧଗୁଡ଼ିକରେ ଲେଖକ ଗୌରହରି ଦାସଙ୍କ ହେତୁବାଦୀ ଓ ବିଜ୍ଞାନସମ୍ମତ ଦୃଷ୍ଟିଭଙ୍ଗୀ, ନିଜ ରାଜ୍ୟ ପାଇଁ ମମତ୍ୱବୋଧ, ମଣିଷ ପ୍ରତି ଅଜସ୍ର ଶ୍ରଦ୍ଧା ସହ ପ୍ରଚଳିତ ପରିସ୍ଥିତିର ପରିବର୍ତ୍ତନ ପାଇଁ ପ୍ରଚଣ୍ଡ ଆଶା ପ୍ରକାଶିତ ହୋଇଛି। ବିଭିନ୍ନ କାରଣରୁ ଗୌରହରି ଦାସଙ୍କ 'କାହାର ଓଡ଼ିଶା' ଓଡ଼ିଆ ପ୍ରବନ୍ଧ ସଂକଳନ ତାଲିକା ମଧ୍ୟରେ ଏକ ଉଲ୍ଲେଖନୀୟ ସ୍ଥାନ ଦାବି କରିବ, ଏଥିରେ ସନ୍ଦେହ ନାହିଁ।

ବିବରଣୀଧର୍ମୀ ପ୍ରବନ୍ଧ ରଚନା କ୍ଷେତ୍ରରେ ଗୌରହରି ଦାସ ସିଦ୍ଧହସ୍ତ। ଅନୁସନ୍ଧାନମୂଳକ ବିବରଣୀ ଗୁଡ଼ିକ ଅନ୍ତିମ କ୍ଷଣ ଓ ନାମକରଣ ବେଳକୁ ବିବିଧ ଦୃଷ୍ଟିକୋଣ ସମ୍ବଳିତରେ ପରିଣତ ହୋଇଛି। ବାସ୍ତବ ପକ୍ଷେ ଯେଉଁ ଘଟଣାଗୁଡ଼ିକ ଘଟିଯାଇଛି, ସେଗୁଡ଼ିକର ଏକ ପ୍ରତ୍ୟକ୍ଷ ବିବରଣୀ ସେ ପ୍ରସ୍ତୁତ କରିଛନ୍ତି।

୨୦୦୧ରେ ପ୍ରକାଶିତ ହୋଇଥିବା 'କଥାବାର୍ତ୍ତା' ସାକ୍ଷାତକାର ଭିତ୍ତିକ ପ୍ରବନ୍ଧ ପୁସ୍ତକ। ଓଡ଼ିଆ ସାହିତ୍ୟରେ ଏହିଭଳି ପୁସ୍ତକ ସର୍ବପ୍ରଥମ। ଓଡ଼ିଶାର ପ୍ରଖ୍ୟାତ କଥାକାର, କବି, ଚିତ୍ରଶିଳ୍ପୀ, ଜନନାୟକଙ୍କ ଜୀବନୀ, ଆଦର୍ଶ ଖୁବ୍ ରୁଚିଶୀଳ ଢଙ୍ଗରେ ପ୍ରକାଶିତ ହୋଇଛି। 'ପ୍ରଦ୍ୟୁମ୍ନ ମହାନନ୍ଦିଆ: ପ୍ରତ୍ୟୟର ପୃଥକ୍ ପରିଭାଷା' ସଂପର୍କରେ ଲେଖକଙ୍କ ଉପସ୍ଥାପନା ଖୁବ୍ ଜୀବନ୍ତ ଓ ରୋମାଞ୍ଚକର। ବଣ ପାହାଡ଼ ଘେରା 'ଆଠମଲ୍ଲିକ'ର ପାଠ ପ୍ରତି ଅନାସକ୍ତ ଏକ ଆଦିବାସୀ ପରିବାରର ରୂପ-ରଙ୍ଗଗତ ତାତ୍ପର୍ଯ୍ୟର ଅଧିକାରୀ ନ ଥିବା ପ୍ରଦ୍ୟୁମ୍ନ କୁମାର ମହାନନ୍ଦିଆଙ୍କ ଉଦ୍ଦେଶ୍ୟରେ ଜ୍ୟୋତିଷଙ୍କ ଭବିଷ୍ୟବାଣୀ 'ଦିନେ ପୃଥିବୀ ପ୍ରସିଦ୍ଧ ହୋଇଯିବ ଓ ରାଜକୁମାରୀକୁ ବାହାହେବ' ଏକ ତାଚ୍ଛଲ୍ୟ ମନେ ହେଉଥିଲେ ବି ଦିନେ ସତ୍ୟରେ ପରିଣତ ହୋଇଥିଲା।

"ପ୍ରେମ, ପୁନର୍ଜନ୍ମ ଓ ପ୍ରତ୍ୟୟ - ଏ ତିନିଟି ଶବ୍ଦର ଗୋଟିଏ ସାର୍ଥକ ବ୍ୟକ୍ତିରୂପ ପ୍ରଦ୍ୟୁମ୍ନ କୁମାର ମହାନନ୍ଦିଆ (ସଂକ୍ଷେପରେ ପି.କେ. ମହାନନ୍ଦିଆ)। ତାଙ୍କର ଜୀବନ ଗୋଟେ କାହାଣୀ ପରି। ସିନେମା କି ନାଟକରେ କିଛି ରୋମାଞ୍ଚକର ଦୃଶ୍ୟ ପରି ତାଙ୍କର ଅଭିଜ୍ଞତା। x x x ପ୍ରଦ୍ୟୁମ୍ନ ମହାନନ୍ଦିଆ ରୂପକାର ଜୀବନ ଜିଇ ସାରିଛନ୍ତି। ଏବେ ସେ ନିଜେ ନିଜକୁ ଅତିକ୍ରମ କରିବାକୁ ଚେଷ୍ଟା କରୁଛନ୍ତି।" (୧୨)

ପ୍ରାବନ୍ଧିକ ଗୌରହରି ଦାସ ମଧ୍ୟ ମନୋଜୀୟ କଳା ଓ ଆଦର୍ଶର ବିଦଗ୍ଧ ପ୍ରଶଂସକ। ତେଣୁ ସେ 'ଆରୋଭିଲ୍'ର ନିରାସକ୍ତ ପିଣ୍ଡୁଳା, ଆରବ ସାଗରର ଛନ୍ଦରେ ଧ୍ୟାନସ୍ଥ ପଣ୍ଡିଚେରୀକୁ ଆକର୍ଷିତ ହୋଇ ଯାଇଛନ୍ତି ମନୋଜ ଦାସଙ୍କ ସହ ସାକ୍ଷାତ ପାଇଁ। ଶତାବ୍ଦୀର ସମସ୍ୟା ସଂପର୍କରେ ସେ ମନୋଜ ଦାସଙ୍କୁ ପ୍ରଶ୍ନ ପଚାରିଛନ୍ତି -

ପ୍ରଶ୍ନ - ଏଇ ଅବସ୍ଥାରୁ ଆଗାମୀ ଶତାବ୍ଦୀର ମଣିଷ ସମାଜ ପାଇଁ ଆପଣ କିଭଳି ସମ୍ଭାବନା ବା ଆଶଙ୍କା ଦେଖୁଛନ୍ତି ?

ମନୋଜ ଦାସଙ୍କ ଉତ୍ତର - ତିନିଟି ସମ୍ଭାବନା। ପ୍ରଥମ ହେଉଛି ଏକବିଂଶ ଶତାବ୍ଦୀ ବିଂଶ ଶତାବ୍ଦୀର ସଂପ୍ରସାରିତ ସମୟ ଖଣ୍ଡ ହୋଇପାରେ। ଦ୍ୱିତୀୟ: ଏହାଠାରୁ ଖରାପ ହୋଇପାରେ। ତୃତୀୟ: ଖୁବ୍ ଗୋଟିଏ ବଡ଼ ପରିବର୍ତ୍ତନ ହେବ ଓ ପରିସ୍ଥିତିରେ ପରିବର୍ତ୍ତନ ଘଟି ମଣିଷ ସମାଜ ବିକଶିତ ହେବ।

ଏଇ ସମ୍ଭାବନା ପାଇଁ ଦୁଇଟି କାରଣ ଦାୟୀ ହେବ। ପ୍ରଥମ: ମଣିଷର ସଂକଳ୍ପ ଓ ଦ୍ୱିତୀୟ: ଆଧ୍ୟାତ୍ମିକ ଶକ୍ତିର ହସ୍ତକ୍ଷେପ। ମଣିଷ ଓ ମାନବିକତା ଉପରେ ମୁଁ ଅତ୍ୟନ୍ତ ଆସ୍ଥାଶୀଳ। (୧୩)

ମଣିଷ ଓ ମାନବିକତା ପ୍ରତି ଆସ୍ଥାଶୀଳ ମଣିଷ, ନିଶ୍ଚୟ ପରିବର୍ତ୍ତନରେ ବିଶ୍ୱାସୀ। ଏହି ପରିବର୍ତ୍ତନ ଲୌକିକ ନୁହେଁ ଅଲୌକିକ। ଯାହା ଲୌକିକତାକୁ ପରିପୂର୍ଣ୍ଣ କରିଦେବ ଦିବ୍ୟଦ୍ୟୁତିରେ।

ରମାକାନ୍ତ ରଥ ଲେଖକଙ୍କ ପ୍ରିୟ କବି। 'ରମାକାନ୍ତ ରଥ: ସପ୍ତମ ଋତୁର ସ୍ୱର' ଶୀର୍ଷକ ସାକ୍ଷାତକାରଟି ବୌଦ୍ଧିକ ପ୍ରଶ୍ନ ଓ ବୌଦ୍ଧିକ ଉତ୍ତରରେ ଭାବଗର୍ଭକ। ପଦ୍ୟ ଓ ଗଦ୍ୟର ଅପୂର୍ବ ସମନ୍ୱୟରେ ଦୀର୍ଘ କବିତା ରଚନାର ପରଂପରାକୁ ସେ ଅଗ୍ରାଧିକାର ଦେଇଛନ୍ତି। ପାପ ପ୍ରତି ତାଙ୍କର ଘୃଣା ନାହିଁ, ପରିତ୍ରାଣ ପ୍ରତି ଆକାଂକ୍ଷା ନାହିଁ। ପାପ ଓ ପରିତ୍ରାଣ ଉଭୟ ପ୍ରତି ରମାକାନ୍ତ ଆକୃଷ୍ଟ। 'ସପ୍ତମ ଋତୁ'ର ଆକାଂକ୍ଷା ଏକାନ୍ତ ଭାବେ କବି ଚେତନାରେ ନିଷିଦ୍ଧ ରୂପରେ ଲୁକ୍କାୟିତ। କବିତ୍ୱ ସଂପର୍କରେ ନିଜସ୍ୱ ମତବ୍ୟକ୍ତ କରି କବି କହିଛନ୍ତି- "କବିତ୍ୱ ଖୁବ୍ ମାର୍ଜିତ, ଖୁବ୍ ପରିପକ୍ୱ ହୋଇ ନ ଥିଲେ ଏ ଧରଣର କବିତା ଗଦ୍ୟ ହିଁ ହୋଇଯାଏ ଏବଂ ଯଦି ଗଦ୍ୟ ହିଁ ଲେଖିବା ଲକ୍ଷ୍ୟ

ହୋଇଥାଏ, ତାହା ସିଧାସଳଖ ନ ଲେଖି ବାକ୍ୟମାନଙ୍କୁ ଭାଙ୍ଗିଭୁଙ୍ଗି ସଜାଇବାର କସରତ୍ କାହିଁକି କରାଯିବ ?" (୧୪)

ପାରଳାର ଡକ୍ଟର ସତ୍ୟନାରାୟଣ ରାଜଗୁରୁଙ୍କ ଜୀବନ ଏକ ତପସ୍ୱୀର ଜୀବନ। ଏହି ତପସ୍ୟା କେବଳ ଓଡ଼ିଶାର ସୁଖ୍ୟାତି ଲାଗି ସଂକଳ୍ପବଦ୍ଧ ନିରଳସ ଓଡ଼ିଆ ପୁଅର। ଗୌରହରି ଦାସଙ୍କର ତାଙ୍କ ସହ ସାକ୍ଷାତକାର ଖୁବ୍ ତାତ୍ପର୍ଯ୍ୟପୂର୍ଣ୍ଣ ଓ ସମ୍ବେଦନଶୀଳ। ରାଜଧାନୀ ଠାରୁ ସୁଦୂର ସୀମାନ୍ତରେ ପ୍ରିୟ ପରିଜନଙ୍କୁ ଛାଡ଼ି 'ସ୍ୱତନ୍ତ୍ର ଉତ୍କଳ'ର ସ୍ୱପ୍ନ ଦେଖୁଥିବା ରାଜଗୁରୁ ଉତ୍କଳର ମୂଲ୍ୟବାନ ଅତୀତକୁ ଆବିଷ୍କାର କରିବା ନିମନ୍ତେ ଗବେଷଣାରେ ନିଜକୁ ସଂପୂର୍ଣ୍ଣ ନିୟୋଜିତ କରିଥିବା ନିଆରା ଗବେଷକ ପେନ୍‌ସନ୍ ଲାଭରୁ ବଞ୍ଚିତ ହୋଇଥିଲେ। ସତ୍ୟନାରାୟଣ ରାଜଗୁରୁଙ୍କ କର୍ମନିଷ୍ଠା, ତ୍ୟାଗ ଓ ସେବାପରାୟଣ ସଂପର୍କରେ ଗୌରହରି ଦାସ ଉଲ୍ଲେଖ କରିଛନ୍ତି- "ସ୍ୱତନ୍ତ୍ର ଉତ୍କଳ ପ୍ରଦେଶ ଗଠନ ଆନ୍ଦୋଳନରେ ଗୁରୁତ୍ୱପୂର୍ଣ୍ଣ ଅବଦାନ ପାଇଁ କେବଳ ନୁହେଁ, ଏକାଧିକ କାରଣରୁ ଡକ୍ଟର ସତ୍ୟନାରାୟଣ ରାଜଗୁରୁଙ୍କ ନାମ ଉଲ୍ଲେଖନୀୟ। ପାହାଡ଼, ପର୍ବତ, ମଠ, ମନ୍ଦିର କାନ୍ଥରୁ ଅଭିଲେଖ ଗୁଡ଼ିକ ପଢ଼ି ଇତିହାସ ଆବିଷ୍କାର କରିବା ଓ ଏଣେ ତେଣେ ବିକ୍ଷିପ୍ତ ହୋଇ ରହିଥିବା ତାମ୍ରପତ୍ରଗୁଡ଼ିକର ପାଠୋଦ୍ଧାର କରିବାରେ ତାଙ୍କର ଅସପତ୍ନ ସିଦ୍ଧି ଓ ଖ୍ୟାତି ରହିଛି। (୧୫)

ମଣିଷର ଅସ୍ତିତ୍ୱ ସଂପର୍କରେ ପ୍ରଶ୍ନ ପଚାରି ବିସ୍ମିତ ହୋଇଥିବା ଲେଖକ ଶରତ କୁମାର ମହାନ୍ତି, ନିର୍ଭୀକ ସମାଲୋଚକର ଅହଂରେ ସେ ସର୍ବଦା ମୁଖର। ବିଜ୍ଞାନରୁ ସ୍ଥିତିବାଦ, ସକ୍ରେଟିସ୍‌ଙ୍କ ଠାରୁ ଜାଁ ପାଲ୍ ସାର୍ତ୍ତ୍ରଙ୍କ ପର୍ଯ୍ୟନ୍ତ କାଳର ବିବର୍ତ୍ତନ ସହିତ ବିଘଟିତ ହେଉଥିବା ମାନସିକ କ୍ରିୟା ଓ ସନ୍ତୁଳିତ ହରାଉଥିବା ସାମାଜିକ ନ୍ୟାୟର ଦାର୍ଶନିକ ବ୍ୟାଖ୍ୟା କରିବାରେ ସେ ସକ୍ଷମ ତତ୍ତ୍ୱଦର୍ଶୀ। ପୁରସ୍କାର, ସମ୍ମାନ ଲାଭ ପ୍ରତି ସର୍ବଦା ଉଦାସୀନ ଏବଂ ଦୃଢ଼ ସ୍ୱରରେ ଅସନ୍ତୋଷ ପ୍ରକାଶ କରିବାରେ ସେ ନିର୍ଭୀକ। ଗୌରହରି ଦାସ ଏହିଭଳି ଜଣେ ଜ୍ଞାନୀ, ଗୁଣୀ, ନିରଳସ ସାଧକ, ସାହିତ୍ୟିକ, ଗବେଷକଙ୍କୁ ସାକ୍ଷାତ କରି ତାଙ୍କର ସମସ୍ତ ପ୍ରତିକ୍ରିୟା ଓ ଅସନ୍ତୋଷର କାରଣ ଅନୁସନ୍ଧାନ କରିଛନ୍ତି। ଜୀବନର ରହସ୍ୟ ସଂପର୍କରେ ତାଙ୍କର ମତକୁ ପ୍ରକାଶ କରିଛନ୍ତି।

"ମୂଲ୍ୟବୋଧ ବା ଆଦର୍ଶକୁ ପାଥେୟ ନ କରି ବଞ୍ଚିଥିବା ମଣିଷ ଜୀବନ ଗୋଟିଏ ହାଲୁକା ଜୀବନ। ଏପରି ଜୀବନ ମତେ ଆକୃଷ୍ଟ କରେନି।" (୧୬)

'ସମ୍ବାଦ' ସାହିତ୍ୟ ପୃଷ୍ଠାରେ ଓଡ଼ିଶା ଓ ଓଡ଼ିଆଙ୍କ ସମସ୍ୟାର ଅବିକଳ ରୂପ ପ୍ରକାଶିତ ହେଉଥିବା 'ଜୀବନର ଜଳଛବି', ଶ୍ରୀ ନାରଦ ଛଦ୍ମନାମରେ 'ରାଜଧାନୀ ରାଜନୀତି' ପରିକଳ୍ପନାର ଅଦୃଶ୍ୟ ମଞ୍ଚ ପ୍ରଭାରୀର ଭୂମିକା ଗ୍ରହଣ କରିଛି, ଏହା ପାଠକ

ପାଠିକା ସ୍ୱୀକାର କରିବାକୁ ବାଧ୍ୟ ହେବେ। 'ଜୀବନର ଜଳଛବି' ଆତ୍ମକଥା ଓ ଜନବେଦନାର ମିଶ୍ରିତ ଉପକଥା ହୋଇଥିବାବେଳେ ପ୍ରାବନ୍ଧିକ 'ରାଜଧାନୀ ରାଜନୀତି'ର ପ୍ରଥମ ଭାଗରେ ୧୯୯୫ରୁ ୨୦୦୦ ମସିହା ପର୍ଯ୍ୟନ୍ତ ପାଞ୍ଚ ବର୍ଷର, ଦ୍ୱିତୀୟ ଭାଗରେ ୨୦୦୦ରୁ ୨୦୦୫ ପାଞ୍ଚବର୍ଷର ଏଭଳି ଦଶ ବର୍ଷର ଓଡ଼ିଶା ରାଜନୀତିର ପଟ୍ଟ ପରିବର୍ତ୍ତନ, ଦ୍ୱନ୍ଦ୍ୱ, ବିରଳ ଘଟଣାକ୍ରମକୁ ହାସ୍ୟ-ବ୍ୟଙ୍ଗମିଶା ଅଭିନବ ଶୈଳୀରେ ଉପସ୍ଥାପନ କରିଛନ୍ତି। ଏହି ଶୈଳୀ ବିଷୟରେ ନିଜେ ପ୍ରାବନ୍ଧିକ 'ନିଜକଥା' ଶୀର୍ଷକରେ କହିଛନ୍ତି- ଓଡ଼ିଆ ରାଜନୀତିକ ନେତୃବୃନ୍ଦ ବ୍ୟଙ୍ଗ ବା କଟାକ୍ଷକୁ ସହଜରେ ଗ୍ରହଣ କରି ନ ପାରି ଶତ୍ରୁ ଭୂମିକାରେ ଅବତୀର୍ଣ୍ଣ ହେବାର ବହୁ ଉଦାହରଣ କରିଛି। ତେଣୁ ସ୍ୱାଧୀନ ମତବ୍ୟକ୍ତ କରିଥିବା ସ୍ତମ୍ଭର ଲେଖକ କିମ୍ବା ପ୍ରାବନ୍ଧିକ ନିଜକୁ ଅସୁରକ୍ଷିତ ତଥା ଅପରାଧୀ ମନେ କରିବା ସ୍ୱାଭାବିକ। 'ରାଜଧାନୀ ରାଜନୀତି' ସଂପର୍କିତ କେତେକ ବିଶେଷ ବିଷୟକୁ ଏଠାରେ ଉପସ୍ଥାପନ କରାଯାଇପାରେ। ରାଜନୀତିକ ବିଷୟକୁ ଭିତ୍ତି କରି ଓଡ଼ିଆ ସାହିତ୍ୟରେ ପ୍ରବନ୍ଧ ରଚନାରେ ସୁଦୀର୍ଘ ପରଂପରା ନାହିଁ। ବିଶ୍ୱସାହିତ୍ୟରେ ସପ୍ତଦଶ ଶତାବ୍ଦୀ ପର୍ଯ୍ୟନ୍ତ ରାଜନୀତି ବିଷୟ ପ୍ରବନ୍ଧଯୋଗ୍ୟ ହୋଇ ପାରି ନ ଥିଲା। ଅଷ୍ଟାଦଶ ଶତାବ୍ଦୀର ଅର୍ଦ୍ଧଶତକ ପରେ ଅର୍ଥାତ୍ ୧୭୫୮ ବେଳକୁ David Humeଙ୍କ ପ୍ରବନ୍ଧଗୁଡ଼ିକ Moral, Political ଏବଂ Literay ଶ୍ରେଣୀଭୁକ୍ତ ହୋଇ ପ୍ରକାଶିତ ହେଲା। ସେତେବେଳେ ମାନବୀୟ ପ୍ରବୃତ୍ତି ସହିତ ରାଜନୀତିକ ସହାବସ୍ଥାନ ସାମଗ୍ରିକ ଭାବେ ସାମାଜିକ ପ୍ରକ୍ରିୟାର ଅଂଶ ହୋଇ ରହିଥିଲା। ସାଂସ୍କୃତିକ ପରିପ୍ରେକ୍ଷୀରେ ଏହାର ବିଚାର ତୃଣମୂଳ ସ୍ତରରୁ ହିଁ ଅନୁଭୂତ ହୋଇଥିଲା। ରାଜନୀତିକ ସ୍ପୃହାଗୁଡ଼ିକ ଯାବତୀୟ ଗ୍ରହଣଶୀଳତା ଦେଇ ଗତି କରୁଥିବା ବେଳେ ପ୍ରୟୋଗ କ୍ଷେତ୍ର ଥିଲା ଅତ୍ୟନ୍ତ ସଂକୁଚିତ। ଶୈଶବର କୋମଳତା ପରି ରାଜନୀତିକ ଅଧିକାର ସବୁ ଏକାନ୍ତ ଅନ୍ତରଙ୍ଗ ଥିଲା।

Roussauଙ୍କ 'Social Contract' (୧୭୬୨) ରଚିତ ହେବା ବେଳକୁ ରାଜନୀତିକ ବିଷୟ ପ୍ରତି ସଚେତନତା ସୃଷ୍ଟି ହୋଇସାରିଥିଲା। ଅର୍ଥାତ୍ ସ୍ୱାଧୀନତାକୁ କେନ୍ଦ୍ର କରି ସୃଷ୍ଟି ହେଲା ପ୍ରଶ୍ନବାଚୀ। "Men is born free, but he is every where in chains." ପୂର୍ବକାଳରେ ପ୍ରଜାମାନେ ନିଷ୍ପତ୍ତି ଅନୁଯାୟୀ ବହୁଜନ ଓ ଭିନ୍ନ ମତସବୁରୁ ବର୍ତ୍ତିବା ନିମନ୍ତେ ସାମାଜିକ ଶୃଙ୍ଖଳାର ପ୍ରତୀକ ଭାବେ ରାଜନ୍ୟ ଗୋଷ୍ଠୀର ସୃଷ୍ଟି କରାଯାଇଥିଲା। ଏକ ନିର୍ଦ୍ଦେଶକୁ ଅନେକ ମଥାପାତି ସ୍ୱୀକାର କରିନେବେ। ମତଭେଦର ବିନାଶ ଘଟିବ। ପ୍ରଜାମାନଙ୍କ ନିଷ୍ପତ୍ତି ରାଜନ୍ୟବର୍ଗଙ୍କ ବଂଶାନୁକ୍ରମ ଆଧିପତ୍ୟର ମଧ୍ୟ ଅନ୍ତ ଘଟାଇବାରେ ସକ୍ଷମ ହେଉଥିଲା। କାଳକ୍ରମେ ରାଜା ଶାସନ ରାଜତନ୍ତ୍ରର ରୂପ ନେଲା।

ଊନବିଂଶ ଶତାବ୍ଦୀର ଦ୍ୱିଦଶକ ବେଳକୁ Virginia Woolfଙ୍କ "A room of one's own" (୧୯୨୯) ପ୍ରକାଶ ପାଇବା ପରେ ରାଜନୀତି ସହିତ କ୍ଷୁଧା, ଅଧିକାର, ଅନୁଚିନ୍ତା ବିଷୟ ସମୂହ ଜଡ଼ିତ ହୋଇ ସାରିଥିଲା । Woolf ପ୍ରକାଶ କଲେ- "One cannot think well, love well, sleep well, if one has not dined well."

ଭାରତୀୟ ଜାତୀୟ ବିପ୍ଳବ ଇତିହାସରେ ଏହି କାଳ ଏବଂ ତତ୍‌ପୂର୍ବବର୍ତ୍ତୀ ଏକ ଦଶନ୍ଧି ଖୁବ୍ ଗୁରୁତ୍ୱପୂର୍ଣ୍ଣ ଅଧ୍ୟାୟ ସମ୍ବଳିତ । ଗାନ୍ଧୀଜୀଙ୍କ ଭାରତ ଦର୍ଶନର ତିକ୍ତ ଅନୁଭୂତି ମହାଦେବ ଦେଶାଇଙ୍କ ସମ୍ପାଦିତ ଏବଂ ୧୯୧୯ରୁ ପ୍ରକାଶିତ 'ୟଙ୍ଗ୍ ଇଣ୍ଡିଆ' ସାପ୍ତାହିକ ପତ୍ରିକାରେ ପ୍ରବନ୍ଧ ଭାବରେ ପ୍ରକାଶିତ ହେଲା । ଚମ୍ପାରଣର କ୍ଷୁଧା ଓ ଶୋଷଣ, ଓଡ଼ିଶାର ଦାରିଦ୍ର୍ୟ, ସମଗ୍ର ଭାରତୀୟ ଜୀବନରେ ପରାଧୀନତାର ଶୃଙ୍ଖଳ କାରଣରୁ ଯେଉଁ ରାଜନୀତିକ ସଂଘର୍ଷ ଘଟିଲା, ତାହା କେବଳ ବହୁ ବିଦେଶୀଙ୍କ ଉପନିବେଶବାଦୀ ଓ ଶୋଷଣ ପ୍ରବୃତ୍ତି ବିରୋଧରେ ।

ଏବେ ଏକବିଂଶ ଶତାବ୍ଦୀରେ ରାଜା ନାହାନ୍ତି, ବିଦେଶୀମାନେ ପଳାତକ ଅଥଚ ଅସଲ ଇଚ୍ଛା ଓ ଅଧିକାର ଗୁଡ଼ିକ ଏବେ ବି ଅପୂର୍ଣ୍ଣ ହୋଇ ରହିଛି । ସ୍ୱଚ୍ଛ ଜନାୟହିତାୟ ନୀତିରେ ସାମୂହିକ ସ୍ୱାର୍ଥକୁ ଉପେକ୍ଷା କରାଯାଉଛି । କୂଟନୀତିର ଖୋଳପା ଭିତରେ ରାଜନୀତି ନଜରବନ୍ଦୀ । ସାମୂହିକ ଜୀବନ ପ୍ରତି ବହୁବିଧ ଉପେକ୍ଷାର କାରଣ ସାମନ୍ତବାଦୀ କ୍ଷମତା ହାସଲ । ସାଂପ୍ରତିକ ରାଜନୀତିକ ପ୍ରବନ୍ଧର ଏହା ମୁଖ୍ୟ ବିଷୟବସ୍ତୁ ।

ଗୌରହରି ଦାସଙ୍କ 'ନବୀନ ଓ ମାଉଣ୍ଟବ୍ୟାଟନ୍' କ୍ଷୁଦ୍ର ଲେଖାଟିକୁ ଆଲୋଚନାର ପରିସରଭୁକ୍ତ କରାଯାଇପାରେ । ଲର୍ଡ ମାଉଣ୍ଟବ୍ୟାଟନ୍ ଶେଷ ବଡ଼ଲାଟ ଭାବରେ ଭାରତକୁ ସ୍ୱାଧୀନତା ଦେଲେ, କିନ୍ତୁ ସ୍ୱାଧୀନତା ଅର୍ଥ ବିଭାଜନ ନୁହେଁ । ଅର୍ଥାତ୍ ଭାରତ ଓ ପାକିସ୍ତାନକୁ ସ୍ୱତନ୍ତ୍ର ଭାବେ ସ୍ୱାଧୀନ ରାଷ୍ଟ୍ରର ମାନ୍ୟତା ପ୍ରଦାନ କରି ସୃଷ୍ଟିର ଅନ୍ତ ପର୍ଯ୍ୟନ୍ତ ଦୁଇ ଦେଶ ମଧ୍ୟରେ କଳିର ମଞ୍ଜି ବୁଣିଦେଇ ଗଲେ । ଲେଖକଙ୍କ ଦୃଷ୍ଟିରେ ସାଂପ୍ରତିକ ସମୟର ବିଭାଜନ ରାଜନୀତି ଦୁର୍ଦ୍ଦାନ୍ତ ରାଜନୀତି । ନବୀନ ପଟ୍ଟନାୟକ ବିଜେପି ସହାୟତାରେ ସରକାର ଗଠନ କରିଥିଲେ ମଧ୍ୟ ବିଜେପି ଦଳରେ ବିଭାଜନ ଘଟାଇ ନିଜକୁ ସୁରକ୍ଷିତ ରଖିପାରିଛନ୍ତି ।

'ଆଉ ଚାଣକ୍ୟ ନୁହେଁ ଏବେ ଚନ୍ଦ୍ରଗୁପ୍ତ' ପ୍ରସଙ୍ଗ କ୍ଷମତାର ମୋହ ଯୋଗୁଁ ବିଶ୍ୱାସ ମଧ୍ୟରେ କିପରି ଅବିଶ୍ୱାସର ବିଷମଞ୍ଜି ବୁଣି ହୋଇଯାଇଛି ତାହାର ପ୍ରତ୍ୟକ୍ଷ ଚିତ୍ର ପ୍ରଦାନ କରିଛି । ନବୀନ ପଟ୍ଟନାୟକଙ୍କୁ ମୁଖ୍ୟମନ୍ତ୍ରୀ ପଦରୁ ହଟାଇ କ୍ଷମତା ହାସଲ

ନିମନ୍ତେ ପ୍ୟାରୀମୋହନ ମହାପାତ୍ରଙ୍କ ରାତିଅଧିଆ ଉଦ୍ୟମ ସଂପର୍କରେ ଏଥିରେ ଉଲ୍ଲେଖ କରାଯାଇଛି ।

'ସରି ନାହିଁ ରାଜନୀତି, ହାରି ନାହିଁ ମହାରଥୀ' ସ୍ୱଳ୍ପ ସୁବିଧା ରାଜନୀତିର ଅନ୍ୟତମ ଉଦାହରଣ। ବହୁରୂପୀ ସଦୃଶ ରାଜନେତାମାନଙ୍କର ଗୁପ୍ତ କାର୍ଯ୍ୟକଳାପ ଅତ୍ୟନ୍ତ ଚିନ୍ତାଜନକ, ଯାହା ଅପରାଧ ଠାରୁ ନ୍ୟୂନ ନୁହେଁ।

'ଓଡ଼ିଶାର ନେତା, ଚିଲିକା କଙ୍କଡ଼ା' ଏକ ସମ୍ବେଦନଶୀଳ ବିଷୟ। ଓଡ଼ିଶା ଭଳି ପ୍ରତ୍ୟେକ କ୍ଷେତ୍ରରେ ଅନଗ୍ରସର ରାଜ୍ୟର ପ୍ରଗତି ସମ୍ଭବ ହେଉ ନ ଥିବାର କାରଣ ଲେଖକ ଅନୁସନ୍ଧାନ କରିଛନ୍ତି ଏବଂ ଏହି ରହସ୍ୟକୁ ଉଦ୍‌ଘାଟନ କରିବାରେ ସକ୍ଷମ ହୋଇଛନ୍ତି ।

ବାହାସ୍ଫୋଟ ରାଜନୀତି ସାଂପ୍ରତିକ ରାଜନୀତିକୁ ସଂପୂର୍ଣ୍ଣ ଗ୍ରାସ କରିସାରିଛି। ପ୍ରାବନ୍ଧିକଙ୍କ ମତରେ- "ନେତାମାନଙ୍କର ଗୁଣ ହେଲା, ସେମାନେ ଯାହା କହିବେ ତାହା କରିବେ ନାହିଁ ଏବଂ ଯାହା କରିବେ ତାହା କହିବେ ନାହିଁ।" (୧୭) ଯୋଜନା ପରେ ଯୋଜନା ପ୍ରଣୟନ ହେଉଛି। ଅଭିନବ ଉପାୟରେ ପ୍ରଚାର କରାଯାଉଛି।

ବିଶ୍ୱାସଘାତକ ରାଜନୀତି ସାଂପ୍ରତିକ ଓଡ଼ିଶା ରାଜନୀତିକୁ ସଂପୂର୍ଣ୍ଣ ଭାବେ ଗ୍ରାସ କରିସାରିଛି। ପ୍ରାର୍ଥିପତ୍ର ଦାଖଲର ଶେଷ ଦିନ ଓ ଶେଷ ମୁହୂର୍ତ୍ତରେ ବରିଷ୍ଠ ନେତା ବିଜୟ ମହାପାତ୍ରଙ୍କୁ ଛଅ ବର୍ଷ ପାଇଁ ସସ୍‌ପେଣ୍ଡ୍ କରିବା ଅମାନବୀୟ କୂଟନୀତି କହିବା ଅତ୍ୟୁକ୍ତି ହେବ ନାହିଁ। ଯଦିଓ ପ୍ୟାରୀମୋହନ ମହାପାତ୍ର ଓ ବିଜୟ ମହାପାତ୍ରଙ୍କ ମଧ୍ୟରେ ତିକ୍ତତା ଓ ପ୍ୟାରୀଙ୍କ ଚାଣକ୍ୟ ଭୂମିକା ଯୋଗୁଁ ଏପରି ନିନ୍ଦନୀୟ ଘଟଣା ଘଟିଛି ବୋଲି କୁହାଯାଉଛି, ତେବେ ଦଳୀୟ ସଭାପତି କ'ଣ ସାକ୍ଷୀ କଣ୍ଢେଇ? ଏକଥା ସର୍ବସାଧାରଣରେ ପ୍ରଶ୍ନବାଚୀ ସୃଷ୍ଟି କରିଛି। ଲେଖକ ଏହାକୁ ନବୀନଙ୍କ 'ଦୁର୍ଦ୍ଧାନ୍ତ ରାଜନୀତି' ରୂପେ ଚିତ୍ରଣ କରି ବିଶ୍ୱାସଘାତକତାର ଚରମ ସ୍ଥିତିକୁ ପ୍ରଦର୍ଶନ କରିଛନ୍ତି।

ଭାଷଣସର୍ବସ୍ୱ ରାଜନୀତି ସାଂପ୍ରତିକ ନେତୃତ୍ୱ ପ୍ରତି ବୀତସ୍ପୃହତା ସୃଷ୍ଟି କରିଛି। "ପ୍ରଧାନମନ୍ତ୍ରୀଙ୍କ କଥା ପାଣିର ଗାର" ପ୍ରସଙ୍ଗରେ ଲେଖକ ଭାଷଣବାଜି, ଶିଳାନ୍ୟାସ ଆଦି କେବଳ ପ୍ରଚାରରେ ସୀମାବଦ୍ଧ ରାଜନୀତି ବୋଲି ଉଲ୍ଲେଖ କରିଛନ୍ତି। ଏହା ସାଧାରଣ ଜନତାର ବିଶ୍ୱାସବୋଧ ପ୍ରତି ଏକ ଅତ୍ୟାଚାର କହିଲେ ଅତ୍ୟୁକ୍ତି ହେବ ନାହିଁ।

ଓଡ଼ିଆ ରାଜନୀତିକ ପ୍ରବନ୍ଧର ଆଦ୍ୟ ସମ୍ଭାବନା ଗୋପାଳଚନ୍ଦ୍ର ପ୍ରହରାଜଙ୍କ 'ଆମ ଘରର ହାଲଚାଲ' କିମ୍ବା ଡକ୍ଟର ହରେକୃଷ୍ଣ ମହତାବଙ୍କ 'ଗାଁ ମଜଲିସ୍' ଭଳି ଗଣପ୍ରବନ୍ଧ ମଧ୍ୟରେ ରାଜନୀତିକ ଚେତନାର ଯେଉଁ ସୂକ୍ଷ୍ମ ଉପସ୍ଥାପନା ରହିଛି ଡକ୍ଟର

ଶ୍ରୀରାମଚନ୍ଦ୍ର ଦାଶଙ୍କ 'ରାଜନୈତିକ ଚିନ୍ତାଧାରା' ସଂକଳନରେ ରାଜନୀତିକ ସମସ୍ୟାର ଉପସ୍ଥାପନ ଓ ସମସ୍ୟା ସମାଧାନର ବିକଳ୍ପକୁ ସନ୍ଧାନ କରାଯାଇଛି। ପରସ୍ପୂରୀ ଭାବରେ ଗୌରହରି ଦାସ ଏକ ମଧ୍ୟମ ପନ୍ଥା ଅବଲମ୍ବନ କରିଛନ୍ତି। ଲଘୁ ହାସ୍ୟ ଓ ଈଷତ୍ ବ୍ୟଙ୍ଗ ଛାୟାରେ ଲିଖିତ କ୍ଷୁଦ୍ର ପ୍ରବନ୍ଧ ଗୁଡ଼ିକ ଖୁବ୍ ଉତ୍କଣ୍ଠାପୂର୍ଣ୍ଣ।

'ରାଜଧାନୀ ରାଜନୀତି-୨'ରେ ମୁଖ୍ୟମନ୍ତ୍ରୀ ନବୀନ ପଟ୍ଟନାୟକଙ୍କ ଶାସନ କାଳର କିୟଦଂଶ ଲିପିବଦ୍ଧ ହୋଇଛି। ଫକୀରମୋହନଙ୍କ ଶାଣିତ କଟାକ୍ଷ, ୧୯୩୮ରେ ଗୋଦାବରୀଶ ମହାପାତ୍ରଙ୍କ ସମ୍ପାଦନାରେ ପ୍ରକାଶିତ ହୋଇଥିବା 'ନିଆଁଖୁଣ୍ଟା'ରେ ରାଜନୀତି, ରାଜନୈତିକ ଦଳ ଓ ରାଜନୀତିଜ୍ଞଙ୍କ ପ୍ରତି ଅକୃତ୍ରିମ ବ୍ୟଙ୍ଗ, ରବି ସିଂଙ୍କ ନିରୋଳା ବିଦ୍ରୂପ, ସର୍ବୋପରି ଫତୁରାନନ୍ଦଙ୍କ ବ୍ୟଙ୍ଗର ବର୍ଣ୍ଣାଳି ଠାରୁ ଭିନ୍ନ ଏକ ବୌଦ୍ଧିକ ବ୍ୟଙ୍ଗକୁ ଆଧାର କରି ଓଡ଼ିଶା ରାଜନୀତିର ଦୀର୍ଘ ଏକ ଦଶନ୍ଧିର ଐତିହାସିକ ବିବରଣୀକୁ ଗୌରହରି ଦାସ ନିଜର ସ୍ୱପ୍ନ ଅନୁଭୂତିର ପ୍ରଲେପରେ ଅତ୍ୟନ୍ତ ରସଘନ କରିପାରିଛନ୍ତି।

୧୯୯୫ ମସିହା ମାର୍ଚ୍ଚ ମାସ ୧୯ ତାରିଖ ରବିବାରର 'ରାଜଧାନୀ ରାଜନୀତି' 'ସମ୍ବାଦ' ପୃଷ୍ଠାରେ ଆତ୍ମପ୍ରକାଶ କରିଥିଲା। ଏହା 'ଶ୍ରୀ ନାରଦ' ଛଦ୍ମ ନାମରେ ପ୍ରକାଶିତ ହୋଇଥିଲା। ମଧୁସୂଦନ ରାଓ - ମୁରାରୀ, ଗୋପାଳଚନ୍ଦ୍ର ପ୍ରହରାଜ - ଦୁର୍ମୁଖ ଶର୍ମା, ରାମଚନ୍ଦ୍ର ମିଶ୍ର - ଫତୁରାନନ୍ଦ, ଉମାଶଙ୍କର ପଣ୍ଡା - ଅଜ୍ଞେୟ, ରାଧାମୋହନ ଗଡ଼ନାୟକ - ଉପଗୁପ୍ତ, ରଘୁନାଥ ଦାସ - ଶ୍ରୀ ଜଟାୟୁ, ଶ୍ୟାମ ସୁନ୍ଦର ମହାପାତ୍ର - ବାସବଦତ୍ତ, ଉମେଶ ଚନ୍ଦ୍ର ସରକାର - ଶ୍ରୀ ଉଦାସୀ, ସୁରେନ୍ଦ୍ର ମହାନ୍ତି - ନରୋତ୍ତମ, ଅଖିଳ ମୋହନ ପଟ୍ଟନାୟକ - ଶ୍ରୀ ଅଜବୀ, ନୀଳାଦ୍ରି ଭୂଷଣ ହରିଚନ୍ଦନ - ନୀଳଚନ୍ଦନ, ଲକ୍ଷ୍ମୀକାନ୍ତ ତ୍ରିପାଠୀ - ନଖିଆ ତିଆଡ଼ି ଓ ଅନ୍ୟ ସମସ୍ତେ ଛଦ୍ମନାମ ବ୍ୟବହାର କ୍ଷେତ୍ରରେ ଫକୀରମୋହନଙ୍କ ଠାରେ ଋଣୀ। ଗୌରହରି ଦାସ ଛଦ୍ମନାମ ବ୍ୟବହାର କରିବାର କାରଣ ବିବିଧ। "ମୋର ଯତ୍‌କିଞ୍ଚିତ୍ ପରିଚୟ ଯାହା ରହିଛି ତାହା ଗଳ୍ପ ଲେଖକ ଭାବରେ ବା 'ଜୀବନର ଜଳଛବି' ସ୍ତମ୍ଭର ଲେଖକ ଭାବରେ। ନିଜ ନାଆଁରେ ଏକ ରାଜନୈତିକ ସ୍ତମ୍ଭ ଲେଖିଲେ ପାଠକଙ୍କ ଦୃଷ୍ଟିରେ ମୋର ଭାବମୂର୍ତ୍ତି ନେଇ ବିଭ୍ରାନ୍ତି ଉପୁଜିବ ବୋଲି ଆଶଙ୍କା କଲି। କାରଣ 'ଜୀବନର ଜଳଛବି' ଏକ ଆବେଗ-ପ୍ରଧାନ ଗମ୍ଭୀର ସ୍ୱଭାବର ଲେଖା, 'ରାଜଧାନୀ ରାଜନୀତି' ଏକ ବ୍ୟଙ୍ଗ ପ୍ରଧାନ ଲଘୁ ସ୍ୱଭାବର ଲେଖା। ନିଜ ନାଆଁରେ ଏଇ ସ୍ତମ୍ଭଟି ଲେଖିବା ନେଇ ଦ୍ୱିଧାର ଦ୍ୱିତୀୟ କାରଣ ଥିଲା, ନୂଆ ସ୍ତମ୍ଭଟି ସଫଳ ହେବ ନା ନାହିଁ ସେ ନେଇ ମୋ ନିଜର ସନ୍ଦେହ। ଭାବିଲି ସଫଳ ହେଲା ତ ଭଲ କଥା, ବିଫଳ

ହେଲେ ସ୍ତମ୍ଭଟି ଆପେ ଆପେ ବନ୍ଦ ହୋଇଯିବ। ଏମିତି ଏକ ଅନିଶ୍ଚିତ ଆୟୁଷର ସ୍ତମ୍ଭଟି ପାଇଁ ନିଜ ନାମ ଦେବା କ'ଣ ଦରକାର? ତୃତୀୟ କାରଣ ହେଲା, ଏହି ସ୍ତମ୍ଭରେ ବଡ଼ ବଡ଼ ଲୋକଙ୍କ ସଂପର୍କରେ ପ୍ରତିକୂଳ ମନ୍ତବ୍ୟ ପ୍ରକାଶ ପାଇବ, ସେମାନଙ୍କ ମଧ୍ୟରୁ ଅନେକ ଜଣାଶୁଣା ହୋଇଥିବେ। ଛଦ୍ମନାମରେ ସ୍ତମ୍ଭ ଲେଖୁଥିଲେ ସେମାନଙ୍କ ପାଖରୁ ଖସିଯିବା ପାଇଁ ବାଟଟିଏ ଥିବ। ନ ହେଲେ ଅବସ୍ଥା ଜଟିଳ ହୋଇପଡ଼ିବ। ଏହିସବୁ ଦ୍ୱିଧାରୁ ମୁକ୍ତ ହେବା ଲାଗି ମୁଁ 'ଶ୍ରୀ ନାରଦ' ଛଦ୍ମନାମ ବ୍ୟବହାର କରିଥିଲି।" (ନିଜକଥା)

ସାମଗ୍ରିକ ଭାବେ ବିଚାର କଲେ ଉପସ୍ଥାପନା କୌଶଳ ଓ ବିଷୟ ନିର୍ବାଚନ ଦୃଷ୍ଟିରୁ ଖୁବ୍ ସଜୀବ, ତଥ୍ୟଯୁକ୍ତ ଏବଂ ବାସ୍ତବ। ରାଜନୀତି ନାମରେ ନେତାମାନଙ୍କର ଉଦ୍ଭଟ କାର୍ଯ୍ୟକଳାପକୁ କଳାତ୍ମକ ରୂପ ଦେଇ ଲେଖକ ପରିପ୍ରକାଶ କରିଛନ୍ତି। କୌଣସି ରାଜନୀତିକ ବ୍ୟକ୍ତିକୁ ନେଇ ସେ କୁତ୍ସାରଟନା କିମ୍ବା ରାଜନୀତିକ ସ୍ୱାର୍ଥ ସାଧନ ନିମନ୍ତେ ଏହା କଳ୍ପନା କରି ନାହାନ୍ତି, ସାହିତ୍ୟ ରଚନାର ଅନୁପ୍ରେରଣା ଏହାର ସମସ୍ୱର। ଜଣେ ପ୍ରସିଦ୍ଧ ସାହିତ୍ୟିକ ଭାବେ ସେ ରାଜନୀତିର ପ୍ରଚ୍ଛଦପଟରେ ଘଟୁଥିବା ଯାବତୀୟ ଘଟଣାକୁ ଖୁବ୍ ସଯତ୍ନର ସହ ପ୍ରକାଶ କରିଛନ୍ତି।

ଗଦ୍ୟଶିଳ୍ପୀ ଗୌରହରି ଦାସଙ୍କ ବକ୍ତୃତା ଓ ଆଲୋଚନା, ସଂସ୍ମରଣ ଓ ସ୍ମୃତିଚାରଣ, ସ୍ମୃତିଚିତ୍ରର ସ୍ୱର୍ଣ୍ଣାକ୍ଷର ହେଉଛି 'କଥା ସରିନାହିଁ' (୨୦୧୧) ଓ 'ଆଉ କିଛି କଥା' (୨୦୨୧)। 'କଥା ସରିନାହିଁ'ର କ୍ରମ ଉତ୍ତର ହେଉଛି 'ଆଉ କିଛି କଥା'। ଲେଖକଙ୍କ ନିଜସ୍ୱ ଉକ୍ତିରେ- "'କଥା ସରିନାହିଁ' ବହିରେ ୧୯୯୬ରୁ ନେଇ ୨୦୧୧ ପର୍ଯ୍ୟନ୍ତ ପନ୍ଦର ବର୍ଷ ଭିତରେ ଲିଖିତ କିଛି ରଚନା, ସ୍ମୃତିଚାରଣ ଏବଂ ବକ୍ତୃତା ସ୍ଥାନିତ ହୋଇଥିଲା। 'ଆଉ କିଛି କଥା'ରେ ୨୦୧୧ରୁ ୨୦୨୦ ପର୍ଯ୍ୟନ୍ତ ଦଶବର୍ଷ ଭିତରେ ଲିଖିତ ରଚନା ଓ ବକ୍ତୃତାଗୁଡ଼ିକ ସ୍ଥାନିତ ହୋଇଅଛି।" (ନିଜକଥା)

ଲେଖକଙ୍କ ଉକ୍ତ ପୁସ୍ତକ ଦ୍ୱୟରେ ତତ୍କାଳୀନ ସମୟର ପ୍ରାଣସ୍ପନ୍ଦନ, ସାଂସ୍କୃତିକ ଜିଜ୍ଞାସା, ସଂଘର୍ଷ ଓ ବିଳାପ, ଦୃଶ୍ୟ ଚରିତ୍ରାବଳୀର ବିପୁଳାୟତନ ପ୍ରକାଶ ଘଟିଛି। କେଉଁଠି ଭାବନା ସବୁ ପ୍ରକୃତିର ନିରବ କ୍ରୋଡ଼ରେ ନିଷ୍ପାପ ଶିଶୁ ପରି ଲୀଳାରତ ତ ଅନ୍ୟତ୍ର ଚେତନା ସବୁ ବୀଚି ବିକ୍ଷୁବ୍ଧ ସାଗର ପରି ଲମ୍ଫ ପ୍ରଦାନରତ। ଯୋଗୀର ନିଷ୍ଠା, ଭୋଗୀର ବ୍ୟସ୍ତତା, ସ୍ରଷ୍ଟାର ନିପୁଣତା ଗୌରହରିଙ୍କର ଏହି ପୁସ୍ତକ ଦ୍ୱୟକୁ ଅତ୍ୟନ୍ତ ସୁପାଠ୍ୟ କରିଛି। ଓଡ଼ିଆ ପ୍ରବନ୍ଧ ସାହିତ୍ୟ କ୍ରମବିକାଶ କ୍ଷେତ୍ରରେ ଏ ପୁସ୍ତକ ଦୁଇଟିର ଭୂମିକା ସ୍ୱତନ୍ତ୍ର।

'କଥା ସରିନାହିଁ' ଓ 'ଆଉ କିଛି କଥା' ପୁସ୍ତକ ଦ୍ୱୟର ବିଷୟ ବିଶେଷକୁ ଅତି

ଅନ୍ତରଙ୍ଗ ଭାବେ ବିଶ୍ଳେଷଣ କଲେ ତିନିଟି ମୁଖ୍ୟ ଭାବ ସ୍ୱତଃ ମନକୁ ଆସିଯାଏ। ପ୍ରଥମଟି ସାଂସ୍କୃତିକ ଜିଜ୍ଞାସାବୋଧ ଦେଇ ଓଡ଼ିଆ ଭାଷାପ୍ରତି ମୋହ। ଦ୍ୱିତୀୟଟି ସାହିତ୍ୟ ଓ ସାହିତ୍ୟିକଙ୍କର ଉଦ୍ଦେଶ୍ୟରେ ଘନୀଭୂତ ଉଦାରତା। ତୃତୀୟରେ ଅତୀତର ମନନଶୀଳ ବିଶ୍ଳେଷଣ।

ଆମେରିକାନ୍ ଫେମିନିଷ୍ଟ ଲେଖିକା Rita Mae Brown ମାତୃଭାଷା ସଂପର୍କରେ ଗୋଟିଏ ସୁନ୍ଦର କଥା କହିଛନ୍ତି- "Language is the road map of a culture. It tells you where its people come from and where they are going."

ଗୌରହରି ଦାସଙ୍କ ମତରେ- "ଗୋଟିଏ ଭାଷା ମରିଗଲେ ତା' ସହ ଅନେକ କିଛି ମରିଯାଏ ଯାହା ଭିତରେ ଖାଲି ଗୀତ ଗପ ନୁହେଁ, ଗଛ ଓ ଚଢ଼େଇ ପରି ବହୁକଥା ଅନ୍ତର୍ଭୁକ୍ତ।" (୧୮)

ଅର୍ଥାତ୍ ମାତୃଭାଷା ଅସମ୍ଭବ ଭାବେ ଏମିତି ଏକ ଅନାବିସ୍କୃତ ସମ୍ପଦ, ଯାହା ସୂର୍ଯ୍ୟ ପରି ନିତ୍ୟ ଆଲୋକ ସଂପାତ କରି ଚାଲିଥାଏ। ସୂର୍ଯ୍ୟକିରଣ ପରି ମାତୃଭାଷା ଏକ ପ୍ରାକୃତିକ ଉତ୍ସ, ତାହା ବହୁ ଭାଷା ଅଭିଜ୍ଞ ବା ବହୁ ଭାଷା ମଧ୍ୟରେ ସଂଗୁପ୍ତ ଜ୍ଞାନାଲୋକକୁ ହୃଦ୍‌ବୋଧ କରିବାରେ ସକ୍ଷମ ହୋଇଥାଏ।

ମାତୃଭାଷା ସହିତ ଗୋଟିଏ ଜାତିର ନିରୋଳା ନିଜସ୍ୱ ସଂସ୍କୃତି ଏତେ ନିବିଡ଼ କାହିଁକି ? ପ୍ରାବନ୍ଧିକ ଗୌରହରି ଦାସ ଦୃଢ଼ ଯୁକ୍ତି ଉପସ୍ଥାପନ କରି କହିଛନ୍ତି- "ଭୂମି ଭୌତିକ ଦୃଷ୍ଟିରୁ ଯେତେ ବିତ୍ତଶାଳୀ ହେଲେ ସୁଦ୍ଧା ବାସ୍ତବ ଦୃଷ୍ଟିରୁ ଦରିଦ୍ର। ଗୋଟିଏ ଭାଷା କେବଳ ମାତ୍ର ଭାଷା ନୁହେଁ କି ଶବ୍ଦ ସମୂହର ଅଭିଧାନ ନୁହେଁ, ଏହା ସହ ଗୋଟିଏ ସଂସ୍କୃତି ଓତପ୍ରୋତ ଭାବେ ଜଡ଼ିତ, ଯାହା ଭିତରେ ଅଛି ପୁରାଣ, କିମ୍ବଦନ୍ତୀ, ଲୋକସାହିତ୍ୟ, ସଂଗୀତ, ନୃତ୍ୟକଳା ଏବଂ ଆହୁରି ଅନେକ କିଛି।" (୧୯)

ବିଶ୍ୱ ମାତୃଭାଷା ଦିବସ ପାଳନ କରାଯିବାର ଆବଶ୍ୟକତା କାହିଁକି ମନେ କରାଗଲା ? ୧୯୯୯ ମସିହା ନଭେମ୍ବର ମାସ ୧୭ ତାରିଖରେ ୟୁନେସ୍କୋ ଏଭଳି ଘୋଷଣା କରିବା ପରେ ଚାରିଆଡ଼େ ଚର୍ଚ୍ଚା ହେବା ଆରମ୍ଭ ହୋଇଗଲା। ପ୍ରତିବର୍ଷ ୨୧ ଫେବ୍ରୁଆରିକୁ 'ଆନ୍ତର୍ଜାତିକ ମାତୃଭାଷା ଦିବସ' ରୂପେ ପାଳନ କରାଗଲା। ପ୍ରାବନ୍ଧିକଙ୍କ ମତରେ- "ମାଆଛେଉଣ୍ଡ ପିଲାର ଦୁର୍ଭାଗ୍ୟ ଠାରୁ ମାତୃଭାଷା ଛେଉଣ୍ଡ ମଣିଷର ଦୁର୍ଭାଗ୍ୟ ଯେ ଆହୁରି କରୁଣ ସେକଥା ଆମେ ମନେ ରଖିବା ଦରକାର।" (୨୦)

ଆମେରିକାନ୍ ଲେଖକ ବ୍ରାଉନ୍ ହୁଅନ୍ତୁ କିମ୍ବା ଅନ୍ୟ ପ୍ରସିଦ୍ଧ ଭାଷା ବିଶାରଦଗଣ ହୁଅନ୍ତୁ, ମାତୃଭାଷା ଯେ ନିଜର ସ୍ୱାତନ୍ତ୍ର୍ୟ ପ୍ରଦର୍ଶନର ଏକମାତ୍ର ପନ୍ଥା ଏକଥା ସମସ୍ତେ ସ୍ୱୀକାର କରିବେ। ନିଜ ଭାଷା ପ୍ରତି ଅନୁରକ୍ତ ବ୍ୟକ୍ତି ବା ସମାଜ, ଅନ୍ୟ ପଡ଼ୋଶୀ

ଭାଷା ପ୍ରତି ମଧ୍ୟ ସମ୍ବେଦନଶୀଳ। କିନ୍ତୁ ବ୍ୟତିକ୍ରମ ହେଉଛି ଆମେ ଭାଷା-ବିଜ୍ଞ ନୁହନ୍ତି, ଭାଷା-ଅଜ୍ଞ। ଏହି କାରଣରୁ ପ୍ରାବନ୍ଧିକ ଖୁବ୍ ପ୍ରତିକ୍ରିୟାଶୀଳତା ପ୍ରକାଶ କରି ଲେଖିଛନ୍ତି- "ଓଡ଼ିଆମାନଙ୍କ ଉପରେ କେବେ ବଙ୍ଗଳା ତ କେବେ ହିନ୍ଦୀ ଭାଷାକୁ ଲଦି ଦିଆଯାଇଛି ଏବଂ ତାହାର ମୁହଁର ଭାଷାକୁ ସ୍ୱୀକୃତି ଦିଆଯାଇ ନାହିଁ। ସୂର୍ଯ୍ୟାସ୍ତ ନିୟମ ପରି କୁଖ୍ୟାତ ନିୟମ ବଳରେ ଓଡ଼ିଶାର ସମସ୍ତ ଉପକୂଳକୁ ପ୍ରତିବେଶୀମାନଙ୍କ ହାତକୁ ଟେକି ଦିଆଯାଇଛି ଏବଂ ଏକ ସମୃଦ୍ଧ କୃଷକ ସମାଜ ପରିଣତ ହୋଇଯାଇଛି କୁଲି ଗୋଷ୍ଠୀରେ।" (୨୧)

ଭାଷାପରି ସାହିତ୍ୟ ବ୍ୟକ୍ତି ଜୀବନ ଓ ସାମୂହିକ ସମାଜ ପ୍ରତି ଅତ୍ୟନ୍ତ ଅପରିହାର୍ଯ୍ୟ, ସାହିତ୍ୟରେ ସମୃଦ୍ଧ ଦେଶ ବିଶେଷ ସମଗ୍ର ବ୍ରହ୍ମାଣ୍ଡରେ ବିକଶିତ ରାଷ୍ଟ୍ରରେ ପରିଣତ ହୋଇଛନ୍ତି। ୟୁରୋପ ଏବଂ ଆମେରିକୀୟ ସାହିତ୍ୟର ବିପୁଳ ଭଣ୍ଡାର ବିଷୟରେ ଆଲୋଚନା ଅନାବଶ୍ୟକ। ମାତ୍ର ୪୮୬ କି.ମି ଦୀର୍ଘତା ଓ ହାରାହାରି ୫୦ ଲକ୍ଷ ଜନସଂଖ୍ୟା ବିଶିଷ୍ଟ ଛୋଟିଆ ପ୍ରଦେଶ ଆୟାର୍ଲ୍ୟାଣ୍ଡ ସାହିତ୍ୟ କ୍ଷେତ୍ରରେ ଚାରି ଚାରି ଥର ନୋବେଲ ପୁରସ୍କାର ଲାଭ କରିବା କମ୍ ଗୌରବର କଥା ନୁହେଁ।

ରାମାୟଣ, ମହାଭାରତ ନ ଥିଲେ ସାହିତ୍ୟ କ୍ଷେତ୍ରରେ ଭାରତୀୟମାନଙ୍କର ଗର୍ବ କରିବା ପାଇଁ ସମ୍ଭବତଃ ବିଶେଷ କିଛି ନ ଥାନ୍ତା। ଓଡ଼ିଆ ସାହିତ୍ୟରେ ବୌଦ୍ଧଗୀତିକା କିମ୍ବା ନାଥ ସଂଗୀତ ରଚିତ ହୋଇ ନ ଥିଲେ ଆମର ପ୍ରାଚୀନତା ବଖାଣିବାକୁ କୌଣସି ଉଦାହରଣ ମିଳୁ ନ ଥାନ୍ତା। ପ୍ରାବନ୍ଧିକ ବିଭିନ୍ନ ସମୟଖଣ୍ଡର ସାହିତ୍ୟିକମାନଙ୍କର ଜୀବନୀ ପକ୍ଷ ଓ କୃତିତ୍ୱ ଦିଗକୁ ଗୁରୁତ୍ୱ ପ୍ରଦାନ କରି କୌତୂହଳ ଓ ବୈଶିଷ୍ଟ୍ୟପୂର୍ଣ୍ଣ ବୃତ୍ତାନ୍ତକୁ ଉଲ୍ଲେଖ କରିଛନ୍ତି। ସେମାନଙ୍କ ଅନ୍ତରଙ୍ଗ କାର୍ଯ୍ୟଧାରା ଓ ବିଶ୍ୱାସବୋଧର ମାହାତ୍ମ୍ୟକୁ ପ୍ରକାଶ କରିଛନ୍ତି। ଏହି କ୍ରମରେ ସେ ରାଧାନାଥ ରାୟ, ଗୋପବନ୍ଧୁ ଦାସ, କାହ୍ନୁଚରଣ ମହାନ୍ତି, ସୁରେନ୍ଦ୍ର ମହାନ୍ତି, ବିଭୂତି ପଟ୍ଟନାୟକ, କନ୍‌ହେଇଲାଲ ଦାସ, ଗୋପୀନାଥ ମହାନ୍ତି, ଗିରିଜା କୁମାର ବଳୀୟାରସିଂହ ପ୍ରମୁଖ ବହୁ ଲେଖକଙ୍କ ସାହିତ୍ୟର ଆଲୋଚନା କରିଛନ୍ତି।

ପ୍ରାବନ୍ଧିକ କେବଳ ସାହିତ୍ୟିକମାନଙ୍କ ପ୍ରତି ସମ୍ମାନବୋଧରେ ପରିପୂର୍ଣ୍ଣ ନୁହନ୍ତି; ଚିର ଯୌବନର ନାୟକ ସୁଭାଷ ବୋଷ, ଭୂମିପୁତ୍ର ବିଜୁ ପଟ୍ଟନାୟକ, କନିକା ଗାନ୍ଧୀ ଚକ୍ରଧର ବେହେରାଙ୍କ ପରି ସଂଗ୍ରାମୀ, ଦେଶପ୍ରେମୀ, ଅପ୍ରତିଦ୍ୱନ୍ଦ୍ୱୀ ଅସାଧାରଣ ଜନନେତାମାନଙ୍କ ପ୍ରତି ମଧ୍ୟ ସମପରିମାଣରେ ଅନୁରାଗୀ। ପ୍ରାବନ୍ଧିକ ଉଲ୍ଲେଖ କରିଛନ୍ତି- "ରାଜପୁତ୍ର ଗୌତମ, ରାଜଉଆସର ସୁଖ, ସ୍ୱାଚ୍ଛନ୍ଦ୍ୟ ତ୍ୟାଗ କରି ବୁଦ୍ଧତ୍ୱ ପଥରେ ଆଗେଇଥିଲେ କାରଣ ସେ ବୁଝିଥିଲେ, ସେ ସନ୍ନ୍ୟାସର ମାର୍ଗ ସମ୍ରାଟର ଜୀବନଠାରୁ

ଅଧିକ ଲୋଭନୀୟ। ସୁଭାଷ ବୋଷ ଆଇ.ସି.ଏସ୍.ରେ ଯୋଗ ଦେବେ ନାହିଁ ମନସ୍ଥିର କରିବା ପଛରେ ଦେଶସେବା ହିଁ ଥିଲା ତାଙ୍କର ମୂଳ ବ୍ୟାକୁଳତା।" (୨୨)

ଜୀବନର ଧର୍ମ ଓ ସ୍ୱାଧୀନତାର ଅର୍ଥ ସଂପର୍କରେ ଲେଖକ ସ୍ପଷ୍ଟ କରିବାକୁ ଯାଇ କେମ୍ବ୍ରିଜରୁ ଦେଶବନ୍ଧୁ ଚିତ୍ତରଂଜନ ଦାସଙ୍କୁ ସୁଭାଷ ବୋଷ ଲେଖିଥିବା ଏକ ପତ୍ରକୁ ଉପସ୍ଥାପନ କରିଛନ୍ତି। ଉଦାରବାଦୀ କ୍ଷେତ୍ରଗୁଡ଼ିକର ଅଭ୍ୟୁଥାନ ମାନବ ଜନ୍ମର ଅନ୍ତର୍ନିହିତ ବିଶେଷଣ ବୋଲି ଅଭିବ୍ୟକ୍ତି ପ୍ରଦାନ କରିଛନ୍ତି- "ମନୁଷ୍ୟ ଜୀବନ ଆମ୍ଭମାନଙ୍କ ନିକଟରେ ଗୋଟିଏ ଅଖଣ୍ଡ ସତ୍ୟ। ସୁତରାଂ ଯେଉଁ ସ୍ୱାଧୀନତା ଆମେ ଚାହୁଁ - ସେ ସ୍ୱାଧୀନତା ବ୍ୟତୀତ ଜୀବନ ଧାରଣ ହିଁ ଗୋଟିଏ ବିଡ଼ମ୍ବନା - ଯେଉଁ ସ୍ୱାଧୀନତା ଅର୍ଜନ ପାଇଁ ଯୁଗେ ଯୁଗେ ଆମେ ହସି ହସି ରକ୍ତଦାନ କରିଛୁ - ସେହି ସ୍ୱାଧୀନତା ସର୍ବତୋମୁଖୀ। ଜୀବନର ସବୁ କ୍ଷେତ୍ରରେ ଓ ସର୍ବତ୍ର ଆମ୍ଭେମାନେ ମୁକ୍ତିବାଣୀ ପ୍ରଚାର କରିବା ପାଇଁ ଆସିଛୁ। କି ସମାଜନୀତି, କି ଅର୍ଥନୀତି, କି ରାଷ୍ଟ୍ରନୀତି, କି ଧର୍ମନୀତି ଜୀବନର ସର୍ବତୋଭାବେ ଆମେ ସତ୍ୟର ଆଲୋକ, ଆନନ୍ଦର ଉଚ୍ଛ୍ୱାସ ଓ ଉଦାରତାର ମୌଳିକ ଭିତ୍ତି ନେଇ ଆସିବାକୁ ଚାହୁଁ।" (୨୩)

ଥରେ Soren Kierkeguard ଜୀବନର ବୃହତ୍ତର ସଂଜ୍ଞା ନିରୂପଣ କରିବାକୁ ଯାଇ କହିଥିଲେ- "Life is not a problem to be solved, but a reality to be experienced." ଗୌରହରି ଦାସଙ୍କ ଜୀବନ- ସମସ୍ୟାବହୁଳ, ସଂଘର୍ଷପୂର୍ଣ୍ଣ, ରହସ୍ୟମୟ। ମନ୍ତେଇ ନଈ କୂଳର ଏକ ଅଖ୍ୟାତ ପଲ୍ଲୀରୁ କଟକ ନଗର, ତା'ପରେ ଭୁବନେଶ୍ୱର। ଗାଁରେ ପିତାମାତାଙ୍କ ସ୍ନେହ, କଟକରେ ସଂଘର୍ଷ, ଭୁବନେଶ୍ୱରରେ ସଂସାର। କିନ୍ତୁ ଏହା ସତ୍ୟ ଯେ ପ୍ରତିକୂଳ ବିକ୍ଷିପ୍ତ ଘଟଣାବଳୀ ଦ୍ୱାରା ସେ ଲାଭବାନ ହୋଇଛନ୍ତି। ଅତି ନିକଟରୁ ଜୀବନର ରୁକ୍ଷ ବାସ୍ତବତାକୁ ଅନୁଭବ କରିଛନ୍ତି। ଜଞ୍ଜାଳ ଓ ଯନ୍ତ୍ରଣା ଭିତରେ ଦୃଢ଼ତାର ସହ ଅଗ୍ରସର ହୋଇ ସଫଳତାର ଶିଡ଼ିକୁ ଆରୋହଣ କରିଛନ୍ତି। ପଳାତକର ବିପର୍ଯ୍ୟୟ ନିକଟରେ ଆତ୍ମସମର୍ପଣ କରି ନାହାନ୍ତି। ଯାହା ସ୍ମୃତିର କାନ୍‌ଭାସ୍‌ରେ ଶ୍ରାବଣର ଧାରା ପରି ସର୍ବଦା ସିକ୍ତ ଓ ରହସ୍ୟାବୃତ୍ତ। 'କଥା ସରିନାହିଁ', 'ଆଉ କିଛି କଥା'ର ବହୁ ପୃଷ୍ଠା ତାଙ୍କ ନିଜର ସଜଳ ସ୍ମୃତିର ଜୀବନଗାଥାକୁ ବହନ କରିଛି।

ଲେଖକ ଗୌରହରିଙ୍କୁ ପିଲା ବୟସରେ ବାବାଜି କରି ଦିଆଯାଇଥିଲା। ଏହା ପଛରେ ତାଙ୍କ ପିତାମାତାଙ୍କର ମାନସିକ ଥିଲା କାରଣ। ଲେଖକଙ୍କ ସ୍ୱୀକାରୋକ୍ତିରେ- "ମାନସିକ ପୂରଣ ଲାଗି ଆଠବର୍ଷ ବୟସରେ ମୋତେ ମଠକୁ ପଠାଇ ଦିଆଯାଇଥିଲା। ଏ ଦୁଃଖଦ ଅନୁଭବକୁ ମୁଁ ମୋର 'ଛୁଆ ବାଆଜି' ଗଳ୍ପରେ ଲେଖିଛି। ସେ ଗପଟି

ଇଟିଭି ଓଡ଼ିଆ ଚ୍ୟାନେଲ୍‌ରେ ପ୍ରସାରିତ ହୋଇଛି ଏବଂ ନୂଆଦିଲ୍ଲୀର ରୂପା ଆଣ୍ଡ କୋମ୍ପାନି ଛାପିଥିବା ମୋର ଇଂରାଜୀ ଗଳ୍ପ ବହି 'ଦି ଲିଟିଲ୍ ମଙ୍କ୍ ଆଣ୍ଡ୍ ଅଦର ଷ୍ଟୋରିଜ୍'ର ପ୍ରଥମ ଗଳ୍ପ ଭାବେ ସ୍ଥାନିତ ହୋଇଛି। (୨୪)

ପ୍ରାବନ୍ଧିକ ଗୌରହରି ଦାସଙ୍କ ନଦୀ ତଟର ଗ୍ରାମ ଷଣ୍ଢଗଡ଼ା ବହୁ ସ୍ମୃତିକୁ ଧରି ରଖିଛି। ଗ୍ରାମର ଅର୍ଜୁନ ବାଆଜି ଭାଗବତ ଛୁଆଁଇ ସାରି କାହାକୁ ଟଙ୍କା ହାତଉଧାରି ଦେଉଥିଲେ। ନର୍କରେ ପଡ଼ିବା ଭୟରେ ଋଣ ନେଇଥିବା ଲୋକମାନେ ଠିକ୍ ଠିକ୍ ସମୟରେ ପରିଶୋଧ କରୁଥିଲେ। ଏ କଥାଟିକୁ ଲେଖକ ସୁନ୍ଦର ଭାବରେ ଲେଖିଛନ୍ତି।

"ଦୁଇ ଚାରିଥର ଦଉଡ଼ିଲା ପରେ ସେ ଠାକୁର ଗାଦି ଉପରେ ଥୁଆ ହୋଇଥିବା ଭାଗବତ ବହି ଆଡ଼େ ଇସାରା କରି କହନ୍ତି, ସେ ଏକାଦଶ ସ୍କନ୍ଦ ବହିଟି ଆଣ୍, ତାହାର ପଚାଶ ଏକାବନ ପୃଷ୍ଠା ଖୋଲ। କ'ଣ ପାଇଲ ? ହଉ, ସେତେକ ଟଙ୍କା ନିଅ ଆଉ ସେଇ ଭାଗବତ ଧରି କୁହ ସୁଧମୂଳ ସହ କୋଉଦିନ ଆଣି ସେଇ ଜାଗାରେ ଥୋଇଯିବ। ବିଚାରୀ ଗାଉଁଲି ସ୍ତ୍ରୀ ଲୋକ ଭାଗବତ ହାତରେ ଧରି ମିଛ କହିପାରେ ନାହିଁ। ଧର୍ମ ହୁଡ଼ିବ ଡରରେ ଯୋଉଦିନ କହିଥାଏ, ସେହିଦିନ ଯାଇ ଅର୍ଜୁନ ବାଆଜିଙ୍କୁ ତାଙ୍କ ଟଙ୍କାତକ ଫେରାଇ ଦେଇ ଆସେ। ବାବାଜିଙ୍କ ବ୍ୟବସାୟ ଠାକୁରଙ୍କ ମାର୍ଫତରେ ଭଲରେ ଭଲରେ ଚାଲେ।" (୨୫)

ଲେଖକଙ୍କ ବାଲ୍ୟସ୍ମୃତି ଅତି ଅକୃପଣ ଭାବରେ 'କଥା ସରିନାହିଁ' ଓ 'ଆଉ କିଛି କଥା'ରେ ଚିତ୍ରିତ ହୋଇଛି। 'ମୋ ଗାଁ', 'ମୋ ସାର୍', 'ମୋ ବାପା', 'ମୋ ସ୍କୁଲ୍', 'ରସଗୋଲା ଚେଙ୍କ ଓ କୁକୁଡ଼ା ଝୋଳ ଗାଳି', 'ଭଦ୍ରକର ସ୍ମୃତି' ଆଇମା'ର କାହାଣୀ ପେଡ଼ିରୁ ଉଭାନ ହୋଇ ଯାଉ ନ ଥିବା ଅସରା କଥାର ପସରା ମେଲି ନିଖୁଣ ଭାବରେ ଉପସ୍ଥାପିତ ହୋଇଛି। ମେଘପଖଳା ଆଞ୍ଜୁଳାଏ ଶୀତଳ ପବନ ପରି ଏବେ ବି ତାହା ଉଲୁସେଇ ଦେଇ ଯାଉଛି ପ୍ରାବନ୍ଧିକଙ୍କ ସମଗ୍ର ସତ୍ତାକୁ।

"ମୁହୂର୍ତ୍ତକ ଭିତରେ ହଜାରେ ଚିତ୍ର ନାଚିଯାଏ ଆଖି ଆଗରେ। ନାଚିଯାଏ ମନ୍ତେଇ ନଈ, ନଈକୂଳର ବଣିଆସାହି ପଦା, ଅର୍ଜୁନ ବାଆଜି ପୋଖରୀ, ଚନ୍ଦ୍ରଶେଖର ମହାଦେବ ମନ୍ଦିର ଏବଂ ଗାଁ ମଝିରେ ବିଶାଳକାୟ ତେନ୍ତୁଳି ଗଛ, ଯାହାର ଡାଳରେ ଘର କରିଥାନ୍ତି ଶହ ଶହ ବଗ। ଥରେ ଥରେ ସେଇ ଗଛ ଉପରେ ଉଡ଼େ ବଡ଼ ମାଟିଆ ଚିଲ। ଆମେ ପିଲାଏ ତଳକୁ ମୁହଁ କରି ମନେପକାଉ - ଶଙ୍ଖଚିଲ ଭାଇ ନମସ୍କାର, ମାଟିଆ ଚିଲକୁ ଗୋଇଠା ମାର୍।" (୨୬)

ପ୍ରତିଭାବାନ ଏକୁଟିଆ ଲେଖକଟିଏ ଜହ୍ନିଫୁଲ, କି ନୀଳକଇଁର ଆମନ୍ତ୍ରଣରେ ଅନ୍ୟମନସ୍କ ହେଉଥିବା ବେଳେ ତା ପ୍ରେମ, ତା ଜୁଆରରେ ଭଟ୍ଟା ପଡ଼ିବା ପୂର୍ବରୁ

କଥା କବିତାର ସୁଅରେ ଭାସିଯିବାକୁ ଅନ୍ୱେଷା କରେ। ପ୍ରାବନ୍ଧିକ ଗୌରହରି ଦାସଙ୍କ ପ୍ରତିଭା ଜନ୍ମଗତ ଏହା ନିଃସନ୍ଦେହ। କିନ୍ତୁ ସେହି କଳା କାଳିଶିର ଦେହୁରି ଯେ ସୁରେନ୍ଦ୍ର ଏକଥା ମଧ୍ୟ ଅସ୍ୱୀକାର କରିହେବ ନାହିଁ; ତାହା ମଧ୍ୟ 'ଜୀବନର ଜଳଛବି'ର ପ୍ରେରଣା।

ପ୍ରାବନ୍ଧିକ ସୁରେନ୍ଦ୍ର ମହାନ୍ତିଙ୍କୁ ଛୋଟ ପିଲା କରିଦେଇଛନ୍ତି। ପୁଣି ଗୋଟେ ଯୁକ୍ତିବାଦୀ, ସମ୍ଭ୍ରାନ୍ତ ଓ ତତ୍ତ୍ୱନିଷ୍ଠ ସ୍ରଷ୍ଟାର ଆସନ ପ୍ରଦାନ କରିଛନ୍ତି। 'ଶେଷସ୍ତମ୍ଭ'ର ମହାନାୟକଙ୍କ ନିଃସଙ୍ଗତାକୁ ଲେଖକ ଅତି ନିକଟରୁ ଅନୁଭବ କରିଛନ୍ତି।

"ତାରାର ସେ ନିଃସଙ୍ଗତା ପୃଥିବୀରୁ ଥାଇ ଜାଣିହୁଏ ନାହିଁ,
ସେ ଏକଲା ପଣ ମଣିଷକୁ ଦୂରରୁ ଦେଖି ଅନୁଭବ କରିହୁଏ ନାହିଁ।" (୨୭)

'ଆସ, ଓଠରେ ହସ ଫୁଟାଇବା' ପ୍ରସଙ୍ଗରେ ପ୍ରାବନ୍ଧିକ ଦେଶର ବହୁ ଜଟିଳ ସମସ୍ୟାକୁ ଉପସ୍ଥାପନ କରିଛନ୍ତି। ଭାରତବର୍ଷର ମୂଳ ସମସ୍ୟା ହେଉଛି, ସର୍ବଦା ଆତଯାତ ହେଉଥିବା ମଣିଷକୁ ମଣିଷ ଚିହ୍ନିପାରୁ ନ ଥିବା ବେଳେ, ଥରେ ମାତ୍ର ଈଶ୍ୱରଙ୍କ ଦର୍ଶନ ଲଭି ନ ଥିବା ମଣିଷ ନିଜର ସମସ୍ତ ବିଶ୍ୱାସକୁ ଦେବତାଙ୍କ ପାଦତଳେ ଅଜାଡ଼ି ଦେଉଛି। ଏହାର କେତେକ ନିଭୃତ କାରଣ ହେଉଛି, ମଣିଷ ମଣିଷକୁ ଡରୁଛି, ଆମରି ଦ୍ୱାରା ନିର୍ବାଚିତ ସରକାରଙ୍କ ଦ୍ୱାରା ବ୍ରିଟିଶ ରାଜ, ଦେଶୀ ଅଫିସରମାନଙ୍କର ବିଦେଶୀ ରୁକ୍ଷତା, ସ୍ୱାର୍ଥପର ସମ୍ପର୍କ।

ପ୍ରାବନ୍ଧିକ ଦେଶର ସମସ୍ୟା ଓ ଜୀବନର ସମସ୍ୟା ସବୁକୁ ଗୋଟିଏ ସମାନ୍ତରାଳ ଭୂମି ଉପରେ ଠିଆ କରାଇ ଶାଶ୍ୱତ ଉପସଂହାରରେ ପହଞ୍ଚିଛନ୍ତି। ଆମେ ଚାଲିଯିବା ପରେ ଅନ୍ୟକୁ କେତେ ସୁଖ ଦେଇପାରିଥିଲୁ, ତାହା ଯଦି ସମସ୍ତଙ୍କ ସ୍ମୃତିରେ ଉଜ୍ଜୀବିତ ହୋଇ ଉଠିବ, ତାହା ହେବ ଅମୃତ ସ୍ୱାକ୍ଷର ବା ସାର୍ଥକ ଜୀବନ ରୂପ।

'ସ୍ୱପ୍ନ, ସ୍ୱର ଓ ସଂକଳ୍ପ' ପ୍ରାବନ୍ଧିକଙ୍କ ଦୃଷ୍ଟିରେ ଏସବୁ ତାରୁଣ୍ୟର ପରିଭାଷା। ଲେଖକ ସ୍ୱପ୍ନର ଉତ୍କର୍ଷ ଓ ଅପକର୍ଷ ଦିଗ ସଂପର୍କରେ ଉଲ୍ଲେଖ କରିଛନ୍ତି।

ଜଣେ ଯୁବକ ସମୁଦ୍ର ପରି ବିସ୍ତାରିତ ଉଦ୍‌ବେଳନ। ସେ କେବଳ ସ୍ୱପ୍ନ ଦେଖିପାରେ। ସେହି ସ୍ୱପ୍ନ ସ୍ୱର ହୋଇ ପ୍ରକାଶିତ ହୁଏ। ସ୍ୱର ସବୁ ନିତ୍ୟନୂତନ ସଂକଳ୍ପ ହୋଇ ଗୋଷ୍ଠୀର ଗ୍ରହଣ ଭୂମି ଆଡ଼କୁ ପ୍ରସାରିତ ହୋଇଥାଏ। ତେଣୁ ସ୍ୱପ୍ନର ଉତ୍କର୍ଷ ଦିଗ ହେଉଛି ଜଣେ ତରୁଣ ପ୍ରେମର ପରିଭାଷା ସଂପର୍କରେ ଅଜ୍ଞାତ ନ ଥାଏ। ସ୍ୱପ୍ନଭଙ୍ଗ, ମୋହଭଙ୍ଗ ପ୍ରତି ସଚେତନ ନୁହେଁ, ଅପକର୍ଷ ଦିଗଟି ହେଉଛି ସ୍ପନ୍ଦନହୀନ ଜୀବନର ଅପହୃତ ଉଦ୍ଦାମତା। ତେଣୁ ତାରୁଣ୍ୟର ନେପଥ୍ୟରେ ସ୍ୱପ୍ନର ଅଭିଷେକ ପ୍ରତି ମୁହୂର୍ତ୍ତରେ ଅନୁଷ୍ଠିତ ହୋଇଥାଏ।

ତାରୁଣ୍ୟର ସ୍ୱପ୍ନ ପଳାୟନପନ୍ଥୀ ଗୋପନ ଆତ୍ମଅପସାରଣ ନୁହେଁ। ସେ ମଧ୍ୟ

ସ୍ୱରଉତ୍ତୋଳନ କରିବ। ଏହାର ଦୁଇଟି ସମ୍ବେଦନଶୀଳ ଦିଗ ରହିଛି। ଏକ ପକ୍ଷରେ ସ୍ୱର ଉତ୍ତୋଳନ ରକ୍ଷଣଶୀଳ ମାନସିକତା, କୁସଂସ୍କାର ଓ ଅନ୍ୟାୟ ବିରୋଧରେ। ଅନ୍ୟଟି ମାନବିକତାର ଜୟଗାନ। ପ୍ରାବନ୍ଧିକ ଉଲ୍ଲେଖ କରିଛନ୍ତି-

"ତରୁଣ କିନ୍ତୁ ନିରବ ରହିବ ନାହିଁ, ପ୍ରଶ୍ନ କରିବ, ତର୍କ କରିବ, ଯୁକ୍ତି କରିବ, ତା'ର ଯୁକ୍ତି ଓ ତର୍କରେ ପ୍ରୌଢ଼ତ୍ୱକୁ, ବିଜ୍ଞତାକୁ, ବୟସକୁ ବାରମ୍ବାର ସେ ନିରବ କରିଦେବ।" (୨୮)

ସ୍ୱର ଉତ୍ତୋଳନର ପର ଫଳଶ୍ରୁତି ହେଉଛି ସଂକଳ୍ପ। ଏହି ସଂକଳ୍ପ ପରିବର୍ତ୍ତନର ସଂକଳ୍ପ, ପରିସୃଜନର ସଂକଳ୍ପ, ସଂସ୍କାରର ସଂକଳ୍ପ, ଇତିହାସ ବଦଳେଇ ଦେବାର ସଂକଳ୍ପ। ତେଣୁ ତାରୁଣ୍ୟର ମହତ୍ତ୍ୱକୁ ଉପଲବ୍ଧି କରି ୟୁନେସ୍କୋ ଦ୍ୱାରା ୨୦୨୦ ମସିହାରେ ଅଗଷ୍ଟ ୧୨ ତାରିଖକୁ ଅନ୍ତର୍ଜାତୀୟ ୟୁଥ୍ ଦିବସ ଭାବରେ ଘୋଷଣା କରିଛି। ନେଲ୍‌ସନ୍ ମଣ୍ଡେଲା ଯଥାର୍ଥରେ କହିଛନ୍ତି- "The youth of today are the leaders of tomorrow."

ପୁସ୍ତକ ପଠନ, ପ୍ରକାଶନ, ବିତରଣ, ବିକ୍ରୟ ସମସ୍ୟାକୁ ଆଧାର କରି ପ୍ରାବନ୍ଧିକ ବହୁ ପ୍ରବନ୍ଧ ରଚନା କରିଛନ୍ତି। 'ବହି', 'ବହିମେଳା, ବିବେକର ମେଳା', 'ଓଡ଼ିଆ ବହିର ସମସ୍ୟା' ଏ ଦୃଷ୍ଟିରୁ ପ୍ରତିନିଧିଶ୍ରେଣୀୟ। ଏ ସଂପର୍କରେ ଲେଖକଙ୍କ ତଥ୍ୟ ଆଧାରିତ ନିରାଶା ପ୍ରକାଶିତ ହୋଇଛି।

"ଯେତେବେଳେ ଓଡ଼ିଶାର ଲୋକସଂଖ୍ୟା ଦେଢ଼କୋଟି ଥିଲା, ସେତେବେଳେ ଉପନ୍ୟାସ ଓ ଗପ ବହିର ପ୍ରଥମ ମୁଦ୍ରଣ ଛାପା ସଂଖ୍ୟା ଏଗାର ଶହ ଥିଲା। ଏବେ ଲୋକ ସଂଖ୍ୟା ବଢ଼ି ବଢ଼ି ଦି' ଗୁଣ ହୋଇଗଲାଣି, କିନ୍ତୁ ବହି ଛାପା ସଂଖ୍ୟା ଅଧା ହୋଇଛି।" (୨୯)

ଅନ୍ୟତ୍ର ଏହିପରି ଏକ ସମ୍ବେଦନଶୀଳ ବିଷୟକୁ ଆଧାର କରି ପ୍ରକାଶନ ସଂସ୍ଥାର ପୂର୍ବାପର ଅବସ୍ଥା ସଂପର୍କରେ ତଥ୍ୟ ପ୍ରକାଶ କରିଛନ୍ତି।

"ଏ ପର୍ଯ୍ୟନ୍ତ ଓଡ଼ିଆ ପ୍ରକାଶନ ଜଗତ କଟକର ବାଲୁବଜାର ଛକ ଡେଇଁ ପାରିନାହିଁ।" (୩୦)

'ସାହିତ୍ୟ ଓ ସିଂହାସନ' ଏକ ଚିନ୍ତାମୂଳକ ପ୍ରବନ୍ଧ। 'ସିଂହାସନ' – କ୍ଷମତା ଓ ଔଦ୍ଧତ୍ୟର ପ୍ରତୀକ ହୋଇଥିବା ବେଳେ ପ୍ରାବନ୍ଧିକଙ୍କ ମତରେ- "କିନ୍ତୁ ରାଜଧାନୀଠାରୁ ବହୁ ଦୂର କୌଣସି ଗାଁର ଚାଳଘରେ ଯଦି ସାହିତ୍ୟିକଟିଏ କଲମ କି ପେନ୍‌ସିଲ୍ ଧରି କିଛି ଲେଖିବାକୁ ବସେ ତା'ହେଲେ ସେଇ ଦୃଢ଼ ସିଂହାସନ ଟଳମଳ ହୁଏ।" (୩୧)

ଏହି ସିଂହାସନର କ୍ରୂର ବ୍ୟବହାର ଆରବୀ କବି ନିଜାର୍ ବବାନୀ, ନୋବେଲ

ବିଜେତା ନାଇଜେରିଆର କବି ଓ ନାଟ୍ୟକାର ୱୋଲେ ସୋଇଙ୍କା, ଚୀନ୍‌ର ନୋବେଲ୍ ବିଜେତା ସାଓ ଜିଙ୍ଗସିଆନ୍ (‘ସୋଲ୍ ମାଉଣ୍ଟେନ୍’), ବାଂଲାଦେଶର ନାରୀକବି ତସ୍‌ଲିମା ନାସରିନ୍‌ଙ୍କୁ ଜନ୍ମଭୂମି ଛାଡ଼ି ପଳାୟନ ପାଇଁ ବାଧ୍ୟ କରିଥିଲା। ତେବେ ସାହିତ୍ୟ ଓ ସାହିତ୍ୟିକଙ୍କ ପ୍ରତି ଏତେ ହୀନମନ୍ୟତା କାହିଁକି ? ଏହାର କାରଣ ସାହିତ୍ୟ ଏକ ସିଂହାସନ। ସେଥିପାଇଁ ଶରତଚନ୍ଦ୍ର କହିଥିଲେ- “ପାଦ ଥିଲେ ଚାଲି ହୁଏ, କିନ୍ତୁ ହାତ ଥିଲେ ସାହିତ୍ୟ ଲେଖି ହୁଏ ନାହିଁ।” ତେଣୁ ସାହିତ୍ୟ ସିଂହାସନ ଆରୋହଣ ପାଇଁ ରାଜା, ରାଜନେତାମାନେ ମଧ୍ୟ ଲବି କରନ୍ତି। ସାହିତ୍ୟ ସିଂହାସନ ସେହିମାନଙ୍କୁ ପାଛୋଟି ନିଏ, ଯେଉଁମାନେ ସାଧାରଣ ମଣିଷର ସୁଖଦୁଃଖ ବୁଝନ୍ତି। ମଣିଷପଣିଆର ମୂଲ୍ୟବୋଧକୁ ଉପଲବ୍ଧି କରିଥାନ୍ତି।

‘ସାମ୍ବାଦିକତା ଓ ସମ୍ବେଦନଶୀଳତା’ ପ୍ରବନ୍ଧ ସାଂପ୍ରତିକ ସମସ୍ୟା ଏବଂ ଜଣେ ସାମ୍ବାଦିକ ତଥା ସମ୍ବାଦପତ୍ରର ଏଥିପ୍ରତି ଭୂମିକା ସଂପର୍କରେ ବୌଦ୍ଧିକ ଯୁକ୍ତି ସମ୍ବଳିତ ପ୍ରବନ୍ଧ।

ଏବେ ପ୍ରସିଦ୍ଧ ସମ୍ବାଦପତ୍ର ସବୁ ବନ୍ଦ ହୋଇଯାଉଥିବା ପ୍ରତି ଲେଖକ ଚିନ୍ତା ପ୍ରକଟ କରିଛନ୍ତି ଏବଂ ଜଡ଼ିତ ସମସ୍ୟାକୁ ଅନୁସନ୍ଧାନ କରିଛନ୍ତି। ସମ୍ବାଦପତ୍ର ବନ୍ଦ ହୋଇଥିବା ମୂଳରେ ସାମ୍ବାଦିକଙ୍କର ରୁଗ୍‌ଣ ଭୂମିକା ମୁଖ୍ୟତଃ ଦାୟୀ। ଅର୍ଥାତ୍ ଏବେ ଯେଉଁ ସାମ୍ବାଦିକମାନେ ଦେଶ, ଜାତି ଗଠନର ଦାୟିତ୍ୱ ନେଇଛନ୍ତି, ସେମାନେ ନିଜେ ସେ ସଂପର୍କରେ ସଚେତନ ତ ? ଯେଉଁ ସାମ୍ବାଦିକମାନେ ସମାଜର ତୃଣମୂଳ ସ୍ତରରେ କାର୍ଯ୍ୟରତ ସେମାନେ କେଉଁ ପ୍ରକାର ସମ୍ବାଦକୁ ଗୁରୁତ୍ୱ ଦେବା ଆବଶ୍ୟକ, ତା’ର ଚିତ୍ରକୁ ନିଜ ମନ ଭିତରେ ଆଙ୍କିଛନ୍ତି ତ ? ଏହିସବୁ ପ୍ରଶ୍ନର ଉତ୍ତର ସହଜ। କାରଣ ତଡ଼ିତ୍ ସାମ୍ବାଦିକତାର ଭୂମିକା ଯୋଗୁଁ ଯେଉଁ ସମ୍ବାଦ ସମାଜ ଜୀବନ ଉପରେ ନକାରାତ୍ମକ ଗଭୀର ପ୍ରଭାବ ପକାଇବ, ସେହି ସବୁ ସମ୍ବାଦ ପ୍ରକାଶନକୁ ଗୁରୁତ୍ୱ ଦେଉଛନ୍ତି। କିନ୍ତୁ ସିଭିଲ୍ ସର୍ଭିସ୍ ପରୀକ୍ଷାରେ ଓଡ଼ିଆ ପିଲାଙ୍କ ସଂଖ୍ୟା କମି କମି ଶୂନ୍ୟ ଅବସ୍ଥାରେ ପହଞ୍ଚିଲାଣି, ସେ ସଂପର୍କରେ ଚିନ୍ତା ପ୍ରକଟ କରିବା, ସମୀକ୍ଷା କରିବା, ଅନ୍ୟ ରାଜ୍ୟର ସଫଳତା ହାର ସହିତ ଓଡ଼ିଶାର ତୁଳନାତ୍ମକ ଚିତ୍ର ପ୍ରଦାନ କରି ଉଭୟ ସରକାର, ଅଭିଭାବକ, ଶିକ୍ଷକ, ଛାତ୍ରମାନଙ୍କୁ ସଚେତନ କରିବା ଦାୟିତ୍ୱବୋଧରୁ ସାମ୍ବାଦିକ ଓ ସମ୍ବାଦପତ୍ର ଓହରି ଗଲେଣି। ସମ୍ବେଦନହୀନ ବିଷୟକୁ ସମ୍ବାଦର ରୂପ ଦେଇ ବାରମ୍ବାର ପ୍ରଚାର କରିବା କାରଣରୁ ମଧ୍ୟ ସମ୍ବାଦ ପାଠକଙ୍କ ସଂଖ୍ୟା କମି କମି ଯାଉଛି। ସମ୍ବାଦପତ୍ରଗୁଡ଼ିକ ପାଇଁ ନୂତନ ବିଷୟ ନାହିଁ ବୋଲି ଧାରଣା ହେଲାଣି। ଟେଲିଭିଜନ୍‌ରେ ପ୍ରସାରିତ ସମ୍ବାଦ ଗୁଡ଼ିକର ଅବସ୍ଥା ଆହୁରି

ବିରକ୍ତିକର। ଦୀର୍ଘ ସପ୍ତାହ ଧରି ତାତ୍ପର୍ଯ୍ୟହୀନ ଏକ ପ୍ରକାର ସମ୍ବାଦକୁ ପ୍ରସାର କରି ଟେଲିଭିଜନ୍ ଦର୍ଶକଙ୍କୁ ଟି.ଭି ବନ୍ଦ କରିଦେବାକୁ ବାଧ କରୁଛନ୍ତି।

ପ୍ରାବନ୍ଧିକ ସକ୍ରେଟିସ୍‌ଙ୍କ ପ୍ରସଙ୍ଗ ଉତ୍‌ଥାପନ କରି ସମ୍ବାଦ ଓ ସାମ୍ବାଦିକର କର୍ତ୍ତବ୍ୟ ବିଷୟରେ ଚମତ୍କାର ଉପସଂହାର କରିଛନ୍ତି। "ସକ୍ରେଟିସ୍ ପଚାରିଲେ- "ବାବୁ କହିପାରିବ, ଭଲ ମଣିଷ କେଉଁଠି ମିଳିବେ?" ଯୁବକଟି ଥମଥମ ହେଲା। ସକ୍ରେଟିସ୍‌ଙ୍କ ମୁହଁକୁ ଚାହିଁ ନିରୁତ୍ତର ରହିଲା। ସକ୍ରେଟିସ୍ କହିଲେ, "ଜାଣି ନାହିଁ, ମୁଁ ମଧ ଜାଣି ନାହିଁ। ଆସ ଆମେ ସାଙ୍ଗହୋଇ ଖୋଜିବା।" ସକ୍ରେଟିସ୍ ଏବଂ ତାଙ୍କ ସତୀର୍ଥ ଖୋଜୁଥିବା ଭଲ ମଣିଷଙ୍କ ଠିକଣା 'ସମ୍ବାଦ' ଦେବ ଏବଂ ତାହାରି ମାଧ୍ୟମରେ ଓଡ଼ିଶାର ଉଜ୍ଜ୍ୱଳ ଭବିଷ୍ୟତ ନିର୍ମିତ ହେବ ବୋଲି ମୁଁ ଆଶା ରଖିଛି।" (୩୨)

'ଆଶଙ୍କା ଯେଉଁଠି, ସମ୍ଭାବନା ମଧ ସେଇଠି' ଆଉ ଏକ ବିଶେଷ ପ୍ରବନ୍ଧ। ପ୍ରାବନ୍ଧିକ ଭାରତର ଅର୍ଥନୀତି, ଶିକ୍ଷାନୀତି, ଶିଳ୍ପନୀତି, ରାଜନୀତି ବିଷୟରେ ଗଭୀର ଅଧ୍ୟୟନ ଓ ଚିନ୍ତାପ୍ରକଟ କରିଛନ୍ତି। ଚୀନ୍ ସର୍ବାଧିକ ଜନବହୁଳ ରାଷ୍ଟ୍ର ହୋଇଥିବା ବେଳେ ଅଗ୍ରଗତିରେ ନିମ୍ନଗତି ନ ଥିବା ବେଳେ, ଭାରତୀୟ ଶାସକମାନଙ୍କର ଦାନୀ ମନୋବୃତ୍ତି ଅର୍ଥନୀତିକୁ ବିପର୍ଯ୍ୟସ୍ତ କରୁଥିବା ସତ୍ୟକୁ ପ୍ରାବନ୍ଧିକ ଉପସ୍ଥାପନ କରିଛନ୍ତି। ଗୋଟିଏ ଉଦାହରଣକୁ ଲକ୍ଷ୍ୟ କରାଯାଇପାରେ-

"ଦଶ ବର୍ଷ ତଳେ ଗଞ୍ଜାମ ଜିଲ୍ଲାରେ ୪ ହଜାର ହସ୍ତତନ୍ତ ଶିଳ୍ପୀ ଥିଲେ, ଏବେ ସେମାନଙ୍କ ସଂଖ୍ୟା ୧୧ ଶହରେ ପହଞ୍ଚିଛି।" (୩୩) ଏହି ଅବସ୍ଥା ସହିତ ଚୀନ୍‌କୁ ତୁଳନା କରାଗଲେ ଆଶ୍ଚର୍ଯ୍ୟଜନକ ତଥ୍ୟ ସାମ୍ନାକୁ ଆସିବ। ଚୀନ୍‌ର ଘରେ ଘରେ କୁଟୀର ଶିଳ୍ପ। ହାତଗଣତି ପରିବାରକୁ ନେଇ ଗୋଟିଏ ଗୋଟିଏ ବ୍ୟବସାୟିକ ବ୍ୟାଙ୍କ ପ୍ରତିଷ୍ଠା କରାଯାଇଛି। କୁଟୀର ଶିଳ୍ପ ପାଇଁ ସ୍ୱଳ୍ପ ସୁଧହାରରେ ଋଣ ଦିଆଯିବ। ସେହି ଅର୍ଥରେ କୁଟୀର ଶିଳ୍ପଜାତ ଦ୍ରବ୍ୟକୁ ସାରା ବିଶ୍ୱବଜାରରେ ବିକ୍ରୀ କରି ଅର୍ଥନୈତିକ ଉପନିବେଶବାଦ ପ୍ରତିଷ୍ଠା ହେବ ଏବଂ ସେହି କାରଣରୁ ଚୀନ୍ ଦେଶର ଅର୍ଥନୀତିକ ଅଭିବୃଦ୍ଧି ଘଟୁଛି। କିନ୍ତୁ ଭାରତ ଭଳି ଉପମହାଦେଶର ଅବସ୍ଥା ଖୁବ୍ ଚିନ୍ତାଜନକ। ପ୍ରାବନ୍ଧିକଙ୍କ ଯୁକ୍ତିରେ-

"ବାର୍ଷିକ ଆର୍ଥିକ ଅଭିବୃଦ୍ଧି ଶତକଡ଼ା ୯ (ନଅ)ରୁ ଆସି ଅଧା ବା ୪.୫ରେ ପହଞ୍ଚିଛି। ଭାରତର ମାଗଣା ଅଣ୍ଡା; ଭାତ ଡାଲି ଖାଉଥିବା ସ୍କୁଲ୍‌ରୁ ଯେଉଁ ପିଲାଏ ବାହାରୁଛନ୍ତି, ସେମାନଙ୍କ ଯୋଗ୍ୟତା ଏଭଳି ଯେ ୪୩ରୁ ୨୪ ଫେଡ଼ାଣ କଲେ ଫଳ କେତେ ହେବ ଅଧାପିଲା କହିପାରୁନାହାନ୍ତି କିମ୍ବା ସାଧାରଣ ଇଂରାଜୀ ବାକ୍ୟ 'ହ୍ୱାଟ୍ ଇଜ୍ ଦ ଟାଇମ୍' ଲେଖିପାରୁନାହାନ୍ତି।" (୩୪)

'ପୂର୍ଣ୍ଣିମା ପୁରୁଷ ଗୌତମ ବୁଦ୍ଧ' ପ୍ରବନ୍ଧଟିକୁ ପ୍ରାବନ୍ଧିକ ଅତି ଯତ୍ନର ସହ ପ୍ରସ୍ତୁତି କରିଛନ୍ତି। ଜନ୍ମ ହେଲାବେଳେ କିଛି ସହଜାତ ପ୍ରବୃତ୍ତି ସାଥିରେ ଆସିଥାଏ। ତାହା ଖୁବ୍ ବୈଚିତ୍ର୍ୟପୂର୍ଣ୍ଣ। ଗୌରହରି ଦାସଙ୍କ ପ୍ରବୃତ୍ତି ସହିତ ଆଉ ଏକ ପ୍ରବୃତ୍ତି ନଦୀ ସମୁଦ୍ରରେ ମିଶିଲା ପରି ମିଶିଯାଇଥିଲା। ସେଥିରୁ ସେ ଆଜି ପର୍ଯ୍ୟନ୍ତ ମୁକ୍ତ ନୁହନ୍ତି। ନଦୀ କ'ଣ ସମୁଦ୍ରରୁ ମୁକ୍ତ ହୋଇପାରେ ?

'ଜୀବନର ଜଳଛବି' ସଂପର୍କରେ ଲେଖକ ଅତି ପ୍ରସନ୍ନ ଚିତ୍ତରେ ଉଲ୍ଲେଖ କରିଛନ୍ତି-

"ସ୍କୁଲ୍‌ରେ ପଢ଼ା ଦିନୁ ଗୌତମ ବୁଦ୍ଧଙ୍କ ସିଦ୍ଧାର୍ଥ ନାମଟି ପ୍ରତି ମୋର ଦୁର୍ବଳତା ଥିଲା। ସେହିପରି ଆଉ ଗୋଟିଏ ନାମ ପ୍ରତି ଦୁର୍ବଳତା ଥିଲା ଗୌତମୀ। ବାପା ମାଆ ହେବା ଆଗରୁ ମୁଁ ଓ ପତ୍ନୀ ସଂଯୁକ୍ତା ସ୍ଥିର କରିଥିଲୁ ପୁଅ ହେଲେ ତାହାର ନାଁ ରହିବ ସିଦ୍ଧାର୍ଥ ଏବଂ ଝିଅ ହେଲେ ତାହାର ନାଆଁ ରହିବ ଗୌତମୀ x x x। ଯେହେତୁ ରକ୍ତମାଂସର ଜୀବନରେ ସିଦ୍ଧାର୍ଥକୁ ଆମ ପରିବାରରେ ପାଇଲୁ ନାହିଁ, ସେଇ ହେତୁ ସୃଜନ ଜୀବନରେ ମୁଁ ସିଦ୍ଧାର୍ଥ ନାମଟିକୁ ବାଛିଲି। ବାସ୍ତବରେ ନ ହେଲା ନାହିଁ କଳ୍ପନାରେ ତ ସିଦ୍ଧାର୍ଥ ମାନସ ସନ୍ତାନ ହୋଇ ମୋର ପାଖେ ପାଖେ ରହିଛି।" (୩୫)

ବିଶେଷ କିଛି ଅବସୋସ ପ୍ରତ୍ୟେକ ସ୍ରଷ୍ଟାପ୍ରାଣକୁ ଜୀବନର ଶେଷ ମୁହୂର୍ତ୍ତ ପର୍ଯ୍ୟନ୍ତ ଆନ୍ଦୋଳିତ କରିଥାଏ। ଗୌରହରି ଦାସଙ୍କୁ ପୁତ୍ର ଅପ୍ରାପ୍ତି ଜନିତ ଶୂନ୍ୟତା ଗ୍ରାସ କରିବା ଯେତିକି ବେଦନାଦାୟକ ନୁହେଁ, ତା'ଠାରୁ ଅଧିକ ପୁତ୍ର ଭିତରେ ସିଦ୍ଧାର୍ଥକୁ ଉପଲବ୍ଧି କରିବା ଏବଂ ସିଦ୍ଧାର୍ଥ ନାମ ଉଚ୍ଚାରଣ ପୂର୍ବକ ଆତ୍ମତୃପ୍ତି ଲାଭ କରିବାରୁ ବଞ୍ଚିତ ହେବା। ତେବେ ସିଦ୍ଧାର୍ଥ ପ୍ରତି ପ୍ରାବନ୍ଧିକ ଏତେ ଭାବପ୍ରବଣ ଏବଂ ଦୁର୍ବଳ କାହିଁକି ? ବୁଦ୍ଧ-ଧର୍ମ-ସଂଘର ବ୍ୟାପ୍ତିରୁ ସଂପୂର୍ଣ୍ଣ ବିମୁକ୍ତ କେତେକ ଯୁକ୍ତି ଓ ସିଦ୍ଧାନ୍ତର ଜୀବନ ପ୍ରତି ଶାଶ୍ୱତ ଅଙ୍ଗୀକାରବଦ୍ଧତା।

ପ୍ରାବନ୍ଧିକଙ୍କୁ ପ୍ରଭାବିତ କରିଥିବା ବୌଦ୍ଧ ଦର୍ଶନ ଗୁଡ଼ିକ ମଧ୍ୟରେ ପ୍ରତି ମଣିଷ ଭିତରେ ବୁଦ୍ଧତ୍ୱର ସମ୍ଭାବନା ରହିଛି। କରୁଣା ହିଁ ମାନବିକତାର ପ୍ରଥମ ପରିଭାଷା। ଆପଣାର ଅଧିକାର ପଣରୁ ପ୍ରାଣୀକୁ ମୁକ୍ତି ଦେବା ହେଉଛି ଯଥାର୍ଥ ବଳି। ତାହାର ଅର୍ଥ ରକ୍ତପାତ ନୁହେଁ, ମୁକ୍ତି ପ୍ରଦାନ। କରୁଣା ଓ ଜୀବଦୟା ଏହି ଦର୍ଶନର ମୂଳ ତତ୍ତ୍ୱ। ବୁଦ୍ଧ ଶବ୍ଦର ଅର୍ଥ ପ୍ରଜ୍ଞାଦୀପ୍ତ ଆତ୍ମା। ଯିଏ ଯାତନାରୁ ମୁକ୍ତିର ଦୀର୍ଘପଥରେ ଅଭିଯାତ୍ରୀ ସିଏ ବୋଧିସତ୍ତ୍ୱ। ଜଣେ ନିଜେ ଯେପରି ବ୍ୟବହାର ଆଶା କରେ ସେ ଅନ୍ୟମାନଙ୍କୁ ସେହିପରି ବ୍ୟବହାର ପ୍ରଦର୍ଶନ କରିବା ଆବଶ୍ୟକ। ଏହାହିଁ ହେଉଛି ଶୀଳ ବା ନୈତିକ ଗୁଣ। ସମାଧିର ଅର୍ଥ ହେଉଛି ଏକାଗ୍ର ସାଧନା, ଏହାର ପରକଥା ହେଉଛି ପ୍ରଜ୍ଞା ବା

ସିଦ୍ଧିଲାଭ। ଦୁଃଖର କାରଣ ହେଉଛି ଆସକ୍ତି। ଆସକ୍ତିରୁ ମୁକ୍ତ ହେବା ହେଉଛି ନିରୋଧ। ଦୁଃଖ ଓ ଯନ୍ତ୍ରଣାକୁ ଅତିକ୍ରମ କରିବାର ଏହା ଏକମାତ୍ର ମାର୍ଗ। କାମାଗ୍ନି, ଦ୍ୱେଷାଗ୍ନି ଓ ମୋହାଗ୍ନି ଏହି ତିନି ପ୍ରକାର ଅଗ୍ନିକୁ ତ୍ୟାଗ କରିବାକୁ ହେବ।

ପ୍ରାବନ୍ଧିକ ଗୌତମ ବୁଦ୍ଧଙ୍କ ଜନ୍ମ ମୃତ୍ୟୁ ସଂପର୍କରେ ଏକ ଚମତ୍କାର ତଥ୍ୟ ଉପସ୍ଥାପନ କରିଛନ୍ତି। ସିଦ୍ଧାର୍ଥ ବୈଶାଖ ପୂର୍ଣ୍ଣିମା ତିଥିରେ କପିଳବାସ୍ତୁର ଲୁମ୍ବିନୀରେ ଜନ୍ମଗ୍ରହଣ କରିଥିଲେ। ଏହି ତିଥିରେ ବୋଧଗୟାରେ ବୁଦ୍ଧତ୍ୱ ପ୍ରାପ୍ତି ହୋଇଥିଲେ। ସେହି ବୈଶାଖ ପୂର୍ଣ୍ଣିମା ତିଥିରେ ୮୦ ବର୍ଷରେ କୁଶିନଗରରେ ନିର୍ବାଣ ପ୍ରାପ୍ତ ହୋଇଥିଲେ। କୌଣସି ଭାଗ୍ୟବାନଙ୍କ ଜୀବନରେ ଏଭଳି ଘଟଣାର ଉଦାହରଣ ନାହିଁ। ଓଡ଼ିଆ ସାହିତ୍ୟର ଗଜପତି ବ୍ୟାସକବି ଫକୀରମୋହନଙ୍କୁ କେବଳ ସଂକ୍ରାନ୍ତି ପୁରୁଷ ଭାବରେ ଉପସ୍ଥାପନ କରାଯାଇଛି। ସେ ୧୮୪୩ ମସିହା ଜାନୁଆରି ୧୩ ତାରିଖ ଶୁକ୍ରବାର ମକର ସଂକ୍ରାନ୍ତିରେ ଜନ୍ମଗ୍ରହଣ କରିଥିଲେ। ୧୯୧୮ ମସିହା ଜୁନ୍ ୧୪ ତାରିଖ ସେହି ଶୁକ୍ରବାର ଏବଂ ରଜ ସଂକ୍ରାନ୍ତିରେ ତାଙ୍କର ମହାପ୍ରୟାଣ ଘଟିଥିଲା।

'ପୂର୍ଣ୍ଣିମା ପୁରୁଷ ଗୌତମ ବୁଦ୍ଧ' ପ୍ରାବନ୍ଧିକଙ୍କ ଏକ କାଳଜୟୀ ରଚନା। ସେ ଉଲ୍ଲେଖ କରିଛନ୍ତି, ସାରା ପୃଥିବୀକୁ ଭାରତବର୍ଷର ସର୍ବଶ୍ରେଷ୍ଠ ଉପହାର ହେଉଛି, ଗୌତମ ବୁଦ୍ଧ ଏବଂ ତାଙ୍କର ଦର୍ଶନ। ଗୌତମ ବୁଦ୍ଧ ଜାତିପ୍ରଥାକୁ ବିରୋଧ କରିଥିଲେ। ନାରୀମାନଙ୍କ ସ୍ଥାନ ଶୂଦ୍ରମାନଙ୍କ ଠାରୁ ନିମ୍ନ ବୋଲି ଯେଉଁ ବିଚାର ଥିଲା, ତାହାକୁ ଅସ୍ୱୀକାର କରି ନାରୀକୁ ସମ୍ମାନ ପ୍ରଦାନ କରିଥିଲେ। ସେ ମଧ୍ୟ ଶିକ୍ଷାକୁ ସାର୍ବଜନୀନ କରିବାକୁ ପ୍ରଚେଷ୍ଟା କରିଥିଲେ। ଅର୍ଥାତ୍ ପ୍ରାବନ୍ଧିକଙ୍କ ଗଭୀର ଦୃଷ୍ଟିରେ ସିଦ୍ଧାର୍ଥ ମଣିଷ ଦେହଧାରୀ ବିଷ୍ଣୁଙ୍କ ନବମ ଅବତାର।

'ଗାନ୍ଧୀ ଓ ବହି' ଶୀର୍ଷକ ରଚନାଟି ଗାନ୍ଧୀଜୀଙ୍କ ପୁସ୍ତକ ପଠନ ପ୍ରତି ଆଗ୍ରହର କାରଣ ଅନୁସନ୍ଧାନ କରିଛି। ପ୍ରଥମ କାରଣ ଆନନ୍ଦ ଲାଭ ପାଇଁ, ଦ୍ୱିତୀୟ କାରଣ ଜ୍ଞାନ ଅର୍ଜନ ପାଇଁ, ତୃତୀୟତଃ ପୁସ୍ତକ ଅଧ୍ୟୟନ ଏକ ସାଧନା।

ଗାନ୍ଧୀଜୀଙ୍କ ପ୍ରିୟ ଲେଖକ ଓ ପୁସ୍ତକ ଗୁଡ଼ିକ ମଧ୍ୟରେ 'ବାଇବେଲ୍', 'କୁରାନ୍', 'ମହାଭାରତ', 'ରାମାୟଣ', ପ୍ଲାଟୋଙ୍କ 'ଦ ଆପଲଜି', 'ଡିଫେନ୍ସ ଆଣ୍ଡ ଡେଥ୍ ଅଫ୍ ସକ୍ରେଟିସ୍', ହେନ୍‌ରି ଏସ୍. ସଲ୍‌ଟଙ୍କ 'ଏ ପ୍ଲିଫର ଭେଜିଟେରିଆନିଜମ୍', ଲଇଓ ଟଲଷ୍ଟୟଙ୍କ 'ଦ କିଙ୍ଗଡମ୍ ଅଫ୍ ଗଡ୍ ଇଜ୍ ଉଇଦିନ୍ ୟୁ', ଜନ୍ ରସ୍କିନ୍‌ଙ୍କ 'ଅନ୍ ଟୁ ଦିସ୍ ଲାଷ୍ଟ୍', ଏଡ୍‌ୱାର୍ଡ କାରପେଣ୍ଟରଙ୍କ 'ସିଭିଲାଇଜେସନ୍ ଇଟ୍‌ସ କଜ୍ ଆଣ୍ଡ କିଓର', ଦାଦାଭାଇ ନାରୋଜୀଙ୍କ 'ପଭର୍ଟି ଆଣ୍ଡ ଅନ୍-ବ୍ରିଟିଶ ରୁଲ୍ ଇନ୍ ଇଣ୍ଡିଆ', ଥମାସ୍ ଟେଲରଙ୍କ 'ଦ ଫାଲାସି ଅଫ୍ ସ୍ପିଡ୍', ରମେଶ ଚନ୍ଦ୍ର ଦତ୍ତଙ୍କ 'ଇକନମିକ୍ ହିଷ୍ଟ୍ରୀ ଅଫ୍ ଇଣ୍ଡିଆ'।

ଗାନ୍ଧୀଜୀ ଶ୍ରୀମଦ୍‌ଭଗବତ ଗୀତାକୁ ଶିକ୍ଷକ ଭାବେ ଗ୍ରହଣ କରିଥିଲେ। ବିପଦ କାଳରେ ତାଙ୍କୁ ଗୀତା ସହାୟକ ହେଉଥିଲା। 'ଏ ପ୍ଲି ଫର୍ ଭେଜିଟେରିଆନିଜମ୍' ପୁସ୍ତକଟି ନିରାମିଷ ଭୋଜନର ଉପାଦେୟତା ସଂପର୍କରେ ସହାୟକ ହୋଇଥିଲା। ମାର୍କିନ୍ ଦାର୍ଶନିକ ହେନ୍‌ରୀ ଡ୍ୟାଭିଡ୍ ଥାରୋଙ୍କ ଲେଖା ଲବଣ ସତ୍ୟାଗ୍ରହ ଓ ଆଇନ ଅମାନ୍ୟ ଆନ୍ଦୋଳନ ପାଇଁ ପ୍ରେରଣା ଯୋଗାଇଥିଲା। ଲିଓ ଟଲ୍‌ଷ୍ଟୟଙ୍କ ପୁସ୍ତକଗୁଡ଼ିକ ଘୃଣା ନୁହେଁ ପ୍ରେମର ତାତ୍ପର୍ଯ୍ୟ ଓ ଶକ୍ତି ସଂପର୍କରେ ଜ୍ଞାନ ଉପଲବ୍ଧିରେ ସହାୟକ ହୋଇଥିଲା। 'ଅନ୍ ଟୁ ଦିସ୍ ଲାଷ୍ଟ' ପୁସ୍ତକରୁ ସର୍ବୋଦୟ ଓ ଶାରୀରିକ ପରିଶ୍ରମର ମୂଲ୍ୟ କ'ଣ ତା'ର ମନ୍ତ୍ର ପାଇଥିଲେ। 'ବାଇବେଲ୍'ର 'ଦ ନିଉ ଟେଷ୍ଟାମେଣ୍ଟ' ଏବଂ 'ସରମନ୍ ଅନ୍ ଦ ମାଉଣ୍ଟ'ର କରୁଣା ଏବଂ ପୁନର୍ଜାଗରଣ ବିଷୟରେ ପ୍ରଭାବିତ କରିଥିଲା।

ଗାନ୍ଧୀଜୀ ସାହିତ୍ୟ ଓ ସମ୍ବାଦପତ୍ରର ଗୁରୁତ୍ୱ ଓ ପ୍ରଭାବ ସଂପର୍କରେ ନିଶ୍ଚିତ ଥିଲେ। ତେଣୁ 'ଲଣ୍ଡନ ଗାଇଡ୍', 'ହିନ୍ଦ୍ ସ୍ୱରାଜ', ଇଂରାଜୀ, ଫ୍ରେଞ୍ଚ, ରୁଷୀୟ, ଜର୍ମାନ୍, ଚାଇନିଜ୍, ଜାପାନୀ ଭାଷାରେ ଅନୂଦିତ ହୋଇଥିବା ପ୍ରସିଦ୍ଧ ଆତ୍ମକାହାଣୀ 'ଦ ଷ୍ଟୋରି ଅଫ୍ ମାଇଁ ଏକ୍ସପେରିମେଣ୍ଟ ଉଇଥ୍ ଟ୍ରୁଥ୍' ରଚନା କରିଥିଲେ।

ଗାନ୍ଧୀଜୀ ପାଞ୍ଚଟି ସମ୍ବାଦପତ୍ରର ସଂପାଦକ ଓ ପ୍ରକାଶକ ଥିଲେ। 'ଇଣ୍ଡିଆନ୍ ଓପିନିୟନ୍' (୧୯୦୩), 'ସତ୍ୟାଗ୍ରହୀ ସାପ୍ତାହିକ' (୧୯୧୯), 'ୟଙ୍ଗ୍ ଇଣ୍ଡିଆ' (୧୯୨୭), 'ନବଜୀବନ' (୧୯୪୭), 'ହରିଜନ' (୧୯୩୩) ସମଗ୍ର ଭାରତବର୍ଷର ତତ୍କାଳୀନ ରାଜନୀତିକ ଓ ସାମାଜିକ ଚିତ୍ରକୁ ଉପସ୍ଥାପନ କରୁଥିଲା। ପ୍ରତିଦିନ ସେ ଅନ୍ୟୂନ ୫୦ ଖଣ୍ଡ ଚିଠି ଲେଖୁଥିଲେ।

'ପରଦେଶୀ ବନ୍ଧୁ ଜନ୍ ବୀମ୍‌ସ' ଏକ ମୂଲ୍ୟବାନ ପ୍ରବନ୍ଧ। ପ୍ରାବନ୍ଧିକ ଓଡ଼ିଆ ଭାଷା ସୁରକ୍ଷା ଆନ୍ଦୋଳନର ଆଦ୍ୟ ପ୍ରବକ୍ତା ଭାବରେ ଜନ୍ ବୀମ୍‌ସଙ୍କୁ କୃତଜ୍ଞତା ପ୍ରଦାନ କରିଛନ୍ତି। ଲେଖକ ଉଲ୍ଲେଖ କରିଛନ୍ତି-

"ପ୍ରତିବେଶୀ ବଙ୍ଗାଳୀମାନଙ୍କ ଚକ୍ରାନ୍ତ ଏବଂ ବିଦେଶୀ ପ୍ରଶାସନର ଉଦାସୀନତା ଯୋଗୁଁ ଯେତେବେଳେ ଓଡ଼ିଆ ଭାଷାର ଅସ୍ତିତ୍ୱ ସଂକଟାପନ୍ନ ଥିଲା, ସେତେବେଳେ ଏହି ବ୍ରିଟିଶ ପ୍ରଶାସକ ଜଣକ କେବଳ ଯୁକ୍ତି ନୁହେଁ, ତଥ୍ୟ ଓ ତତ୍ତ୍ୱ ଆଧାରିତ ପ୍ରମାଣ ଦେଇ ଓଡ଼ିଆ ଭାଷାର ପ୍ରାଚୀନତା ଓ ସ୍ୱାତନ୍ତ୍ର୍ୟ ପ୍ରତିଷ୍ଠା କରିଥିଲେ।" (୩୬)

ଜନ୍ ବୀମ୍‌ସ ଯେଉଁ ସବୁ ଦିଗରୁ ଓଡ଼ିଶା ଓ ଓଡ଼ିଆମାନଙ୍କର ମହତ୍ତ୍ୱ ସଂପର୍କରେ ଗୁରୁତ୍ୱ ପ୍ରଦାନ କରିଥିଲେ ସେଗୁଡ଼ିକ ହେଉଛି- ଓଡ଼ିଆ-ବଙ୍ଗଳା-ଆସାମୀ ଏହି ଭାଷାତ୍ରୟର ଜ୍ୟେଷ୍ଠ ଭଗିନୀ ହେଉଛି ଓଡ଼ିଆ। ସେ 'A Comparative Grammar of Modern Aryan Languages of India' ରଚନା କରି ଓଡ଼ିଆ ଭାଷାର ବୈଶିଷ୍ଟ୍ୟକୁ ପ୍ରତିପାଦନ କରିଛନ୍ତି ।

ଓଡ଼ିଆ ଲୋକଗୀତ, କାବ୍ୟ, ପୁରାଣ ଏବଂ ସ୍ଥାପତ୍ୟ-ଭାସ୍କର୍ଯ୍ୟ ସମ୍ବନ୍ଧରେ ପ୍ରବନ୍ଧମାନ ରଚନା କରି ଗୋଟିଏ କଳାକାର ଜାତିର ସୌଷ୍ଠବକୁ ପ୍ରତିପାଦିତ କରିଛନ୍ତି । ଜନ୍ ବୀମ୍ସ ନିଜେ ଓଡ଼ିଆ କହୁଥିଲେ, ନିଜର ପିଲାମାନଙ୍କୁ ଓଡ଼ିଆ କହିବା ପାଇଁ ଶିକ୍ଷା ଦେଉଥିଲେ । ସେ ୧୮୬୯ରୁ ୧୮୭୮ ପର୍ଯ୍ୟନ୍ତ ଓଡ଼ିଶାରେ କାର୍ଯ୍ୟ କରିଥିଲେ । ଏହି ୯ ବର୍ଷ ତାଙ୍କ ଜୀବନର ସବୁଠାରୁ ଉତ୍ତମ ସମୟ ଥିଲା ବୋଲି ତାଙ୍କ ଆତ୍ମଜୀବନୀରେ ଉଲ୍ଲେଖ କରିଛନ୍ତି । ଗରିବ ଲୋକଙ୍କୁ ନିଜର ବ୍ୟବହାର ପାଇଁ ଲୁଣ ମାରିବା ଅଧିକାର ପ୍ରଦାନ କରି ଚର୍ଚ୍ଚାର ପରିସର ଭୁକ୍ତ ହୋଇଥିଲେ । ଓଡ଼ିଶାର କମିଶନର ଦାୟିତ୍ୱ ତୁଲାଇବାକୁ ଯାଇ କେନ୍ଦୁଝରରୁ ନରବଳି ପ୍ରଥା ଉଠାଇ ଦେଇଥିଲେ । ଓଡ଼ିଆ ଲୋକସାହିତ୍ୟ ଓ ସଂସ୍କୃତିର ଉତ୍କର୍ଷ ପ୍ରତିପାଦନ କରିବାକୁ ଯାଇ 'ଓଡ଼ିଶାର ଲୋକଗୀତ', 'ଫୋକ୍‌ଲୋର ଅଫ୍ ଓଡ଼ିଶା' ପ୍ରବନ୍ଧ ରଚନା କରିଥିଲେ । ପ୍ରାବନ୍ଧିକଙ୍କ ମତରେ ଜନ୍ ବୀମ୍ସ ନ ଥିଲେ "ସରକାରୀ ସ୍କୁଲ୍ ଓ ଦପ୍ତରଗୁଡ଼ିକରୁ ଏହି ଭାଷା ଚିରକାଳ ଲାଗି ଉଠିଯାଇଥାନ୍ତା ଏବଂ ଭାଷା ଭିତ୍ତିରେ ସ୍ୱତନ୍ତ୍ର ରାଜ୍ୟ ଗଠନର ସୌଭାଗ୍ୟ ଓଡ଼ିଶା ପକ୍ଷେ ହୋଇପଡ଼ିଥାନ୍ତା ସୁଦୂର ପରାହତ ।" (୩୭)

'କଥା ସରିନାହିଁ' ଓ 'ଆଉ କିଛି କଥା' ପୁସ୍ତକ ଦ୍ୱୟ ସଂପର୍କରେ ସାମାନ୍ୟ ସମୀକ୍ଷା କାଳରେ ଗୋଟିଏ ବିଷୟ ଏହାର ପରିସର ଭୁକ୍ତ ନ ହେଲେ କିଛି ଅପୂର୍ଣ୍ଣ ରହିଗଲା ଭଳି ମନେହେବ । ସେହି ବିଷୟଟି ହେଉଛି 'ସବୁ ତାରା ନିଃସଙ୍ଗ, ସବୁ ମଣିଷ ଏକଲା ।' ପ୍ରାବନ୍ଧିକ ଭାବପ୍ରବଣ ହୋଇ ଲେଖିଛନ୍ତି-

"ଚାହୁଁ ଚାହୁଁ ଛଅ ବର୍ଷ ବିତିଗଲାଣି 'ନୀଳଶୈଳ'ର ବିଖ୍ୟାତି ଲେଖକ ସୁରେନ୍ଦ୍ର ମହାନ୍ତି ଆମ ଗହଣରୁ ଚାଲିଯିବାର, ଅଥଚ ଲାଗୁଛି କାଠଯୋଡ଼ିକୁ ଚାହିଁ, ସତୀ ଚଉଁରାର ବାଲି ଉପରେ ନିଦରେ ନିଦେଇ ଯିବାର ସେଇ ଘଟଣା ଏଇ ଯେମିତି ଗତ କାଲିର ।" (୩୮)

"ତାରାର ସେ ନିଃସଙ୍ଗତା ପୃଥିବୀରୁ ଥାଇ ଜାଣିହୁଏ ନାହିଁ,
ସେ ଏକଲା ପଣ ମଣିଷକୁ ଦୂରରୁ ଦେଖି ଅନୁଭବ କରିହୁଏ ନାହିଁ ।" (୩୯)

ବାସ୍ତବବାଦୀ ଗୌରହରି ଦାସଙ୍କ ସମଗ୍ର ପ୍ରବନ୍ଧ କୃତିର ୭୫ ପ୍ରତିଶତ ସମସ୍ୟାକୁ ନେଇ ରଚିତ । ତାଙ୍କ ପ୍ରବନ୍ଧ ବାସ୍ତବ ଘଟଣାକ୍ରମର ଚିତ୍ତଉଦ୍‌ବେଳନକାରୀ ତଥ୍ୟସମୂହ । ପଲ୍ଲୀରୁ ଦିଲ୍ଲୀ ପର୍ଯ୍ୟନ୍ତ ରାଜନୀତିକ ଘଟଣାବଳୀର ବିପରୀତ ଦିଗ, ଜୀବନ ଯୁଦ୍ଧରେ

ପରାଜିତ ଅବହେଳିତ ମଣିଷର କାହାଣୀ, ପ୍ରତିଭାବାନ ବ୍ୟକ୍ତିତ୍ୱଙ୍କ ପ୍ରତି ଅବହେଳା, ସାମାଜିକ ବୈଷମ୍ୟ, ସ୍ମୃତିର ବର୍ଣ୍ଣବୋଧ ତାଙ୍କ ପ୍ରବନ୍ଧର ସାର ନିର୍ଯ୍ୟାସ।

କଟାକ୍ଷ ଗୌରହରି ଦାସଙ୍କ ପ୍ରବନ୍ଧର ଏକ ବିଶିଷ୍ଟ ବିଭବ। ଜଣେ ସମାଜ ସଂସ୍କାରକ ଜୀବନ ପ୍ରତି ପ୍ରତିବଦ୍ଧ ପ୍ରାବନ୍ଧିକଙ୍କ କୃତିରେ ଏହା ପ୍ରକାଶିତ ହେବା ସ୍ୱାଭାବିକ। ଗୋଟିଏ କଟାକ୍ଷକୁ ଉଦାହରଣ ଭାବରେ ନିଆଯାଇପାରେ।

"ବାରମ୍ବାର ଏ ରାଜ୍ୟର ଛାମୁଆ ନେତାମାନେ ଗାନ୍ଧୀ, ନେହେରୁ ପରିବାରର ଚରଣାରବିନ୍ଦରେ ନିଜକୁ ଉତ୍ସର୍ଗ କରିଦେବାକୁ ନିଜ ନିଜ ଜୀବନରେ ପରମ ଲକ୍ଷ୍ୟ ଓ ମୋକ୍ଷ ବୋଲି ଗ୍ରହଣ କରି ନେଇଛନ୍ତି।" (ଶତାବ୍ଦୀର ଭୟଙ୍କର ବିପର୍ଯ୍ୟୟ: ଅର୍ଦ୍ଧଶତାବ୍ଦୀର ଅସମର୍ଥ ମୁଖ୍ୟମନ୍ତ୍ରୀ)

ପ୍ରାବନ୍ଧିକ ପ୍ରବନ୍ଧ ରଚନା କାଳରେ ତ୍ରିବିଧ ଘଟଣାବଳୀକୁ ପ୍ରାଧାନ୍ୟ ଦେଇଛନ୍ତି। ଯାହା ବାସ୍ତବ, କାଳ୍ପନିକ ଓ ପୌରାଣିକ ବିଭାଗରେ ଅନ୍ତର୍ଭୁକ୍ତ।

ବାସ୍ତବ କାହାଣୀ ରୂପେ:- 'ଓଡ଼ିଶାକୁ କିଏ କାହିଁକି ଆସିବ' (ଆଣ୍ଡାମାନ ନିକୋବର ଦ୍ୱୀପପୁଞ୍ଜରୁ ପୁରୀ ଆସିଥିବା ଅଶୋକ ଶର୍ମା ପ୍ରସଙ୍ଗ), 'ଠାକୁର ଅଛନ୍ତି କି' (ନୟାଗଡ଼ ଜିଲ୍ଲାର ରଗଡ଼ିମଡ଼ା ଗାଁ ଢମଘରର ବୋହୂ ପ୍ରସଙ୍ଗ), 'ମଣିଷ ସବୁଦିନେ ଠାକୁରଙ୍କଠୁଁ ବଡ଼' (ଦାମୋଦର ଭେଲି ବନ୍ଧ ଉଦ୍‌ଘାଟନ ପ୍ରସଙ୍ଗ), 'ସତ୍ୟନାରାୟଣ ରାଜଗୁରୁ: ପାରଳାର ପରଶମଣି' (ପେନ୍‌ସନ୍‌ରୁ ବଞ୍ଚିତ ହେବା ପ୍ରସଙ୍ଗ) ଇତ୍ୟାଦି।

କାଳ୍ପନିକ କାହାଣୀ ରୂପେ:- 'ଓଡ଼ିଆ ସମାଜ: ଶିକ୍ଷା ଓ ସଂସ୍କୃତି' (ଚତୁର ବିଞ୍ଚଣା ବିକାଳି ଓ ଅସହାୟ ରାଜା ପ୍ରସଙ୍ଗ), 'ଠାକୁର ଅଛନ୍ତି କି?' (ଝିଅ ପୁଅ ହେବା ପ୍ରସଙ୍ଗ)।

ପୌରାଣିକ ଉଦାହରଣ ମଧ୍ୟରେ:- 'ପାପ ନା ପୁଣ୍ୟ' (ବେଦବ୍ୟାସ, ଅମ୍ବିକା ଓ ଅମ୍ବାଳିକା ପ୍ରସଙ୍ଗ) ଇତ୍ୟାଦି।

ପ୍ରାବନ୍ଧିକ ସରସ ଶବ୍ଦ ଚୟନ କରି ପ୍ରବନ୍ଧ ଗୁଡ଼ିକୁ ଚମତ୍କାରିତା ପ୍ରଦାନ କରିଛନ୍ତି। ଲେଖାଗୁଡ଼ିକ ତାଙ୍କ ବ୍ୟକ୍ତିତ୍ୱର ଏକ ଅଭିନ୍ନ ଅଂଶ। ଅନୁଭବକୁ ନିରପେକ୍ଷ ଓ ନିଷ୍କପଟ ଭାବରେ ରୂପାୟିତ କରିବାରେ ସେ ସୁଦକ୍ଷ। ସତ୍ୟର ମହତ୍ତ୍ୱ ଓ ପ୍ରତିଷ୍ଠା ଦିଗରେ ସେ ସର୍ବଦା ତତ୍ପର। ତାଙ୍କର କର୍ମମୟ ଜୀବନ ସହିତ ସାରସ୍ୱତ ସାଧନାର ସଂପର୍କ ନିବିଡ଼।

ସହାୟକ ପାଦଟୀକା:

୧. ଦାସ ଗୌରହରି, ଓଡ଼ିଶା ଡାଏରି, ଓଡ଼ିଶା ବୁକ୍ ଷ୍ଟୋର - ୨୦୦୧, ପୃ-୩୦
୨. ଦାସ ଗୌରହରି, ଓଡ଼ିଶା ଡାଏରି, ଓଡ଼ିଶା ବୁକ୍ ଷ୍ଟୋର - ୨୦୦୧, ପୃ-୧୭

୩. ଦାସ ଗୌରହରି, ଓଡ଼ିଶା ଡାଏରି, ଓଡ଼ିଶା ବୁକ୍ ଷ୍ଟୋର - ୨୦୦୧, ପୃ-୯୬
୪. ଦାସ ଗୌରହରି, ଓଡ଼ିଶା ଡାଏରି, ଓଡ଼ିଶା ବୁକ୍ ଷ୍ଟୋର - ୨୦୦୧, ପୃ-୨୪
୫. ଦାସ ଗୌରହରି, ଓଡ଼ିଶା ଡାଏରି, ଓଡ଼ିଶା ବୁକ୍ ଷ୍ଟୋର - ୨୦୦୧, ପୃ-୨୮
୬. ଦାସ ଗୌରହରି, ଓଡ଼ିଶା ଡାଏରି, ଓଡ଼ିଶା ବୁକ୍ ଷ୍ଟୋର - ୨୦୦୧, ପୃ- ୨୯
୭. ଦାସ ଗୌରହରି, ଓଡ଼ିଶା ଡାଏରି, ଓଡ଼ିଶା ବୁକ୍ ଷ୍ଟୋର - ୨୦୦୧, ପୃ-୩୭
୮. ଦାସ ଗୌରହରି, ଓଡ଼ିଶା ଡାଏରି, ଓଡ଼ିଶା ବୁକ୍ ଷ୍ଟୋର - ୨୦୦୧, ପୃ- ୪୬
୯. ଦାସ ଗୌରହରି, ଓଡ଼ିଶା ଡାଏରି, ଓଡ଼ିଶା ବୁକ୍ ଷ୍ଟୋର - ୨୦୦୧, ପୃ-୬୦
୧୦. ଦାସ ଗୌରହରି, ଓଡ଼ିଶା ଡାଏରି, ଓଡ଼ିଶା ବୁକ୍ ଷ୍ଟୋର - ୨୦୦୧, ପୃ-୭୧
୧୧. ଦାସ ଗୌରହରି, କାହାର ଓଡ଼ିଶା, ଓଡ଼ିଶା ବୁକ୍ ଷ୍ଟୋର - ୨୦୦୧, ପୃ-୨୩
୧୨. ଦାସ ଗୌରହରି, କଥାବାର୍ତ୍ତା, କଟକ ଷ୍ଟୁଡେଣ୍ଟସ ଷ୍ଟୋର-୨୦୦୧, ପୃ-୧୪୪
୧୩. ଦାସ ଗୌରହରି, କଥାବାର୍ତ୍ତା, କଟକ ଷ୍ଟୁଡେଣ୍ଟସ ଷ୍ଟୋର-୨୦୦୧, ପୃ-୫୨
୧୪. ଦାସ ଗୌରହରି, କଥାବାର୍ତ୍ତା, କଟକ ଷ୍ଟୁଡେଣ୍ଟସ ଷ୍ଟୋର-୨୦୦୧, ପୃ-୪୮
୧୫. ଦାସ ଗୌରହରି, କଥାବାର୍ତ୍ତା, କଟକ ଷ୍ଟୁଡେଣ୍ଟସ ଷ୍ଟୋର-୨୦୦୧, ପୃ-୧୧୪
୧୬. ଦାସ ଗୌରହରି, କଥାବାର୍ତ୍ତା, କଟକ ଷ୍ଟୁଡେଣ୍ଟସ ଷ୍ଟୋର-୨୦୦୧, ପୃ-୧୨୧
୧୭. ଦାସ ଗୌରହରି, ରାଜଧାନୀ ରାଜନୀତି-୧, ଆମ ଓଡ଼ିଶା-୨୦୧୪, ପୃ-୨୨
୧୮. ଦାସ ଗୌରହରି, ରାଜଧାନୀ ରାଜନୀତି-୨, ଆମ ଓଡ଼ିଶା-୨୦୧୪, ପୃ-୧୩
୧୯. ଦାସ ଗୌରହରି, ରାଜଧାନୀ ରାଜନୀତି-୨, ଆମ ଓଡ଼ିଶା-୨୦୧୪, ପୃ-୧୩
୨୦. ଦାସ ଗୌରହରି, ରାଜଧାନୀ ରାଜନୀତି-୨, ଆମ ଓଡ଼ିଶା-୨୦୧୪, ପୃ-୧୭୮
୨୧. ଦାସ ଗୌରହରି, ରାଜଧାନୀ ରାଜନୀତି-୨, ଆମ ଓଡ଼ିଶା-୨୦୧୪, ପୃ-୧୯୩
୨୨. ଦାସ ଗୌରହରି, ଆଉ କିଛି କଥା, ଏଥେନା ବୁକ୍ସ, ପୃ-୨୨
୨୩. ଦାସ ଗୌରହରି, ଆଉ କିଛି କଥା, ଏଥେନା ବୁକ୍ସ, ପୃ-୨୬୪
୨୪. ଦାସ ଗୌରହରି, ଆଉ କିଛି କଥା, ଏଥେନା ବୁକ୍ସ, ପୃ-୩୪୭
୨୫. ଦାସ ଗୌରହରି, ଆଉ କିଛି କଥା, ଏଥେନା ବୁକ୍ସ, ପୃ-୩୫୧
୨୬. ଦାସ ଗୌରହରି, ଆଉ କିଛି କଥା, ଏଥେନା ବୁକ୍ସ, ପୃ-୩୮୪
୨୭. ଦାସ ଗୌରହରି, ଆଉ କିଛି କଥା, ଏଥେନା ବୁକ୍ସ, ପୃ-୨୩୧
୨୮. ଦାସ ଗୌରହରି, ଆଉ କିଛି କଥା, ଏଥେନା ବୁକ୍ସ, ପୃ-୫୨
୨୯. ଦାସ ଗୌରହରି, ଆଉ କିଛି କଥା, ଏଥେନା ବୁକ୍ସ, ପୃ-୧୫୨
୩୦. ଦାସ ଗୌରହରି, ଆଉ କିଛି କଥା, ଏଥେନା ବୁକ୍ସ, ପୃ-୧୫୨
୩୧. ଦାସ ଗୌରହରି, ଆଉ କିଛି କଥା, ଏଥେନା ବୁକ୍ସ, ପୃ-୧୨୯
୩୨. ଦାସ ଗୌରହରି, ଆଉ କିଛି କଥା, ଏଥେନା ବୁକ୍ସ, ପୃ-୩୦୨
୩୩. ଦାସ ଗୌରହରି, ଆଉ କିଛି କଥା, ଏଥେନା ବୁକ୍ସ, ପୃ-୩୧୭
୩୪. ଦାସ ଗୌରହରି, ଆଉ କିଛି କଥା, ଏଥେନା ବୁକ୍ସ, ପୃ-୩୧୬
୩୫. ଦାସ ଗୌରହରି, ଆଉ କିଛି କଥା, ଏଥେନା ବୁକ୍ସ, ପୃ-୪୦୭
୩୬. ଦାସ ଗୌରହରି, ଆଉ କିଛି କଥା, ଏଥେନା ବୁକ୍ସ, ପୃ-୧୯୭
୩୭. ଦାସ ଗୌରହରି, ଆଉ କିଛି କଥା, ଏଥେନା ବୁକ୍ସ, ପୃ-୧୯୬
୩୮. ଦାସ ଗୌରହରି, ଆଉ କିଛି କଥା, ଏଥେନା ବୁକ୍ସ, ପୃ-୨୩୧
୩୯. ଦାସ ଗୌରହରି, ଆଉ କିଛି କଥା, ଏଥେନା ବୁକ୍ସ, ପୃ:୨୩୧

ପର୍ଯ୍ୟଟକ ଗୌରହରି ଦାସଙ୍କ ଦୃଷ୍ଟିରେ ବିଦେଶ

ଭାରତୀ ମୁଦୁଲି

ମାନବ ଜୀବନ ସ୍ମୃତିପୂର୍ଣ୍ଣ। ସ୍ମୃତି ଜୀବନର ଅଙ୍ଗସଦୃଶ ଏକ ଅଂଶ। ଏହି ସ୍ମୃତି ମଣିଷ ମନରେ ଅହରହ ଘୂରିବୁଲୁଥାଏ। ସ୍ମୃତିକୁ ନେଇ ମଣିଷ ତା'ର ଜୀବନର ଅତୀତ, ବର୍ତ୍ତମାନ ଓ ଭବିଷ୍ୟତର ସମୟକୁ ଗତିଶୀଳ କରାଇନିଏ। ଭବସାଗରକୁ ଅତିକ୍ରମ କରିବା ଭିତରେ ମାନବ କେତେ ଯେ ଦୁଃଖ, କଷ୍ଟ, ଆନନ୍ଦର ଆଞ୍ଜୁଳା ଆଞ୍ଜୁଳା ସ୍ମୃତି ନିଜ ମନର ଗନ୍ତାଘରେ ସାଇତି ରଖିଥାଏ! ପ୍ରତ୍ୟହ ନବ ନବ ସ୍ମୃତି ଆସି ପୁଣି ସେଇ ଗନ୍ତାଘରେ ଗଚ୍ଛିତ ହୋଇଥାନ୍ତି। ସମୟ ଅନୁସାରେ ମଣିଷ ତାକୁ ଉପଯୋଗ କରି ଏକ ଭିନ୍ନ ଢଙ୍ଗର ରୂପ ପ୍ରଦାନ କରି ସର୍ବସମ୍ମୁଖରେ ପ୍ରକାଶ କରେ। ମୁକ୍ତ ଆକାଶର ପକ୍ଷୀ ଭଳି ପ୍ରତି ମଣିଷ ସ୍ୱାଧୀନତା ଚାହେଁ। ଡେଣା ମେଲାଇ ଉଡୁଥିବା ସେଇ ପକ୍ଷୀ ଭଳି ଚାରିଆଡ଼େ ବୁଲିବାକୁ ଚାହେଁ। ଏକ ନିର୍ଦ୍ଦିଷ୍ଟ ସ୍ଥାନରେ ନିଜକୁ କେବେ ବନ୍ଦୀ କରି ରଖିବାକୁ ସେ ଚାହେଁ ନାହିଁ। ପ୍ରତି ମଣିଷ ଭିତରେ କିଛି ସହଜାତ ପ୍ରବୃତ୍ତି ରହିଥାଏ। ଯଥା:- ଅନ୍ୟ ଜାଗାକୁ ବୁଲିଯିବା, ଭିନ୍ନ ଲୋକଙ୍କ ସହ ମିଶି ସେମାନଙ୍କ ସହ ଭାବର ଆଦାନ ପ୍ରଦାନ କରିବା ଓ ତାକୁ ଅନୁଭୂତି କରି ସଞ୍ଚି ରଖିବା। ବୋଧହୁଏ ଏଇପରି କିଛି ସ୍ମୃତି ଓ ଅନୁଭୂତିକୁ ନେଇ ଲିପିବଦ୍ଧ ହୋଇଥାଏ ଭ୍ରମଣ ସାହିତ୍ୟ। ଭ୍ରମଣ ପରମ୍ପରା ବହୁ ପୁରୁଣା। ପୂର୍ବେ ଲୋକମାନେ ଧର୍ମ ଅର୍ଜନ ଲାଗି ବିଭିନ୍ନ ତୀର୍ଥସ୍ଥାନ ଭ୍ରମଣ କରିବାକୁ ଯାଉଥିଲେ। ତେଣୁ ତୀର୍ଥଦର୍ଶନ ନାମରେ ବିଭିନ୍ନ ସ୍ଥାନ ଭ୍ରମଣ କରିବାର ବ୍ୟବସ୍ଥା ମାନବ ସମାଜର ଜୀବନଧାରାର ଏକ ବଳିଷ୍ଠ ଅଙ୍ଗ ଭାବେ ରହିଆସିଛି।

ଦୂର ଦେଶର ଅଦେଖା ଜାଗାର ପ୍ରାକୃତିକ ଶୋଭାରାଜିର ରୂପଦର୍ଶନ ତଥା

ଉପଭୋଗ ଲାଗି କବି, ଲେଖକ, ଦାର୍ଶନିକ ଓ ଭାବୁକମାନେ ଇଚ୍ଛା ପ୍ରକାଶ କରିଥାନ୍ତି। ସମସ୍ତେ ଭ୍ରମଣ କରନ୍ତି, କିନ୍ତୁ ଗଭୀର ଅନୁଭୂତି ସାଉଁଟି ନ ପାରିଲେ ତାକୁ ଲିପିବଦ୍ଧ କରିପାରନ୍ତି ନାହିଁ। ଯେଉଁମାନେ ଲେଖନ୍ତି, ତାହା ଅନେକ ସମୟରେ ସୁଖପାଠ୍ୟ ନ ହୋଇ ଶୁଷ୍କ ନିରସ ତଥ୍ୟଭିତ୍ତିକ ହୋଇଯାଇଥାଏ। ଭିନ୍ନ ସ୍ଥାନ ପରିଭ୍ରମଣ ଦ୍ୱାରା ଯେଉଁ ଗଭୀର ଅନୁଭୂତି ସାହିତ୍ୟିକ ମର୍ଯ୍ୟାଦା ଲାଭ କରେ, ତାହାକୁ ଭ୍ରମଣ ସାହିତ୍ୟରୂପେ ଗ୍ରହଣ କରାଯାଇଥାଏ। ଅନୁଭୂତିର ଗଭୀରତା ନ ଥିଲେ ତାହା ପାଠକ ପ୍ରାଣଶର ଆବେଦନ ସୃଷ୍ଟି କରିପାରେ ନାହିଁ। ଭ୍ରମଣକାରୀ ନିଜ ଆଖିରେ ଯାହା ଦେଖିଛି, ଅନୁଭବ କରିଛି ତାକୁ ସେ ଅଭିନବ ଢଙ୍ଗରେ ଭ୍ରମଣ ସାହିତ୍ୟରେ ଉପସ୍ଥାପନ କରିଥାଏ। ବିଭିନ୍ନ ଦେଶ ଭ୍ରମଣର ଅନୁଭୂତିକୁ ଲିପିବଦ୍ଧ କରାଯିବା ଦ୍ୱାରା ତାହା ଅନ୍ୟମାନଙ୍କୁ ସେହି ଦେଶ ସମ୍ପର୍କରେ ଆବଶ୍ୟକୀୟ ତଥ୍ୟ ଯୋଗାଇ ଦେବାରେ ସହାୟକ ହୋଇଥାଏ। ଜଣେ ବ୍ୟକ୍ତି ସେ ଦେଶକୁ ନ ଯାଇ ମଧ୍ୟ ଭ୍ରମଣ ସାହିତ୍ୟ ପଠନ କରି ସେ ଦେଶର ସହର, ନଗର, ଲୋକମାନଙ୍କର ଜୀବନ ପ୍ରଣାଳୀ, ସେମାନଙ୍କର ସଂସ୍କୃତି, ଚଳଣି, ଖାଦ୍ୟପେୟ ଇତ୍ୟାଦି ସମ୍ପର୍କରେ ଅବହିତ ହୋଇପାରେ।

ପର୍ଯ୍ୟଟନର ଗୁରୁତ୍ୱ ଓ ମଣିଷ ଜୀବନରେ ଏହାର ମହାର୍ଘତାକୁ ଉପଲବ୍ଧି କରି ସେଣ୍ଟ ଅଗଷ୍ଟାଇନ୍ କୁହନ୍ତି- "The world is a book, and those who do not travel read only a page." ଅର୍ଥାତ୍ ପୃଥିବୀ ଏକ ବିରାଟ ଗ୍ରନ୍ଥ, ଯେଉଁମାନେ ଘର ମଧ୍ୟରୁ ବାହାରକୁ ପାଦ କାଢ଼ି ନାହାନ୍ତି ବା ଭ୍ରମଣ କରିନାହାନ୍ତି ସେମାନେ ଏହି ବିଶାଳ ଗ୍ରନ୍ଥର କେବଳ ଗୋଟିଏ ପୃଷ୍ଠା ଅଧ୍ୟୟନ କରିଛନ୍ତି।

ବିଶ୍ୱକବି ରବୀନ୍ଦ୍ରନାଥ ଠାକୁର୍ ପୃଥିବୀକୁ ଏକ ପୁସ୍ତକ ସହିତ ତୁଳନା କରି ତା'ର ପରିଭ୍ରମଣରେ ଜ୍ଞାନର ପରିସର ବୃଦ୍ଧି ହୋଇଥାଏ ବୋଲି କହିଛନ୍ତି- "ପୃଥିବୀରେ ଗୋଟିଏ ମାତ୍ର ବହି ଅଛି, ଯାହାର ଦୁଇଟି ପୃଷ୍ଠା। ଏହି ବହିର ଗୋଟିଏ ପୃଷ୍ଠା ଆକାଶ ଓ ଅନ୍ୟ ପୃଷ୍ଠାଟି ପୃଥିବୀ। ଏଇ ଦୁଇ ପୃଷ୍ଠାକୁ ସମଗ୍ର ଜୀବନ ବିନିମୟରେ ଅଧ୍ୟୟନ କରାଯାଇପାରେ।"

ସେହିପରି ଓଡ଼ିଆରେ କଥନ ଅଛି-

"ଟଙ୍କାକ ପଛେ ବାରଣା ହେଉ,
ପୁଅ ଯାଇ ଆସିକି ସିଆଣା ହେଉ।"

ଏସବୁ ଦୃଷ୍ଟିରୁ ବିଚାର କଲେ ଜଣାଯାଏ ଭ୍ରମଣର ଗୁରୁତ୍ୱ ସର୍ବଜନସ୍ୱୀକୃତ। ବ୍ୟକ୍ତି ବିଭିନ୍ନ ପ୍ରକାର ଅଭିଜ୍ଞତା ଅର୍ଜନ ପାଇଁ ପାଇଁ ଭ୍ରମଣ କରିବା ଏକାନ୍ତ ଜରୁରୀ।

ଓଡ଼ିଆ ଭ୍ରମଣ ସାହିତ୍ୟ ବେଶ୍ ସମୃଦ୍ଧଶୀଳ। ବହୁ ବୈଜ୍ଞାନିକ, ଶିକ୍ଷାବିତ୍,

ସାମ୍ବାଦିକ, ରାଜନୀତିଜ୍ଞ, ସାହିତ୍ୟିକ ଓ ସାଧାରଣ ବ୍ୟକ୍ତି ସେମାନଙ୍କ ଭ୍ରମଣବୃତ୍ତାନ୍ତ ଲିପିବଦ୍ଧ କରି ଭ୍ରମଣ ସାହିତ୍ୟର ଶ୍ରୀବୃଦ୍ଧି କରିଛନ୍ତି। ଏହିପରି ଜଣେ ଯଶସ୍ୱୀ ଲେଖକ ହେଉଛନ୍ତି ଗୌରହରି ଦାସ। ଓଡ଼ିଆରେ ଲେଖୁଥିବା ଭାରତୀୟ ଲେଖକମାନଙ୍କ ମଧ୍ୟରେ ଗୌରହରି ଜଣେ ଆଗଧାଡ଼ିର ଗାଳ୍ପିକ, ଔପନ୍ୟାସିକ, ଅନୁବାଦକ, ନାଟ୍ୟକାର, କବି ଏବଂ ସମାଲୋଚକ। ବାସ୍ତବ ଜୀବନର ସତ୍ୟତା, ସୂକ୍ଷ୍ମପ୍ରାଣର ନବୋଦୟତା ଓ ଅସୀମ ସ୍ୱପ୍ନର ଆଢୁଆଳରେ ନିଜର ଭିନ୍ନ ଚିନ୍ତାଧାରାକୁ ନେଇ ରଚନା କରୁଥିବା ସେ ଓଡ଼ିଆ ଭାଷାର ଜଣେ ବିଶିଷ୍ଟ ଲେଖକ ଭାବେ ସୁପରିଚିତ। ତାଙ୍କ ରଚନାବଳୀ ଯିଏ ପଢ଼େ, ସିଏ ଆଉ ଏକ ଦୁନିଆରେ ହଜିଯାଏ। ବାସ୍ତବରେ ୭ ଖଣ୍ଡ ଉପନ୍ୟାସ, ୧୬ରୁ ଊର୍ଦ୍ଧ୍ୱ କ୍ଷୁଦ୍ରଗଳ୍ପ ସଂକଳନ, ଏକାଧିକ ପ୍ରବନ୍ଧ ସଂଗ୍ରହ, ୬ଟି ପୁସ୍ତକର ଅନୁବାଦ, ଫିଚର୍, ନାଟକ ତଥା ଅନେକ ପୁସ୍ତକର ସମ୍ପାଦନା କରି ସେ ଖ୍ୟାତି ଅର୍ଜନ କରିଛନ୍ତି। ପର୍ଯ୍ୟଟକ ଗୌରହରି ଦାସ ବିଭିନ୍ନ ଦେଶ ଭ୍ରମଣ କରିଛନ୍ତି। ତା ଭିତରେ ଯୁକ୍ତରାଷ୍ଟ୍ର ଆମେରିକା, ଚୀନ୍, ସ୍ୱିଡେନ୍, ଇଂଲଣ୍ଡ, ଫ୍ରାନ୍ସ, ନେଦରଲ୍ୟାଣ୍ଡ, ଜର୍ମାନୀ, ଚେକୋସ୍ଲୋଭାକିଆ, ବେଲଜିୟମ୍, ମାଲେସିଆ, ଅଷ୍ଟ୍ରିଆ, ଇଟାଲୀ, ସ୍ୱିଜରଲ୍ୟାଣ୍ଡ ଓ ଜାପାନ ଇତ୍ୟାଦି ଦେଶ ଅନ୍ତର୍ଭୁକ୍ତ। ଆମେରିକା, ଚୀନ୍, ସ୍ୱିଡେନ୍ ଭ୍ରମଣର ଅନୁଭୂତି ହେଉଛି 'ପ୍ରଥମ ପ୍ରବାସ', 'ଚିହ୍ନା ଅଚିହ୍ନା ଚୀନ୍', 'ଦୁଇ ଦିଗନ୍ତ'। ଏଗୁଡ଼ିକରେ ଗୌରହରି ଦାସ ନିଜସ୍ୱ ଅନୁଭୂତିକୁ ଏକ ସ୍ୱତନ୍ତ୍ର ଢଙ୍ଗରେ ବର୍ଣ୍ଣନା କରିଛନ୍ତି।

ଗୌରହରି ଦାସ ଜଣେ ଭ୍ରମଣପ୍ରିୟ ଲେଖକ। ସେ ଗୋଟେ ସ୍ଥାନରେ କହିଛନ୍ତି ଯେ ମଣିଷକୁ ଈଶ୍ୱର ପାଦ ଦେଇଛନ୍ତି, ତାର ଅର୍ଥ ସେ ଗୋଟେ ସ୍ଥାନରେ ଗଛ ପରି ସ୍ଥିର ରହିବ ନାହିଁ। (୧) ଲେଖକ ଭାବେ ଗୌରହରିଙ୍କ ଧାରଣା ଯେ ଅଧ୍ୟୟନ, ଭ୍ରମଣ ଓ ଲୋକସମ୍ପର୍କ ମାଧ୍ୟମରେ ହିଁ ନୂଆ ନୂଆ ଜ୍ଞାନ ଅର୍ଜନ କରିହୁଏ। ସେଥିପାଇଁ ସେ ଭାରତର ବିଭିନ୍ନ ରାଜ୍ୟ ଓ ଗୁରୁତ୍ୱପୂର୍ଣ୍ଣ ସ୍ଥାନ ଭ୍ରମଣ କରିଛନ୍ତି। ଏହାର ପରିଚୟ ତାଙ୍କର ନିୟମିତ ସ୍ତମ୍ଭ 'ଜୀବନର ଜଳଛବି'ରୁ ଆମେ ପାଉ। ଲେଖକ ଆମେରିକା, ସ୍ୱିଡେନ୍ ଓ ଚୀନ୍‌ର ପରିଭ୍ରମଣ କରିଥିବା ସ୍ଥାନମାନଙ୍କର ବିବରଣୀ, ବିଭିନ୍ନ ସ୍ଥାନର ମହତ୍ତ୍ୱ, ପରିବେଶ, ପରିସ୍ଥିତି, ଜଳବାୟୁ, ବେଶ-ପୋଷାକ, ଚାଲିଚଳଣ, ଆଚାର-ବିଚାର, କଳା-ସଂସ୍କୃତି, ଶିକ୍ଷା-ସଭ୍ୟତା, ଖାଦ୍ୟପେୟ, ଭାଷା ଇତ୍ୟାଦି ଅତି ସୁନ୍ଦର ଭାବେ ବ୍ୟକ୍ତ କରିଛନ୍ତି। ଆମେରିକା କଥା କହୁ କହୁ ସ୍ୱଦେଶ-ବିଦେଶ କଥାକୁ ଏପରି ତୁଳନା କରି ସେ ଦେଖାଇଛନ୍ତି ଯେ ତାହା ପଢୁ ପଢୁ ନିକଟ ଓ ଦୂରର ଛବି ଚିତ୍ରକଳ୍ପ ପରି ପାଠକ ଆଖି ଆଗରେ ଭାସିଯାଏ। ଏହାହିଁ ତାଙ୍କ ଭ୍ରମଣ କାହାଣୀ ରଚନାର ବିଶେଷତ୍ୱ ବୋଲି ସ୍ପଷ୍ଟ ପ୍ରତୀତ ହୁଏ।

ଗୌରହରି ଦାସ ପ୍ରଥମେ ୧୯୯୬ ମସିହାରେ ଯୁକ୍ତରାଷ୍ଟ୍ର ଆମେରିକା ଭ୍ରମଣର ସୁଯୋଗ ପାଇଲେ। ସେଠାରେ ରହୁଥିବା ଓଡ଼ିଆମାନଙ୍କର ସାଂସ୍କୃତିକ ମଞ୍ଚ (Odisha Society Of Americas)ର ଆମନ୍ତ୍ରଣ କ୍ରମେ ୱାଶିଂଟନ୍ ଡି.ସିରେ ଅନୁଷ୍ଠିତ ବାର୍ଷିକ ଅଧିବେଶନର ଜଣେ ଅତିଥି ଭାବେ ଆମନ୍ତ୍ରିତ ହୋଇଥିଲେ। ସେହି ଭ୍ରମଣର ଫଳସ୍ୱରୂପ ତାଙ୍କର ପ୍ରଥମ ଭ୍ରମଣ ପୁସ୍ତକ 'ପ୍ରଥମ ପ୍ରବାସ'। 'ପ୍ରଥମ ପ୍ରବାସ'ରେ ୧୭ଟି ଅଧ୍ୟାୟ, 'ଦୁଇ ଦିଗନ୍ତ'ରେ ୧୮ଟି ଅଧ୍ୟାୟ ଓ 'ଚିହ୍ନା ଅଚିହ୍ନା ଚୀନ'ରେ ୩୧ଟି ଅଧ୍ୟାୟ ରହିଛି। 'ପ୍ରଥମ ପ୍ରବାସ' ଆମେରିକାର ଅନୁଭୂତି ହୋଇଥିଲାବେଳେ 'ଦୁଇ ଦିଗନ୍ତ' ୨୦୦୦ ମସିହାରେ ସେ ଆଉଥରେ ଯାଇଥିବା ଆମେରିକା ଓ ସ୍ୱିଡେନ୍ ଭ୍ରମଣର ବିବରଣୀ। 'ଚିହ୍ନା ଅଚିହ୍ନା ଚୀନ' ହେଉଛି ୨୦୦୨ରେ ଚୀନ ଭ୍ରମଣର ଅଭିଜ୍ଞତା। ନିଜର ବିଦେଶ ଭ୍ରମଣ ସମ୍ପର୍କରେ ସେ 'ଦୁଇ ଦିଗନ୍ତ'ରେ ଲେଖିଛନ୍ତି- ପିଲାଦିନେ ତାଙ୍କର ବିଦେଶ ଗସ୍ତକୁ ନେଇ ବଡ଼ ଆଗ୍ରହ ଥିଲା। ତାଙ୍କ ଭାଗ୍ୟରେ ବିଦେଶ ଗସ୍ତ ଯୋଗ ଅଛି କି ନାହିଁ ସେ ବିଷୟରେ ଜାଣିବା ପାଇଁ ଗାଁକୁ ଆସୁଥିବା ଜଣେ ଜ୍ୟୋତିଷଙ୍କୁ ସେ ନିଜ ହାତ ଦେଖାଇଥିଲେ। ମାତ୍ର ଗୌରହରିଙ୍କ ପରିବାରର ସାମାଜିକ ସ୍ଥିତି ଓ ବ୍ୟୟବହୁଳ ବିଦେଶ ଭ୍ରମଣର ଅବକାଶ - ଏ ଦୁଇଟା ଭିତରେ ଦୀର୍ଘ ବ୍ୟବଧାନ ଉପଲବ୍ଧି କରି ଜ୍ୟୋତିଷ ଜଣକ କିଶୋର ଗୌରହରିଙ୍କ ହାତ ଛିଞ୍ଚାଡ଼ି ଦେଇଥିଲେ, ଯାହା ତାଙ୍କୁ ବଡ଼ କଷ୍ଟ ଦେଇଥିଲା। ସେତେବେଳେ ଗୌରହରି ନିଜର ବିଦେଶ ଭ୍ରମଣର ଅଯୋଗ୍ୟ ହାତ ପାପୁଲିର ରେଖାକୁ ବ୍ଲେଡ୍ ସାହାଯ୍ୟରେ କିଛି ବାଟ ବଢ଼େଇ ନେବାଲାଗି ଉଦ୍ୟମ କରିବାର ଗୋଟେ ଉଦ୍ଭଟ ଯୋଜନା ମଧ୍ୟ କରିଥିଲେ। (୨) ଏ କଥାଟି ସେ 'ଦୁଇ ଦିଗନ୍ତ'ର 'ଫରେନ୍ ଟୁର୍ ଯୋଗ'ରେ ବର୍ଣ୍ଣନା କରିଛନ୍ତି ଓ ଚିନ୍ତା କରିଛନ୍ତି ଯେ କୋଉଠି ମଣିଷର ହାତ ପାପୁଲି ରେଖାରେ ଏକଥା ଥାଏ! ତାଙ୍କର ସେତେବେଳେ ଗୋଟେ କଥା ମନେ ପଡ଼ିଥିଲା ଯେ ପାପୁଲିର ରେଖାକୁ ବିଶ୍ୱାସ କରିବା କଥା ନୁହଁ, କାରଣ ଭାଗ୍ୟ ସେମାନଙ୍କର ମଧ୍ୟ ଅଛି ଯେଉଁମାନଙ୍କର ମୂଳରୁ ହାତ ହିଁ ନାହିଁ। ସେହିପରି 'ପ୍ରଥମ ପ୍ରବାସ'ରେ ସେ ଲେଖିଛନ୍ତି ଯେ ୧୯୯୬ ଆଗରୁ ଜୀବନରେ ସେ କେବେ ବିମାନ ଚଢ଼ି ନ ଥିଲେ। ସେତେବେଳେ ସେ ବିମାନରେ ଚଢ଼ିଲେ ଏକାଥରେ ଭୁବନେଶ୍ୱରରୁ ଦିଲ୍ଲୀ ଓ ସେଠାରୁ ନ୍ୟୁୟର୍କ। ଏ ସୁଦୀର୍ଘ ବିଦେଶ ଯାତ୍ରା ତାଙ୍କୁ ଉଭୟ ରୋମାଞ୍ଚିତ ଓ କିଛି ପରିମାଣରେ ଆତ୍ମସଚେତନ କରିଥିଲା। ଏଇ ଯାତ୍ରା ବିବରଣୀ ହେଉଛି 'ପ୍ରଥମ ପ୍ରବାସ'।

୧୯୯୬ରେ ଯେତେବେଳେ ଗୌରହରି ଆମେରିକା ଗଲେ ସେତେବେଳକୁ 'World Trade Centre' ଉପରେ ତାଲିବାନ ଆକ୍ରମଣ ହୋଇ ନ ଥିଲା। ମାତ୍ର

୨୦୦୦ ମସିହାରେ ଦ୍ୱିତୀୟ ଥର ପାଇଁ ଆମେରିକା ଗଲାବେଳକୁ ବିଶ୍ୱବାଣିଜ୍ୟ କେନ୍ଦ୍ରର ନଭଶ୍ଚୁମ୍ବୀ ଦୁଇ ଅଟ୍ଟାଳିକା ଭସ୍ମ ହୋଇଯାଇଥିଲା ଓ ତା' ଭିତରେ ଅନେକ କିଛି ହଜିଯାଇଥିଲା। ବିମାନ ଯାତ୍ରୀମାନଙ୍କର ନିରାପତ୍ତା ଜନିତ ଯାଞ୍ଚ ବ୍ୟବସ୍ଥା କଡ଼ା ହୋଇଯାଇଥିଲା। ୧୯୯୬ରେ କ'ଣ ଥିଲା ଏବଂ ୨୦୦୦ ମସିହାରେ କ'ଣ ବଦଳି ଥିଲା ତାହା 'ପ୍ରଥମ ପ୍ରବାସ' ଓ 'ଦୁଇ ଦିଗନ୍ତ'ରେ ଲେଖକ ସୂଚନା ଦେଇଛନ୍ତି। ଆମେରିକା ଅନୁଭୂତିକୁ ନେଇ ଓଡ଼ିଆ ସାହିତ୍ୟରେ ଆହୁରି ମଧ୍ୟ ଭ୍ରମଣବୃତ୍ତାନ୍ତ ରହିଛି ଏବଂ ସେଥିରେ ସେ ସମୟରେ ଆମେରିକାର ଅବସ୍ଥା କ'ଣ ଥିଲା ତାହା ବର୍ଣ୍ଣନା କରାଯାଇଛି। ଯଥା:- କୁଞ୍ଜବିହାରୀ ଦାଶଙ୍କ 'ଆମେରିକାରୁ ୟୁରୋପ ଆଫ୍ରିକା', ମନମୋହନ ଚୌଧୁରୀଙ୍କର 'ଆମେରିକାର କଥା', କୁମୁଦିନୀ ମହାପାତ୍ରଙ୍କର 'ଆମେରିକାର ଘର ଓ ଘରଣୀ', ଗୋଲକ ବିହାରୀ ଧଳଙ୍କର 'ଆମେରିକା ଅନୁଭୂତି', କୁଞ୍ଜବିହାରୀ ମେହେରଙ୍କର 'ଆମେରିକା ଡାଏରୀ' ଇତ୍ୟାଦି। ତେବେ ଗୌରହରି ଦାସଙ୍କ 'ପ୍ରଥମ ପ୍ରବାସ'ର ସ୍ୱତନ୍ତ୍ର ଭିନ୍ନତା ରହିଛି। ଏହା ଏକ ଗ୍ରାମୀଣ ଯୁବକର ଭୀରୁ ବିଦେଶ ଯାତ୍ରା, ଯେଉଁଥିରେ ତା'ର କୌତୂହଳୀ ମନ ସବୁକିଛି ଟିକିନିଖି ଜାଣିବାକୁ ଚାହିଁଛି। ଦ୍ୱିତୀୟ କଥା ହେଲା, ସେ ଅତି ଅକପଟ ଭାବରେ ତାଙ୍କର ଅଜ୍ଞତା ଏବଂ ନିର୍ବୋଧତାର କଥା ଏ ବହିରେ ଉଲ୍ଲେଖ କରିଛନ୍ତି। ଅନେକ ସମୟରେ କିଛି କିଛି କଥା କେତେକ ଲୋକ କହନ୍ତିନି, କିନ୍ତୁ ଗୌରହରି ତାଙ୍କ ଭୁଲ୍, ତ୍ରୁଟି, ବିସ୍ମୟ ଓ ବିହ୍ୱଳ ଅବସ୍ଥା ଆଦି ସବୁ କଥା ଲେଖିଛନ୍ତି। ସେଗୁଡ଼ିକ ପଢ଼ିଲେ ଲାଗେ ଯେମିତି ସେ ଆମରି କଥାଗୁଡ଼ିକ କହୁଛନ୍ତି। ଜଣେ ବଡ଼ଲୋକ ମଞ୍ଚ ଉପରେ ଥାଇ କିଛି ଗୋଟେ ଜୀବନ ଦର୍ଶନର ଉଦ୍‌ବୋଧନ ବା କିଛି ଗୋଟେ ବହୁତ ବଡ଼ କଥା କହିଲା ଭଳି ଦୃଷ୍ଟିଭଙ୍ଗୀ ସେଥିରେ ନାହିଁ, ସେ ଯାହା ଦେଖିଛନ୍ତି ଗୋଟେ କିଶୋରସୁଲଭ ବିହ୍ୱଳପଣରେ ତାକୁ ଲେଖିଛନ୍ତି। ସେ କୁହନ୍ତି- 'ଏ ବହିଟି ଗୋଟେ ବିକାଶଶୀଳ ଦେଶର ଅନୁନ୍ନତ ରାଜ୍ୟରୁ ସବୁଠୁ ବିକଶିତ ଦେଶକୁ ଯାଉଥିବା ଜଣେ ପର୍ଯ୍ୟଟକର ଭୀରୁ ଓ ଅନୁସନ୍ଧିତ୍ସୁ ଅଭିଜ୍ଞତାର ସଂକଳନ।' (୩) ସେ ପର୍ଯ୍ୟବେକ୍ଷଣ ସହିତ ତୁଳନା କରିଛନ୍ତି ନିଜ ଦେଶ ସହ ସେ ଦେଶର ଭଲମନ୍ଦକୁ, ସାଂସ୍କୃତିକ ଓ ରାଜନୀତିକ ସ୍ଥିତିକୁ ଏବଂ ଯାହା ତାଙ୍କୁ ଉଲ୍ଲେଖନୀୟ ମନେ ହୋଇଛି ସେଗୁଡ଼ିକୁ ସେ ଲିପିବଦ୍ଧ କରିଛନ୍ତି।

ଆମେରିକାରେ ଥିବା ଓଡ଼ିଆମାନଙ୍କର ସାଂସ୍କୃତିକ ଚିତ୍ର କ'ଣ ରହିଛି, ସେ ଦେଶର ଗଣତନ୍ତ୍ର ଓ ଆମ ଗଣତନ୍ତ୍ର ଭିତରେ କ'ଣ ପାର୍ଥକ୍ୟ ରହିଛି ସେସବୁ ଉପରେ ଅଳ୍ପକେ ବର୍ଣ୍ଣନା କରିଛନ୍ତି। ଭାବିଲେ ଆଶ୍ଚର୍ଯ୍ୟ ଲାଗେ କି ଆମେରିକାର ନେତାମାନେ

ତାଙ୍କ ଦେଶ ପାଇଁ ଯୋଜନା କଲାବେଳେ ଏତେ ଦୀର୍ଘମିଆଦି ଯୋଜନା କରିଛନ୍ତି ଯେ ଦୁଇଶହ ବର୍ଷ ପରେ ମଧ୍ୟ ତାଙ୍କର ଭିତ୍ତିଭୂମି, ରାସ୍ତାଘାଟ ଓ ଅନ୍ୟାନ୍ୟ ବିଷୟରେ ସମସ୍ୟା ଦେଖା ଦେଉନାହିଁ। ଅଥଚ ଭାରତବର୍ଷରେ ଆମେ ପ୍ରତ୍ୟେକ ବର୍ଷ ଦେଖୁଚେ ଗୋଟିଏ ରାସ୍ତା ବାରମ୍ବାର ଖୋଳା ହେଉଛି, ପୁଣି ସଂପ୍ରସାରିତ ହେଉଛି। ଆମର ସରକାର ଏ ଯେଉଁ କାମ କରୁଛନ୍ତି, ଏ ବ୍ୟବସ୍ଥାକୁ ଲେଖକ ସମାଲୋଚନା କରିଛନ୍ତି। ତାଙ୍କ ଅନୁଭବର ଅନ୍ତରଙ୍ଗ ଭାବନାକୁ ସେ ବର୍ଣ୍ଣନା କରିଛନ୍ତି ଯେ- ଆମେ ଗୋଟେ ଦେଶ ଯେତେବେଳେ ଗଢ଼ିଛେ, ସେତେବେଳେ ଗୋଟେ ବଡ଼ ସ୍ୱପ୍ନ, ବଡ଼ ଯୋଜନା ଏବଂ ଭବିଷ୍ୟତ ପାଇଁ ଭିତ୍ତିଭୂମିଟିଏ ନିର୍ମାଣ କରିବାରେ ଆନ୍ତରିକତା ଦେଖେଇଲେ ଅନେକ କଥା ସହଜ ହୋଇପାରନ୍ତା। ଆମେରିକାରେ ବିଭିନ୍ନ ସ୍ଥାନ ବୁଲିବା ସହ ସେଠାରେ ରହୁଥିବା ଓଡ଼ିଆମାନଙ୍କର ସାମାଜିକ ଜୀବନଚର୍ଯ୍ୟା, ଚାଲିଚଳଣି, ପରମ୍ପରା ଓ ସଂସ୍କୃତିକୁ ବଜାୟ ରଖୁଥିବା ସେଠାକାର ଲୋକମାନଙ୍କର ନିଷ୍ଠା, ଆମେରିକା ଓ ଭାରତ ତଥା ଓଡ଼ିଶାର ଏକ ତୁଳନାତ୍ମକ ତଥ୍ୟ, ଭୌଗୋଳିକ ପ୍ରତିଚିହ୍ନ ଏବଂ ସଂସ୍କୃତି ଓ ପରମ୍ପରାର ବି ଭିନ୍ନ ରୂପର ପ୍ରତିଛବିକୁ ଶ୍ରୀ ଦାସ ଅତି ନିଆରା ଢଙ୍ଗରେ ଉପସ୍ଥାପନ କରିଛନ୍ତି।

ପ୍ରଥମ ବିମାନ ଯାତ୍ରାର ଅନୁଭୂତି ବର୍ଣ୍ଣନା କଲାବେଳେ ଦୂରରେ ଶୋଭା ପାଉଥିବା ଅସୀମ ନୀଳ ଅମ୍ବର ଓ ବଉଦମାଳାକୁ ଦେଖି ତାଙ୍କ ମନରେ ଆହ୍ଲାଦ ସୃଷ୍ଟି ହୋଇଛି। ଆମେରିକାର ଗମନାଗମନ ବ୍ୟବସ୍ଥା ଲେଖକଙ୍କୁ ଆକୃଷ୍ଟ କରିଛି। ସେ ଭାବୁଛନ୍ତି- ମୋ ଆଖି ଆମ୍ବାସଡର, ଫିଆଟ୍, ମାରୁତି ଖୁବ୍ ହେଲେ କଣ୍ଟେସା, ଟାଟା ସିଏରା ସହ ପରିଚିତ। ମାତ୍ର ଏଠି ଫୋର୍ଡ, କାଡିଲକ୍, ଡଜ ଓ ଟଏଟା ମାଳମାଳ, ଖୁବ୍ ତୀବ୍ର ବେଗରେ ଚାଲିଛନ୍ତି।' (୪) ଆମେରିକାରେ ନିୟମ କେତେ ବ୍ୟବସ୍ଥିତ ଲେଖକ ତାହା ଅନୁଭବ କରିଛନ୍ତି ଏବଂ ଚିନ୍ତା କରିଛନ୍ତି ଯେ ଏଠାକାର ଲୋକମାନେ ଅନେକ ସୁବିଧାର ଅଧିକାରୀ। ଆମେରିକାର ଟ୍ରାଫିକ୍ ନିୟମ ଖୁବ୍ କଡ଼ାକଡ଼ି। ରାସ୍ତାରେ କି ବାଟରେ କେହି ଗାଡ଼ି ଅଟକାଇ ପାରୁନାହାନ୍ତି। ଟ୍ରାଫିକ୍ ନିୟମ ଅବମାନନା କଲେ ସଙ୍ଗେ ସଙ୍ଗେ ପୋଲିସ୍ ଜୋରିମାନା ଆଦାୟ କରିବ। ଆମ ଦେଶ ଭଳି ହମ୍ପସ ବ୍ୟବସ୍ଥା ସେଠି ନାହିଁ। ବିଦେଶ ସହିତ ନିଜ ଦେଶର ନୀତିନିୟମକୁ ସ୍ଥାନେ ସ୍ଥାନେ ଶ୍ରୀ ଦାସ ତୁଳନା କରିଛନ୍ତି। ଆମେରିକାର ରାସ୍ତାଘାଟ, ହାଟ, ବଜାର, ଦୋକାନ, ମଲ୍, ସୋ ରୁମ୍, କେକ୍ ସପ୍ ଆଦି ଉପରେ ତାଙ୍କର ଦୃଷ୍ଟି ପଡ଼ିଛି। ସେଠି ରାସ୍ତା ଦୁଇ କଡ଼ରେ ଫୁଲର ବିଛଣା ନ ହେଲେ ସବୁଜ ଘାସର ଲନ୍। ଆମେରିକାର ସେତୁଗୁଡ଼ିକ ଉପରେ ଲେଖକ ଦୃଷ୍ଟି ପକାଇ କହିଛନ୍ତି, ସେଠାରେ ସେତୁଗୁଡ଼ିକୁ ଦେଖିଲେ ମନେହୁଏ ଏହାର ନିୟମିତ ମରାମତି ଓ ରକ୍ଷଣାବେକ୍ଷଣ କରାଯାଉଛି। ସେସବୁ ଆଧୁନିକ କାରିଗରୀ

କୌଶଳର ଗୋଟେ ଗୋଟେ ଚମତ୍କାର ନିଦର୍ଶନ ବୋଲି ଲେଖକ ମନ୍ତବ୍ୟ ଦେଇଛନ୍ତି।

'ପ୍ରଥମ ପ୍ରବାସ'ରେ ଲେଖକ ସ୍ୱଚ୍ଛ ବାକ୍ୟରେ ଆମେରିକାର ସାମାଜିକ ଜୀବନପ୍ରଣାଳୀ, ଖାଦ୍ୟପେୟ, ରାଜନୀତିକ ଓ ସାଂସ୍କୃତିକ ଜୀବନର ପରିଚୟ ଦେଇଛନ୍ତି। ସେଠାକାର ଶାସନ ବ୍ୟବସ୍ଥା, ଶିଷ୍ଟାଚାର, କର୍ତ୍ତବ୍ୟବୋଧ ଆଦିର ସ୍ପଷ୍ଟ ପରିଚୟକୁ ସ୍ୱକୀୟ ଚିନ୍ତାଧାରାରେ ବର୍ଣ୍ଣନା କରିଛନ୍ତି। ମେଟ୍ରୋ ଟ୍ରେନ୍ କଥା ତ ସମସ୍ତେ ଜାଣିଛନ୍ତି, ଆମେରିକାରେ ପାଣି ତଳେ ମଧ୍ୟ ଟ୍ରେନ୍ ବ୍ୟବସ୍ଥା ଅଛି।

ଓଡ଼ିଆ ଜାତି ଓ ଓଡ଼ିଆ ପୁଅର ହୃଦୟ ଆବେଗଭରା। ଆମେରିକାରେ ଥିବା ଓଡ଼ିଆମାନେ ଓଡ଼ିଶାରୁ ଯାଇ ସେଠି ରହିଛନ୍ତି ସତ, ମାତ୍ର ଆଉ ଜଣେ ଓଡ଼ିଆ ପ୍ରତି କେବେ ତାଙ୍କ ମନର ଭାବ ପରିବର୍ତ୍ତନ ହୋଇନାହିଁ। ସେମାନଙ୍କର ଯତ୍ନ ନେବା, ଆଦର କରିବା, ତାଙ୍କ କଥା ବୁଝିବାର ଯେଉଁ ଦାୟିତ୍ୱପଣ ଲେଖକ ଅନୁଭବ କରିଛନ୍ତି, ତାହା ତାଙ୍କୁ ଆନନ୍ଦ ଦେଇଛି। ଭାରତୀୟମାନେ ଆଉ ଯାହା ହୁଅନ୍ତୁ ନ ହୁଅନ୍ତୁ ସେମାନେ ଅତିଥିପରାୟଣ। ପ୍ରବାସରେ ରହୁଥିବା ଭାରତୀୟମାନେ ବର୍ଷରେ ଥରେ ଅଧେ ନିଜ ଦେଶର ଲୋକଙ୍କୁ ଭେଟୁଥିବାରୁ ତାଙ୍କ ପ୍ରତି ଅଧିକ ଅନୁରାଗୀ ହୋଇପଡ଼ନ୍ତି। ଆମେରିକା ରହଣି କାଳରେ ସେ ଏହିପରି କିଛି ପ୍ରିୟ ଲୋକମାନଙ୍କ ସାନ୍ନିଧ୍ୟ ଲାଭ କରି ଗୌରବାନ୍ୱିତ ହୋଇଥିଲେ ବୋଲି ସ୍ୱୀକାର କରନ୍ତି। ଆମେରିକାର ବ୍ୟକ୍ତି ସ୍ୱାଧୀନତା ଓ ପରିଷ୍କାର ପରିଛନ୍ନତା ଲେଖକଙ୍କ ଦୃଷ୍ଟି ଆକର୍ଷଣ କରିଛି। ସେହି ସମୟରେ ଗୌରହରି ଦାସ ଭାରତର ଅବସ୍ଥା କିପରି ତାକୁ ମନେ ପକେଇଛନ୍ତି- 'ଆମର ରାସ୍ତାଘାଟ ତ କେବଳ ଯେମିତି ମଇଳା ପକେଇବା ପାଇଁ ତିଆରି ହୋଇଛି।'

ଲେଖକ ଗୋଟିଏ ସ୍ଥାନରେ ଆମେରିକାକୁ କୋକାକୋଲାର ଦେଶ ବୋଲି କହିଛନ୍ତି। ସେଠି କୋକ୍ ମୃଦୁ ପାନୀୟର ବହୁଳ ବ୍ୟବହାର କରାଯାଏ। ପଇସା ଦେଇ ଯୌନୋଦ୍ଦୀପକ ଦୃଶ୍ୟ ଦେଖିବାର ବ୍ୟବସ୍ଥାକୁ ସେ ଗ୍ରହଣ କରିପାରିନାହାନ୍ତି। ଗୋଟିଏ ଡଲାର ଦେଇ ସେଠାରେ ଜଣେ ପୁରୁଷ ନାରୀର ଅବ୍ୟବସ୍ଥିତ ରୂପକୁ ଯେ ଦେଖିପାରେ, ଏହା ଜଣେ ପର୍ଯ୍ୟଟକ ହିସାବରେ ସେ ଗ୍ରହଣ କରିପାରୁନାହାନ୍ତି। ନାରୀର ସମ୍ମାନ ଓ ମହତ୍ତ୍ୱ ଆମେରିକାରେ ବିକ୍ରି ହେଲାପରି ତାଙ୍କୁ ପ୍ରତୀତ ହୋଇଛି। ଆମେରିକାର ଚତୁର ବ୍ୟବସାୟୀପଣକୁ ଦର୍ଶାଇ ସେ କହିଛନ୍ତି- "ଲୁଗାପଟା ଦୋକାନ ଭିତରକୁ ଯାଇ ଦେଖିଲି ଅଧିକାଂଶ ସାର୍ଟ, ପ୍ୟାଣ୍ଟ ସବୁ ଭାରତ, ପାକିସ୍ତାନ କିମ୍ବା ସିଙ୍ଗାପୁରରେ ତିଆରି। ଆମେରିକା ତିଆରି ଜାମାପ୍ୟାଣ୍ଟ ସଂଖ୍ୟା କମ୍। ଦରିଦ୍ର ଓ ବିକାଶଶୀଳ ଦେଶଗୁଡ଼ିକୁ ସାର୍ଟ-ପ୍ୟାଣ୍ଟ ସିଲେଇ କାମରେ ଲଗେଇଦେଇ ଆମେରିକା ନିଜେ ବଡ଼ ବଡ଼ ଯନ୍ତ୍ରପାତି ତିଆରି କାମରେ ଲାଗିଛି।" (୫)

ଆମେରିକା ଲୋକଙ୍କ ସ୍ୱାଚ୍ଛନ୍ଦ୍ୟ ସହ ଭାରତର ଦାରିଦ୍ର୍ୟକୁ ତୁଳନା କରି ଲେଖକ ଅଧିକାଂଶ ସମୟରେ ବିମର୍ଷ ହୋଇଛନ୍ତି। ଭାରତରେ ଦାରିଦ୍ର୍ୟ କିଭଳି ପଞ୍ଝା ମେଲେଇ ବସିଛି ତାହା ଆମେରିକାରେ ଥାଇ ଚିନ୍ତା କରିହେବ ନାହିଁ। (୬) ସେହିପରି ବ୍ୟବହାରରୁ ମଣିଷର ସଂସ୍କୃତି ଅନୁମାନ କରିହୁଏ। ଲୋକମାନେ ପରସ୍ପରକୁ ଦେଖିବା କ୍ଷଣି ହସନ୍ତି। ଆଗରୁ ପରିଚୟ ଥିଲେ ପରସ୍ପରକୁ ଆଲିଙ୍ଗନ କରନ୍ତି। ଆମେରିକାର ଟେଲିଫୋନ୍ ଦେୟ ଆମ ଦେଶଠୁ ଶସ୍ତା। ଘରୋଇକରଣର ସୁଫଳ ସେଠାକାର ନାଗରିକମାନେ ଉପଭୋଗ କରୁଛନ୍ତି। ସେଠାରେ ଥିବା ଡାକ ବ୍ୟବସ୍ଥା ଉନ୍ନତ। ଆମେରିକାରେ ଥିବାବେଳେ ଲେଖକ ନୋବେଲ ବିଜେତା ନାଟ୍ୟକାର ଓଲେ ସୋୟିଙ୍କାଙ୍କୁ ଭେଟିବାର ସୁଯୋଗ ପାଇଛନ୍ତି। ସେ ନିଜ ଦେଶରୁ ବିତାଡ଼ିତ ହୋଇ ସେତେବେଳେ ଆମେରିକାରେ ରହୁଥିଲେ। ଏହି ନାଇଜେରିଆରେ କବି-ନାଟ୍ୟକାରଙ୍କ ଠାରୁ ଭାରତ ସଂପର୍କରେ ଭଲ କଥା ଶୁଣି ଗୌରହରି ଉତ୍ସାହିତ ହୋଇଛନ୍ତି। ସୋୟିଙ୍କା କହନ୍ତି, 'ନିଜ ଦେଶର ରାଜନୈତିକ ଅସ୍ଥିରତା ତାଙ୍କୁ ଯେମିତି ବ୍ୟଥିତ କରେ, ପୃଥିବୀର ଯେକୌଣସି ଦେଶର ଅସ୍ଥିରତା ସେହିପରି କଷ୍ଟ ଦିଏ। ଏହି ଅସ୍ଥିରତାର ନେପଥ୍ୟରେ ଦରିଦ୍ର, ସରଳ ଓ ସାଧାରଣ ଲୋକ ଯୋଉ କଷ୍ଟଭୋଗ କରନ୍ତି, ଜଣେ ସାହିତ୍ୟିକ ଭାବେ ତାହା ତାଙ୍କୁ ପୀଡ଼ା ଦିଏ। ଯୋଉଠି ଥିଲେ ବି ସେ କଷ୍ଟ ଅନୁଭବ କରନ୍ତି।' ଭାରତ ପ୍ରତି ସୋୟିଙ୍କାଙ୍କ ଚିନ୍ତାଧାରା ଅତି ସୁନ୍ଦର। ଭାରତର ଆଧ୍ୟାତ୍ମିକ ପରମ୍ପରା, ତା'ର ଦର୍ଶନ, ଭାରତବର୍ଷର ଗାନ୍ଧୀ ଓ ରବୀନ୍ଦ୍ରନାଥଙ୍କ ପ୍ରତି ସୋୟିଙ୍କାଙ୍କର ଅସୀମ ସମ୍ମାନ। ବିଶ୍ୱକବି ରବୀନ୍ଦ୍ରନାଥଙ୍କ ସମ୍ବନ୍ଧରେ ମତ ଦେଇ ସେ କୁହନ୍ତି- "ସେକ୍ସପିଅର ଯେମିତି ବାରମ୍ବାର ଇଂରାଜୀ ସାହିତ୍ୟକୁ ଆସିବେ ନାହିଁ, ରବୀନ୍ଦ୍ରନାଥ ସେମିତି ବାରମ୍ବାର ଭାରତକୁ ଆସିବେ ନାହିଁ।" (୭) ସମାଜର ଦଳିତ ବର୍ଗ ପ୍ରତି ତାଙ୍କ ମନ ଭିତରେ ପ୍ରଚୁର ଦରଦ। କାଳେ କାଳେ ସବୁ କବି ଓ କଳାକାର ଏହି ଅନୁଭବକୁ ଲିପିବଦ୍ଧ କରି ଯାଇଛନ୍ତି। ସୋୟିଙ୍କା ନାଇଜେରିଆକୁ ଏକ ସୁନ୍ଦରୀ ନାରୀ ସହ ତୁଳନା କରିଛନ୍ତି, ଯେଉଁ ନାରୀ ଉପରେ କେତେକ ଅଯୋଗ୍ୟ, ଦୀର୍ଘଦିନ ଧରି ଅତ୍ୟାଚାର ଚଳେଇ ଆସୁଛନ୍ତି। ଆଫ୍ରିକାକୁ ହୀନ ଦୃଷ୍ଟିରେ ଦେଖୁଥିବା ଆମେରିକାକୁ ସେ ନିନ୍ଦା କରିଛନ୍ତି ଓ କହିଛନ୍ତି ଯେ କୌଣସି ସଂସ୍କୃତି ତା'ର ନିଜ ଦୃଷ୍ଟିକୋଣରୁ ଅନ୍ୟ ସଂସ୍କୃତିର ଆଲୋଚନା କରିବା ଠିକ୍ ନୁହେଁ।

ଆମେରିକାର ମଲ୍‌ରେ ବିକ୍ରି ହେଉଥିବା ଶାଗଗୁଡ଼ିକୁ ଦେଖି ଲେଖକ କହିଛନ୍ତି ଯେ କୋଉ କୋଉ ଦେଶର ପୋଖରୀହୁଡ଼ା, ବାଡ଼ି, ଗୋହିରି କି ନୟନଯୋଡ଼ି ଧାରରେ

ବଢୁଥିବା ଏଇ ଶାଗ ଆସି ଏଠି ବିକ୍ରୟ ହେଉଛନ୍ତି। (୮) ଯେମିତି ଚାକିରି ଓ ଉପାର୍ଜନ ଆଶାରେ ପୃଥିବୀର ଶହ ଶହ ଦେଶରୁ ଲୋକମାନେ ଆସି ଏଠି କାମ କରୁଛନ୍ତି ସେମିତି ଏ ଶାଗଗୁଡ଼ିକର ଅବସ୍ଥା। ଆମ ଦେଶ ସହ ଆମେରିକାର ସିନେମା ହଲ୍‌କୁ ସେ ତୁଳନା କରିଛନ୍ତି। ସେଠାକାର ସିନେମା ହଲ୍ ବିଷୟରେ ଗୌରହରି ଅଳ୍ପକେ ବର୍ଣ୍ଣନା କରି ସେଗୁଡ଼ିକର ପରିଚ୍ଛନ୍ନତା ସମ୍ପର୍କରେ ପ୍ରଶଂସା କରିଛନ୍ତି।

ଗୌରହରି ମତ ଦେଇଛନ୍ତି ଯେ କୌଣସି ଦେଶର ନାଗରିକମାନଙ୍କ ସୁଖଦୁଃଖ ସହ ସେ ଦେଶର ଡାକଘର, ପରିବହନ କାର୍ଯ୍ୟାଳୟ, ବସ୍‌ଷ୍ଟାଣ୍ଡ, ଷ୍ଟେସନ୍ ଓ ବ୍ୟାଙ୍କ ଆଦି ସର୍ବସାଧାରଣ ଅନୁଷ୍ଠାନଗୁଡ଼ିକର ନିବିଡ଼ ସମ୍ବନ୍ଧ ରହିଛି। ଆମ ଦେଶରେ ଏ ସମସ୍ତ ସରକାରଙ୍କ ନିୟନ୍ତ୍ରଣରେ ଥିଲେ ମଧ୍ୟ ଆମେମାନେ ଯଥାଯଥ ସେବା ପାଉନାହୁଁ। ବିଲ୍ ଦେବା ପାଇଁ ଗଲେ ଘଣ୍ଟାଘଣ୍ଟା ଲାଇନ୍‌ରେ ଛିଡ଼ା ହେବାକୁ ପଡୁଛି। ଲାଞ୍ଚ ନେଇ ଲୋକଙ୍କୁ ଠକି ଦେବାର ଅଭ୍ୟାସ ମଧ୍ୟ ରହିଛି। ଆମେରିକାର ନାଗରିକମାନଙ୍କର ଏପରି ସମସ୍ୟା ନାହିଁ। ଲେଖକ ଆମେରିକାର ଜୀବନଚର୍ଯ୍ୟା ଉପରେ ମନ୍ତବ୍ୟ ଦେଇ କହିଛନ୍ତି ଯେ ଜୀବନ ସେଠି ଖୁବ୍ ଦ୍ରୁତ, ଆମେରିକାର ପାରିବାରିକ ଜୀବନ ଏତେଟା ଦୃଢ଼ ନୁହେଁ ବୋଲି ଦର୍ଶାଇଛନ୍ତି। ଆମ ଦେଶର ପାରିବାରିକ ଜୀବନ ଆମେରିକାର ପାରିବାରିକ ଜୀବନଠାରୁ ଭିନ୍ନ। ଆମେରିକାର ଚଳଣି ଉପରେ ଦୃଷ୍ଟି ଦେଇ ଲେଖକ ଅଳ୍ପକେ ସୂଚନା ଦେଇ କହିଛନ୍ତି ସେଠି ବଡ଼ ହେଲା ପରେ ପିଲା ବାପା ମାଆଙ୍କ ସହ ରହନ୍ତି ନାହିଁ। ପୁଅ, ଝିଅ, ବାପାମାଆ ସମସ୍ତେ ଅଲଗା ଅଲଗା ରୁହନ୍ତି। ସେଠାକାର ଚଳଣି ଏମିତି। ଏ ବ୍ୟବସ୍ଥା ଉପରେ ଭିନ୍ନ ମତ ଉପୁଜିପାରେ, ମାତ୍ର ଏହା ପିଲାମାନଙ୍କୁ ନିଜ ନିଜର ଦାୟିତ୍ୱ ସମ୍ପର୍କରେ ସଚେତନ କରାଏ।

'ଏଠି ସବୁ ସମ୍ଭବ, କୌଣସିଟି ନିଶ୍ଚିତ ନୁହେଁ' ଅଧ୍ୟାୟରେ ଗୌରହରି ଦାସ କହିଛନ୍ତି, 'ଆମେରିକା ସମ୍ପର୍କରେ ଏଇ କଥା ପଦକ ମୋତେ ସବୁଠୁ ବେଶି ଗ୍ରହଣଯୋଗ୍ୟ ମନେ ହୁଏ। ପୁନଶ୍ଚ ଆମେରିକାର କେହି ଚିର ଶତ୍ରୁ ନୁହେଁ କି କେହି ଚିର ମିତ୍ର ନୁହେଁ, ତା'ର ନିଜର ସ୍ୱାର୍ଥଟି ହିଁ ଚିର ସତ୍ୟ।' (୯) ଗୋଟିଏ ଘଟଣା ତାଙ୍କୁ ଚକିତ କରିଛି ଯେ ସେ ରହୁଥିବା ବନ୍ଧୁ ପ୍ରଫେସର ଦିଗମ୍ବର ମିଶ୍ରଙ୍କ ଘର ପାଖରେ ଜଣେ ଭଦ୍ରଲୋକ ରହୁଥିଲେ, ଯାହାଙ୍କର ପିଲାଏ ଦୂରରେ ରହନ୍ତି। ଗୋଟେ ରବିବାରରେ ସେମାନେ ଆସି ଦେଖନ୍ତି ତ ଦୁଆର ବନ୍ଦ। ପରେ ଜଣାପଡ଼ିଲା, ଘର ଭିତରେ ଥିବା ଭଦ୍ରଲୋକ ଦୁଇଦିନ ପୂର୍ବରୁ ମରିଗଲେଣି। ଆମ ଓଡ଼ିଶାରେ ଏପରି ଘଟଣା ଘଟି ନ ଥାନ୍ତା। ଏସବୁ ଲେଖକଙ୍କୁ ଖୁବ୍ ବିବ୍ରତ କରିଛି। ସେ ଭାବିଛନ୍ତି ଯେ କି ଅଦ୍ଭୁତ ଦେଶ ଏହି ଆମେରିକା! ଭାରତରେ କେହି ବୁଢ଼ାବୁଢ଼ୀ ବେମାର ପଡ଼ିଲେ

ଘରେ କୋଳାହଳ ଲାଗିଯାଏ। ଝିଅ ଜ୍ୱାଇଁ, ପୁଅ ବୋହୂ ସମସ୍ତେ ଡକାହକା ହୋଇ ଆସନ୍ତି। କିଏ ଫଳ ତ କିଏ ମିଠା, କିଏ ଗଙ୍ଗାଜଳ ତ କିଏ ଭାଗବତ ବହି ଧରି ପହଞ୍ଚନ୍ତି। ମାତ୍ର ଆମେରିକାରେ ସେସବୁ କିଛି ନାହିଁ। ମୃତ୍ୟୁ ସେଠି ଅଫିସ୍ ଯାଉଥିବା ଅମଲା ପରି ଅତି ସ୍ୱାଭାବିକ ଭାବରେ ଆସେ ଓ ସାଙ୍ଗରେ ଜୀବନ ଧରି ଚାଲିଯାଏ। ଆମେରିକାର ଭୁଲ୍ ପାଇଁ ଜୋରିମାନା ଓ ଭଲ ପାଇଁ ପୁରସ୍କାର ବ୍ୟବସ୍ଥାଟି ସବୁଆଡ଼େ ରହିବା ଆବଶ୍ୟକ ବୋଲି ଲେଖକ ମତ ଦେଇଛନ୍ତି।

ଲେଖକ ଗୌରହରି ଦାସ ଆମେରିକାର ନାଇଟ୍ କ୍ଲବ୍ କଥା ଅତି ଅସ୍ୱସ୍ତିବୋଧତାର ସହ କହିଛନ୍ତି। ଗୋଟିଏ ସ୍ଥାନରେ ସେ କହିଛନ୍ତି ଯେ ଆମେରିକା ସତେ ବା ଯୌବନର ସହର, ସମ୍ଭୋଗର ମହାଦେଶ, ଉପଭୋଗବାଦର ଦେଶ। ଏଠି ସମସ୍ତେ ସ୍ୱାଧୀନ। ବିତୃଷ୍ଣା ଭାବ ପ୍ରକାଶ କରି ଲେଖକ କହୁଛନ୍ତି 'ଆମେରିକା ତାହାହେଲେ ଆଉ ଧନୀ ଦେଶ କ'ଣ? ଏ ଝିଅମାନଙ୍କ ପରି ଦରିଦ୍ର ତ ଖୋଜିଲେ ମିଳିବେ ନାହିଁ। ସେଇ ସମୟତକ ତାଙ୍କୁ ଆମେରିକାର ସୌନ୍ଦର୍ଯ୍ୟକୁ ନଷ୍ଟ କଲା ଭଳି ପ୍ରତୀତ ହେଉଥିଲା। ସେଠାରେ ତାଙ୍କର ଗୋଟେ ଗପ ମନେ ପଡ଼ିଛି। ସେଥିରେ ଉର୍ବଶୀ ମୁନି କୁତୁକଙ୍କ କଥାର ତାତ୍ପର୍ଯ୍ୟ ବୁଝି ଲଜ୍ଜିତ ହୋଇ ତାଙ୍କ ପାଦ ତଳେ ପଡ଼ିଥିଲେ ଓ ମହାମୁନି ନିଜର ଚାଦରରେ ଉର୍ବଶୀଙ୍କର ଉଲଗ୍ନ ଶରୀରକୁ ଢାଙ୍କି ଦେଇଥିଲେ। ଲେଖକଙ୍କ ମତରେ- ନାରୀର ରୂପ ଓ ଯୌବନ ପୁରୁଷକୁ ଉତ୍ତେଜିତ କରିବା କଥା ସତ, ମାତ୍ର ତା'ର ସୀମାରେଖା ନାରୀ ହିଁ ନିର୍ଣ୍ଣୟ କରିବା ଉଚିତ। ଲେଖକ କହୁଛନ୍ତି ଯେ ଓଢ଼ଣା ଫାଙ୍କରୁ ଦିଶୁଥିବା ସଲଜ୍ଜ ନାରୀର ମୁହଁ ଦେଖି କେତେ କବି, ଲେଖକ ଓ କେତେ ଚିତ୍ରକର ଅମର କୀର୍ତ୍ତିମାନ ସୃଷ୍ଟି କରିଯାଇଛନ୍ତି। ଏପରି ସଂପୂର୍ଣ୍ଣ ନିର୍ବସ୍ତ୍ର ହେବା ଯୌବନର ପ୍ରଦର୍ଶନ ନୁହେଁ, ଅସହାୟତାର ବିଜ୍ଞାପନ। ଯୋଉ ପୁରୁଷମାନେ ଘଣ୍ଟା ଘଣ୍ଟା ଧରି ଉଲଗ୍ନ ନାରୀର ଅଙ୍ଗକୁ ମାଂସ ଦୋକାନରେ ଝୁଲୁଥିବା ଛେଳିର ଫଡ଼ିଆ କି ଛାତି ପରି ନିର୍ବିକାର ଭାବେ ଦେଖୁଥାନ୍ତି, ସେମାନଙ୍କର ମାନସିକତାକୁ ସେ ସମାଲୋଚନା କରିଛନ୍ତି। (୧୦)

ଆମେରିକା ଲୋକଙ୍କ ପାଇଁ ସପ୍ତାହାନ୍ତ ଗୁଡ଼ିକ ଖୁବ୍ ପ୍ରିୟ। ସେମାନଙ୍କର ଜୀବନ ଖୁବ୍ ବ୍ୟସ୍ତ ଓ ଦ୍ରୁତ ହୋଇଥିବାରୁ ଛୁଟି ସମୟ ଗୁଡ଼ିକ ସେହି ଅନୁପାତରେ ବର୍ଣ୍ଣିଳ ଓ ଚଞ୍ଚଳ ହୋଇଥାଏ। ଲୋକମାନେ ଛୁଟି କାଟିବାକୁ ପାହାଡ଼, ସମୁଦ୍ର, ନଈ ମୁହାଣ, ପ୍ରପାତ, ପାର୍କ କି କ୍ଲବ୍ ମୁହାଁ ଧାଇଁବାକୁ ଆରମ୍ଭ କରନ୍ତି। ଭିନ୍ନ ଭିନ୍ନ ଲୋକଙ୍କର ଭିନ୍ନ ଭିନ୍ନ ସଉକ।

'ଦୁଇ ଦିଗନ୍ତ' ଲେଖକଙ୍କର ଦ୍ୱିତୀୟ ଭ୍ରମଣ ଅନୁଭୂତି। ୨୦୦୦ ମସିହାରେ

ସେ ଦ୍ୱିତୀୟ ଥର ପାଇଁ ଆମେରିକା ଭ୍ରମଣର ସୁଯୋଗ ପାଇଥିଲେ। ଆମେରିକାରୁ ଭାରତ ଫେରିବା ବାଟରେ ସାତଦିନ ପାଇଁ ସେ ସ୍ୱିଡେନ୍ ଯାଇଥିଲେ ବୋଲି 'ନିଜକଥା'ରେ ଉଲ୍ଲେଖ କରିଛନ୍ତି। ପର୍ଯ୍ୟଟକ ଗୌରହରି ଦାସଙ୍କର ଆମେରିକା ଅନୁଭୂତି ଓ ସ୍ୱିଡେନ୍ ଅନୁଭୂତି ଏକ ଭିନ୍ନ ଦୃଷ୍ଟିକୋଣ ନେଇ 'ଦୁଇ ଦିଗନ୍ତ'ରେ ଅବରୂପିତ ହୋଇଛି। ତାର ବର୍ଣ୍ଣନାଶୈଳୀ ଅତି ସୁନ୍ଦର। ପ୍ରାକୃତିକ ସୌନ୍ଦର୍ଯ୍ୟକୁ ସେ ଆଖି ପୂରେଇ ଦେଖନ୍ତି ଓ ମନରେ ତାଙ୍କର ସୃଷ୍ଟି ହୁଏ ଅମାପ ଭାବସ୍ପନ୍ଦନ। ସେଥିପାଇଁ ସେ ଯେତେବେଳେ ଯେଉଁ ସ୍ଥାନକୁ ଯାଆନ୍ତି, ସେ ସ୍ଥାନର ବର୍ଣ୍ଣନା ନ କରି ରହିପାରନ୍ତି ନାହିଁ। ରାତିରେ ବିମାନରେ ଗଲାବେଳେ ସେ ଲେଖିଛନ୍ତି- "ମଝିରେ ଆକାଶର ଚମତ୍କାର ବର୍ଣ୍ଣିଳ ଚେହେରା ଠାଏ ଦେଖିଲି। ସେ ସୌନ୍ଦର୍ଯ୍ୟର ବର୍ଣ୍ଣନା ମୁଁ କରିପାରିବି ନାହିଁ। କେବଳ ଜଣେ ନିଖୁଣ ଚିତ୍ରକରକୁ ଯଦି ବିଶାଳ କାନ୍‌ଭାସ୍‌ଟିଏ ଦିଆଯାଏ, ସିଏ ଏ ଦୃଶ୍ୟର ଚିତ୍ର ଆଙ୍କିପାରିବ। ପୃଥିବୀ କେତେ ବିଶାଳ, କେତେ ରହସ୍ୟମୟ ଓ ଏହାର ଦିନରାତି ମଝିରେ ରହିଥିବା ପ୍ରତ୍ୟୁଷ, ପ୍ରଦୋଷ, ମଧ୍ୟାହ୍ନ, ଅପରାହ୍ଣର ଆକାଶ ଦୃଶ୍ୟ କି ବର୍ଣ୍ଣିଳ, ତାହା ମୋ ପରି ସୀମିତ ପରିବେଶରେ ଜୀବନ ବିତାଉଥିବା ଯାତ୍ରୀ କେବେ କଳ୍ପନା କରିପାରନ୍ତା ନାହିଁ।" (୧୧) ବାସ୍ତବିକ ପ୍ରକୃତିର ଅପରୂପ ସୌନ୍ଦର୍ଯ୍ୟକୁ ଶବ୍ଦରେ ବଖାଣିବା ସହଜ ନୁହେଁ।

ଲଣ୍ଡନରେ ବସ୍‌ରେ ଯାତ୍ରା କଲାବେଳେ ସେ ଦେଖିଛନ୍ତି ଅଦୂରର ଶସ୍ୟ କ୍ଷେତ। ତାଙ୍କର ମନେପଡ଼ିଛି କବି ୱାର୍ଡସୱାର୍ଥଙ୍କ 'ସଲିଟାରୀ ରିପର' କବିତା। ସକାଳର ଶାନ୍ତ ସ୍ନିଗ୍ଧ ପରିବେଶରେ ସେସବୁ ଛବି ବହିର ଶସ୍ୟକ୍ଷେତ୍ର ପରି ଦିଶୁଥାଏ। ଏଇ ଇଂଲଣ୍ଡର କ୍ଷେତବାଡ଼ିକୁ ନେଇ ଲିଖିତ କବିତାକୁ ଭାରତର ସ୍କୁଲ୍, କଲେଜର ପିଲାମାନେ ପଢ଼ନ୍ତି। କିନ୍ତୁ ଇଂଲଣ୍ଡର କ୍ଷେତ ପରି ଭାରତର କ୍ଷେତ ମଧ୍ୟ ସୁନ୍ଦର। ସେଇ ସୌନ୍ଦର୍ଯ୍ୟର ଅପରୂପ ଛବି ଲେଖକଙ୍କ ମନରେ ନାଚି ଉଠିଛି। ସେ ନିଜ ଦେଶର ସ୍ମୃତିଚାରଣ କରିଛନ୍ତି।

ଲଣ୍ଡନର ଲୋକମାନଙ୍କ ବିଷୟରେ କହିବାକୁ ଯାଇ ଲେଖକ କୁହନ୍ତି- 'ଲଣ୍ଡନର ଲୋକମାନେ ପରସ୍ପରକୁ ଦେଖିବା କ୍ଷଣି ହସି ହସି ଅଭିବାଦନ ଜଣାନ୍ତି। ଆମ ଦେଶ ପରି ମୁହଁ ମୋଡ଼ି ଦିଅନ୍ତି ନାହିଁ। (୧୨) ସେଇ ସମୟରେ ଶ୍ରୀ ଦାସଙ୍କର ଗୋଟେ ଘଟଣା ମନେ ପଡ଼ିଛି। ପନ୍ଦର ବର୍ଷ ବ୍ୟାଙ୍କରେ କାରବାର ପରେ ବି ସୁଦ୍ଧା ତାଙ୍କୁ ଦେଖି କାଉଣ୍ଟରର କର୍ମଚାରୀ ଜଣକ କେବେ ହସି ନାହାନ୍ତି ଏବଂ ସେ ସ୍ୱୀକାର ମଧ୍ୟ କରିଛନ୍ତି ଯେ ଲେଖକଙ୍କ ଅଭିଯୋଗଟି ଠିକ୍। କେଜାଣି ହସିବାରେ ଆମର ଏତେ କୁଣ୍ଠାଭାବ କାହିଁକି ?

ବିଦେଶର ବଡ଼ ବଡ଼ ବଙ୍ଗଳା, ଉଚ୍ଚା କୋଠା ଓ ବ୍ୟସ୍ତ ବିମାନଘାଟି ସମ୍ପର୍କରେ

କହୁଛନ୍ତି 'ସେଠାରେ ହଜିଗଲା ପରି ଲାଗେ। ତାଙ୍କ ମତରେ- 'ଯେଉଁଠି ସ୍ରଷ୍ଟା ତା' ସୃଷ୍ଟି ପାଖରେ ନଗଣ୍ୟ ଦିଶେ, ସେଠାରେ ଅସ୍ୱସ୍ତିବୋଧ ହେବା ସ୍ୱାଭାବିକ।'

ଆମେରିକା ସମ୍ପର୍କରେ ସେ ଲେଖିଛନ୍ତି, "ମୋତେ ଯଦି କେହି ପଚାରନ୍ତି ଆମେରିକାର କେଉଁ ଜିନିଷଟି ମୋତେ ସବୁଠୁ ଭଲ ଲାଗେ, ତାହାହେଲେ ତା'ର ଉତ୍ତରରେ ମୁଁ କହିବି ଆମେରିକାର ପ୍ରଶସ୍ତ, ପରିଚ୍ଛନ୍ନ ମସୃଣ ରାସ୍ତା ଓ ଦୁଇପାଖର ସବୁଜିମା ସବୁଠୁ ଭଲ ଲାଗେ।" (୧୪) ସେ ଆମେରିକାର ସବୁଜିମାକୁ ଦେଖି କହିଛନ୍ତି- ମାଇଲ୍ ମାଇଲ୍ ବ୍ୟାପୀ ସବୁଜ ଉପତ୍ୟକା। ସୁଉଚ୍ଚ ପାହାଡ଼, ବେଗବତୀ ନଈ, ହସନ୍ତ ଫୁଲ ବଗିଚା ଓ ଦିଗ୍‌ଦିଗନ୍ତ ବ୍ୟାପୀ ସମୁଦ୍ର ସମସ୍ତଙ୍କୁ ଭଲ ଲାଗେ। ମଣିଷ ମନ ଭିତରେ କୋଉଠି କୁନି ଆଗ୍ରହଟିଏ ବାଇ ଚଢ଼େଇ ବସାରେ ବସି ପ୍ରକୃତିର ଏଭଳି ଦୃଶ୍ୟ ଦେଖିବାକୁ ଆଉଟୁ ପାଉଟୁ ହୋଇଥାଏ। ପ୍ରଭାତର ସୁନ୍ଦର ସୂର୍ଯ୍ୟୋଦୟ, ସନ୍ଧ୍ୟାର ଚମତ୍କାର ସୂର୍ଯ୍ୟାସ୍ତ, ତାରାଖଚିତ ନୀଳ ଆକାଶରେ ଜହ୍ନର ଅଭିସାର ଓ ନିରବ ରାତିର ଭୀମସୁନ୍ଦର ଅନୁଭବ ନିକଟରେ ସୁନାରୁପା ପ୍ରାପ୍ତିର ସୁଖ କିଛି ନୁହେଁ। ମନରେ ଲେଖକଙ୍କର ଏକ ବିଚଳିତ ଭାବାବେଗ ସୃଷ୍ଟି ହୋଇଛି। ମନେ ହୁଏ ଯେପରି କବିତାଟିଏ ଲେଖୁ ଲେଖୁ ଅଟକି ଯାଇଛନ୍ତି ସେଇ ମନୋମୁଗ୍ଧକର ପରିବେଶରେ। ଜଣେ ପର୍ଯ୍ୟଟକ ହିସାବରେ ସେ ଖୁବ୍ ଉପଭୋଗ କରିଛନ୍ତି, କାରଣ ଜଣେ ପର୍ଯ୍ୟଟକ ଦୃଷ୍ଟିରୁ ପ୍ରକୃତିର ନବନିର୍ମାଣ ସୌନ୍ଦର୍ଯ୍ୟର ଛବି କେବେ ବାଦ୍ ଯାଏ ନାହିଁ। ଲେଖକଙ୍କ ଭାବାବେଗର ଯେଉଁ ଭିନ୍ନ ଉପଲବ୍ଧି, ତାହା ସ୍ପଷ୍ଟ ରୂପେ ବାରି ହୋଇପଡ଼େ ତାଙ୍କର ଭ୍ରମଣ କାହାଣୀରୁ।

ଭିନ୍ନ ଭିନ୍ନ ସ୍ଥାନମାନଙ୍କ ବିଷୟରେ ଉଚିତ ତଥ୍ୟ ଦେବା ଗୌରହରି ଦାସଙ୍କର ଏକ ସୁଅଭ୍ୟାସ। ତେଣୁ ସ୍ଥାନମାନଙ୍କର ଉଚିତ ବିବରଣ ପ୍ରଦାନ ଦେବାକୁ ସେ ଭୁଲିନାହାନ୍ତି। ସେଠି ସହର ସବୁ କୌଣସି କାରଣରୁ ପ୍ରସିଦ୍ଧିଲାଭ କରିଛି। ଆମେରିକାରେ 'ଓସା'ର ସାଂସ୍କୃତିକ କାର୍ଯ୍ୟକ୍ରମ ବିଷୟରେ ସେ ସୁନ୍ଦର ବର୍ଣ୍ଣନା କରିଛନ୍ତି। ଭାରତୀୟ ପରମ୍ପରାର ଝଲକ ଦେଖି ସେ ଆନନ୍ଦିତ ହୋଇଛନ୍ତି। ରଥଟଣା ଓ ଜଗନ୍ନାଥ ଧର୍ମର ଆଲୋଚନା ବିଷୟରେ ମଧ୍ୟ ସମ୍ୟକ୍ ସୂଚନା ଦେଇଛନ୍ତି ଲେଖକ। ସେ କିଛି ସହରର ପରିଚିତି ତଥା ତାର ଇତିହାସ ଦର୍ଶାଇଛନ୍ତି। ଓକଲ୍ୟାଣ୍ଡ, ଇମାରତ, ଗୋଲ୍‌ଡେନ୍ ବ୍ରିଜ୍, ଏପକଟ ଆଦି ସ୍ଥାନମାନଙ୍କର ସଂକ୍ଷିପ୍ତ ସୂଚନା ଦେଇଛନ୍ତି। ବର୍ମିଂହାମ୍ କିପରି କଳା-ଗୋରା ସଂଘର୍ଷ ସମୟରେ ପ୍ରମୁଖ ଭୂମିକା ଗ୍ରହଣ କରିଥିଲା, ତାକୁ ସ୍ଥାନ ଦେଇଛନ୍ତି। ସେ ଆଶ୍ଚର୍ଯ୍ୟ ହୋଇଛନ୍ତି ସେଠି ଥିବା ପାନ ଦୋକାନ ଦେଖି। ହଠାତ୍ ଗୁଆ, ଜର୍ଦ୍ଦା ମିଶା ମସଲା ସହ ପାନ ଦେଖି ଅନେକ ଅତୀତକୁ ଚାଲିଯାଉଥାନ୍ତି

ଲେଖକ। 'ଦୁଇ ଦିଗନ୍ତ'ରେ ଆଉ ଗୋଟେ କଥା କହିଛନ୍ତି ଯେ ଭାରତ ପରି ଆମେରିକାରେ ଯୋଉଠି ନାଇଁ ସେଇଠି ମନ୍ଦିର ତୋଳିବା ମନା। ସେଠି ଠାକୁରଙ୍କ ପାଇଁ ରିହାତି ନ ଥାଏ।

ନ୍ୟାସଭିଲ୍‌ରେ ନୌବିହାର ସମୟରେ ମାୟାଧର ମାନସିଂହଙ୍କ 'ମହାନଦୀରେ ଜ୍ୟୋସ୍ନା ବିହାର' କବିତା ମନେ ପଡ଼ିଛି। ତାଙ୍କର ବର୍ଣ୍ଣନାଶୈଳୀ ଅତି ସୁନ୍ଦର। ଯେପରିକି- ଝରକା କାଚ ସେପାଖେ ନାନା ବର୍ଣ୍ଣର ଆକାଶ। ଠାଏ ଠାଏ ସଫେଦ ବଉଦ ଭେଳାଭେଳା ହୋଇ ଭାସୁଥାନ୍ତି। ବଉଦକୁ ଏଭଳି ମୁଦ୍ରାରେ ଦେଖିଲେ କ୍ଷୀରସାଗର ରୂପକଳ୍ପ ମନେ ପଡ଼ିଯାଏ ବୋଲି ତାଙ୍କ ମନରେ ଏକ ଶିହରଣ ସୃଷ୍ଟି ହୋଇଛି। ତାଙ୍କର ଚିନ୍ତାଧାରା ଅତି ମୌଳିକ ଓ ସେଥିରେ ପୂରି ରହିଛି କବିତ୍ୱର ଲହର। ସେ ବୁଝାଇ କହିଛନ୍ତି- ଧୀରେ ଧୀରେ ଅନ୍ଧାର ଆସୁଥାଏ ଆକାଶର ରଙ୍ଗମଞ୍ଚକୁ। ବିମାନରେ ଯାତ୍ରା କଲାବେଳେ ଗଗନର ଅପରୂପ ସୌନ୍ଦର୍ଯ୍ୟକୁ ସମସ୍କନ୍ଧ କରି ତାଙ୍କ ମନ ଆଇନାରୁ ଝରି ଆସିଛି- କେଉଁଠି କଳା ବାଦଲ ଅପସୃୟମାଣ ସୂର୍ଯ୍ୟାଲୋକ ଗୋଟିଏ ପ୍ରକାର ଚିତ୍ର ଆଙ୍କିଲାଣି ତ କେଉଁଠି କଳା ବାଦଲର ସ୍ତୂପ ଆଉଟା ସୁନା ରଙ୍ଗରେ ରଞ୍ଜିତ ହେଲାଣି ତ ଆଉ କେଉଁଠି ନିଆଁର ଚାଙ୍ଗୁଡ଼ି ପରି ତାହା ଦେଦୀପ୍ୟମାନ ହୋଇ ଉଠିଲାଣି। (୧୫)

ବିଦେଶର ମନଲୋଭା ଦୃଶ୍ୟ ଦେଖି କେତେବେଳେ ସେ କବି ହୋଇଯାଇଛନ୍ତି ତ ପୁଣି ବୌଦ୍ଧିକ ମନୋଭାବ ନେଇ ଜଣେ ପ୍ରାବନ୍ଧିକ ହୋଇ ବର୍ଣ୍ଣନା କରିଛନ୍ତି। ସମଗ୍ର ଆମେରିକା ଦେଶ ତା'ର ସମୁଦ୍ର ଓ ନଦୀକୂଳକୁ କିପରି ଚମତ୍କାର ଭାବେ ସଜେଇ ରଖିଛି, ସେ ସମ୍ପର୍କରେ ଲେଖକ ନିଜର ମତବ୍ୟକ୍ତ କରିଛନ୍ତି।

ପର୍ଯ୍ୟଟକଙ୍କ ଦୃଷ୍ଟିରେ ବିଦେଶର ଭୌଗୋଳିକ ସୌନ୍ଦର୍ଯ୍ୟ ହୋଇଉଠିଛି ଶ୍ୟାମଳମୟୀ। ଟେନିସୀ ଏକ ଶିଳ୍ପ ସମୃଦ୍ଧ ରାଜ୍ୟ ଓ ନ୍ୟାସଭିଲ୍ ହେଉଛି ମ୍ୟୁଜିକ୍ ସିଟି ବୋଲି ସେ ସୂଚନା ଦେଇଛନ୍ତି। ବିମାନଯାତ୍ରା, ରହଣି ଆଦିର ଟିକିନିଖି ଘଟଣାକୁ ସେ ନିଖୁଣ ଭାବେ ଉପସ୍ଥାପନ କରିଛନ୍ତି। ଆମେରିକାର ମୁକ୍ତବଜାର ଅର୍ଥନୀତି ତଥା ଶକ୍ତିଶାଳୀ ଦେଶର ଲାଭବାନ୍ ହେବାର କୌଶଳୀ ଚିନ୍ତାଧାରାକୁ ଅଙ୍କେ ଲେଖିଛନ୍ତି। ବଲଟିମୁର ସମୁଦ୍ରକୂଳର ସୂର୍ଯ୍ୟାସ୍ତକୁ ଦେଖି ଆକର୍ଷିତ ହୋଇଛନ୍ତି। ଆମେରିକା ତା'ର ନାଗରିକମାନଙ୍କୁ ପୂର୍ଣ୍ଣ ସ୍ୱାଧୀନତା ଦେଇଛି ଓ ସେଠାକାର ନାଗରିକମାନେ ସେହି ସ୍ୱାଧୀନତାକୁ ମନପ୍ରାଣ ଦେଇ ଉପଭୋଗ କରୁଛନ୍ତି। ସାନ୍‌ଫ୍ରାନ୍‌ସିସ୍‌କୋରେ ସିନେମା ହଲ୍‌ରେ ଇଅରଫୋନ୍ କିଣିବାବେଳେ ପର୍ଯ୍ୟଟକ ଗୌରହରି ଦାସ କହିଛନ୍ତି- ଏ ଆମେରିକା ଜାତିକୁ ଧନ୍ୟ କହିବ। ଏଭଳି ବେପାରୀ

ଜାତି ଆଉ କୋଉଠି ନ ଥିବେ। (୧୬) ବୁଦ୍ଧଙ୍କ ମୂର୍ତ୍ତିକୁ କାମନାର ବସ୍ତୁମେଳରେ ମୂକ ଓ ଅସହାୟ ସାକ୍ଷୀପରି ବସେଇ ଦିଆଯିବାର ବିରୋଧାଭାସକୁ ଲକ୍ଷ୍ୟ କରିଛନ୍ତି ଏବଂ ତାଙ୍କ ମନରେ ସୃଷ୍ଟି ହୋଇଛି ଭାବନାର ଊର୍ଦ୍ଧ୍ୱ ପ୍ରତିକ୍ଷେପଣ।

ସ୍ୱିଡେନ୍‌ରେ ପହଞ୍ଚି ତା'ର ପରିଷ୍କାର ପରିଚ୍ଛନ୍ନତାକୁ ଲେଖକ ଦେଖିଛନ୍ତି। ତା'ର ଜଳବାୟୁ ଲେଖକଙ୍କୁ ଆକୃଷ୍ଟ କରିଛି। ସ୍ୱିଡେନ୍‌ର ପରିବେଶ, ଜନସଂଖ୍ୟା ସମ୍ପର୍କରେ ସୂଚନା ଦେଇଛନ୍ତି। ସ୍ୱିଡେନ୍ ହେଉଛି ଏକ ଶାନ୍ତିପ୍ରିୟ ସମୃଦ୍ଧ ଦେଶ। ସେଠି ଶୀତ ଋତୁ ଦୀର୍ଘ ସମୟ ପର୍ଯ୍ୟନ୍ତ ରହିଥାଏ ଓ ଗ୍ରୀଷ୍ମ ଋତୁ କମ୍ ସମୟ ଯାଏଁ ଆସିଥାଏ। ଲେଖକ ସ୍ୱିଡେନ୍‌ର ଇତିହାସ, ତା'ର ଲୋକଙ୍କ ଚଳଣି ସମ୍ପର୍କରେ ଉଲ୍ଲେଖ କରିଛନ୍ତି। ସ୍ୱିଡେନ୍ ଏକ ବିଚିତ୍ର ଦେଶ। ଶହ ଶହ ବର୍ଷ ଧରି ଏହି ଦେଶ ଲୋକସଂଖ୍ୟାକୁ ସମ୍ପୂର୍ଣ୍ଣ ନିୟନ୍ତ୍ରଣରେ ରଖିପାରିଛି। ସେ ଦେଶରେ ବିବାହ ପାଇଁ ନାଗରିକଙ୍କୁ ଉତ୍ସାହିତ କରାଯାଉଛି। ପରିବାର ଗଢ଼ିବା ଲାଗି ଭତ୍ତା ଦିଆଯାଉଛି, ତଥାପି ଲୋକେ ସଂସାର ବଢ଼ାଉନାହାନ୍ତି। ଲେଖକଙ୍କ ଭାଷାରେ- ପରିହାସରେ କୁହାଯାଇପାରେ ଯେ ଏଠି ପ୍ରତି ଦ୍ୱିତୀୟ ଲୋକ ଛାଡ଼ପତ୍ରୀ। ସେଠି ଅନେକ ଶିଶୁ ବାହା ନ ହୋଇ ଏକାଠି ରହୁଥିବା ଦମ୍ପତିଙ୍କ ସନ୍ତାନ। ବାହା ହେବାଟା ସେଠାରେ ଏତେ ଗୁରୁତ୍ୱପୂର୍ଣ୍ଣ କଥା ନୁହେଁ। ଦି ଜଣ ପୁରୁଷ ନାରୀ ବାହା ନ ହୋଇ ମଧ୍ୟ ଏକାଧିକ ବର୍ଷ ସାଙ୍ଗରେ ରହିପାରନ୍ତି। ସମ୍ଭବତଃ ଭାରତୀୟ ସମାଜ ପରି ସ୍ୱିଡେନ୍ ସମାଜ ଏ ବାବଦରେ ଏତେ କୌତୂହଳୀ ନୁହେଁ। ଭାରତ କଥା ଚିନ୍ତାକରି ଲେଖକ କହିଛନ୍ତି- ଭାରତରେ ତ ଜଣେ ପୁଅ ଝିଅ ସାଙ୍ଗକୁ ଗାଡ଼ିରେ ବସେଇ ବୁଲେଇ ନେଲେ ହଳହଳ ଆଖି ଗୁଇନ୍ଦାଗିରି କରିବାଲାଗି ସତର୍କ ହୋଇ ଉଠନ୍ତି। ସ୍ୱିଡେନ୍ କଥା ଭିନ୍ନ।

ସ୍ୱିଡେନ୍ ଏକ ସ୍କାଣ୍ଡିନେଭିୟାନ୍ ଶିଳ୍ପସମୃଦ୍ଧ ଦେଶ। ସେଠି ଲୋକଙ୍କ ଅବସ୍ଥା ଦେଖି ପ୍ରତୀତ ହୁଏ ଯେ ସେ ଦେଶରେ ଜୀବନଧାରଣର ମାନ କେତେ ପରିମାଣରେ ଉନ୍ନତ ଏବଂ ଅର୍ଥନୀତି କେତେ ସୁଦୃଢ଼। ସ୍ୱିଡେନ୍‌ର ସଂସଦୀୟ ଶାସନ ବ୍ୟବସ୍ଥା ସମ୍ପର୍କରେ ସେ ଅଳ୍ପକେ ସୂଚନା ଦେଇଛନ୍ତି। ସେଠାରେ ସମ୍ବାଦପତ୍ରମାନଙ୍କର ପ୍ରଚୁର ସ୍ୱାଧୀନତା ରହିଛି। ସେଠି ଲୋକଙ୍କର ଜୀବନଧାରଣର ମାନ ଉନ୍ନତ। ଧନୀ-ନିର୍ଦ୍ଧନ ଭେଦଭାବ ନାହିଁ। ତାଙ୍କର ସରକାର ନାଗରିକର ଭ୍ରୂଣ ଅବସ୍ଥାରୁ ପୁଣି ମୃତ୍ୟୁ ଓ ତା'ପର ଅବସ୍ଥା ପର୍ଯ୍ୟନ୍ତ ସମସ୍ତ କଥା ବୁଝିଥାନ୍ତି। ଯାହାକୁ ଇଂରାଜୀରେ Womb to Tomb ନୀତି କୁହାଯାଏ। ଅର୍ଥାତ୍ ଶିଶୁଟିଏ ଭୂମିଷ୍ଠ ହେବା ଆଗରୁ ତା' ପାଇଁ ସରକାର ଚିନ୍ତା କରେ।

ଗୌରହରି ଦାସ ତାଙ୍କର 'ଦୁଇ ଦିଗନ୍ତ'ରେ ସ୍ୱିଡେନ୍, ଭାରତ ଓ

ଆମେରିକା ମଧ୍ୟରେ ଏକ ତୁଳନାତ୍ମକ ଦୃଷ୍ଟିଭଙ୍ଗୀ ନେଇ ବିଭିନ୍ନ ପ୍ରସଙ୍ଗ ବର୍ଣ୍ଣନା କରିଛନ୍ତି। ସ୍ୱିଡେନ୍ ଓ ଭାରତ ସରକାରଙ୍କ ତୁଳନା କରି ସେ କହିଛନ୍ତି- ସ୍ୱିଡେନ୍ ସରକାର ଯଦି ରବିନହୁଡ୍ ହୁଏ, ତେବେ ଭାରତ ସରକାର ଧୃତରାଷ୍ଟ୍ର। (୧୭) ଲେଖକଙ୍କ ଦୃଷ୍ଟିରେ ଆମେରିକା ପରି ସ୍ୱିଡେନ୍‌ରେ ମଧ୍ୟ ଛାଡ଼ପତ୍ର ହାର ଅଧିକ। କିପରି ସେ ଦେଶର ନାରୀ ତା'ର ଅଧିକାର ସମ୍ପର୍କରେ ସଚେତନ, କର୍ମଶୀଳା ଯିଏ କି ଘର ତିଆରିଠୁ ନେଇ ଭାରୀ ଟ୍ରକ୍ ଓ ବସ୍ ଚଲେଇବା ପର୍ଯ୍ୟନ୍ତ ସବୁକାମ କରିପାରୁଛି, ସେ ବିଷୟରେ ସୂଚନା ପ୍ରଦାନ କରିଛନ୍ତି। ସ୍ୱିଡେନ୍‌ର ମହିଳା ସାହସୀ ଓ ଆତ୍ମନିର୍ଭରଶୀଳ। ସେଠି ନାରୀଟିଏ ପୁରୁଷର ବିନା ସହାୟତାରେ ଜୀବନ ଜିଇଁପାରେ। ସାଙ୍ଗରେ ପୁରୁଷ ଥାଉ କି ନ ଥାଉ ସେଥିପାଇଁ କୌଣସି ସୁଇଡିସ୍ ମହିଳାର ଜୀବନ ଅଟକି ଯାଏନାହିଁ। ସ୍ୱିଡେନ୍‌ବାସୀ ନିଜ ଭାଷାକୁ ନେଇ ସ୍ୱାଭିମାନୀ। ସେ ନିଜ ଭାଷା ବ୍ୟତୀତ ଅନ୍ୟ କୌଣସି ଭାଷାରେ କଥାବାର୍ତ୍ତା ହେବାକୁ ପସନ୍ଦ କରେ ନାହିଁ।

ସେଠି ଲୋକମାନଙ୍କର ରୋମାଣ୍ଟିକ୍ ଜୀବନଧାରା ଦେଖି ଲେଖକ କହିଉଠିଛନ୍ତି- ଏଠି ସବୁ ସମୟ ପ୍ରେମର ସମୟ, ସବୁ ସ୍ଥାନ ପ୍ରେମର ସ୍ଥାନ। ପର୍ଯ୍ୟଟକ ଗୌରହରି ସେ ଲୋକମାନଙ୍କର ଦାୟିତ୍ୱପୂର୍ଣ୍ଣ ଓ ଶୃଙ୍ଖଳିତ ବ୍ୟବହାର ଦେଖି ଆନନ୍ଦଲାଭ କରିଛନ୍ତି। ଷ୍ଟକ୍‌ହୋମ୍‌କୁ ନେଇ ଲେଖକଙ୍କ ମତ ହେଉଛି ଯେ କିଭଳି ଗୋଟିଏ ଜାତି ସୁନ୍ଦର ଭାବେ ନିଜର ପରମ୍ପରା ଓ ଇତିହାସକୁ ସଂରକ୍ଷିତ କରି ରଖିପାରେ ତାହା ଏଠାରୁ ଦେଖିବା କଥା। ସ୍ୱିଡେନ୍ ଲେଖକଙ୍କୁ କେମିତି ଲାଗିଲା ବୋଲି ଜଣେ ପଚାରିବାରୁ ସେ ଉତ୍ତରରେ କହିଛନ୍ତି- ସ୍ୱିଡେନ୍‌ର ଜଳବାୟୁ ଶୀତଳ, ଲୋକମାନେ ଉଷ୍ମ ଓ ଆବେଦନ ସବୁଜ। (୧୮)

'ଚିହ୍ନା ଅଚିହ୍ନା ଚୀନ' ଗୌରହରି ଦାସଙ୍କର ୨୦୦୨ ମସିହାରେ ଚୀନ ଭ୍ରମଣରେ ସାଉଁଟିଥିବା ଅନୁଭୂତିର ବିବରଣୀ। ଚୀନ ରହଣି କାଳରେ ଭ୍ରମଣ କରିଥିବା ବିଭିନ୍ନ ସ୍ଥାନମାନଙ୍କର ଅନୁଭୂତିକୁ ଲେଖକ ବର୍ଣ୍ଣନା କରିବା ସହିତ ଚୀନର ସମୃଦ୍ଧ ସଭ୍ୟତା, ସାଂସ୍କୃତିକ ଓ ଐତିହାସିକ ପରଂପରା ତଥା ଚୀନର ସମସ୍ୟା ଓ ସଫଳତାକୁ ଏ ପୁସ୍ତକରେ ଅନ୍ତର୍ଭୁକ୍ତ କରିଛନ୍ତି। ତାଙ୍କର 'ନିଜ କଥା'ରୁ ଚୀନ ଭ୍ରମଣ ଜନିତ ଅନୁଭବର ସାରକଥା ବାରିହୋଇପଡ଼େ। ଏଇ ପୁସ୍ତକରେ ଲେଖକ ଚୀନର କେବଳ ଚିହ୍ନା କଥା ନୁହେଁ ଅଚିହ୍ନା କଥାକୁ ଦେଖାଇବାକୁ ଚାହିଁଛନ୍ତି। ଚୀନର ବହୁଗୁଡ଼ିଏ ଅନୁପଲବ୍ଧ ତଥ୍ୟକୁ ସର୍ବସମ୍ମୁଖରେ ପ୍ରକାଶ କରିବାକୁ ପ୍ରୟାସ କରିଛନ୍ତି।

ଚୀନର ଲୋକସାହିତ୍ୟରେ କିପରି ଡ୍ରାଗନ୍ ବହୁରୂପୀ ଏବଂ ଚୀନର ଲୋକ

ଏହାକୁ ଦେବତା ବୋଲି ମାନନ୍ତି ଏ ବହିରେ ସେ କଥାର ବିଶଦ ଆଲୋଚନା ଦେଖିବାକୁ ମିଳେ। ଏଇ କାଳ୍ପନିକ ଡ୍ରାଗନ୍‌କୁ ନେଇ ଚୀନରେ ଅସଂଖ୍ୟ ଲୋକଗଳ୍ପ, କିମ୍ବଦନ୍ତୀ ଓ ଲୋକସଂଗୀତ ଥିବା କଥା ବିସ୍ତୃତ ଭାବେ ବର୍ଣ୍ଣନା କରିଛନ୍ତି ଲେଖକ। ମେଘକୁ ନେଇ ଏକ କିମ୍ବଦନ୍ତୀ ଓ ଲୋକକଥା ରହିଛି ଯେ "ଡ୍ରାଗନମାନେ ନିଜ ନିଜ ଭିତରେ ଲଢ଼େଇ କଲେ ଆକାଶରେ ମେଘ ମେଘ ଭିତରେ ସଂଘର୍ଷ ହୁଏ, ଘଡ଼ଘଡ଼ି ଶୁଭେ, ବିଜୁଳି ଦିଶେ। ତା'ପରେ ମେଘ ହୋଇ ତଳକୁ ଝରେ।" (୨୧) ଯେମିତି ନାଗସାପକୁ ନେଇ ଭାରତୀୟ ପୁରାଣ ପ୍ରତିଷ୍ଠାଲାଭ କରିଛି, ସେହିପରି ଚୀନରେ ଡ୍ରାଗନକୁ ନେଇ ବହୁ କାହାଣୀ ରହିଛି। 'ଡ୍ରାଗନ ଓ ନବଗୁଞ୍ଜର' ଅଧ୍ୟାୟରେ ଲେଖକଙ୍କ ବର୍ଣ୍ଣନାଶୈଳୀ ଖୁବ୍ ଚମତ୍କାର ହୋଇଛି। ତାଙ୍କ ଭାଷାରେ- ବୋଧହୁଏ ପ୍ରତି ମଣିଷ ଦେହର ଗନ୍ଧପରି ପ୍ରତି ଦେଶର ଅଲଗା ଅଲଗା ଗନ୍ଧ ରହିଛି। ଭାରତର ଗନ୍ଧ ଚୀନର ଗନ୍ଧ ନୁହେଁ, ଚୀନର ଗନ୍ଧ ଇଂଲଣ୍ଡର ଗନ୍ଧ ନୁହେଁ। ଲେଖକ ଉଲ୍ଲେଖ କରିଛନ୍ତି, ଡ୍ରାଗନ ହେଉଛି ଚୀନର କବି, କଳାକାର ଓ ଲୋକସାହିତ୍ୟିକମାନଙ୍କ ଦ୍ୱାରା ସୃଷ୍ଟ ଏକ ପ୍ରାଣୀ ଯାହା ଭିତରେ ସେମାନେ ଯୁଗ ଯୁଗ ଧରି ସେମାନଙ୍କର ଧାରଣା, ଇଚ୍ଛା, ଅଭିଳାଷ, ଶକ୍ତି, ଆଗ୍ରହ ଆଦିକୁ ଜୀବନ୍ୟାସ ଦେଇଛନ୍ତି। ସେଇଠି ଲେଖକଙ୍କର ମନେ ପଡ଼ିଛି ସାରଳା ମହାଭାରତ ଓ ସେଥିରେ କାଳ୍ପନିକ ଭାବେ ସଂଯୁକ୍ତ ହୋଇଥିବା 'ନବଗୁଞ୍ଜର' କଥା। ଚୀନ ଶବ୍ଦ ସହ ପରିଚିତ ଥିବା ପ୍ରତ୍ୟେକ ବ୍ୟକ୍ତି ଡ୍ରାଗନ ସହ ପରିଚିତ। ଏହି କାଳ୍ପନିକ ଜୀବକୁ ନେଇ ଯେଉଁ କିମ୍ବଦନ୍ତୀ ରହିଛି ଲେଖକ ତାକୁ ବିସ୍ତୃତଭାବେ ଆଲୋଚନା କରିଛନ୍ତି।

ଚୀନର ଖାଦ୍ୟପେୟ ସମ୍ପର୍କରେ ଲେଖକ କହନ୍ତି - ଚୀନର ଲୋକେ ପାଣିର ମାଛ ଓ ଅନ୍ୟାନ୍ୟ ଜଳଚରଠୁ ନେଇ ମାଟି ଉପରର ଚେରମୂଳ, ପନିପରିବା ଓ ନଭଚାରୀ ଚଢ଼େଇ ପର୍ଯ୍ୟନ୍ତ ସବୁ ଖାଆନ୍ତି। ଖାଇବା ଶେଷରେ ତରଭୁଜ ଖାଆନ୍ତି। ଯାକୁ ଦେଖି ସେ କହିଛନ୍ତି- In China, Everything ends in red। (୨୨) ଗୋଟେ ଭୋଜିରେ ଯୋଗଦେଇ ସେ ଚୀନର ଖାଦ୍ୟପେୟ ସମ୍ପର୍କରେ ଜାଣିବାକୁ ପାଇଛନ୍ତି। ଚୀନରେ ଚା'ର ବହୁଳ ବ୍ୟବହାର। ଏହି ଚା'କୁ ନେଇ ସେଠି କେତେ କାହାଣୀମାନ ରହିଛି ସେସବୁ ଗୌରହରି ଦାସ ଆଲୋଚନା କରିଛନ୍ତି। ଚୀନ୍‌ର ଚା' ଟିକେ ଅଲଗା ପ୍ରକାରର। ଚା'ରେ ଚିନି କି କ୍ଷୀର ନ ଥାଏ। ଅଳ୍ପ ସମୟ ଫୁଟାଇ ତାକୁ ପିଆଯାଏ। ସେଠି ଏହାକୁ ଏକ ସ୍ଫୂର୍ତ୍ତିଦାୟକ ଔଷଧ ରୂପେ ମଧ୍ୟ ବ୍ୟବହାର କରାଯାଏ। ରେଡ୍ ଟି, ବ୍ଲାକ୍ ଟି, ଲୋୟାଙ୍ଗ ଟି, ବ୍ରିକ୍ ଟି, ଜସ୍ମିନ୍ ଟି, ଲେମନ୍ ଟି ପରି ବହୁ ପ୍ରକାର ଚା'ର ବ୍ୟବହାର ରହିଛି। ଚା' ବିଷୟରେ ବହୁତ ସୁନ୍ଦର କଥାଗୁଡ଼ିଏ ବର୍ଣ୍ଣନା କରିଛନ୍ତି ଲେଖକ।

ଚୀନ୍ ଦେଶର ସମ୍ରାଟମାନଙ୍କର ରଙ୍ଗିନ ରାତିସବୁକୁ ନେଇ 'ନିଷିଦ୍ଧ ନଗରୀର ଉପକଥା' ଅଧ୍ୟାୟ ରଚିତ। ସେଠି ରାଜାଙ୍କର ଶଯ୍ୟାଗୃହ ବ୍ୟାପାର ନପୁଂସକ କର୍ମଚାରୀମାନେ ସ୍ଥିର କରୁଥିଲେ। ଏଥି ସହିତ ସେମାନେ ରାଣୀ, ରକ୍ଷିତା ତଥା ଉପପତ୍ନୀମାନଙ୍କ ସହ ରାଜାଙ୍କର ମିଳନପର୍ବର ଆୟୋଜନ ଏବଂ ଗର୍ଭଧାରଣ ସମୟ ନିରୂପଣ କରୁଥିଲେ। ଚୀନର ଗୋଟିଏ ଲୋକଗୀତକୁ ବର୍ଣ୍ଣନା କରିବା ସହିତ ଭାରତୀୟ ପୁରାଣର ରାଜା ଯଯାତିଙ୍କୁ ମନେ ପକାଇଛନ୍ତି ଲେଖକ, ଯିଏ ନିଜର ଅପୂର୍ଣ୍ଣ କାମନା ବାସନାର ପୂର୍ତ୍ତି ପାଇଁ ପୁତ୍ର ପୁରୁଙ୍କଠାରୁ ଯୌବନ ଉଧାର ମାଗିଥିଲେ।

ଲେଖକଙ୍କର ସଚ୍ଚି ରାଉତରାୟଙ୍କ କବିତା ମନେ ପଡ଼ିଛି 'ଗ୍ରେଟ୍ ୱାଲ୍'କୁ ଦେଖି- "ଅମର ହୋଇବ କାଳର କବଳେ ଯେଣୁ ଜଣକର ନାମ, ଲକ୍ଷ୍ୟ ବେନାମୀ ଜୀବନରେ ଯେଣୁ ଗଢ଼ାହେଲା ଶମଶାନ"। ପୁନଶ୍ଚ, ଚୀନର ଗ୍ରେଟ୍ ୱାଲ୍ ଦେଖିଲାବେଳେ ଲେଖକଙ୍କର ମନେପଡ଼ିଛି ନାଳନ୍ଦା ବିଶ୍ୱବିଦ୍ୟାଳୟ, ଫରବିଡେନ୍ ସିଟି ବୁଲିଲାବେଳେ ତାଙ୍କର ମନେପଡ଼ିଛି ଓମର ରୁବାୟତ, ଚାଓକାଓଙ୍କ ଚରିତ୍ରରେ ତାଙ୍କୁ ଦିଶିଛି ଶକୁନିଙ୍କ ମୁହଁ, ସମ୍ରାଟ ହୁହାଇଙ୍କ ଭ୍ରାତୃହତ୍ୟାର ଗାଥା ମନେ ପକାଏ ସମ୍ରାଟ ଅଶୋକଙ୍କୁ। ସେ କହିଛନ୍ତି- 'ଟେମ୍ପଲ ଆଣ୍ଡ୍ ହେଭେନ୍' ମଝିରେ ଏକ ଉନ୍ମୁକ୍ତ ବୃତ୍ତାକାର ବେଦୀ। ସେଇଠି ଛିଡ଼ାହୋଇ ଆକାଶକୁ ଚାହିଁ ପ୍ରାର୍ଥନା କଲେ ମନର ଇଚ୍ଛା ପୂରଣ ହୁଏ ବୋଲି ଗାଇଡ୍ କହିଲେ। ପୃଥିବୀର ବିଭିନ୍ନ ଉପାସନା ପୀଠରେ ଏପରି ବ୍ୟବସ୍ଥା ରହିଛି। ଦିଲ୍ଲୀ କୁତବମିନାରରେ ଥିବା ଲୁହାଖଣ୍ଡକୁ କୁଣ୍ଢେଇ ଧରିଲେ ପର୍ଯ୍ୟଟକର ମନୋବାଞ୍ଛା ପୂରଣ ହୁଏ, ଶ୍ରୀମନ୍ଦିର ଗରୁଡ଼ ସ୍ତମ୍ଭ ଛୁଇଁଲେ ପାପ ଖଣ୍ଡନ ହୁଏ ଓ ଝିଚିଂରେ ଥିବା ପୁରୁଣା ଲୁହାକୁ ଉଠାଇ ପାରିଲେ ସକଳ ରିଷ୍ଟ ଦୂର ହୁଏ। ହୋଟେଲ ପାଖରେ ନିର୍ମାଣାଧୀନ କୋଠା ପାଖରେ ସକାଳ ଛଅଟା ବେଳକୁ ଶତାଧିକ ମିସ୍ତ୍ରି, ମୂଲିଆଙ୍କୁ ଦେଖି ଚୀନର କର୍ମସଂସ୍କୃତି ପ୍ରତି ତାଙ୍କ ମନରେ ଶ୍ରଦ୍ଧା ସୃଷ୍ଟି ହୋଇଛି।

ଚୀନର ସାହିତ୍ୟ ସମ୍ପର୍କରେ କହିବାକୁ ଯାଇ ଲେଖକ ବର୍ଣ୍ଣନା କରିଛନ୍ତି ତା'ର ସାହିତ୍ୟ ଖୁବ୍ ପ୍ରାଚୀନ ଏବଂ ଚୀନ ସାହିତ୍ୟର ସବୁଠୁ ଶକ୍ତିଶାଳୀ ଦିଗଟି ହେଲା ଏହାର ଭାଷା। ସେମାନେ ସମସ୍ତେ ପ୍ରାୟ ଗୋଟିଏ ଭାଷା ବୁଝନ୍ତି ଓ ଆଞ୍ଚଳିକ ପ୍ରଭେଦ ସତ୍ତ୍ୱେ ସେଇ ଭାଷାର ଲିଖିତ ସାହିତ୍ୟ ପଢ଼ିପାରନ୍ତି। ଗୋଟିଏ ଦେଶର ସମାଜ ତା'ର ସାହିତ୍ୟରୁ ଜଣାପଡ଼େ। ଠିକ୍ ସେହିପରି ଗୌରହରିଙ୍କ ଭାଷାରେ- "ଗ୍ରେଟ୍‌ୱାଲ୍‌ର ନିଦା ଓ ନିବୁଜ ପଥର କାନ୍ଥ ସେପଟେ ଘଟୁଥିବା ଅନେକ ଘଟଣା ପରି ଚୀନରେ ଅନେକ କଥା, କିମ୍ବଦନ୍ତୀ, ଅନୁଭବ, ଅଭିଜ୍ଞତା ବହୁକାଳ ପର୍ଯ୍ୟନ୍ତ ଅବଶିଷ୍ଟ ଜଗତର ଅଗୋଚରରେ

ଥିଲା। ଏ ସବୁ ଭିତରେ ଚୀନର ସାହିତ୍ୟ ଅନ୍ୟତମ।" (୨୩) ଭାରତରେ ମଧ୍ୟ ଚୀନର ଶତାଧିକ ଭାଷା ରହିଛି। ମାତ୍ର 'ମାଣ୍ଡାରିନ' ହେଉଛି ଚୀନର ରାଷ୍ଟ୍ରଭାଷା। କେବଳ ସାହିତ୍ୟ କି ଭାଷା ନୁହେଁ, ଚୀନର ଲୋକବିଶ୍ୱାସ, ପରମ୍ପରା ଓ ଦର୍ଶନ ଉପରେ ଦୃଷ୍ଟି ପକାଇ ଲେଖକ ଦେଖିଛନ୍ତି- ଭାରତୀୟ ଦର୍ଶନର ପଞ୍ଚଭୂତ ପରି ଜଳ, ଅଗ୍ନି, କାଷ୍ଠ, ଧାତୁ ଓ ମାଟି ସୃଷ୍ଟିର ମୂଳ ଉତ୍ସ ବୋଲି ବିଶ୍ୱାସ କରାଯାଏ। ଭାରତୀୟ ହିନ୍ଦୁ ଧର୍ମରେ ଶ୍ରୀକୃଷ୍ଣଙ୍କର 'ଦଶାବତାର' ଭଳି ଚୀନରେ ବିଶ୍ୱସ୍ରଷ୍ଟା 'ନଅ ଅବତାର' ଗ୍ରହଣ କରିଥିଲେ। ଚୀନ ସମାଜର ବିଶ୍ୱାସକୁ ନେଇ ସେଠି ଲୋକଗୀତ ଓ ଗଳ୍ପମାନ ରଚିତ। କେଉଁ କାରଣରୁ ଚୀନ ସାହିତ୍ୟ ମାନସିକ ଶୃଙ୍ଖଳବୋଧରୁ ମୁକ୍ତି ପାଇ ପାରି ନ ଥିଲା, ତାହା ଉପସ୍ଥାପିତ କରିଛନ୍ତି। ଭାରତ ଓ ଚୀନ ମଧ୍ୟରେ ଥିବା ପାର୍ଥକ୍ୟକୁ ଲକ୍ଷ୍ୟକରି କହୁଛନ୍ତି- ଆଜି ମଧ୍ୟ ଚୀନ ଓ ଭାରତୀୟ ଲେଖକଙ୍କ ପାରିପାର୍ଶ୍ୱିକ ଅବସ୍ଥା ଭିତରେ ଅନେକ ଫରକ ଅଛି। ଚୀନ ଲେଖକଙ୍କର ଅର୍ଥନୈତିକ ନିରାପତ୍ତା ହୁଏତ ଭାରତୀୟ ଲେଖକଙ୍କର ନାହିଁ; ମାତ୍ର ଭାରତୀୟ ଲେଖକଙ୍କ ଅବାଧ ସ୍ୱାଧୀନତା ଚୀନ ଲେଖକଙ୍କ ପାଇଁ ଏବେ ବି ଏକ ମହାର୍ଘ ବିଳାସ।" (୨୪)

ଚୀନର ଇତିହାସକୁ ଲକ୍ଷ୍ୟକରି ସେ କହନ୍ତି ଯେ ଏହାର ଇତିହାସ ଛଅ ହଜାର ବର୍ଷର ପୁରୁଣା ଓ ସମୃଦ୍ଧ। ଏହାର ସଭ୍ୟତା ପୃଥିବୀର ଅନ୍ୟତମ ପ୍ରାଚୀନ ସଭ୍ୟତା। ବିଭିନ୍ନ ରାଜବଂଶ ଏହାକୁ ଶାସନ କରିଛନ୍ତି। ଏ ଦେଶର ଇତିହାସ ସମ୍ପର୍କରେ 'ନିଜକଥା'ରେ ବ୍ୟାଖ୍ୟା କରି କହୁଛନ୍ତି- "ଚୀନ ବିଷୟରେ ଜାଣିବାକୁ ଯାଇ ସେ ଇତିହାସର ଅମୁହାଁ ଅନ୍ଧାର ଗୁମ୍ଫା ଭିତରକୁ ପଶିଯାଇଛନ୍ତି, ଯୋଉଠୁ ବାହାରିବା ସମୟସାପେକ୍ଷ। ମାତ୍ର ଚୀନର ଇତିହାସ ହିଁ ସେଇଭଳି। ସେ ଦେଶର ସାମ୍ରାଜ୍ୟର ପ୍ରତିଷ୍ଠା, ଉତ୍ଥାନ ଓ ପତନ ଆଦି ସମ୍ପର୍କରେ ଆଲୋକପାତ କରିଛନ୍ତି। ଲେଖକ ଉଲ୍ଲେଖ କରିଛନ୍ତି 'ଫରବିଡେନ୍ ସିଟି' ନିର୍ମାଣ ପଛରେ ଥିବା ଇତିହାସକୁ। ସେ ଦେଶର ସଂଗ୍ରହାଳୟ ଓ ଅଭିଲେଖାଗାରଗୁଡ଼ିକରୁ ତା'ର ଇତିହାସର କୀର୍ତ୍ତିକଳାପ ସମ୍ବନ୍ଧରେ ଯଥେଷ୍ଟ ପ୍ରମାଣ ମିଳିଥିବାର ଲେଖକଙ୍କ ମତ। ଚୀନର ବିଭିନ୍ନ ଆଖ୍ୟାନ ସବୁକୁ ଯୋଡ଼ିଦେଇ ସେସବୁକୁ ଗୌରହରି ଦାସ ଏକ ଅଭିନବ ଢଙ୍ଗରେ ଉପସ୍ଥାପିତ କରିଛନ୍ତି।

ଚୀନର ଲୋକମାନେ ରକ୍ଷଣଶୀଳ ଓ ପରମ୍ପରା ପ୍ରତି ମାତ୍ରାଧିକ ଅନୁଗତ ବୋଲି ଗୌରହରି ଦାସଙ୍କ ମତ। ସେଠି ସବୁକିଛି ନିୟନ୍ତ୍ରିତ ଓ ଶୃଙ୍ଖଳିତ। ଲେଖକଙ୍କ କହିବାନୁସାରେ- "ମୁକ୍ତ ଅର୍ଥନୀତି ଓ ଜଗତୀକରଣ ବ୍ୟବସ୍ଥାରେ ବେପାର, ବଣିଜ ବିଷୟ ସ୍ୱାଧୀନତା ପାଇଥିଲେ ମଧ୍ୟ ପ୍ରକୃତ ନିୟନ୍ତ୍ରଣ ତଥାପି କମ୍ୟୁନିଷ୍ଟ ସରକାର

ହାତରେ ରହିଛି। ମଣିଷର ସ୍ୱପ୍ନକୁ ନେଇ ସେଠି ଏକ ଅନ୍ଧବିଶ୍ୱାସ ରହିଛି। କି ସ୍ୱପ୍ନ ଦେଖିଲେ କ'ଣ ହୁଏ, ତାହା ଉପରେ ଲେଖକ ଆଲୋକପାତ କରିଛନ୍ତି। ସିଆନ ସଂଗ୍ରହାଳୟରେ ଥିବା ରାଜାରାଣୀ ମୂର୍ତ୍ତି ମଧ୍ୟରୁ ରାଣୀଙ୍କ ମୂର୍ତ୍ତି ପୃଥୁଳା ହୋଇଥିବା କାରଣ ଲେଖକ ପଚାରି ବୁଝିଛନ୍ତି ଏବଂ ନିଜ ଚାରିପଟେ ଥିବା ନାରୀଙ୍କୁ ଦେଖି ସେ ଆଶ୍ଚର୍ଯ୍ୟ ହୋଇଛନ୍ତି। ସେ ଭାବିଛନ୍ତି ଯେ ଚୀନରେ ମହିଳାମାନଙ୍କ ଚିନ୍ତାଧାରା ଧୀରେ ଧୀରେ ବଦଳିଛି। ଉଲ୍ଲେଖଯୋଗ୍ୟ ଯେ ଗୋଟେ ସମୟରେ ଉନ୍ନତ ସ୍ୱାସ୍ଥ୍ୟର ନାରୀଙ୍କୁ ସୁନ୍ଦରୀ ବିବେଚନା କରାଯାଉଥିବା ଚୀନରେ ଏବେ ତନୁପାତଳୀଙ୍କ ସଂଖ୍ୟା ସର୍ବାଧିକ।

ଲେଖକଙ୍କ କହିବା ଅନୁସାରେ ଚୀନ ଭାରତର ପଡ଼ୋଶୀ ଦେଶ ହେଲେ ମଧ୍ୟ ଉଭୟ ଦେଶ ସମ୍ପର୍କରେ ପରସ୍ପରର ଧାରଣା ଆଦୌ ଯଥେଷ୍ଟ ନୁହେଁ। ରାଜନୈତିକ ସ୍ତରରେ ରହିଥିବା ଅନୁଦାର ଭାବ ଭିନ୍ନ ଚୀନର ରୁଦ୍ଧଦ୍ୱାର ନୀତି ମଧ୍ୟ ଏଥିପାଇଁ କିଛି ପରିମାଣରେ ଦାୟୀ। ପିଲାବେଳୁ ଭାରତର ଲୋକେ ଚୀନର ବହୁ ଜିନିଷ ସହ ପରିଚିତ ଥିବାବେଳେ ସେ ଦେଶର ସାହିତ୍ୟ, ସଂସ୍କୃତି, ସାମାଜିକ ଓ ରାଜନୈତିକ ଜୀବନ ସମ୍ପର୍କରେ ଅପରିଚିତ। ସିଲ୍କ, କାଗଜ, କମ୍ପାସ୍, ଚା ଆଦିର ଆବିଷ୍କାର ପ୍ରଥମେ ଚୀନରେ। ଏସବୁ ପଛରେ ଭିନ୍ନ ଭିନ୍ନ କାହାଣୀ ମଧ୍ୟ ରହିଛି। ସେହିପରି ଚୀନର ଜଣେ ଲୋକ ଭାରତ କହିଲେ ବୁଝେ – ଏଇଟି ଗୋଟେ ବଡ଼ ଦେଶ, ଏ ଦେଶ ପାଖେ ପରମାଣୁ ବୋମା ଅଛି, କାଶ୍ମୀରକୁ କେନ୍ଦ୍ର କରି ଭାରତ ସବୁବେଳେ ପାକିସ୍ତାନ ସହ ଲଢ଼େଇ କରୁଛି ଏବଂ ଭାରତରେ ବହୁତ ଦେବତା, ବହୁତ ଦୁଃଖ। (୨୫)

'ଗ୍ରେଟ୍‌ୱାଲ୍' ଅଧ୍ୟାୟରେ ଲେଖକ ଦର୍ଶାଇଛନ୍ତି ଯେ ଭାରତ ପରି ଚୀନ ମଧ୍ୟ ଅତୀତରେ ଅନେକ ଦୁର୍ଭାଗ୍ୟ ବରଣ କରିଛି। ବାରମ୍ବାର ଚୀନର ଆକ୍ରମଣରେ ଅର୍ଥନୀତି ଓ ଅଭିମାନ ଭୂଲୁଣ୍ଠିତ ହୋଇଛି। କେବେ ସ୍ୱଦେଶୀ ଶାସକଙ୍କ ଅତ୍ୟାଚାର ତ କେବେ ବିଦେଶୀ ଶତ୍ରୁଙ୍କ ଆକ୍ରମଣ, ଉଭୟ ଭିତରେ ପେଷିହୋଇ ଅନେକ ସମୟରେ ଚୀନର ସାଧାରଣ ମଣିଷ ନିଷ୍କୃତି ଲାଗି ଈଶ୍ୱରଙ୍କୁ ପ୍ରାର୍ଥନା କରିଛି। ଏହାପରେ ସେ ତା'ର ସ୍ୱାଧୀନତା ପାଇଛି। କିନ୍ତୁ ସେଇ ସ୍ୱାଧୀନତା ପାଇଁ ଚୀନର ଜନସାଧାରଣ ଯେ କେତେ ସମସ୍ୟା ଦେଇ ଗତି କରିଛନ୍ତି, କେତେ କ୍ଷତି ସହିଛନ୍ତି, ତାହା ବାସ୍ତବିକ ଅବିଶ୍ୱସନୀୟ।

ଚୀନର ସିଆନ୍ ଗାର୍ଡେନ୍ ହୋଟେଲ୍‌ରେ ଚାଲିଥିବା ନାଚଗୀତ କାର୍ଯ୍ୟକ୍ରମ କଥା କହିବାକୁ ଯାଇ ଲେଖକ କହନ୍ତି– ସେ ସନ୍ଧ୍ୟାଟି ତାଙ୍କ ଜୀବନର ଏକ ଅବିସ୍ମରଣୀୟ ସନ୍ଧ୍ୟା ହୋଇ ରହିବ। "ଏତେ ସୁନ୍ଦର ଏବଂ ଏତେ ଉଚ୍ଚ ଦରର ସାଂସ୍କୃତିକ କାର୍ଯ୍ୟକ୍ରମ ମୁଁ ଆଗରୁ ଦେଖି ନ ଥିଲି।" (୨୬) ଷ୍ଟୋନ୍ ଫରେଷ୍ଟ୍ ବା ଶିଳାଲେଖ ସଂଗ୍ରହାଳୟର ଅଦ୍ଭୁତ ପରିକଳ୍ପନା ତାଙ୍କୁ ମୁଗ୍ଧ କରିଛି। ଚୀନର ପ୍ରଥମ ସମ୍ରାଟ ସିନ୍ ସି ହୁଆଙ୍ଗ୍ ଦେଶର

ସମସ୍ତ ପ୍ରାଚୀନ ଗ୍ରନ୍ଥ ପୋଡ଼ିଦେବା ଲାଗି ନିର୍ଦ୍ଦେଶ ଦେଇଥିଲେ। ସେହିପରି କନ୍‌ଫୁସିୟସଙ୍କ ଅଧିକାଂଶ ବାଣୀ ଓ ବ୍ୟାଖ୍ୟା ପଥର ଉପରେ ଖୋଦେଇ ହୋଇ ଲେଖା ହୋଇଛି। ନିଆଁ ଓ ପାଣି ଦାଉରୁ ରକ୍ଷା ପାଇବା ପାଇଁ ଚୀନର ଧର୍ମଗୁରୁ ଓ ଜିଜ୍ଞାସୁ ବୋଧହୁଏ ପଥର ଦେହରେ ପାଠ ଖୋଦେଇର ଚିନ୍ତା କରିଥିବେ।

ଚୀନ ଦେଶରେ ଟ୍ରେନ୍‌ର ସମାୟାନୁବର୍ତ୍ତିତା, ସଫାସୁତୁରା ପରିବେଶ, ଷ୍ଟେସନ୍‌ରେ ଅଭିବାଦନ ଜଣାଇବାର ବ୍ୟବସ୍ଥା ଆଦି ଲେଖକଙ୍କୁ ପସନ୍ଦ ଆସିଛି। ଭାରତ ଓ ଚୀନ ମଧ୍ୟରେ ସାଂସ୍କୃତିକ ଭାବବିନିମୟ ଏବଂ ପରସ୍ପର ମଧ୍ୟରେ ସୌହାର୍ଦ୍ଦ୍ୟ ବୃଦ୍ଧି ଥିଲା ଲେଖକଙ୍କ ଭ୍ରମଣର ଆଭିମୁଖ୍ୟ।

ଚୀନ ଦେଶରେ ବୁଲିଥିବା ସ୍ଥାନମାନଙ୍କର ଟିକିନିଖି ବର୍ଣ୍ଣନା, ତା'ର ଇତିହାସ, ଖାଦ୍ୟପେୟ, ପାନୀୟ, ପରିବେଷଣ ଶୈଳୀ, ଯାନବାହନର ସମାୟାନୁବର୍ତ୍ତିତା, ସମ୍ରାଟମାନଙ୍କ ପ୍ରେମକାହାଣୀ ଆଦି ସବୁ ଦିଗକୁ ସେ ପ୍ରାଞ୍ଜଳଭାବେ ବର୍ଣ୍ଣନା କରିଛନ୍ତି, ଯାହାଦ୍ୱାରା ପାଠକ ଯେତେବେଳେ ଭ୍ରମଣକାହାଣୀ ପଢ଼ିବେ ସେତେବେଳେ ସେ ବିରକ୍ତ ନ ହୋଇ ଉତ୍ସାହର ସହିତ ପଢ଼ିବେ। ରଚନା କଲାବେଳେ ଲେଖକଙ୍କ ବିଭିନ୍ନ ଆଖ୍ୟାନ ସଂଯୋଜିତ କରିବା ଶୈଳୀ ବେଶ୍ ହୃଦୟସ୍ପର୍ଶୀ ମନେହୁଏ।

ଭ୍ରମଣବୃତ୍ତାନ୍ତଗୁଡ଼ିକର ଶେଷ ପର୍ଯ୍ୟାୟରେ ଲେଖକ କିପରି ସ୍ୱଦେଶକୁ ପ୍ରତ୍ୟାବର୍ତ୍ତନ କରିଛନ୍ତି, ତାର ଏକ ବିବରଣୀ ପ୍ରଦାନ କରିଛନ୍ତି 'ପ୍ରଥମ ପ୍ରବାସ'ର 'ଘରକୁ ଫେରିବାର ବେଳ'ରେ, 'ଦୁଇ ଦିଗନ୍ତ'ର 'ଘର ବାହୁଡ଼ା'ରେ ଓ 'ଚିହ୍ନା ଅଚିହ୍ନା ଚୀନ'ର 'ଘର ଲେଉଟାଣି'ରେ।

'ପ୍ରଥମ ପ୍ରବାସ'ରେ ଗୌରହରି ଦାସ ତାଙ୍କର ଭୀରୁ, ଶଙ୍କିତ ଓ ବ୍ୟକ୍ତିଗତ ଅନୁଭୂତିକୁ ଗୁରୁତ୍ୱ ଦେଇଛନ୍ତି। 'ଦୁଇ ଦିଗନ୍ତ' ବେଳକୁ ଆଉଟିକେ ବସ୍ତୁନିଷ୍ଠ ହୋଇଛନ୍ତି। 'ଚିହ୍ନା ଅଚିହ୍ନା ଚୀନ'ରେ ସେ ସମ୍ପୂର୍ଣ୍ଣ ଭାବେ ଭିନ୍ନ ଦୃଷ୍ଟିକୋଣରୁ ଚିନ୍ତା କରିଛନ୍ତି ଯେ ଚୀନରେ ଲୋକସଂଖ୍ୟା ଭାରତର ଲୋକସଂଖ୍ୟା ପରି ଅଧିକ, ତେବେ ଭାରତରେ କାହିଁକି ଏତେ ଅଧିକ ସମସ୍ୟା ରହିଛି ଏବଂ ଚୀନରେ କାହିଁକି କମ୍ ରହିଛି ? ଏଥିସହିତ ଚୀନ କାହିଁକି ଏତେ ବିକଶିତ ହୋଇଛି, ଏକଥା ତୁଳନା କରିବା ସହିତ ସେ ଭାବିଛନ୍ତି ଯେ ଭାରତୀୟମାନେ କହନ୍ତି- ଆମେ ବହୁ ବର୍ଷ ପରାଧୀନ ରହିଲୁ, ସେଥିପାଇଁ ଆମର ପ୍ରଗତିରେ ମନ୍ଥର ରହିଛି। କିନ୍ତୁ ଚୀନର ଇତିହାସ ମଧ୍ୟ କିଛି କମ୍ କ୍ଷତାକ୍ତ ନୁହେଁ! ତେଣୁ ଗୌରହରି ଦାସ ଚୀନର ଐତିହାସିକ ଘଟଣାଗୁଡ଼ିକୁ ଗୁରୁତ୍ୱ ଦେଇ ସେ ସମ୍ପର୍କରେ ଆଲୋଚନା କରିଛନ୍ତି। ଗୌରହରି ଲେଖିଛନ୍ତି ଯେ ଭାରତରେ ସାହିତ୍ୟିକମାନେ ସ୍ୱାଧୀନ, ତେଣୁ ଆମେ ମୁକ୍ତମନରେ ଲେଖିପାରୁଛୁ; କିନ୍ତୁ

ଚୀନରେ ସେପରି ସ୍ୱାଧୀନତା ନାହିଁ। କାରଣ ସେଠି ନୋବେଲ ପୁରସ୍କାର ପାଇଥିବା ଦୁଇଜଣ ଲେଖକ ଦେଶାନ୍ତରୀ ହୋଇ ରହିଛନ୍ତି। 'ଚିହ୍ନା ଅଚିହ୍ନା ଚୀନ'ରେ ଲେଖକ ଚୀନର ଚିହ୍ନା ଦିଗ ଯେଉଁଟା ଦିଶୁଛି ଓ ଅଚିହ୍ନା ଦିଗ ଯେଉଁଟା ଦିଶୁନାହିଁ ଉଭୟକୁ ଚିହ୍ନେଇଛନ୍ତି।

ଗୌରହରି ଦାସ ତାଙ୍କର ତିନିଟି ଭ୍ରମଣ କାହାଣୀ ପୁସ୍ତକରେ ଆମେରିକା, ସ୍ୱିଡେନ୍ ଓ ଚୀନର ଦୃଶ୍ୟାବଳୀକୁ ପୁଙ୍ଖାନୁପୁଙ୍ଖ ବର୍ଣ୍ଣନା କରିଛନ୍ତି। ବର୍ଣ୍ଣନା ପ୍ରସଙ୍ଗରେ ପର୍ଯ୍ୟଟକ ବିଦେଶର ସାହିତ୍ୟ, କଳା, ସଂସ୍କୃତି, ଶାସନ ଓ ସମାଜନୀତି ବିଷୟକ ଯେଉଁ ସବୁ ମତାମତ ପ୍ରକାଶ କରିଛନ୍ତି, ତାହା ଅତ୍ୟନ୍ତ ଭାବପୂର୍ଣ୍ଣ ଓ ପ୍ରାଞ୍ଜଳ ମନେ ହୁଏ। ଗନ୍ତବ୍ୟ ପଥରେ ସେ ଯେଉଁସବୁ ଦୃଶ୍ୟର ସମ୍ମୁଖୀନ ହୋଇଛନ୍ତି ତାହାକୁ ଆପଣାର ଲେଖନୀମୁନରେ ଫୁଟାଇଛନ୍ତି। ନିରୀହ ମନର ଅନୁଭୂତି ଘେନି ଛୋଟ କଥାଗୁଡ଼ିକୁ ଯେପରି ନିପୁଣତାର ସହ ଚିତ୍ରିତ କରିଛନ୍ତି, ତାହା ପ୍ରଶଂସନୀୟ ତଥା ଉପଭୋଗ୍ୟ।

ପର୍ଯ୍ୟଟକ ଗୌରହରି ଦାସ ବିଦେଶ ଭ୍ରମଣ କାଳରେ ଯେଉଁସବୁ ଅନୁଭୂତି ଲାଭ କରିଛନ୍ତି, ତାକୁ ସେ ସ୍ୱକୀୟ ଶୈଳୀରେ ଶୁଦ୍ଧ ଓ ମାର୍ଜିତ ଭାଷା ଦେଇ ଯଥାଯଥ ଢଙ୍ଗରେ ଉପସ୍ଥାପନ କରିଛନ୍ତି। ପର୍ଯ୍ୟଟକଙ୍କ ଦୃଷ୍ଟିରେ ଆମେରିକା ଓ ସ୍ୱିଡେନ୍ ଭିତରେ ପାର୍ଥକ୍ୟ ହେଉଛି ଆମେରିକାକୁ ପୃଥିବୀର ସବୁ ଦେଶର ଯୋଗ୍ୟତମ ଲୋକମାନେ ଯାଆନ୍ତି, କାରଣ ଭବିଷ୍ୟତ ଖୋଜିବାପାଇଁ। କିନ୍ତୁ ସ୍ୱିଡେନ୍ ଦେଶଟି ସୁଖୀ ଲୋକଙ୍କ ଦେଶ। ସେଠି ବ୍ୟକ୍ତି ସ୍ୱାଧୀନତାକୁ ଗୁରୁତ୍ୱ ଦିଆଯାଇଥାଏ। ସେ ଦେଶର ପ୍ରଧାନମନ୍ତ୍ରୀ ନିଜେ ଟ୍ରେନ୍‌ରେ ଯାଆନ୍ତି। ଲୋକସଂଖ୍ୟା ସେଠି ବଢୁନାହିଁ। ଅନ୍ୟପକ୍ଷରେ ଚୀନ ଗୋଟେ କମ୍ୟୁନିଷ୍ଟ ଦେଶ ବୋଲି ସେ ଦେଶର ଲୋକମାନେ କୁହନ୍ତି, କିନ୍ତୁ ମନ ଭିତରେ ପୁଞ୍ଜିପତି ହେବାର ଦୁର୍ବାର ଲାଳସା ଅଛି ବୋଲି ଲେଖକ ଅନୁଭବ କରିଛନ୍ତି। ପର୍ଯ୍ୟଟକ ଗୌରହରି ଦାସଙ୍କ ଦୃଷ୍ଟିରେ ବିଦେଶ ଅନୁଭୂତି କିପରି ମନଛୁଆଁ ଓ ଆତ୍ମଗର୍ଭିକ, ତାହା ଏହି ଭ୍ରମଣବୃତ୍ତାନ୍ତ ଗୁଡ଼ିକ ପଠନ କଲେ, ସ୍ପଷ୍ଟ ଜଣାପଡ଼େ। ଏ ଦୃଷ୍ଟିରୁ ଓଡ଼ିଆ ଭ୍ରମଣ ସାହିତ୍ୟରେ ତାଙ୍କ ବହିଗୁଡ଼ିକ ଯେ ସ୍ୱତନ୍ତ୍ର ସ୍ଥାନର ଅଧିକାରୀ କହିଲେ ଅତ୍ୟୁକ୍ତି ହେବନାହିଁ।

ସହାୟକ ଗ୍ରନ୍ଥସୂଚୀ

୧. କଥା ସରେ ନାହିଁ - ଗୌରହରି ଦାସ - ଦ୍ୱିତୀୟ ସଂସ୍କରଣ, ୨୦୧୮, ପୃଷ୍ଠା-୧୧୨

୨. ଦୁଇ ଦିଗନ୍ତ - ଗୌରହରି ଦାସ - ୨୦୦୩, ପୃଷ୍ଠା-୧୨

୩. ପ୍ରଥମ ପ୍ରବାସ - ଗୌରହରି ଦାସ - ଦ୍ୱିତୀୟ ସଂସ୍କରଣ,୨୦୧୧, ପୃଷ୍ଠା-୯ (ନିଜକଥା)

୪. ପ୍ରଥମ ପ୍ରବାସ - ଗୌରହରି ଦାସ - ଦ୍ୱିତୀୟ ସଂସ୍କରଣ, ୨୦୧୧, ପୃଷ୍ଠା-୩୪
୫. ପ୍ରଥମ ପ୍ରବାସ - ଗୌରହରି ଦାସ - ଦ୍ୱିତୀୟ ସଂସ୍କରଣ, ୨୦୧୧, ପୃଷ୍ଠା-୩୯
୬. ପ୍ରଥମ ପ୍ରବାସ - ଗୌରହରି ଦାସ - ଦ୍ୱିତୀୟ ସଂସ୍କରଣ, ୨୦୧୧, ପୃଷ୍ଠା-୧୧୨
୭. ପ୍ରଥମ ପ୍ରବାସ - ଗୌରହରି ଦାସ - ଦ୍ୱିତୀୟ ସଂସ୍କରଣ, ୨୦୧୧, ପୃଷ୍ଠା-୧୧୯
୮. ପ୍ରଥମ ପ୍ରବାସ - ଗୌରହରି ଦାସ - ଦ୍ୱିତୀୟ ସଂସ୍କରଣ, ୨୦୧୧, ପୃଷ୍ଠା-୧୨୩
୯. ପ୍ରଥମ ପ୍ରବାସ - ଗୌରହରି ଦାସ - ଦ୍ୱିତୀୟ ସଂସ୍କରଣ, ୨୦୧୧, ପୃଷ୍ଠା-୧୨୪
୧୦. ପ୍ରଥମ ପ୍ରବାସ - ଗୌରହରି ଦାସ - ଦ୍ୱିତୀୟ ସଂସ୍କରଣ, ୨୦୧୧, ପୃଷ୍ଠା-୧୪୯
୧୧. ଦୁଇ ଦିଗନ୍ତ - ଗୌରହରି ଦାସ, ୨୦୦୩, ପୃଷ୍ଠା-୧୬
୧୨. ଦୁଇ ଦିଗନ୍ତ - ଗୌରହରି ଦାସ, ୨୦୦୩, ପୃଷ୍ଠା-୧୭
୧୩. ଦୁଇ ଦିଗନ୍ତ - ଗୌରହରି ଦାସ, ୨୦୦୩, ପୃଷ୍ଠା-୪୯
୧୪. ଦୁଇ ଦିଗନ୍ତ - ଗୌରହରି ଦାସ, ୨୦୦୩, ପୃଷ୍ଠା-୨୩
୧୫. ଦୁଇ ଦିଗନ୍ତ - ଗୌରହରି ଦାସ, ୨୦୦୩, ପୃଷ୍ଠା-୪୪
୧୬. ଦୁଇ ଦିଗନ୍ତ - ଗୌରହରି ଦାସ, ୨୦୦୩, ପୃଷ୍ଠା-୪୩
୧୭. ଦୁଇ ଦିଗନ୍ତ - ଗୌରହରି ଦାସ, ୨୦୦୩, ପୃଷ୍ଠା-୯୪
୧୮. ଦୁଇ ଦିଗନ୍ତ - ଗୌରହରି ଦାସ, ୨୦୦୩, ପୃଷ୍ଠା-୧୦୦
୧୯. ଚିହ୍ନା ଅଚିହ୍ନା ଚୀନ - ଗୌରହରି ଦାସ, ୨୦୦୩, ପୃଷ୍ଠା-୨୪
୨୦. ଚିହ୍ନା ଅଚିହ୍ନା ଚୀନ - ଗୌରହରି ଦାସ, ୨୦୦୩, ପୃଷ୍ଠା-୨୬
୨୧. ଚିହ୍ନା ଅଚିହ୍ନା ଚୀନ - ଗୌରହରି ଦାସ, ୨୦୦୩, ପୃଷ୍ଠା-୩୦
୨୨. ଚିହ୍ନା ଅଚିହ୍ନା ଚୀନ - ଗୌରହରି ଦାସ, ୨୦୦୩, ପୃଷ୍ଠା-୩୫
୨୩. ଚିହ୍ନା ଅଚିହ୍ନା ଚୀନ - ଗୌରହରି ଦାସ,୨୦୦୩, ପୃଷ୍ଠା-୬୦
୨୪. ଚିହ୍ନା ଅଚିହ୍ନା ଚୀନ - ଗୌରହରି ଦାସ, ୨୦୦୩, ପୃଷ୍ଠା-୬୩
୨୫. ଚିହ୍ନା ଅଚିହ୍ନା ଚୀନ - ଗୌରହରି ଦାସ, ୨୦୦୩, ପୃଷ୍ଠା-୨୧
୨୬. ଚିହ୍ନା ଅଚିହ୍ନା ଚୀନ - ଗୌରହରି ଦାସ, ୨୦୦୩, ପୃଷ୍ଠା-୧୯୧

ଅନୁରାଗ ଓ ଅଙ୍ଗୀକାରର ସମନ୍ୱୟ ସଂପାଦକ ଗୌରହରି

ସଂଘମିତ୍ରା ଭଞ୍ଜ

ସାହିତ୍ୟରେ 'ସଂପାଦନା' ଏକ ନିରପେକ୍ଷ - ସାରସ୍ୱତ କର୍ମ। କୌଣସି ଲେଖା, ପୁସ୍ତକ, ଦୈନିକ, ସାପ୍ତାହିକ, ମାସିକ କିମ୍ବା ବାର୍ଷିକ ପତ୍ର କିମ୍ବା କବିତାର ପାଠ, ଭାଷା, ଭାବ କିମ୍ବା କ୍ରମକୁ ବ୍ୟବସ୍ଥିତ କରିବା ତଥା ଆବଶ୍ୟକତାନୁସାରେ ସେଥିରେ ସଂଶୋଧନ, ପରିବର୍ତ୍ତନ କିମ୍ବା ପରିବର୍ଦ୍ଧନ କରି ତାକୁ ପ୍ରକାଶନକ୍ଷମ କରିବା ହିଁ 'ସଂପାଦନା'। ସଂପାଦକ ଲେଖାରୂପୀ ଜାହାଜର ନାଉରୀର କର୍ମ କରିଥାନ୍ତି। ତାଙ୍କରି ନିୟନ୍ତ୍ରଣ ହିଁ ସଂପାଦିତ କୃତି କିମ୍ବା ଲେଖାକୁ ବ୍ୟବସ୍ଥିତ ରୂପ ପ୍ରଦାନ କରିଥାଏ। ସଂପାଦକଙ୍କ ନିକଟରେ ଗୋଟିଏ ବିନ୍ଦୁକୁ ବ୍ୟକ୍ତ କରିବା ନିମନ୍ତେ ପ୍ରକୃଷ୍ଟ ଶବ୍ଦ ଖୋଜିବାର ଉତ୍ସର୍ଗୀକୃତ ଅଭ୍ୟାସ ସହିତ ଜଟିଳ କଥାକୁ ସରଳ ଏବଂ ଲେଖାକୁ ତ୍ରୁଟି ରହିତ କରିବାର ସାମର୍ଥ୍ୟ ରହିବା ଅତ୍ୟନ୍ତ ଆବଶ୍ୟକ।

ସଂପ୍ରତି 'ସଂପାଦନା' କ୍ଷେତ୍ରରେ ଜଣେ ଯଶସ୍ୱୀ ସାହିତ୍ୟିକ ହେଉଛନ୍ତି ଗୌରହରି ଦାସ। ମୌଳିକ ତାଙ୍କର ଦୃଷ୍ଟିକୋଣ, ଅଭିନବ ତାଙ୍କର ସମୀକ୍ଷାତ୍ମକ ବିଚାରମୂଲ୍ୟ। ସଂପାଦନା କ୍ଷେତ୍ରରେ ତାଙ୍କ ବିଶେଷ ଯୋଗ୍ୟତା, ପ୍ରତିଭା ତଥା କଠୋର ପରିଶ୍ରମର ସାମର୍ଥ୍ୟ ହେତୁ ଓଡ଼ିଶାରେ 'ସଂପାଦନା' କର୍ମକୁ ସେ ଏକ ଅଦ୍ୱିତୀୟ ଉଚ୍ଚତା ପ୍ରଦାନ କରିପାରିଛନ୍ତି। ସର୍ବୋପରି, ସଂପାଦନା କ୍ଷେତ୍ରରେ ତାଙ୍କର ନିରପେକ୍ଷ ଅବବୋଧ, ବିଶଦଜ୍ଞାନ, ନେତୃତ୍ୱକାରୀ ସଂଯମିତ-କ୍ଷମତା, ଭାଷାଜ୍ଞାନ, ମାଧୁର୍ଯ୍ୟପୂର୍ଣ୍ଣ-କଳାପ୍ରିୟ ମାନସିକତା, ନିର୍ଣ୍ଣୟ କୌଶଳ, ଉଦାର-ସହୃଦୟତା ତଥା

ଉପାଦାନ ମାର୍ଗ (production process) ପ୍ରତି ଦୂରଦୃଷ୍ଟି ତାଙ୍କୁ ଜଣେ କୁଶଳୀ ସଂପାଦକର ମାନ୍ୟତା ପ୍ରଦାନ କରିଛି।

'ସମ୍ବାଦ'ର ସାହିତ୍ୟ ବିଭାଗ ତଥା 'କଥା' ପତ୍ରିକାର ସଫଳ ସଂପାଦନା କ୍ଷେତ୍ରରେ ସେ ଓଡ଼ିଶାରେ ଜଣେ ସମର୍ଥ ସଂପାଦକ ଭାବରେ ପରିଚିତ। ସଂପାଦନା ସମ୍ପର୍କରେ ଏକ ସାକ୍ଷାତକାରରେ ଗୌରହରି ମତ ଦେଇଥିଲେ- "ସଂପାଦକର କାମ ରୋଷେୟାର କାମ ସହ ସମାନ। ଜଣେ ଭଲ ରୋଷେୟା ଖଡ଼ା, ବଡ଼ି, କଖାରୁକୁ ନେଇ ସୁଆଦିଆ ତରକାରି ରାନ୍ଧିପାରେ; ଜଣେ ଖରାପ ରୋଷେୟା ଆଳୁ, ପୋଟଳ, ଛତୁ ତରକାରିକୁ ମଧ୍ୟ ନଷ୍ଟ କରିଦେଇପାରେ। ସଂପାଦକର କାମ ଲେଖା ଭିତରେ ଥିବା ଦୁର୍ବଳତାକୁ ଖୋଜି ତାକୁ ସବଳତାରେ ପରିଣତ କରିବା, ତହିଁରେ ଅପୂର୍ଣ୍ଣ ମନେ ହେଉଥିବା କଥା ଯୋଡ଼ି ତାକୁ ପୂର୍ଣ୍ଣତା ଦେବା ଏବଂ ଲେଖାଟିକୁ ସର୍ବାଙ୍ଗ ସୁନ୍ଦର ଲେଖା ଭାବେ ପରିବେଷଣ କରିବା। ଏଥିପାଇଁ ତାକୁ ଭାଷା, ବ୍ୟାକରଣ, ନାନ୍ଦନିକତା, ରସ, ଔଚିତ୍ୟବୋଧ ଏବଂ ସନ୍ଦର୍ଭ ସମ୍ପର୍କରେ ସବୁକଥା ଜାଣିବାକୁ ପଡ଼ିବ। ଅନେକ ସମୟରେ ଲେଖକ ଆବେଶରେ ଭାସିଯାଇ ଭୁଲ୍-ତ୍ରୁଟି ଛାଡ଼ିଯାଇଥାଆନ୍ତି। ସଂପାଦକ ତାକୁ ଅନାସକ୍ତ ଭାବରେ ପଢ଼ି ସେଗୁଡ଼ିକୁ ବାଦ୍ ଦେବା ଉଚିତ। ନଚେତ୍ ଭୁଲ୍‌ଟି ସବୁଦିନ ପାଇଁ ରହିଯିବ। ସଂକ୍ଷେପରେ ସଂପାଦନା କହିଲେ ମୁଁ ବୁଝେ ସେହି ଦକ୍ଷତା ଯାହା ପ୍ରତିଟି ଲେଖାକୁ ତ୍ରୁଟିଶୂନ୍ୟ, ସମର୍ଥ, ସୁନ୍ଦର ଏବଂ ସୁସଂହତ ଭାବେ ପରିବେଷଣ କରିବାରେ ସାହାଯ୍ୟ କରିଥାଏ। ଏଥିପାଇଁ ସଂପାଦକଙ୍କୁ ସମ୍ବେଦନଶୀଳ ଅଥଚ ସତର୍କ, ବହୁପାଠୀ ଏବଂ ପ୍ରାସଙ୍ଗିକ ହେବାକୁ ପଡ଼ିବ। ଖୁବ୍ ବେଶୀ ରକ୍ଷଣଶୀଳତା ଭଲ ସଂପାଦକ ପାଇଁ ଏକ ଯୋଗ୍ୟତା ନୁହେଁ।"

ସଂପାଦନା ଏକ ଦାୟିତ୍ୱସଂପନ୍ନ କଳାତ୍ମକ ବୃତ୍ତି। ଲେଖକ-ପାଠକ ମଝିରେ ସଂପାଦକ ଏକ ସେତୁ। ସଂପାଦନାର ଦାୟିତ୍ୱ ବିଭିନ୍ନ ଉପାୟରେ ଜଣେ ବ୍ୟକ୍ତିଙ୍କ ପାଖକୁ ଆସିଥାଏ। କେହି କେହି ଉତ୍ତରାଧିକାର ସୂତ୍ରରେ ଏହି ଦାୟିତ୍ୱ ପାଇଛନ୍ତି। ଭାରତର ବହୁ ବଡ଼ ବଡ଼ ସମ୍ବାଦପତ୍ରର ସଂପାଦନା ଦାୟିତ୍ୱ ପୁତ୍ର-କନ୍ୟାମାନେ ଉତ୍ତରାଧିକାର ଭାବରେ ପାଇଥାଆନ୍ତି। ଆଉ କେତେକ ଏଥିପାଇଁ ଯୋଗ୍ୟତା ଅର୍ଜନ କରି ସଂପାଦନାକୁ ବୃତ୍ତି ଭାବେ ଗ୍ରହଣ କରିଥାନ୍ତି। କିଛି ବ୍ୟକ୍ତିଙ୍କ ପାଇଁ ଏହା ପୁଣି ଏକ ପ୍ରବୃତ୍ତି ଏବଂ ଆତ୍ମିକ ଇଚ୍ଛା ମଧ୍ୟ। ଗୌରହରି ଦାସ ଏଇ ତୃତୀୟ ପର୍ଯ୍ୟାୟର ସଂପାଦକ ଯିଏ ପିଲାଟିଦିନୁ ଏ କ୍ଷେତ୍ରରେ ଆଗ୍ରହ ପ୍ରକାଶ କରିଥିଲେ। ବିଶିଷ୍ଟ ଲେଖକ ଓ ସତୀର୍ଥ ଡକ୍ଟର ବିଜୟାନନ୍ଦ ସିଂହଙ୍କ ସହ ଏକ ସାକ୍ଷାତକାରରେ ଗୌରହରି କହିଛନ୍ତି ଯେ ଗଣମାଧ୍ୟମରେ କାମ କରିବା ପିଲାଟିଦିନରୁ ତାଙ୍କର

ସ୍ୱପ୍ନ ଥିଲା। ତାଙ୍କର ଜଣେ ସମ୍ପର୍କୀୟ 'ସମାଜ' କାର୍ଯ୍ୟାଳୟରେ କାମ କରୁଥିବାରୁ ସେହି ସୂତ୍ରରେ 'ସମାଜ' କାଗଜ ଖଣ୍ଡିକ ତାଙ୍କ ଘରକୁ ଯାଉଥିଲା। ଗୌରହରି ସ୍କୁଲ୍‌ରୁ ଫେରିବା ବାଟରେ ଡାକଘରୁ କାଗଜ ଖଣ୍ଡିକ ନେଇ ତାଙ୍କ ଘରକୁ ଯାଉଥିଲେ ଓ ମଝି ବାଟରେ ତାହା ପଢ଼ିବସୁଥିଲେ। ସେହି ଖବରକାଗଜରେ ଦେଶ ଦୁନିଆର ବିଭିନ୍ନ ଖବର ପ୍ରକାଶ ପାଉଥିଲେ ମଧ୍ୟ ଗୌରହରିଙ୍କ ଗାଁ ଷଣ୍ଢଗଡ଼ାର କୌଣସି ଗୋଟିଏ ଖବର ସ୍ଥାନ ପାଉ ନ ଥିଲା। ଏକଥା ଦେଖି ଗୌରହରିଙ୍କ କିଶୋର ମନ ପ୍ରତିବାଦ କରୁଥିଲା। ତାଙ୍କ ବିଚାରରେ ତାଙ୍କର ସେହି ଛୋଟ ଗାଁଟିରେ ଯାହା ଯାହା ଘଟଣା ଘଟୁଥିଲା ସେସବୁ ମଧ୍ୟ ଖବରକାଗଜରେ ପ୍ରକାଶ ପାଇବା ଉଚିତ ଥିଲା। ବଡ଼ପୋଖରୀରୁ ମାଛ ଧରାହେବା, ସ୍କୁଲ୍‌ରେ ସରସ୍ୱତୀ ପୂଜା ହେବା ବା ଗାଁରେ ଅଷ୍ଟପ୍ରହରୀ କୀର୍ତ୍ତନ ହେବା ଇତ୍ୟାଦି ତାଙ୍କ ବିଚାରରେ ଥିଲା ପ୍ରକାଶ ଉପଯୋଗୀ ଖବର। ଗୌରହରି 'ସମାଜ'ର ଏପ୍ରକାର 'ଅନ୍ୟାୟ'ର ନିରବ ପ୍ରତିବାଦରେ ନିଜ ରଫ୍‌ଖାତାରୁ କିଛି କାଗଜ ଚିରି ଗୋଟେ ବିକଳ୍ପ ଖବରକାଗଜ ତିଆରି କରୁଥିଲେ। ସେ କାଗଜଟିର ଶ୍ରୋତା ଥିଲେ ମାତ୍ର ଦୁଇଜଣ- ତାଙ୍କର ବାପା ଓ ମାଆ। ମାତ୍ର ସେଇ ଦି'ଜଣ ଶ୍ରୋତା ତାଙ୍କୁ ଏପରି ଉତ୍ସାହ ଦେଉଥିଲେ ଯେ ତାର ପ୍ରଭାବରେ ସେ ପରଦିନର କାଗଜ ଖଣ୍ଡିକ ସୁଦ୍ଧା ନିର୍ଦ୍ଧାରିତ ସମୟ ପୂର୍ବରୁ ପ୍ରସ୍ତୁତ କରିଦେଉଥିଲେ। (ଗୌରହରି ଦାସଙ୍କ ସହ ଅନ୍ତରଙ୍ଗ ଆଳାପ)

ଏ କଥାଟି ଉଲ୍ଲେଖ କରିବାର ତାତ୍ପର୍ଯ୍ୟ ହେଲା ପିଲାଦିନୁ ଗୌରହରିଙ୍କ ଭିତରେ ଖବରର ପ୍ରାଥମିକତା ନେଇ ଏକ ନିଜସ୍ୱ ବିଚାର ଥିଲା। ଜଣେ ସଂପାଦକର ଦାୟିତ୍ୱ ବହୁବିଧ। ଦେଖିବାକୁ ଗଲେ ଏହା ଅନ୍ଧାରରେ ରହିଯାଉଥିବା ଜଣେ ପୃଷ୍ଠପୋଷକର କାମ। ଭଲ ଲେଖାର ଲେଖକକୁ ପାଠକ ମନେରଖନ୍ତି, ମାତ୍ର ଲେଖାଟିକୁ ସଜାଡ଼ିବାରେ, ସୁନ୍ଦର ଭାବେ ପରିବେଷଣ କରିବାରେ ସଂପାଦକର ଭୂମିକା କଥା ସେମାନେ ସର୍ବଦା ଜାଣିପାରନ୍ତି ନାହିଁ। ଗୌରହରି ସମ୍ବାଦପତ୍ର, ସାହିତ୍ୟ ପତ୍ରିକା ଏବଂ ଟେଲିଭିଜନ୍ ଚ୍ୟାନେଲ୍‌ର ବାର୍ତ୍ତା ନିର୍ଦ୍ଦେଶକ ଦାୟିତ୍ୱ ନିର୍ବାହ କରିଥିଲେ ହେଁ ଏଇ ଆଲୋଚନାରେ ସାହିତ୍ୟ ପତ୍ରିକା ସଂପାଦକ ଭାବରେ ତାଙ୍କର ଭୂମିକା ଆଲୋଚନା କରାଯାଉଛି।

ସଂପାଦକ ତାଙ୍କ ପତ୍ରିକାର ବିଭିନ୍ନ ସଂଖ୍ୟା ପାଇଁ ନୂଆ ଯୋଜନାମାନ ପ୍ରସ୍ତୁତ କରନ୍ତି। 'ଜଣେ ସଂପାଦକ ଭାବରେ ସେ କେତେ ସଚେତନ' ପ୍ରଶ୍ନର ଉତ୍ତରରେ ଗୌରହରି ଏକଦା ମତବ୍ୟକ୍ତ କରିଥିଲେ- "ଦୀର୍ଘ ବର୍ଷ ହେଲା ମୁଁ ଏହି ବୃତ୍ତିରେ ଅଛି। ସଂପାଦକ ଭାବରେ ପ୍ରତିଯୋଗୀମାନଙ୍କ ଆଭିମୁଖ୍ୟ ପ୍ରତି ସତର୍କ ରହିବା ଜରୁରୀ। ସେହିପରି ସମୟଠାରୁ ଆଗୁଆ ନ ରହିଲେ ମୁଁ ପାଠକଙ୍କର ମନ

ଜିଣିପାରିବି ନାହିଁ। ନୂଆ ଲେଖକ-ଲେଖିକାଙ୍କୁ ଖୋଜି ବାହାର କରିବା ସଂପାଦକର ଏକ ଜରୁରୀ ଦାୟିତ୍ୱ। ଲୋକସମ୍ପର୍କ ରକ୍ଷା ସହିତ ପତ୍ରିକାର ଗୁଣାତ୍ମକ ବିଶେଷତ୍ୱ ଅକ୍ଷୁଣ୍ଣ ରଖିବା ସଂପାଦକର କର୍ତ୍ତବ୍ୟ। ମୁଁ ଏ ଦିଗଗୁଡ଼ିକ ପ୍ରତି ସଚେତନ ରହିଥାଏ।" 'କଥା' ପତ୍ରିକାର ସଂପାଦକ ଭାବେ ଗୌରହରି ଦାସ 'ପ୍ରେମକଥା ବିଶେଷାଙ୍କ', 'ଲଘୁକଥା ବିଶେଷାଙ୍କ', 'ଲେଖିକା ବିଶେଷାଙ୍କ' ସହ ଅନେକ ନୂଆ ନୂଆ ବିଶେଷାଙ୍କ ପ୍ରକାଶ କରିଆସିଛନ୍ତି। ସେଥିରୁ ତିନିଟି ହେଲା 'ଭାରତୀୟ ଭାଷା ବିଶେଷାଙ୍କ', 'ନବପ୍ରତିଭା ବିଶେଷାଙ୍କ' ଓ 'ଗଳ୍ପଶାଳା ବିଶେଷାଙ୍କ'। ପ୍ରତିବର୍ଷ ଜାନୁଆରି ମାସରେ 'କଥା'ର ଭାରତୀୟ ବିଶେଷାଙ୍କ ପ୍ରକାଶ ପାଇଥାଏ। ଏପରି ଏକ ବିଶେଷାଙ୍କ ପ୍ରକାଶ କରିବା ଖୁବ୍ ଶ୍ରମସାପେକ୍ଷ କାମ। ଭାରତର ୨୪ଟି ଭାଷାର ୨୪ଟି ଗଳ୍ପ ବାଛି ସେଗୁଡ଼ିକର ଓଡ଼ିଆ ଅନୁବାଦ କରାଇ ଏହି ବିଶେଷାଙ୍କ ପ୍ରକାଶ ପାଇଥାଏ। ଏହିପରି ଭାବରେ ସାହିତ୍ୟ ଦେଶର ସାଧାରଣତନ୍ତ୍ର ଦିବସ ପାଳନ କରିଥାଏ। ଏହାର ଆଭିମୁଖ୍ୟ ଦୁଇଟି। ପ୍ରଥମ ହେଲା ଭାରତୀୟ ସାହିତ୍ୟ କିଭଳି ବହୁବର୍ଣ୍ଣୀ - ତାର ଏକ ଉଦାହରଣ ଦେବା ଏବଂ ଦ୍ୱିତୀୟ କଥା ହେଲା ଅନ୍ୟ ଭାଷାର ସମସାମୟିକ ଗଳ୍ପଗୁଡ଼ିକୁ ଓଡ଼ିଶାର ଲେଖକ ଓ ପାଠକମାନଙ୍କୁ ପଢ଼ିବାର ଏକ ଅବକାଶ ଆଣିଦେବା।

'କଥା'ର ନବପ୍ରତିଭା ବିଶେଷାଙ୍କ ଓଡ଼ିଆ ପତ୍ରପତ୍ରିକା ସଂପାଦନା କ୍ଷେତ୍ରରେ ଏକ ଅଭିନବ ଯୋଜନା ଯାହାକୁ ପରବର୍ତ୍ତୀ ସମୟରେ ଅନ୍ୟାନ୍ୟ ପତ୍ରପତ୍ରିକା ଭିନ୍ନ ଭିନ୍ନ ଢଙ୍ଗରେ ଗ୍ରହଣ କରିଛନ୍ତି। ତିରିଶ ବର୍ଷରୁ କମ୍ ବୟସର ତରୁଣ କଥାକାରମାନଙ୍କୁ ନେଇ ଏଇ ଗଳ୍ପ ପ୍ରତିଯୋଗିତା ବହୁ ବର୍ଷ ହେଲା ଆୟୋଜିତ ହୋଇଆସୁଛି। ଶ୍ରେଷ୍ଠ ୧୦ଟି ଗଳ୍ପକୁ ନେଇ ପୂଜା ଅବସରରେ/ ଅକ୍ଟୋବର ମାସରେ ନବପ୍ରତିଭା ବିଶେଷାଙ୍କ ପ୍ରକାଶ ପାଇଥାଏ। ଏହି ପରିକଳ୍ପନା ମୂଳତଃ 'ସମ୍ବାଦ'ର ମୁଖ୍ୟ ସଂପାଦକ ସୌମ୍ୟରଂଜନ ପଟ୍ଟନାୟକଙ୍କର ହୋଇଥିଲେ ସୁଦ୍ଧା ତାହାକୁ ନିରବଚ୍ଛିନ୍ନ ଭାବରେ ଗୌରହରି ଦାସ ଦୀର୍ଘ ତିନିଦଶନ୍ଧି ହେଲା ଚଳାଇ ଆସୁଛନ୍ତି। ଏହି ବିଶେଷାଙ୍କରେ କୃତିତ୍ୱ ଅର୍ଜନ କରିଥିବା ବହୁ ଗାଳ୍ପିକ ଆଜି ଓଡ଼ିଶାର ଜଣେ ଜଣେ ପ୍ରତିଷ୍ଠିତ ଗାଳ୍ପିକ।

ଗଳ୍ପଶାଳା ବିଶେଷାଙ୍କ: ନବପ୍ରତିଭା ପ୍ରତିଯୋଗିତାରେ ଯୋଗ୍ୟ ବିବେଚିତ ଦଶଜଣ ଗାଳ୍ପିକଙ୍କୁ ଏକ ଭବ୍ୟ ଉତ୍ସବରେ ପୁରସ୍କୃତ କରାଯାଏ ଏବଂ ସେମାନଙ୍କ ଗଳ୍ପ ନବପ୍ରତିଭା ବିଶେଷାଙ୍କରେ ପ୍ରକାଶ ପାଏ। ତେବେ ଥରେ ଗଳ୍ପ ପ୍ରକାଶିତ ହେବା ପରେ ସେମାନେ ଗଳ୍ପଲେଖା ଜାରି ରଖୁଛନ୍ତି ନା ମଝିରେ ଛାଡ଼ି ଦେଉଛନ୍ତି ତା ଉପରେ ମଧ୍ୟ ସଂପାଦକ ଗୌରହରି ନଜର ରଖିଥାନ୍ତି। ଯେଉଁ ତରୁଣମାନେ ଗଳ୍ପଲେଖା ଜାରି

ରଖିଥାନ୍ତି ସେମାନଙ୍କୁ ଖୋଜି ଏକ କର୍ମଶାଳାକୁ ଆମନ୍ତ୍ରଣ କରାଯାଏ। ସେଠାକୁ ସେମାନେ ତାଙ୍କର ଗଳ୍ପର ମୂଳ ଖସଡ଼ା ନେଇ ଆସିଥାନ୍ତି। ଅନ୍ୟ ବିଶିଷ୍ଟ ପରାମର୍ଶଦାତା ଲେଖକଙ୍କ ସହ ଆଲୋଚନା ମାଧ୍ୟମରେ ଗଳ୍ପର ଖସଡ଼ାକୁ ସେମାନେ ସେହି କର୍ମଶାଳା ଶିବିରରେ ଚୂଡ଼ାନ୍ତ ରୂପ ଦିଅନ୍ତି। ଏହିପରି ଘଷାମଜା ହୋଇ ସେମାନଙ୍କ ଗଳ୍ପ ସୁନ୍ଦର ରୂପ ନିଏ ଏବଂ ପନ୍ଦର ଷୋହଳଟି ଗପକୁ ନେଇ ଆଉ ଏକ ବିଶେଷାଙ୍କ ପ୍ରକାଶ ପାଏ ଯାହାର ନାମ - 'ଗଳ୍ପଶାଳା ବିଶେଷାଙ୍କ'। ଏହି ଗଳ୍ପଶାଳାରେ ଯୋଗ ଦେଇଥିବା ତରୁଣ କଥାକାରମାନେ ଗଳ୍ପଲେଖାର କଳା ଓ କାରିଗରୀ ନେଇ ଅନେକ କଥା ଶିଖିଥାନ୍ତି।

ଅଭିନବ ସଂପାଦକୀୟ: 'କଥା' ପତ୍ରିକାର ସଂପାଦକୀୟ ସମ୍ପୂର୍ଣ୍ଣ ନୂଆ ପ୍ରକାରର। ଏଥିରେ ସଂପାଦକ ତତ୍ତ୍ୱ, ଆଦର୍ଶ, ସାଂପ୍ରତିକ ସାହିତ୍ୟିକ ପାଣିପାଗ ଇତ୍ୟାଦି ସମ୍ପର୍କରେ ଆଲୋଚନା ନ କରି ଏକ ଛୋଟ ଗପ କହିଥାଆନ୍ତି। ସେଇ ଗପର ମର୍ମକଥା ହିଁ ତାଙ୍କର ବକ୍ତବ୍ୟ। ଅଧିକାଂଶ ସମୟରେ ଏହି ଗପଗୁଡ଼ିକ ଭିତରେ ଥାଏ ଦୁର୍ବଳଙ୍କୁ ସାହସ ଦେବାର ଆଗ୍ରହ, ସାଧାରଣ ମଣିଷ ଭିତରେ ଅସାଧାରଣ ପଣିଆ ଖୋଜିବାର ଇଚ୍ଛା ଏବଂ ସଫଳ ମଣିଷଙ୍କ ସଂପର୍କରେ କିଛି ଅଜ୍ଞାତ, ଅନାଲୋଚିତ ତଥ୍ୟ ପରିବେଷଣ। ଏଥିପାଇଁ ସଂପାଦକଙ୍କୁ ବହୁଆଡୁ ଖୋଜାଲୋଡ଼ା କରିବାକୁ ପଡୁଥିବା ସ୍ୱାଭାବିକ। ବହୁପାଠିତା ସଂପାଦକର ଏକ ଗୁଣ। ଅଧିକ ନ ପଢ଼ିଲେ କି ନ ଜାଣିଲେ ସଂପାଦକ ତାଙ୍କର ଦାୟିତ୍ୱ ଠିକଣା ଭାବରେ ତୁଲାଇ ପାରିବେ ନାହିଁ।

ପତ୍ରିକାର ଯୋଜନା ବା ଖସଡ଼ା ତିଆରି: ଭିନ୍ନ ଭିନ୍ନ ବିଶେଷାଙ୍କର ପରିକଳ୍ପନା ସାଙ୍ଗକୁ ପ୍ରବୀଣ ଓ ତରୁଣ ଲେଖକଙ୍କ ସହ ସଂପର୍କ ରକ୍ଷା ସଂପାଦକର ଦାୟିତ୍ୱ। କେଉଁ ଲେଖକଙ୍କର ବିଶେଷତ୍ୱ କଣ ସେକଥା ସଂପାଦକ ଭାବରେ ଗୌରହରି ଜାଣନ୍ତି। ଅନେକ ସମୟରେ ଗାଳ୍ପିକ ଆଣିଥିବା କ୍ଷୁଦ୍ର ଗଳ୍ପକୁ ପଢ଼ି ଗୌରହରି ତାହାକୁ ଉପନ୍ୟାସ ରୂପ ଦେବା ପାଇଁ ପରାମର୍ଶ ଦେଇଛନ୍ତି। ବିଶିଷ୍ଟ ଲେଖିକା ପ୍ରବୀଣା ମହାନ୍ତିଙ୍କ ଉପନ୍ୟାସ 'ଶ୍ୟାମଳ ସୁଗନ୍ଧ' ଏହି ପ୍ରକାର ପରାମର୍ଶର ଫଳଶ୍ରୁତି। ବହୁ ତରୁଣଙ୍କ ଗପ ଅନ୍ୟ ପତ୍ରପତ୍ରିକାରୁ ପଢ଼ି ସେ 'କଥା' ପାଇଁ ଗପ ଲେଖିବାଲାଗି ସେମାନଙ୍କୁ ସଶ୍ରଦ୍ଧ ଆମନ୍ତ୍ରଣ ଜଣାଇଛନ୍ତି। ଏହା ମଧ୍ୟ ଜଣେ ସଫଳ ସଂପାଦକର ଗୁଣ ହେବା ଦରକାର। 'କଥା'ରେ ସ୍ଥାନୀତ 'କଥା ଅଙ୍କୁର', 'କଥାକାରଙ୍କୁ ଚିହ୍ନନ୍ତୁ', 'କଥା ଝରକା' ଆଦି ବହୁ ଫିଚର ତାଙ୍କ ପରିକଳ୍ପନାର ଫଳଶ୍ରୁତି। ଏସବୁ ପାଠକପାଠିକାଙ୍କୁ ପତ୍ରିକାର ନିକଟବର୍ତ୍ତୀ ହେବା ଦିଗରେ ସହାୟକ ହୋଇଛି।

ଗୌରହରି ନିଜେ ଜଣେ ସଫଳ ଲେଖକ। ତାଙ୍କର ରଚନା ଆଗ୍ରହ ନିର୍ଦ୍ଦିଷ୍ଟ

ବିଭାଗରେ ସୀମାବଦ୍ଧ ନୁହେଁ। ସେ ଗପ, ଉପନ୍ୟାସ ଲେଖନ୍ତି, ଫିଚର୍-ପ୍ରବନ୍ଧ ଲେଖନ୍ତି, ନାଟକ-କବିତା ଲେଖନ୍ତି, ଭଲ ଅନୁବାଦ କରନ୍ତି ଏବଂ ଭ୍ରମଣକାହାଣୀ ମଧ୍ୟ ରଚନା କରିଛନ୍ତି। ସେ ମଧ୍ୟ ଜଣେ ସଫଳ ବକ୍ତା। ତାଙ୍କର ଭାଷଣଗୁଡ଼ିକ ଦୁଇ ଖଣ୍ଡ (‘କଥା ସରିନାହିଁ’, ‘ଆଉ କିଛି କଥା’ - ପ୍ରକାଶକ: ଏଥେନା ବୁକ୍ସ) ବହିରେ ପ୍ରକାଶିତ ହୋଇଛି। ଏସବୁ ବିଭାଗରେ ତାଙ୍କର ଗଭୀର ପ୍ରବେଶ ଥିବାରୁ ସେ ଭଲ ଲେଖା ନିର୍ବାଚନରେ ସଫଳ ହୋଇଥାଆନ୍ତି। ଗୌରହରି ଦାସ ଜଣେ ଏଭଳି ସଂପାଦକ ଯିଏ ଦୀର୍ଘ ଚାରି ଦଶନ୍ଧି ଧରି ଓଡ଼ିଶାର ମୁଦ୍ରଣ ଓ ପ୍ରକାଶନ ଶିଳ୍ପ ସହ ସଂପୃକ୍ତ ରହି ଆସିଛନ୍ତି। ଲେଟର ପ୍ରେସ୍‌ରେ କଂପୋଜିଟର କାମ କରିବାଠାରୁ ନେଇ ପ୍ରୁଫ୍‌ରିଡର, ପରିଚାଳକ ଓ ସଂପାଦକ ଇତ୍ୟାଦି ସବୁପ୍ରକାର ଦାୟିତ୍ୱ ସେ ସଂପାଦନ କରିଛନ୍ତି। ସେହି ଦୃଷ୍ଟିରୁ ସେ ସହକର୍ମୀ ଓ ସହଯୋଗୀମାନଙ୍କ ସମସ୍ୟାକୁ ଭଲ ଭାବେ ବୁଝିପାରନ୍ତି ଏବଂ ସେହି ଅନୁସାରେ ପରାମର୍ଶ ଦେଇଥାନ୍ତି। ‘ତେବେ ଜଣେ ସାହିତ୍ୟିକ ଭାବରେ ନା ଜଣେ ସଂପାଦକ ଭାବରେ ସେ ବେଶି ସଫଳ ହୋଇପାରିଛନ୍ତି’ର ପ୍ରଶ୍ନରେ ଗୌରହରି ଉତ୍ତର ଦେଇଥିଲେ- “ଏହାର ଉତ୍ତର ମୁଁ କିଭଳି ଦେବି? ମୋର ସଂପାଦନା ସମ୍ପର୍କରେ ମୋର ପାଠକ-ପାଠିକା ଓ ଲେଖକ-ଲେଖିକା କହିବେ। ଲେଖକ ଭାବରେ ମୋର ସଫଳତା ମଧ୍ୟ ସେମାନଙ୍କ ଉପରେ ନିର୍ଭରଶୀଳ। ତେବେ ଲେଖକୀୟ ସଫଳତାର ମାପକାଠି ଭାବେ ଯଦି ଆନୁଷ୍ଠାନିକ ସ୍ୱୀକୃତି ଏବଂ ଲୋକପ୍ରିୟତାକୁ ଗ୍ରହଣ କରାଯାଏ ତାହାହେଲେ ମୋର ସଫଳତା ସନ୍ତୋଷଜନକ। ସେହିପରି ମୋ ଦ୍ୱାରା ସଂପାଦିତ ‘କଥା’ ପତ୍ରିକା ଓଡ଼ିଶାର ସବୁଠାରୁ ଅଧିକ ପ୍ରସାରିତ ପତ୍ରିକା। ଏହି ପତ୍ରିକାର ସଂପାଦକୀୟର ପାଠକ ସେଥିରେ ପ୍ରକାଶିତ ଯେକୌଣସି ଲେଖାଗୁଡ଼ିକର ପାଠକ ସଂଖ୍ୟାଠାରୁ ବେଶି। ଏହା ଦୀର୍ଘ ତିନି ଦଶନ୍ଧି ଧରି ପ୍ରକାଶ ପାଇ ଆସୁଛି। ଏଇ ମାପକାଠିରେ ଦେଖିଲେ ସଂପାଦକ ଭାବରେ ମୋର ଭୂମିକାକୁ ମୁଁ ସନ୍ତୋଷଜନକ ବୋଲି କହିବି। ତେବେ ସତକଥା କହିବାକୁ ଗଲେ ମୁଁ ଏପର୍ଯ୍ୟନ୍ତ ନା ଲେଖକ ନା ସଂପାଦକ କୌଣସିଟି ଭୂମିକାରେ ସମ୍ପୂର୍ଣ୍ଣ ସନ୍ତୋଷ ପାଇପାରିନାହିଁ। ଏହାର ବଡ଼ କାରଣ, ମୁଁ ନିଜେ ଏକ ଅସନ୍ତୁଷ୍ଟ ପ୍ରାଣୀ, କୌଣସି କଥାରେ ସହଜରେ ସନ୍ତୁଷ୍ଟ ହୁଏ ନାହିଁ। ତେବେ ମୋ ପାଖେ ଉପଲବ୍ଧ ସାଧନ ଅନୁସାରେ ମୁଁ ପତ୍ରିକା ଓ ସାହିତ୍ୟ ବିଭାଗର ସଂପାଦନା କରିଛି ଏବଂ ମିଳିଥିବା ସମୟ ଓ ସୁଯୋଗ ଅନୁସାରେ ଭଲ ଭଲ ଗଳ୍ପ କିଛି ଲେଖିବାକୁ ଚେଷ୍ଟା କରିଛି। ଉଦ୍ୟମ କରିବାରେ ତ୍ରୁଟି ରଖିନାହିଁ, ବାକି ଫଳାଫଳ ଈଶ୍ୱରଙ୍କ ହାତରେ।”

ଗୌରହରି ଦାସ ‘ସମ୍ବାଦ’ ସାହିତ୍ୟ ବିଭାଗର ସଂପାଦକ ଭାବରେ ୧୯୮୭ରୁ

କାମ କରିଆସୁଛନ୍ତି। ଏଇ ସାହିତ୍ୟ ପୃଷ୍ଠା ଜରିଆରେ ସେ ବହୁ ପରୀକ୍ଷା ନିରୀକ୍ଷା କରିଛନ୍ତି। ବିଭିନ୍ନ ସମୟରେ ଭିନ୍ନ ଭିନ୍ନ ପ୍ରସଙ୍ଗକୁ ନେଇ 'ଆଲୋଚନାଚକ୍ର' ଓ 'ବିତର୍କ'ର ଆଲୋଚନା ତା ମଧ୍ୟରୁ କେତୋଟି। 'ଭଲ ଗଳ୍ପ: ଭୂମି ଓ ଭୂମିକା', 'ଲେଖକ ନିଜ ପାଇଁ ଲେଖେ ନା ପାଠକ ପାଇଁ ଲେଖେ', 'ଭଲ ଗପ/ ଭଲ କବିତା କହିଲେ ଆପଣ କଣ ବୁଝନ୍ତି' ଆଦି ଫିଚର୍ ଏକଦା ଅତ୍ୟନ୍ତ ଲୋକପ୍ରିୟ ହୋଇଥିଲା। ଗୌରହରି ନୂଆ ନୂଆ ଯୋଜନା କାର୍ଯ୍ୟକାରୀ କରିବାରେ ଅତ୍ୟନ୍ତ ଉତ୍ସାହୀ। ବର୍ଷାଧିକ କାଳ ହେଲା ପ୍ରତି ମାସ ଶେଷ ସପ୍ତାହରେ ପ୍ରକାଶ ପାଉଥିବା ବିଶିଷ୍ଟ ଲେଖକଙ୍କ ସହ 'ମାସ ଶେଷ ସାକ୍ଷାତକାର' ଏହିପରି ଏକ ନୂଆ ଯୋଜନା। ଥରେ ସେ କଟକ 'ଶତାବ୍ଦୀ ଭବନ'ରେ ଆୟୋଜିତ ମନୋଜ ଦାସଙ୍କର ଏକ ବକ୍ତୃତା କାର୍ଯ୍ୟକ୍ରମରେ ଯୋଗଦେବାକୁ ଯାଇଥିଲେ। ସେଠାରେ ଅନେକ ଶ୍ରୋତା ଅତିଥି-ମନୋଜ ଦାସଙ୍କୁ ପ୍ରଶ୍ନ ପଚାରିଲେ। ଗୌରହରିଙ୍କ ପ୍ରସ୍ତାବକ୍ରମେ ସେହି ପ୍ରଶ୍ନ-ଉତ୍ତରଗୁଡ଼ିକ ଏକ ସ୍ୱତନ୍ତ୍ର ପୃଷ୍ଠାରେ ପ୍ରକାଶିତ ହୋଇଥିଲା। ଏହା ପରଠାରୁ ଏଇ ନୂଆ ଫିଚର 'ସମ୍ବାଦ'ରେ ସଂଯୋଜିତ ହେଲା। ଜଣେ ଲେଖକଙ୍କୁ ତାଙ୍କର ପାଠକପାଠିକାମାନେ 'ସମ୍ବାଦ' ମାଧ୍ୟମରେ ପ୍ରଶ୍ନ ପଚାରନ୍ତି ଓ 'ସମ୍ବାଦ' ସେସବୁ ସଂପୃକ୍ତ ଲେଖକଙ୍କ ପାଖକୁ ପଠେଇ ତାଙ୍କର ମତାମତ ସଂଗ୍ରହ କରିଆଣେ। ମାସର ଶେଷ ରବିବାରରେ ଉଭୟ ପ୍ରଶ୍ନ-ଉତ୍ତର ପ୍ରକାଶ ପାଇଥାଏ। ସେହିପରି 'ଅଳ୍ପ-ଆଳାପ' ଏହି ପୃଷ୍ଠାର ଏକ ଲୋକପ୍ରିୟ ସ୍ତମ୍ଭ। ଏହିପରି ଭାବରେ ଗୌରହରି ସାହିତ୍ୟ ପୃଷ୍ଠାକୁ ନେଇ ଅନେକ ପରୀକ୍ଷା ନିରୀକ୍ଷା କରିଛନ୍ତି। ତାଙ୍କର ଅଭିମୁଖ୍ୟ ହେଲା- ବୃହତ୍ତର ସମାଜ ପାଖରେ ସାହିତ୍ୟ ନ ପହଞ୍ଚିଲେ ସାହିତ୍ୟର ପ୍ରଚାର ପ୍ରସାର ହୋଇପାରିବ ନାହିଁ। ସଂପାଦକର କାମ ନୂଆ ନୂଆ ଯୋଜନା କରିବା, ସମୟଠାରୁ ଆଗୁଆ ଚିନ୍ତା କରିବା, ଯାହା ଲେଖା ଆସିଛି ତହିଁରୁ କ'ଣ ବାଦ୍ ଦିଆଯିବା ଦରକାର ଓ ସେଥିରେ କ'ଣ ଯୋଡ଼ାଯିବା ଦରକାର ସେସବୁ କଥା ବୁଝିପାରିବା। ଗୌରହରି ଦାସଙ୍କ ସଂପାଦନାରେ ପ୍ରକାଶିତ 'କଥା' ପତ୍ରିକା ବାସ୍ତବରେ ଏକ ଆନ୍ଦୋଳନ ଭାବେ ପ୍ରତିଭାତ ହୋଇଛି। 'କଥା' ପତ୍ରିକା ପୂର୍ବରୁ ସେ ବିଭିନ୍ନ ଛୋଟବଡ଼ ପତ୍ରିକା ସହ ସଂପୃକ୍ତ ଥିଲେ। ତା ଭିତରୁ କେତୋଟି ହେଲା 'ତାକତ', 'ଚିତ୍ରସମୀକ୍ଷା' ଏବଂ 'ଚୟନିକା'।

ଗୌରହରି ଦାସଙ୍କ ସଂଯୋଜନାରେ ପ୍ରକାଶ ପାଉଥିବା 'ସମ୍ବାଦ'ର ବାର୍ଷିକ ବିଶେଷାଙ୍କ ଆଉ ଏକ ସଫଳ କାହାଣୀ। ଗୌରହରି 'ସମ୍ବାଦ'ରେ ଯୋଗ ଦିଅନ୍ତି ୧୯୮୫ ଫେବ୍ରୁଆରିରେ। ସେହି ବର୍ଷ ଅକ୍ଟୋବରରେ ପ୍ରକାଶ ପାଏ 'ସମ୍ବାଦ'ର ୧ମ ବାର୍ଷିକ ବିଶେଷାଙ୍କ। ନିଜେ ଗୌରହରି ଏକ ସାକ୍ଷାତକାରରେ କହିଛନ୍ତି- ସେ

ଏଇ ଅନୁଷ୍ଠାନରେ ଯୋଗଦେବାବେଳକୁ ସେଠାରେ ଲେଖକମାନଙ୍କର ତାଲିକାଟିଏ ମଧ୍ୟ ନ ଥିଲା। ସେ ସବୁକିଛି ମୂଳରୁ ଆରମ୍ଭ କଲେ। ସେ ବର୍ଷ 'ସମ୍ବାଦ'ର ବାର୍ଷିକ ବିଶେଷାଙ୍କ ପ୍ରାୟ ୧୦୦ ଜଣ ଲେଖକଲେଖିକାଙ୍କର ଲେଖା ନେଇ ପ୍ରକାଶିତ ହେଲା ଯେଉଁଥିରେ ଗୋପୀନାଥ ମହାନ୍ତି, ସୁରେନ୍ଦ୍ର ମହାନ୍ତିଙ୍କଠାରୁ ନେଇ ତରୁଣ ପିଢ଼ିର ଲେଖକମାନଙ୍କ ଲେଖା ପ୍ରକାଶ ପାଇଥିଲା। ଏଥିରେ ତିନିଟି ଉପନ୍ୟାସ ସ୍ଥାନୀତ ହୋଇଥିଲା ଯାହାକୁ ପ୍ରତିଭା ରାୟ, ବିଭୂତି ପଟ୍ଟନାୟକ ଏବଂ ଜଗଦୀଶ ମହାନ୍ତିଙ୍କ ପରି ବଡ଼ ବଡ଼ ଲେଖକ ଲେଖିକା ଲେଖିଥିଲେ।

ସଂପାଦକଙ୍କର ଆଉ ଗୋଟିଏ ଦାୟିତ୍ୱ ସମୟାନୁବର୍ତ୍ତିତା ଓ ଶୃଙ୍ଖଳା। ଏଥିପାଇଁ କଠିନ ପରିଶ୍ରମ କରିବାକୁ ପଡ଼େ। ପିଲାଦିନର ସଂଘର୍ଷମୟ ଗୌରହରିଙ୍କୁ ଏହି ଦୁଇଟି କଥା ଶିକ୍ଷା ଦେଇଛି। ସେଥିପାଇଁ 'ଡେଡ୍‌ଲାଇନ୍' ରକ୍ଷା ଉପରେ ସବୁବେଳେ ସେ ଗୁରୁତ୍ୱ ଦେଇଆସିଥାଆନ୍ତି। ଏହାସାଙ୍ଗକୁ ତାଙ୍କର ବ୍ୟାପକ ଲୋକସମ୍ପର୍କ ତାଙ୍କୁ ତାଙ୍କର ଦାୟିତ୍ୱ ସଂପାଦନରେ ସହାୟକ ହୋଇଥାଏ।

'ସମ୍ବାଦ'ର ସାହିତ୍ୟ ବିଭାଗ ଓ 'କଥା' ପତ୍ରିକା ଭିନ୍ନ ସେ ଏକାଧିକ ସଂକଳନର ସଂପାଦନା କରିଛନ୍ତି। ନ୍ୟାସ୍‌ନାଲ୍ ବୁକ୍ ଟ୍ରଷ୍ଟ୍‌ର 'ନବଲେଖନ' ଶୃଙ୍ଖଳାର 'ଓଡ଼ିଆ ଗଳ୍ପ', କେନ୍ଦ୍ର ସାହିତ୍ୟ ଏକାଡେମୀର 'ସ୍ୱାଧୀନୋତ୍ତର ଓଡ଼ିଆ କ୍ଷୁଦ୍ରଗଳ୍ପ' ସାଙ୍ଗକୁ ସେ 'ପିଲାଦିନ', 'ପ୍ରେମ' ଇତ୍ୟାଦି ଭାବଗତ ପ୍ରସଙ୍ଗକୁ ନେଇ ଗ୍ରନ୍ଥମାନ ସଂପାଦନା କରିଛନ୍ତି।

'ପିଲାଦିନ', 'ପ୍ରେମ', 'ସୂର୍ଯ୍ୟାସ୍ତର ରଙ୍ଗ', 'କର୍ମଯୋଗୀ ଫକୀରଚରଣ', 'ଭଲ ଗଳ୍ପ: ଭୂମି ଓ ଭୂମିକା', 'ସ୍ୱାଧୀନୋତ୍ତର ଓଡ଼ିଆ କ୍ଷୁଦ୍ରଗଳ୍ପ: ତିନି', 'ଓଡ଼ିଆ ଗଳ୍ପ: କାଲି, ଆଜି ଓ ଆସନ୍ତାକାଲି', 'ଜଗଦୀଶ ମହାନ୍ତିଙ୍କ ଶ୍ରେଷ୍ଠ ଗଳ୍ପ', 'ନବଲେଖନ: ଓଡ଼ିଆ କ୍ଷୁଦ୍ରଗଳ୍ପ', 'କଥାଟିଏ' (ପ୍ରଥମ ଭାଗ ଓ ଦ୍ୱିତୀୟ ଭାଗ), 'ସୁରେନ୍ଦ୍ର ଚୟନିକା', 'ନିର୍ବାଚିତ କଥା', 'ପ୍ରେମ କଥା' ଇତ୍ୟାଦି ଗୌରହରି ଦାସଙ୍କ ସଂପାଦିତ ପୁସ୍ତକ। ସଂପାଦନାର ଗୁରୁଦାୟିତ୍ୱ ନିର୍ବାହ କଲାବେଳେ ସେ ସଚେତନ ଏବଂ ମୂଳକୃତିର ଅଖଣ୍ଡତା ଉପରେ ଗୁରୁତ୍ୱ ପ୍ରଦାନ କରିଥାନ୍ତି।

'ଭାରତ ଭାରତୀ' ପ୍ରକାଶନୀ ସଂସ୍ଥା ଦ୍ୱାରା ପ୍ରକାଶିତ 'ଆମ ସମୟର କାହାଣୀ' ସିରିଜ୍‌ର 'ପିଲାଦିନ' ଏକ ଗଳ୍ପ ସଂକଳନ, ଯେଉଁଥିରେ ୨୩ଗୋଟି ଗଳ୍ପ ସନ୍ନିବେଶିତ ହୋଇଛି। 'ପିଲାଦିନ' ଶୀର୍ଷକ ନାମକରଣକୁ ଅତି ସ୍ୱତନ୍ତ୍ର ଓ ଚମତ୍କାର ଭାବରେ ଗୌରହରି ଦାସ ଅଭିବ୍ୟକ୍ତ କରିଛନ୍ତି। 'ପିଲାଦିନ: ପୂର୍ବଭାଷ'କୁ ନିଚ୍ଛକ କଳାତ୍ମକ-ଆବେଗରେ ପରିପୂର୍ଣ୍ଣ କରିଛି ତାଙ୍କ ଶବ୍ଦସବୁ। ଟୋପା ଟୋପା ବର୍ଷାରେ ଦେହମୁଣ୍ଡ

ତିନ୍ତେଇ ଥିବା ପିଲାବେଳକୁ ଗୌରହରି ଦାସ ଅନ୍ୱେଷା କରିଛନ୍ତି ସ୍କୁଲ୍ ବ୍ୟାଗ୍‌କୁ ମୁଣ୍ଡ ଉପରେ ଟେକିଧରି ରାସ୍ତାଧାରର ସରୁ ପାଣିଧାର ପାଖରେ ନୋଇଁ ପଡ଼ିଥିବା କୋମଳମତି ଶିଶୁ ପାଖରେ। ରଫ୍‌ଖାତାରୁ କାଗଜ ଚିରି କାଗଜଡଙ୍ଗା ତିଆରି କରିବାର ପ୍ରତିଯୋଗିତା, ମେଘ ଅନ୍ଧାର ବେଳକୁ ଓଦା ଜୁଡୁବୁଡୁ ହୋଇ ତା'ର ଫେରିବାର ଜୀବନ୍ତ ଚିତ୍ର ପ୍ରଦାନ କରିଛନ୍ତି। ଗୌରହରି ଦାସଙ୍କ ଲେଖନୀରେ କାବ୍ୟିକତା ଓ କଥକତାର ଅପୂର୍ବ ସମାବେଶ ମୁଗ୍ଧ ପାଠକପ୍ରାଣକୁ ଚିତ୍ରବିମ୍ବରେ ବିଭୋର କରେ। ପିଲାଦିନକୁ ଗାଁର ପରିବେଶ ମଧ୍ୟରେ ଭରପୂର ବଞ୍ଚିଥିବା ସମ୍ବେଦୀ ଲେଖକ ଭାବରେ ପୁଷି ବିଲେଇର ଡିଆଁ, କୁକୁଡ଼ାର ଫଡ୍‌ଫଡ୍ ଖଣ୍ଡିଉଡ଼ା, ଗୁଣ୍ଡୁଚିର ଅଧାଖିଆ ବରଫଳ, କଅଁଳା ବାଛୁରୀର ଡିଆଁଚିରା, ଛାଇଛାଇଆ ପୋଖରୀ, ପୋଖରୀ କଡ଼ କାଦୁଅରେ ଚାଲୁଥିବା ଗେଣ୍ଡା, ପୋଖରୀ ମଝିର ଦୀପଦଣ୍ଡି, ତା' ଚାରିପଟ ନାଲି-ଧଳା କଇଁଫୁଲ, ଚିଙ୍ଗୁଡ଼ିଆ ଓ ବୋରଝାଞ୍ଜି ଦଳ, ସାଧବବୋହୂ, ଗୁଡ଼ିଉଡ଼ା, ସ୍କୁଲ୍ ଫେରାବାଟ, ଶିକ୍ଷକମାନଙ୍କ ଉପଦେଶ ଇତ୍ୟାଦିକୁ ନେଇ ପିଲାଦିନର ସ୍ମୃତିଚାରଣ କରିଛନ୍ତି। ତାଙ୍କ ଶବ୍ଦରେ- "ତା' ସ୍ୱପ୍ନର ଗୁଡ଼ି ଆହୁରି ଆହୁରି ଉପରକୁ ଉଠୁଥାଏ। କେତେବେଳେ ନଈପଠା ତ କେତେବେଳେ ବିଲମାଳ ଉପରେ। ସେ ସ୍ୱପ୍ନରେ କାଗଜଡଙ୍ଗା ପାଲଟିଯାଏ ସୁବର୍ଣ୍ଣ ବୋଇତ। ତା'ର ଧଳାକଳା, ଜାମାପ୍ୟାଣ୍ଟ୍ ପାଲଟିଯାଏ ସୁନାଜରିମଡ଼ା ଦିବ୍ୟ ବସ୍ତ୍ର। ସେ ସୁନା ବୋଇତର ମଙ୍ଗ ଉପରେ ଠିଆହୋଇ ଚାହିଁଥାଏ ବିସ୍ତୀର୍ଣ୍ଣ ଦିଗ୍‌ବଳୟକୁ। ସ୍ୱପ୍ନର ସୀମା ନାହିଁ, ଦିଗ୍‌ବଳୟର ଶେଷ ନାହିଁ। x x x ଯୌବନ, ପ୍ରୌଢ଼ତ୍ୱ ଓ ବାର୍ଦ୍ଧକ୍ୟ ତୁଳନାରେ ପିଲାଦିନ ଭୋଗନ୍ତି ସବୁଠୁ ବେଶି ଲୋକ।" (୧) ସଂପାଦକ ଗୌରହରି ଦାସଙ୍କ ଦୃଢ଼ୋକ୍ତି- "'ପିଲାଦିନ'ର ଚରିତ୍ରମାନେ ପାଠକମାନଙ୍କୁ ଆଉ ଥରେ ଜହ୍ନପଖାଳ ଗାଁର ଶାଗୁଆ କ୍ଷେତ, ବର୍ଷାଧୁଆ ଘାସପଡ଼ିଆ ଓ ଖରାଦିନର ଆମ୍ବତୋଟାକୁ ଡାକି ନେଇଯିବେ।" (୨) ଆଲୋଚ୍ୟ ସଂକଳନସ୍ଥ ୨୩ଗୋଟି ଗଳ୍ପରେ ପିଲାଦିନର ପ୍ରଗଲ୍‌ଭ ଉଚ୍ଛ୍ୱାସ ପାଠକପ୍ରାଣକୁ ଆହ୍ଲାଦିତ କରିବ ନିଶ୍ଚୟ। ଏଥିରେ ଓଡ଼ିଶାର ପ୍ରସିଦ୍ଧ କଥାକାରମାନଙ୍କ ଗଳ୍ପ ସଂକଳିତ ହୋଇଛି। ଗାଳ୍ପିକ କମଳାକାନ୍ତ ମହାପାତ୍ରଙ୍କ ଠାରୁ ଆରମ୍ଭ କରି ଶ୍ରୀପ୍ରସାଦ ମହାନ୍ତିଙ୍କ ପର୍ଯ୍ୟନ୍ତ ଲେଖକଙ୍କର ନିର୍ବାଚିତ ଗଳ୍ପଗୁଡ଼ିକୁ ସ୍ଥାନିତ କରାଯାଇଛି।

ଆମ ସମୟର କାହାଣୀ 'ପ୍ରେମ' ସଂକଳନସ୍ଥ ଗଳ୍ପଗୁଡ଼ିକରେ ପ୍ରେମର ଉଦାତ୍ତ ଗାୟତ୍ରୀ ଅନୁରଣିତ ହୋଇଛି। 'ପ୍ରେମ: ପୂର୍ବାଭାଷ' (ମୁଖବନ୍ଧ)ରେ ପ୍ରେମକୁ ଜୀବନର ପରମ ଅନୁଭୂତି ରୂପେ ବର୍ଣ୍ଣନା କରି ସଂପାଦକ ଗୌରହରି ଦାସ ସ୍ପଷ୍ଟୋକ୍ତି ବାଢ଼ିଛନ୍ତି- "ପ୍ରେମ ଏକ ଏଭଳି ପୁରୁଣା ପାଣ୍ଡୁଲିପି, ଯାହାର ପ୍ରତିଟି ପୃଷ୍ଠାରେ ପତ୍ରସ୍ଥ ପୃଥକ୍ ପରିଣତିର କାହାଣୀ। ସେ ପାଣ୍ଡୁଲିପିରେ ଯେତେ ଶବ୍ଦ, ଯେତେ ବାକ୍ୟ ଓ ଯେତେ

ପୃଷ୍ଠା ଯୋଡୁଥିଲେ ବି ସେ ସଂପୂର୍ଣ୍ଣ ହୁଏ ନାହିଁ। ସବୁବେଳେ ଅପୂର୍ଣ୍ଣ ଅପୂର୍ଣ୍ଣ ମନେହୁଏ ସେ ପାଣ୍ଡୁଲିପିର ପୃଷ୍ଠା। ସେଥିପାଇଁ କବି ପରେ କବି, କଥାକାର ପରେ କଥାକାର ପୃଥିବୀକୁ ଆସୁଥାଆନ୍ତି ଓ ଯାଉଥାଆନ୍ତି; ପ୍ରେମର ପାଣ୍ଡୁଲିପିରେ ନୂଆ ନୂଆ ପୃଷ୍ଠା ଯୋଡ଼ିବାର ଚେଷ୍ଟା କରୁଥାଆନ୍ତି। କିନ୍ତୁ ସବୁ ସତ୍ତ୍ୱେ ପ୍ରେମର ପାଣ୍ଡୁଲିପି ସଂପୂର୍ଣ୍ଣ ହେଉ ନ ଥାଏ।" (୩) ସଂପାଦକ ଗୌରହରି ଦାସ ପ୍ରେମକୁ ଏକ ଶେଷହୀନ କବିତା, ପ୍ରେମ ହିଁ ସୃଷ୍ଟି, ସମ୍ଭାବନା ଓ ସମୀକରଣର ଶାଶ୍ୱତ ସାହିତ୍ୟ ଭାବରେ ଅଭିହିତ କରିଛନ୍ତି। ସଂପାଦକଙ୍କ ଶବ୍ଦରେ- "ମୁଁ ଜାଣେ ନାହିଁ, 'ଆମ ସମୟର ପ୍ରେମ କାହାଣୀ' ପଢ଼ିବାର ଅଭିଜ୍ଞତା ପୁଣିଥରେ ଆପଣଙ୍କ ପ୍ରାଣକୁ ପ୍ରଣୟର ପୁଲକରେ ପୁଲକିତ କରିବ କି ନାହିଁ, ପୁଣିଥରେ ଆପଣଙ୍କ ସ୍ମୃତିର ସୋପାନରେ ଅତୀତର ସେହି ଝାଳେଇ ଯାଉଥିବା ହାତ ପାଦ ଓ ଥରି ଉଠୁଥିବା ଛାତିର ମଧୁର ଦୁର୍ଘଟଣାକୁ ମନେ ପକେଇ ଦେବ କି ନାହିଁ, କିନ୍ତୁ ଏସବୁ ଅବଶ୍ୟ ମୁହୂର୍ତ୍ତକ ପାଇଁ ଆପଣଙ୍କୁ ଭାବପ୍ରବଣ କରିଦେବ।" (୪)

'ଆମ ସମୟର କାହାଣୀ' ଶୃଙ୍ଖଳାର 'ପ୍ରେମ'ରେ ଅଠେଇଶ ଗୋଟି ପ୍ରେମମୂଳକ ଗଳ୍ପ ସଂକଳିତ ହୋଇଛି। ଓଡ଼ିଶାର ବିଶିଷ୍ଟ କଥାକାର ତରୁଣକାନ୍ତି ମିଶ୍ରଙ୍କ ଠାରୁ ଆରମ୍ଭ କରି ଜ୍ୟୋତିଲକ୍ଷ୍ମୀ ସାହୁଙ୍କ ଗଳ୍ପ ଏଥିରେ ସନ୍ନିବେଶିତ ହୋଇଛି। ସଂପାଦକ ଗୌରହରି ଦାସଙ୍କ ଅନ୍ୟତମ ସଂପାଦିତ ପୁସ୍ତକ ସବୁ ସମୟର କାହାଣୀ 'ସୂର୍ଯ୍ୟାସ୍ତର ରଙ୍ଗ' ଅବକ୍ଷୟିଷ୍ଣୁ ସାମନ୍ତବାଦର ପୃଷ୍ଠଭୂମିରେ ରଚିତ ବାରଗୋଟି ଗଳ୍ପର ସଂକଳନ। ସୁରେନ୍ଦ୍ର ମହାନ୍ତିଙ୍କଠାରୁ ହୃଷୀକେଶ ପଣ୍ଡାଙ୍କ ପର୍ଯ୍ୟନ୍ତ କିଛି ଗାଳ୍ପିକଙ୍କ ଗଳ୍ପକୁ ଏଥିରେ ସ୍ଥାନିତ କରାଯାଇଛି।

'କର୍ମଯୋଗୀ ଫକୀରଚରଣ' ସଂପାଦକ ଗୌରହରିଙ୍କର ଅନ୍ୟତମ ସଂପାଦିତ ପୁସ୍ତକ। ଏହି ସଂକଳନରେ ନୀତି-ଆଦର୍ଶର ପୂଜାରୀ କର୍ମଯୋଗୀ ଫକୀରଚରଣ ଦାସଙ୍କୁ ନେଇ ବହୁ ଉପାଦେୟ ତଥ୍ୟସମ୍ବଳିତ ଆଲେଖ ରହିଛି। ୪୮ ଗୋଟି ଶୀର୍ଷକକୁ ନେଇ ଓଡ଼ିଶାର ଫକୀରପ୍ରେମୀ ସ୍ୱ-ଉପଲବ୍ଧିକୁ ଉପସ୍ଥାପନ କରିଛନ୍ତି। ଏହାର ଭୂମିକାରେ ସଂପାଦକ ଗୌରହରି ଦାସ ଫକୀରଚରଣଙ୍କ ବ୍ୟକ୍ତିତ୍ୱର ବହୁ ଅନାଲୋଚିତ ଦିଗ ଆଲୋଚନା କରିଛନ୍ତି। 'ସମାଜ' ଅଫିସ୍‌ର 'ଗୋପବନ୍ଧୁ ଭବନ'ରେ ଫକୀର ବାବୁଙ୍କ ସହ ଗୌରହରି ଦାସ ନିଜ ସାକ୍ଷାତର ସ୍ମୃତିଚାରଣ କରି ଉଲ୍ଲେଖ କରିଛନ୍ତି- "୧୯୭୫ରୁ ୧୯୮୮ ଭିତରେ ଅନେକ ବାର ଭେଟିଛି ତାଙ୍କୁ। ଅନ୍ତରଙ୍ଗ ଭାବେ ମିଶିଛି ବୋଲି ସୁଦ୍ଧା ଦାବି କରିପାରେ। ଭିଡ଼ ଭିତରେ ଏକଲା ମଣିଷ ପରି ସେ ଖୁବ୍ ଏକଲା ଥିଲେ, ଅଥଚ ନିର୍ଜନତାକୁ କୋଳାହଳରେ ଭରି ଦେବା ପରି ବ୍ୟକ୍ତିତ୍ୱ ତାଙ୍କର ଥିଲା।" (୫)

ଆଲୋଚ୍ୟ ସଂପାଦିତ ପୁସ୍ତକରେ ଫକୀରବାବୁଙ୍କ ବ୍ୟକ୍ତିତ୍ୱର ବିଶାଳ ପରିଧି ସଂପର୍କରେ ବହୁ ସ୍ମୃତିବିଜଡ଼ିତ ପର୍ଯ୍ୟାୟ ସଂଯୋଜିତ ହୋଇଛି।

ଗୌରହରି ଦାସଙ୍କ ଅନ୍ୟତମ ସଂପାଦିତ ପୁସ୍ତକ 'ଭଲ ଗଳ୍ପ: ଭୂମି ଓ ଭୂମିକା'ରେ ପଚାଶ ଜଣ ଲେଖକ ଓ ଲେଖିକାଙ୍କର ମୌଳିକ ମନ୍ତବ୍ୟ ରହିଛି। ଏହି ମନ୍ତବ୍ୟମାନଙ୍କରେ ସଂପୃକ୍ତ ଲେଖକ ଲେଖିକା କୌଣସି ପାରମ୍ପରିକ ତତ୍ତ୍ୱ ବା ପରିଭାଷାର ପୁନରାବୃତ୍ତି କରିନାହାନ୍ତି; ବରଂ ଭଲ ଗପ କହିଲେ ସେମାନେ କ'ଣ ବୁଝନ୍ତି ସେ ସଂପର୍କରେ ନିଜ ନିଜର ଅକପଟ ଉଚ୍ଚାରଣ ଲିପିବଦ୍ଧ କରିଛନ୍ତି। ଓଡ଼ିଆ ଭାଷାରେ ଏପରି ଏକ ସଂକଳନ କେବଳ ପ୍ରଥମ ନୁହେଁ, ଅନନ୍ୟ। ଗୌରହରି ଦାସଙ୍କ ଦ୍ୱାରା ସଂପାଦିତ 'ଓଡ଼ିଆ ଗଳ୍ପ: କାଲି, ଆଜି ଓ ଆସନ୍ତାକାଲି' ସଂକଳନରେ ଓଡ଼ିଆ ଗଳ୍ପ ସାହିତ୍ୟର ଆଦ୍ୟ ଉନ୍ମେଷ କାଳ ୧୮୯୮ରୁ ୨୦୧୨ ପର୍ଯ୍ୟନ୍ତ ଦୀର୍ଘ ୧୧୪ ବର୍ଷର ଓଡ଼ିଆ ଗଳ୍ପ ସଂପର୍କରେ ଚର୍ଚ୍ଚା କରାଯାଇଛି। ଏହି ସଂକଳନରେ କ୍ଷୁଦ୍ରଗଳ୍ପକୁ ନେଇ ଗୌରହରି ଦାସଙ୍କ ସ୍ପଷ୍ଟୀକରଣ ଉଲ୍ଲେଖଯୋଗ୍ୟ ମନେହୁଏ। ତାଙ୍କ ମତରେ- "କ୍ଷୁଦ୍ରଗଳ୍ପ ହିଁ ସାଂପ୍ରତିକ ସମାଜର ପ୍ରତିନିଧିସ୍ଥାନୀୟ ଶବ୍ଦଚିତ୍ର। ଆମ ସମାଜର ରାଜନୈତିକ, ସାମାଜିକ ଏବଂ ସାଂସ୍କୃତିକ ସ୍ତରରେ ଯେଉଁ ଯେଉଁ ପରିବର୍ତ୍ତନ ଘଟିଚାଲିଛି ତାହାର ପ୍ରତିଛବି ଆମେ କ୍ଷୁଦ୍ରଗଳ୍ପରେ ଦେଖିବାକୁ ପାଉ। ବାହ୍ୟ ବିଲକ୍ଷଣ ଗୁଡ଼ିକ ସହ ମଣିଷର ଆଭ୍ୟନ୍ତରୀଣ ଆତ୍ମିକ ବିବର୍ତ୍ତନ ଓ ପରିବର୍ତ୍ତନର କଥା ମଧ୍ୟ କ୍ଷୁଦ୍ରଗଳ୍ପରେ ପ୍ରତିଫଳିତ ହେଉଅଛି। x x x ପରିବର୍ତ୍ତନର ଚିତ୍ର ତୋଳି ଧରୁଛି ସାଂପ୍ରତିକ କ୍ଷୁଦ୍ରଗଳ୍ପ।" (୬)

'ଆମ ଓଡ଼ିଶା' ଦ୍ୱାରା ପ୍ରକାଶିତ ଗୌରହରି ଦାସଙ୍କ 'କଥାଟିଏ' (୧ମ ଓ ୨ୟ ଭାଗ) 'କଥା' ପତ୍ରିକାର ସଂପାଦକୀୟଗୁଡ଼ିକର ଦୁଇଟି ସୁନ୍ଦର ସଂକଳନ। ଏ ବହି ଦୁଇଟି ଅମରତ୍ୱର ମୁକୁଟ ଲାଭ କରିଥିବା ମନେହୁଏ। ଏଥିରେ ସେ ଉଲ୍ଲେଖ କରିଛନ୍ତି- "ସବୁ ମଣିଷଙ୍କ ଜୀବନରେ ସୁଖ ସାଙ୍ଗରେ ଦୁଃଖ ଅଛି, ଅଶ୍ରୁ ଅଛି, ବ୍ୟର୍ଥତା ଓ ଅବସୋସ ମଧ୍ୟ ରହିଛି, କିନ୍ତୁ ସେସବୁକୁ ଝୁରି ବସିଲେ ସମୟ ସରିବ ନାହିଁ। ସେଥିପାଇଁ ସାହିତ୍ୟ କହେ, 'ଜୀବନ ଯେତେବେଳେ ତୁମକୁ କାନ୍ଦିବା ପାଇଁ ଶହେଟି କାରଣ ଦେଖେଇବ, ତୁମେ ସେତେବେଳେ ହସିବାପାଇଁ ତାକୁ ଶହେ ଏକଟି କାରଣ ଦେଖେଇ ପାରିଲେ ଏ ସଂସାରରେ ବଞ୍ଚିପାରିବ।" (୭) 'କଥାଟିଏ'ର ପ୍ରଥମ ଭାଗରେ ୭୧ଗୋଟି ସଂପାଦକୀୟ ଏବଂ ଦ୍ୱିତୀୟ ଭାଗରେ ୫୮ଟି ସଂପାଦକୀୟ ସନ୍ନିବେଶିତ ହୋଇଛି। ଯେଉଁଥିରେ ଜୀବନ, ଜଗତ, ମଣିଷ, ତାର ପ୍ରବୃତ୍ତି, ପ୍ରେମ, ଅନୁଭବ, ବିଶ୍ୱାସ, ମୂଲ୍ୟବୋଧ ତଥା ଉପଲବ୍ଧି ଇତ୍ୟାଦିକୁ ନେଇ ଅତି ଚମତ୍କାର ପ୍ରସଙ୍ଗ ସବୁର ବିଶ୍ଳେଷଣ ରହିଛି। ଏଗୁଡ଼ିକ ଫିଚରଧର୍ମୀ

ହୋଇଥିବାରୁ ସଂକ୍ଷିପ୍ତ ତଥା ପ୍ରଭାବଶାଳୀ। ପୁସ୍ତକ ମଧ୍ୟରେ ସ୍ଥାନିତ ବକ୍ତବ୍ୟଙ୍କୁ ପାଠକର ଚିନ୍ତାରାଜ୍ୟରେ ଅନୁପ୍ରବେଶ କରାଇବାର କୌଶଳ ଅବଲମ୍ବନ କରିବାକୁ ଯାଇ ଚେତନା ଜାଗ୍ରତକାରୀ ସାଂକେତିକ ଚିତ୍ର ମଧ୍ୟ ସଂଯୋଜିତ ହୋଇଛି। ପରବର୍ତ୍ତୀ ପର୍ଯ୍ୟାୟରେ ଗୌରହରିଙ୍କ ଦ୍ୱାରା 'ନିର୍ବାଚିତ କଥା' ଏବଂ 'ପ୍ରେମ କଥା' ଦ୍ୱିତୀୟ ପର୍ବ ମଧ୍ୟ ସଂପାଦିତ ହୋଇଛି। 'ନିର୍ବାଚିତ କଥା'ର ସଂପାଦନା ପୃଷ୍ଠାରେ ଗୌରହରି ଦାସ ଉଲ୍ଲେଖ କରିଛନ୍ତି- "କାହାଣୀର ସାମର୍ଥ୍ୟ ବିଷୟରେ ଆମ ସାହିତ୍ୟରେ ବହୁକଥା କୁହାଯାଇଛି। ଆଧୁନିକ କାହାଣୀ ବା ଗଳ୍ପର ପରିଭାଷା ଦେବାକୁ ଯାଇ ଜଣେ କହିଛନ୍ତି ଯେ ଏହା ଶୋଇଥିବା ଲୋକକୁ ଉଠେଇଦିଏ ତ ଅସହାୟ ମଣିଷ ମନରେ ଆଶା ସଂଚାର କରିଥାଏ। x x x ଆଲ୍‌ବର୍ଟ କାମ୍ୟୁ କହନ୍ତି, "ଗପ ହେଉଛି ମିଛ କଥା ଯାହା ମାଧ୍ୟମରେ ଆମେ ଜୀବନର ସତ ପାଖରେ ପହଞ୍ଚିଥାଉ। ଏହା ଭୂଗୋଳକୁ ଅସ୍ୱୀକାର କରେ, ନିର୍ଦ୍ଦିଷ୍ଟ କାଳଖଣ୍ଡକୁ ମଧ୍ୟ ଅନାୟାସରେ ଅତିକ୍ରମ କରିଯାଇପାରେ। ସାର୍ଥକ ଗଳ୍ପ ରାଷ୍ଟ୍ର-ନିରପେକ୍ଷ, ସମୟ-ନିରପେକ୍ଷ ଏବଂ ବ୍ୟକ୍ତି-ନିରପେକ୍ଷ।" (୮)

ସଂପାଦନା ଏକ କଳାତ୍ମକ ଦୃଷ୍ଟିକୋଣପ୍ରସୂତ ସାରସ୍ୱତ କର୍ମ, ଯାହା ଜଣେ ସଂପାଦକର ବଳିଷ୍ଠ ସଚେତନତାକୁ ପ୍ରତିଷ୍ଠା କରିଥାଏ। ଆଧୁନିକ ସଂପାଦନା ସାହିତ୍ୟ କ୍ଷେତ୍ରରେ କଥାକାର-ସ୍ତମ୍ଭକାର ଗୌରହରି ଦାସଙ୍କ ସଂପାଦନା ତାଙ୍କ କୁଶଳୀ-ସାରସ୍ୱତ କର୍ମର ନିଖୁଣ କାରିଗରୀକୁ ପ୍ରତିଷ୍ଠିତ କରିଛି।

ଗୌରହରି ନିଜେ ଷାଠିଏରୁ ଊର୍ଦ୍ଧ୍ୱ ପୁସ୍ତକର ଲେଖକ। ମୌଳିକ ରଚନା ସାଙ୍ଗକୁ ସଂପାଦନା କ୍ଷେତ୍ରରେ ଏହିସବୁ କାର୍ଯ୍ୟ କରିବା ତାଙ୍କ ଆଗ୍ରହ ଓ ଅଙ୍ଗୀକାରର ଏକ ଏକ ପରିଚୟ। ଏହାଛଡ଼ା ତାଙ୍କର ସାଙ୍ଗଠନିକ ଦକ୍ଷତା ତାଙ୍କୁ ସଂପାଦକ ଦାୟିତ୍ୱ ତୁଲାଇବାରେ ସାହାଯ୍ୟ କରିଥାଏ। ସାହିତ୍ୟ ଏକାଡେମୀର ଓଡ଼ିଆ ଭାଷା ଆବାହକ ଥିବାବେଳେ ସେ ଦେଶ ତଥା ରାଜ୍ୟର ବିଭିନ୍ନ କାର୍ଯ୍ୟକ୍ରମରେ ଯୋଗଦେଇ ବିଭିନ୍ନ ସ୍ଥାନର ଲେଖକ ଲେଖିକାମାନଙ୍କୁ ଜାଣିବାର ସୁଯୋଗ ପାଇଥିଲେ। ସେମାନଙ୍କଠାରୁ ଲେଖା ଆଣି ସେ ନିଜ ପତ୍ରିକା ଓ ସାହିତ୍ୟ ପୃଷ୍ଠାରେ ପ୍ରକାଶ କରିଥାଆନ୍ତି। ସଂପାଦନା ସମ୍ପର୍କରେ ଓଡ଼ିଆ ସାହିତ୍ୟର ଯୁବପିଢ଼ିଙ୍କୁ ବାର୍ତ୍ତା ଦେବାକୁ ଯାଇ ଗୌରହରି ଦାସ ମତ ଦିଅନ୍ତି- "ନିଜେ ନେପଥ୍ୟରେ ରହି କାମଟି କିଭଳି ସ୍ମରଣୀୟ ହେବ ସେହି ପ୍ରକାର ଏକ ସନ୍ନ୍ୟାସ ଭାବ ସଂପାଦକ ପାଇଁ ଜରୁରୀ। ପାଠକମାନେ ଲେଖକ ଲେଖିକାଙ୍କୁ ମନେରଖିବେ, ସଂପାଦକଙ୍କୁ ନୁହେଁ। ଏଥିପାଇଁ ସଂପାଦକ ଆଦୌ ନିଃସ୍ପୃହ ହେବା ଉଚିତ ନୁହେଁ। ଆମେ ପୃଥିବୀରେ ବହୁ କୀର୍ତ୍ତି ଦେଖୁଛୁ। ସେସବୁ ନିର୍ମାଣର ଶ୍ରେୟ

ଶିଳ୍ପୀମାନଙ୍କୁ ନୁହେଁ, ବରଂ ସେ ସମୟର ରାଜା କିମ୍ବା ଶାସକଙ୍କ ପାଖକୁ ଯାଇଥାଏ। ଅନାସକ୍ତ ଦୃଷ୍ଟିଭଙ୍ଗୀ ନ ଥିଲେ ଜଣେ ସଂପାଦକ ହୋଇପାରିବ ନାହିଁ। ଭାଷା, ବ୍ୟାକରଣ ଏବଂ ଶୈଳୀ ସମ୍ପର୍କରେ କିଛି କିଛି ଲେଖକ ସଚେତନ ନୁହଁନ୍ତି। ଅନାବଶ୍ୟକ ଭାବେ ସେମାନେ ଇଂରାଜୀ ଭାଷା ବ୍ୟବହାର କରୁଛନ୍ତି। ପାତ୍ରୋପଯୋଗୀ ଭାଷାର ପ୍ରୟୋଜନୀୟତା କିଛି କିଛି ଲେଖକ ବୁଝୁନାହାନ୍ତି। ଏ ସମ୍ପର୍କରେ ସଂପାଦକ ସେମାନଙ୍କୁ ସତର୍କ କରିଦେବା ଆବଶ୍ୟକ। ଅନୁରୂପ ଭାବରେ ସମସାମୟିକ ପ୍ରସଙ୍ଗକୁ ନେଇ ଲେଖକମାନେ କିପରି ଅଧିକରୁ ଅଧିକ ଲେଖା ଲେଖିବେ ସେ ନେଇ ସଂପାଦକ ସେମାନଙ୍କୁ ଉତ୍ସାହିତ କରିବା ଦରକାର। କିଛି ଲେଖକଙ୍କର ଭାଷା ଭଲ ମାତ୍ର ଗଳ୍ପର ପ୍ଲଟ୍ ଦୁର୍ବଳ ଥାଏ, ଆଉ କେତେକଙ୍କ ପାଖରେ ଶକ୍ତିଶାଳୀ ଗପର ପ୍ଲଟ୍ ଥାଏ ମାତ୍ର ସେମାନଙ୍କ ଭାଷା ପ୍ରକାଶ ଦକ୍ଷତା ଦୁର୍ବଳ। ସଂପାଦକଙ୍କ ଦାୟିତ୍ୱ ଉଭୟ ପ୍ରକାର ଲେଖକଙ୍କ ଦାୟିତ୍ୱ ନେବା। କେବଳ କଟୁ ସମାଲୋଚନା ସୃଜନକ୍ରିୟା ପାଇଁ ଅନୁକୂଳ ନୁହେଁ। ନିଜ ଭାଷାର ସାହିତ୍ୟ ସହ ପ୍ରତିବେଶୀ ସାହିତ୍ୟ ପ୍ରକାଶ ପ୍ରତି ମଧ୍ୟ ତାଙ୍କୁ ଦୃଷ୍ଟିଦେବାକୁ ପଡ଼ିବ।" (ଗୌରହରିଙ୍କ ସହ ଅନ୍ତରଙ୍ଗ ଆଳାପ)

ଗୌରହରି ଚଳେଇନେବା ମନୋବୃତ୍ତିର ଘୋର ବିରୋଧୀ। ତାଙ୍କ ଦର୍ଶନ ସକ୍ରେଟିସ୍‌ଙ୍କ ବାଣୀ ଆଧାରିତ- କେବଳ ବଞ୍ଚିବାଟା ବଡ଼କଥା ନୁହେଁ, ଠିକଣା ଢଙ୍ଗରେ ବଞ୍ଚିବା ହେଉଛି ବଡ଼କଥା। ସେ କହନ୍ତି, 'ସଂପାଦନା କରିବା ବଡ଼କଥା ନୁହେଁ, ଠିକଣା ଢଙ୍ଗରେ ସଂପାଦନା କରିବା ବଡ଼କଥା'। ସେଥିପାଇଁ ବିଶିଷ୍ଟ ଲେଖକ ଓ ସଂପାଦକ ଡକ୍ଟର ବିଭୂତି ପଟ୍ଟନାୟକ ଗୌରହରି ଦାସଙ୍କ ସହ ଏକ ସାକ୍ଷାତକାର ତାଙ୍କ 'ଗଳ୍ପ' ପତ୍ରିକାରେ ପ୍ରକାଶ କରି ଏହି ସଂପାଦକଙ୍କୁ ଅଭିନନ୍ଦନ ଜଣାଇଥିଲେ। ଅଶୀ ପରବର୍ତ୍ତୀ ସାହିତ୍ୟ ପତ୍ରିକା ସଂପାଦକମାନଙ୍କ ତାଲିକାରେ ଯେ ଗୌରହରି ଏକ ଉଲ୍ଲେଖନୀୟ ସ୍ଥାନର ଅଧିକାରୀ ଏଥିରେ ଦ୍ୱିମତ ନାହିଁ।

ସହାୟକ ପାଦଟୀକା:

୧. ସଂ: ଦାସ ଗୌରହରି, ଆମ ସମୟର କାହାଣୀ: ପିଲାଦିନ, ଭାରତଭାରତୀ-୨୦୦୦, ପୃ-୯
୨. ତତ୍ରୈବ, ପୃ-୧୦
୩. ସଂ: ଦାସ ଗୌରହରି, ଆମ ସମୟର କାହାଣୀ: ପ୍ରେମ, ଭାରତଭାରତୀ-୨୦୦୧, ପୃ-୩
୪. ତତ୍ରୈବ
୫. ସଂ: ଦାସ ଗୌରହରି, କର୍ମଯୋଗୀ ଫକୀରଚରଣ, ଭାରତଭାରତୀ-୧୯୯୫, ପୃ-୯
୬. ସଂ: ଦାସ ଗୌରହରି, ଓଡ଼ିଆ ଗଳ୍ପ କାଲି, ଆଜି ଓ ଆସନ୍ତାକାଲି, ସାହିତ୍ୟ ଅକାଦେମି-୨୦୦୪, ପୃ-୭
୭. ସଂ: ଦାସ ଗୌରହରି, କଥାଟିଏ, ଆମ ଓଡ଼ିଶା-୨୦୧୬, ପୃ-ନିଜକଥା
୮. ସଂ: ଦାସ ଗୌରହରି, ନିର୍ବାଚିତ କଥା, ପୃ-ଦୁଇପଦ

ସାନ୍ଦ୍ରଭାବ-ମୁଗ୍ଧପ୍ରେମ: ପାଉଁଶର ପାଣ୍ଡୁଲିପି

ଜ୍ୟୋତି ସାହୁ

'ପାଉଁଶର ପାଣ୍ଡିଲିପି'ର ସ୍ରଷ୍ଟା କବି ଗୌରହରି ଦାସଙ୍କ କବିତାର କ୍ୟାନ୍‌ଭାସ ସଂପର୍କରେ ପାଶ୍ଚାତ୍ୟର କୌଣସି ପ୍ରଖ୍ୟାତ ଲେଖକଙ୍କ ଦାର୍ଶନିକ ସୁଲଭ ଉକ୍ତିକୁ ଉଦାହରଣ ଭାବେ ନ ନେଇ ବିଶ୍ୱକବିଙ୍କ ରୁଚିଶୀଳ କବିତାଖଣ୍ଡକୁ ନିରପେକ୍ଷ ଭାବରେ ଉଦ୍ଧାର କରାଯାଇପାରେ-

"ଆଜି ଏଇ ଫାଲ୍‌ଗୁନେ
ଆମାର ଗନ୍ଧ
ଆମାର ପାକ୍ଷୀଦେର ଗାନ୍ ଶୁନେ ଶୁନେ
ମନେପରେ କବିକେ
କବିତାଏ ତୋମାକେ
ତୋମାଏ କୋଥାଏ ଯେନୋ ଦେଖିଛି।"

ଗୌରହରିଙ୍କ କବିତାରେ ଘନ ଆଶା ଓ ଅବିଶ୍ୱାସ୍ୟ ତରଙ୍ଗ ସବୁ ଏକାନ୍ତ ଗ୍ରାମ୍ୟ ବିସ୍ତୀର୍ଣ୍ଣ ପ୍ରାନ୍ତର ପରି ଉନ୍ମୁକ୍ତ। ତାଙ୍କ କବିତାରେ ବୟସର ସୀମା ନିର୍ଦ୍ଧାରଣ କରାଯାଇନାହିଁ। କବିତାର ପାଖୁଡ଼ା ମେଲିଥିବା ନାନ୍ଦନିକ ମହତ୍ୱ ଯୁବକ ଓ ବୟସ୍କ ଉଭୟ ବର୍ଗର ଆଘ୍ରାଣ ଓ ଭାଗୀଦାରୀ ନିମନ୍ତେ ପ୍ରଯୁଜ୍ୟ।

'ପାଉଁଶର ପାଣ୍ଡୁଲିପି' ଅନ୍ତରରୁ ଅନ୍ତରୀକ୍ଷ ବିଚରଣଶୀଳ। କବି ସୂକ୍ଷ୍ମାତିସୂକ୍ଷ୍ମ ଚେତନାର ଅନ୍ତର୍ଲୋକରୁ ସ୍ଥୁଳ ସଂପର୍କର ଚୁମ୍ବକୀୟ ପରିଧିରେ ପଦଚାଳନ କରିଛନ୍ତି। ପ୍ରେମ ଓ ସୌନ୍ଦର୍ଯ୍ୟ ଦୁଇଟି ଭିନ୍ନ ଶବ୍ଦ ହେଲେ ମଧ୍ୟ ଟ୍ରାଜେଡି ପାଇଁ ଏହାର କୌଣସି

ଭୂମିକା ନାହିଁ । ଅପ୍ରାପ୍ତିର ଚରମ ମୋହ ସମଗ୍ର କାବ୍ୟାଦର୍ଶକୁ ଆବୋରି ବସିଛି । କବିଙ୍କ ସୌନ୍ଦର୍ଯ୍ୟ ଦୃଷ୍ଟି ସର୍ବଦା ରୂପବିଳାସୀ । ଦେହର ତତୂର୍ଦ୍ଧ୍ୱରେ ଗଭୀର ଆତ୍ମୀୟତାବୋଧ । ତାହା ଧୂସର କିନ୍ତୁ ପାଣ୍ଡୁର ନୁହେଁ, ବିଷଣ୍ଣ କିନ୍ତୁ ବିବର୍ଣ୍ଣ ନୁହେଁ, ନିଃସଙ୍ଗ କିନ୍ତୁ ଅନ୍ତର୍ହିତ ନୁହେଁ ।

'ପାଉଁଶର ପାଣ୍ଡୁଲିପି'ରେ କବି ହିଁ ନିଜେ କାବ୍ୟ ନାୟକ ଏବଂ ନିଜର ଧାରଣା ଓ ଅବେଗର ବୃତ୍ତରେ ସର୍ବଦା ଘୂର୍ଣ୍ଣାୟମାନ । ଅତୀତର ଅମୃତ ସ୍ମୃତି, ବର୍ତ୍ତମାନର ବିମର୍ଷ ଅନୁଭାବ, ଭବିଷ୍ୟତ ପାଇଁ ଦୁର୍ନିର୍ବାର ପ୍ରତିଜ୍ଞା କବିତାର ଝର୍ଣ୍ଣା ହୋଇ ପ୍ରବାହିତ ହୋଇଛି । ଜାଗତିକ ମୋହରୁ କବି ପଳାୟନ କରିନାହାନ୍ତି । କାବ୍ୟନାୟିକାର ସମ୍ମୋହନରୁ ମୁକ୍ତି ପାଇଁ କୌଣସି ବ୍ୟାକୁଳତା ନାହିଁ ।

କବିତା ଓ ଅନୁରାଗର ଚିର ବିଳସିତ ପର୍ବରୁ ବିରାଗ ସଂପୂର୍ଣ୍ଣ ନିର୍ବାସିତ । 'ପାଉଁଶର ପାଣ୍ଡୁଲିପି'ରେ ନିରୋଳା ଚିତ୍ରକଳ୍ପଗୁଡ଼ିକ ଅନୂଢ଼ା କିଶୋରୀର ସମ୍ମତି ଲାଭ ପାଇଁ ବିନିଦ୍ର ରଜନୀ ଅତିବାହିତ କରିବାକୁ ପଡ଼ିଛି । ଫଳରେ ତାଙ୍କ କବିତା ପୌଷର ପ୍ରଥମ ଆଲିଙ୍ଗନରେ ପତ୍ରଝଡ଼ା ଥୁଣ୍ଟା ବୃକ୍ଷଲତା ବସନ୍ତର ଆଗମନର ସବୁଜ ସଂକେତ ଲଭି ପୁଲକିତ ହେବାବେଳେ ଗ୍ରୀଷ୍ମରେ କିନ୍ତୁ ମ୍ରିୟମାଣ ନୁହେଁ । ମଲ୍ଲିକାର ଭାରାରେ ନମ୍ର । ବଣମଲ୍ଲୀର ଗୁପ୍ତ ସୁବାସରେ ମନ୍ତ୍ରମୁଗ୍ଧ । John Keats କବିତାର ପ୍ରାକୃତିକ ଧାରା ସପକ୍ଷରେ ଓ ବରାଦିଆ ଆତ୍ମପ୍ରକାଶ ସଂପର୍କରେ ଅନିଚ୍ଛା ପ୍ରକାଶ କରି ମତବ୍ୟକ୍ତ କରିଛନ୍ତି–

"If poetry comes not as naturally as the leaves to a tree it had better not come at all."

ଗୌରହରିଙ୍କ 'ପାଉଁଶର ପାଣ୍ଡୁଲିପି'ରେ କାବ୍ୟପୁରୁଷ ଉଦାସ ନକ୍ଷତ୍ର ପରି ବ୍ୟଥିତ ଓ ଆଲୋଡ଼ିତ ମନେହେଲେ ବି ବାକ୍‌ରୁଦ୍ଧ ମଣିଷର ଅଦମ୍ୟ ଭାଷ୍ୟ ପରି ଏକାନ୍ତ ପ୍ରାକୃତିକ ଯାହାଙ୍କର ନିଷ୍ପ୍ରାଣ ବିସ୍ତାର ମଧ୍ୟରେ ଲୁକ୍‌କାୟିତ ନିର୍ଝରର ନିର୍ବିକାର ଛନ୍ଦ । ପ୍ରକୃତିର ଅନନ୍ୟ ବିଚିତ୍ରତା ପରି କବି ଗୌରହରି ଗୋଟିଏ ସ୍ଥାନରେ ଦଣ୍ଡାୟମାନ । କିନ୍ତୁ ଚେତନାର ଚିତ୍ରଲୋକ ପରିବ୍ୟାପ୍ତ ଫଗୁଣ ପରି ନିରପେକ୍ଷ, ଯେଉଁଠି ନିରାସକ୍ତ ସନ୍ନ୍ୟାସୀର ନିଭୃତ ଅନ୍ୱେଷଣ ଅନୁଭୂତ ।

'ପାଉଁଶର ପାଣ୍ଡୁଲିପି' ସ୍ଥିତିସ୍ଥାପକ, ମୃତ୍ୟୁ, ମାର୍କସୀୟ ଦର୍ଶନର ପୁଞ୍ଜି ଓ ତତ୍‌ସଂପର୍କିତ ଯୁକ୍ତିଠାରୁ ଊର୍ଦ୍ଧ୍ୱରେ ଏକ ଦୀର୍ଘ ପ୍ରଶସ୍ତ ପଟଭୂମି ଉପରେ ସନ୍ଧାନ କରୁଥିବା ମନ ଓ ଅନ୍ତର, ଅନୁଭୂତି ଓ ଅନୁଭାବ, ଇଚ୍ଛା ଓ ଉତ୍ତେଜନା, କାମନା ଓ କାରୁଣ୍ୟର ଦର୍ଶନ । ଜୀବସୃଷ୍ଟିର ମୂଳତତ୍ତ୍ୱ ଓ ରହସ୍ୟ ସହିତ କ୍ରମବିକାଶ କ୍ରିୟାରେ ବର୍ତ୍ତମାନ ।

ଦାର୍ଶନିକ, ସମାଲୋଚକ, ନୀତିନିର୍ଦ୍ଧାରକ ଯାହାର ଇତିହାସ ରଚନା କରିବାକୁ ବିଫଳ ହୋଇଛନ୍ତି, କେବଳ କବି ହିଁ ସଫଳତାର ସହିତ ଉତ୍ତୀର୍ଣ୍ଣ ଜୀବନ ଦର୍ଶନର ଇତିହାସକୁ ରଚନା କରିବାରେ ସକ୍ଷମ ହୋଇଛି। ଗୌରହରି ଦାସ ସବୁ ଦର୍ଶନକୁ ତ୍ୟାଗ କରି, ସବୁ ଦର୍ଶନ ଯେଉଁଠୁ ବିକଶିତ, ତାର ମୂଳ ପ୍ରଦେଶକୁ ସଯତ୍ନ ସହ ଆଲିଙ୍ଗନ କରିଛନ୍ତି, ଯାହାର ଅନ୍ୟ ନାମ ପ୍ରେମ।

'ପାଉଁଶର ପାଣ୍ଡୁଲିପି' ମିଳନ ନୁହେଁ, ବିଚ୍ଛେଦ, ବ୍ୟଥା, ବିରହ, ବେଦନାର ମହାକାବ୍ୟ। ଏଥିରେ ପ୍ରକାଶିତ ଗୌରହରିଙ୍କ କାବ୍ୟ ଦର୍ଶନ ଅତି ବାସ୍ତବ ମନେ ହୁଏ। ପ୍ରେମର ଅନ୍ତିମ ଅନୁଭୂତିର ପରକ୍ଷଣରେ ବିଶୁଦ୍ଧ ତଥା ଗଚ୍ଛିତ ମଧୁର ଭାବ ଏହାର ଲିରିକାଲ୍ ଆବେଦନକୁ ମନ୍ଥର କରିନାହିଁ। ଗୋଲାପର ବିଭକ୍ତ ପାଖୁଡ଼ା ପରି ପୁସ୍ତକ ଅନ୍ତର୍ଗତ ପ୍ରତ୍ୟେକ ନାମହୀନ କବିତା ଅପୂର୍ବ ଶବ୍ଦ ଶକ୍ତିର ସମ୍ମିଶ୍ରଣରେ ଅନ୍ତରର ଗୋଟିଏ ଗୋଟିଏ ଅନୁପମ ସର୍ବନାମ, ତଥା ବହୁ ତାତ୍ପର୍ଯ୍ୟପୂର୍ଣ୍ଣ ମିଶ୍ରିତ ଅନୁଭବ। ପ୍ରତ୍ୟକ୍ଷ ଅଭିବ୍ୟକ୍ତିଗୁଡ଼ିକ ଚନ୍ଦ୍ରର ପ୍ରଭା, ପକ୍ଷୀର କାକଳୀ, ଝରଣାର ଧାରାପରି ସଂପୂର୍ଣ୍ଣ ପ୍ରାକୃତିକ ରୂପ ଗ୍ରହଣ କରି ସମଗ୍ର କବିତା ପୁସ୍ତକକୁ ଗୋଟିଏ ବୃତ୍ତରେ ଲିପିବଦ୍ଧ କରିଛି।

କବି ଗୌରହରିଙ୍କ ସ୍ରଷ୍ଟାତ୍ୱ ଗଦ୍ୟର ସମସ୍ତ ବିଭାଗରେ ନିପୁଣତାର ସ୍ୱାକ୍ଷର ବହନ କରିଛି। ଜଣେ ଗଦ୍ୟଶିଳ୍ପୀ ପଦ୍ୟର ମିଷ୍ଟିକ୍ ଆଦର୍ଶ ଦ୍ୱାରା ପ୍ରଭାବିତ ହେବା ସ୍ୱାଭାବିକ ହେଲେ ମଧ କବିତ୍ୱ ପ୍ରାପ୍ତି ହେବା ସହଜ ନୁହେଁ। କବି ଗୌରହରି ଶବ୍ଦର ଧ୍ୱନି ଉତ୍‌ଥାନ ସହିତ ସଙ୍ଗୀତର ପ୍ରବଳ ଆବେଗ ଦ୍ୱାରା ପ୍ରଭାବିତ ହୋଇଥିବାରୁ ଭାବପ୍ରବଣ ସହୃଦୟତା ତାଙ୍କ କବିତ୍ୱ ଶକ୍ତିକୁ ପଲ୍ଲବିତ କରିଛି।

ରସିକ ନିକଟରେ ରସ ନିଷ୍ପତ୍ତି କବିତାର ଉଦାର ଉଦ୍ଦେଶ୍ୟ ସହିତ ଜଡ଼ିତ ଥିବାରୁ କବିଗଣ ସର୍ବଦା କବିତ୍ୱର ମୃଦୁ ସ୍ପର୍ଶରେ ଗ୍ରାହକର ବିଳାସ ବୃତ୍ତିକୁ ଫେନିଳ ବିସ୍ମୟତାରେ ଭରିଦିଅନ୍ତି। କବି ଗୌରହରିଙ୍କ ଦୃଷ୍ଟି ଓ ଦର୍ଶନ ମାଟି-ଆକାଶ, ସ୍ୱେଦ ଓ ଶୋଣିତ, ଲୁହ ଓ କୋହ, ଯାମିନୀ ଓ ଯାତନା, ସ୍ୱପ୍ନ ଓ ଦୀର୍ଘଶ୍ୱାସ ମଧରେ ଏକାନ୍ତ ଅନ୍ତରଙ୍ଗ ଶବ୍ଦବିଶେଷ। କୌଣସି ଅବାଞ୍ଛିତ ଭାବ ଓ ଶବ୍ଦର ଉପଦ୍ରବ 'ପାଉଁଶର ପାଣ୍ଡୁଲିପି'କୁ ଭାରାକ୍ରାନ୍ତ କରିବାର ଊର୍ଦ୍ଧ୍ୱରେ ବର୍ଷଣମୁଖର ଦିବସ ପରି ଆର୍ଦ୍ର ଉଷ୍ମତାରେ ପରିପୂର୍ଣ୍ଣ।

ଗୌରହରିଙ୍କ ଅପାସୋରା ମନର ନିଆଁ ପ୍ରଥମରେ ଲଳିତ ଆଙ୍ଗୁଠି, ତତ୍‌ପରେ ପାପୁଲି, ତା ପରେ ପରେ ହାଡ଼ମାଂସ, ରକ୍ତ ଏବଂ ପରିଶେଷରେ ସମଗ୍ର ଅବୟବକୁ ଗ୍ରାସ କରି ନିଯୁତ ନିଯୁତ ବର୍ଷର ମାନବୀୟ ପ୍ରତିଦାନର ଗୁରୁପ୍ରସାଦୀୟ ବିଷାଦବୋଧ।

ଗୌରହରିଙ୍କ କବି ଅନ୍ତରର ପ୍ରତ୍ୟକ୍ଷ ପ୍ରକାଶ 'ପାଉଁଶର ପାଣ୍ଡୁଲିପି'। ସେ ପରିଚିତ ପ୍ରଗଣାରୁ ଗୋଟାଇଥିବା ସୂକ୍ଷ୍ମ ଅଥଚ କୋମଳ ଅସଂଖ୍ୟ ଶବ୍ଦାବଳୀକୁ ନେଇ କବିତାର ବିଚିତ୍ର ପୃଥିବୀ ସୃଷ୍ଟି କରିଛନ୍ତି। ଶବ୍ଦଗୁଡ଼ିକ ଖୁବ୍ ସଂଗତ ଏବଂ ଭାବ ସଂପ୍ରସାରଣରେ ପୁନଃ ପୁନଃ ଆନ୍ଦୋଳିତ। କବିତା ସବୁକୁ ଥରେ ପଢ଼ିଲେ ବହୁ ସମୟର ଆବଶ୍ୟକତା ରହିଛି ଅନ୍ତିମ ନିଷ୍ପତ୍ତିରେ ପହଞ୍ଚିବା ପର୍ଯ୍ୟନ୍ତ। 'ପାଉଁଶର ପାଣ୍ଡୁଲିପି' ଚୌହଦ୍ଦିରୁ ଅତିଶୀଘ୍ର ମୁକ୍ତି କାମନା କରିବା ବୃଥା। ନିଜ ମନ ଓ ଚୈତନ୍ୟର ଶୂନ୍ୟ ସ୍ଲେଟ୍‌ରେ ଉତ୍ତୀର୍ଣ୍ଣ ଅତ୍ୟନ୍ତ ଅବିଶ୍ୱାସ୍ୟ ଚିତ୍ରପଟ୍ଟ ଅକୃତ୍ରିମ ଭାବେ ବ୍ୟାପ୍ତ ହୋଇଥିବା ଅନୁଭୂତ ହେବ। ଗୌରହରିଙ୍କ କବିତାରେ ବୟସର ପରାଭବ ନ ଥିବାରୁ ବୟସ ଏକ ଅପ୍ରାସଙ୍ଗିକ ଅତୀତ। ବୟସ-ବିଶ୍ୱାସ-ବିରହର ତ୍ରିକୋଣୀୟ ବିଭକ୍ତି ମଧ୍ୟରେ ବାରମ୍ବାର ଜନ୍ମ ହେବାକୁ ରହିଛି ପ୍ରତିଶ୍ରୁତି।

'ପାଉଁଶର ପାଣ୍ଡୁଲିପି'କୁ ସାମଗ୍ରିକ ଭାବେ ବିବେଚନା କଲେ ଅତି ସୁନ୍ଦର ଭାବେ ସଜ୍ଜିତ କେତେକ ଆକର୍ଷଣୀୟ ବାହ୍ୟ ଓ ଅଭ୍ୟନ୍ତରକୁ ଦର୍ଶନ କରିହେବ। ପ୍ରଥମରେ 'ପାଉଁଶର ପାଣ୍ଡୁଲିପି' ନାମକରଣ, ଦ୍ୱିତୀୟରେ କବି ଗିରିଜା କୁମାର ବଳିୟାରସିଂହଙ୍କ ମୁଖବନ୍ଧ 'ଅଙ୍କ ଗୀତର ଗନ୍ଧ: ଚଉଠେ ଚିତ୍ରକଳ୍ପ', ତୃତୀୟରେ ତନୁଜ ମଲ୍ଲିକଙ୍କ ସାଙ୍କେତିକ ଚିତ୍ରସମୂହ (ତୃତୀୟ ସଂସ୍କରଣରେ), ଚତୁର୍ଥରେ ପ୍ରେମ, ପଞ୍ଚମରେ ଲାଳିତ୍ୟ ଉପସ୍ଥାପନା।

କବିଙ୍କ ସୌନ୍ଦର୍ଯ୍ୟମୁଗ୍ଧ ଦୃଷ୍ଟିରେ ପ୍ରେମ ତର୍କପ୍ରବଣ କିନ୍ତୁ ପ୍ରତିକୂଳ ନୁହେଁ। ପ୍ରତିକ୍ରିୟାଶୀଳ ମନୋବୃତ୍ତିରୁ ଉତ୍କଣ୍ଠାର ଆବର୍ତ୍ତନ। ପରିଚୟବୋଧର ମୂଲ୍ୟାୟନ। ବ୍ୟକ୍ତିତ୍ୱର ବିଲୋପ ଘଟି ବିଶୁଦ୍ଧ ପରିଣତି। ପ୍ରକୃତିର ସଙ୍ଗୀତ ପରି ମୃଦୁ ସଂଚରଣ। କିନ୍ତୁ ଅନ୍ତିମ କ୍ଷଣ କରୁଣ। ପ୍ରତ୍ୟେକ ଶାଶ୍ୱତ ପ୍ରେମ ଅନ୍ତଃହୀନ ଅଥଚ ନିରାନନ୍ଦ। ପର୍ଯ୍ୟାଲୋଚନାର ପ୍ରଥମ ପର୍ଯ୍ୟାୟରେ ପଚିଶଟି କବିତାରେ ପ୍ରେମର ପରିପୂର୍ଣ୍ଣ ଲାଳିତ୍ୟ ଓ ଉପସ୍ଥାପନାର ଅନୁବିଧି ବିଚାର୍ଯ୍ୟ। ମଧ୍ୟଯୁଗୀୟ କାବ୍ୟନାୟିକା ରୂପରେ ରୂପମତୀ। ଗୌରହରିଙ୍କ କାବ୍ୟମାନସୀ ଗୁଣରେ ବିମୁଗ୍ଧା। ରୂପ-ରସ-ଗୁଣର ନିଭୃତ ଶୃଙ୍ଗାର। କାବ୍ୟନାୟିକାର ପାର୍ଥିବ ଆକର୍ଷଣ ନିକଟରେ ଫୁଲର ଭାସ୍କର୍ଯ୍ୟ ସଂପୂର୍ଣ୍ଣ ମଳିନ, ଫିକା। ପ୍ରଦୀପ ନିସ୍ତେଜ, ଶିଖାହୀନ।

"ବଗିଚାକୁ ତୁମେ ଯିବନି ଗୋ ସଖୀ
ଫୁଲ ପଡ଼ିଯିବେ ଫିକା
ପ୍ରଦୀପ ପାଖରେ ବସିବନି କେବେ
ଲାଜେ ଲିଭିଯିବ ଶିଖା।"

କବି କେତେବେଳେ ଲଳିତ ଚୌପଦୀ ଓ ପୁଣି କେତେବେଳେ ଜାପାନୀ 'ହାଇକୁ' କବିତା ପରି ତ୍ରିପଦୀ ଛନ୍ଦରେ ନାୟିକାର ସର୍ବୋତ୍ତମ କଳ୍ପନା କରିଛନ୍ତି। ସମୁଦ୍ର ଯେତେ ବିଶାଳ ହେଲେ ବି ଊର୍ମି ଯେତେ ପ୍ରଖର ହେଲେ ବି କାବ୍ୟନାୟିକାର ଆଖିର ଗଭୀରତା ତାକୁ ବଳି ଭୀଷଣ, ହସରେ ମୁକ୍ତାର ଔଜ୍ଜ୍ୱଲ୍ୟ ମ୍ଳାନ, ଗ୍ରୀଷ୍ମର ଝଞ୍ଜା ଠାରୁ ଅଭିମାନର ତୀବ୍ରତା ଅଧିକ। କୁମୁଦକାମୋଦୀ ରାତ୍ରିର ନିର୍ଜନତାରେ ଚନ୍ଦ୍ର ଉଇଁଲେ ନାୟିକାର ଲାବଣ୍ୟ ନିକଟରେ ମଳିନ ପଡ଼ିଯିବ। ରାଜହଂସୀର ଚାଲିକୁ ଉପଲକ୍ଷ୍ୟ କରି ବନହଂସୀ ସରମି ଯିବ। ଲୁହର ଧାରାକୁ ଅଦିନ ଶ୍ରାବଣ ମନେ କରି ଚାତକ ଚକିତ ହେବ। ମୀନନୟନାର ଚଞ୍ଚଳତାରେ ମୀନ ମନ ଅଥୟ ହେବ। ମଶାଣିରେ ଉପସ୍ଥିତି ଶବରେ ସଂଗମର ଇଚ୍ଛା ଜୀବନ୍ୟାସ ନେବ। ଆଖିର କଜଳଗାର ରାତିର ଭ୍ରମ ସୃଷ୍ଟି କରିବା ଆଦି କଳ୍ପନାବିଳାସ ପାର୍ଥିବ ଆକର୍ଷଣ ମଧ୍ୟରେ ସ୍ୱପ୍ନିଳ ଆବେଗ ଓ ଅପାର୍ଥିବ କେନ୍ଦ୍ରଭୂମିକୁ ଯାତ୍ରା।

କବି ଗୌରହରି ଦାସ ସ୍ୱୈରବାଦୀ କବି ମାନସିଂହଙ୍କ ଦ୍ୱାରା କେତେକାଂଶରେ ପ୍ରଭାବିତ ହୋଇଥିବା ମନେହୁଏ। ଦୁଇ ବିଭକ୍ତ କାବ୍ୟ ସତ୍ତା ଯଥା- ଗୋଟିଏ ପଟେ ସ୍ୱପ୍ନ ସଂଚାରି ଯାହା ଅତୀନ୍ଦ୍ରିୟ, ଅନ୍ୟପଟେ ଏକାନ୍ତ ମାନବୀୟ ଯାହା ସୁଦୂରର ମୋହରେ କବି ଅତ୍ୟନ୍ତ ସନ୍ତପ୍ତ ହେବାର ପରକ୍ଷଣରେ ଗୋଟିଏ ମିଠା ସ୍ୱପ୍ନ ହୋଇ ହଠାତ୍ ପହଞ୍ଚିଯିବାର ପ୍ରତିଶ୍ରୁତି। କିନ୍ତୁ ସେହି ସ୍ୱପ୍ନ ସାତତାଳ ପାଣି ଓ ଆଠତାଳ ପଙ୍କ ଭିତରେ ଲୁକ୍‌କାୟିତ ଇଚ୍ଛା, ଅଭିମାନ ଓ ଜୀବନର ନାନାବାୟାକୁ ଗୁମୁରିବା। କବି ମୋହର ମାୟା ତୁଟାଇ ପୁଣି ଅଲୌକିକ ଅନ୍ତଃପୁରକୁ ଫେରିଛନ୍ତି ଯେଉଁଠି ଯୋଜନ ଯୋଜନ ଦୂରତାର ଅନ୍ତ ହୋଇଯାଇଥିବ। ପାଖାପାଖି ବସିବାରେ ସନ୍ଦେହ ନ ଥିବ। ଦୁଃଖର ଆଖିପତା ଦୀର୍ଘଶ୍ୱାସର କୋପରେ ଅସ୍ତବ୍ୟସ୍ତ ହେଉ ନ ଥିବ।

"ଦୁଇ ଓଠ ମଝିରେ ଗୋ
ନ ଥିବ ସେଦିନ ସେଠି
ଶହ ଶହ ଯୋଜନ ଦୂରତା
ପ୍ରେମ ପାଇଁ ପରିଣାମ
ନ ହେବ ଗୋ ଦୀର୍ଘଶ୍ୱାସ
ଭିଜିବନି ଦୁଃଖୀ ଆଖିପତା।"(୨୨)

ସ୍ମୃତିଚାରଣ ରେମାଣ୍ଟିକ୍ କବିତାର ବିଶେଷ ସଂପଦ। ଉପହାର କୈନ୍ଦ୍ରିକ ସ୍ମୃତି ସମୟର ବ୍ୟବଧାନରେ ପୁନର୍ବାର ଅତୀତକୁ ସ୍ମରଣ କରାଇଦିଏ। ପୁଷ୍ପର ଉପହାର ଅଳୀକ। ମନର ଢେଉରେ ପ୍ରେମର ପ୍ରଜ୍ୱଳିତ ପ୍ରଦୀପ ନିଃଶେଷ ହୋଇଗଲା ପରେ

କେବଳ ଅବଶେଷ ରହେ ସ୍ମୃତିର ଉତ୍ତାପ ମଉଳା ମନର କିଞ୍ଚିତ୍ ଆଭା ବେଳେବେଳେ ଜୀବନ୍ତ ହୋଇଉଠେ। ଲେଉଟାଣି ଅତୀତକୁ କେବଳ ଉପହାସ କରିବା ଛଡ଼ା ଅବଶେଷ କିଛି ନ ଥାଏ। ଦୁଇଟି ବିଶେଷ ଅର୍ଥରେ କବି ପ୍ରାଣ ସନ୍ତାପିତ ହୋଇଉଠେ। ତୁମେ ବଇଁଶୀ ସ୍ୱରରେ ବୈଷ୍ଣବୀ ପାଲଟି ଯାଅ। ମୁଁ ମରଣର ଶିଂଗା ବାଇ ମଶାଣିର ଚିତା ପାଲଟିଯାଏ। ମୃତ୍ୟୁର ଅଭିସାର ଏଠି କଦର୍ଯ୍ୟ ନୁହେଁ, ବିଷାଦଗ୍ରସ୍ତ। ଅତିମାତ୍ରିକ ଉଚ୍ଛ୍ୱାସ ବିଷାଦର ଜନ୍ମଦାତା। ଯେତେବେଳେ ପ୍ରଣୟିନୀର ଅନ୍ତରରେ ମୁଁ ର ସ୍ଥାନ ଫାଙ୍କା ସେତେବେଳେ ବେଳାଭୂମିର ଶୂନ୍ୟତା ସହିତ ଝାଉଁବଣର ଗୁଣୁଗୁଣୁ ମୋ ଅନ୍ତରର ପ୍ରିୟ କବିତା। ଗଭୀର ଅବସୋସ ଓ ଅତୃପ୍ତିକୁ ଜୀବନ୍ତ ଓ ସିକ୍ତ କରିବା ପାଇଁ ପ୍ରେୟସୀ ଗାଲରେ କଳାଜାଇ ହେବାର ଭାବପ୍ରବଣତାକୁ କବି ସମ୍ବରଣ କରିପାରି ନାହାନ୍ତି। ଗୋଟିଏ ପଟେ ପ୍ରତ୍ୟୟ ଓ ସମ୍ମୋହନ ଅନ୍ୟ ଦିଗରେ ଜ୍ୱଳନ। ଜ୍ୱଳନ ଏଠି ଜ୍ୱାଳାମୁଖୀ ନୁହେଁ ବରଂ ସମ୍ମୋହନର ସୀମା ଅନିର୍ଦ୍ଦିଷ୍ଟ।

ବିଗତ ସଜୀବ ସ୍ମୃତି କବି ଗୌରହରିଙ୍କ ଅଭୁଲା ଅତୀତକୁ ବର୍ତ୍ତମାନର ଉତ୍ତୀର୍ଣ୍ଣ ସାନ୍ଦ୍ର ଚେତନା ସହିତ ଏକାନ୍ତର କରିପକାଇଛି। କଟକୀ ସଞ୍ଜ ଫୁଲର ଟିପଣା ହୋଇ ପ୍ଲାବିତ।

"ଗୋରା ଗାଲେ ତୁମ କଳାଜାଇଟେ ମୁଁ
ଚୋରା ଚିଟାଉର ଚିରା ଠିକଣା
ତୁମେ କିନ୍ତୁ ମୋ କଟକୀ ସଂଜେ
ଟଗର ଫୁଲର ଟିକି ଟିପଣା।"

'ପାଉଁଶର ପାଣ୍ଡୁଲିପି' କେବଳ ଗୋଟିଏ ମୁହୂର୍ତ୍ତ, କିଛି ସପ୍ତାହ, ଅଳ୍ପ କେତେ ବର୍ଷର କାବ୍ୟରୂପ ନୁହେଁ; ବରଂ ଏକ ଶୀର୍ଷ ଦୁର୍ଭାଗ୍ୟର ଅନ୍ତଃସ୍ୱର। ପ୍ରେମରେ ଏକତ୍ୱ ବା ଜଣେ ଅନ୍ୟ ଜଣ ସହିତ ପ୍ରେମର ନିବିଡ଼ ବନ୍ଧନ ନୁହେଁ, ଜୀବନର ବିସ୍ତୀର୍ଣ୍ଣ ଉପକୂଳ ଓ ଆତ୍ମା ମଧ୍ୟରେ ପ୍ରବହମାନ ମହା ସମୁଦ୍ର।

"ଏ ବେଳେ କାହିଁକି ଆସିଲ ପ୍ରବାସୁ ଉଡ଼ି
ଶୁଣେଇଲ କିଆଁ ସକାଳର ଆଶାବରୀ
ଭଙ୍ଗୁର ମୋର ଭୀରୁ ଚେତନାରେ କିଆଁ
ଅୟୁତ କାମନା ଦେଉଅଛ ପୁଣି ଭରି।"

ଚଇତର ମେଲାଣି, କାଳବୈଶାଖୀର ବ୍ୟୂହ, ମଉଳା ଫୁଲ, ଶୀତଳ ଇଚ୍ଛା, ଉଜୁଡ଼ା କ୍ଷେତ ଦଗ୍ଧ ପ୍ରାଣର ଗୋଟିଏ ଗୋଟିଏ ବିଳାପ ହୋଇଥିବା ବେଳେ ଜ୍ୱଳନର ପଶ୍ଚାତ୍‌ରେ କାୟା ସାଥେ ଛାୟା, ତୁମେ ଆଉ ମୁଁ, ଅୟୁତ କାମନାର ପ୍ରତୀକ ସାଜି

ଚିର ଅଭିଳାଷୀ ବଧୂ ଛାତି ଭିତରେ ଚିରକାଳ ଅବସ୍ଥାନ କରିବାର ଦୀର୍ଘ ମୋହ ପ୍ରକାଶ ପାଇଛି । କେନ୍ଦରାର କୋହଭରା କାରୁଣ୍ୟ ମଧ୍ୟରେ ଯୋଗୀର ଧ୍ୟାନଭଗ୍ନ ପାର୍ଥିବ ପ୍ରୀତି, ପ୍ରତ୍ୟେକ ବିରହୀ ପ୍ରାଣର ନୀଳ ନିମନ୍ତ୍ରଣ ।

'ପାଉଁଶର ପାଣ୍ଡୁଲିପି'ରେ ଦୁଇ ସୂକ୍ଷ୍ମ ସଂପଦ ସଯତ୍ନର ସହ ପ୍ରତିପାଦିତ ହୋଇଛି । ପ୍ରଥମ ବିଭାବଟି ପ୍ରକୃତିରୁ ସଂଗୃହୀତ ବିବିଧ ମନ୍ମୟ ଶବ୍ଦାବଳୀ ଓ ଚିତ୍ରବିଶେଷ । ତାହା ବେଳେବେଳେ ଗ୍ରାମ୍ୟ । ଦ୍ୱିତୀୟଟି କଳା ଭାସ୍କର୍ଯ୍ୟରୁ ସଂଗୃହୀତ ଶବ୍ଦସମୂହ । ଜଣେ ଚିନ୍ତାଶୀଳ ଓ ଅନୁଭୂତିସଂପନ୍ନ ବ୍ୟକ୍ତି ଏହାକୁ ଅତି ସହଜରେ ପାଖ ପରିବେଶ ଓ ବିଶ୍ୱ ଐତିହ୍ୟରୁ ଅନୁଭବ କରିପାରିବ, ଯାହା କଳ୍ପନାର ଛାୟାସବୁକୁ ସଞ୍ଚାରିତ କରି ଅନ୍ତତଃ ମୁହୂର୍ତ୍ତକ ପାଇଁ ଅବିଶ୍ୱାସ ସବୁକୁ ଦୂରୀଭୂତ କରି କାବ୍ୟବିଶ୍ୱାସ ସୃଷ୍ଟି କରେ । ଏହା ପରିଚିତ ବସ୍ତୁ ପ୍ରତି ନୂତନ ମୋହ ଜାଗ୍ରତ କରିବା ସହିତ ସାମୂହିକ ଉତ୍ତେଜନା ସୃଷ୍ଟି କରି ଚାରିପାଖର ବିପୁଳ ସୌନ୍ଦର୍ଯ୍ୟ ଓ ବିଚ୍ଛିନ୍ନ ଭାବ ପ୍ରତି ସଚେତନ କରାଇଦିଏ ।

"ଶାଳଭଞ୍ଜିକା ପାଦରୁ ନିଭିଛି
ନୂପୁର ଛନ୍ଦ, ନୃତ୍ୟ ରାସ
ମଥା ମଥାମଣି କଟୀର ମେଖଳା
ଓଠ ଧାରୁ ମୃଦୁ ମଞ୍ଜୁହାସ ।"

ସୌନ୍ଦର୍ଯ୍ୟ ଓ ପ୍ରେମ କବିତାର ଶରୀର ଓ ଆତ୍ମା ସଦୃଶ । ବ୍ୟକ୍ତିଗତ ସୌନ୍ଦର୍ଯ୍ୟ ଦୃଷ୍ଟିରେ ଏହି ପ୍ରେମ ହୀରକ ପରି ଜାଜ୍ୱଲ୍ୟମାନ । ଗୌରହରିଙ୍କ ଶାଳଭଞ୍ଜିକା ଭଞ୍ଜୀୟ କାବ୍ୟନାୟିକା ପରି ଅନୁପମ । ଶିରୀଷ ପୁଷ୍ପର କୋମଳତାକୁ ବହନ କରି ଅକ୍ଷୁଣ୍ଣ ଶିଳ୍ପପ୍ରତିମା ପାଷାଣର ଦୀର୍ଘ ବିଜନତା ଭିତରୁ ପ୍ରଣୟ ଗାଥାର ନିତ୍ୟ ରାସକୁ ଉପଲବ୍ଧି କରିଛି । ଆହତ ଆତ୍ମାର ଅକୁହା ବ୍ୟଥା ସୃଜନପଣରେ ଶିଳ୍ପ ଓ ଶିଳ୍ପୀ ପ୍ରାଣର ରସଘନ କାବ୍ୟ । ବ୍ୟକ୍ତିଗତ ବିଚ୍ଛେଦର ଚିର ଅଭିମାନ - ତମେ ମୋ ସ୍ୱପ୍ନ, ଏକାନ୍ତ ନିଃସହାୟ ଭାବେ ମୁଁ ତୁମ ସାଥୀ ।

ଗୌରହରିଙ୍କ କବିତାରେ ପ୍ରେମ ଏକ ସମ୍ମୋହନ । ଏହାର ସୃଷ୍ଟି ପାଇଁ ପର୍ଯ୍ୟାପ୍ତ ସମୟ, ପ୍ରଶସ୍ତ ପରିବେଶ, ବହୁଳ ସୁଯୋଗର ନଗଣ୍ୟ ଆବଶ୍ୟକତା ରହିଛି । ଗୋଟିଏ ମୁହୂର୍ତ୍ତର ଏକ ବିସ୍ମିତ ଚାହାଣି, ଆକସ୍ମିକ ଘଟଣା ପ୍ରେମ ଭାବନାକୁ ଜନ୍ମ ଦେଇଥାଏ । ଅପବାଦର ମୁକୁଟ ପିନ୍ଧିବାକୁ ପଡ଼େ । କବି ଗୌରହରିଙ୍କର କଳଙ୍କ ଅପବାଦ ପ୍ରତି ମଧ୍ୟ କୌଣସି ଖେଦ ନାହିଁ । ଆଖିର ଚେନାଏ ଚମକ, ଚିରୁଡ଼ାଏ ଚୋରା ଚାହାଣି, ନୂଆ ପ୍ରତ୍ୟୟ, ନୂଆ ପରିଚୟ ତାଙ୍କ ପାଇଁ ପୁଣ୍ୟ । କାବ୍ୟନାୟିକା ଫଗୁଣରେ ଫୁଲମତି, ଶ୍ରାବଣର ଧାରା, ଜୀବନର ଚଉଠେ ଚାହାଣି । ଘଞ୍ଚ ଅରଣ୍ୟାନୀରେ ପଥହୁଡ଼ା ପଥିକ

ପରି ମାର୍ଗଦର୍ଶକ। ଅପବାଦର ଗରଳ ପିଇ ନୀଳକଣ୍ଠର ନିୟତିରେ ଜିଇଁବାର ପ୍ରତିଜ୍ଞାବଦ୍ଧତା।

"ଚଉଠେ ଚାହାଣି ଜୀବନରେ ମୋର
ଦେଇଗଲା ଯେଉଁ ଅର୍ଥ
ମଣୁଚି ତା' ବିନା ସାତ ଜନମ ମୋ
ସତରେ କିଭଳି ବ୍ୟର୍ଥ।"

ଗୌରହରିଙ୍କ ବିଷାଦବୋଧ ଓ ଆଶାବୋଧ ଏକ ସମୟରେ ଉପସ୍ଥିତ ହୁଅନ୍ତି। ବିଷାଦବୋଧରୁ କବିତାର ଆରମ୍ଭ ହୁଏ ଆଶାବୋଧରେ ପୂର୍ଣ୍ଣତା ଲାଭ କରେ। ଯେଉଁ ସମୟରେ ହାଡ଼, ମାଂସ ଧୂଳି ପରି ପାଉଁଶ ହୋଇଯିବାର ଅସହାୟତା ପ୍ରକାଶ ପାଇଛି, ଠିକ୍ ପରକ୍ଷଣରେ ମରଣ ପରେ ବି ସ୍ମୃତିକୁ ପାସୋରି ନ ଥିବା ଆଶା ଉଜ୍ଜୀବିତ ହୋଇଛି।

'ପାଉଁଶର ପାଣ୍ଡୁଲିପି' ନିର୍ଦ୍ଦିଷ୍ଟ ଭାବେ କୌଣସି ଚେତନାର ବାହକ ନୁହେଁ। କେବଳ ପ୍ରେମର ବିଭିନ୍ନ ରାଗ-ବିଚ୍ଛେଦ, ବିରହ, ସ୍ମୃତିଚାରଣ, ଅନୁରାଗ, ଅନୁଶୋଚନା ଆଦି ବିରହୀ ବ୍ୟଥା ଅଭିଜ୍ଞ ବିନ୍ଧାଣୀର କଳ୍ପନାରେ ବାସ୍ତବ ରୂପ ପରିଗ୍ରହଣ କରିଛି। କିନ୍ତୁ ଏହାର ଅର୍ଥ ନୁହେଁ କବି ଜୀବନବାଦୀ ଶିଳ୍ପୀ ନୁହନ୍ତି। ପ୍ରେୟସୀ ପ୍ରତି ନିଭୃତ ଆକର୍ଷଣ ଓ ତତ୍‌ଜନିତ ସ୍ମୃତିଚାରଣ, କେତେକ କ୍ଷେତ୍ରରେ ପ୍ରାପ୍ତିର ଆଶାକୁ କେବଳ ଜୀବନ ପ୍ରତି ଆସକ୍ତ କବି ହିଁ କବିତାର ରୂପ ଦେଇପାରେ।

"ଭୁଲିବନି କେବେ ଭୁଲିପାରିବିନି ତୁମକୁ ସଖୀ
ଯେ ଯାଏଁ ରହିଛି ଆଉ କେଇଦିନ ଆୟୁଷ ବାକି।"

ମୁକ୍ତି ପାଇଁ ବ୍ୟାକୁଳତା କିମ୍ବା ଆଦିଭୌତିକ ଅନ୍ୱେଷା 'ପାଉଁଶର ପାଣ୍ଡୁଲିପି'ର ସ୍ୱର ନୁହେଁ। ମୃତ୍ୟୁ ସଚେତନତା କବି ଗୌରହରିଙ୍କୁ ଆଦୌ ସ୍ପର୍ଶ କରିପାରି ନାହିଁ। ପଳାୟନବାଦୀ କାବ୍ୟପୁରୁଷର ନିଃସ୍ୱତାକୁ କେଉଁଠି ଉପଲବ୍ଧି କରିହେବ ନାହିଁ। କବିଙ୍କ ରୂପତୃଷ୍ଣାର ବିକ୍ଷିପ୍ତ ପଟ୍ଟଭୂମିରୁ ବାହ୍ୟ ଓ ଅନ୍ତଃସୌନ୍ଦର୍ଯ୍ୟକୁ ବିଚ୍ଛିନ୍ନ କରି ବିଚାର କରିବା ସମ୍ଭବ ନୁହେଁ। ବାହ୍ୟ ସୌନ୍ଦର୍ଯ୍ୟ ଅନେକ ବେଳେ ଅନ୍ତଃସୌନ୍ଦର୍ଯ୍ୟ ଓ ଅନ୍ତଃସୌନ୍ଦର୍ଯ୍ୟ ଅନେକ ସମୟରେ ବାହ୍ୟ ସୌନ୍ଦର୍ଯ୍ୟର ଭ୍ରମ ସୃଷ୍ଟି କରେ। ରୂପରୁ ରୂପାତୀତ, ଦେହରୁ ଦେହାତୀତ ପ୍ରଗତି ସେତେବେଳେ ସମ୍ଭବ ହୋଇଛି ଯେତେବେଳେ 'ତୁମେ ମୋ ମଝିରେ ସମୟ ଯେମିତି ନିଦଭୁଲା ନୀଳନଈ', ତାହା ଆହୁରି ଗଭୀର ହୋଇଛି ଯେତେବେଳେ ଖିଆଲ ସବୁ କୋହ ପାଲଟି ଯାଇଛି, 'ମୁଁ ତୁମ ମନର ଅଲୋଡ଼ା ଖିଆଲ ତମେ ମୋର ଶେଷ କୋହ'।

କବି ଗୌରହରି ମୂକ କବିତାର କବି। ଅକୁହା ବେଦନାର ପତ୍ରଥରା

ନିଃସଙ୍ଗତାକୁ ଏକାକାର କରି ଶୂନ୍ୟକୁ ଅବିଶ୍ରାନ୍ତ କହିଚାଲିଥିବା ନିରବ ଭାବୁକ। କାବ୍ୟନାୟିକାର ସମସ୍ତ ଅସହାୟତାରେ କବି ଅତ୍ୟନ୍ତ ବ୍ୟଥିତ ଓ ମର୍ମାହତ।

"ତମେ ଦିଶୁଥିବ ବିକଳ ଗୋଟିଏ
ପଥର ପ୍ରତିମା ପ୍ରାୟେ
ଜାଣି ଜାଣି କିଆଁ ବିପଦକୁ ତୁମେ
ବରିନେଲ ସଖୀ ହାଏ।"

ପ୍ରଣୟର ଅବକାଶରେ ନାୟିକା ଲଭିଥିବା କଷଣ ପ୍ରତି କବି ସମ୍ବେଦନଶୀଳ। ଏହା ମଧ୍ୟ ସ୍ୱାଭାବିକ। ନାୟିକାର ଦୁଃସ୍ଥିତିରେ ନାୟକ ବିବ୍ରତ ହେବା ଏବଂ ବେଦନାର ଅଥଳ ଗଭୀରତାରେ ନିମଗ୍ନ ହେବା ସ୍ୱାଭାବିକ। ସଂପର୍କକୁ କେନ୍ଦ୍ର କରି ପ୍ରିୟତମ ମିତ୍ରମାନଙ୍କର ପରିହାସ, ସମାଜର ରକ୍ଷଣଶୀଳ ଉପହାସରେ ନିରିମାଖିର କଜଳ ନେସିଦେଇ ଲୁହ ହୋଇଗଲେ କବି ପ୍ରାଣର ବ୍ୟାକୁଳତା ନଦୀ ହୋଇ ପ୍ରବାହିତ ହୁଏ। କବି ପାଲଟି ଯାଆନ୍ତି ପ୍ରଣୟ ଗାଥାର ବିମୁଗ୍ଧ ରୂପକାର।

ପ୍ଲାଟୋ ଦାର୍ଶନିକ ଭାବେ ବିଶ୍ୱବନ୍ଦିତ ହୋଇଥିଲେ ମଧ୍ୟ ସେ ମୁଖ୍ୟତଃ କବି। ଗୌରହରି ଦାସ ଗଦ୍ୟଶିଳ୍ପୀ ଭାବେ ପରିଚିତି ଲାଭ କରିଥିଲେ ମଧ୍ୟ ଗଦ୍ୟର ଭୂମିରେ ପ୍ରବାହିତ ହେଉଛି ପଦ୍ୟର ସୁଷମା। କବିଙ୍କ କବିଶକ୍ତି କାବ୍ୟଶକ୍ତି ହୋଇ କ୍ରମଶଃ ବିସ୍ତାରିତ। ପୁଣି ପାଠକ ମନର ପରିଧିକୁ ବିପର୍ଯ୍ୟସ୍ତ ଅବସୋସରେ ପୂର୍ଣ୍ଣ କରିଦେଇ, ପରିଶେଷରେ ପାଠକର ଅନୁଭୂତି ଓ ସ୍ମୃତି ସହିତ ଏକାଗ୍ର ହୋଇ ବାହାର ଜଗତର ସାର୍ବକାଳୀନ ଭାବନା ଓ ସହାନୁଭୂତିକୁ ବହନ କରି ପୁସ୍ତକର ରୂପ ନିଏ ଯାହା ଶାଶ୍ୱତ ଆତ୍ମ ସଂଗୀତର ମୂର୍ଚ୍ଛନା ତୋଳି ମନର ଗଜଲ।

"ଭାବି ବସିଥାଏ ସବୁ କହିଦେବି
ତୁମ ସହ ଦେଖା ହେଲେ
ଯେତେ ଯେତେ କଥା ଲୁଚେଇ ରଖିଛି
ଏଇ ମୋର ଛାତି ତଳେ।"

ଅକୃତ୍ରିମ ଅନ୍ତରର ଅନ୍ତଃପୁରରେ ପ୍ରେମ ଏକ ମଧୁର ସଙ୍ଗୀତ। ବେଳାଭୂମିର ବିସ୍ତୀର୍ଣ୍ଣ ଶଯ୍ୟାରେ କ୍ଷଣିକରେ ଅବଲୁପ୍ତ ହେଉଥିବା ଅଙ୍କାବଙ୍କା ଗାର କବି ଦୃଷ୍ଟିରେ ପ୍ରେମର ପରିଭାଷା ନୁହେଁ। ଢେଉର ଦୁଃସହ ଅନୁସନ୍ଧାନ।

"ତମ ପାଇଁ ଯାହା ବେଳା ଭୂଇଁ ପରେ
ଅଙ୍କା ବଙ୍କା ଗୋଟେ ଗାର
ମୋ ପାଇଁ ଗୋ ତାହା କପାଳ ଲିଖନ

ବିଶ୍ୱାସର ବଡି ଘର।"

ଗୌରହରିଙ୍କ କବିତାରେ ତୁମକୁ ଶୁଣିବା ଗଜଲର ମୃଦୁ ପ୍ରତିଧ୍ୱନି ଠାରୁ ଆହୁରି ରୋମାଞ୍ଚକର। ଅଭିମାନ ପାଟଳ ପୂର୍ବାଷାଢ଼। ନୀଳକଇଁ ଆଖିର ନିଷ୍କପଟ। ସମସ୍ତ ସୀମା ଓ ସମୟକୁ ଟପି ଅତ୍ୟନ୍ତ ବ୍ୟାକୁଳ। ମୋକ୍ଷର ମନାସ, ନିର୍ବାଣର ମୋହ, ସ୍ୱର୍ଗର ସମ୍ମୋହନ ପ୍ରତି ଅନାସକ୍ତ କାବ୍ୟପୁରୁଷ ପ୍ରଣୟିନୀର ଦର୍ଶନାଭିଳାଷୀ।

"କେତେ ଦିନ ହେଲା ଦେଖିନି ଗୋ ସଖୀ
ତୁମ ଆଖି, ତୁମ ମୁହଁ
ନିମିଷେ କେଉଁଠି ହସ ଖେଳୁଥିଲେ
ଆଉ ନିମିଷେକୁ ଲୁହ।"

କବି ଗୌରହରି ନାଇଟିଂଗେଲ ଚଢ଼େଇ ପରି ଚୁପ୍‌ଚାପ୍ ନିଜର ନିର୍ଜନତାକୁ ପାଥେୟ କରି ମଧୁର ସ୍ୱରରେ ଗୀତ ଗାଇଦେଇଛନ୍ତି। ଏକ ଅଦୃଶ୍ୟ ରାଗିଣୀର ସ୍ୱରରେ ପାଠକୀୟ ଅନ୍ତର ଏକାନ୍ତ ଉଚ୍ଚାଟିତ ଓ ଦ୍ରବୀଭୂତ ହେଉଥିବ। ପୃଥିବୀର ସବୁ ମଣିଷ ଜଣେ ଜଣେ ପ୍ରଣୟୀ ଓ ପ୍ରଣୟିନୀର ଭୂମିକା ନିର୍ବାହ କରିଥାଆନ୍ତି। ତେଣୁ 'ପାଉଁଶର ପାଣ୍ଡୁଲିପି' ପାଠକର ଅନୁଭୂତି ସହିତ ଏକାତ୍ମ ହୋଇ ବାହ୍ୟ ଜଗତର ସାର୍ବଜନୀନ ଉପାଦାନ ଓ ଯାହା ସହିତ ଏହା ସହାନୁଭୂତି ସମ୍ପନ୍ନ ତାହାରି ଭିତରକୁ ଅଜାଡ଼ି ହୋଇପଡ଼େ। ଏହାର ଅନ୍ତଃସ୍ୱରରେ ମାଧୁର୍ଯ୍ୟ ଓ ଛନ୍ଦର ପ୍ରାବଲ୍ୟ ରହିଛି। ଏଥିରୁ ଅନୁମେୟ ଗୌରହରିଙ୍କ କବିତାର ଉପାଦାନ ଅନ୍ତର୍ନିହିତ ଓ ଏଥିରେ ଶାଶ୍ୱତ ସଙ୍ଗୀତର ମୂର୍ଚ୍ଛନା ଗୁଞ୍ଜରିତ।

ପ୍ରେମର ପଥ ନିର୍ଜନ ଓ ସଂଶୟ ଶଙ୍କୁଳ। କବିଙ୍କ ପ୍ରେମ ଭାବନାରେ କଣ୍ଟାର ଆଘାତ ଅଛି, ଲହୁଲୁହାଣ ହେବାର ସଙ୍କେତ ଅଛି। ସ୍ୱାଭାବିକ ଭାବେ ମିଳନ ବିଚ୍ଛେଦର ଲୁଚକାଳି ଖେଳ ହେଉଛି ମାନବୀୟ ପ୍ରେମ। ପ୍ରତାରଣାର ଶିକାର ହେବା ମଧ୍ୟ ଆହୁରି ସ୍ୱାଭାବିକ। ବସନ୍ତ ଆସି ଆମ୍ବ ଗଛରେ ଯେଉଁ ସ୍ପନ୍ଦନ ଆଣିଦିଏ ପ୍ରେମ ତାହା ହିଁ ଅପେକ୍ଷା କରେ। କିନ୍ତୁ ଅଦିନ ଝଡ଼ର ଭୀଷଣତା ବେଳେବେଳେ ବଉଳ ପେନ୍ଥାକୁ ବିଦୀର୍ଣ୍ଣ କରିପକାଏ। କବି ପାଲଟି ଯାଆନ୍ତି ନିର୍ଜୀବସମ ପାଷାଣ ପ୍ରତିମା।

"ଫୁଲ ତୋଳି ଆସି କଣ୍ଟାର ଆଘାତେ
ଲହୁଲୁହାଣ ମୁଁ ହେଲି
ଭଲ ପାଇଥିଲି ଜଣକୁ ଜୀବନେ
ସେ ବି ଶେଷେ ଗଲା ଭୁଲି।"

କବି ଗୌରହରିଙ୍କ କବିତାରେ କିପରି, କେବେ, କେଉଁଠାରେ ଆସକ୍ତିର

ଜନ୍ମ ସେ କଥା ଅଜଣା। ଏକଥା ସତ୍ୟ ମୋର ସଂପର୍କ ଅତି ସାଦାସିଧା, ଯେଉଁଥିରେ ସାମାନ୍ୟ ଗର୍ବ କିମ୍ବା ସ୍ୱାର୍ଥ ନାହିଁ।

ଯାନ୍ତବ ଦହନର ସୂକ୍ଷ୍ମାତିସୂକ୍ଷ୍ମ କଣିକା ଗୌରହରିଙ୍କ କବିତାରେ ଅଲଭ୍ୟ। ପ୍ରଣୟିନୀର ଅବର୍ତ୍ତମାନରେ ସମୟ ଖୁବ୍ ଯନ୍ତ୍ରଣାଦାୟକ। ସୀସାର ଦେହ ପରି ନିର୍ଦ୍ଦୟ। କବି ତୋଟାମାଳ, ନଈକୂଳ, ଦେଉଳର ଅଳିନ୍ଦରେ ହଠାତ୍ କାବ୍ୟନାୟିକାର ଦର୍ଶନ ଲଭି ଅବିଶ୍ୱାସ୍ୟ ଚାହାଣିରେ ନିର୍ବାଣ ଲଭିବାକୁ ଆଶା ପ୍ରକାଶ କରିଛନ୍ତି।

"ନଈ ଆରପଟୁ ଆସି ଚଇତାଳି ନେଇ ଯାଆନ୍ତା
କେଶ ବାସ ଉଡ଼େଇ,
ଏଣେ ତେଣେ ଚାହିଁ ତୁମେ ତୁମ ପଣତରେ ମତେ
ଧରନ୍ତ ଗୋ ଜଡ଼େଇ।"

କବି ଗୌରହରିଙ୍କ କବିତାରେ ଜନ୍ମାନ୍ତର ମିଳନର ଅଭିଳାଷ ପ୍ରକାଶ ପାଇଛି। ଏ ଜନ୍ମର ଅପୂର୍ଣ୍ଣ କାମନା, ପରବର୍ତ୍ତୀ ଜନ୍ମରେ ନିଃସନ୍ଦେହ ଭାବେ ପରିପୂର୍ଣ୍ଣ ହେବାର ଅଦମ୍ୟ ଉତ୍ସାହ ଏବେକାର ରୋମାଞ୍ଚିତ ଅନୁଭବ ପରି ଖୁବ୍ ତୀବ୍ର। କିନ୍ତୁ ଦୀର୍ଘ ପ୍ରତୀକ୍ଷା ଓ ମାନସିକ ଉଦ୍‌ବେଳନ କବିଙ୍କୁ ଅନେକ ସମୟରେ ନିରୁତ୍ସାହିତ କରିପକାଇଛି। ତାହା କ୍ଷଣ ସମୟ ପାଇଁ ହେଲେ ବି ନିଃସଙ୍ଗ ଅସହାୟତା କାଳରାତି ପରି ନିର୍ଜନ।

"ଲିଭିଯିବା ଯଦି ଶେଷ ସତ ସଖୀ
ଜଳିବାରେ କି'ବା ଲାଭ ?
ଟିକିଏ ଉଷୁମ ଆଦର ପାଇଁକି
ମନରେ କାହିଁକି ଲୋଭ।"

କବି ଗୌରହରିଙ୍କ କବିତାରେ ପ୍ରେମ ପାଇଁ ପ୍ରତୀକ୍ଷା ଅଛି। ତାହା ଅନନ୍ତ ସମୟ ପାଇଁ। ପଳାୟନପନ୍ଥୀ ଅବବୋଧ କବିତାକୁ ଗ୍ରାସ କରିନାହିଁ। ବରଂ ମନୋଜୀୟ କାବ୍ୟ ଦର୍ଶନ ପରି ପ୍ରତିଶ୍ରୁତି ସବୁ ଏକାନ୍ତ ଗୁପ୍ତ। ଶ୍ୱେତପଦ୍ମର ଶୂନ୍ୟ ଇସାରା ଗୌରହରିଙ୍କ କବିତାରେ ଏକାନ୍ତ ନୀଳାଭ ନିମନ୍ତ୍ରଣ।

ବୟସର ବୟସ ମ୍ଳାନ ହେଉଥିବା ବେଳେ କବି ଗୌରହରିଙ୍କ ଯାତନାର ଚିହ୍ନ ଧୀରେ ଧୀରେ ଗାଢ଼ ନୀଳରେ ପରିଣତ ହୋଇଛି। ମନର ନୀଳ ଇଲାକାରେ କବି ସାଜିଛନ୍ତି ପ୍ରଣୟର ନିତ୍ୟବୃନ୍ଦାବନ।

"ରାତି ଯାଉଥାଏ ସରି
ଲୁହ ଢାଳେ ମୁହିଁ ନୀଳ ନିରିଜନେ ପୁନେଇଁକୁ ଝୁରି ଝୁରି।"

'ପାଉଁଶର ପାଣ୍ଡୁଲିପି' ଏକଲାପଣର କବିତା। କବି ଗୌରହରି ପୁଣି ନାୟିକାର

ନୀଳ ନେତ୍ରରେ ଦେଖିଛନ୍ତି ଜହ୍ନର ରୋଶଣି। କେବେ କେବେ ତାରାର ଲୁଚକାଳି। ସେହି ଆଖିର ଶକ୍ତି ଭଙ୍ଗା ସ୍ୱପ୍ନର ଦୁଃଖକୁ ଆହତ କରି ନୂଆ ପରିଚୟ ଯୋଡ଼ିଦିଏ। ଧାରା ଶ୍ରାବଣ ପରି ସିକ୍ତ କରେ ମନ ଓ ଅନ୍ତରର ଅଭ୍ୟନ୍ତରକୁ।

"ସେ ଆଖି ନିଭେଇ ଦିଏ
ଭଙ୍ଗା ସପନର ଦୁଃଖ
ଯୋଡ଼ିଦିଏ ନୂଆ ପରିଚୟ।"

'ପାଉଁଶର ପାଣ୍ଡୁଲିପି'ରେ କାବ୍ୟନାୟକ ନାୟିକାର ସ୍ନେହ ଚନ୍ଦନକୁ ଦେହସାରା ବୋଳି ହୋଇ ଭାଗ୍ୟଲିପିକୁ ବଦଳାଇ ଦେବାକୁ ଚାହାନ୍ତି। ଆଖିର ପ୍ରଭାରେ ଜୀବନର ଲାସ୍ୟକୁ ପରଖିବାକୁ ଚେଷ୍ଟା କରିଛନ୍ତି। କବି ପ୍ରେମର ପାପୁଲି, ସ୍ନେହର ଚନ୍ଦନ, ପ୍ରଣୟର ମହାଭାଷ, ସପନର ଶିଳାଲିପି ଭଳି ପ୍ରତୀକାତ୍ମକ ରମ୍ୟ ଶବ୍ଦାବଳୀର ପ୍ରୟୋଗ କରି ଯାଦୁକରୀ ପରିବେଶ ସୃଷ୍ଟି କରିବା ସହିତ ନାୟିକାର ସାନ୍ନିଧ ଲଭି ଜୀବନର ପ୍ରତିଟି ମୁହୂର୍ତ୍ତକୁ ସତେଜତାରେ ଭରିଦେବା ପାଇଁ ଦିବ୍ୟ କଳ୍ପନା କରିଛନ୍ତି।

"ତୁମରି ପ୍ରେମର ପାପୁଲିରେ ମୋତେ
ରଙ୍ଗେଇ ଦିଅ ସଖୀ
ଚୋରାଚଇତିରୁ ଚେନାଏ ଦିଅ ଗୋ
ଚେତନାରେ ମୋର ମାଖି।"

ପ୍ରତ୍ୟେକ ପ୍ରେମ କବିତା ସଂଶୟାଚ୍ଛନ୍ନ। କବିଗଣ ଅନ୍ତରର ଉଚ୍ଛ୍ୱାସକୁ ସଂପୂର୍ଣ୍ଣ ଅନାବୃତ୍ତ ନ କରି ସାମାନ୍ୟ ରହସ୍ୟମୟ କରିଦେଇଥାଆନ୍ତି। ପାଠକ ହୁଏତ ଏହାକୁ ବିସ୍ତାରିତ କିମ୍ବା କ୍ଷୁଦ୍ର କରି ବିଚାର କରିଥାଏ। ଏହାର କାରଣ ହୋଇପାରେ ପ୍ରେମ ଉଦ୍‌ଭ୍ରାନ୍ତ ପବନ ପରି, ତାକୁ ଚର୍ମ ଚକ୍ଷୁରେ ଦର୍ଶନ କରିହୁଏ ନାହିଁ। କେବଳ ଅନୁଭବ କରିହୁଏ। 'ପାଉଁଶର ପାଣ୍ଡୁଲିପି'ରେ ପ୍ରେମ ଅବିରତ କିନ୍ତୁ ସଂଶୟପୂର୍ଣ୍ଣ। କବି ପ୍ରତ୍ୟକ୍ଷ ପ୍ରେମ ସହିତ ବିଜଡ଼ିତ କିମ୍ବା କବିତ୍ୱର ଚିତ୍ତବୃତ୍ତିରେ ରୋମାଣ୍ଟିକ୍, ତାହା ନିର୍ଣ୍ଣୟ କରିବା ଅସମ୍ଭବ। କବିତା ୨୦ରେ ପ୍ରେମର ପରିଭାଷା ଆବେଗ ଓ ଅନୁରାଗର ମିଶ୍ରିତ ସ୍ୱର। 'ତମ ପାପୁଲିର ବକ୍ର ରେଖାରେ/ ଲେଖା ମୋର ଭାଗ୍ୟଲିପି' କୁହାଯାଇଥିବା ବେଳେ କବିତା ୨୧ ବେଳକୁ ସଂଶୟାଚ୍ଛନ୍ନ 'ଜାଣିଛି ଜୀବନେ ତୁମରି ପ୍ରଣୟ/ ଜମି ନୁହେଁ ଚୋରାବାଲି'। ପୁଣି କବିତା ୨୨ବେଳକୁ ତୁମେ ଆସିବ ବୋଲି ପ୍ରସ୍ତୁତି ଖୁବ୍ ବର୍ଣ୍ଣାଢ୍ୟ 'ନଦୀ ବସେଇଛି ଶୁଭ କଳସ ଗୋ ତୁମରି ଆସିବା ପଥେ/ ପାଦ ଧୋଇଦେବ ଝରଣା ତୁମର ସରାଗେ ନିଜର ହାତେ'। କିନ୍ତୁ

କବିତା ୨୩ ବେଳକୁ ବିଷଣ୍ଣତା ସଂପୂର୍ଣ୍ଣ ଗ୍ରାସ କରିସାରିଛି 'ଚନ୍ଦ୍ରମା ସାଥେ ଆସିଥିଲା ସଖୀ ତାରାମାନେ ଗଲ ଫେରି/ ଝରା ଶେଫାଳିର ଶୋକ ଦିବସରେ ସ୍ମୃତି ତମେ ଦେଲ ଭରି'।

କବି ଗୌରହରିଙ୍କ 'ପାଉଁଶର ପାଣ୍ଡୁଲିପି' ଜୀବନାନନ୍ଦଙ୍କ ଅନୁସନ୍ଧାନ ପରି ହଜାରେ ବର୍ଷର ଅନ୍ୱେଷଣ। 'ହାଜାର ବର୍ଷେର୍ ଧରେ ଆମି ପଥ୍ ହାଣ୍ଟିତେଛି ପୃଥିବୀର୍ ପଥେ/ ସିଂଘଲ ସମୁଦ୍ର ଥେକେ/ ନିଶିଥେର ଅନ୍ଧକାରେ/ ମାଲୟ ସାଗରେ'।

ମଲ୍ଲିକାର ବାସ୍ନା ପରି ଗୌରହରିଙ୍କ କବିତାର ସୌରଭ ଆତ୍ମାକୁ ଆଚ୍ଛନ୍ନ କରି ରଖେ। ପ୍ରେମ ଚିରାୟତ ହେଲେ 'ପାଉଁଶର ପାଣ୍ଡୁଲିପି' ଜୀବନର ସାର୍ବକାଳୀକ ଆଲୋଡ଼ନ। ଯାହା ସଂଯୋଗ କରେ, ଜୀବନ୍ତ କରେ ଓ ଜୀବନକୁ ପ୍ରେରିତ କରେ। ଯାହାକୁ ବାହ୍ୟ କର୍ଣ୍ଣରେ ଶୁଣିହେବ ନାହିଁ। ପ୍ରେମ ଓ ଆଶା ଦୁଇଟି ସୁବର୍ଣ୍ଣ ଡେଣା ହୋଇ ପୁନର୍ଜନ୍ମ ପାଇଁ ପ୍ରତିଜ୍ଞା କରେ। 'ରୁବାୟତ' ହେଉ କିମ୍ବା 'ଶ୍ରୀରାଧା' ପରି ଅନନ୍ତ ପ୍ରେମର ଅନ୍ୟତମ ଅମର ଗାଥା ହେଉଛି 'ପାଉଁଶର ପାଣ୍ଡୁଲିପି'। ପ୍ରେମର ରଙ୍ଗ ପାତ୍ରରେ ସ୍ମୃତି ଓ ପ୍ରତିଶ୍ରୁତିର ବିବିଧ ରଙ୍ଗକୁ ମିଶାଇ କବିଙ୍କ ବିଚିତ୍ରବର୍ଣ୍ଣା କାବ୍ୟକୃତୀ କ୍ଳାନ୍ତହୀନ ଅଦୃଶ୍ୟ ପବନର ସ୍ୱର ପରି ଅବ୍ୟକ୍ତ ଅନ୍ତହୀନ।

'ପାଉଁଶର ପାଣ୍ଡୁଲିପି'କୁ ଏକ ସାଂକେତିକ ନାମକରଣ କୁହାଯାଇପାରିବ ନାହିଁ; ବରଂ ଦର୍ଶନ ସୁଲଭ ବିଷୟ ନିର୍ବାଚନ କୁହାଯାଇପରେ।

କବି ଗୌରହରିଙ୍କ 'ପାଉଁଶର ପାଣ୍ଡୁଲିପି'ରେ ପାଉଁଶ, ବିରହ, ଅପେକ୍ଷା, ନବଜନ୍ମ, ସମଧର୍ମୀ। ଜଳିବା ଓ ଜଳି ଜଳି ଜିଇଁବା ଭିତରେ ଲିପିବଦ୍ଧ ହୁଏ ପାଣ୍ଡୁଲିପି। ଆଦିଭୌତିକ ଅନ୍ୱେଷା ଠାରୁ ଦୂର ଏବଂ ଜୟନ୍ତ ମହାପାତ୍ରଙ୍କ ଚଳମାନ ଜୀବନସ୍ରୋତରେ ପ୍ରବାହିତ ପ୍ରାଣପୂର୍ଣ୍ଣ ପ୍ରତିଶ୍ରୁତି ଓ କବି ମାନସିଂହଙ୍କ ଉଚ୍ଛ୍ୱାସର ଆଶାବରୀର ସାମଗ୍ରିକ ଫଳଶ୍ରୁତି 'ପାଉଁଶର ପାଣ୍ଡୁଲିପି'।

ପୋଡ଼ା ମନର ବିଷଣ୍ଣତାକୁ ବେଳେବେଳେ ଚଇତି ସଞ୍ଜ ଘୋଡ଼େଇ ଦେଇ ଅନ୍ୟମନସ୍କ କରିଦେବାର ବହୁ ନଜିର ରହିଛି। ସଖୀ ଠାରୁ ଅପହଞ୍ଚ ଦୂରତାକୁ ଚିରକାଳ ପାଇଁ ବରଣୀୟ ମନେକରୁଥିବା କବି ହଠାତ୍ ପହଞ୍ଚିଯିବାର ପ୍ରତ୍ୟାଶାରେ ଭାବପ୍ରବଣ ହୋଇଉଠିଛନ୍ତି-

"ସୁଦୂରର ସାଥୀ ମୋର
ରୁହ ତୁମେ ଦୂରେ ଦୂରେ
ଚିର କାଳ ଅପହଞ୍ଚ ହୋଇ
ଦିନେ କିନ୍ତୁ ପହଞ୍ଚିବି

ତମ ନିଦ ନଅରରେ

ଛୋଟ ଗୋଟେ ମିଠା ସ୍ୱପ୍ନ ହୋଇ।"

ମଲାମନର ପାଉଁଶ ସ୍ତୂପ ଭିତରୁ ହାଡ଼ ସବୁ ମୁକ୍ତା ପାଲଟି ଯିବାର ଉପଲବ୍ଧି କବି ଗୌରହରିଙ୍କ କାବ୍ୟମାନସକୁ ରୋମାଞ୍ଚିତ କରିଥିବା ବେଳେ 'ପାଉଁଶର ପାଣ୍ଡୁଲିପି' ସଞ୍ଚିତ ମିଶ୍ର ରାଗର ଆଧାର। ବିବିଧ କାରଣ ମଣିଷର ଜୀବନାନୁଭୂତିକୁ ପାଉଁଶ ସମ ନିର୍ଜୀବ କରିଥାଏ। ତାର ପୁଣି ଦୁଇଟି ସ୍ୱରୂପ ରହିଛି। କେତେବେଳେ ତା ବିଭୂତି, ଅନ୍ୟ ଅବସ୍ଥାରେ ତାର ପରିଚୟ ଭସ୍ମ। ବିଭୂତି ହେଉଛି ପ୍ରଲେପ। ଗଭୀର ବିଶ୍ୱାସ ଓ ରୋମାଞ୍ଚିତ ଅନୁଭବ। 'ପାଉଁଶର ପାଣ୍ଡୁଲିପି' ବିଭୂତିର କୁହୁକ ମନ୍ତ୍ର। ଏହି କୁହୁକ ପରିବ୍ୟାପ୍ତ ବ୍ୟାପକ। ତାର କାଉଁରୀ ସ୍ପର୍ଶ ଜଡ଼କୁ କରେ ଜୀବନ୍ତ, ନିଶ୍ଚଳକୁ କରିଥାଏ ଚଳଚଞ୍ଚଳ, ରୁକ୍ଷକୁ କରେ ପ୍ରସନ୍ନ। ଏହି ବିଭୂତିର ସ୍ଥାନ ଅନ୍ତରର ନିଷିଦ୍ଧ ପ୍ରଦେଶରେ। ମନପବନର ଘୋଡ଼ା ଚଢ଼ି ପ୍ରକାଶିତ ହୁଏ କେଉଁ ଏକ ଅବିସ୍ମରଣୀୟ ମୁହୂର୍ତ୍ତରେ ଗଢ଼ି ଉଠିଥିବା ସଂପର୍କର ହେତୁ ସନ୍ଧାନ କରିବାକୁ। ପ୍ରେମ ଏକ ଅନିର୍ବଚନୀୟ ପ୍ରିୟତମ ସତ୍ୟ। ସଚରାଚର ପ୍ରାଣୀ ସକଳ ଉଭୟ ପଶୁ କିମ୍ବା ମନୁଷ୍ୟ ପ୍ରତ୍ୟେକଙ୍କ ଅନ୍ତରରେ ପ୍ରେମର ବିଭୂତି ଅତି ସଂଗୁପ୍ତ ଅଥଚ ଦୁର୍ଲ୍ଲଭ ଦ୍ୟୁତିରେ କ୍ରିୟାଶୀଳ।

କବି ଗୌରହରି 'ପ୍ରେମ ପୂର୍ବାଭାଷ'ରେ ସ୍ୱୀକାରୋକ୍ତି ପ୍ରକାଶ କରିଛନ୍ତି- "ପ୍ରେମ ପାଇଁ ନିଜ ଜୀବନକୁ ଜାଳି ପୋଡ଼ି ପାଉଁଶ କରିଦେବାର ଲକ୍ଷ ଲକ୍ଷ ନଜିର ରହିଛି ଇତିହାସରେ। ପ୍ରେମ ମୂକକୁ ବାଚାଳ କରିଦିଏ। ପଙ୍ଗୁକୁ ଦିଏ ଗିରି ଲଙ୍ଘିବାର କ୍ଷମତା, ମୁହୂର୍ତ୍ତକୁ କରିଦିଏ ମନ୍ୱନ୍ତର। ଅର୍ଥହୀନ ଜୀବନକୁ ଅର୍ଥପୂର୍ଣ୍ଣ କରିଦିଏ ଏବଂ ଜୀବନକୁ ଦିଏ ନୂଆ ଅର୍ଥ।

'ପାଉଁଶର ପାଣ୍ଡୁଲିପି' ଜ୍ୱଳନର ଅନ୍ତିମ ବିଷଣ୍ଣତା ନୁହେଁ। ସରୀସୃପ ଇଚ୍ଛାମାନଙ୍କୁ ପରାଜିତ କରି ପ୍ରତିନିୟତ ଅନ୍ୱେଷଣରତ ସର୍ବୋତ୍ତମ ଜୀବନର ପାଣ୍ଡୁଲିପି। ରାଜଚକ୍ରବର୍ତ୍ତୀଙ୍କ ମସ୍ତକର ଶୀର୍ଷରେ ଛତ୍ର ଶୋଭାପ୍ରାପ୍ତ ହେବାପରି ଗୋଟିଏ ସୁନ୍ଦର ଓ ସୌଭାଗ୍ୟପୂର୍ଣ୍ଣ ଜୀବନର ସ୍ୱୀକାରୋକ୍ତି ଓ ପ୍ରତିଜ୍ଞାବଦ୍ଧ ଅଭୟ ପ୍ରତ୍ୟାଶାର ନିକଟବର୍ତ୍ତୀ ହେବା। 'ପାଉଁଶର ପାଣ୍ଡୁଲିପି' ଶୀର୍ଷକ ନିର୍ଝର ପରି ନିରନ୍ତର, ନଦୀ ପରି ସଜଳ, ସମୁଦ୍ର ପରି ଉତ୍ତାଳ।

'ପାଉଁଶର ପାଣ୍ଡୁଲିପି' କବିତାଗୁଚ୍ଛର ମୁଖବନ୍ଧ 'ଅଙ୍କ ଗୀତର ଗଳ୍ପ: ଚଉଠେ ଚିତ୍ରକଳ୍ପ' ମୁଦ୍ରିତ କବିତା ଭଳି ସୁପାଠ୍ୟ ଓ ଖୁବ୍ କାବ୍ୟିକ। କବି ଗିରିଜା କୁମାର ବଳିୟାରସିଂହଙ୍କ ଉତ୍ତମ ଶବ୍ଦ ସଂଯୋଜନା ଓ ଲାଳିତ୍ୟପୂର୍ଣ୍ଣ ଉପସ୍ଥାପନା ଅନନ୍ୟ।

ଗୌରହରିଙ୍କ କବିତାର ଧାରାରେ ଅତୀତର ଅନୁରାଗ, ବର୍ତ୍ତମାନର

ଅସଂଖ୍ୟ ଅବସୋସ ଓ ଭବିଷ୍ୟତ ପାଇଁ ଅଭିଳାଷ, ନିଃସଙ୍ଗ ପତ୍ରର ମର୍ମର ପରି ଏକାନ୍ତ ନିଜସ୍ୱ ବଳୟରେ ଘୂର୍ଣ୍ଣାୟମାନ। ଅବଶ୍ୟ କବି ଚେତନାରେ ନିଃସଙ୍ଗତା ପ୍ରଶ୍ନ ଉଠିଲେ, ନିଜକୁ ନିଃଶେଷ କରିଦେବା ନୁହେଁ, ଅବସୋସ କହିଲେ ଅସନ୍ତୋଷ ନୁହେଁ। ଦିବ୍ୟ ଚେତନାର ଆବର୍ତ୍ତନ। ମଳୟର ଅଳସ, ପୁଷ୍ପର ପ୍ରଶ୍ୱାସକୁ ଅନୁସନ୍ଧାନ କରି କରି, ସେହି ଅପାର୍ଥିବ ଚନ୍ଦ୍ରବିନ୍ଦୁରେ ନିଜକୁ ଅନ୍ତର୍ହିତ କରିଦେବା। ଲଳିତ ବାକ୍ୟବିନ୍ୟାସ, ଚଳଚଞ୍ଚଳ ଶବ୍ଦ ଗୁଞ୍ଜନ, ଲଳିତ ଭାବର ଅଧୀନରେ 'ପାଉଁଶର ପାଣ୍ଡୁଲିପି'ର ସ୍ୱର ଅବ୍ୟାହତ। ସାନ୍ଦ୍ରଭାବ ସ୍ଥଳବିଶେଷରେ ଦୁର୍ବଳ ମନେହେବା ଓ ଭାବ ପ୍ରସାରଣ କାଳରେ ଖଣ୍ଡିତ ଭାବର ସାହାରା ନେବା ଲକ୍ଷ୍ୟ କରିହେବ ନାହିଁ। କବି ଶ୍ରୀ ସିଂହ ମୁଖବନ୍ଧରେ ଉଲ୍ଲେଖ କରିଛନ୍ତି- "ଗାର୍ଲଫ୍ରେଣ୍ଡର ଗ୍ୟାଲପ୍ ଚାଲିରୁ ମୁକୁଳାଇ ଆଜି ଓଡ଼ିଆ କବିତାକୁ ତୁମେ ଆଉଥରେ ମୁହାଁଇ ନେଇଛ ବନ ହରିଣୀର ମୁଲାୟମ ଛନ୍ଦବନ୍ଧନ ଆଡ଼େ। ଏଥିପାଇଁ ଦ୍ରୁତ ଦୀର୍ଘଶ୍ୱାସ ପରି ତମ ନିଭୃତ ପ୍ରେମର ସ୍ୱର ସଚଞ୍ଚଳ, ଶବ୍ଦ ସାବଲୀଳ। ତାଳ କେଉଁଠାରେ ଉତ୍ତାଳ ତ ଲୟ ତନ୍ମୟ। ଛଳ ଛଳ ଛନ୍ଦରେ ଢଳ ଢଳ ପଦର ପଦ୍ମରାଗ - ତମର ଏ ଅନୁସରିତ ଅନୁରାଗ।"

'ପାଉଁଶର ପାଣ୍ଡୁଲିପି' ମୋଟ ପଚିଶଟି କବିତାର ସଂକଳନ। ଏ ସବୁଥିରେ ଗୌରହରିଙ୍କ ଅନ୍ୟମନସ୍କତା ଓ ଅପେକ୍ଷା ଆଶାର ଉଜାଣି ଯମୁନା। ଅପେକ୍ଷାର ଅନ୍ତ ନାହିଁ। ନିଶ୍ଚୟ ଦେଖା ହେବ ଅଲୌକିକ ଅନ୍ତଃପୁରେ।

"ଦେଖା ହେବ ତୁମ ସାଥେ
ବିତୁ ବରଂ ବହୁ ବର୍ଷ
ଶତାବ୍ଦ ବା ସହସ୍ରାବ୍ଦ ସରୁ
ଏ ପୃଥିବୀଠୁଁ, ବହୁ ଦୂରେ
ଅଲୌକିକ ଅନ୍ତଃପୁରେ
ଚାହିଁଥିବ ପଣତ ଫାଙ୍କରୁ।"

ଅପେକ୍ଷାରୁ ଅନ୍ୱେଷଣ, ଅନ୍ୱେଷଣରୁ ଆତ୍ମବିମୋହନ-ସ୍ମୃତିଚାରଣ। ଅପେକ୍ଷା ଶ୍ରେଷ୍ଠ ଓ ଚରମ ଦୁଃଖର କାରଣ। ଏହି ଦୁଃଖ ପଞ୍ଜୁରା ତଳେ ଟ୍ୟୁଲିପ୍ ପରି ସବୁଜ ବିପ୍ଳବ ସୃଷ୍ଟି କରିବାକୁ ଅପେକ୍ଷାରତ ଏକ ଅନ୍ୱେଷା।

ମୃତ ସ୍ୱରର ବିଳାପ ଭିତରେ ଡେଣାର ଫଡ଼ ଫଡ଼ ଶବ୍ଦ, ଗୌରହରିଙ୍କ କବିତାରେ ଅପେକ୍ଷାରୁ କଟକୀ ସଞ୍ଜ।

"ଗୋରା ଗାଲେ ତୁମ କଳାଜାଇଟେ ମୁଁ

ଚୋରା ଚିଟାଉର ଚିରା ଠିକଣା।
ତୁମେ କିନ୍ତୁ ମୋ କଟକୀ ସଂଜେ
ଟଗର ଫୁଲର ଟିକି ଟିପଣା।"

'ପାଉଁଶର ପାଣ୍ଡୁଲିପି'ରେ ତିନି, ଚାରି, ପାଞ୍ଚ, ଛଅ କବିତା The Quest of Loveର ଚିତ୍ର ଉପଚାର। ଏହି quest ଅଜଣା ଚଢ଼େଇ, ପ୍ରେମର କୋଣାର୍କ, ଶାଳଭଞ୍ଜିକାର ସାୟରୀକୁ ଅନ୍ୱେଷଣ। ସାତ, ଆଠ, ନଅ ଦୁର୍ନିବାର ଇଚ୍ଛା, ଅଦୃଶ୍ୟ ମିଳନର ପରିପୂର୍ଣ୍ଣ ପରାଗ। ହଠାତ୍ ଋତୁଚକ୍ର ପରିବର୍ତ୍ତିତ ହୋଇଯିବାର ଆଭାସ ମିଳିଯାଏ। ଗାଲିବ୍‌ଙ୍କ ଗଜଲର ମୃଦୁ ମୃଦୁ ଲହର ବ୍ୟାପିଯାଏ ଜନପଦ-ନଦୀ-ସମୁଦ୍ର-ବୃକ୍ଷଲତା-ମନର ଉପବନକୁ। ତାନ୍‌ସେନୀୟ ମହ୍ଲାରର ଠୁମ୍‌କା ଭରିଯାଏ କିୟତ୍ କାଳ ପାଇଁ।

"ତମେ ବନ୍ୟାର କନ୍ୟାକୁମାରୀ
ଝଡ଼ର ଝୁମୁରୀ ଝର୍ଣ୍ଣା
ତୁମେ ପ୍ରଣୟର ପ୍ରଥମ ପୁଲକ
ଅଭିସାରିଣୀ ଗୋ ଅର୍ଣ୍ଣା।

ଦଶ, ଏଗାର କବିତାରେ ପ୍ରେମ ଭାବନା ନିତ୍ୟନୂତନ। ପାହାନ୍ତି କୁଆଁତାରା ପରି ନିତି ବୁଡ଼େ ନିତି ଉଠେ। ଶେଷ ହସରେଖା ସାଜିଥିବା କବି ଲୁହକୁ ଆଦରି ନେଇ ଦିବ୍ୟ ଅସନ୍ତୋଷର ଅଜ୍ଞାତ ଅଭିସାରରେ ଅଧୀର।

"ତମେ ମୋ ଆଖିର
ନାଲ କୁଜ୍‌ଝଟୀ
ସକାଳର ମିଠା ଖରା
ଯୋଗୀ କେନ୍ଦରା
କୃପଣ କଉଡ଼ି
ପାହାନ୍ତିଆ କୁଆଁତାରା।"

'ପାଉଁଶର ପାଣ୍ଡୁଲିପି'ର ବାର, ତେରତମ କବିତା ଚାରିପଟର ଶୂନ୍ୟତା ଓ କୁହୁଡ଼ିର ଘନତା ମଧ୍ୟରେ ଶ୍ରଦ୍ଧାର ଶାଳଗ୍ରାମ। ବିଶ୍ୱାସର ବତିଘର ସଦୃଶ ବିଦ୍ୟମାନ। ଯାହା ଏକାନ୍ତ ଗୁପ୍ତରେ ଶାମୁକା ମଧ୍ୟରେ ସାଇତା। Ukrainର ଚିତ୍ରଶିଳ୍ପୀ Alla Maluvallaଙ୍କ 'Amour' ବା ଗୁପ୍ତ ସଂପର୍କର ଚିତ୍ର ତନୁଜ ମଲ୍ଲିକଙ୍କ ପେନ୍‌ସିଲ୍‌ରେ ଏକ ବିଶେଷ ଆର୍ଟ ଫର୍ମରେ ପରିଣତ ହୋଇଛି। 'ପାଉଁଶର ପାଣ୍ଡୁଲିପି' ତାର ଶବ୍ଦ ଉଚ୍ଚାରଣ।

"ଜାଣିନି କାହିଁକି ତୁମକୁ ଦେଖିଲେ
ପାଲଟି ଯାଏ ମୁଁ ମୂକ
ତୁମେ ଗଲା ପରେ ତୁମ କଥା ଝୁରି
ହୁଏ ଖାଲି ବାବଦୂକ।"

ଚଉଦ ଏବଂ ପନ୍ଦର କବିତା ସ୍ମୃତିର ସୂର୍ଯ୍ୟମୁଖୀ। ନିର୍ବିକାର ମୋହ, ମୋକ୍ଷର ସ୍ୱର୍ଗ କାମନା ଠାରୁ ବହୁଦୂରରେ କାବ୍ୟପୁରୁଷ Memories ଚିତ୍ର ଶୃଙ୍ଖଳରେ ଉକ୍ତ ଦୁଇ କବିତାକୁ କେନ୍ଦ୍ର କରି ଅଙ୍କିତ ହୋଇଛି। ସ୍ମୃତିକୁ ରୋମନ୍ଥନ କରୁଥିବା କବ୍ୟନାୟକର ଏହା ସତେଜ ବେଦନାଗୀତି।

"ଉଦାସ ଉଆଁସ ମନ କୋଠରିରେ
ଆଶା ଦୀପ ଜାଳିଦିଅ
କେତେ ଦିନ ହେଲା ଦେଖିନି ଗୋ ସଖୀ
ତୁମ ଆଖି ତୁମ ମୁହଁ।"

ଷୋହଳ ଓ ସତର କବିତା ଦ୍ୱୟରେ କବି ହାରିଯିବା ଓ ପରାଜୟ ଅନୁଭବର ଉର୍ଦ୍ଧ୍ୱକୁ ଉଠି ପାଖାପାଖି ଗୁଣୁଗୁଣୁ ହେବାର, ଡେଣାଝାଡ଼ି ବାଟ କଢ଼େଇ ନେବା ଉଚ୍ଛ୍ୱାସରେ ଉଦ୍‌ବିଗ୍ନ। I am with you ଭାବକୁ ଆଧାର କରି Kazakhstan ଚିତ୍ରଶିଳ୍ପୀ Yelena Ralinaଙ୍କ ପରିକଳ୍ପନା ଅନୁରୂପ ଚିତ୍ରଶିଳ୍ପୀ ତନୁଜ ମଲ୍ଲିକଙ୍କ ସାର୍ଥକ ଅବଦାନ। କବି ଗୌରହରିଙ୍କ ଆବେଗ-ଚିତ୍ର ପରି ସଚିତ୍ର।

"ନଈ ଆରପଟୁ ଆସି ଚଇତାଳି ନେଇଯାନ୍ତା
କେଶ ବାସ ଉଡ଼େଇ,
ଏଣେ ତେଣେ ଚାହିଁ ତୁମେ ତୁମ ପଣତରେ ମତେ
ଧରନ୍ତ ଗୋ ଜଡ଼େଇ।"

ଅଠର ଓ ଉଣେଇଶିତମ କବିତା ପାଇଁ I am waitingର ଭାବାଦର୍ଶକୁ ବହନ କରି ଚିତ୍ରଟି ସଂଯୋଜିତ। ଅଲୋଡ଼ା ଅତିଥି ସବୁ ଯାତନାକୁ ଅତିକ୍ରମି ନୂଆ ଅଧ୍ୟାୟ ଗଢ଼ିବାର କାମନାରେ ଚଳଚଞ୍ଚଳ।

"ମରଣୁ ଫେରେଇ ଆଣେ ଡାକି
ମମତାଠୁ ମିଠା ସେଇ ହୃଦୟଠୁ ଅନ୍ତରଙ୍ଗ
ନିଶ୍ୱାସଠୁଁ ବିଶ୍ୱାସୀ ଗୋ ସଖୀ।"

କୋଡ଼ିଏ ଓ ଏକୋଇଶି କବିତା ଦୁଇଟି ପ୍ରଣୟର ମହାଭାଷ୍ୟ। ଗଛ, ଡାଳ, ଫୁଲ, ପତ୍ରରେ ପ୍ରଣୟିନୀର ମୁଖର ପ୍ରତିବିମ୍ବ ଫୁଟିଉଠେ। ସର୍ବତ୍ର ବିଦ୍ୟମାନ ଇଚ୍ଛାମତୀର

ଛାୟା। ପ୍ରଣୟର ଚୋରାବାଲିକୁ ଭେଦୀ ମମତ୍ୱବୋଧରେ ଅବଗାହନ କରିବାକୁ କବି ଉଦ୍ୟତ। ତନୁଜ ମଲ୍ଲିକଙ୍କ Love ever after ବା ଚିରାୟତ ପ୍ରେମର ଗାଥା ଅତି ନିବିଡ଼ ଭାବେ ଚିତ୍ରିତ।

"ପାଣିକୁ ଚାହିଁଲେ ଦିଶେ ତୁମ ଛାଇ
ଆଲୁଅରେ ତୁମ ଛାୟା
ତୁମେ ପୂରିଅଛ ଭିତରେ ବାହାରେ
ସବୁଠି ଯେ ତମ ମାୟା।"

ବାଇଶି ଓ ତେଇଶି କବିତାରେ Love ever after ପରକ୍ଷଣରେ ପରସ୍ପରାନୁବର୍ତ୍ତୀ ହେବାର ଆକାଂକ୍ଷା ଅଧିକ ଶକ୍ତିଶାଳୀ ହୋଇଛି। ଯୋଜନଗନ୍ଧାର ରଜନୀଗନ୍ଧା ସୁବାସରେ ବିମୋହିତ କବି ପ୍ରାଣ।

"ଶିଶିର ଶିଶିରେ ଭରି ଆଣିଅଛି ଅତର ଯୋଜନଗନ୍ଧା
ଚନ୍ଦନ ଟିପା ନାଇଦେବ ତାକୁ କପାଳେ ରଜନୀଗନ୍ଧା
ପଥଶ୍ରମ ନେବ ହରି
ସଞ୍ଜ ପ୍ରହରରୁ ମଳୟ ଆସିଛି କୁହୁକ ଚାମର ଧରି।"

ଚବିଶି ଓ ପଚିଶି କବିତା ପୁସ୍ତକର ଶେଷତମ କବିତା। ଅନନ୍ତ ପ୍ରେମର ଦିବ୍ୟତା ପ୍ରତି ସହୃଦୟତା ପ୍ରକାଶ କରି ଲକ୍ଷବାର ଜନ୍ମ ନେବାର ପ୍ରତିଶ୍ରୁତି ଏଥିରେ ପରିପୁଷ୍ଟ ହୋଇଛି।

"ମୁଁ ଫେରିବି ପୃଥିବୀକୁ ଥରେ ନୁହେଁ ଆଉ ଲକ୍ଷେ ଥର
ଲକ୍ଷେଥର ଆସିବି ମୁଁ ନେଉଥିବି ରୂପ ରୂପାନ୍ତର
ପରିଶୋଧ କରିବାକୁ ତୁମ ଋଣ, ସିନିହ ଆଦର
ପଣ କରୁଅଛି ସଖୀ ମୁଁ ଫେରିବି ନିଶ୍ଚେ ଲକ୍ଷେବାର।"

'ପାଉଁଶର ପାଣ୍ଡୁଲିପି'ରେ ଚିତ୍ର ଏବଂ କବିତାର ସଂପର୍କ ଅତି ନିବିଡ଼। କବିତାର ଭାଷା ଓ ଭାବର ପରିସୀମା ଶିଳ୍ପୀ ଦୃଷ୍ଟିରେ ଖୁବ୍ ତୀକ୍ଷ୍ଣ ଓ ବାସ୍ତବ। କଳା ଓ କବିତାର ଅପୂର୍ବ ମିଳନ ଚନ୍ଦ୍ର କୁମୁଦିନୀର ସଂପର୍କ ପରି ବିମଳ ଏବଂ ଅଦ୍ଭୁତ।

କବି ଗୌରହରିଙ୍କ ସାହିତ୍ୟର ପରିଧି ଏକ ସାମୟିକ ବିଳାସ ନୁହେଁ, ଏକ ତପସ୍ୟା। ଚତୁର୍ବର୍ଗ ଫଳପ୍ରାପ୍ତିର ଅଭିଳାଷ ଅପେକ୍ଷା ସାହିତ୍ୟମନସ୍କ ହୋଇ ଜୀବନ ବିତାଇବାରେ ତାଙ୍କର ଆନନ୍ଦ। ସାହିତ୍ୟ ପାଖରୁ ମୁହଁ ଫେରାଇ ନେଲେ କିମ୍ବା ଦୂରେଇ ଗଲେ ସାହିତ୍ୟର କ'ଣ ହେବ? ବରଂ କବିଙ୍କର ବଞ୍ଚିବାର ଅର୍ଥ ବଦଳିଯିବ। ଜିଇବାର ଅବଲମ୍ବନ କିଛି ରହିବ ନାହିଁ। ଅବଶ୍ୟ ସ୍ତମ୍ଭ, ପ୍ରବନ୍ଧ, ତାତ୍ତ୍ୱିକ ଆଲୋଚନା ମଧ୍ୟରେ

କବିଙ୍କର ଚିନ୍ତା, ଚେତନା ଓ ବ୍ୟକ୍ତିତ୍ୱ ଅଧିକ କ୍ରିୟାଶୀଳ ହୋଇଥିବା ମନେହେବ। କିନ୍ତୁ କବିତା ଭିନ୍ନ ଏକ ଦିଗ। କବିତାରେ ଯାହା କୁହାଯାଇଛି ତାକୁ ପ୍ରବନ୍ଧ ଏବଂ ଗଳ୍ପରେ ଭିନ୍ନ ଦୃଷ୍ଟିରେ ଉପସ୍ଥାପନ କରାଯାଇଛି। ଏହାର କାରଣ ହୋଇପାରେ ପ୍ରକୃତିର ଏକାନ୍ତ ଗ୍ରାମ୍ୟ ପରିବେଶରେ ଲେଖକଙ୍କର ଜନ୍ମ। ଆକସ୍ମିକ ଘଟଣାକ୍ରମ ତାଙ୍କ ପରବର୍ତ୍ତୀ ଜୀବନକୁ ସମସ୍ୟାବହୁଳ ଓ ସଂଘର୍ଷପୂର୍ଣ୍ଣ କରିଛି। କବି ଅତି ନିକଟରୁ ଜୀବନର ରୁକ୍ଷ ବାସ୍ତବତାକୁ ଉପଲବ୍ଧି କରିଛନ୍ତି। ଏହା ନିଶ୍ଚିତ ଯେ କେତେଜଣ ନିରାସକ୍ତ ବ୍ୟକ୍ତିତ୍ୱଙ୍କ ସଂସର୍ଗରୁ ତାଙ୍କ ଜୀବନର ଗତିପଥ ଭିନ୍ନ ଦିଗଗାମୀ ହୋଇଛି। ତେଣୁ କବିଙ୍କର ଜୀବନର ସ୍ପନ୍ଦନ ଖୁବ୍ ଗାମ୍ଭୀର୍ଯ୍ୟପୂର୍ଣ୍ଣ।

ପ୍ରତ୍ୟେକ କବିତାର ନିଜସ୍ୱ ଭୂମିକା ରହିଛି। ସମୟର କ୍ରୀଡ଼ନକ ସାଜି ଜୀବନ୍ତ ହୋଇ ରହେ ପରବର୍ତ୍ତୀ ସମୟର ସ୍ୱରଲିପିକୁ ସମ୍ଭ୍ରାନ୍ତ ରୂପ ପ୍ରଦାନ ନିମନ୍ତେ। ସେହିପରି ଆଦ୍ୟ ଜୀବନର ପ୍ରେରଣା ସୃଜନଶୀଳ ରୂପ ପରିଗ୍ରହଣ କରି କବିତା ଭାବରେ ଜନ୍ମ ନିଏ। 'ପାଉଁଶର ପାଣ୍ଡୁଲିପି' ତାରୁଣ୍ୟର ଉଚ୍ଛ୍ୱାସକୁ ବହନ କରି ଏକାନ୍ତ କ୍ଲାସିକ୍।

ତାରୁଣ୍ୟ ଓ ପ୍ରେମ ନିଷ୍କପଟ ସଂପର୍କର ଅନୁଗାମୀ। ସେଥିପାଇଁ ବୋଦଲେୟାରଙ୍କ ମତରେ- Everything cracks both love and beauty ସୌନ୍ଦର୍ଯ୍ୟ ପରିବର୍ତ୍ତିତ ହୋଇଯାଏ। କିନ୍ତୁ ପ୍ରେମ ଖଣ୍ଡିତ ବା ନଷ୍ଟ ହୁଏନାହିଁ। ଯେଉଁ ପ୍ରେମ ଚର୍ମଚକ୍ଷୁରେ କ୍ଷଣ ସମୟ ପାଇଁ ଅନୁଷ୍ଠିତ ହୁଏ, ତାହା ପ୍ରେମ ପଦବାଚ୍ୟ ନୁହେଁ। ତେଣୁ ସେକ୍‌ସପିୟରଙ୍କ ସମୟହୀନତାର ଆକର୍ଷଣ 'ପାଉଁଶର ପାଣ୍ଡୁଲିପି'ରେ ଉପଲବ୍‌ଧ। ଏଥିରେ ଖରକ୍ଟଭବକ୍ସୟ ଐଙ୍କଘକ୍ଷରଛଙ୍କ ଉଦାରବାଦ ଅଛି, ହତାଶାର ପରିଧି ଅଛି, ଦୁଃଖ ଯନ୍ତ୍ରଣାର ଲୁଚକାଳି ଅଛି। ରାଗ, ବିରାଗ, ଉଦାସର ମଞ୍ଜୁଳ ବିନ୍ୟାସ ରହିଛି।

କବି ଗୌରହରି ଦାସ ଚଇତାଳିର କଥା କହିଛନ୍ତି। ଆଶାର ଆକାଶଦୀପ ହୋଇ ବଞ୍ଚିବାକୁ ଚାହୁଁଛନ୍ତି, ଶ୍ରଦ୍ଧାର ଶରଧାବାଲି ହେବାକୁ ଆଶାପୋଷଣ କରିଛନ୍ତି, ବିଶ୍ୱାସର ବାଇଶି ପାହାଚ ହେବାକୁ କାମନା କରିଛନ୍ତି। ତେଣୁ ପ୍ରେମ ଭାବନା ଉତ୍ତୀର୍ଣ୍ଣ ରୂପ ପରିଗ୍ରହଣ କରି ଉଚ୍ଚାଟିତ ହୋଇଛି।

ପାଉଁଶ କହିଲେ ଭସ୍ମୀଭୂତ ଏକ ଅବଶେଷ। ଏଥିରେ କିଛି ଅଙ୍ଗୀଭୂତ ତତ୍ତ୍ୱ ଜଳିଯାଇଥାଏ। କିନ୍ତୁ ଆତ୍ମିକ ତତ୍ତ୍ୱ ଶବ୍ଦ ବ୍ରହ୍ମର ରୂପ ଗ୍ରହଣ କରି ପାଣ୍ଡୁଲିପି ପାଲଟି ଥାଏ। କବିଙ୍କ ପ୍ରେମାନୁରାଗ ଏକ ମନସ୍କ୍ରିୟା। ସେ ମାଟି, ଆକାଶ, ଫୁଲ, ପତ୍ର ସବୁଠି ନିଜସ୍ୱ ସ୍ଥିତି ସାବ୍ୟସ୍ତ କରିବାକୁ ଉଦ୍ୟମ କରିଛନ୍ତି। ସେଥିପାଇଁ ତାଙ୍କ ଆଗରେ ସମଗ୍ର ସଂସାର ସୁନ୍ଦର। ସାଂସାରିକ ଦୁଃଖ, ଉଦାରପଣ, ବିକଳପଣ ତାଙ୍କୁ ଅତି ସାଧାରଣ କରିଥିବା ବେଳେ ଅନ୍ୟ ପ୍ରତି ଉଦାର ହେବାର ମାର୍ଗ ପ୍ରଦର୍ଶନ କରିଛି।

'ପାଉଁଶର ପାଣ୍ଡୁଲିପି'ରେ ବିରାଗ ଅଛି, ଉଦାତ୍ତ ଓ ଅନୁଦାତ୍ତ ରୂପ ମଧ୍ୟ ଅଛି, ବିଶ୍ୱାସ ଅଛି, ଅନାସ୍ଥା ଭାବ ପ୍ରକାଶିତ ହୋଇଛି। ଅନାସ୍ଥା ଭାବ ସାମାନ୍ୟ କ୍ରୋଧର ବଶବର୍ତ୍ତୀ 'ତୁମ ଦୁଇ ଆଖି ଧାରେ ଲୁହ / କେତେ ସତ କେତେ ମିଛ'। ଏକ ଅପ୍ରାପ୍ତିର ନାନ୍ଦନିକ ବଳୟ ଓ ଅନ୍ତରର ଚୋରାବାଲି ବହୁବିମ୍ବୀୟ ଶବ୍ଦ ମାଧ୍ୟମରେ ପ୍ରକାଶିତ। 'ଅପରାହ୍ନର ଉଜୁଡ଼ା କ୍ଷେତ' ଏହାର ପ୍ରକୃଷ୍ଟ ଉଦାହରଣ।

'ପାଉଁଶର ପାଣ୍ଡୁଲିପି'ର ସ୍ୱର କେନ୍ଦରା କି ବେହେଲାର ବାହୁନା ପରି ଖୁବ୍ କରୁଣ। ଏକ ଅକୁହା ଆହତ ଆତ୍ମା ସର୍ବଦା ବିଳାପରତ। ଅଶ୍ରୁରେ ଭିଜୁଥିବା ଅଶ୍ରୁତ ସ୍ୱର କୋହରେ ପରିପୂର୍ଣ୍ଣ। କବି ସମସ୍ତ ଯନ୍ତ୍ରଣାକୁ ମଉଳା ଫୁଲ, ଡାଏରୀର ଫିକା ଶବ୍ଦ, ଉଜୁଡ଼ା ବଗିଚା, ମୋହଶୂନ୍ୟ ନୀଳାଭ ମୃଗୟା ଆଦି ଶବ୍ଦରେ ଶବ୍ଦାୟିତ କରିଛନ୍ତି କବିଙ୍କ ପ୍ରେମ ଏକ ତରଳ ଭଲ ପାଇବା। ଯେଉଁଥିରେ ଅଶ୍ରୁ ଅଛି, ଆବେଗ ଅଛି, ଅଭିମାନ ଅଛି, ଲୋକାଚାର ପ୍ରତି ମଧ୍ୟ ସମର୍ଥନ ଅଛି। ସବୁ ସୀମା, ମର୍ଯ୍ୟାଦା ଶୃଙ୍ଖଳାରେ ଆୟତ୍ତ କବିଙ୍କର ଅନ୍ତରାତ୍ମା ପ୍ରେମର ପ୍ରତ୍ୟେକଟି ପରିଣାମ ଭୋଗିବାକୁ ପ୍ରସ୍ତୁତ। ଅତିକ୍ରାନ୍ତ ସମୟ ସହିତ ଆବେଗର ପ୍ରଦୀପକୁ ଜଳାଇ ରଖିବାକୁ ମଧ୍ୟ ଉଦ୍ୟତ।

ଅଚାନକ ଘର ପୋଡ଼ିଗଲେ ନୂଆ ଘର ଗଢ଼ା ହୁଏ। ବଉଳ ପୋଡ଼ିଗଲେ ନବପଲ୍ଲବ ଅଙ୍କୁରିତ ହୁଏ। ବନ ଜଳିଗଲେ ନୂଆ ଶାଳଭଞ୍ଜିକାର ମନ ଗଜୁରି ପଡ଼େ। ଦେହ ପୋଡ଼ିଗଲେ ପ୍ରିୟାର ପାଦସ୍ପର୍ଶରେ କବି ମାନସିଂହଙ୍କ ଦେହ ଶୀତେଇଯାଏ। ମନ ପୋଡ଼ିଗଲେ 'ପାଉଁଶର ପାଣ୍ଡୁଲିପି' ଲେଖାହୁଏ। ନବଜନ୍ମର ନିଃଶ୍ୱାସ ପ୍ରଖରରୁ ପ୍ରଖରତର ହୁଏ। କବି ଗୌରହରି ପାଲଟି ଯାଆନ୍ତି ବିମୁଗ୍ଧ ଆତ୍ମାର ବିରହୀ କାବ୍ୟପୁରୁଷ।

"ସନ୍ଧ୍ୟାର ନକ୍ଷତ୍ର ହୋଇ ମୁଁ ଆସିବି ତମ ପାଇଁ ସଖୀ
ସକାଳର ଖରା ହୋଇ ସବୁ ଦିନ ଯାଉଥିବି ଦେଖି
ଶ୍ରାବଣର ବର୍ଷା ହୋଇ ତୁମକୁ ମୁଁ ଦେବି ଗୋ ଭିଜେଇ
ବସନ୍ତର ମଳୟରେ ତନୁ, ମନ ଦେବି ଉଲୁସେଇ।"

ଗୌରହରିଙ୍କ ଏରସମା ଓ ଅନ୍ୟାନ୍ୟ କବିତା

ଜ୍ୟୋତି ସାହୁ

'ପାଉଁଶର ପାଣ୍ଡୁଲିପି' (ପ୍ରଥମ ପ୍ରକାଶ-୨୦୧୦, ପକ୍ଷୀଘର, ଭୁବନେଶ୍ୱର, ତୃତୀୟ ସଂସ୍କରଣ-୨୦୨୧, ବ୍ଲାକ୍ ଇଗଲ ବୁକ୍ସ, ଯୁକ୍ତରାଷ୍ଟ୍ର ଆମେରିକା) ପ୍ରକାଶ ପାଇବା ପରେ ଗୌରହରି ଦାସଙ୍କ ସମଗ୍ର ଗଦ୍ୟର ଅନ୍ତରାଳରେ ପ୍ରଚ୍ଛନ୍ନ କବିତ୍ୱର ଯେଉଁ ପ୍ରବାହ ଶିଶିରର ବିନ୍ଦୁ ପରି ଅତ୍ୟନ୍ତ ଚମତ୍କାର ଏବଂ ପ୍ରାକୃତିକ ଥିଲା, ତାହାର ପରିପ୍ରକାଶ ଦେଖିବାକୁ ମିଳିଲା। କବିତ୍ୱ ଅନୂଢ଼ା କିଶୋରୀ ପରି ଖୁବ୍ ଚଳଚଞ୍ଚଳ। ସାମାନ୍ୟ ବେଦନା ତା' ପାଇଁ ଅସହ୍ୟ। ଅନ୍ୟମନସ୍କ ହେବା ବି ଅତି ସ୍ୱାଭାବିକ। W. H. Auden କବିତା ସଂପର୍କରେ ମତପ୍ରକାଶ କରିଛନ୍ତି- "Poetry is the clear expression of mixed feelings." କବି ଗୌରହରି ଦାସଙ୍କ ବିମୁଗ୍ଧ ପ୍ରାଣ କେତେବେଳେ 'ବର୍ଷା'ର ମୃଦୁ ପଦପାତରେ ବିଚିତ୍ରବର୍ଣ୍ଣା ତ ଅନ୍ୟତ୍ର 'ସମୁଦ୍ର'ର ଅଥଳ ବିସ୍ତାର ପରି ଦର୍ଶନ ସୁଲଭ। ପୁଣି ପ୍ରକୃତିର କରାଳ ରୂପ ସଂଦର୍ଶନ କରି ବ୍ୟଥିତ ଏବଂ ବିବ୍ରତ। ଅର୍ଥାତ୍ 'ପାଉଁଶର ପାଣ୍ଡୁଲିପି' ପ୍ରକାଶିତ ହେବାର ବହୁ ପୂର୍ବରୁ 'ବର୍ଷା: ଚାରି ଚେହେରା', 'ଶବ୍ଦ କିଛି ସାଇତି ରଖ', 'ଚନ୍ଦ୍ରସେଣାର - ଚଇତିଗୀତି', 'ସମୁଦ୍ର', 'ଜିଗମିଷା', 'ମୁଁ ଫେରି ଆସିଛି ଦେଖ', 'ଏରସମା', 'ମୋତେ କିଛି କୁହ ନାହିଁ' ଆଦି କବିତା ବିଭିନ୍ନ ପତ୍ରପତ୍ରିକାର ସାହିତ୍ୟ ପୃଷ୍ଠାରେ ପ୍ରକାଶିତ ହୋଇସାରିଥିଲା।

ଗୌରହରି ଦାସଙ୍କ କବିତାର ବ୍ୟାପ୍ତି, ପ୍ରବନ୍ଧ ଭଳି ସୂକ୍ଷ୍ମ ଅବବୋଧ ସବୁକୁ ଆଧାର କରି ରଚିତ। ଜୀବନର ରହସ୍ୟକୁ ବୈଜ୍ଞାନିକ ଦୃଷ୍ଟିଭଙ୍ଗୀରେ ବ୍ୟାଖ୍ୟା କରିବା କବିଙ୍କର ଚରମ କାବ୍ୟିକ ଆଦର୍ଶ। ଜଣେ ଜୀବନବାଦୀ ଭାସ୍କର୍ଯ୍ୟ ଶିଳ୍ପୀ ଲୀଳାୟିତ ନବଯୌବନ ଶାଳଭଞ୍ଜିକାର ନିଖୁଣ ପ୍ରତିମା ନିର୍ମାଣରେ ଯେତିକି ମଗ୍ନ ଓ ନିପୁଣତା

ପ୍ରକାଶ କରେ, ତା'ଠାରୁ ଅଧିକ ଜୀବନର ନଗ୍ନ ଉଚ୍ଛ୍ୱାସ ସବୁକୁ କଳାରୂପ ପ୍ରଦାନ କରେ। ସେହି ଶିଳ୍ପୀ ଦୂର ଦିଗ୍‌ବଳୟକୁ ଲକ୍ଷ ପ୍ରଦାନ କରୁଥିବା ପ୍ରୋଷିତଭର୍ତ୍ତୃକାର ଅପଲକ ଚାହାଣି ଭିତରେ ଅସହାୟତାର ନିଖୁଣ ଚିତ୍ରଣ କରିଥାଏ। ଗୋଟିଏ ପଟରେ ଜୀବନ୍ୟାସ ଅନ୍ୟ ପଟରେ ଶେଷ ନିଃଶ୍ୱାସ, ମଧ୍ୟଭାଗରେ ବହୁ ଅସମାହିତ ପ୍ରଶ୍ନ। ଉତ୍ତର ଆଧୁନିକ ଓଡ଼ିଆ କବିତାରେ ବିଶ୍ୱ ପରିପ୍ରେକ୍ଷୀରେ ଯେଉଁ ସବୁ ପରୀକ୍ଷା ନିରୀକ୍ଷା, ବାଦ, ଆନ୍ଦୋଳନର ମାୟା ଓ କୃତ୍ରିମତା ଓଡ଼ିଆ କବିତାକୁ ଗ୍ରାସ କରିଛି, ଗୌରହରି ଦାସଙ୍କ କବିତା ସେଥିରୁ ସଂପୂର୍ଣ୍ଣ ନିବୃତ୍ତ। ଅର୍ଥାତ୍ ସେ କବିତା ଲେଖିଛନ୍ତି ଦୃଶ୍ୟର ଅନ୍ତରାଳରେ ଅନ୍ୟ ଏକ ଦୃଶ୍ୟକୁ ସନ୍ଧାନ କରିବାକୁ। ତାହା ହୋଇପାରେ ପୁଣି ଫେରିବାର ବିସ୍ମୟ କିମ୍ବା ଲମ୍ବାକାଳର ଚୋରାବାଲିରୁ କିଛି ଗୁପ୍ତଧନ ସାଇତି ରଖିବାକୁ ଆତ୍ମଭାଷା। ଅବଶ୍ୟ ଏହା ସତ୍ୟ ଯେ ପ୍ରତ୍ୟେକ କବି ଆରଦୃଶ୍ୟର ଅନୁସନ୍ଧାନ କରିଥାନ୍ତି। କିନ୍ତୁ କବି ଗୌରହରି ଦାସଙ୍କ ସ୍ୱତନ୍ତ୍ରତା ହେଉଛି, ସେ ପ୍ରୟୋଗବାଦୀ କବିମାନଙ୍କ ପରି ଭାବରୁ ଭାବାନ୍ତରକୁ ଗତି କଲାବେଳେ ଅତି ବୌଦ୍ଧିକ ନୁହନ୍ତି, ନିଷ୍କପଟ ସକାଳ ପରି ସରଳ।

ବହୁ ପ୍ରସିଦ୍ଧ କବିଙ୍କ କବିତାରେ ବିରୋଧାଭାସର ଉପସ୍ଥିତି ପାଠକଙ୍କୁ ବିଭ୍ରାନ୍ତ କରିଥାଏ। କବିତାର ବହୁତଳ ବିଶିଷ୍ଟ ଅର୍ଥଗୌରବର ଅଭ୍ୟନ୍ତରରେ ପହଞ୍ଚିବାକୁ ପରିଶ୍ରାନ୍ତ ପାଠକଙ୍କୁ ନିରାଶ ହେବାକୁ ପଡ଼େ। ବିଂଶ ଶତକର ଶେଷ ଦୁଇ ଦଶନ୍ଧି ଓ ଏକବିଂଶ ଶତକର ପ୍ରାରମ୍ଭ ଦୁଇ ଦଶନ୍ଧିରେ ଓଡ଼ିଆ କବିତାର ସ୍ୱର ବାଟବଣା ହୋଇଯାଇଥିବା ମନେହୁଏ। ଅର୍ଥାତ୍ ସେମିତି କିଛି ଶାଣିତ ଯୁକ୍ତି ଉପସ୍ଥାପନ କରିବାରେ କବି ବିଫଳ। କବି ଜୀବନର ଆତ୍ମଲିପି ଓ ସ୍ରଷ୍ଟାପଣର ଅଭିବ୍ୟକ୍ତି ଭିନ୍ନ ଧାରା ହୋଇ ପ୍ରବାହିତ ହୋଇଥିବାରୁ ବୋଧହୁଏ ଏପରି ଏକ ବିପର୍ଯ୍ୟୟ କାଳ ଉପସ୍ଥିତ ହୋଇଛି। ସାଧାରଣ ମଣିଷର ସ୍ୱରକୁ ଅସାଧାରଣ ପଥରେ ଅଗ୍ରସର କରାଇବାକୁ ହେଲେ ଅତି ସାଧାରଣ ସ୍ତରର ଆଞ୍ଚଳିକତା ଅଧିକ ପ୍ରସଙ୍ଗୀଭୂତ ହେବା ଆବଶ୍ୟକ। ପରବର୍ତ୍ତୀ ଅବସ୍ଥାରେ ଜୀବନଦର୍ଶନ। ଆଲୋଚ୍ୟ କବି ଗୌରହରି ଦାସ ସାଧାରଣ ଜୀବନର ଆର୍ତ୍ତିକୁ ବିପୁଳାୟତନ କ୍ୟାନ୍‌ଭାସ୍‌ରେ ପ୍ରାଥମିକତା ପ୍ରଦାନ କରି ଅନ୍ତରର ଅଭ୍ୟନ୍ତରକୁ ଅନୁପ୍ରବେଶ କରିଛନ୍ତି। ବାସହରା, କ୍ଷୁଧିତ ଆତ୍ମାର ବ୍ୟଥାରେ ସେ ବ୍ୟଥିତ ହୋଇଛନ୍ତି। ସମବେଦନାର ସଜଳ ବନ୍ୟାରେ ରକ୍ତାକ୍ତ ଦୁର୍ଭାଗ୍ୟ ଗୁଡ଼ିକୁ ଗୋଟି ଗୋଟି କରି କାଠଗଡ଼ାରେ ଛିଡ଼ା କରାଇଛି। କେତେବେଳେ ଚୁପ୍‌ଚାପ୍ ଅନ୍ୱେଷଣ କରିଛନ୍ତି ଜ୍ୱଳମାନ ଅନନ୍ତର ଜ୍ୱାଳାକୁ, ପଚମାନ ଅବିଶ୍ୱାସ ପ୍ରତି ପ୍ରଶ୍ନ ଉତ୍‌ଥାପନ କରି କୋମଳ ମୃତ୍ୟୁର ଅବିନାଶୀ ମାୟାଜାଲରେ ଛନ୍ଦି ଯାଇଛନ୍ତି ଆଉ କେତେବେଳେ।

କବି ଗୌରହରିଙ୍କ କବିତାରେ ଆବେଗ ପ୍ରବଣତାକୁ ଲକ୍ଷ୍ୟ କରାଯାଇପାରେ। ଏହା ଦୁଇଟି ଧାରା ହୋଇ ପ୍ରବାହିତ ହୋଇଛି। ଗୋଟିଏ ସମ୍ଭାବ୍ୟ ଜୀବନର ଅସହାୟତା ପ୍ରତି ସଘନ ସମବେଦନା ଓ ତୀବ୍ର ପ୍ରତିକ୍ରିୟା। ସ୍ୱପ୍ନ ଓ କଳ୍ପନା ବିଳାସ ଏଠାରେ ଅଲୋଡ଼ା, କୁମ୍ଭ କାମୋଦୀର ରାଗ ବେସୁରା। ଅସହାୟତା ଓ ଦୁର୍ଭାଗ୍ୟ ଏକ କ୍ଷଣରେ ଉପସ୍ଥିତ ହୋଇ, ସବୁଜ ପ୍ରାନ୍ତର ପରି ଜୀବନର କୋମଳ ବିସ୍ତାରକୁ କ୍ଷତାକ୍ତ ଓ ବିପର୍ଯ୍ୟସ୍ତ କରିପକାଇଛି। ଗୋଟିଏ ଦ୍ୱୀପ ଦଣ୍ଡି ଉପରେ ଉଭା ହୋଇ ବନ୍ୟାପ୍ଳୁତ ହେବାର ଆଶଙ୍କାରେ ଅହରହ ବିଳାପରତ। ଚାରିଆଡ଼େ ନିର୍ଜୀବ କ୍ଲୀବତା। ହଂସ ମିଥୁନ ଘନ ମହ୍ଲାର ବନ୍ଧ୍ୟାମାଟିର ସ୍ଥାଣୁତା ଓ ନିଷ୍କ୍ରିୟତା ମଧ୍ୟରେ ହୀନବୀର୍ଯ୍ୟ। ଚାରିଆଡ଼େ ଉତ୍ତପ୍ତ ପ୍ରବାହ। ଦକ୍ଷିଣ ପବନ ପରାହତ। ବର୍ଷାର ଟୁପୁରୁଟାପୁରୁ ଶବ୍ଦ, ଆକ୍ରମଣକାରୀର ନିର୍ଦ୍ଦୟତା ପରି ଅତର୍କିତ ଯନ୍ତ୍ରଣାର ସ୍ୱର ମାତ୍ର।

'ସମୁଦ୍ର' ପ୍ରତି ଆଞ୍ଚଳିକ ଓ ଅନ୍ତର୍ଜାତୀୟ ସାହିତ୍ୟିକଗଣ ନିଜର ଦୁର୍ବଳତା ପ୍ରକାଶ କରିଛନ୍ତି। 'ସମୁଦ୍ର' ବେଦନା ଓ ବୋଧନ, ଦହନ ଓ ସର୍ଜନ, ନିବୃତ୍ତି ଓ ଜାଗୃତି, ଶୂନ୍ୟ ଓ ନିର୍ବିଘ୍ନ ପରିଧି ତଥା ଚିତ୍ତ ଚାଞ୍ଚଲ୍ୟ ମଧ୍ୟରେ ଅପ୍ରତିହତ ଅନ୍ୱେଷା। ଗୁରୁପ୍ରସାଦଙ୍କ 'ସମୁଦ୍ର ସ୍ନାନ'ର ପ୍ରଥମ ଫଳଶ୍ରୁତି ସମୁଦ୍ରର ସଜୀବ ଚଳନ ଓ ସରୀସୃପ ଇଚ୍ଛାର ଉଦ୍‌ବେଳନ। ବିଦ୍ୟୁତ୍‌ପ୍ରଭାଙ୍କ 'ସମୁଦ୍ର' ଲୋହିତ ବ୍ୟଥା ଓ ଦୁଃସହ ଆବେଗର ପ୍ରତୀକ। ଅବଶ୍ୟ ସମୁଦ୍ର ଏଠି ଯୋଗୀ ନୁହେଁ, ଯୋଗୀର ଉଦ୍ୟଗ୍ର କାମନା। ପଡ଼ିବା ଉଠିବା ମଧ୍ୟରେ ଯେଉଁ ଟିକକ ଅବକାଶ ରହିଛି, ତାହା ସିସିଫସୀୟ ପରିତୃପ୍ତ ସୌନ୍ଦର୍ଯ୍ୟ ପିପାସା। ସୀତାକାନ୍ତଙ୍କ 'ସମୁଦ୍ର' "ଏ ସମୁଦ୍ର ପିଲାଦିନ ଖେଳନା କଣ୍ଢେଇ/ ଯୌବନରେ ଉଦ୍ଦାମତା ମନ ଦିଆନିଆ/ ଏ ସମୁଦ୍ର ବାର୍ଦ୍ଧକ୍ୟର ଭିନ୍ନ ଏକ ବିଶ୍ୱ।" କବିଙ୍କ ସମୁଦ୍ର ଏକ ମିଥ୍। ନିରୁତା ଶୈଶବ ସବୁଠାରୁ ବେଶି ଅକ୍ଷୟ ସ୍ମୃତିର ପୁରାତନ ରତ୍ନଭଣ୍ଡାର। ବିପନ୍ନ ବାର୍ଦ୍ଧକ୍ୟ ରତ୍ନଭଣ୍ଡାରର ଗୋଟିଏ ଗୋଟିଏ ରତ୍ନରୁ ଅତୀତର କାରିଗରୀ ଓ ବର୍ତ୍ତମାନର ମୀମାଂସା ସଂପର୍କରେ ବେଦନାରୁ ବିଦେହର ସନ୍ଧାନ କରେ। ଯୌବନ କେବଳ ଅତୀତ ଓ ବର୍ତ୍ତମାନ ମଧ୍ୟରେ ଫୂର୍ତ୍ତି ଓ ସ୍ୱପ୍ନ ସଂଚାରି ଅଭିଳାଷ। ବିନୋଦ ନାୟକଙ୍କ 'ସମୁଦ୍ର' ଲବଣାକ୍ତ ଜୀବନର ରୂପ। ତେଣୁ ଅନନ୍ତ ପ୍ରତୀକ୍ଷା କେବଳ ଅଦୃଶ୍ୟ ସତ୍ତା ନିମନ୍ତେ। ବିଶ୍ୱ ସାହିତ୍ୟରେ D. H. Lawrenceଙ୍କ 'The sea, the sea', Alexandra Vasiliuଙ୍କ 'My Heart is the Ocean' ରଙ୍ଗ, ଗଭୀରତା, ସ୍ୱପ୍ନ, ସୌନ୍ଦର୍ଯ୍ୟ, ପ୍ରେମର ଶିହରଣ। ଚେତନାର ଚୈତ୍ୟଲୋକରେ ତୃଷ୍ଣା ଓ ପରିତୃପ୍ତିର ବୁଦ୍‌ବୁଦ ସମାହାର।

"My heart is the ocean
Your ocean." - Alexandra Vasiliu

କବି ଗୌରହରି ଦାସଙ୍କ 'ସମୁଦ୍ର' ଇଚ୍ଛା ଓ ପ୍ରତ୍ୟୟର ସୁଗଭୀର ସମୁଦ୍ର। କବି ସମୁଦ୍ରରୁ ଶବ୍ଦସବୁ ଆହରଣ କରିଛନ୍ତି। କିନ୍ତୁ ସାନ୍ତ୍ୱନା ଅସମାପ୍ତ, ଅନ୍ତଃହୀନ। ତେଣୁ ସେ ଅପେକ୍ଷାରତ ଅନ୍ୟମନସ୍କ ସକାଳକୁ, ପ୍ରସ୍ତ ପ୍ରସ୍ତ ଉପଲବ୍ଧିରେ ଆହୁରି ଶାଣିତ ଓ ମୂଲ୍ୟବାନ କରିବାକୁ।

ଗୌରହରି ଦାସଙ୍କ ସମୁଦ୍ର ସ୍ଥବିର କିମ୍ବା ନିଷ୍କ୍ରିୟ ନୁହେଁ, ନୀଳ ନିର୍ଜନତା। ଜଡ଼ତା କୌଣସି ଏକ ଗୁଣ ହୋଇ ପ୍ରକାଶିତ ହୋଇ ନାହିଁ। ତାହାର ଏକ ସ୍ୱତନ୍ତ୍ର ଅସ୍ତିତ୍ୱ ରହିଛି। ଯାହାର ସ୍ଥିତିରେ କିଛି ପରିବର୍ତ୍ତନ ନାହିଁ, ବରଂ ପଙ୍ଗୁତ୍ୱକୁ ଅଟ୍ଟହାସ୍ୟ କରେ। ସମୁଦ୍ର ସହିତ ସଂପର୍କ ପୁଣି ଗୋଟିଏ ବସ୍ତୁର ଉପଯୋଗିତାକୁ ନିର୍ଦ୍ଧାରଣ କରେ ନାହିଁ; ବରଂ ରାଧାନାଥୀୟ ପ୍ରକୃତି ଭଳି କେତେବେଳେ ସମ୍ବେଦନଶୀଳ, ଅନ୍ୟତ୍ର ଜ୍ଞାନଦାତ୍ରୀ। ଅହେତୁକ ଭାବେ ଜୀବନର ଅସଂଗତିରୁ ମୁକ୍ତି ପାଇଁ ସେ ସମୁଦ୍ରଠୁଁ ଆଧାର ଲାଭ କରିଛନ୍ତି। ଗୋଟିଏ ପଟେ ନୀଳ ନିର୍ଜନତା, ଅନ୍ୟପଟେ ଦୁଃଖର କବିତା, ସମୁଦ୍ର ଶିଖେଇଛି ଚୁପ୍‌ଚାପ୍ ଲେଖିବାକୁ। ଚାରିଆଡ଼େ କୋଳାହଳ, କର୍କଶ ଧ୍ୱନି। କବି ଗୌରହରି ପ୍ରଚଳିତ କାଳର ନିର୍ବୋଧ ଆକ୍ରୋଶ, ବିଚ୍ଛିନ୍ନ ସଂପର୍କର ସେତୁକୁ ଧାରଣ କରି ବିବ୍ରତ। ମାତ୍ର ତାହା ସଂପୂର୍ଣ୍ଣ ନିରାନନ୍ଦ ନୁହେଁ। କବି ସଂସାର ବିରାଗୀ ନୁହନ୍ତି। ମହାକବି ସଚ୍ଚିଦାନନ୍ଦ ରାଉତରାୟଙ୍କ ପରି "ଦିଅ ମୋତେ କ୍ଷୁଧା ମାଇଲିଏ/ ମହୁର ସୁରେଇ ଆଉ ପଞ୍ଚମ ସ୍ୱରର/ ନୀଳ ନୀଳ ଶତାବ୍ଦିଟିଏ।" ସମୁଦ୍ର ତ ଧ୍ୟାନସ୍ଥ ମହର୍ଷି ନିର୍ବିକାର ଅଥଚ ମୌନ ସଂସ୍କାରକ। କବି ଗୌରହରି ଦାସଙ୍କ ମୌନ ସ୍ରଷ୍ଟାତ୍ୱ ଅନ୍ୱେଷଣରତ ବିମୁକ୍ତ ଆତ୍ମାର ଦୃଶ୍ୟ ଓ ଦୃଷ୍ଟାନ୍ତକୁ।

'ସମୁଦ୍ର'ର ଦ୍ୱିତୀୟ ପାହାଚ ଅନୁଗତ ଛାତ୍ରର ଏକାଗ୍ରତା କିନ୍ତୁ ନିଷ୍ପ୍ରାଣ ବାଲିର ଶଯ୍ୟା ଉପରେ ଝୋଟିଚିତାର ରଙ୍ଗିନ ବର୍ଣ୍ଣାଳି ସୃଷ୍ଟି ପାଇଁ ଅଧୈର୍ଯ୍ୟ। ପ୍ରେୟସୀର ଚୂର୍ଣ୍ଣ କୁନ୍ତଳ, ଚିତ୍ରିତ ବକ୍ଷୋଜ, ସୁମିଷ୍ଟ ସ୍ପର୍ଶ ଆଦି ନିରର୍ଥକ ମନେ ହେଉଥିବା ବେଳେ କବି ଉଦ୍‌ବିଗ୍ନ ଜୀବନର ସଂଜ୍ଞା ନିରୂପଣ କରିବାକୁ।

କବି ଅନ୍ୟମନସ୍କ। ସମୁଦ୍ର ନିଃସଙ୍ଗ। ସମୁଦ୍ରକୁ ସମସ୍ତେ ଆସନ୍ତି। ଶାମୁକା ଓ ମୁକ୍ତା ସନ୍ଧାନ ସାରି ପୁଣି ଫେରନ୍ତି ପରବର୍ତ୍ତୀ ଭାଗ୍ୟ ପାଇଁ। ସମୁଦ୍ରର ଅପାର୍ଥିବ ମହାଶୂନ୍ୟତା ସେମାନଙ୍କୁ ଉପହାର ଦିଏ ପରମ ତୃପ୍ତି ଓ ପ୍ରଶାନ୍ତି। କିନ୍ତୁ ଏକୁଟିଆ ପଡ଼ିରହେ ସମୁଦ୍ର। ଅସଂଖ୍ୟ ଅପରିଚିତ ପଦଚିହ୍ନ ଓ ପ୍ରତାରିତ ନିଃସଙ୍ଗତାକୁ ଏକାକାର କରି ଏକୁଟିଆ ଉଦ୍‌ବେଳିତ ହୁଏ। ଜୀବନର କ୍ଷୁଦ୍ର ବସ୍ତାର ମଧ୍ୟରେ କବି ସାମୁଦ୍ରିକ ସତ୍ତାର ଏହି

ଅନୁଭବ ପ୍ରାପ୍ତି ପାଇଁ ଉଚ୍ଚାଟିତ ହୋଇଛନ୍ତି। ପାପ କିମ୍ବା ପୁଣ୍ୟର ମୋହ ସଂପୂର୍ଣ୍ଣ ଦୁର୍ବଳ। ମୁକ୍ତା କିମ୍ବା ଶାମୁକା ଲାଭର ଇଚ୍ଛା ପରିତ୍ୟାଜ୍ୟ। ମହୁ କିମ୍ବା ହଳାହଳ ସେଥି ପ୍ରତି ଅନୁତ୍ସାହିତ। ଆଧୁନିକ ମଣିଷର ବିକଳ ଓ ନିଃସଙ୍ଗ ସ୍ଥିତିରୁ ବିଚ୍ଛିନ୍ନ। ଅତୀତର ଲୁହ ବର୍ତ୍ତମାନର ଗରଳକୁ ପାନ କରି ସମୁଦ୍ରର ନିରାସକ୍ତ ପ୍ରବାହରେ ଅନ୍ୟମନସ୍କ ହେବାକୁ କବି ପସନ୍ଦ କରିଛନ୍ତି।

କବିତାର ଶେଷ ପର୍ଯ୍ୟାୟରେ କବି ଶିକ୍ଷକ ସମୁଦ୍ର ଠାରୁ ଆଉ କିଛି ଦୀକ୍ଷା ଲାଭ କରିବାକୁ କାମନା କରିଛନ୍ତି। ଅପୂର୍ଣ୍ଣ ଇଚ୍ଛାମାନଙ୍କୁ ସମଗ୍ର ପରି The Metamorphosis ଗଳ୍ପର ନାୟକ ପରି ଏକା ଏକା ନିରବଧି କାଳ ଚୁପ୍‌ଚାପ୍ ଚାଲିବାକୁ ଶ୍ରେୟ ମଣିଛନ୍ତି। ଦେହ ଓ ଦହନ, ଈଶ୍ୱର ଓ ଆତ୍ମୀୟସ୍ୱଜନ, କାମନା-ବାସନା ମନର ଅର୍ଗଳିରେ କୁଣ୍ଡଳିନୀ ନିଦ୍ରା ଓ ବୈରାଗ୍ୟ ଦେହ କି ସନ୍ଧିରୁ ବିମୁକ୍ତ ଓ ଆସକ୍ତିର ଧାରା ହୋଇ ପ୍ରବାହିତ ହୋଇଛି। କାରଣ କବି ରକ୍ତମାଂସଧାରୀ ମଣିଷ। ଇଚ୍ଛା ଓ ଅବସୋସ ସବୁ ନିଃଶ୍ୱାସ, ପ୍ରଶ୍ୱାସ ହୋଇ ଆତଯାତ।

"ହେ ସମୁଦ୍ର, ତମେ ମୋତେ ଶିଖେଇବ ?
ଆତ୍ମରତି, ମୈଥୁନ ଓ ବୈରାଗ୍ୟର ଖେଳ
ଅପୂର୍ଣ୍ଣ ଇଚ୍ଛାକୁ ବୋହି
ଚୁପ୍‌ଚାପ୍ ଚାଲିବାକୁ
ଏକା ଏକା ନିରବଧି କାଳ।" (- ସମୁଦ୍ର)

'ବର୍ଷା: ଚାରି ଚେହେରା' ଗୌରହରିଙ୍କ ଚହଲା ଆର୍ଦ୍ର ଅନୁଭୂତି ନୁହେଁ। ମେଘର ରୁଚିଶୀଳ ଅନୁଭାବ ଓ ଉପସ୍ଥାପନା କାଳିଦାସଙ୍କୁ ମହାକବିର ପ୍ରସିଦ୍ଧି ଦେଇଛି। କବି ସମ୍ରାଟ ବର୍ଷାର ବଜ୍ର ଡମ୍ବରୁ ଭିତରେ ବିରହୀ ଯାତନା ସବୁକୁ ଶ୍ରେଷ୍ଠ କାବ୍ୟ କୌଶଳ ରୂପେ ବରଣ କରିଛନ୍ତି। ପ୍ରସିଦ୍ଧ କବି ସଚ୍ଚିଦାନନ୍ଦ ରାଉତରାୟଙ୍କ 'ଏକ ଉତ୍ତୀର୍ଣ୍ଣ ଶ୍ରାବଣ' ପ୍ରେମର ଲଳିତ ସ୍ପର୍ଶ ଓ ଆତ୍ମାକୁ ଭେଦିଥିବା ଅତିକଳ୍ପନାର କଳାତ୍ମକ ପରିପ୍ରକାଶ। ମନୋଜ ଦାସଙ୍କ 'ଶେଷବୃଷ୍ଟି' କେବଳ ନିତ୍ୟ ବର୍ତ୍ତମାନ ପ୍ରାକୃତିକ ସତ୍ତା ନୁହେଁ, ସାମ୍ରାଜ୍ୟ ଲୋଭର ମୋହରୁ ଉତ୍ତୀର୍ଣ୍ଣ ଅପାସୋରା ଫଳଶ୍ରୁତି। ବିଭୁଦତ୍ତ ମିଶ୍ରଙ୍କ 'ବର୍ଷା' ଆସକ୍ତ ହୃଦୟାବୃତ୍ତି ଓ ସଂପୂର୍ଣ୍ଣ ଜାଗତିକ ଆସ୍ପୃହା ମଧ୍ୟରେ ଅତି ବାସ୍ତବ ଅଭିଳାଷ। କବି ଗୌରହରି ଦାସଙ୍କ 'ବର୍ଷା' ଋତୁକ୍ରିୟାର ନୈମିତିକ ଧାରା ନୁହେଁ, ଏକ ମାନବୀୟ ବିକଳ୍ପ ଓ ଅବଧାରଣା।

'ବର୍ଷ: ଚାରି ଚେହେରା' ଆଷାଢ଼, ଶ୍ରାବଣ, ଭାଦ୍ରବ, ଅଶିଣକୁ ନେଇ ପରିକଳ୍ପିତ। ଆଷାଢ଼ ଅନୂଢ଼ା କିଶୋରୀ, କିନ୍ତୁ ପ୍ରିୟତମା। ବର୍ତ୍ତୁଳ ଓଠରେ ପ୍ରଥମ ମୃଦୁ

ସ୍ପର୍ଶ, ଦେହର ଜଞ୍ଜିରରେ ବନ୍ଧା ସୁକୁମାର ପ୍ରବୃତ୍ତିମାନଙ୍କ ମଧ୍ୟରୁ ଏହା ସର୍ବୋତ୍ତମ ପରମାନନ୍ଦ ଛଡ଼ା ଅନ୍ୟ କିଛି ମୂଲ୍ୟବାନ ଥିବାର ମନେ ହୁଏ ନାହିଁ। ଏହି ସର୍ବାଙ୍ଗ - ରକ୍ତ, ହାଡ଼, ମାଂସ ଉପରେ ଫୁଲପକା ରଙ୍ଗିନ ଆବରଣ। ଏହାକୁ ନେଇ କେତେ ଦର୍ଶନ, କେତେ ନିରାସକ୍ତ ନିଷ୍କାମ ଭାବନା। ବୌଦ୍ଧ ନିର୍ବାଣରୁ ପରମାର୍ଥିକ ପରଜନ୍ମକୁ ନେଇ କପୋଳ କଳ୍ପନା। ତଥାପି ପ୍ରିୟା ପାଇଁ ଯକ୍ଷ ବିରହୀ, ପ୍ରେୟସୀର କରକଙ୍କଣ ନିକ୍ୱଣ ମାନସିଂଙ୍କ କାବ୍ୟ ସିଦ୍ଧିର ପରମ ଅଭିବ୍ୟକ୍ତି।

'ଶ୍ରାବଣ' ନବବଧୂର ମଧୁଘନ ଆଲିଙ୍ଗନ। ଆଷାଢ଼-ପ୍ରେୟସୀ; ଶ୍ରାବଣ-ପ୍ରୀତିର ଫଲ୍‌ଗୁ ନବବଧୂ। ଆଷାଢ଼ ଜହ୍ନିଫୁଲର ମାୟା; ଶ୍ରାବଣ-ବର୍ଷଣ ମୁଖର ଦିବସ ଓ ରାତ୍ରୀ। ଆଷାଢ଼ି ବିରହ-ଅପହୃତ ନିଦ୍ରା, ଅପଲକ ଅପେକ୍ଷା, ଅସମାନ୍ତ ଭାବର ଭାସମାନ ପ୍ରତ୍ୟାଶା; ଶ୍ରବଣ ବିରହା-କାନ୍ତା ପ୍ରେମର ସ୍ୱକୀୟା ସ୍ୱୀକୃତି। ଯୌବନର ରସହ୍ଲୋଳ ଉଦ୍ଦୀପନା, ଜାଙ୍ଗଳିକ ଉଚ୍ଛ୍ୱାସର ଅଧୀର ଓ ସିକ୍ତ।

'ଭାଦ୍ରବ' ପାହାନ୍ତି ସଂପର୍କ। ବିତିଥିବା ସକାଳ ଓ ରଜନୀର ଗ୍ଲାନିରୁ ସଂପୂର୍ଣ୍ଣ ବିମୁକ୍ତ। ସମସ୍ୟାର ତାଡ଼ନା ଓ ମାନସିକ ଯନ୍ତ୍ରଣାରୁ ଉତ୍ତୀର୍ଣ୍ଣ କାବ୍ୟପୁରୁଷ ସୂର୍ଯ୍ୟୋଦୟ ପୂର୍ବରୁ ଜୀବନର ଅକ୍ଷାଂଶ ମଧ୍ୟରେ ଧାବମାନ। ପାର୍ଥିବ ତୃପ୍ତିର ବିନ୍ଦୁ ଓ ବଳୟ ମଧ୍ୟରେ କବି ସଂପୂର୍ଣ୍ଣ ଉପଭୋକ୍ତା। ପ୍ରାଣର ନିଭୃତ ଆବେଗଗୁଡ଼ିକ ଆସକ୍ତିରେ ରୂପାନ୍ତରିତ ହୋଇ ଯାନ୍ତବ ହୋଇଛି।

'ଅଶିଣ' କିନ୍ତୁ କାରୁଣ୍ୟରେ ପରିପୂର୍ଣ୍ଣ ଅଶ୍ଳୀଳ ରାଗିଣୀ। ଅସହାୟ ମର୍ଣିଷର ଉଦ୍‌ଭ୍ରାନ୍ତ ଜୀବନର ବ୍ୟଥା ବିଧୁର ଅଭିବ୍ୟକ୍ତ। ବର୍ଷାର ଶୀତ୍କାର, ବେଙ୍ଗର ମୁହୁର୍ମୁହୁଃ ଉଚ୍ଚାଟ ମଧ୍ୟରେ ବୈଧବ୍ୟ ଅତ୍ୟନ୍ତ ପୀଡ଼ାଦାୟକ। ନିଃସଙ୍ଗ ଶୂନ୍ୟତା ଲୁହର ବର୍ଷା ହୋଇ ଉତ୍ତପ୍ତ କରିଛି ଆତ୍ମା ଓ ଶରୀରକୁ।

ଭିନ୍ନ ଏକ ଦୃଷ୍ଟିରୁ ମଧ୍ୟ 'ବର୍ଷା: ଚାରି ଚେହେରା'କୁ ବିଚାର କରାଯାଇପାରେ। 'ଆଷାଢ଼' ଗ୍ରୀଷ୍ମର ଜ୍ୱାଳାକୁ ପ୍ରଶମିତ କରି ଅନୂଢ଼ା କିଶୋରୀ ପରି ଉପସ୍ଥିତ। ପ୍ରଥମ ସ୍ପର୍ଶରେ ଆହ୍ଲାଦିତ କରେ ପ୍ରାଣତନ୍ତ୍ରୀକୁ। 'ଶ୍ରାବଣ' ପରିପୂର୍ଣ୍ଣ କରିଦିଏ ସମଗ୍ର ଆବଶ୍ୟକତାକୁ। ଏଠାରେ ଶ୍ରାବଣ ଅନ୍ତର୍ହିତ ନୁହେଁ ଅମୃତ ଧାରା। 'ଭାଦ୍ରବ' ବର୍ଷୁକ ଶ୍ରବଣ ଏଠି କ୍ଲାନ୍ତ, କେବଳ ସମୟର ବ୍ୟବଧାନରେ ଉପସ୍ଥିତି ଅନିବାର୍ଯ୍ୟ। 'ଅଶିଣ'ର ବର୍ଷା ଅଲୋଡ଼ା ଦୁଃଖର କାରଣ।

'ମୋତେ କିଛି କୁହ ନାହିଁ', 'ଶବ୍ଦ କିଛି ସାଇତି ରଖ' ମୃତ୍ୟୁ ସଚେତନ କବିତା। କିନ୍ତୁ ଉଭୟ କବିତାର ମୃତ୍ୟୁବୋଧ ଭିନ୍ନ ପ୍ରକାରର। 'ମୋତେ କିଛି କୁହ ନାହିଁ' କବିତାରେ ପ୍ରିୟ ପରିଜନଙ୍କ ମୃତ୍ୟୁରେ ଯେଉଁ ବିକଳ ବେଦନା ଓ ଅସହାୟତାର

ଚିତ୍ର ଉପସ୍ଥାପିତ ହୁଏ, ତାହାର ଅବିକଳ ରୂପ ପ୍ରକାଶିତ ହୋଇଛି । ବିବିଧ ଗଣମାଧ୍ୟମରେ ଦୂରଦୂରାନ୍ତରର ମୃତ୍ୟୁ ଖବର ପ୍ରସାରିତ ହୋଇଥାଏ, ତାହା ହୁଏତ ହୋଇପାରେ ଯୁଦ୍ଧର ବିଭୀଷିକା, ପ୍ରାକୃତିକ ଦୁର୍ଯୋଗ କିମ୍ବା ହତ୍ୟା ଓ ଆତ୍ମହତ୍ୟାର ବିପର୍ଯ୍ୟସ୍ତ ଚିତ୍ର । ସେଥିପ୍ରତି ଅବଶ୍ୟ ସମବେଦନା ପ୍ରକାଶିତ ହୋଇଥାଏ । କିନ୍ତୁ ନିଜ ପରିବାର ସଦସ୍ୟଙ୍କ ଆକସ୍ମିକ ମୃତ୍ୟୁ ଅନ୍ତରକୁ କ୍ଷଣିକରେ ନିର୍ଜନ ଏବଂ ବିଦୀର୍ଣ୍ଣ କରିଦିଏ । ପଲ୍ଲବିତ ବୃକ୍ଷର ଶାଖା ସବୁ ଅକସ୍ମାତ୍ ଭୂଲୁଣ୍ଠିତ ହେଉଥିବା ଉପଲବ୍ଧ ହୁଏ । ନିର୍ଦ୍ଦୟ ଭୂକମ୍ପରେ ପାଦତଳର ମାଟି ଭୂଗର୍ଭରେ ଲୁକ୍କାୟିତ ହେବାର ଅବବୋଧ ସୃଷ୍ଟି ହୁଏ । ସ୍ୱର୍ଗ ନିଜ ସତ୍ତା ହରାଇ ବସେ । ନିଜ ସାନଭାଇର ମର୍ମନ୍ତୁଦ ଦୁର୍ଘଟଣାରେ ଜୀବନ ପ୍ରଦୀପ ଲିଭିଯିବା ପରେ କବି ଗୌରହରି ଦାସଙ୍କୁ ନିର୍ମମ ମୃତ୍ୟୁର କରାଳ ଛାୟା ଉପଛାୟା ହୋଇ ଆବୋରି ବସିଛି । ସାନବୋହୂର ବିକଳ ବାହୁନା, ଅନ୍ତର ଫଟା ଆର୍ତ୍ତନାଦ, କୋମଳ ପଦ୍ମ ପାଖୁଡ଼ା ପରି ହାତରୁ ଅନ୍ତର୍ଦ୍ଧାନ ହୋଇଯାଇଥିବା ଶଙ୍ଖାର ରୁଣୁଝୁଣୁ ଶବ୍ଦ, କବିଙ୍କୁ ସର୍ବଶ୍ରେଷ୍ଠ ମର୍ମ ବେଦନାରେ ଅଭିଷିକ୍ତ କରିଛି । ଏହା ଯେପରି ସବୁଠାରୁ ଭୟଙ୍କର ଏବଂ କଠୋର ବିପର୍ଯ୍ୟୟ ଓ ଆଘାତ । ନିଜ ଆଖିରେ ଶୀତଳ ମୃତ୍ୟୁର ଚେହେରାକୁ ସଂଦର୍ଶନ କରି କବି ପାଲଟି ଯାଇଛନ୍ତି ବ୍ରଜଠାରୁ କଠିନ, ପ୍ରସ୍ତୁତ ଭଳି ପାଷାଣ ।

'ଶବ୍ଦ କିଛି ସାଇତି ରଖ' ଅନ୍ୟ ଏକ ମୃତ୍ୟୁ ସଚେତନ କବିତା । କବି ବାରମ୍ବାର 'ସେଦିନ ମୁଁ ନଥିବି' ଭଳି ଆବେଗଧର୍ମୀ ଶବ୍ଦମାନ ଉଚ୍ଚାରଣ କରି ପାରିବାରିକ ସଂପର୍କ ପ୍ରତି ସଂଶୟ ସୃଷ୍ଟି କରିଛନ୍ତି ।

"ସେ ଦିନ ନଥିବି ମୁଁ ଶେଯରେ, ସ୍ୱପ୍ନରେ କି ସ୍ମୃତିରେ
ଯୁକ୍ତିରେ କି ସନ୍ଧି ବା ସର୍ତ୍ତରେ
ସେ ଦିନ ମୁଁ ନ ଥିବି ଅଥଚ ଥିବ
ତମ ପାଖେ ପର୍ଯ୍ୟାପ୍ତ ସମୟ ।"

– (ଶବ୍ଦ କିଛି ସାଇତି ରଖ)

ଗୀତାର ୨ୟ ଅଧ୍ୟାୟରେ ଭଗବାନ ଶ୍ରୀକୃଷ୍ଣ ମୃତ୍ୟୁ ସଂପର୍କରେ ଅମରବାଣୀ ଶୁଣାଇଛନ୍ତି- 'ଜାତସ୍ୟ ହି ଧ୍ରୁବୋ ମୃତ୍ୟୁଃ' । କବି ଗୌରହରି ଦାସ ଏହାକୁ ଅସ୍ୱୀକାର କରି ନାହାନ୍ତି, କିମ୍ବା ଗାର୍ହସ୍ଥ୍ୟ ଧର୍ମ ପ୍ରତି ଦ୍ୱିଧାଗ୍ରସ୍ତ ନୁହନ୍ତି, ବରଂ ପାରିବାରିକ ନଗ୍ନ ଜଞ୍ଜାଳକୁ ଶବ୍ଦର ସମାହାରରେ ଜୀବନ୍ତ କରିଛନ୍ତି । କବି ଗୌରହରି 'ସପ୍ତମ ଋତୁ' (୧୯୭୭)ର ସ୍ରଷ୍ଟା ରମାକାନ୍ତଙ୍କ 'ଶାଗୁଣାକୁ ଦେଇଛି ମୋ ଶରୀର' ଦର୍ଶନର ବିପରୀତରେ ନିଜ ଶବକୁ ନିଜେ ଧାରଣ କରିଛନ୍ତି । ତେଣୁ ତାଙ୍କର ମୁକ୍ତି ପିପାସା ଗୌଣ । କିନ୍ତୁ ଅଭିମାନ ମାତ୍ରାଧିକ । କବି କାହାକୁ ଜିଜ୍ଞାସା କରିଛନ୍ତି, ଶବ୍ଦ କିଛି

ସାଇଥି ରଖିବାକୁ ? ଏହାର ସରଳ ଉତ୍ତରହୋଇପାରେ ଯୌବନରେ ଜୟା, ବାର୍ଦ୍ଧକ୍ୟରେ ସେବିକା। କିଛି ଅବସୋସ ଯାହା ଅସମାଧିତ। ପରିଚିତ ଦୁଃଖ ସହ ନିର୍ଜନରେ ଭେଟ ହେଉଥିବା ସମୟବୋଧ ମଧ୍ୟ ବିଳମ୍ବିତ ରାତ୍ରୀରେ ଫାଟକ ଖୋଲିବାର ବାଧକତାରୁ ମୁକ୍ତି ଅନୁରୂପ।

କବିତାର ଅନ୍ତିମ ପର୍ଯ୍ୟାୟରେ କାବ୍ୟ ଚେତନାର ଊର୍ଦ୍ଧ୍ୱାୟନ ଘଟିଛି। ମତ ଦ୍ୱନ୍ଦ୍ୱ, ଅହେତୁକ ଅସନ୍ତୋଷକୁ ଅତିକ୍ରମଣ କରି ସ୍ମୃତିସବୁକୁ ରୋମନ୍ଥନ କରିଛନ୍ତି। ନଚେତ୍ ଉପଦ୍ରବ ହୀନ ମୁହୂର୍ତ୍ତ ସବୁ ବସା ବାନ୍ଧିଥାନ୍ତେ।

'ମୁଁ ଫେରି ଆସିଛି ଦେଖ' କବିତା 'ଶବ୍ଦ କିଛି ସାଇତି ରଖ'ର ପରବର୍ତ୍ତୀ ପ୍ରତ୍ୟାଶା ଭଳି ମନେହୁଏ। ସୁନ୍ଦର ଭୁବନ, ମଧୁମୟ ସୃଷ୍ଟିର ଆମନ୍ତ୍ରଣ କବିଙ୍କୁ ମର୍ତ୍ତ୍ୟଗାମୀ କରିଛି। ଅନ୍ତରୀକ୍ଷର ମୋହକୁ ବଳିଯାଇଛି ମାଣ୍ଡିଆ କ୍ଷେତର ମାୟା।

"ଏବେ ପାରିବ ଯଦି ତମର ସେ ଦୁଇ ପାପୁଲି ବଢ଼େଇ ଦିଅ
ଯୋଉ ପାପୁଲିରେ ତମେ ଗଢ଼ିଥାଅ
ନୀଳ ସମୁଦ୍ର, ଅନନ୍ତ ଆକାଶ ଓ ସବୁଜ ସଂସାର
ଏବଂ ମୋତେ ନେଇ ଯାଅ ମାଣ୍ଡିଆ କ୍ଷେତକୁ
ମୁହଁ ଢାଙ୍କି ମୋତେ ଶୁଆଇ ଦିଅ।"

ଆୟୋନେସ୍କୋଙ୍କ 'The Bald Prima Donna'ରେ ପୁତ୍ରର ବ୍ୟାକୁଳ ଆହ୍ୱାନରେ ମୃତପିତା ସହସା ସମାଧି ଭିତରୁ ଜୀବନ୍ୟାସ ପାଇ ଫେରି ଆସିଛି। ମୃତ ବ୍ୟକ୍ତିର ଶରୀର ଧାରଣ ବ୍ୟାପାର ଜୀବନ୍ତ ବ୍ୟକ୍ତିର ଚିନ୍ତାରୁ ପୁନର୍ଜନ୍ମ ଏବଂ ସାଂସାରିକ ବ୍ୟାପାରରେ ତାହାର ଅଂଶ ଗ୍ରହଣ ବିଷୟ, ଗୌରହରିଙ୍କ 'ମୁଁ ଫେରି ଆସିଛି ଦେଖ' କବିତା ଭାବ ପ୍ରାୟତଃ ସମଧର୍ମୀ। ସେଦିନ ମୁଁ ନ ଥିବି/ ଅଥଚ ତମେ ଥିବ/ ତମର ନିଅଣ୍ଟିଆ ବଜାର ସଉଦା ଚିଠା ଧରି (ଶବ୍ଦ କିଛି ସାଇତି ରଖ) ଅବଶ୍ୟ 'ମୁଁ ଫେରିଆସିଛି ଦେଖ' ମୃତ୍ୟୁର ପରପାରିରୁ ଫେରିଆସିବା କଥାକୁ ଇଙ୍ଗିତ କରୁଥାଇ ନ ପାରେ, କିନ୍ତୁ ଅନ୍ତର୍ଦ୍ଧାନର ପରିସମାପ୍ତି ଘଟାଇ ଫେରିଆସିବା କଥା ସତ୍ୟ।

୧୦ ମାର୍ଚ୍ଚ ୧୯୯୯ରେ ରଚିତ ହୋଇଥିଲା 'ମୁଁ ଫେରିଆସିଛି ଦେଖ' ଅର୍ଥାତ୍ ଉତ୍ତର ଅଶୀ ଓଡ଼ିଆ କବିତାରେ ଜୟ ପରାଜୟର ପ୍ରଶ୍ନ ଏକ ବୁଦ୍ଧିମାନ ମସ୍ତିଷ୍କରୁ ଜନ୍ମ ନୁହେଁ। ଜିତିଗଲେ ମଣିଷ ନିଶାସକ୍ତ ହୁଏ, ହାରିଗଲେ ମଧ୍ୟ ସୁରାପାନ କରେ। ତେଣୁ ତମର ମୋତେ କିଛି ପଚାରିବାର ନାହିଁ। ମୁଁ ଏଇ କବନ୍ଧ ଭଳି ତମ ସାମ୍ନାରେ ଉଭା ହୋଇଛି, ତାହାହିଁ ସତ୍ୟ। ସମସ୍ୟାର ଚକ୍ରବ୍ୟୂହ ମଧ୍ୟରୁ ମୁକ୍ତିଲାଭ କରିଥିବା ଏବଂ ଶୂନ୍ୟହସ୍ତା ଏକଲାପଣକୁ ଆଦରି ମୁଁ ଏକଲା ଅଭିମନ୍ୟୁ।

ସମୟର ତୂଣୀରୁ ନିକ୍ଷେପ ପାଇଁ ନିରସ୍ତ୍ର ସୈନିକର ଆବିର୍ଭାବରେ କେହି ଖୁସି ହେବାର ଗୌରବକୁ କିମ୍ବା ଦୟା କରିବାର ମହାନତା ପ୍ରତି କବି ଆସକ୍ତ ନୁହନ୍ତି। ଜୀବନ ପ୍ରତି ଦୃଷ୍ଟିଭଙ୍ଗୀ ଏଠାରେ ବ୍ୟଙ୍ଗାତ୍ମକ। ଗଭୀର ନୈରାଶ୍ୟ, ଉତ୍କଟ ମାନସିକ ଉତ୍‌ପୀଡ଼ନ ଦଗ୍ଧ କରିଛି ସମଗ୍ର କାବ୍ୟ ଅଭିବ୍ୟକ୍ତିକୁ।

'ଜିଗମିଷା' ସ୍ୱପ୍ନ ଓ ସ୍ୱପ୍ନଭଙ୍ଗର ମିଶ୍ରିତ କବିତା। ଆଶା ଓ ଅପେକ୍ଷା ଏଠି ଶୁଷ୍କ ଓ ବିବର୍ଣ୍ଣ ନୁହେଁ। କଳ୍ପନାର ରେଣୁ ପାହାନ୍ତି ବିରହ ହୋଇ ଉଡ଼ି ବୁଲିଛି ମାଟିରୁ ଆକାଶ ଯାଏ। ଭୋକିଲା ଅଜଗର ସ୍ଥୁଳ ଶରୀର ବିଳାସ କାମନାରେ ବାରମ୍ବାର କଡ଼ ଲେଉଟାଇଛି।

"ଫଙ୍ଗୁଳା ମୋ ଛାତିତଳେ
ଅଜଗରୀ ସଂଶୟର
ବାରମ୍ବାର କେମିତି ଯେ କଡ଼ ଲେଉଟିଛି।"

– (ଜିଗମିଷା)

'ଜିଗମିଷା' କବିତାର ବିବିଧ ଛତ୍ରରେ ବିରୋଧାଭାସର ଚିତ୍ର ମଧ୍ୟ ସ୍ପଷ୍ଟ। ପ୍ରେମର ଶାଶ୍ୱତ ମୂର୍ତ୍ତି ଧାରଣ କରି କୁରଙ୍ଗୀ ନୟନା କେତେବେଳେ ପିଙ୍ଗଳାର ରାତି କାଟିଛି ତ ଅନ୍ୟତ୍ର ଈପ୍‌ସିତଙ୍କ ଅପେକ୍ଷାରେ ମିଷ୍ଟିକ୍। ଦିନେ ପାରସ୍ୟର ପ୍ରସିଦ୍ କବି ଓମାର ଖାୟାମ ଏହି ରହସ୍ୟରେ ଛନ୍ଦି ଯାଇଥିଲେ। କବି ଗୌରହରିଙ୍କ ପ୍ରତ୍ୟୁତ୍ପନ୍ନ ବୋଧଶକ୍ତି (wit) ଆତ୍ମସମର୍ପଣ ମୁଦ୍ରାରେ ବିନିଷ୍ଟ ହେବା ପରି ମନେହୁଏ।

"ଅଧୈର୍ଯ୍ୟ ଅଥୟ ତମେ
ତମକୁ ବା କିବା ଅଗୋଚର
ତମେ କ'ଣ ଜାଣ ନାହିଁ ସଂପର୍କର ଭିତର ବାହାର।"

ସାମୁଏଲ୍ ବକେଟ୍‌ଙ୍କ 'Waiting for Godot'ରେ ଅପେକ୍ଷାର ଅନ୍ତ ନାହିଁ, ଅପେକ୍ଷା ହେଉଛି ଚରମ ଦୁଃଖ। ଅପେକ୍ଷା ଏବଂ ଅପ୍ରାପ୍ତି, ରୋଗ ଓ ଶୋକର ଯନ୍ତ୍ରଣା ଠାରୁ ଆହୁରି ହିଂସ୍ର। କବି ଗୌରହରି ଦାସଙ୍କ 'ଜିଗମିଷା'ରେ ଅପେକ୍ଷା ଖୁବ୍ ନିଷ୍ଠୁର।

"ପ୍ରିୟତମ ଅପେକ୍ଷାରେ ଭାରି କଷ୍ଟ
ଭାରି କଷ୍ଟ ଉପେକ୍ଷିତ ହୋଇ ରହିବାରେ।"

'ଚନ୍ଦ୍ରସେଣାର – ଚଉତି ଗୀତି' ଏକ ବିଷାଦବାଦୀ କବିତା। ଏଠାରେ ପୂର୍ଣ୍ଣତା ଅପେକ୍ଷା ଶୂନ୍ୟତା ଅଧିକ। ଭୋଗ ଓ ଭୋଗୀର ପରିସର ଚାରିକାନ୍ଥ ଭିତରେ ଆବଦ୍ଧ ହୋଇନାହିଁ। ଦେହର କ୍ଷୁଧା ପୁରୁଣା ପୁରୁଷର ସାନ୍ନିଧ୍ୟକୁ ଟପି ଅତ୍ୟନ୍ତ ତୀବ୍ର। କାବ୍ୟ ନାୟିକାର ଦେହ ପିପାସା ନୂତନ ନୂତନ ନାୟକ ଅନ୍ୱେଷଣରେ ସର୍ବଦା ବ୍ୟସ୍ତ ଓ ବିବ୍ରତ।

"ପଚାରନି, କାହିଁକି ମୋ ରାଧାରାଣୀ
ରାତି କାଟେ ଆଉ କା କୁଞ୍ଜରେ !"

– (ଚନ୍ଦ୍ରସେଣାର ଚଇତି ଗୀତି)

ଜୀବନର ନଗ୍ନ ବାସ୍ତବତାକୁ ବହନ କରି ପୌରୁଷ ଏଠାରେ ବିଳାପରତ। ନାରୀ ଆଉ ନର୍କ ଅଭିନ୍ନ ସଂଜ୍ଞା ନେଇ ଉପସ୍ଥିତ। ଦେହଜ କାମନା ରାତ୍ରୀର ଶେଷ ପ୍ରହର ପରେ ମଧ୍ୟ ଅସମାପ୍ତ। ଦୁର୍ବାର ଶାରୀରିକ ଉତ୍ତେଜନା ଧ୍ୱଂସ କରିଦେଇଛି ପତି ଓ ପତ୍ନୀର ଶାଶ୍ୱତ ସଂପର୍କକୁ। ଚଢ଼େଇ ଗାନ ଏଠି ଉଦାସିଆ, ଚଇତାଳି ଆସେ ପୁଣି ଯାଏ, କିନ୍ତୁ ରୋମାଞ୍ଚ ବିହୀନ। ନୂଆପତ୍ର କଅଁଳେ ମାତ୍ର ଅକାଳରେ ଝଡ଼ିଯାଏ। ଜହ୍ନରାତି ପାହିଯାଏ ଅନିଦ୍ରାରେ, କୋଇଲି ଫେରାର ହୁଏ, ପଞ୍ଚସ୍ୱରର ଗନ୍ଧ ମାତ୍ର ନାହିଁ। ଏଠାରେ ଲୋଭ ମାଂସଳ। ରୂପ ପିପାସା ମ୍ଳାନ ଓ ବିବର୍ଣ୍ଣ। ସଂପର୍କର ଜୁଆର ଆଦୌ ନାହିଁ। ଭଙ୍ଗା ପଡ଼ିଯାଇଥିବା ମନର ମାଟିଆ ବାଲିଚର ସ୍ଥବିର ଓ କାକୁସ୍ଥ। ସାମ୍ନାରେ ଭାଙ୍ଗି ପଡ଼ିଛି ବହୁ ପ୍ରସାରି ଥିବା ସଂପର୍କର ସେତୁ। କୋମଳ ଇଚ୍ଛା ସବୁ ଇତସ୍ତତଃ ଏଣେ ତେଣେ। ତଥାପି କବି କାମନାରେ ଚନ୍ଦ୍ରସେଣା ପାଲଟି ଯାଇଥିବା ସାମାଜିକ ଉପଚାର ସବୁର ବିଲୟ ଘଟିବ। ଦେହରେ ବୋଳି ହୋଇଯିବ ଅଣ୍ଟିଭର୍ତ୍ତି ଫଗୁ ଓ ଅବିର। ସମୁଦ୍ରରେ ଉଜାଣି ଜୁଆର ଉଠିବ। ନିଉଛଣା ଜୀବନ ଓ ନ ପାରିଲା ଘରକରଣା ଉଛୁଳି ଉଠିବ କାହାର ପଦ ସ୍ପର୍ଶରେ। ସୁରେଇ ଭର୍ତ୍ତି ମହୁ ବିଞ୍ଚି ହୋଇଯିବ ତନୁ ଓ ମନରେ।

କବି ଗୌରହରି ଦାସଙ୍କ 'ଏରସମା' କବିତାରେ ମାଟି ଓ ମଣିଷ ସଂପର୍କ, ଦୁର୍ଭାଗ୍ୟ ଓ ଅସହାୟତାର ଅଶ୍ରୁ, ବିପର୍ଯ୍ୟୟ ଓ ମହାବିନାଶର କରୁଣ ବ୍ୟଥା ଲୋହିତ ଅନୁଭୂତି ହୋଇ ପ୍ରକାଶିତ ହୋଇଛି। ବିଶ୍ୱ ସାହିତ୍ୟରେ କ୍ରମିକ ବିପତ୍ତିମାନ ଅତ୍ୟନ୍ତ ସଚେତନ ଭାବେ ଚିତ୍ରିତ। ୧୯୪୭ ମସିହାରେ ପ୍ରକାଶ ପାଇଥିବା Albert Camuଙ୍କ ଉପନ୍ୟାସ 'The Plague'ରେ ଆଲଜେରିଆନ୍ ସହର Oranରୁ ପ୍ଲେଗ୍ ଭୂତାଣୁ ବ୍ୟାପି ଯେଉଁ ଭୟଙ୍କର ପ୍ରାଣ ନିଧନର ଅବସ୍ଥା ସୃଷ୍ଟି କରିଥିଲା ତାହା ନୋବେଲ ପୁରସ୍କାର ପ୍ରାପ୍ତ ଲେଖକଙ୍କ ପାଇଁ ଏକ ବଡ଼ କାହାଣୀ ବିସ୍ତାର ହୋଇଥିଲା। Irene Lathamଙ୍କ 'The Tornado', Eliza Griswoldଙ୍କ 'Flood' ପ୍ରାକୃତିକ ବିପର୍ଯ୍ୟୟକୁ ଆଧାର କରି ପ୍ରସିଦ୍ଧ ରଚନା।

ସମାଜ ଓ ଜୀବନ ପ୍ରତି ସର୍ବଦା ଅଙ୍ଗୀକାରବଦ୍ଧ ସ୍ରଷ୍ଟାଗଣ ପ୍ରାକୃତିକ କିମ୍ୱା ମାନବକୃତ ବିପର୍ଯ୍ୟୟକୁ ସମ୍ବେଦନଶୀଳ ଦୃଷ୍ଟିଭଙ୍ଗୀ ନେଇ ବିଚାର କରିଥାନ୍ତି। ସେଥିପାଇଁ ବେଦୁଇନ ଦେଶର ଗୃହଯୁଦ୍ଧ, ଉପସାଗରୀୟ ଅଞ୍ଚଳର ଉତ୍ତେଜନା, ସନ୍ତ୍ରାସର ନିଷ୍ଠୁରତା

କିମ୍ବା କୋଭିଡ୍-୧୯ ଭଳି ପ୍ରାଣଘାତକ ସଂକ୍ରମଣ ଆଦି ବିପତ୍ତି ସଂପର୍କରେ ଲେଖକ ଚୁପ୍ ନୁହେଁ।

'ଏରସମା' କବିତା ବାତ୍ୟା ଓ ବନ୍ୟାକ୍ରାନ୍ତ ସଂପୂର୍ଣ୍ଣ ଗ୍ରାମ୍ୟ ଜୀବନର ବିକଳ ଅସହାୟତାର ଚିତ୍ରଣ। ଏକଦା ଏସିଆର ସର୍ବବୃହତ୍ତମ ଷ୍ଟିଲ୍ ପ୍ଲାଣ୍ଟ 'ରାଉରକେଲା'ର ପ୍ରତିଷ୍ଠା ଓ ଓଡ଼ିଆମାନେ ଦେଖୁଥିବା ସ୍ଥାୟୀ ସ୍ୱପ୍ନ ସବୁ ଫୋଟକା ପାଲଟିଯିବାର ନିରାଶ ଅସହାୟତାକୁ ପ୍ରସନ୍ନ ପାଟଶାଣୀ ସଂଦର୍ଶନ କରି ଶ୍ରମିକର ଲୁହରେ ନିର୍ବାକ ପାଲଟି ଯାଇଥିଲେ।

"ପବନର ହାତ ଯେବେ ସାଉଁଳିଲା ତୋ ମଥାର ବାଳ
କପାଳରେ ଟୀକା ଦେଲା ପାହାନ୍ତାର ରକ୍ତାକ୍ତ ଭୂଗୋଳ
ଥିରିଥିରି ପବନରେ ଚିରିଗଲା ତୋ ନୀଳ ଓଢ଼ଣା
ରାଉରକେଲାର ମୋତେ ଗପ କହ
ଖାଲି ଆଟିକାରେ ଫୁଟିଛି କିପରି ଆଖିର ଲୁହ।"

– (ରାଉରକେଲା)

କବି ଗୌରହରି ଜଣେ ମାନବବାଦୀ ଦରଦୀ ଶିଳ୍ପୀ। ଅସହାୟ ମଣିଷର ଉଦ୍‌ବିଗ୍ନ ରୂପ ତାଙ୍କୁ ବିଚଳିତ କରିଥାଏ। Doriske ପ୍ରକାଶ କଲା ଭଳି "Kindness is the best form of humanity." 'ଏରସମା' କବିତାରେ ଅଶିଣର ସାବ୍‌ଜା କ୍ଷେତର ବିବର୍ଣ୍ଣ ଚେହେରା, ଘରକରଣାକୁ ହରାଇ ସର୍ବସ୍ୱାନ୍ତ ମଣିଷର ବିକଳ ନିଃସ୍ୱାର୍ଥ ଚାହାଣି, କବି ଆତ୍ମାକୁ ବିବ୍ରତ କରିପକାଇଛି। ନିଜର ଅତି ଅପରିହାର୍ଯ୍ୟ ଜିନିଷକୁ ହରାଇ ନିର୍ବାକ ପାଲଟି ଯାଇଥିବା ଏରସମାର ଅବଶିଷ୍ଟ ନିଃସହାୟ ମଣିଷର ଭାଗ୍ୟଲିପି ପ୍ରତି କବି ସନ୍ଦିହାନ ହୋଇପଡ଼ିଛନ୍ତି। ଏକଦା Eliza Griswold ମଧ୍ୟ ବନ୍ୟାର ଭୀଷଣ ରୂପ ସଂଦର୍ଶନ କରି ବିଚଳିତ ହୋଇପଡ଼ିଥିଲେ।

"I packed my bag in the night
and peered in its leather belly
to count the essentials
nothing is essential." – (Flood)

ମୃତ ନଈ ଫଣା ମେଲାଇ ଉଜାଡ଼ି ଦିଏ ସର୍ବସ୍ୱ। ଅବେଳରେ ସିନ୍ଦୂରକୁ ପୋଛିନିଏ। ଏକୋଇର ବଳା ବିଶିକେଶନ ଆଖିର ସାମାନ୍ୟ ଦୂରତାରେ ଜଳ ସମାଧି ଲଭେ। କବି ଗୌରହରିଙ୍କ କବି-ଅନ୍ତର ହାହାକାର କରି ଉଠେ ପ୍ରକୃତିର ଏହି ସର୍ବଗ୍ରାସୀ ତାଣ୍ଡବ ଦର୍ଶନ କରି। ପିତୃତ୍ୱର ଫଟା ଇଚ୍ଛା ସବୁ କବିତା ହୋଇ ଅଜାଡ଼ି ପଡ଼େ।

"ସହସ୍ର ଫଣା ଫୁଲେଇ ମାଡ଼ିଥିଲା
କାଳୀୟ ନାଗ
ଲହଲହ କରୁଥିବା ଜିଭ ତା'ର
ଖୋଜୁଥିଲା ମୋ ନିଉଛୁଣା
ଘରର ଅନ୍ଦି, ସନ୍ଧି
x x x x x x
ମୋର ଝାଳ, ଲୁହ, ରକ୍ତ ଏବଂ
ସିନ୍ଦୂର ଟୋପା
x x x x x x
ମୋ ହାତ ଛାଡ଼ି ଭାସି ଭାସି ଯାଉଥିବା
ଏକୋଇର ବଳା
ବିଶିକେଶନର ଅରଣ୍ୟ ରୋଦନ।"

କବି ଗୌରହରି ମଣିଷର ସମସ୍ୟା ପ୍ରତି ଖୁବ୍ ସଚେତନ। ଅନ୍ୟର ଦୁଃଖହରଣ କରିବାକୁ ଅପଲକ ନୟନରେ ଆଶୀର୍ବାଦ ପ୍ରଦାନ କରୁଥିବା ଗାଁ ଠାକୁରାଣୀର ବନ୍ୟାଜଳରେ ନିଜେ ଭାସି ଯିବା ପ୍ରତି ଆଧ୍ୟାତ୍ମିକ ପ୍ରଶ୍ନବାଚୀ, ଘରଭଙ୍ଗା ଋଣ କରିଦେବ କହି ପ୍ରତି ନିୟତ ଲୁଟୁଥିବା ପରିଚିତ ପ୍ରତାରକମାନଙ୍କର ମୁଖା ଖୋଲିଦେବାରେ କବିଙ୍କର କୌଣସି ଅନୁଶୋଚନା ନାହିଁ।

"ମୁଁ ଭୁଲିଯାଆନ୍ତି ଆପଦ ବିପଦରୁ
ରଖିବ ବୋଲି ବଳି ଖାଇଥିବା
ଗାଁ ଠାକୁରାଣୀ ନିଜେ ଭାସି ଯିବାର କଷ୍ଟ
ଭୁଲିଯାଆନ୍ତି ଘରଭଙ୍ଗା ଋଣ କରିଦେବ କହି
ଅବଶିଷ୍ଟ ବର୍ତ୍ତମାନକୁ ଲୁଟି ନେଇଥିବା
ପରିଚିତଙ୍କ ପ୍ରତାରଣା।"

'ଏରସମା' କବିତାର ଭାବାଦର୍ଶ ମୁଖ୍ୟତଃ ଦ୍ୱିବିଧ। ପ୍ରଥମତଃ ପ୍ରାକୃତିକ ପ୍ରଳୟର ପ୍ରତ୍ୟକ୍ଷ ଚିତ୍ରଣ। ଅଶାନ୍ତ ପ୍ରକୃତିର ନିର୍ଦ୍ଦୟ ଅହଂକାର ଜନପଦର ଶାନ୍ତ ଓ ସ୍ଥିର ଚଳନକୁ କ୍ଷଣିକରେ ବିଭ୍ରାନ୍ତ କରିଦେବା, ରାତ୍ରିର ଘନତା ପରି ସର୍ବନାଶୀ ବିକଟତା ଫୁତ୍କାର ତୋଳି ନିଷ୍କପଟ ପ୍ରାଣୀ ଓ ଚତୁଃପାର୍ଶ୍ୱିକ ନିବିଡ଼ ଲହରକୁ ନିର୍ଜୀବ ଓ ଉଚ୍ଛଶ୍ୱାସରେ ପରିଣତ କରିଦେବା। ପ୍ରସିଦ୍ଧ ହିନ୍ଦୀ କବି ହରିବଂଶ ରାୟ ବଚନଙ୍କ 'ତୁମ ତୁଫାନ ସମଝ ପାଓଗେ' କବିତାରୁ ଝଡ଼ର ଭୟଙ୍କର ଭୀଷଣତାକୁ ଅନୁଭବ କରିହେବ।

"ତୋଡ୍-ମରୋଡ୍ ବିପଟ-ଲତିକାଏଁ
ନୋଚ - ଖସୋଡ୍ କୁସୁମ-କଳିକାଏଁ
ଯାତା ହେ ଅଜ୍ଞାତ ଦିଶା କୋ ! ହଟୋ ବିହଙ୍ଗମ, ଉଡ଼୍ ଜାଓଗେ !
ତୁମ୍ ତୁଫାନ୍ ସମଝ ପାଓଗେ ।"

ପୂର୍ବପୁରୁଷର ପିଢ଼ି ଉପରେ ସକାଳରୁ ସଞ୍ଜ କିମ୍ବା ପାଣିଚିଆ ମୁହଁ ଅନ୍ଧାରରୁ ଅବସନ୍ନ ଦେହ ଧରି ମୁଁ ଅନ୍ଧାର ପର୍ଯ୍ୟନ୍ତ ଭାଗ୍ୟକୁ ବଦଳେଇ ଦେବାପାଇଁ ସମସ୍ତ ବ୍ୟଗ୍ରତା ଓ ବିଶ୍ୱାସ ମୁହୂର୍ତ୍ତରେ ନିସ୍ତେଜ ହୋଇଥାଏ । କବି ଗୁରୁପ୍ରସାଦଙ୍କ 'ଅକ୍ରୂର ଉବାଚ'ରେ ଜୀବନର କ୍ଲାନ୍ତି ଓ ଅବସୋସ 'ଏରସମା' କବିତାରେ ଝଡ଼ ପରବର୍ତ୍ତୀ ଝଡ଼ି ପଡୁଥିବା ସୋରିଷ ଫୁଲ ପାଖୁଡ଼ାର ନିସ୍ୱତା ପରି ସଭଙ୍ଗ ସ୍ୱପ୍ନ ସବୁ ଅତ୍ୟନ୍ତ ରୁଗ୍ଣ ଓ କ୍ଷତାକ୍ତ ।

ଦ୍ୱିତୀୟତଃ ବିଡ଼ମ୍ବିତ ଭାଗ୍ୟ ଓ ଅନିଶ୍ଚିତ ବର୍ତ୍ତମାନ । ଏକୋଇରବାଲା ବିଶିକେଶନର ଅଝଟ ଆଉ ନାହିଁ । କେବଳ ପ୍ରତିଧ୍ୱନି ହେଉଛି ଜଳ ଭଉଁରୀ ଭିତରେ ଶେଷଥର ପାଇଁ ନିଶ୍ଚିହ୍ନ ହୋଇଯାଇଥିବା ନିଜ ବଂଶର ସନ୍ତକର ବିକଳ କ୍ରନ୍ଦନ ଓ ଚିତ୍କାର । ଦିଶିଯାଉଛି ବିକଳ କୋମଳ ସୁଖରେ ନୀଳପଦ୍ମର ନିରୀହ ନେତ୍ର କିମ୍ବା ଉଦ୍ଧାର କରିନେବା ପାଇଁ ଅସହାୟ ଅନୁନୟ ଚାହାଣି । ଯେଉଁ ମୁହଁରେ କେତେ ନିବିଡ଼ ଚୁମ୍ବନ ବର୍ଷିଯାଇଥିବ ନିଭୃତରେ । ତପନ କୁମାର ପ୍ରଧାନଙ୍କ 'ରକ୍ତରୁ ଲୁହକୁ' କବିତାରେ ମଧ୍ୟ ସଂପର୍କର ରକ୍ତ, ପଞ୍ଜରା ତଳେ ଅନ୍ୱେଷଣ କରୁଥିବା ଅପାସୋରା ଅବସୋସର ମର୍ମଭେଦୀ ଦୀର୍ଘଶ୍ୱାସ ।

"ମୁଁ କଳାହାଣ୍ଡି କହୁଛି
ଦେଖିଛକି ମୋର କଅଁଳ ଶିଶୁଟିକୁ
ଯିଏ କୋମଳ ନିଃଶ୍ୱାସ ନେଉଥିଲା
ମୋର ଏକମାତ୍ର ଅଲିଅଳ
ମାତ୍ର ଚାଳିଶ ଟଙ୍କାରେ ତାକୁ ବିକି ଦେଇଥିଲି
ଦଶ ବର୍ଷ ଆଗରୁ ଦୁର୍ଭିକ୍ଷର ବେଳେ
ଏବେ କେତେ ଡେଙ୍ଗା ଓ କେତେ ବଡ଼ ହୋଇଯାଇଥିବ
ତମେ ତାକୁ ଦେଖିଛକି ବାବୁ ?
ରାଇପୁର ବଜାରରେ ।"

କବି ସୀତାକାନ୍ତଙ୍କ 'ଦୁର୍ଯ୍ୟୋଧନ' କବିତାରେ ସନ୍ତାପିତ ପିତୃପ୍ରାଣ, କପାଳ ଫାଙ୍କା ନିଃସହାୟ ନାରୀତ୍ୱର କାରୁଣ୍ୟ ପରି କବି ଗୌରହରି ଦାସ ଜଣେ ଦରଦୀ

ଶିଳ୍ପୀର ଅନୁରାଗ ନେଇ 'ଏରସମା' ରଚନା କରିଛନ୍ତି। 'ଏରସମା'ର ମହା ବିପର୍ଯ୍ୟୟ ସବୁ ସମ୍ବାଦପତ୍ର ଓ ସମ୍ବାଦ ବିତରକ ସଂସ୍ଥାର ମୁଖ୍ୟ ପୃଷ୍ଠା ମଣ୍ଡନ କରି ଓ ମୁଖ୍ୟ ଖବର ହୋଇ ପ୍ରକାଶିତ ହୋଇଥିଲା। କିନ୍ତୁ ଏବେ ମଧ୍ୟ 'ଏରସମା'ର ବ୍ୟଥା ଅସମାପ୍ତ। ଏ ମାଟିର ମଣିଷ ପାସୋରି ପାରୁନି ହରାଇଥିବା ଅତୀତର କରୁଣ ସ୍ମୃତିକୁ ଓ ସଜାଡ଼ି ପାରିନି ଅସଜଡ଼ା ଜୀବନକୁ। ହୁଏତ ଆଉ ଏକ ମହାବାତ୍ୟା ସବୁଦିନ ପାଇଁ ନିଶ୍ଚିହ୍ନ କରିଦେବ 'ଏରସମା'ର ପ୍ରାଚୀନ ସଭ୍ୟତାର ମୋହକୁ। Irene Lathamଙ୍କ 'The Tornado' କବିତାର ମର୍ମ ଗୌରହରିଙ୍କ 'ଏରସମା'ର ସାରଧର୍ମ।

> "The story comes grumbing
> over the hill. It tumbles
> hailstones and cracks tree-trunks
> It craves front - page news."

କବି ଗୌରହରିଙ୍କ 'ଏରସମା' କବିତାର ଗୋଟିଏ ପଟେ ମହା ସଂକଟର ବାର୍ତ୍ତା, ଅନ୍ୟପଟେ ପୁଚି ଖେଳିଲା ପରି ମଣିଷର ଦୁର୍ଭାଗ୍ୟ। ପୁଣି ମୋର କୁଲା, ବାଉଁଶିଆ, ଆରିସି, ପାନିଆଁ ଭିତରେ ଲୁଚକାଳି ଖେଳୁଥିବା ଆତ୍ମତୃପ୍ତି ଓ ଗାଁ ଠାକୁରାଣୀ ନିଜେ ଭାସିଯିବାର କଷ୍ଟ ପ୍ରତି ଶାଣିତ ବ୍ୟଙ୍ଗୋକ୍ତି, କବିତାକୁ ଅତି ବାସ୍ତବ କରି ପାରିଛି। କବି ରାଜାରାଣୀ, ବୁଢ଼ୀ ଅସୁରୁଣୀ ଗପ, କଲୁରେଇବେଣ୍ଟ କଥା ଉତ୍‌ଥାପନ କରି ତଥାପି ବଞ୍ଚିବାର କଳା ଓ ଉଚ୍ଚାଟିତ ସ୍ୱପ୍ନର ଦୁର୍ଲ୍ଲଭ ନଅର ତୋଳିଛନ୍ତି। ଯେଉଁଠି ଆଗାମୀ ଉଚ୍ଛ୍ୱାସ ଅପେକ୍ଷା କରିଥିବ ସକାଳ ହେବା ବେଳକୁ ଭାତ ନିଦ ଭାଙ୍ଗି ନ ଥିବ।

> "ଯୋଉ ଗପ ମୋତେ
> ଟିକିଏ ନିଦ ଦେବ, ରାତି ଗୋଟିଏର
> ଭାତ ନିଦ ?"

'ଆସ, ଏଇଠି ବସ' କବିତାରେ 'ମୁଁ' ଆଉ 'ତମେ'ର ଦୂରତା ଭିତରେ ନିର୍ଜନତା ନାହିଁ। ଯୁଦ୍ଧ ପରବର୍ତ୍ତୀ ଅସହାୟତା ଓ ବିଷଣ୍ଣତା, ଚାକିରିକୁ ଫେରିବା ପରର କ୍ଳାନ୍ତି କିମ୍ବା ଉତ୍ତେଜିତ ମତି, ଆତ୍ମନିଯୁକ୍ତିରୁ ବଞ୍ଚିତ ଅସହାୟତା ଭିତରେ ପ୍ରେମର ବିପର୍ଯ୍ୟୟ ସମ୍ଭାବନା ଆଦୌ ନାହିଁ। ସୌନ୍ଦର୍ଯ୍ୟବୋଧ ଓ ଦୈହିକ ଆକର୍ଷଣ ମଧ୍ୟରେ ଏକ ଗୋପନୀୟ ଆତ୍ମଅନ୍ୱେଷା ସଂକୁଚିତ ସଂପର୍କକୁ ପ୍ରତ୍ୟାଖ୍ୟାତ କରିବାକୁ ଯେପରି ସଂକଳ୍ପବଦ୍ଧ। 'ସ୍ୱପ୍ନ' ସବୁ ପକ୍ଷାଘାତ ହେବାର ସୁଯୋଗ ନାହିଁ। ନଦୀ ଶୁଷ୍କ ହେବା

ପୂର୍ବରୁ ସମୁଦ୍ରକୁ ଆହ୍ୱାନ କରି ପରିପୂର୍ଣ୍ଣ କରିନେବାର ଦୁର୍ବାର ପ୍ରବଣତା ପ୍ରକାଶ ପାଇଛି। ନିରାଶା ଓ ନୈରାଶ୍ୟର ଲମ୍ବା ଯାତ୍ରାକୁ ଅତିକ୍ରମ କରିବାର କ୍ଳାନ୍ତି ତଥା ଏକଲା ମଣିଷର ଦୁର୍ଭାଗ୍ୟକୁ ପରାସ୍ତ କରି କାବ୍ୟନାୟିକା ମୁହାଁମୁହିଁ ବସିବାର ମୁଗ୍ଧ ମୋହରେ ପରିବ୍ୟାପ୍ତ, ମିଳନର ଉଦ୍ୟଗ୍ର କାମନା କାଳେ ଅଙ୍ଗାର କରିଦେବ ସଂପର୍କକୁ। ପ୍ରାପ୍ତିର ତୃପ୍ତି, ଅପ୍ରାପ୍ତିର ଉଦ୍‌ବେଳନଠାରୁ ନିଶ୍ଚୟ ଅନାକର୍ଷଣୀୟ।

"ସେଇଠି ବସ
ଛୁଅଁ ନାହିଁ
ଛୁଇଁଦେଲା କ୍ଷଣି ଚହଲିଯିବ ଜହ୍ନରାତି।" (ଆସ ଏଇଠି ବସ - ପୃ: ୨୫)

ଅପ୍ରାପ୍ତିର ମୋହ, ପ୍ରାପ୍ତିର ବିଳାସକୁ ପ୍ରତ୍ୟାଖ୍ୟାତ କରିଛି ସେତେବେଳେ, ଯେତେବେଳେ କବି ସଂପର୍କର ସଂଜ୍ଞା ନିରୂପଣ କରିଛନ୍ତି। ଏହା ଦେହୋତ୍ତର ଅବବୋଧ କି ନୁହେଁ ତାହା ମଧ୍ୟ ନିରୂପଣ କରିବା କଷ୍ଟସାଧ୍ୟ। ମାତ୍ର ପରିଚୟର ପ୍ରତ୍ୟାଶା, ସରୀସୃପ ଇଚ୍ଛା ଏବଂ ଅହଂକୁ ଅତିକ୍ରମ କରି ଓଠ ଓ ଉଚ୍ଚାଟ, ଚେହେରା ଓ ଜହ୍ନରାତି ଶବ୍ଦଙ୍କ ଅରଣ୍ୟ ଭିତରେ ଏକାନ୍ତ ଆତ୍ମହରା। ଗୋଟିଏ ପାଦ କି ଟିକିଏ ହାଇଫେନ୍ ଦୂରତାକୁ ଘୁଞ୍ଚିବାର ଅବକାଶ ନାହିଁ। ଯାଦୁକରୀ ଜହ୍ନରାତି ପରି ତୁମେ ତମର ନୁହେଁ, ମୁଁ ମୋର ନୁହେଁ, ଏକ ପରିବ୍ୟାପ୍ତ ଆତ୍ମସମର୍ପଣ। ରମାକାନ୍ତୀୟ 'ଜହ୍ନରାତି' ଆଲିଙ୍ଗନ ଓ ସତ୍ତା ହରେଇ ବସିଥିବା ମାଟି ଓ ଆକାଶର ବିଦେହ ଆକର୍ଷଣକୁ ବିବର୍ତ୍ତିତ ହୋଇଯାଇଥିବାବେଳେ କବି ଗୌରହରି ଜହ୍ନରାତି ଚହଲି ଯିବାର ଭ୍ରାନ୍ତିରେ ବିଦୀର୍ଣ୍ଣ। ପବନ ଅନ୍ତର୍ଦ୍ଧାନ ହୋଇଯିବା ପୂର୍ବରୁ ମୁହଲ ଡାଳରେ ଓଠରେ ମଧୁରତା ଆତ୍ମଗୋପନ କରିବା ଆଗରୁ ପାଖାପାଖି ବସି ବସି ଚନ୍ଦ୍ରିକା କର୍ଣ୍ଣରେ ପ୍ରାକ୍ ଐତିହାସିକ ସଂପର୍କକୁ ଅନ୍ୱେଷଣ କରିବା କବିଙ୍କ ଆଦିମ ଅଭିଳାଷ।

"ଆସ, ଏଇଠି ବସ ମୋ ପାଖରେ
ଉତ୍ତାପ ହୋଇ ରହ
ଅଙ୍ଗାର ପାଲଟି ଯାଅ ନାହିଁ।" (ଆସ ଏଇଠି ବସ - ପୃ: ୨୫)

କବି ଗୌରହରି ଦାସଙ୍କ ଆବେଗିକ ଅନୁସନ୍ଧିତ୍ସା ପାର୍ଥିବ ସ୍ଥୂଳତାକୁ ଅତିକ୍ରମ କରି ସୂକ୍ଷ୍ମ ରହସ୍ୟରେ ବିଲୀନ ହେବାକୁ ପ୍ରୟାସ କରିଛି। ଯାହା ସଂପୂର୍ଣ୍ଣ ରୋମାଣ୍ଟିକ୍। ପବନରେ, ଓଠରେ, ଜହ୍ନରାତିରେ, ସଙ୍ଗରେ, ଅରଣ୍ୟରେ, ପାଖରେ, ଆଉ ଥରେ ଶବ୍ଦ ପୁଞ୍ଜରେ ଯେଉଁ କଳ୍ପନା ବିଳାସର ଅହେତୁକ ଅନୁରାଗ ପରିସ୍ଫୁରଣ ଘଟିଛି, ସରସ୍ୱତୀ ସମ୍ମାନ ପ୍ରାପ୍ତ 'ଶ୍ରୀରାଧା' ଦୀର୍ଘ କବିତା ପୁସ୍ତକର ଯଶସ୍ୱୀ କବି ରମାକାନ୍ତ ରଥ ସୂର୍ଯ୍ୟାଲୋକରେ ଅନ୍ଧ ହୋଇଯିବାର ଆଶଙ୍କାରେ ଉଦ୍‌ବିଗ୍ନ, କିନ୍ତୁ ଜହ୍ନ ବୁଡ଼ିଯିବା ପୂର୍ବରୁ ଶୁଭ୍ର ପ୍ରଚ୍ଛାୟାର ମାୟାରେ ଆତ୍ମମଗ୍ନ ଓ ବିଷାଦଗ୍ରସ୍ତ।

"ମୁଁ ଏଠୁ ପାରିବିନି ଘୁଞ୍ଚି କାଲେ ଜହ୍ନ ବୁଡ଼ିଯିବ
କାଲେ ମୁଁ ଫେରିବାବେଳେ ସୂର୍ଯ୍ୟାଲୋକେ ବାଟ ନ ଦିଶିବ।" (ଜହ୍ନରାତି)

ଆସ, ଏଇଠି ବସ, ମୋତେ ଚାହଁ, ଆଉ ଥରେ ଦେଖିବାକୁ ଦିଅ ଜହ୍ନରାତି ପରି ତୁମ ଚେହେରା, ଶୁଣିବାକୁ ଦିଅ ସଞ୍ଜ ପବନର ଶୀତ୍କାର ଆଦି ପଙ୍କ୍ତି ଓ ରୂପକଳ୍ପ ମଧ୍ୟରେ କବି ମାନବୀୟ ଉଚ୍ଛ୍ୱାସରେ ସୀମାବର୍ତ୍ତୀ ମନ-ଚୈତନ୍ୟ, ରୂପ-ଦୃଶ୍ୟର ନିଟୋଳ ରୂପକାର।

"ଆଉ ଥରେ ଦେଖି ନେବାକୁ ଦିଅ
ଜହ୍ନରାତି ପରି ଉଚ୍ଛାଟ ଉଜ୍ଜ୍ୱଳ ତୁମ ଚେହେରା
ଶୁଣିବାକୁ ଦିଅ
ପାହାନ୍ତି ପହରରେ ଦୂର ଅରଣ୍ୟରୁ ଶୁଭୁଥିବା
ସଞ୍ଜ ପବନର ଶୀତ୍କାର ପରି ତୁମର ଗୀତ।" (ଆସ, ଏଇଠି ବସ - ପୃ: ୨୫)

'ଆଜି ରାତିରେ' କବିତାରେ 'ରାତି' ସଚିତ୍ର। ରାତିର ଅନ୍ଧାରୁଆ ନିବୁଜ କୋଠରି ଏବଂ ନିର୍ଜନ ଚୌହଦୀ ଭିତରୁ ଅତୀତକୁ ରୋମନ୍ଥନ କରିବାକୁ କବି ନିରୋଳା ଆଶାୟୀ। କିନ୍ତୁ ରାତିର ତରଳ ପ୍ରବାହ ମଧ୍ୟରେ କବିଙ୍କ ଦୃଷ୍ଟିଭଙ୍ଗୀ ଶ୍ଳେଷାତ୍ମକ।

କେବଳ ଅଭିଜ୍ଞତାର ଗଭୀରତା ତାର ସ୍ୱରୂପ ସମ୍ବନ୍ଧରେ ଅନୁସନ୍ଧାନ କରେ। ମାତ୍ର କବି ଚିତ୍ତର ନିର୍ଦ୍ଦିଷ୍ଟ ଉପସଂହାର ନିର୍ଣ୍ଣୟ କରିବା କଷ୍ଟକର। ଯେମିତିକି ବହିଗୁଡ଼ିକର ମଲାଟ ଉପରେ/ କହିଦେବାକୁ ହେବ - ଥାଅ/ ମୋ ପରେ ଯିଏ ଆସିବେ/ ସିଏ ନିଶ୍ଚୟ ଆଦରରେ/ ତୁମମାନଙ୍କ ପୃଷ୍ଠା ଲେଉଟେଇବେ, ପଢ଼ିବେ (ଆଜି ରାତିରେ) ଏଥିରୁ ଅବବୋଧ ହେବ ଯେ, ଦୀର୍ଘ କର୍ମର ପସରା ଗୁଳାରୁ ବିଦାୟ ନେବାର ସମୟ ଉପସ୍ଥିତ। ସେଥିପାଇଁ ଅପୂର୍ଣ୍ଣ ଇଚ୍ଛାମାନଙ୍କୁ ନେଇ କବି ସ୍ୱାଭାବିକ ନୁହନ୍ତି। ଅନ୍ୟପକ୍ଷରେ ଜୀବନ ପ୍ରତି ଗଭୀର ଆସକ୍ତ କବି ମୃତ୍ୟୁର ଶୀତଳ ସ୍ପର୍ଶକୁ ଉପଲବ୍ଧି କରିଛନ୍ତି, କାରଣ 'ରାତ୍ରି' ମୃତ୍ୟୁର ଅନ୍ୟ ନାମ। ଆଜି ରାତିରେ ବିଦାୟ ନେବାକୁ ହେବ/ ବଗିଚାରୁ, ଛାତ ଉପରୁ ଆକାଶରୁ/ ପାଚେରି କଡ଼ ଚମ୍ପାଗଛ, ଟଗର ଗଛ ପାଖରୁ/ ନଡ଼ିଆ ବାହୁଙ୍ଗା ସେପଟେ ଅଟକି ରହିଥିବା/ ଜହ୍ନ ପାଖରୁ ବି ବିଦାୟ ନେବାକୁ ହେବ/ ଆଜି ରାତିରେ (ଆଜି ରାତିରେ)। ପ୍ରସିଦ୍ଧ କବି ରମାକାନ୍ତ ରଥଙ୍କ 'ମୃତ୍ୟୁ', 'ସପ୍ତମ ଋତୁ' (୧୯୭୭), ସମୟବୋଧ ସହ ମୃତ୍ୟୁବୋଧ ଏବଂ ଅଭିଳଷିତ ହୃଦୟ ବିନିମୟର ତ୍ରିଧାରା ଗୋଟିଏ ସଂବେଗ ହୋଇ ପ୍ରକାଶିତ ହୋଇଛି। କିନ୍ତୁ କବି ଗୌରହରି ଦାସଙ୍କ 'ଆଜି ରାତିରେ' ସମୟବୋଧ ସହିତ ଅଧିକ ନିବିଡ଼ ମନେହୁଏ। ଗାଁ ସ୍କୁଲର

ଚିତ୍ରିତ ଅନୁଭୂତି, କଙ୍କି, ପ୍ରଜାପତି, ଘରଚଟିଆ ପ୍ରତି କୌତୂହଳତା, ବାରବର୍ଷର କିଶୋରୀ ପାଖରୁ ଅଧାଖିଆ ଅଇଁଠା ଲଜେନ୍‌ସ ଖାଇବାର ରୋମାଞ୍ଚିତ ଉଦ୍‌ବେଳନ କବିଙ୍କୁ ଅତୀତଆମୁଖ କରିଛି, ଯାହା ଅପାସୋରା ଦୁର୍ଲ୍ଲଭ ସମ୍ପଦ। ପୁଣି କବି ବର୍ତ୍ତମାନର କୃତ୍ରିମ ଜଟିଳତା ସହ ସଂଘର୍ଷ କରୁଥିବା ବେଳେ ଭବିଷ୍ୟତ ପ୍ରତି ଅବିଶ୍ୱାସ ଓ ଅନାସ୍ଥା ପ୍ରକଟ କରିଛନ୍ତି। କିଏ ଜାଣେ ଆସନ୍ତାକାଲିର ସତ୍ୟକୁ ରାତ୍ରିର ଦୀର୍ଘତା ସଂକୁଚିତ କରିଦେବ କି ନାହିଁ?

"ଆଜି ରାତିରେ ହିଁ ମନେ ପକାଇ
ଲେଖି ଦେବାକୁ ପଡ଼ିବ
ଯାହା ଯାହା ଭୁଲିଯାଇଛି
ତୁଟେଇ ଦେବାକୁ ପଡ଼ିବ ହିସାବ ନିକାଶ
ଏ ସମୟ ବଡ଼ ଅବିଶ୍ୱାସୀ
କାଲିକୁ ଭରସା ନାହିଁ
କିଏ ଜାଣେ, ରାତି ଯଦି ଜମା ନ ପାହିବ!' (ଆଜି ରାତିରେ)

'ପକ୍ଷୀ ଓ ପଞ୍ଜୁରି' କବିତାରେ କବି ଜୀବନର ଅସାରତା ଓ ପରବର୍ତ୍ତୀ ସମୟର ବ୍ୟତିକ୍ରମ ବିଳାପ ପରିଲକ୍ଷିତ। ବେଳେବେଳେ ସବୁଜ ସ୍ୱପ୍ନ ସବୁ ଅକସ୍ମାତ୍ ଅବିଶ୍ୱାସର ନିର୍ମମ ଆଲିଙ୍ଗନରେ ସମାଧିସ୍ଥ ହୁଏ। "ପାହାଡ଼ ଖୋଲରେ ଶୋଇଥିବା ବେଳେ/ ଯେଉଁ ଦୃଶ୍ୟ ତାକୁ ଦେଖାଇଥିଲା/ ଜଡ଼େଇ ଧରିଥିବା କୁରେଇ ଫୁଲର ଡାଳ।" ହଠାତ୍ କ୍ଷତବିକ୍ଷତ ଅସ୍ତିତ୍ୱକୁ ଜାବୁଡ଼ି ଧରି ପ୍ରଳାପ କରିବା ସାର ହୁଏ।

ବିଡ଼ମ୍ବିତ ଭାଗ୍ୟ ଆସି ଉପହାସ କରେ-
"ନିଦ ଭାଙ୍ଗିଗଲା
ନିର୍ମମ ଆଘାତରେ
କ୍ଷତବିକ୍ଷତ ହେଲା ତା'ର ସମଗ୍ର ଅସ୍ତିତ୍ୱ
ଖଣିରୁ କାରଖାନା, ସ୍ୱପ୍ନରୁ ସମାଧି।"
xxxxxxxxxx।" (ପକ୍ଷୀ ଓ ପଞ୍ଜୁରି)

କିନ୍ତୁ କବିତାର ପରବର୍ତ୍ତୀ ପଙ୍‌କ୍ତିମାନଙ୍କରେ କବି ଚେତନାର ଊର୍ଦ୍ଧ୍ୱାୟନ ଘଟିଛି। ଅର୍ଥାତ୍ ଯନ୍ତ୍ରଣା ଓ ଅସହାୟତାରୁ ମିଳିଛି ମୁକ୍ତି। ମ୍ୟୁନିସିପାଲିଟିର ଡଷ୍ଟ୍‌ବିନ୍ ପାଲଟିଯାଇଛି ମୁକ୍ତି ଓ ଆଶ୍ରୟର ଅନ୍ତିମ ନୀଡ଼। ଏଠି ପଞ୍ଜୁରି-ଚଢ଼େଇ, ଚଢ଼େଇ-ପଞ୍ଜୁରି, କଏଦୀ-ଜଗୁଆଳ, ଜଗୁଆଳ-କଏଦୀ ସବୁ ଶୂନ୍ୟ। ଦେହର ପଞ୍ଜୁରି ଭିତରେ ଚଢ଼େଇ, ଚଢ଼େଇର ଦେହ ଭିତରେ ସମସ୍ତ ପଞ୍ଜୁରି।

ପ୍ରୟାସୀ ବିବ୍ରତ ସର୍ତ୍ତା ଓ ଅନ୍ୟମନସ୍କ ନିର୍ଜନତା ଦୃଶ୍ୟାନ୍ତରର ପ୍ରତ୍ୟାଶାରେ ଗତିଶୀଳ।

"ଚଢ଼େଇର ଚାରିପାଖେ ପଞ୍ଜୁରି
ପଞ୍ଜୁରି ଭିତରେ ଚଢ଼େଇ
କିଏ କଏଦୀ, କିଏ ଜଗୁଆଳ
ପଞ୍ଜୁରି ଚଢ଼େଇର ନା ଚଢ଼େଇ ପଞ୍ଜୁରିର।" (ପକ୍ଷୀ ଓ ପଞ୍ଜୁରି)

'ମନ୍ତେଇ' ନଈ କବିଙ୍କ ସ୍ମୃତିରୁ ଅନ୍ତର୍ହିତ ନୁହେଁ। ଦୂର ପର୍ବତର ଅନ୍ତହୀନ ନୀଳ ଆକର୍ଷଣ ଅପ୍ରତିହତ ଭାବେ ଶୈଶବର କୌତୂହଳତା, ଯୌବନର ସମ୍ମୋହନ, ବାର୍ଦ୍ଧକ୍ୟରେ ବିସ୍ମୟ ସହ ଅବିଚ୍ଛିନ୍ନ ଧାରରେ ପ୍ରବାହମାନ। ଅନୁରୂପ ଭାବରେ, ପୃଥିବୀର ପ୍ରସିଦ୍ଧ କବିଗଣ 'ନଈ' ପ୍ରତି ଅହେତୁକ ଭାବେ ଦୁର୍ବଳ। Coleridgeଙ୍କ ସନେଟ୍ 'To the Riverotter', Stevensonଙ୍କ 'Looking - Glass River', Tennysonଙ୍କ 'The Brook', ସର୍ବୋପରି ଓଡ଼ିଆ କବିଗଣ ମଧ୍ୟ ଏ କ୍ଷେତ୍ରରେ ଶିଥିଳ ନୁହନ୍ତି। ଭକ୍ତକବି ମଧୁସୂଦନଙ୍କ 'ନଦୀ ପ୍ରତି', କବିଶେଖରଙ୍କ 'ସାଳନ୍ଦୀ', ଉତ୍କଳମଣିଙ୍କ 'ଭାର୍ଗବୀ ପ୍ରତି', ଗୋଦାବରୀଶ ମହାପାତ୍ରଙ୍କ 'ପୁଣ୍ୟ ଗୋଦାବରୀ', ମାୟାଧର ମାନସିଂହଙ୍କ 'ମହାନଦୀରେ ଜ୍ୟୋସ୍ନା ବିହାର', ବଂଶୀଧର ଷଡ଼ଙ୍ଗୀଙ୍କ 'ନଈ', ମନୋରମା ବିଶ୍ୱାଳ ମହାପାତ୍ରଙ୍କ 'ବିହ୍ୱଳ ବାସ୍ନାରେ ସାଳନ୍ଦୀ' କବି ଚିତ୍ତର ଭାବବିହ୍ୱଳ ଅନୁରାଗ। କବି ଗୌରହରି ଦାସଙ୍କ 'ନଈ' ଓ ସଂପର୍କ ଗୋଟିଏ ବହଳିଆ ଆସ୍ତର। ଭିନ୍ନ ଓ ଅଭିନ୍ନ ଏପରି ଆଶଙ୍କା କରିବା ସମୀଚୀନ ନୁହେଁ। ଦୀର୍ଘଶ୍ୱାସ ଜୁଆରିଆ ହେବା ଅର୍ଥାତ୍ ନାସ୍ତିବାଚକ ଶୂନ୍ୟତାର ଦୀର୍ଘତା କେଉଁଠି ନା କେଁଉଠି ଅସ୍ତିତ୍ୱ ସହ ନିବିଡ଼ ଭାବେ ଘନିଷ୍ଠ। ପାବ୍ଲୋ ନେରୁଦାଙ୍କ ଏକ କବିତାକୁ ସ୍ମରଣ କରାଯାଇପାରେ–

"ମୁଁ ପାଉନି ଭଲ ତାକୁ
ଏକଥା ନିଶ୍ଚିତ
କିନ୍ତୁ ଏହା ମଧ୍ୟ ହୋଇପାରେ
ମୁଁ ପାଉଛି ଭଲ।"

କବି ଗୌରହରିଙ୍କ 'ନଈ'ର ଦୀର୍ଘତା ପରି ଲମ୍ବ ମାରୁଥିବା ସଂପର୍କ, ନଈ ଆଉ ପାରି ଦୂରତା ଭିତରେ ଜୀବନ୍ତ ହୋଇ ଉଠୁଥିବା ମୁହାଣଗାମୀ ବ୍ୟସ୍ତତା। ଯେଉଁଠି ସଂପୂର୍ଣ୍ଣ ବିଲୀନ ପରିଚୟର ସଂଜ୍ଞା। ଏ କୂଳ – ସେ କୂଳର ଶୀର୍ଷବିନ୍ଦୁ ଚେତନାର ବିସ୍ତୃତିକୁ ଅସ୍ୱୀକାର କରିପାରି ନାହିଁ।

"ଆମର ସମ୍ପର୍କ ବି ସେଇପରି
ତୁମେ ଚିରଦିନ ସେ କୂଳରେ
ମୁଁ ଚିରଦିନ ଏ କୂଳରେ
ମଝିରେ ଦୀର୍ଘଶ୍ୱାସର ଜୁଆରିଆ ନଈ।"

'ଅକସ୍ମାତ' ଶବ୍ଦଟି ଅର୍ବାଚୀନ। ବେଳେବେଳେ ବିନ୍ଦୁ, ଅନ୍ୟ କେତେବେଳେ ନାଦ। କବି ସଚ୍ଚିଦାନନ୍ଦ ରାଉତରାୟଙ୍କ ସହ ବଙ୍ଗଳାର ବହୁରଙ୍ଗ ଗଳିରେ ଅକସ୍ମାତ କାବ୍ୟ ପୁରୁଷର ଭେଟ ହେଲା ପରି, ଗୁରୁପ୍ରସାଦ ଅକସ୍ମାତ ସୂର୍ଯ୍ୟ ଗୋଲ ହେଉଥିବା ସଂଦର୍ଶନ କରିଛନ୍ତି। ଯାହା ଈଷତ୍ ବିପର୍ଯ୍ୟୟ ଓ ପାଣ୍ଡୁର। ବିଦିଶାର ନିଶା ପରି କୃଷ୍ଣ କବରୀ ଆଢୁଆଳରେ ଲୁକ୍କାୟିତ ବିଷଣ୍ଣ ଓ ବିବର୍ଣ୍ଣ ସମୟ। ଗୌରହରି ଦାସଙ୍କ 'ଦେଶ'କୁ ଲକ୍ଷ୍ୟ କରାଯାଇପାରେ।

"ଯେମିତିକା ସେ ଦିଶିବା କଥା
ସେମିତି ଦିଶୁ ନ ଥିଲା ଆଦୌ
ସାହିତ୍ୟ ସାର୍ ତା ବେଶଭୂଷା ନେଇ
ଯାହା ଯାହା କହିଥିଲେ
ସେମିତି ନ ଥିଲା ତା'ର ବେଶ କି ଚେହେରା।"

ଗ୍ରସ୍ତ ସମୟର ଚିତ୍ରାଙ୍କନ କବି କର୍ମର ଚିତ୍ତବୃତ୍ତି ସହ ଅତ୍ୟନ୍ତ ନିବିଡ଼ ହୋଇଥିବାବେଳେ ଗୌରହରି ଦାସ ଅକସ୍ମାତ ମହାମାରୀର ସଂକ୍ରମଣ ଭିତରେ ମୁହଁରେ ହସର ଆଭାସ, ନା ହସିଲା ପରି ଦିଶିଲା - ଏପରି ସିଦ୍ଧାନ୍ତରେ ପହଞ୍ଚି ପାରିନାହାନ୍ତି। ଦେଶ କଥା କହିଲେ - ସେ ବି ସୁଖରେ ନାହିଁ, ବରଂ ଭୟଭୀତ। ଖୁଁ ଖୁଁ କାଶ, ସାହିତ୍ୟ ଓ ସଂପର୍କ ଏବଂ ନବପରିଚୟର ଉଷ୍ମତାକୁ ଉପଲବ୍ଧି କରିବା ମଝିରେ ପାରି ଦେଇଛି ଏକ ଫିକା ପରଦା। ନାକ ଉପରକୁ ସ୍ୱୟଂଚାଳିତ ଭାବେ ଆବୃତ୍ତ କରିପକାଉଥିବା କୋଭିଡ୍ ସମୟର ମୁଖାବରଣ ଅନ୍ତିମ ପରିଣତି କଥା ସ୍ମରଣ କରାଇ ଦେଇ ଏକାନ୍ତ ଅସହାୟତାକୁ ନିମନ୍ତ୍ରଣ କରୁଥିବା ନିଶ୍ଚିତ। ଏଠି କାନ୍ଦିବା ପାଇଁ ସ୍ୱାଧୀନତା ନାହିଁ। ଲୁହର ବନ୍ୟା ବୋହି ଦେଇପାରେ ଅସଂଖ୍ୟ ଭୂତାଣୁ। ନଈ ବାଲିରେ ସତ୍ତା ହରାଇଲେଣି ଅସୁମାରି ଶବ।

କିନ୍ତୁ କବିର ଆଶଙ୍କା ଯେତିକି ପ୍ରମାଣିତ, ଦୁଃସ୍ୱପ୍ନ ସବୁକୁ ପ୍ରତ୍ୟାଖ୍ୟାତ କରି ସେତିକି ଉନ୍ମୁକ୍ତ। କବି ଗୌରହରି ଦାସ ଅଥଳ ବିପର୍ଯ୍ୟୟରୁ ଅପରାଜେୟ ସୈନିକର ଘର ବାହୁଡ଼ା ଉଷ୍ମତା ଓ ଦୀର୍ଘଦିନ ପରେ ପ୍ରତ୍ୟାହୃତ ହୋଇ ନ ଥିବା ନବରାଗ।

"ମୁଁ ବୁଝେଇଲି -
କହିଲି, ଦେଖ ଭଲ ସମୟ

ଯଦି ରହିଲା ନାହିଁ, ଖରାପ ସମୟ ବି
ରହିବ ନାହିଁ -
ତୁମେ ଦୁଃଖ କରନି
ଏଇ ଦେଖ, ଆକାଶ ଏବେ ବି ନୀଳ
ଓ ଘାସ ସବୁଜ,
ପାଣି ଶୀତଳ ଓ ମାଟି ସ୍ଥିର
ଦେଖିବ, ଦିନେ ସବୁ ଠିକ୍ ହୋଇଯିବ।"

ଆକାଶର ନୀଳିମା କେବେ ବି ଅପହୃତ ହୁଏ ନାହିଁ। ଘସର ସବୁଜିମା ପ୍ରାକୃତିକ, ପାଣି ଶୀତଳ ହେବା ନିଶ୍ଚିତ, ମାଟି ଅପରିବର୍ତ୍ତନୀୟ, କ୍ଷଣ ସମୟ ପାଇଁ ବିବର୍ତ୍ତିତ ହୋଇଯାଏ ଚେହେରା, କିନ୍ତୁ ଶାଶ୍ୱତ ତାହାର ପୂର୍ବ ପରାଗ। କବି ନିର୍ଜୀବ କାଳ ଅତିକ୍ରାନ୍ତ ହେବାର ଦୃଢ଼ ଆଶାରେ ପରିବ୍ୟାପ୍ତ। କବି ମାତ୍ରେ ହିଁ ପ୍ରେମର ଫେନିଳ ପ୍ରାସାଦରେ ଚିରକାଳ ଅଟକି ରହିବାର କାମନାରେ ଉଗ୍ର, ପୁଣି ମୃତ୍ୟୁର ଶୀତଳ ଶଂକାରେ ସେତିକି ଉଦ୍‌ବିଗ୍ନ। କବି ଗୌରହରି ଦାସ ଏମିତି ଏକ ଜୀବନ ସନ୍ଧାନରେ ଉଦ୍‌ଗତ, ଯେଉଁଠି ଦୁଇଟି ଆଖିର ନୀଳ ନିମନ୍ତ୍ରଣ ସର୍ବଦା ଅପ୍ରତିହତ ଦୃଷ୍ଟିର ପରିସୀମାରୁ ଅବଲୁପ୍ତ ହେଉ ନ ଥିବା ବିମୁଗ୍ଧ ରୂପ ତୃଷ୍ଣା, ନିରୀହ ନିତମ୍ବ ଯୋଗୀକୁ ଉଦ୍‌ଭ୍ରାନ୍ତ କରିଦିଏ ଦୀର୍ଘକାଳ ପାଇଁ। ତାହା ପୁଣି ଇହକାଳ ଓ ପରକାଳର ପାଇଁ ତପସ୍ୟା। ପ୍ରେମ-ମୃତ୍ୟୁ- ପରସୃଷ୍ଟି ପାଇଁ ବାରମ୍ବାର ମର୍ତ୍ତ୍ୟଗମନର ଅଭୀପ୍‌ସା। 'ବିଦାୟ ପୂର୍ବରୁ' ଅଶ୍ରୁ ପୋଛିବାର ଅବକାଶ ସୃଷ୍ଟି ହୋଇଛି। ଏଇଥିପାଇଁ, କବି ସୌନ୍ଦର୍ଯ୍ୟ ଓ ପ୍ରେମର ଅମୃତ ଅଭିଳାଷୀ।

"କିଏ ତୁମେ ମୋଅ ପାଇଁ କିମ୍ବା ତୁମେ ଏତେ ଅସ୍ତବ୍ୟସ୍ତ
କେତେ ପଥ ଧାଇଁ ଅଛ, କେଶବାସ ଦିଶେ ଅବିନ୍ୟସ୍ତ
ତଥାପି ତୁମର ହସ ମେଘ କୋଳେ ଅବା ସୌଦାମିନୀ
ଦୁଃଖର ଏ ମରୁଭୂମେ ପ୍ରତ୍ୟୟର ସୁନୀଳ ତଟିନୀ।" (ବିଦାୟ ପୂର୍ବରୁ)

ବାସ୍ତବରେ କବି ଦୁର୍ବୋଧ। କବିର ନିରୋଳା ତଥା ସୂକ୍ଷ୍ମ ଉପଲବ୍ଧି ସହ ଏକାତ୍ମ ହେବା ଅସହଜ। କବି କେତେବେଳେ ଅତ୍ୟନ୍ତ କ୍ଷୁଦ୍ର କିମ୍ବା କେତେବେଳେ ଅଭେଦ୍ୟ ତତ୍ତ୍ୱରାଶିରୁ ଅନ୍ୟତ୍ର ଅପ୍ରାସଙ୍ଗି ଅବବୋଧ ହେଉଥିବା ଘଟଣା ଓ ଦୃଶ୍ୟରୁ ମୁହୂର୍ତ୍ତର ବୈଦ୍ୟୁତିକ ପ୍ରସାରତାକୁ କଳାଦୃଷ୍ଟିରେ ସଂପ୍ରସାରିତ କରିଥାଏ। ଆକଳନଗତ କର୍ମ କେତେକ ଶବ୍ଦ ବିଶେଷ କିମ୍ବା ଚିତ୍ର ସମୂହ ଦ୍ୱାରା ସଂପାଦିତ ହୋଇଥାଏ। ଗୌରହରି ଦାସଙ୍କ 'କ୍ରୁଶବିଦ୍ଧ' ହେବାର ସମୟକୁ ନିରୂପଣ କରିବା ବୋଧହୁଏ

ଅସମ୍ଭବ। କେଉଁ ସ୍ୱପ୍ନ ଦେଖିବାର ଅପରାଧରେ କବି ଅପରାଧୀ ତାହା ମଧ୍ୟ ଅଗମ୍ୟ। କବିତା ଅହୁରି ବୌଦ୍ଧିକ ହୋଇଛି ସେତେବେଳେ, ଯେତେବେଳେ ତୃତୀୟ କଣ୍ଟାଟିକୁ ହୃଦୟ ଉପରେ ରଖି ପ୍ରାହର କରିବାର କୃପା ପାଇଁ କବି ବ୍ୟସ୍ତ ଆଶାୟୀ।

କବି ଶୁଭେନ୍ଦୁ ମୁଣ୍ଡଙ୍କ ଏକ କବିତାର ବର୍ଣ୍ଣମାଳାକୁ ଉଦ୍ଧାର କରାଯାଇପାରେ -

"ଆଣ୍ଠୁଏ ପାଣିରୁ ବେଶି ଦୂର ଯିବା ଯେହେତୁ ସମ୍ଭବ ନୁହେଁ
ତେବେ ଏଇଠୁ ଫେରିବା କଥା।"

କବି ଗୌରହରି ଦାସଙ୍କ ସମଧର୍ମୀ ମନେ ହେଉଥିବା ଏକ କବିତାକୁ ମଧ୍ୟ ଗ୍ରହଣ କରାଯାଇପାରେ-

"କିଛି ନାଇଁ -
ତଥାପି ମୋତେ ଫେରିବାକୁ ହେବ
ମୋର ସେହି ନଷ୍ଟନୀଡ଼କୁ।"

ସାରାଦିନର କ୍ଲାନ୍ତିକୁ ଗୋଟେଇ ବଡ଼ ସନ୍ତର୍ପଣରେ ପାଦ ରଖୁଥିବା କାବ୍ୟପୁରୁଷ ନିକଟରେ ପ୍ରେମ ଫ୍ରେମ ସବୁ ବାଜ୍ୟେ କଥା, ବରଂ ରାଧାନାଥୀୟ ନିଃସଙ୍ଗ ବାଜେଣି ପରି 'ଜୀବନ ନୁହଁଇ ଜୀବନ୍ତ ମରଣ'। ସବୁ ପକ୍ଷୀ ଘରକୁ ବାହୁଡ଼ନ୍ତି, କିନ୍ତୁ କବିଙ୍କ ବିଶ୍ୱାସର ବସାଘରେ ଘୋଟିଯାଏ ବହୁଳ ଅନ୍ଧାର, ଜଳକା କଣା ଦେଇ ବିଛେଇ ହୋଇ ପଡ଼ିଥିବା ଜହ୍ନ ମାୟା ଖୁବ୍ ନିଷ୍ପ୍ରାଣ ଓ ନିସ୍ତେଜ।

କବିମାତ୍ରେ ହିଁ ଏକ କପଟଶୂନ୍ୟ ମର୍ତ୍ତ୍ୟର ସାମ୍ଭାବ୍ୟ ଦାନ ପ୍ରତିଦାନ ପ୍ରତି ଆସକ୍ତ। ମେଘରାତି ବେଦନାର ଶାଣ ଛୁରି, ବିରହର ମିଠା ତାତି। କଦମ୍ବର ପୁଲକ, ପ୍ରଣୟର ପାଦଟୀକା, ତାତିଲା ଦୀର୍ଘଶ୍ୱାସର ଶବ୍ଦପୁଞ୍ଜ ଅହଂକାର ଓ ଅବିଶ୍ୱାସରୁ ଶୂନ୍ୟ ହୋଇଯାଇ ଶେଷ ସ୍ୱପ୍ନକୁ ସାକାର ନିମନ୍ତେ ନିରତ ଭାସମାନ ତରଣୀ ଓ ତରଙ୍ଗ।

"ତୁମେ ମୋର ପ୍ରଣୟର ନୂଆ ଏକ ପାଦଟୀକା
ମେଘ କୋଳେ ଉଙ୍କିମାରି ହଜିଯାଅ ଚନ୍ଦ୍ରଲେଖା।" (ମେଘରାତି)

ଜନ୍ମ-ମୃତ୍ୟୁର ନିୟତି ଚକ୍ର କରି, ବିଚ୍ଛେଦ ଓ ମିଳନର ମାନବୀୟ ପ୍ରବୃତ୍ତି ସବୁକୁ ନିଃଶେଷ କରିଦେବା ପ୍ରତି କବି ନିରୁତ୍ସାହ, ବରଂ ଜଡ଼ ଓ ନିଷ୍ପ୍ରାଣ ସ୍ଥିତିରୁ ଲମ୍ଫ ପ୍ରଦାନ କରି ଲୌକିକ ମାୟାରେ ଛନ୍ଦବନ୍ଧ ହେବାକୁ ଶତ ସ୍ମୃତିର ଆର୍ଦ୍ରତାରେ ମେଘ ରାତିକୁ ସ୍ମରଣ କରିଛନ୍ତି। ଦିନ ମାସର ମାଇଲ୍ ସୀମାରେ ସଂକୋଚନ ଘଟାଇ କବି ଅରଣ୍ୟର ନୀଳରାସରେ କ୍ରୀଡ଼ନକ।

ସୃଜନ କ୍ରିୟାରେ ପ୍ରକୃତି ବିଘଟନବାଦୀ ସ୍ୱାର୍ଥପର ନୁହେଁ। ମଣିଷ ଲାଳସାର ସିଦ୍ଧି ଲାଗି ପ୍ରକୃତିରେ ବିପର୍ଯ୍ୟୟ ଆଣିଦିଏ। ଦୁଇ ଦୁଇ ବିଶ୍ୱଯୁଦ୍ଧର ପ୍ରତିଫଳ ଓ ଗୃହ ସଂଘର୍ଷ ଏହି

ବୈଶାଦୃଶ୍ୟର କାରଣ। ତଥାପି ସୃଷ୍ଟିକୁ ଧାରଣ କରିବାକୁ 'ବଞ୍ଚିବା ଏକ କଳା' ଘୋଷଣା କରିବାକୁ ହେବ। ସେଥିପାଇଁ ପ୍ରକୃତି ଓ ନାରୀ ଉଭୟ ସୃଜନରତ। ରାସ୍ତାରେ ପାଦଶବ୍ଦ ବାରି ଆତତାୟୀ ଅପହରଣ କରି ନେଇ ପାରେ ମୋର ସମସ୍ତ ଆୟୁଷ। ତଥାପି ନାରୀ ଓ ନାରୀତ୍ୱ ଅମର ହେଉ ବୋଲି କବି ଅଭିବ୍ୟକ୍ତି ବାଢ଼ିଛନ୍ତି। ନାରୀ ଏକ ଅଦ୍ୱିତୀୟ ସତ୍ତାର ଦିବ୍ୟ ପ୍ରବାହ। ଆଖିର ଲୁହ, ସୃଷ୍ଟି କରିବ ପ୍ରଳୟର ଅଗ୍ନିବର୍ଷା, ଅଭିଶାପର ଫୁତ୍କାର ସ୍ତବ୍ଧ କରିଦେବ ଜଳ-ସ୍ଥଳ-ଶୂନ୍ୟତାକୁ। ସବୁ ପରେ ପାଷାଣ ବି ଦେବୀ ହୋଇପାରେ। ନାରୀ ଦେହରୁ ବିଦେହ, ବିଦେହରୁ - ଚେତନାର ବିକିରଣ ତାହାର ନେତ୍ର ଦ୍ୟୁତିରେ -

"ଉଜ୍ଜ୍ୱଳି ଉଠିବ ସୁନୀଳ ନଭ ମଣ୍ଡଳ/ ଅଭ୍ରୁ, ଅପୂର୍ବ ଆଲୋକମାଳାରେ/
ଆଗରୁ ଚନ୍ଦନର ସୁଗନ୍ଧରେ ମହକି ଉଠିବ ଏ ମାଟି !" (ନାରୀ)

ନାରୀ ଏକାନ୍ତ ମାନବୀ। ମଣିଷ ହେବାର କଷ୍ଟ ଠାରୁ ଆହୁରି ଦୁର୍ଗମ ନାରୀତ୍ୱ। ତେଣୁ ସେମାନଙ୍କୁ କ୍ଷମା କରାଯାଇପାରେ, କାରଣ ଆତତାୟୀ ଅପରାଧର ସଂଜ୍ଞା ପ୍ରତି ସଚେତନ ନୁହେଁ।

କବି ସେଥିପାଇଁ ଅମର। କବିତା ଝର୍ଣ୍ଣା ହୋଇ ପ୍ରବାହିତ ହେଲେ ବେଦନା ସବୁ ପଦ୍ମରାଗରେ ଅନ୍ତଃସତ୍ତ୍ୱା ହୁଏ। ଯେତେବେଳେ କବିର କୋମଳ ପ୍ରତିବାଦ ଆସକ୍ତିରୁ ସ୍ଥାନାନ୍ତର ଘଟେ 'ଅଭିଯୋଗ' ସବୁ ଫେରାଦ ମନେ ହୁଏ। "ମୋ ପାଖେ ସମୟ ନାହିଁ ଶୁଣିବାକୁ ତୁମର ଫେରାଦ/ ପାଷାଣ-ହୃଦୟ ବୋଲି ତୁମେ ଦିଅ ମୋତେ ଅପବାଦ।" (ଅଭିଯୋଗ)। ଅନ୍ତରର ଉଷ୍ମ ଆବେଗ-ଉଚ୍ଛ୍ୱାସକୁ ନିଖୁଣ ପଦ ବୃତ୍ତିର ସମାହାରରେ ବାଙ୍ମୟ କରିବା କ୍ଷେତ୍ରରେ ଲଳିତ କବି ମାୟାଧର ମାନସିଂହ ପରେ ବିଭୁଦତ୍ତ ମିଶ୍ରଙ୍କ ଏକ କବିତାକୁ ଉପସ୍ଥାପନ କରାଯାଇପାରେ।

"ଆଜି ଚାଲ ଫେରିଯିବା ଅତୀତକୁ, ବହୁ ଦୂରେ ଅନେକ ପଛକୁ
ନାଲି, ନେଳି କେତେ କେତେ ଫୁଲ ଆଉ ପାଖୁଡ଼ାର ମେଳେ
ଯେଉଁଠାରେ ପ୍ରଜାପତି ଉଡ଼ିବୁଲେ, ଇନ୍ଦ୍ରଧନୁ ବିଞ୍ଚି ଦିଏ ରଙ୍ଗ
ଫେରିଯିବା ସେଇଠାକୁ : ଫେରିଯିବା ସେଇଠାକୁ ଚାଲ।"

(ଅସମ୍ଭବ - ଉର୍ବଶୀର ଚିଠି - ପୃ:୦୧)

କବି ଗୌରହରି ଦାସଙ୍କ 'ଅଭିଯୋଗ'କୁ ସ୍ମରଣ କରାଯାଉ -

"ସ୍ନେହ ଓ ଶରଧା ହେଉ ସମ୍ପର୍କର ପ୍ରଥମ ଆଧାର
ମନ୍ତ୍ରପାଠ, ଉପଚାର ଅର୍ଥହୀନ ଶୂନ୍ୟ ଅନ୍ତଃସାର
ପ୍ରୀତି ହିଁ ଆଧାରଶିଳା ପ୍ରେମ ହେଉ ସମ୍ପର୍କର ସୂତା
ଗୁମୁରି ଗୁମୁରି ଆଉ ନ ମରୁ ଗୋ କାହା ମନ କଥା।"

ନିଭୃତ ବ୍ୟଥାର ଏହି ବ୍ୟଞ୍ଜନାକୁ ସାଧାରଣ ଚର୍ମଚକ୍ଷୁରେ ଦର୍ଶନ କରିବା ଅସମ୍ଭବ। ଦେହ ପରିପାର୍ଶ୍ୱରୁ ଊର୍ଦ୍ଧ୍ୱଗତି ଲଭି କବି ଗୌରହରିଙ୍କ କବିତା ପାଲଟି ଯାଇଛି ଭିଜା ମାଟିର ବାସ୍ନା।

କବି ଚତୁଃପାର୍ଶ୍ୱର ଅସଂଖ୍ୟ ବେଗଗାମୀ ଛବି, ପୁଞ୍ଜୀଭୂତ ଅବ୍ୟକ୍ତ ଭବରାଶିକୁ ବ୍ୟକ୍ତ କରିବାକୁ ପ୍ରଯତ୍ନଶୀଳ ହେଉଥିବା ବେଳେ କେତେକ ଆରଦୃଶ୍ୟ ବିଶେଷ ଭାବେ ସାର୍ବକାଳିକ ସମ୍ପଦ ହୋଇ କବି ଶକ୍ତିକୁ ପ୍ରାଚୁର୍ଯ୍ୟ ପୂର୍ଣ୍ଣ କରିଛି। ହେମନ୍ତ ପ୍ରତି କବି ଭାନୁଜୀ ରାଓଙ୍କ ଦୁର୍ବଳତା ତୀବ୍ର, କିନ୍ତୁ ଅବକ୍ଷୟୀ କାଳ ଓ ଅନ୍ତିମ ଯାତ୍ରାର ନିଃସଙ୍ଗତା ସମଗ୍ର ଭାବକେନ୍ଦ୍ରକୁ ଆଚ୍ଛନ୍ନ କରିଛି।

"ହେମନ୍ତ ଶୋଇଛି ଦେଖ
ମୃତ ଏକ ବଣି ପରି
ଘୋଡ଼ି ହୋଇ ଶାନ୍ତ ପାଣ୍ଡୁରତା
ମାଂସ ତା'ର ଏଣେ ତେଣେ
ଛିନ୍ନ ଭିନ୍ନ ଲୋଟୁଛି ଘାସରେ।" (ହେମନ୍ତ)

ଗୌରହରି ଦାସଙ୍କ 'ଭାଦ୍ରବ; ଏକ ସନେଟ୍'ରେ ଭସାମେଘ, ଟୋପା ଟୋପା ବର୍ଷା, ନୀଳ ଆକାଶ, ସୌଦାମିନୀ, ସବୁଜ ବନାନୀ ଆଦି କାବ୍ୟିକ ଆର୍କିଟାଇପ୍ ହୋଇ ନିରନ୍ତର ସ୍ରୋତସ୍ୱିନୀ। କିନ୍ତୁ କବି ଭାଦ୍ରବ ପ୍ରତି ଅଧିକ ମୋହପ୍ରବଣ। ତୁମର ଭିଜାଆଖି- ଭାଦ୍ରବର ଭସାମେଘ, ତୁମ ଅଭିମାନ- ଭାଦ୍ରବର ଟୋପା ଟୋପା ବର୍ଷା, ତୁମ ନୀଳ ଆଖି- ଭାଦ୍ରବର ନୀଳାକାଶ, ତୁମ ବୁକୁର ଚମକ- ଭାଦ୍ରବର ସ୍ୱର୍ଣ୍ଣ ସୌଦାମିନୀ, ତୁମ ଚୂର୍ଣ୍ଣ କୁନ୍ତଳ- ଭାଦ୍ରବର କଳାମେଘ ପସରା। କବିଙ୍କ କଳ୍ପନା ବିଳାସ ଏକପଟେ କାବ୍ୟ ସୁଷମାକୁ ମନ୍ତ୍ରସ୍ଥ କରିଥିବାବେଳେ ଅନ୍ୟ ଦିଗରେ ପ୍ରେମ ବୈଭବ ପୁଷ୍ପବତୀ ହୋଇଛି।

କବିଙ୍କ 'ସମାଧି' ମୃତ୍ୟୁ ପ୍ରତି ମସ୍ତିଷ୍କ କୁଞ୍ଚନ ନୁହେଁ। ଏକ ପ୍ରବୋଧନା, ଯାହା ଆଗାମୀ ସତ୍ୟ ଓ ତା'ର ଚିର ବିଳାସ ପ୍ରତି ସଚେତନ ପରିଭାଷା। ସମାଧି ନିରବରେ ପଡ଼ିରହି ସନ୍ଦର୍ଶନ କରିଛି କେତେ ସ୍ୱପ୍ନ, କେତେ ଆଶା ସବୁ ଦୀର୍ଘଶ୍ୱାସ ପାଲଟି ଯାଇଛି। ସମାଧିର ମିଥିକ୍ ଅନ୍ତଃରୂପ ପାଷାଣର ବଜ୍ର ଅହମିକା ସମ ଭୂମି ଓ ଭୂମାର ପ୍ରତିକୂଳ ଚିତ୍ରଲିପି ଅଙ୍କନ କରିଛି ଯେପରି ନୂତନ ରାଗିଣୀ ଜୀବନର ଜୟଗାନରେ ସର୍ବଦା ଝଙ୍କୃତ ହେଉଥିବ।

"ଯାଅ ତୁମେ ତୁମ ଆଗେ ପଡ଼ିଅଛି ସୁନ୍ଦର ଭବିଷ୍ୟ
ଲୋଡ଼ା ଅଛି ଧରଣୀରେ ଅନିନ୍ଦ୍ର ଏ ତୁମରି ସୁବାସ

ତୁମରି ପୁଷ୍ପରେ ହେଇ ଚିତ୍ରିତ ଏ ଭୂମା ଆଉ ଭୂମି
ଜୀବନର ଜୟଗାନେ ଝଙ୍କିଦିଅ ନୂତନ ରାଗିଣୀ।" (ସମାଧି)

ସ୍ମୃତି ଏକ ଲେଉଟାଣି ଭସାମେଘ। ସବୁରି ଅନ୍ତ ଅଛି, ଅନ୍ତର୍ଦ୍ଧାନ ହୋଇଯିବା ମଧ୍ୟ ବିଚିତ୍ର ନୁହେଁ, କିନ୍ତୁ ସ୍ମୃତି ଅକ୍ଷୟ ସଂଚୟ। ହେତୁ ଉଦୟ ସହିତ ସ୍ମୃତିର ପେଡ଼ି କୋଳାହଳର ଅନ୍ତରାଳରେ ସଜଡ଼ା ହୋଇଥାଏ। ରାତି ପରେ ଦିନ ଆସେ, ସମୟ ମଳିନ ହୁଏ, କିନ୍ତୁ ସ୍ମୃତି ବିବିଧ ରଙ୍ଗରେ ବର୍ଣ୍ଣମୟ ଓ ଆରକ୍ତ। କବି ଗୌରହରିଙ୍କ 'ସ୍ମୃତି' ଚନ୍ଦ୍ରର ଜ୍ୟୋତ୍ସ୍ନା ପରି ଅହଂଶୂନ୍ୟ ନିରୀହ ବେଦନା। ଲବଙ୍ଗ ଫୁଲର ବାସ୍ନାରେ ମହମହ ସାରା ଦ୍ୱୀପ, ଦାହ ଓ ଦହନରେ ସର୍ବସ୍ୱ ଶରୀର।

"ଭାଦ୍ରବ ଆକାଶୁଁ ଦିନେ ନେଇପାରେ ବଉଦ ମେଲାଣି
ତୁମ ସ୍ମୃତି ସାଥେ ଥିବ ଯେ ଯାଏ ମୁଁ ଯାଇନି ମଶାଣି।" (ସ୍ମୃତି)

'ଦୀପ' ହୋଇପାରେ ପୁନଃମିଳନର ଆକାଂକ୍ଷା କିମ୍ବା ସ୍ୱାଧୀନତାର ସ୍ୱପ୍ନଭଙ୍ଗରୁ ବିମୁକ୍ତି। କିନ୍ତୁ ସାକ୍ଷାତ ହେବାର ଘନ ବିଶ୍ୱାସ, ସ୍ଥାନ ଓ ସ୍ୱରୂପଗତ କଳ୍ପନାରେ ବିବ୍ରତ। କବି ଆଶାବାଦୀ, ନିଶ୍ଚେ ଦେଖାହେବ ଆଉ ଥରେ, ଚିହ୍ନାଚିହ୍ନି ପାଇଁ ଦୀପ ଲୋଡ଼ା ହେବ। ଜଳୁଥାଉ ହୃଦୟର ଦୀପ ଅହର୍ନିଶ। ଅନ୍ତ ନ ହେଉ ବିଶ୍ୱାସର, ବିରହର କାଳରାତି ଅପସରି ଯାଉ।

'ଝିଅ ବି କିଛି କମ୍ ନୁହେଁ', 'ବିପ୍ଳବୀ ଚକ୍ରଧର', 'ଉଜ୍ଜ୍ୱଳତମ ନକ୍ଷତ୍ର' ଗୋଟିଏ ଗୋଟିଏ ଭିନ୍ନ ସ୍ୱାଦର କବିତା। 'ଝିଅ ବି କିଛି କମ୍ ନୁହେଁ' ଫକୀର ମୋହନୀୟ କନ୍ୟା ସୁନା କିମ୍ବା କନ୍ୟାରତ୍ନ ଉକ୍ତିର ଶୀର୍ଷ ସମ୍ବୋଧନ। ପ୍ରତିକୂଳ ରାସ୍ତାରେ ପଥିକ ହୋଇ ସୁଦ୍ଧା ଅମଡ଼ା ବାଟରେ ଚାଲିବାରେ କେବେ କ୍ଳାନ୍ତ କିମ୍ବା ନିରୁତ୍ସାହ ନୁହେଁ ଝିଅଟି ବରଂ କରୁଣାର କୋଣାର୍କ ତୋଳି ସୃଜନ ଓ ସ୍ୱପ୍ନର ଗୀତିଟିଏ ଗାଇ ବୁଲୁଥିବା ଅଦିନ ବିହଙ୍ଗୀ, ପ୍ରେରଣାର ସାତସିନ୍ଧୁ, ତପସ୍ୟାର ମଧୁର ସାନ୍ନିଧ୍ୟ।

'ବିପ୍ଳବୀ ଚକ୍ରଧର' ଜୟଦେବ ଭବନ, ଭୁବନେଶ୍ୱରରେ ଆୟୋଜିତ, 'ବିପ୍ଳବୀ ଚକ୍ରଧର ବେହେରା ପ୍ରଥମ ରାଜ୍ୟସ୍ତରୀୟ ଜୟନ୍ତୀ' (୧୬ ଜୁଲାଇ ୨୦୧୯) ଅବସରରେ ରଚିତ ଏବଂ ପଠିତ କବିତା। ବିପ୍ଳବୀ ଚକ୍ରଧର ବେହେରା ଉତ୍କଳ ଜନନୀର ଯୋଗ୍ୟ ସନ୍ତାନ। ଭଦ୍ରକର କନିକା ମାଟିରେ ତାଙ୍କର ଜନ୍ମ।

'ଉଜ୍ଜ୍ୱଳତମ ନକ୍ଷତ୍ର' କବିତା 'ଏରସମା ଓ ଅନ୍ୟାନ୍ୟ କବିତା'ର ଶେଷତମ ସ୍ପର୍ଶ। କ୍ଳାନ୍ତି ଓ ଅବସାଦର ଅନ୍ଧକାରକୁ ପୋଛିଦେଇ ଚିରକାଳ ତଥା ନିରୀହତମ ସ୍ୱପ୍ନସବୁକୁ ସବୁଜ ପ୍ରତ୍ୟୟ ପ୍ରଦାନ କରୁଥିବା ନିରପେକ୍ଷ ଭାସ୍କର। ସେ ପ୍ରଳୟ-ସୃଜନ, ଶ୍ରଦ୍ଧା-ପ୍ରେମ, ଶୃଙ୍ଗାର-ସନ୍ନ୍ୟାସ, ଆଦି-ଅନ୍ତ, ଅଗ୍ନି-ଅର୍ଣ୍ଣବ, ମଳୟ-ଝଞ୍ଜା,

ସ୍ୱସ୍ତି-ଆସ୍ପୃହା, ମୋକ୍ଷର ଅନ୍ୟ ନାମ। କ୍ଷଣେ ଅନୁକ୍ଷଣେ କବି ଆବାହନୀ ସଂଗୀତ ବାଢ଼ିଛନ୍ତି ଉଜ୍ଜ୍ୱଳ ଆଗାମୀର ମନ୍ତ୍ର ଉଚ୍ଚାରଣ କରି।

କବି ଗୌରହରି ଦାସଙ୍କ ସମଗ୍ର କବିତାର ଆଙ୍ଗିକ ଅଳଙ୍କରଣ ଶିଳ୍ପୀର ନିମଗ୍ନ ମୁଦ୍ରା ପରି ପ୍ରତୀୟମାନ। ଅନ୍ତର୍ଛନ୍ଦର ବିଳାସ କବିତାଗୁଡ଼ିକୁ ସୁଖପାଠ୍ୟ ଓ ଚମତ୍କାରିତା ପ୍ରଦାନ କରିଛି। କବିତା ସମୂହର ଏପରି କୌଣସି ଏକ ଛତ୍ର ନାହିଁ, ଯେଉଁଠି ଶବ୍ଦ ଗୁମ୍ଫନ ଓ ବାକ୍ୟ ବିନ୍ୟାସଗତ ଦୁର୍ବଳତାକୁ ସନ୍ଧାନ କରିହେବ। ଅନ୍ୟ କଥାରେ କହିଲେ କବିତାଗୁଡ଼ିକ ବରାଦିଆ ନୁହେଁ, ସ୍ୱତଃସ୍ଫୂର୍ତ୍ତ। ସେଥିପାଇଁ କୌଣସି ଏକ ସ୍ଥଳ ବିଶେଷରେ ଭାବର ବିଖଣ୍ଡ ପ୍ରଭାବକୁ ପ୍ରତିହତ କରିବା ପାଇଁ କବି କୃତ୍ରିମତା ଆଚରଣ କରି ନାହାନ୍ତି। ଅର୍ଥାତ୍ ଭାବ ଓ ଭାଷା ମଧ୍ୟରେ ଅସମତା ବ୍ୟାଧି ସଂପୂର୍ଣ୍ଣ ଦୂର ହୋଇ ପ୍ରତିଷ୍ଠିତ ହୋଇଛି ଶ୍ରେଷ୍ଠ କାବ୍ୟ ସମ୍ପଦ।

ଯେ ପକ୍ଷୀ ଉଡ଼େ ଯେତେ ଦୂର : ଗୌରହରିଙ୍କ ଭ୍ରମଣ କାହାଣୀର ବିଶେଷତ୍ୱ

ସଂଘମିତ୍ରା ଭଞ୍ଜ

ନୋବେଲ୍ ପୁରସ୍କାର ବିଜେତା ମିଖାଇଲ୍ ସୋଲୋଖୋଭ୍ ଏକଦା 'କଳା'ର ସଂଜ୍ଞା ସଂପର୍କରେ କହିଥିଲେ, "Art has the great power of influencing man's mind and heart. I think that he who directs the power to the creation of the beautiful in people's hearts for the good of humanity, has the right to be called an artist." କଳାର ଅସୀମ ଶକ୍ତି ଦ୍ୱାରା ମଣିଷର ହୃଦୟରେ ସୁନ୍ଦରତାକୁ ଜାଗ୍ରତ କରେ - ସେ ସୁନ୍ଦରତା ଜଗତକୁ ସୁନ୍ଦରତମ କରିବାରେ ନିୟୋଜିତ ହୁଏ ଏବଂ ଅବଶେଷରେ ମାନବଜାତିର କଲ୍ୟାଣ ହୁଏ - ମାନବବାଦର ଜୟ ହୁଏ। ଏଇପରି ଶକ୍ତିଶାଳୀ ସାହିତ୍ୟ ସୃଷ୍ଟି କରିପାରୁଥିବା ଜଣେ ବ୍ୟକ୍ତି ନିଜକୁ ସ୍ରଷ୍ଟା କହିବାର ଅଧିକାର ପାଇପାରେ।" (୧) ଅନୁରୂପ ଭାବରେ, "ସାହିତ୍ୟକୁ ନିଜ ବିଶ୍ୱାସ ଏବଂ ପ୍ରତିବଦ୍ଧତାର ଅଭିବ୍ୟକ୍ତି ମନେ କରୁଥିବା ସାଂପ୍ରତିକ ସମୟର ଜଣେ ଶକ୍ତିଶାଳୀ ସାହିତ୍ୟିକ ଭାବରେ ଗୌରହରି ଦାସ ଜଣେ କୃତବିଦ୍ୟ ସୃଜନଶିଳ୍ପୀ। ଦୀର୍ଘ ତିନି ଦଶନ୍ଧିରୁ ଊର୍ଦ୍ଧ୍ୱକାଳ ଧରି ସ୍ୱୀୟ ସର୍ଜନାର ବୈବିଧ୍ୟପୂର୍ଣ୍ଣ ପରିମଣ୍ଡଳ ପ୍ରସ୍ତୁତ କରିଥିବା ଜଣେ ବିଶିଷ୍ଟ ସାହିତ୍ୟିକ ଭାବରେ ସେ ସ୍ୱତନ୍ତ୍ର ସ୍ଥାନର ଅଧିକାରୀ। ମୌଳିକ ଜୀବନଦୃଷ୍ଟି, ସ୍ୱତନ୍ତ୍ର ବୌଦ୍ଧିକତା, ଅଦ୍ଭୁତ ସାହିତ୍ୟ ନିଶା ଏବଂ ସମର୍ପିତ ସାଧନା ତାଙ୍କୁ ଓଡ଼ିଆ ସାହିତ୍ୟ ପାଇଁ ଏକ ବରଦାନ ପ୍ରମାଣିତ କରିଛି। ସତୁରିରୁ ଊର୍ଦ୍ଧ୍ୱ ତାଙ୍କର ସୃଷ୍ଟିସମ୍ଭାର ଓଡ଼ିଆପ୍ରେମୀ-ସାହିତ୍ୟାନୁରାଗୀ ପାଠକମାନଙ୍କୁ ବିବିଧ ଅନୁଭବ ପ୍ରଦାନ କରିବାରେ

ସେ ଜଣେ ସମର୍ଥ ଶିଳ୍ପୀ। କେବଳ ପରିମାଣ ଦୃଷ୍ଟିରୁ ନୁହେଁ, ସାହିତ୍ୟର ନିଚ୍ଛକ କଳା-କୌଶଳ ଏବଂ ଗୁଣାତ୍ମକ ମୂଲ୍ୟବୋଧ ଦୃଷ୍ଟିରୁ ଗୌରହରି ଦାସଙ୍କ ସୃଷ୍ଟିରାଜି ବେଶ୍ ଆବେଦନକ୍ଷମ ଓ ପ୍ରଭାବଶାଳୀ। ସାମ୍ବାଦିକତା ବୃତ୍ତି ସହିତ ଏକନିଷ୍ଠ ସାହିତ୍ୟ ପ୍ରବଣତା ତାଙ୍କ ପାଇଁ ସାହିତ୍ୟଯୋଗରେ ରୂପାନ୍ତରିତ ହୋଇଛି।

ନିୟତ କର୍ମ ଯେତେବେଳେ ମଣିଷ ଜୀବନର ସମର୍ପିତ ଧର୍ମ ପାଲଟିଯାଏ, ସେତିକିବେଳେ ତାହା ମଣିଷର ଶ୍ରେଷ୍ଠ ଉଚ୍ଚାରଣ ଭାବରେ ଲାବଣ୍ୟଯୁକ୍ତ ହୋଇଥାଏ। ଗୌରହରି ଦାସଙ୍କ ନିରବଚ୍ଛିନ୍ନ ସାହିତ୍ୟଧର୍ମ ତାଙ୍କ ବୃତ୍ତିଗତ କର୍ମ ମଧ୍ୟ ଦେଇ ସ୍ୱଚ୍ଛନ୍ଦ ଭାବରେ ଉଚ୍ଚାରିତ ହୋଇଛି। ତାଙ୍କର ସୃଷ୍ଟିସମଗ୍ର ମଧ୍ୟରେ ରହିଛି ପ୍ରତ୍ୟେକ ଆବେଗପ୍ରବଣ ମଣିଷର ନିଚ୍ଛକ ଅନୁଭବ, ଇଚ୍ଛା-ଆକାଂକ୍ଷା, ସ୍ୱପ୍ନ, ଆଦର୍ଶ, ବିଶ୍ୱାସ, ମୂଲ୍ୟବୋଧ, ଜୀବନ ଅନ୍ୱେଷାବୋଧ ତଥା ବ୍ୟକ୍ତିକ ଜିଜ୍ଞାସାବୋଧର ନାନ୍ଦନିକ ଉଚ୍ଛ୍ୱାସ।

ବ୍ୟକ୍ତିକ ଜିଜ୍ଞାସାବୋଧର ଅନୁପମ-ସାରସ୍ୱତ ଗତି ହେଉଛି ପର୍ଯ୍ୟଟନ। ଗୌରହରି ସାହିତ୍ୟର ବିବିଧ ରୂପକୁ ନେଇ ଅନେକ ପରୀକ୍ଷା-ନିରୀକ୍ଷା କରିଛନ୍ତି। 'ପର୍ଯ୍ୟଟନ' ତାଙ୍କ ସାହିତ୍ୟିକ ପ୍ରୟୋଗବାଦର ଏକ ସ୍ୱତନ୍ତ୍ର ସ୍ୱର। ସାଧାରଣ ଅନାମଧେୟ ଗ୍ରାମ୍ୟ ପରିବେଶରୁ ଜୀବନକୁ କେବଳ ଏକ ସୀମାବଦ୍ଧ ପରିଧି ଭିତରେ ଖୋଜିପାଉଥିବା ଗୌରହରି ଦାସ, ଦେଶ ବିଦେଶର ଅସୀମ-ଦିଗନ୍ତବିସ୍ତାରୀ ବଳୟ ଭିତରେ ଓଡ଼ିଆ ଭାଷାର ଅସ୍ମିତାକୁ ଧାରଣ କରିଛନ୍ତି।

ପର୍ଯ୍ୟଟକ ଭାବରେ ଗୌରହରିଙ୍କ ସ୍ୱତନ୍ତ୍ର ଉପଲବ୍ଧିକୁ ନେଇ ନିଃସୃତ ହୋଇଛି ତାଙ୍କର ତିନିଗୋଟି ସୃଷ୍ଟି – 'ପ୍ରଥମ ପ୍ରବାସ' (୧୯୯୭), 'ଦୁଇ ଦିଗନ୍ତ' (୨୦୦୩) ଏବଂ 'ଚିହ୍ନା-ଅଚିହ୍ନା ଚୀନ୍' (୨୦୦୩)। ଉପର୍ଯ୍ୟୁକ୍ତ ସୃଷ୍ଟିଗୁଡ଼ିକ ଓଡ଼ିଆ ଭ୍ରମଣ ସାହିତ୍ୟକୁ ପରିପୁଷ୍ଟ କରିଛି। 'ଭ୍ରମଣ ଅନୁଭୂତି' ଅପେକ୍ଷା ଏଗୁଡ଼ିକୁ 'ପର୍ଯ୍ୟଟନ ବୃତ୍ତାନ୍ତ' (Travelouge) ଅଧିକ ସମୀଚୀନ ମନେହେବ। ଯଦିଓ ପର୍ଯ୍ୟଟନ କହିଲେ ଆମେ ଯାହାକୁ ବୁଝିଥାଉ। 'ପର୍ଯ୍ୟଟନ' ଏଭଳି ଏକ 'ଯାତ୍ରା' (Travel) ଯାହା ମନୋରଞ୍ଜନ (Recreational) କିମ୍ବା ଅବସର ବିନୋଦନ କ୍ଷଣର ଆନନ୍ଦ (Leisure) ନେବା ସହିତ ମନସ୍କ୍ରିୟାର ବୌଦ୍ଧିକ ଚେତନାକୁ ପରିପୁଷ୍ଟ କରିଥାଏ। ଭାରତୀୟ ପ୍ରାଚୀନ ଗ୍ରନ୍ଥରେ ମାନବର ବିକାଶ, ସୁଖ, ଶାନ୍ତି, ଜ୍ଞାନ ବୃଦ୍ଧି ନିମନ୍ତେ ପର୍ଯ୍ୟଟନକୁ ଗୁରୁତ୍ୱ ପ୍ରଦାନ କରାଯାଇଛି। ପ୍ରାଚୀନ ଗୁରୁ ପରମ୍ପରାନୁସାରେ– "ପର୍ଯ୍ୟଟନ ବ୍ୟତିରେକ ମାନବ ଅଜ୍ଞାନ-ଅନ୍ଧକାରର ବଶବର୍ତ୍ତୀ ହୋଇଯାଏ।" 'ପଞ୍ଚତନ୍ତ୍ର'ରେ ଉଲ୍ଲେଖ ଅଛି– "ବିଧାକ୍ତିମ୍ ଶିଳ୍ପଂ ତାବନ୍ନାପ୍ୟନୋତି ମାନବଃ ସମ୍ୟକ ଯାଦବ ବ୍ରଜତି ନ ଭୂମୋ ଦେଶା -

ଦେଶାନ୍ତରଃ" । ଦେଶ-ଦେଶାନ୍ତର ଭ୍ରମଣ ଦ୍ୱାରା ମାନବର ଜ୍ଞାନ ସମୃଦ୍ଧ ହୁଏ । 'ଚରୈବତି ଚରୈବତି'ର ମହାନ୍ ଭାରତୀୟ ସଂସ୍କୃତି-ପ୍ରାଚୀନ ସୂତ୍ରଗତି, ପ୍ରଗତି ଏବଂ ବିକାଶ ମାଧ୍ୟମରେ ରାଷ୍ଟ୍ରୀୟ, ସାମାଜିକ, ସାମୂହିକ ଏବଂ ବ୍ୟକ୍ତିଗତ ଜୀବନର ପରିଚୟ ପ୍ରତିଷ୍ଠାରେ ବିଶ୍ୱାସୀ, ସନ୍ଥ ଅଗଷ୍ଟିନ୍‌ଙ୍କ ମତରେ- "ବିଶ୍ୱ ଦର୍ଶନ ବ୍ୟତିରେକ ଜ୍ଞାନ ଅସଂପୂର୍ଣ୍ଣ ।" ଭାରତରେ ପର୍ଯ୍ୟଟନର ପରମ୍ପରା ଅତ୍ୟନ୍ତ ପ୍ରାଚୀନ । ବୈଦିକ ସଭ୍ୟତାରୁ ରାମାୟଣ, ମହାଭାରତ କାଳରୁ ମହାତ୍ମା ବୁଦ୍ଧ, ମହାବୀର ଶଙ୍କରାଚାର୍ଯ୍ୟ, କାଳିଦାସ, ଭବଭୂତି, ବାଣଭଟ୍ଟ, ତୁଳସୀ ଦାସ, ସୁରଦାସ ପ୍ରମୁଖ ତୀର୍ଥାଟନକୁ ମହତ୍ତ୍ୱ ଦେଇଛନ୍ତି ।

'ପର୍ଯ୍ୟଟନ' ଶବ୍ଦର ଉତ୍ପତ୍ତି ଖ୍ରୀ:ପୂ: ୧୨୯୨ ବେଳକୁ ହୋଇଥିବା ଅନୁମେୟ । ଏହା 'ଟୁର୍' ଶବ୍ଦରୁ ଆନୀତ ଯାହା ଲାଟିନ୍ ଶବ୍ଦ 'ଟର୍ନର୍'ର ବ୍ୟୁତ୍ପତ୍ତି ଅଟେ । ଯାହାର ଅର୍ଥ ଏକ 'ବୃତ୍ତ' କିମ୍ବା 'ଟର୍ନର୍' । ପରିଭ୍ରମଣାତ୍ମକ ବୃତ୍ତର ବର୍ଣ୍ଣନା କରିବା ନିମନ୍ତେ ଏହା ଏକ ଉପକରଣ । ସପ୍ତଦଶ ଶତାବ୍ଦୀର ପୂର୍ବାର୍ଦ୍ଧ ବେଳକୁ ଏହି ଶବ୍ଦର ପ୍ରୟୋଗ ଦେଶର ପ୍ରମୁଖ ଖଣ୍ଡକୁ ସ୍ପର୍ଶ କରୁଥିବା ଯାତ୍ରା ନିମନ୍ତେ ପ୍ରୟୋଗ ହେଲା । ଊନବିଂଶ ଶତାବ୍ଦୀର ଶବ୍ଦକୋଷ ଅନୁଯାୟୀ ଏହାକୁ 'ଅବକାଶ', 'ମନୋରଞ୍ଜନ' ନିମନ୍ତେ ବ୍ୟବହାର କରାଗଲା ଏବଂ 'ପର୍ଯ୍ୟଟକ' ଏଭଳି ଜଣେ ବ୍ୟକ୍ତି ଯେ ଜିଜ୍ଞାସାର ଊର୍ଦ୍ଧ୍ୱରେ ଯାତ୍ରା କରିବାକୁ ହିଁ ପ୍ରାଧାନ୍ୟ ଦେଇଥାନ୍ତି । ପୁସ୍ତକଗତ ଜ୍ଞାନ ଯେତେବେଳେ ପ୍ରଭାବଶାଳୀ ହୁଏ ନାହିଁ, ପ୍ରତ୍ୟକ୍ଷ ଜ୍ଞାନ ତା'ର ପ୍ରାଧାନ୍ୟ ବିସ୍ତାର କରେ । ଦେଶ-ବିଦେଶ ପରିଭ୍ରମଣ ପୂର୍ବକ ଜ୍ଞାନକୁ ସମୃଦ୍ଧ କରିବାର ଆକାଂକ୍ଷାରୁ 'ପର୍ଯ୍ୟଟନ'ର ମହତ୍ତ୍ୱ ସିଦ୍ଧ ହୋଇଛି । ପର୍ଯ୍ୟଟନ ଦ୍ୱାରା ଦେଶ-ବିଦେଶର ସଭ୍ୟତା-ସଂସ୍କୃତି, ଖାଦ୍ୟ-ପାନୀୟ, ସ୍ଥାନ, ଶିକ୍ଷା, ଆର୍ଥିକ, ଧାର୍ମିକ ମହତ୍ତ୍ୱ, ରାଜନୀତିକ, ଭୌଗୋଳିକ, ପ୍ରାକୃତିକ, ବ୍ୟବସାୟିକ, ବାଣିଜ୍ୟିକ ସ୍ଥିତି ସଂପର୍କରେ ଅବଗତ ହୋଇଥାଉ । ରାହୁଳ ସାଂସ୍କୃତ୍ୟାୟନଙ୍କ ମତରେ- "ପର୍ଯ୍ୟଟନର ତୃଷ୍ଣା ରଖୁଥିବା ବ୍ୟକ୍ତି ହିଁ ପ୍ରକୃତ ପଣ୍ଡିତ ।" ଭ୍ରମଣକୁ ନିଜର ପଥପ୍ରଦର୍ଶକ ମାନୁଥିବା ଇକ୍‌ବାଲ୍‌ଙ୍କ ମତରେ-

"ସୈର୍ କର୍ ଦୁନିୟା କି ଗାଫିଲ୍ ଜିନ୍ଦଗାନୀ ଫିର୍ କହାଁ
ଜିନ୍ଦଗାନୀ ଗର୍ ରହି ତୋ ନୌଜୱାନୀ ଫିର୍ କହାଁ ।"

ପର୍ଯ୍ୟଟକ ମଧ୍ୟରେ ଥିବା ଅହେତୁକ କୌତୂହଳ, ଅସୀମ ଆଗ୍ରହ ତଥା ଜିଜ୍ଞାସାବୋଧ ତାଙ୍କୁ 'ଯାତ୍ରୀ'ରେ ପରିଣତ କରେ । "ବିଶ୍ୱ ପରିଭ୍ରମଣ ମଣିଷକୁ ଦିଏ ଯୁଗପତ୍ ଆନନ୍ଦ । ଖୋଜିବା, ଦେଖିବା ସହିତ ଉପଲବ୍ଧି ଭ୍ରମଣକାରୀକୁ ପ୍ରଚୋଦିତ କରାଏ । ଜୀବନ ଓ ଜଗତକୁ ଜାଣିବା ପାଇଁ ଭ୍ରମଣ ଯେ ଏକ ପ୍ରତ୍ୟକ୍ଷ ମାଧ୍ୟମ, ତାହା ଅସ୍ୱୀକାର କରାଯାଇପାରିବ ନାହିଁ । ପ୍ରଚଳିତ ଜୀବନଧାରା ଓ କ୍ଳାନ୍ତ

ଅବସାଦଗ୍ରସ୍ତ ଜୀବନରୁ ମୁକ୍ତି ପାଇଁ ଭ୍ରମଣ ଯେ ସହାୟକ ହୁଏ, ଏହା ନିଃସନ୍ଦେହରେ କୁହାଯାଇପାରେ। ଦୃଷ୍ଟିଭଙ୍ଗୀର ପ୍ରସାରଣ ଓ ଜୀବନର ବିବିଧ ଦିଗର ଅଗ୍ରଗତିରେ ଭ୍ରମଣ ସାହିତ୍ୟର ଭୂମିକା ଗୁରୁତ୍ୱପୂର୍ଣ୍ଣ। ଭ୍ରମଣକାରୀ ଜଣେ ପର୍ଯ୍ୟଟକର ଭୂମିକା କେବଳ ନିର୍ବାହ କରିଥାଏ ତାହା ନୁହେଁ; ବରଂ ଏକ ସ୍ଥାନକୁ ନୂଆ ରୂପରେ ଦେଖିବାର ସଚେତନତା ଓ ଉପଲବ୍ଧିକୁ ଉଦ୍ଦୀପିତ କରାଇଥାଏ।" (୨) 'ପର୍ଯ୍ୟଟନ ବୃତ୍ତାନ୍ତ' - ଭ୍ରମଣ ସାହିତ୍ୟ ଅନ୍ତର୍ଭୁକ୍ତ। ଏହାକୁ ଇଂରାଜୀରେ 'Travelouge' କିମ୍ବା 'Travel Literature' ବୋଲି କୁହାଯାଇଥାଏ। ଉଇକିପିଡିଆ ଅନୁସାରେ- ଇଂରାଜୀ 'ଟ୍ରାଭେଲଗ୍' (Travelouge) ଶବ୍ଦ 'ଟ୍ରାଭେଲ୍' ଏବଂ 'ମୋନୋଲୋଗ' (monolouge) ଭଳି ଦୁଇଟି ଶବ୍ଦରୁ ଆସିଛି। 'ମୋନୋଲୋଗ୍' ଗ୍ରୀକ୍ ଶବ୍ଦ ମୋନସ୍ (alone) ଏବଂ ଲୋଗସ୍ (speech, word)ର ସମନ୍ୱୟରେ ସୃଷ୍ଟ। ତେଣୁ ପର୍ଯ୍ୟଟନ ବୃତ୍ତାନ୍ତ ବା ଭ୍ରମଣ ବୃତ୍ତାନ୍ତ କହିଲେ କୌଣସି ଭ୍ରମଣକାରୀର ବିଗତ ଭ୍ରମଣଜନିତ ଅନୁଭୂତି। ଏହାର ଲକ୍ଷ୍ୟ ହେଉଛି- 'ଭ୍ରମଣକାରୀର ସତ୍ୟାଶ୍ରୟୀ-ଅନୁଭବାତ୍ମକ ବ୍ୟାଖ୍ୟା' ଯାହା ଭ୍ରମଣକାରୀର ପ୍ରତ୍ୟକ୍ଷ ଦର୍ଶନାଭିଳାଷର କଳାତ୍ମକ ଅଭିବ୍ୟକ୍ତି। ବାହ୍ୟ ଜଗତରେ ଜଣେ ପର୍ଯ୍ୟଟକ ଯାହା ଦେଖିଥାନ୍ତି, ଶୁଣିଥାନ୍ତି, ଅନୁଭବ, ଆଘ୍ରାଣ ଓ ଆସ୍ୱାଦନ କରିଥାନ୍ତି, ସେହି ଅନୁଭୂତିସଂପନ୍ନ-ଭାବନାତ୍ମକ ଆବେଗର ନାନ୍ଦନିକ ଉପସ୍ଥାପନା ତାଙ୍କ 'ପର୍ଯ୍ୟଟନ ବୃତ୍ତାନ୍ତ'ର ମୁଖ୍ୟ ଅନ୍ତଃସ୍ୱର। କୌଣସି ସ୍ଥାନକୁ ନେଇ ଭ୍ରମଣକାରୀର ଉପଲବ୍ଧି ସେହି ସ୍ଥାନର ଐତିହ୍ୟ, ସମାଜ ବ୍ୟବସ୍ଥା ଏବଂ ସଂସ୍କୃତିର ବ୍ୟାଖ୍ୟା ହିଁ ଏହାର ମୁଖ୍ୟ ପ୍ରତିପାଦ୍ୟ ବିଷୟ। ଭ୍ରମଣ ଅନୁଭୂତିକୁ ପୁସ୍ତକ, ଡାଏରୀ, ଜର୍ଣ୍ଣାଲ୍, ଲେଖା, ନିବନ୍ଧ, ବକ୍ତବ୍ୟ, ଯାତ୍ରାନୁଭବ ଭାବରେ ସାଇତି ରଖାଯାଇଥାଏ। "The genre of travel literature encompasses outdoor literature, guide books, nature writing and travel memories." ପୁଣି ମଧ୍ୟ କୁହାଯାଇଛି- "Travel books come in styles ranging from the documentary to the literary as well as the journalistic and from memoir to the humorous to the serious. They are often association with tourism and include guide books." "ଭ୍ରମଣ କାହାଣୀରେ ଥାଏ ସତ୍ର, ପ୍ରତ୍ୟକ୍ଷ ବିଷୟରେ ବିବରଣୀ ଓ ଅନୁଭବର ଯଥାର୍ଥ ମର୍ମଲିପି। କୌତୂହଳ ଓ ଜିଜ୍ଞାସାବୋଧ ଭିତରେ ଉପଲବ୍ଧିର ସଚେତନତା ବାସ୍ତବରେ ଭାବରେ ଆତ୍ମପ୍ରକାଶ କଲେ, ତାହା ଉଚ୍ଚକୋଟୀର ଭ୍ରମଣ କାହାଣୀ ହୋଇଯାଏ। ପାଠକ ସିନା ସ୍ଥାନ ଦେଖି ନ ଥାନ୍ତି, କିନ୍ତୁ ଗୋଟିଏ ସ୍ଥାନର ପରିକଳ୍ପନା ଓ ସେହି ସ୍ଥାନର ସୌନ୍ଦର୍ଯ୍ୟର

ବର୍ଣ୍ଣନାକୁ ସେ ଲେଖକର ପରିବେଷିତ ବର୍ଣ୍ଣନାରୁ ଉପଲବ୍ଧି କରିଥାନ୍ତି। x x x ସାହିତ୍ୟ ହିଁ ଜୀବନ ଓ ସମାଜର କଥା କହିଥାଏ। ଭ୍ରମଣ କାହାଣୀରୁ ଇତିହାସର ସଂକେତ ମିଳେ। କାରଣ, ସମୟଖଣ୍ଡର ବର୍ଣ୍ଣନା, ଚିତ୍ର, ସ୍ଥାନର ବିବରଣୀ ଏଥିରେ ଗୁମ୍ଫିତ ହୋଇଥାଏ। ଭ୍ରମଣକାରୀର ଅଧିକାଂଶ ସୃଷ୍ଟିରେ ସ୍ଥାନର ମହତ୍ତ୍ୱ ଗୌରବ ମଣ୍ଡିତ ହୋଇଥାଏ। ସେହି ଭୂମିର ଐତିହ୍ୟ, ପରମ୍ପରା, ସାଂସ୍କୃତିକ ବିଚାରଧାରା, ଜନସମାଜର ଦୈନନ୍ଦିନ ଜୀବନଚର୍ଯ୍ୟା ଭ୍ରମଣ ସାହିତ୍ୟରେ ପ୍ରତିଫଳିତ ହୋଇଥାଏ। ଭ୍ରମଣ କାହାଣୀ ଏକ କଳାତ୍ମକ ରଚନା। ଏଭଳି କାହାଣୀର ଲେଖକ ହେଉଛନ୍ତି ଏହାର ମୁଖ୍ୟ ନାୟକ। ଭ୍ରମଣ କାହାଣୀ 'ଗଲି ଆଇଲି, ଯାହା ଦେଖିଲି ତାହା ଲେଖିଲି' ନ୍ୟାୟରେ ଉତ୍କୃଷ୍ଟ ସାହିତ୍ୟ ବୋଲି ବିବେଚିତ ହୋଇପାରେନା। ପ୍ରକାଶଭଙ୍ଗୀରେ ବୈଚିତ୍ର୍ୟ ଓ ସାରସ୍ୱତ କଳାରେ ପରିବେଷିତ ହୋଇଥିଲେ ତାହା କେବଳ ପାଠକଙ୍କୁ ଆମୋଦିତ କରେ ନାହିଁ, ସାହିତ୍ୟକୁ ମଧ୍ୟ ନୂତନ ବାର୍ତ୍ତା ଦେବାରେ ସମର୍ଥ ହୋଇଥାଏ।" (୩) ଭାରତୀୟ ପର୍ଯ୍ୟଟନ ସାହିତ୍ୟ ଧାରାରେ ପଣ୍ଡିତ ରାହୁଲ ସାଂସ୍କୃତାୟନଙ୍କୁ 'Father of Indian travelogue' ଭାବରେ ଗ୍ରହଣ କରାଯାଏ। ବିଂଶ ଶତାବ୍ଦୀର ପାଶ୍ଚାତ୍ୟ ସାହିତ୍ୟରେ ଗେହ୍ଲୋର୍ଣ୍ଣ (Gellhorn)ଙ୍କ 'The New Yorker', ନର୍ମାନ୍ ଲୁଇସ୍‌ଙ୍କ 'Golden Earth', ଡରଭାଲ୍ ମୁର୍ଫିଙ୍କ 'Full Tilt', ଜନ୍ ମରିସ୍‌ଙ୍କ 'The Portaits of Venice', ମାର୍କ ଟ୍ୱିନ୍‌ଙ୍କ 'The Innocents Abroad', Bruce Chatwin, Paul Theroux, Jonathan Raban, Colin Thubron ଆଦିଙ୍କ ଯାତ୍ରାବୃତ୍ତାନ୍ତ ଉଲ୍ଲେଖଯୋଗ୍ୟ। ଏତଦ୍‌ଭିନ୍ନ ଡଚ୍ ଲେଖକ Cees Nooteboom, କାନାଡାର ରବିନ୍ ଏସ୍ ରକ୍, ଆମେରିକାର ବିଲ୍ ବ୍ରିସନ୍ ଏବଂ ପଲ୍ ଥେରକ୍ସ ଆଦିଙ୍କ ନାମ ସ୍ମରଣୀୟ। ଆଧୁନିକ ଯାତ୍ରା ବୃତ୍ତାନ୍ତରେ କଥାଧର୍ମୀ କାହାଣୀ, ନିର୍ଦ୍ଦିଷ୍ଟ ବିଷୟବସ୍ତୁ, ନିଧାର୍ଯ୍ୟ ସମୟ, ଏକ ନିର୍ଦ୍ଦିଷ୍ଟ ଲକ୍ଷ୍ୟ ଥାଏ। ଥମ୍ପସନ୍‌ଙ୍କ ମତରେ- "The boundaries of the travel writing genre is fazzy and there is little point in policing them too rigidly." ତେବେ ଓଡ଼ିଆ ଭ୍ରମଣ-କାହାଣୀର ସୁଦୀର୍ଘ ଓ ସମୃଦ୍ଧ ପରମ୍ପରା ରହିଛି। ଊନବିଂଶ ଶତକରେ ପାଶ୍ଚାତ୍ୟ ସାହିତ୍ୟରେ ଭ୍ରମଣଜନିତ ଅନୁଭୂତିକୁ ଆଧାର କରି ସ୍ୱତନ୍ତ୍ର ସାହିତ୍ୟିକ ବିଭାଗ ସୃଷ୍ଟି ହୋଇଥିଲା। ତେବେ ଊନବିଂଶ ଶତାବ୍ଦୀର ଶେଷ ପର୍ଯ୍ୟାୟରେ ଏହା ଅଧିକ ବିକଶିତ ହୋଇଥିଲା। ଏ କ୍ଷେତ୍ରରେ ଫକୀର ମୋହନ ସେନାପତିଙ୍କ 'ଉତ୍କଳ ଭ୍ରମଣଂ' (୧୮୯୨), ରାଧାନାଥଙ୍କ 'ଭ୍ରମଣକାରୀର ପତ୍ର', ଶଶିଭୂଷଣ ରାୟଙ୍କ 'ଦାକ୍ଷିଣାତ୍ୟ ଭ୍ରମଣଂ' (୧୮୯୬) ଇତ୍ୟାଦି ଓଡ଼ିଆ ଭ୍ରମଣ ବୃତ୍ତାନ୍ତର ଆଦ୍ୟରୂପ ଥିଲା। ପରବର୍ତ୍ତୀ

ପର୍ଯ୍ୟାୟରେ ଶ୍ରୀପତି ମିଶ୍ରଙ୍କ 'ଶିମଳା ଯାତ୍ରା', ମାୟାଧର ମାନସିଂହଙ୍କ 'ପଶ୍ଚିମ ପଥିକ', କୁଞ୍ଜବିହାରୀ ଦାଶଙ୍କ 'ଲଙ୍କା ଯାତ୍ରୀ', ଭୁବନେଶ୍ୱର ବେହେରାଙ୍କ 'ପଶ୍ଚିମ ଆଫ୍ରିକାରେ ଓଡ଼ିଆ ଢେଙ୍କି' ଇତ୍ୟାଦିଠାରୁ ଆରମ୍ଭ କରି ସୁରେନ୍ଦ୍ର ମହାନ୍ତିଙ୍କ 'ପେକିଂ ଡାଏରୀ', ଚିତ୍ତରଞ୍ଜନ ଦାସଙ୍କ 'ଶିଳାତୀର୍ଥ', ଗୋବିନ୍ଦ ଦାସଙ୍କ 'ଦେଶେ ଦେଶେ', ଶାନ୍ତନୁ ଆଚାର୍ଯ୍ୟଙ୍କ 'କରଞ୍ଜିଆ ଡାଏରୀ', ମନୋଜ ଦାସଙ୍କ 'ଅଦୂର ବିଦେଶ' ଓ 'ଦୂର ଦୂରାନ୍ତର', ସୀତାକାନ୍ତ ମହାପାତ୍ରଙ୍କ 'ଅନେକ ଶରତ', ପ୍ରତିଭା ରାୟଙ୍କ 'ମୈତ୍ରୀ ପାଦପର ଶାଖା ପ୍ରଶାଖା' ଇତ୍ୟାଦି ଉଲ୍ଲେଖଯୋଗ୍ୟ। ଏହି ଧାରାରେ ଗୌରହରି ଦାସଙ୍କ ଭ୍ରମଣ କାହାଣୀ ତାଙ୍କ ଆବେଗ ଓ ଅନୁଭବର ଏକ ଶବ୍ଦ ଝଙ୍କାର। ଭ୍ରମଣ କାହାଣୀରେ ଗୌରହରି ତଥ୍ୟ ଅପେକ୍ଷା ସତ୍ୟକୁ ଅଧିକ ଉପସ୍ଥିତ କରିବାକୁ ଚେଷ୍ଟା କରିଛନ୍ତି। ତାଙ୍କ ଭ୍ରମଣ କାହାଣୀରେ ଆନ୍ତରିକତା ଉପଲବ୍ଧ ହୁଏ। 'ପ୍ରଥମ ପ୍ରବାସ'ରେ ଯେପରି ଆମେରିକାର କଥା କୁହାଯାଇଛି, ସେହିପରି 'ଚିହ୍ନା ଅଚିହ୍ନା ଚୀନ୍'ରେ ଚୀନ୍ ଦେଶର କଥା ଏବଂ 'ଦୁଇ ଦିଗନ୍ତ'ରେ ସ୍ୱିଡେନ୍ ଓ ଆମେରିକାର ଚିତ୍ର ପ୍ରତିଫଳିତ ହୋଇଛି। x x x ବିଶେଷ ଭାବରେ ଲେଖକଙ୍କ ଦୃଷ୍ଟିରେ ଭୂମିର ମହତ୍ତ୍ୱ, ସ୍ଥାନର ବର୍ଣ୍ଣନା, ସାଂସ୍କୃତିକ-ସାମାଜିକ ଅବବୋଧ, ସାରସ୍ୱତ ଦିଗନ୍ତ, ସାମାଜିକ ରୀତି-ନୀତି, କଳା ନୈପୁଣ୍ୟ, ରାଜନୀତି, କୂଟନୀତି, ଶିକ୍ଷା ବ୍ୟବସ୍ଥାକୁ ଏଥିରେ ସ୍ଥାନିତ କରାଯାଇଛି।" (୪)

ଗୌରହରି ଦାସ ଜଣେ ଭ୍ରମଣପ୍ରିୟ ଲେଖକ। ସେ ଠାଏ ଉଲ୍ଲେଖ କରିଛନ୍ତି- "ମଣିଷକୁ ଈଶ୍ୱର ପାଦ ଦେଇଛନ୍ତି" ତା'ର ଅର୍ଥ ସେ ଗୋଟିଏ ସ୍ଥାନରେ ବୃକ୍ଷ ପରି ଛିଡ଼ା ରହିବନି, ଚାରିଆଡ଼େ ଘୂରିବ।" ଜଣେ ଲେଖକ ଭାବରେ ଅଧ୍ୟୟନ, ଭ୍ରମଣ ଓ ଲୋକସଂପର୍କ ମାଧ୍ୟମରେ ହିଁ ନୂଆ ନୂଆ ଚିନ୍ତାଧାରା ଅର୍ଜନ କରି ହୁଏ ବୋଲି ଗୌରହରିଙ୍କ ଧାରଣା। ବୃତ୍ତିଗତ ଜୀବନରେ ସାମ୍ବାଦିକତା ମଧ୍ୟ ତାଙ୍କୁ ସତ୍ୟାନ୍ୱେଷୀ ହେବାକୁ ଯଥେଷ୍ଟ ସାମର୍ଥ୍ୟ ପ୍ରଦାନ କରିଛି। ସେ ଭାରତର ବିଭିନ୍ନ ରାଜ୍ୟ ଏବଂ ଗୁରୁତ୍ୱପୂର୍ଣ୍ଣ ସ୍ଥାନ ପରିଭ୍ରମଣ କରିଛନ୍ତି। ଏହାର ପରିଚୟ ତାଙ୍କର ନିୟମିତ ସ୍ତମ୍ଭ 'ଜୀବନର ଜଳଛବି'ରୁ ଆମେ ପାଉ। ଗୌରହରି ଦାସ ମଧ୍ୟ ବିଭିନ୍ନ ଦେଶ ଭ୍ରମଣ କରିଛନ୍ତି। ତନ୍ମଧ୍ୟରେ ରହିଛି ଯୁକ୍ତରାଷ୍ଟ୍ର ଆମେରିକା, ଚୀନ୍, ସ୍ୱିଡେନ୍, ଇଂଲଣ୍ଡ, ଫ୍ରାନ୍ସ, ନେଦରଲାଣ୍ଡ, ଜର୍ମାନୀ, ଚେକ୍, ସ୍ଲୋଭାକିଆ, ବେଲଜିୟମ୍, ଅଷ୍ଟ୍ରେଲିଆ, ଇଟାଲୀ, ସ୍ୱିଜରଲ୍ୟାଣ୍ଡ, ଜାପାନ, ମାଲୟେସିଆ ଓ ସିଙ୍ଗାପୁର ପ୍ରଭୃତି ଦେଶ। ପ୍ରଥମେ ୧୯୯୬ରେ ସେ ଯୁକ୍ତରାଷ୍ଟ୍ର ଆମେରିକା ଭ୍ରମଣର ସୁଯୋଗ ପାଇଥିଲେ। ସେଠାରେ ରହୁଥିବା ଓଡ଼ିଆମାନଙ୍କର ସାଂସ୍କୃତିକ ମଞ୍ଚ 'ଓଡ଼ିଶା ସୋସାଇଟି ଅଫ୍ ଆମେରିକାଜ୍'ର

ଆମନ୍ତ୍ରଣ କ୍ରମେ ୱାଶିଂଟନ୍ ଡି.ସି.ରେ ଅନୁଷ୍ଠିତ ହୋଇଥିବା ବାର୍ଷିକ ଅଧିବେଶନରେ ଜଣେ ଅତିଥି ବକ୍ତା ଭାବରେ ଆମନ୍ତ୍ରିତ ହୋଇଥିଲେ। ସେହି ଭ୍ରମଣର ଫଳଶ୍ରୁତି ଥିଲା ତାଙ୍କର 'ପ୍ରଥମ ପ୍ରବାସ' ଭ୍ରମଣ ଅନୁଭୂତି। ଗୌରହରିଙ୍କ ତିନିଖଣ୍ଡ ଭ୍ରମଣ କାହାଣୀ ଭିତରୁ 'ପ୍ରଥମ ପ୍ରବାସ'ରେ ଆମେରିକାର ଅନୁଭୂତି ବର୍ଣ୍ଣିତ ହୋଇଥିଲାବେଳେ 'ଦୁଇ ଦିଗନ୍ତ' ୨୦୦୦ ମସିହାରେ ସେ ଦ୍ୱିତୀୟ ଥର ଯାଇଥିବା ଆମେରିକା ଓ ସ୍ୱିଡେନ୍ ଭ୍ରମଣର ବିବରଣୀ ଏବଂ 'ଚିହ୍ନା ଅଚିହ୍ନା ଚୀନ୍' ହେଉଛି ୨୦୦୨ରେ ଚୀନ୍ ଭ୍ରମଣର ଅଭିଜ୍ଞତା। ନିଜର ବିଦେଶ ଭ୍ରମଣ ସଂପର୍କରେ ଗୌରହରି ଦାସ 'ଦୁଇ ଦିଗନ୍ତ'ରେ ଏକ ଘଟଣାକୁ ଉଲ୍ଲେଖ କରିଛନ୍ତି। ପିଲାଦିନେ ବିଦେଶ ଭ୍ରମଣକୁ ନେଇ ତାଙ୍କ ମନରେ ବଡ଼ ଆଗ୍ରହ ଥିଲା ଏବଂ ତାଙ୍କ ହସ୍ତରେଖା ଦେଖି ବିଦେଶ ଗସ୍ତର ଯୋଗ ଅଛି କି ନାହିଁ ବୋଲି ସେ ଗାଁ ଜ୍ୟୋତିଷଙ୍କୁ ନିଜ ହାତ ଦେଖାଇଥିଲେ। ମାତ୍ର ଗୌରହରିଙ୍କ ପରିବାରର ସାମାଜିକ ସ୍ଥିତି ଏବଂ ବିଦେଶ ଭ୍ରମଣର ବ୍ୟୟବହୁଳ ଅବକାଶ ମଧ୍ୟରେ ଦୀର୍ଘ ବ୍ୟବଧାନ ଉପଲବ୍ଧି କରି ଜ୍ୟୋତିଷ ଜଣକ କିଶୋର ଗୌରହରିଙ୍କ ହାତ ଛିଞ୍ଚାଡ଼ି ଦେଇ ଏଭଳି ପ୍ରଶ୍ନ ପଚାରିବାର ଔଦ୍ଧତ୍ୟ ଲାଗି ଭର୍ତ୍ସନା କରିଥିଲେ, ଯାହା ଗୌରହରିଙ୍କ କୋମଳ କିଶୋର ପ୍ରାଣକୁ ଅତ୍ୟନ୍ତ ବ୍ୟଥାତୁର କରିଥିଲା। ସେହି ଅବସାଦ ଓ ଅସମ୍ଭବ ଜୀବନସ୍ଥିତିକୁ ନେଇ ଗୌରହରି ଦାସ ଏକ ବ୍ଲେଡ୍ ସାହାଯ୍ୟରେ ହାତ ପାପୁଲିର ରେଖାଟିକୁ କିଛି ବାଟ ବଢ଼େଇ ନେବା ପରି ଏକ ଉଦ୍ଭଟ ଉଦ୍ୟମ ମଧ୍ୟ କରିଥିଲେ। ଏ କଥାଟି ସେ ଦ୍ୱିତୀୟ ଥର ଯେତେବେଳେ ଆମେରିକାର ଆଟ୍‌ଲାଣ୍ଟାରୁ ସାନ୍‌ଫ୍ରାନ୍‌ସିସ୍‌କୋ ଯାଉଥାନ୍ତି ସେତେବେଳେ ଏକ କବିତା ମନେପକେଇ ଲେଖିଛନ୍ତି ଯେ- 'ହାତ ପାପୁଲିର ରେଖା ଉପରେ ବିଶ୍ୱାସ କରିବା ଉଚିତ ନୁହେଁ, କାରଣ ଭାଗ୍ୟ ସେମାନଙ୍କର ମଧ୍ୟ ଅଛି, ଯେଉଁମାନଙ୍କର ମୂଳରୁ ହାତ ହିଁ ନାହିଁ।' ସେମିତି 'ପ୍ରଥମ ପ୍ରବାସ'ରେ ମଧ୍ୟ ସେ ଲେଖିଛନ୍ତି- ୧୯୯୬ ମସିହା ପୂର୍ବରୁ ଗୌରହରି ତାଙ୍କ ଜୀବନରେ କେବେହେଲେ ବିମାନଯାତ୍ରା କରି ନ ଥିଲେ। ମାତ୍ର ୧୯୯୬ରେ ସେ ଭୁବନେଶ୍ୱରରୁ ବାହାରି ସିଧା ନ୍ୟୁୟର୍କରେ ପହଞ୍ଚିଥିଲେ। ପ୍ରଥମ ଥର ପାଇଁ ବିଦେଶ ଯାତ୍ରାକୁ ନେଇ ସେ ବେଶ୍ ରୋମାଞ୍ଚିତ ତଥା କିଛି ପରିମାଣରେ ଆତ୍ମସଚେତନ ହୋଇ ପଡ଼ିଥିବା ସ୍ୱୀକାର କରନ୍ତି। ସେହି ଯାତ୍ରା ବିବରଣୀ ହେଲା 'ପ୍ରଥମ ପ୍ରବାସ'। ୧୯୯୬ ମସିହାରେ ଗୌରହରି ଯେତେବେଳେ ପ୍ରଥମ କରି ଆମେରିକା ଗସ୍ତ କଲେ, ସେତେବେଳକୁ ୱାର୍ଲଡ୍ ଟ୍ରେଡ୍ ସେଣ୍ଟର ଉପରେ ତାଲିବାନୀ ଆତଙ୍କବାଦୀ ଆକ୍ରମଣ ହୋଇ ନ ଥିଲା, ମାତ୍ର ୨୦୦୦ ମସିହାରେ ଦ୍ୱିତୀୟ ଥର ଗଲା ବେଳକୁ

ବିଶ୍ୱ ବାଣିଜ୍ୟ କେନ୍ଦ୍ରର ନଭଶ୍ଚୁମ୍ବୀ ଦୁଇ ଅଟ୍ଟାଳିକା ଭସ୍ମୀଭୂତ ହୋଇଯାଇଥିଲା ଏବଂ ତା'ରି ମଧ୍ୟରେ ଅନେକ କିଛି ହଜିଯାଇଥିଲା । ଉଦାହରଣ ସ୍ୱରୂପ ବିମାନଯାତ୍ରାକାଳୀନ ମୁକ୍ତ-ଅବାଧ ମାନସିକତା ବଦଳିଯାଇ ବହୁତ କଡ଼ା କଟକଣା ହୋଇଯାଇଥିଲା । ଏହିସବୁ ଘଟଣାର ପାର୍ଥକ୍ୟ ୧୯୯୬ ମସିହା ଏବଂ ୨୦୦୦ ମସିହାରେ ଲିଖିତ 'ପ୍ରଥମ ପ୍ରବାସ' ଏବଂ 'ଦୁଇ ଦିଗନ୍ତ'ରେ ପ୍ରଦାନ କରାଯାଇଛି । ତିନିଟି ଦେଶ ମଧ୍ୟରୁ ସ୍ୱିଡେନ୍ ଏକ ୟୁରୋପୀୟ ଦେଶ, ଆମେରିକା ପୃଥିବୀର ସବୁଠୁ ଧନୀ ରାଷ୍ଟ୍ର ଓ ଗଣତାନ୍ତ୍ରିକ ରାଷ୍ଟ୍ର ଏବଂ ଚୀନ୍ ଏକ କମ୍ୟୁନିଷ୍ଟ ଦେଶ । ଆମେରିକା ସମ୍ବନ୍ଧୀୟ ବହୁ ଭ୍ରମଣ କାହାଣୀ ଓଡ଼ିଆ ଭାଷାରେ ରହିଛି । 'ପ୍ରଥମ ପ୍ରବାସ'ର ମହତ୍ତ୍ୱ ହେଲା ପ୍ରଥମ ଥର ପାଇଁ ବିଦେଶ ଯାଉଥିବା ଏକ ସାଧାରଣ ଓଡ଼ିଆ ତରୁଣର ଭୀରୁ-ଶଙ୍କିତ ଅଥଚ ବିଶ୍ୱସ୍ତ ଅନୁଭୂତି । ଅନେକ ସମୟରେ କିଛି କିଛି ଅନୁଭୂତିକୁ ଲେଖକ ଲୁକ୍କାୟିତ କରିଦେଇଥାନ୍ତି । କିନ୍ତୁ ଗୌରହରି ଦାସ ତାଙ୍କର ଅଙ୍ଗେନିଭା ଭୁଲ୍, ତ୍ରୁଟି, କୌତୂହଳ, ବିହ୍ୱଳ, ବିସ୍ମୟ ଅବସ୍ଥାର ବହୁବିଧ ଅନୁଭବକୁ ବାଣ୍ଟିଛନ୍ତି ସ୍ପଷ୍ଟ ଭାବରେ ପାଠକଙ୍କ ସହିତ, ଯେଉଁଥିରେ ଜଣେ ସାଧାରଣ ଭ୍ରମଣକାରୀ ନିଜକୁ ତାଙ୍କ ପ୍ରବାସ ଅନୁଭୂତିରେ ଖୋଜି ପାଇପାରିବ । ଗୋଟିଏ ବଡ଼ ମଞ୍ଚ ଉପରେ ଦଣ୍ଡାୟମାନ ହୋଇ ନିଜର ସାହିତ୍ୟ ଓ ଜୀବନ ଉପରେ ଉଦ୍‌ବୋଧନ ଦେବା ସହିତ କିଶୋର ସୁଲଭ ବିହ୍ୱଳପଣରେ ସେ ତାଙ୍କର ଉପଲବ୍ଧି ଏବଂ ତାଙ୍କର ତୁଳନାତ୍ମକ ଦୃଷ୍ଟିକୋଣକୁ ତାଙ୍କ ବହିରେ ଅଭିବ୍ୟକ୍ତ କରିଛନ୍ତି । ଗୌରହରି ଦାସଙ୍କ ତିନିଟି ଯାକ ଭ୍ରମଣ ବୃତ୍ତାନ୍ତରେ ତାଙ୍କ ବିଦେଶ ଅନୁଭବର ଗଭୀର ତଥା ଅନ୍ତରଙ୍ଗ ବିବରଣୀ ରହିଛି ।

ଯୋଶେଫ କନ୍‌ରାଡ୍‌ଙ୍କ 'Heart of Darkness' ଏବଂ ଜ୍ୟାକ୍ କେରୁଓ୍ୱାକ୍‌ଙ୍କ 'On the Road' ଭଳି ପର୍ଯ୍ୟଟକ ଗୌରହରି 'ପ୍ରଥମ ପ୍ରବାସ', 'ଦୁଇ ଦିଗନ୍ତ' ତଥା 'ଚିହ୍ନା ଅଚିହ୍ନା ଚୀନ୍'ରୁ ବିଦେଶକୁ ନେଇ ତାଙ୍କର ଦୃଷ୍ଟିକୋଣ ଉପଲବ୍ଧ ହୁଏ । ଏଗୁଡ଼ିକ ମୁଖ୍ୟତଃ ଚାରିପ୍ରକାର:-

୧. ସାମାଜିକ ଦିଗ

୨. ସାଂସ୍କୃତିକ ଦିଗ

୩. ବ୍ୟକ୍ତିକ ଦିଗ

୪. ମନସ୍ତାତ୍ତ୍ୱିକ ଦିଗ

ଗୌରହରିଙ୍କ ପର୍ଯ୍ୟଟନର ଉପଲବ୍ଧି ମଧ୍ୟରେ ସେହି ସ୍ଥାନଗୁଡ଼ିକର ପାରମ୍ପରିକ ମୂଲ୍ୟବୋଧର ଐତିହ୍ୟ, ସଂସ୍କୃତି, ବ୍ୟବସାୟ, ପ୍ରକୃତି, ସ୍ମୃତିସ୍ତମ୍ଭ ସଂପର୍କରେ ବର୍ଣ୍ଣନା ଦେବା ସମୟରେ ସେ ଜଣେ କୌତୂହଳୀ ପର୍ଯ୍ୟଟକ ଭାବରେ ନିଜ ବିସ୍ମୟକୁ ମଧ୍ୟ

ଉପସ୍ଥାପିତ କରିଛନ୍ତି । ବର୍ଣ୍ଣନାତ୍ମକ ଗଦ୍ୟଶୈଳୀ (Narrative Prose Style)ରେ ତାଙ୍କର ପର୍ଯ୍ୟଟନ ବୃତ୍ତାନ୍ତକୁ ବାସ୍ତବତା ମଧ୍ୟ ଦେଇ କାଳ୍ପନିକତାର ସ୍ପର୍ଶ ଦ୍ୱାରା ରସାଳ କରିପାରିଛନ୍ତି । ତେଣୁ ଗୌରହରିଙ୍କ ପର୍ଯ୍ୟଟନ ବୃତ୍ତାନ୍ତକୁ ବିଶେଷତଃ 'ଚିହ୍ନା ଅଚିହ୍ନା ଚୀନ୍'କୁ 'Fictional Travel' ଭାବରେ ମଧ୍ୟ ଗ୍ରହଣ କରାଯାଇପାରେ । ଭ୍ରମଣ ବର୍ଣ୍ଣନାର ପ୍ରତି ଛତ୍ରେ ଛତ୍ରେ ଗୌରହରିଙ୍କ ଅପୂର୍ବ କଥାକାରିତାର କଳାପାଟବ ପାଠକଙ୍କୁ ମନ୍ତ୍ରମୁଗ୍ଧ କରିବାରେ ସମର୍ଥ ମନେହୁଏ । ଉଇକିପିଡିଆ ଅନୁସାରେ– "Some fictional travel stories are related to travel literature. Although it may be desirable in some contexts to distinguish fictional from non-fictional works, such distinctions have proved notoriously difficult to make in practice as in the famous instance of the travel writings of Marco Polo or John Mandeville." ତେବେ ପର୍ଯ୍ୟଟକ ଗୌରହରି ଦାସଙ୍କ ଭିତରେ ଥିବା ଅନନ୍ୟ ବୌଦ୍ଧିକତା, ଜିଜ୍ଞାସା, ସତ୍ୟାନ୍ୱେଷଣ ପ୍ରତି ଆଗ୍ରହ ତଥା ସାମ୍ବାଦିକତର ଶ୍ୟେନ ଦୃଷ୍ଟିର କଳାତ୍ମକ ରୂପ ହେଉଛି ତାଙ୍କର ଏହି ଭ୍ରମଣାଶ୍ରୟୀ ଅନୁଭୂତି ପୁସ୍ତକ ତିନିଟି । ପ୍ରତ୍ୟେକଟି ସୃଷ୍ଟିରେ ତାଙ୍କର ପ୍ରକାଶଭଙ୍ଗୀର ସ୍ୱଚ୍ଛତା, ଅକପଟ ବିଶ୍ୱସନୀୟତା ଓ ପର୍ଯ୍ୟଟକର ଅନୁସନ୍ଧିତ୍ସା ରହିଛି ।

ଆଗରୁ ଯାହା ଉଲ୍ଲେଖ କରାଯାଇଛି, 'ପ୍ରଥମ ପ୍ରବାସ' ଭ୍ରମଣ ଅନୁଭୂତିରେ ରହିଛି ଉତ୍ତର ଆମେରିକା, ଦକ୍ଷିଣ ଆମେରିକା ଏବଂ କାନାଡାରେ ବସବାସ କରୁଥିବା ଓଡ଼ିଆମାନଙ୍କର ସାଂସ୍କୃତିକ ମଞ୍ଚ – 'ଓଡ଼ିଶା ସୋସାଇଟି ଅଫ୍ ଆମେରିକାଜ୍' (ଓସା)ର ଆମନ୍ତ୍ରଣକ୍ରମେ ୱାଶିଂଟନ୍ ଡି.ସି.ଠାରେ ଅନୁଷ୍ଠିତ ଏହାର ୨୭ତମ ବାର୍ଷିକ ଅଧିବେଶନରେ ଯୋଗଦେବା ଲାଗି ୧୯୯୬ ଜୁଲାଇରେ ଲେଖକଙ୍କ ଆମେରିକା ଗସ୍ତକାଳୀନ ବିସ୍ତୃତ ଅନୁଭୂତି । ସେହି ସମୟରେ ଲେଖକ ମ୍ୟାରିଲ୍ୟାଣ୍ଡ, ଟେନିସୀ, ଆଲ୍‌ବାମା ଓ ଆଟ୍‌ଲାଣ୍ଟା ପ୍ରଭୃତି ସ୍ଥାନ ଭ୍ରମଣ କରିଥିଲେ । ଏହି ଭ୍ରମଣ ଅନୁଭୂତିରେ ସେସବୁ ସ୍ଥାନ ସଂପର୍କରେ ତାଙ୍କର ଅଭିଜ୍ଞତା ସାଙ୍ଗକୁ ପ୍ରବାସରେ ରହୁଥିବା ଓଡ଼ିଆମାନଙ୍କର ସାମାଜିକ ଜୀବନଚର୍ଯ୍ୟା, ସେ ଦେଶ ଓ ଭାରତ ମଧ୍ୟରେ ଥିବା ଭୌଗୋଳିକ, ଆବେଗିକ, ମନସ୍ତାତ୍ତ୍ୱିକ ଏବଂ ସାଂସ୍କୃତିକ ସାମ୍ୟ, ବୈଷମ୍ୟ ଓ ବ୍ୟତିକ୍ରମର ବିଶ୍ଲେଷଣ ପ୍ରକାଶ ପାଇଛି । 'ପ୍ରଥମ ପ୍ରବାସ' ଭ୍ରମଣ ବୃତ୍ତାନ୍ତରେ ଅଠର ଗୋଟି ଶୀର୍ଷକ ସଂଯୋଜିତ ହୋଇଛି ।

ପ୍ରଥମ ବିଦେଶ ଯାତ୍ରାର ପ୍ରସ୍ତୁତିପର୍ବରେ ଆମେରିକାନ୍ ଭିସା ପାଇବାର ଅସ୍ୱସ୍ତିକର ସ୍ମୃତିର ବର୍ଣ୍ଣନା ରହିଛି । ନୂଆଦିଲ୍ଲୀ ଇନ୍ଦିରା ଗାନ୍ଧୀ ଇଣ୍ଟର୍‌ନ୍ୟାସ୍‌ନାଲ୍

ଏୟାରପୋର୍ଟରୁ ଆମେରିକା ଅଭିମୁଖେ ଲେଖକଙ୍କର ଯାତ୍ରା ଆରମ୍ଭ ହୋଇଥିଲା। ନୂଆଦିଲ୍ଲୀରୁ ଲଣ୍ଡନର ଦୂରତା ପ୍ରାୟ ଛଅ ଘଣ୍ଟାର ଯାତ୍ରା ଥିଲା। ଲଣ୍ଡନର ହିଥ୍ରୋ ବିମାନ ବନ୍ଦରରେ ପ୍ରଥମେ ବିମାନ ଘଣ୍ଟାଏ ପାଇଁ ରହି ପୁଣି ଉଡ଼ାଣ ଆରମ୍ଭ କରିଥିଲା ଏବଂ ପହଞ୍ଚିଥିଲା ନ୍ୟୁୟର୍କର ଜେ.ଏଫ୍. କେନେଡି ଏୟାରପୋର୍ଟରେ। ଆମେରିଗୋ ଭେସ୍‌ପୁସିଙ୍କ ନାମାନୁସାରେ 'ଆମେରିକା'ର ନାମକରଣ ସଂପର୍କରେ ଲେଖକଙ୍କର ଅବତାରଣା ତଥ୍ୟପୂର୍ଣ୍ଣ ହୋଇଛି। ଆମେରିକାରେ ପହଞ୍ଚିବା ପରେ ଲେଖକ ସେଠିକାର ଗମନାଗମନ ବ୍ୟବସ୍ଥାକୁ ଦେଖି ଭାରତ ଓ ଆମେରିକା ମଧ୍ୟରେ ତୁଳନା କରିବସିଛନ୍ତି।

"ଭାରତ ପରି ଗୋଟିଏ ବିକାଶଶୀଳ ଦେଶ ଓ ଓଡ଼ିଶା ପରି ଏକ ଅନୁନ୍ନତ ରାଜ୍ୟରୁ ଯାଇଥିବା ମୋ ପରି ଜଣେ ଯୁବକ ପାଇଁ ନ୍ୟୁୟର୍କ ସହରର ରାସ୍ତାଘାଟ, କୋଠାବାଡ଼ି, ଗାଡ଼ିମଟର, ଏପରିକି ଟ୍ରାଫିକ୍ ବ୍ୟବସ୍ଥା ସବୁକିଛି ନୂଆ ଥିଲା। ରାସ୍ତାଘାଟରେ ସାଇନ୍‌ବୋର୍ଡଗୁଡ଼ିକ ଦୂରରୁ ସ୍ପଷ୍ଟ ଦିଶୁଥିଲା ଓ ସେଗୁଡ଼ିକ ଉପରେ ଆମ ଏଠାକାର ବ୍ୟବସ୍ଥା ପରି କେହି ସିନେମା ପୋଷ୍ଟର କି ହ୍ୟାଣ୍ଡ୍‌ବିଲ୍ ମଡ଼େଇ ନ ଥିଲେ। କଟକ ଭୁବନେଶ୍ୱର କଥା ଦୂରେ ଥାଉ ନୂଆଦିଲ୍ଲୀର କେତେକ କଲୋନିର ଗାଇଡ୍ ମ୍ୟାପ୍, ସାଇନ୍‌ବୋର୍ଡ ପୋଷ୍ଟର, ହ୍ୟାଣ୍ଡ୍‌ବିଲ୍ ଚାପରେ ହଜିଯାଇ ଥାଆନ୍ତି। ଏଠି ସେ କଥା ନାହିଁ। ଷ୍ଟ୍ରିଟ୍ ଓ ଲେନ୍ ନମ୍ବର ପରିଷ୍କାର ଦେଖାଯାଉଛି।" (୫)

ବ୍ୟସ୍ତତମ ସହର ନ୍ୟୁୟର୍କର ଐତିହ୍ୟ ବର୍ଣ୍ଣନା କରି ଲେଖକ ଉଲ୍ଲେଖ କରିଛନ୍ତି- "ନ୍ୟୁୟର୍କ ହେଉଛି ଯୁକ୍ତରାଷ୍ଟ୍ର ଆମେରିକାର ବୃହତ୍ତମ ସହର। ହଡ୍‌ସନ୍ ନଈକୂଳରେ ଏହି ସହର ଅବସ୍ଥିତ। ୧୬୬୪ ମସିହାରେ ଇଂରେଜମାନେ ଏଇ ସହରକୁ ଡଚ୍‌ମାନଙ୍କ ହାତରୁ ଛଡ଼େଇ ନେଇଥିଲେ। ତେବେ ଆମେରିକାର ବୃହତ୍ତମ ସହର ହେଲେ ମଧ୍ୟ ନ୍ୟୁୟର୍କ ତା' ରାଜ୍ୟର ରାଜଧାନୀ ନୁହେଁ କି ଯୁକ୍ତରାଷ୍ଟ୍ର ଆମେରିକାର ରାଜଧାନୀ ନୁହେଁ।" (୬) ଏହି ପରିପ୍ରେକ୍ଷୀରେ ଗୌରହରି ଦାସ ନ୍ୟୁୟର୍କ ସହରର ମାଟିତଳେ ଓ ନଈତଳେ ଥିବା ସବ୍-ୱେ ଟ୍ରେନ୍ ଲାଇନ୍, ୧୯୦୮ ମସିହାର ହଡ୍‌ସନ୍ ନଈତଳେ ନ୍ୟୁଜର୍ସି ଏବଂ ମାନ ହାଟାନ୍‌କୁ ସଂଯୋଗ କରୁଥିବା ସୁଡ଼ଙ୍ଗ ରାସ୍ତା (ହଡ୍‌ସନ୍ ଟ୍ୟୁବ୍), ୧୯୨୭ ମସିହାରେ ହଲାଣ୍ଡ ଟନେଲ୍, ୧୯୦୮ ମସିହାରୁ ଇଷ୍ଟ ରିଭର୍ ତଳେ ମାନହାଟାନ୍ ଓ ବ୍ରୁକଲିନ୍‌କୁ ସଂଯୋଗକାରୀ ଭୂତଳ ରେଳରାସ୍ତା ନିର୍ମାଣ କଥା ଉଲ୍ଲେଖ କରିଛନ୍ତି।

ଆମେରିକାର ଜାତିସଂଘ କାର୍ଯ୍ୟାଳୟର ୩୯ ମହଲାର ଉଚ୍ଚ ସୌଧ ସମ୍ମୁଖରେ ସଦସ୍ୟ ଦେଶଗୁଡ଼ିକର ଜାତୀୟ ପତାକାର ରୂପ, ନ୍ୟୁୟର୍କର ପ୍ରସିଦ୍ଧ ନଭଶ୍ଚୁମ୍ବୀ ଅଟ୍ଟାଳିକାରେ ୧୨୫୦ ଫୁଟ ଉଚ୍ଚତା ବିଶିଷ୍ଟ ଏମ୍ପାୟାର୍ ଷ୍ଟେଟ୍ ବିଲ୍‌ଡିଂ, ଯଥାକ୍ରମେ

୧୩୬୮ ଫୁଟ ଓ ୧୩୬୨ ଫୁଟ ଉଚ୍ଚତା ବିଶିଷ୍ଟ ୱାର୍ଲଡ୍ ଟ୍ରେଡ୍ ସେଣ୍ଟର, ଚିକାଗୋର ୧୪୫୪ ଫୁଟ୍ ଉଚ୍ଚତା ବିଶିଷ୍ଟ ସିଅର୍ସ ଟାୱାର୍, ୧୬୯୨ ଫୁଟ ଉଚ୍ଚତା ବିଶିଷ୍ଟ ନ୍ୟୁୟର୍କ ଷ୍ଟକ୍ ଏକ୍ସଚେଞ୍ଜ୍ ଟାୱାର୍ ସଂପର୍କରେ ଲେଖକ ସ୍ମରଣ କରିଛନ୍ତି । ୱାର୍ଲଡ୍ ଟ୍ରେଡ୍ ସେଣ୍ଟରର ବିଭିନ୍ନ ବଡ଼ ବଡ଼ ଦୋକାନ, ନ୍ୟୁୟର୍କ ରାସ୍ତାପାର୍ଶ୍ୱସ୍ଥ ପ୍ରସିଦ୍ଧ କୀର୍ତ୍ତି, ନ୍ୟୁୟର୍କ ପବ୍ଲିକ୍ ଲାଇବ୍ରେରି, ଖାଦ୍ୟ, ପାନୀୟ, କଳା ସ୍ଥାପତ୍ୟ, ଆମେରିକାଷ୍ଟ ଇନ୍‌କର୍ପୋରେଟେଡ୍ କମ୍ପାନି, ଯୁକ୍ତରାଷ୍ଟ୍ର ଆମେରିକାର ରାଜଧାନୀ ୱାଶିଂଟନ୍ ଡି.ସି, ହିଲ୍‌ଟନ୍ ହୋଟେଲ, କୁଇନ୍‌ସ ଆର୍ଚାଡ୍ ହାଇସ୍କୁଲ୍, କୁଇନ୍‌ସ ଅର୍ଚାଡ୍ ଅଡିଟୋରିୟମ୍, ଫିଲାଡେଲ୍‌ଫିଆ, ୧୮୯୫ ମସିହାରେ କଲମ୍ବିଆ ଡିଷ୍ଟ୍ରିକ୍ଟ ଅନ୍ତର୍ଗତ ଜର୍ଜ ଟାଉନ୍ ମ୍ୟୁନିସିପାଲିଟି, କଲମ୍ବିଆ ଡିଷ୍ଟ୍ରିକ୍ଟ ଅନ୍ତର୍ଗତ ଅଞ୍ଚଳ, ପ୍ରଶାନ୍ତ ମହାସାଗର କୂଳରେ ଥିବା ଯୁକ୍ତରାଷ୍ଟ୍ର ଆମେରିକାର ଉତ୍ତର ପଶ୍ଚିମ କୋଣରେ ଥିବା କେନ୍ଦ୍ରଶାସିତ ଅଞ୍ଚଳ ୱାଶିଂଟନ୍, ପଟୋମାକ୍ ନଈକୂଳ, ମ୍ୟାରିଲ୍ୟାଣ୍ଡ, ଦଶବର୍ଗ ମାଇଲ ଆୟତନ ବିଶିଷ୍ଟ ଭର୍ଜିନିଆ ରାଜ୍ୟ, ୱାଶିଂଟନ୍ ମନୁମେଣ୍ଟ, ତା'ର ଲିଫ୍‌ଟ, ସ୍ମିଥସନିଆନ୍ ମ୍ୟୁଜିୟମ୍‌ର ପ୍ରଦର୍ଶନୀ ପଡ଼ିଆ, ନ୍ୟୁୟର୍କର 'ମଲ୍', ନୂଆଦିଲ୍ଲୀର ପାର୍ଲିଆମେଣ୍ଟ ହାଉସ୍ ପରି ୱାଶିଂଟନ୍ ଡି.ସି.ର 'ଦ କ୍ୟାପିଟଲ୍' ଭାବରେ 'ହାଉସ୍ ଅଫ୍ ରିପ୍ରେଜେଣ୍ଟେଟିଭ୍‌ସ୍' ଓ 'ସିନେଟ୍ ହାଉସ୍', ଆମେରିକାର ରାଷ୍ଟ୍ରପତିଙ୍କ ସରକାରୀ ବାସଭବନ 'ହ୍ୱାଇଟ୍ ହାଉସ୍'ରେ ଗ୍ରୀକ୍ ଓ ବ୍ରିଟିଶ ସ୍ଥାପତ୍ୟର ନିଦର୍ଶନ, ସାଢ଼େ ଅଠର ଏକର ଜମି ଉପରେ ଦଣ୍ଡାୟମାନ ସୁଦୃଶ୍ୟ ହ୍ୱାଇଟ୍ ହାଉସ୍ ଅଟ୍ଟାଳିକା, ଏହି ସୌଧର ଶିଳାନ୍ୟାସ ପ୍ରସଙ୍ଗ, 'ହ୍ୱାଇଟ୍ ହାଉସ୍'ର କାନ୍ଥମାନଙ୍କରେ ଝୁଲିଥିବା ପୃଥିବୀର ବିଖ୍ୟାତ ଚିତ୍ରଶିଳ୍ପୀମାନଙ୍କ ପେଣ୍ଟିଂ, ଆମେରିକାର ସୁପ୍ରିମକୋର୍ଟ, ସ୍ମିଥସନିଆନ୍ ଇନ୍‌ଷ୍ଟିଚ୍ୟୁସନ୍, ନ୍ୟାସ୍‌ନାଲ୍ ଗ୍ୟାଲେରୀ ଅଫ୍ ଆର୍ଟସ୍, ନ୍ୟାସ୍‌ନାଲ୍ ଜୁଲଜିକାଲ୍ ପାର୍କ, ୱାଶିଂଟନ୍ ଡି.ସି.ରେ ଥିବା ସଂଗ୍ରହାଳୟ ଓ ସ୍ମାରକୀ ସୌଧ, ନ୍ୟାସ୍‌ନାଲ୍ ହିଷ୍ଟରିକାଲ୍ କେନାଲ୍ ପାର୍କ, ନ୍ୟାସ୍‌ନାଲ୍ ସିମେଟ୍ରି, ବ୍ୟୁରୋ ଅଫ୍ ଏନ୍‌ଗ୍ରେଭିଂ ଆଣ୍ଡ ପ୍ରିଣ୍ଟିଙ୍ଗ, ଉମ୍ବରଟନ ହାଉସ୍, ଫେଡେରାଲ୍ ବ୍ୟୁରୋ ଅଫ୍ ଇନ୍‌ଭେଷ୍ଟିଗେସନ୍, ଲାଇବ୍ରେରି ଅଫ୍ କଂଗ୍ରେସ, ନ୍ୟାସ୍‌ନାଲ୍ ଆର୍କାଇଭ୍‌ସ, ୱାଶିଂଟନ୍ ନ୍ୟାସ୍‌ନାଲ୍ କାଥେଡ୍ରାଲ୍, ରୁଜ୍‌ଭେଲ୍ଟ ମେମୋରିଆଲ୍, ଜେଫରସନ୍ ମେମୋରିଆଲ୍, ମ୍ୟାରି ଲ୍ୟାଣ୍ଡ, ନେସ୍‌ଭିଲ୍ ବସ୍‌ଷ୍ଟପ୍, ଆମେରିକାର ସବୁଠୁ ବଡ଼ କମ୍ପାନି ଗ୍ରେହାଉଣ୍ଡ କମ୍ପାନି, ବର୍ମିଂହାମ୍‌ର ସିଭିଲ୍ ରାଇଟ୍‌ସ ଇନ୍‌ଷ୍ଟିଚ୍ୟୁଟ୍, ଲିନ୍ ପାର୍କ, ଭଲ୍‌କାନ୍ ଷ୍ଟାଚ୍ୟୁ ଆଣ୍ଡ ପାର୍କ, ବର୍ମିଂହାମ୍‌ର ଚିଡ଼ିଆଖାନା, ଆଲ୍‌ବାମା ସିମ୍ଫୋନି ଅଫ୍ ଅର୍କେଷ୍ଟ୍ରା, ବଟାନିକାଲ୍ ଗାର୍ଡେନ୍, ବର୍ମିଂହାମ୍‌ରୁ ଦୁଇଶହ ମାଇଲ୍ ଦୂରତାରେ ଅବସ୍ଥିତ ଆଟ୍‌ଲାଣ୍ଟା ଓ ତା'ର ବିମାନଘାଟି, କିପ୍ତି ଏୟାରଲାଇନ୍ସର

ଲାଉଞ୍ଜ୍, ନ୍ୟୁୟର୍କ ଉପକଣ୍ଠରେ ସମୁଦ୍ର ଭିତରେ ଥିବା ଏଲିସ୍ ଆଇଲ୍ୟାଣ୍ଡ୍ ଦ୍ୱୀପ, ଦରିଆପାରି ହୋଇ ଆସୁଥିବା ଆଗନ୍ତୁକମାନଙ୍କର ପଞ୍ଜୀକରଣ ଦପ୍ତର 'ଇମିଗ୍ରେସନ୍ ଅଫିସ୍', ପ୍ରସିଦ୍ଧ ଦର୍ଶନୀୟ ସ୍ଥାନ ଷ୍ଟାଚ୍ୟୁ ଅଫ୍ ଲିବର୍ଟି, କେନେଡି ଏୟାରପୋର୍ଟରୁ 'ତାଞ୍ଜୋର୍' ନାମକ ପ୍ଲେନ୍ ଦ୍ୱାରା ଭାରତକୁ ପ୍ରତ୍ୟାବର୍ତ୍ତନର ଇତିବୃତ୍ତ ବହନ କରେ 'ପ୍ରଥମ ପ୍ରବାସ' ଭ୍ରମଣ କାହାଣୀ। ଏହି ପୁସ୍ତକର ପରିଶିଷ୍ଟ ଭାବରେ ଗୌରହରି ଦାସ 'ସ୍ଥୂଳ ଦୃଷ୍ଟିରେ ଆମେରିକା' ପ୍ରସଙ୍ଗ ସଂଯୋଜିତ କରି ଆମେରିକାର ଭୌଗୋଳିକ ସ୍ଥିତି ସଂପର୍କରେ ପର୍ଯ୍ୟାପ୍ତ ସୂଚନା ପ୍ରଦାନ କରିଛନ୍ତି।

ଗୌରହରି ଦାସଙ୍କ ଆମେରିକା ଓ ସୁଇଡେନ୍ ଭ୍ରମଣର ଦ୍ୱିତୀୟ ଭ୍ରମଣ ରଚନା ରୂପେ 'ଦୁଇ ଦିଗନ୍ତ' ଏକ ଉଲ୍ଲେଖନୀୟ କୃତି। ଆଲୋଚ୍ୟ ପୁସ୍ତକରେ ଅଠରଗୋଟି ଶୀର୍ଷକର ସଂଯୋଜନା ମାଧ୍ୟମରେ ଲେଖକ ନିଜର ଦ୍ୱିତୀୟ ଆମେରିକା ଭ୍ରମଣ ଓ ପ୍ରତ୍ୟାବର୍ତ୍ତନର ସମସ୍ତ ତଥ୍ୟ ଓ ସୂଚନା ପ୍ରଦାନ କରିଛନ୍ତି। 'ଦୁଇ ଦିଗନ୍ତ'ର ଆରମ୍ଭରେ 'ନିଜ କଥା'କୁ ସ୍ପଷ୍ଟ କରି ଗୌରହରି ଦାସ ଉଲ୍ଲେଖ କରିଛନ୍ତି- "୨୦୦୦ ମସିହାରେ ଆଉ ଥରେ ଯୁକ୍ତରାଷ୍ଟ୍ର ଆମେରିକା ଯିବାର ସୁଯୋଗ ଆସିଥିଲା। ଗଲାଥର କେବଳ ନ୍ୟୁୟର୍କ, ୱାଶିଂଟନ୍ ଡି.ସି ଓ ନ୍ୟାସ୍‌ଭିଲ୍ ଭଳି କେତେକ ସ୍ଥାନ ବୁଲିଥିଲି। ମାତ୍ର ଏଥର ଏପଟର ଆଟ୍‌ଲାଣ୍ଟିକ୍ ମହାସାଗର କୂଳରୁ ସେପଟର ପ୍ରଶାନ୍ତ ମହାସାଗର କୂଳ ଯାଏ ଅନେକ ସ୍ଥାନ ବୁଲିବାର ଅବକାଶ ହୋଇଥିଲା। ସେ ସ୍ଥାନଗୁଡ଼ିକରୁ ସାନ୍‌ଫ୍ରାନ୍‌ସିସ୍‌କୋ ଏବଂ ଫ୍ଲୋରିଡା ଭ୍ରମଣର ଅନୁଭୂତି ଅନେକ ଦିନ ଯାଏ ମନେ ରହିବ। ଏସବୁ ସ୍ଥାନ ଭିନ୍ନ କିଛି ମଣିଷଙ୍କ ସହ ସଂପର୍କ ପ୍ରତିଷ୍ଠାର ଅବକାଶ ଦେଇଥିଲା ଦ୍ୱିତୀୟ ପ୍ରବାସ। ମୋର ସବୁବେଳେ ମନେ ହୋଇଛି ଯେ ଭଲ ମଣିଷମାନେ ସାଧାରଣ ସ୍ଥାନକୁ ସୁଦ୍ଧା ସୁନ୍ଦର କରିଦେଇପାରନ୍ତି।" (୭) ଦ୍ୱିତୀୟ ଥର ବିଦେଶ ଗସ୍ତ ସମୟରେ 'ଏୟାର ଇଣ୍ଡିଆ' ଫ୍ଲାଇଟ୍‌ରେ ଯାଇ ଲଣ୍ଡନରେ ଉଡ଼ାଜାହାଜ ବଦଳ କରି ତାଙ୍କୁ ଯିବାକୁ ପଡ଼ିଥିଲା। ବିମାନ ଯୋଗେ ଲଣ୍ଡନର ହିଥ୍ରୋ ଏୟାରପୋର୍ଟରେ ଅବତରଣ କରି ଇମିଗ୍ରେସନ୍ କାଉଣ୍ଟରରୁ ପୁଣି ବ୍ରିଟିଶ ଏୟାରୱେଜ୍ କାଉଣ୍ଟରକୁ ଯାଇ ଲେଖକ ଟିକେଟ୍ ଆଣିଥିଲେ। ବ୍ରିଟିଶ ଏୟାରୱେଜ୍‌ର ଟିକେଟ୍ ଥିବାରୁ ହିଥ୍ରୋ-ଗ୍ୟାଟୱିକ୍ ବିମାନଘାଟୀକୁ ଯିବା ନିମନ୍ତେ କମ୍ପାନି ବସ୍‌ର ସୁବିଧା ଥିଲା। ଏୟାରପୋର୍ଟରୁ ସ୍ପିଡ୍‌ଲିଙ୍କ୍ ବସ୍ ସର୍ଭିସ୍‌ର ୱେଟିଂ ରୁମ୍ ଆଗରେ ବସ୍‌କୁ ଅପେକ୍ଷା କରି ପରିଶେଷରେ ବସ୍‌ରେ ଚଢ଼ିଥିଲେ। ସେଠାରୁ ପ୍ରାୟ ଷାଠିଏ କିଲୋମିଟର ଦୂରରେ ଅବସ୍ଥିତ ଲଣ୍ଡନର ସବୁଠୁ ବଡ଼ ଏୟାରପୋର୍ଟ 'ହିଥ୍ରୋ' ଅଭିମୁଖେ ଯିବାକୁ ହୋଇଥିଲା। ଆମେରିକାକୁ ନେଇ ଲେଖକଙ୍କ ଦ୍ୱିତୀୟ ଗସ୍ତ

ସମୟରେ ମଧ୍ୟ ଲେଖକ ଅସ୍ୱସ୍ତି ଅନୁଭବ କରିଥିଲେ। ଏ ସଂପର୍କରେ ସେ ଉଲ୍ଲେଖ କରିଛନ୍ତି- "କୌଣସି ବଡ଼ ଜାଗାକୁ ଗଲେ ମୋତେ ମାଡ଼ିପଡ଼େ। ବିରାଟ ବଙ୍ଗଳା, ଉଚ୍ଚା କୋଠା ଓ ବ୍ୟସ୍ତ ବିମାନଘାଟିରେ ମଣିଷ ହଜିଗଲା ପରି ଲାଗେ। ଅଥଚ ଏ ସବୁର ସ୍ରଷ୍ଟା ଓ ନିର୍ମାତା ମଣିଷ। ଯେଉଁଠି ସ୍ରଷ୍ଟା ତା' ସୃଷ୍ଟି ପାଖରେ ନଗଣ୍ୟ ଦିଶେ, ସେଠାରେ ଅସ୍ୱସ୍ତିବୋଧ ହେବା ସ୍ୱାଭାବିକ। ତା'ଛଡ଼ା ମୁଁ ବା ମୋ ପରି ସାଧାରଣ ଲୋକ, ଯେଉଁମାନେ କଟକ-ଭୁବନେଶ୍ୱର ପରି ସାନ ସାନ ସହରରେ ରହିଥାନ୍ତି, ସେମାନେ ଇଂଲଣ୍ଡ ଓ ଆମେରିକାର ବଡ଼ ବଡ଼ ଜାଗାରେ ନିଜକୁ ଅପ୍ରସ୍ତୁତବୋଧ କରିବା ସ୍ୱାଭାବିକ।" (୮) ଗ୍ୟାଟ୍‌ୱିକ୍ ଏୟାରପୋର୍ଟରୁ ବ୍ରିଟିଶ ଏୟାରୱେଜ୍‌ର ବିମାନ ଯୋଗେ ଆମେରିକାର ଆଟ୍‌ଲାଣ୍ଟା ଯାଇଥିଲେ। ବିମାନରେ ଆଟ୍‌ଲାଣ୍ଟିକ୍ ମହାସାଗର ଉପରେ ଆଠଘଣ୍ଟାରୁ ଊର୍ଦ୍ଧ୍ୱ ସେହି ଉଡ଼ାଣ ସଂପର୍କରେ ଲେଖକ ଚମତ୍କାର ବର୍ଣ୍ଣନା ଦେଇ ଲେଖିଛନ୍ତି- "ଆମେମାନେ ୨୯ ତାରିଖରେ ଦିଲ୍ଲୀରୁ ବାହାରିଥିଲୁ, ସେଇ ୨୯ ତାରିଖରେ ଆସି ଆଟ୍‌ଲାଣ୍ଟାରେ ପହଞ୍ଚିଲୁ। ଆଟ୍‌ଲାଣ୍ଟିକ୍ ମହାସାଗର ଉପରେ ଆଠଘଣ୍ଟାରୁ ଊର୍ଦ୍ଧ୍ୱ ଉଡ଼ାଣ, ସେକଥା ମନେ ପଡ଼ିଲେ ଭୟ ଏବଂ ଉଦ୍‌ବେଗରେ ଛାତି ଥରି ଉଠେ। ମାଟିଠୁ ଶହ ଶହ କିଲୋମିଟର ଉଚ୍ଚରେ ଉଡୁଥିବା ବେଳେ ମଣିଷର ଅସ୍ତିତ୍ୱ କେତେ ଉଲ୍ଲେଖହୀନ ମନେ ନ ହୁଏ! ଚାରିଆଡ଼େ କେବଳ ଶୂନ୍ୟ ଓ ମହାଶୂନ୍ୟ ଆକାଶ, ତଳେ ନୀଳ ମହାସାଗର, ଉପରେ ନୀଳ ମହା ଆକାଶ। ଫର୍ଦ୍ଦ ଫର୍ଦ୍ଦ ବଉଦ ମେଞ୍ଚା ମେଞ୍ଚା ବରଫ ପରି ଶୂନ୍ୟରେ ଝୁଲି ରହିଥାଆନ୍ତି। ନଭଚାରୀ ପକ୍ଷୀଟିଏ ପରି ବ୍ରିଟିଶ ଏୟାରୱେଜ୍‌ର ଶ୍ୱେତନୀଳ ବର୍ଣ୍ଣର ବିମାନ ଉଡ଼ି ଉଡ଼ି ଯାଉଥାଏ।" (୯) ଏୟାରପୋର୍ଟରୁ ରିଭର ପାର୍କୱେରେ ରହଣି ବ୍ୟବସ୍ଥା, ବର୍ମିଂହାମ୍, ନ୍ୟାସ୍‌ଭିଲ୍, ସେରାଟନ୍ ମ୍ୟୁଜିକ୍ ସିଟି ହୋଟେଲ୍, ତା'ର ସଭାଗୃହ, ନ୍ୟାସ୍‌ଭିଲ୍ ନଦୀରେ ନୌବିହାର, ୱାଶିଂଟନ୍ ଡିସି, ବଲ୍‌ଟିମୁର ବେଳାଭୂମି, ପ୍ରଶାନ୍ତ ମହାସାଗର କୂଳର ସାନ୍‌ଫ୍ରାନ୍‌ସିସ୍‌କୋ, ଏହାର ଓକ୍‌ଲ୍ୟାଣ୍ଡ୍ ବେ-ବ୍ରିଜ୍, ଗୋଲ୍‌ଡେନ୍ ବ୍ରିଜ୍ ପାର୍କ, ଆଲକାଟ୍‌ରାଜ୍ କାରାଗାର, ପ୍ରଶାନ୍ତ ମହାସାଗର କୂଳସ୍ଥ ଆମେରିକାର ଧନୀ ରାଜ୍ୟ କାଲିଫର୍ଣ୍ଣିଆ, ଫୋର୍ଟ ଡେର୍‌ଡେଲ୍, ଡିସ୍‌ନିଲ୍ୟାଣ୍ଡ୍, ଡାଇନୋସର୍ ପାର୍କ, ଲଣ୍ଡନର ଗ୍ୟାଟ୍‌ୱିକ୍ ବିମାନ, ସ୍ୱିଡେନ୍, ଷ୍ଟକ୍‌ହୋମ୍, ଏଠାକାର ମ୍ୟୁଜିୟମ୍, ରୟାଲ୍ ପ୍ୟାଲେସ୍, ରୟାଲ୍ ପାର୍କ, ବାସା ମ୍ୟୁଜିୟମ୍, ବୋରାସ୍ ଟେକ୍ସଟାଇଲ୍ ମ୍ୟୁଜିୟମ୍, ସୁଇଡେନ୍‌ର ଟର୍ପା ଷ୍ଟେନହସ୍, ଡେନ୍‌ମାର୍କ, ବୋରାନ୍ ଚିଡ଼ିଆଖାନା, ଗୋଟେ ବର୍ଗ ଏୟାରପୋର୍ଟ, ଲଣ୍ଡନର ଗାଟ୍‌ୱିକ୍ ଏୟାରପୋର୍ଟ ଇତ୍ୟାଦିର ବର୍ଣ୍ଣନା ରହିଛି।

ଗୌରହରି ଦାସଙ୍କ ତୃତୀୟ ଭ୍ରମଣ ବୃତ୍ତାନ୍ତ 'ଚିହ୍ନା-ଅଚିହ୍ନା ଚୀନ୍' ଏକ

ଉଚ୍ଚକୋଟୀର ବୃତ୍ତାନ୍ତ। 'ପ୍ରଥମ ପ୍ରବାସ' ତାଙ୍କର ପ୍ରଥମ ବିଦେଶ ଯାତ୍ରାର ଅନୁଭୂତି ଥିଲା। ଯେଉଁଥିରେ ନୂଆ ସ୍ଥାନକୁ ଯିବାର ଉତ୍ସାହ ସହିତ ନୂତନ ପରିବେଶକୁ ସମ୍ମୁଖ କରିବାର ଭୀରୁ ଆଶଙ୍କା ମିଶ୍ରିତ ଭାବାବେଗ ଥିଲା। ଦ୍ୱିତୀୟ ବିଦେଶ ଭ୍ରମଣ ଅନୁଭୂତି 'ଦୁଇ ଦିଗନ୍ତ' ରଚନା ସମୟରେ ସେ ସଚେତନଶୀଳ ଲେଖକ ଭାବରେ ବ୍ୟକ୍ତିଗତ ଅନୁଭବର ମାର୍ମିକ ଅଭିବ୍ୟକ୍ତି ପ୍ରଦାନ କରିଛନ୍ତି। ମାତ୍ର ତୃତୀୟ ବିଦେଶ ଯାତ୍ରାର ଅନୁଭୂତିକୁ ନେଇ ଲିଖିତ 'ଚିହ୍ନା ଅଚିହ୍ନା ଚୀନ୍'ରେ ଚୀନ୍ ଦେଶର ସାଂସ୍କୃତିକ ତଥା ଐତିହାସିକ ଦିଗଗୁଡ଼ିକର ବିଶେଷ ଆଲୋଚନା ରହିଛି। 'ଚିହ୍ନା ଅଚିହ୍ନା ଚୀନ୍' ପୁସ୍ତକରେ ଗୌରହରି ଦାସ ବତିଶ ଗୋଟି ଶୀର୍ଷକ ସଂଯୋଜିତ କରିଛନ୍ତି ଏବଂ 'ପରିଶିଷ୍ଟ'ର ବ୍ୟାପକ ତଥ୍ୟ ପୁସ୍ତକଟିର ଅନୁଭୂତି ବୃତ୍ତାନ୍ତକୁ ସ୍ୱୟଂସଂପୂର୍ଣ୍ଣ କରିପାରିଛି। ଚୀନ୍ ଭ୍ରମଣ ନିମନ୍ତେ ଲେଖକଙ୍କ ଯାତ୍ରା ଅପ୍ରତ୍ୟାଶିତ ଥିବା ସଂପର୍କରେ ଗୌରହରି ଦାସ ଉଲ୍ଲେଖ କରିଛନ୍ତି- "ମୋ ପରି ଜଣେ ଓଡ଼ିଆ ଲେଖକର ଚୀନ୍ ଯାତ୍ରା ଅପ୍ରତ୍ୟାଶିତ ଥିଲା। କିନ୍ତୁ କେନ୍ଦ୍ର ସାହିତ୍ୟ ଏକାଡେମୀ ବା ନିର୍ଦ୍ଦିଷ୍ଟ ଭାବରେ କହିବାକୁ ଗଲେ ତାହାର ସଭାପତି ଶ୍ରୀ ରମାକାନ୍ତ ରଥଙ୍କ ଆଗ୍ରହ ଯୋଗୁଁ ମୋତେ ଭାରତୀୟ ଲେଖକ ପ୍ରତିନିଧି ଦଳରେ ଯିବା ପାଇଁ ସୁଯୋଗ ମିଳିଲା।" (୧୦)

ପୃଥିବୀର ଅନ୍ୟତମ ପ୍ରାଚୀନ ଦେଶ ଭାବରେ ଚୀନ୍‌ର ସ୍ଥିତି ପ୍ରାଧାନ୍ୟ ବିସ୍ତାର କରିଛି। ଆଲୋଚ୍ୟ ଭ୍ରମଣ ଅନୁଭୂତିରେ ଚୀନ୍‌କୁ ନେଇ ତାଙ୍କ ବର୍ଣ୍ଣନା ସଂପର୍କରେ ସେ ଉଲ୍ଲେଖ କରିଛନ୍ତି- "ବେଳେବେଳେ ମୋର ମନେ ହୋଇଛି, ମୁଁ ଚୀନ୍ ଇତିହାସର ଅମୁହାଁ ଅନ୍ଧାରୀଗୁମ୍ଫା ଭିତରକୁ ପଶିଯାଇଛି, ଯୋଉଠୁ ବାହାରିବା ସମୟସାପେକ୍ଷ, ମାତ୍ର ଚୀନ୍‌ର ଇତିହାସ ହିଁ ସେହିଭଳି। ଏ ପର୍ଯ୍ୟନ୍ତ ଅବଶିଷ୍ଟ ପୃଥିବୀ ଚୀନ୍ ସଂପର୍କରେ ଅନେକ କଥା ଜାଣି ନାହିଁ ବୋଲି ମୋର ଧାରଣା ହୁଏ। ଏ ଜାତି କେତେ ନିର୍ଯାତନା, କେତେ କଷ୍ଟ ଓ କେତେ ଦୁଃଖ ସହି ତା' ଭିତରୁ ପୁଣି ସ୍ପର୍ଦ୍ଧାର ମୁଣ୍ଡ ନ ଟେକିଛି!" (୧୧)

'ଚିହ୍ନା ଅଚିହ୍ନା ଚୀନ୍' ଭ୍ରମଣ ବୃତ୍ତାନ୍ତରେ ଗୌରହରି ଦାସ ଚୀନ୍ ଅଭିମୁଖେ ଯାତ୍ରାର ସୂଚନା ଦେଇ, ନୂଆଦିଲ୍ଲୀର ଇନ୍ଦିରା ଗାନ୍ଧୀ ଇଣ୍ଟରନ୍ୟାସ୍‌ନାଲ୍ ଏୟାରପୋର୍ଟରୁ ଥାଇ ଏୟାରଲାଇନ୍‌ସର ଉଡ଼ାଜାହାଜ ଯୋଗେ ଛାଡ଼ିବା ସଂପର୍କରେ ଉଲ୍ଲେଖ କରିଛନ୍ତି। ନୂଆଦିଲ୍ଲୀରୁ ବ୍ୟାଙ୍କକ୍, ସେଠାରୁ ବେଜିଂ, ବେଜିଂର ଐତିହାସିକ ତିଏନ୍-ଏନ୍-ମିନ୍ ସ୍କୋୟାର୍, ତିଏନ୍-ଏନ୍-ପାଁସାଁ ଭୋଜନାଳୟ, ବେଜିଂର ପ୍ରାଇମ୍ ହୋଟେଲ୍, 'ଫରବିଡେନ୍ ସିଟି' (ନିଷିଦ୍ଧ ନଗରୀ), ବେଜିଂର ଗ୍ରେଟ୍ ହଲ୍ ଅଫ୍ ଦ ପିପୁଲ୍' (ଚୀନ୍ ଶାସନ ବ୍ୟବସ୍ଥାର ସର୍ବୋଚ୍ଚ ଅନୁଷ୍ଠାନ), ବେଜିଂର ଓମରଖୟାମ୍

ରେଷ୍ଟୋରାଁ, ଚାଇନିଜ୍ ରାଇଟର୍ସ ଆସୋସିଏସନ୍, ବେଜିଂର ପାଦାଲିଙ୍ଗ ଓ ଗ୍ରେଟ୍‌ୱାଲ୍, ଲିୟୁଆନ୍ ଥିଏଟର, ଟେମ୍ପଲ୍ ଅଫ୍ ହେଭେନ୍, ନ୍ୟାସ୍‌ନାଲ୍ ମ୍ୟୁଜିୟମ୍ ଅଫ୍ ମଡର୍ଣ୍ଣ ଚାଇନିଜ୍ ଲିଟରେଚର, ସେନ୍‌ସୁ, ଇବୋଞ୍ଝା ରିସେପ୍‌ସନ୍, ହେନାନ୍ ମ୍ୟୁଜିୟମ୍, ହେନାନ୍ ରାଇଟର୍ସ ଆସୋସିଏସନ୍, ଲଙ୍ଗମେନ୍ ଗୁମ୍ଫା, ଲୋୟାଙ୍ଗ ମ୍ୟୁଜିୟମ୍, ସିଆନ୍ ଷ୍ଟେସନ୍, ସିଆନ୍ ଗର୍ଡେନ୍ ହୋଟେଲ୍, ଟେରାକୋଟା ଆର୍ମି କ୍ଷେତ୍ର, ହୁଆକିଙ୍ଗ ପ୍ୟାଲେସ୍, ଲିସାଙ୍ଗ ପାହାଡ଼, ସିଙ୍ଗ୍‌ପିଙ୍ଗ୍ ଅଞ୍ଚଳ ଓ ସମ୍ରାଟ୍ ଲେଡି ୟାଙ୍ଗ୍‌ଙ୍କ ସମାଧି, ସିଟି ୱାଲ୍, ବାନ୍‌ପୋ ଭିଲେଜ୍, ସମ୍ରାଟ ଓ ଲିଉସେ'ଙ୍କ ସମାଧି, ସାଙ୍କସି ହିଷ୍ଟ୍ରୀ ମ୍ୟୁଜିୟମ୍, ରାଣୀ ୟୁଚେନ୍‌ଙ୍କ ସମାଧି, ସିବୁଇଙ୍କ ପ୍ରାସାଦ, ବଜ୍ରଯାନର ଜନ୍ମସ୍ଥାନ ପ୍ରାଚୀନ 'ଗ୍ରେଟ୍ ସିଙ୍ଗସାନ୍ ମନ୍ଦିର', ସିଆନ୍ ମସଜିଦ୍, ବେଲ୍ ଟାୱାର୍, ଡ୍ରମ୍ ଟାୱାର, ସାଂଘାଇ ହିଷ୍ଟ୍ରୀ ମ୍ୟୁଜିୟମ୍, ସିଆନ୍ ଏୟାରପୋର୍ଟ ପାଇନ୍ ସିଟି ହୋଟେଲ୍, ଟେଲିଭିଜନ୍ ଟାୱାର, ସାଂଘାଇ ରାଇଟର୍ସ ଆସୋସିଏସନ୍, ଟୋଙ୍ଗ୍‌ଲି ସହ ଫରେନ୍ ଲାଙ୍ଗୁଏଜ୍ ବୁକ୍ ଷ୍ଟୋର, ବ୍ୟାଙ୍କକ୍ ଏୟାରପୋର୍ଟ ଇତ୍ୟାଦିକୁ ନେଇ ଲେଖକ ଗୌରହରି ଦାସଙ୍କ ଅନୁଭୂତିଜଡ଼ିତ ସ୍ମୃତି ରୋମନ୍ଥନ ରହିଛି।

ତିନିଗୋଟି ଭ୍ରମଣ ବୃତ୍ତାନ୍ତ ଅନ୍ତର୍ଭୁକ୍ତ ଆଙ୍ଗିକ ଓ ଆତ୍ମିକ ବିଭବ:

ସତ୍ୟସନ୍ଧ-ଜୀବନବାଦୀ ସାହିତ୍ୟିକ ଗୌରହରି ଦାସ ଜଣେ ଦାର୍ଶନିକ। ମାନବ ସମାଜ, ଚରିତ୍ର, ଜୀବନଚର୍ଯ୍ୟା ତଥା ସମୟର ନିୟତ ଆହ୍ୱାନକୁ ସେ ଅତି ସୂକ୍ଷ୍ମ ଭାବରେ ହୃଦ୍‌ବୋଧ କରିବାର ସାମର୍ଥ୍ୟ ଓ ଦୂରଦୃଷ୍ଟି ରଖନ୍ତି। ସାହିତ୍ୟ ତାଙ୍କର ଆନ୍ତରିକ-ଜୀବନଛନ୍ଦର କଳାତ୍ମକ ଅଭିବ୍ୟକ୍ତି ବହନ କରେ। ସାମ୍ବାଦିକତାର ବୃତ୍ତିଗତ ଆହ୍ୱାନକୁ ନେଇ ସେ ଯେତିକି ସଚେତନଶୀଳ, ସାହିତ୍ୟର ଅନ୍ତର୍ନିହିତ ବିଚାରମୂଲ୍ୟକୁ ନେଇ ସେ ସେତିକି ସମ୍ବେଦନଶୀଳ। ତାଙ୍କ ଗଭୀର ସମ୍ବେଦନା ପଛରେ ରହିଛି ସମଗ୍ର ବିଶ୍ୱକୁ ଦେଖିବାର ସହୃଦୟ ଆବେଗ। ତେଣୁ ସଂପୂର୍ଣ୍ଣ ଜଗତ ତାଙ୍କ ସାହିତ୍ୟକୁ ବିଭାଯୁକ୍ତ କରିଛି। ଭ୍ରମଣକାରୀର ଅବସରବିନୋଦ ମାନସିକତା ଅପେକ୍ଷା, ସମୟ ଓ ବିଦେଶର ସ୍ଥାନଗୁଡ଼ିକର ସୂକ୍ଷ୍ମ ଚିତ୍ରାୟନକୁ ସେ ତାଙ୍କ ସଂଯତ ଓ ଭାବମୁଗ୍ଧ ଲେଖକପଣ ନେଇ ଅଭିବ୍ୟକ୍ତ କରିଛନ୍ତି। ବିଦେଶକୁ ନେଇ ତାଙ୍କର ସଞ୍ଚିତ ଅନୁଭବ ଓ ଉପଲବ୍ଧିର ସାରାଂଶକୁ ବୌଦ୍ଧିକତାର ନିଛକ ସ୍ପର୍ଶ ଦ୍ୱାରା କଳାତ୍ମକ କରି ଗଢ଼ି ତୋଳିବାରେ ସେ ସୁଦକ୍ଷ। ତାଙ୍କ ଭ୍ରମଣ ବୃତ୍ତାନ୍ତ ତ୍ରୟରେ ରହିଛି- 'ସାମ୍ବାଦିକର ତୀକ୍ଷ୍ଣ ଦୃଷ୍ଟିକୋଣ, କବିର ବିହ୍ୱଳପଣ, କଥାକାରର ବର୍ଣ୍ଣନା ନୈପୁଣ୍ୟ, ଦାର୍ଶନିକର ଦୃଷ୍ଟିଭଙ୍ଗୀ, ବୁଦ୍ଧିଜୀବୀର ଶୃଙ୍ଖଳିତ ଅନୁଶାସନ-ସିଦ୍ଧାନ୍ତ ଏବଂ ସର୍ବୋପରି ଜଣେ

ମାଟିମନସ୍କ ଓଡ଼ିଆର ସ୍ୱାଭିମାନ ସହ ଅସ୍ମିତାର ରୂପଚର୍ଯ୍ୟା।' ଗୌରହରିଙ୍କ ଭ୍ରମଣ ବୃତ୍ତାନ୍ତ ବିଦେଶ ଭୂମିର ମହତ୍ତ୍ୱ, ସ୍ଥାନର ବର୍ଣ୍ଣନା, ସାମାଜିକ-ସାଂସ୍କୃତିକ ଅବଧାରଣା, ସାରସ୍ୱତ ଦିଗନ୍ତ, ରୀତି-ନୀତି, କଳା-ସ୍ଥାପତ୍ୟ, ପରମ୍ପରା, ରାଜନୀତି, କୂଟନୀତି ତଥା ଶୈକ୍ଷିକ ପରିମଣ୍ଡଳର ବର୍ଣ୍ଣନାତ୍ମକ ସୌନ୍ଦର୍ଯ୍ୟରେ ଜାଜ୍ୱଲ୍ୟମାନ। ଭୂଗୋଳ, ଇତିହାସ କିମ୍ବଦନ୍ତୀର ଦୃଷ୍ଟାନ୍ତ ପଢ଼ିଲାବେଳେ ପାଠକ ମନରେ ଗଳ୍ପପାଠର ଭ୍ରମ ଉପୁଜେ ଏବଂ ଗୌରହରିଙ୍କ କାବ୍ୟିକ ବର୍ଣ୍ଣନା ବିଳାସ 'ଭ୍ରମଣ ବୃତ୍ତାନ୍ତ'କୁ ଆମୂଳଚୂଳ ପଢ଼ିବାର ନିଶା 'ପ୍ରଥମ ପ୍ରବାସ', 'ଦୁଇ ଦିଗନ୍ତ' ତଥା 'ଚିହ୍ନା ଅଚିହ୍ନା ଚୀନ୍' ପୁସ୍ତକର ଆଙ୍ଗିକ ଶୋଭାକୁ ଦ୍ୱିଗୁଣିତ କରିଛି ବହୁ ପଥିକୃତ ତଥ୍ୟ ଓ ଫଟୋ। ସେଗୁଡ଼ିକ ନିଶ୍ଚିତ ରୂପେ ଉଲ୍ଲେଖନୀୟ। 'ପ୍ରଥମ ପ୍ରବାସ' ପୁସ୍ତକରେ ରହିଛି:-

(କ) ବିଖ୍ୟାତ କୀର୍ତ୍ତିସ୍ତମ୍ଭ - 'ଷ୍ଟାଚ୍ୟୁ ଅଫ୍ ଲିବର୍ଟି'
(ଖ) ୱାଶିଂଟନ୍ ମନୁମେଣ୍ଟ୍‌ର ଦି କ୍ୟାପିଟାଲ୍
(ଗ) ୱାଶିଂଟନ୍ ହ୍ୱାଇଟ୍ ହାଉସ୍
(ଘ) ୱାଶିଂଟନ୍ ଡି.ସି.ର ନ୍ୟାସ୍‌ନାଲ୍ ଗ୍ୟାଲେରି ଅଫ୍ ଆର୍ଟ
(ଙ) ମିଉଜିୟମ୍ ଅଫ୍ ନ୍ୟାଚୁରାଲ୍ ହିଷ୍ଟ୍ରି
(ଚ) ଜେଫରସନ୍ ମେମୋରିଆଲ୍
(ଛ) ନ୍ୟୁଜର୍ସିର ପାର୍କ - ନ୍ୟୁୟର୍କ ସହର
(ଜ) ଭଲ୍‌କାନୋ ଷ୍ଟାଚ୍ୟୁ ପାର୍କ
(ଝ) ବର୍ମିଂହାମ୍‌ର ମାର୍ଟିନ୍ ଲୁଥର୍ କିଙ୍ଗ୍‌ଙ୍କ ପ୍ରତିମୂର୍ତ୍ତି
(ଞ) ଏଲିସ୍ ଆଇଲାଣ୍ଡ୍ ପ୍ରତିକୃତି
(ଟ) ନ୍ୟୁୟର୍କର ଜେ.ଏଫ୍. କେନେଡି ଏୟାରପୋର୍ଟ
(ଠ) ମାର୍ଟିନ୍ ଲୁଥର୍ କିଙ୍ଗ୍‌ଙ୍କ ସ୍ମୃତିରେ ନିର୍ମିତ ମାନବିକ ଅଧିକାର ସୁରକ୍ଷା ସଂସ୍ଥାନ
(ଡ) ପରିଶିଷ୍ଟ (ଜର୍ଜ ୱାଶିଂଟନ୍‌ଠାରୁ ଆରମ୍ଭ କରି ବାରାକ୍ ଓବାମାଙ୍କ ପର୍ଯ୍ୟନ୍ତ ଆମେରିକାର ରାଷ୍ଟ୍ରପତି ମାନଙ୍କ ତାଲିକା)

'ଦୁଇ ଦିଗନ୍ତ' ପୁସ୍ତକରେ ଚିତ୍ରଭିତ୍ତିକ ତଥ୍ୟ:

(କ) ଆମେରିକାର ନ୍ୟାସ୍‌ଭିଲ୍ ଠାରେ ରଥଯାତ୍ରାର ଚିତ୍ର
(ଖ) ସାନ୍‌ଫ୍ରାନ୍‌ସିସ୍‌କୋର ସୌଧ
(ଗ) କ୍ଳୁକେଡ୍ ଷ୍ଟ୍ରିଟ୍
(ଘ) ଆଲ୍‌କାତରାଜ୍ କାରାଗାର

(ଙ) ସ୍ୱର୍ଣ୍ଣ ସେତୁ - ସାନ୍‌ଫ୍ରାନ୍‌ସିସ୍‌କୋର 'ଗୋଲ୍‌ଡେନ୍ ବ୍ରିଜ୍'
(ଚ) ଟୁଇନ୍ ପିକ୍
(ଛ) ଡିସ୍‌ନିଲ୍ୟାଣ୍ଡ୍
(ଜ) ଷ୍ଟକ୍‌ହୋମ୍‌ରେ ସୁଇଡେନ୍‌ର ରାଜପ୍ରାସାଦ
(ଝ) ସିଟିହଲ୍ (ନୋବେଲ୍ ପୁରସ୍କାର ପ୍ରଦାନ ଉତ୍ସବ ଯେଉଁଠି ଅନୁଷ୍ଠିତ ହୁଏ)
(ଞ) ଷ୍ଟାକ୍‌ହୋମ୍ ରାସ୍ତାରେ ଆଗ୍ନେୟାସ୍ତ୍ରର ପ୍ରତିକୃତି

'ଚିହ୍ନା ଅଚିହ୍ନା ଚୀନ୍' ପୁସ୍ତକରେ ଚିତ୍ରଭିତ୍ତିକ ତଥ୍ୟ:

(କ) ଗ୍ରେଟ୍ ୱାଲ୍
(ଖ) ବେଜିଂ ଫର୍‌ବିଡେନ୍ ସିଟି (ନିଷିଦ୍ଧ ନଗରୀ)
(ଗ) ଟେମ୍ପଲ୍ ଅଫ୍ ହେଭେନ୍
(ଘ) ମାଓ ସେ ତୁଙ୍ଗଙ୍କ ଶବାଧାର ଥିବା ପ୍ରାସାଦ ସମ୍ମୁଖରେ ଚୀନ୍ ରାଇଟର୍ସ ଆସୋସିଏସନ୍
(ଙ) ସମ୍ରାଟ ସିନ୍ ସି ହୁଆଙ୍ଗ୍‌ଙ୍କ ସମାଧିସ୍ଥଳ
(ଚ) ବେଜିଂ ନ୍ୟାସ୍‌ନାଲ୍ ମ୍ୟୁଜିୟମ୍
(ଜ) ସିଆନ୍‌ର ରେଷ୍ଟୋରାଁରେ ସ୍ଥାନୀୟ ରାଇଟର୍ସ ଆସୋସିଏସନ୍‌ର ଉପସଭାପତି ଜିଙ୍ଗ୍
(ଝ) ଚୀନ୍ ରାଇଟର୍ସ ଆସୋସିଏସନ୍ ପକ୍ଷରୁ ଆୟୋଜିତ ସମ୍ବର୍ଦ୍ଧନା ସଭାର ଚିତ୍ର
(ଞ) ସାଂଘାଇ ରାଇଟର୍ସ ଆସୋସିଏସନ୍ ପକ୍ଷରୁ ଆୟୋଜିତ ସମ୍ବର୍ଦ୍ଧନା ସଭାର ଚିତ୍ର
(ଟ) ହୁଆକିଙ୍ଗ୍ ପ୍ୟାଲେସ୍
(ଠ) ଲେଡି ୟାଙ୍ଗ୍‌ଙ୍କ ସମାଧି
(ଡ) ଶିଳାଲିପି ସଂଗ୍ରହାଳୟ: ଷ୍ଟୋନ୍ ଫରେଷ୍ଟ
(ଢ) ଟୋଙ୍ଗଲିର ପୁରୁଣା ଉଆସ
(ଣ) ମାଟିତଳୁ ଆବିଷ୍କୃତ ବ୍ରୋଞ୍ଜ ରଥ
(ତ) ହୁଆକିଙ୍ଗ୍ ରାଜପ୍ରାସାଦରେ ଲେଡି ୟାଙ୍ଗ୍ ସ୍ନାନ କରୁଥିବା ଏକ ପୁଷ୍କରିଣୀ
(ଥ) ଭାରତୀୟ ଲେଖକ ପ୍ରତିନିଧି ଦଳର ସଦସ୍ୟଙ୍କ ଚିତ୍ର
(ଦ) ଲଙ୍ଗ୍‌ମ୍ୟାନ୍ ଗୁମ୍ଫାରେ ଥିବା ବିରାଟ ବୁଦ୍ଧମୂର୍ତ୍ତି
(ଧ) ଚୀନ୍‌ର ପ୍ରାଚୀନତମ ପାଗୋଡା

(ନ) ଶ୍ୱେତ ଅଶ୍ୱ ମନ୍ଦିରରେ ଥିବା ମୈତ୍ରେୟଙ୍କ ପ୍ରତିମୂର୍ତ୍ତି
(ପ) ଶିଳାଲିପି ସଂଗ୍ରହାଳୟ (ଷ୍ଟୋନ୍ ଫରେଷ୍ଟ)
(ଫ) ହୁଏନ୍‌ସାଂ ପ୍ରତିମୂର୍ତ୍ତି
(ବ) ଫରବିଡେନ୍ ସିଟିର ଗୋଟିଏ ପାର୍ଶ୍ୱରେ ଥିବା ପ୍ରମୋଦ ଉଦ୍ୟାନ
(ଭ) ଟେରାକୋଟା ଆର୍ମିର ଗୋଟିଏ ଅଂଶ
(ମ) ବେଜିଂର ଅପେରା
(ଯ) ସାଂଘାଇଠାରେ ଅବସ୍ଥିତ ଭାରତୀୟ ଦୂତାବାସର ବିଶିଷ୍ଟ ବ୍ୟକ୍ତିବିଶେଷ ଓ ଲେଖକ
(ର) ପରିଶିଷ୍ଟ (ସ୍ଥୂଳ ଦୃଷ୍ଟିରେ ଚୀନ୍)

କିଛି ବିଶିଷ୍ଟ ବ୍ୟକ୍ତିବିଶେଷଙ୍କ ନାମୋଲ୍ଲେଖ:

ଦୁଇଥର ଆମେରିକା ଗସ୍ତକାଳୀନ ପରିଚିତମାନଙ୍କ ମଧ୍ୟରେ ଥିଲେ- ଡକ୍ଟର ଦିଗମ୍ବର ମିଶ୍ର, ଶ୍ରୀମତୀ ଜ୍ୟୋତ୍ସ୍ନା ମିଶ୍ର, ବିଶିଷ୍ଟ ଚିତ୍ରଶିଳ୍ପୀ ପ୍ରଫୁଲ୍ଲ ମହାନ୍ତି, ପ୍ରଶାସକ ସହଦେବ ସାହୁ, ଧୀରେନ୍ଦ୍ର କର, ଡାକ୍ତର ଭଗବାନ ସାହୁ, ବିଶିଷ୍ଟ ଚିତ୍ରଶିଳ୍ପୀ ପି.କେ. ମହାନନ୍ଦିଆ ପ୍ରମୁଖ।

ଚୀନ୍ ଗସ୍ତକାଳୀନ ପରିଚିତମାନଙ୍କ ମଧ୍ୟରେ: ଶ୍ରୀ ଦେବନାଥ ଶ, ମିଷ୍ଟର ନିଓ, ତେଲୁଗୁ ଲେଖିକା ଛାୟାଦେବୀ, ଗୁଜୁରାଟୀ ଲେଖକ ରଘୁବୀର ଚୌଧୁରୀ, ବିଶିଷ୍ଟ ହିନ୍ଦୀ ଲେଖକ ଶ୍ରୀଲାଲ୍ ଶୁକ୍ଳା, ନାଗରାଜନ୍, ପଞ୍ଜାବୀ ଲେଖିକା ବନିତା, ଶୈଳଜ ରବି, ବିଖ୍ୟାତ ଇଂରାଜୀ କବି କେକି ଏନ୍ ଦାରୁୱାଲା ପ୍ରମୁଖ।

ଗୌରହରିଙ୍କ ବର୍ଣ୍ଣନା ବିଳାସ: ବର୍ଣ୍ଣନା ନିପୁଣ ଗୌରହରିଙ୍କ ଲେଖନୀରେ ବିଦେଶର ରୂପ ଜୀବନ୍ତ ଭାବରେ ଚଳଚଞ୍ଚଳ ହୋଇଉଠିଛି। ପାଠକମାନେ ଗୌରହରିଙ୍କ ଶବ୍ଦ ଓ ବର୍ଣ୍ଣନା ଭିତରେ ଥରଟିଏ ନିମଜ୍ଜିତ ହେଲା ପରେ ନିଜ ନିଜ ବାର୍ତ୍ତମାନିକ ସ୍ଥିତିରେ ଥାଇ ମଧ୍ୟ ମାନସଚକ୍ଷୁରେ ବିଦେଶର ନିର୍ଦ୍ଦିଷ୍ଟ ସ୍ଥାନଗୁଡ଼ିକୁ ଅବଲୋକନ କରିପାରିବେ। କେତେ ଚମତ୍କାର ତାଙ୍କର ସରଳ ବାକ୍ୟବିନ୍ୟାସ- "ଆମେରିକା ଶୀତପ୍ରଧାନ ଦେଶ। ଏଠାରେ ଋତୁ କହିଲେ ଚାରିଟି। ସମର୍, ଫଲ୍, ଉଇଣ୍ଟର୍ ଓ ସ୍ପ୍ରିଙ୍ଗ୍। ଓଡ଼ିଆରେ ଗ୍ରୀଷ୍ମ, ପତ୍ରଝଡ଼ା, ଶୀତ ଓ ବସନ୍ତ। ତେବେ ସେଠିକାର ପାଣିପାଗ ଅଲଗା। ବର୍ଷା ଓ ଶୀତ ପ୍ରାୟ ଅଧିକାଂଶ ଦିନ କିଛି କିଛି ପରିମାଣରେ ଅନୁଭୂତ ହୁଅନ୍ତି। ସେଥିପାଇଁ ସେଠା ଲୋକଙ୍କ ଘର ଚଟାଣରେ ସବୁବେଳେ କାର୍ପେଟ ବିଛା ହୋଇଥାଏ।" (୧୨) ଗୌରହରି ପାଠକମାନଙ୍କ ନିକଟରେ ଆମେରିକା ଓ

ଭାରତର ସମୟ ମଧ୍ୟରେ ଥିବା ପାର୍ଥକ୍ୟ ଦର୍ଶାଇ ଉଲ୍ଲେଖ କରିଛନ୍ତି- "ଆମର ଏଠି ଦିନବେଳକୁ ଆମେରିକାରେ ରାତି। ନୂଆଦିଲ୍ଲୀ ଓ ନ୍ୟୁୟର୍କ ଭିତରେ ପ୍ରାୟ ଏଗାର ଘଣ୍ଟାର ପଛୁଆ ବ୍ୟବଧାନ। ନୂଆଦିଲ୍ଲୀରୁ ଯେଉଁ ଲୋକ ସକାଳୁ ନ୍ୟୁୟର୍କ ବାହାରିବ, ସେ ଆଶା କରିବ ଯେ ବାରଘଣ୍ଟା ପରେ ଶୋଇବ। ମାତ୍ର ସେଠି ପହଞ୍ଚିଲାବେଳକୁ ସେଇ ସକାଳ ହୋଇଥିବ।" (୧୩) ଆମେରିକାର ପ୍ରଶାନ୍ତ ମହାସାଗର କୂଳରେ ଅବସ୍ଥିତ କାଲିଫର୍ଣ୍ଣିଆ ସଂପର୍କରେ ଗୌରହରି ଦାସ ସ୍ପଷ୍ଟ ଭାବରେ ଉଲ୍ଲେଖ କରିଛନ୍ତି- "ପ୍ରଶାନ୍ତ ମହାସାଗର କୂଳରେ ଅବସ୍ଥିତ କାଲିଫର୍ଣ୍ଣିଆ ଏହାର ପ୍ରାକୃତିକ ସୌନ୍ଦର୍ଯ୍ୟ ପାଇଁ ପ୍ରସିଦ୍ଧ। ସୁଦୀର୍ଘ ବେଳାଭୂମି, ବିସ୍ତୃତ ପର୍ବତମାଳା ମରୁକାନ୍ତାର, ଘନ ଜଙ୍ଗଲ ଓ ପୁଲକଦାୟୀ ପାଣିପାଗ ଯୋଗୁଁ ଏ ରାଜ୍ୟକୁ ଆସି ବସବାସ କରୁଥିବା ଅଧିବାସୀଙ୍କ ସଂଖ୍ୟା ଅଧିକ। କାଲିଫର୍ଣ୍ଣିଆର ପ୍ରସିଦ୍ଧ ମହାନଗରୀ ଗୁଡ଼ିକ ହେଲା- ସାନ୍‌ଫ୍ରାନ୍‌ସିସ୍‌କୋ, ଲସ୍ ଏଞ୍ଜେଲ୍‌ସ, ସାନ୍‌ଡିଆଗୋ ଓ ସାକ୍ରାମେଣ୍ଟୋ (ରାଜଧାନୀ)।" (୧୪) ସେହିପରି ସାନ୍‌ଫ୍ରାନ୍‌ସିସ୍‌କୋର ମହତ୍ତ୍ୱ ବର୍ଣ୍ଣନା କରି ଗୌରହରି ଦାସ ଲେଖିଛନ୍ତି- "ସାନ୍‌ଫ୍ରାନ୍‌ସିସ୍‌କୋ ତା'ର କଳା, ସ୍ଥାପତ୍ୟ, ଭାସ୍କର୍ଯ୍ୟ, ନୃତ୍ୟ, ସଂଗୀତ, ଆମୋଦପ୍ରମୋଦ ଅନୁକୂଳ ସୁନ୍ଦର ପରିବେଶ, ଖାଦ୍ୟ ଏବଂ ମଦ୍ୟ, ପ୍ରାଚୀନ ସହ ଆଧୁନିକ କଳାକାରିଗରୀ ଓ ଚଳଚ୍ଚିତ୍ର ଶିଳ୍ପ ପାଇଁ ପୃଥିବୀ ପ୍ରସିଦ୍ଧ। ଏହାର ଉତ୍ତରରେ ଗୋଲ୍‌ଡେନ୍ ଗେଟ୍ ଏବଂ ପୂର୍ବକୁ ସାନ୍‌ଫ୍ରାନ୍‌ସିସ୍‌କୋ ଉପକୂଳ। ଏହି ସହରର ଆୟତନ ଅଣଚାଶ ବର୍ଗ ମାଇଲ୍ ପାଖାପାଖି ହେବ। ନ୍ୟୁୟର୍କର ମାନ୍‌ହାଟାନ୍‌ର ଆୟତନ ଛୟାଳିଶ ବର୍ଗ ମାଇଲ୍। କାଲିଫର୍ଣ୍ଣିଆକୁ ଆମେରିକାର ସବୁଠୁ ଧନୀ ରାଜ୍ୟ ବୋଲି କୁହାଯାଏ। ସାନ୍‌ଫ୍ରାନ୍‌ସିସ୍‌କୋ ଏହାର ସବୁଠୁ ସୁନ୍ଦର ମହାନଗରୀ। ଏହାର ଉତ୍ତରରେ ପ୍ରଶାନ୍ତ ମହାସାଗର, ସିଆଟଲ୍, ଭାଙ୍କୋଭର ଓ ଆଲାସ୍କା ଅବସ୍ଥିତ। ପୂର୍ବରେ ସଲ୍‌ଟ ଲେକ୍ ସିଟି, ଡେନ୍‌ଭର, ଓମାହା ଓ କାନ୍‌ସାସ୍ ସହର। ଦକ୍ଷିଣରେ ଲସ୍ ଆଞ୍ଜେଲ୍‌ସ, ସାନ୍‌ଡିଆଗୋ, କାଲିଫର୍ଣ୍ଣିଆ ଓ ମେକ୍ସିକୋ। ପଶ୍ଚିମରେ ପ୍ରଶାନ୍ତ ମହାସାଗର ଦେଇ ସାଇକେଲ୍ ଚକର ସ୍ପୋକ୍ ପରି ଅକ୍‌ଲ୍ୟାଣ୍ଡ୍, ସିଙ୍ଗାପୁର, ମାନିଲା, ହାନୋଇ, ହଙ୍ଗକଙ୍ଗ୍, ତାଇୱାନ୍, ଟୋକିଓ ଏବଂ ହାୱାଇ ଦ୍ୱୀପପୁଞ୍ଜ ଆଡ଼କୁ ଜଳପଥ ଲମ୍ବିଯାଇଛି। ସାନ୍‌ଫ୍ରାନ୍‌ସିସ୍‌କୋ ସହରର ଲୋକସଂଖ୍ୟା ଆଠଲକ୍ଷ ହେବ।" (୧୫) ଯୁକ୍ତରାଷ୍ଟ୍ର ଆମେରିକାର ପ୍ରସିଦ୍ଧ ଫ୍ଲୋରିଡା ରାଜ୍ୟର ଗ୍ରୀଷ୍ମ, ଏପ୍‌କଟ୍‌ର ଲ୍ୟାଣ୍ଡ୍‌ମାର୍କ, ଡିସ୍‌ନିଲ୍ୟାଣ୍ଡ୍ ଷ୍ଟକ୍‌ହୋମ୍‌ରେ ସ୍ଥିତ ୧୪ଟି ଦ୍ୱୀପ ଏବଂ ୫୩ଟି ସେତୁ, ରୟାଲ୍ ଅପେରା ହାଉସ୍ ପ୍ରଜାପତି ଘର, କଲଚରାଲ୍ ସେଣ୍ଟର, ଟୟ ମ୍ୟୁଜିୟମ୍, ହାଉସ୍ ଅଫ୍ ଦ ନୋବିଲିଟି ଇତ୍ୟାଦି ସଂପର୍କରେ ଲେଖକ ବହୁ

ପ୍ରସଙ୍ଗ ଉଲ୍ଲେଖ କରିଛନ୍ତି। ବିଶେଷ ଭାବରେ ଡିସ୍‌ନିଲ୍ୟାଣ୍ଡ୍ ପ୍ରକଳ୍ପର ସୂତ୍ରଧର ବିଖ୍ୟାତ କାର୍ଟୁନିଷ୍ଟ ୱାଲ୍‌ଟର ଏଲାସ୍ ଡିସ୍‌ନିଙ୍କ ସଂପର୍କରେ ଅତି ବିସ୍ମୟକର ତଥ୍ୟ ପ୍ରଦାନ କରିଛନ୍ତି। ଆମେରିକାର ବର୍ମିଂହାମ୍‌ର ସ୍ୱାତନ୍ତ୍ର୍ୟ ଦର୍ଶାଇ ଲେଖକ ଲେଖିଛନ୍ତି- "ବର୍ମିଂହାମ୍‌ର ସ୍ୱତନ୍ତ୍ର ସ୍ଥାନ ରହିଛି ଆମେରିକାର ଇତିହାସରେ। କଳା-ଗୋରା ସଂଘର୍ଷ ସମୟରେ ବର୍ମିଂହାମ୍ ପ୍ରମୁଖ ଭୂମିକା ଗ୍ରହଣ କରିଥିଲା। ଏହି ସହରରେ ଇନ୍‌ଷ୍ଟିଚ୍ୟୁଟ୍ ଅଫ୍ ସିଭିଲ୍ ଲିବର୍ଟି ରହିଛି ଓ ଏଠାରେ ମାର୍ଟିନ୍ ଲୁଥର୍ କିଙ୍ଗ୍ (ଜୁନିୟର)ଙ୍କ ଭାଷର ଓ ଚିତ୍ରମାନ ସଂରକ୍ଷିତ ହୋଇଛି ରହିଛି। (୧୬) ସମଗ୍ର ଆମେରିକା ଦେଶ ତା'ର ସମୁଦ୍ର ଓ ନଦୀକୂଳକୁ କିପରି ଭାବରେ ବ୍ୟବହାର କରିଛି ଲେଖକ ଉଲ୍ଲେଖ କରିଛନ୍ତି- "ଟେନିସୀ ଗୋଟେ ଶିଳ୍ପସମୃଦ୍ଧ ରାଜ୍ୟ। ଏହାର ଆୟତନ ପ୍ରାୟ ୧ ଲକ୍ଷ ୯ ହଜାର ୪୧୧ ବର୍ଗ କିଲୋମିଟର। x x x ବର୍ତ୍ତମାନ ଟେନିସୀ ଇଲେକ୍ଟ୍ରିକାଲ୍ ଯନ୍ତ୍ରପାତି, ରେଡିମେଡ୍ ପୋଷାକ ଏବଂ ଫାଷ୍ଟ୍‌ଫୁଡ୍ ପାଇଁ ବେଶି ଜଣାଶୁଣା। ଟେନିସୀର ଭୂଗୋଳ ସୁନ୍ଦର। ଏହି ରାଜ୍ୟ ଦେଇ କମ୍ବରଲ୍ୟାଣ୍ଡ, ମିସିସିପି ଓ ଟେନିସୀ ନଦୀ ବୋହିଯାଇଛନ୍ତି। ଟେନିସୀ ନଦୀର ନାମ ଅନୁସାରେ ହୋଇଛି ଏହି ରାଜ୍ୟର ନାମ।" (୧୭) ୱାଶିଂଟନ୍ ଡି.ସି.ରୁ ସାନ୍‌ଫ୍ରାନ୍‌ସିସ୍‌କୋର ଦୂରତା ଓ ସମୟ ସଂପର୍କରେ ଲେଖକ ପାଠକମାନଙ୍କୁ ଜଣାଇଛନ୍ତି- "ୱାଶିଂଟନ୍ ଡି.ସି.ରୁ ସାନ୍‌ଫ୍ରାନ୍‌ସିସ୍‌କୋ ଏତେ ଗୁଡ଼ାଏ ବାଟ ବୋଲି ମୁଁ ଜାଣି ନ ଥିଲି। ଯାହା କହନ୍ତି ଆମେରିକାର ଏପଟ ସେପଟ। ୱାଶିଂଟନ୍ ଡି.ସି. ଆମେରିକାର ପୂର୍ବ ଆଟ୍‌ଲାଣ୍ଟିକ୍ ମହାସାଗର ପାଖରେ, କିନ୍ତୁ ସାନ୍‌ଫ୍ରାନ୍‌ସିସ୍‌କୋ ଯାଇ ପଶ୍ଚିମରେ ପ୍ରଶାନ୍ତ ମହାସାଗର କୂଳରେ। ଉଭୟ ଜାଗା ଭିତରେ ପ୍ରାୟ ସାତ ଘଣ୍ଟାର ଉଡ଼ାଣ ଦୂରତ୍ୱ। ପୁଣି ୱାଶିଂଟନ୍ ଡି.ସି. ଏବଂ ସାନ୍‌ଫ୍ରାନ୍‌ସିସ୍‌କୋ ମଝିରେ ଚାରିଟି ଟାଇମ୍ ଜୋନ୍ ରହୁଥିବାରୁ ଉଭୟ ସ୍ଥାନର ସମୟରେ ଚାରିଘଣ୍ଟା ଆଗପଛ ହୋଇଥାଏ। ଆଟ୍‌ଲାଣ୍ଟିକ୍ ଜୋନ୍‌ରେ ଥିବା ସ୍ଥାନଗୁଡ଼ିକର ସମୟ ସନ୍ଧ୍ୟା ପାଞ୍ଚଟା ହୋଇଥିବାବେଳେ ପ୍ରଶାନ୍ତ ମହାସାଗର ବା ପାସିଫିକ୍ ଷ୍ଟାଣ୍ଡାର୍ଡ ଟାଇମ୍ ଅପରାହ୍ଣ ଗୋଟାଏ ହୋଇଥାଏ।" (୧୮) ସେହିଭଳି 'ଚିହ୍ନା ଅଚିହ୍ନା ଚୀନ୍'ରେ ଭାରତୀୟ ଲେଖକ ପ୍ରତିନିଧି ଦଳର ସଦସ୍ୟ ଭାବରେ ଚୀନ୍ ଗସ୍ତକାଳୀନ ଯାତ୍ରା ଓ ଏୟାରପୋର୍ଟର ସମୟ ସଂପର୍କରେ ପାଠକମାନଙ୍କ ଅବଗତି ନିମନ୍ତେ ଲେଖକ ଅତି ଚମତ୍କାର ଶୈଳୀରେ ଉଲ୍ଲେଖ କରିଛନ୍ତି- "ଥାଇ ଏୟାର୍‌ଲାଇନ୍‌ସର ଉଡ଼ାଜାହାଜ ନୂଆଦିଲ୍ଲୀର ଇନ୍ଦିରା ଗାନ୍ଧୀ ଇଣ୍ଟରନ୍ୟାସ୍‌ନାଲ୍ ଏୟାରପୋର୍ଟ ଛାଡ଼ିବାବେଳକୁ ରାତି ବାରଟା ପନ୍ଦର ବାଜି ସାରିଥିଲା। ଏୟାର୍‌ଲାଇନ୍‌ସର ହିସାବରେ ଏଇ ସମୟଟା ଜୁନ୍ ୨୪ (୨୦୦୨ ଖ୍ରୀ.ଅ)

ତାରିଖର ପ୍ରଥମ ମୁହୂର୍ତ୍ତ ହେଲେ ବି ମୋ ପାଇଁ ୨୩ ତାରିଖର ମଧ୍ୟରାତ୍ରି। ଏତେବେଳକୁ ନିଘୋଡ଼ ନିଦରେ ଶୋଇବା କଥା। କିନ୍ତୁ ଆଖିରେ ନିଦ ନାହିଁ। ମୁଁ ମୋର ସତୀର୍ଥମାନଙ୍କୁ ଚାହିଁଲି। ସମସ୍ତେ ନିଜ ନିଜ ସିଟ୍‌ରେ ବସି ବାହାରକୁ ଚାହିଁଛନ୍ତି। ବାହାରେ ଅନ୍ଧାର ଆକାଶ, ତାରାମାନେ ବି କୋଉକାଳୁ ଦୃଷ୍ଟିର ସାମର୍ଥ୍ୟକୁ ଅତିକ୍ରମି ଗଲେଣି।" (୧୯) ଥାଇ ଏୟାର୍‌ଲାଇନ୍‌ସରେ ଉଡ଼ାଜାହାଜର ଗତି ସଂପର୍କରେ ଲେଖକ ଉଲ୍ଲେଖ କରିଛନ୍ତି- "ଥାଇ ଏୟାର୍‌ଲାଇନ୍‌ସର ଉଡ଼ାଜାହାଜଟି ପବନ ବେଗରେ ଉଡ଼ି ଚାଲିଥିଲା। ଆମେମାନେ ପଶ୍ଚିମରୁ ପୂର୍ବକୁ ଯାଉଥିଲୁ। ଭାରତର ସମୟ ଚୀନ୍‌ର ସମୟଠାରୁ ଆଗୁଆ। ନୂଆଦିଲ୍ଲୀରୁ ଆମେ ବ୍ୟାଙ୍କକ୍ ଯିବୁ। ବ୍ୟାଙ୍କକ୍‌ରେ ପ୍ରାୟ ଛଅ ଘଣ୍ଟା ଅପେକ୍ଷା କଲାପରେ ସେଇଠୁ ଟି.ଜି-୬୧୪ ଫ୍ଲାଇଟ୍‌ରେ ଯିବୁ ବେଜିଂ। ବ୍ୟାଙ୍କକ୍‌ରେ ଆମେ ପହଞ୍ଚିବୁ ସକାଳ ପାଞ୍ଚଟା ଚାଳିଶରେ।" (୨୦) ଗୌରହରି ଦାସ ତାଙ୍କର ଭ୍ରମଣ ପୁସ୍ତକ ତ୍ରୟରେ କଳ୍ପନା ଓ ବାସ୍ତବତାର ସୁସମନ୍ୱୟ କରି ଅତି କଳାତ୍ମକତାର ସହିତ ଉପସ୍ଥାପିତ କରିବାରେ ବେଶ୍ ବଳିଷ୍ଠ।

ଭ୍ରମଣ ବୃତ୍ତାନ୍ତ ତ୍ରୟରେ ବିଦେଶକୁ ନେଇ ଗୌରହରିଙ୍କ ଦାର୍ଶନିକତା: ସାଂପ୍ରତିକ ସମୟର ଜଣେ ବୁଦ୍ଧିଦୀପ୍ତ ସାହିତ୍ୟିକ ଭାବରେ କେବଳ ନୁହେଁ ଜୀବନ-ଜଗତ-ମାନବ ଚରିତ୍ରର ସୂକ୍ଷ୍ମ ବିଶ୍ଳେଷଣରେ ବ୍ରତୀ ଦାର୍ଶନିକ ଭାବରେ ମଧ୍ୟ ଗୌରହରି ଦାସ ଜଣେ କୃତବିଦ୍ୟ ଶିଳ୍ପୀ। ଜଗତକୁ ଦେଖିବାର ଅନନ୍ୟ ଦୃଷ୍ଟିକୋଣ ହେତୁ ତାଙ୍କ ସୃଜନକର୍ମ ବେଶ୍ ଆବେଦନକ୍ଷମ ଓ ହୃଦ୍ୟ ହୋଇଥାଏ। ଭ୍ରମଣ ବୃତ୍ତାନ୍ତର ସତ୍ୟନିଷ୍ଠ ବର୍ଣ୍ଣନା ମଧ୍ୟରେ ତାଙ୍କ ଦାର୍ଶନିକତା ଅତି ଗମ୍ଭୀର ଭାବରେ ଅଭିବ୍ୟକ୍ତ ହୋଇଉଠିଛି। ଏଠାରେ କିଛି ଦୃଷ୍ଟାନ୍ତ ଉଲ୍ଲେଖ କରାଯାଇପାରେ-

- ଭୂଗୋଳ କ'ଣ ମାନବିକତାର ସୀମା ସରହଦ ନିର୍ଦ୍ଧାରଣ କରିପାରେ ? ଆଫ୍ରିକାର ନିଜସ୍ୱ ସଂସ୍କୃତି ଓ ମତବାଦକୁ ବହୁକାଳ ଧରି ଚାପିରଖିବାର ଉଦ୍ୟମ କରାଯାଇଆସିଛି। କେତେକ ଏହି ସଂସ୍କୃତିକୁ ବହୁ ସଂସ୍କୃତିର ମିଶାମିଶି ସଙ୍କର ସଂସ୍କୃତି ଭାବେ ଅଭିହିତ କଲାବେଳେ ଆଉ କେତେକ ଏହି ସଂସ୍କୃତିର ସଂସ୍କାର ଲୋଡ଼ା ବୋଲି ମତ ବଖାଣୁଛନ୍ତି। ମାତ୍ର କୌଣସି ସଂସ୍କୃତି ତା'ର ନିଜ ଦୃଷ୍ଟିକୋଣରୁ ଅନ୍ୟ ସଂସ୍କୃତିର ଆଲୋଚନା କରିବା ଠିକ୍ ନୁହେଁ। (ପ୍ରଥମ ପ୍ରବାସ - ପୃ:୧୨୦)
- ମୁସ୍‌ଲିମ୍ ଓ ଖ୍ରୀଷ୍ଟିଆନ୍ ଉଭୟ ଧର୍ମ ଆଫ୍ରିକା ପାଇଁ ବାହାର ଦେଶର ଧର୍ମ। ସେମାନେ ନିଜ ନିଜର ପ୍ରତିଷ୍ଠା ପାଇଁ ଆଫ୍ରିକାର ଉତ୍ତର-ଆଦିବାସୀ

ସଂସ୍କୃତିକୁ ବିନଷ୍ଟ କରି ଦେଇଛନ୍ତି। ସରଳ ଓ ସାଧାରଣ ଲୋକମାନଙ୍କ ଉପରେ ଜୋର୍ ଜବରଦସ୍ତ ନିଜ ନିଜର ଧର୍ମ ଲଦି ଦେଇଛନ୍ତି। (ପ୍ରଥମ ପ୍ରବାସ - ପୃ:୧୨୧)

- ଯୋଉଠି ଯେତିକି ପ୍ରାଚୁର୍ଯ୍ୟ, ସେଇଠି ପୁଣି ସେତିକି କ୍ଲାନ୍ତି। ବିଳାସବ୍ୟସନ ଭିତରେ ରହି ରହି ଆମେରିକାବାସୀ କ୍ଲାନ୍ତ ହୋଇପଡୁଛନ୍ତି। ସେମାନଙ୍କର ଫୂର୍ତ୍ତି ଲୋଡ଼ା, ପରିବର୍ତ୍ତନ ଲୋଡ଼ା। ତେଣୁ ନଈକୂଳ, ପାହାଡ଼ିଆ ଅଞ୍ଚଳ, ବଣଜଙ୍ଗଲ ଓ ପ୍ରପାତ ପାଦଦେଶ ଅଭିମୁଖେ ଛୁଟିଛନ୍ତି। (ପ୍ରଥମ ପ୍ରବାସ - ପୃ:୪୮)
- ଏ ଆମେରିକା ଜାତିକୁ ଧନ୍ୟ କହିବ ! ଏଭଳି ବେପାରୀ ଜାତି ଆଉ କୋଉଠି ନ ଥିବେ। (ଦୁଇ ଦିଗନ୍ତ - ପୃ:୪୩)
- ଆମେରିକାକୁ ଆଗନ୍ତୁକମାନଙ୍କର ଦେଶ, ଅପରିଚିତମାନଙ୍କର ଦେଶ, ପ୍ରାଚୁର୍ଯ୍ୟର ଦେଶ, ସୁଯୋଗର ଦେଶ, ପୃଥୁଳକାୟ ମଣିଷଙ୍କ ଦେଶ ଇତ୍ୟାଦି ଅନେକ ବିଶେଷଣରେ ଭୂଷିତ କରାଯାଇଛି। ଏସବୁ ଏହି ଦେଶରେ ନିଶ୍ଚୟ ରହିଛି, ମାତ୍ର ତା' ସାଙ୍ଗରେ ଅନେକ ଅଭାବ ମଧ୍ୟ ରହିଛି। ସେହି ଅଭାବ ଯୋଗୁ ଏଠିକାର ବାସିନ୍ଦାମାନେ ନାନା ପ୍ରକାର ରୋଗର ଶିକାର ହେଉଛନ୍ତି। (ପ୍ରଥମ ପ୍ରବାସ - ପୃ:୧୩୩)
- ଉପଭୋଗବାଦର ଦେଶ ଆମେରିକା। ହଡ୍‌ସନ୍ ନଈକୂଳରେ ଥିବା ମୃଦୁପାନୀୟ ବିକ୍ରୟ ନିମନ୍ତେ ଉଦ୍ଦିଷ୍ଟ ବିଜ୍ଞାପନ କଥା କହିଛି। ମୋତେ ଏଇଟି ଆମେରିକୀୟ ଜୀବନଚର୍ଯ୍ୟାର ଦର୍ଶନ ପରି ମନେହେଲା। ଯେତେ ଇଚ୍ଛା ସେତେ ତୁମର ଚାହିଦା, ତୁମର ଉପଭୋଗ ଇଚ୍ଛା ବଢ଼େଇ ଚାଲ। ଅଧିକ ଚାହିଦା ବଢ଼ିଲେ ଅଧିକ ଅର୍ଥ ଲୋଡ଼ା ପଡ଼ିବ, ଅଧିକ ଅର୍ଥ ପାଇଁ ଅଧିକ ପରିଶ୍ରମ। କର୍ମ ସାଙ୍ଗରେ ଉପଭୋଗକୁ ଏ ଦେଶ ଯୋଡ଼ିଦେଇଛି। (ପ୍ରଥମ ପ୍ରବାସ - ପୃ:୧୩୩)
- ଚଢ଼େଇ ପରି ମଣିଷ, କେତେବେଳେ କୋଉ ଗଛର ଡାଳରେ ବସିବାର ଯୋଗ ଆସେ ନିଜେ ସେ ଜାଣେ ନାହିଁ। ଗୋଟିଏ ଗୋଟିଏ ଜାଗାକୁ ବାରମ୍ବାର ଫେରିବାକୁ ପଡ଼େ, ଆଉ କିଛି ଜାଗା ସାଙ୍ଗେ ପ୍ରଥମ ଦେଖା ହିଁ ହୁଏ ଶେଷ ଦେଖା। ଅବଶିଷ୍ଟ ଜୀବନକାଳ ଭିତରେ ଆଉ ଥରେ ସେଠିକି ଫେରିବାର ସୁଯୋଗ ଆସେ ନାହିଁ।" (ଦୁଇ ଦିଗନ୍ତ - ପୃ:୬୯)
- ସିଦ୍ଧାର୍ଥ ବୁଦ୍ଧଦେବଙ୍କ ନାଁ ଏବଂ ଗୌତମ ବୁଦ୍ଧ ମଣିଷ ଇତିହାସର ସବୁଠୁ ବଡ଼ ଦାର୍ଶନିକ ବୋଲି ମୋର ମନେହୁଏ। ଯେତେ ଯେତେ ଥର ବୁଦ୍ଧଙ୍କ

ମୂର୍ତ୍ତି ଦେଖିଛି, ସେତେ ସେତେ ଥର ମୋ ପାଖରେ ସେ ପୂର୍ବାପେକ୍ଷା ଅଧିକ ରହସ୍ୟମୟ ହୋଇ ଠିଆ ହୋଇଛନ୍ତି। x x x ବୋଧହୁଏ ସୁଖ ଓ ଦୁଃଖକୁ ସବୁଠୁ ଭଲ ଭାବେ ବୁଝିଥିବା ହେତୁ ସେ ଅନାସକ୍ତ ରହନ୍ତି। ବୁଦ୍ଧଦେବଙ୍କ ଚରିତ୍ରରୁ ମଣିଷ ସଭ୍ୟତା ବହୁତ କିଛି ଶିକ୍ଷା କରିଛି। ତ୍ୟାଗର ପରାକାଷ୍ଠା ସେଇ ବ୍ୟକ୍ତି ହିଁ ଦେଖେଇ ପାରନ୍ତି, ଯିଏ ଭୋଗ କ'ଣ ତାହା ଜାଣିଛନ୍ତି। ବଳଦର ବ୍ରହ୍ମଚର୍ଯ୍ୟ ପରି ନିର୍ଦ୍ଧନ ଲୋକ ସାଧାରଣ ଜୀବନଯାପନ କଲେ ତହିଁରେ ବିସ୍ମିତ ହେବାର କିଛି ନାହିଁ। ସିଦ୍ଧାର୍ଥ ପ୍ରେମ କରିଛନ୍ତି, ପ୍ରତିପକ୍ଷଙ୍କୁ ଜିଣି ବିବାହ କରିଛନ୍ତି, ରାଜ ପରିବାରର ପ୍ରାଚୁର୍ଯ୍ୟ ଭୋଗ କରିଛନ୍ତି ଓ ତା'ପରେ ଏସବୁ ଅସାର କହି, ତ୍ୟାଗ କରି ସନ୍ନ୍ୟାସୀର ଜୀବନ ବରଣ କରି ନେଇଛନ୍ତି। ସେଥିପାଇଁ ସିଦ୍ଧାର୍ଥ ଚରିତ୍ର ମୋତେ ବେଶି ଭଲ ଲାଗେ।" (ଦୁଇ ଦିଗନ୍ତ - ପୃ:୮୮)

- ଚୀନ୍‌ର ଜଣେ ସାଧାରଣ ଲୋକ ଭାରତ କହିଲେ ବୁଝେ - 'ଏଇଟି ଗୋଟେ ବଡ଼ ଦେଶ। ଏ ଦେଶ ପାଖରେ ପରମାଣୁ ବୋମା ଅଛି। କାଶ୍ମୀରକୁ କେନ୍ଦ୍ର କରି ଇଏ ସବୁବେଳେ ପାକିସ୍ତାନ ସଙ୍ଗେ ଲଢ଼େଇ କରୁଛି। ଭାରତରେ ବହୁତ ଦେବତା, ବହୁତ ଦୁଃଖ। (ଚିହ୍ନା ଅଚିହ୍ନା ଚୀନ - ପୃ: ୨୧)
- ଭୋକ ଆଉ ନିଦ ପାଖରେ ଅମରାବତୀର ସୌନ୍ଦର୍ଯ୍ୟ ବି ତୁଚ୍ଛ। (ଦୁଇ ଦିଗନ୍ତ - ପୃ:୨୩)
- ମୋତେ ଯଦି କେହି ପଚାରନ୍ତି ଯେ ଆମେରିକାର କେଉଁ ଜିନିଷଟି ମୋତେ ସବୁଠୁ ଭଲ ଲାଗେ, ତାହାହେଲେ ତା'ର ଉତ୍ତରରେ ମୁଁ କହିବି, ଆମେରିକାର ପ୍ରଶସ୍ତ, ପରିଚ୍ଛନ୍ନ ମସୃଣ ରାସ୍ତା ଓ ଦୁଇପାଖର ସବୁଜିମା ମୋତେ ସବୁଠୁ ଭଲ ଲାଗେ। (ଦୁଇ ଦିଗନ୍ତ - ପୃ: ୨୩)
- ଯେଉଁଠି ସ୍ରଷ୍ଟା ତା' ସୃଷ୍ଟି ପାଖରେ ନଗଣ୍ୟ ଦିଶେ, ସେଠାରେ ଅସ୍ୱସ୍ତିବୋଧ ହେବା ସ୍ୱାଭାବିକ। (ଦୁଇ ଦିଗନ୍ତ - ପୃ:୧୭)
- ଆକାଶର ଅସଂଖ୍ୟ ରୂପ ସବୁବେଳେ ମଣିଷକୁ ମୁଗ୍ଧ କରି ଆସିଛି। କିଏ ଜଣେ କହିଥିଲେ ଆକାଶ ହେଉଛି ଏଭଳି ଗୋଟେ ଅନୁଭବ ଯାହା ସବୁବେଳେ ସ୍ଥିର, ଅଥଚ ସବୁବେଳେ ଅସ୍ଥିର। x x x ମଣିଷର ମନ ପରି ଆକାଶ। ଘଡ଼ିକେ ପ୍ରକାରେ, ଆର ଘଡ଼ିକୁ ଆଉ ପ୍ରକାରେ। (ଦୁଇ ଦିଗନ୍ତ - ପୃ:୪୪)
- ଚେତନାର ଅଭ୍ୟୁଦୟ ଓ ଉନ୍ମେଷରେ ହିଁ ମଣିଷ ଉତ୍କର୍ଷର କୋଟୀ ସ୍ୱର୍ଶ

କରିପାରିବ, ଏହି ବିଶ୍ୱାସ କନ୍‌ଫୁସିୟସ୍‌ଙ୍କ ଦର୍ଶନରେ ମୂଳମନ୍ତ୍ର। (ଚିହ୍ନା ଅଚିହ୍ନା ଚୀନ - ପୃ:୭୫)

- ପରମ୍ପରା ଏକ ପରିଚିତ ନଈ - ଯାହାର ପ୍ରବହମାନ ଜଳଧାର ଉଭୟ ଭୌତିକ ଓ ଆଧିଭୌତିକ ସ୍ତରରେ ଆମକୁ ପୁଷ୍ଟ କରି ଚାଲିଥାଏ। ନଈର ବାଙ୍କମୁହାଣି ପରି ପରମ୍ପରାର ଗୁରୁତ୍ୱପୂର୍ଣ୍ଣ ଉତ୍‌ଥାନ ପତନ ସଭ୍ୟତାର ଇତିହାସରେ ନୂଆ ନୂଆ ଅଧ୍ୟାୟ ଯୋଡ଼ି ଚାଲିଥାଏ। ପରମ୍ପରା ମଧ୍ୟ ମୋ ପାଇଁ ବେତାଳ ଓ ବିକ୍ରମ କାହାଣୀର ବେତାଳ ପରି, ଯାହାର ଶବକୁ ମୋ ଭଳି ପ୍ରତ୍ୟେକ ସୃଜନଶୀଳ କବି, ଚିତ୍ରଶିଳ୍ପୀ ବା ଲେଖକ ସଚେତନ ଭାବରେ ହେଉ ବା ଅଚେତନ ଭାବରେ ହେଉ କାନ୍ଧରେ ବୋହି ଚାଲିଥାଏ। କାହାଣୀର ବେତାଳ ପ୍ରତିଟି ସୃଜନଶୀଳ ପୁରୁଷାକାରକୁ ଆହ୍ୱାନ ଜଣାଏ, ତାକୁ ନୂଆ ଗୋଟେ ସୂତ୍ର, ସମାଧାନ ଓ ବିକଳ୍ପର ଅନ୍ୱେଷା ପାଖରେ ନେଇ ପହଞ୍ଚେଇ ଦିଏ। (ପ୍ରଥମ ପ୍ରବାସ - ପୃ:୬୨)

ଗୌରହରିଙ୍କ ଭ୍ରମଣ ସାହିତ୍ୟରେ କାବ୍ୟିକ ଚାତୁରୀ:

ଗୌରହରି ଦାସ ନିଜ ଆତ୍ମିକ ଅଭିବ୍ୟକ୍ତିରେ ବେଶ୍ ସହଜ, ସ୍ୱଚ୍ଛନ୍ଦ ଏବଂ ଅତି କାବ୍ୟିକ। ସେ ନିଜ ଚିନ୍ତନର ଗଭୀରତା, ଅନୁଭୂତିର ସାନ୍ଦ୍ରତା ତଥା କଳ୍ପନାର ଉତ୍ତୁଙ୍ଗତାକୁ ଅଭିବ୍ୟକ୍ତ କରିବା ସମୟରେ କାବ୍ୟମୟୀ ଶବ୍ଦର ଅବତାରଣା କରିଥାନ୍ତି। ଆଚାର୍ଯ୍ୟ ରାମଚନ୍ଦ୍ର ଶୁକ୍ଳଙ୍କ ମତରେ- "ଯେଉଁ ଉକ୍ତି ହୃଦୟରେ କୌଣସି ଭାବଜାଗ୍ରତ କରିଥାଏ କିମ୍ବା ପ୍ରସ୍ତୁତ ବସ୍ତୁ ଅଥବା ତଥ୍ୟର ମାର୍ମିକ ଭାବନା ମଧ୍ୟରେ ତଲ୍ଲୀନ କରାଏ, ତାହାକୁ କାବ୍ୟ କୁହାଯାଏ। କବିପ୍ରାଣ ଗୌରହରିଙ୍କ ଶବ୍ଦ ସଂଯୋଜନା କଠୋର ଶବ୍ଦଚଟାଣକୁ ଭେଦକରି ପାଠକ ଆତ୍ମାରେ ସଂକଳ୍ପନାତ୍ମକ ଅନୁଭୂତି ଜାଗ୍ରତ କରିବାରେ ସମର୍ଥ। ଏହି ମର୍ମରେ ଭ୍ରମଣ ବୃତ୍ତାନ୍ତ ଭଳି ତଥ୍ୟାଶ୍ରୟୀ ବର୍ଣ୍ଣନା ମଧ୍ୟ ଦେଇ ଗୌରହରିଙ୍କ କବିମାନସର ସ୍ୱତଃସ୍ଫୂର୍ତ୍ତତାକୁ ଲକ୍ଷ୍ୟ କରାଯାଇପାରେ-

- କେଉଁ ଅଜଣା ଚଢ଼େଇର କାକଳି ? ମୁଁ କାନ ଡେରିଲି, କେଉଁଠୁ ଆସୁଛି ଏ ଶବ୍ଦ, ଆଉ ଥରେ ଖୁବ୍ ନିକଟରୁ ସେହି ଶବ୍ଦ। x x x କାଚ କାନ୍ଥର ସେ ପାଖରେ ସୁଉଚ୍ଚ ଶ୍ୟାମଳ ବୃକ୍ଷରାଜି। ସବୁଜ ସୁନ୍ଦର ପରିବେଶ, କ୍ଷଣକ ପାଇଁ ମନେହେଲା ମୁଁ କୌଣସି ଅରଣ୍ୟ ଡାକବଙ୍ଗଳାରେ ଅଛି। ଚାରିପଟେ ଚିହ୍ନା ଅଚିହ୍ନା ଗଛ ଆଉ ଗଛ। ଘନ ଅରଣ୍ୟ ପରି ସୁନ୍ଦର ପ୍ରାକୃତିକ ପରିବେଶ ମଝିରେ ତିଆରି ହୋଇଛି ଏହି କଲୋନି। (ଦୁଇ ଦିଗନ୍ତ - ପୃ:୨୩)

- ପ୍ରଭାତର ପବିତ୍ର ପରିବେଶ, ପ୍ରବାସର ଅନୁଭୂତି ଓ କିଛି ସମୟ ପାଇଁ ଅଚିହ୍ନା ଜାଗାରେ ନିଜ ଦେଶର କାହାକୁ ଭେଟିବାର ମଧୁର ଆତ୍ମୀୟତା ସବୁ ମିଶିମାଶି ସୁନ୍ଦର ଲାଗୁଥାଏ। ଆଟଲାଣ୍ଟା-ବର୍ମିଂହାମ୍ ରାସ୍ତା ଦୁଇକଡ଼ରେ ସବୁଜ ଅରଣ୍ୟ। (ଦୁଇ ଦିଗନ୍ତ - ପୃ:୨୩)
- 'ୱାଶିଂଟନ୍ ମନୁମେଣ୍ଟ୍' ସଂପର୍କରେ ଚିତ୍ରାୟିତ ଶବ୍ଦରେ ଲେଖିଛନ୍ତି- "ଏହି ସୌଧର ଉପରଭାଗ ଓ ତଳଭାଗ ଚେହେରାରେ ଟିକିଏ ଭିନ୍ନତା ବାରି ହୋଇପଡ଼େ। ସୌଧର ଆକୃତି ଗୋଟେ କୋଷମୁକ୍ତ ସଳଖ କୃପାଣ ପରି। ଆକାଶମୁହାଁ କରି କେହି ଯେମିତି ଏଇଟିକୁ ମାଟିରେ ପୋତି ଦେଇଛି। (ପ୍ରଥମ ପ୍ରବାସ - ପୃ:୮୨)
- ଝରକା ସେପଟେ ତଥାପି ସୂର୍ଯ୍ୟକିରଣ ଖେଳେଇ ହୋଇ ପଡ଼ିଥାଏ। ଚାରିପଟେ ଅରଣ୍ୟ ଓ ଆଖି ପାଉ ନ ଥିବା ଘାସପଡ଼ିଆ। ମଝିରେ ରାସ୍ତା ସବୁ ପରସ୍ପର ଦେହରେ ଛନ୍ଦାଛନ୍ଦି ହୋଇ ଆଗକୁ ମାଡ଼ି ଯାଉଛନ୍ତି। ରାସ୍ତା କଡ଼େ କଡ଼େ ଫୁଲ ବଗିଚା। ବର୍ଷର ଅଧିକାଂଶ ଦିନ ବର୍ଷା ହେଉଥିବାରୁ ଗଛ ଓ ଘାସଗୁଡ଼ିକ ସେଠାରେ ଚିର ସବୁଜ ଦିଶନ୍ତି। (ପ୍ରଥମ ପ୍ରବାସ - ପୃ:୯୧)
- ଦୁଇପଟେ ସବୁଜ ଉପତ୍ୟକା ପରି ଦୃଶ୍ୟ। ପ୍ରଶସ୍ତ ରାସ୍ତା ସବୁ ମଝିରେ ପରସ୍ପରକୁ କାଟି ପୁଣି ଆଗକୁ ମାଡ଼ି ଯାଇଛନ୍ତି। (ପ୍ରଥମ ପ୍ରବାସ - ପୃ:୯୫)
- ରାସ୍ତାର ଦୁଇକଡ଼େ ବିରାଟ ବିରାଟ ହ୍ରଦ। ବର୍ଷାଧୁଆ ସକାଳରେ ହ୍ରଦଗୁଡ଼ିକ ଫୁଲି ଉଠିଥାନ୍ତି। ଆକାଶରେ ମେଘର ପଟୁଆର। ମଝିରେ ମଝିରେ ଅସରାଏ ବର୍ଷା ବରଷି ଯାଉଥାଏ। (ଦୁଇ ଦିଗନ୍ତ - ପୃ:୧୦୪)
- ମଝିରେ ଆକାଶର ବର୍ଣ୍ଣିଳ ଚେହେରା ଠାଏ ଦେଖିଲି। ସେ ସୌନ୍ଦର୍ଯ୍ୟର ବର୍ଣ୍ଣନା ମୁଁ କରିପାରିବି ନାହିଁ। କେବଳ ଜଣେ ନିପୁଣ ଚିତ୍ରକରଙ୍କୁ ଯଦି ବିଶାଳ କ୍ୟାନ୍‌ଭାସ୍‌ଟିଏ ଦିଆଯାଏ, ସିଏ ସେ ଦୃଶ୍ୟର ଚିତ୍ର ଆଙ୍କିପାରିବେ। ପୃଥିବୀ କେତେ ବିଶାଳ, କେତେ ରହସ୍ୟମୟ ଓ ଏହାର ଦିନ-ରାତି ମଝିରେ ରହୁଥିବା ପ୍ରତ୍ୟୁଷ, ପ୍ରଦୋଷ, ମଧ୍ୟାହ୍ନ, ଅପରାହ୍ଣର ଆକାଶ ଦୃଶ୍ୟ କି ବର୍ଣ୍ଣିଳ, ତାହା ମୋ ପରି ସୀମିତ ପରିବେଶରେ ଜୀବନ ବିତଉଥିବା ଯାତ୍ରୀ କେବେ କଳ୍ପନା କରିପାରନ୍ତା ନାହିଁ। (ଦୁଇ ଦିଗନ୍ତ - ପୃ:୧୬)
- ଧୀରେ ଧୀରେ ଅନ୍ଧାର ଆସୁଥାଏ ଆକାଶର ରଙ୍ଗମଞ୍ଚକୁ। ଆମେରିକାରେ ବହୁତ ବିଳମ୍ବରେ ରାତି ଆସେ। ସନ୍ଧ୍ୟାର ମଞ୍ଚ ପ୍ରବେଶ ଦୃଶ୍ୟ ବାସ୍ତବିକ ମନୋରମ। ମାଟିଠୁଁ ଉପରେ ସେ ଦୃଶ୍ୟ ପୁଣି କେଇଗୁଣ ରୋମାଞ୍ଚକର।

କେଉଁଠି କଳା ବାଦଲ ଉପରେ ଅପସୃୟମାଣ ସୂର୍ଯ୍ୟାଲୋକ ଗୋଟିଏ ପ୍ରକାର ଚିତ୍ର ଆଙ୍କିଲାଣି ତ ଆଉ କେଉଁଠି ରଜତଶୁଭ୍ର ବଉଦ ଦେହରେ ଉଜ୍ଜ୍ୱଳ ସୂର୍ଯ୍ୟାଲୋକ ଅନ୍ୟ ପ୍ରକାର ଚିତ୍ର ଆଙ୍କିଲାଣି। କେଉଁଠି ବାଦଲର ସ୍ତୂପ ଆଉଟା ସୁନା ରଙ୍ଗରେ ରଞ୍ଜିତ ହେଲାଣି ତ ଆଉ କେଉଁଠି ନିଆଁର ଚାଙ୍ଗୁଡ଼ି ପରି ତାହା ଦେଦୀପ୍ୟମାନ ହୋଇ ଉଠିଲାଣି। x x x ମାଇଲ୍ ମାଇଲ୍ ବ୍ୟାପୀ ଆଲୋକର ମାଳା - ଶ୍ୱେତ, ପୀତ, ଲୋହିତ, ନୀଳ ଓ ସବୁଜ ରଙ୍ଗର। ତା' ଭିତରେ ସାନ୍‌ଫ୍ରାନ୍‌ସିସ୍‌କୋ ଦିଶୁଥାଏ ସୁନା, ହୀରା, ନୀଳା ଓ ବୈଦୂର୍ଯ୍ୟରେ ମଣ୍ଡିତା ନବବଧୂ ପରି। (ଦୁଇ ଦିଗନ୍ତ - ପୃ:୪୪)

- ରାତିର ଆକାଶରେ ନକ୍ଷତ୍ରମାନଙ୍କ ସମାହାର ମଣିଷକୁ ଅଦ୍ଭୁତ ଭାବରେ ଆଚ୍ଛନ୍ନ କରିଦିଏ। ଏମିତି ଗୋଟେ ତାରାଭର୍ତ୍ତି ଆକାଶ ଓ ନୀଳ ନିର୍ଜନ ରାତି କବି ରମାକାନ୍ତ ରଥଙ୍କୁ 'ଶ୍ରୀରାଧା' ଲେଖିବାର ପ୍ରେରଣା ଦେଇଥିଲା। (ଚିହ୍ନା ଅଚିହ୍ନା ଚୀନ - ପୃ:୧୯)

ବିଦେଶୀ ଖାଦ୍ୟ-ପାନୀୟ ସଂପର୍କିତ ବର୍ଣ୍ଣନା:

ଗୌରହରି ଦାସଙ୍କ ଭ୍ରମଣ ବୃତ୍ତାନ୍ତରେ ଆମେରିକୀୟ ଓ ଚୀନ୍ ଖାଦ୍ୟର ଅତି ସୁନ୍ଦର ବର୍ଣ୍ଣନା ସ୍ଥାନିତ ହୋଇଛି। 'ପ୍ରଥମ ପ୍ରବାସ' ଏବଂ 'ଦୁଇ ଦିଗନ୍ତ' ପୁସ୍ତକରେ ଆମେରିକାର ପିଜା, କେକ୍, ବ୍ରେଡ୍, ବନ୍, ବିସ୍କୁଟ୍, କ୍ଷୀର, ସେରିଆଲ୍, କୋକ୍ ଇତ୍ୟାଦି। ଚୀନ୍‌ର ଖାଦ୍ୟ ଭାବରେ ନାନା ପ୍ରକାର ବନ୍, ରୋଲ୍, କେକ୍, ଘୁଷୁରି, ବତକ, କୁକୁଡ଼ା ମାଂସ ତିଆରି ସୁସ୍ୱାଦୁ ପେଷ୍ଟ୍ରି, ନୁଡୁଲ୍‌ସ, ବତକ ରୋଷ୍ଟ୍ ଇତ୍ୟାଦି। ଏତଦ୍‌ବ୍ୟତୀତ ଚୀନ୍‌ର ବୁଫେ ବ୍ରେକ୍‌ଫାଷ୍ଟ୍‌ରେ କମଳା, ଲେମ୍ବୁ, ଲିଚୁ, ଚେରି, ତରଭୁଜ, ଆପଲ୍, ଅଙ୍ଗୁର ଓ ଆମ୍ବ ରସଠାରୁ ଆରମ୍ଭ କରି କଦଳୀ, ନାସପାତି, ପିଚ୍, ନାନା ପ୍ରକାର ସାଲାଡ୍, ପନିପରିବା ସିଝା, ଆମ୍‌ଲେଟ୍, କର୍ଣ୍ଣଫ୍ଲେକ୍ସ ଇତ୍ୟାଦି ଉପଲବ୍ଧ ହୁଏ। ଚୀନ୍‌ରେ ଚାଓମିନ୍, ନୁଡୁଲ୍‌ସ, ଚ୍ୟାଉଚ୍ୟାଉ, ଚିଲି ଚିକେନ୍, ଦରସିଝା, କାଙ୍କସିଝା ଏବଂ କମ୍ ତେଲରେ ରନ୍ଧା ଖାଦ୍ୟ ଇତ୍ୟାଦି ପ୍ରସିଦ୍ଧ।

ଭାରତ ଓ ବିଦେଶର ମୂଲ୍ୟବୋଧଭିତ୍ତିକ ପାର୍ଥକ୍ୟକୁ ନେଇ ଲେଖକଙ୍କ ଉପଲବ୍ଧି:

ଯୌବନ ଓ ପ୍ରାଚୁର୍ଯ୍ୟର ସହର ଆମେରିକାର ଶିକ୍ଷ ବ୍ୟବସ୍ଥା, ମୋବାଇଲ୍ ହୋମ୍, ଶିକ୍ଷା-ସାକ୍ଷରତା, ଦାମ୍ପତ୍ୟ, ବ୍ୟବହାର, ଚାଲିଚଳଣ, ପ୍ରଦୂଷଣମୁକ୍ତ ସ୍ୱଚ୍ଛ ପରିବେଶ, ରାସ୍ତାର ନିୟମ ବ୍ୟବସ୍ଥା, ଗ୍ରୀକ୍ ଓ ବ୍ରିଟିଶ ସ୍ଥାପତ୍ୟ ନିଦର୍ଶନର ହ୍ୱାଇଟ୍ ହାଉସ୍, ଆଇନ ବ୍ୟବସ୍ଥା, ସଂଘୀୟ ଶାସନ ବ୍ୟବସ୍ଥା, ପାରସ୍ପରିକ ଅଭିବାଦନରେ ଆନ୍ତରିକତା, ସ୍ୱିଡେନ୍‌ର ରାସ୍ତା, କ୍ଷେତ, ଯାନ୍ତ୍ରିକ ଜୀବନ, ସପ୍ତାହାନ୍ତର ଅବସର

ବିନୋଦନ ବ୍ୟବସ୍ଥା, ଭାରତର ବସ୍ତି ଓ ଆମେରିକାର ସବ୍ ଅର୍ବାନ୍, ଯୋଗାଯୋଗ ବ୍ୟବସ୍ଥା, କ୍ରେଡିଟ୍ କାର୍ଡ ବ୍ୟବସ୍ଥା, ସିନେ କମ୍ପ୍ଲେକ୍ସ, ଚିକିତ୍ସା ବ୍ୟବସ୍ଥା, ଆମେରିକାର ପେଟ୍ରୋଲ, ଅଦୃଶ୍ୟ ନିରାପତ୍ତା, ସିକ୍ୟୁରିଟି, ଆଲାର୍ମ ମେସିନ୍, ସ୍ମୋକ୍ ଡିଟେକ୍ଟର, ଚିକିତ୍ସା ବ୍ୟବସ୍ଥା, ବିଦେଶରେ ଭାରତୀୟ ରଥଯାତ୍ରା, ନୌଯାତ୍ରା, ସେଠିକାର ମନ୍ଦିର, ପ୍ରାକୃତିକ ଦୃଶ୍ୟ, ଚିତ୍ରକଳା, ବନ୍ଧୁତ୍ୱ, ଏୟାରପୋର୍ଟ, ଶୌଚାଳୟ, ମ୍ୟୁଜିୟମ୍, ସ୍ୱଚ୍ଛ ପରିବେଶ, ଉଡ଼ାଜାହାଜ ଟ୍ରାଫିକ୍ ଜାମ୍ ଇତ୍ୟାଦି ବର୍ଣ୍ଣନା ବେଳେ ଲେଖକ ଭାରତର ଅନୁରୂପ ସ୍ଥିତିକୁ ନେଇ ତୁଳନା କରିବସିଛନ୍ତି। 'ଚିହ୍ନା ଅଚିହ୍ନା ଚୀନ'ରେ ଚୀନ୍‌ର ଟଙ୍କା 'ୟୁଆନ୍'ର ଗୁରୁତ୍ୱ, ଏୟାରପୋର୍ଟ, ଚୀନ୍ ପରମ୍ପରାରେ ଡ୍ରାଗନ୍, ଚୀନ୍ ରାଜାମାନଙ୍କର ଶାସନ ବ୍ୟବସ୍ଥା, ଚୀନ୍ ଇତିହାସରେ ପ୍ରତାରଣା ଓ ଷଡ୍‌ଯନ୍ତ୍ରର ଚିତ୍ର, ରାଜାମାନଙ୍କ ଭୋଗବିଳାସ, ପ୍ରେମ, ଉପପତ୍ନୀ ବ୍ୟବସ୍ଥା, ଥାଇଲାଣ୍ଡର ପାରମ୍ପରିକ ପୋଷାକ, ଚୀନ୍‌ର ନିଷ୍ଠୁର ରାଜାଙ୍କର ବର୍ବରତା, ସିଂହାସନ ପ୍ରାପ୍ତି କ୍ଷେତ୍ରରେ ଷଡ୍‌ଯନ୍ତ୍ର, ହୁଆଙ୍ଗଙ୍କ ରାଜପ୍ରାସାଦର ରୋମାଞ୍ଚକର ପ୍ରେମ-ପ୍ରଣୟ କାହାଣୀ, ଭାରତୀୟ ଓ ଚୀନ୍ ଲୋକ ସାହିତ୍ୟର ତୁଳନାନୁକ୍ରମେ 'ନବଗୁଞ୍ଜର'ର ରୂପ, ତାଓ ଧର୍ମ ଓ କନ୍‌ଫୁସିୟସ୍ ଧର୍ମ ମଧ୍ୟରେ ପ୍ରଭେଦ, ଚୀନ୍‌ର ଭାଷା ସାହିତ୍ୟ, ଚୀନ୍‌ର ସଂଗ୍ରହାଳୟ, ଚୀନ୍‌ର ଦର୍ଶନ ଓ ଲୋକବିଶ୍ୱାସ, ବୌଦ୍ଧଧର୍ମ, ହୁଏନ୍‌ସାଂ, ଟାଙ୍ଗ୍ ଶାସନ, ଚୀନ୍‌ର ସାଂସ୍କୃତିକ କାର୍ଯ୍ୟକ୍ରମ, ଶ୍ୱେତ ଅଶ୍ୱ ମନ୍ଦିର ଇତ୍ୟାଦିକୁ ନେଇ ବର୍ଣ୍ଣନା ରହିଛି।

ଉପର୍ଯ୍ୟୁକ୍ତ ବିଦେଶୀ ଚିତ୍ର ପ୍ରଦାନ ସମୟରେ ଗୌରହରି ଦାସଙ୍କ ସ୍ୱଦେଶୀ ଆନ୍ତରିକତା ସ୍ୱତଃସ୍ଫୂର୍ତ୍ତ ଭାବରେ ବିଶ୍ଳେଷିତ ହୋଇଛି। ବିଦେଶିନୀମାନଙ୍କ ଦାମ୍ପତ୍ୟ ଅପେକ୍ଷା ରକ୍ଷଣଶୀଳା ଭାରତୀୟ ନାରୀଙ୍କର ନିଜ ପରିବାର ପ୍ରତି ତ୍ୟାଗ ଓ ସମର୍ପଣ ଭାବକୁ ଲେଖକ ସ୍ମରଣ କରିଛନ୍ତି।

ଲେଖକଙ୍କ ଶବ୍ଦରେ- "ଆମେରିକାର ପୁରୁଷ-ନାରୀ ସମ୍ବନ୍ଧ ଭାରତୀୟ ସମ୍ବନ୍ଧ ପରି ଏତେ ଦୃଢ଼ ବା ଅନ୍ୟ ଭାଷାରେ କହିଲେ ଅନିବାର୍ଯ୍ୟ ନୁହେଁ। ଏଠାରେ ଜଣେ ଜଣେ ନାରୀ ଯେମିତି ତିନି ଚାରି ପୁରୁଷଙ୍କୁ ଛାଡ଼ପତ୍ର ଦେଇପାରନ୍ତି, ଜଣେ ଜଣେ ପୁରୁଷ ମଧ୍ୟ ଛଅ ସାତ ନାରୀଙ୍କୁ ଛାଡ଼ପତ୍ର ଦେଇପାରନ୍ତି। ଘର, ଗାଡ଼ି, ସ୍ୱାମୀ, ସ୍ତ୍ରୀ କିମ୍ବା ଚାକିରି କୌଣସିଟି ଏଠାରେ ଚିରସ୍ଥାୟୀ ନୁହେଁ। ଉଲ୍ଲଙ୍ଗ, ମୁକ୍ତ ଓ ଅବାଧ ଏହାର ଜୀବନ। ଭାରତର ପରିବାର ବ୍ୟବସ୍ଥା କେତେ ଝଡ଼ଝଞ୍ଜା ଭିତର ଦେଇ ତଥାପି ମୁଣ୍ଡଟେକି ରହୁଛି। ମାତ୍ର ଆମେରିକାରେ ଏସବୁ ସ୍ୱପ୍ନ। ବେଳେବେଳେ ଅତି ପିଲାଳିଆ ଯୁକ୍ତି ପାଇଁ ସଂସାର ଭାଙ୍ଗିଯାଏ। କେହି କହିଲାଣି, ତୁମର ଅଭ୍ୟାସ ମୋତେ ଭଲ ଲାଗୁନାହିଁ। କେହି କହିଲାଣି ତୁମର ଗାଡ଼ିଚାଳନା ମୋର ଆରାମଦାୟକ

ମନେ ହେଉନାହିଁ। ବାସ୍, ସଂପର୍କ କଟିଗଲା!" (୨୧) ଭାରତୀୟ ନାରୀମାନେ କିପରି ଭାବରେ ବିବାହକୁ ଦାର୍ଶନିକ, ଆଧ୍ୟାତ୍ମିକ ଓ ସାମାଜିକ ପୃଷ୍ଠଭୂମିରେ ବିଚାର କରନ୍ତି, ସେ ସଂପର୍କରେ ଲେଖକଙ୍କ ଅଭିବ୍ୟଞ୍ଜନା ଅତ୍ୟନ୍ତ ଭାବପୂର୍ଣ୍ଣ ହୋଇଛି। ଆମେରିକାର ଉଚ୍ଛୃଙ୍ଖଳ ଜୀବନଚର୍ଯ୍ୟା ପ୍ରତି ଲେଖକଙ୍କ ବିଦ୍ରୂପର ସ୍ୱରୂପ ସ୍ପଷ୍ଟ ଉପଲବ୍ଧ ହୁଏ। ତାଙ୍କ ମତରେ- "ଆମେରିକା ସତେ ବା ଯୌବନର ସହର, ସମ୍ଭୋଗର ମହାଦେଶ। ଏଠି ସମସ୍ତେ ସ୍ୱାଧୀନ, ଆଲିଙ୍ଗନ କରିବା ପାଇଁ ପୁରୁଷ କି ନାରୀ ବନ୍ଧୁଟିଙ୍କୁ ନିଭୃତ ପରିବେଶର ସନ୍ଧାନ କରିବାକୁ ପଡ଼େନାହିଁ।" (୨୨) ଭାରତୀୟ ପରିବାରରେ ଅନେକ ମତଭେଦ ଏବଂ ସମସ୍ୟା ସତ୍ତ୍ୱେ ଭାରତୀୟ ବିବାହର ଦୀର୍ଘତା ଏବଂ ଭାରତୀୟ ନାରୀଙ୍କର ନିଜ ପରିବାର ଏବଂ ସ୍ୱାମୀଙ୍କ ପ୍ରତି ଆନୁଗତ୍ୟ ଓ ବଶମ୍ବଦତାକୁ ଲେଖକ ସମ୍ମାନ ଜଣାଇଛନ୍ତି। ଭାରତ ଅପେକ୍ଷା ସୁଇଡେନ୍‌ର ନାରୀମାନଙ୍କର ନିଜ ନିଜ ଅଧିକାର ସଂପର୍କିତ ସଚେତନତା, ସନ୍ତାନ ପ୍ରସବ ନିମନ୍ତେ ସୁଇଡେନ୍ ସରକାରଙ୍କ ପ୍ରୋତ୍ସାହନ, ସୁଇଡେନ୍‌ର ଗ୍ରୀଷ୍ମ ଅବକାଶ, କର୍ମହୀନ ଶିକ୍ଷିତ ଯୁବକମାନଙ୍କ ବେକାରୀ ଭତ୍ତା, ସୁଇଡେନ୍ ନାରୀମାନଙ୍କ ଘରସଜା, ବଗିଚା କର୍ମ, ମହିଳାମାନଙ୍କ ଚିତ୍ରକଳା, ସଂଗୀତ, ଘୋଡ଼ାଚଢ଼ା, ସନ୍ତରଣ, ପର୍ବତ ଆରୋହଣ ଆଗ୍ରହ ସଂପର୍କରେ ଲେଖକ ଆଲୋକପାତ କରିଛନ୍ତି।

ଭାରତୀୟ ତଥା ନିଜ ଅଞ୍ଚଳର ପରମ୍ପରା ପ୍ରତି ସଦାସର୍ବଦା ବିଶ୍ୱସ୍ତ ଗୌରହରି ଦାସ ସମାଜର ପାରମ୍ପରିକ ରୀତି-ନୀତି ପ୍ରତି ବେଶ୍ ଦାୟବଦ୍ଧ। ବିଦେଶରେ ନିଜ ପରମ୍ପରା, ଭାରତର ଗାଁ-ଗଣ୍ଡା, ଓଡ଼ିଶାର ଦାରିଦ୍ର୍ୟ, ବିଭିନ୍ନ ପ୍ରଥା, ରୀତି-ନୀତି, ପୂଜା, ଅନ୍ଧବିଶ୍ୱାସର ପ୍ରସଙ୍ଗକୁ ନିଜ କଥା ପ୍ରସଙ୍ଗରେ ଅଭିବ୍ୟକ୍ତ କରିଛନ୍ତି। ଅତୀତ ଆମୁଖ ଗୌରହରି ଦାସ ଯେବେ ବି ନିଜ ପ୍ରବଣତାକୁ ଅନ୍ୟ ନିକଟରେ ଉନ୍ମୁକ୍ତ କରିଛନ୍ତି, ସବୁବେଳେ ସ୍ମୃତିର ମୁଦ୍ରିତ ରହସ୍ୟ ଭିତରୁ କିଛି କିଛି ବ୍ୟଥାସିକ୍ତ ଅନୁଭବ ଝରିପଡ଼ିଛନ୍ତି। ବିଦେଶ ସଂପାନରେ ନିଜ ବକ୍ତବ୍ୟ ଉପସ୍ଥାପନ ସମୟରେ ନିଜ ଗାଁ, ମନ୍ତେଇ ନଈ, ଅର୍ଜୁନ ବାବାଜି, ସମାଜ ବ୍ୟବସ୍ଥାର ସୂକ୍ଷ୍ମ ଜୀବନନାଟିକା ରୂପେ ସ୍ଥିତ ଆଧ୍ୟାତ୍ମିକ ଅନୁଭବ, ଲୋକବିଶ୍ୱାସ, ମୁଠିଶାଗ ଓ ଆମ୍ବ ବଉଳର ଶୈଶବ, ସନାତନ ମାଷ୍ଟ୍ରେ, ଓଡ଼ିଶାରେ ଜାତିପ୍ରଥାର କୁତ୍ସିତ ଦୃଷ୍ଟିକୋଣ ସହିତ ଅନ୍ଧାରି କୋଣରେ ପଡ଼ିଥିବା ଆଇନାର ଭାଗ୍ୟପରି ବିଡ଼ମ୍ବିତ ନାରୀମାନଙ୍କର ଅସହାୟ ସ୍ଥିତି ଉପରେ ସେ ଆଲୋକପାତ କରିଛନ୍ତି। ଓଡ଼ିଶାର ପୁରପଲ୍ଲୀ ଭିତରକୁ ସହରୀ ଜୀବନର ଅନୁପ୍ରବେଶ ସଂପର୍କରେ ଗୌରହରି ଦାସ ଲେଖିଛନ୍ତି- "ମଣିଷ ଜୀବନରେ ଘଟୁଥିବା ଅସଂଖ୍ୟ ଘଟଣା ଭିତରୁ କିଛି କିଛି ଘଟଣା ତା' ଭିତରେ ନିର୍ଦ୍ଦିଷ୍ଟ ଚିହ୍ନସବୁ ଛାଡ଼ିଯାଆନ୍ତି। ସେଇ ଚିହ୍ନଗୁଡ଼ିକ

ମିଶିମାଶି ତା' ସତ୍ତାର ଗୋଟିଏ ଆକୃତି ଗଢ଼ିଦିଅନ୍ତି। ମୋର ପିଲାଦିନ ଗୋଟାଏ ନିରାପତ୍ତାଶୂନ୍ୟ ପରିବେଶ ଭିତରେ କଟିଥିଲା। ଗୋଟାଏ ବୁନିଆଦି ଯୌଥ ପରିବାର ଚାହୁଁ ଚାହୁଁ ଭାଙ୍ଗିରୁଜି ଗଲା ଓ ଗୋଟିଏ ଘରର ଅଗଣାରେ ପାଞ୍ଚ ପାଞ୍ଚଟି ପାଚେରି ଛିଡ଼ା ହୋଇଗଲା। ଓଡ଼ିଆ ସମାଜର ଏଇ ଯୌଥ ପରିବାର ଭାଙ୍ଗିବା ଓ ଚାକିରି ସନ୍ଧାନରେ ପ୍ରବାସୀ ହେବା ପରି ଦୁଇଟି ଘଟଣା ଖୁବ୍ ଗୁରୁତ୍ୱପୂର୍ଣ୍ଣ।" (୨୩)

- ଓଡ଼ିଶାର ଦାରିଦ୍ର୍ୟ ସେ ଜାତିର ବିଡ଼ମ୍ବନା ବୋଲି ଅଭିହିତ କରି ଲେଖକ କହିଛନ୍ତି- "ଦାରିଦ୍ର୍ୟ ସମଗ୍ର ମଣିଷ ଜାତିର ଅଭିଶାପ। ଓଡ଼ିଶାର ଯୋଉ କୋଣକୁ ଗଲେ କିନ୍ତୁ ମୋତେ ଦାରିଦ୍ର୍ୟର ଭୂତ ଏବେ ବି ଗୋଡ଼ାଏ। ପ୍ରାଚୁର୍ଯ୍ୟର ଚନ୍ଦ୍ରମାକୁ ଦାରିଦ୍ର୍ୟର କଳାମେଘ ଢାଙ୍କି ବସିବା ପରି ମୋତେ ଦିଶିଯାଏ। ମାନସିକ, ମନସ୍ତାତ୍ତ୍ୱିକ, ଦାର୍ଶନିକ ଓ ବୌଦ୍ଧିକ ଦାରିଦ୍ର୍ୟ ତ ପଛକଥା, ଯୋଉଠି ମଥା ଉପରର ଛପର, ପିଠି ପାଇଁ ଲୁଗା କି ଜାମା, ପେଟ ପାଇଁ ପୋଷେ ଖୁଦ କି ଅଟା ସାତସ୍ୱପ୍ନ ହୋଇପଡ଼େ ସେଠି ମଣିଷ କି ସ୍ୱପ୍ନ ଦେଖିବ?" (୨୪) ଓଡ଼ିଆ ଭାଷାକୁ ନେଇ ଅଭିମାନୀ ଗୌରହରି ଦାସ ଆମେରିକାର 'ଓଡ଼ିଶା ସୋସାଇଟି ଅଫ୍ ଆମେରିକାଜ୍'ର ଆତିଥେୟତା ଓ ସେମାନେ ଜିଆଁଇ ରଖିଥିବା ଓଡ଼ିଆ ଚଳଣି ଓ ସଂସ୍କାରର ପ୍ରଶଂସା କରିଛନ୍ତି। ଆମେରିକାର ଓଡ଼ିଆ ପରିବାରର ଆଧ୍ୟାତ୍ମିକ ଅନୁଷ୍ଠାନ, ସାଂସ୍କୃତିକ ଜୀବନ ସଂପର୍କରେ ଆଲୋଚନା କରିଛନ୍ତି।
- ଆମେରିକାର ସୁଖ ସ୍ୱାଚ୍ଛନ୍ଦ୍ୟ ପ୍ରତି ଓଡ଼ିଆଙ୍କ ଦୁର୍ବାର ଆକର୍ଷଣକୁ ଆଲୋକପାତ କରିବାକୁ ଯାଇ ଲେଖକ ଭାରତୀୟ ତଥା ପାଶ୍ଚାତ୍ୟ ଜୀବନସ୍ଥିତିର ତୁଳନାତ୍ମକ ଦିଗ ଦର୍ଶାଇଛନ୍ତି- "ବଣ ଜଙ୍ଗଲର ସାଧାରଣ ଜୀବନ ଓ କୃଚ୍ଛ ସାଧନାରେ ଅଭ୍ୟସ୍ତ ଋଷ୍ୟଶୃଙ୍ଗ ପଇଡ଼ପାଣି, ସୁନ୍ଦରୀ ନାରୀ ଓ ପକ୍ୱଫଳମାନଙ୍କ ସ୍ୱାଦ ଆହରଣ କରିବା ପରେ ଆଉ ନିଜର ପର୍ଣ୍ଣକୁଟୀରକୁ ଫେରି ନାହାନ୍ତି, ନୌକାରେ ବସି ଅଯୋଧ୍ୟା ଚାଲି ଆସିଛନ୍ତି। ସେହିପରି ଏ ଦେଶର ବ୍ୟବସ୍ଥା। ଭୌତିକ ବିଳାସ ନିମନ୍ତେ ଆଗ୍ରହୀ ଯୁବକ ଯୁବତୀ ଥରେ ଆମେରିକା ଗଲେ ଆଉ ଆପଣାର ଜନ୍ମଭୂଇଁକୁ ଫେରିବା ପାଇଁ ମନ କରୁନାହାନ୍ତି। କାରଣ, ଆମେରିକାର ସୁଖ ସ୍ୱାଚ୍ଛନ୍ଦ୍ୟ ଓଡ଼ିଶାରେ ସାତ ସ୍ୱପ୍ନ!" (୨୫)
- ଗୌରହରି ଦାସ ଆମେରିକାରେ ଓଡ଼ିଶା ମାଟିର ମହକକୁ ଆସ୍ୱାଦନ କରିଛନ୍ତି। ୧୯୯୬ର 'ଓସା' ସାଂସ୍କୃତିକ କାର୍ଯ୍ୟକ୍ରମର ମୁଖ୍ୟ ଆକର୍ଷଣ ରୂପେ 'ବାର ମାସରେ ତେର ପର୍ବ'ର ପ୍ରସଙ୍ଗ ସବୁକୁ ନେଇ ରଙ୍ଗାରଙ୍ଗ କାର୍ଯ୍ୟକ୍ରମ ଅନୁଷ୍ଠିତ

ହୋଇଥିଲା। ରଜପଥେ ରଥଯାତ୍ରା, ଖୁଦୁରୁକୁଣୀ ପରେ କୁମାରପୂର୍ଣ୍ଣିମା, ଓଡ଼ିଶୀ ନୃତ୍ୟ ଇତ୍ୟାଦିକୁ ନେଇ 'ଓସା'ର ସାଂସ୍କୃତିକ କାର୍ଯ୍ୟକ୍ରମ ବିଦେଶରେ ଅବିକଳ ଓଡ଼ିଶାର ଭ୍ରମ ଉତ୍ପନ୍ନ କରିଥିଲା। 'ଦୁଇ ଦିଗନ୍ତ' ଭ୍ରମଣ ବୃତ୍ତାନ୍ତରେ ଆମେରିକୀୟ 'ରଥଯାତ୍ରା'ର ସୁନ୍ଦର ବର୍ଣ୍ଣନା ଦେଇଛନ୍ତି। ପୁରୀ ମନ୍ଦିରରେ ଶ୍ରୀଜଗନ୍ନାଥ ମୁଖ୍ୟ। ନ୍ୟାସ୍‌ଭିଲ୍ ମନ୍ଦିର କିନ୍ତୁ ମୁଖ୍ୟତଃ ଶ୍ରୀ ଗଣେଶଙ୍କ ମନ୍ଦିର। ପ୍ରବାସୀ ଓଡ଼ିଆମାନେ ଅଣ୍ଟା ଭିଡ଼ିଛନ୍ତି, ଦିନେ ନା ଦିନେ ଜଗନ୍ନାଥ ମନ୍ଦିରଟିଏ ଏଠି ଗଢ଼ିବେ। x x x ରଥଯାତ୍ରା ଉପଲକ୍ଷେ ଅରୁଆ ଅନ୍ନ ଓ ବ୍ୟଞ୍ଜନର ବ୍ୟବସ୍ଥା କରିଥାନ୍ତି ଡାକ୍ତର ଭଗବାନ୍ ସାହୁ, ପଞ୍ଚାନନ ଶତପଥୀ ଓ ଭାଗବତ ସାହୁ। ସେମାନେ ଜଗନ୍ନାଥ ସୋସାଇଟି ଅଫ୍ ଆମେରିକାର ପୁରୁଣା ସଦସ୍ୟ। ପାଞ୍ଚ ହଜାରରୁ ଊର୍ଦ୍ଧ୍ୱ ଲୋକଙ୍କ ପାଇଁ ଖାଇବା ବ୍ୟବସ୍ଥା, ସାମାନ୍ୟ ଗଣ୍ଡଗୋଳ ହେଉ ନ ଥାଏ। ଲୋକମାନେ ଧାଡ଼ି ବାନ୍ଧି ଖାଇବା ଟେବୁଲ୍ ପାଖରେ ଠିଆ ହେଉଥାଆନ୍ତି ଏବଂ ନିଜ ନିଜ ପ୍ଲେଟ୍ ନେଇ ଚାଲିଯାଉଥାଆନ୍ତି। ନିରାମିଷ ବ୍ୟଞ୍ଜନ ହେଲେ ବି ତହିଁରେ ଆଳୁ ଓ କୋବି ପଡ଼ିଥାଏ। ପୁରୀ ଶ୍ରୀମନ୍ଦିରର ସବୁ ଅନୁଶାସନ ମାନି ଆମେରିକାରେ ଚଳିବା ନିଶ୍ଚୟ କଷ୍ଟ।" (୨୬) ଗୌରହରି ଦାସ ଉତ୍କଳୀୟ ତଥା ଭାରତୀୟମାନଙ୍କ ମୁଖରୋଚକ ପାନକୁ ଆମେରିକାରେ ଖୋଜିବସିଛନ୍ତି। ତାଙ୍କ ମତରେ- "ଆମେରିକାରେ ପାନ ଦୁଷ୍ପ୍ରାପ୍ୟ। x x x ମୁଁ ପଚାରି ବୁଝିଲି, ଖଣ୍ଡିଏ ଖିଲିପାନର ଦାମ୍ ଏକ ଡଲାର। ଏ ଦର ଶୁଣି ଜଣେ କେହି ପରିହାସରେ କହିଲେ- 'ଓଡ଼ିଶାରୁ ପାନ ଆଣି ଜଣେ ଏଠି ବେପାର କଲେ ଲକ୍ଷପତି ହୋଇଯିବ।' ଏକଥା ଅତିରଞ୍ଜନ ନୁହେଁ। ଆମେରିକାରେ ପାନ ମହଙ୍ଗା। ପୁଣି ଖଣ୍ଡେ ଦି' ଖଣ୍ଡ ଖିଲିପାନ ପାଇଁ ଅନେକ ବାଟ ଯିବାକୁ ପଡ଼େ।" (୨୭)

ସାଂସ୍କୃତିକ ପରିବର୍ତ୍ତନ ସହ ଖାପ ଖୁଆଇ ଚଳିବାକୁ ଉଦ୍ୟମ କରୁଥିବା ଭାରତୀୟ ନାରୀର ସମସ୍ୟା, ଓଡ଼ିଶାର ଆଦିବାସୀ ମହିଳାଙ୍କ କଥାକୁ 'ଓସା'ର ସଂପାନରେ ଲେଖକ ଉପସ୍ଥାପନ କରିଥିଲେ। ପ୍ରବାସୀ ଓଡ଼ିଆଙ୍କ ହୃଦୟ ଭିତରେ ଥିବା ଉତ୍କଳୀୟ ସଂସ୍କୃତିର ମହତ୍ତ୍ୱକୁ ଗୁରୁତ୍ୱାରୋପ କରି ଗୌରହରି ଦାସ ଲେଖିଛନ୍ତି- "'ଓସା'ର ଏହି ବାର୍ଷିକୋତ୍ସବ ପ୍ରବାସରେ ରହୁଥିବା ଓଡ଼ିଆମାନଙ୍କୁ ସେମାନଙ୍କ ଚେର ଖୋଜିବାର ଅବକାଶ ସହ ମାତୃଭୂମି ଓ ପରମ୍ପରା ସହ ସେତୁ ବାନ୍ଧିବାର ସୁଯୋଗ ଦିଏ।" (୨୮)

ଆମେରିକାର ବିସ୍ତୃତ ଚାଷଜମିର ସୌନ୍ଦର୍ଯ୍ୟ ଅବଲୋକନ କାଳରେ ଲେଖକ ଓଡ଼ିଶାକୁ ମନେପକେଇଛନ୍ତି। ତାଙ୍କ ମତରେ ଆମେରିକାରେ - "ଗାଁ

କେଉଁଠି ସରିଛି ଯେପରି ଜାଣିହୁଏ ନାହିଁ, ସହର କେଉଁଠି ଆରମ୍ଭ ହୁଏ ସେକଥା ବି ସେପରି ଜାଣିହୁଏ ନାହିଁ। ବିଦେଶର ମଫସଲ ଜୀବନ ସଂପର୍କରେ ଓଡ଼ିଶାର ବନ୍ଧୁମାନେ ମୋତେ ଅନେକ ସମୟରେ ପଚାରିଥାଆନ୍ତି। ମୁଁ ମୋର ଆମେରିକା ଓ ସୁଇଡେନ୍ ଅନୁଭୂତିରୁ ସେମାନଙ୍କୁ କହେ ଯେ ସେଠିକାର ମଫସଲ ଆମ ଦେଶର ମଫସଲ ପରି ନୁହେଁ।" (୨୯) ଆମେରିକାର କଡ଼ା ଆଇନକାନୁନ, ଆମେରିକାର ଡଲାର ଅର୍ଥନୀତି, ମୁକ୍ତ ଭାବେ ରାଜନୈତିକ ମତବାଦର ପ୍ରଚାର ସଂପର୍କରେ ଲେଖକ ବିଶ୍ଳେଷଣ କରିଛନ୍ତି। ତାଙ୍କ ମତରେ- "ଆମେରିକା ତା' ଦେଶର ନାଗରିକଙ୍କୁ ସର୍ବୋତ୍କୃଷ୍ଟ ସେବା ଓ ସାମଗ୍ରୀ ଯୋଗାଇ ଦିଏ। ପୃଥିବୀର ବିଭିନ୍ନ ଦେଶର ଫଳବଗିଚାରୁ ଉନ୍ନତ କିସମର ଫଳ ଏଠିକି ଆସେ। ପୃଥିବୀର ସବୁଠୁ ଜ୍ଞାନୀ ଓ ଅଭିଜ୍ଞ ଚିକିତ୍ସକ ଏଠାକୁ ଆସନ୍ତି। ମଣିଷର ଅନ୍ତର୍ନିହିତ ଇଚ୍ଛାର ପରିପୂର୍ତ୍ତି ପାଇଁ ଏଠାରେ ସବୁ ପ୍ରକାର ବ୍ୟବସ୍ଥା ରହିଛି। ଏହି ଦୃଷ୍ଟିରୁ ଆମେରିକା ସବୁଠୁ ଆଗୁଆ କହିଲେ ଭୁଲ୍ ହେବ ନାହିଁ।" (୩୦) ଅନ୍ୟପକ୍ଷେ ଲଣ୍ଡନର ଶସ୍ୟକ୍ଷେତ, ଦି' ଧାରର ଚିକ୍କଣ ଓ ପରିଛନ୍ନ ରାସ୍ତାଘାଟ, ଲଣ୍ଡନ ଲୋକମାନଙ୍କର ଅଭିବାଦନର ଅଭ୍ୟାସକୁ ଲେଖକ ବାରମ୍ବାର ବ୍ୟକ୍ତ କରିଛନ୍ତି। ଲଣ୍ଡନବାସୀଙ୍କ ସୌହାର୍ଦ୍ଦ୍ୟପୂର୍ଣ୍ଣ ବ୍ୟବହାରକୁ ଅନୁଭବ କରି ଭାରତ ପୁଣି ଓଡ଼ିଶାବାସୀ ବ୍ୟବହାରଗତ ପାର୍ଥକ୍ୟକୁ ଗୌରହରି ଦାସ ଅତି ନିରପେକ୍ଷ ଭାବରେ ତଉଲିଛନ୍ତି- "ଲଣ୍ଡନର ଲୋକମାନେ ପରସ୍ପରକୁ ଦେଖିବା କ୍ଷଣି ହସି ହସି ଅଭିବାଦନ କରନ୍ତି। ଆମ ଦେଶ ପରି ମୁହଁ ପୋତି ଦିଅନ୍ତି ନାହିଁ।" (୩୧)

'ଚିହ୍ନା ଅଚିହ୍ନା ଚୀନ' - ଭ୍ରମଣ ଅନୁଭୂତିରେ ଗୌରହରି ଦାସ ଚୀନର ମୁଦ୍ରା 'ୟୁଆନ୍'ର ମୂଲ୍ୟ ନିରୂପଣ ଠାରୁ ଆରମ୍ଭ କରି ଚୀନ୍‌ର ଏୟାରପୋର୍ଟ, ଅତିଥିପରାୟଣତା, ଖାଦ୍ୟ, ଟ୍ୟାକ୍ସି ବ୍ୟବସ୍ଥା, ଚା', ଚୀନ୍‌ର ସଂଗ୍ରହାଳୟ, ବୌଦ୍ଧଧର୍ମ, ଦର୍ଶନ, ଲୋକବିଶ୍ୱାସ ଇତ୍ୟାଦି ସଂପର୍କରେ ବିସ୍ତୃତ ବର୍ଣ୍ଣନା ପ୍ରଦାନ କରିଛନ୍ତି। 'ଚିହ୍ନା ଅଚିହ୍ନା ଚୀନ୍' ପୁସ୍ତକ ସଂଲଗ୍ନ ଶୀର୍ଷକଗୁଡ଼ିକ ସହ ତା'ର ବିଷୟବସ୍ତୁ ଗୋଟିଏ ଗୋଟିଏ ଗଳ୍ପ ଭଳି ଅତ୍ୟନ୍ତ କୌତୂହଳପ୍ରଦ ଏବଂ ପ୍ରଭାବଶାଳୀ। ଏହାର ଆରମ୍ଭରେ ଲେଖକ ଚୀନ୍ ଏବଂ ଭାରତର ତୁଳନା କରିଛନ୍ତି- "ଚୀନ୍‌ର ସଭ୍ୟତା ପୃଥିବୀର ସମୃଦ୍ଧତମ ସଭ୍ୟତା ଭିତରୁ ଅନ୍ୟତମ। ପୃଥିବୀର ବସ୍ତ୍ର ବଜାରକୁ ଚୀନ୍‌ର ସୁନ୍ଦର ଅବଦାନ ସିଲ୍କ। x x x ଚୀନ୍‌ର ଜଣେ ସାଧାରଣ ଲୋକ ଭାରତ କହିଲେ ବୁଝେ, 'ଏଇଟି ଗୋଟେ ବଡ଼ ଦେଶ। ଏ ଦେଶ ପାଖରେ ପରମାଣୁ ବୋମା ଅଛି। କାଶ୍ମୀରକୁ କେନ୍ଦ୍ର କରି ଇଏ ସବୁବେଳେ ପାକିସ୍ତାନ ସାଙ୍ଗେ ଲଢ଼େଇ କରୁଛି।

ଭାରତରେ ବହୁ ଦେବତା, ବହୁତ ଦୁଃଖ।" (୩୨) ଲେଖକ ଚୀନ୍‌କୁ 'ବୈରାଗ୍ୟ ଓ ବିଳାସର ବିଚିତ୍ର ବଳୟ' ଭାବରେ ଅଭିହିତ କରିବାବେଳେ ଥାଇଲାଣ୍ଡ ଏକ କୃଷିପ୍ରଧାନ ଦେଶ ହେବା ସହ ପର୍ଯ୍ୟଟନକୁ ଗୁରୁତ୍ୱ ଦେଉଥିବା ଦେଶ ବୋଲି ବର୍ଣ୍ଣନା କରିଛନ୍ତି। ଥାଇ ସାମ୍ରାଜ୍ୟର ଅଭ୍ୟୁଦୟ ସମୟ ଖ୍ରୀ:ଅ: ୧୩୫୦ରୁ ବୋଲି ତଥ୍ୟ ପ୍ରଦାନ କରି ଲେଖକ ଉଲ୍ଲେଖ କରିଛନ୍ତି- "ଥାଇଲାଣ୍ଡ ଶାସନ ବ୍ୟବସ୍ଥା ସାମ୍ବିଧାନିକ ମୁଖ୍ୟ ହେଉଛନ୍ତି ରାଜା। ପ୍ରଧାନମନ୍ତ୍ରୀ ଶାସନମୁଖ୍ୟ। ଥାଇଲାଣ୍ଡର ପୁରୁଣା ନାଁ ଥିଲା ଶ୍ୟାମଦେଶ। କୁହାଯାଏ ଆଜିକୁ ୯୦୦ ବର୍ଷ ତଳେ ଦକ୍ଷିଣ ଚୀନ୍‌ରୁ କିଛି ଲୋକ ଶ୍ୟାମଦେଶରେ ବସବାସ କରିବାକୁ ଚାଲି ଆସିଥିଲେ। ତାଙ୍କ ପରେ ଚୀନ୍‌ର ଅନ୍ୟ ଭାଗରୁ ଆଉ କିଛି ଲୋକ ଆସିଥିଲେ। ଖ୍ରୀ:ଅ: ୧୩୫୦ରେ 'ଥାଇ' ସାମ୍ରାଜ୍ୟର ପ୍ରତିଷ୍ଠା ହୋଇଥିଲା।" (୩୩) ଚୀନ୍‌ର ରାଜାମାନଙ୍କ ଧାରାବିବରଣୀ ଶାସନକର୍ମ ସଂପର୍କରେ ଲେଖକ ବିବରଣୀ ପ୍ରଦାନ କରିଛନ୍ତି। ରାଜା ମୋଙ୍ଗକୂଟ ଏବଂ ତାଙ୍କର ସୁଯୋଗ୍ୟ ଉତ୍ତରାଧିକାରୀ ରାଜା ଚୁଲାଲୋଙ୍ଗ କର୍ଣ୍ଣଙ୍କ ଠାରୁ ଆରମ୍ଭ କରି ଲିଉପାଙ୍ଗ୍, ଓ୍ୱାନ୍‌ଲି, ଚୁସାଙ୍ଗ୍‌ଲୁ, ଚୁଙ୍ଗ୍‌ସେନ୍, ହୁଆଙ୍ଗସି, ଚମିଙ୍ଗ୍ ହୁଆଙ୍ଗ, ସମ୍ରାଟ ସାଙ୍ଗାନ୍‌ଙ୍କ ରାଜ୍ୟକର୍ମ, ଶାସନ ବ୍ୟବସ୍ଥା, ସିଂହାସନ ନିମନ୍ତେ ବିବିଧ ଷଡ଼୍‌ଯନ୍ତ୍ର, ସେମାନଙ୍କ ପ୍ରେମ ଓ ପ୍ରଣୟକୁ ନେଇ ବହୁ କଥାବସ୍ତୁର ଅବତାରଣା କରିଛନ୍ତି। 'ଚିହ୍ନା ଅଚିହ୍ନା ଚୀନ୍'ର ଲେଖକ ଗୌରହରି ଦାସଙ୍କ ମତରେ ଥାଇଲାଣ୍ଡର ସାଂସ୍କୃତିକ ଜୀବନ ସହ ଭାରତୀୟ ସାଂସ୍କୃତିକ ଜୀବନର ଅନେକ ସାମ୍ୟ ରହିଛି। ରାମାୟଣ ଥାଇଲାଣ୍ଡରେ ଲୋକପ୍ରିୟ ମହାକାବ୍ୟ ଏବଂ 'ରାମାକିଆନ୍' ବା ରାମ-ସୀତାଙ୍କ ଜୀବନକୁ ନେଇ ଅଭିନୟ ଥାଇଲାଣ୍ଡର ଲୋକପ୍ରିୟ କଳା ବୋଲି ଲେଖକ ଅଭିହିତ କରିଛନ୍ତି। 'ଚିହ୍ନା ଅଚିହ୍ନା ଚୀନ୍'ର କିଛି ପ୍ରମୁଖ ତଥ୍ୟ ରୂପେ ଉଲ୍ଲେଖଯୋଗ୍ୟ ବକ୍ତବ୍ୟ ଗୁଡ଼ିକ ହେଲା-

- ବୌଦ୍ଧଧର୍ମ ଥାଇଲାଣ୍ଡର ରାଜଧର୍ମ।
- ସମ୍ଭୋଗ ଓ ସନ୍ନ୍ୟାସ, ବିଳାସ ଓ ବୈରାଗ୍ୟର ସହାବସ୍ଥାନ ଥାଇଲାଣ୍ଡର ସଂସ୍କୃତି।
- ଲୋକସଂଖ୍ୟା ଅନୁପାତରେ ଏଠି ଏଡ୍‌ସ ରୋଗୀ ସଂଖ୍ୟା ଅଧିକ।
- ମୁଦ୍ରା ଅର୍ଜନର ଆଗ୍ରହ ପାଇଁ ଏଠିକାର ଶାସନ ବ୍ୟବସ୍ଥାରେ ପୁଞ୍ଜିବାଦ ନୀତି ସୁସ୍ପଷ୍ଟ।
- ଚୀନ୍‌ର ଖାଦ୍ୟ ପ୍ରସ୍ତୁତିରେ ଜିଭ ଅପେକ୍ଷା ପେଟର ଅବସ୍ଥାକୁ ଅଧିକ ଗୁରୁତ୍ୱ ଦିଆଯାଏ।
- ଚୀନ୍‌ର ଚା' ଉତ୍କୃଷ୍ଟ ଧରଣର ଏବଂ ଏହା ଚୀନ୍ ସଂସ୍କୃତିର ଅଂଶବିଶେଷ।

- ଚୀନ୍ ଶାସନ ବ୍ୟବସ୍ଥାର ସର୍ବୋଚ୍ଚ ଅନୁଷ୍ଠାନ ନ୍ୟାସ୍‌ନାଲ୍ ପିପୁଲ୍‌ସ କଂଗ୍ରେସର ଅଧିବେଶନ ବେଜିଂର 'ଗ୍ରେଟ୍ ହଲ୍ ଅଫ୍ ଦ ପିପୁଲ୍'ରେ ଅନୁଷ୍ଠିତ ହୁଏ।
- ଚୀନ୍‌ର ଜାତୀୟ ମ୍ୟୁଜିୟମ୍ ଭାବରେ ଫର୍‌ବିଡେନ୍ ସିଟି ବା ଦୁର୍ଗ ପରି ଦିଶୁଥିବା ନିଷିଦ୍ଧ ନଗରୀର ପ୍ରସିଦ୍ଧି ରହିଛି। ଏହା କେବଳ ବିଶାଳତା ପାଇଁ ନୁହେଁ ବରଂ ଏହାର ଅଭିନବ ସ୍ଥାପତ୍ୟ ପାଇଁ ବିଶ୍ୱପ୍ରସିଦ୍ଧ।
- ବେଜିଂର କେନ୍ଦ୍ରରେ ଅବସ୍ଥିତ ତିଏନ୍-ଏନ୍-ମିନ୍ ସ୍କୋୟାର୍ ବା ସ୍ୱର୍ଗୀୟ ଶାନ୍ତିର ଚଉଛକିକୁ ରେଡ୍‌ସ୍କୋୟାର୍ କୁହାଯାଏ ଯାହା ଚୀନ୍ ଗଣଆନ୍ଦୋଳନର ଐତିହ୍ୟ ବହନ କରେ।
- ଚୀନ୍‌ର ସବୁ ରାଜା ବା ସମ୍ରାଟଙ୍କ ଭିତରେ ଖ୍ରୀ.ପୂ. ୨୨୧ରେ ଶାସନଭାର ଗ୍ରହଣ କରିଥିବା ସମ୍ରାଟ ସିନ୍ ସି ହୁଆଙ୍ଗ ତିଙ୍କ ଏଭଳି ଜଣେ ରାଜା ଥିଲେ ଯେ ଚୀନ୍‌ର ସବୁ ବହିପତ୍ରକୁ ଜାଳିଦେବା ପାଇଁ ନିର୍ଦ୍ଦେଶ ଦେଇଥିଲେ।
- ଚୀନ୍ ସାହିତ୍ୟ କହିଲେ କନ୍‌ଫ୍ୟୁସିୟସ୍, ଲାଓ ସି, ଗୌତମ ବୁଦ୍ଧଙ୍କ ଦର୍ଶନ, ଚିକିତ୍ସାଶାସ୍ତ୍ରର ପଦ୍ଧତିକୁ ବୁଝାଯାଉଥିଲା। ଚୀନ୍‌ର ପ୍ରାଚୀନ ଗ୍ରନ୍ଥଗୁଡ଼ିକ ହେଲା- ସିଜିଙ୍ଗ୍, ୟିଜିଙ୍ଗ୍, ସୁଜିଙ୍ଗ୍, ଲିଜି ଓ ସୁଙ୍ଗିଉ। ଲେଖକ ଗୌରହରି ଏଗୁଡ଼ିକୁ ଭାରତର 'କଥାସରିତ ସାଗର' ପରି ମନେ କରିଛନ୍ତି।
- ଚୀନ୍ ସାହିତ୍ୟର ପ୍ରବୁଦ୍ଧ-ଲୋକପ୍ରିୟ କବି ଭାବରେ ଚୁ ୟୁଆନ୍ (ଖ୍ରୀ.ପୂ. ୩୩୦-୨୯୫), ଟାଙ୍ଗ୍ ରାଜତ୍ୱ ଅମଳର ପ୍ରକୃତି ବା ସ୍ୱଭାବ କବି ଥିଲେ ଲି-ବାଇ, ଅନ୍ୟତମ କବି ସୁ ଡଙ୍ଗପୋ, ଶ୍ରମଣ ସୁଆଙ୍ଗ୍, ମାଓ ତ୍ସୁନ୍, ବା ଜିନ୍, ଲୁ-ସୁନ୍, ଲାଓ ସେ, ମାଓ ଜୁନ୍ ତଥା ଲିନ୍ ୟୁ ତାଙ୍ଗ୍ ପ୍ରମୁଖ କବିମାନଙ୍କ ନାମ ଉଲ୍ଲେଖନୀୟ।
- 'ୱାଟର୍ ମାର୍କିନ୍' - ଚୀନ୍‌ର ପ୍ରାଚୀନ ସାହିତ୍ୟ, ଯାହା ସାଧାରଣ ଲୋକ ଭାଷାରେ ଲିଖିତ।
- ମାଓ ଜୁନ୍‌ଙ୍କ 'ମଧ୍ୟରାତ୍ରି', ଲାଓ ସେଙ୍କର 'ମୋମେଣ୍ଟ ଇନ୍ ୟୁତାଙ୍ଗ୍', ନୋବେଲ୍ ପୁରସ୍କାରପ୍ରାପ୍ତ କାଓ ଜିଙ୍ଗସିଆନ୍‌ଙ୍କ 'ସୋଲ୍ ମାଉଣ୍ଟେନ୍' ଇତ୍ୟାଦି ସଂପର୍କରେ ସମ୍ୟକ୍ ଆଲୋଚନା ରହିଛି।

ଗୌରହରି ଦାସ ପରମ୍ପରା ଅନୁରାଗୀ ସାହିତ୍ୟିକ। ଚୀନ୍ ପର୍ଯ୍ୟଟନ କାଳରେ ବିଦେଶର ଲୋକବିଶ୍ୱାସ, ସଂସ୍କୃତି, ରୀତି-ନୀତି, ଧର୍ମ, ଚଳଣିକୁ ନେଇ ତାଙ୍କର ଉପଲବ୍ଧିକୁ ସେ ଅତ୍ୟନ୍ତ ମାର୍ମିକ ଢଙ୍ଗରେ ଅଭିବ୍ୟଞ୍ଜିତ କରିଛନ୍ତି। ଯେଉଁ ସମୟରେ ସେ ପ୍ରବାସରେ ଅଛନ୍ତି, ସେଠିକାର ସ୍ଥିତି ବିଶ୍ଳେଷଣ ସହିତ ନିଜ ଜନ୍ମଭୂମି ଓ ଦେଶ

ପ୍ରତି ତାଙ୍କର ଏକାନ୍ତ ଅନୁରକ୍ତିକୁ ମଧ୍ୟ ଅତି ତୁଳନାତ୍ମକ ଶୈଳୀରେ ମୂଲ୍ୟାୟନ କରିବସିଛନ୍ତି।

ଚୀନ୍‌ର ଲୋକ ସାହିତ୍ୟ ଓ କଳ୍ପନାରେ ଥିବା ଡ୍ରାଗନ୍ ସହିତ ଓଡ଼ିଆ ପୁରାଣର 'ନବଗୁଞ୍ଜର' ରୂପର ସାମଞ୍ଜସ୍ୟ ଅନୁଭବ କରି ଗୌରହରି ଦାସ ମହାଭାରତ ପୃଷ୍ଠାରୁ ପଞ୍ଚୁପାଣ୍ଡବଙ୍କ ମଧ୍ୟରୁ ଅର୍ଜୁନଙ୍କ ବାରବର୍ଷ ବନଗମନ ପ୍ରସଙ୍ଗର ଅବତାରଣା କରିଛନ୍ତି। ସାରଳା ମହାଭାରତର 'ମଧ୍ୟପର୍ବ'ରୁ ଏକ ଦୃଷ୍ଟାନ୍ତ ପ୍ରଦାନ ପୂର୍ବକ 'ନବଗୁଞ୍ଜର'ର ରୂପବର୍ଣ୍ଣନା କରିଛନ୍ତି। ଲେଖକଙ୍କ ମତରେ- "ନବଗୁଞ୍ଜରର କୁକୁଡ଼ାର ମୁଣ୍ଡ, ମୟୂରର କଣ୍ଠ ଓ ବୃଷଭର ଚୂଳ। ତା'ର ଲାଞ୍ଜ ସାପ ପରି, ଅଣ୍ଟା ସିଂହ ପରି, ଚାରି ପାଦ ଯଥାକ୍ରମେ ବାଘ, ହାତୀ, ଘୋଡ଼ା ଓ ମଣିଷର ହାତପରି। ମଣିଷର ହାତ ପରି ପାଦରେ ପଦ୍ମଫୁଲଟିଏ। ଏ ପ୍ରକାର ପ୍ରାଣୀ କେବଳ କଳ୍ପନାରେ ହିଁ ସମ୍ଭବ। କାରଣ ବାସ୍ତବ କ୍ଷେତ୍ରରେ ଏପରି ପ୍ରାଣୀ ନାହିଁ ବା ନ ଥିଲେ। ଡ୍ରାଗନ୍ ପରି ନବଗୁଞ୍ଜର ସୃଷ୍ଟିର ଉତ୍ସ ମଣିଷର କଳ୍ପନା। ତେବେ ଡ୍ରାଗନ୍ ଏବଂ ନବଗୁଞ୍ଜର ଭିତରେ ପାର୍ଥକ୍ୟ ଏତିକି ଯେ ଚୀନ୍‌ର ଡ୍ରାଗନ୍ ଯେତିକି ବେଶି ଆଲୋକିତ, ଭାରତର ନବଗୁଞ୍ଜର ସେତିକି କମ୍। ମାତ୍ର ଉଭୟ ବିଚିତ୍ର ପ୍ରାଣୀଗୋଟିଏ କଥା ପ୍ରମାଣ କରନ୍ତି ଯେ ମଣିଷ ହିଁ ଦ୍ୱିତୀୟ ଈଶ୍ୱର ଓ ସେ ଈଶ୍ୱରଙ୍କ ସୃଷ୍ଟିର ସୂଚିପତ୍ରକୁ ଦୀର୍ଘ କରିବା ପାଇଁ ସତତ ଉଦ୍ୟମଶୀଳ।" (୩୪)

- ଚୀନ୍‌ର ଲୋକବିଶ୍ୱାସରେ ଡ୍ରାଗନ୍‌ର ଭିନ୍ନ ଭିନ୍ନ ରୂପ ରହିଛି। ଚୀନ୍‌ର ଲୋକମାନେ ବର୍ଷା ଲୋଡ଼ିଲେ ଡ୍ରାଗନ୍‌ର ପୂଜା କରନ୍ତି। ଲେଖକଙ୍କ ମତରେ ଭାରତୀୟ ପୁରାଣର ଯକ୍ଷ ପରି ଚୀନ୍‌ର ଡ୍ରାଗନ୍ ପାଖେ ପ୍ରଚୁର ମଣିମୁକ୍ତା ଥାଏ। ଚୀନ୍ ପରମ୍ପରାରେ ଡ୍ରାଗନ୍‌ର ସ୍ଥାନ ଖୁବ୍ ସମ୍ମାନଜନକ।
- ଭାରତର ପୁରାଣ, କିମ୍ବଦନ୍ତୀ ଓ ଇତିହାସ ପରି ଚୀନ୍‌ର ପୁରାଣ-କିମ୍ବଦନ୍ତୀ ଏବଂ ଇତିହାସ ବହୁ ପ୍ରାଚୀନ। ଭାରତବର୍ଷରେ ଯାହା କାହାଣୀ-କିମ୍ବଦନ୍ତୀ, ଚୀନ୍‌ରେ ସେସବୁ ଇତିହାସ।
- ମହାଭାରତର ଶକୁନି ଚରିତ୍ର ସହ ଚୀନ୍‌ର ଚାଓ କାଓ ଚରିତ୍ରର ସାମ୍ୟକୁ ଲେଖକ 'ଷଡ଼ଯନ୍ତ୍ରର ଶେଷ ପରିଚ୍ଛେଦ' ଶୀର୍ଷକରେ ଆଲୋଚନା କରିଛନ୍ତି। ଉଭୟ ଚରିତ୍ରଙ୍କ ମଧ୍ୟରେ ତୁଳନା କରି ଲେଖକ ଲେଖିଛନ୍ତି- "ମହାଭାରତର ଶକୁନି ଚରିତ୍ର ସହ ଚୀନ୍‌ର ଚାଓକାଓ ଚରିତ୍ରର ଅନେକ ସାମ୍ୟ ଦେଖାଯାଇଥାଏ। ଉଭୟ ଖୁବ୍ ଧୂର୍ତ୍ତ ମଣିଷ ଭାବେ ନିଜ ନିଜ ଦେଶର ଇତିହାସରେ ଚିତ୍ରିତ। କିନ୍ତୁ ଶକୁନିଙ୍କର କାର୍ଯ୍ୟକଳାପ ପଛରେ ପ୍ରତିଶୋଧ ନେବାର ଅଙ୍ଗୀକାର ଥିଲାବେଳେ ଚାଓକାଓଙ୍କର କାର୍ଯ୍ୟଧାରା ପଛରେ କ୍ଷମତା

ଦଖଲ ମୋହ ହିଁ ମୁଖ୍ୟ ଥିଲା।" (ଚିହ୍ନା ଅଚିହ୍ନା ଚୀନ - ପୃ:୯୮)

- ଚୀନ୍ ଇତିହାସରେ ନପୁଂସକମାନଙ୍କର ଗୁରୁତ୍ୱପୂର୍ଣ୍ଣ ଭୂମିକା ପ୍ରସଙ୍ଗରେ ଲେଖକ ଭାରତୀୟ ଲୋକକଥାର ମାଲୁଣୀ ପାଳିଥିବା ଯୁବକ ପରି ଦିନରେ ମେଣ୍ଢା ଓ ରାତିରେ ଭେଣ୍ଡା ସାଜିବା କିମ୍ବଦନ୍ତୀକୁ ସଂଯୋଜିତ କରିଛନ୍ତି।
- ତାଓ ଧର୍ମ ଏବଂ କନ୍‌ଫ୍ୟୁସିୟସ୍‌ଙ୍କ ଧର୍ମ ଭିତରେ ମୌଳିକ ପ୍ରଭେଦ ଆଲୋଚନା କରି ଲେଖକ କହିଛନ୍ତି- "ତାଓ ଧର୍ମର ଗୁରୁ ଲାଓ ସି ପ୍ରକୃତି ଏବଂ ଜୀବଜଗତର ସନ୍ତୁଳନ ସହ ମଣିଷର ସ୍ୱାସ୍ଥ୍ୟ ଉପରେ ଗୁରୁତ୍ୱ ଦେଇଥିବା ବେଳେ କନ୍‌ଫ୍ୟୁସିୟସ୍ ସାମାଜିକ ବ୍ୟବସ୍ଥା ଓ ଶୃଙ୍ଖଳା ଉପରେ ଗୁରୁତ୍ୱ ଦେଇଛନ୍ତି।" (ଚିହ୍ନା ଅଚିହ୍ନା ଚୀନ - ପୃ:୭୫)
- ଚୀନ୍‌ର ଲୋକବିଶ୍ୱାସର ଆଲୋଚନା କରି ଗୌରହରି ଦାସ ସେମାନଙ୍କ ଦାର୍ଶନିକ ଉପଲବ୍ଧିକୁ ଆଲୋଚନାଭୁକ୍ତ କରିଛନ୍ତି। ଚୀନ୍‌ର ଲୋକଗୀତ ଓ ଲୋକଗଳ୍ପରେ ଚୀନ୍ ସମାଜର ବିଶ୍ୱାସ ଉଚ୍ଛଳିତ। "ପୁରୁଣା କାଳରେ ଚୀନ୍‌ର ଲୋକମାନେ ବିଶ୍ୱାସ କରୁଥିଲେ ଯେ, ମଣିଷ ଭିତରେ ଦୁଇଟି ଆତ୍ମା ଥାଆନ୍ତି। ସେ ଦୁଇଟି ମଧ୍ୟରୁ ଗୁରୁତ୍ୱପୂର୍ଣ୍ଣ ହେଉଛି 'ସେନ୍' ଓ ଆରଟି ହେଉଛି 'ପୋ'। ସେନ୍ ସବୁ ପ୍ରକାର ବୌଦ୍ଧିକ ତତ୍ତ୍ୱର ପ୍ରତିନିଧି ଓ 'ପୋ' ମଣିଷର ଯାବତୀୟ ଦାନ୍ତବ ପ୍ରବୃତ୍ତିର ନିୟନ୍ତକ।" (ଚିହ୍ନା ଅଚିହ୍ନା ଚୀନ - ପୃ:୬୪)
- ଚୀନ୍‌ବାସୀ ସ୍ୱପ୍ନବିଶ୍ୱାସୀ। ଚୀନ୍‌ର ବିଶ୍ୱାସ ଅନୁଯାୟୀ ଆକାଶରେ ଅର୍ଦ୍ଧଚନ୍ଦ୍ରର ସ୍ୱପ୍ନ ଦେଖିଲେ ପ୍ରେମିକାଙ୍କ ସହ ମିଳନ, ଭୂତପ୍ରେତ ସ୍ୱପ୍ନ ଦେଖିବା ଅର୍ଥ ଦୁଃଖ, ଫୁଲ ସ୍ୱପ୍ନ ଦେଖିଲେ ରୋଗାକ୍ରାନ୍ତ ହେବା ସମ୍ଭାବନା, ଗଛଡାଳରେ ଚଢ଼େଇ ବସି ରାବୁଥିଲେ ସୁସମ୍ବାଦ ପ୍ରାପ୍ତି ଇତ୍ୟାଦି ଶୁଭାଶୁଭ ଭିତ୍ତିକ ଲୋକବିଶ୍ୱାସକୁ ନେଇ ଲେଖକ ସୁନ୍ଦର ବର୍ଣ୍ଣନା ଦେଇଛନ୍ତି। ଚୀନ୍‌ର ଗଣିତ, ଭାରତୀୟ ଦର୍ଶନର ପ୍ରକୃତି ଓ ପୁରୁଷ ତତ୍ତ୍ୱ ଭଳି ଚୀନ୍‌ର ସମସ୍ତ କ୍ଷେତ୍ରରେ ନାରୀ ଓ ପୁରୁଷ ତତ୍ତ୍ୱର ସମନ୍ୱୟ ଅନୁଭବ ହୁଏ।
- ଚୀନ୍‌ର ଶ୍ୱେତାଶ୍ୱ ମନ୍ଦିରକୁ ନେଇ ଥିବା କିମ୍ବଦନ୍ତୀ ସଂପର୍କରେ ଲେଖକଙ୍କ ବର୍ଣ୍ଣନା ଅତ୍ୟନ୍ତ ଚମତ୍କାର। ଶ୍ୱେତାଶ୍ୱ ମନ୍ଦିର ବେଢ଼ାର ଡାଳିମ୍ବକୁ ନେଇ ଥିବା ଲୋକକଥା ସହିତ ଭାରତୀୟ କାହାଣୀର ରାଜା ଭର୍ତ୍ତୃହରିଙ୍କ ଅମୃତଫଳ କାହାଣୀକୁ ଲେଖକ ତୁଳନା କରିଛନ୍ତି। ଶ୍ୱେତାଶ୍ୱ ମନ୍ଦିର ନିକଟସ୍ଥ ତେର ମହଲା ବିଶିଷ୍ଟ ବୌଦ୍ଧ ପାଗୋଡାର ନିର୍ମାଣ ଶୈଳୀର ଚମତ୍କାରିତ ମଧ୍ୟ ବର୍ଣ୍ଣିତ। ଏହି ପରିପ୍ରେକ୍ଷୀରେ ବୌଦ୍ଧ ଧର୍ମ ଓ ପ୍ରାଚୀନ ସଂସ୍କୃତିର ଅନନ୍ୟ ରୂପ ଲଙ୍ଗ୍‌ମ୍ୟାନ୍

ଗୁମ୍ଫା, ଗୁମ୍ଫା ଭିତରକୁ ଯିବା ପାଇଁ ବ୍ୟାଟେରି ଚାଳିତ ଟୟ୍ ଟ୍ରେନ୍‌ର ବର୍ଣ୍ଣନା ରହିଛି ।

- ଚୀନ୍ ଇତିହାସର ଗବେଷକଙ୍କ ନିମନ୍ତେ ଉଦ୍ଦିଷ୍ଟ ଲୋୟାଙ୍ଗ ମ୍ୟୁଜିୟମ୍, ପୃଥିବୀର ଅଷ୍ଟମ ଆଶ୍ଚର୍ଯ୍ୟ ଭାବରେ ସିଆନ୍‌ର 'ଗ୍ରେଟ୍ ୱାଲ୍', ଟେରାକୋଟା ଆର୍ମି, ସଂଗ୍ରହାଳୟ ଓ ଫଟୋ ଗ୍ୟାଲେରୀ ସ୍ଥାନର ବର୍ଣ୍ଣନା ପାଠକକୁ ବିସ୍ମୟାଭିଭୂତ କରେ । ଚୀନ୍‌ର ସ୍ମୃତିଚାରଣ କରି ଲେଖକ ହୁଏନ୍‌ସାଂ, ମାଓସେତୁଙ୍ଗ୍, ଟାଙ୍ଗ୍ ଶାସନ, ହେନାନ୍ ମ୍ୟୁଜିୟମ୍, ହୁଆସିଆ ମ୍ୟୁଜିକ୍ ହଲ୍, ଲାଇବ୍ରେରୀ, ମିଙ୍ଗ୍ ଓ ସିଙ୍ଗ୍ ଯୁଗର ହାତୀଦାନ୍ତ ହସ୍ତଶିଳ୍ପର ପର୍ଯ୍ୟାପ୍ତ ବର୍ଣ୍ଣନାପୂର୍ବକ ହୁଆଙ୍ଗଙ୍କ ରାଜପ୍ରାସାଦର ରୋମାଞ୍ଚକର ପ୍ରେମ-ପ୍ରଣୟ କାହାଣୀ ଓ ପରିଣତିରେ ସିଙ୍ଗିପିଙ୍ଗ୍‌ଙ୍କ ସମାଧିକୁ ନେଇ ଲେଖକ ଅତି ରୋଚକ ବର୍ଣ୍ଣନା ପ୍ରଦାନ କରିଛନ୍ତି ।
- ଚୀନ୍ ପ୍ରଶାସନର ନୀତି ଓ ସାହିତ୍ୟିକ ଆନ୍ଦୋଳନ ସଂପର୍କରେ ଆଲୋଚନା କରି ଗୌରହରି ମତ ରଖିଛନ୍ତି ଯେ- "ଆଜି ପର୍ଯ୍ୟନ୍ତ ଚୀନ୍ ସାହିତ୍ୟ ମାନସିକ ଶୃଙ୍ଖଳ ବା ଶୃଙ୍ଖଳାବୋଧରୁ ମୁକ୍ତି ପାଇପାରିନାହିଁ । ଆଜି ମଧ୍ୟ ଚୀନ୍ ଓ ଭାରତୀୟ ଲେଖକଙ୍କ ପାରିପାର୍ଶ୍ୱିକ ଅବସ୍ଥା ଭିତରେ ଅନେକ ଫରକ ରହିଛି । ଚୀନ୍ ଲେଖକଙ୍କର ଅର୍ଥନୈତିକ ନିରାପତ୍ତା ହୁଏତ ଭାରତୀୟ ଲେଖକଙ୍କର ନାହିଁ, ମାତ୍ର ଭାରତୀୟ ଲେଖକଙ୍କ ଅବାଧ ସ୍ୱାଧୀନତା ଚୀନ୍ ଲେଖକଙ୍କ ପାଇଁ ଏବେ ବି ଏକ ମହାର୍ଘ ବିଳାସ ।" (ଚିହ୍ନା ଅଚିହ୍ନା ଚୀନ - ପୃ:୬୩)

ବିଦେଶ ଭୂଇଁରେ ଗୌରହରି ଦାସଙ୍କ ସାହିତ୍ୟପ୍ରେମ ଏବଂ ଓଡ଼ିଆ କବିଙ୍କ ସ୍ମୃତିଚାରଣ: ସୋଭିଏତ୍ ସମ୍ବିଧାନ ଅନୁସାରେ 'Freedom of Creation' ବା 'ଲେଖକୀୟ ଅଭିବ୍ୟକ୍ତିର ସ୍ୱାଧୀନତା' ହେଉଛି ଏକ ନାଗରିକ ଅଧିକାର । ଲେଖକର ସ୍ୱାଧୀନତାକୁ ଆଇନ ଅନୁମୋଦନ କରେ । ଏକ କଳାତ୍ମକ ଉତ୍କର୍ଷ ସାଧନ ଦିଗରେ ଲେଖକମାନଙ୍କୁ ରାଷ୍ଟ୍ରର ସଂସ୍କୃତି ବିଭାଗ ନିରନ୍ତର ପ୍ରେରଣା ଦିଏ ।" (୩୫) ପର୍ଯ୍ୟଟକ ଗୌରହରି ଦାସଙ୍କ ପାଇଁ 'ସାହିତ୍ୟ' ଜୀବନର ଅସ୍ଥି-ମଜ୍ଜାଗତ ଅବିଚ୍ଛିନ୍ନ ସାରାଂଶ । ବିଦେଶ ଭୂମିରେ ଭ୍ରମଣର ଆନନ୍ଦ ସହିତ ତାଙ୍କର ବୌଦ୍ଧିକ ବିଳାସ ଅଦ୍ଭୁତ ରଙ୍ଗ-ରସ ବିଭୂଷିତ ହୋଇ ଝରିପଡ଼ିଛି ତାଙ୍କ ଭ୍ରମଣ ବୃତ୍ତାନ୍ତ ତ୍ରୟରେ । ବିଦେଶର ଚାକଚକ୍ୟ ଓ ବହୁବର୍ଣ୍ଣୀ ସୌନ୍ଦର୍ଯ୍ୟର ଝଲମଲ ଭିତରେ ଜାତିପ୍ରେମୀ ଲେଖକ ଓଡ଼ିଆ ସାହିତ୍ୟକୁ ବାରମ୍ବାର ସ୍ମରଣ କରିଛନ୍ତି । ଆମେରିକାର ନ୍ୟାସ୍‌ଭିଲ୍‌ରେ ନୌବିହାର ସମୟରେ ଓଡ଼ିଶାର ସ୍ୱନାମଧନ୍ୟ କବି ମାୟାଧର ମାନସିଂହଙ୍କର 'ମହାନଦୀରେ ଜ୍ୟୋସ୍ନାବିହାର'

କବିତା ସ୍ମରଣ କରିଛନ୍ତି । ବୋରାସ୍‌ର ବଣଭୋଜିରେ ବିଦେଶୀ ଭାରତୀୟ ବନ୍ଧୁମାନଙ୍କୁ ତାଙ୍କ ସମସାମୟିକ ଓଡ଼ିଆ କବି ଗିରିଜା କୁମାର ବଳୀୟାରସିଂହ, ମୋହିତ ଚକ୍ରବର୍ତ୍ତୀ ତଥା ସ୍ୱରଚିତ କବିତା ଆବୃତ୍ତି କରି ଶୁଣାଇଛନ୍ତି । ଚୀନ୍‌ର ଐତିହାସିକ ପାଚେରି 'ଗ୍ରେଟ୍ ୱାଲ୍'ର ମସୃଣ ପାହାଚ ଚଢ଼ିବା ସମୟରେ କବି ସଚ୍ଚି ରାଉତରାୟଙ୍କ କବିତାର ଆବୃତ୍ତି କରି ଓଡ଼ିଆପ୍ରାଣତାର ପରିଚୟ ପ୍ରଦାନ କରିଛନ୍ତି ।

ଐତିହାସିକ କଥାବସ୍ତୁର ଅବତାରଣା ଓ ସଂଯୋଜନା: 'ଚିହ୍ନା ଅଚିହ୍ନା ଚୀନ୍' ପୁସ୍ତକରେ ୧୪୦୪ ଖ୍ରୀ.ଅ.ରେ ନୂଆ ଢାଞ୍ଚାରେ ନିର୍ମିତ 'ଫରବିଡେନ୍ ସିଟି' ଯାହା ଚୀନ୍‌ର ଇମ୍ପେରିଆଲ୍ ପ୍ୟାଲେସ୍, ଚୀନ୍‌ର ସମ୍ରାଟ ୱାନ୍‌ଲିଙ୍କ ଅର୍ଥଲାଳସା, ଅତ୍ୟାଚାର, ମିଙ୍ଗ୍ ବଂଶୀୟ ଶାସକମାନେ ଚୀନ୍‌ର ଶାସନ କରୁଥିବାବେଳେ ମାଞ୍ଚୁ ଜନଜାତିର ଲୋକଙ୍କର ଚୀନ୍‌ରେ ଅନୁପ୍ରବେଶ ଇତ୍ୟାଦିର ଚିତ୍ର ରହିଛି ।

ଭ୍ରମଣ ବର୍ଣ୍ଣନାରେ ଗୌରହରିଙ୍କ କଥାକାରିତାର ଛଟା: କଥାପଟୁ ଗୌରହରି ଦାସ ଜଣେ ଗଳ୍ପପ୍ରବଣ ଲେଖକ । କଥାକାରିତ ତାଙ୍କ ସର୍ଜନାର ଅନ୍ୟତମ ଦିଗ । ଭ୍ରମଣ ସାହିତ୍ୟର ବାସ୍ତବ ସତ୍ୟ ଭିତରେ ବିଭିନ୍ନ ଘଟଣା ଓ ଐତିହାସିକ ଚରିତ୍ରମାନଙ୍କୁ ନେଇ ତାଙ୍କର ତଥ୍ୟଗୁଡ଼ିକ ରୋଚକ କରିବା ଉଦ୍ଦେଶ୍ୟରେ ସେ ଗଳ୍ପଚାତୁରୀ ପ୍ରଦର୍ଶନ କରିଛନ୍ତି । ୱାଶିଂଟନ୍ ସହରର କଳା-ସଂସ୍କୃତି ବିକାଶ କ୍ଷେତ୍ରରେ ରସାୟନବିଜ୍ଞାନୀ ସ୍ମିଥ୍‌ସନ୍‌ଙ୍କ ସଂପର୍କରେ ତଥ୍ୟ ପ୍ରଦାନ କରି ଏକ ଗଳ୍ପ ସଂଯୋଜନା କରିଛନ୍ତି । ସେ ଲେଖିଛନ୍ତି- "ସ୍ମିଥ୍‌ସନ୍‌ଙ୍କ ଜୀବନ ବଡ଼ ଦୁଃଖଦାୟକ । ଇଂଲଣ୍ଡର ନର୍ଥମ୍ବରଲ୍ୟାଣ୍ଡ ଡ୍ୟୁକ୍ ସାର୍ ହ୍ୟୁଗ୍ ପର୍ସି ଓ ଜଣେ ସମ୍ଭ୍ରାନ୍ତ ବିଧବାଙ୍କ ଗୋପନ ପ୍ରଣୟରୁ ଜେମ୍‌ସଙ୍କର ଜନ୍ମ ହୋଇଥିଲା ।" (୩୬) ସେହିପରି ଚୀନ୍ ସଭ୍ୟତାର ଜନ୍ମ ସଂପର୍କରେ ଲେଖକ ଲେଖିଛନ୍ତି- "ପ୍ରାୟ ଚାରି ହଜାର ବର୍ଷ ତଳେ ଚୀନ୍‌ର ସୁନ୍ଦରୀ ଯୁବରାଣୀ ଚା' ପିଉ ପିଉ ଲକ୍ଷ୍ୟ କଲେ ଯେ ପାଖ ମଲ୍‌ବେରୀ ଗଛରେ ପୋକଟିଏ ତା' ଖୋଳପା ଭିତରେ ସୂତା ବୁଣିଚାଲିଛି । ଅନେକ ସମୟ ତାକୁ ଏଭଳି ମୁଦ୍ରାରେ ଦେଖିଲା ପରେ ସେ ତାଙ୍କର ପରିଚାରିକାକୁ ପଠେଇ ଖୋଳପା ସହ ପୋକଟିକୁ ନେଇ ଆଣିଲେ ଓ ଗରମ ଚା' ଭର୍ତ୍ତି କପ୍‌ରେ ପକେଇଦେଲେ । ଧୀରେ ସେ ରେଶମର ଖୋଳ ନରମିଗଲା । ଯୁବରାଣୀ ତହିଁରୁ ସିଲ୍‌କ ସୂତା ଟାଣି ବାହାର କଲେ ।" (୩୭) ଗୌରହରି ଦାସ ନିଜ ସଂସ୍କୃତି, ପରମ୍ପରା, ମୂଲ୍ୟବୋଧ ତଥା ସାହିତ୍ୟକୁ ନେଇ ପ୍ରତିଶ୍ରୁତିବଦ୍ଧ । ବିଦେଶ ଭ୍ରମଣ ତାଙ୍କ ବୌଦ୍ଧିକତାକୁ ପରିପୁଷ୍ଟ କରିବା ସହିତ ତାଙ୍କ ସାହିତ୍ୟବଳୟକୁ ସ୍ୱର୍ଣ୍ଣାଭ ବଳୟ ପ୍ରଦାନ କରିଛି । କାଳଖଣ୍ଡର ଭୌଗୋଳିକ, ଐତିହାସିକ, ସାଂସ୍କୃତିକ ଅବଧାରଣାର ବଳିଷ୍ଠ ଆଧାରଭୂମି ଉପରେ ନିଜ ଉପଲବ୍ଧି

ଓ ସିଦ୍ଧାନ୍ତକୁ ସେ ପ୍ରତିଷ୍ଠା କରିବା ସହିତ ଓଡ଼ିଆ ଭାଷା-ସାହିତ୍ୟକୁ ସ୍ୱତନ୍ତ୍ର ଭାବରେ ବିଚାର କରିଛନ୍ତି। ସେ କହନ୍ତି- "ମୋର ସାହିତ୍ୟ, ମୋ ସମୟର ସାହିତ୍ୟ, ସ୍ଥାନ, କାଳ ଓ ସମୟ ନିରପେକ୍ଷ ସାହିତ୍ୟ। x x x ମୋ ପାଇଁ ସାହିତ୍ୟ ଏକ ସାମୟିକ ବିଳାସ ନୁହେଁ, ଏକ ତପସ୍ୟା।" (୩୮)

ନିରବଚ୍ଛିନ୍ନ କର୍ମନିଷ୍ଠା ଏବଂ ଜୀବନର ପ୍ରତିଟି ଅବସ୍ଥାରେ ଗନ୍ତବ୍ୟ ଶିଖର ଅଭିମୁଖେ ଆରୋହଣ ହିଁ ଗୌରହରିଙ୍କ ଜୀବନଦର୍ଶନ। ଅସମ୍ଭବ ପରିସ୍ଥିତି ମଧ୍ୟରେ ସମ୍ଭାବନାର ଦ୍ୟୁତି, ନିରାଶା ଭିତରେ ଆଶା ତଥା ଅନ୍ଧକାର ମଧ୍ୟରେ ଆଲୋକର ଦୀପ ପ୍ରଜ୍ୱଳନ କରିବାକୁ ଆହ୍ୱାନ ଦେଉଥିବା ସେ ଜଣେ ଅଦ୍ଭୁତ ଶିଳ୍ପୀ। ଓଡ଼ିଆ ଭାଷା-ସାହିତ୍ୟ ପ୍ରତି ତାଙ୍କର ଆନୁଗତ୍ୟର ପଟାନ୍ତର ନାହିଁ। ଓଡ଼ିଆ ଭ୍ରମଣ ସାହିତ୍ୟ ଧାରାକୁ ତାଙ୍କର ତିନି ତିନିଟି ପର୍ଯ୍ୟଟନ ସାହିତ୍ୟ ପରିପୁଷ୍ଟ କରିବା ସହିତ ରସପିପାସୁ ପାଠକମାନଙ୍କୁ ଭୂୟୋଦର୍ଶନ ତଥା ବିଶ୍ୱ ସଂଦର୍ଶନ କରାଇବାରେ ତାଙ୍କର ପ୍ରୟାସ ବାସ୍ତବପକ୍ଷେ ପ୍ରଶଂସନୀୟ।

ପାଦଟୀକା:

୧. ସଂ: ସିଂହ ବିଜୟାନନ୍ଦ - ଓଡ଼ିଆ ଭ୍ରମଣ କାହାଣୀ - ନ୍ୟାସ୍‌ନାଲ୍ ବୁକ୍ ଟ୍ରଷ୍ଟ ୨୦୧୫ - ସାଂପ୍ରତିକ ସୋଭିଏତ ସାହିତ୍ୟ - ଡ. ପ୍ରତିଭା ରାୟ - ପୃ: ୪୧୧

୨. ତତ୍ରୈବ - ପୃ: ଭୂମିକା

୩. ତତ୍ରୈବ - ପୃ: ଭୂମିକା

୪. ତତ୍ରୈବ - ପୃ: ଭୂମିକା

୫. ଦାସ ଗୌରହରି - ପ୍ରଥମ ପ୍ରବାସ - ଭାରତ ଭାରତୀ-୧୯୯୭ - ପୃ:୩୫

୬. ତତ୍ରୈବ

୭. ଦାସ ଗୌରହରି - ଦୁଇ ଦିଗନ୍ତ - ଭାରତ ଭାରତୀ-୨୦୦୩ - ପୃ: ନିଜକଥା

୮. ତତ୍ରୈବ - ପୃ: ୧୭

୯. ତତ୍ରୈବ - ପୃ: ୧୮

୧୦. ଦାସ ଗୌରହରି - ଚିହ୍ନା ଅଚିହ୍ନା ଚୀନ୍ - ଭାରତ ଭାରତୀ-୨୦୦୩ - ପୃ: ୧୧

୧୧. ତତ୍ରୈବ - ପୃ:୧୧

୧୨. ତତ୍ରୈବ - ପୃ:୪୫

୧୩. ଦାସ ଗୌରହରି - ପ୍ରଥମ ପ୍ରବାସ - ଭାରତ ଭାରତୀ-୧୯୯୭ - ପୃ: ୪୬

୧୪. ଦାସ ଗୌରହରି - ଦୁଇ ଦିଗନ୍ତ - ଭାରତ ଭାରତୀ-୨୦୦୩ - ପୃ:୪୮

୧୫. ତତ୍ରୈବ - ପୃ:୫୧

୧୬. ତତ୍ରୈବ - ପୃ: ୨୪
୧୭. ତତ୍ରୈବ - ପୃ:୩୩
୧୮. ତତ୍ରୈବ - ପୃ:୪୩
୧୯. ଦାସ ଗୌରହରି - ଚିହ୍ନା ଅଚିହ୍ନା ଚୀନ - ଭାରତ ଭାରତୀ-୨୦୦୩ - ପୃ: ୧୭
୨୦. ତତ୍ରୈବ - ପୃ:୧୮
୨୧. ଦାସ ଗୌରହରି - ପ୍ରଥମ ପ୍ରବାସ - ଭାରତ ଭାରତୀ-୧୯୯୭ - ପୃ:୧୦୪
୨୨. ତତ୍ରୈବ - ପୃ:୫୩
୨୩. ତତ୍ରୈବ - ପୃ:୬୬
୨୪. ତତ୍ରୈବ - ପୃ:୬୮
୨୫. ତତ୍ରୈବ - ପୃ:୧୦୩
୨୬. ଦାସ ଗୌରହରି - ଦୁଇ ଦିଗନ୍ତ - ଭାରତ ଭାରତୀ-୨୦୦୩ - ପୃ:୩୦
୨୭. ତତ୍ରୈବ - ପୃ:୩୦
୨୮. ତତ୍ରୈବ - ପୃ:୩୨
୨୯. ଦାସ ଗୌରହରି - ଦୁଇ ଦିଗନ୍ତ - ଭାରତ ଭାରତୀ, ୨୦୦୩ - ପୃ:୧୩୧
୩୦. ଦାସ ଗୌରହରି - ପ୍ରଥମ ପ୍ରବାସ - ଭାରତ ଭାରତୀ-୧୯୯୭ - ପୃ:୧୩୭
୩୧. ଦାସ ଗୌରହରି - ଦୁଇ ଦିଗନ୍ତ - ଭାରତ ଭାରତୀ-୧୯୯୭ - ପୃ:୧୨
୩୨. ଦାସ ଗୌରହରି - ଚିହ୍ନା ଅଚିହ୍ନା ଚୀନ - ଭାରତ ଭାରତୀ-୨୦୦୩ - ପୃ:୨୧
୩୩. ତତ୍ରୈବ - ପୃ:୨୩
୩୪. ତତ୍ରୈବ - ପୃ:୩୨
୩୫. ସଂ: ବିଜୟାନନ୍ଦ ସିଂହ - ଓଡ଼ିଆ ଭ୍ରମଣ କାହାଣୀ - NBT-୨୦୧୫ - ପୃ:୪୧୧
୩୬. ଦାସ ଗୌରହରି - ପ୍ରଥମ ପ୍ରବାସ - ଭାରତ ଭାରତୀ-୧୯୯୭ - ପୃ:୮୫
୩୭. ଦାସ ଗୌରହରି - ଚିହ୍ନା ଅଚିହ୍ନା ଚୀନ - ଭାରତ ଭାରତୀ-୨୦୦୩ - ପୃ:୨୦
୩୮. ଦାସ ଗୌରହରି - ପ୍ରଥମ ପ୍ରବାସ - ଭାରତ ଭାରତୀ-୧୯୯୭ - ପୃ:୬୯

ଭାବାନୁବାଦର ସାର୍ଥକ ସ୍ଥପତି

ଦୀପ୍ତିମୟୀ ସାହୁ

ଅନୁବାଦ ବିଂଶ ଶତାବ୍ଦୀର ଏକ ଅପରିହାର୍ଯ୍ୟ ସାହିତ୍ୟିକ ଦିଗ। ସଭ୍ୟତା ତଥା ସଂସ୍କୃତିର ବିକାଶରେ ଏହାର ରହିଛି ପ୍ରମୁଖ ଭୂମିକା। ଅନ୍ୟ ଦେଶକୁ ତଥା ଜାତିକୁ ବୁଝିବା ତଥା ଜାଣିବା ନିମିତ୍ତ 'ଅନୁବାଦ' ଏକ ଖୋଲା ଝରକା ସଦୃଶ। ଯଥାର୍ଥତଃ ବିଶିଷ୍ଟ ସମାଲୋଚକ ଡକ୍ଟର ଆଶୁତୋଷ ପଟ୍ଟନାୟକ କହିଛନ୍ତି ଯେ- "ଅନୁବାଦ ମଣିଷ ମଣିଷ ମଧ୍ୟରେ, ଦେଶ ଦେଶ ମଧ୍ୟରେ, ଜାତି ଜାତି ମଧ୍ୟରେ ଏକ ଚମତ୍କାର ସଂଯୋଗ ସେତୁ। ଏହି ସଂଯୋଗ ଘଟେ ସଭ୍ୟତାର ସଭ୍ୟତା ସହିତ, ସାହିତ୍ୟର ଅନ୍ୟ ଭାଷା ସାହିତ୍ୟ ସହିତ, ବ୍ୟକ୍ତିର ବ୍ୟକ୍ତି ସହିତ। x x x ଅନୁବାଦର ଗବାକ୍ଷ ଦେଇ ବିଶ୍ୱର ଦୃଶ୍ୟ ଦେଖିହୁଏ, ବିଶ୍ୱ ଚିନ୍ତାକୁ ଉପଲବ୍ଧି କରିହୁଏ, ବିଶ୍ୱର ବିଜ୍ଞାନ, ଦର୍ଶନ, ସାହିତ୍ୟ, କଳା, ଧର୍ମ, ଚଳଣି, ପରଂପରା, ସଂସ୍କୃତି ସହ ଆଦାନ ପ୍ରଦାନ ସମ୍ଭବ ହୁଏ।" (୧) ବିଶ୍ୱ ସହ ପ୍ରତ୍ୟକ୍ଷ ଯୋଗସୂତ୍ର କରାନ୍ତି ଅନୁବାଦକ। ଋଷୀୟ ଅନୁବାଦକ ପେଷ୍ଟାର୍‌ନାକ୍‌ଙ୍କ ପରି ସେମାନେ ମଧ୍ୟ ମାନି ନେଇଥାଆନ୍ତି ଯେ, 'ଅନୁବାଦ ଭାଷାନ୍ତର ନୁହେଁ ଆତ୍ମାନ୍ତରର ଅନ୍ୟ ନାମ।' ବିଶ୍ୱର ବହୁ ମୂଲ୍ୟବାନ ସୃଷ୍ଟିଗୁଡ଼ିକର ଭାବ ସୌନ୍ଦର୍ଯ୍ୟ ତଥା ବିଶ୍ୱ ପରିଚିତି ଅନୁବାଦକଙ୍କ ଉଚ୍ଚକୋଟୀର ଅନୁବାଦ ଦ୍ୱାରା ହୋଇଛି ସହଜଲଭ୍ୟ। ଫଳସ୍ୱରୂପ, ଆଜି "ଇଂରାଜୀ ଭାଷା ସାହାଯ୍ୟରେ ଆମେ ଭାରତରେ ରହି ମଧ୍ୟ ବହିର୍ବିଶ୍ୱ ସଂପର୍କରେ ଅବଗତ ହୋଇପାରୁଛୁ। x x x ମାକ୍ସମୁଲାରଙ୍କ (Maxmuller) ଅନୁବାଦ ମାଧ୍ୟମରେ ଭାରତୀୟ ଶିକ୍ଷିତ ବ୍ୟକ୍ତିମାନେ ସେମାନଙ୍କ ପ୍ରାଚୀନ ଧର୍ମଶାସ୍ତ୍ର 'ବେଦ' ସଂପର୍କରେ ଅବଗତ ହୋଇଛନ୍ତି ଏବଂ ଫିଜରାଲ୍‌ଡ (Fitzerald)ଙ୍କ ଚମତ୍କାର ଇଂରାଜୀ ଅନୁବାଦ ଯୋଗୁଁ ଅନ୍ଧକାର ମଧ୍ୟରେ ଲୁପ୍ତପ୍ରାୟ ଓମର ଖୟାମଙ୍କ କ୍ଷୁଦ୍ର କଳେବର ବିଶିଷ୍ଟ ମହାନ୍ କୃତି 'ରୁବାୟତ୍' ଆଜି ଉପଲବ୍ଧ।" (୨) ତଦନୁରୂପ ରବୀନ୍ଦ୍ରନାଥ

ଠାକୁରଙ୍କ 'ଗୀତାଞ୍ଜଳି', ବରିସ୍ ପେଷ୍ଟରନାକ୍‌ଙ୍କ 'ଡକ୍ଟର ଜିଭାଗୋ', ପର୍ଲ ବକ୍‌ଙ୍କ 'ଗୁଡ୍ ଆର୍ଥ', ହର୍‌ମନ୍ ହେସେଙ୍କ 'ସିଦ୍ଧାର୍ଥ' ଆଦିକୁ ମଧ୍ୟ ଦୃଷ୍ଟାନ୍ତ ସ୍ୱରୂପ ନିଆଯାଇପାରେ। ଆମ ଓଡ଼ିଆ ସାହିତ୍ୟର ପ୍ରଥମ ଅନୁବାଦକ ଆଦିକବି ସାରଳାଙ୍କ ମହାନ୍ କୃତି ମହାଭାରତ ମଧ୍ୟ ମୌଳିକ ଭାବାନୁବାଦର ଫଳଶ୍ରୁତି। ଧର୍ମପ୍ରାଣ ଆମ ଓଡ଼ିଆ ଜାତିର ଠାକୁରଘରେ ପୂଜା ପାଇଥିବା ଧର୍ମଗ୍ରନ୍ଥ 'ଭାଗବତ' ମଧ୍ୟ ପଞ୍ଚସଖା ପଣ୍ଡିତ ଜଗନ୍ନାଥ ଦାସଙ୍କ ଏକ ଅନୂଦିତ ସୃଷ୍ଟି। ଅନୁବାଦ ପରି ଏକ ସ୍ୱତନ୍ତ୍ର ତଥା ମହିମାମଣ୍ଡିତ କଳାକୁ ନବଚେତନାର ଯୁଗରେ ଫକୀରମୋହନ, ରାଧାନାଥ ପ୍ରମୁଖଙ୍କଠାରୁ ଆରମ୍ଭ କରି ନୀଳକଣ୍ଠ ଦାସ, ଗୋଦାବରୀଶ ମିଶ୍ର, ମାୟାଧର ମାନସିଂହ, ରାଧାମୋହନ ଗଡ଼ନାୟକ, ଗୋଲୋକ ବିହାରୀ ଧଳ, ଚିତ୍ତରଞ୍ଜନ ଦାସ, ନୀଳମଣି ମିଶ୍ର, ନରସିଂହ ମିଶ୍ର, ରଘୁନାଥ ମହାପାତ୍ର ପ୍ରମୁଖ ପ୍ରତିଭାବାନ୍ ଅନୁବାଦକ ସମୃଦ୍ଧ କରିଛନ୍ତି। ଉତ୍ତର ଅଶୀ ଓଡ଼ିଆ ଅନୁବାଦ ସାହିତ୍ୟ କ୍ଷେତ୍ରରେ ନିଜ ବୌଦ୍ଧିକତା ଦ୍ୱାରା ପାଠକ ହୃଦୟକୁ ପ୍ରଭାବିତ କରିଛନ୍ତି ଡକ୍ଟର ଗୌରହରି ଦାସ। ସାହିତ୍ୟର ପ୍ରତ୍ୟେକ ବିଭାଗରେ ଲେଖନୀ ଚାଳନା କରି ପାଠକୀୟ ଶ୍ରଦ୍ଧା ଅର୍ଜନ କରିଥିବା ଗୌରହରି ଦାସ ମଧ୍ୟ ଜଣେ ଯଶସ୍ୱୀ ଅନୁବାଦକ। ଜାତୀୟ ତଥା ଅନ୍ତର୍ଜାତୀୟ ଭାଷାର ସାହିତ୍ୟକୁ ଆମ ମାତୃଭାଷାରେ ରୂପାନ୍ତରିତ କରି ଆମ ପାଠକ ସମାଜର ଜ୍ଞାନରାଜ୍ୟକୁ ପରିବ୍ୟାପ୍ତ କରିବାରେ ସେ ବଳିଷ୍ଠ ଭୂମିକା ଗ୍ରହଣ କରିଛନ୍ତି, ଯହିଁରୁ ଅନୁବାଦକଙ୍କ ଅନୁବାଦ ପ୍ରତି ଏକାନ୍ତ ନିଷ୍ଠା, ଏକାଗ୍ରତା ତଥା ଆନ୍ତରିକତା ହୃଦ୍‌ବୋଧ ହୁଏ।

ଅନ୍ତଃସାହିତ୍ୟ ସଂଯୋଗର ଅନ୍ୟତମ ମାଧ୍ୟମ ହେଉଛି ଅନୁବାଦ। ଏହା ପୁଣି ନୂଆ ଚିନ୍ତାର ବାହକ ଭାବେ ଏକ ରସାଳ ପରିପ୍ରକାଶ। "ଅବ ଗପର୍ଥସ୍ୟ ପ୍ରତିପାଦନେ ଇତି ଅର୍ଥଃ" (୩) ଅର୍ଥାତ୍ ଜ୍ଞାତବସ୍ତୁକୁ ପୁନର୍ବାର କହିବାକୁ ଅନୁବାଦ ବୁଝାଏ। ଏହି ପୁନଃକଥନ କଳା ଜରିଆରେ ଦୁଇଟି ଭାଷା-ଭାବରେ ସମନ୍ୱୟ ଆଣିପାରିବାର ଅଦ୍ଭୁତ ଦକ୍ଷତା ରଖନ୍ତି ଅନୁବାଦକ। ଏହି ଗୁରୁତ୍ୱପୂର୍ଣ୍ଣ ବିଭାଗରେ ଲେଖନୀ ଚାଳନା କରି ଗୌରହରି ପାଠକ ଶ୍ରେଣୀଙ୍କୁ ଭେଟି ଦେଇଛନ୍ତି ଗୋଟିଏ ପରେ ଗୋଟିଏ ଶ୍ରଦ୍ଧା ଓ ଅନୁରାଗ ମିଶା ଅନୂଦିତ କୃତି। ତନ୍ମଧ୍ୟରେ- ହ୍ୟୁଗ୍ ମିଲନେଙ୍କ 'ଭଗବାନ ରଜନୀଶ', ରାଜେନ୍ଦ୍ର ଯାଦବଙ୍କ 'ଯଶପାଲ କାହାଣୀମାଳା', ବେନିୟାମିନ୍‌ଙ୍କ 'ଛେଳି ଚରେଇବାର ଦିନ', କୁଲଦୀପ ନାୟାରଙ୍କ 'ଗୋଟିଏ ଜୀବନ ଯଥେଷ୍ଟ ନୁହେଁ', କ୍ରୀଷ୍ଣା ସୋବ୍‌ତୀଙ୍କ 'ମିତ୍ରୋ ମରଜାଣି', ରସ୍କିନ୍ ବଣ୍ଡଙ୍କ 'ସେହିସବୁ ପିଲାଦିନ' ଓ ଆନନ୍ଦ ନୀଳକାନ୍ତନଙ୍କ 'ଶିବଗାମୀର ଆବିର୍ଭାବ' ପ୍ରଭୃତି ଲୋକପ୍ରିୟ ଅନୁବାଦ କୃତି। ମୂଳ ଗ୍ରନ୍ଥକାରଙ୍କ ସଂସ୍କୃତି, ପରମ୍ପରା, ଦେଶ, ଜାତି, ଇତିହାସ ତଥା କଳା ଚେତନାକୁ ସୂକ୍ଷ୍ମ ଅନୁଶୀଳନ ପୂର୍ବକ

ସେ ସ୍ୱ ଅନୁବାଦ କୃତିଗୁଡ଼ିକୁ ସାର୍ଥକ ତଥା ହୃଦୟସ୍ପର୍ଶୀ କରିପାରିଛନ୍ତି। ପ୍ରଚ୍ଛଦପଟରେ ଅନୁବାଦକଙ୍କର ଏଥି ପ୍ରତି ରହିଛି-

(କ) ସୃଜନଶୀଳ ପ୍ରତିବଦ୍ଧତା

(ଖ) ମୂଳ ସାହିତ୍ୟର ଭାଷା ଭାବ ପ୍ରତି ନିବିଡ଼ କଳାତ୍ମକ ଅନୁରାଗ

(ଗ) ଅନୁବାଦ ପ୍ରତି ଏକାନ୍ତ ନିଷ୍ଠା, ଅନୁରାଗ, ତନ୍ମୟତା

(ଘ) ମାତୃଭାଷା ସହିତ ମୂଳ କୃତିର ଭାଷାରେ ଆବଶ୍ୟକ ଜ୍ଞାନ

(ଙ) ମୂଳ କୃତିର ଭାଷା, ସୌଷ୍ଠବ, ବିଶେଷତ୍ୱ, ମୌଳିକତା ପ୍ରତି ସଚେତନତା ସହିତ ତା'ର ଅନ୍ତର୍ନିହିତ ସୌନ୍ଦର୍ଯ୍ୟ/ ଐଶ୍ୱର୍ଯ୍ୟର ନିବିଡ଼ ଉପଲବ୍ଧି।

ବିଶ୍ୱଜ୍ଞାନ ଆହରଣର ପ୍ରଧାନ ତଥା ସର୍ବୋତ୍କୃଷ୍ଟ ମାଧ୍ୟମ ଏହି ଅନୁବାଦ କଳା ପ୍ରତି ଗୌରହରିଙ୍କ ବିଶ୍ୱସନୀୟ ଦୃଷ୍ଟି ଦେଖିବାକୁ ମିଳେ। ତାଙ୍କ ଅନୁବାଦରେ ମୌଳିକ ଲେଖାର ଭାବ ଅକ୍ଷୁଣ୍ଣ ରହିଥିବାବେଳେ ଅନୁବାଦ ରଚନାରେ ପାଠକ ଦେଖିବାକୁ ପାଇବେ ବିଶ୍ୱସ୍ତତା। ଦେଶ ବିଦେଶର ସାହିତ୍ୟିକ ସୌନ୍ଦର୍ଯ୍ୟକୁ ଆମେମାନେ ଆମ ମାତୃଭାଷାରେ ପାଠ କରି ମୁଗ୍ଧଚକିତ ହେଉଛୁ ତାଙ୍କ ଅନୂଦିତ କୃତି ସମୂହରୁ। ଏହି ପୃଷ୍ଠଭୂମିରେ ଆପଣାର ଜ୍ଞାନ ଏବଂ ପ୍ରତିଭା ବଳରେ ଯେଉଁ ଚମତ୍କାରୀ ଅନୂଦିତ କୃତିଗୁଡ଼ିକ ଓଡ଼ିଆ ସାହିତ୍ୟକୁ ସେ ଭେଟି ଦେଇଛନ୍ତି, ତାହାହିଁ ଗୌରହରିଙ୍କ ଅନୁବାଦକୀୟ ପରାକାଷ୍ଠାର ବାହାଦୁରୀ। ନିମ୍ନରେ ତାଙ୍କର ଅନୂଦିତ କୃତିଗୁଡ଼ିକ ସଂପର୍କରେ ସମ୍ୟକ୍ ଦୃଷ୍ଟିପାତ କରାଗଲା।

୧. ଭଗବାନ ରଜନୀଶ (୨୦୦୮):

ପ୍ରାଚ୍ୟ-ପାଶ୍ଚାତ୍ୟ ଜଗତର ବହୁ ଚର୍ଚ୍ଚିତ ଇଂରାଜୀ ପୁସ୍ତକ 'ଭଗବାନ - ଦି ଗଡ୍ ଦ୍ୟାଟ୍ ଫେଲ୍ଡ୍'ର ଓଡ଼ିଆ ମର୍ମାନୁବାଦ ହେଉଛି 'ଭଗବାନ ରଜନୀଶ' (୨୦୦୮)। ହ୍ୟୁଗ୍ ମିଲ୍ନେଙ୍କ ଏହି ଅନୁଭୂତିଶୀଳ ଇଂରାଜୀ ପୁସ୍ତକର ଓଡ଼ିଆ ରୂପାନ୍ତର ହୋଇଥିଲା ଗୌରହରି ଦାସଙ୍କ ଦ୍ୱାରା। ୨୦୦୮ ମସିହା ଅଗଷ୍ଟ ମାସରେ 'ଇଷ୍ଟର୍ଣ୍ଣ ମିଡିଆ' ପ୍ରକାଶନ ସଂସ୍ଥାରୁ ଏହା ପ୍ରକାଶ ପାଇଥିଲା।

ଊନବିଂଶ ଶତକର ଉତ୍ତର ସତୁରି ଦଶକ ସମୟରେ ଭାରତ ସମେତ ସମଗ୍ର ବିଶ୍ୱରେ ଚାଞ୍ଚଲ୍ୟ ଖେଳାଇ ଦେଇଥିବା ରଜନୀଶଙ୍କ ବିବଦମାନ ଜୀବନର ଚିତ୍ରଲିପି ଏହି ପୁସ୍ତକ। ଅଙ୍ଗରକ୍ଷୀ ତଥା ପ୍ରତ୍ୟକ୍ଷକର୍ମୀ ଥିବା ହ୍ୟୁଗ୍ ମିଲ୍ନେଙ୍କ ଲୋମହର୍ଷଣକାରୀ ଅନୁଭୂତିପୂର୍ଣ୍ଣ ଏହା ଏକ ଉପନ୍ୟାସୋପମ ବିବରଣୀ। ଆଧୁନିକତାର ଚରମ ସୋପାନ ଛୁଇଁଥିବା ବହୁ ଶିକ୍ଷିତ, ପ୍ରତିଷ୍ଠିତ, ନାମୀଦାମୀ କଳାକାର ବ୍ୟକ୍ତିବିଶେଷ କିଭଳି ବାବା

ରଜନୀଶଙ୍କ ଯୌନକୈନ୍ଦ୍ରିକ-ମାୟାଗ୍ନିରେ ଅକୁଣ୍ଠିତ ଭାବରେ ଲମ୍ଫ ପ୍ରଦାନ କରୁଥିଲେ, ତା'ର ବର୍ଣ୍ଣନା ରହିଛି ଏଥିରେ। ଆମେରିକାର ତ୍ରାଣକର୍ତ୍ତା ବୋଲି ନିଜକୁ ସର୍ବସମ୍ମୁଖରେ ଘୋଷଣା କରୁଥିବା ରୋଲ୍ସ ରୟେସ ଗୁରୁ ରଜନୀଶ ଓରଫ୍ ମୋହନ ଚନ୍ଦ୍ର ରଜନୀଶଙ୍କ ରହସ୍ୟର ଉନ୍ମୋଚନ ହୋଇଛି ଏଥିରେ।

"ଉଚ୍ଛୃଙ୍ଖଳ ଯୌନ ଜୀବନ, ନିଶା ଔଷଧର ବେଆଇନ କାରବାର, ବେଶ୍ୟାବୃତ୍ତି, ଉଲଗ୍ନ ସାଧନା, ବେଆଇନ ଅବାସନ (କୌଣସି ଦେଶକୁ ବେଆଇନ ଭାବେ ପ୍ରବେଶ କରିବା) ଓ କଳ୍ପନାତୀତ ଧନସମ୍ପତ୍ତି ଠୁଳ ସମ୍ପର୍କରେ" (୪) ବିବାଦୀୟ ହୋଇ ପରିଶେଷରେ କାରାବରଣ କରିଥିଲେ ଏହି ଧର୍ମଗୁରୁ। ତାଙ୍କ ପ୍ରଚାରିତ ଧର୍ମଦୀକ୍ଷା "ସାଧନାର କୃଚ୍ଛ୍ରତା, ସଂଯମର କଠୋରତା ଓ ଶାସ୍ତ୍ରର ନିୟମାନୁବଦ୍ଧତାଠାରୁ ବହୁ ଦୂରବର୍ତ୍ତୀ। ସବୁ ପ୍ରକାର ଧର୍ମୀୟ କାନୁନ୍ ଓ କଟକଣାର ସୀମାନ୍ତ ସେପଟେ ରଜନୀଶଙ୍କର ଏଇ ଧର୍ମର ଇଲାକାଟି - ସଂଭୋଗ, ସ୍ୱାଚ୍ଛନ୍ଦ୍ୟ, ପ୍ରାଚୁର୍ଯ୍ୟ ଓ ପ୍ରତିପତ୍ତି ମଧ୍ୟରେ, ଯେଉଁଠି ସେ ନିଜେ ଜଣେ ମଧ୍ୟ ଭିନ୍ନ ଭଗବାନ। ନିବୃତ୍ତିର ନିରାପଦ ଦୂରତ୍ୱରେ ତାଙ୍କରି ଏଇ ନୂତନ ଧର୍ମର ସ୍ଥିତି ବା ଅବସ୍ଥିତି। ସ୍ଖଳନ, ପ୍ରାୟଶ୍ଚିତ୍ତ, ପ୍ରତିମୋକ୍ଷ - ଏସବୁ ସେଠି ତାଲିକା ବାହାରର ଶବ୍ଦ। କାମନାର କଣ୍ଠରୋଧ କିମ୍ବା ବାସନାର ବିଭାଜନ ମାଧ୍ୟମରେ ନୁହେଁ, ବରଂ ସଂଭୋଗ, ସହବାସ, ଶରୀରଚର୍ଯ୍ୟା ମଧ୍ୟ ଦେଇ ହିଁ ରଜନୀଶ-ଧର୍ମର ପ୍ରକୃତ ପରିପାଳନ। ମନେହୁଏ, ରଜନୀଶଙ୍କ ମତବାଦ ସତେ ଯେପରି ମାଂସ ମୈଥୁନର ମତବାଦ। କ୍ଷୁଧାର କ୍ଷାନ୍ତି, ତୃଷାର ତୃପ୍ତି ବା ପ୍ରବୃତ୍ତିର ପରିପୂର୍ତ୍ତି ହିଁ ଯେପରି ତାଙ୍କ ଧର୍ମର ମର୍ମ।" (୫)

ଅନୁବାଦକ ଗୌରହରି ହ୍ୟୁଗ୍ ମିଲ୍‌ନେଙ୍କ ଇଂରାଜୀ ପୁସ୍ତକର ତଥ୍ୟ ସହିତ ଆମ ଓଡ଼ିଆ ପାଠକ ସମାଜକୁ ପରିଚିତ କରାଇଛନ୍ତି। ଏଥିରେ ପାଠକେ ଦେଖିବାକୁ ପାଇବେ-

(କ) ଧର୍ମ ନାମରେ ଭ୍ରାନ୍ତି।

(ଖ) ନିଜକୁ ଭଗବାନ କହି ଆତ୍ମପ୍ରଚାର କରୁଥିବା ରଜନୀଶଙ୍କ ଉତ୍‌ଥାନ ଓ ପତନର ଚିତ୍ର।

(ଗ) ନାମୀ ଦାମୀ ଅଥଚ ବୈଷୟିକ ଜ୍ଞାନସଂପନ୍ନ ବ୍ୟକ୍ତିବିଶେଷଙ୍କ ପଥଭ୍ରଷ୍ଟ କଥା।

(ଘ) ରଜନୀଶଙ୍କ ଆଶ୍ରମରେ ଅବହେଳିତ ଶିଷ୍ୟ-ଶିଷ୍ୟାଙ୍କ ଅବସ୍ଥା।

(ଙ) ମୋକ୍ଷ, ନିର୍ବାଣ ଓ ବୁଦ୍ଧତ୍ୱ ବଦଳରେ ଯୁବମାନସ ରଜନୀଶଙ୍କ ମାୟାଶ୍ରମ ପ୍ରତି ଆକୃଷ୍ଟ ହେବାର ଘଟଣା।

(ଚ) ଯୌନ ଯୋଗାଚାର କାର୍ଯ୍ୟ ପାଇଁ ଏଡ୍‌ସ ପରି ବ୍ୟାଧିରେ ଆକ୍ରାନ୍ତ ଶିଷ୍ୟ ଶିଷ୍ୟାଙ୍କ ଦୟନୀୟ ଜୀବନର ନଗ୍ନ ଛବି।

(ଛ) ବମ୍ବେରୁ ପୁନା, ମାର୍କିନ ସ୍ୱପ୍ନବଳୟ ଭିତରେ ଓରିଗନ୍ ଯାତ୍ରା ଇତ୍ୟାଦିର ପ୍ରତ୍ୟକ୍ଷ ଚିତ୍ର।

ଅନ୍ଧବିଶ୍ୱାସ, ବିଚାରଶୂନ୍ୟ ପଦକ୍ଷେପ ଗ୍ରହଣ, ଧର୍ମ ନାମରେ ଭଣ୍ଡାମିକୁ ସ୍ୱୀକାର, ବିପର୍ଯ୍ୟସ୍ତ ପରିଣତି ସଂପର୍କରେ ବୁଦ୍ଧିଜୀବୀ ଲେଖକ, ଅନୁବାଦକଙ୍କ ଦ୍ୱାରା ବାରମ୍ବାର ଚେତାବନୀ ସତ୍ତ୍ୱେ ମଣିଷ ପଥ ହୁଡ଼ିଲେ କେବଳ ସମାଜ ବିପର୍ଯ୍ୟସ୍ତ ହୁଏନି, ଭୁଶୁଡ଼ି ପଡ଼େ ବିଶ୍ୱାସର ପାଚେରି; ଏ ପୁସ୍ତକର ଏହା ହେଉଛି ଅନ୍ତର୍ଧ୍ୱନି।

୨. ଯଶପାଲ କାହାଣୀମାଳା (୨୦୦୩):

ଗୌରହରି ଦାସଙ୍କ ଅନ୍ୟତମ ଅନୁବାଦ ପୁସ୍ତକ ହେଉଛି 'ଯଶପାଲ କାହାଣୀମାଳା'। ହିନ୍ଦୀ ସାହିତ୍ୟର ଯଶସ୍ୱୀ କଥାକାର ଯଶପାଲଙ୍କ ୩୧ଟି ଗଳ୍ପର ମନୋଜ୍ଞ ସଂକଳନ 'ୟଶ୍‌ପାଲ କି ଶ୍ରେଷ୍ଠ କହାନୀୟାଁ' ରାଜେନ୍ଦ୍ର ଯାଦବଙ୍କ ଦ୍ୱାରା ସଂକଳିତ ହୋଇଥିଲା। ଆଧୁନିକ ମଣିଷର ବିଚାରଧାରାରେ ପରିବର୍ତ୍ତନ ଆଣିବାରେ ଦୁଃସାହସ ପଦକ୍ଷେପ ଗ୍ରହଣ କରିଥିବା ଯଶପାଲଙ୍କ କ୍ରାନ୍ତିକାରୀ ଗଳ୍ପଗୁଡ଼ିକୁ ନେଇ ରାଜେନ୍ଦ୍ର ଯାଦବଙ୍କ ଏହି ସଂକଳନର ଓଡ଼ିଆ ଅନୁବାଦ କରିଛନ୍ତି ଗୌରହରି ଦାସ।

୧. 'ପରସୁଖ', ୨. 'ଯଦି କିଛି ହୋଇଯାଇଥାନ୍ତା', ୩. 'ଇଂରେଜଙ୍କ ଘୁଙ୍ଗୁର', ୪. 'ପରାସ୍ତ ବିଜୟ', ୫. 'ବନ୍ ହିଣ୍ଡନବର୍ଗ', ୬. 'ସତ୍ୟର ମୂଲ୍ୟ', ୭. 'ଶାଗ', ୮. 'ଫୁଲର କୁର୍ତ୍ତା', ୯. 'ଆତିଥ୍ୟ', ୧୦. 'ପ୍ରତିଷ୍ଠାର ବୋଝ', ୧୧. 'ଧର୍ମ ରକ୍ଷା', ୧୨. 'ସମସ୍ତଙ୍କ ଇଜ୍ଜତ', ୧୩. 'ମହାଜନ ଓ ଚୋର', ୧୪. 'ଦାସ ଧର୍ମ', ୧୫. 'ଶମ୍ବୁକ', ୧୬. 'କୋକିଲା ଡକେଇତି', ୧୭. 'ମିଠେ ଆଖିର ଆଖିର ଲୁହ', ୧୮. 'ତୁମେ କାହିଁକି ମୋତେ ସୁନ୍ଦରୀ କହୁଥିଲ', ୧୯. 'ଗୋଟେ ହାତର ଆଙ୍ଗୁଳି', ୨୦. 'ଆତ୍ମଜ୍ଞାନ', ୨୧. 'ଯେଉଁଠି ଈର୍ଷା ନାହିଁ', ୨୨. 'ମକ୍ରୀଲ୍', ୨୩. 'ପ୍ରେମର ମୂଲ୍ୟ', ୨୪. 'ଦୁଃଖ', ୨୫. 'ନକଲୀ ମାଲ', ୨୬. 'ହୋଲି ଖେଳେ ନାହିଁ', ୨୭. 'ସାଇଁ ଭରଷା', ୨୮. 'ଭାଷା', ୨୯. 'ପରଦା', ୩୦. 'ଚୋରି ଓ ଚୋରି', ୩୧. 'ଖବର ଓ ମଣିଷ' ପରି କାହାଣୀ ଗୁଡ଼ିକ "ପରିବର୍ତ୍ତିତ ପରିବେଶ ଭିତରେ ନିଜର ଆସନ ଖୋଜିବାର ଉଦ୍‌ବେଗ" (୬) ରଖିଛନ୍ତି। ସାଂପ୍ରତିକ ସମାଜରେ ମଣିଷ ସମ୍ମୁଖୀନ ହେଉଥିବା ନାନା ସମସ୍ୟା, ନାନା ପରିସ୍ଥିତି, ନୂଆ ମୂଲ୍ୟବୋଧ, ନିଷ୍ପତ୍ତି ତଥା ନିର୍ଣ୍ଣୟ ନେବାର ଧର୍ମସଂକଟ ଗୁଡ଼ିକୁ ମୁକାବିଲା କରିପାରିବାର

ସାମର୍ଥ୍ୟ ତଥା ପ୍ରୟାସ ଏସବୁ ଗଳ୍ପଗୁଡ଼ିକରେ ଦେଖିବାକୁ ମିଳିଥାଏ। ଓଡ଼ିଆ ଭାଷାରେ 'ଯଶପାଲଙ୍କ କାହାଣୀମାଳା'ର ଜୀବନ୍ତ ପରିପ୍ରକାଶ ହୋଇଛି ଅନୁବାଦକଙ୍କ ଲେଖନୀରେ। 'ଅନୁବାଦ ସବୁ ଦେଶରେ ସବୁ କାଳରେ ସମାନ ଉଦ୍ଦେଶ୍ୟ ବହନ କରେ।' ବିଶ୍ୱସ୍ତ ଅନୁବାଦକ ଭାବରେ ମୌଳିକ ଲେଖାର ସମଗୁଣୀ ହୋଇ ମୂଳ ଲେଖାର ନିକଟତମ କରାଇଛନ୍ତି ସେ।

ପାଠକଙ୍କ ମନସ୍ତତ୍ତ୍ୱକୁ ପଢ଼ି ଓ ପାଠ୍ୟ ସୁଖର ବିଚାର ମନରେ ରଖି ରଚନା କରାଯାଇଥିବା ଏ ପୁସ୍ତକଟି ପଢୁ ପଢୁ ପାଠକେ, ଏହା ଆମ ମାତୃଭାଷାର ମୌଳିକ କୃତି ବୋଲି ଅନୁଭବ କରିପାରିବେ ନିଶ୍ଚୟ। ସାମଗ୍ରିକ ଭାବରେ ଆପଣମାନେ ଏଥିରେ ଦେଖିପାରିବେ -

- ଶ୍ରେଣୀ ସଂଘର୍ଷର ଚିତ୍ର।
- ମଧ୍ୟବିତ୍ତ ମଣିଷର ଅନ୍ତର୍ଦାହ ଭିତରେ ମୁକ୍ତିକାଂକ୍ଷା।
- ଜଡ଼ ଅବରୁଦ୍ଧ ସମାଜ ପରିବର୍ତ୍ତନ ଦ୍ୱାରା ବ୍ୟକ୍ତିର ମୁକ୍ତି କାମନା।
- ପ୍ରେମଚାନ୍ଦଙ୍କ ପରି ଯଶପାଲଙ୍କ କାହାଣୀ ଗୁଡ଼ିକରେ ମଧ୍ୟ ସମାଜ ପ୍ରମୁଖ ସ୍ଥାନ ଗ୍ରହଣ କରିଛି।
- ସାମାଜିକ ମଣିଷ ତଥା ଗତାନୁଗତିକ ସାମାଜିକ ମାନସିକତା ପରିବର୍ତ୍ତନ ପାଇଁ ଗଳ୍ପ ମାଧ୍ୟମରେ ପ୍ରୟାସ।
- ପ୍ରଚଳିତ ଶାସନ ଏବଂ ପ୍ରଚଳିତ ବ୍ୟବସ୍ଥା ପ୍ରତି ଯଶପାଲଙ୍କ ଆକ୍ରମଣାତ୍ମକ ଦୃଷ୍ଟି ଗଳ୍ପଗୁଡ଼ିକରେ ରହିଛି।
- ଦ୍ୱନ୍ଦ୍ୱ, ସଂଘର୍ଷ, ବିପର୍ଯ୍ୟୟ ସତ୍ତ୍ୱେ ହୃଦୟ ପରିବର୍ତ୍ତନ ଦ୍ୱାରା ଏସବୁ ସମାଧାନ ପରି ସଦ୍‌ଦୃଷ୍ଟି ରହିଛି।
- ସ୍ୱାର୍ଥ ଏବଂ ଲୋଭର ବଶବର୍ତ୍ତୀ ହୋଇ ପଥହୁଡ଼ି ଥିବା ଗଳ୍ପଚରିତ୍ର ଗୁଡ଼ିକ ଭାବନାତ୍ମକ ଓ ସଂସ୍କାରଗତ ଆଲୋଡ଼ନର ସମ୍ମୁଖୀନ ହୋଇ ଅନୁତପ୍ତ ହେବାର ଚିତ୍ର ରହିଛି।
- ସାମାଜିକ ଅନ୍ଧ ମୂଲ୍ୟବୋଧ, ବିଶ୍ୱାସ ଓ ପ୍ରଚଳିତ ବ୍ୟବସ୍ଥାକୁ ଅସ୍ୱୀକାର।
- 'ପ୍ରଗତି'ର ପ୍ରତିବନ୍ଧକ 'ସଂସ୍କାର' ବିରୋଧରେ ସଂଗ୍ରାମ।
- ଶ୍ରେଣୀହୀନ ଓ ଶୋଷଣହୀନ ସମାଜର ପ୍ରତିଷ୍ଠା।
- ସାମନ୍ତବାଦୀ, ଶୋଷଣ କୈନ୍ଦ୍ରିକ ଓ ଅବୈଜ୍ଞାନିକ ସାମାଜିକ ମୂଲ୍ୟବୋଧ ପ୍ରତି ନିର୍ମମ ପ୍ରହାର।
- ଔପନିବେଶିକ ଶାସନ ବା ବ୍ରିଟିଶ ସାମ୍ରାଜ୍ୟବାଦ ପ୍ରତି ବିରୋଧାଚରଣ (ଶାଗ ଗଳ୍ପ)।

- କାର୍ଲମାର୍କସଙ୍କ ସାମ୍ୟବାଦ, ଡାରୱିନ୍‌ଙ୍କ ବିକାଶବାଦ (ଥିଓରୀ ଅଫ୍ ଇଭଲ୍ୟୁସନ୍) ଏବଂ ଫ୍ରଏଡୀୟ ତତ୍ତ୍ୱର ଗଭୀର ପ୍ରଭାବ ଏସବୁ ଗଳ୍ପରେ ପଡ଼ିଛି।
- "ସାଧାରଣ ମଧ୍ୟବର୍ଗୀୟ ପରିବାରର ବୃଥା ଆଡ଼ମ୍ବର, ମିଛକୁ ନେଇ ବଞ୍ଚିବାର କୃଚ୍ଛ ସାଧନା ଓ ରୁନ୍ଧି ହେବା ଭଳି ପରିବେଶରେ ବଞ୍ଚିବାର ଅସହାୟତା"(୭)ର ବିକଳ ଛବି।
- ଶୋଷଣ ସର୍ବସ୍ୱ ସଚେତନଶୀଳ ସ୍ତ୍ରୀ-ପୁରୁଷ ସଂପର୍କର କଥା।
- ସମାଜରେ ଅନ୍ୟତମ ସମସ୍ୟା ସେକ୍ସକୁ ନେଇ ଗଢ଼ି ଉଠିଥିବା ବିକୃତ ମାନସିକତା ଓ ମିଥ୍ୟାଚାରର ନିର୍ଭୀକ ଉପସ୍ଥାପନ ରହିଛି ଏସବୁରେ।
- ମାନ ଏବଂ ପ୍ରତିଷ୍ଠାରେ ବନ୍ଦୀ ମଣିଷର ମିଛ ଅହଂକାର ଭିତରେ ସନ୍ତୁଳିତ ବିବେକ ଓ ଖର୍ବ ଆତ୍ମସମ୍ମାନର ଆର୍ତ୍ତପଣ ଇତ୍ୟାଦି।

ସହରର ମଧ୍ୟବିତ୍ତ, ପାହାଡ଼ୀ ତଥା ବସ୍ତି ଅଞ୍ଚଳର ଗରିବ ଲୋକଚରିତ୍ର ହିଁ ଏହି ଗଳ୍ପ ପୁସ୍ତକର ମୁଖ୍ୟ ଆଧାର। ଗୌରହରି ଦାସ ହିନ୍ଦୀ ସାହିତ୍ୟର ଊନବିଂଶ ଶତକର ଅପ୍ରତିଦ୍ୱନ୍ଦ୍ୱୀ ଚର୍ଚ୍ଚିତ ଦୁଃସାହସୀ କଥାକାର ଯଶପାଲଙ୍କ ସାହିତ୍ୟର ମର୍ମାନୁବାଦରେ ହୋଇଛନ୍ତି ସଫଳ। ଗୌରହରି ଦାସ ନିଜେ ଜଣେ ସମାଜବାଦୀ ତଥା ନୂତନ ଚିନ୍ତାର ଆବାହକ। ତାଙ୍କ ଦୃଷ୍ଟିରେ ଯାହା ନୂତନ, ପରିବର୍ତ୍ତନମୁଖୀ, ନୂଆ ଆଶା-ବିଶ୍ୱାସ ତଥା ଜୀବନରେ ବଞ୍ଚିବାର ନୂତନ ସମ୍ଭାବନା ସୂତ୍ରପାତ କରିବାର ସାମର୍ଥ୍ୟ ରଖୁଥିବାର ସେ ଦେଖିଛନ୍ତି, ତାକୁ ନିଜ ମାତୃଭାଷାରେ ରୂପ ଦେବା ପାଇଁ ସେ ହୋଇଛନ୍ତି ବ୍ୟଗ୍ର। ଏ ଦୃଷ୍ଟିରେ ଦେଖିଲେ- "ପ୍ରଚଳିତ ବ୍ୟବସ୍ଥା ବା ସ୍ଥିର ଏବଂ ଜଡ଼ ସମାଜର ପାଚେରିକୁ ଭାଙ୍ଗିବା ପାଇଁ ପ୍ରୟାସ କରୁଥିବା କାହାଣୀ - ଚରିତ୍ରର ରୂପାୟନ ଓ ପ୍ରାଚୀନଠାରୁ ମୁକ୍ତି ଲୋଡ଼ୁଥିବା ଏବଂ ଅଭ୍ୟସ୍ତ ସଂସ୍କାରକୁ ଅସ୍ୱୀକାର କରିବାର ପ୍ରକ୍ରିୟା ବାବଦରେ ବର୍ଣ୍ଣନା କରୁଥିବା ଲେଖକମାନଙ୍କ ମଧ୍ୟରେ ସେ ସବୁଠୁ ବେଶୀ ସମ୍ବେଦନଶୀଳ ମନେ ହୁଅନ୍ତି। ନୂଆ ବ୍ୟବସ୍ଥା ପରିପ୍ରେକ୍ଷୀରେ ପୁରାତନର 'ଅନୁପଯୋଗିତା' ଦର୍ଶାଇବା ବାବଦରେ ଯୁକ୍ତି ବାଢ଼ିବା ଯଶପାଲଙ୍କର ପ୍ରିୟ କଥାବସ୍ତୁ। xxx ଯଶପାଲଙ୍କ କାହାଣୀର 'ନାରୀୟା' ଜୈନେନ୍ଦ୍ରଙ୍କ 'ଜାହ୍ନବୀ' ଓ 'ପତ୍ନୀ' ପରି ଶଢୁଥିବାବେଳେ ଚୌକାଠ ସେପଟେ ଛିଡ଼ା ହୋଇ 'ବାହାର'କୁ ଚାହେଁ ନାହିଁ, ବରଂ ବାହାର ଘରେ ବସି ବୈବାହିକ ନୈତିକତାର ଶୂନ୍ୟଗର୍ଭ ଅସାରତା ବାବଦରେ ଯୁକ୍ତିତର୍କ କରନ୍ତି। ନୂତନ ମୂଲ୍ୟ କ'ଣ ତାହା ସେ ବୁଝନ୍ତି। ପରିବର୍ତ୍ତିତ ପରିବେଶ ଭିତରେ ନିଜର ଆସନ ଖୋଜିବାର ଉଦ୍‌ବେଗ ଯଶପାଲଙ୍କ କାହାଣୀ।" (୮)

୩. ଗୋଟିଏ ଜୀବନ ଯଥେଷ୍ଟ ନୁହେଁ (୨୦୧୪):

ସ୍ୱାଧୀନତା ପରବର୍ତ୍ତୀ ଭାରତବର୍ଷର ସାମାଜିକ-ରାଜନୈତିକ ଇତିହାସର ଅନ୍ୟତମ ମୂଲ୍ୟବାନ ଦସ୍ତାବିଜ 'ଗୋଟିଏ ଜୀବନ ଯଥେଷ୍ଟ ନୁହେଁ' ଅନୁବାଦ ପୁସ୍ତକ। ଆମ ଭାରତବର୍ଷର ପ୍ରଖ୍ୟାତ ସାମ୍ବାଦିକ କୁଳଦୀପ ନାୟାରଙ୍କ ରୋଚକପୂର୍ଣ୍ଣ ପୁଣି ତତ୍କାଳୀନ ସମୟର ବହୁ ମୂଲ୍ୟବାନ ତଥ୍ୟ ସମ୍ବଳିତ ଇଂରାଜୀ ଆତ୍ମଜୀବନୀ 'ବିୟଣ୍ଡ୍ ଦ ଲାଇନ୍‌ସ'ର ଓଡ଼ିଆ ରୂପାନ୍ତର ହେଉଛି 'ଗୋଟିଏ ଜୀବନ ଯଥେଷ୍ଟ ନୁହେଁ'। ମିଳିତ ଭାବେ ଏହାକୁ ଗୌରହରି ଦାସ ଏବଂ ମହେନ୍ଦ୍ର ପ୍ରସାଦ ଅନୁବାଦ କରିଥିବା କଥା ଉଲ୍ଲେଖ ଥିଲେ ମଧ୍ୟ ଅନୁବାଦର ଶୈଳୀରୁ ଏହାର ସିଂହଭାଗ ଗୌରହରିଙ୍କ ଦ୍ୱାରା ଅନୂଦିତ ବୋଲି ସ୍ପଷ୍ଟ ଜଣାପଡ଼ିଥାଏ। ଏହି ଅନୁବାଦ ପଛରେ ଗୌରହରି ଦାସଙ୍କର ରହିଛି ଏକ ରୋଚକ ଅନୁଭବ। 'ଜୟ ସୋମନାଥ'ର ଓଡ଼ିଆ ଅନୁବାଦକ ସଚ୍ଚିଦାନନ୍ଦ କାନୁନ୍‌ଗୋଙ୍କ ସହକାରୀ ଭାବେ କାର୍ଯ୍ୟ କରୁଥିବାବେଳେ କୁଳଦୀପ ନାୟାରଙ୍କ 'ଦ ଜଜ୍‌ମେଣ୍ଟ୍'ର ପ୍ରାୟ ୧୦୦ ପୃଷ୍ଠା ଅନୁବାଦ ହେବା ପରେ, ତାହା ଅନ୍ୟ ଜଣେ ଅନୁବାଦକ ଅନୁମତି ଆଣି ଅନୁବାଦ କରୁଥିବାର କଥା ଜାଣି ଗଭୀର ଦୁଃଖ ପ୍ରକାଶ କରିଥିଲେ ଗୌରହରି। ସେହିଦିନଠାରୁ କୁଳଦୀପ ନାୟାରଙ୍କ ଖଣ୍ଡେ ପୁସ୍ତକର ଓଡ଼ିଆ ଭାଷାନ୍ତର ପାଇଁ ଥିବା ତାଙ୍କର ସ୍ୱପ୍ନ 'ବିୟଣ୍ଡ୍ ଲାଇନ୍‌ସ'ର ରୂପାନ୍ତରରେ ପୂରଣ ହୋଇଥିଲା। କିମ୍ବଦନ୍ତୀ ପୁରୁଷ ଶ୍ରୀ କୁଳଦୀପ ନାୟାର ଏବଂ ତାଙ୍କର ଏ ପୁସ୍ତକ ସଂପର୍କରେ ଅନୁବାଦକ ଗୌରହରି କହନ୍ତି-

"ଜୀବନ୍ତ କିମ୍ବଦନ୍ତୀ ଶ୍ରୀ କୁଳଦୀପ ନାୟାର ଭାରତବର୍ଷର ସେହି ପ୍ରସିଦ୍ଧ ସାମ୍ବାଦିକମାନଙ୍କ ମଧ୍ୟରୁ ଜଣେ, ଯେଉଁମାନେ ବାକ୍ ସ୍ୱାଧୀନତା ଓ ସାମ୍ବାଦିକତାର ମୂଲ୍ୟବୋଧକୁ ସର୍ବାଧିକ ଗୁରୁତ୍ୱ ପ୍ରଦାନ କରନ୍ତି। ଏଥିପାଇଁ ସେ ଜରୁରୀକାଳୀନ ପରିସ୍ଥିତିରେ ଜେଲ୍ ଯାଇଛନ୍ତି, ପୁଣି ଇଂଲଣ୍ଡରେ ଭାରତର ହାଇ କମିସନର ପରି ଉଚ୍ଚ ପଦବି ମଣ୍ଡନ କରିଛନ୍ତି। ତାଙ୍କର ଏହି ଆତ୍ମଜୀବନୀଟି ମୋ ବିଚାରରେ ଏକ ଅମୂଲ୍ୟ କୀର୍ତ୍ତି। ଏହାକୁ ପଢ଼ିବାବେଳେ ୧୯୪୭ ଭାରତ ବିଭାଜନର କରୁଣ ଚିତ୍ରଠାରୁ ନେଇ ପରବର୍ତ୍ତୀ ଛଅ ଦଶନ୍ଧି ଭିତରେ ଭାରତରେ ଯାହା ଯାହା ଘଟିଯାଇଛି ସେସବୁର ଚିତ୍ର ପାଠକଙ୍କ ସମ୍ମୁଖରେ ନାଚି ଉଠିବ। ମୋର ଦୃଢ଼ ବିଶ୍ୱାସ, ଭାରତର ଇତିହାସ, ରାଜନୀତି ଓ ସାମ୍ବାଦିକତାରେ ଆଗ୍ରହ ରଖୁଥିବା ପ୍ରତ୍ୟେକ ପାଠକଙ୍କୁ ଏ ବହିଟି ନିଶ୍ଚୟ ଭଲ ଲାଗିବ।" (୯)

୫୫୯ ପୃଷ୍ଠାର ଏ ଅନୁବାଦ କୃତିଟି ପ୍ରଥମେ ୨୦୧୩ ମସିହାରେ 'ପକ୍ଷୀଘର ପ୍ରକାଶନୀ' ପ୍ରକାଶନ ସଂସ୍ଥା ଦ୍ୱାରା ପ୍ରକାଶ ପାଇ ପାଠକଙ୍କ ଶ୍ରଦ୍ଧାଭାଜନ ହୋଇଥିଲା।

ଏଥିରେ ଲେଖକଙ୍କ 'ପିଲାଦିନ ଓ ଦେଶ ବିଭାଜନ', 'ନେହରୁ ଯୁଗ', 'ପ୍ରଶାସନର ପ୍ରାରମ୍ଭିକ ଯନ୍ତ୍ରଣା', 'ଇଂରାଜୀ ସାମ୍ବାଦିକତାରେ ମୋର ତାଲିମ', 'ସ୍ୱରାଷ୍ଟ୍ର ମନ୍ତ୍ରୀ ପଦରେ ଗୋବିନ୍ଦ ବଲ୍ଲଭ ପନ୍ଥ', 'ସ୍ୱରାଷ୍ଟ୍ର ମନ୍ତ୍ରୀ ଲାଲ ବାହାଦୁର ଶାସ୍ତ୍ରୀ', 'ପ୍ରଧାନମନ୍ତ୍ରୀ ଲାଲ ବାହାଦୁର ଶାସ୍ତ୍ରୀ, 'ପ୍ରଧାନମନ୍ତ୍ରୀ ପଦରେ ଇନ୍ଦିରା ଗାନ୍ଧୀ', 'ବାଂଲାଦେଶ ଯୁଦ୍ଧ', 'ସିମଳା ରାଜିନାମା', 'ଜରୁରୀକାଳୀନ ପରିସ୍ଥିତି ଓ ତା'ପରେ', 'ଜନତା ପାର୍ଟି ସରକାର', 'ଅପରେସନ୍ ବ୍ଲୁ-ଷ୍ଟାର୍', 'ରାଜୀବ ଗାନ୍ଧୀ', 'ପ୍ରଧାନମନ୍ତ୍ରୀ ପଦରେ ବିଶ୍ୱନାଥ ପ୍ରତାପ ସିଂହ', 'ନରସିଂହ ରାଓଙ୍କ ସରକାର', 'ପାର୍ଲାମେଣ୍ଟରେ ମୋର ଅଭିଜ୍ଞତା', 'ଶାସନ ଦାୟିତ୍ୱରେ ଭାରତୀୟ ଜନତା ପାର୍ଟି', 'ମନମୋହନ ସିଂହ ସରକାର' ପରି ୧୯ଟି ବିଷୟର ପ୍ରାସଙ୍ଗିକ ବର୍ଣ୍ଣନା, 'ଉପସଂହାର' ଏବଂ 'ପରିଶିଷ୍ଟ'ରେ ଥିବା - କ. 'ଭାରତୀୟ ଗଣମାଧ୍ୟମ', ଖ. 'ମାନବିକ ଅଧିକାର ଏବଂ ପରିବେଶ', ଗ. 'ଭାରତ ପାକିସ୍ତାନ ସଂପର୍କ' ବିଷୟରେ ଚର୍ଚ୍ଚା ଅତି ସୁନ୍ଦର ଭାବେ ସଂଯୋଜିତ ହୋଇଛି, ଯହିଁରେ ସ୍ୱୟଂ କୁଲଦୀପ ନାୟାର କହନ୍ତି- "ଜାଣତରେ ହେଉ ଅବା ଅଜାଣତରେ ମୁଁ ମୋର ସମସାମୟିକ ଭାରତ, ପାକିସ୍ତାନ ଓ ବାଂଲାଦେଶର ଇତିହାସ ଲେଖୁଛି। ଏହି ତିନି ଦେଶର ଗଠନ ପ୍ରକ୍ରିୟାକୁ ମୁଁ ପାଖରୁ ଦେଖିଛି ଏବଂ ତାହାର ବିଭିନ୍ନ ସମସ୍ୟାକୁ ବୁଝିବାର ଚେଷ୍ଟା କରିଛି। x x x ଏ ବହିରେ ଭାରତ-ପାକିସ୍ତାନ ସଂପର୍କ ନେଇ ବିଶଦ ଆଲୋଚନା ଲକ୍ଷ୍ୟ କରିବେ। ଏହି ଦୁଇ ଦେଶର ସଂପର୍କ କିଭଳି ଭଲ ହେବ ତାହା କେବଳ ମୋର ଆନ୍ତରିକ ଆଗ୍ରହ ନୁହେଁ, ତାହା ମୋର ନିଷ୍ପାପର ପ୍ରାର୍ଥନା। ଏହା ଏକ ଅଙ୍ଗୀକାର, କେବଳ ଅତୀତ ଆମୁଖତା ନୁହେଁ। ମୋର ଆଶା, ଦିନେ ନା ଦିନେ ଏହି ଦୁଇ ଦେଶ ବନ୍ଧୁ ଦେଶ ଭାବରେ କାର୍ଯ୍ୟ କରିବେ ଏବଂ ଉଭୟ ଦେଶର ନାଗରିକଗଣ ତଦ୍ୱାରା ଉପକୃତ ହେବେ। x x x ମୁଁ ବିଶ୍ୱାସ କରେ, ଦିନେ ନା ଦିନେ ଦକ୍ଷିଣ ଏସିଆର ସବୁ ଦେଶ ମିଶି ଇଉରୋପୀୟ ୟୁନିୟନ୍ ପରି ଗୋଟିଏ ସଂଘ ଗଠନ କରିବେ, ଯେଉଁଠି ନିଜ ନିଜର ବ୍ୟକ୍ତିଗତ ପରିଚୟକୁ ବିସର୍ଜନ ନ ଦେଇ ସୁଦ୍ଧା ଦାରିଦ୍ର୍ୟ ଓ ଧନୀ ନିର୍ଧନଙ୍କ ମଧ୍ୟରେ ଥିବା ବ୍ୟବଧାନକୁ ଦୂର କରିବା ଦିଗରେ ପ୍ରତ୍ୟେକେ କାର୍ଯ୍ୟ କରିବେ। ଏହାଫଳରେ ଏସବୁ ଦେଶର ଜନସାଧାରଣଙ୍କ ଜୀବନ ନିର୍ବାହ ସୁଗମ ହେବ, ସ୍ୱଚ୍ଛନ୍ଦ ହେବ। ଏହି ଅଞ୍ଚଳରେ ଶାନ୍ତି ଫେରି ଆସିବ ଓ ବ୍ୟବସାୟ ବାଣିଜ୍ୟର ବିକାଶ ଦ୍ୱାରା ଅର୍ଥନୈତିକ ସମୃଦ୍ଧି ସମ୍ଭବ ହେବ।" (୧୦)

ଦେଶ ବିଭାଜନର ଗଭୀର ଦୁଃଖ ପାଇଥିବା କୁଲଦୀପ ନାୟାର ଯେଭଳି "ବସୁଧୈବ କୁଟୁମ୍ବକମ୍" ଭାବଧାରାକୁ ଜାବୁଡ଼ି ରଖି ତିନି ଦେଶ ଏବଂ ଦେଶର

ସାଧାରଣ ଜନତାଙ୍କ ମଙ୍ଗଳ ଚିନ୍ତା ତଥା କାମନା ରଖିଛନ୍ତି ତହିଁରୁ ତାଙ୍କର ବିରାଟ ବ୍ୟକ୍ତିତ୍ୱକୁ ଦେଖି ହୁଏ। ଅନ୍ୟର ସୁଖ ଭିତରେ ନିଜର ସୁଖ ସନ୍ଧାନ କରୁଥିବା ଏହି ସାମ୍ବାଦିକଙ୍କ ଆତ୍ମଜୀବନୀର ରୂପାନ୍ତର କରି ଆମ ଜ୍ଞାନରାଜ୍ୟର ବିକାଶରେ ପ୍ରମୁଖ ଭୂମିକା ଗ୍ରହଣ କରିଛନ୍ତି ଗୌରହରି ଦାସ। ତାଙ୍କର ଅନୁବାଦ ସିଦ୍ଧ ଜ୍ଞାନାଲୋକର ଉଜ୍ଜ୍ୱଳ ରୂପରେଖ ଭାବରେ "ଗୋଟିଏ ଜୀବନ ଯଥେଷ୍ଟ ନୁହେଁ" (ଏ ଲାଇଫ୍‌ଟାଇମ୍ ଇଜ୍ ନଟ୍ ଏନଫ୍) ମଧ୍ୟରୁ ପାଠକେ ଦେଖିପାରନ୍ତି-

- କୁଳଦୀପ ନାୟାରଙ୍କ ଶୈଶବ ମଧ୍ୟରେ ପାରିବାରିକ ଜୀବନର ସ୍ୱଚ୍ଛନ୍ଦ ଓ ମଧୁର ଅନୁଭବ।
- ଭାରତ-ପାକିସ୍ତାନ ବିଭାଜନ କାଳରେ ଉଭୟ ଦେଶର ସାଧାରଣ ନାଗରିକଙ୍କ ଜୀବନର ଦୁଃସ୍ଥିତି ତଥା ଦୁର୍ଦ୍ଦଶା।
- ଧର୍ମ-ଧର୍ମ (ହିନ୍ଦୁ-ମୁସଲମାନ-ଶିଖ୍) ମଧ୍ୟରେ ବିଦ୍ୱେଷ ମନୋଭାବର ଭୟଙ୍କର ପରିଣତି।
- ଅସହାୟ ଶରଣାର୍ଥୀଙ୍କ ଦେଶ ଛାଡ଼ିବାର କରୁଣ ଦୃଶ୍ୟ।
- କ୍ୟାବିନେଟ ମିସନର ଯୋଜନା ଏବଂ ଫଳାଫଳ ସଂପର୍କରେ ବିଶଦ ଚର୍ଚ୍ଚା।
- ଦେଶ ବିଭାଜନରେ କୁଳଦୀପଙ୍କ କ୍ଷତାକ୍ତ ଅନୁଭବ।

ତନ୍ମଧ୍ୟରୁ ଗୋଟିଏ- "ଦେଶ ବିଭାଜନ ପରି କରୁଣତମ ଘଟଣା ଆଉ କେବେ ଏ ଦେଶର ଇତିହାସ ପ୍ରତ୍ୟକ୍ଷ କରିନାହିଁ। ହଜାର ହଜାର ବର୍ଷ ଧରି ହିନ୍ଦୁ, ମୁସଲମାନ ଏବଂ ଶିଖ୍‌ମାନେ ଯେଉଁ ସାଂସ୍କୃତିକ ସୌହାର୍ଦ୍ଦ୍ୟ ଗଢ଼ି ଆସିଥିଲେ ତାହା ଟୁକୁଡ଼ା ଟୁକୁଡ଼ା ହୋଇ ଛିଣ୍ଡିଗଲା। ଏହା ହିଁ କ'ଣ ସ୍ୱାଧୀନତାର ସକାଳ? ଏକଥା ବିଖ୍ୟାତ ଉର୍ଦ୍ଦୁ କବି ଫୟାଜ୍ ଅହମ୍ମଦ ଫୟାଜ୍ ତାଙ୍କ କବିତାରେ ପଚାରିଥିଲେ- "ୟେ ଦାଗ-ଦାଗ ଉଜାଲା, ୟେ ସବ ଏ ଗୁଜିଦା ସେହର - ୟେ ଇନ୍‌ତଜାର୍ ଥା ଜିସ୍‌କା ୟେ ୱ ସେହର ତୋ ନହିଁ।" (ଏହି ରକ୍ତଭିଜା ଆଲୋକ, ଏଇ ଅନ୍ଧାରଘେରା ସକାଳ - ଏଇ ସକାଳ ପାଇଁ ଆମେ ଅପେକ୍ଷା କରି ନ ଥିଲୁ, ଏଭଳି କ୍ଷତାକ୍ତ ସକାଳର ସ୍ୱପ୍ନ ଆମେ କେବେ ଦେଖି ନ ଥିଲୁ।)" (୧୧)

- ଧର୍ମ ସମନ୍ୱୟକାରୀ ନେହେରୁଙ୍କ ଆଦର୍ଶ ପରିକଳ୍ପନାର ଶବ୍ଦଚିତ୍ର।
- ପଞ୍ଜାବ ବିଭାଜନ ବେଳର ଲୋକଙ୍କ ଅସହାୟ ତଥା ଦୁର୍ଦ୍ଦିନର ଛବି।
- ଧର୍ମ ଭିତ୍ତିରେ ଗଠିତ ଦେଶରେ ପ୍ରଶାସନର ପ୍ରାରମ୍ଭିକ ଅବସ୍ଥାର ପ୍ରତ୍ୟକ୍ଷ ରୂପ କାଶ୍ମୀର, ଗାନ୍ଧୀଜୀଙ୍କ ହତ୍ୟା ଏବଂ ଭାରତୀୟ ରାଜ୍ୟଗୁଡ଼ିକରେ ପଟେଲ ପ୍ରମୁଖଙ୍କ ଅବଦାନ।

- ଆମେରିକାର ନର୍ଥୱେଷ୍ଟର୍ନ ୟୁନିଭରସିଟିର ମେଡିଲ୍ ସ୍କୁଲ୍ ଅଫ୍ ଜର୍ଣ୍ଣାଲିଜମ୍‌ରୁ କୁଲଦୀପଙ୍କ ସାମ୍ବାଦିକତାରେ ସ୍ନାତକୋତ୍ତର ଡିଗ୍ରି ହାସଲ ପୂର୍ବରୁ ସେଠାକାର ପରିବେଶ ଓ ଅଭାବୀ ଜୀବନ ସଂଘର୍ଷର ଚିତ୍ର।
- ଭାରତରେ ସାମ୍ବାଦିକ ବୃତ୍ତି ଗ୍ରହଣ କରି ଭାରତର ସାମାଜିକ ପାରିପାର୍ଶ୍ୱିକ ଜୀବନକୁ ନିବିଡ଼ ଭାବରେ ଦେଖିବାର ଏବଂ ଜାଣିବାର ଅଭିଜ୍ଞତା ବର୍ଣ୍ଣନା।
- ଭାଷା ଭିତ୍ତିରେ ରାଜ୍ୟ ପୁନର୍ଗଠନ, ପ୍ରଶାସନିକ ସଂସ୍କାର, ଚୀନ୍-ଭାରତ ସୀମା ପ୍ରଶ୍ନ ଏବଂ ସିନ୍ଧୁ ଜଳ ବଣ୍ଟନ ଚୁକ୍ତିର ଟିକିନିଖି ସୂଚନା 'ସ୍ୱରାଷ୍ଟ୍ର ମନ୍ତ୍ରୀ ପଦରେ ଗୋବିନ୍ଦ ବଲ୍ଲଭ ପନ୍ଥ' ପ୍ରସଙ୍ଗ।
- ସ୍ୱରାଷ୍ଟ୍ର ମନ୍ତ୍ରୀ ଲାଲ ବାହାଦୁର ଶାସ୍ତ୍ରୀଙ୍କ ସମୟରେ ବୈଦେଶିକ ନୀତି, ଚୀନ୍-ଭାରତ ଯୁଦ୍ଧ, କାଶ୍ମୀରର ଅବସ୍ଥା ଏବଂ ସାମ୍ବାଦିକତା ଜୀବନରେ କୁଲଦୀପଙ୍କ ସମ୍ବାଦ ଜଗତ ପ୍ରତି ନିଜର ନିରପେକ୍ଷ ଦୃଷ୍ଟିକୋଣ।
- ଭାରତର ନୀତିନିୟମ ପ୍ରସ୍ତୁତକାରୀ, ଧର୍ମ ନିରପେକ୍ଷ ଗଣତନ୍ତ୍ରର ନିର୍ମାଣ। ଜବାହରଲାଲ ନେହରୁଙ୍କ ପରଲୋକ ଦେଶବାସୀଙ୍କ ଶୋକାତୁରପଣ, ଲାଲବାହାଦୁର ଶାସ୍ତ୍ରୀଙ୍କ ପ୍ରଧାନମନ୍ତ୍ରୀ ପଦ ମଣ୍ଡନ, ଭାରତ-ପାକିସ୍ତାନ ଯୁଦ୍ଧ ଏବଂ ତାସ୍‌କେଣ୍ଟ୍ ଚୁକ୍ତିନାମାର କାରଣ, ଫଳାଫଳକୁ ସାମ୍ବାଦିକତାର ସତ୍ୟ-ଦୃଷ୍ଟିପାତ।
- ଇନ୍ଦିରାଗାନ୍ଧୀ ପ୍ରଧାନମନ୍ତ୍ରୀ ପଦରେ ଅଭିଷିକ୍ତ ହେବା ପରେ ବୈଦେଶିକ ବ୍ୟାପାର, ସିଣ୍ଡିକେଟ୍ ସହ ଦ୍ୱନ୍ଦ୍ୱ ଓ ବିଜୟ, 'ଗରୀବି ହଟାଓ' ଏବଂ 'ସମ୍ବିଧାନ ସଂଶୋଧନ' ପରି ବ୍ୟବସ୍ଥା ଗୁଡ଼ିକର ତଥ୍ୟଭିତ୍ତିକ ବର୍ଣ୍ଣନା।
- ବାଂଲାଦେଶ ଯୁଦ୍ଧ ଏବଂ ଭାରତ ମଧ୍ୟରେ ସୌହାର୍ଦ୍ଦ୍ୟ ପ୍ରତିଷ୍ଠାରେ ଭାରତର ଭୂମିକା।
- ଭାରତ-ପାକିସ୍ତାନ ମଧ୍ୟରେ ସିମଳା ରାଜିନାମାର ପୃଷ୍ଠଭୂମି ଏବଂ ପରିଣାମ।
- ନାଗରିକଙ୍କ ମୌଳିକ ଅଧିକାର, ବିଚାର ବିଭାଗୀୟ ଅଧିକାର, ୨୫ ବର୍ଷ ଧରି ପ୍ରଚଳିତ ଗଣତନ୍ତ୍ରର ରାସ୍ତାରେ ଅବରୋଧ ସ୍ୱରୂପ ଦେଶର ଜରୁରୀକାଳୀନ ପରିସ୍ଥିତିରେ ଇନ୍ଦିରା ଗାନ୍ଧୀ ଏବଂ ସଂଜୟ ଗାନ୍ଧୀଙ୍କ ସ୍ୱେଚ୍ଛାଚାରୀ ଶାସନର କରାଳ ଚିତ୍ର ସାଙ୍ଗକୁ କୁଲଦୀପ ନାୟାର ଏବଂ ଗାନ୍ଧୀବାଦୀ ନେତାଙ୍କ ଗିରଫଦାରି, ୧୯୭୭ ନିର୍ବାଚନରେ ଜନତା ପାର୍ଟି ସରକାରର ବିଜୟ ଏବଂ ପରବର୍ତ୍ତୀ କାଳୀନ ଭାରତର ଶାସନ ଚିତ୍ର।
- ରାଜୀବ ଗାନ୍ଧୀ, ବିଶ୍ୱନାଥ ପ୍ରତାପ ସିଂହ ଏବଂ ଚନ୍ଦ୍ରଶେଖରଙ୍କ ଶାସନ ସମୟରେ ଭାରତୀୟ ଅବସ୍ଥାର ଚିତ୍ର।

- କୁଲଦୀପଙ୍କ ରାଜ୍ୟ ସଦସ୍ୟ ହେବା ପରର ଅନୁଭୂତି, ଉପଲବ୍ଧି ଓ ତତ୍କାଳୀନ ରାଜନୈତିକ ପରିବେଶ।
- ଭାରତୀୟ ଜନତା ପାର୍ଟି ଶାସନ ଦାୟିତ୍ୱକୁ ଆସିବା ପରେ ଘଟିଥିବା କାନ୍ଦାହାର ବିମାନ ଅପହରଣ, କାରଗିଲ ଯୁଦ୍ଧ ଏବଂ ଗୁଜୁରାଟ ଦଙ୍ଗାଦିର ପୂର୍ବାପର କାରଣ ଏବଂ ଫଳାଫଳର ବର୍ଣ୍ଣନା।
- ୨୦୦୪ରେ ମନମୋହନ ସିଂହ ସରକାର ପଦମଣ୍ଡନ ପରେ କୁଲଦୀପ ନାୟାରଙ୍କ ଦୃଷ୍ଟିରେ ଅର୍ଥନୈତିକ ସଂସ୍କାରର ଦ୍ୱିତୀୟ ପର୍ଯ୍ୟାୟ, ଭାରତ ଆମେରିକା ପରମାଣୁ ଚୁକ୍ତି ଏବଂ ମୁମ୍ବାଇ ଆତଙ୍କବାଦୀ ଆକ୍ରମଣର ବିପର୍ଯ୍ୟସ୍ତ ଭାରତର ଚିତ୍ର।
- ଜବାହରଲାଲ ନେହେରୁଙ୍କ ଠାରୁ ଆରମ୍ଭ କରି ମନମୋହନ ସିଂହଙ୍କ ଶାସନ କାଳ ପର୍ଯ୍ୟନ୍ତ ପ୍ରତ୍ୟକ୍ଷ କରିଥିବା ରାଜନୈତିକ, ପ୍ରଶାସନିକ, ଅର୍ଥନୈତିକ ତଥା ସାମାଜିକ ଚିତ୍ରର ପ୍ରତ୍ୟକ୍ଷ ରୂପ ଇତ୍ୟାଦି।

ବିସ୍ଥାପିତ ଜୀବନର ଅନ୍ତର୍ଦାହ ଭିତରେ ଶରଣାର୍ଥୀ ଜୀବନର ଶିହରଣ ସୃଷ୍ଟିକାରୀ ଦୃଶ୍ୟକୁ କୁଳଦୀପଙ୍କ ବର୍ଣ୍ଣନାରେ ପାଠକ ଲକ୍ଷ୍ୟ କରି ଯେତିକି ବିସ୍ମିତ ହୁଅନ୍ତି ଅସହାୟ ମଣିଷଙ୍କ ଦୁରବସ୍ଥାର ଚିତ୍ରରେ ତତୋଽଧିକ ବ୍ୟଥିତ ହୁଅନ୍ତି। ଖଣ୍ଡାଧାରରେ ବାଟ ଚାଲିବା ପରି ସାମ୍ବାଦିକ ଜୀବନ ପଥରେ ଭେଟିଥିବା ଧମକପୂର୍ଣ୍ଣ ଟେଲିଫୋନ୍ ଏବଂ ଘୃଣାଭର୍ତ୍ତି ଚିଠି ସତ୍ତ୍ୱେ ଆଦର୍ଶରୁ ପଥଚ୍ୟୁତ ହୋଇନାହାନ୍ତି କୁଳଦୀପ। ପାରିବାରିକ ଜୀବନକୁ ଅନୁଶୀଳନ କଲେ ତାଙ୍କର ସରଳ, ନିରୀହ, ଛଳଛଳ ପ୍ରାଣରୂପକୁ ମଧ୍ୟ ପାଠକେ ଦେଖିବାକୁ ପାଆନ୍ତି। ନିଷ୍ପାପର କଲମ ଚାଳନାରେ ସେ କଦାପି କୁଣ୍ଠିତ ହୋଇନାହାନ୍ତି। 'ଅନ୍‌ଜାମ୍' ଉର୍ଦ୍ଦୁ ସମ୍ବାଦପତ୍ରରୁ ସାମ୍ବାଦିକ ଜୀବନ ଆରମ୍ଭ କରିଥିବା କୁଳଦୀପ, ବିଖ୍ୟାତ କଂଗ୍ରେସ ନେତା ଲାଲବାହାଦୁର ଶାସ୍ତ୍ରୀ, ଗୋବିନ୍ଦ ବଲ୍ଲଭ ପନ୍ଥ ପ୍ରଭୃତି କ୍ୟାବିନେଟ ମନ୍ତ୍ରୀଙ୍କର ସୂଚନା ଅଧିକାରୀ, 'ଷ୍ଟେଟ୍‌ସମ୍ୟାନ୍'ର ଆବାସିକ ସଂପାଦକ, ସମ୍ବାଦ ସରବରାହ ସଂସ୍ଥା 'ୟୁ.ଏନ୍.ଆଇ'ର ପରିଚାଳନା ସଂପାଦକ, ବିଶ୍ୱପ୍ରତାପ ସିଂହଙ୍କ ସମୟରେ ଭାରତର ଇଂଲଣ୍ଡ ହାଇକମିଶନର, କିଛିକାଳ ରାଜ୍ୟସଭା ସଦସ୍ୟ ଓ 'ଟାଇମ୍‌ସ'ର ଭାରତୀୟ ପ୍ରତିନିଧି ଭାବେ ୨୫ ବର୍ଷ କାର୍ଯ୍ୟ କରିବା ପର୍ଯ୍ୟନ୍ତ ଦୀର୍ଘ ସମୟକୁ ଜୀବନ୍ତ ଭାବେ ବାନ୍ଧି ରଖିଛନ୍ତି ନିଜ ଆତ୍ମଜୀବନୀରେ, ଯାହାର ନିଚ୍ଛକ ଅନୁବାଦ କରିଛନ୍ତି ଓଡ଼ିଆ ଅନୁବାଦକ।

ବହିଟିର ପରିଶିଷ୍ଟରେ 'ଭାରତୀୟ ଗଣମାଧ୍ୟମ' ପ୍ରତି ପୂର୍ବାପର ଦୃଷ୍ଟିପାତ,

ବର୍ତ୍ତମାନର ସ୍ଖଳିତ ରୂପ, ସମ୍ବାଦ ପରିବେଷଣ ଦାୟିତ୍ୱରେ ଥିବା ସଂପାଦକଙ୍କ ପ୍ରତି ଗୁରୁତ୍ୱପୂର୍ଣ୍ଣ ଉପଦେଶ, ସାମ୍ବାଦିକତାର ଧର୍ମ ସଂପର୍କରେ ସୁଚିନ୍ତିତ ମନ୍ତବ୍ୟ ସେ ରଖିଛନ୍ତି।

ସେହିପରି ଜରୁରୀ ପରିସ୍ଥିତି କିଭଳି ତତ୍କାଳୀନ ଦେଶର ସ୍ଥିତି ଓ ଭବିଷ୍ୟତର ଦୁର୍ଗତିକୁ ଜନ୍ମ ଦେଲା, ତାହା ସ୍ପଷ୍ଟ ଭାବରେ ଉଲ୍ଲେଖ କରିବା ସହିତ ମାନବିକ ଅଧିକାର ଏବଂ ପରିବେଶ ସଂପର୍କରେ ଗଠନମୂଳକ ଯୋଜନା ସମ୍ବନ୍ଧରେ କୁଳଦୀପଙ୍କ ଦୂରଦୃଷ୍ଟିକୁ ଏଥିରେ ଦେଖିପାରିବେ ପାଠକ। ସାଂପ୍ରତିକ ଭାରତର ଏ ଚିତ୍ର ଅତ୍ୟନ୍ତ ତିର୍ଯ୍ୟକ୍ ଭାବରେ ପ୍ରକାଶିତ ଏହି ପୁସ୍ତକରେ।

ଭାରତ-ପାକିସ୍ତାନ ବିଭାଜନରେ ଗଭୀର ବ୍ୟଥିତ ନାୟାର 'ଭାରତ-ପାକିସ୍ତାନ ସଂପର୍କ' ପ୍ରସଙ୍ଗରେ କହନ୍ତି- "ମୋ ଲାଗି ଭାରତର ବିଭାଜନ କେବଳ ଏକ ବୌଦ୍ଧିକ ପ୍ରସଙ୍ଗ ନୁହେଁ, ଯାହାକୁ ଅନାସକ୍ତ ଭାବ ଆଲୋଚନା କରାଯାଇପାରିବ। ମୋ ପାଇଁ ଏହା ବ୍ୟକ୍ତିଗତ ଦାରୁଣ ବିପର୍ଯ୍ୟୟ ଏବଂ ସେହି ବିପର୍ଯ୍ୟୟର ଅଭିଜ୍ଞତା ଆଜି ମଧ୍ୟ ମୋତେ କ୍ଷତବିକ୍ଷତ କରେ।" (୧୨)

ପାକିସ୍ତାନର ସିଆଲକୋଟରେ ଜନ୍ମିତ କୁଳଦୀପ, ପିଲାଦିନ କଟିଥିବା ସେହି ଭିଟାମାଟି ଛାଡ଼ି ଉଦ୍‌ବାସ୍ତୁ ଭାବେ ଭାରତ ଚାଲିଆସିବାର ଲୋମହର୍ଷଣକାରୀ ବର୍ଣ୍ଣନା ଏଥିରେ ରହିଛି। କୁଳଦୀପଙ୍କ ବ୍ୟଥା ତଥା ଭୟାତୁର ଦୃଷ୍ଟିକୁ ପାଠକେ ଏହି ସୃଷ୍ଟି ମାଧ୍ୟମରେ ଦେଖିପାରିବେ, ଯାହା ଅତି ମର୍ମସ୍ପର୍ଶୀ ଭାବେ ଅନୁବାଦ କରାଯାଇଛି।

ଏ ପୁସ୍ତକର ଅନୁବାଦକ ଦ୍ୱୟଙ୍କ ମଧ୍ୟରୁ ଗୌରହରି ଦାସଙ୍କ ଜୀବନର କେତେକ ବିଶେଷ ଘଟଣା ସହ କୁଳଦୀପଙ୍କ ଆତ୍ମଜୀବନୀର ସାମଞ୍ଜସ୍ୟ ମଧ୍ୟ ପାଠକ ଦେଖିବାକୁ ପାଇବେ। ବିଶେଷ କରି ଉଭୟଙ୍କ ମଧ୍ୟରେ ଲକ୍ଷଣୀୟ ବୈଶିଷ୍ଟ୍ୟ ହେଲା-

୧. ସାମ୍ବାଦିକ ଜୀବନ

୨. ସମାଜମନସ୍କତା

୩. ସଚ୍ଚୋଟ ଏବଂ ସତ୍ୟପ୍ରିୟ ଲେଖକପଣ

୪. ରାଜନୀତି ପ୍ରତି ଉଭୟଙ୍କ ସନ୍ଦିଗ୍ଧ ଦୃଷ୍ଟିଭଙ୍ଗୀ

୫. ଆଂଶିକ ଭାବେ ହେଉ ପଛେ ଉଦ୍‌ବାସ୍ତୁ ଜୀବନ ଭୋଗିବାର ଅନୁଭୂତି।

ବହୁ ଚର୍ଚ୍ଚିତ ଏହି ପୁସ୍ତକର ଲେଖକ କୁଳଦୀପ ନାୟାରଙ୍କର କେତେକ ସ୍ମରଣୀୟ ବାକ୍ୟ ଏ ଆଲୋଚନା ଅବସରରେ ଉଲ୍ଲେଖ କରାଯାଇପାରେ, ଯଥା:

- "ମୋର କମ୍ୟୁନିଷ୍ଟ ଚିନ୍ତାଧାରା ସତ୍ତ୍ୱେ ମୁଁ ବିଶ୍ୱାସ କରେ ଯେ ଗୋଟିଏ କୌଣସି ଦିବ୍ୟଶକ୍ତି ନିଶ୍ଚୟ ଅଛି, ସିଏ ଭଗବାନ ହୁଅନ୍ତୁ କି ଆଉ କିଛି।" (୧୩)
- "ୱକ୍ତ ସେ ପେହେଲେ ନହିଁ, ମୁକଦ୍ଦର ସେ ଜ୍ୟାଦା ନହିଁ। (ତୁମ ସମୟ ନ

ଆସିବା ପର୍ଯ୍ୟନ୍ତ ତୁମେ ପାଇବ ନାହିଁ କି ତୁମ ଭାଗ୍ୟରେ ଯାହା ଅଛି ତାହାଠୁଁ ଅଧିକ ତୁମକୁ ମିଳିବ ନାହିଁ।" (୧୪)

- ମାଉଣ୍ଟ୍ ବ୍ୟାଟେନଙ୍କ ଦୃଷ୍ଟିରେ ଗାନ୍ଧୀଜୀ- "ଯେତେବେଳେ ଗାନ୍ଧୀ ମୋ କୋଠରିକୁ ପ୍ରବେଶ କଲେ ମୁଁ ତାଙ୍କ ପାଖରେ ଏକ ପବିତ୍ରତାର ଜ୍ୟୋତି ଅନୁଭବ କରୁଥିଲି।" (୧୫)
- "ପରିଣତି ଯାହା ହେଉନା କାହିଁକି, ନ୍ୟାୟ ଓ ନାୟକମାନଙ୍କୁ ପ୍ରଶଂସା କରିବା ଓ ଅନ୍ୟାୟ ଏବଂ ଦୁର୍ନୀତିଗ୍ରସ୍ତଙ୍କ ମୁଖା ଖୋଲିଦେବା ସାମ୍ବାଦିକତାର ଧର୍ମ।" (୧୬)
- "x x x କେବଳ ଲକ୍ଷ୍ୟ ମହତ ହେବା ଯଥେଷ୍ଟ ନୁହେଁ, ସେହି ଲକ୍ଷ୍ୟ ପୂରଣର ମାର୍ଗ ଓ ମାଧ୍ୟମ ମଧ୍ୟ ମହତ ହେବା ଆବଶ୍ୟକ।" (୧୭)
- ରୋମା ରୋଲାଙ୍କ 'ଜାଁ ଖ୍ରୀଷ୍ଟୋଫର୍'ରେ ରଖିଥିବା ବକ୍ତବ୍ୟ- "ନୂଆ ସକାଳ ପାଇଁ ଯେମିତି ଆଜିର ଦିନ - ଆଲୋକ ଅନ୍ଧାର ଭିତରେ ହଜିଯାଏ, ଆସନ୍ତାକାଲିର ଶିଶୁ ପାଇଁ ଆଜିର ମଣିଷ ସେମିତି ମରିଯିବା ଆବଶ୍ୟକ। ଜଣେ ମଣିଷ ଯେମିତି ବାରମ୍ବାର ଜନ୍ମ ହେବା ଉଚିତ, ସେମିତି ମଣିଷର ଆତ୍ମା ଏବଂ ତା'ର ସତ୍ତା ନୂଆ ସତ୍ୟ ଆବିଷ୍କାର କରିବା ଉଚିତ। ଏହା ହିଁ ଅନ୍ଧାର ଭିତରୁ ଆଲୋକ ଆଡ଼କୁ ଯାତ୍ରା। ଏ ଯାତ୍ରାର ଶେଷ ନାହିଁ, ଏ ଅନ୍ୱେଷାର ଅନ୍ତ ନାହିଁ।" (୧୮)

ସବୁ ଦୃଷ୍ଟିରୁ ଏ ଅନୁବାଦ ଗ୍ରନ୍ଥଟି ଏକ ସାର୍ଥକ ସୃଷ୍ଟି, ଏହା ଅସ୍ୱୀକାର କରିହେବ ନାହିଁ।

୪. ସେଇସବୁ ପିଲାଦିନ: (୨୦୧୨)

ଅନୁବାଦକ ଗୌରହରି ଦାସଙ୍କ ଅନ୍ୟତମ ଚର୍ଚ୍ଚିତ ଅନୁବାଦ ପୁସ୍ତକ ହେଉଛି 'ସେଇସବୁ ପିଲାଦିନ'। ନାନା ପ୍ରତିକୂଳ ପରିସ୍ଥିତିର ସମ୍ମୁଖୀନ ହୋଇ ଇଂରାଜୀ ଭାଷାର ପ୍ରସିଦ୍ଧ ଲେଖକ ଭାବରେ ଲକ୍ଷ ଲକ୍ଷ ପାଠକପାଠିକାଙ୍କ ପାଖରୁ ଲୋକପ୍ରିୟତା ସାଉଁଟିଥିବା ପଦ୍ମଶ୍ରୀ ରସ୍କିନ୍ ବଣ୍ଡଙ୍କ ଆତ୍ମଜୀବନୀ 'ଦ ସିନ୍‌ସ ଫ୍ରମ୍ ଏ ରାଇଟର୍ସ ଲାଇଫ୍'କୁ 'ଆମ ଓଡ଼ିଶା' ପ୍ରକାଶନ ସଂସ୍ଥା ଦ୍ୱାରା ଅକ୍‌ଟୋବର ୫, ୨୦୧୨ ମସିହାରେ ପ୍ରକାଶ କରାଯାଇଥିଲା। ଅନେକ ସମସ୍ୟା, ଝଡ଼ଝଞ୍ଜା ଭିତରେ ସଂଘର୍ଷ କରି ଜୀବନରେ ଅଗ୍ରସର ହେବାର ଉତ୍ସାହ ସୃଷ୍ଟି କରେ ଏ ପୁସ୍ତକ, ଯାହା ଅନେକ ସ୍ପର୍ଶକାତର ଘଟଣା, ସାଧାରଣ ଜୀବନଶୈଳୀ ଭିତରେ ଅସାଧାରଣ ଦୃଷ୍ଟିଭଙ୍ଗୀର ଏକ ମନ୍ମୟ ଦୃଷ୍ଟିପଟକୁ ଅଙ୍କନ କରେ।

ଏ ପୁସ୍ତକ ମଧ୍ୟରେ ସନ୍ନିବେଶିତ- 'ଉପୋଦ୍‌ଘାତ', 'ବାପାଙ୍କ ସହ ଜୀବନ', 'ସିମଳା ଓ ଦିଲ୍ଲୀ- ୧୯୪୩', 'ବାପାଙ୍କ ଶେଷଚିଠି', 'ମା' ଓ ସାବତ ବାପା',

'ଡେରାଡୁନ୍ ଓ ୧୯୪୫ର ଶୀତଋତୁ', 'ସିମଲାର ଖେଳ ପଡ଼ିଆ', 'ବହିପଢ଼ା ଥିଲା ମୋର ଧର୍ମ', 'ପଦାତିକ', 'ତରୁଣ ବିଦ୍ରୋହୀର ପ୍ରେମ', 'ନିଜର ସ୍ୱପ୍ନକୁ ଛାଡ଼ନାହିଁ', 'ସ୍ୱଚ୍ଛ ନିର୍ମଳ ଓ ମନୋହର', 'ମୋ ଟିପାଖାତା: ୨୪ ମାର୍ଚ୍ଚ ୧୯୫୧', 'ସ୍ୱପ୍ନ ସବୁକୁ ସତ ମଣିବାର ବୟସ', 'ଭାରତଠୁଁ ଅନେକ ଦୂରରେ', 'ଚାକିରି ଓ ପ୍ରେମ', 'ଡେରାକୁ ପ୍ରତ୍ୟାବର୍ତ୍ତନ', 'ଉପସଂହାର (୧. ମୋ ବାପାଙ୍କୁ ଚିଠି, ୨. ଚିଠିପତ୍ର: ଜଣେ ଯୁବକ ଲେଖକ ଏବଂ ତାଙ୍କର ପ୍ରଥମ ପ୍ରକାଶକ, ୩. ଜେଜେମା'ଙ୍କ ଘର ସଂପର୍କରେ, ୪. ଅଙ୍କଲ ବେର୍ଟିଙ୍କ ସଂପର୍କରେ) ପ୍ରଭୃତି ପ୍ରସଙ୍ଗ ନିତ୍ୟନୂତନ ଭାବରାଜି, ଉତ୍ସାହଜନକ ବକ୍ତବ୍ୟ ଏବଂ ଅତୀତ ଇତିହାସର ତତ୍କାଳୀନ ସମୟ ଚିତ୍ର ଅତ୍ୟନ୍ତ ବିଶ୍ୱସନୀୟ ଭାବରେ ଆତ୍ମପ୍ରକାଶ କରିଛି।

ଲେଖକଟିଏ ହେବା କ'ଣ ସହଜ କଥା ! ନିଜର ଚିନ୍ତାଧାରାକୁ ସ୍ୱଚ୍ଛନ୍ଦ ଭାବରେ ସର୍ବସମ୍ମୁଖରେ ଉପସ୍ଥାପିତ କରିପାରୁଥିବା 'ରସ୍କିନ୍ ବଣ୍ଡ୍'ଙ୍କୁ ଏ କ୍ଷେତ୍ରରେ ପାଠକମାନେ ଦୃଷ୍ଟାନ୍ତ ସ୍ୱରୂପ ନେଇପାରିବେ। ଅବାଞ୍ଛିତ, ପରିତ୍ୟକ୍ତ ଓ ବିଡ଼ମ୍ବିତ ଭାଗ୍ୟ ନେଇ ତାଙ୍କ ପରି ଜନ୍ମ ନେଇଥିବା ମଣିଷମାନେ କିଭଳି ନିଜର ପରିଚୟ ଏବଂ ନିଜକୁ ବ୍ୟତିକ୍ରମ ଭାବରେ ଗଢ଼ିତୋଳନ୍ତି ଏ ପୁସ୍ତକ ତା'ର ଏକ ଶ୍ରେଷ୍ଠ ପ୍ରମାଣ। ଏଥିରେ ଜଣେ ମର୍ମବାଦୀ ଅନୁବାଦକ ଭାବରେ ମୂଳ ପୁସ୍ତକର ପାଠ ସାଙ୍ଗକୁ ଓଡ଼ିଆ ଭାଷା-ଭାବ-ଲିପିକୁ ଅଙ୍କନ କରି ପାଠକଙ୍କୁ ସମର୍ପି ଦେଇଛନ୍ତି ଅନୁବାଦକ, ଯାହାକି ପ୍ରତ୍ୟେକଙ୍କ ଭିତରେ ଗଭୀର ଆତ୍ମପ୍ରତ୍ୟୟ ସୃଷ୍ଟି କରିବ। ଏ ପୁସ୍ତକରୁ ପାଠକମାନେ ଦେଖିପାରିବେ-

- ରସ୍କିନ୍‌ଙ୍କ ଶୈଶବ ଏବଂ କୈଶୋର ଜୀବନରେ ବାରମ୍ବାର ହୋଇଥିବା ବିସ୍ଥାପନା
  ସମସ୍ୟାକୁ ନେଇ ଅବସୋସ।
- ତାଙ୍କ ପିତାମାତାଙ୍କର କନ୍ଦଳ ସହ ନିରାପତ୍ତାଶୂନ୍ୟ ଶୈଶବ।
- ପିତାମାତାଙ୍କ ବିଚ୍ଛେଦରେ କୋମଳମତି ରସ୍କିନ୍‌ଙ୍କ କ୍ଷତାକ୍ତ ହୃଦୟର ଅସହାୟତାର ଚିତ୍ର।
- ପିତୃସର୍ବସ୍ୱ ଜୀବନ ଓ ତାଙ୍କ ପ୍ରତି ଗଭୀର ଶ୍ରଦ୍ଧା, ଅନୁରାଗ ସୃଷ୍ଟି।
- ନିଜ ଜୀବନର ସର୍ବଶ୍ରେଷ୍ଠ ସଂପତ୍ତି 'ପିତାଙ୍କ ଚିଠି' ଗୁଡ଼ିକ ସ୍ୱଶିକ୍ଷକ ହଜେଇ ଦେବାର ଗଭୀର ଖେଦୋକ୍ତି।
- ରସ୍କିନ୍‌ଙ୍କ ପିତାଙ୍କର ବିୟୋଗ, ମାଆ ଓ ସାବତ ବାପାଙ୍କ ଦ୍ୱାରା ଅବହେଳିତ ଜୀବନ।
- ଜୀବନର ଏକଲାପଣ, ପାଠ୍ୟପୁସ୍ତକ ପାଠ ପାଇଁ ପ୍ରଭାବ ପକେଇଥିବାର କଥା।

- ଶାରୀରିକ ଅକ୍ଷମ ମିସ୍ କେଲେନ୍‌ଙ୍କ ଆତିଥେୟତା, ନିଜର ପ୍ରପିତାମହୀ ଇ. ସିମ୍‌ସଙ୍କ ସଂଗୃହୀତ ପାଠ୍ୟପୁସ୍ତକ ପ୍ରଭୃତି କେତେକଙ୍କ ଅବଦାନକୁ ମନେପକେଇବାର ମଧୁର ଅନୁଭବ।
- ୧୯୪୫ ସ୍ୱାଧୀନତା ପୂର୍ବବର୍ତ୍ତୀ ଡେରାଡୁନ୍‌ର ଚିତ୍ର।
- ସିମଳାର ଖେଳ ପଡ଼ିଆ, ଶୈଶବର ଅନ୍ତରଙ୍ଗ ସ୍କୁଲ୍ ବନ୍ଧୁ ଓମାରଙ୍କ ସହ ସୁଖଦ ମୁହୂର୍ତ୍ତର ସ୍ମୃତିଚାରଣ, ଭାରତ-ପାକିସ୍ତାନ ଯୁଦ୍ଧ ସମୟରେ ନିଜର ପ୍ରିୟ ବନ୍ଧୁଙ୍କୁ ହରେଇବାର ଖେଦୋକ୍ତି ଯେ କୌଣସି ପାଠକଙ୍କ ହୃଦୟକୁ ମର୍ମାହତ କରିବ। "ମରିଯିବା ଆଗରୁ ଏକଦା ଓମାର ଆମ ସ୍କୁଲ୍ ଖେଳ ପଡ଼ିଆକୁ ଥରୁଟେ ଦେଖିପାରିଥିଲା କି? ହୁଏତ ଏଇ ପାହାଡ଼ ଉପର ଦେଇ ଉଡୁଥିବାବେଳେ ସେ ପିଲାଦିନର ସ୍ମୃତିଗୁଡ଼ିକ ମନେ ପକେଇଥିବ। ହୁଏତ ସେ ଆମ ପିଲାଦିନର ସୁଡ଼ଙ୍ଗଟିକୁ ମଧ୍ୟ ଝୁରିଥିବ ଯାହା ଜରିଆରେ ଜଣେ ବୟସ୍କ ମଣିଷଙ୍କ ପୃଥିବୀରୁ ବାହାରି ଏକ ନିରାପଦ ସ୍ୱାଧୀନତାକୁ ଖସିଯାଇପାରେ। ମାତ୍ର ଆକାଶରେ ତ ସେମିତି ସୁଡ଼ଙ୍ଗଟିଏ ନ ଥାଏ! (ସିମଳାର ଖେଳପଡ଼ିଆ, ସେଇସବୁ ପିଲାଦିନ, ପୃ-୫୬)
- ପୁସ୍ତକ ପାଠକୁ ସେ ଧର୍ମ ବୋଲି ବିବେଚନା କରନ୍ତି। ଏହାଦ୍ୱାରା ସେ ତାଙ୍କ ଆତ୍ମାର ଆବିଷ୍କାର କରିପାରିଥିଲେ ବୋଲି ଅନେକତ୍ର ଲେଖକ ପ୍ରକାଶ କରିଛନ୍ତି।
- ପାଠାଗାର ପ୍ରତି ଅହେତୁକ ମମତା, ସ୍ୱପ୍ନକୁ ସାର୍ଥକ କରିବା ପଥରେ କଠୋର ଶ୍ରମ ଓ ସଂଘର୍ଷର ନିରୋଳା ଅଭିବ୍ୟକ୍ତି ରହିଛି ଏଥିରେ।
- ଭିଏତ୍‌ନାମୀ ଝିଅ 'ଭୁ-ପୁଅଙ୍ଗ'ଙ୍କ ପାଇଁ କ୍ରୀତଦାସ ହେବାକୁ ସୁଦ୍ଧା ପ୍ରସ୍ତୁତ ଥିବା ରସ୍କିନ୍‌ଙ୍କ ପ୍ରେମ-ବତୁରା-ହୃଦୟର ନିରୀହ ଭାଷା ପାଠକଙ୍କ ହୃଦୟକୁ ସ୍ପର୍ଶ କରେ।
- ଭାରତବର୍ଷ ପାଇଁ ତାଙ୍କର ଥିବା ନିରୁତା ପ୍ରେମକୁ ମଧ୍ୟ ଦେଖିହୁଏ। ସେ କହନ୍ତି- "ହେ ମୋର ପ୍ରିୟ ଭାରତ, ତୁମେ ଧୂଳି ଧୂଆଁର ହୁଅ ପଛକେ ତମଠାରୁ ପ୍ରିୟ ଆଉ କେହି ମୋର ନାହିଁ।" (ସ୍ୱପ୍ନ ସବୁକୁ ସତ ମଣିବାର ବୟସ, ସେହିସବୁ ପିଲାଦିନ, ପୃ-୧୧୪)

ସେହିପରି ଜଣେ ବ୍ରିଟିଶ ହୋଇ ମଧ୍ୟ ଭାରତ ପାଇଁ ଯେଉଁ ଅନୁରାଗ ଉଙ୍କୁଟି ଉଠିଛି ତା'ର ମଧ୍ୟ ଏକ ଦୃଷ୍ଟାନ୍ତ ଏଠାରେ ପ୍ରଦାନ କରାଯାଇପାରେ -

"ମୋ ପୃଥିବୀ ପିପ୍ପଳ, ଆମ୍ବଗଛ ମେଳରେ। ସେଇ ଭାରତର ଛୋଟ ସହରରେ ମୋର ଜନ୍ମ, ଯାହାର ଉଷ୍ମ ସୂର୍ଯ୍ୟକିରଣ, କାଦୁଆ କେନାଲ, ଗେଣ୍ଡୁଫୁଲର ବାସ୍ନା ମୋତେ ଗଢ଼ିଛି। ତା'ର ଗରମ ମସଲା ପଡ଼ିଥିବା ତରକାରିର ବାସ୍ନା, ଉଚ୍ଚା ପାହାଡ଼ିଆ

ଅଞ୍ଚଳର ଘର, ଖରାଦିନିଆ ବର୍ଷା ପରେ ଓଦା ମାଟିର ବାସ୍ନା, ନିମ୍ବଫଳ ଫାଟିବାର ସୁଗନ୍ଧ, ହୋ ହୋ ହୋଇ ହସୁଥିବା ମୁହଁ ଏବଂ ନିବିଡ଼ ବନ୍ଧୁତା ନେଇ ମୋର ପୃଥିବୀ।" (ଡେରାକୁ ପ୍ରତ୍ୟାବର୍ତ୍ତନ, ସେହିସବୁ ପିଲାଦିନ, ପୃ-୧୩୪)

ରସ୍କିନ୍‌ଙ୍କ ଭାରତରେ ବସନ୍ତ ଋତୁର ଅନୁଭବକୁ କାବ୍ୟିକ ଢଙ୍ଗରେ ଉପସ୍ଥାପନା କରିବାରେ ଅନୁବାଦକଙ୍କ ପାରଦର୍ଶିତାକୁ ମଧ୍ୟ ଏ କ୍ଷେତ୍ରରେ ଉଲ୍ଲେଖ କରାଯାଇପାରେ-

"ଫେବ୍ରୁଆରିରେ ଡେରାକୁ ବସନ୍ତ ଋତୁ ଆସିଲା। ବସନ୍ତ ଆଗମନରେ ଡେରାର ବଗିଚାଗୁଡ଼ିକ ଚମତ୍କାର ଦିଶିଲା। ଉଜ୍ଜ୍ୱଳ ହଳଦିଆ ଲାଲ୍ ଗୋଲାପ ରଙ୍ଗର ଫୁଲ ଗୁଡ଼ିକର ବର୍ଣ୍ଣବିଭା ଏବଂ ପାଚିଲା ଫଳଗୁଡ଼ିକର ବାସ୍ନା ଡେରାକୁ ମହକାଇ ଦେଲା। ନାନା ରଙ୍ଗର ପ୍ରଜାପତି ଖରାରେ ଖେଳି ବୁଲିଲେ। ଧୀର ପବନରେ ଅନୁଚ୍ଚ ଫୁଲ ଗଛ ଗୁଡ଼ିକର ଶାଖା ଦୋହଲି ନାଚୁଥିଲେ ଏବଂ ସାରା ଡେରା ଗୋଟେ ସୁନ୍ଦର ଚିତ୍ର ପରି ଦିଶିବାରେ ଲାଗିଲା।" (ଡେରାଡୁନ୍ ଓ ୧୯୪୫ର ଶୀତଋତୁ, ସେଇସବୁ ପିଲାଦିନ, ପୃ-୪୪)

ଗୌରହରିଙ୍କ ଏହି ସାର୍ଥକ ଅନୂଦିତ କୃତିର କେତେକ ସ୍ମରଣୀୟ ପଦକୁ ପାଠକଙ୍କ ଉଦ୍ଦେଶ୍ୟରେ ଏଠାରେ ପ୍ରଦାନ କରାଗଲା।

- "ଧନୀ ଲୋକମାନେ ଟଙ୍କାକୁ ଭଲ ପାଆନ୍ତି। ଆମେ ଜୀବନକୁ ଭଲ ପାଉ।" (ସ୍ୱଚ୍ଛ, ନିର୍ମଳ ଓ ମନୋହର, ସେହିସବୁ ପିଲାଦିନ, ପୃ-୯୩)
- "ଜୀବନର ସବୁଠୁ ବଡ଼ କଥା ଭଲ ପାଇବା ଓ ଅନ୍ୟମାନଙ୍କର ସ୍ନେହ ଆଦର କରିବା।" (ସ୍ୱପ୍ନ ସବୁକୁ ସତ ମଣିବାର ବୟସ, ସେହିସବୁ ପିଲାଦିନ, ପୃ-୧୧୫)
- "ମଣିଷମାନେ ବଡ଼ ହୋଇଗଲା ପରେ ସେମାନଙ୍କର ପିଲାଦିନ ପଛରେ ଛାଡ଼ିଯାଆନ୍ତି।" (ସ୍ୱପ୍ନ ସବୁକୁ ସତ ମଣିବାର ବୟସ, ସେହିସବୁ ପିଲାଦିନ, ପୃ-୧୧୫)
- "କୌଣସି ବହି ପଢ଼ି ଶେଷ କରିବାଲାଗି କିମ୍ବା ଅଧା ଲେଖା ଗପଟି ସାରିବା ପାଇଁ ସେଦିନ ରାତି ରାତି ଅନିଦ୍ରା ରହିପାରୁଥିଲି।" (ଭାରତଠୁଁ ଅନେକ ଦୂରରେ, ସେହିସବୁ ପିଲାଦିନ, ପୃ-୧୧୯)
- "ଗୋଟେ ଆଖି ଖରାପ ହୋଇଥିଲେ ବି ଆର ଆଖିଟି ସାହାଯ୍ୟରେ ମୁଁ ବରାବର ପଢୁଥିଲି।" (ଚାକିରି ଓ ପ୍ରେମ, ସେହିସବୁ ପିଲାଦିନ, ପୃ-୧୩୧)
- "ବ୍ୟକ୍ତିଗତ ଜୀବନରେ ଦୁଃଖ ଭୋଗିଥିବା ମଣିଷମାନେ ହିଁ ଅଧିକ ଦୟାଶୀଳ।" (ମୋ ବାପାଙ୍କୁ ଚିଠି, ପୃ-୧୩୯)

ରବୀନ୍ଦ୍ରନାଥ, ରୁମର୍ ଗଡେନ୍ (ଔପନ୍ୟାସିକ), ସୁଧୀନ ଘୋଷ, କ୍ରିଟ୍‌ସ, ବ୍ରଣ୍ଟେସ୍, ଷ୍ଟିଭେନ୍‌ସନ୍, ଏଚ୍.ଇ. ବ୍ୟାଟ୍‌ସ ପ୍ରମୁଖ ବହୁ ସାହିତ୍ୟିକଙ୍କ ପୁସ୍ତକ ଦ୍ୱାରା ପିଲାଦିନରୁ ପ୍ରଭାବିତ ହୋଇଥିବା ବିଶ୍ୱଚର୍ଚ୍ଚିତ ଲେଖକ ରସ୍କିନ୍ ବଣ୍ଡ୍‌ଙ୍କ ଏହି ପୁସ୍ତକର ଯଥାର୍ଥ ମର୍ମାନୁବାଦରେ ଗୌରହରିଙ୍କ ସଫଳତାକୁ ପାଠକମାନେ ପ୍ରତ୍ୟକ୍ଷ କରିପାରିବେ।

୫. ଛେଳି ଚରେଇବାର ଦିନ (୨୦୧୬):

ଗୌରହରି ଦାସଙ୍କ 'ଛେଳି ଚରେଇବାର ଦିନ' ଏକ ଶିହରଣ ସୃଷ୍ଟିକାରୀ ଅନୁବାଦ କୃତି। ଏହାର ମୂଳଲେଖା ହେଉଛି 'ଆବୁ ଜୀବିଥମ୍' (ଛେଳି ଚରେଇବାର ଦିନ) ଏବଂ ଏହାର ସ୍ରଷ୍ଟା ହେଉଛନ୍ତି ଚର୍ଚ୍ଚିତ ମାଲୟାଲମ ଲେଖକ ବେନିୟାମିନ୍। ୨୦୦୯ରେ ଏ ପୁସ୍ତକ କେରଳ ସାହିତ୍ୟ ଏକାଡେମୀ ପୁରସ୍କାର ପାଇଥିଲା। ଏହି ପୁସ୍ତକ 'ଗୋଟ୍ ଡେଜ୍' ନାମରେ ଯୋସେଫ କୋୟିପାଲୀଙ୍କ ଦ୍ୱାରା ଇଂରେଜୀରେ ଅନୂଦିତ ହୋଇ ପେଙ୍ଗୁଇନ୍ ବୁକ୍ସ ପ୍ରକାଶନ ସଂସ୍ଥା ମାଧ୍ୟମରେ ପ୍ରକାଶିତ ହୋଇଥିଲା। ଏହି ଇଂରାଜୀ ଅନୁବାଦ ପଢ଼ି, କରୁଣ ରସରେ ଦ୍ରବୀଭୂତ ଗୌରହରି, ଏହାର ଅନ୍ତଃସୌନ୍ଦର୍ଯ୍ୟକୁ ଅଗଣିତ ଓଡ଼ିଆ ପାଠକଙ୍କ ଠାରେ ବୁଣିଦେବା ଉଦ୍ଦେଶ୍ୟରେ ଏହାର ଓଡ଼ିଆ ଅନୁବାଦ କରିଛନ୍ତି। ଫଳସ୍ୱରୂପ ମୂଳଲେଖାର ଭାବ ସୌନ୍ଦର୍ଯ୍ୟକୁ ପାଥେୟ କରି ଆର୍ଯ୍ୟବେଦାନ୍ତ ପବ୍ଲିକେସନ୍ସ, ଭୁବନେଶ୍ୱର ଦ୍ୱାରା ୨୦୧୬ ମସିହାରେ 'ଛେଳି ଚରେଇବାର ଦିନ' ନାମରେ ଏ ଅନୁବାଦ ପୁସ୍ତକ ପ୍ରକାଶ ପାଇଛି। ବିଶିଷ୍ଟ ସାହିତ୍ୟିକ ହରପ୍ରସାଦ ଦାସ ଏ ପୁସ୍ତକ ପଢ଼ି କହିଛନ୍ତି-

"ଚୋଟଖିଆ ଛାତିର ବୁନ୍ଦାଏ ତାଜା ରକ୍ତ ପରି ଜୀବନ୍ତ ଓ କୁହୁଳୁଥିବା ଆଖିର ବିନ୍ଦୁଏ ଅବରୁଦ୍ଧ ଲୁହ ଭଳି ଛଟପଟ ଏ କାହାଣୀ! ଗୌରହରି ଦାସଙ୍କ ଚମତ୍କାର ଓଡ଼ିଆର ଅନୁବାଦ ସହିତ ଓଡ଼ିଆ ପାଠକଙ୍କୁ ମିଳିବ ଭାଗ୍ୟର ନିଜ ହାତଲେଖା ଶାପମୁକ୍ତିର ଏ ମାନବୀୟ ମହାଗାଥା।"

ତଦନୁରୂପ କଥାକାର ବିଭୂତି ପଟ୍ଟନାୟକ ଏହାର ପାଠକ ଭାବେ କହନ୍ତି- "'ଛେଳି ଚରେଇବାର ଦିନ' ହେଉଛି ହତଭାଗ୍ୟ ନଜିବ୍ ମହମ୍ମଦର ଅବିଶ୍ୱାସ୍ୟ ଭୟାବହ ଅନ୍ତରଙ୍ଗ ଅନୁଭୂତିର ଅପୂର୍ବ ଆଲେଖ୍ୟ। ଆଦ୍ୟ କୈଶୋରରେ ଉଦୟନାଥ ଷଡ଼ଙ୍ଗୀଙ୍କ ଅନୂଦିତ ଉପନ୍ୟାସ 'ଟମ କକାଙ୍କ କୁଟୀର' ପଢ଼ି ମୁଁ ଲୁହ ସମ୍ଭାଳି ପାରି ନ ଥିଲି। ଏଇ ପରିଣତ ବୟସରେ ଗୌରହରି ଦାସଙ୍କ ଭାଷାନ୍ତରିତ ମାଲୟାଲୀ ଉପନ୍ୟାସ 'ଛେଳି ଚରେଇବାର ଦିନ' ଏକା ନିଃଶ୍ୱାସକେ ପଢ଼ି ଶେଷ କଲା ପରେ ଅନୁରୂପ ଅନ୍ତର୍ବେଦନାରେ ମୋର ସାରା ଦେହ ରୋମାଞ୍ଚିତ ହୋଇ ଉଠିଛି।"

ମୂଳ ଲେଖାର ପାଠରେ ପ୍ରଭାବିତ ଗୌରହରିଙ୍କର ଅନୁବାଦ କ୍ଷେତ୍ରରେ ଏହା ଅନ୍ୟ ଏକ ନୂତନ ପରୀକ୍ଷା। ସୃଜନଶକ୍ତି ବଳରେ ସ୍ୱ-ଉପଲବ୍ଧିକୁ ମୌଳିକ ରୂପରେଖ ଦେବାର ପ୍ରୟାସ କରିଛନ୍ତି ସେ। ବାଲ୍ୟ ଜୀବନରୁ ଆବଡ଼ା ଖାବଡ଼ା ରାସ୍ତାରେ ସଂଘର୍ଷ କରି ଆପଣାକୁ ପ୍ରତିଷ୍ଠିତ କରିପାରିଥିବାରୁ ଗୌରହରି ଅସହାୟ ମଣିଷଙ୍କ ପ୍ରତି ହୋଇପଡ଼ନ୍ତି ବିଶେଷ ଅନୁରାଗୀ। ସେମାନଙ୍କ ଦୁଃଖ, କଷ୍ଟ, ଯନ୍ତ୍ରଣାକ୍ତ ଜୀବନର ଘଟଣା ଦେଇ ନିଜ ଅତୀତକୁ ଉହୁଙ୍କି ଦେଖି, ବେଶୀ ସମ୍ବେଦନଶୀଳ ହୋଇଯାଆନ୍ତି ତାଙ୍କ ପ୍ରତି। ତଦନୁରୂପ ଏହି କାହାଣୀର ଅନୁବାଦର ଅନୁଭବକୁ ନେଇ ସେ ଲେଖିଛନ୍ତି-

"'ଗୋଟ୍ ଡେଜ୍'ର କାହାଣୀ ମୋତେ ଏମିତି ଅସ୍ତବ୍ୟସ୍ତ କରିଦେଲା ଯେ ମୁଁ ତାହାର ଅନୁବାଦ ନ ସାରିଲା ଯାଏ ଶାନ୍ତିରେ ବସି ପାରିଲି ନାହିଁ। ଦୁର୍ଦ୍ଦଶା ଓ ଦୁଃସମୟ ସହ ସଂଗ୍ରାମ କରି ଆଗକୁ ବଢ଼ିଥିବା ଏବଂ କଷ୍ଟକର ସମୟ ଭିତରେ ଜୀବନ କାଟିଥିବା ମଣିଷମାନଙ୍କ ପ୍ରତି ମୋର ସବୁବେଳେ ଶ୍ରଦ୍ଧା ଓ ସମ୍ମାନ। ମୋର ବିଶ୍ୱାସ, ସେମାନଙ୍କ ସଂଘର୍ଷର କାହାଣୀ ଅନ୍ୟମାନଙ୍କୁ ଦୁଃଖ କଷ୍ଟ ସହି ଜୀବନ ଜିଇବାକୁ ପ୍ରେରଣା ଦିଏ। ସେଥିପାଇଁ, ମୋ ଭାଷାର ପାଠକ ପାଠିକା ଏହି ବହିଟି ପଢ଼ନ୍ତୁ ବୋଲି ମୋର ଇଚ୍ଛା ହେଲା, ସେଇ ଇଚ୍ଛାରୁ ଏହି ଅନୁବାଦ।" (୧୯)

ସାଧାରଣ ଲୋକର କଥା, ସରଳ ସାବଲୀଳ ଭଙ୍ଗୀରେ ଏ ଅନୁବାଦ ମହିମାନ୍ୱିତ। 'ଛେଳି ଚରେଇବାର ଦିନ'ରେ ସନ୍ନିବେଶିତ 'କାରାଗାର', 'ମରୁଭୂମି', 'ପଳାୟନ', 'ଆଶ୍ରୟ' ପରି ପ୍ରସଙ୍ଗ ଗୁଡ଼ିକର ମାର୍ମିକ ଅନୁଭବ ଏବଂ ଅନୁଭୂତି ନଜିବ୍ ଚରିତ୍ର ମଧ୍ୟରେ ରୂପାୟିତ ହୋଇଛି। ଆଶା-ସ୍ୱପ୍ନ ଶୂନ୍ୟ ଛେଳିର ଜୀବନ ଜିଉଁଥିବା ନଜିବ୍‌ଙ୍କ ଜୀବନର ଦୀର୍ଘ ୩ ବର୍ଷ ୪ ମାସ ୯ ଦିନ ବା ପ୍ରାୟ ୪ ବର୍ଷର ଦୁଃଖଦ ଜୀବନ ଯେ କୌଣସି ପାଠକର ଛାତି ଥରେଇଦେବ।

ନିଜ ଆର୍ଥିକ ଅବସ୍ଥାର ସୁଧାର ପାଇଁ ମାଲୟାଲମ ଯୁବକ ନଜିବ୍, ନିଜର ଗର୍ଭବତୀ ପତ୍ନୀ ସାଇନୁ ଏବଂ ଜନନୀଙ୍କୁ ଛାଡ଼ି ଅଧିକାଂଶ ମାଲାୟାଲିଙ୍କ ପରି ଆଖିରେ ଆଖିଏ ସ୍ୱପ୍ନ ରଖି ନିଜର ଭିଟାମାଟି 'କାୟମ୍ କୁଲମ'ରୁ ଉପସାଗରୀୟ ଅଞ୍ଚଳ ଅଭିମୁଖେ ଉଡ଼ାଣ କରିଛି। ଅଜଣା ଅଚିହ୍ନା ଆରବ ଦେଶରେ ତା'ର ମାଲିକ ଅରବ୍‌କୁ ସେ ପାଇଛି। ରୁକ୍ଷ, ନୃଶଂସ ଏହି ମଣିଷର ଅତ୍ୟାଚାର ମରୁଭୂମି ମଧ୍ୟରେ ତା'ର ଜୀବନ ଜିଇବାର ତଥା ଘରକୁ ଫେରିବାର ଆଶା-ସ୍ୱପ୍ନକୁ ମାରି ଦେଇଛି। କ୍ରୀତଦାସର ଜୀବନ ଏବଂ ଛେଳି ଚରେଇବାର ଦିନ ଗୁଡ଼ିକ ଭିତରେ ତା'ର ବିଦେଶ ଆସିବାର ସ୍ୱପ୍ନ ବିବର୍ଣ୍ଣ ହୋଇଯାଇଛି। ମରୁଭୂମିର ସେଇ ଛେଳିଚରା ଜୀବନ,

ମାଲିକର ଅକଥନୀୟ ଅତ୍ୟାଚାର, ଜୀବନ-ମରଣର ସଂଘର୍ଷ ମଧ୍ୟରେ ସ୍ୱଦେଶକୁ ଜୀବନ ଧରି ଫେରିବାର ଅନିଶ୍ଚିତତା ଭିତରେ ସେଠାରୁ ମୁକ୍ତି ପାଇବାର ଉଦ୍ୟମ ବେଶ୍ ରୋମାଞ୍ଚକର ମନେହୁଏ ପାଠକଙ୍କୁ । ସାଦାସିଧା ସରଳ ମଣିଷ ନଜିବ୍‌ର ଅଙ୍ଗେନିଭା କଥା ଗୁଡ଼ିକର ଜୀବନ୍ୟାସ ହୋଇଛି ଏଥିରେ । ବିଦେଶରୁ ନିଜ ଦେଶ ଓ ଗାଁ-ମାଟିକୁ ଫେରିବା ପର୍ଯ୍ୟନ୍ତ ନଜିବ୍ ମଧ୍ୟରେ ଜଣେ ଅସହାୟ, ଦୁଃଖୀ, ନିର୍ଯାତିତ ମଣିଷର ଛଟପଟପଣକୁ ପାଠକମାନେ ଦେଖିବାକୁ ପାଇବେ । ମରୀଚିକାକୁ ସତ ମନେ କରି ତା'ର ସୁଖ ସ୍ୱପ୍ନ ଦେଖିବା ଅସାର ଏବଂ ଭୟଙ୍କର ବି ହୋଇପାରେ, ସେ ବିଷୟରେ ଅଜ୍ଞାତ ଥିଲା ସେ । ନିଜର ଅଙ୍ଗେନିଭା ଅନୁଭବକୁ ଦାର୍ଶନିକ ସୁଲଭ ଢଙ୍ଗରେ ପ୍ରକାଶ କରି ନଜିବ୍ କୁହନ୍ତି- "ଯେଉଁ କଥା ବିଷୟରେ ଜଣେ ଭଲ ଭାବେ କିଛି ଜାଣେ ନାହିଁ ତାକୁ ନେଇ ସେ ସ୍ୱପ୍ନ ଦେଖିବା ଉଚିତ ନୁହେଁ । କାରଣ କେବେ ଯଦି ସତକୁ ସତ ସେଇ ସ୍ୱପ୍ନଟା ସତ ହେଇଯାଏ ତାହାହେଲେ ତାହାର ରୁକ୍ଷ ବାସ୍ତବତା ସାମ୍‌ନା କରି ସେ ପାଗଳ ହେଇଯିବ । ହୁଏତ ସେ ମୋହଭଙ୍ଗକୁ ସେ ବରଦାସ୍ତ କରିପାରିବ ନାହିଁ ।" (୨୦)

ପ୍ରତିକୂଳ ପରିସ୍ଥିତିରେ ପଡ଼ି ଲଢ଼େଇ କରିବାର ଶକ୍ତି ହରେଇ ବସିଥିବା ଲୋକ ପାଇଁ ଏ କାହାଣୀ ବେଶ୍ ପ୍ରେରଣାଦାୟୀ । "ଯେଉଁ ଲୋକମାନେ ପ୍ରତିକୂଳ ପରିସ୍ଥିତିରେ ପଡ଼ି ଲଢ଼େଇ କରିବାର ଶକ୍ତି ହରେଇ ବସିଥାଆନ୍ତି ସେମାନଙ୍କ ପାଇଁ ନଜିବ୍‌ଙ୍କ ସଂଘର୍ଷ କଥା ପ୍ରେରଣାଦାୟକ ହେବ ।"

ନଜିବ୍‌ର ଅଙ୍ଗେନିଭା ଅନୁଭୂତି ଭିତରେ ପାଠକେ ଦେଖନ୍ତି, ଛେଳି ଚରେଇବା ପାଇଁ ବାଧ୍ୟ ହୋଇଥିବା ଗୋଟେ ଅସହାୟ ମଣିଷର ଦୁର୍ଭାଗ୍ୟ ତଥା ଜୀବନ ମରଣର ସ୍ଥିତିକୁ । ଗୌରହରି ଦାସଙ୍କ ଏହି ଚମତ୍କାର ଅନୁବାଦ କୃତି ଭିତରେ ପାଠକମାନେ ଦେଖିବାକୁ ପାଇବେ -

- ନଜିବ୍ ପରି ଅସଂଖ୍ୟ ମାଲୟାଲୀ ତଥା ଭାରତୀୟ ଯୁବକ ଆର୍ଥିକ ଦୁରବସ୍ଥା ପାଇଁ ଭିଟାମାଟି ଛାଡ଼ିବାର କରୁଣ ଚିତ୍ର ।
- ନିଜ ଦେଶ ଛାଡ଼ି ଯିବା ବେଳର ହୃଦୟୋଚ୍ଛ୍ୱାସ ଭିତରେ ଆଖିରେ ଆଖିଏ ଆଶା ସମ୍ଭାବନା ଥିବା ଶ୍ରମିକର ଭାବନା ।
- ବିଂଶ ଶତାବ୍ଦୀରେ ସୁଦ୍ଧା ମଣିଷକୁ ପଶୁ ସଦୃଶ ବ୍ୟବହାର କରିବାର ନିର୍ଦ୍ଦୟପଣ ।
- ଆରବ ଦେଶର ପରିବେଶ ଏବଂ ବିସ୍ତୀର୍ଣ୍ଣ ଭୟଙ୍କର ମରୁଭୂମିର ଦୃଶ୍ୟ ।
- ମଧ୍ୟପ୍ରାଚ୍ୟରେ କାମ ସନ୍ଧାନରେ ଯାଇଥିବା ଭାରତୀୟଙ୍କ ଦୁର୍ଦ୍ଦଶା ।

- ହତଭାଗ୍ୟ ନଜିବ୍ ମହମ୍ମଦର ଛେଳିଚରା ଦିନଗୁଡ଼ିକର ଅନ୍ତରଙ୍ଗ ଆଲେଖ୍ୟ।
- ଛେଳି, ମେଣ୍ଢା, ଓଟଙ୍କ ସହ ନିଜର ଭାବ ବାଣ୍ଟୁଥିବା ନଜିବ୍‌ର ହୃଦୟରେ ସେମାନଙ୍କ ପାଇଁ ସୃଷ୍ଟି ହୋଇଥିବା ଅନୁରାଗ ଏବଂ ଶ୍ରଦ୍ଧା।
- କ୍ରୂର ମରୁଭୂମିର ପରିବେଶ ଭିତରେ ସ୍ୱପ୍ନକୁ ଜାବୁଡ଼ି ଧରି ବଞ୍ଚି ରହିବାର ମର୍ମସ୍ପର୍ଶୀ ବର୍ଣ୍ଣନା।
- ମାଇଲ୍ ମାଇଲ୍ ପରିବ୍ୟାପ୍ତ ମରୁଭୂମିର ଖରା, ବର୍ଷା, ଶୀତ-କାକରରେ ଜିଇଁବାର ଆଶା ଛାଡ଼ିଥିବା ରହିମ୍, ଇବ୍ରାହିମ୍, କାଦିର୍ ଏବଂ ନଜିବ୍‌ଙ୍କ ମନରେ ସ୍ୱଦେଶକୁ ଫେରିବା ପାଇଁ ବ୍ୟାକୁଳତାର ଚିତ୍ର।
- ମରୁଭୂମିରୁ ପଳାୟନ ବେଳେ ଖାଦ୍ୟ-ପାଣି ବିନା ରହିମ୍‌ର ମୃତ୍ୟୁ; ନଜିବ୍, ଇବ୍ରାହିମ୍‌ର ତନ୍ଦ୍ରାଧରୁ ମୁକୁଳିବା ପାଇଁ ଦୀର୍ଘ ସଂଘର୍ଷ।
- ନଜିବ୍‌ର ଜେଲ୍ ଜୀବନର ଚିତ୍ର।
- ଦୀର୍ଘ ୪ ବର୍ଷ ଦୁଃଖଦ ଜୀବନ ଜିଇଁ, ମରୁଭୂମିର ମାଲିକ ଓ ମରୁଭୂମିରୁ ପଳାୟନ ବେଳେ ମରଣମୁଖରେ ପଡ଼ିବାର ଅନୁଭୂତିଠାରୁ ଜେଲ୍‌ରୁ ନିଜ ଦେଶକୁ ରିକ୍ତ ଜୀବନାନୁଭୂତି ନେଇ ଫେରିବାର କରୁଣ ଚିତ୍ର ଇତ୍ୟାଦି।

ସଂଘର୍ଷର ଅନ୍ୟ ନାମ ଜୀବନ। ଧୈର୍ଯ୍ୟହରା ହୋଇ ବିଚଳିତ ହେଲେ ଜୀବନର ରାସ୍ତା ଆହୁରି ଦୁର୍ଗମ ମନେହୁଏ। ନଜିବ୍‌ର ଜୀବନ ସଂଘର୍ଷର କଥା ଆମ କଙ୍କରିଳ ଜୀବନ ପଥକୁ ଅତିକ୍ରମ କରିବାକୁ ସାହସ ଏବଂ ପ୍ରେରଣା ଦେବ ନିଶ୍ଚୟ।

ଗୌରହରିଙ୍କ ଏ ଅନୁବାଦ ଦ୍ୱାରା ଆମେ ଆରବ ଦେଶର ପ୍ରଥା, ଆଚରଣ ଉଚ୍ଚାରଣ ସଂପର୍କୀୟ କେତେକ ଶବ୍ଦ ମଧ୍ୟରୁ ସେ ଦେଶର ତଥା ଜାତିର ବୈଶିଷ୍ଟ୍ୟକୁ ଲକ୍ଷ୍ୟ କରିପାରିବା। ବିଭିନ୍ନାଞ୍ଚଳରେ ଗୋଟେ ଗୋଟେ ଶବ୍ଦ ବିଭିନ୍ନ ଅର୍ଥରେ ବ୍ୟବହାର ହୋଇଥାଏ। ଏ ସଂପର୍କରେ ଆମର ଅନୁବାଦକ ଗୌରହରି ବେଶ୍ ସଚେତନ ଜଣାପଡ଼ନ୍ତି। ତେବେ ଶବ୍ଦ ଏବଂ ତା'ର କେତେକ ଅର୍ଥକୁ ନଜିବ୍ ମୁଖରେ ଏହି ଅନୁବାଦ କୃତି ମଧ୍ୟରୁ ଦୃଷ୍ଟାନ୍ତ ସ୍ୱରୂପ ଦିଆଯାଇପାରେ-

"ଆରବବ୍ - ମୁନିବ, ମାଲିକ

ମସାରା - ଛେଳିଘର, ଛେଳି ଗୁହାଳ

ଖୁବୁସ୍ - ଏଠି ମୋତେ ଯେଉଁ ଖାଦ୍ୟଟି କେବଳ ମିଳିବ (ମୋଟା ରୋଟି)

ମାୟିନ - ଅତି ବିରଳ ତରଳ ପଦାର୍ଥ (ତାକୁ 'ପାଣି' କହି ମାମୁଲି କରିଦିଅନ୍ତୁ ନାହିଁ। କାରଣ 'ମାୟିନ' କହିଲେ ଏଠି ମୋ ମୁନିବ ଯାହା ବୁଝନ୍ତି ତାହା ପାଣି କହିଲେ ଆମେ ବୁଝୁଥିବା ଅର୍ଥ ସହ ଆଦୌ ସମାନ ନୁହେଁ।

ଗନମ୍ - ଛେଳି
ହାଲିବ - କ୍ଷୀର
ଥିବିନ୍ - ଘାସ
ବାର୍ସି - ପାଳ
ଜାମାଲ - ଓଟ
ଲା - ନାଁ
ଜୀ ହାଁ - ହଁ ମାଲିକ
ୟାଲାହା - ଏଠୁ ପଳା।" (୨୧) ଇତ୍ୟାଦି।

ଏହିପରି ବିଭିନ୍ନ ପରିବେଶ, ପରିସ୍ଥିତିକୁ ନେଇ ଏ ଅନୁବାଦ କୃତିରେ ରହିଛି ଗୌରହରିଙ୍କ ଭାବ ତଥା ଶବ୍ଦ ପ୍ରକାଶର ଦକ୍ଷତା। କେତେକ ମର୍ମବାଣୀ ହୋଇ ତ ଆଉ କେତେକ ବାସ୍ତବ ଚିତ୍ରକଳ୍ପ ହୋଇ ଉକୁଟି ଉଠିଛନ୍ତି ଅନୁବାଦକଙ୍କ ଲେଖନୀରେ। ତନ୍ମଧ୍ୟରୁ କେତୋଟିର ଦୃଷ୍ଟାନ୍ତ ଦିଆଗଲା-

- "ଯେତେ ପ୍ରକାର ପ୍ରତିକୂଳ ପରିସ୍ଥିତି ଆସୁନା କାହିଁକି ତାହା ପୃଥିବୀରୁ ଜୀବନର ସମ୍ଭାବନାକୁ ସଂପୂର୍ଣ୍ଣ ମୂଳପୋଛ କରିପାରିବ ନାହିଁ।" (୨୨)
- ପରିସ୍ଥିତି ମଣିଷକୁ ସାହସୀ କରାଇଦିଏ।
- "x x x ମଣିଷ ହୁଅନ୍ତୁ କି ଛେଳି, ଏମିତି ପୁନର୍ଜନ୍ମ ପ୍ରକ୍ରିୟା ଚାଲିଥାଏ। ଗୋଟେ ମରୁଥାଏ ତ ତା' ଜାଗାରେ ଆଉ ଗୋଟେ ଆସୁଥାଏ। ସେହି ନାଆଁ ପୁରୁଣା ଲୋକର ଥିଲା, ପୁଣି ଭବିଷ୍ୟତରେ ନୂଆ ଲୋକର ମଧ୍ୟ ସେଇ ନାଆଁ ହେଇପାରେ।" (୨୩)
- "ମନକଥା ଶୁଣିବାଲାଗି ପାଖରେ କେହି ଜଣେ ଥିଲେ, ସବୁଠୁ ବଡ଼ କଠିନ ପରିସ୍ଥିତି ମଧ୍ୟ ପାର କରିହୁଏ; ମାତ୍ର ଏକୁଟିଆ ଥିଲେ ମଣିଷ ସେହି ଦୁଃଖ ଅଧିକ ଓଜନିଆ ହୋଇ ତା' ଉପରେ ମାଡ଼ିପଡ଼େ।" (୨୪)
- "ପ୍ରତ୍ୟେକ ଅଭିଜ୍ଞତାର ଗୋଟେ ଚରମ ପରିଣତି ଥାଏ। ସେ ଆନନ୍ଦ ହେଉ କି ବିଷାଦ, ବ୍ୟାଧି ହେଉ କି କ୍ଷୁଧା। ମଣିଷ ସେଇ ଅବସ୍ଥାରେ ପହଞ୍ଚିଗଲେ ଦିଇଟାରୁ ଗୋଟିଏ ନିଷ୍ପତ୍ତି ନିଏ - ହୁଏତ ଭାଗ୍ୟକୁ ଗ୍ରହଣ କରିନେବ କିମ୍ବା ସେଥିରୁ ରକ୍ଷା ପାଇବା ଲାଗି ତା'ର ଅବଶିଷ୍ଟ ଜୀବନ ବାଜି ଲଗେଇଦେବ।" (୨୫)
- ମରୁଭୂମିରେ ଦୁଃସ୍ଥ ଅସହାୟ ହୋଇପଡ଼ିଥିବା ନଜିବ୍‌ର ଅଭିଜ୍ଞତାରେ ଗୌରହରିଙ୍କ ଚିତ୍ରକଳ୍ପର ପରିକଳ୍ପନା-

"ଆକାଶଟା ଗୋଟେ ଓଲଟି ପଡ଼ିଥିବା ପାଛିଆ ପରି ଦିଶୁଥିଲା ଯାହାର ଅଧକ ନୀଳ ଓ

ଆଉ ଅଧିକ ଧୂସର ରଙ୍ଗ ଦିଶୁଥିଲା। ଗୋଟେ ପଟ ଦିଗ୍‌ବଳୟରୁ ଆକାଶ ବାହାରି ଆମ ମୁଣ୍ଡ ଉପରେ ଉଚ୍ଚକୁ ଛୁଇଁଥିଲା ଏବଂ ତା'ପରେ ନୋଇଁଯାଇ ଆଉ ଦିଗ୍‌ବଳୟ ପାଖରେ ସରିଥିଲା। ଆମେ ଥିଲୁ ସେଇ ପାଛିଆ ତଳେ ଛଟପଟ ହେଉଥିବା ତିନିଟା କୁକୁଡ଼ା ଚିଆଁ।" (୨୬)

- "ପରିସ୍ଥିତି ସହ ବୁଝାମଣା କରି ମଣିଷକୁ ବଞ୍ଚିବା ପାଇଁ ପଡ଼େ।"
- "ଚିତ୍ରକଳ୍ପ: - "ମୁଁ ମଲା ପୋଇ କି କଖାରୁ ଲଟାଟେ ପରି ତା' କାନ୍ଧରେ ଓହଳିଥାଏ।" (୨୭)

ଅନ୍ୟ ଏକ, "ସୂର୍ଯ୍ୟାସ୍ତ ସମୟରେ ସୂର୍ଯ୍ୟ ସତେ କି ନାଲି କଇଁଛଟିଏ ପରି ଧୀରେ ଧୀରେ ବାଲି ତଳକୁ ଗଡ଼ିପଡ଼େ।" (୨୮)

- "ମଣିଷର ପରିସ୍ଥିତି ତାକୁ ସାହସୀ କରେଇ ଦିଏ, ସବୁ ପ୍ରକାର ପରିସ୍ଥିତି ସହ ଖାପଖୁଆଇ ନେବା ପାଇଁ ତାକୁ ତାଲିମ ଦିଏ।" (୨୯)
- "ମୁକ୍ତିର ରାସ୍ତାରେ ପାଦ ଥାପିବାବେଳେ ବି ମଣିଷକୁ ତାହାର ପୁରୁଣା ସ୍ମୃତି ପଛରୁ ଅଟକେଇ ରଖେ। ଅତୀତଠାରୁ ଦୂରକୁ ଯିବା ଏତେ ସହଜ ନୁହେଁ।" (୩୦)

'ଛେଳି ଚରେଇବାର ଦିନ' ଭିତରେ ସାଂପ୍ରତିକ ମଣିଷର ଜୀବନ ଏବଂ ଯୁଗୀୟ ମଣିଷର ତାଡ଼ନା ଓ ଯନ୍ତ୍ରଣାକୁ ସାଉଁଟିବାର ଅଭୂତପୂର୍ବ ବିଚାରଧାରାକୁ ଆମେ ଦେଖିପାରିବା। ଯାହା ଆମ ସମାଜ ତଥା ମଣିଷ ପାଇଁ ଉପଯୋଗୀ ଏବଂ ତାଙ୍କ ଦୃଷ୍ଟି ବଳୟକୁ ପ୍ରସାରିତ କରିବାରେ ଉପଯୋଗୀ, ତାହାହିଁ ହୋଇଛି ତାଙ୍କର ସାରସ୍ୱତ ଜୀବନର ପ୍ରିୟ ଲକ୍ଷ୍ୟ।

ଅନୁବାଦ ଉପରେ ଗୁରୁତ୍ୱାରୋପ କରି ଆମ ଆଧୁନିକ ସାହିତ୍ୟର ବିଶିଷ୍ଟ ଅନୁବାଦକ ପଣ୍ଡିତ ନୀଳକଣ୍ଠ ଦାସ ମଧ୍ୟ କହିଛନ୍ତି- "ଆହରଣ ଜୀବନର ଲକ୍ଷଣ। କାଠରେ ଲେପ ଓ ବନକ ଦେଲେ ତା' ମୋଟା, ସୁନ୍ଦର, ଚକ୍‌ଚକ୍ ହୁଏ। ମାତ୍ର ସେଥିରେ କାଠ ବଢ଼େ ନାହିଁ। ସେ ବୃଦ୍ଧି କାଠର ନୁହେଁ। ତାକୁ କାଠର ବିକାଶ ବା ପରିଣାମ ବୋଲି କୁହାଯାଏ ନାହିଁ। ଦେହରେ ଖାଦ୍ୟ ବୋଲି ଦେଲେ ଦେହ ବଢ଼େ ନାହିଁ। ଖାଦ୍ୟର ଆହରଣରେ ଦେହକୁ ବଢ଼ାଇବାକୁ ହୁଏ। ଆହରଣରେ ପୁଣି ଯା' ଇଚ୍ଛା ତାହା ଖାଆନ୍ତି ନାହିଁ। ଯାହା ହଜମ ହୋଇ ଦେହରେ ଲାଗେ, ତାକୁଇ ଖାଆନ୍ତି। ଏଇଠାରେ ଆହରଣରେ ନିର୍ବାଚନ। ଏଇ ଆହରଣ ଏଇ ନିର୍ବାଚନରେ ଜୀବନ ଓ ବ୍ୟକ୍ତିତ୍ୱର ଲକ୍ଷଣ। ଏଥିରେଇ ଶ୍ରୀବୃଦ୍ଧି ହୁଏ।" (୩୧)

ଅନୁରୂପ ଭାବରେ ପ୍ରତ୍ୟେକ ମୂଳ ସୃଷ୍ଟିର ଆତ୍ମିକ ସୌନ୍ଦର୍ଯ୍ୟକୁ ରୂପ ଦେଇଛନ୍ତି ଅନୁବାଦକ। 'ଛେଳି ଚରେଇବାର ଦିନ' ପରି ଅନୁବାଦ କୃତି ତା'ର ପ୍ରମାଣ ଦିଏ।

ଏହା ମୂଳ ରଚନାର ଅନାବିଳ ମୌଳିକ ଭାବର ଭୁରୁଭୁରୁ ଗନ୍ଧରେ ପାଠକର ହୃଦ-କନ୍ଦରକୁ ବାସ୍ନାୟିତ କରିପାରିବ।

୬. ମିତ୍ରୋ ମରଜାନୀ (୨୦୦୪):

ହିନ୍ଦୀ ସାହିତ୍ୟର ଅନ୍ୟତମ ବିଖ୍ୟାତ କଥାକାର କୃଷ୍ଣା ସୋବତୀଙ୍କ ଚର୍ଚ୍ଚିତ ଉପନ୍ୟାସ 'ମିତ୍ରୋ ମରଜାନୀ'। ଗୌରହରି ଦାସଙ୍କ ଦ୍ୱାରା ଅନୂଦିତ ଏହାର ଓଡ଼ିଆ ସଂସ୍କରଣ ୨୦୦୪ ମସିହାରେ 'ନ୍ୟାସ୍‌ନାଲ୍ ବୁକ୍ ଟ୍ରଷ୍ଟ, ଇଣ୍ଡିଆ' ମାଧ୍ୟମରେ ଆତ୍ମପ୍ରକାଶ କରିଥିଲା। ସାଂପ୍ରତିକ ସମାଜ, ପାରିବାରିକ ଜୀବନ, ସମୟ ପ୍ରତି ତୀବ୍ର କଟାକ୍ଷ ସାଙ୍ଗକୁ ସାଂପ୍ରତିକ ମଣିଷମାନଙ୍କର ନୂତନ ରୂପକୁ ପାଠକେ ଭିନ୍ନ ସ୍ୱାଦରେ ଏହି ଉପନ୍ୟାସରେ ଦେଖିବାକୁ ପାଆନ୍ତି।

ରୂପଜୀବୀ 'ବାଲୋ'ର କନ୍ୟା 'ମିତ୍ରୋ' ଏହି ଉପନ୍ୟାସର ନାୟିକା, ଯେ କି ଘଟଣାକ୍ରମେ ସମାଜର ରକ୍ଷଣଶୀଳ ସମ୍ଭ୍ରାନ୍ତ ବ୍ୟକ୍ତି ଗୁରୁଦାସ (ଶ୍ୱଶୁର) ଏବଂ ଧନୱନ୍ତୀ (ଶାଶୂ)ଙ୍କ ପୁତ୍ରବଧୂ ସାଜିଛି। ସ୍ୱାମୀ 'ସରଦାରୀ ଲାଲ', ଅନ୍ୟାନ୍ୟ ଚରିତ୍ର (ବଡ଼ ଯା, ସାନ ଯା, ଦେଢ଼ଶୁର, ନଣନ୍ଦ) ପ୍ରଭୃତିଙ୍କ ଠାରୁ 'ମିତ୍ରୋ' ପରି ଚରିତ୍ରକୁ ବହୁବର୍ଣ୍ଣା କରି ଏଥିରେ ରୂପାୟିତ କରାଯାଇଛି। ଶରୀରର ଚାହିଦା ପୂରଣ କାମନା କରୁଥିବା 'ମିତ୍ରୋ'ର ମୁକ୍ତ ଆଚରଣ ମଧ୍ୟ ଦେଇ ପତ୍ନୀସର୍ବସ୍ୱ, ମାତୃତ୍ୱର ଜୀବନ ଅତି ଆକର୍ଷଣୀୟ ଭାବେ ଫୁଟି ଉଠିଛି। ସମାଜରେ 'ମିତ୍ରୋ' ପରି ଚରିତ୍ର ଅନେକ ଅଛନ୍ତି, ମାତ୍ର ତାଙ୍କର ସ୍ୱାଭାବିକ ଆଚରଣ-ଉଚ୍ଚାରଣ ଏତେ ଉନ୍ମୁଖ ଭାବେ ସାହିତ୍ୟରେ ରୂପ ପାଇବା ବିରଳ। ଏ ସଂପର୍କରେ ବିଶିଷ୍ଟ ସମୀକ୍ଷକ ବିଶ୍ୱନାଥ ତ୍ରିପାଠୀ କହନ୍ତି- "ମିତ୍ରୋ ଅନେକ ଘଟଣା ଏବଂ ଚରିତ୍ରମାନଙ୍କ ସଂସ୍ପର୍ଶରେ ଆସୁଛି। ସେହିସବୁ ସଂଘର୍ଷ ଭିତର ଦେଇ ମିତ୍ରୋର ବ୍ୟକ୍ତିତ୍ୱ ଫୁଟି ଉଠୁଛି। ଗୁରୁଦାସ, ଧନୱନ୍ତୀ (ଶ୍ୱଶୁର-ଶାଶୂ)ଙ୍କ ସଂପୂର୍ଣ୍ଣ ଭାବେ ସମ୍ମାନିତ ଜୀବନ, ବଡ଼ ଯା (ଜେଠାନୀ), ସାନ ଯା, ନଣନ୍ଦ ଓ ଦେଢ଼ଶୁରଙ୍କ ପରି ସଂପର୍କୀୟଙ୍କ ଭିନ୍ନ ଭିନ୍ନ ପ୍ରବୃତ୍ତି ସହ ବଞ୍ଚୁଥିବା ଜୀବନ, ସର୍ବୋପରି ନିଜ ଶୀତଳ ସ୍ୱାମୀର ସାନ୍ନିଧ ବର୍ଣ୍ଣନାରୁ ମିତ୍ରୋର ଚରିତ୍ରଟି ଆପେ ଆପେ ଉଜ୍ଜ୍ୱଳି ଉଠେ, ଯାହା ଅନ୍ୟ ଚରିତ୍ରମାନଙ୍କଠାରୁ ଭିନ୍ନ।" (୩୨) ସମୟକ୍ରମେ ଏହି ପରିବର୍ତ୍ତନରେ ହିଁ ତା' ଚରିତ୍ରର ବିବିଧ ସ୍ୱରୂପ ଉଜ୍ଜ୍ୱଳି ଉଠିଛି।

ନାରୀଟିଏ କେବଳ ଶରୀର ସର୍ବସ୍ୱ ଇଚ୍ଛା ନେଇ ବଞ୍ଚେ ନାହିଁ। ପରିବାର ଏବଂ ସ୍ୱାମୀ ପ୍ରେମର ସହଭାଗୀ ହେବା ପାଇଁ ମଧ୍ୟ ସେ ଇଚ୍ଛା ରଖିଥାଏ। ଏଥିପାଇଁ

ସ୍ୱଶରୀରକୁ ଏବଂ ହୃଦୟକୁ କେବେ ପରିବାର ପାଇଁ ବାଣ୍ଟିଦିଏ ତ କେବେ ସ୍ୱାମୀଙ୍କ ପାଖରେ ଅକୁଣ୍ଠିତ ଭାବେ ସମର୍ପି ଦିଏ ନିଜକୁ। ଅର୍ଥାତ୍ ନିଜର ଅଧିକାରଣପଣ ନେଇ ଉଭୟଙ୍କୁ ସେ ନିଜର କରିପାରେ। ଅବଶେଷରେ ଗୋଟାପଣେ ଏମାନଙ୍କ ଭଲପାଇବା ପାଇଛି ମିତ୍ରୋ। ନୈତିକ ସନ୍ଧାନର ପରିଣତିରେ ପାରିବାରିକ ଜୀବନର ସତ୍ୟାନ୍ୱେଷଣ ଏହି ଅନୂଦିତ କୃତିରେ ଦେଖିବାକୁ ମିଳିଥାଏ।

ଏ ଅନୁବାଦ କୃତି ମଧ୍ୟରେ ପାଠକମାନେ ଦେଖିପାରିବେ -

- ଅବାଞ୍ଛିତ ବାର୍ଦ୍ଧକ୍ୟ ପରେ ଅତୀତ ପ୍ରତି ମଧୁର ଦୃଷ୍ଟିପାତ, ଅତୀତର ପ୍ରିୟ ମଣିଷଙ୍କ ପ୍ରତି ଶ୍ରଦ୍ଧାଶୀଳ ସ୍ମୃତିଚାରଣ ଭିତରେ ଭାରତୀୟ ସଂସ୍କୃତିର ନମନୀୟ ଉଚ୍ଚାରଣ।
- ମିତ୍ରୋର ମୁଖରା, ମୁକ୍ତ ବିଚାର, ଗୁରୁ ଗୁରୁଜନ ପ୍ରତି ଲଜ୍ଜାଶୂନ୍ୟ ଆଚରଣର ବର୍ଣ୍ଣନାରେ ସ୍ୱାଭାବିକତା।
- ମଣିଷର ପ୍ରତ୍ୟେକ ଚାରିତ୍ରିକ ବୈଶିଷ୍ଟ୍ୟରେ ଦେଖିବାକୁ ମିଳେ ମୌଳିକ ସଂସ୍କାର ଓ ସେମାନଙ୍କର ନୂତନ ନୂତନ ବିଚାରଧାରାର ଉଜ୍ଜ୍ୱଳ ରୂପରେଖ।
- ଏକ ରକ୍ଷଣଶୀଳ ପରିବାର ଭିତରେ ନିଜର ଅଧିକାର ପାଇଁ ମିତ୍ରୋର ସଂଘର୍ଷ।
- ଇଚ୍ଛା ପୂର୍ତ୍ତିର ଅଭିଳଷିତ ଆକାଂକ୍ଷା ମଧ୍ୟରେ ମିତ୍ରୋର ପାରିବାରିକ ଜୀବନ ପ୍ରତି ଅହେତୁକ ଆକର୍ଷଣ ବୃଦ୍ଧି।
- ମାତୃତ୍ୱର ଦିବ୍ୟ ଅନୁଭବରେ ବା ମାଆ ହେବା ପାଇଁ ମିତ୍ରୋର ଅଭିଳାଷ ମଧ୍ୟରୁ ବାତ୍ସଲ୍ୟପଣଟିକୁ ଖୋଜି ହୁଏ, ଯେଉଁଥିରୁ ନିଜ ସ୍ୱାମୀଙ୍କ ପ୍ରତି ଅଧିକାର ସାବ୍ୟସ୍ତର ଇଚ୍ଛାର ତୀବ୍ରତା ବେଶ୍ ଶାଣିତ ଏବଂ ବାସ୍ତବିକ।
- ବାଲୋ (ମିତ୍ରୋର ମାଆ) ଚରିତ୍ରରେ ଦେଖିହୁଏ ଜ୍ୱାଇଁ ସରଦାରୀ ଲାଲ ସହ ଯୌନ ସମ୍ବନ୍ଧ ରଖିବା ନିମନ୍ତେ ସଂଯମହୀନ ଆଚରଣ ଏବଂ ତା'ର ମନୋବିକାର।
- ବାଲୋର ଷଡ୍‌ଯନ୍ତ୍ର ବୁଝିବା ପରେ ମିତ୍ରୋର ନିଜ ସ୍ୱାମୀ ପ୍ରତି ଅଧିକାରପଣଟିଏ ଜାଗି ଉଠିବା ମଧ୍ୟରେ ଦେଖିବାକୁ ମିଳେ ପାରିବାରିକତା ଓ ସାମାଜିକତାର ଚିରାଚରିତ ଶୃଙ୍ଖଳାବଦ୍ଧ ଭାବଭୂମି।
- ଏ ଉପନ୍ୟାସରେ ଦେଖିବାକୁ ମିଳେ ଅବାଞ୍ଛିତ ଜୀବନ ଜିଉଁଥିବା ବ୍ୟକ୍ତିମାନଙ୍କର ମାନସିକ ଦୁର୍ଦ୍ଦଶା।
- ଅତୀତ ସହିତ ବର୍ତ୍ତମାନର ସାଲିସ, ମଧୁର-ତିକ୍ତ ଅନୁଭବ ଏବଂ ଅବସାଦର ଧୂମିଳତା।

- ନାରୀଟିଏ ତା'ର ଅଧିକାର ତଥା ସ୍ଥିତି ସାବ୍ୟସ୍ତ ପାଇଁ ବିଭିନ୍ନ ପରିବେଶ ତଥା ପରିସ୍ଥିତି ସହ ଦ୍ୱନ୍ଦ୍ୱ କରିବାର ଚିତ୍ର।

ଗୌରହରିଙ୍କ ଅନୁବାଦ ସାହିତ୍ୟର ଭାବଲିପି ଓ ରୂପ ବୈଚିତ୍ର୍ୟ:

ଗୌରହରି ଦାସ ମୂଳ ଲେଖାର ଭାଷା ଏବଂ ଅନୁବାଦର ଭାଷା ଉଭୟ ପ୍ରତି ଆନୁଗତ୍ୟ ରଖିଥିବା ଜଣେ ସଫଳ ଲେଖକ। ଏ ସଂପର୍କରେ ସେ କହନ୍ତି- "ଉଭୟ ଭାଷାରେ ଦକ୍ଷତା ରହିବା ଜରୁରୀ। ଏଥିପାଇଁ ଅଧ୍ୟୟନ ଜରୁରୀ। ଗୋଟିଏ ଗୋଟିଏ କଥା କହିବା ପାଇଁ ଅନେକ ପ୍ରକାର ଶବ୍ଦ ଅଛି। ପ୍ରୟୋଜନ ଅନୁସାରେ ସେ ଶବ୍ଦ ବ୍ୟବହାର କରିବା ଆବଶ୍ୟକ। ନିଜର ଭାଷାଗତ ସାମର୍ଥ୍ୟ ନ ଥିଲେ ବା ଶବ୍ଦ ଭଣ୍ଡାର ଦରିଦ୍ର ଥିଲେ ଜଣେ ଭଲ ଅନୁବାଦକ ହୋଇପାରିବ ନାହିଁ।" (୩୩) ଅନୁବାଦ ମଣିଷର ଅବିଚ୍ଛେଦ୍ୟ ଅଙ୍ଗ ବୋଲି ସେ ମଧ୍ୟ ଅନୁଭବ କରନ୍ତି। କାରଣ ମଣିଷ ପ୍ରତ୍ୟେକ ଦିନ ତା'ର ଅନୁଭବକୁ ଶବ୍ଦର ରୂପ ଦିଏ। ସେଇ ଶବ୍ଦ କେତେବେଳେ ବାକ୍ୟ ଆଉ କେତେବେଳେ ପଦ ପଙ୍‌କ୍ତି ମଧ୍ୟରେ ଭାବକୁ ଦିଏ ଉଜ୍ଜ୍ୱଳ ରୂପରେଖ।

ଚିତ୍ରିତ ପଦ ପଙ୍‌କ୍ତି ଓ ଆମ ସମାଜରେ ପ୍ରଚଳିତ କେତେକ ରୂଢ଼ି ଏହି ଅନୁବାଦର ସୌନ୍ଦର୍ଯ୍ୟକୁ ଦ୍ୱିଗୁଣିତ କରିଛି। ନିମ୍ନରେ କେତେଗୁଡ଼ିଏ ଦୃଷ୍ଟାନ୍ତ:

- "ମାଆର ହଳଦୀମଖା ମଳିଚିଆ ଓଢ଼ଣି ତଳେ ସେଇ ଯେ ସୋହାଗ ବୋଳା ଛୋଟ ମୁହଁଟି... ସିଏ ତ ଲକ୍ଷ୍ମୀ ପ୍ରତିମା।" (ମିତ୍ରୋ ମରଜାନୀ)
- "ବୋହୂର କଜ୍ଜ୍ୱଳମଖା ଉଜ୍ଜ୍ୱଳ ଆଖି ଯୋଡ଼ିକ...।"
- "ଶୁଆ ରଡ଼ି ପରି ଶାଶୂଙ୍କ ଗାଳି।"
- "ତିଳକୁ ତାଳ କରି କହିବା।" (ରୂଢ଼ି)
- ଅରଣ୍ୟ ରୋଦନ (ରୂଢ଼ି)
- ବାସନକୁସନ ଭର୍ତ୍ତି ବାପଘରର ହାଣ୍ଡିଶାଳ
- ଜିରାରୁ ଶିରା କାଢ଼ିବା (ରୂଢ଼ି)
- "ଝରଣା ପରି ଚଳଚଞ୍ଚଳ ବୋହୂ ଆଜି ଅନ୍ଧାରୀ ଗୁମ୍ଫାଟେ ପରି ଏତେ ଗମ୍ଭୀର ଓ ନିବୁଜ" (ମିତ୍ରୋ ମରଜାନୀ)
- ସ୍ୱର ଶାଣଦିଆ ଛୁରୀ ପରି।
- ଭଅଁର ଭଳିଆ ଗୁଣୁଗୁଣୁ।
- ଅନ୍ଧାର ଭିତରେ କଳା ମଚମଚ ମାଆର ଚିଲ ଆଖି ପରି ଦପ୍ ଦପ୍ କରୁଥିଲା ନୀଳ ଆଖି ଯୋଡ଼ା। (ମିତ୍ରୋ ମରଜାନୀ)

- ଝରଣାର କୁଳୁକୁଳୁ ନାଦ ପରି ତାର ସେ ହସ।
- ନିଦ ମଳମଳ ଆଖି ପରି ତା'ର ଚାହାଣି।
- ଖିଅ କାଢ଼ିବା (ଦୋଷ ବାହାର କରିବା ଅର୍ଥରେ ରୂଢ଼ି)
- ଅନ୍ଧ ବୁଝାମଣା (ଅନ୍ୟାୟ ବିଚାର)
- ନଛୋଡ଼ବନ୍ଦା (ଜିଦ୍‌ଖୋର)
- ଚମ୍ପା ହଳଦି ରଙ୍ଗର ଘର
- କୁହୁଡ଼ିଆ ଅନ୍ଧାର ଭିତରୁ ମୁଣ୍ଡ ଟେକୁଥିବା ସୂର୍ଯ୍ୟ
- ମହରଗରୁ ଯାଇ କାନ୍ତାରରେ ପଡ଼ିବା (ରୂଢ଼ି) ଇତ୍ୟାଦି।

ମୂଳ ଲେଖାର ଭାବ ବିଜଡ଼ିତ ଗୌରହରିଙ୍କ ଅନୁବାଦ ସାହିତ୍ୟ ସମୟୋପଯୋଗୀ ଉତ୍ସାହପ୍ରଦ ଚେତନା ନେଇ ଆତ୍ମପ୍ରକାଶ କରିଛି। ତାଙ୍କ ଅନୁବାଦକୀୟ ଦୃଷ୍ଟିରେ ପ୍ରକାଶିତ ହୁଏ -

- ବେଦନାକ୍ତ ମଣିଷ ଜୀବନ ସଂଘର୍ଷର କଥା
- ନିରାଶା ଭିତରେ ଆଶା ସଂଜୀବନୀର ମଧୁର ସ୍ୱର
- ଧର୍ମର ଘୋଡ଼ଣୀରେ ଢଙ୍କା ଅଧର୍ମୀ ମଣିଷର ସ୍ୱରୂପ
- ପ୍ରତିକୂଳ ପରିସ୍ଥିତିରେ ସୁଦ୍ଧା ନିଜର ସ୍ଥିତି ପାଇଁ ସଂଘର୍ଷ କରୁଥିବା ନାରୀର କଥା
- ବିଭିନ୍ନ ପରିସ୍ଥିତିରେ ନିଜ ସ୍ୱାଭିମାନକୁ ଜାବୁଡ଼ି ଧରିଥିବା ବ୍ୟକ୍ତିତ୍ୱଙ୍କ ଅମ୍ଳାନ ଜୀବନର ଚିତ୍ର ଇତ୍ୟାଦି।

ଅନୁବାଦକଙ୍କ ଦାର୍ଶନିକ ଦୃଷ୍ଟି ସ୍ପର୍ଶ କରିଛି-

- ସମାଜ
- ଧର୍ମ
- ରାଜନୀତି
- ସାଧାରଣ ମଣିଷର ଜୀବନ
- ଜାଗତିକ ସମସ୍ୟା ଇତ୍ୟାଦି।

ବାସ୍ତବରେ, ଭାବ ବୈଚିତ୍ର୍ୟରେ ବିମଣ୍ଡିତ ଗୌରହରିଙ୍କ ଅନୂଦିତ କୃତିଗୁଡ଼ିକ ଚିତ୍ରିତ ମର୍ମାନୁବାଦର ସ୍ପନ୍ଦନରେ ସ୍ପନ୍ଦିତ। ଆଶାବାଦ ଏବଂ ସମ୍ଭାବନା ଭିତରେ ଅନୁବାଦ ଭିତରୁ ଆତ୍ମତୃପ୍ତି ସାଉଁଟୁଥିବା ଅନୁବାଦକ କିଭଳି ପାଠକ ପ୍ରାଣରେ ସ୍ୱଗଭୀର ଦର୍ଶନବୋଧକୁ ବୁଣି ଦେଇପାରନ୍ତି, ତା'ର ଜ୍ଞାନରାଜ୍ୟ ସାଙ୍ଗକୁ ଆତ୍ମିକ ବଳୟକୁ ପ୍ରସାରିତ କରିପାରନ୍ତି, ତା'ର ଦୃଷ୍ଟାନ୍ତ ଗୌରହରିଙ୍କ ଅନୁବାଦ ସାହିତ୍ୟ। ତାଙ୍କର

ସାହିତ୍ୟରେ ସମୟବୋଧ ବେଶ୍ ତାତ୍ପର୍ଯ୍ୟପୂର୍ଣ୍ଣ। ଜୁଆର ପରି ଯୌବନ ଆସେ, ପୁଣି ପଲକ ପଡ଼ିବା ଆଗରୁ ବୋହିଯାଏ। ଏହାକୁ ନେଇ ଅନୁବାଦକଙ୍କର ଚିତ୍ରିତ ଭାବାନୁବାଦରୁ ଗୋଟିଏ ଦୃଷ୍ଟାନ୍ତ:

"ଯୌବନର ଜୁଆର ଯେମିତି ୟାଙ୍କୁ ହିଁ ପ୍ରଥମେ ଛୁଇଁଛି। ଏ କୂଳରେ ମଧ୍ୟ ଦିନେ ସେ ଜୁଆର ଆସିଥିଲା। କିନ୍ତୁ ଯେମିତି ଯେମିତି ସେ ଜୁଆରର ପାଣି ବଢ଼ିଥିଲା, ସେମିତି ସେମିତି ମଧ୍ୟ ଛାଡ଼ିଗଲା।" (୩୪)

ତଦନୁରୂପ ମଣିଷର ଶରୀର ତଥା ଜୀବନର ଗତାନୁଗତିକ ମନସ୍ତତ୍ତ୍ୱକୁ ଦର୍ଶାଇବା ନିମନ୍ତେ ଅନୁବାଦକଙ୍କ ଦାର୍ଶନିକ ଦୃଷ୍ଟିକୋଣ ଏହିପରି -

"ଏ ପାଚିଲା ଦେହ ଉପରେ ଆଉ କି ଭରସା। ଆଜି ଅଛି, କାଲିକି ନ ଥିବ। ପଛରେ ଏ ସମସ୍ତ ଘରକରଣା ପଡ଼ି ରହିଥିବ। ସବୁକିଛିକୁ ଛାଡ଼ି ଦିନେ ନା ଦିନେ ତାକୁ ଚାଲିଯିବାକୁ ଇ ପଡ଼ିବ। ପଛରେ ତା'ରି ହାତରେ ଗଢ଼ା ଏ ସଂସାର, ତା'ର ସ୍ୱାମୀ ସମସ୍ତେ ରହିଯିବେ।" (୩୫)

ତାଙ୍କ ଅନୁବାଦ କୃତିଗୁଡ଼ିକର ମର୍ମବାଣୀ ଭିତରେ ପାଠକେ ଶିକ୍ଷା ପାଆନ୍ତି -

- ସଂଘର୍ଷ ମଣିଷକୁ ଶକ୍ତ କରି ଗଢ଼ିତୋଳେ।
- ଆଶା ମଣିଷକୁ ଜିଇବାର ବିଶ୍ୱାସ ଦିଏ।
- ଋତୁ ପରିବର୍ତ୍ତନ ପରି ଦୁର୍ଦ୍ଦିନ ମଧ୍ୟ ଦିନେ ସୁଦିନରେ ପରିଣତ ହୁଏ।
- ବିପଦର ଶଙ୍କାକୁଳ ଅମାଅନ୍ଧକାର ହିଁ ବ୍ୟକ୍ତି ଜୀବନରେ ନବ ସୂର୍ଯ୍ୟୋଦୟର ଆନନ୍ଦ ଆଣିପାରେ।
- ଧୈର୍ଯ୍ୟ, ପ୍ରତୀକ୍ଷା, ସଂଘର୍ଷର ଫଳ ଈଶ୍ୱର ନିଶ୍ଚୟ ଦିଅନ୍ତି।
- ଯାହା ସ୍ୱପ୍ନ ଦେଖାଯାଏ ବାସ୍ତବରେ ତାହା ସତ୍ୟ ହୋଇ ନ ଥାଏ।
- ପ୍ରତ୍ୟେକ ପ୍ରତିକୂଳ ପରିସ୍ଥିତି ସହ ଖାପ ଖୁଆଇ ଚଳିବା ଦ୍ୱାରା ଜୀବନର ଦୁର୍ଗମ ପଥ ମଧ୍ୟ ସୁଗମ ହୋଇଯାଏ।
- ମୋକ୍ଷ ବା ତୃପ୍ତି ଅନ୍ଧାନୁସରଣରେ ମିଳେନି ବରଂ ସ୍ୱ-ଆତ୍ମାନୁସରଣରେ ପ୍ରାପ୍ତ ହୁଏ।
- ମଣିଷର ଅସାଧୁତା ଓ ଅହଂକାର ହିଁ ତା'ର ଦୁର୍ଗତିର ଅସଲ କାରଣ।
- ବିପର୍ଯ୍ୟୟ ଭିତରେ ଆଶା ହିଁ ସମ୍ଭାବନା ତୋଳିଥାଏ, ଇତ୍ୟାଦି।

ଶବ୍ଦ/ ପଦ ସଂଯୋଜନା:

ଅନୁବାଦ କୃତି ଗୁଡ଼ିକରେ ପଦ ସଂଯୋଜନାବେଳେ ଗୌରହରିଙ୍କ କୃତିତ୍ୱ

ବାରି ହୋଇପଡ଼େ। ଗାଁର ଜୀବନ, ନଗରର ଧୂମିଳ ପରିବେଶ, ଓଡ଼ିଶାର ସଂସ୍କୃତି, ଭାରତୀୟ ମୂଲ୍ୟବୋଧ, ସାଂପ୍ରତିକ ମଣିଷର ଦ୍ୱନ୍ଦ୍ୱ, ଅସହାୟତା, ଶଠତା, ଜାଗତିକ ସମସ୍ୟା, ଦୁଃଖ, ସୁଖ, ଆଶା-ନୈରାଶ୍ୟାଦି ସବୁକିଛିର ଚିତ୍ରଣରେ ତାଙ୍କର ମର୍ଯ୍ୟାଦାସଂପନ୍ନ ଓଡ଼ିଆ ଭାଷା-ପ୍ରେମର ଛଳଛଳ ପ୍ରାଣଟିଏ ଦେଖିବାକୁ ପାଇପାରିବେ। ନିମ୍ନରେ ଏହିଭଳି କେତେଗୁଡ଼ିଏ ପଦର ଦୃଷ୍ଟାନ୍ତ ଏ ପ୍ରସଙ୍ଗରେ ପ୍ରଦାନ କରାଗଲା:

ପିଚ୍ ପିଚ୍ ରକ୍ତ, ନିଆଁହୁଳା ପରି ଜଳୁଥିବା ସୂର୍ଯ୍ୟ, ମୁହଁଟି ବରଫ ପରି ଶେତା ଓ ଟାଣ, ଦେହସୁହା, ଚଉଭାଙ୍ଗ, ରୂପଭେକ, ଧୂଆଁଳିଆ କୁହୁଡ଼ି, ଗଧ ଖଟଣି, ଗୁଡ଼େଇ ତୁଡ଼େଇ, ଧୂଳିଧୂସରିତ ରାସ୍ତା, ଶୋଷ ମେଣ୍ଟିଲା ଯାଏ, ଭୋକ ମେଣ୍ଟିଲା, ଦହଗଞ୍ଜ, ମୁଠାଏ ପାଉଁଶ, ଝାଞ୍ଜି ପବନ, ଖରାଧାସ, ଅଡ଼େଇ ଗୋଡ଼େଇ, ମୁଣ୍ଡରେ ମୁଣ୍ଡିଆ ମାରି ଲହୁଲୁହାଣ କରି ଦେଇଥିବା ସେଇ ନିର୍ଦ୍ଦୟ ବୋଦାଟା, ବାଡ଼ାପିଟା, ବାଙ୍ଗରା ବରଗଛ, ଖୁସିବାସିଆ, ଆଉଜି ପଡ଼ି, ଅଙ୍କାବଙ୍କା ବାଲିରାସ୍ତା, କଞ୍ଚାମାଟିର ଚିହ୍ନ, ପଳାତକ ଛେଳି ଚରାଳି, ହମୁଡ଼େଇ ହାମୁଡ଼େଇ, ନିଦ ମଳମଳ ଆଖି, ପିଛିଲା ଦିନ, ରାଗିପାଚି ଲାଲ୍, ନିଦ ମଳମଳ ଆଖି, ଖୋସାମତିଆ କଥା, ବିଳିବିଳେଇବା, ମୃଦୁ ଧମକ, ମିଠା ଶାସନ, ପ୍ରକାଣ୍ଡ ଶୂନ୍ୟତା, ମୂଳଚାଲ, ବାଡ଼ବତା, ପାକଳେଇବା, ଉଛୁଳୁ ମୁଛୁଳୁ, ପାଗ ଧରିବା, କଞ୍ଚାକଥା, ନୁଖୁରା ମରୁଭୂମି ଇତ୍ୟାଦି ଶବ୍ଦରେ ଆମ କଞ୍ଚା ଓଡ଼ିଆ ଭାଷାର ମାଧୁର୍ଯ୍ୟ ଦେଖିବାକୁ ମିଳେ।

ଧ୍ୱନ୍ୟାତ୍ମକ ପଦର କେତେଗୁଡ଼ିଏ ଦୃଷ୍ଟାନ୍ତ ହେଲା: ସଁ ସଁ, ଗେଁ ଗେଁ, ଠକ୍ ଠକ୍, ଭୁସ୍ ଭୁସ୍, ଭଡ୍ ଭଡ୍, ସୁଁ ସୁଁ, ଗୁଣୁ ଗୁଣୁ, ଫଡ୍ ଫଡ୍, ଘୁ ଘୁ, ସାଇଁ ସାଇଁ, ଭୁରୁ ଭୁରୁ, ଭଣ ଭଣ, ଧଡ୍ ଧଡ୍, ଖଡ୍ ଖଡ୍, ଝଣ୍ ଝଣ୍ ଇତ୍ୟାଦି।

ଦେଶଜ/ ଗାଉଁଲି ପଦ: ଖୁଣ୍ଟ, ଆଣ୍ଟ, ହମ୍ବାଳ, ଠେଲାପେଲା, ଚକଟା, ରାମ୍ପୁଡ଼ା, କାମୁଡ଼ା, ଭିଡ଼ି, ହାପୁଡ଼ି, ବିଳିବିଳେଇ, ଅହନ୍ତା, ହଡ଼ା, ମୁକୁଳା, ଚିରୁଡ଼ାଏ, ପୁଡ଼ିଆ, କାନ୍ତାର, ଘଡ଼ିଏ, ଆଖଡ଼ା, ପିଣ୍ଡା, ଗଣ୍ଠିଲି ଆଦି।

ସେହିପରି ହିନ୍ଦୀ, ଇଂରାଜୀ, ତାମିଲ, ଆରବୀ ଶବ୍ଦର ବହୁଳ ଦୃଷ୍ଟାନ୍ତ ତାଙ୍କ ଅନୁବାଦ କୃତି ଗୁଡ଼ିକରେ ଦେଖିବାକୁ ମିଳେ। ଆମ ଶବ୍ଦ ଭଣ୍ଡାରର ବିକାଶ ତଥା ଅଭିବୃଦ୍ଧିରେ ଏଗୁଡ଼ିକର ଭୂମିକା ଅନନ୍ୟ।

ଗୌରହରିଙ୍କ ଅନୁବାଦ କୃତିଗୁଡ଼ିକ ମୌଳିକ କୃତି ପରି ମନେ ହୁଅନ୍ତି। ଅନ୍ୟ ସାହିତ୍ୟର ଭାବଧାରାକୁ ସ୍ୱ-ସାହିତ୍ୟରେ ସମାହିତ କରିପାରିବାର ଅଭୂତପୂର୍ବ ସାମର୍ଥ୍ୟ ରଖିଛନ୍ତି ସେ। ତାଙ୍କର ଭାଷା ସୌଷ୍ଠବ ଜ୍ଞାନ ଏବଂ କୁଶଳୀ ଅନୁବାଦ କଳାପଣ ପାଇଁ ସେ ସ୍ୱତନ୍ତ୍ର ଭାବମୂର୍ତ୍ତି ନିର୍ମାଣ କରିପାରିଛନ୍ତି। ନିଜର ପ୍ରତିଭା ବଳରେ ଆହୃତ ଉପାଦାନକୁ ଆପଣାର

ରକ୍ତରେ ମିଶାଇ ସେ ନିଜର ଦକ୍ଷତା ଦେଖାଇ ପାରିଛନ୍ତି। ଜଣେ ବିଶିଷ୍ଟ ଅନୁବାଦକ ଭାବରେ ଭାବରେ ତାଙ୍କ ଅନୁବାଦ କୃତିଗୁଡ଼ିକର ବୈଶିଷ୍ଟ୍ୟ ନିମ୍ନରେ ପ୍ରଦାନ କରାଗଲା:

- କଥା ସ୍ରୋତରେ ପ୍ରାକୃତିକତା ରକ୍ଷା କରିଛନ୍ତି।
- ଅନୁବାଦ କୃତିଗୁଡ଼ିକ ବୋଧ ଏବଂ ସୁଖପାଠ୍ୟ କରାଇଛନ୍ତି।
- ମୌଳିକତାର ଅନୁଭବ ନିମନ୍ତେ ପରିବେଶ ସୃଷ୍ଟିରେ ଗୁରୁତ୍ୱାରୋପ।
- ମୂଳ ଭାଷାଗୁଡ଼ିକର ପ୍ରକାଶ ସୌନ୍ଦର୍ଯ୍ୟକୁ ରଖିଛନ୍ତି ଅପରିବର୍ତ୍ତିତ।
- ବିଦଗ୍ଧ ପାଠକ ଏବଂ ଜିଜ୍ଞାସୁ ଛାତ୍ରର ମନୋବୃତ୍ତି ନେଇ ସ୍ୱ ଅନୁବାଦ କୃତିଗୁଡ଼ିକୁ ଦେଇଛନ୍ତି ସାର୍ଥକ ରୂପରେଖ।
- ପ୍ରବାଦ ବାକ୍ୟ ଏବଂ ଦେଶଜ ଅଭିବ୍ୟକ୍ତିରେ ଅନୁସନ୍ଧିତ୍ସୁ ଦୃଷ୍ଟିପାତ।
- ମୂଳ ଲେଖାରେ ଥିବା ଶବ୍ଦର ପ୍ରକୃତ ମର୍ମକୁ ବୁଝି, ତାକୁ ରସୋତ୍ତୀର୍ଣ୍ଣ କରି ପ୍ରକାଶ କରିବାର ସାମର୍ଥ୍ୟ ପ୍ରଦର୍ଶନ।
- ସର୍ଜନଶୀଳ ଗବେଷକର ଅନୁଭୂତି ଏବଂ ଅନୁସନ୍ଧିତ୍ସୁ ମନୋବୃତ୍ତିରେ ତାଙ୍କ ଅନୁବାଦରେ ବିଶ୍ୱସ୍ତତା ପ୍ରକାଶ ପାଇଛି।

ସଂପର୍କର ଖିଅ ଶବ୍ଦ ସହ ଯୋଡ଼ିହୋଇଗଲା ପରେ ସୃଜନକାରଙ୍କ ସୃଜନଶିଳ୍ପ ଭିନ୍ନ ଭିନ୍ନ ରୂପ ନେଇ ହୁଏ ପ୍ରତିଭାତ। ପ୍ରଚଣ୍ଡ ଅନୁଧ୍ୟାନ, ତନ୍ମୟ, ନିରୀକ୍ଷଣ ଏବଂ ଭାବ ବିଜଡ଼ିତ ହେବା କାରଣରୁ ତାହା ରସସିକ୍ତ ହୋଇଉଠେ। ଅନୁରୂପ ଭାବରେ ଗୌରହରିଙ୍କ ସମସ୍ତ ଅନୁବାଦ କୃତି ଆମକୁ ମୌଳିକ ସୃଷ୍ଟିର ଧାରଣା ଦିଏ। ଭାବ, ଭାଷା, ଶବ୍ଦ ଗୁମ୍ଫନର ଅପୂର୍ବ କଳାପାଟବତା ତାଙ୍କର ଏ ସୃଷ୍ଟିଗୁଡ଼ିକରେ ଲକ୍ଷଣୀୟ, ଯାହା ଆମକୁ ମୂଳ କୃତିର ଭାବ ଆଡ଼କୁ ଟାଣିନିଏ। ସେ ବୁଝିଛନ୍ତି: "ଭଲ ଅନୁବାଦ କେବଳ ଶାବ୍ଦିକ ଅନୁବାଦ ନୁହେଁ, ଆତ୍ମିକ ଅନୁବାଦ ହେବା ଦରକାର। ଅନୁବାଦ କେବଳ ଭାଷାର ଅନୁବାଦ ନୁହେଁ, ସଂସ୍କୃତିର ମଧ୍ୟ ଅନୁବାଦ।" ମୂଳଲେଖାର ଭାଷା, ସଂସ୍କୃତି ଓ ଅନୁବାଦର ଭାଷା, ସଂସ୍କୃତି ପ୍ରତି ତାଙ୍କର ବିଶ୍ୱସ୍ତ ଭାବ ପାଠକ ତାଙ୍କର ସମଗ୍ର ଅନୁବାଦ କୃତିଗୁଡ଼ିକରେ ଲକ୍ଷ୍ୟ କରିପାରିବେ।

"ସମସ୍ତ ପ୍ରତିବନ୍ଧକ ସତ୍ତ୍ୱେ ଯୁଗେ ଯୁଗେ ପ୍ରତିଭାଶାଳୀ ଲେଖକମାନେ ଅନୁବାଦ ଅନୁସରଣ ଓ ଆହରଣ ପ୍ରତି ଆକୃଷ୍ଟ ହୋଇଥାଆନ୍ତି।" (୩୬) ନିଜର ଭାବଧାରାକୁ ଅନ୍ୟ ଭାଷାରେ ବୁଣି ସ୍ୱଭାଷାର ଭାବରେ ଭାବସୌନ୍ଦର୍ଯ୍ୟ ଫୁଟାଇଥାନ୍ତି। ଜ୍ଞାନର ଦିଗ୍‌ବଳୟକୁ କରିଥାଆନ୍ତି ପ୍ରସାରିତ। ଏ କ୍ଷେତ୍ରରେ ମୂଳ ଲେଖାର ଅନୁବାଦ ବେଳେ ଯଶୋଦାଙ୍କ ଶ୍ରୀକୃଷ୍ଣଙ୍କୁ ପାଳିବାର ଭାବ ବହନ କରୁଥିବା ଗୌରହରି ଏ ସାହିତ୍ୟର ବିକାଶରେ ପ୍ରମୁଖ ଭୂମିକା ଗ୍ରହଣ କରିଛନ୍ତି। "ବଡ଼ କଠିନ ସେ ପ୍ରୀତି

ପାଳିବା” ଭଳି ଅନୁବାଦ ପରି କଠିନ କଳା ପ୍ରତି ତାଙ୍କର ଅହେତୁକ ପ୍ରୀତିର ଝଲକ ଅଭିନବ। ଯନ୍ତ୍ରବତ୍ କାମଚଳା ଅନୁବାଦକ ଭଳି ନୁହେଁ, ଯାହା ତାଙ୍କ ହୃଦୟକୁ ସ୍ପର୍ଶ କରେ, ତାଙ୍କୁ ଖୁସି ଦିଏ, ସେହିଭଳି ଭଲ ରଚନାର ଅନୁବାଦରେ ହିଁ ସେ ଆତ୍ମସନ୍ତୋଷ ପାଆନ୍ତି। ତାଙ୍କ ଅନୁବାଦ ଆମ ଓଡ଼ିଆ ଅନୁବାଦ ସାହିତ୍ୟର ବିକାଶ ପଥରେ ଏବଂ ଭାବବୈଚିତ୍ର୍ୟ ଦିଗରେ ପ୍ରମୁଖ ଅବଦାନ କହିଲେ ଭୁଲ୍ ହେବ ନାହିଁ।

ପାଦଟୀକା:

୧. ପଟ୍ଟନାୟକ ଡକ୍ଟର ଆଶୁତୋଷ, ଅନୁବାଦ: କଳା ଓ ଶିଳ୍ପ, ପ୍ରାଚୀନ ପୋଥି ଶୁଦ୍ଧ ସମ୍ପାଦନା ପଦ୍ଧତି ଓ ଅନୁବାଦ କୌଶଳ, ପୃ:୫୯

୨. ରାୟ ଡକ୍ଟର ପ୍ରତିଭା, ଅନୁବାଦ: ଏକ ନିଃସ୍ୱାର୍ଥ ପରିଶ୍ରମ, ଅନୁବାଦ ତତ୍ତ୍ୱ ଓ ପ୍ରୟୋଗ, ଡକ୍ଟର ମନୋରଞ୍ଜନ ପ୍ରଧାନ, ପୃ:୦୭

୩. ବାଲୁ ଦୀକ୍ଷିତ ବାସୁଦେବ, ମନୋରମା, (ଉଦ୍ଧାର - ପ୍ରାଚୀନ ପୋଥି ଶୁଦ୍ଧ ସମ୍ପାଦନା ପଦ୍ଧତି ଓ ଅନୁବାଦ କୌଶଳ, ଡକ୍ଟର ଆଶୁତୋଷ ପଟ୍ଟନାୟକ, ପୃ:୬୦

୪. ଦାସ ଗୌରହରି, ହ୍ୟୁଗ୍ ମିଲ୍‌ନେ/ ଭଗବାନ ରଜନୀଶ, ମୁଖବନ୍ଧ- କ

୫. ଦାସ ଗୌରହରି, ହ୍ୟୁଗ୍ ମିଲ୍‌ନେଙ୍କ ଭଗବାନ ରଜନୀଶ, ପ୍ରକାଶକୀୟ ମନ୍ତବ୍ୟ ପୃଷ୍ଠାରୁ

୬. ଦାସ ଗୌରହରି (ଅନୁବାଦକ), ଯାଦବ ରାଜେନ୍ଦ୍ର (ସଂକଳକ), ଯଶପାଲ କାହାଣୀମାଳା, ମାନସିକ ଉପନିବେଶବାଦ ବିରୁଦ୍ଧରେ ଲଢ଼ାଇ, ପୃ: xiv

୭. ତତ୍ରୈବ, ପୃ: xv

୮. ତତ୍ରୈବ, ପୃ: xiv

୯. ଦାସ ଗୌରହରି, ମହେନ୍ଦ୍ର ପ୍ରସାଦ, ଗୋଟିଏ ଜୀବନ ଯଥେଷ୍ଟ ନୁହେଁ, ଦୁଇ ପଦ, ପୃ:୦୬

୧୦. ଦାସ ଗୌରହରି, ମହେନ୍ଦ୍ର ପ୍ରସାଦ, ଗୋଟିଏ ଜୀବନ ଯଥେଷ୍ଟ ନୁହେଁ, ମୁଖବନ୍ଧ, ପୃ:୯-୧୧

୧୧. ଦାସ ଗୌରହରି, ମହେନ୍ଦ୍ର ପ୍ରସାଦ, ଗୋଟିଏ ଜୀବନ ଯଥେଷ୍ଟ ନୁହେଁ, ନେହରୁ ଯୁଗ, ପୃ:୮୪

୧୨. ଦାସ ଗୌରହରି, ମହେନ୍ଦ୍ର ପ୍ରସାଦ, ଗୋଟିଏ ଜୀବନ ଯଥେଷ୍ଟ ନୁହେଁ, ପରିଶିଷ୍ଟ, ପୃ:୫୫୨

୧୩. ତତ୍ରୈବ, ପୃ:୧୫

୧୪. ତତ୍ରୈବ, ପୃ:୧୬

୧୫. ତତ୍ରୈବ, ନେହେରୁ ଯୁଗ, ପୃ:୬୬

୧୬. ତତ୍ରୈବ, ଉପସଂହାର, ପୃ:୫୨୯

୧୭. ତତ୍ରୈବ, ପୃ:୫୨

୧୮. ତତ୍ରୈବ, ପୃ:୫୩୦

୧୯. ଦାସ ଗୌରହରି, ଛେଳି ଚଳେଇବାର ଦିନ, ଅନୁବାଦକର ଦୁଇପଦ, ପୃ:୦୮

୨୦. ଦାସ ଗୌରହରି, ଛେଳି ଚଳେଇବାର ଦିନ, ଭାଗ- ଅଠର, ପୃ:୧୨୦

୨୧. ଦାସ ଗୌରହରି, ଛେଳି ଚଳେଇବାର ଦିନ, ଭାଗ- ଚଉଦ, ପୃ:୯୫

୨୨. ତତ୍ରୈବ, ଭାଗ- ଏକୋଇଶ, ପୃ:୧୩୭

୨୩. ତତ୍ରୈବ, ଭାଗ- ପଚିଶ, ପୃ:୧୫୫

୨୪. ତତ୍ରୈବ, ଭାଗ- ଛବିଶ, ପୃ:୧୫୨

୨୫. ତତ୍ରୈବ, ଭାଗ- ଅଠେଇଶ, ପୃ:୧୬୫

୨୬. ତତ୍ରୈବ, ଭାଗ- ଚଉତିରିଶ, ପୃ:୨୦୧

୨୭. ତତ୍ରୈବ, ଭାଗ- ଛତିଶ, ପୃ:୨୧୧

୨୮. ତତ୍ରୈବ, ଭାଗ- ପଚିଶ, ପୃ:୧୫୦

୨୯. ତତ୍ରୈବ, ଭାଗ- ବାର, ପୃ:୮୦

୩୦. ତତ୍ରୈବ, ଭାଗ- ତିରିଶ, ପୃ:୧୭୮

୩୧. ମିଶ୍ର କୁମୁଦିନୀ, ପ୍ରଣୟିନୀ କାବ୍ୟରେ ନୀଳକଣ୍ଠଙ୍କ ଅନୁବାଦ - କଳାକୁଶଳତା, ସଂଯୋଗ ଶିଳ୍ପର ସୂତ୍ରଧାର: ଓଡ଼ିଆ ଅନୁବାଦ ଅଧ୍ୟୟନର କ୍ରମ ପରିଣାମ, ପୃ:୧୬୦

୩୨. ଦାସ ଗୌରହରି, ମିତ୍ରୋ ମରଜାନୀ, ଭୂମିକା, ପୃ:v-vi

୩୩. ଦାସ ଗୌରହରି, ଅନୁବାଦକ ଖଣ୍ଡିଏ ବହିକୁ ଯେତିକି ଆଗ୍ରହର ସହ ପଢ଼େ ଆଉ କେହି ସେତିକି ଆଗ୍ରହର ସହ ପଢ଼େ ନାହିଁ, ସାକ୍ଷାତକାର

୩୪. ଦାସ ଗୌରହରି, ମିତ୍ରୋ ମରଜାନୀ, ପୃ:୦୩

୩୫. ଦାସ ଗୌରହରି, ମିତ୍ରୋ ମରଜାନୀ, ପୃ:୦୬

ସହାୟକ ଗ୍ରନ୍ଥସୂଚୀ:

୧. ଦାସ ଗୌରହରି (ଅନୁବାଦକ), ହ୍ୟୁଗ୍ ମିଲନେ (ମୂଳ ଲେଖକ), ଭଗବାନ ରଜନୀଶ, ଇଷ୍ଟର୍ଣ୍ଣ ମିଡ଼ିଆ, ନୂଆପଲ୍ଲୀ, ଭୁବନେଶ୍ୱର, ୧ମ ପ୍ରକାଶ: ଅଗଷ୍ଟ- ୧୯୮୬

୨. ଦାସ ଗୌରହରି (ଅନୁବାଦକ), ରାଜେନ୍ଦ୍ର ଯାଦବ (ସଂକଳକ), ଯଶପାଲଙ୍କ କାହାଣୀମାଳା, ନ୍ୟାସ୍‌ନାଲ୍ ବୁକ୍ ଟ୍ରଷ୍ଟ, ଇଣ୍ଡିଆ, ୧ମ ସଂସ୍କରଣ (ଓଡ଼ିଆରେ) - ୨୦୦୩ (ଶକାବ୍ଦ ୧୯୨୪), ISBN - 81 - 237 - 3993 - 1

୩. ଦାସ ଗୌରହରି, ମହେନ୍ଦ୍ର ପ୍ରସାଦ (ଅନୁବାଦକ), କୁଳଦୀପ ନାୟାର (ମୂଳ ଆତ୍ମଜୀବନୀ ଲେଖକ), ଗୋଟିଏ ଜୀବନ ଯଥେଷ୍ଟ ନୁହେଁ, ପ୍ରକାଶକ: ପକ୍ଷୀଘର ପ୍ରକାଶନୀ, ୧ମ ସଂସ୍କରଣ-୨୦୧୩

୪. ଦାସ ଗୌରହରି (ଅନୁବାଦକ), ଯୋଶେଫ୍ କୋୟିପାଲୀ (ଇଂରାଜୀର ଅନୁବାଦକ), ବେନିୟାମିନ୍ (ମୂଳ ମାଲୟାଲମ ଲେଖକ), ଛେଳି ଚରେଇବାର ଦିନ, ପ୍ରକାଶକ: ମହେନ୍ଦ୍ର ପ୍ରସାଦ, ଆର୍ଯ୍ୟ ବେଦାନ୍ତ ପବ୍ଲିକେଶନ୍ସ, ଭୁବନେଶ୍ୱର, ୧ମ ପ୍ରକାଶ-୨୦୧୬

୫. ମହାନ୍ତି ପ୍ରଫେସର ପଞ୍ଚାନନ (ସଂପାଦକ), ମଲ୍ଲିକ ଡକ୍ଟର ରମେଶଚନ୍ଦ୍ର (ସହଯୋଗୀ ସଂପାଦକ), ସଂଯୋଗ ଶିଳ୍ପର ସୂତ୍ରଧାର: ଓଡ଼ିଆ ଅନୁବାଦ ଅଧ୍ୟୟନର କ୍ରମ ପରିଣାମ, ପ୍ରକାଶକ: ଫ୍ରେଣ୍ଡ୍ସ ପବ୍ଲିଶର୍ସ, ବିନୋଦ ବିହାରୀ, କଟକ, ପ୍ରଥମ ସଂସ୍କରଣ: ୨୦୧୮, ISBN - 81 - 7401 - 898 - 0

୬. ପ୍ରଧାନ ଡକ୍ଟର ମନୋରଞ୍ଜନ, ଅନୁବାଦ ତତ୍ତ୍ୱ ଓ ପ୍ରୟୋଗ, ପ୍ରକାଶକ: ଶ୍ରୀ ବିଜୟ ଶଙ୍କର ପାତ୍ର, ଓଡ଼ିଶା ବୁକ୍ ଷ୍ଟୋର୍, ୧ମ ପ୍ରକାଶ-୨୦୦୦, ୨ୟ ମୁଦ୍ରଣ-୨୦୧୭, ISBN - 81 - 7400 - 283 - 9

୭. ପଟ୍ଟନାୟକ ଡକ୍ଟର ଆଶୁତୋଷ ପଟ୍ଟନାୟକ, ପ୍ରାଚୀନ ପୋଥି ଶୁଦ୍ଧ ସମ୍ପାଦନା ପଦ୍ଧତି ଓ ଅନୁବାଦ କୌଶଳ, ପ୍ରକାଶକ: ଶ୍ରୀ ଅମିତ ବିକ୍ରମ ପଟ୍ଟନାୟକ, ପ୍ରଥମ ସଂସ୍କରଣ: ଗଣେଶ ଚତୁର୍ଥୀ-୧୯୮୮

୮. ବେହେରା ଡକ୍ଟର ଶିଶିର (ସଂକଳନ ଓ ସଂପାଦନା), ଗୌରହରି ଦାସଙ୍କ ସହ ଅନ୍ତରଙ୍ଗ ଆଳାପ (ସାକ୍ଷାତକାର ସଂକଳନ), ପ୍ରକାଶକ: ମା' ସାରଦା ପବ୍ଲିକେଶନ୍ସ, କଟକ, ପ୍ରଥମ ସଂସ୍କରଣ- ୯/୧୦/୨୦୨୧, ISBN - 978 - 93 - 93101 - 04 - 4

୯. ତତ୍ରୈବ

୧୦. ଦାସ ଗୌରହରି (ଅନୁବାଦକ), କୃଷ୍ଣା ସୋବତୀ (ମୂଳ ଲେଖିକା), ମିତ୍ରୋ ମରଜାଣି (ଉପନ୍ୟାସ), ନ୍ୟାସ୍‌ନାଲ୍ ବୁକ୍ ଟ୍ରଷ୍ଟ, ଇଣ୍ଡିଆ, ପ୍ରଥମ ସଂସ୍କରଣ-୨୦୦୪ (ଶକାବ୍ଦ-୧୯୨୬), ISBN - 81 - 237 - 4231 - 2

ଗୌରହରିଙ୍କ ସାହିତ୍ୟର ଭାଷାତାତ୍ତ୍ୱିକ ଅନୁଶୀଳନ

ଦୀପ୍ତିମୟୀ ସାହୁ

ଭାଷା ତଥା ଶବ୍ଦର ଉପଯୁକ୍ତ ପ୍ରୟୋଗ ତଥା ପରୀକ୍ଷା ପ୍ରତ୍ୟେକ ସୃଷ୍ଟିର ଭାବକୁ ଅକ୍ଷୁଣ୍ଣ ରଖେ ଓ ବାହ୍ୟ ସୌନ୍ଦର୍ଯ୍ୟକୁ ଦ୍ୱିଗୁଣିତ କରେ। ଗୋଟିଏ ରଚନାରେ ପୂର୍ଣ୍ଣ ସଫଳତାର ପ୍ରଚ୍ଛଦପଟରେ 'ଅନ୍ତଃ' ଏବଂ 'ବାହ୍ୟ' ସ୍ତରର ଗାଠନିକ ପରିପାଟୀର ଭୂମିକା ଥାଏ ଗୁରୁତ୍ୱପୂର୍ଣ୍ଣ। ଏ ଦୁଇଟି ଦିଗ ଯେତେ ବୈଚିତ୍ର୍ୟପୂର୍ଣ୍ଣ ଏବଂ ଚିତ୍ତାକର୍ଷକ ହୁଏ, ଲେଖାଟି ସେତେ ଆକର୍ଷଣୀୟ ହୁଏ। ସେଇଥିପାଇଁ ତ ଅର୍ଥକୁ ଭାଷାର ଆତ୍ମା, ଶବ୍ଦକୁ ଶରୀର ବୋଲି ସମ୍ବୋଧନ କରାଯାଇଥାଏ। 'ଅର୍ଥର' ମହତ୍ତ୍ୱ ବାଢ଼ିବାକୁ ଯାଇ ଆମର ପାଚୀନ କାଳର ବିଶିଷ୍ଟ ସମାଲୋଚକ 'ଯାସ୍କ' କହନ୍ତି-

"ଯଦ୍ ଗୃହୀତ୍ମ୍‌ବିଜ୍ଞାତଂ ନିଗଦେନୈବ ଶବ୍ଦ୍ୟତେ
ଅନାଗ୍ନାବିବ ଶୁଷ୍କୈଧୋ ନ ତଜ୍ଜ୍ୱଲିତ କର୍ହିଚିତ୍।" (ନିରୁକ୍ତ ୧, ୧୮)

ଅର୍ଥାତ୍:- 'ଅଗ୍ନି ବିନା ଯେପରି ଶୁଷ୍କ ଇନ୍ଧନ ପ୍ରଜ୍ଜ୍ୱଳିତ ହୋଇପାରିବ ନାହିଁ, ଠିକ୍ ସେହିପରି ବିନା ଅର୍ଥରେ ଧ୍ୱନି ଅଭୀପ୍‌ସିତ କୌଣସି ବିଷୟକୁ ପ୍ରକାଶିତ କରାଯାଇପାରିବ ନାହିଁ।'

ପୁନଶ୍ଚ ସେ କହନ୍ତି: - "ଅର୍ଥ ନ ଜାଣି ଯେ ବେଦାଧ୍ୟୟନ କରେ, ସେ କେବଳ ଭାର ବହନ କରେ। ଅର୍ଥ ଜାଣିଥିବା ବ୍ୟକ୍ତି ସମସ୍ତ ଶୁଭର ଭାଗୀ ହୋଇଥାଏ ଏବଂ ଜ୍ଞାନ-ଜ୍ୟୋତି ଦ୍ୱାରା ସକଳ ଦୋଷକୁ ଦୂର କରି ବ୍ରହ୍ମତ୍ୱ ଲାଭ କରେ।"

ଭାଷାର 'ଅନ୍ତଃ' ଓ 'ବାହ୍ୟ' ରୂପ ତଥା ଏହି 'ଶବ୍ଦ ଓ ଅର୍ଥଗତ' ସ୍ୱରୂପ ନିର୍ଦ୍ଧାରଣ କରିବାକୁ ଯାଇ ବିଶିଷ୍ଟ ଭାଷାତତ୍ତ୍ୱବିତ୍ ପ୍ରଫେସର ବାସୁଦେବ ସାହୁ କହନ୍ତି:-

"ଶବ୍ଦ ହେଉଛି ଅର୍ଥ ଅଭିବ୍ୟକ୍ତିର ମାଧ୍ୟମ। ଶବ୍ଦ ଅମୂର୍ତ୍ତ ଅର୍ଥର ମୂର୍ତ୍ତ ରୂପ।" (୧) ଶବ୍ଦହିଁ ଅର୍ଥକୁ 'ମୂର୍ତ୍ତିମନ୍ତ' କରାଇ ତାକୁ ଅଭିବ୍ୟକ୍ତ କରାଇବାରେ ସାମର୍ଥ୍ୟ ରଖେ। ଏ କ୍ଷେତ୍ରରେ ଯଦି ବିଚାର କରାଯାଏ, ତେବେ ପ୍ରତ୍ୟେକ ସ୍ରଷ୍ଟା, ସ୍ୱ ସୃଷ୍ଟିରେ ଅର୍ଥ ସଂଶ୍ଳିଷ୍ଟାତ୍ମକ ଅସୀମ ସଂକେତାତ୍ମକ ଶବ୍ଦ ପ୍ରୟୋଗ କରି ସ୍ୱ-କୃତିକୁ ସମୃଦ୍ଧ କରନ୍ତି। ଏହିପରି ଜଣେ ସୁପ୍ରତିଷ୍ଠିତ ସୁସାହିତ୍ୟିକ ଗୌରହରି ଦାସଙ୍କ ସାହିତ୍ୟଗୁଡ଼ିକର ଗଠନକଳା ତଥା ରୂପବୈଚିତ୍ର୍ୟ ସ୍ୱତନ୍ତ୍ର ତଥା ମୌଳିକତା ଦିଗରୁ କେତେ ସମୁନ୍ନତ ନିମ୍ନରେ ଦୁଇଟି ପର୍ଯ୍ୟାୟ (ଯଥା: ୧. ଆଙ୍ଗିକ ଓ ୨. ଆତ୍ମିକ)ରେ ବିଚାର କରାଗଲା, ଯାହାକି ତାଙ୍କର ସୃଷ୍ଟିସମୂହର ମୌଳିକତା ତଥା ଲେଖକଙ୍କ ଦକ୍ଷତାକୁ ପ୍ରମାଣିତ କରିବ ବୋଲି ବିଶ୍ୱାସ।

ଗୌରହରିଙ୍କ ସାହିତ୍ୟର ଅଙ୍ଗରୂପ ବିଶ୍ଳେଷଣ:

ରସାନୁଭୂତିରେ ପରିପୂର୍ଣ୍ଣ ପ୍ରତ୍ୟୟାତ୍ମକ, ଉଚ୍ଛ୍ୱାସଧର୍ମୀ ଗଳ୍ପ-ଉପନ୍ୟାସ, ନାଟକ, ପ୍ରବନ୍ଧ, ଫିଚର, କବିତା, ଅନୁବାଦ ପ୍ରଭୃତିର ଆଙ୍ଗିକ ଦିଗଟି ଗୌରହରିଙ୍କ ଲେଖକୀୟ ଦୃଷ୍ଟିର ଅନ୍ୟତମ ବୈଶିଷ୍ଟ୍ୟ। ଗୌରହରିଙ୍କର ସ୍ୱତନ୍ତ୍ର ଶିଳ୍ପ କାରିଗରୀହିଁ ତାଙ୍କର ପ୍ରକୃତ ପରିଚୟ। ନିଜସ୍ୱ ଢଙ୍ଗରେ ସେ ତାଙ୍କର ସୃଷ୍ଟିଗୁଡ଼ିକୁ ନିର୍ମାଣ କରିଛନ୍ତି। ଜଣେ କଳା-ବିଜ୍ଞାନୀର ଦୃଷ୍ଟି ନେଇ ପଦଗୁଡ଼ିକର ଯଥାର୍ଥ ତଥା ଯଥୋଚିତ ବ୍ୟବହାର ପାଠକର ଦୃଷ୍ଟି ଆକର୍ଷଣ କରିଥାଏ। ସେହିପରି ବିଷୟବସ୍ତୁ ବା ଘଟଣା, ଶବ୍ଦ, ପଦ, ଭାଷା, ବିଭକ୍ତି, ସାହିତ୍ୟର ଉପାଦାନ, ପରିବେଶ, ଶୈଳୀ, ସଂଳାପ, ସୃଷ୍ଟିଗୁଡ଼ିକର ନାମକରଣ, ବାକ୍ୟ ବ୍ୟବହାର ଆଦିରେ ଲେଖକଙ୍କର ସାହିତ୍ୟର ଅଙ୍ଗରୂପକୁ ଅନ୍ୱେଷଣ କରାଯାଇପାରେ।

ବିଷୟ ପରିପାଟୀ:

ଗୌରହରିଙ୍କ ସାହିତ୍ୟର ବିଷୟବସ୍ତୁ ବ୍ୟାପକ ପରିଧିକୁ ସ୍ପର୍ଶ କରିଛି। ଆଖିଦେଖା ଘଟଣା, ଅଙ୍ଗେନିଭା ଅନୁଭୂତି ଯାହା ତାଙ୍କ ସାହିତ୍ୟପ୍ରାଣ ହୃଦୟକୁ ଗଭୀର ଭାବେ ସ୍ପର୍ଶ କରିଛି, ସେସବୁ ସାହିତ୍ୟ ହେଇ ଫୁଟି ଉଠିଛନ୍ତି ତାଙ୍କ ଲେଖନୀରେ। ଅବକ୍ଷୟଗ୍ରସ୍ତ ପରିବାର, ଅସହାୟ ବ୍ୟକ୍ତିବର୍ଗଙ୍କ କାରୁଣ୍ୟ, ଜାଗତିକ ଜୀବନର ବିବିଧ ସମସ୍ୟା, କୁଟୀଳ ରାଜନୀତି, ପରମ୍ପରା, ନୂତନ-ପୁରାତନ ଭିତରେ ଦ୍ୱନ୍ଦ୍ୱ, ଅପରାଧ ଓ ତା'ର ନିରାକରଣ, ଜିଇଁବାପାଇଁ ସଂଘର୍ଷରତ ମଣିଷର କଥା, ପରଂପରା ତଥା ସଂସ୍କାର ପ୍ରତି ମୋହାଚ୍ଛନ୍ନ ଦୃଷ୍ଟିଭଙ୍ଗୀ, ଗାଁ ତଥା ମାଟି ପ୍ରୀତି, ଅସହାୟ ଦୁଃସ୍ଥ ନଗରବାସୀ ତଥା

ନଗର ସମାଜ ଓ ମଣିଷର ମନସ୍ତତ୍ତ୍ୱ, ଅସହାୟା ନାରୀଙ୍କ ଭିତରେ ନୂଆ ଜୀବନର ଆଶା ସଂଚାର ପ୍ରଭୃତି ବହୁ ଦିଗକୁ ନେଇ ଗୌରହରିଙ୍କ ସାହିତ୍ୟର ବିଷୟ ପରିପାଟୀ ସମୃଦ୍ଧ। ସ୍ୱକୀୟ ଚେତନାର ମଞ୍ଜୁଳ ଅନୁଭୂତି ମିଶ୍ରିତ ତାଙ୍କ ବିଷୟ ସମାଜରୁ ରାଜନୀତି, ଅସହାୟଠାରୁ ନିରାଶ୍ରୟାଦିଙ୍କ ପର୍ଯ୍ୟନ୍ତ ବିସ୍ତାରିତ ହୋଇଛି। 'ପଞ୍ଚପର୍ବ'ରେ ସଂକଳିତ ପାଞ୍ଚଟି ଉପନ୍ୟାସ ସମେତ ସାତଟି ଉପନ୍ୟାସ, 'ଆମ ଘର ନକ୍ସା', 'ମାୟା', 'ଅପରାଧ', 'ନୂଆ ଠିକଣା' ପରି ନାଟକ, ଗଳ୍ପ ସମଗ୍ର, ଅନୁବାଦ, 'ଜୀବନର ଜଳଛବି' ଶୃଙ୍ଖଳାର ସାତଟିଯାକ ବହିରେ ସନ୍ନିବେଶିତ ଶବ୍ଦଚିତ୍ର (ଫିଚର୍), ଅନୁବାଦ କୃତି ଓ ପ୍ରବନ୍ଧ ଆଦିରେ ଉପରୋକ୍ତ ବିଷୟକୁ ପାଠକ ଖୋଜି ପାଇବେ। ପ୍ରତ୍ୟକ୍ଷାନୁଭବ, ଭାବ-ବୈଚିତ୍ର୍ୟ, ରୁଚିକର ତଥା ଆକର୍ଷଣୀୟ ବର୍ଣ୍ଣନାପାଟବ, ବିବରଣାତ୍ମକ ବାସ୍ତବ ଚିନ୍ତା, ସମାଜ ତଥା ବ୍ୟବସ୍ଥାର ବିସଂଗତି ପ୍ରତି ତୀବ୍ର କଟାକ୍ଷ, ଅସହାୟଙ୍କ ପ୍ରତି ଅନୁକମ୍ପା ସୃଷ୍ଟି ନିମନ୍ତେ ପ୍ରୟାସ, ନିରୀହ ମଣିଷର ଶୋଷଣକାରୀଙ୍କ ବିପକ୍ଷରେ ତୀବ୍ର ପ୍ରତିବାଦ ଆଦି ବିଷୟ ବିଶିଷ୍ଟତାକୁ ସେ ଯଥାଯଥ ଭାବରେ ପରିପ୍ରକାଶ କରିଛନ୍ତି। ତାଙ୍କ ବିଷୟ ପରିପାଟୀ ମାଟିରୁ ଆକାଶ, ମସ୍ତିଷ୍କରୁ ହୃଦୟ, ଜ୍ଞାନରୁ ବିଜ୍ଞାନ, ରାଜପ୍ରସାଦଠାରୁ ମାଟି କୁଡ଼ିଆ ପର୍ଯ୍ୟନ୍ତ ଯେ ସଂପ୍ରସାରିତ, ଯେ କୌଣସି ପାଠକ ଏହା ସ୍ୱୀକାର କରିବେ।

ରଚନାର ସ୍ୱାତନ୍ତ୍ୟ ଲେଖକୀୟ ଅଭିବ୍ୟକ୍ତିରେ:

ଗୌରହରିଙ୍କ ସାହିତ୍ୟବିଳାସର ସର୍ବୋତ୍ତମ ବୈଶିଷ୍ଟ୍ୟ ହେଲା ତାଙ୍କ ଲେଖକୀୟ ଅଭିବ୍ୟକ୍ତି, ଯାହା ପ୍ରତ୍ୟେକ ପୁସ୍ତକର ଆରମ୍ଭରେ ପାଠକେ ପଢ଼ିବାକୁ ପାଆନ୍ତି। ତାଙ୍କ ଲେଖାର ଗୁଣଧର୍ମ ତାଙ୍କ କଲମରେ ପ୍ରତ୍ୟେକ ସୃଷ୍ଟିର ଆରମ୍ଭରେ ରୂପାୟିତ ହୋଇଛି। ପାଠକ ସହଜରେ ତାଙ୍କର ସୃଷ୍ଟିର ଅନ୍ତଃସ୍ୱରକୁ ଖୋଜି ପାଆନ୍ତି ତନ୍ମଧ୍ୟରୁ। ସମର୍ଥ ସାହିତ୍ୟିକର ଗୁଣବତ୍ତା ନେଇ ବିଷୟକୁ ପ୍ରାଞ୍ଜଳ ଭାବରେ ବୁଝାଇ ପାରିବାର ଅଭୂତପୂର୍ବ କଳାକୁଶଳତା ପ୍ରତ୍ୟେକ ସୁସାହିତ୍ୟିକଙ୍କର ପ୍ରମୁଖ ଲେଖକୀୟ ବୈଶିଷ୍ଟ୍ୟ। ସେହି ବୈଶିଷ୍ଟ୍ୟ ଗୌରହରିଙ୍କ ସୃଷ୍ଟିରେ ଲକ୍ଷଣୀୟ।

ଗୌରହରିଙ୍କ ସାହିତ୍ୟର ଶବ୍ଦାବଳୀ:

ମାର୍ଜିତ ତଥା ସ୍ୱାଭାବିକ ଲୋକପ୍ରଚଳିତ ଶବ୍ଦର ପ୍ରମୁଖ ଚୟନକର୍ତ୍ତା ହେଉଛନ୍ତି ଗୌରହରି ଦାସ। ତତ୍ସମ, ତଦ୍ଭବ, ଦେଶଜ, ହିନ୍ଦୀ, ସଂସ୍କୃତ, ବୈଦେଶିକ ତଥା ଉତ୍ତର ଆଧୁନିକ ଔପନିବେଶିକ ଓଡ଼ିଆ ଶବ୍ଦର ପ୍ରଚୁର ଦୃଷ୍ଟାନ୍ତ ତାଙ୍କ ସାହିତ୍ୟରୁ ପାଇପାରିବା। ତାଙ୍କର ଏହି ମୌଳିକ (ତତ୍ସମ, ତଦ୍ଭବ, ଦେଶଜ, ହିନ୍ଦୀ, ସଂସ୍କୃତ) ଓ ଆଗନ୍ତୁକ (ବୈଦେଶିକ ଓ ଉତ୍ତର ଆଧୁନିକ ଶବ୍ଦାବଳୀ) ଶବ୍ଦଗୁଡ଼ିକରୁ କେତେଗୁଡ଼ିଏ

ଦୃଷ୍ଟାନ୍ତ ନିମ୍ନରେ ପ୍ରଦାନ କରାଗଲା। ଯଥା: ବିଳମ୍ବ, ପ୍ରୟୋଜନ, ପିତୃଭକ୍ତି, କର୍ତ୍ତବ୍ୟ, ସଂଶୋଧନ, ସମ୍ମାନ, ପ୍ରଗଲ୍‌ଭ, ମର୍ଯ୍ୟାଦା, ଶୁଭ ଚିନ୍ତକ, ହସ୍ତକ୍ଷେପ, ଉନ୍ମୋଚନ, ଜ୍ଞାନପିପାସୁ, ସାନ୍ନିଧ, ପ୍ରସ୍ତାବ, ଆଶ୍ଚର୍ଯ୍ୟ, ପ୍ରଚେଷ୍ଟା, ନିର୍ବିଘ୍ନ, ଦୁଃଖଦାୟକ, ଅନୁଶୋଚନା, ସ୍ପର୍ଶାତୁର, ପୁଷ୍ଟ, ମୁଖସ୍ଥ, ମାତୃତ୍ୱ, ଉପଲବ୍ଧି, ଆକସ୍ମିକ, ପ୍ରକୃତିସ୍ଥ, ଅଭ୍ୟର୍ଥନା, ପ୍ରତ୍ୟାହାର, ପ୍ରୟୋଗ, ଉପଭୋଗ, ସତ୍କାର, ସମର୍ଥ, ଅନାୟାସ, ଅଭିବାଦନ, କୁଟୀର, ଅନ୍ୟତ୍ର, ଉନ୍ମୋଚନ, ନିରାଭରଣା ଓ ପ୍ରୋତ୍ସାହନ ପ୍ରଭୃତି ତତ୍ସମ ଶବ୍ଦ; ଖିଲିକାତି, ଅପାଣ୍ଡବା, ଦିହପା, ପାଇଘର, ଡଙ୍ଗା, ଘାଟ, ଛିଟିକିଣୀ, ଉଲୁଗୁଣା, ଉଜେଇ (ବିସର୍ଜନ), ପାଳକୁଟା, ପାକଳ, ଭେଟଣା, ହିଡ଼, ଶାଗପଟାଳି, ମୂଳଚାଲ, ଖୋସଣି, ହଡ଼ା, ପାଉଣା, ଶିରିଣି, ଢୁଳେଇ, ଦରମରା, ଉଞ୍ଚେଇଲା, କୋରିବିଦାରି, ବିଲ, ହାବୁଡ଼ି ପ୍ରଭୃତି ପ୍ରାଚୀନ ଗାଉଁଲି ଶବ୍ଦ ବା ଦେଶଜ ଶବ୍ଦ; ମୁସ୍କିଲ, ନାରାଜ, ବେଓ୍ୱାରିସ୍, କିସ୍‌ମତ୍, ନଜ୍‌ଦିକ୍, ଦେଖେଙ୍ଗେ, ହାର୍‌ଜିତ୍, ମେହେଫିଲ୍, ଜାହିର୍, କରିସ୍ମା, ବେବକୁଫ୍, ହାଓ୍ୱା, ଠୈରିହେ, ଆଓ୍ୱାଜ୍ ପ୍ରଭୃତି ହିନ୍ଦୀ ଶବ୍ଦ।

ଆଗନ୍ତୁକ ବା ବୈଦେଶିକ ଶବ୍ଦ:

ଆମ ଓଡ଼ିଆ ଶବ୍ଦ ଭଣ୍ଡାର ତଥା ଓଡ଼ିଆ ସାହିତ୍ୟ ବହୁ ଭାଷାର ଶବ୍ଦରେ ବିବିଧବର୍ଣ୍ଣା ଏବଂ ସମୃଦ୍ଧ। ତଦନୁରୂପ ଗୌରହରିଙ୍କ ସାହିତ୍ୟରେ ଭାବାନୁଯାୟୀ ତଥା ଆବଶ୍ୟକୀୟ ସ୍ଥାନମାନଙ୍କରେ ଏହି ଶବ୍ଦଗୁଡ଼ିକର ବ୍ୟବହାର ହୋଇଛି। ଏହାର କେତେଗୁଡ଼ିଏ ଉଦାହରଣ ହେଲା- ଦସ୍ତଖତ, କାଜୁଆଲ୍‌ଟି, ଆଉଟ୍‌ଡୋର୍, ଡେଡ୍‌ବଡି, ଲିଡର, ବ୍ୟାଗ୍, ଡ୍ରୟାର୍, ଆଡ୍‌ଜଷ୍ଟ, ଷ୍ଟାପ୍, ବ୍ଲାକ୍‌ମେଲ୍, ମର୍ଡର, ପର୍ଭଟ୍, ଭଲ୍‌ଗାର, ମିସେସ୍, ଏକ୍ସଚେଞ୍ଜର, ନରମାଲ୍, ପ୍ରେସ୍‌କ୍ରିପ୍‌ସନ୍, କଣ୍ଟ୍ରୋଲ୍, ହାକିମ, ସେକ୍ରେଟାରୀ, ଆକାଉଣ୍ଟ, ଜବରଦସ୍ତ, ଟପେଜ୍, ଏକ୍ସକ୍ୟୁଜ୍ ମି, ଆଫିଡେଭିଟ୍, କାଗଜ କଲମ, ଓସ୍ତାଦ୍, ହାକିମାତି, ଷ୍ଟେଥୋ, ନର୍ମାଲ୍, ରୁମ୍, ସିରିୟସ୍, କ୍ଲିନିକ୍, ରେଷ୍ଟ, ରିଆକ୍ସନ୍, କେୟାର୍, ଏନ୍‌ଗେଜ୍, ସ୍ୱିଚ୍‌ଅଫ୍, ଚା' (ଚୀନ୍ ଶବ୍ଦ) ପ୍ରଭୃତି। ଏହି ପରିପ୍ରେକ୍ଷୀରେ ପ୍ରସଙ୍ଗାନୁଯାୟୀ ବ୍ୟବହୃତ ହୋଇଥିବା କେତୋଟି ଇଂରାଜୀ ପଦ ତଥା ବାକ୍ୟର ଦୃଷ୍ଟାନ୍ତ ମଧ୍ୟ ଦିଆଯାଇପାରେ। ଯଥା:-

- "ଚେଞ୍ଜ୍ ଅଫ୍ ପ୍ଲେସ୍" (୨)
- "ହ୍ୱାଟ୍ ଏ ଜୋକ୍!" (୩)
- "ସୋସିଆଲ୍ ଫରେଷ୍ଟ୍ରି ପ୍ରୋଗ୍ରାମ୍" (୪)
- "ବ୍ଲଡି ଫୁଲ୍! ଇରେସ୍‌ପନ୍‌ସିବଲ୍! (୫)
- "କିଲିଂ ଉଇଥ୍ କାଇଣ୍ଡନେସ୍" (୬)

- "ଦିସ୍ ୱାଜ୍ ଦ ମୋଷ୍ଟ୍ ବିଉଟିଫୁଲ୍ ଫ୍ଲାୱାର୍" (୭)
- "ଇମୋସ୍‌ନାଲ୍ ବ୍ଲାକ୍‌ମେଲିଂ" (୮)
- "କନ୍‌ଫର୍ମ ନେଟ୍‌ୱର୍କ ମୋବାଇଲ୍" (୯)
- "ଦିସ୍ ଠୁ ସାଲ୍ ପାସ୍" (ଆମ ଘର ନକ୍ସା)
- ଆଇଡେଣ୍ଟିଟି କ୍ରାଇସିସ୍

ପଦ: ସାଂପ୍ରତିକ ଜୀବନ, ସମାଜ, ରାଜନୀତି ତଥା ଜଗତର ଚିତ୍ର ଉପସ୍ଥାପନ ବେଳେ ଗୌରହରିଙ୍କ ପଦ ସଂଯୋଜନାର ନିଆରାପଣକୁ ପାଠକେ ଲକ୍ଷ୍ୟ କରିପାରିବେ। କେତେକ ବିଶେଷଣାତ୍ମକ ପଦ ସାଙ୍ଗକୁ ନିଜସ୍ୱ ମୌଳିକ ଦୃଷ୍ଟିକୋଣରେ ଏହି ପଦଗୁଡ଼ିକର ବ୍ୟବହାର ତାଙ୍କ ସାହିତ୍ୟକୁ ଏକ ସ୍ୱତନ୍ତ୍ର ପରିଚୟ ପ୍ରଦାନ କରେ। ତନ୍ମଧ୍ୟରୁ କେତୋଟି ଦୃଷ୍ଟାନ୍ତ ନିମ୍ନରେ ପ୍ରଦାନ କରାଗଲା। ଯଥା:

- ବ୍ୟଥା ବିଧୁର ଜୀବନ
- ମହୁବୋଳା କଥା
- ସାମନ୍ତବାଦୀ ସତର୍କ ବୁଦ୍ଧି
- ଚିରୁଡ଼ାଏ ହସ
- ନିଷ୍କରୁଣ ପୃଥିବୀ
- ଅଶ୍ଳୀଳ ପରିବେଶ
- ଦରମଲା ସ୍ୱପ୍ନ
- ହାଡ଼ର କଲମ ଓ ରକ୍ତର ସ୍ୟାହି (ଛାୟାସୌଧର ଅବଶେଷ)
- ସଞ୍ଜୁଆ ତାରାର ଆୟୁଷ (ଛାୟାସୌଧର ଅବଶେଷ)
- ଅପୂର୍ଣ୍ଣ ଇଚ୍ଛାର ତୁଳସୀ ବଣ
- ଅପବାଦ ଓ କଳଙ୍କର ସପ୍ତଫେଣୀ ବୁଦା
- ପଢ଼ିଆର ଜାଙ୍ଗଲିକ ଚିତ୍କାର
- ଲଙ୍କାଆମ୍ବ ବଣରେ ମହୁମାଛିଙ୍କର ମେଳଣ (ଜୀବନର ଜଳଛବି)
- ଚଇତ୍ର ଆକାଶରେ ମେଞ୍ଚା ମେଞ୍ଚା ମେଘ
- ସାମ୍ପୁକରା ବାଳ (ଏଇଠୁ ଆରମ୍ଭ)
- ଚଇତ୍ର ପବନର ଉଷ୍ମତା (ଜୀବନର ଜଳଛବି)
- କାଶତଣ୍ଡୀର ଲହରାୟିତ ଚାମର ଚାଳନା (ଜୀବନର ଜଳଛବି)
- ଦୁଶ୍ଚିନ୍ତାର ଝଡ଼ (ନିଜ ସଙ୍ଗେ ନିଜର ଲଢ଼େଇ)
- ଚାରିପାଣିଆ ବଳଦ (ଛାୟାସୌଧର ଅବଶେଷ)

- ନିଷ୍ପ୍ରଭ ଦୀପର କମ୍ପିତ ଶିଖା (ପଞ୍ଚପର୍ବ)
- ଅକୁହା କଥାର ସମୁଦ୍ର (ପଞ୍ଚପର୍ବ)
- ଅବିଶ୍ୱାସ ଓ ଘୃଣାର ନିଆଁଫୁଲ (ପଞ୍ଚପର୍ବ)
- ଦାୟିତ୍ୱଶୂନ୍ୟ କୈଶୋର
- ଶ୍ରାବଣର ଅହଙ୍କାର
- ବୟସ୍କ ସନ୍ଧ୍ୟା
- ମେଘପଖଳା ଆକାଶ
- କାଶତଣ୍ଡୀର ଚାମର
- କ୍ଷୀରଭର୍ତ୍ତି ଧାନଫୁଲର ବାସ୍ନା ପ୍ରଭୃତି ।

ସମାନାର୍ଥକ ଯୁଗ୍ମଶବ୍ଦ:

ଦୁଇଟି ଶବ୍ଦର ମିଳନରେ ଗୌରହରି ସ୍ୱଭାବକୁ ସାର୍ଥକ ଭାବରେ ପ୍ରକାଶ କରିଛନ୍ତି । ତନ୍ମଧ୍ୟରେ ସମାନାର୍ଥକ ଯୁଗ୍ମଶବ୍ଦର ବ୍ୟବହାର ମଧ୍ୟରୁ ନିମ୍ନରେ କେତୋଟି ଦୃଷ୍ଟାନ୍ତ ପ୍ରଦାନ କରାଗଲା । ଯଥା- ଗୁଡ଼େଇତୁଡ଼େଇ, ଛନ୍ଦାଛନ୍ଦି, ଧଡ଼ପଡ଼, ଡଉଲଡାଉଲ, ଧଇଁସଇଁ, ଜଡ଼ସଡ଼, କ୍ଳାନ୍ତଶ୍ରାନ୍ତ, ଟୁପୁରୁଟାପୁରୁ, ରାଗ ଅଭିମାନ, ପିଟାପିଟି, କାମଧନ୍ଦା, ଧସ୍ତାଧସ୍ତି, ଛଟପଟ, ଧଡ଼ପଡ଼, ବରାବର, ଫୁସୁରୁଫାସୁରୁ, ପିଲାପିଲି, ହସଖୁସି, ଅଦଳ ବଦଳ, ଚିଡ଼ିଚିଡ଼ା, ଜାକିଜୁକି, ଦଉଡ଼ା ଦଉଡ଼ି, ଖିନ୍‌ଭିନ୍, ଗାଧୁଆ ପାଧୁଆ, ଖିଆପିଆ, ଔଷଧପତ୍ର, ଗପସପ, ଢଙ୍ଗରଙ୍ଗ, ଖର୍ଚ୍ଚବାର୍ଚ୍ଚ, ମଉଜ ମଜଲିସ, ପିଠାପଣା, କୂଅ ପୋଖରୀ, ଧାନ ଚାଉଳ, ଗୋରୁଗାଈ, ମତିଗତି, ଲେଖାପଢ଼ା, ଥଟ୍ଟାତାମସା, କନ୍ଦାକଟା ପ୍ରଭୃତି ।

ଧ୍ୱନ୍ୟାତ୍ମକ ଯୁଗ୍ମଶବ୍ଦ:

ଠକ୍‌ଠକ୍, ଦୁମ୍‌ଦୁମ୍, କଟର କଟର, ଟୁପ୍‌ଟାପ୍, ଖଡ୍ ଖଡ୍, ଦୂର୍ ଦୂର୍, ଝମ୍ ଝମ୍, ମ୍ୟାଉଁ ମ୍ୟାଉଁ, ଫର୍ ଫର୍, ଧଡ୍ ଧଡ୍, ଦପ୍ ଦପ୍, ଫୁସ୍ ଫାସ୍, ଘୋ ଘୋ, ଖାଁ ଖାଁ, ଫଡ୍ ଫଡ୍, ଝମ ଝମ, ଡିବିଡିବି, ସୁ ସୁ, ଢୋ ଢୋ, ସିରିସିରି, କଇଁକଇଁ, ଠୋ ଠୋ, ଖସ୍‌ଖସ୍, ମାର୍ ମାର୍, ଦୁମ୍ ଦୁମ୍, ଝିମ୍ ଝିମ୍, ଟିକ୍ ଟିକ୍, ଚକ୍‌ଚକ୍, ଚୁ-ଚୁ, ଫଁ ଫଁ, ପେଁ ପାଁ ଇତ୍ୟାଦି ।

କ୍ରିୟାଦ୍ୱିରୁକ୍ତ ଓ ସମାନ ଶବ୍ଦ:

କାନ୍ଦି କାନ୍ଦି, ଦୂର୍ ଦୂର୍, କୁହୁଳି କୁହୁଳି, କିଟିକିଟି, ଠାଏ ଠାଏ, କୁତୁକୁତୁ, ଅଠା ଅଠା, ଦାଉଦାଉ, ଭିଡ଼ିଭିଡ଼ି, ଛାଡ଼ ଛାଡ଼, ଗଣି ଗଣି, ଡାକି ଡାକି, ତରତର, ଖାଇ ଖାଇ, ଜଳଜଳ, କୁତୁକୁତୁ, ଛଳଛଳ, ଭୁଟୁରୁଭୁଟୁରୁ, ଲୁଚି ଲୁଚି, ଥଙ୍ଗଥଙ୍ଗ, ରୋଜ୍

ରୋଜ୍, ବଲବଲ, କନକନ, ଥରଥର, ନେଇ ନେଇ, ନାଚି ନାଚି, ଛନ ଛନ, ଫିସ୍ ଫିସ୍, ଯାଉ ଯାଉ, ଗୁଣୁଗୁଣୁ, କିଲିକିଲି, ଶୁଣୁ ଶୁଣୁ, ହସ ହସ, ଦେଇ ଦେଇ, କିଟି କିଟି, କିରି କରି, ପଚାରି ପଚାରି, ସାନ ସାନ, କିଛି କିଛି, ବିଡ଼ି ବିଡ଼ି, ନାହିଁ ନାହିଁ, ନୂଆ ନୂଆ, ଘଣ୍ଟା ଘଣ୍ଟା, ଖଟି ଖଟି, ଗରମ ଗରମ, ଶହ ଶହ, ଘଡ଼ିଏ ଘଡ଼ିଏ, ହାଡ଼େ ହାଡ଼େ, ପଚାରି ପଚାରି, ତରତର, ଚୁନି ଚୁନି, ଗୋଛା ଗୋଛା, ମେଞ୍ଚା ମେଞ୍ଚା, ପେଣ୍ଟା ପେଣ୍ଟା, ଟୁଲୁଟୁଲୁ, ଶିରିଶିରି, କାନ୍ଦୁରା କାନ୍ଦୁରା, ମହମହ, ଡବଡବ, ରୁଗୁରୁଗୁ, ଥମଥମ, ଲହରେଇ ଲହରେଇ, ଫରଫର, ସ୍ତୂପ ସ୍ତୂପ, ଟୁକୁଡ଼ା ଟୁକୁଡ଼ା, ଥଣ୍ଡା ଥଣ୍ଡା ପ୍ରଭୃତି।

ଔପନିବେଶିକ ଶବ୍ଦାବଳୀ: ଜଗତୀକରଣ, ଉଦାରୀକରଣ ସ୍ୱାଧୀନତା ପରବର୍ତ୍ତୀ ଭାରତବର୍ଷକୁ ଏକ ନୂଆ ରୂପ ପ୍ରଦାନ କରିଛି। ଶିଳ୍ପ କଳକାରଖାନା ତଥା ସହରଠାରୁ ଗାଁରେ ଆଧୁନିକ ଚଳଣି, ନାନା ଅତ୍ୟାଧୁନିକ ଜୀବନଶୈଳୀ ଆପଣାଇବା ସମୟରେ ବହୁ ନୂତନ ନୂତନ ଶବ୍ଦର ସର୍ଜନ ହୋଇଛି। ଯେମିତିକି:- 'କମ୍ପ୍ୟୁଟର, ଏ.ସି, ଟ୍ରାକ୍ଟର, ଫ୍ରିଜ୍, ଲାପ୍‌ଟପ୍, ମୋବାଇଲ୍, ରାଜନୀତିଆ, କଳାବଜାରୀ, ଟ୍ରେକର ଆଦି।

ଭାଷା: ଗୌରହରିଙ୍କ ସାହିତ୍ୟର ଭାଷା ସହଜ ଓ ସରଳ। ଲୋକ ପ୍ରଚଳିତ ଭାଷା ତାଙ୍କ ସାହିତ୍ୟର ଜୀବନୀଶକ୍ତି। ପୁରାଣ ହେଉ କି ସାଂପ୍ରତିକ ଜୀବନ ପରିଧି ହେଉ, ତନ୍ମଧ୍ୟରୁ ଦୃଷ୍ଟାନ୍ତ ସାଉଁଟି ସାଉଁଟି ମୌଳିକତାର ପରିଚୟ ସେଥିରେ ଦେଇପାରିଛନ୍ତି ସେ। ତାଙ୍କ ସାହିତ୍ୟର ଭାଷା ହିଁ ପାଠକଙ୍କୁ ସୃଷ୍ଟିଗୁଡ଼ିକର ବାସ୍ତବତା ନିକଟକୁ ନେଇଥାଏ। ଜୀବନର ଅନ୍ତରଙ୍ଗ ଭାଷ୍ୟକାର ଭାବରେ ଓଡ଼ିଆ ସାହିତ୍ୟ ଜଗତରେ ଗୌରହରି ହୋଇପାରିଛନ୍ତି ସ୍ୱତନ୍ତ୍ର ଗୌରବର ଅଧିକାରୀ। ନିମ୍ନ କେତୋଟି ଦୃଷ୍ଟାନ୍ତରୁ ଏହାର ପ୍ରମାଣ ଦିଆଯାଇପାରେ। ଯଥା:-

୧) "କିଛି ସମୟ ହେଲା ଲଗାଣ ବର୍ଷା ଛାଡ଼ିଯାଇଥିଲା। କୃଷ୍ଣ ପକ୍ଷର ଜହ୍ନ ଉଙ୍କି ମାରୁଥିଲା ମେଘ ଘେରା ଆକାଶରୁ। କଳା ବାଦଲ ଉହାଡ଼ରୁ ସେହି ଜହ୍ନର ଚେହେରା, ପ୍ରତିକୂଳ ପରିସ୍ଥିତି ସହ ଲଢ଼ି ଆଗକୁ ଆସିଥିବା ମଣିଷର ଚେହେରା ପରି ଉତ୍ସାହପୂର୍ଣ୍ଣ ଦିଶୁଥିଲା। ଜହ୍ନ ଆଲୁଅରେ ଆଲୋକିତ ହେଉଥିଲା ପାଟପୁରର ବର୍ଷାବତୁରା ଗଛଲଟା। ନୀଳାମ୍ବର ଖଟ ଉପରୁ ଝରକାବାଟେ ଉହୁଙ୍କି ବାହାରକୁ ଚାହିଁଲା। ଅଗଣାରେ ଜହ୍ନ ଆଲୁଅ। ଚାରିଆଡ଼େ ବେଙ୍ଗ-ଝିଣ୍ଟିକାଙ୍କ କଟର କଟର ଶବ୍ଦ। ଚାଳରୁ ତଥାପି ନିଗିଡ଼ା ବର୍ଷାପାଣି ପଡୁଥିଲା ମଝିରେ ମଝିରେ।" (୧୦)

୨) "ସବୁର ଆରମ୍ଭ ଅଛି, ବିକାଶ ଅଛି, କ୍ଷୟ ଅଛି, ବିଲୟ ଅଛି। ଚଢ଼ାଉତରା ଅଛି ଜୀବନରେ, ଶବ୍ଦରେ। ମିନୁ ଘର ଭିତରେ ଥାଇ ଏ ଲୟ ବିଲୟର ଖେଳ

ଦେଖେ, ଶବ୍ଦ ଶୁଣିପାରେ। ତା' ମନର ଟୁବି ଗାଡ଼ିଆରେ ଛୋଟ ଗୋଡ଼ିଟେ ସାନ ଭଉଁରି ଖେଳେଇ ଧୀରେ ଧୀରେ ନିଶ୍ଚିହ୍ନ ହୋଇଯାଉଥାଏ। ଚାହୁଁ ଚାହୁଁ ସେ ଦେଖେ, ରାତି ଆକାଶରେ ତାରା ଭର୍ତ୍ତି। କୃଷ୍ଣପକ୍ଷର ଆକାଶ ପରି ତାକୁ ଅନ୍ଧାରିଆ ଦିଶେ ତା' ଭବିଷ୍ୟତ। ତା'ର ଅପୂର୍ଣ୍ଣ କାମନା ଓ ଇଚ୍ଛାମାନେ ଅସଂଖ୍ୟ ତାରା ପରି ଆଖି ମିଟିମିଟି କରି ବିକଳରେ ଚାହାନ୍ତି।" (୧୧)

ଦି' ଟଙ୍କିଆ ଚାଉଳ ପାଇ ଲୋକେ ଆଜି ନିଜ ଜମି ଚାଷ କରିବା ମଧ୍ୟ ଭୁଲିଗଲେଣି। ଆଜି ଯଦି ଆପଣମାନେ ଗାଁ ମାଟିକୁ ଫେରି ଚାହିଁବେ, ନିଶ୍ଚୟ ଦେଖିବେ କୃଷିପୋଯୋଗୀ ଭୂମି ଖାଁ ଖାଁ ଦିଶୁଛି। ଶସ୍ୟଶ୍ୟାମଳା ଧାନକ୍ଷେତ ପରିବର୍ତ୍ତେ ଅଧିକାଂଶ ଜମି ଏବେ ପଡ଼ିଆ ହୋଇପଡ଼ିଛି। ନିଜ ଦେଶର ନାଗରିକଙ୍କୁ ସ୍ୱ ହାତରେ ଅଳସୁଆ ଭାବେ ତିଆରି କରିବାରେ ସରକାରଙ୍କ ପ୍ରମୁଖ ଭୂମିକାକୁ ପରୋକ୍ଷରେ 'ପ୍ରାଣକୃଷ୍ଣ' ମୁଖରେ ଯେଉଁ ଭାଷା ଖଞ୍ଜିଛନ୍ତି, ତନ୍ମଧ୍ୟରୁ ଲେଖକଙ୍କ ଭୋଟ୍-ସର୍ବସ୍ୱ ଯୋଜନା ପ୍ରତି ବ୍ୟଙ୍ଗୋକ୍ତି ସ୍ପଷ୍ଟ ପ୍ରତିଭାତ। ଯଥା:-

"ଏ ଦି' ଟଙ୍କିଆ ଚାଉଳ ରାଜ୍ୟଟାକୁ ଉଚ୍ଛନ୍ନ କରିଦେବ। ଭିକାରି କରିଦେବ ସମସ୍ତଙ୍କୁ। ଲୋକଙ୍କୁ ଲାଞ୍ଛୁଆ କରେଇବାର ଇଏ ଗୋଟେ ବଢ଼ିଆ ଉପାୟ। ଏବେ ଜମିବାଡ଼ିରେ କାମ କରିବା ଲାଗି ଆଉ ଲୋକ ମିଳୁନାହାନ୍ତି। ଟଙ୍କା ପଚାଶଟାରେ ଯଦି ପେଟ ପୂରିଯାଉଛି, ତା'ହେଲେ ଝାଳ ବୁହାଇ ପରିଶ୍ରମ କରିବା କ'ଣ ଦରକାର?" (୧୨)

'ଉଠାକୁଳିଆ' ଅପବାଦର ମର୍ମବ୍ୟଥାରେ ବ୍ୟଥିତ ସରଳ, ସ୍ୱାଭିମାନୀ ଗାଁ ମଣିଷର ଘରଟିଏ ପ୍ରସ୍ତୁତ ପାଇଁ ନିଜ ପୁଅମାନଙ୍କ ଆଗରେ ଯେଉଁ ମନ୍ତବ୍ୟ ରଖିଛନ୍ତି ମାନଗୋବିନ୍ଦ, ତନ୍ମଧ୍ୟରୁ ଲେଖକ ନିଜର ବଳିଷ୍ଠ ଯଥାର୍ଥ ଭାଷା ପ୍ରୟୋଗରେ ହୋଇଛନ୍ତି ସମର୍ଥ। ସେଇଥିପାଇଁ ତାଙ୍କ ଭାଷା ପାଠକର ଅନ୍ତରକୁ ସ୍ପର୍ଶ କରେ। ତାହାର ଦୃଷ୍ଟାନ୍ତଟିଏ ନିମ୍ନରେ:-

"ଗାଁକୁ ଗଲେ ସମସ୍ତେ ମୋତେ ଉଠାକୁଳିଆ କହୁଛନ୍ତି। ଆମ ଡିହ ଉପରେ କୁକୁର ଭୁକିଲେଣି। ସାତପୁରୁଷର ମୌରସି ଘର ଭାଙ୍ଗିଗଲା। ଆମେ ତ ମରାମତି କଲେନି, ଏଥିରେ ଲୋକେ କହିବେନି! ପିତୃପୁରୁଷ ଉପରୁ ଥାଇ ମୋତେ ଅଭିଶାପ ଦଉଥିବେ! ତୁ ଯାହା କର ପଛେ, ବସନ୍ତ ପଞ୍ଚମୀ ଦିନ ଆମକୁ ଘର କାମ ଆରମ୍ଭ କରିବାକୁ ପଡ଼ିବ।" (୧୩)

ସମ୍ବାଦ ଭିତରେ ସାହିତ୍ୟିକ ସୁଲଭ ଭାଷାର ସୌନ୍ଦର୍ଯ୍ୟ ଗୁମ୍ଫନରେ ଗୌରହରି ବେଶ୍ ଧୁରୀଣ। ଏହି ଦୃଷ୍ଟାନ୍ତରେ ଦେଖନ୍ତୁ-

"ଯୋଉ ଲୁହଧାରଟି ଆଖିରୁ ନିଗିଡ଼ି ଚିବୁକ ଦେଇ ମାଟିରେ ଖସିପଡ଼ିଲା, ଯୋଉ ଦୀର୍ଘଶ୍ୱାସ ଧୂଆଁରେ ମିଶି ପବନରେ ମିଳେଇଗଲା ସେସବୁ ଆଉ ଫେରିବେ ନାହିଁ। ଉବଓ୍ୱାଲିର ସେଇ କୁନି କୁନି ମଣିଷମାନେ ଆଉ ଫେରିବେ ନାହିଁ କୌଣସି ଦିନ।" (୧୪)

ଗୌରହରିଙ୍କ ସାହିତ୍ୟରେ ଭାଷାର ସାରଲ୍ୟ ତଥା ସାବଲୀଳତା ସାଙ୍ଗକୁ କାବ୍ୟିକ ମାଧୁର୍ଯ୍ୟ ଲକ୍ଷଣୀୟ। ସ୍ପଷ୍ଟତା, ସରଳତା, ଆଡ଼ମ୍ବରଶୂନ୍ୟତା ଓ କାବ୍ୟିକତା ପ୍ରଭୃତିରେ ତାଙ୍କ ଭାଷାର ସ୍ୱତନ୍ତ୍ରତା ଫୁଟିଉଠେ। ମନଛୁଆଁ, ପ୍ରଚଳିତ ଲୋକବ୍ୟବହୃତ ଭାଷାର ବ୍ୟବହାର ପାଇଁ ତାଙ୍କ ସାହିତ୍ୟ ବେଶ୍ ଚର୍ଚ୍ଚିତ।

ଶୈଳୀ: ଗୌରହରିଙ୍କ ସାହିତ୍ୟର ଶୈଳୀ ଏକାନ୍ତ ମୌଳିକ। ସ୍ୱାଭାବିକ ତଥା ବାସ୍ତବ ଚିନ୍ତାର ରୂପକାର ଭାବରେ ନିଜ ସାହିତ୍ୟର ବିଷୟବସ୍ତୁ ଚୟନରେ ସେ ବେଶ୍ ଦକ୍ଷ। ତାଙ୍କର ସାମଗ୍ରିକ ସାହିତ୍ୟକୁ ଅନୁଶୀଳନ କଲେ ତାଙ୍କ ସାହିତ୍ୟରୁ ନିମ୍ନୋକ୍ତ ଶୈଳୀଗୁଡ଼ିକୁ ଦେଖିପାରିବା।

୧ - ସାମ୍ବାଦିକ ଶୈଳୀ (ସତ୍ୟ ଏବଂ ସ୍ପଷ୍ଟତା)

୨ - ସାହିତ୍ୟିକ ଶୈଳୀ (କାବ୍ୟିକତା, ନାଟକୀୟତା)

୩ - ଦାର୍ଶନିକ ଶୈଳୀ (ବିଶ୍ଳେଷଣଧର୍ମିତା)

ପାଠକମନକୁ ବାନ୍ଧି ରଖିପାରିବା ଭଳି ଶୈଳୀରେ, ସୂକ୍ଷ୍ମ ବିଚାରଶକ୍ତି, ଆକର୍ଷଣୀୟ ଉପସ୍ଥାପନ ରୀତି ଏବଂ ଆବଶ୍ୟକୀୟ ଭାଷା ପ୍ରୟୋଗ ମାଧ୍ୟମରେ ଲେଖକ ଗୌରହରି ସ୍ୱକୃତିଗୁଡ଼ିକୁ ବେଶ୍ ପ୍ରଭାବଶାଳୀ କରିପାରିଛନ୍ତି। ଗୋଟିଏ ଦୃଷ୍ଟାନ୍ତ:-

"ଶହ ଶହ ତାଳବରଡ଼ା ତାଟିଘେରା ଟିକିଟିକି ଘର। ପିଚୁ ରାସ୍ତାର ଦୁଇକଡ଼େ ସେଇ ଘରଗୁଡ଼ିକ ଦିଶୁଛନ୍ତି ଛୋଟ ପାଳଗଦା ଗୁଡ଼ିଏ ପରି। କାନ୍ଥ କହିଲେ ଓଦା ଶାଢ଼ି କି ଧୋତି ଖଣ୍ଡେ ବେଢ଼ା ହୋଇଛି। ତା'ରି ଭିତରେ ମୁଣ୍ଡ ନୁଆଁଇ ବସିଛନ୍ତି ବନ୍ୟାବିଧ୍ୱସ୍ତ ଅଞ୍ଚଳର ଗରିବ ମଣିଷ। ଚାରିପଟେ ବନ୍ୟାଜଳ। ଉପରୁ ଶ୍ରାବଣର ବର୍ଷା। ବତୁରି ଯାଇଛି ତାଳବରଡ଼ା, ରାସ୍ତାକଡ଼ରେ ଗାଁର ଘର ଭାଙ୍ଗିଯାଇଛି, କ୍ଷେତରେ ଚରିଯାଇଛି ବଢ଼ିପାଣି। ବର୍ତ୍ତମାନ ନାହିଁ, ଭବିଷ୍ୟତ ନାହିଁ - କେବଳ ମୁଠାଏ ଦୀର୍ଘଶ୍ୱାସକୁ ନେଇ ଏଇ ଯେ ନିଉଛୁଣା ଜୀବନ, ଆହା ପଦେ କହିବାକୁ କାଉଟେ ବି ଆସେ ନାହିଁ ତାଙ୍କ ପାଖକୁ।" (୧୫)

ବନ୍ୟା ବିପର୍ଯ୍ୟସ୍ତ ଅଞ୍ଚଳବାସୀଙ୍କ ଏହି ପ୍ରତ୍ୟକ୍ଷ ବର୍ଣ୍ଣନା ସତ୍ୟ ଏବଂ ସ୍ପଷ୍ଟ ଭାବେ ରୂପାୟିତ କରିଛନ୍ତି ଲେଖକ। ସେହିପରି ଅନ୍ୟ ଏକ ବିଶ୍ଳେଷଣଧର୍ମୀ ଶୈଳୀକୁ ଏଠାରେ ଉଦ୍ଧାର କରାଗଲା-

"ପ୍ରାଚୁର୍ଯ୍ୟର ଆଲୋକ ନୁହେଁ, ଅନ୍ଧାରର ଦାରିଦ୍ର୍ୟ ଭିତରେ ହିଁ ବ୍ୟକ୍ତି-ନକ୍ଷତ୍ରର ଔଜ୍ଜ୍ୱଲ୍ୟ ଫୁଟି ଉଠେ।" (୧୬)

ସଫଳ ବ୍ୟକ୍ତିତ୍ୱର ପରିସ୍ଫୁଟନକୁ ନେଇ ଲେଖକଙ୍କ ଏହି ଦୃଷ୍ଟିକୋଣ ବାସ୍ତବିକ ସ୍ୱତନ୍ତ୍ର। ଏହିଭଳି ପ୍ରଚୁର ଦୃଷ୍ଟାନ୍ତ ତାଙ୍କ ସାହିତ୍ୟରୁ ମିଳେ। ସତ୍ୟ ଏବଂ ସ୍ପଷ୍ଟତା ମଧ୍ୟରେ କାବ୍ୟିକତା, ପୁଣି ନାଟକୀୟତା ସାଙ୍ଗକୁ ବିଶ୍ଳେଷଣାତ୍ମକ ଶୈଳୀ ଗୌରହରିଙ୍କ ସାହିତ୍ୟିକ ଶୈଳୀର ବିଶେଷତା। ନଚେତ୍ ସେ କ'ଣ ଏମିତି ସ୍ପଷ୍ଟ ଭାବରେ ସତ୍ୟକୁ ବିଶ୍ଳେଷଣ କରି ନାଟକୀୟ ଭାବେ କହିପାରନ୍ତେ -

"ପ୍ରତିଟି ମଣିଷ ଭିତରେ ଜଣେ ଜଣେ ଦେବତା ଅଛନ୍ତି। ନେତା ଓ ଧର୍ମଗୁରୁମାନେ ସେମାନଙ୍କ ଆଡ଼କୁ ଚାହାଁନ୍ତୁ। ସମୟ ମିଳିଲେ ଚାହାଁନ୍ତୁ ଆକାଶକୁ - ସୂର୍ଯ୍ୟ ଓ ଚନ୍ଦ୍ରମାକୁ। ନଦୀ ଓ ସମୁଦ୍ରକୁ। ଅନୁଭବ କରନ୍ତୁ ଆଲୋକ ଓ ପାଣି-ପବନର ସ୍ପର୍ଶକୁ। କାହିଁ, କେଉଁଠି ହେଲେ ତ ପାତର-ଅନ୍ତର ବା ଭେଦ-ବିଭେଦର ସ୍ପର୍ଶ ନାହିଁ।" (୧୭)

ପରିବେଶ ଚିତ୍ରଣ:

ପରିବେଶକୁ ଯଥାଯଥ ରୂପ ଦେବାରେ ଗୌରହରି ବେଶ୍ ପାରଙ୍ଗମ। ସମାଜ, ରାଜନୀତି, ଅର୍ଥନୀତି, ଉଦାରୀକରଣ ତଥା ଜଗତୀକରଣ, ସାହିତ୍ୟ, ସଂସ୍କୃତି ପ୍ରଭୃତି ଯେକୌଣସି ପରିବୋକୁ ଚିତ୍ତାକର୍ଷକ କରି ଗଢ଼ି ତୋଳିଛନ୍ତି ସେ। ଗ୍ରାମ୍ୟ ପରିବେଶ, ନଗରୀ ଜୀବନ, ରାଜନୈତିକ ପରିବେଶର ଚିତ୍ରଣ ବେଳେ ଆପଣମାନେ ଗଳ୍ପ ଉପନ୍ୟାସଠାରୁ ଆରମ୍ଭ କରି ନାଟକ, ଅନୁବାଦ, ଫିଚର, ପ୍ରବନ୍ଧ, କାବ୍ୟ କବିତାରେ ସୁଦ୍ଧା ମନୋଜ୍ଞ ଚିତ୍ରରୂପକୁ ଦେଖିପାରିବେ। ଯୁଗୀୟ ଚିନ୍ତାରେ ଉତ୍କଳୀୟ ଜୀବନର ବିଧିବିଧାନ, ରୀତିନୀତି ସାଙ୍ଗକୁ ବନ୍ୟା, ବିପର୍ଯ୍ୟୟ, ପ୍ରାକୃତିକ ଦୃଶ୍ୟ, ସ୍ଖଳିତ ରାଜନୀତିକ ଚିତ୍ର ପ୍ରଦାନ କରିଛନ୍ତି ଲେଖକ। ଫଳରେ ପାଠକ ମନରେ ସୃଷ୍ଟି ହୋଇପାରିଛି ସଂପୃକ୍ତ ସ୍ଥାନ ଏବଂ ପରିବେଶ ଚିତ୍ରଣର ଜୀବନ୍ତ ଭାବ।

ଗୌରହରିଙ୍କ ସାହିତ୍ୟର ଆତ୍ମିକ ପରିପାଟୀ:

ଯୁଗୀୟ ଚେତନାର ମନ୍ତ୍ରଧ୍ୱନି, ଅସାମାଜିକ କ୍ରିୟାକଳାପ ପ୍ରତି ବ୍ୟଙ୍ଗ ଦୃଷ୍ଟିପାତ, ବର୍ତ୍ତମାନ ଏବଂ ଇତିହାସ ପ୍ରତି ମୁଗ୍ଧ ଦୃଷ୍ଟି, ଜୀବନକୁ ନେଇ ଗଭୀର ଅନୁଶୀଳନରେ ଗୌରହରିଙ୍କ ସାହିତ୍ୟର ଭାବମୂର୍ତ୍ତି ଚିତ୍ରିତ। ତାଙ୍କ ସାହିତ୍ୟର ଭାଷା ମାଟିକୁ ସ୍ପର୍ଶ କରିଥିଲାବେଳେ; ତାଙ୍କ ସାହିତ୍ୟର ଭାବଭୂମି ଆକାଶକୁ ଛୁଇଁଛି। "ତାଙ୍କ ସୃଷ୍ଟି ଭିତରେ ସଭ୍ୟତାର ଦେଖା-ଅଦେଖା ରଙ୍ଗ, ସମୟର ପାଦଚିହ୍ନ, ଜୀବନୀୟ ପ୍ରସ୍ତ ପ୍ରସ୍ତ ଉପଲବ୍ଧିର ବର୍ଣ୍ଣବୋଧ ରହିଛି।" (୧୮) ତାଙ୍କ ସାହିତ୍ୟର ଅନ୍ତଃଚିନ୍ତା ବହିର୍ଭାବ ସହ ସମନ୍ୱିତ

ହୋଇ ନିତ୍ୟନୂତନ ଆଧାର ଭୂମି ସୃଷ୍ଟି କରିଛି । ମୁଖ୍ୟତଃ ତାଙ୍କ ସାହିତ୍ୟର ଭାବଭୂମି ବିବିଧ ତଥା ବୈଚିତ୍ର୍ୟପୂର୍ଣ୍ଣ ଭାବେ ରୂପ ପାଇଛି । ସେଗୁଡ଼ିକ ହେଲା-

- ରକ୍ଷଣଶୀଳତା ବିରୋଧରେ ତୀବ୍ର ପ୍ରତିବାଦ
- ଆଧ୍ୟାତ୍ମିକ ଜିଜ୍ଞାସା ମଧ୍ୟରେ ଆତ୍ମପ୍ରତ୍ୟୟର ସନ୍ଧାନ
- ସମାଜ ପ୍ରତି ଆନ୍ତରିକ ଶ୍ରଦ୍ଧା
- ଅସହାୟ, ସରଳ ମଣିଷମାନଙ୍କ ପ୍ରତି ସମ୍ବେଦନଶୀଳ ଦୃଷ୍ଟିଭଙ୍ଗୀ
- ଅସାଧୁ ମଣିଷଙ୍କ ପ୍ରତି ଶାଣିତ ବ୍ୟଙ୍ଗ
- ବ୍ୟର୍ଥ ଜୀବନ ଭିତରେ ନୂଆ ସକାଳର ସମ୍ଭାବନା
- ନୈତିକ ମୂଲ୍ୟବୋଧ ସାଙ୍ଗକୁ ଜାତୀୟ ପ୍ରୀତି
- ଆଧୁନିକ ଜୀବନର ସମସ୍ୟା ଭିତରେ ସମାଧାନର ସୂକ୍ଷ୍ମ ଚିନ୍ତା
- ଦୂଷିତ ରାଜନୀତି ଓ କଳୁଷିତ ରାଜନେତା ତଥା ଆତ୍ମକୈନ୍ଦ୍ରିକ କର୍ମଚାରୀଙ୍କ ପ୍ରତି ତୀବ୍ର କଟାକ୍ଷ
- ସୂକ୍ଷ୍ମ ମାନବିକ ଅନୁଚିନ୍ତା
- ପ୍ରକୃତି ତଥା ଗାଁ ମାଟି ପ୍ରତି ମୁଗ୍ଧ ଚାହାଣି
- ସଂସ୍କୃତି, ସମାଜ, ଜୀବନକୁ ଅବଲମ୍ବନ କରି ଏଗୁଡ଼ିକର ମହତ୍ତ୍ୱ ଏବଂ ମହନୀୟତା ଚିତ୍ରଣ ପ୍ରଭୃତି ।

ବ୍ୟକ୍ତିର ଅନ୍ତର୍ମନକୁ ପଢ଼ି, ବିବିଧ ଜନଜୀବନର ଚିତ୍ର, ଭଗବାନଙ୍କ ପ୍ରତି ପ୍ରେମାପ୍ଲୁତ ଦୃଷ୍ଟି ରଖି ଜଗତ, ମଣିଷ, ସମୟ, ଅଶ୍ରୁ-ପୁଲକ, ସାଂପ୍ରତିକ ସ୍ଥିତି-ପରିସ୍ଥିତିକୁ ନିଜେ ଉପଲବ୍ଧି କରି ପାଠକ ସମାଜକୁ ଶୁଣାଇଛନ୍ତି ଚିରନ୍ତନୀ ବାର୍ତ୍ତା ।

ସୌନ୍ଦର୍ଯ୍ୟବୋଧ ଓ ଜୀବନଦର୍ଶନ:

ଗୌରହରି ଦାସଙ୍କ ସାହିତ୍ୟର ସୌନ୍ଦର୍ଯ୍ୟ ଏବଂ ଦୃଷ୍ଟି ଦର୍ଶନ ମଣିଷର ଜୀବନ ଏବଂ ସମାଜକୁ ନେଇ । ସାମାଜିକ ବ୍ୟାଖ୍ୟାକାର ଭାବରେ "ନିଜର ସମସ୍ତ ଲେଖାଲେଖି ଭିତରେ ଗୌରହରିଙ୍କର ଯେତିକି ଥାଏ ନିଷ୍ଠା ତାହାଠୁ ଅଧିକ ଥାଏ ଆନ୍ତରିକତା । ଆମ ସମୟର ସମାଜରେ ଯାହା ଭାଙ୍ଗିଯିବାକୁ ବସିଛି, ତାକୁ ଯେ ଭଲ ଓ ପରିପୂର୍ଣ୍ଣ ରୂପରେ ପୁନଶ୍ଚ ଦେଖିହେବ- ଏପରି ଆଶାବାଦର ସ୍ୱର ଗୌରହରିଙ୍କ ପ୍ରତିଟି ଲେଖାର ଆତ୍ମାରେ ନିହିତ ଥାଏ ।" (୧୯) ତାଙ୍କର ଜୀବନ ଏବଂ ଲେଖକୀୟପଣ ଭାରତୀୟ ସମାଜର ଅବଦାନ ବୋଲି ସେ ସର୍ବଦା କହନ୍ତି । ଜୀବନକୁ ଶିକ୍ଷକ ବୋଲି ମନେ କରୁଥିବା ଗୌରହରି ପ୍ରେମକୁ ନେଇ, ମଣିଷକୁ ନେଇ, ପୃଥିବୀକୁ ନେଇ ଶୁଦ୍ଧ, ସ୍ନିଗ୍ଧ ସୌନ୍ଦର୍ଯ୍ୟାତ୍ମକ ଅଭିବ୍ୟକ୍ତି ପ୍ରକାଶ କରିଛନ୍ତି । ଜୀବନ

ପ୍ରତି ତାଙ୍କର ଦୃଷ୍ଟିକୋଣ କେତେ ପ୍ରଭାବଶାଳୀ ନିମ୍ନ ଦୃଷ୍ଟାନ୍ତରେ ତାହା ଲକ୍ଷ୍ୟ କରାଯାଇପାରେ -

"ଜୀବନ ଏକ ବିଚିତ୍ର ଅନୁଭବ। ଏଠି ସୁଖ ଆସି ପ୍ରଜାପତି ପରି ଖଣ୍ଡିଉଡ଼ା ଦେଇ ଚାଲିଯାଏ, ଦୁଃଖ ଆସି ସୁଧଖୋର ମହାଜନ ପରି ଅଗଣାରେ ବସି ରହେ। ଚାହୁଁଥିବା ଜିନିଷ ମିଳେ ନାହିଁ, ଅଥଚ ନ ଚାହୁଁଥିବା ଜିନିଷମାନ ଆସି ଗଳାଛନ୍ଦି ଓହଳି ବସନ୍ତି। ତେବେ ସବୁ ଅସହାୟତା ଶେଷରେ ଯେ ଅବଲମ୍ବନଟିଏ ଅଛି, ସବୁ ଦୁଃଖର ମହାଜନୀ ଅଦଉତି ଶେଷରେ ଋଣମୁକ୍ତ ହେବାର ଅନ୍ତରଙ୍ଗ କାମନାଟିଏ ଅଛି, ପ୍ରଜାପତିର ଖଣ୍ଡିଉଡ଼ା ପଛରେ ଆଉ ଥରେ ସୁଖକୁ ଭେଟିବାର ଅଲିଖିତ ଆଶ୍ୱାସନାଟିଏ ଅଛି, ଏସବୁ ଜୀବନ ଶିଖେଇଦିଏ। ଏଇ ଆଶା, ଆଶ୍ୱାସନା ହିଁ ଅବିଶ୍ୱାସର ଅନ୍ଧାର ରାସ୍ତା ଭିତରେ କେଉଁ ସୁଦୂର ଗ୍ରାମବଧୂର ସଞ୍ଜଦୀପ ଶିଖା ହୋଇ ବାଟ କଢ଼େଇ ନିଏ। ଜୀବନ ଜିଇଁବାର ନୂଆ ଇଚ୍ଛାଟିଏ ପୁଣି ଥରେ ଡେଣା ମେଲାଏ ଉଡ଼ି ଶିଖୁଥିବା ପକ୍ଷୀ ଶାବକର ଉଦ୍‌ଗମୀଷା ହୋଇ।" (୨୦)

ଲୋକପ୍ରଚଳିତ ଉକ୍ତି, ରୂଢ଼ି, ମର୍ମବାଣୀ, ପ୍ରବାଦ: ଗୌରହରିଙ୍କ ସାହିତ୍ୟର ଅନେକ ସ୍ଥଳରେ ଲୋକ ସାହିତ୍ୟର ମଧୁର ଛିଟା ପଡ଼ିଥିବାର ପାଠକେ ଦେଖିବାକୁ ପାଇବେ। ଲୋକଗୀତ, ରଢ଼ି, ପ୍ରବାଦ, ପ୍ରବଚନ, ଲୋକଉକ୍ତି, ଭାଗବତବାଣୀ, ପୁରାଣ ମଧ୍ୟରୁ ଅମର ପଦମାନ ଆବଶ୍ୟକ ସ୍ଥଳେ ତାଙ୍କ ସାହିତ୍ୟରେ ପଦ ମଣ୍ଡନ କରିଛନ୍ତି। ସ୍ୱଉପଲବ୍ଧିକୁ ସାଂପ୍ରତିକ ଜୀବନର ରୂପରେଖ ଭାବରେ ରୂପ ଦେବାବେଳେ ଏ ସବୁର ବ୍ୟବହାର ହୋଇଛି। ନିମ୍ନରେ ଏହାର କେତୋଟି ଦୃଷ୍ଟାନ୍ତ ପାଇଁ ତାଙ୍କ ସାହିତ୍ୟରୁ ନିଆଗଲା। ଯଥା:

- "ଉଡ଼ିଗଲା ଚଢ଼େଇର ପର ଗଣିବା ଲୋକ।" (ପଞ୍ଚପର୍ବ - ପୃ:୪୦)
- "ଯାହା ଖାଇଥିବ ପେଟକୁ, ଯାହା ରଖିଥିବ ଖଣ୍ଟକୁ।" (ପଞ୍ଚପର୍ବ - ପୃ:୪୩୪)
- "ଯେମିତି କର୍ମକୁ ସେମିତି ଫଳ।"
- "ମଣିଷ ଦେହେ ଦିବ୍ୟ ଜ୍ଞାନ, ଦେଖି ସନ୍ତୋଷ ଭଗବାନ।"
- "ଗଭୀର ପାଣିରେ ଥିବା ରୋହି ମାଛ ଗର୍ବ କରେ ନାହିଁ, ମାତ୍ର ଗଣ୍ଡୂଷେ ପାଣିରେ ଥିବା ଛୋଟ ମୀନ ବେଶୀ ଫଡ୍‌ଫଡ୍ ହୁଏ।" (ପରିଚିତ ପରିଧି)
- "ଯଦି ବରଷଇ ମାଘର ଶେଷ, ଧନ୍ୟ ସେ ରାଜ୍ୟ ଧନ୍ୟ ସେ ଦେଶ।" (ସାରାଂଶ - ପୃ:୬୦)
- "ଖାଇବା ଥାଳିରେ ଧୂଳି ପକେଇବା।" (ପଞ୍ଚପର୍ବ - ପୃ:୩୬୩)

- "କୂଳ ଛାଡ଼ିଗଲେ କି କରେ ନାଆ, କୋଳ ଛାଡ଼ିଗଲେ କି କରେ ମାଆ !" (ପରିଚିତ ପରିଧି - ପୃ:୯୮)
- "ଦୟା ମଣିଷକୁ ମାରିଦିଏ, ତାହାଠୁଁ ବରଂ ଭଲ ଈର୍ଷା।" (ଈଶ୍ୱରଙ୍କ ଠିକଣା - ପୃ:୩୨)
- "ଆଘାତକୁ ଉପହାର ଭାବେ ଗ୍ରହଣ କର। ତାହାହେଲେ ତୁମ ଜୀବନ ବି ଅର୍ଥମୟ ହୋଇଯିବ।" (ଅସମର୍ଥ ଈଶ୍ୱର - ପୃ:୨୪)
- "ବନସ୍ତେ ଡାକିଲା ଗଜ, ବରଷକେ ଥରେ ଆସିଛି ରଜ।"
- "ଅନଳ କନକ ଗୋରୀ
  ନୁହଁଇ ପୁରୁଷ ନୁହଁଇ ସ୍ତିରୀ
  ସିଏ ତ ବିଧବା ନାରୀ
  କାନ୍ଦୁଛନ୍ତି ପତି ଗୁଣ ସୁମରି।"

(ଜୀବନର ଜଳଛବି ସମଗ୍ର - ପୃ: ୩୬୮) ପ୍ରଭୃତି।

ଚିତ୍ରକଳ୍ପ: ଆଧୁନିକ ସାହିତ୍ୟର ଅନ୍ୟତମ ପ୍ରମୁଖ ବୈଶିଷ୍ଟ୍ୟ ହେଉଛି ଚିତ୍ରକଳ୍ପ ଏବଂ ପ୍ରତୀକଧର୍ମୀ ସାହିତ୍ୟ ସୃଜନ। ସାହିତ୍ୟରେ ଏହାର ପ୍ରୟୋଗ ସାହିତ୍ୟକୁ ଉଚ୍ଚାଙ୍ଗ କ୍ଷେତ୍ରଟିଏ ପ୍ରଦାନ କରିବାରେ ପ୍ରମୁଖ ଭୂମିକା ନିର୍ବାହ କରେ ବୋଲି ସମାଲୋଚକମାନେ ଅଭିବ୍ୟକ୍ତି ରଖନ୍ତି। ଏହି ପ୍ରୟୋଗ ଏବଂ ପରୀକ୍ଷା କ୍ଷେତ୍ରରେ ଗୌରହରି ଦାସଙ୍କ ନାମ ସ୍ୱତନ୍ତ୍ର ଭାବେ ଉଚ୍ଚାରିତ ହୁଏ। ବିଭିନ୍ନ ପରିବେଶ, ପରିସ୍ଥିତି, ଘଟଣା, ଚରିତ୍ରଗୁଡ଼ିକର ମନସ୍ତତ୍ତ୍ୱ ତଥା ଚାରିତ୍ରିକ ବୈଶିଷ୍ଟ୍ୟ ପ୍ରତିପାଦନ ନିମନ୍ତେ ଗୌରହରି ସ୍ୱ-ସାହିତ୍ୟରେ ଲକ୍ଷ୍ୟରେ ହେଉ ଅବା ଅଲକ୍ଷ୍ୟରେ ଏହାକୁ ପ୍ରୟୋଗ କରିଥିବାର ଆମେମାନେ ଦେଖିବାକୁ ପାଇଥାଉ। ନିମ୍ନରେ ତନ୍ମଧ୍ୟରୁ ଏହାର କେତୋଟି ଦୃଷ୍ଟାନ୍ତ ପ୍ରଦାନ କରାଗଲା, ଯଥା:-

୧) "ଘର ବାରନ୍ଦାରେ ଖରା ଖେଳୁଥାଏ ଦାୟିତ୍ୱହୀନ କିଶୋରୀଟେ ପରି।" (୨୧)

୨) "କୃଷ୍ଣ ପକ୍ଷର ଆକାଶ ପରି ତାକୁ ଅନ୍ଧାରିଆ ଦିଶେ ତା' ଭବିଷ୍ୟତ।" (୨୨)

୩) "ନୀଳାମ୍ବରକୁ ନିଜ ଘରଟା ସନ୍ତସନ୍ତିଆ ଗୁମ୍ଫାଟିଏ ପରି ଲାଗୁଥିଲା।" (୨୩)

୪) "ରାଜଲକ୍ଷ୍ମୀ ନିସ୍ତେଜ ସାପଟେ ପରି ପଡ଼ିରହିଥିଲା ମନୋଜର କୋଳ ଉପରେ। କୂଳ ଉଚ୍ଛୁଳା ବଂଶଧାରା ନଈ ପାଲଟି ଯାଇଥିଲା ରାଜଲକ୍ଷ୍ମୀ ସେଦିନ।" (୨୪)

୫) "ତା'ର ମୁହଁଟି ଲାଜରେ ଦୁଧଅଳତା ରଙ୍ଗମିଶା କଇଁଫୁଲ ପରି ଦିଶୁଥିଲା।" (୨୫)

୬) "ମାନଚିତ୍ରର ନଈ ପାହାଡ଼ ପରି ହାତ ପାପୁଲିର ରେଖାଗୁଡ଼ିକ ଛନ୍ଦାଛନ୍ଦି ହୋଇ ଲମ୍ବିଯାଇଛନ୍ତି। କିଛି କିଛି ଗାଢ଼ ରେଖା ତଳେ ଅସ୍ପଷ୍ଟ ଦିଶୁଛନ୍ତି ଅସଂଖ୍ୟ ସାନ ସାନ ରେଖା। ବାଲିର ଦେହ ଉପରେ ବାଲି କଙ୍କଡ଼ାର ପାଦ ଚିହ୍ନ ପରି ଅସ୍ପଷ୍ଟ ସେଇ ରେଖାମାନେ କୁଆଡ଼େ ମଣିଷର ଭାଗ୍ୟକୁ ନିୟନ୍ତ୍ରିତ କରନ୍ତି।" (୨୬)

୭) "ଆକାଶ ସାରା ଅସଂଖ୍ୟ ତାରା, କୁଲାରୁ ଖସି ପଡ଼ିଥିବା ଖୁଦକଣା ପରି ବିଞ୍ଚି ହୋଇପଡ଼ିଛନ୍ତି।" (୨୮)

୮) "ଇସ୍ପାତ ପରି କଠୋର ବ୍ୟବହାର।" (୨୯)

୯) "ସକାଳର ସମୟ ପରି ପିଲାଦିନ ତରବରରେ ଚାଲିଯାଏ।" (୩୦)

୧୦) "ମନ ଭିତରେ ଟିକି ଚିନ୍ତା ରହିଗଲା, ସୂତା ମଝିରେ ଗଣ୍ଠି ପରି।"

୧୧) "ରକ୍ତମୁଖା ଶିଆଳ ପରି ଚେହେରା।" (ଛାୟାସୌଧର ଅବଶେଷ)

୧୨) "ସଦ୍ୟପ୍ରସୂତ ଶିଶୁ ପରି ଲାଲ ଲତପତ କୁଆଁର ପୂନେଇଁ ଜହ୍ନ।" (ଜୀବନର ଜଳଛବି)

୧୩) "ଉଦାସ ମଣିଷ ପରି ଘୁମେଇଥିବା ରାସ୍ତା।" (ଜୀବନର ଜଳଛବି)

୧୪) "କପଟ କଅଁଳା ବାଛୁରୀ ପରି ସ୍ମୃତି।" (ଜୀବନର ଜଳଛବି)

୧୫) "ମଫସଲ ଗାଁର ଶୀତ ମଠେଇ ବୋହୂ ପରି।"

ଏହିଭଳି ଅସଂଖ୍ୟ ଶବ୍ଦବିମ୍ବ ତଥା ରୂପକଳ୍ପର ସ୍ୱତନ୍ତ୍ର ତଥା ମୌଳିକ ବ୍ୟବହାର ଗୌରହରିଙ୍କ ସାହିତ୍ୟର ଛତ୍ରେ ଛତ୍ରେ ଉପଲବ୍ଧ ହୁଏ।

ଗୌରହରିଙ୍କ ସାହିତ୍ୟରେ ପୁରାକଳ୍ପ (ମିଥ୍):

ପୁରାଣ ଇତିହାସର ଚରିତ୍ର ଏବଂ ଘଟଣାକୁ ମାଧ୍ୟମ କରି ଆଧୁନିକ ଚିନ୍ତା-ଚେତନା ତଥା ପରିବେଶର ଚିତ୍ରକୁ ନିଖୁଣ ଶବ୍ଦରୂପ ପ୍ରଦାନ କରିବାରେ ଗୌରହରି ଦାସ ବେଶ୍ ସିଦ୍ଧହସ୍ତ। ମହାଭାରତରୁ ଦୃଷ୍ଟାନ୍ତ ଦେଇ ବର୍ତ୍ତମାନ ସମୟର ଶିକ୍ଷିତ ବିବେକବନ୍ତ ଜ୍ଞାନୀଜନଙ୍କ ମଧ୍ୟରେ ସଚେତନ ବାର୍ତ୍ତା ବୁଣିଦେବା ନିମନ୍ତେ ସେ ଗୋଟିଏ ସୁନ୍ଦର ମିଥ୍‌ର ବ୍ୟବହାର କରିଛନ୍ତି। ଯଥା:-

"x x x ଧୃତରାଷ୍ଟ୍ରର ରାଜସଭାରେ ମହାବୀର ଭୀଷ୍ମ, ମହାଦାନୀ କର୍ଣ୍ଣ, ଗୁରୁଦେବ ଦ୍ରୋଣାଚାର୍ଯ୍ୟ ସମସ୍ତେ ଏମିତି ମୁଣ୍ଡ ତଳକୁ ପୋତି ଦେଇଥିଲେ। ଜାଣନ୍ତି ମହାପାତ୍ର ବାବୁ, ଯେତେବେଳେ ସମାଜର ସବୁଠୁ ଜ୍ଞାନୀ, ସବୁଠୁ ବଳଶାଳୀ ଓ ବିବେକବାନ ଲୋକ ସବୁ ଦେଖି ନ ଦେଖିଲା ପରି ମୁଣ୍ଡ ତଳକୁ କରିନିଅନ୍ତି, ସେତେବେଳେ ସେ ସମାଜ, ଭରପୂର କୁରୁସଭାରେ ଦ୍ରୌପଦୀ ଲଙ୍ଗଳା ହେଲା ପରି ବିପର୍ଯ୍ୟସ୍ତ ହୋଇପଡ଼େ।" (ଅପରାଧ, ଦଶମ ଦୃଶ୍ୟ, ପୃ:୮୨)

ପ୍ରସଙ୍ଗ କ୍ରମେ ତାଙ୍କର ଅନ୍ୟତମ ଚର୍ଚ୍ଚିତ ଫିଚର ଗ୍ରନ୍ଥ 'ଜୀବନର ଜଳଛବି'ରେ ମଧ୍ୟ ଲୋକସାହିତ୍ୟ ଏବଂ ମହାଭାରତର (ଅଭିମନ୍ୟୁ ବଧ, ଖୁଲଣା ସୁନ୍ଦରୀ, ବୁଢ଼ୀ ଅସୁରୁଣୀ, କଲୁରେଇବେଣ୍ଟ, ମତ୍ସ୍ୟଗନ୍ଧା, କର୍ଣ୍ଣାର୍ଜୁନ ଯୁଦ୍ଧ ଆଦି) ଅନେକ ଦୃଷ୍ଟାନ୍ତ ଦେଇ ସାଂପ୍ରତିକ ସମାଜ, ଜୀବନ, ମଣିଷ ଏବଂ ତା'ର ଚରିତ୍ରକୁ ଉତ୍କୃଷ୍ଟ ରୂପ ପ୍ରଦାନ କରିଛନ୍ତି ଗୌରହରି।

ସେହିପରି 'ବଂଶୀର ସ୍ୱର', 'ଗାନ୍ଧାରୀ', 'ଭୀଷ୍ମ', 'ବୁଦ୍ଧଦେବ', 'ଅଭିମନ୍ୟୁ', 'ଅହଲ୍ୟା', 'ଅର୍ଜୁନ' ପ୍ରଭୃତି ଚରିତ୍ର ପୁରାକଳ୍ପରୁ ଆହୃତ ହୋଇ ତାଙ୍କ କଥା ସାହିତ୍ୟରେ ମଧ୍ୟ ଆଧୁନିକ ଚରିତ୍ର ତଥା ବ୍ୟକ୍ତିତ୍ୱର ଉଦ୍‌ଘାଟନ ଦିଗରେ ବେଶ୍ ସାମର୍ଥ୍ୟ ରଖନ୍ତି। ଶତପୁତ୍ରର ଜନନୀ ଗାନ୍ଧାରୀ ଆଉ ଆଜିର ଗାନ୍ଧାରୀ ନାମ୍ନୀ ନାରୀ, ନିଜ ନାମର ମହତ୍ତ୍ୱ ଏବଂ ଅର୍ଥ ଖୋଜିବାକୁ ଯାଇ ବ୍ୟଥାମିଶା ଅନ୍ତରରେ ଉପଲବ୍ଧି କରିଛି ଯେ-

"ଗାନ୍ଧାରୀ... ନିଜ ନାଆଁଟିକୁ ଅନେକ ଥର ମନେ ମନେ ଗୁଣେ ସେ। ମହାଭାରତର ଗାନ୍ଧାରୀ ଶହେ ପୁଅର ମାଆ, ଆଉ ନିଜେ ସେ ନିଃସନ୍ତାନ।" (ବ୍ୟର୍ଥ ବସନ୍ତ, କଥା ସମଗ୍ର (୧ମ ଭାଗ), ପୃ:୫୭)

ଏହିପରି ଅନେକ ଦୃଷ୍ଟାନ୍ତ ତାଙ୍କ ସମଗ୍ର କୃତି ସମୂହରୁ ପାଠକମାନେ ପାଇପାରିବେ। ସମୂହ ଦିଗରୁ ଦେଖିଲେ ବିଷୟ ଚୟନ, ଉପସ୍ଥାପନ, ଆଙ୍ଗିକ ଆତ୍ମିକ ଅଭିବ୍ୟକ୍ତିର ସ୍ୱାତନ୍ତ୍ର୍ୟରେ ଗୌରହରିଙ୍କ ସାହିତ୍ୟର ସୌଷ୍ଠବ ବେଶ୍ ସମୁନ୍ନତ।

ପାଦଟୀକା:

୧. ପ୍ରଫେସର ବାସୁଦେବ ସାହୁ - ଭାଷା ବିଜ୍ଞାନର ରୂପରେଖ - ପୃ:୨୦୭

୨. ଗୌରହରି ଦାସ - ଆମ ଘର ନକ୍ସା - ପୃ:୫୨

୩. ଗୌରହରି ଦାସ - ନିଜ ସଙ୍ଗେ ନିଜର ଲଢ଼େଇ - ପଞ୍ଚପର୍ବ - ପୃ:୧୬୩

୪. ତତ୍ରୈବ - ପୃ: ୨୧୪

୫. ତତ୍ରୈବ - ପୃ: ୩୦୮

୬. ତତ୍ରୈବ - ପୃ: ୩୧୬

୭. ଗୌରହରି ଦାସ - ଏଇଠୁ ଆରମ୍ଭ - ପଞ୍ଚପର୍ବ - ପୃ: ୩୦୩

୮. ତତ୍ରୈବ - ପୃ: ୩୮୩

୯. ତତ୍ରୈବ - ପୃ: ୩୮୩

୧୦. ଗୌରହରି ଦାସ - ସାରାଂଶ - ଉଣେଇଶ - ପୃ:୨୪୬

୧୧. ଗୌରହରି ଦାସ - ଛାୟାସୌଧର ଅବଶେଷ - ପଞ୍ଚପର୍ବ - ପୃ:୬୪

୧୨. ଗୌରହରି ଦାସ - ଆପଣଙ୍କ ଆଜ୍ଞାଧୀନ - ପଞ୍ଚପର୍ବ - ପୃ:୩୭୦

୧୩. ଗୌରହରି ଦାସ - ଆମ ଘର ନକ୍ସା - ପୃ:୩୩

୧୪. ଗୌରହରି ଦାସ -ଜୀବନର ଜଳଛବି: ଏକ ଭିନ୍ନ ଭୂମିକା - ମଣିଷପଣିଆ - ପୃ:୪୧୮

୧୫. ଗୌରହରି ଦାସ - ଜୀବନର ଜଳଛବି - ପୃ:୧୭

୧୬. ଗୌରହରି ଦାସ - ଅସମର୍ଥ ଈଶ୍ୱର - ପୃ:୪୨
୧୭. ଗୌରହରି ଦାସ - ଈଶ୍ୱରଙ୍କ ଠିକଣା - ପୃ:୧୭୨
୧୮. ଭଞ୍ଜ ଡକ୍ଟର ସଂଘମିତ୍ରା - ସମୁଚ୍ଚ ମୂଲ୍ୟବୋଧର ମର୍ମଲିପି: ଜୀବନର ଜଳଛବି - ପୃ:୨୯ - କ୍ଷେତ୍ରବାସୀ ନାଏକ (ସଂପାଦକ), ସୃଜନ ସଳିତା ନବନୀତା, ପୂଜାସଂଖ୍ୟା - ଅକ୍ଟୋବର-ଡିସେମ୍ବର-୨୦୨୧। ଭାଗ-୧୨, ସଂଖ୍ୟା-୧, ISSN-2320-1061
୧୯. ଦାସ ଗୌରହରି - ସାକ୍ଷାତକାର - ସୁଶାନ୍ତ (ସାକ୍ଷାତକାର) - ଏଇନେ ଖରା, ଏଇନେ ମେଘ - ପୃ:୦୯
୨୦. ଦାସ ଗୌରହରି - ଜୀବନର ଜଳଛବି - ନିଜକଥା
୨୧. ଦାସ ଗୌରହରି - ଛାୟାସୌଧର ଅବଶେଷ, ପଞ୍ଚପର୍ବ, ପୃ-୬୪
୨୨. ତତ୍ରୈବ
୨୩. ଦାସ ଗୌରହରି - ସାରାଂଶ, ପୃ-୨୪୬
୨୪. ଦାସ ଗୌରହରି - କେତେ ରଙ୍ଗର ଜୀବନ, ପଞ୍ଚପର୍ବ, ପୃ-୪୯୩
୨୫. ଦାସ ଗୌରହରି - କେତେ ରଙ୍ଗର ଜୀବନ, ପଞ୍ଚପର୍ବ, ପୃ-୫୦୬
୨୬. ଦାସ ଗୌରହରି - ଛାୟାସୌଧର ଅବଶେଷ, ପଞ୍ଚପର୍ବ, ପୃ-୦୬
୨୭. ଦାସ ଗୌରହରି - ଛାୟାସୌଧର ଅବଶେଷ, ପଞ୍ଚପର୍ବ, ପୃ-୬୧
୨୮. ଦାସ ଗୌରହରି - ଏଇଠୁ ଆରମ୍ଭ, ପଞ୍ଚପର୍ବ, ପୃ-୩୨୫
୨୯. ଦାସ ଗୌରହରି - ଆପଣଙ୍କ ଆଜ୍ଞାଧୀନ, ପଞ୍ଚପର୍ବ, ପୃ-୪୦୨
୩୦. ଦାସ ଗୌରହରି - ଆପଣଙ୍କ ଆଜ୍ଞାଧୀନ, ପଞ୍ଚପର୍ବ, ପୃ-୪୦୪

ସହାୟକ ଗ୍ରନ୍ଥସୂଚୀ:

୧. ଦାସ ଗୌରହରି - ପଞ୍ଚପର୍ବ (ସାହିତ୍ୟ ଏକାଡେମୀ ପୁରସ୍କୃତ) - ଫ୍ରେଣ୍ଡ୍ସ ପବ୍ଲିଶର୍ସ - କଟକ - ୧ମ ସଂସ୍କରଣ-୨୦୧୯ - ISBN-81-7401-918-9
୨. ଦାସ ଗୌରହରି - ସାରାଂଶ - ଜୀବନାନନ୍ଦ ମିଶ୍ର (ପ୍ରକାଶକ) - ବିଦ୍ୟାପୁରୀ - କଟକ - ୧ମ ପ୍ରକାଶ-ଅଗଷ୍ଟ୨୦୨୧ - ISBN-978-93-90816-11-8
୩. ଦାସ ଗୌରହରି - ଜୀବନର ଜଳଛବି - ଫ୍ରେଣ୍ଡ୍ସ ପବ୍ଲିଶର୍ସ - ୨୦୧୭
୪. ଦାସ ଗୌରହରି - ଈଶ୍ୱରଙ୍କ ଠିକଣା - ଫ୍ରେଣ୍ଡ୍ସ ପବ୍ଲିଶର୍ସ - ୨୦୧୯
୫. ଦାସ ଗୌରହରି - ଚିହ୍ନା ଚୌହଦୀ - ଫ୍ରେଣ୍ଡ୍ସ ପବ୍ଲିଶର୍ସ - ୧୯୯୬
୬. ଦାସ ଗୌରହରି - ପରିଚିତ ପରିଧି - ଫ୍ରେଣ୍ଡ୍ସ ପବ୍ଲିଶର୍ସ - ୨୦୦୧
୭. ଦାସ ଗୌରହରି - ବିଦେଶ ଓ ଅନ୍ୟାନ୍ୟ ଗଳ୍ପ - ବ୍ଲାକ୍ ଇଗଲ୍ ବୁକ୍ସ - ୨୦୧୯
୮. ଦାସ ଗୌରହରି - ଅପରାଧ
୯. ଦାସ ଗୌରହରି - ଆମ ଘର ନକ୍ସା
୧୦. ଦାସ ଗୌରହରି - ଆସାମୀ
୧୧. ଦାସ ଗୌରହରି - ନୂଆ ଠିକଣା
୧୨. ଦାସ ଗୌରହରି - ମାୟା
୧୩. ପ୍ରଧାନ ଡକ୍ଟର କୃଷ୍ଣଚନ୍ଦ୍ର, ପ୍ରଧାନ ଶ୍ରୀ ଭାସ୍କର, ହୋତା ଶ୍ରୀ ବ୍ରଜ କିଶୋର - ସାରସ୍ୱତ ବ୍ୟାବହାରିକ ଓଡ଼ିଆ ବ୍ୟାକରଣ - ସତ୍ୟନାରାୟଣ ବୁକ୍ ଷ୍ଟୋର୍ - କଟକ - ୫ମ ସଂସ୍କରଣ ୨୦୧୬ - ISBN-81-8118-060-7
୧୪. ବଳ ଅଧ୍ୟାପକ ଗଙ୍ଗାଧର - ଆଲୋକ ଓ ଆଲୋଚନା - ସହଦେବ ପ୍ରଧାନ (ପ୍ରକାଶକ) - ଫ୍ରେଣ୍ଡ୍ସ ପବ୍ଲିଶର୍ସ - କଟକ - ୧ମ ପ୍ରକାଶ-୧୯୭୦
୧୫. ଟିକାୟତ ରାୟ ଡକ୍ଟର କୈଳାସ ଚନ୍ଦ୍ର, ମିଶ୍ର ଡ. ଗିରୀଶ ଚନ୍ଦ୍ର, ମହାନ୍ତି ଡ. ସୁଧୀର ଚନ୍ଦ୍ର, କର ଡ.

ଶରତ ଚନ୍ଦ୍ର, ମିଶ୍ର ଡ. ହରପ୍ରସାଦ (ସଂପାଦନା ମଣ୍ଡଳୀ) - ପ୍ରାୟୋଗିକ ଓଡ଼ିଆ ଭାଷା - ଓଡ଼ିଶା ରାଜ୍ୟ ପାଠ୍ୟପୁସ୍ତକ ପ୍ରଣୟନ ଓ ପ୍ରକାଶନ ସଂସ୍ଥା - ପୁସ୍ତକ ଭବନ - ତୃତୀୟ ମୁଦ୍ରଣ - ୨୦୧୧ - ISBN-81-8005-140-4

୧୬. ମହାପାତ୍ର ପଣ୍ଡିତ ନାରାୟଣ, ଦାସ ଶ୍ରୀ ଶ୍ରୀଧର (ଯୁଗ୍ମ ଲେଖକ) - ସର୍ବସାର ବ୍ୟାକରଣ - ନିଉ ଷ୍ଟୁଡେଣ୍ଟସ ଷ୍ଟୋର୍ - କଟକ - ୧ମ ସଂସ୍କରଣ-୧୯୪୩ - ପୁନଃମୁଦ୍ରଣ - ୨୦୧୪ - ISBN-81-86085-00-9

୧୭. ଦାଶ ଶ୍ରୀଯୁକ୍ତ ବିନାୟକ - ତକ୍ଷଶିଳା ଓଡ଼ିଆ ବ୍ୟାକରଣ - ତକ୍ଷଶିଳା (ପ୍ରକାଶକ) - ବାଲୁବଜାର - କଟକ - ପ୍ରଥମ ପ୍ରକାଶ-୨୦୧୩

୧୮. ସାହୁ ପ୍ରଫେସର ବାସୁଦେବ - ଭାଷା ବିଜ୍ଞାନର ରୂପରେଖ - ସହଦେବ ପ୍ରଧାନ (ପ୍ରକାଶକ) - ଫ୍ରେଣ୍ଡ୍ସ ପବ୍ଲିଶର୍ସ - ଦଶମ ପୁନଃ ମୁଦ୍ରଣ - ୨୦୧୫ - ISBN-81-7401-536-1

ପରିଶିଷ୍ଟ : (କ)

ଗୌରହରି ଦାସଙ୍କ ବଂଶାବଳୀ

ଗୌରହରି ଦାସଙ୍କ ବଂଶଲିପି

ନାଗାର୍ଜ୍ଜୁନ ଦାସ ଓ ଲକ୍ଷ୍ମୀ ଦାସ (ପିତାମହ-ପିତାମହୀ)

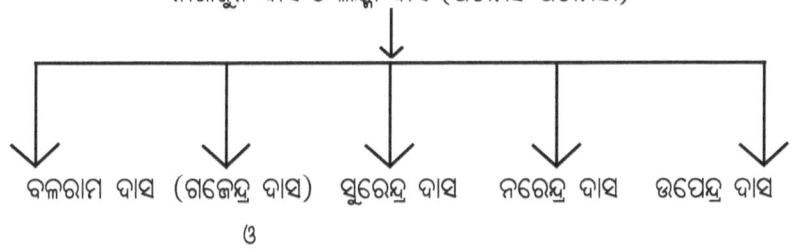

ବଳରାମ ଦାସ (ଗଜେନ୍ଦ୍ର ଦାସ) ସୁରେନ୍ଦ୍ର ଦାସ ନରେନ୍ଦ୍ର ଦାସ ଉପେନ୍ଦ୍ର ଦାସ

ଓ

(ଶକୁନ୍ତଳା ଦେବୀ)

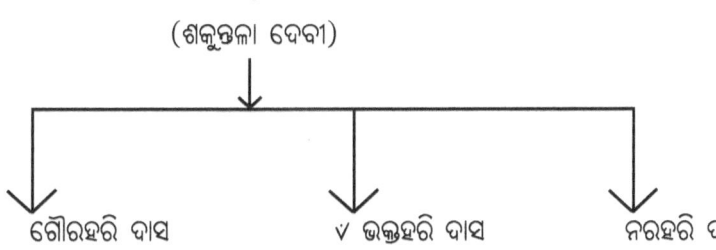

ଗୌରହରି ଦାସ ୰ ଭକ୍ତହରି ଦାସ ନରହରି ଦାସ

(ପତ୍ନୀ: ସଂଯୁକ୍ତା ନାୟକ

କନ୍ୟା: ଗୌତମୀ ଦାସନାୟକ)

ପରିଶିଷ୍ଟ : (ଖ)

ଗୌରହରି ଦାସ : ଉଲ୍ଲେଖନୀୟ ଘଟଣାକ୍ରମ

୧୯୬୦	:	ଜନ୍ମ (୯ ଅକ୍ଟୋବର), ଆଶ୍ୱିନ, ଦୁର୍ଗାଷ୍ଟମୀ ଗ୍ରାମ: ଷଣ୍ଢଗଡ଼ା, ଘଣ୍ଟେଶ୍ୱର, ଜି: ଭଦ୍ରକ ପିତା: ଶ୍ରୀ ଗଜେନ୍ଦ୍ର ଦାସ, ମାତା: ଶ୍ରୀମତୀ ଶକୁନ୍ତଳା ଦାସ
୧୯୬୮	:	ଘଟପୁର ମଠରେ ବାବାଜି ଜୀବନ
୧୯୭୫	:	ପ୍ରଥମ ଗଳ୍ପ 'କ୍ଷୀଣାଲୋକ'ର ପ୍ରକାଶ, ପତ୍ରିକା: କଲ୍ୟାଣୀ, ପ୍ରକାଶକ: ଓଡ଼ିଶା ରାଜ୍ୟ ସମବାୟ ୟୁନିୟନ୍, ଭୁବନେଶ୍ୱର
୧୯୮୧	:	ପ୍ରଥମ ଗଳ୍ପ ସଂକଳନ 'ଜୁଆର ଭଟ୍ଟା'ର ପ୍ରକାଶନ
୧୯୮୨	:	ଉତ୍କଳ ବିଶ୍ୱବିଦ୍ୟାଳୟରୁ ସ୍ନାତକୋତ୍ତର ଶିକ୍ଷା ସମାପ୍ତ, ଆକାଶବାଣୀ, କଟକ କେନ୍ଦ୍ରରେ ଅସ୍ଥାୟୀ ଘୋଷକ ଭାବେ ଯୋଗଦାନ
୧୯୮୩	:	କଥାକାର ଶ୍ରୀ ପ୍ରକାଶ କୁମାର ପରିଡ଼ାଙ୍କ ମାଧ୍ୟମରେ ବିଶିଷ୍ଟ କବି ଶ୍ରୀ ଗିରିଜା କୁମାର ବଳୀୟାରସିଂହଙ୍କ ସହ ପରିଚୟ
୧୯୮୫	:	ଶ୍ରୀ ଗିରିଜା କୁମାର ବଳୀୟାରସିଂହଙ୍କ ପ୍ରସ୍ତାବ କ୍ରମେ 'ସମ୍ବାଦ'ର ସଂପାଦନା ବିଭାଗରେ ଯୋଗଦାନ
୧୯୮୬	:	ଶ୍ରୀମତୀ ସଂଯୁକ୍ତା ନାୟକଙ୍କ ସହ ବିବାହ
୧୯୮୭	:	ଓଡ଼ିଆ ଗଳ୍ପର ନବଜାତକ 'କଥା'ର ସଂଯୋଜକ ଭାବେ ଦାୟିତ୍ୱ ଗ୍ରହଣ, ୨୦୧୧ରୁ ଏହାର ସଂପାଦକ ଭାବେ କାର୍ଯ୍ୟଭାର ଗ୍ରହଣ
୧୯୮୭	:	'ସମ୍ବାଦ' ସାହିତ୍ୟ ପୃଷ୍ଠାରେ 'ଜୀବନର ଜଳଛବି' ସ୍ତମ୍ଭ ଆରମ୍ଭ
୧୯୯୫	:	ଛଦ୍ମନାମ 'ଶ୍ରୀନାରଦ' ନାମରେ ସାପ୍ତାହିକ 'ରାଜଧାନୀ ରାଜନୀତି' ସ୍ତମ୍ଭ ଆରମ୍ଭ

୧୯୯୬	:	ଆମେରିକାରେ ରହୁଥିବା ପ୍ରବାସୀ ଓଡ଼ିଆମାନଙ୍କର ସାଂସ୍କୃତିକ ମଞ୍ଚ 'ଓଡ଼ିଶା ସୋସାଇଟି ଅଫ୍ ଆମେରିକାଜ୍' (ଓସା)ର ଆମନ୍ତ୍ରଣ କ୍ରମେ ୱାଶିଂଟନ୍ ଡି.ସି.ରେ ଆୟୋଜିତ ବାର୍ଷିକ ସମ୍ମିଳନୀରେ ଭାଷଣ, ନୋବେଲ ବିଜେତା ଓଲେ ସୋୟିଙ୍କାଙ୍କ ସହ ସାକ୍ଷାତ
	:	ପ୍ରଥମ ଉପନ୍ୟାସ 'ଛାୟାସୌଧର ଅବଶେଷ'ର ପ୍ରକାଶନ
୧୯୯୭	:	ଭ୍ରମଣ କାହାଣୀ 'ପ୍ରଥମ ପ୍ରବାସ'ର ପ୍ରକାଶନ
୧୯୯୯	:	ପ୍ରଥମ ଉପନ୍ୟାସ ପାଇଁ ଭୁବନେଶ୍ୱର ପୁସ୍ତକମେଳା ପୁରସ୍କାର
୨୦୦୦	:	ଆମେରିକା ଏବଂ ସ୍ୱିଡେନ୍ ଭ୍ରମଣ, ନ୍ୟାସ୍‌ଭିଲ୍‌ଠାରେ ଆୟୋଜିତ 'ଓସା' ବାର୍ଷିକ ସମ୍ମିଳନୀରେ ଯୋଗଦାନ
୨୦୦୧	:	ଉପନ୍ୟାସ 'ନିଜ ସାଙ୍ଗେ ନିଜର ଲଢ଼େଇ' ପାଇଁ ଓଡ଼ିଶା ସାହିତ୍ୟ ଏକାଡେମୀ ପୁରସ୍କାର ଲାଭ
୨୦୦୨	:	ଭାରତୀୟ ଲେଖକ ପ୍ରତିନିଧି ଦଳର ସଦସ୍ୟ ଭାବେ ଚୀନ୍ ଭ୍ରମଣ
୨୦୦୨	:	କେନ୍ଦ୍ର ସଂଗୀତ ନାଟକ ଏକାଡେମୀ ଦ୍ୱାରା ଆୟୋଜିତ ନାଟକ ପାଣ୍ଡୁଲିପି ପ୍ରତିଯୋଗିତାରେ 'ଅପରାଧ'ର ମନୋନୟନ ଏବଂ 'ରବୀନ୍ଦ୍ର ମଣ୍ଡପ'ରେ ମଞ୍ଚାୟନ
୨୦୦୮	:	ହିନ୍ଦୀରେ ଅନୂଦିତ ଗଳ୍ପ ସଂକଳନ 'ଦୂର୍ ଆକାଶ୍ କୀ ପଞ୍ଛି'ର ପ୍ରକାଶ
୨୦୦୮	:	ଉତ୍କଳ ବିଶ୍ୱବିଦ୍ୟାଳୟରୁ ସୁରେନ୍ଦ୍ର ମହାନ୍ତିଙ୍କ ଗଳ୍ପ ସଂପର୍କରେ ଗବେଷଣା ଯୋଗୁଁ ଡକ୍ଟରେଟ୍ ଲାଭ
୨୦୦୮-୧୨	:	କେନ୍ଦ୍ର ସାହିତ୍ୟ ଏକାଡେମୀ ଓଡ଼ିଆ ଭାଷା ଉପଦେଷ୍ଟା ମଣ୍ଡଳୀର ସଦସ୍ୟ ମନୋନୀତ
୨୦୦୮	:	ବିଖ୍ୟାତ ଫିଲ୍ମ ନିର୍ଦ୍ଦେଶକ ନୀରଦ ମହାପାତ୍ରଙ୍କ ଦ୍ୱାରା ଲେଖକଙ୍କ ଗଳ୍ପ 'ଅହଲ୍ୟାର ବାହାଘର' ଟେଲିଫିଲ୍ମ ଭାବେ ନିର୍ମିତ ଓ ଦୂରଦର୍ଶନରେ ପ୍ରସାରିତ
୨୦୧୦	:	'କନକ ଟିଭି'ର ନିର୍ଦ୍ଦେଶକ ଭାବେ ଦାୟିତ୍ୱ ଗ୍ରହଣ
୨୦୧୦	:	କେନ୍ଦ୍ର ସାହିତ୍ୟ ଏକାଡେମୀର 'ଆବାସିକ ଲେଖକ' ବୃତ୍ତି ପାଇଁ ମନୋନୀତ
୨୦୧୦	:	'ସମ୍ବାଦ ସ୍କୁଲ୍ ଅଫ୍ ମିଡିଆ ଆଣ୍ଡ୍ କଲ୍‌ଚର୍'ର ଅଧ୍ୟକ୍ଷ ଦାୟିତ୍ୱ ଗ୍ରହଣ। ଏହି ଶିକ୍ଷାନୁଷ୍ଠାନ ଉତ୍କଳ ସଂସ୍କୃତି ବିଶ୍ୱବିଦ୍ୟାଳୟ ଦ୍ୱାରା ଅନୁବନ୍ଧିତ।

୨୦୧୦	:	ସାମ୍ବାଦିକତାରେ ସ୍ନାତକୋତ୍ତର ଡିଗ୍ରୀ ଏବଂ ଶ୍ରେଷ୍ଠ ଛାତ୍ର ଭାବେ ଉତ୍କଳ ବିଶ୍ୱବିଦ୍ୟାଳୟରୁ ସ୍ୱର୍ଣ୍ଣପଦକ ଲାଭ
୨୦୧୧	:	ଇଂରାଜୀରେ 'ଦ ଲିଟିଲ୍ ମଙ୍କ୍ ଆଣ୍ଡ ଅଦର ଷ୍ଟୋରିଜ୍'ର ପ୍ରକାଶନ, ପ୍ରକାଶକ: ରୂପା, ନୂଆଦିଲ୍ଲୀ
୨୦୧୧	:	ଭାରତ ସରକାରଙ୍କ ସଂସ୍କୃତି ମନ୍ତ୍ରାଳୟର ସିନିୟର ଫେଲୋସିପ୍ ଲାଭ
୨୦୧୨	:	'କଣ୍ଢା ଓ ଅନ୍ୟାନ୍ୟ ଗଳ୍ପ' ସଂକଳନ ପାଇଁ କେନ୍ଦ୍ର ସାହିତ୍ୟ ଏକାଡେମୀ ପୁରସ୍କାର ଲାଭ
୨୦୧୨	:	ଆଞ୍ଚଳିକ ଫିଲ୍ମ ସେନ୍‌ସର ବୋର୍ଡ ସଦସ୍ୟ
୨୦୧୩-୧୮	:	କେନ୍ଦ୍ର ସାହିତ୍ୟ ଏକାଡେମୀ ଓଡ଼ିଆ ଭାଷା ପରାମର୍ଶଦାତା ମଣ୍ଡଳୀର ଆବାହକ ଓ କାର୍ଯ୍ୟକାରୀ ପରିଷଦ ସଦସ୍ୟ ନିର୍ବାଚିତ
୨୦୧୪	:	ଭାରତୀୟ ଲେଖକ ପ୍ରତିନିଧି ଦଳର ସଦସ୍ୟ ଭାବେ ଜର୍ମାନୀର ଫ୍ରାଙ୍କଫର୍ଟଠାରେ ଅନୁଷ୍ଠିତ ବିଶ୍ୱ ପୁସ୍ତକମେଳାରେ ଯୋଗଦାନ
୨୦୧୪	:	ଓଡ଼ିଶାର ଅଗ୍ରଣୀ ନାଟ୍ୟସଂସ୍ଥା 'ଶତାବ୍ଦୀର କଳାକାର'ର ସଭାପତି ଦାୟିତ୍ୱ ଗ୍ରହଣ
୨୦୧୬	:	ୟୁରୋପ, ଇଂଲଣ୍ଡ, ନେଦରଲ୍ୟାଣ୍ଡ୍ସ, ଫ୍ରାନ୍ସ, ଜର୍ମାନୀ, ଚେକ୍, ସ୍ଲୋଭାକିଆ, ଅଷ୍ଟ୍ରିୟା, ଇଟାଲି ଓ ସୁଇଜରଲ୍ୟାଣ୍ଡ୍ ପ୍ରଭୃତି ଦେଶ ଭ୍ରମଣ
୨୦୧୭	:	ନୟିଧାରା, ପାଟନା, (ବିହାର) ଗଳ୍ପ ପୁରସ୍କାର ଲାଭ
୨୦୧୮	:	ଜାପାନ ଭ୍ରମଣ, ମାଲୟେସିଆରେ ଥିବା ଓଡ଼ିଆମାନଙ୍କ ସାଂସ୍କୃତିକ ମଞ୍ଚ ଅନୁରୋଧରେ କୁଆଲାଲୁମ୍ପୁରଠାରେ ଉତ୍କଳ ଦିବସ ଉତ୍ସବରେ ଯୋଗଦାନ
୨୦୧୮	:	ଚାସୋ ପୁରସ୍କାର, ବିଜୟ ନଗରମ୍, (ଆନ୍ଧ୍ରପ୍ରଦେଶ) (ବିଖ୍ୟାତ ତେଲୁଗୁ ଲେଖକ ଚାସୋଙ୍କ ନାମରେ ଏଇ ପୁରସ୍କାର ନାମିତ) ଲାଭ
୨୦୧୮	:	ପ୍ରାଚୀନ କଳାକେନ୍ଦ୍ର, ଚଣ୍ଡୀଗଡ଼ର ପୁରସ୍କାର ଲାଭ
୨୦୧୯	:	ମାଲୟେସିଆ ଏବଂ ସିଙ୍ଗାପୁର ଭ୍ରମଣ
୨୦୨୦	:	ମହାବୋଧି ସୋସାଇଟି, ଭାରତର ସଦସ୍ୟ
୨୦୨୧	:	'ଇନ୍‌ଟାକ୍'ର ସଦସ୍ୟତା ଲାଭ

୨୦୨୨ : ଭାରତୀୟ ଲେଖକ ପ୍ରତିନିଧି ଦଳର ସଦସ୍ୟ ଭାବେ ଫ୍ରାନ୍ସର ପ୍ୟାରିସ୍‌ରେ ଅନୁଷ୍ଠିତ ବିଶ୍ୱ ପୁସ୍ତକ ପ୍ରଦର୍ଶନୀରେ ଯୋଗଦାନ

ଅନ୍ୟାନ୍ୟ ସମ୍ମାନ, ସ୍ୱୀକୃତି ଓ ଫେଲୋସିପ୍:

● ଉତ୍କଳ ସୋସିଆଲ୍ ଆଣ୍ଡ୍ କଲ୍‌ଚରାଲ ଆସୋସିଏସନ୍ ଯୁବ ପୁରସ୍କାର -୧୯୮୯ ● ଗୋକର୍ଣ୍ଣିକା ସମ୍ମାନ - ୧୯୯୧ ● ଚେତାବନୀ 'ସୌମ୍ୟା ପ୍ରୋତ୍ସାହନ' ପୁରସ୍କାର - ୧୯୯୨ ● ଶାନ୍ତିଦୂତ ଯୁବ ଉନ୍ନୟନ ପରିଷଦ ସମ୍ମାନ - ୧୯୯୨ ● ଚଲାପଥ ଓ ପତ୍ରିକା ସମ୍ମାନ - ୧୯୯୫ ● ଶ୍ରୀକ୍ଷେତ୍ର ଲେଖକ ସାମ୍ମୁଖ୍ୟ, ପୁରୀ - ୧୯୯୫ ● ମହାପାତ୍ର ରାଜେନ୍ଦ୍ର ପ୍ରସାଦ ସ୍ମୃତି ସଂସଦ ସାରସ୍ୱତ ସମ୍ବର୍ଦ୍ଧନା - ୧୯୯୬ ● ଫ୍ରେଣ୍ଡ୍ସ ଆସୋସିଏସନ୍, ବରମୁଣ୍ଡା - ୨୦୦୨ ● କେନ୍ଦୁଝରର ସାହିତ୍ୟ ସଂସ୍କୃତି କଳା ପ୍ରତିଷ୍ଠାନ କଥାନାୟକ ସମ୍ମାନ - ୨୦୦୨ ● ଅଖିଳଚନ୍ଦ୍ର ମକର ସମ୍ମାନ - ୨୦୦୩ ● ମୁରାରୀ ଜେନା ବାଗ୍ମୀ ସମ୍ମାନ, କଟକ - ୨୦୦୪ ● ପ୍ରତିଭା ପୂଜ୍ୟପୂଜା କଥାକାର ସମ୍ମାନ, କଟକ - ୨୦୦୫ ● ଚେତନା ସାହିତ୍ୟ ସଂସଦ, ପଟ୍ଟାମୁଣ୍ଡାଇ - ୨୦୦୫ ● ଅମିତ ଆର୍ଟ ମିଡିଆ ଆୱାର୍ଡ - ୨୦୦୬ ● କୃପାଜଳ ସମ୍ମାନ - ୨୦୦୮ ● ସାରସ୍ୱତ ସୌରଭ, ଭଦ୍ରକ ଜିଲ୍ଲା ଲେଖକ ସାମ୍ମୁଖ୍ୟ - ୨୦୦୯ ● ଅରୁଣୋଦୟ ନଗର ନାଗରିକ ପରିଷଦ, କଟକ - ୨୦୦୯ ● ରବି ନାରାୟଣ ମହାନ୍ତି ସ୍ମାରକୀ ସମ୍ମାନ (ସାମ୍ବାଦିକତା) - ୨୦୧୧ ● ମହାନଦୀ ସାହିତ୍ୟ ସମ୍ମାନ, କଟକ - ୨୦୧୧ ● ଅନ୍ୱେଷା ସାହିତ୍ୟ ସମ୍ମାନ, ସାଇଁକୁଳ, କେଉଁଝର - ୨୦୧୨ ● ଦ ୟୁନିଭର୍ସ ସମ୍ମାନ ୨୦୧୨ ● ନାଟ୍ୟକାର ରତିରଂଜନ ମିଶ୍ର ସମ୍ମାନ, ମନନ, ଭୁବନେଶ୍ୱର - ୨୦୧୩ ● ସମାଜସେବୀ ଲକ୍ଷ୍ମୀଧର ନାୟକ ସ୍ମୃତି ସମ୍ମାନ, ଭଦ୍ରକ - ୨୦୧୩ ● ତପସ୍ୱିନୀ ସାହିତ୍ୟ ସମ୍ମାନ, ବାଙ୍ଗାଲୋର - ୨୦୧୪ ● ଭୁବନେଶ୍ୱର ଲେଖକ ପରିଷଦ ସାରସ୍ୱତ ସମ୍ବର୍ଦ୍ଧନା - ୨୦୧୭ ● ହୃଷୀକେଶ ରାୟ ମହାବିଦ୍ୟାଳୟ ସମ୍ବର୍ଦ୍ଧନା - ୨୦୧୭ ● କଥା ଭାରତ ସମ୍ମାନ, କଟକ - ୨୦୧୭ ● ଅନ୍ତରଙ୍ଗ ନାଗରିକ ସମ୍ବର୍ଦ୍ଧନା, ତିହିଡ଼ି, ଭଦ୍ରକ - ୨୦୧୭ ● ଉତ୍କଳ ପ୍ରତିଭା ସମ୍ମାନ - ୨୦୧୭ ● ଚତୁର୍ଥ ସ୍ତମ୍ଭ ଦିଗ୍‌ଗଜ ସମ୍ମାନ, ତାଳଚେର - ୨୦୧୮ ● ଖରସ୍ରୋତା ସାଂସ୍କୃତିକ ପରିଷଦ ସମ୍ବର୍ଦ୍ଧନା ● ୮ମ ସମ୍ଭବ ସମ୍ମାନ, ଭୁବନେଶ୍ୱର, ଯାଜପୁର ● ଉତ୍କଳ ସାହିତ୍ୟ ସମାଜ ପୁରସ୍କାର, କଟକ ● ଅଖିଳ ମୋହନ ସମ୍ମାନ, ଭୁବନେଶ୍ୱର ● ଭୁବନେଶ୍ୱର ପୁସ୍ତକମେଳା ପୁରସ୍କାର ● ପ୍ରବାସୀ ସମ୍ମାନ, ଜାମସେଦପୁର ● ସାହିତ୍ୟ ଭାରତୀ ଉପାୟନ ● ସପ୍ତର୍ଷି

ପୁରସ୍କାର, ଜ୍ୟୋତିବିହାର, ସମ୍ବଲପୁର • କାଦମ୍ବିନୀ ଉପନ୍ୟାସ ପୁରସ୍କାର, ଭୁବନେଶ୍ୱର • ଅମୃତାୟନ ପୁରସ୍କାର, ଭୁବନେଶ୍ୱର • ତୀର ତରଙ୍ଗ ପୁରସ୍କାର, ଭୁବନେଶ୍ୱର • କନିକା ଗୌରବ, ଘଣ୍ଟେଶ୍ୱର, ଭଦ୍ରକ • ଫକୀର ମୋହନ ସାହିତ୍ୟ ପରିଷଦ ସମ୍ମାନ, ବାଲେଶ୍ୱର • କଥା ଗୌରବ ସମ୍ମାନ, କଟକ • କୋରାପୁଟ ସମ୍ମାନ • ଲାଲା ଲଜପତ ରାୟ ପୁରସ୍କାର • କାହାଣୀ ସମ୍ବର୍ଦ୍ଧନା ଇତ୍ୟାଦି।

ପ୍ରକାଶିତ ପୁସ୍ତକ ସୂଚୀ:

ଉପନ୍ୟାସ:

୧. ଛାୟାସୌଧର ଅବଶେଷ (୧୯୯୬), ୨. ନିଜ ସାଙ୍ଗେ ନିଜର ଲଢ଼େଇ (୧୯୯୯), ୩. ଏଇଠୁ ଆରମ୍ଭ (୨୦୦୫), ୪. ଆପଣଙ୍କ ଆଜ୍ଞାଧୀନ (୨୦୧୦), ୫. କେତେ ରଙ୍ଗର ଜୀବନ (୨୦୧୩), ୬. ସାରାଂଶ (୨୦୨୧), ୭. ବିଡ଼ମ୍ବିତ ଅଭିସାର (୨୦୨୨)

ଉପନ୍ୟାସ ସମଗ୍ର:

୧. ପଞ୍ଚପର୍ବ - ଉପନ୍ୟାସ ସମଗ୍ର: ଏକ (୨୦୧୯)

କ୍ଷୁଦ୍ରଗଳ୍ପ:

୧. ଜୁଆର ଭଟ୍ଟା (୧୯୮୧), ୨. ଆଖଡ଼ା ଘର (୧୯୮୯), ୩. ସ୍ୱପ୍ନ ପାଇଁ ରାତି କାହିଁ (୧୯୯୧), ୪. ଭାରତବର୍ଷ (୧୯୯୪), ୫. ମାଟି କଣ୍ଢେଇ (୧୯୯୫), ୬. ପୁନରାବୃତ୍ତି (୧୯୯୬), ୭. ଶେଷ ବାଜି (୧୯୯୭), ୮. ମାୟା (୧୯୯୮), ୯. ଘର (୨୦୦୦), ୧୦. କାଗଜଡଙ୍ଗା (୨୦୦୨), ୧୧. ଅହଲ୍ୟାର ବାହାଘର (୨୦୦୪), ୧୨. ମଥୁରାର ମାନଚିତ୍ର (୨୦୦୭), ୧୩. କଣ୍ଟା ଓ ଅନ୍ୟାନ୍ୟ ଗଳ୍ପ (୨୦୦୯), ୧୪. ଆକାଶ ଦିନେ ନୀଳ ଥିଲା (୨୦୧୦), ୧୫. ଅଣଲେଉଟା ଓ ଅନ୍ୟାନ୍ୟ ଗଳ୍ପ (୨୦୧୫), ୧୬. ବାଘ ଓ ଅନ୍ୟାନ୍ୟ ଗଳ୍ପ (୨୦୧୯)

ନିର୍ବାଚିତ ସଂକଳନ:

୧. ପିଛିଲା ପଚିଶ (୨୦୦୭), ୨. ଶ୍ରେଷ୍ଠଗଳ୍ପ (୨୦୧୬), ୩. ବିଦେଶ ଓ ଅନ୍ୟାନ୍ୟ ଗଳ୍ପ (୨୦୧୯), ୪. ଲବଙ୍ଗ ଦ୍ୱୀପ - (ଯନ୍ତ୍ରସ୍ଥ)

ଗଳ୍ପ ସମଗ୍ର:

୧. ଗୌରହରି କଥା ସମଗ୍ର : ଏକ (୨୦୨୧), ୨. ଗୌରହରି କଥା ସମଗ୍ର : ଦୁଇ (୨୦୨୧), ୩. ଗୌରହରି କଥା ସମଗ୍ର : ତିନି (୨୦୨୧)

ଶବ୍ଦଚିତ୍ର:

୧. ଜୀବନର ଜଳଛବି (୧୯୯୪), ୨. ଚିହ୍ନା ଚୌହଦି (୧୯୯୬), ୩. ଭିନ୍ନ ଭୂମିକା (୧୯୯୮), ୪. ପରିଚିତ ପରିଧି (୨୦୦୧), ୫. ଅସମର୍ଥ ଈଶ୍ୱର (୨୦୦୭), ୬. ହାତଲେଖା ଚିଠି (୨୦୧୨), ୭. ଈଶ୍ୱରଙ୍କ ଠିକଣା (୨୦୧୯)

ଶବ୍ଦଚିତ୍ର ସମଗ୍ର:

୧. ଜୀବନର ଜଳଛବି ସମଗ୍ର : ଏକ (୨୦୧୪), ୨. ଜୀବନର ଜଳଛବି ସମଗ୍ର : ଦୁଇ (୨୦୨୨)

ନାଟକ:

୧. ଅପରାଧ (୨୦୦୩), ୨. ଆମ ଘର ନକ୍‌ସା (୨୦୨୧)

କବିତା:

୧. ପାଉଁଶର ପାଣ୍ଡୁଲିପି (୨୦୧୦), ୨. ଏରସମା ଓ ଅନ୍ୟାନ୍ୟ କବିତା (୨୦୨୨)

ପ୍ରବନ୍ଧ:

୧. ଓଡ଼ିଶା ଡାଏରି (୨୦୦୧), ୨. କାହାର ଓଡ଼ିଶା (୨୦୧୨), ୩. କଥାବାର୍ତ୍ତା (୨୦୦୧), ୪. କଥା ସରିନାହିଁ (୨୦୧୧), (୨୦୧୯), ୫. ରାଜଧାନୀ ରାଜନୀତି (୧ମ ଖଣ୍ଡ) - (୨୦୧୪), ୬. ରାଜଧାନୀ ରାଜନୀତି (୨ୟ ଖଣ୍ଡ) - (୨୦୧୪), ୭. ଭାବକୁ ନିକଟ (୨୦୨୧), ୮. ଆଉ କିଛି କଥା (୨୦୨୧)

ସମ୍ପାଦନା:

୧. ପିଲାଦିନ (୨୦୦୦), ୨. ପ୍ରେମ (୨୦୦୧), ୩. ସୂର୍ଯ୍ୟାସ୍ତର ରଙ୍ଗ (୨୦୦୨), ୪. କର୍ମଯୋଗୀ ଫକୀରଚରଣ (୧୯୯୫), ୫. ଭଲ ଗଳ୍ପ: ଭୂମି ଓ ଭୂମିକା (୨୦୦୪), ୬. ସ୍ୱାଧୀନୋତ୍ତର ଓଡ଼ିଆ କ୍ଷୁଦ୍ରଗଳ୍ପ: ତିନି (୨୦୧୪), ୭. ଓଡ଼ିଆ ଗଳ୍ପ: କାଲି, ଆଜି ଓ ଆସନ୍ତାକାଲି (୨୦୧୫), ୮. ଜଗଦୀଶ ମହାନ୍ତିଙ୍କ ଶ୍ରେଷ୍ଠ ଗଳ୍ପ (୨୦୧୫), ୯. ନବଲେଖନ: ଓଡ଼ିଆ କ୍ଷୁଦ୍ରଗଳ୍ପ (୨୦୧୫), ୧୦. କଥାଟିଏ (ପ୍ରଥମ ଭାଗ) - (୨୦୧୬), ୧୧. ସୁରେନ୍ଦ୍ର ଚୟନିକା (୨୦୧୮), ୧୨. ନିର୍ବାଚିତ କଥା (୨୦୧୯), ୧୩. ପ୍ରେମ କଥା (୨୦୧୯), ୧୪. ଅହଲ୍ୟାର ବାହାଘର : କାହାଣୀ, ସିନେମା, ନାଟକ (୨୦୨୦), ୧୫. କଥାଟିଏ (ଦ୍ୱିତୀୟ ଭାଗ) - (୨୦୨୦)

ଭ୍ରମଣ ଅନୁଭୂତି:

୧. ପ୍ରଥମ ପ୍ରବାସ (୧୯୯୭), ୨. ଦୁଇ ଦିଗନ୍ତ (୨୦୦୩), ୩. ଚିହ୍ନା ଅଚିହ୍ନା ଚୀନ୍ (୨୦୦୩)

ଅନୁବାଦ:

୧. ଯଶପାଲଙ୍କ କାହାଣୀ (୨୦୦୩), ୨. ମିତ୍ରୋ ମରଜାନୀ (୨୦୦୪), ୩. ଭଗବାନ ରଜନୀଶ (୨୦୦୮), ୪. ସେହିସବୁ ପିଲାଦିନ (ରସ୍କିନ୍ ବଣ୍ଡଙ୍କ ପିଲାଦିନ) (୨୦୧୨), ୫. ଗୋଟିଏ ଜୀବନ ଯଥେଷ୍ଟ ନୁହେଁ (କୁଲ୍‌ଦୀପ ନାୟାରଙ୍କ ଆତ୍ମଜୀବନୀ) (୨୦୧୪), ୬. ଛେଳି ଚରେଇବାର ଦିନ (୨୦୧୬), ୭. ଶିବଗାମୀର ଆବିର୍ଭାବ (ଯନ୍ତ୍ରସ୍ଥ)

ଇଂରାଜୀ:

୧. ଦ ଲିଟିଲ୍ ମଙ୍କ୍ ଆଣ୍ଡ୍ ଅଦର ଷ୍ଟୋରିଜ୍ (୨୦୧୧), ୨. କୋରାପୁଟ ଆଣ୍ଡ୍ ଅଦର ଷ୍ଟୋରିଜ୍ (୨୦୧୭), ୩. ଦ ନେଲ୍ ଆଣ୍ଡ୍ ଅଦର ଷ୍ଟୋରିଜ୍ (୨୦୧୭), ୪. ସେଡ୍‌ସ ଅଫ୍ ଲାଇଫ୍ (ଉପନ୍ୟାସ) (୨୦୧୮), ୫. ଦ ଆଡ୍ରେସ୍ ଅଫ୍ ଗଡ୍ (ଶବ୍ଦଚିତ୍ର) (୨୦୨୧), ୬. ଡନ୍ ଆଫ୍‌ଟର ଦ ଲଙ୍ଗ୍ ନାଇଟ୍ (ଉପନ୍ୟାସ) (୨୦୨୧), ୭. ଦ ଫେଡେଡ୍ ରେନ୍-ବୋ (ଉପନ୍ୟାସ) (୨୦୨୧)

ହିନ୍ଦୀ:

୧. ଦୂର୍ ଆକାଶ୍ କି ପଞ୍ଛି (୨୦୦୮), ୨. ମଥୁରା କା ମାନଚିତ୍ର (୨୦୧୨), ୩. ଝୁଠ୍ କା ପେଡ୍ (୨୦୧୭), ୪. କାଣ୍ଡା ତଥା ଅନ୍ୟ କହାନୀୟାଁ (୨୦୧୭), ୫. ଅପନେ ସାଥ୍ ଅପନୀ ଲଢ଼ାଇ (୨୦୧୯), ୬. ଜଂଜିର ତଥା ଅନ୍ୟ କହାନୀୟାଁ (୨୦୨୦)

ଗୌରହରି ଦାସଙ୍କ ଗଳ୍ପ ସାହିତ୍ୟ ସଂପର୍କରେ ଗବେଷଣା ଓ ଡକ୍ଟରେଟ୍:

୧. ଗୌରହରି ଦାସଙ୍କ ଗଳ୍ପଜଗତ: ଏକ ଅନୁଶୀଳନ - ଡକ୍ଟର ଚିନ୍ମୟ ସାହୁ (ସମ୍ବଲପୁର ବିଶ୍ୱବିଦ୍ୟାଳୟ)

ଗୌରହରି ଦାସଙ୍କ ସାହିତ୍ୟକୃତି ସଂପର୍କରେ ବହି:

୧. ଗୌରଚନ୍ଦ୍ରିକା - ସଂ: ଡକ୍ଟର ବିଜୟାନନ୍ଦ ସିଂହ ଓ ଡକ୍ଟର ପ୍ରକାଶ କୁମାର ପରିଡ଼ା

୨. ଅନ୍ତରଂଗ ଆଳାପ - ସଂ: ଡକ୍ଟର ଶିଶିର ବେହେରା

୩. ଗୌରହରି ଦାସଙ୍କ ସାରସ୍ୱତ ବଳୟ - ସଂ: ଡକ୍ଟର ସଂଘମିତ୍ରା ଭଞ୍ଜ, ସହ ସଂପାଦନା: ଦୀପ୍ତିମୟୀ ସାହୁ, ଭାରତୀ ମୁଦୁଲି, ଜ୍ୟୋତି ସାହୁ।

BLACK EAGLE BOOKS

www.blackeaglebooks.org
info@blackeaglebooks.org

Black Eagle Books, an independent publisher, was founded as a nonprofit organization in April, 2019. It is our mission to connect and engage the Indian diaspora and the world at large with the best of works of world literature published on a collaborative platform, with special emphasis on foregrounding Contemporary Classics and New Writing.

www.ingramcontent.com/pod-product-compliance
Lightning Source LLC
Chambersburg PA
CBHW030229100526
44583CB00013BA/583
* 9 7 8 1 6 4 5 6 0 2 8 4 2 *